NARUTO

MASSIV VOL.10

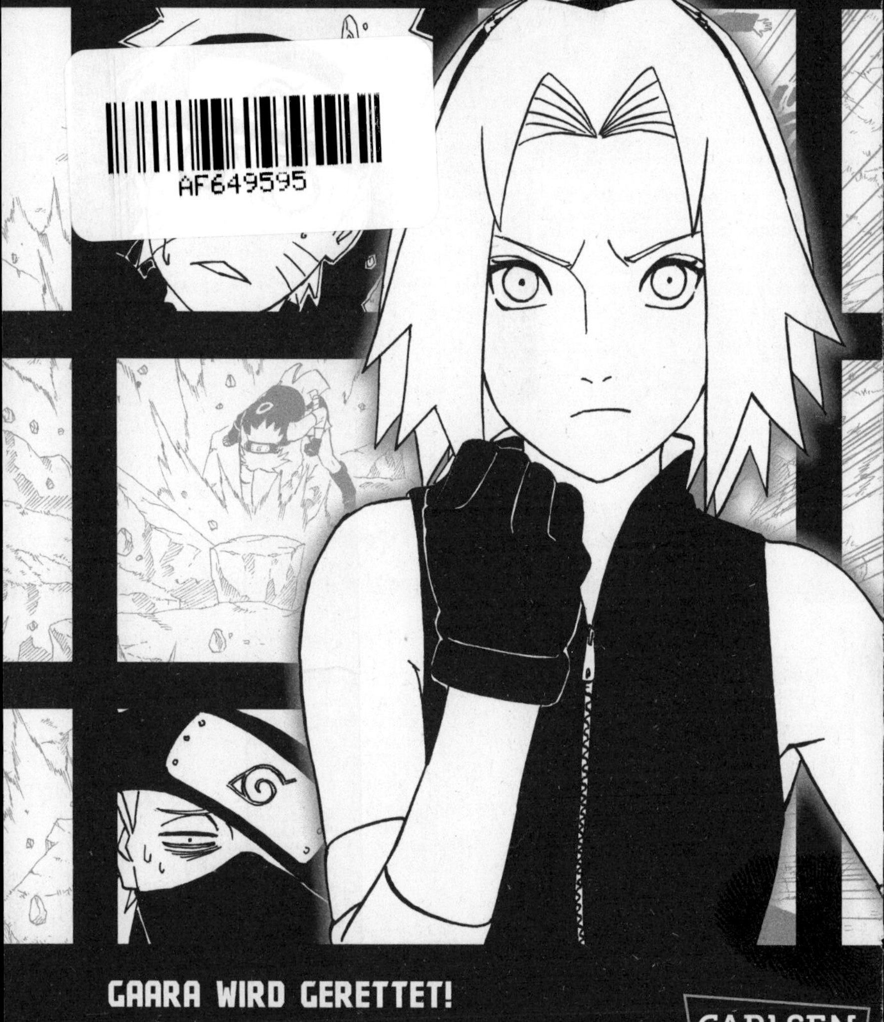

GAARA WIRD GERETTET!

MASASHI KISHIMOTO

CARLSEN MANGA!

NARUTO CHARACTERS

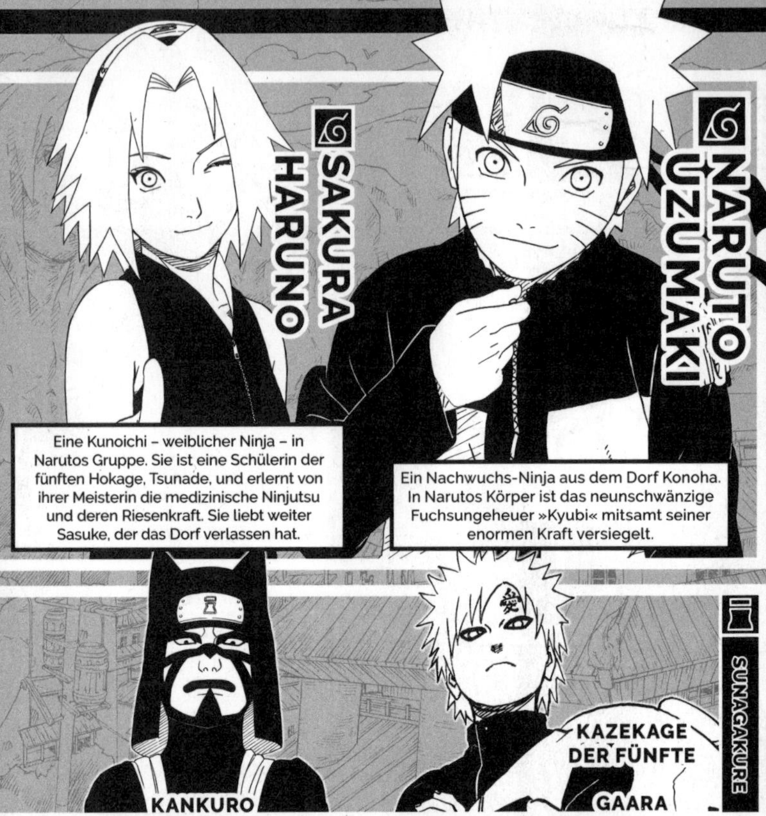

Eine Kunoichi – weiblicher Ninja – in Narutos Gruppe. Sie ist eine Schülerin der fünften Hokage, Tsunade, und erlernt von ihrer Meisterin die medizinische Ninjutsu und deren Riesenkraft. Sie liebt weiter Sasuke, der das Dorf verlassen hat.

Ein Nachwuchs-Ninja aus dem Dorf Konoha. In Narutos Körper ist das neunschwänzige Fuchsungeheuer »Kyubi« mitsamt seiner enormen Kraft versiegelt.

STORY

1

Naruto kehrt heim!

Die Gruppe Sieben bricht wieder auf!!

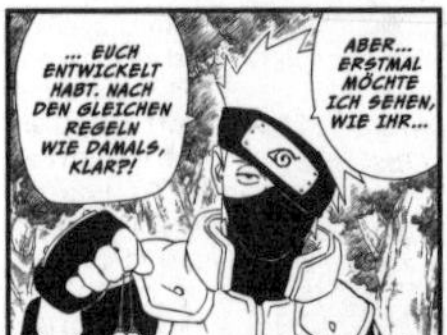

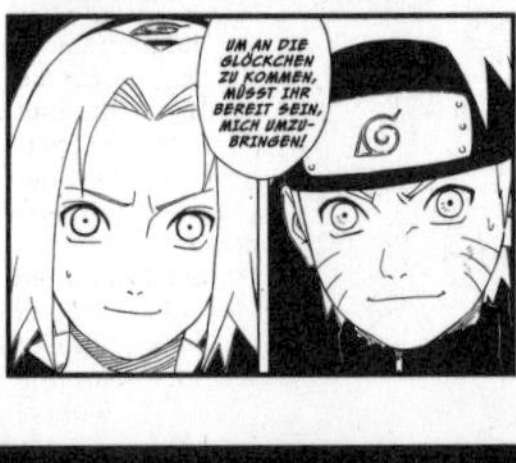

»Ein Hokage zu werden, der alle früheren Hokages übertrifft« – für diesen Traum gibt Naruto tagtäglich alles. Zusammen mit Sasuke und weiteren Kameraden trainiert und kämpft er, und so wird aus dem ehemaligen Tunichtgut ein richtiger Ninja. Unterdessen geht Sasuke, besessen von der Rache an seinem großen Bruder, zu Orochimaru, um stark zu werden.

Naruto schwört, seinen wichtigsten Freund, Sasuke, zurückzuholen, und begibt sich auf eine Reise, um zu trainieren.

Die Zeit vergeht. Jetzt beginnt ein neuer Kampf...!!

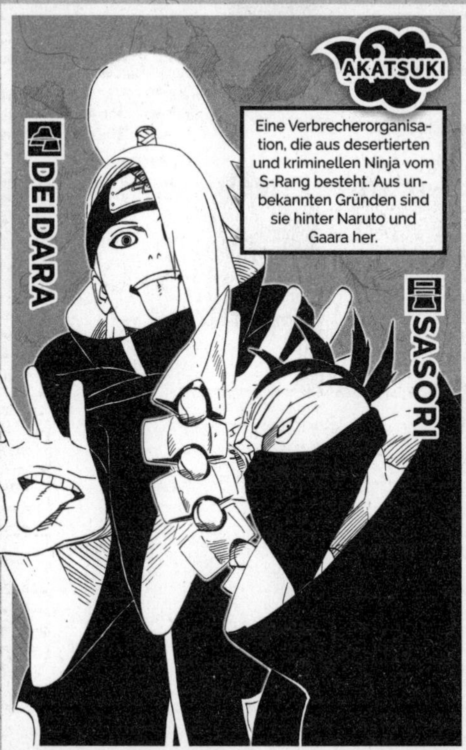

Eine Verbrecherorganisation, die aus desertierten und kriminellen Ninja vom S-Rang besteht. Aus unbekannten Gründen sind sie hinter Naruto und Gaara her.

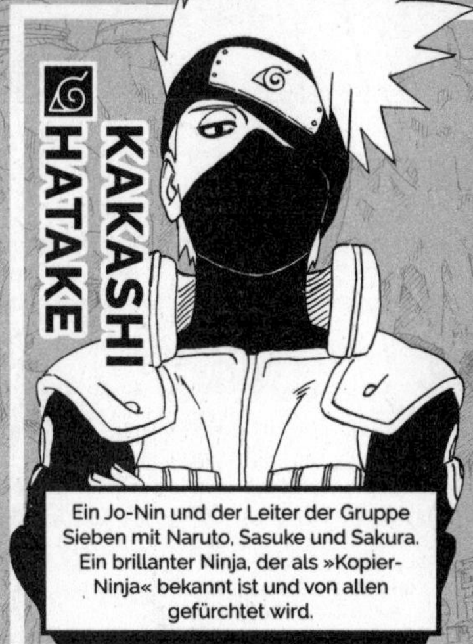

Ein Jo-Nin und der Leiter der Gruppe Sieben mit Naruto, Sasuke und Sakura. Ein brillanter Ninja, der als »Kopier-Ninja« bekannt ist und von allen gefürchtet wird.

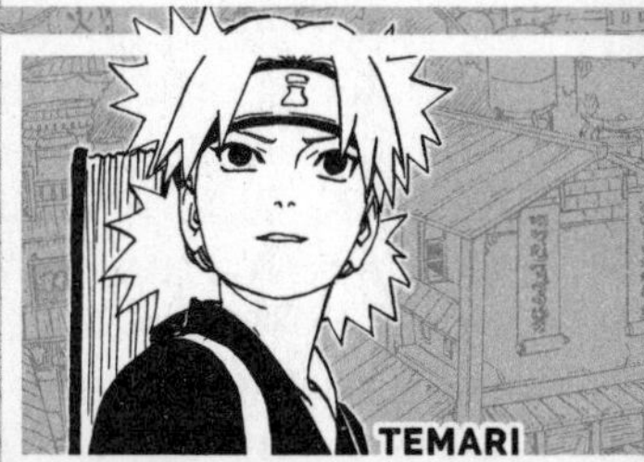

»Akatsuki« schreckt alle auf!! Um den entführten Gaara zu retten, eilt die 7. Gruppe nach Sunagakure…!!

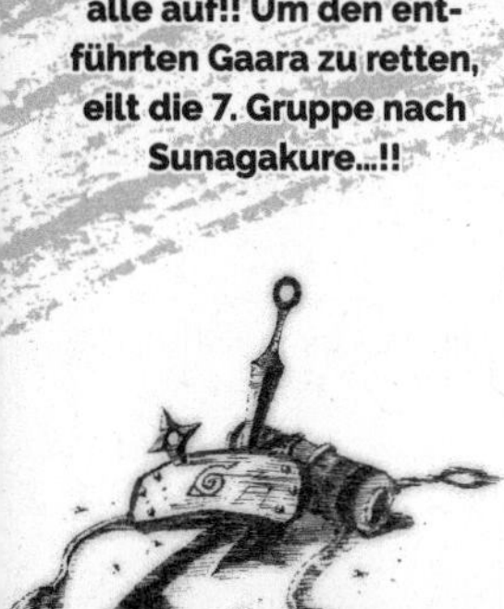

Gerade als die Gruppe Sieben ihren ersten Dienst beginnen will, erreicht sie eine Nachricht aus Sunagakure: »Akatsuki« ist aufgetaucht! Naruto und seine Kollegen eilen zur Rettung nach Suna. Aber unterdessen nimmt Deidara durch einen geschickten Trick Gaara gefangen…

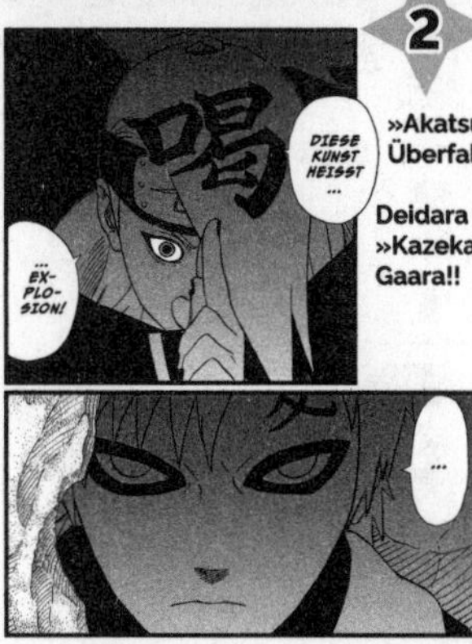

2

»Akatsuki«-Überfall!!

Deidara vs. »Kazekage« Gaara!!

Zweieinhalb Jahre sind vergangen, seit Sasuke das Dorf verlassen hat. Naruto hat das Training mit Jiraiya beendet und kehrt heim ins Dorf. Im Kampf um die Glöckchen, mit dem Kakashi das Können seiner Schüler auf die Probe stellt, zeigt Naruto Fähigkeiten, die sogar Kakashi zwingen, ernsthaft zu kämpfen! Zusammen mit Kakashi und Sakura bildet er erneut die Gruppe Sieben!

NARUTO

640 SEITEN MASSIV 100% NARUTO

INHALT

251. Kapitel: Nach Sunagakure

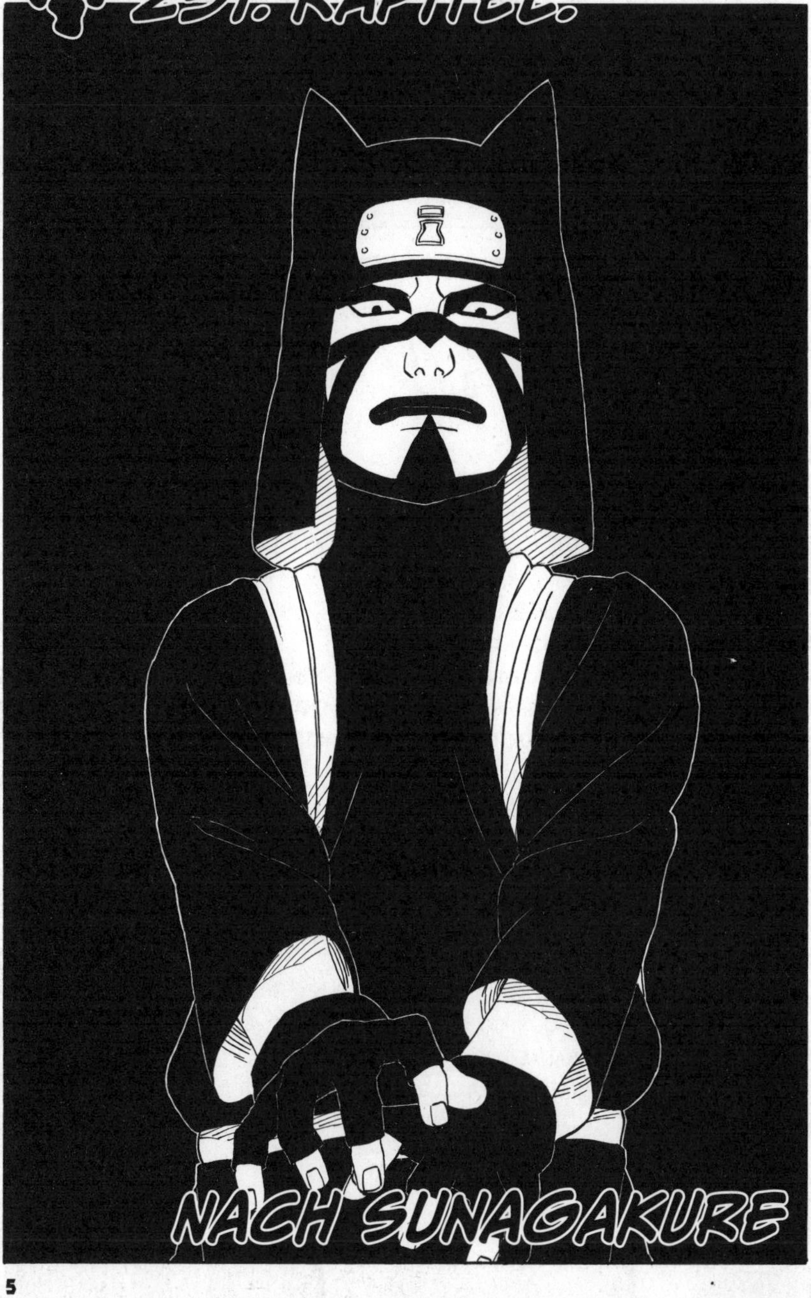

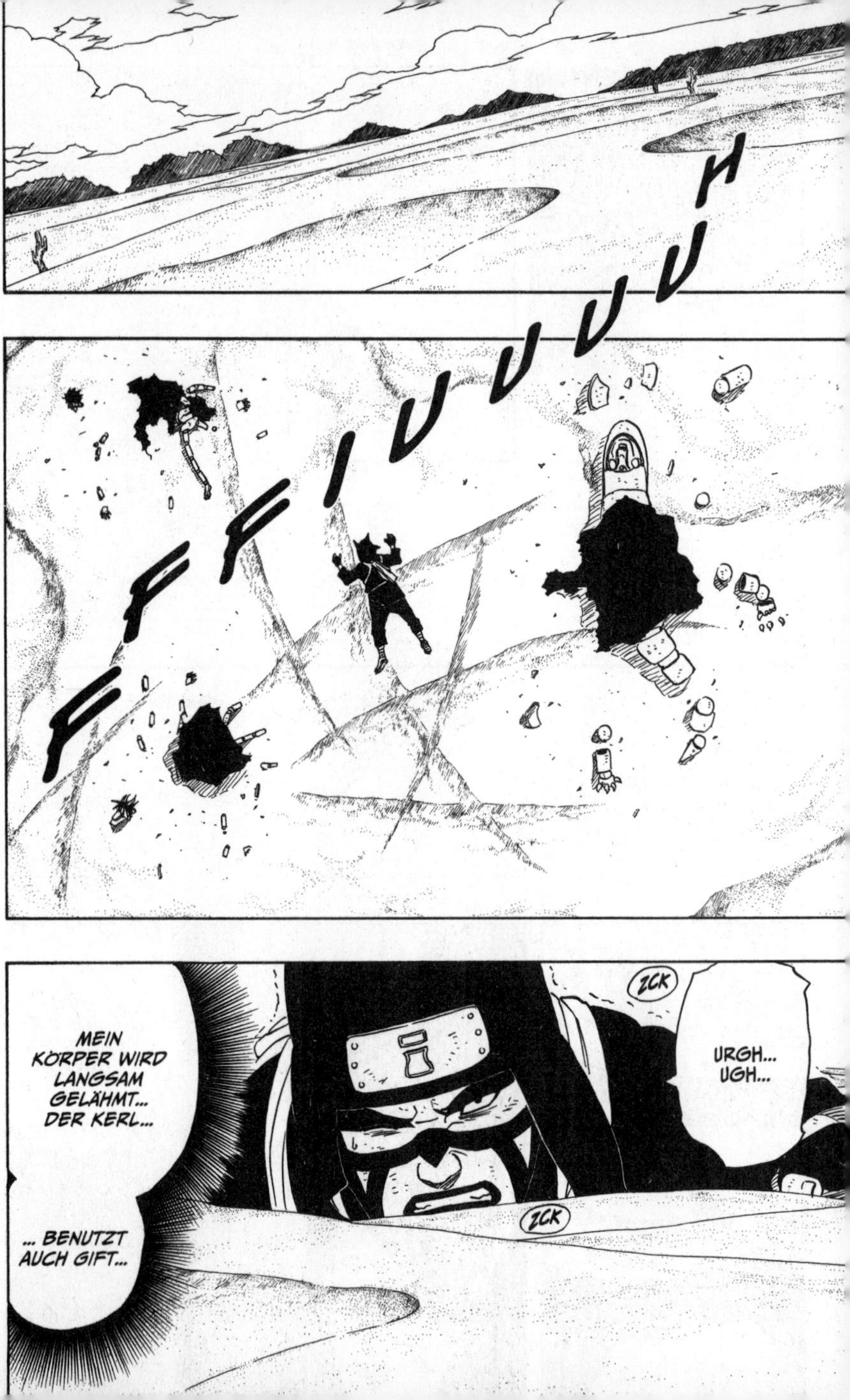
FFFIUUUUUUH
ZCK
URGH... UGH...
MEIN KÖRPER WIRD LANGSAM GELÄHMT... DER KERL...
ZCK
... BENUTZT AUCH GIFT...

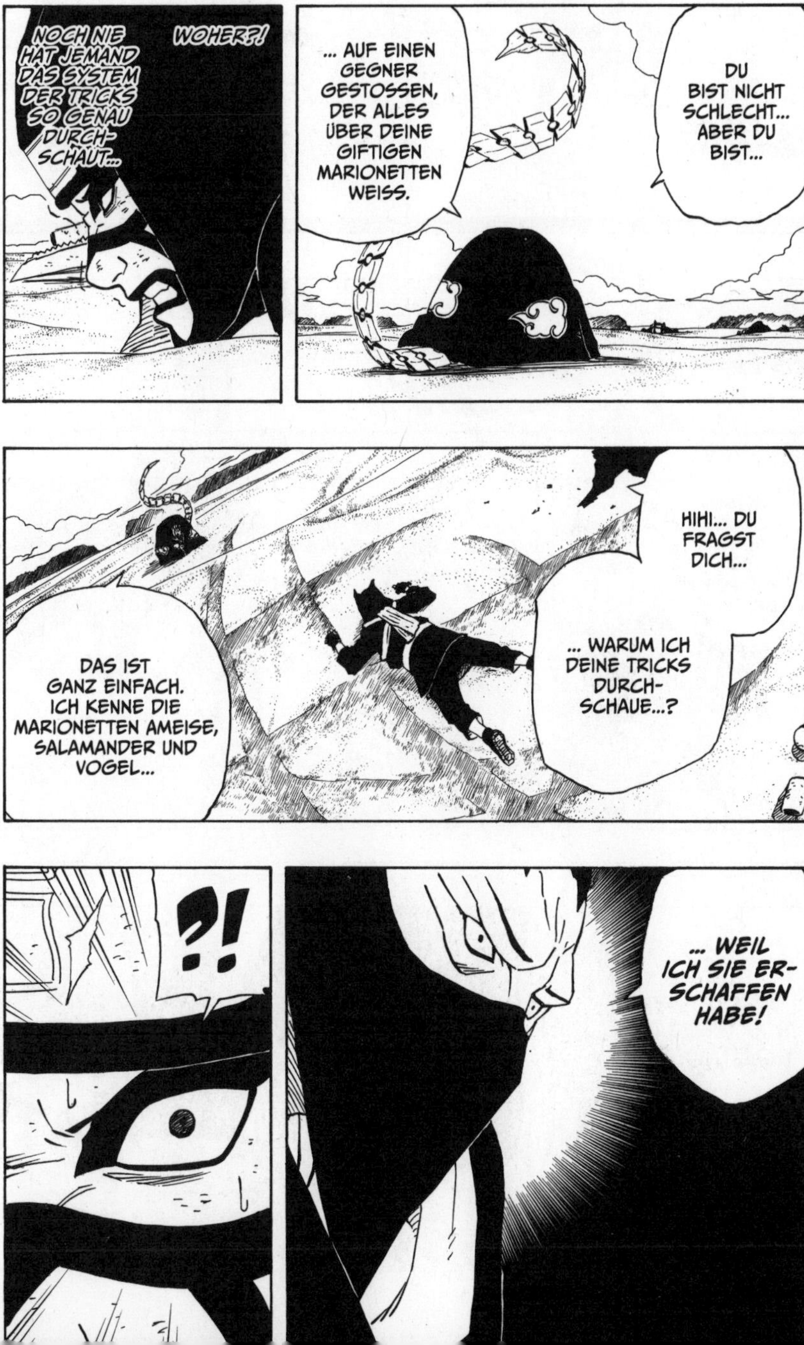
DU BIST NICHT SCHLECHT... ABER DU BIST...
... AUF EINEN GEGNER GESTOSSEN, DER ALLES ÜBER DEINE GIFTIGEN MARIONETTEN WEISS.
WOHER?!
NOCH NIE HAT JEMAND DAS SYSTEM DER TRICKS SO GENAU DURCH-SCHAUT...
HIHI... DU FRAGST DICH...
... WARUM ICH DEINE TRICKS DURCH-SCHAUE...?
DAS IST GANZ EINFACH. ICH KENNE DIE MARIONETTEN AMEISE, SALAMANDER UND VOGEL...
... WEIL ICH SIE ER-SCHAFFEN HABE!
?!

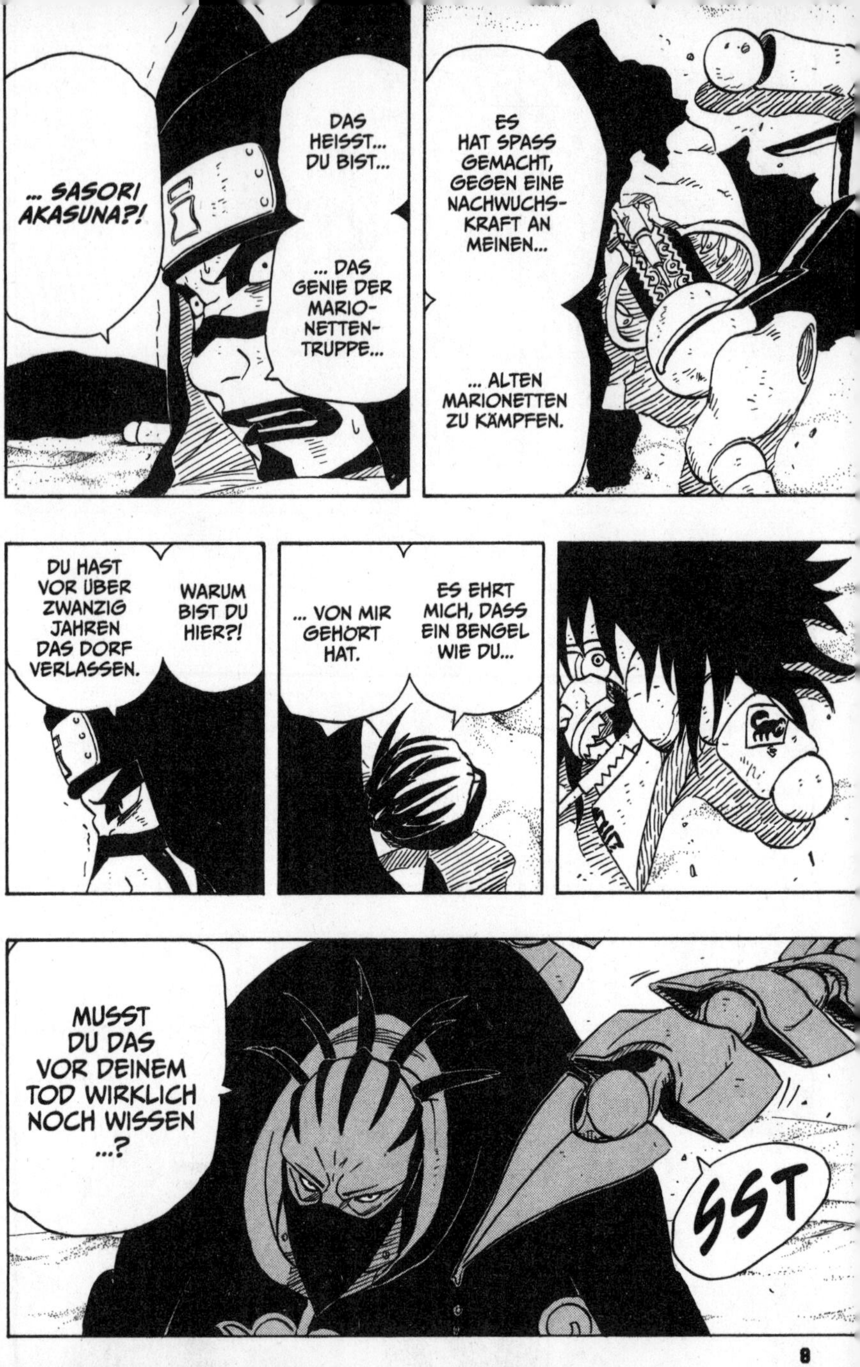
ES HAT SPASS GEMACHT, GEGEN EINE NACHWUCHSKRAFT AN MEINEN...
... ALTEN MARIONETTEN ZU KÄMPFEN.
DAS HEISST... DU BIST...
... DAS GENIE DER MARIONETTEN-TRUPPE...
... SASORI AKASUNA?!
ES EHRT MICH, DASS EIN BENGEL WIE DU...
... VON MIR GEHÖRT HAT.
WARUM BIST DU HIER?!
DU HAST VOR ÜBER ZWANZIG JAHREN DAS DORF VERLASSEN.
MUSST DU DAS VOR DEINEM TOD WIRKLICH NOCH WISSEN ...?
SST

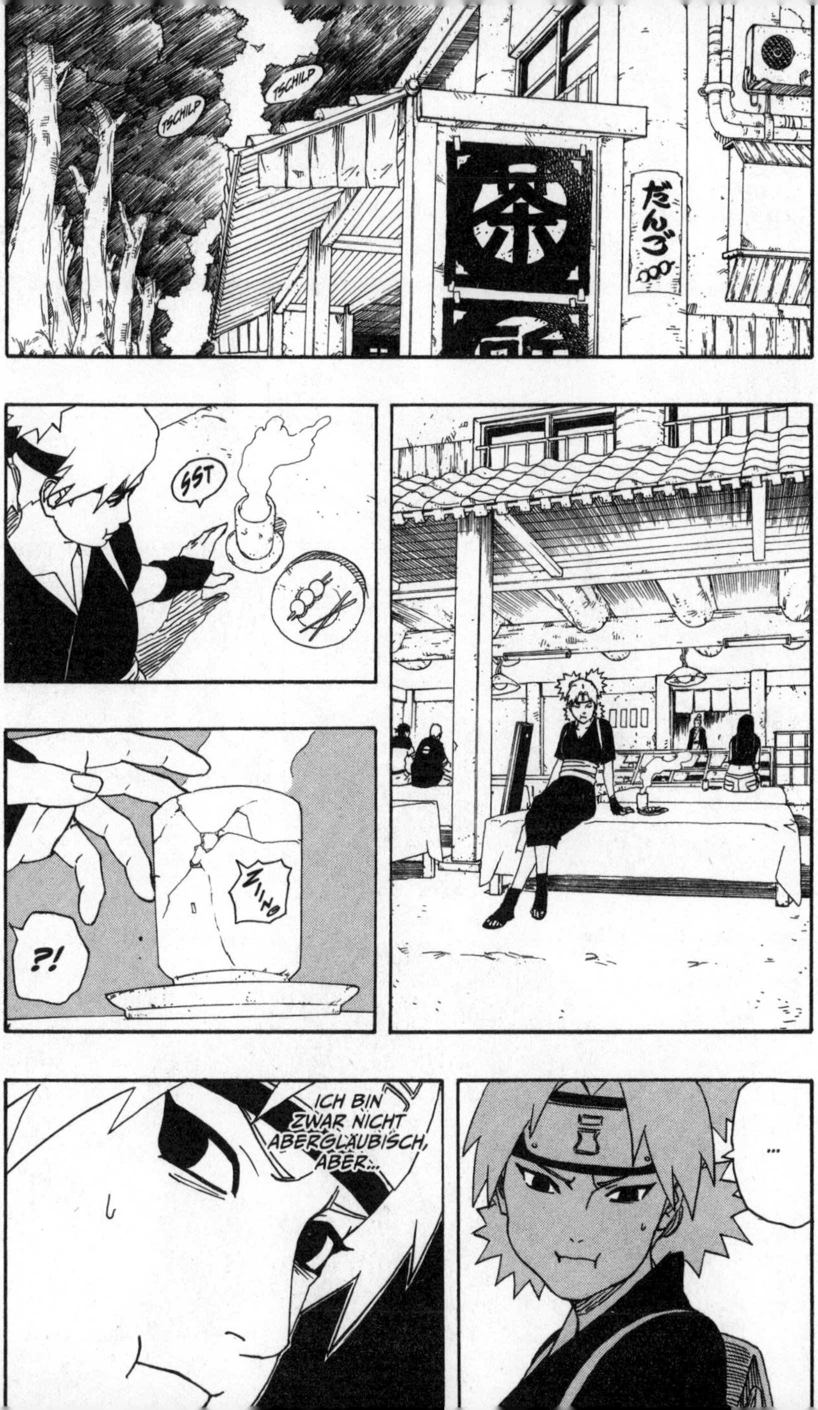
TSCHILD
TSCHILD
茶
だんご
SST
ZIING
?!
...
ICH BIN ZWAR NICHT ABERGLÄUBISCH, ABER...

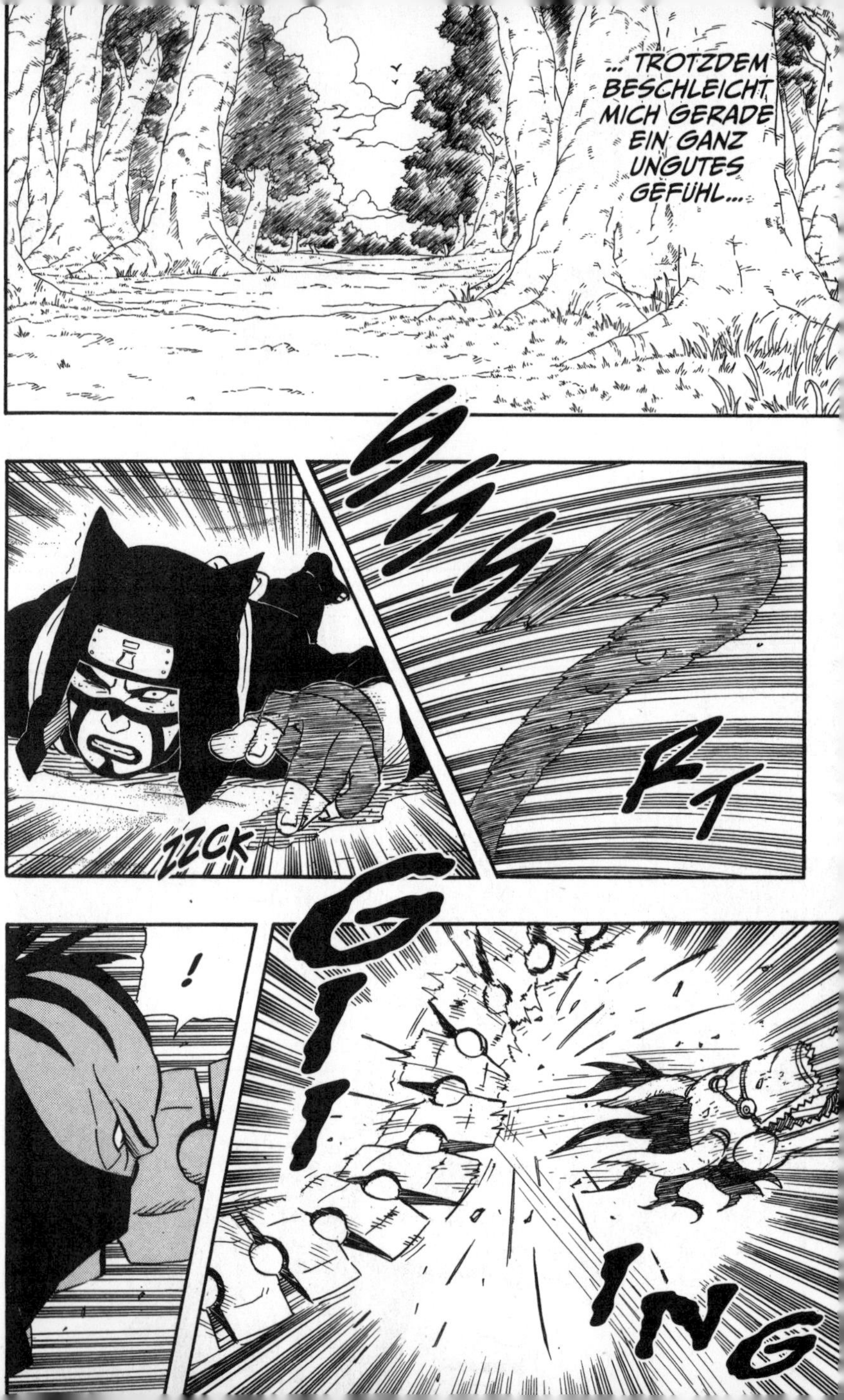
... TROTZDEM BESCHLEICHT MICH GERADE EIN GANZ UNGUTES GEFÜHL...
SSSS
RT
ZZCK
!
GLING

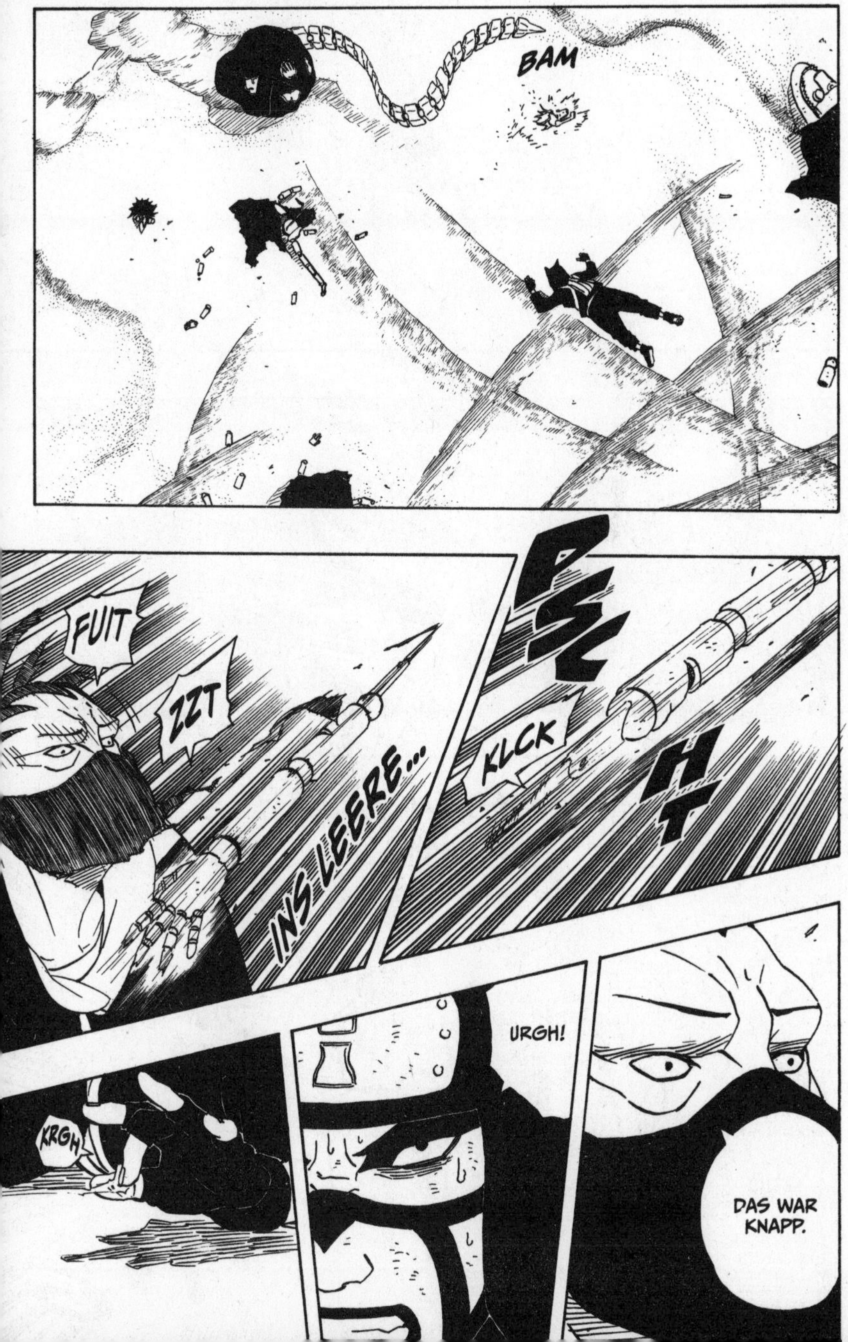
BAM
KLCK
FUIT
ZZT
INS LEERE...
DAS WAR KNAPP.
URGH!
KRGH

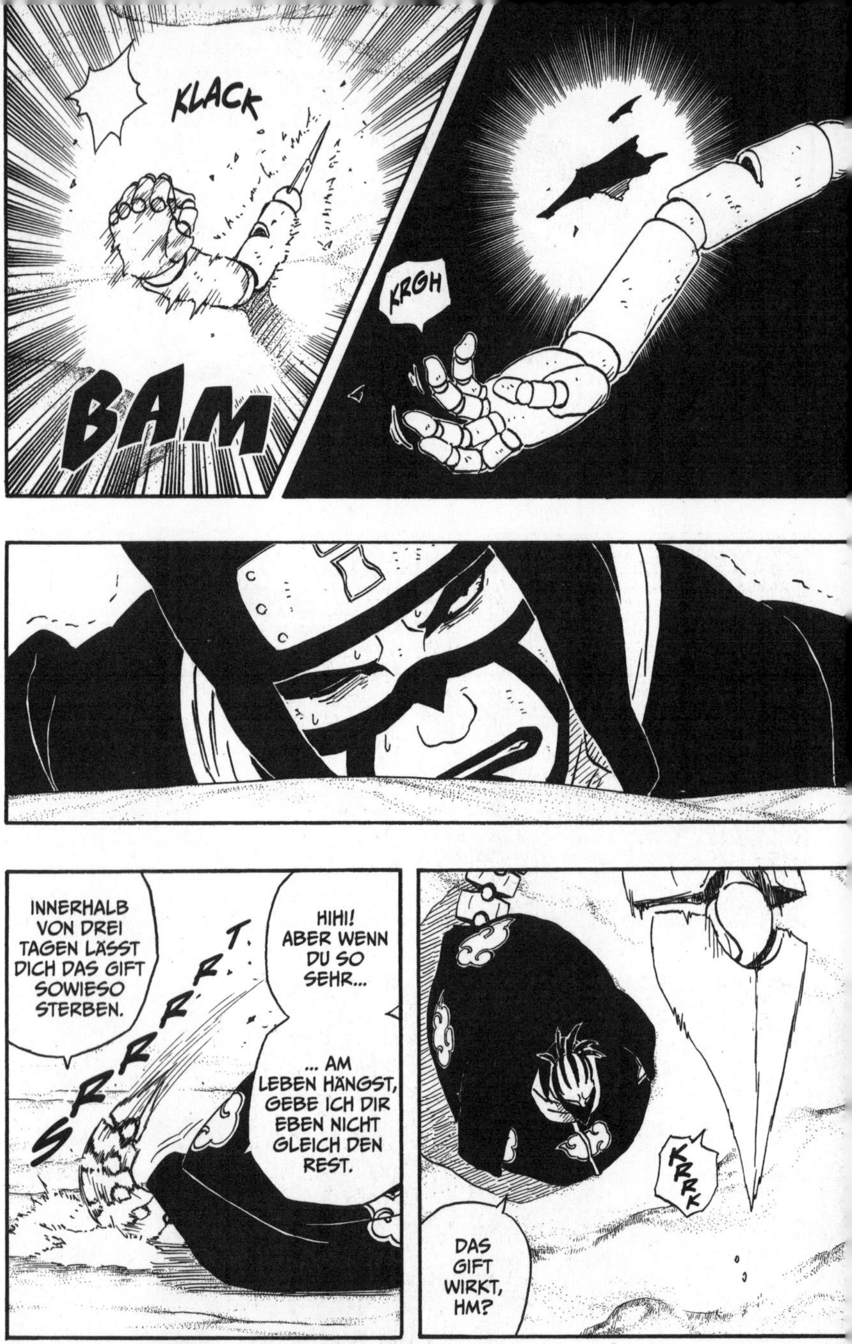
KRGH
KLACK
BAM
KRRK
DAS GIFT WIRKT, HM?
HIHI! ABER WENN DU SO SEHR...
... AM LEBEN HÄNGST, GEBE ICH DIR EBEN NICHT GLEICH DEN REST.
INNERHALB VON DREI TAGEN LÄSST DICH DAS GIFT SOWIESO STERBEN.
SRRRRT.

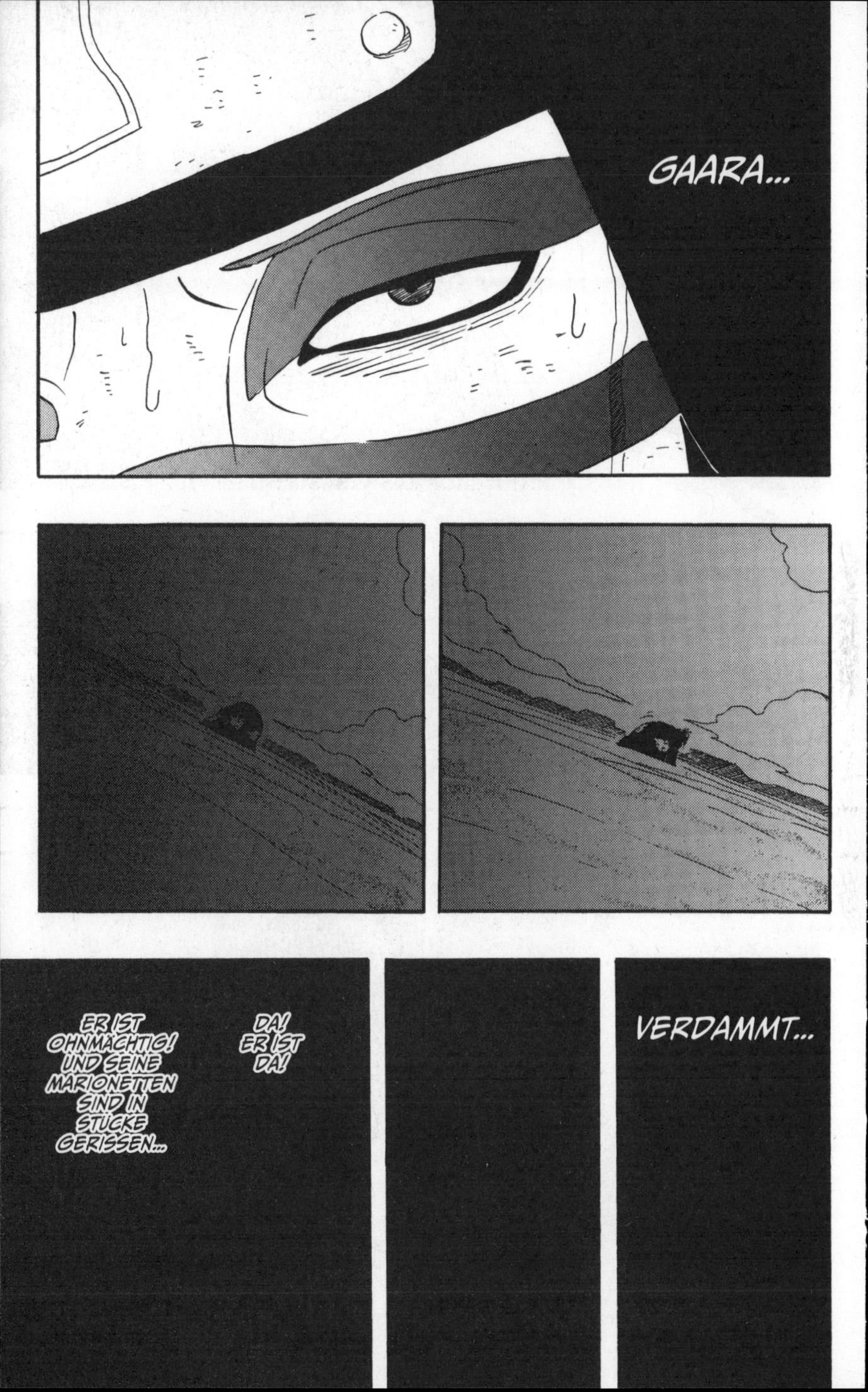
GAARA...
VERDAMMT...
DA! ER IST DA!
ER IST OHNMÄCHTIG! UND SEINE MARIONETTEN SIND IN STÜCKE GERISSEN...

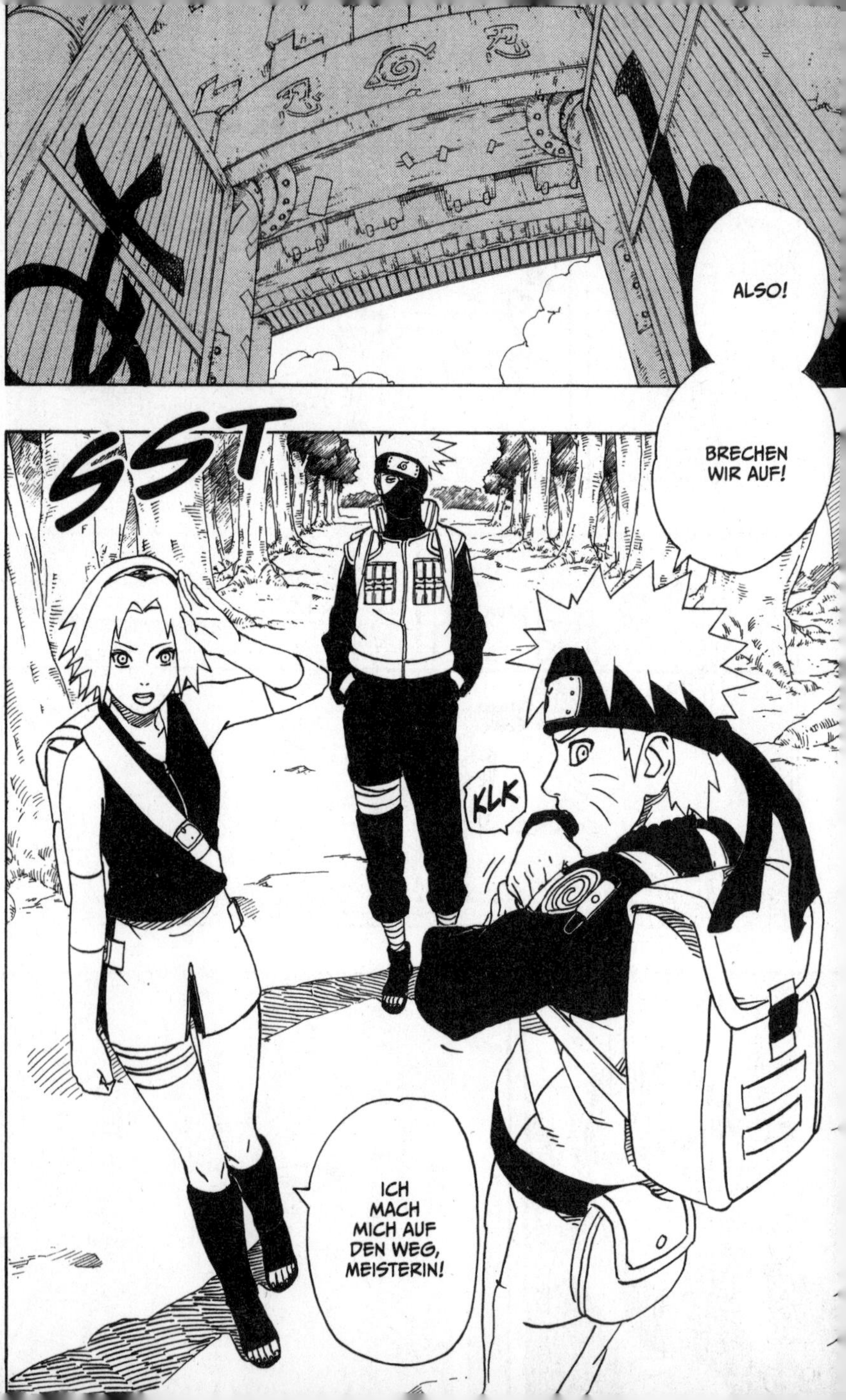
ALSO!
BRECHEN WIR AUF!
SST
KLK
ICH MACH MICH AUF DEN WEG, MEISTERIN!

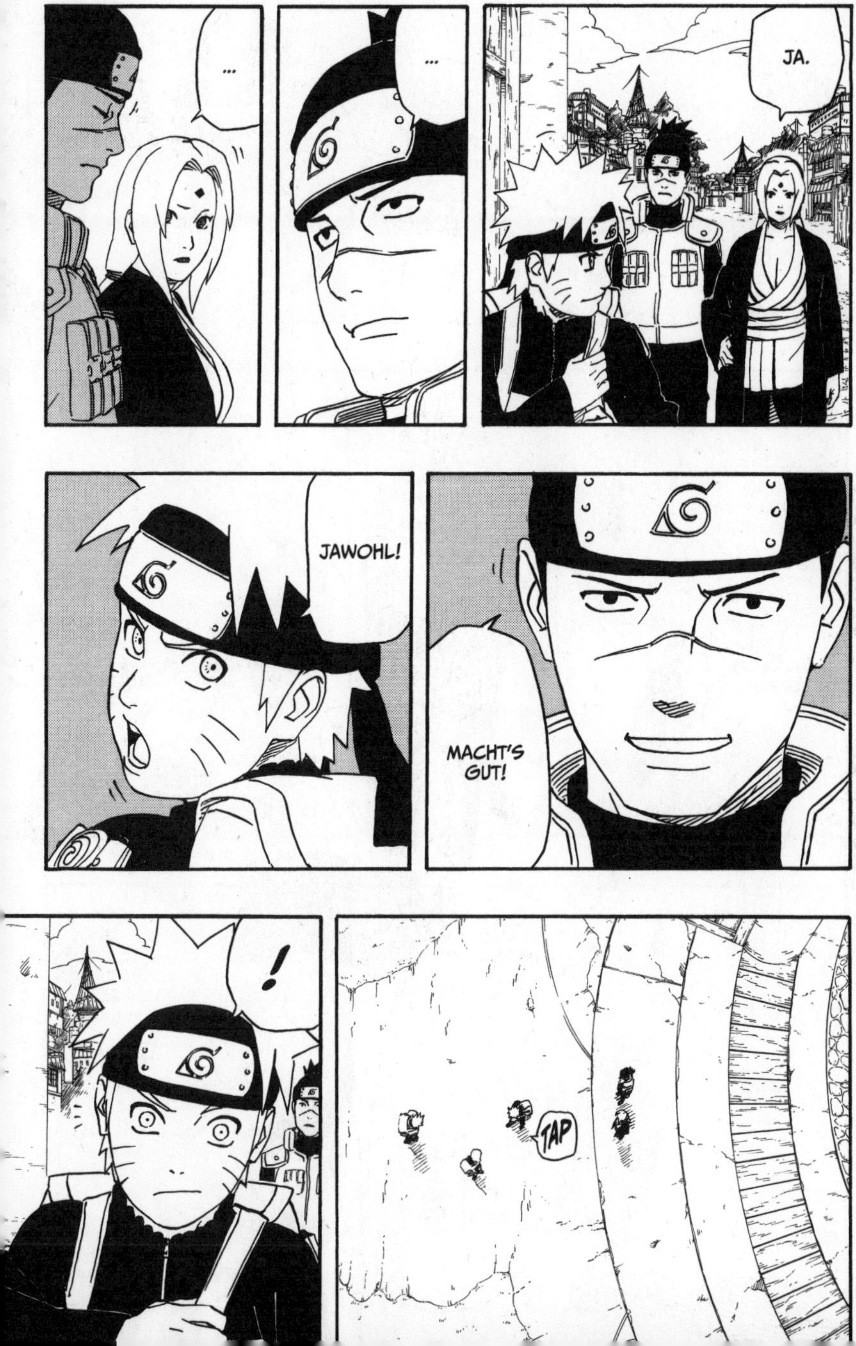
JA.
...
...
MACHT'S GUT!
JAWOHL!
TAP
!

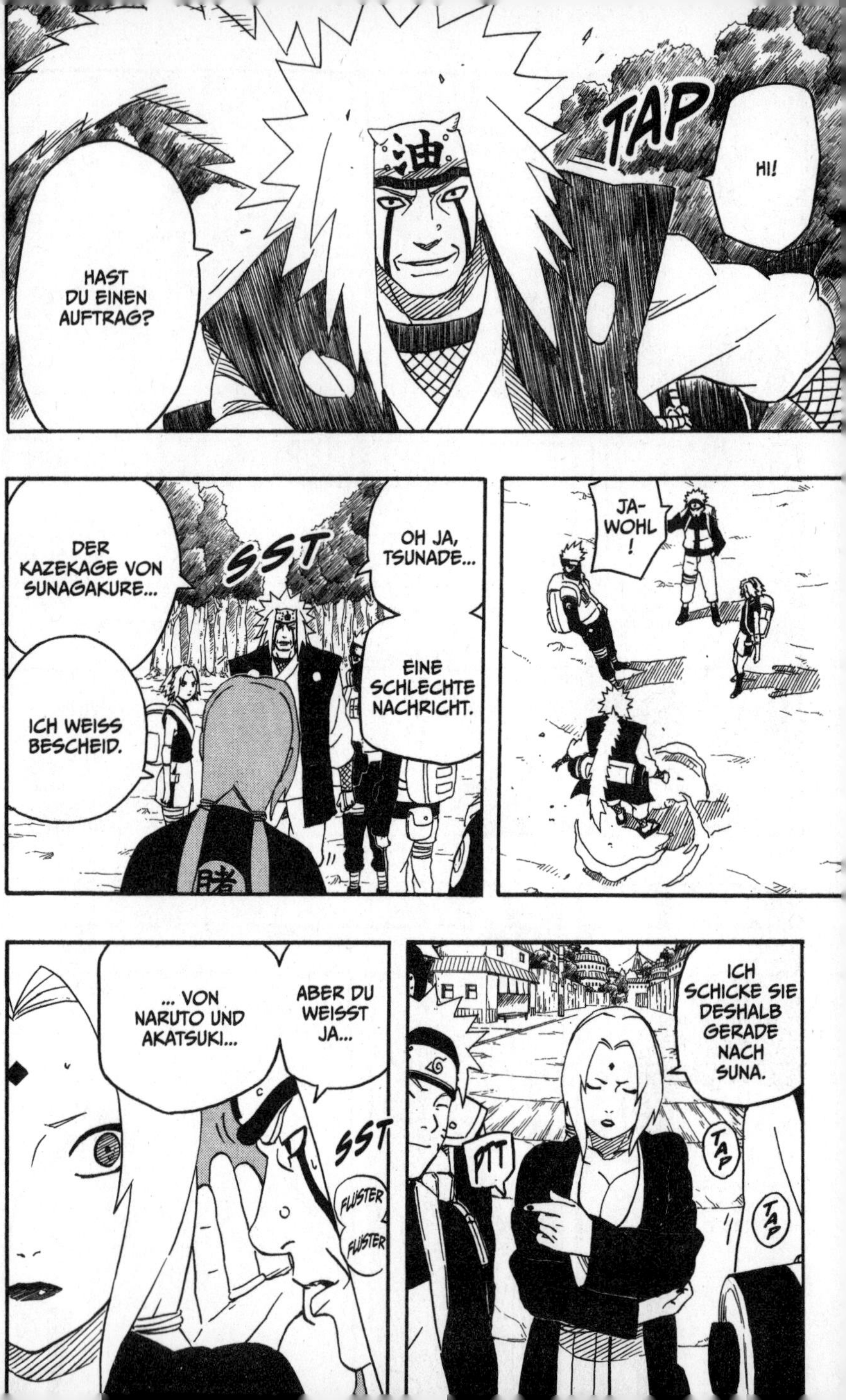
TAP
HI!
HAST DU EINEN AUFTRAG?
JA-WOHL!
OH JA, TSUNADE...
EINE SCHLECHTE NACHRICHT.
SST
DER KAZEKAGE VON SUNAGAKURE...
ICH WEISS BESCHEID.
ICH SCHICKE SIE DESHALB GERADE NACH SUNA.
TAP
TAP
PTT
ABER DU WEISST JA...
... VON NARUTO UND AKATSUKI...
SST
FLÜSTER
FLÜSTER

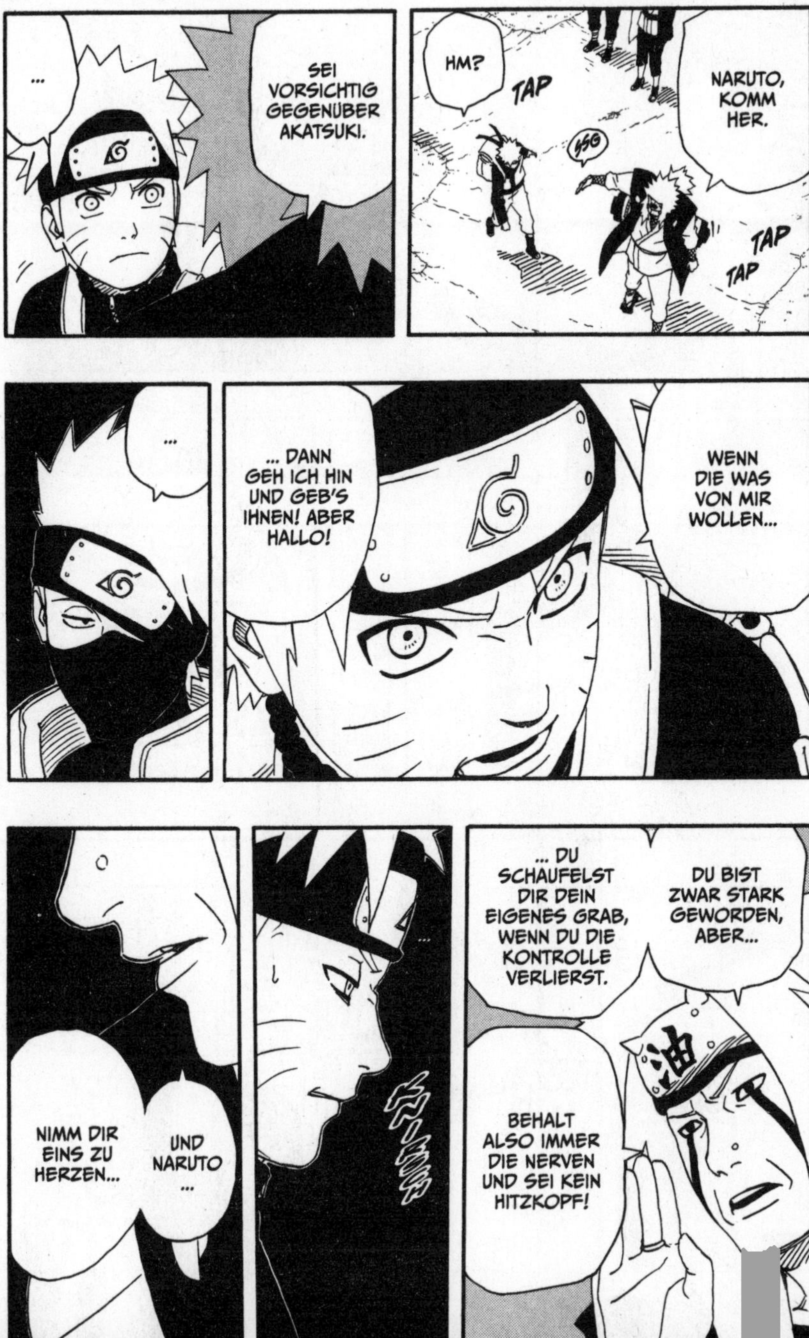
NARUTO, KOMM HER.
HM?
TAP
TAP
TAP
SEI VORSICHTIG GEGENÜBER AKATSUKI.
...
WENN DIE WAS VON MIR WOLLEN...
... DANN GEH ICH HIN UND GEB'S IHNEN! ABER HALLO!
...
DU BIST ZWAR STARK GEWORDEN, ABER...
... DU SCHAUFELST DIR DEIN EIGENES GRAB, WENN DU DIE KONTROLLE VERLIERST.
BEHALT ALSO IMMER DIE NERVEN UND SEI KEIN HITZKOPF!
...
UND NARUTO ...
NIMM DIR EINS ZU HERZEN...

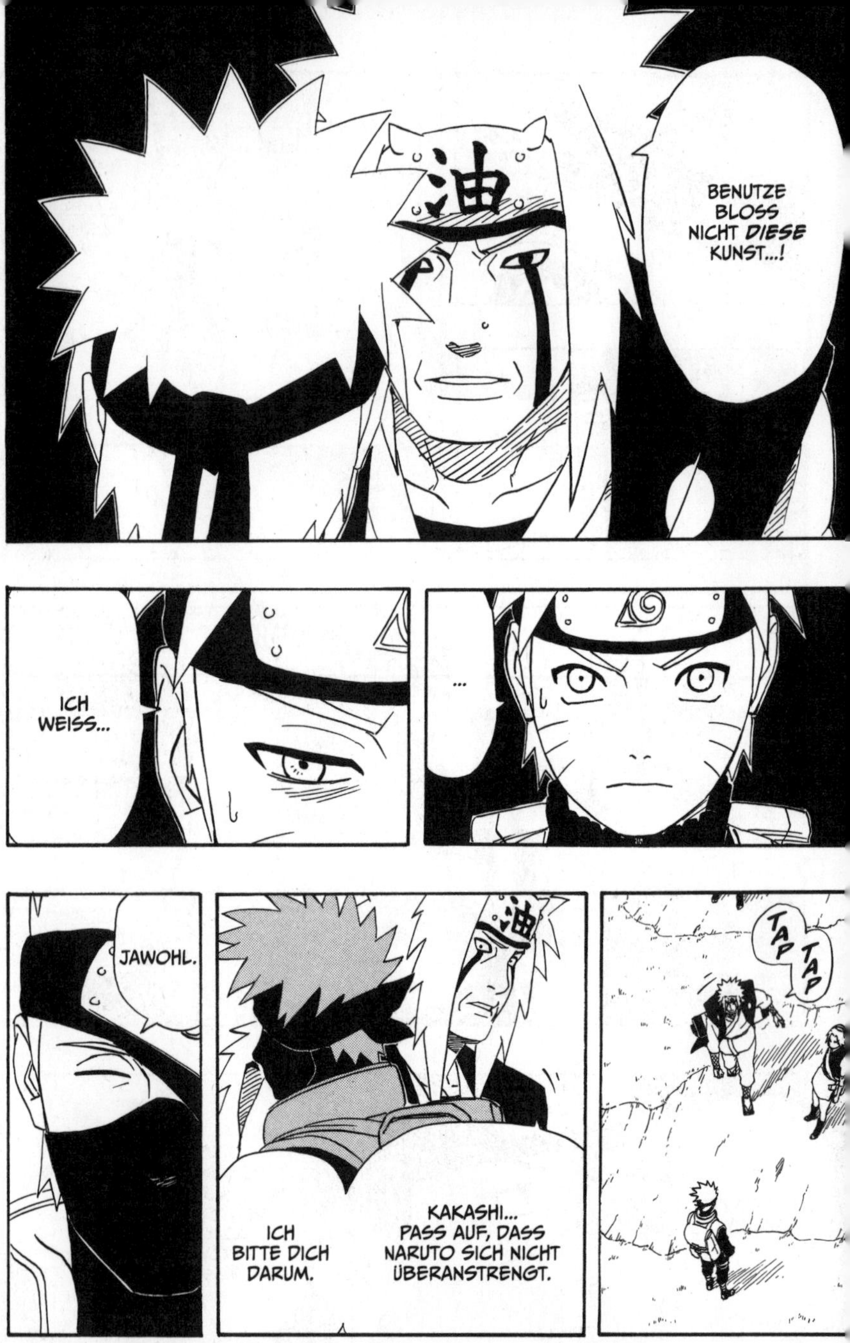
BENUTZE BLOSS NICHT DIESE KUNST...!
...
ICH WEISS...
TAP TAP
KAKASHI... PASS AUF, DASS NARUTO SICH NICHT ÜBERANSTRENGT.
ICH BITTE DICH DARUM.
JAWOHL.

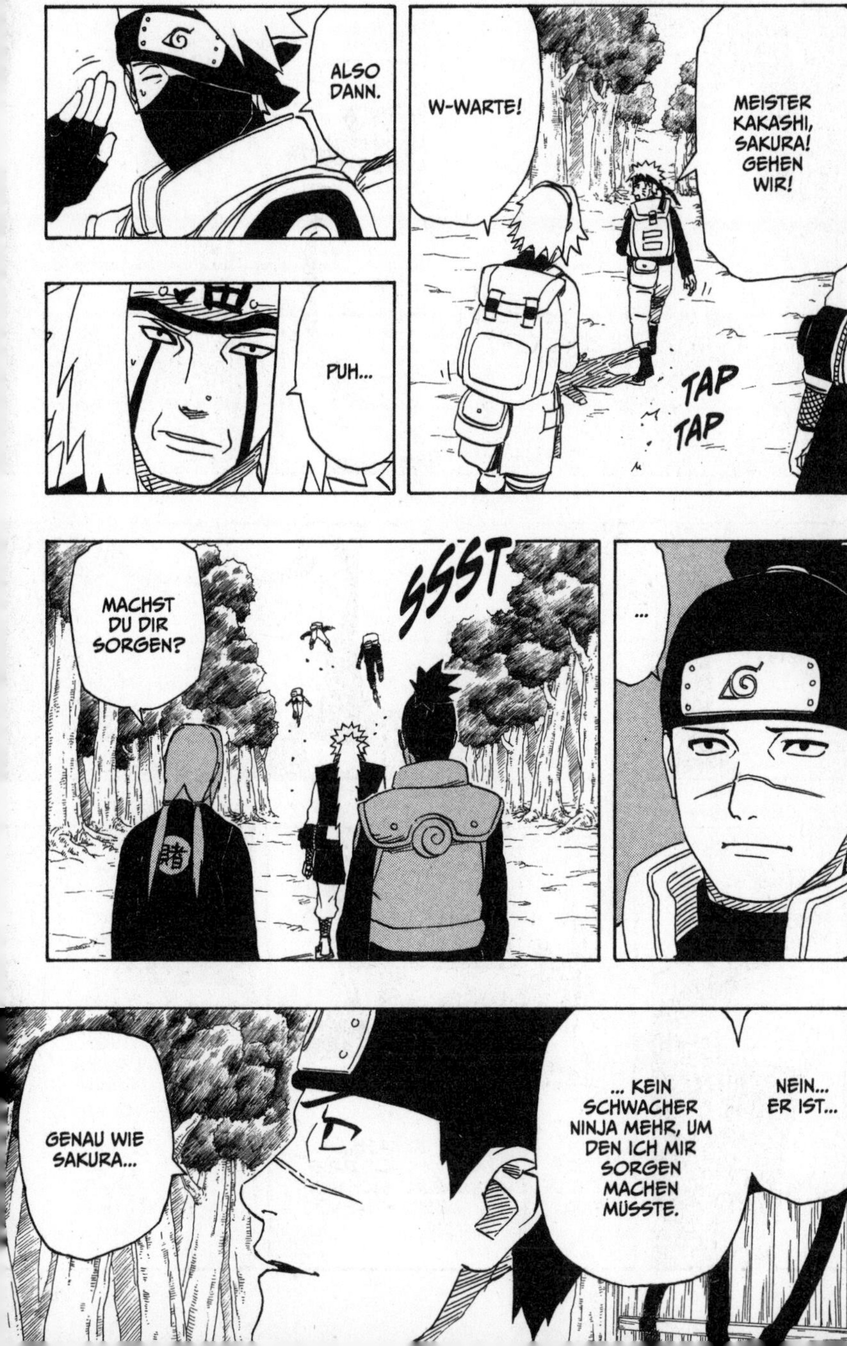
MEISTER KAKASHI, SAKURA! GEHEN WIR!
W-WARTE!
TAP TAP
ALSO DANN.
PUH...
...
MACHST DU DIR SORGEN?
SSST
NEIN... ER IST...
... KEIN SCHWACHER NINJA MEHR, UM DEN ICH MIR SORGEN MACHEN MÜSSTE.
GENAU WIE SAKURA...

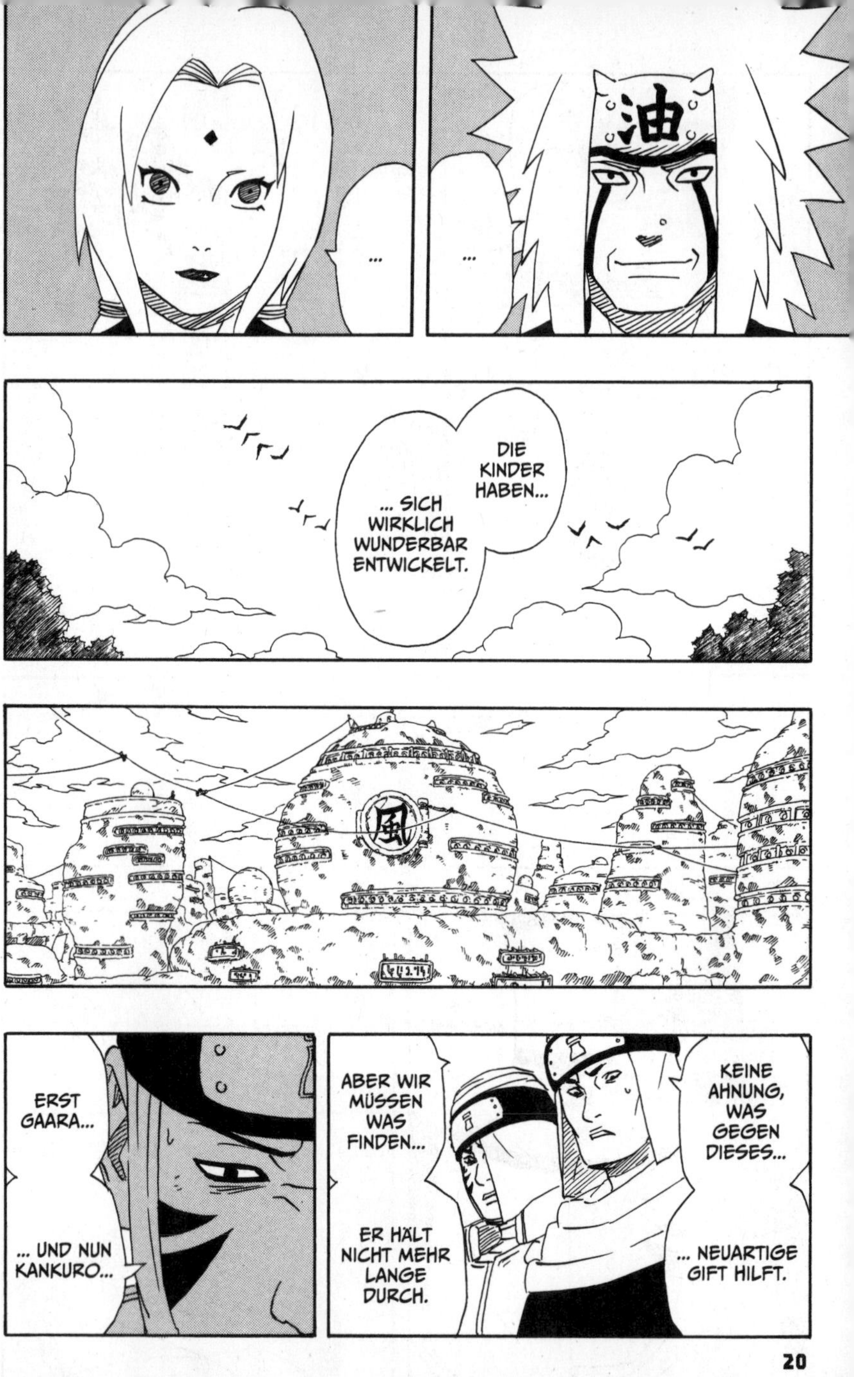
...
...
DIE KINDER HABEN...
... SICH WIRKLICH WUNDERBAR ENTWICKELT.
KEINE AHNUNG, WAS GEGEN DIESES...
... NEUARTIGE GIFT HILFT.
ABER WIR MÜSSEN WAS FINDEN...
ER HÄLT NICHT MEHR LANGE DURCH.
ERST GAARA...
... UND NUN KANKURO...

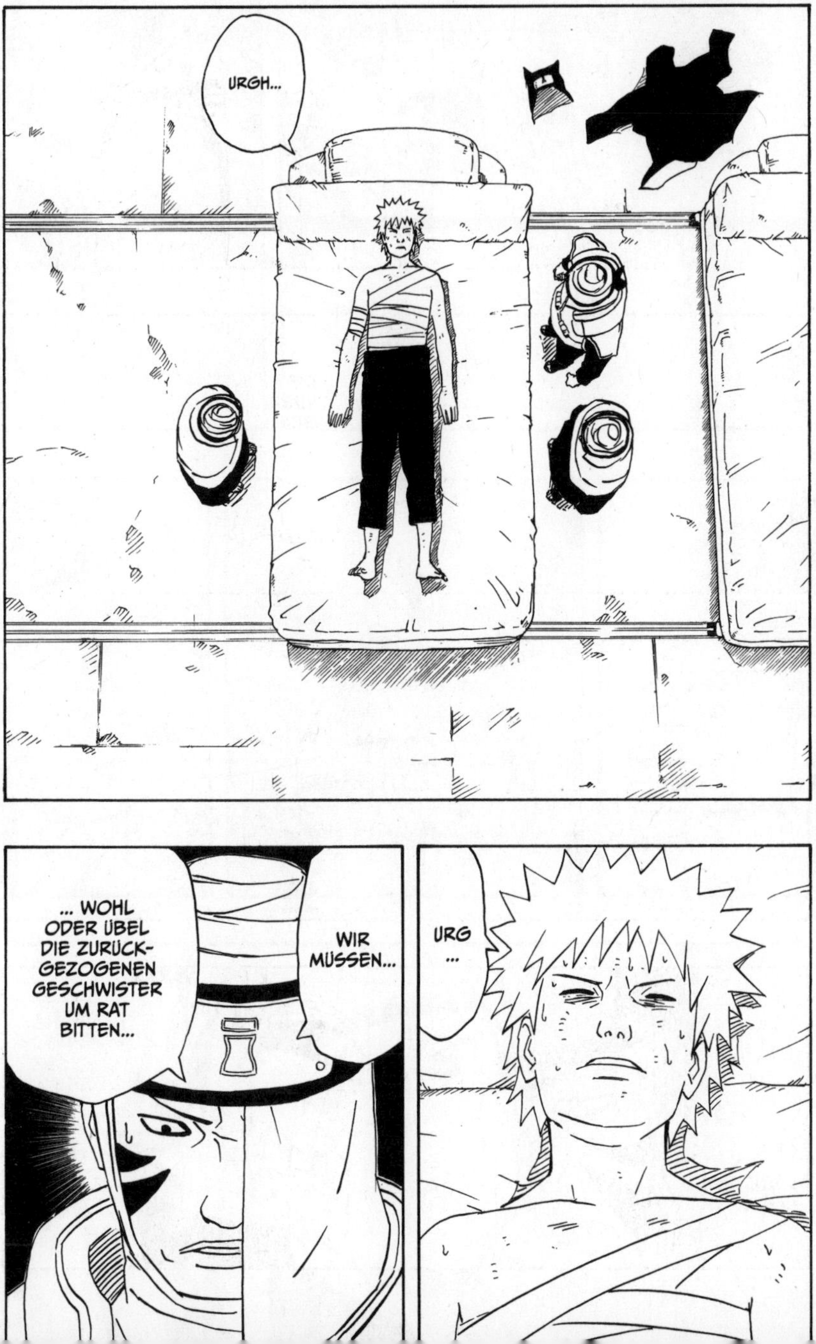
URGH...
URG ...
WIR MÜSSEN...
... WOHL ODER ÜBEL DIE ZURÜCK-GEZOGENEN GESCHWISTER UM RAT BITTEN...

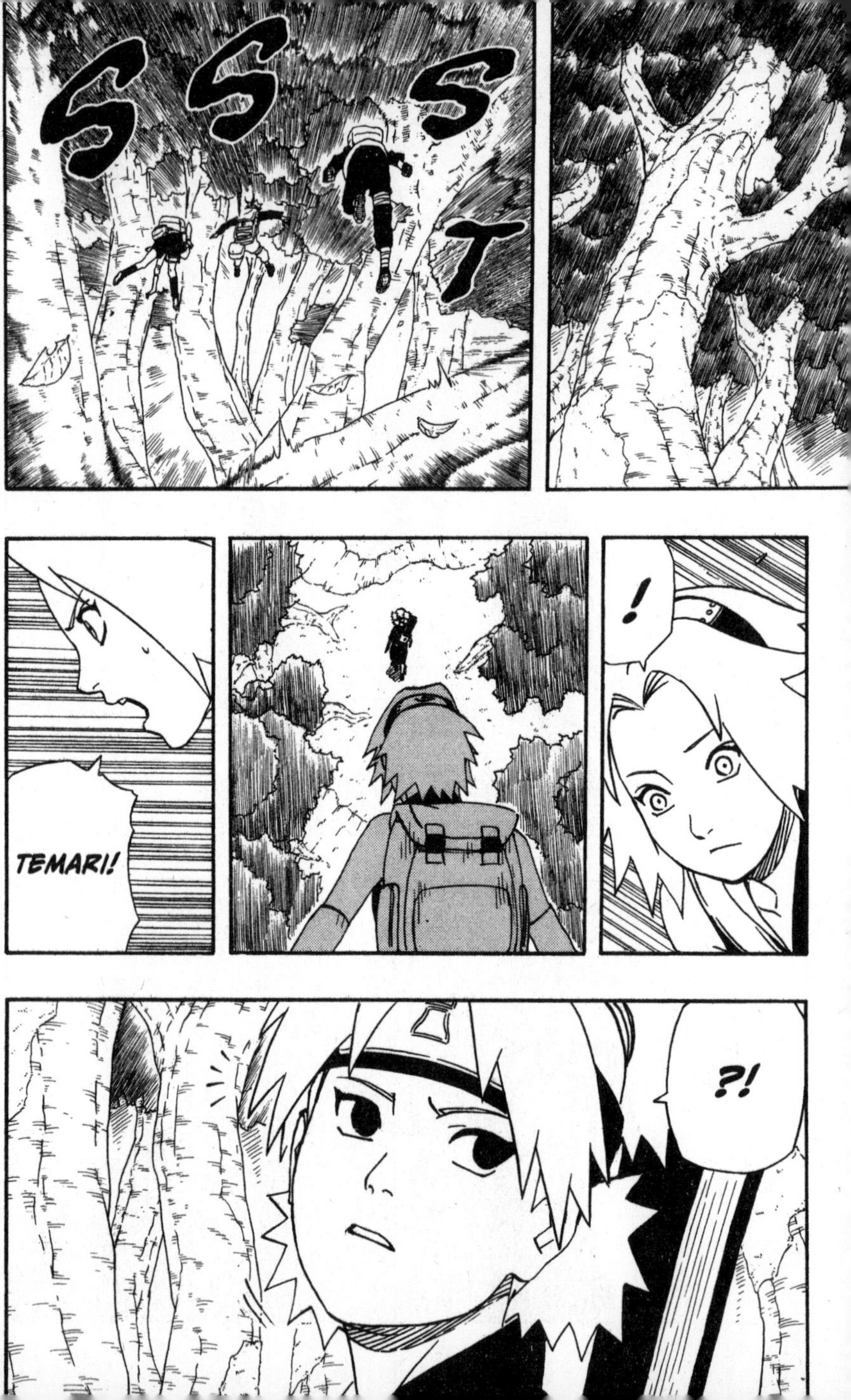

SSST
!
TEMARI!
?!

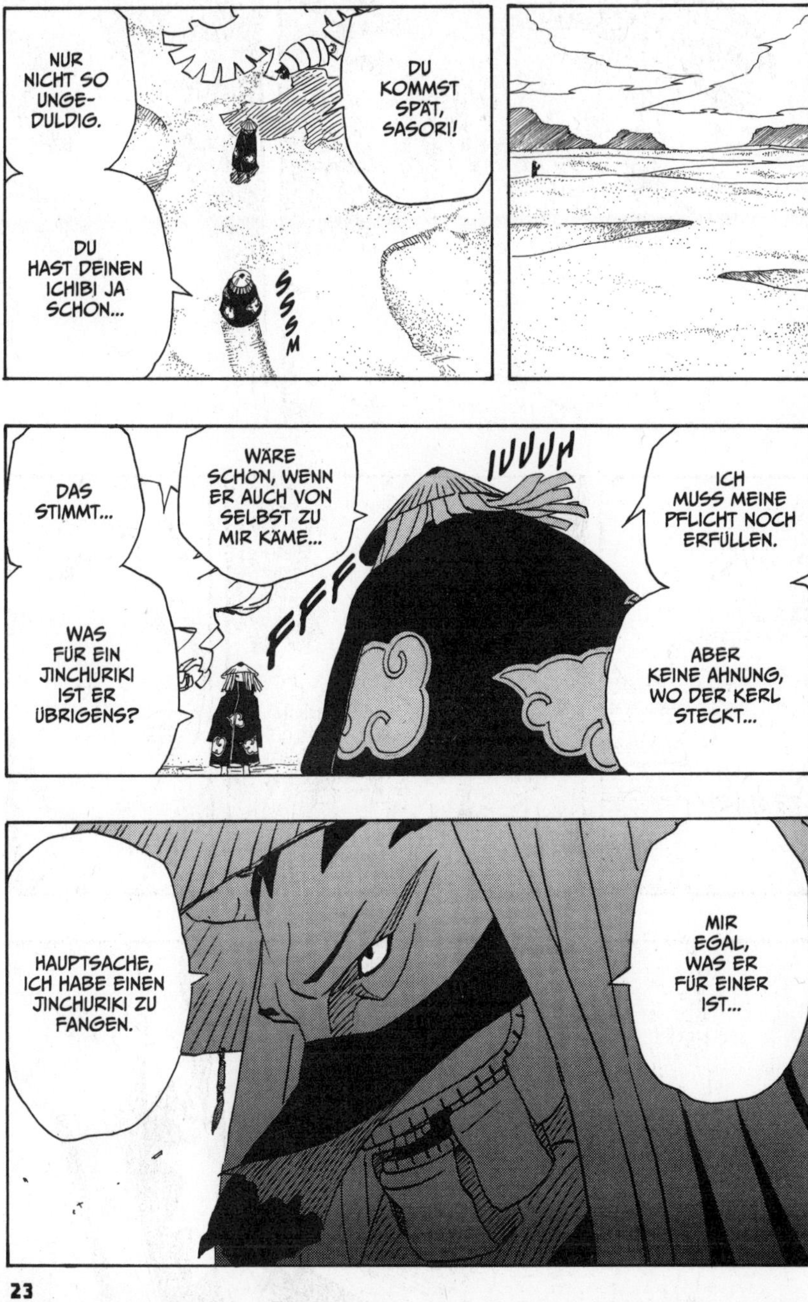
DU KOMMST SPÄT, SASORI!
NUR NICHT SO UNGE-DULDIG.
DU HAST DEINEN ICHIBI JA SCHON...
SSSM
ICH MUSS MEINE PFLICHT NOCH ERFÜLLEN.
ABER KEINE AHNUNG, WO DER KERL STECKT...
IUUUH
WÄRE SCHÖN, WENN ER AUCH VON SELBST ZU MIR KÄME...
DAS STIMMT...
WAS FÜR EIN JINCHURIKI IST ER ÜBRIGENS?
FFFF
MIR EGAL, WAS ER FÜR EINER IST...
HAUPTSACHE, ICH HABE EINEN JINCHURIKI ZU FANGEN.

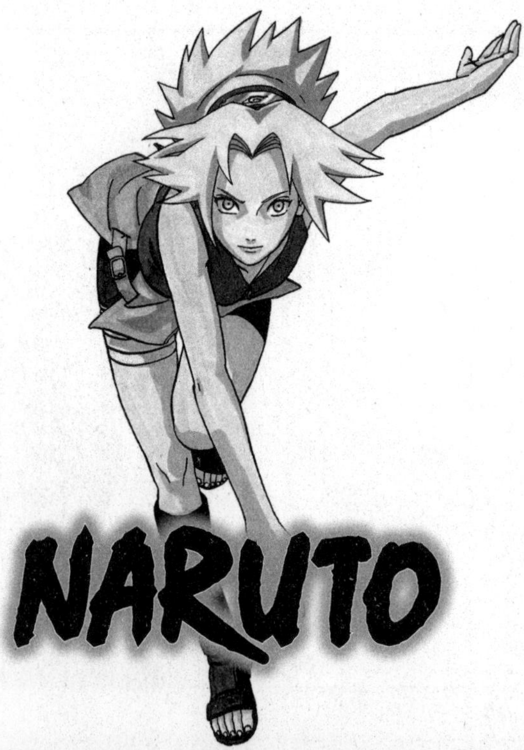
NARUTO

252. Kapitel:

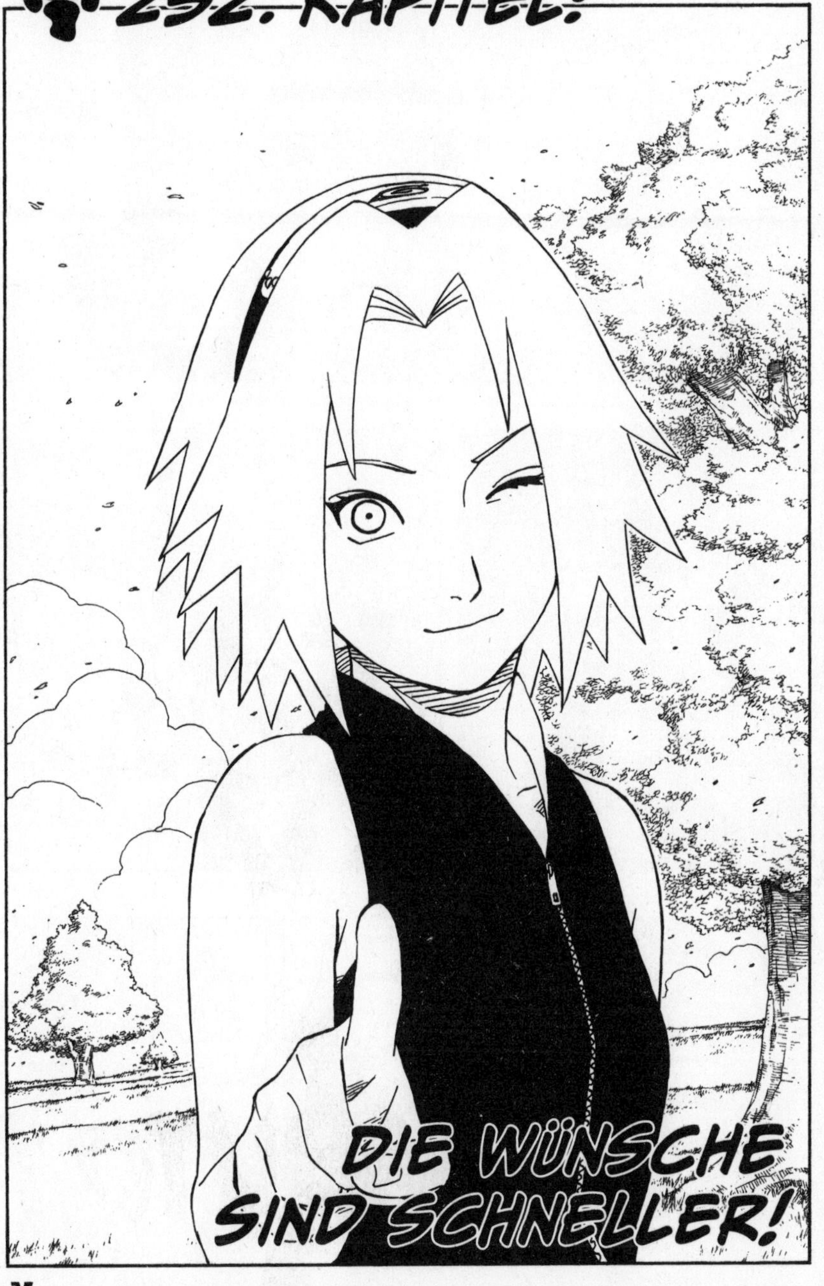

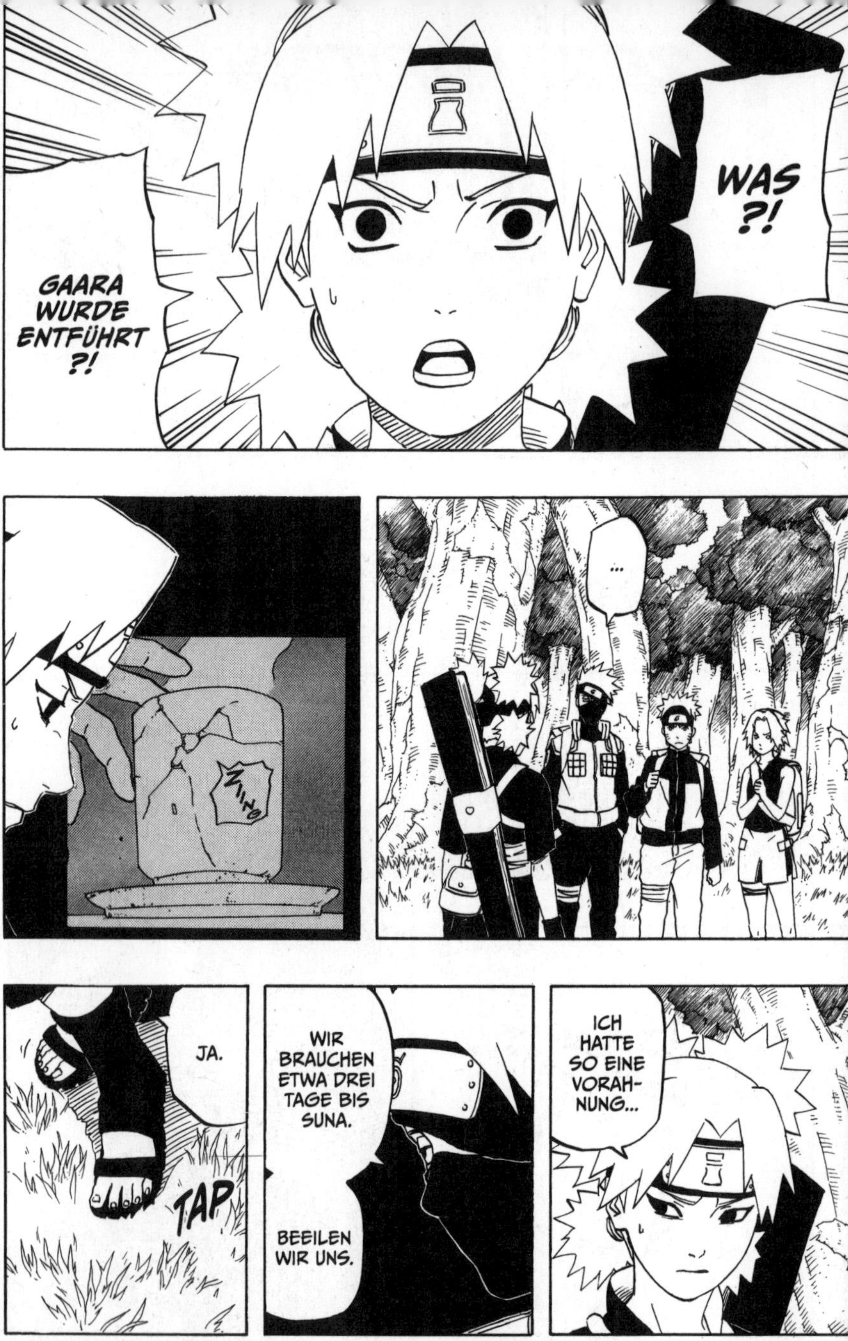
WAS ?!
GAARA WURDE ENTFÜHRT ?!
...
ZING
ICH HATTE SO EINE VORAH- NUNG...
WIR BRAUCHEN ETWA DREI TAGE BIS SUNA.
BEEILEN WIR UNS.
JA.
TAP

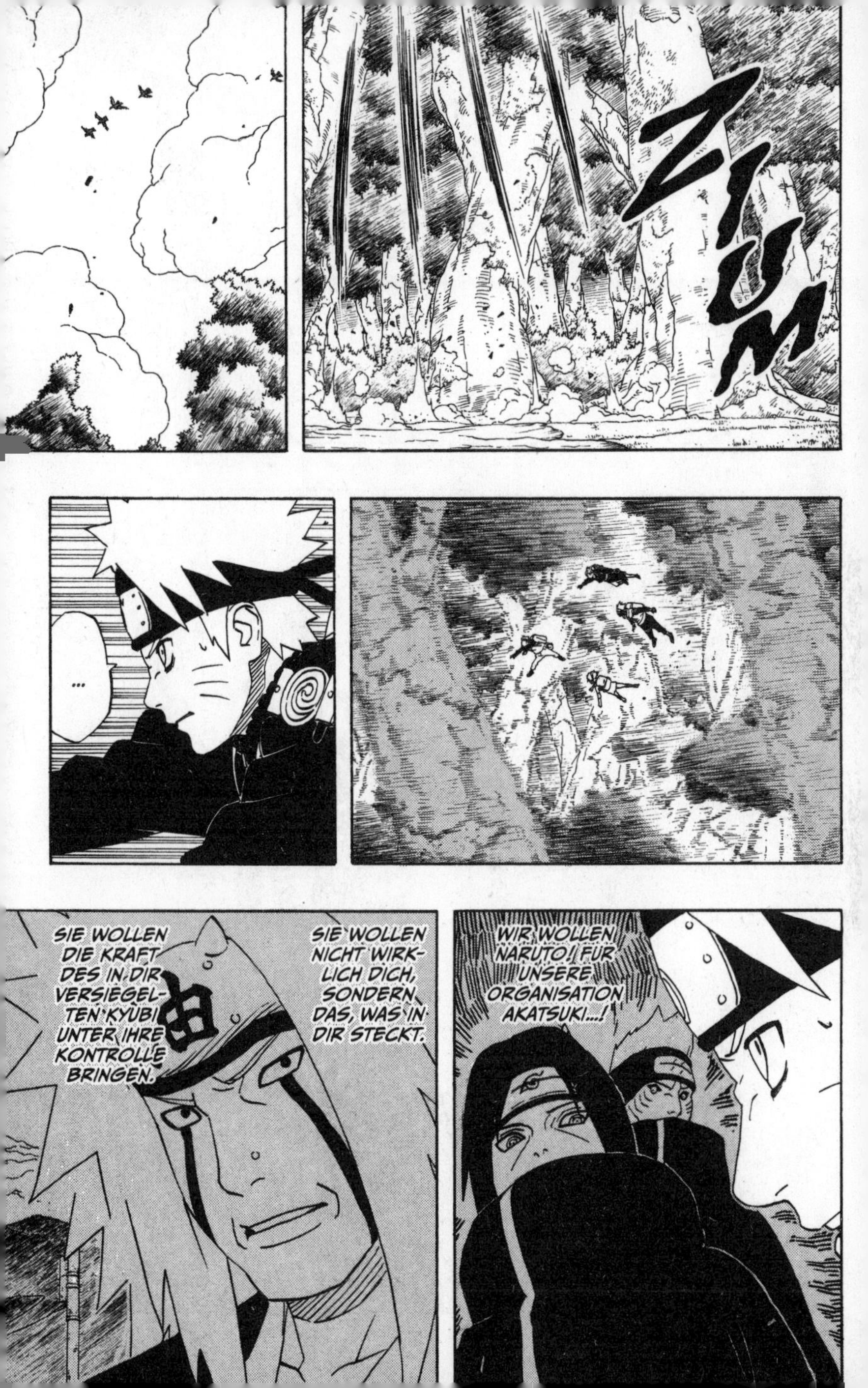
ZIUM
...
WIR WOLLEN NARUTO! FÜR UNSERE ORGANISATION AKATSUKI...!
SIE WOLLEN NICHT WIRKLICH DICH, SONDERN DAS, WAS IN DIR STECKT.
SIE WOLLEN DIE KRAFT DES IN DIR VERSIEGELTEN KYUBI UNTER IHRE KONTROLLE BRINGEN.

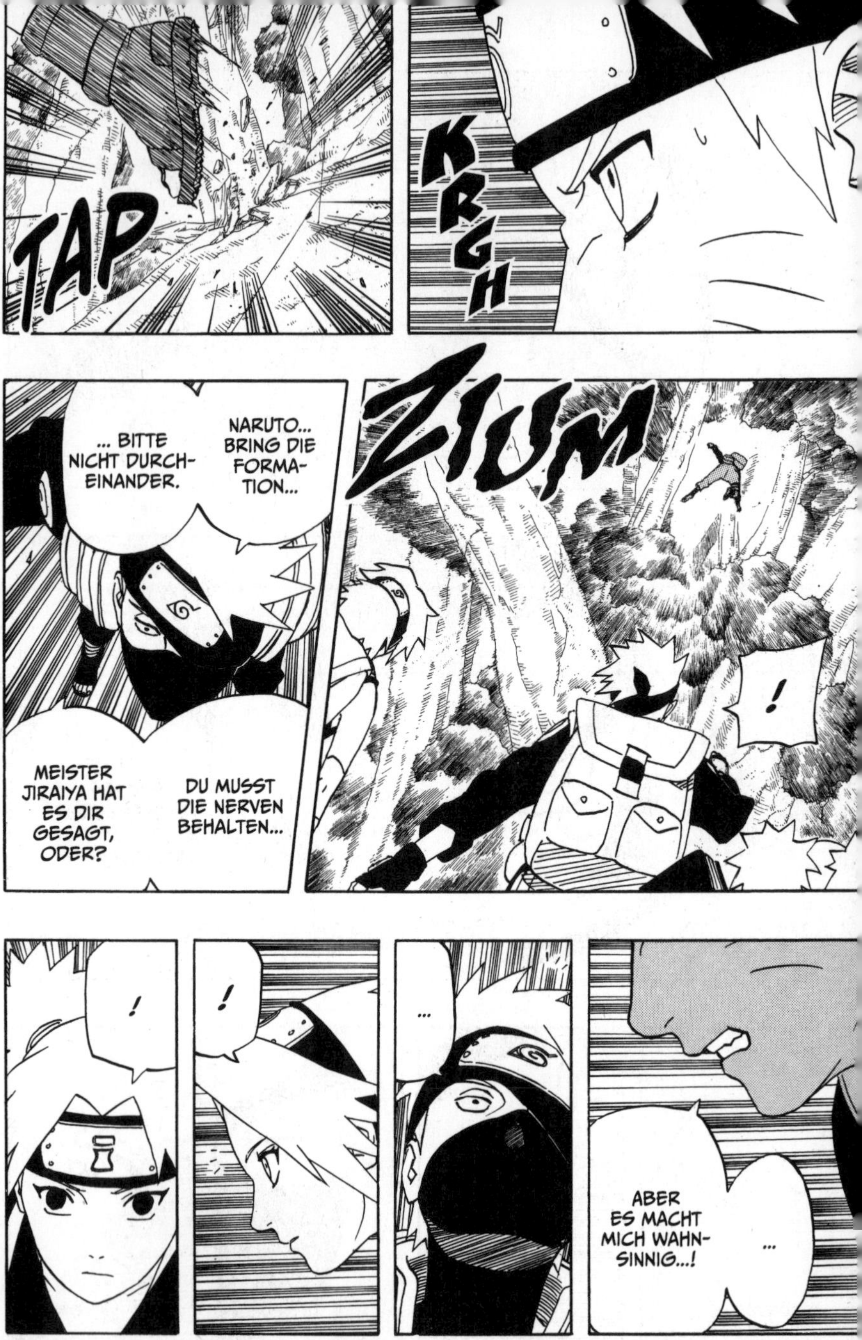
KRGH
TAP
ZIUM
!
NARUTO... BRING DIE FORMATION...
... BITTE NICHT DURCHEINANDER.
DU MUSST DIE NERVEN BEHALTEN...
MEISTER JIRAIYA HAT ES DIR GESAGT, ODER?
...
ABER ES MACHT MICH WAHNSINNIG...!
...
!
!

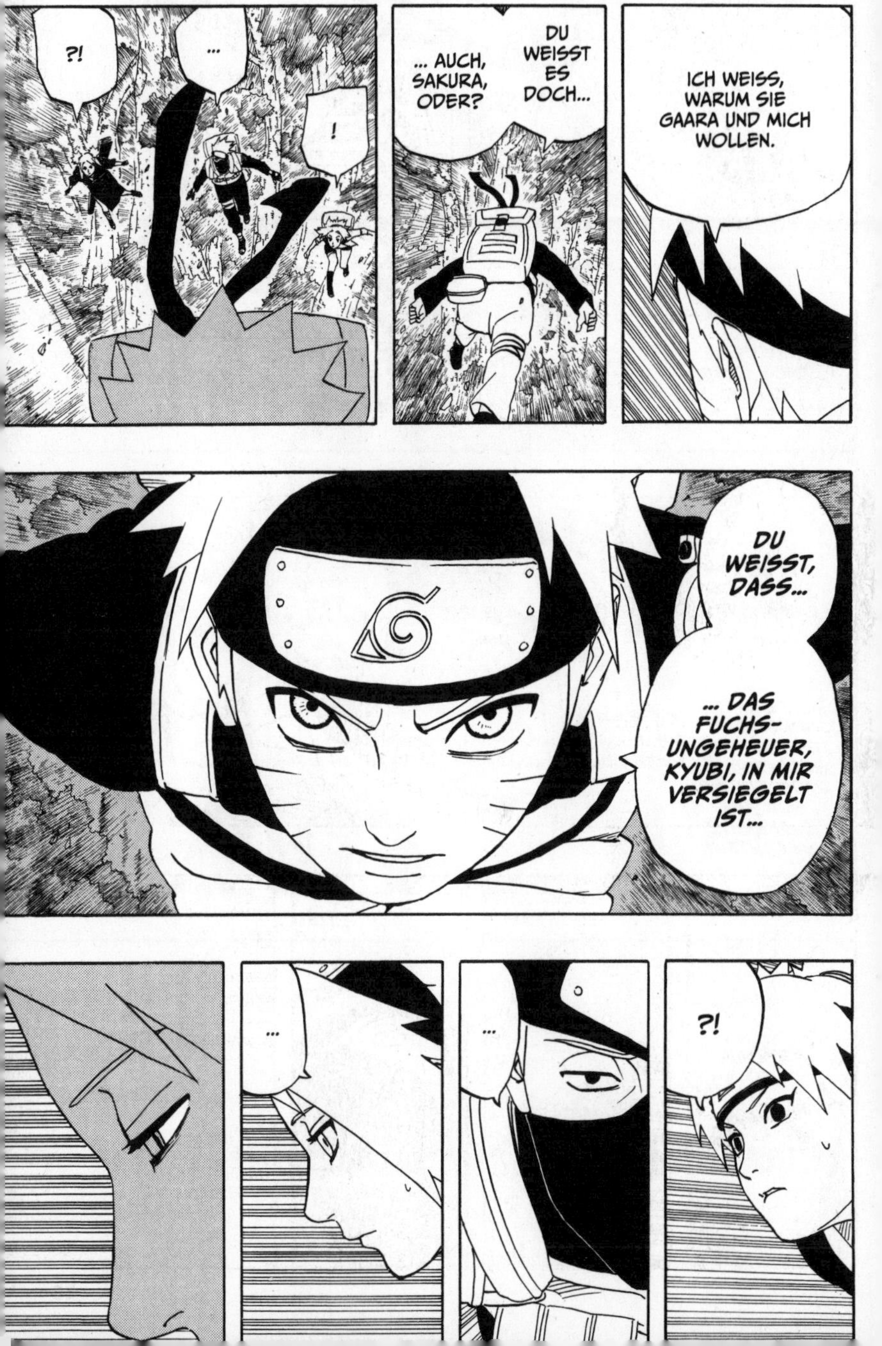

ICH WEISS, WARUM SIE GAARA UND MICH WOLLEN.
DU WEISST ES DOCH...
... AUCH, SAKURA, ODER?
!
...
?!
DU WEISST, DASS...
... DAS FUCHS-UNGEHEUER, KYUBI, IN MIR VERSIEGELT IST...
?!
...
...

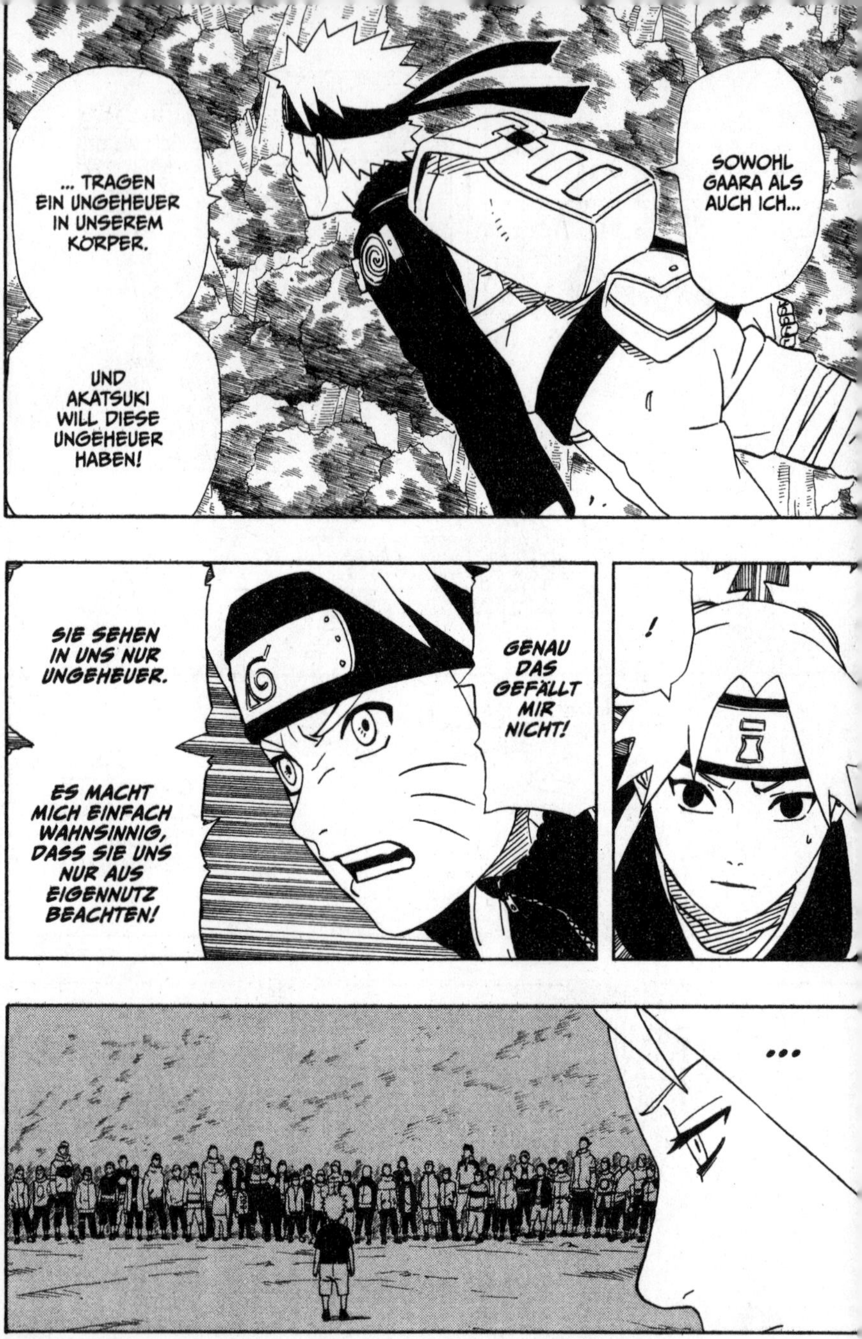
SOWOHL GAARA ALS AUCH ICH...
... TRAGEN EIN UNGEHEUER IN UNSEREM KÖRPER.
UND AKATSUKI WILL DIESE UNGEHEUER HABEN!
!
GENAU DAS GEFÄLLT MIR NICHT!
SIE SEHEN IN UNS NUR UNGEHEUER.
ES MACHT MICH EINFACH WAHNSINNIG, DASS SIE UNS NUR AUS EIGENNUTZ BEACHTEN!
...

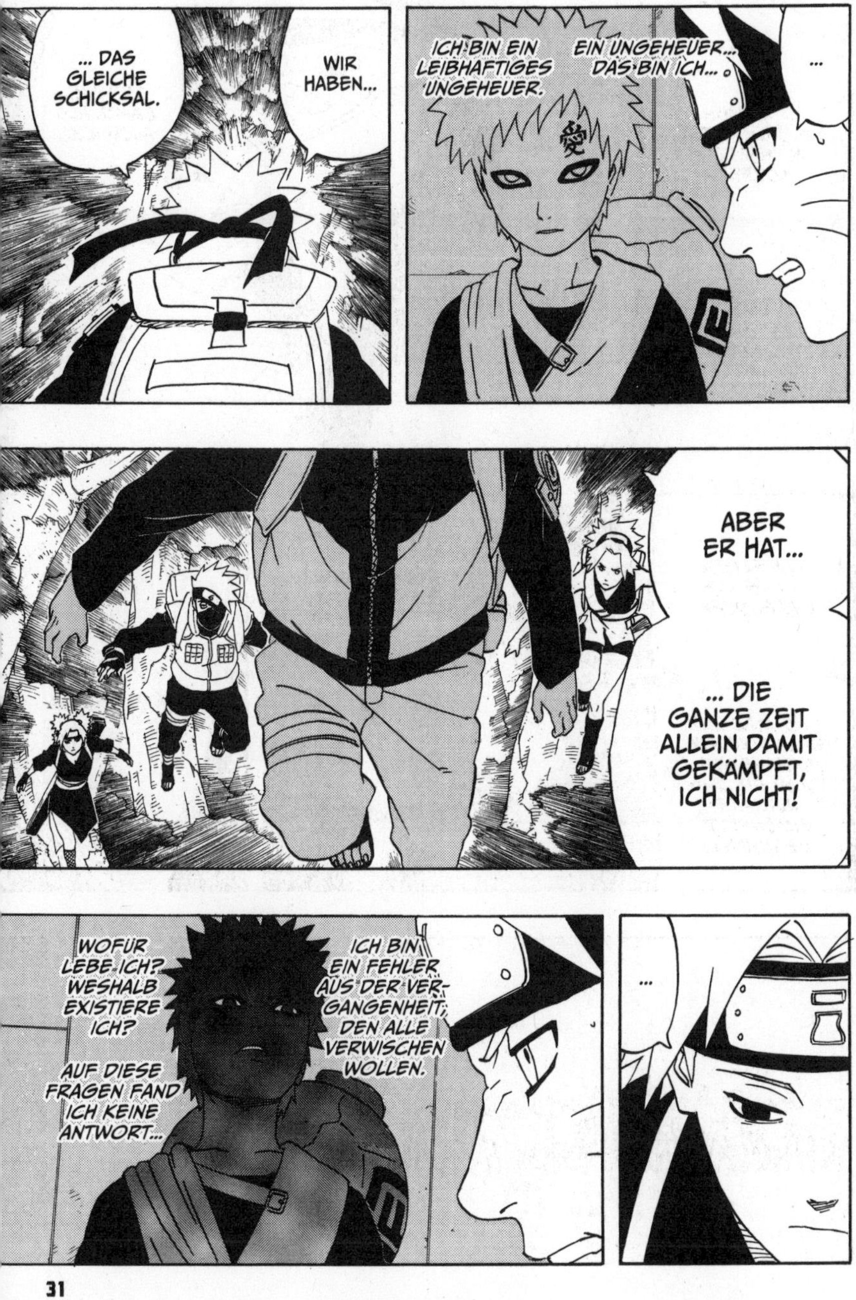
...
EIN UNGEHEUER... DAS BIN ICH...
ICH BIN EIN LEIBHAFTIGES UNGEHEUER.
WIR HABEN...
... DAS GLEICHE SCHICKSAL.
ABER ER HAT...
... DIE GANZE ZEIT ALLEIN DAMIT GEKÄMPFT, ICH NICHT!
...
ICH BIN EIN FEHLER AUS DER VERGANGENHEIT, DEN ALLE VERWISCHEN WOLLEN.
WOFÜR LEBE ICH? WESHALB EXISTIERE ICH?
AUF DIESE FRAGEN FAND ICH KEINE ANTWORT...

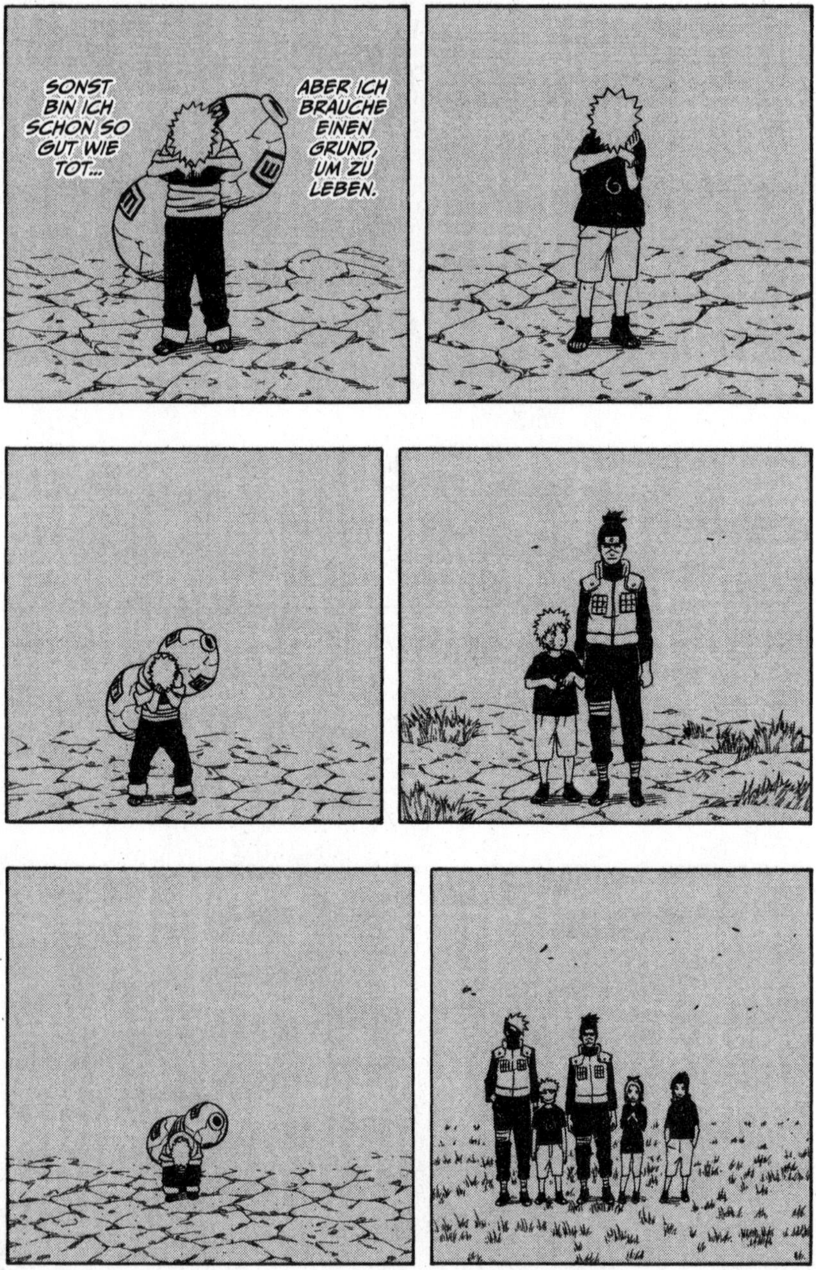
ABER ICH BRAUCHE EINEN GRUND, UM ZU LEBEN.
SONST BIN ICH SCHON SO GUT WIE TOT...

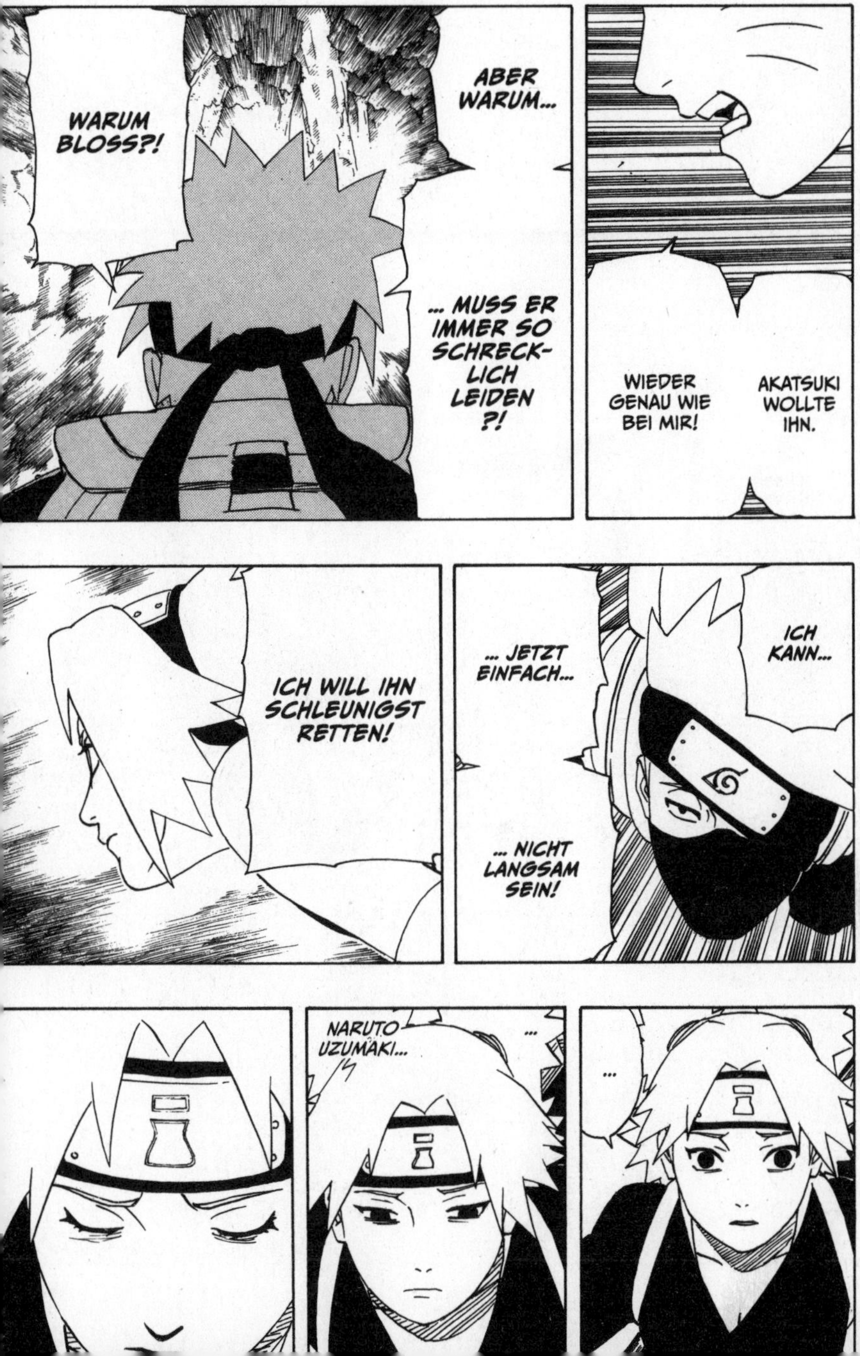
AKATSUKI WOLLTE IHN.
WIEDER GENAU WIE BEI MIR!
ABER WARUM...
... MUSS ER IMMER SO SCHRECK-LICH LEIDEN ?!
WARUM BLOSS?!
ICH KANN...
... JETZT EINFACH...
... NICHT LANGSAM SEIN!
ICH WILL IHN SCHLEUNIGST RETTEN!
...
...
NARUTO UZUMAKI...

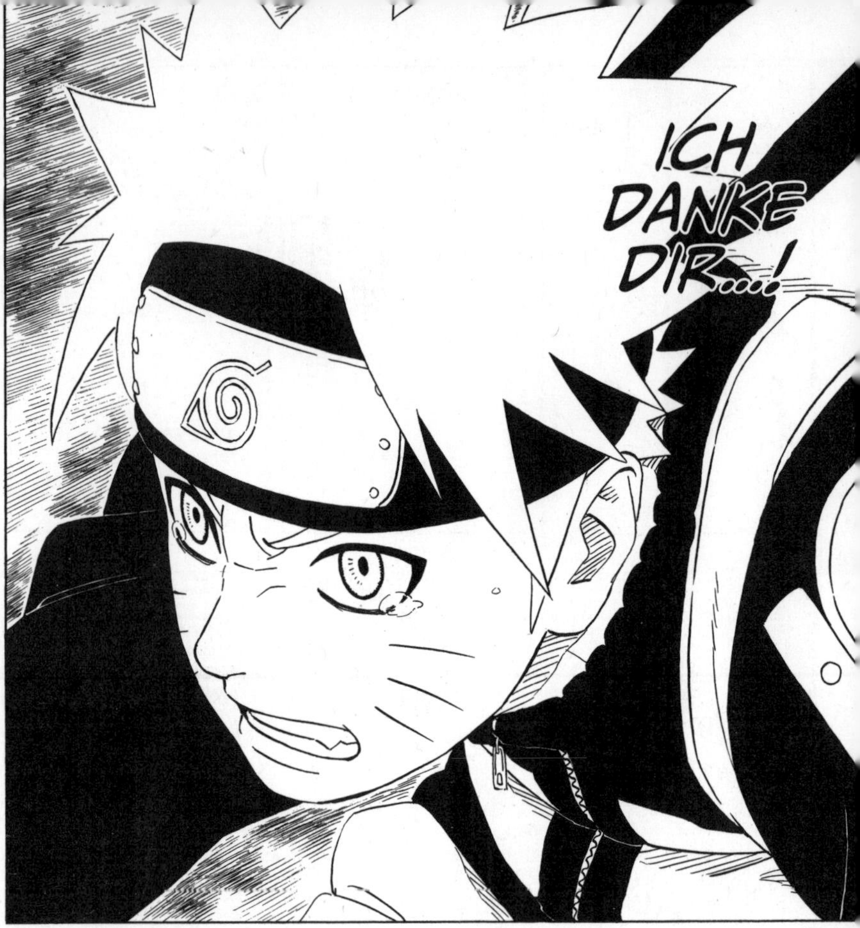
ICH DANKE DIR...!
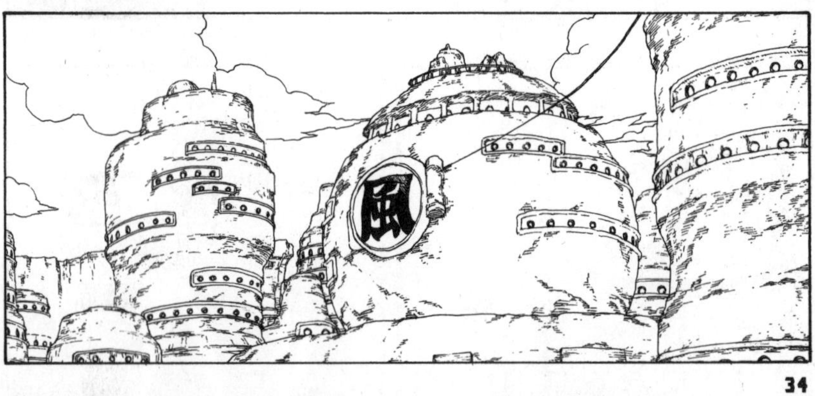

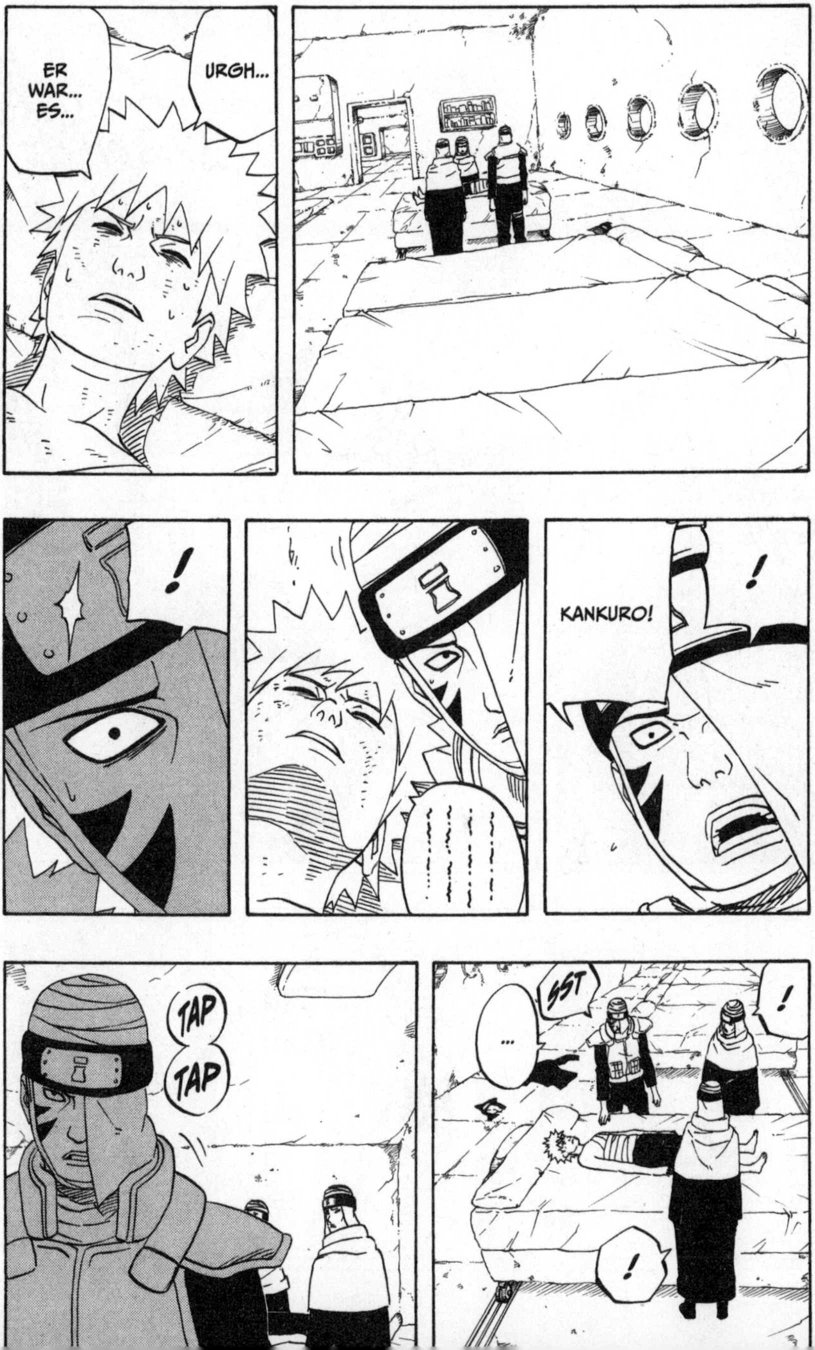
URGH...
ER WAR... ES...
!
KANKURO!
......
!
!
SST
...
!
TAP
TAP

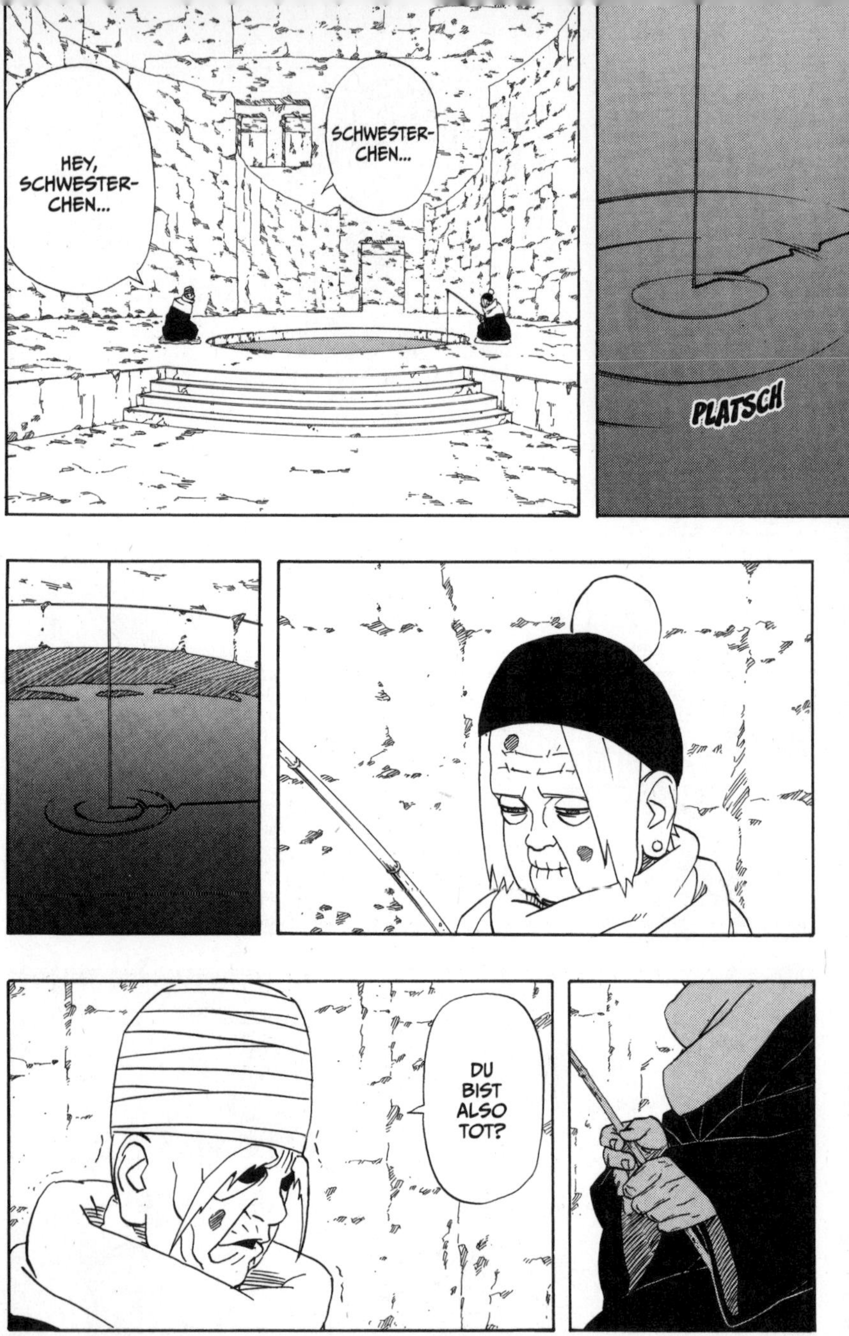
PLATSCH
SCHWESTER-CHEN...
HEY, SCHWESTER-CHEN...
DU BIST ALSO TOT?

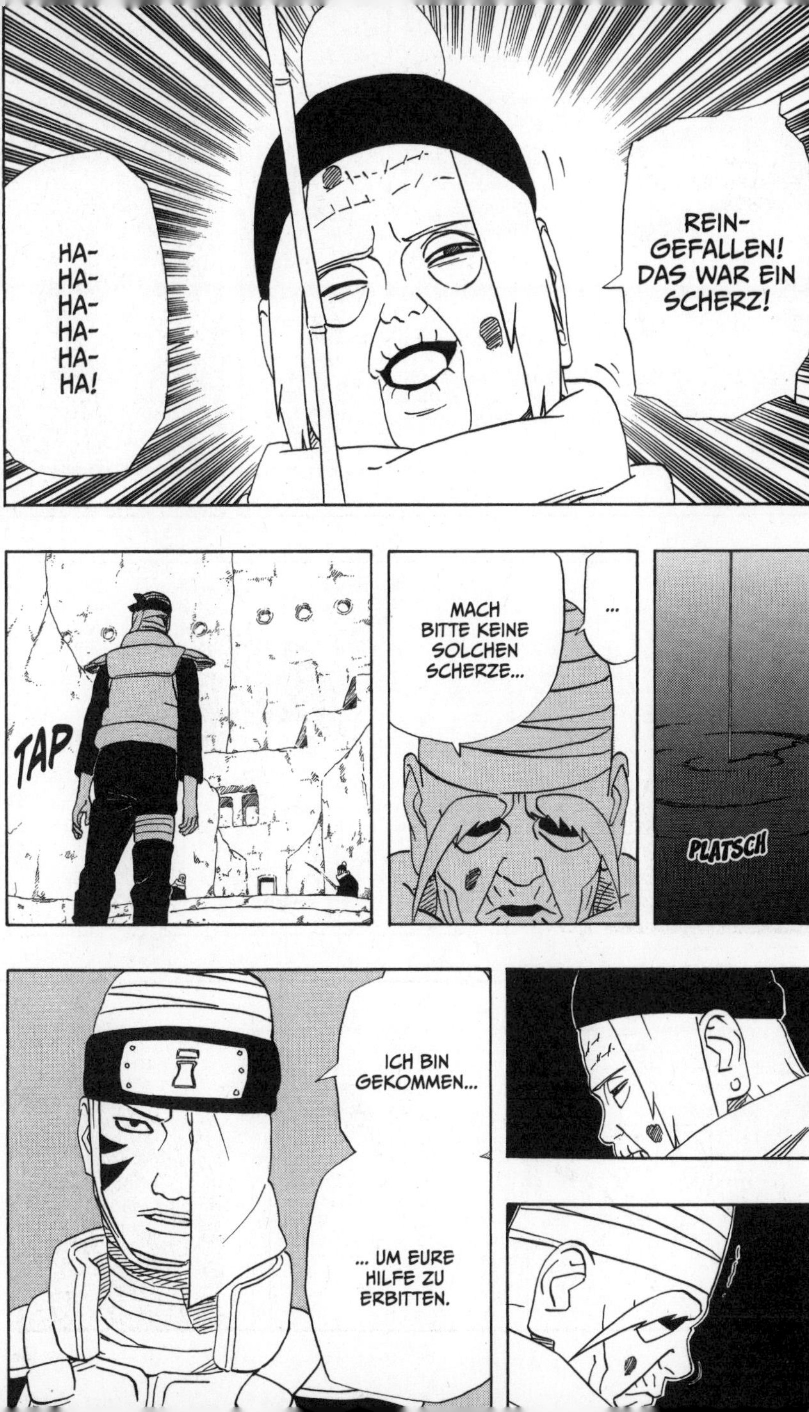
REIN-GEFALLEN! DAS WAR EIN SCHERZ!
HA-HA-HA-HA-HA-HA!
PLATSCH
...
MACH BITTE KEINE SOLCHEN SCHERZE...
TAP
ICH BIN GEKOMMEN...
... UM EURE HILFE ZU ERBITTEN.

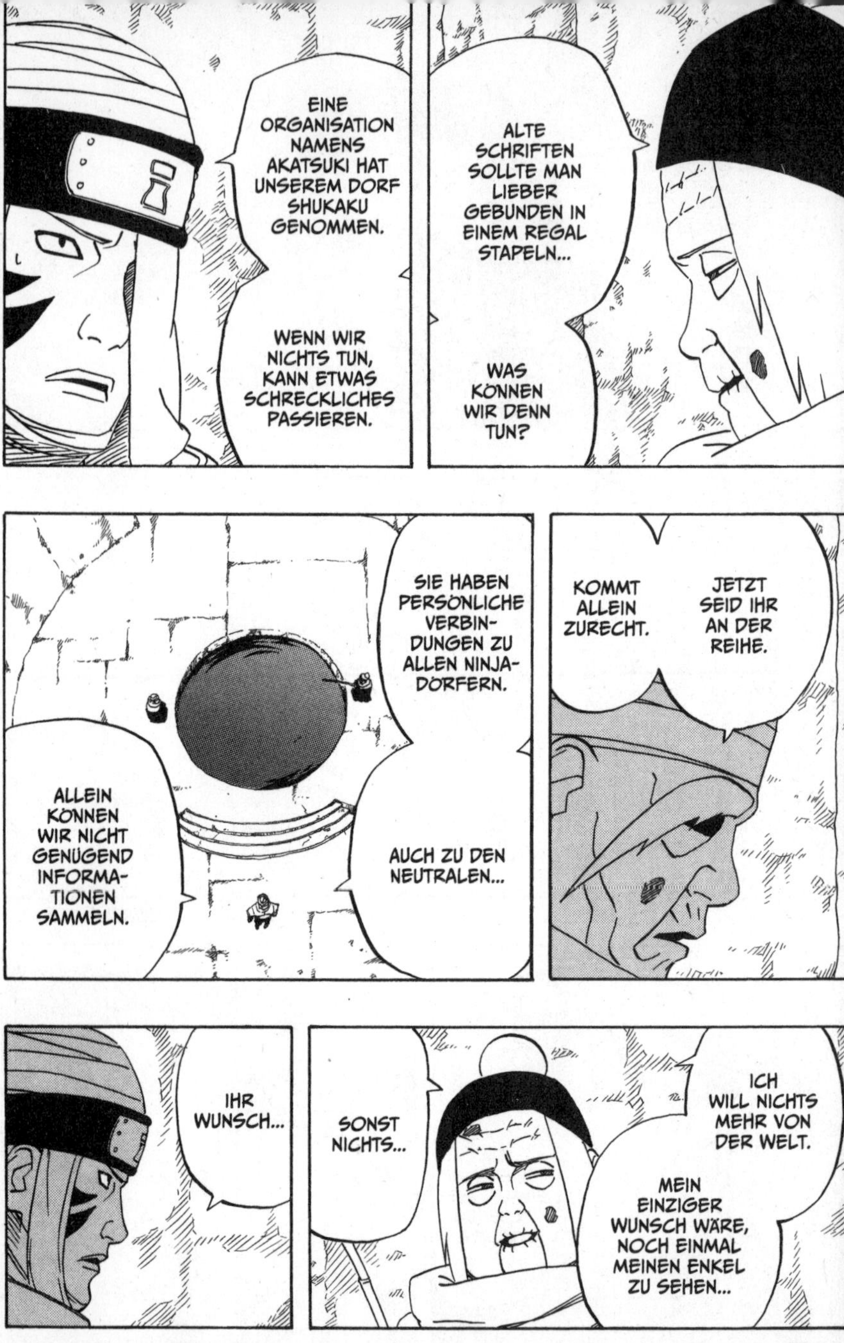
ALTE SCHRIFTEN SOLLTE MAN LIEBER GEBUNDEN IN EINEM REGAL STAPELN...
WAS KÖNNEN WIR DENN TUN?
EINE ORGANISATION NAMENS AKATSUKI HAT UNSEREM DORF SHUKAKU GENOMMEN.
WENN WIR NICHTS TUN, KANN ETWAS SCHRECKLICHES PASSIEREN.
JETZT SEID IHR AN DER REIHE.
KOMMT ALLEIN ZURECHT.
SIE HABEN PERSÖNLICHE VERBIN-DUNGEN ZU ALLEN NINJA-DÖRFERN.
AUCH ZU DEN NEUTRALEN...
ALLEIN KÖNNEN WIR NICHT GENÜGEND INFORMA-TIONEN SAMMELN.
ICH WILL NICHTS MEHR VON DER WELT.
MEIN EINZIGER WUNSCH WÄRE, NOCH EINMAL MEINEN ENKEL ZU SEHEN...
SONST NICHTS...
IHR WUNSCH...

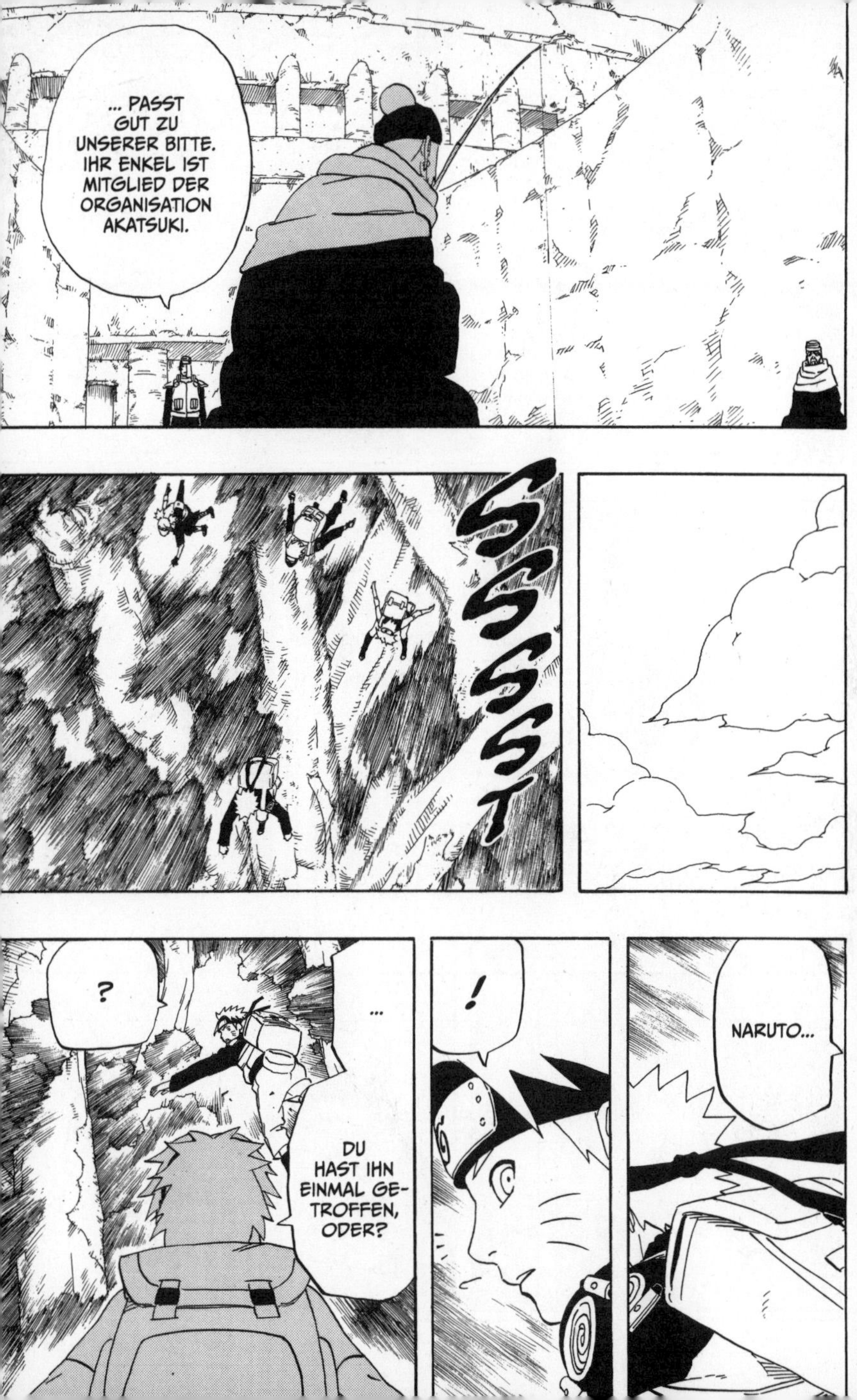
... PASST GUT ZU UNSERER BITTE. IHR ENKEL IST MITGLIED DER ORGANISATION AKATSUKI.
SSSSST
NARUTO...
!
...
?
DU HAST IHN EINMAL GE- TROFFEN, ODER?

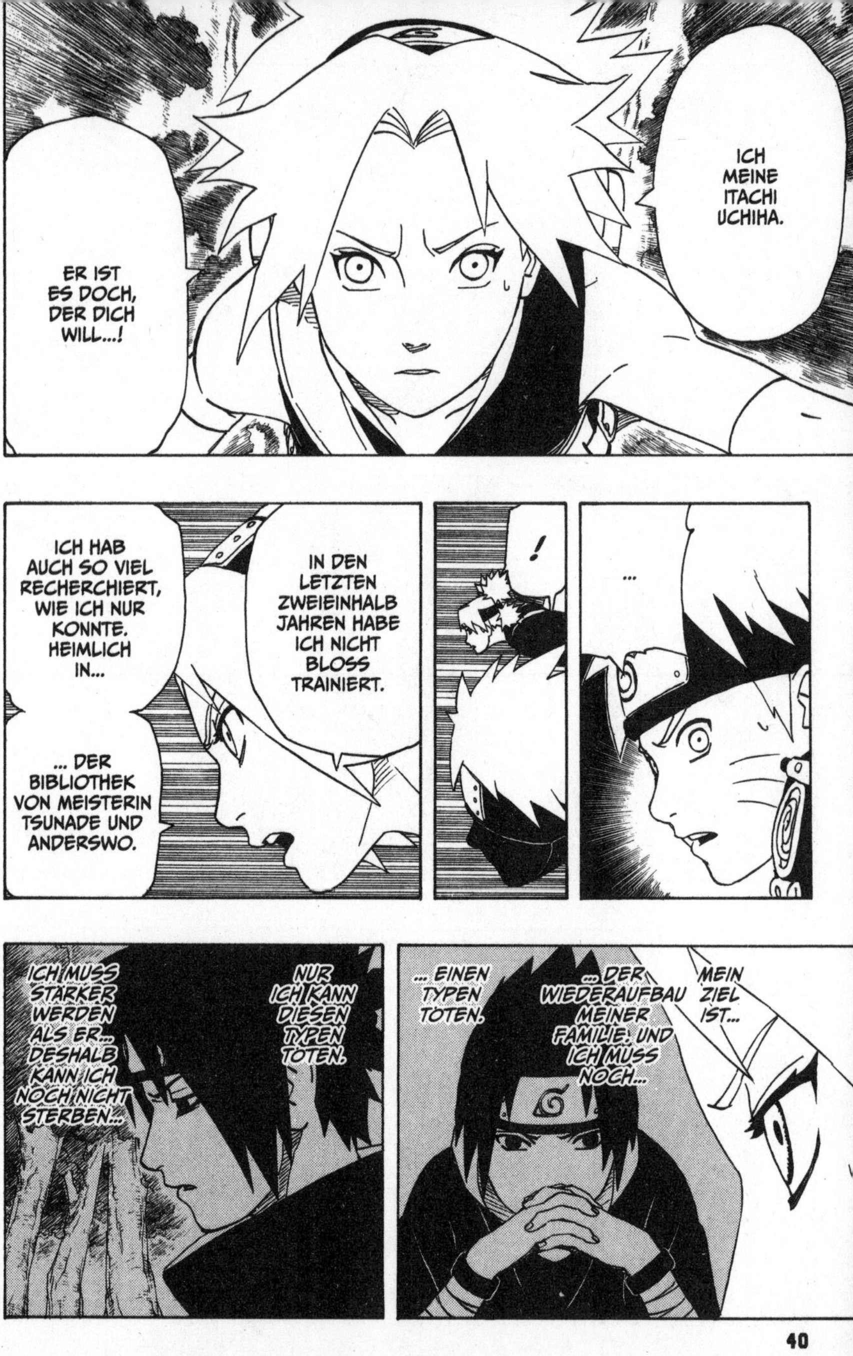
ICH MEINE ITACHI UCHIHA.
ER IST ES DOCH, DER DICH WILL...!
...
!
IN DEN LETZTEN ZWEIEINHALB JAHREN HABE ICH NICHT BLOSS TRAINIERT.
ICH HAB AUCH SO VIEL RECHERCHIERT, WIE ICH NUR KONNTE. HEIMLICH IN...
... DER BIBLIOTHEK VON MEISTERIN TSUNADE UND ANDERSWO.
MEIN ZIEL IST...
... DER WIEDERAUFBAU MEINER FAMILIE. UND ICH MUSS NOCH...
... EINEN TYPEN TÖTEN.
NUR ICH KANN DIESEN TYPEN TÖTEN.
ICH MUSS STÄRKER WERDEN ALS ER... DESHALB KANN ICH NOCH NICHT STERBEN...

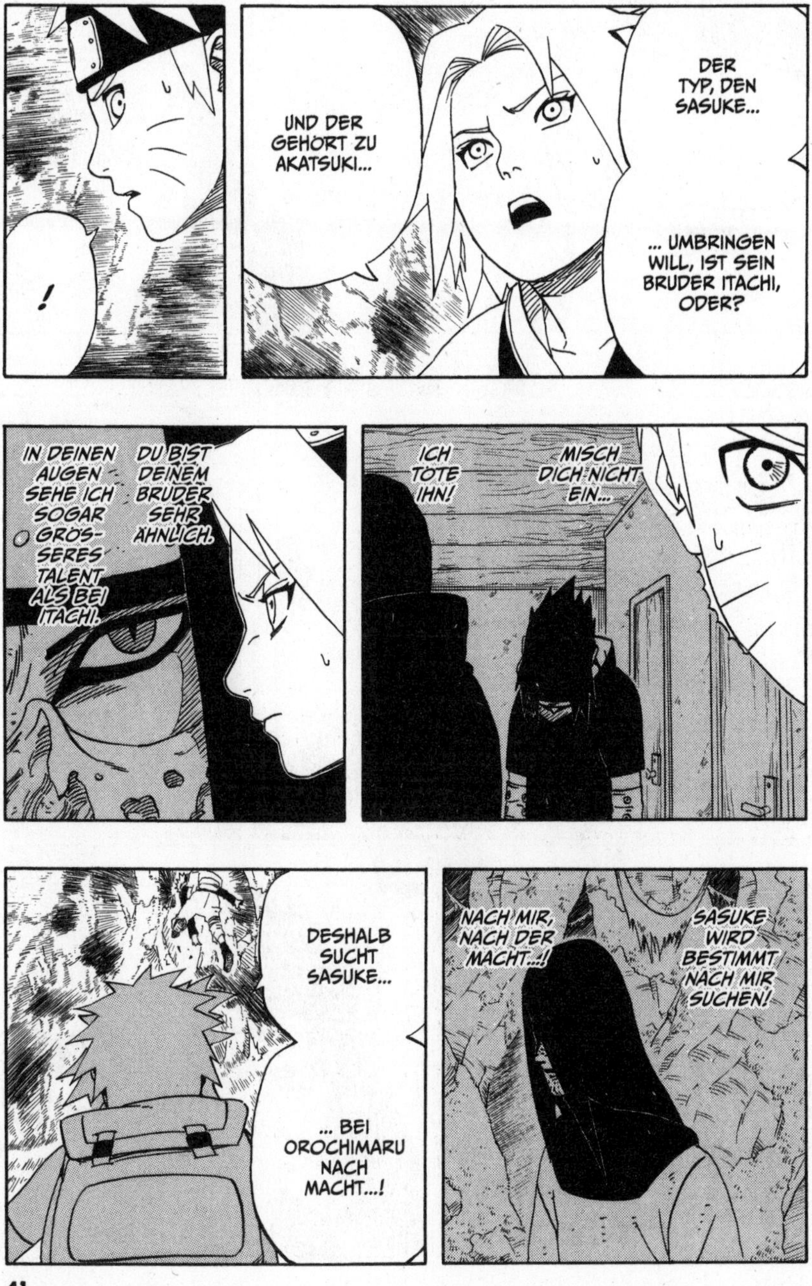
DER TYP, DEN SASUKE...
... UMBRINGEN WILL, IST SEIN BRUDER ITACHI, ODER?
UND DER GEHÖRT ZU AKATSUKI...
!
MISCH DICH NICHT EIN...
ICH TÖTE IHN!
DU BIST DEINEM BRUDER SEHR ÄHNLICH.
IN DEINEN AUGEN SEHE ICH SOGAR GRÖSSERES TALENT ALS BEI ITACHI.
SASUKE WIRD BESTIMMT NACH MIR SUCHEN!
NACH MIR, NACH DER MACHT...!
DESHALB SUCHT SASUKE...
... BEI OROCHIMARU NACH MACHT...!

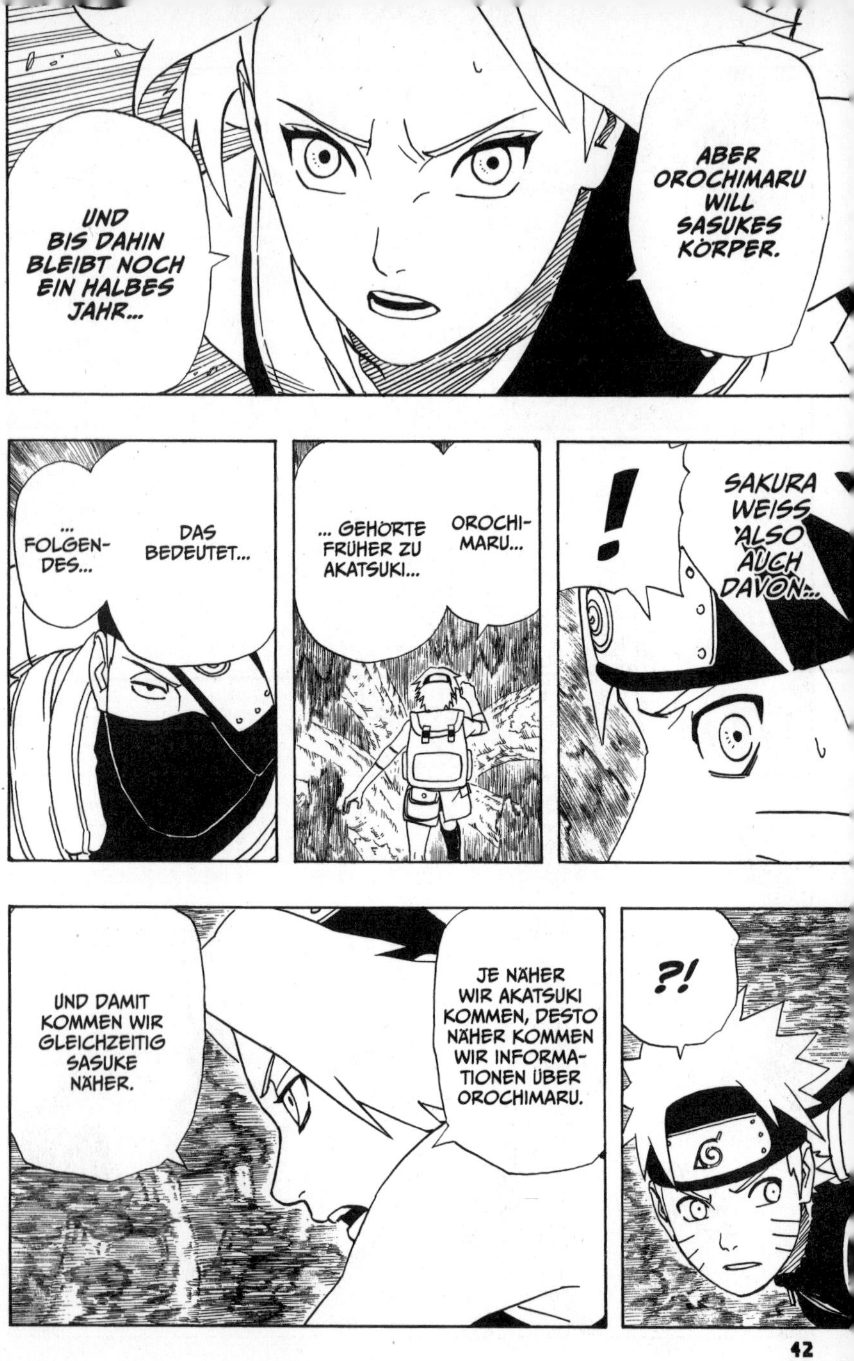
ABER OROCHIMARU WILL SASUKES KÖRPER.
UND BIS DAHIN BLEIBT NOCH EIN HALBES JAHR...
!
SAKURA WEISS ALSO AUCH DAVON...
OROCHI-MARU...
... GEHÖRTE FRÜHER ZU AKATSUKI...
DAS BEDEUTET...
... FOLGEN-DES...
?!
JE NÄHER WIR AKATSUKI KOMMEN, DESTO NÄHER KOMMEN WIR INFORMA-TIONEN ÜBER OROCHIMARU.
UND DAMIT KOMMEN WIR GLEICHZEITIG SASUKE NÄHER.

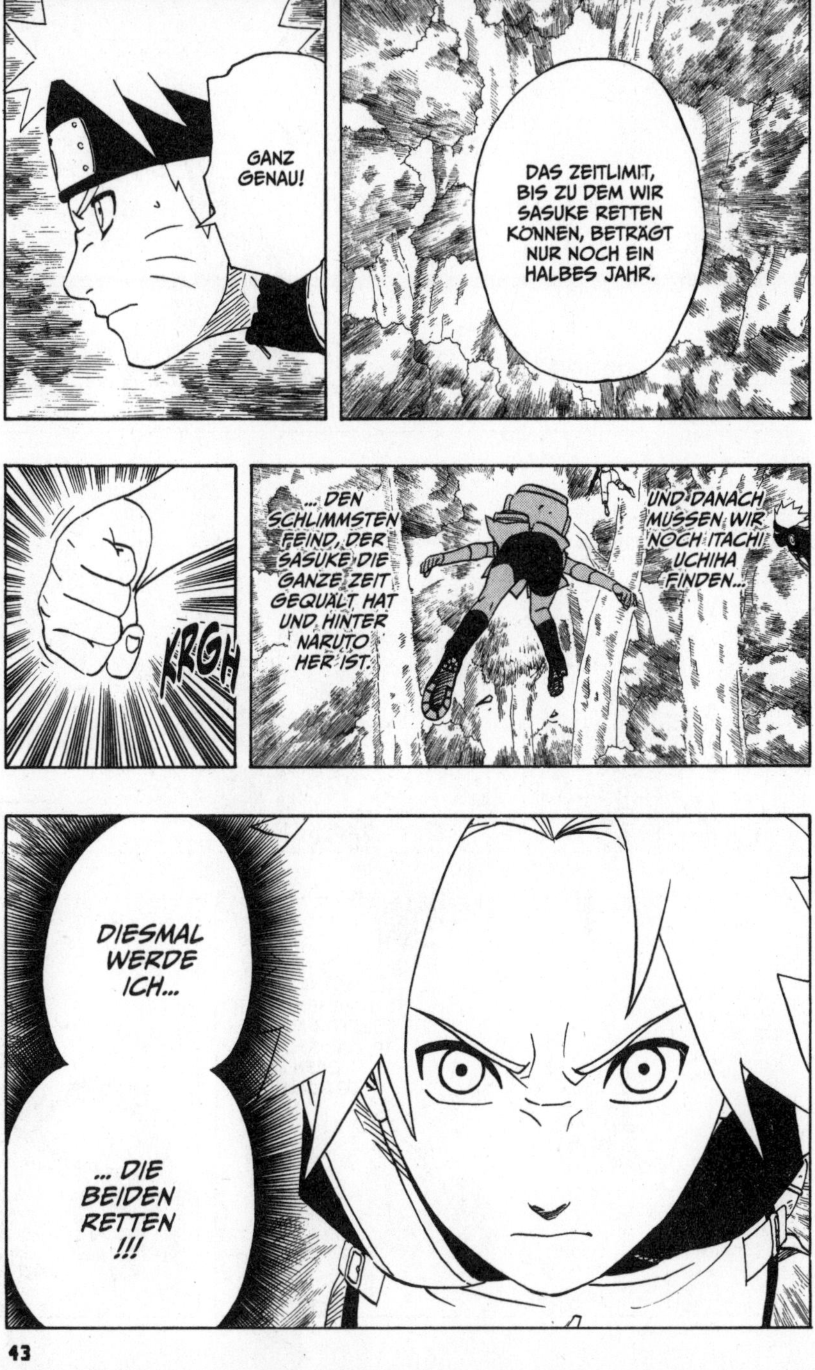

DAS ZEITLIMIT, BIS ZU DEM WIR SASUKE RETTEN KÖNNEN, BETRÄGT NUR NOCH EIN HALBES JAHR.
GANZ GENAU!
UND DANACH MÜSSEN WIR NOCH ITACHI UCHIHA FINDEN...
... DEN SCHLIMMSTEN FEIND, DER SASUKE DIE GANZE ZEIT GEQUÄLT HAT UND HINTER NARUTO HER IST.
KRGH
DIESMAL WERDE ICH...
... DIE BEIDEN RETTEN !!!

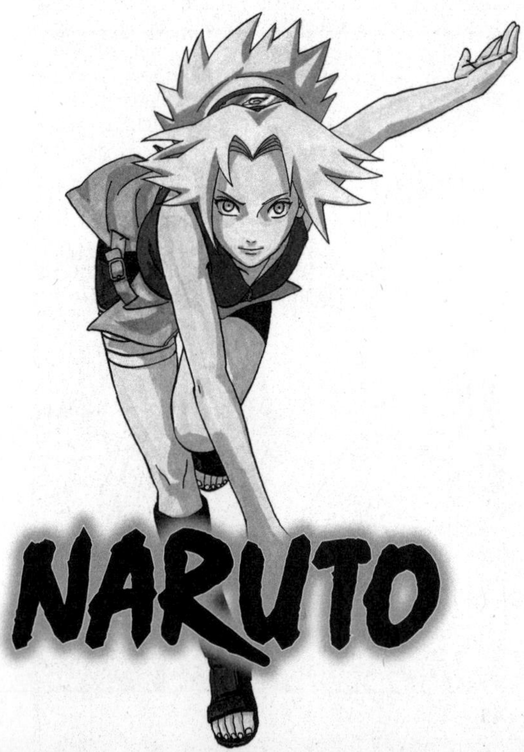
NARUTO

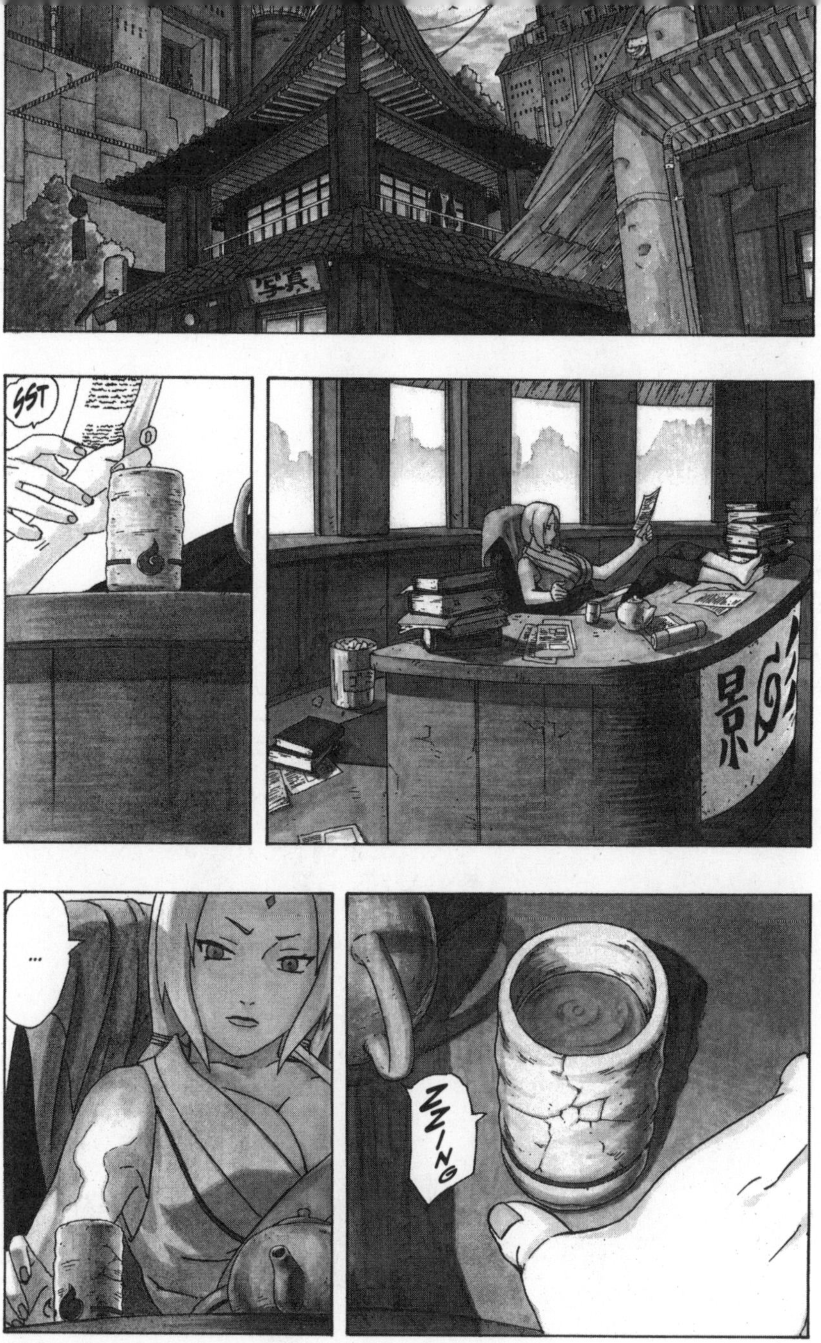

写真
SST
景
…
ZZING

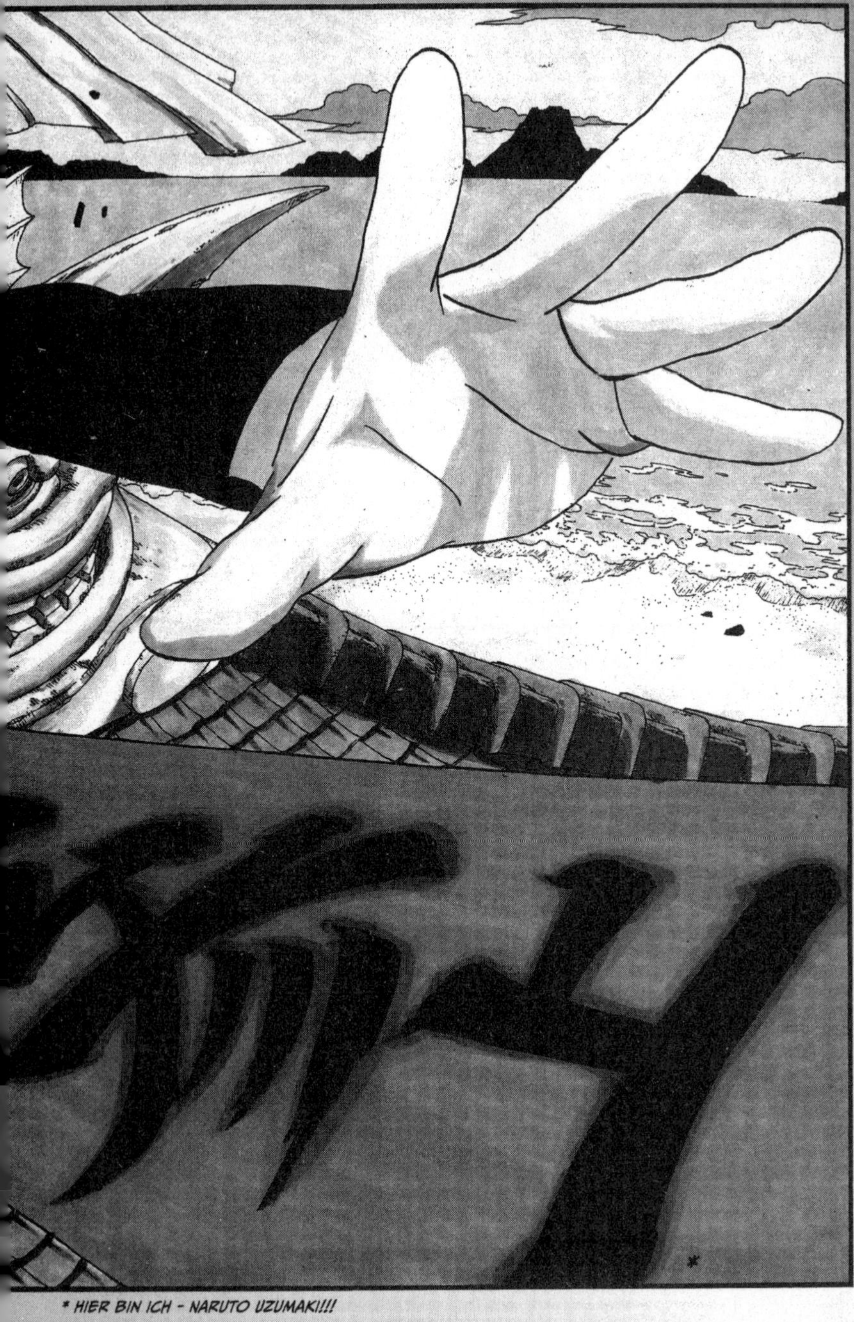

* HIER BIN ICH - NARUTO UZUMAKI!!!

253. Kapitel: Eine zuverlässige Unterstützung

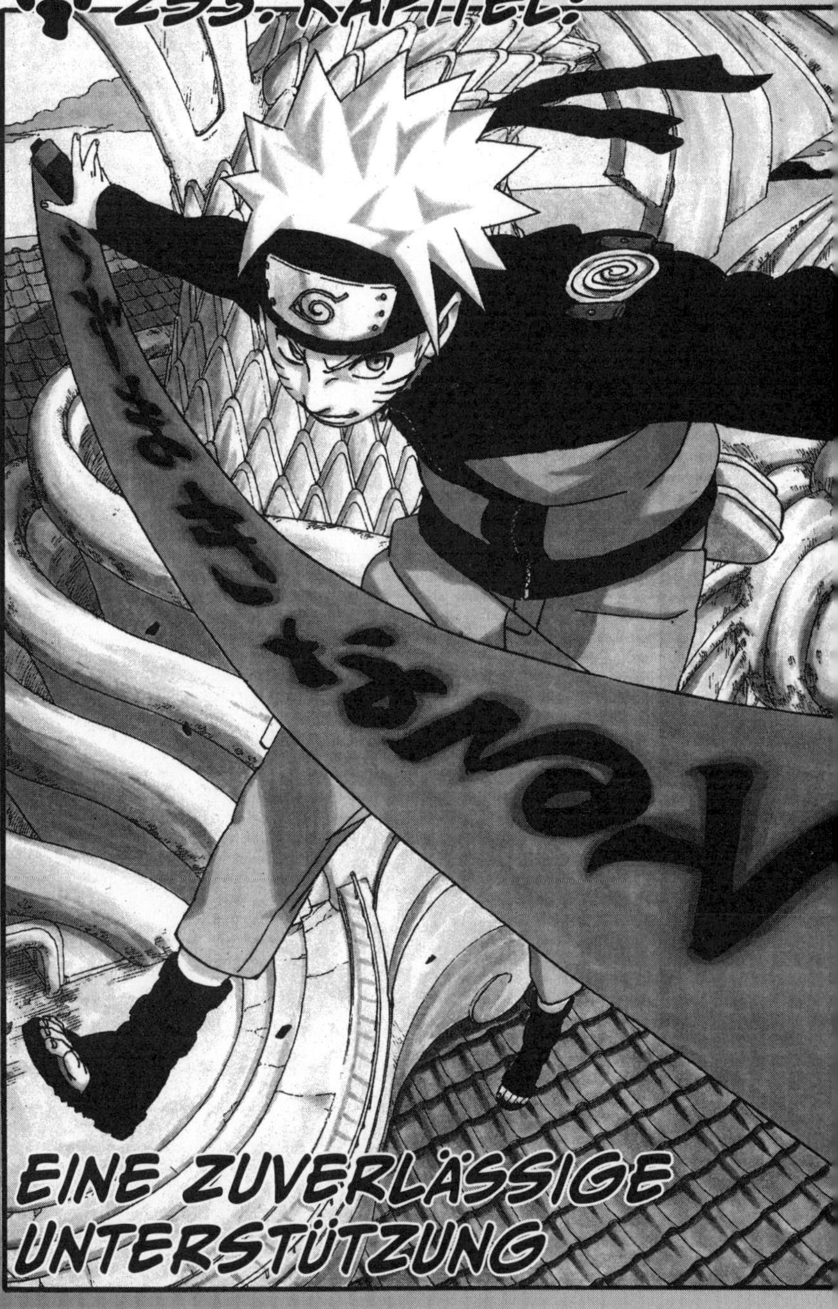

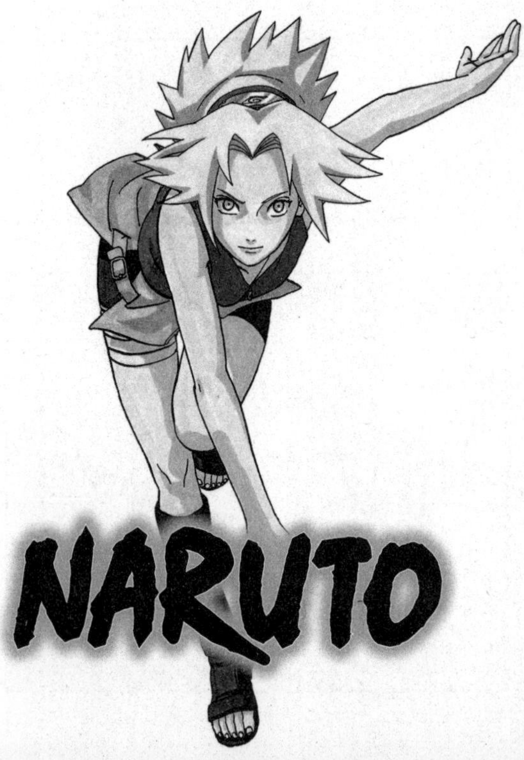
NARUTO

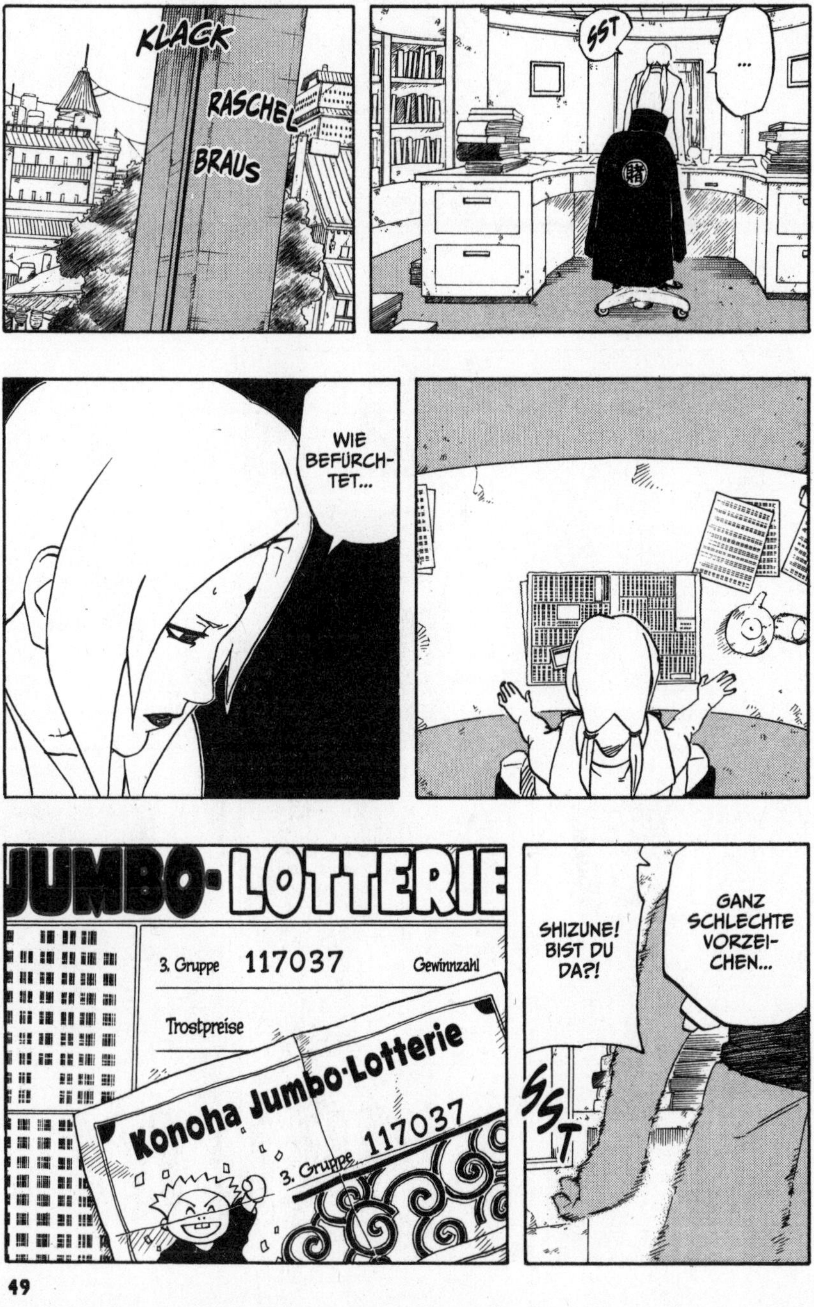
...
SST
KLACK
RASCHEL
BRAUS
WIE BEFÜRCHTET...
GANZ SCHLECHTE VORZEICHEN...
SHIZUNE! BIST DU DA?!
SST
JUMBO-LOTTERIE
3. Gruppe 117037 Gewinnzahl
Trostpreise
Konoha Jumbo-Lotterie
3. Gruppe 117037

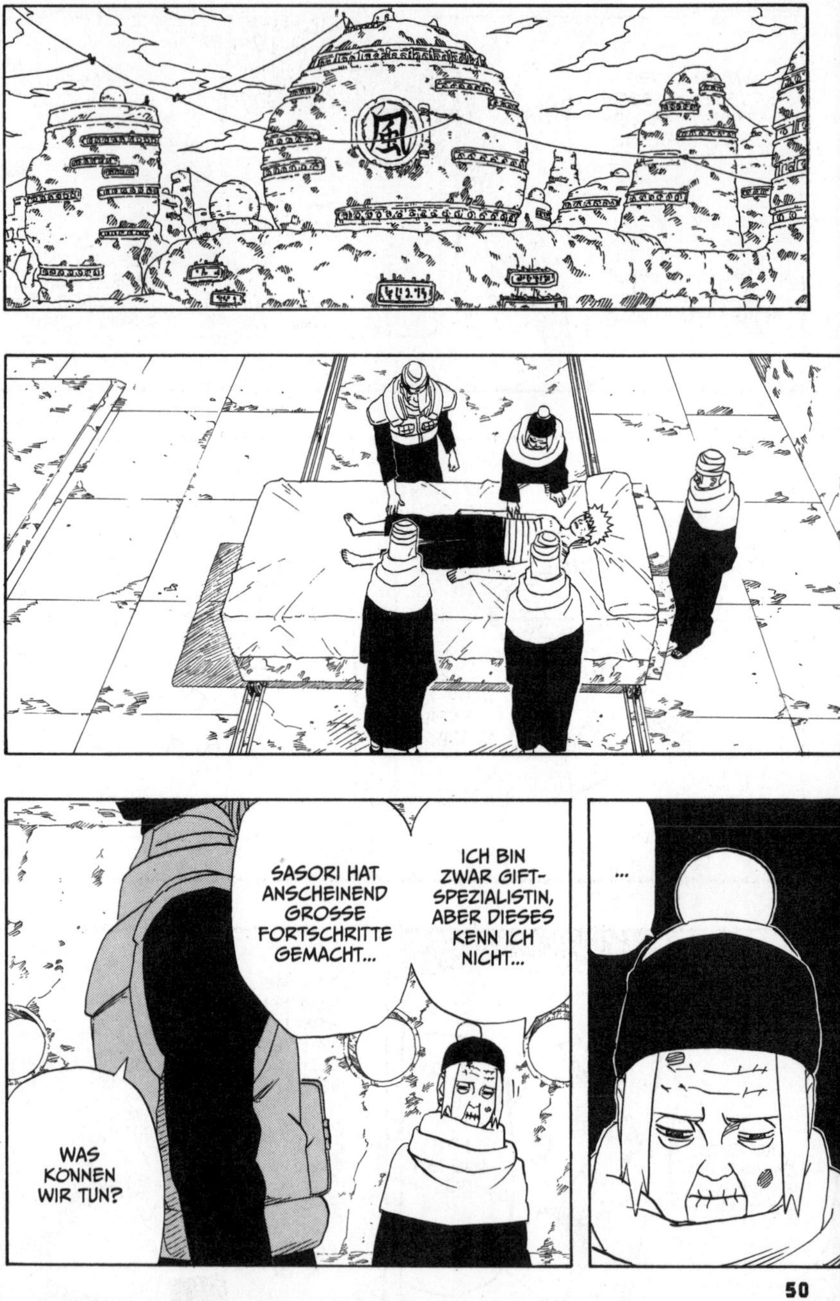
...
ICH BIN ZWAR GIFT-SPEZIALISTIN, ABER DIESES KENN ICH NICHT...
SASORI HAT ANSCHEINEND GROSSE FORTSCHRITTE GEMACHT...
WAS KÖNNEN WIR TUN?

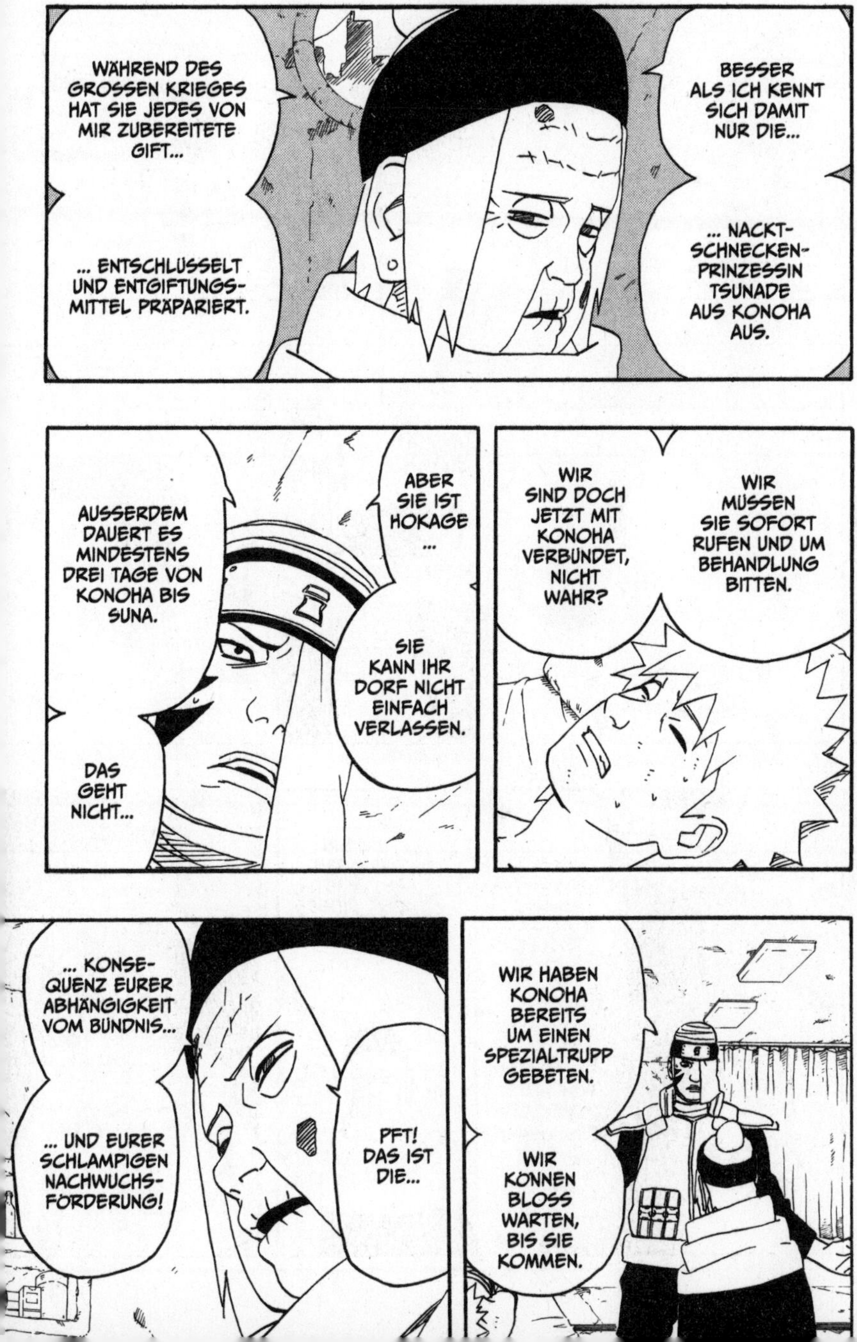
BESSER ALS ICH KENNT SICH DAMIT NUR DIE...
... NACKT-SCHNECKEN-PRINZESSIN TSUNADE AUS KONOHA AUS.
WÄHREND DES GROSSEN KRIEGES HAT SIE JEDES VON MIR ZUBEREITETE GIFT...
... ENTSCHLÜSSELT UND ENTGIFTUNGS-MITTEL PRÄPARIERT.
WIR MÜSSEN SIE SOFORT RUFEN UND UM BEHANDLUNG BITTEN.
WIR SIND DOCH JETZT MIT KONOHA VERBÜNDET, NICHT WAHR?
ABER SIE IST HOKAGE ...
SIE KANN IHR DORF NICHT EINFACH VERLASSEN.
AUSSERDEM DAUERT ES MINDESTENS DREI TAGE VON KONOHA BIS SUNA.
DAS GEHT NICHT...
WIR HABEN KONOHA BEREITS UM EINEN SPEZIALTRUPP GEBETEN.
WIR KÖNNEN BLOSS WARTEN, BIS SIE KOMMEN.
PFT! DAS IST DIE...
... KONSE-QUENZ EURER ABHÄNGIGKEIT VOM BÜNDNIS...
... UND EURER SCHLAMPIGEN NACHWUCHS-FÖRDERUNG!

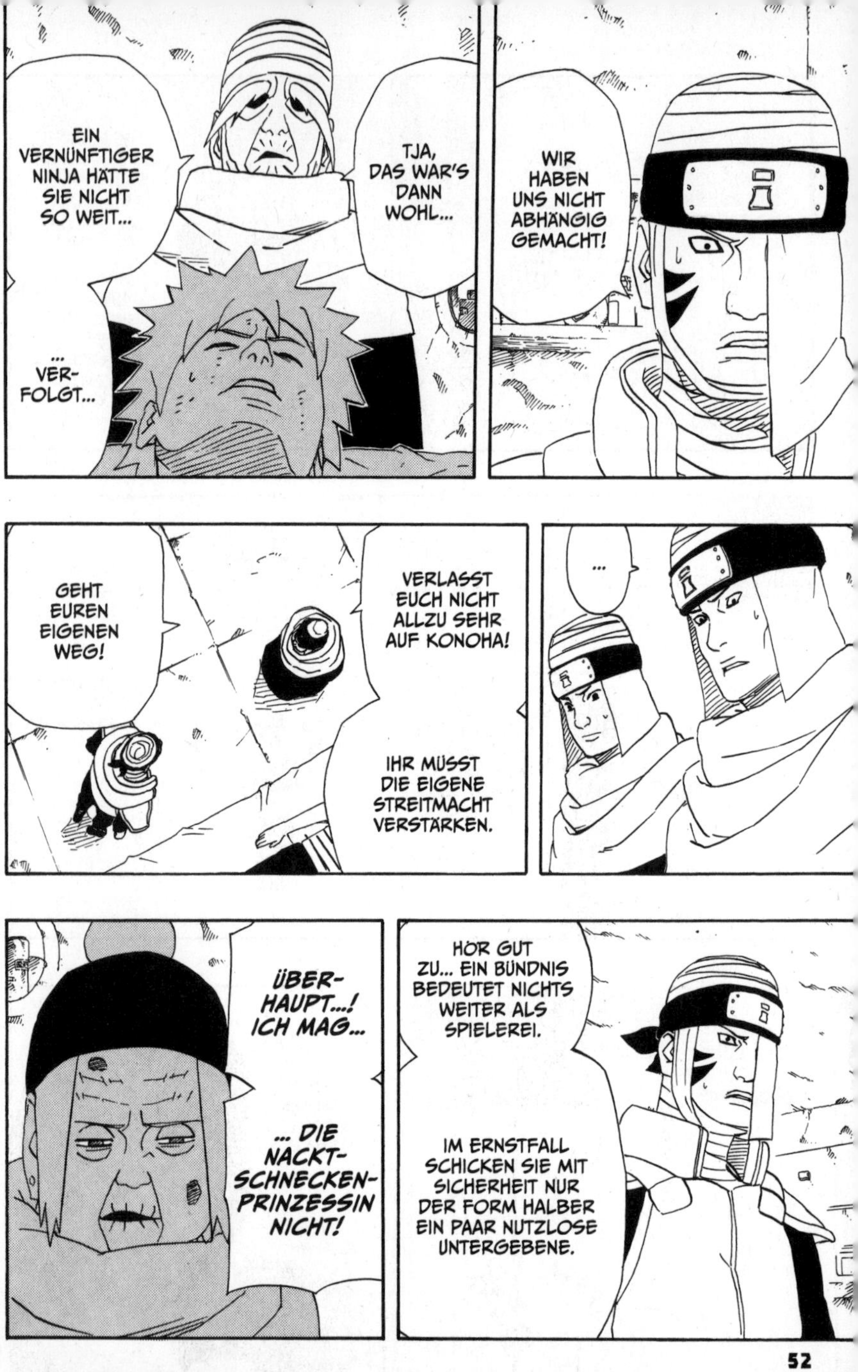
WIR HABEN UNS NICHT ABHÄNGIG GEMACHT!
TJA, DAS WAR'S DANN WOHL...
EIN VERNÜNFTIGER NINJA HÄTTE SIE NICHT SO WEIT...
... VER- FOLGT...
...
VERLASST EUCH NICHT ALLZU SEHR AUF KONOHA!
IHR MÜSST DIE EIGENE STREITMACHT VERSTÄRKEN.
GEHT EUREN EIGENEN WEG!
HÖR GUT ZU... EIN BÜNDNIS BEDEUTET NICHTS WEITER ALS SPIELEREI.
IM ERNSTFALL SCHICKEN SIE MIT SICHERHEIT NUR DER FORM HALBER EIN PAAR NUTZLOSE UNTERGEBENE.
ÜBER- HAUPT...! ICH MAG...
... DIE NACKT- SCHNECKEN- PRINZESSIN NICHT!

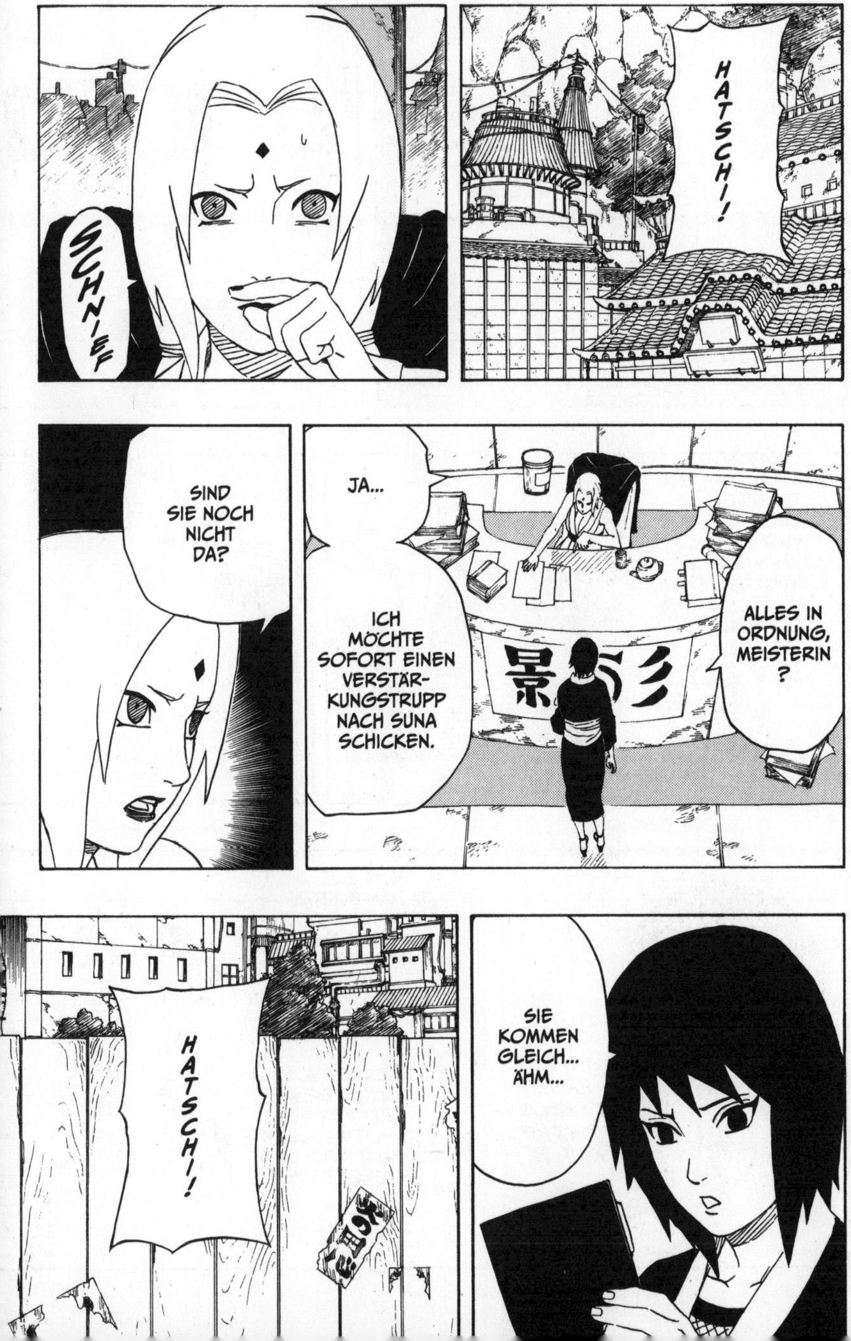
HATSCHI!
SCHNIEF
ALLES IN ORDNUNG, MEISTERIN?
JA...
ICH MÖCHTE SOFORT EINEN VERSTÄRKUNGSTRUPP NACH SUNA SCHICKEN.
SIND SIE NOCH NICHT DA?
SIE KOMMEN GLEICH... ÄHM...
HATSCHI!

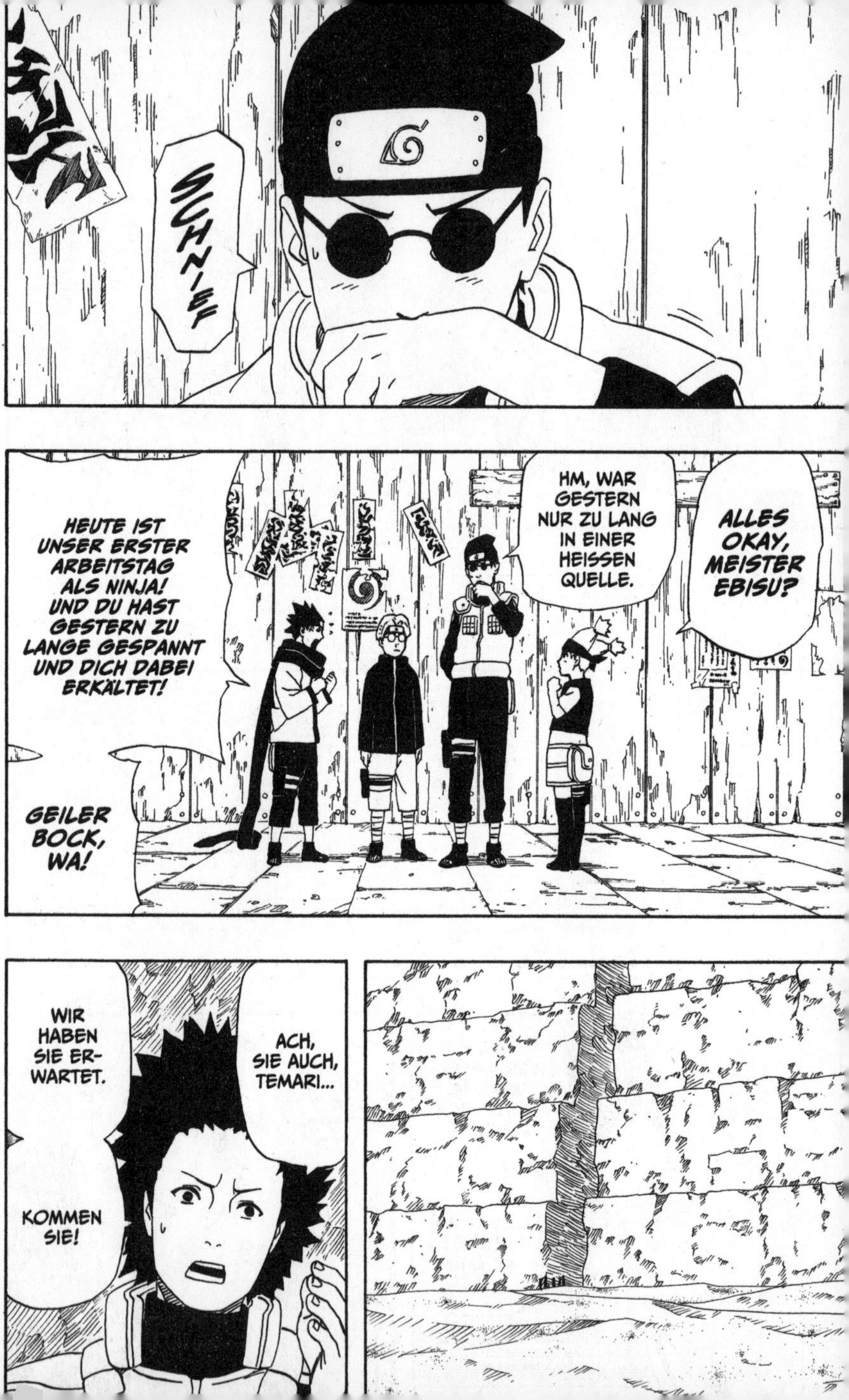
SCHNIEF
ALLES OKAY, MEISTER EBISU?
HM, WAR GESTERN NUR ZU LANG IN EINER HEISSEN QUELLE.
HEUTE IST UNSER ERSTER ARBEITSTAG ALS NINJA! UND DU HAST GESTERN ZU LANGE GESPANNT UND DICH DABEI ERKÄLTET!
GEILER BOCK, WA!
ACH, SIE AUCH, TEMARI...
WIR HABEN SIE ER-WARTET.
KOMMEN SIE!

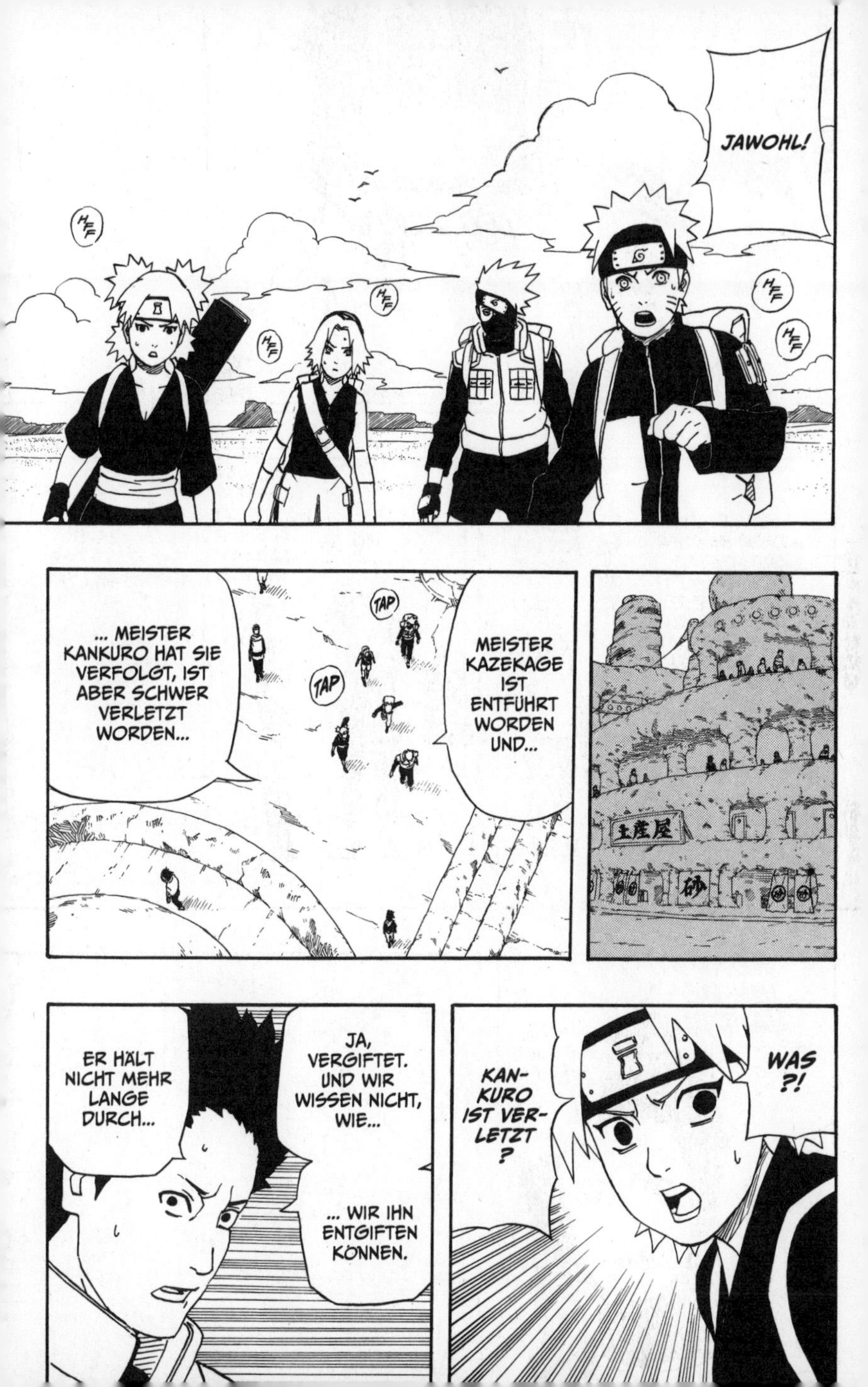
JAWOHL!
HFF
HFF
HFF
HFF
HFF
MEISTER KAZEKAGE IST ENTFÜHRT WORDEN UND...
TAP
TAP
... MEISTER KANKURO HAT SIE VERFOLGT, IST ABER SCHWER VERLETZT WORDEN...
WAS ?!
KANKURO IST VERLETZT ?
JA, VERGIFTET. UND WIR WISSEN NICHT, WIE...
... WIR IHN ENTGIFTEN KÖNNEN.
ER HÄLT NICHT MEHR LANGE DURCH...

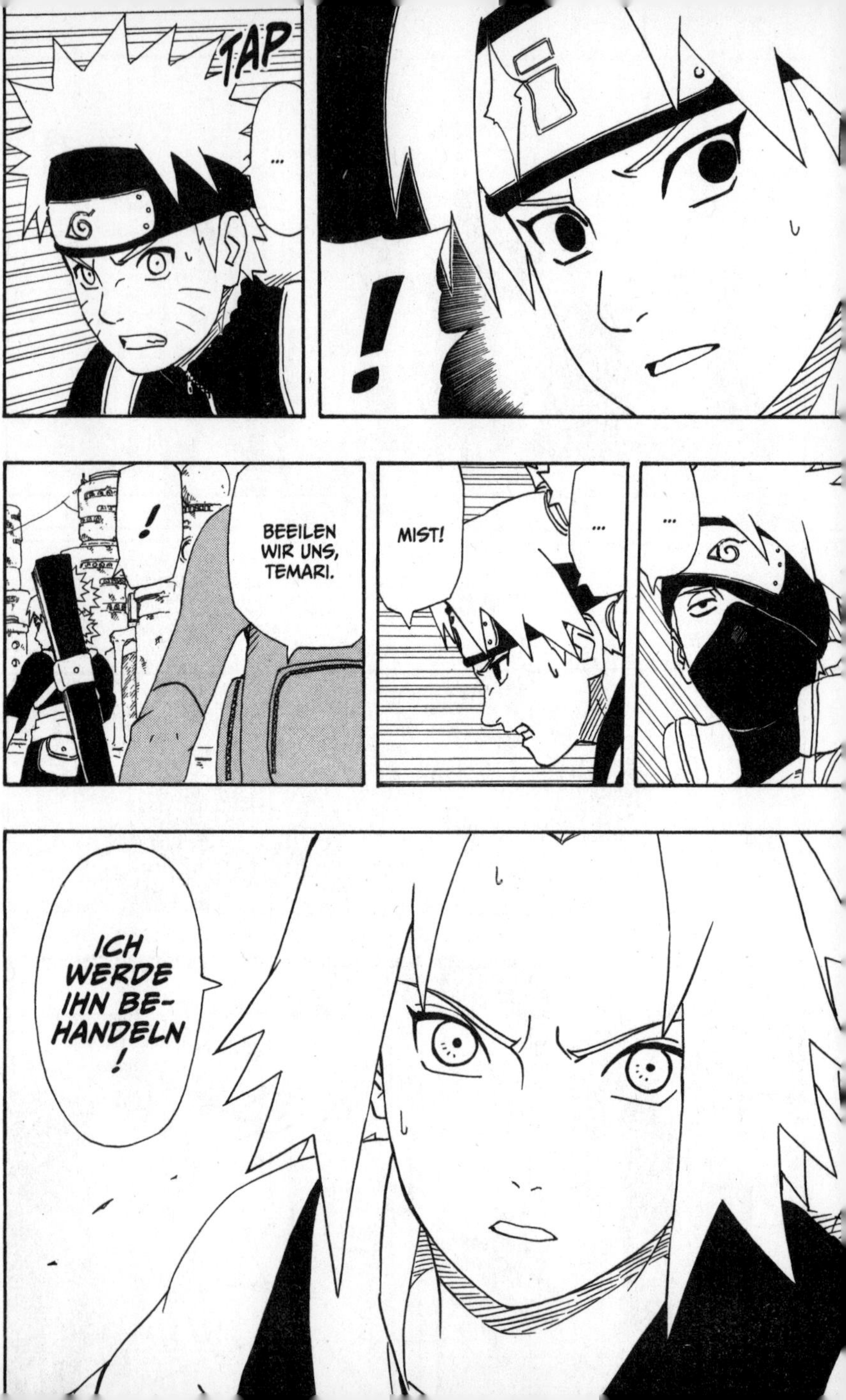
!
TAP
...
...
...
MIST!
BEEILEN WIR UNS, TEMARI.
!
ICH WERDE IHN BE-HANDELN!

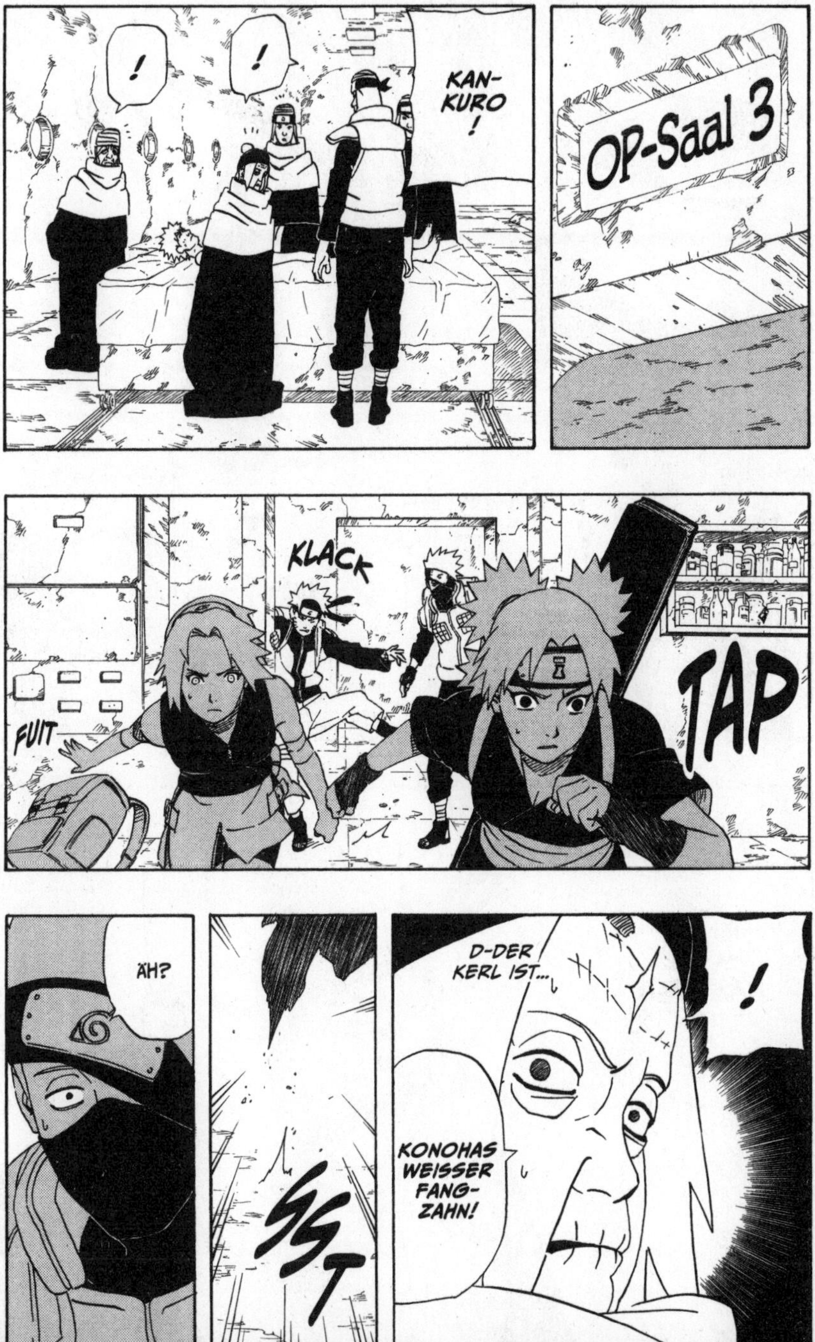

OP-Saal 3
KAN-KURO!
!
!
KLACK
TAP
FUIT
!
D-DER KERL IST...
KONOHAS WEISSER FANG-ZAHN!
SST
ÄH?

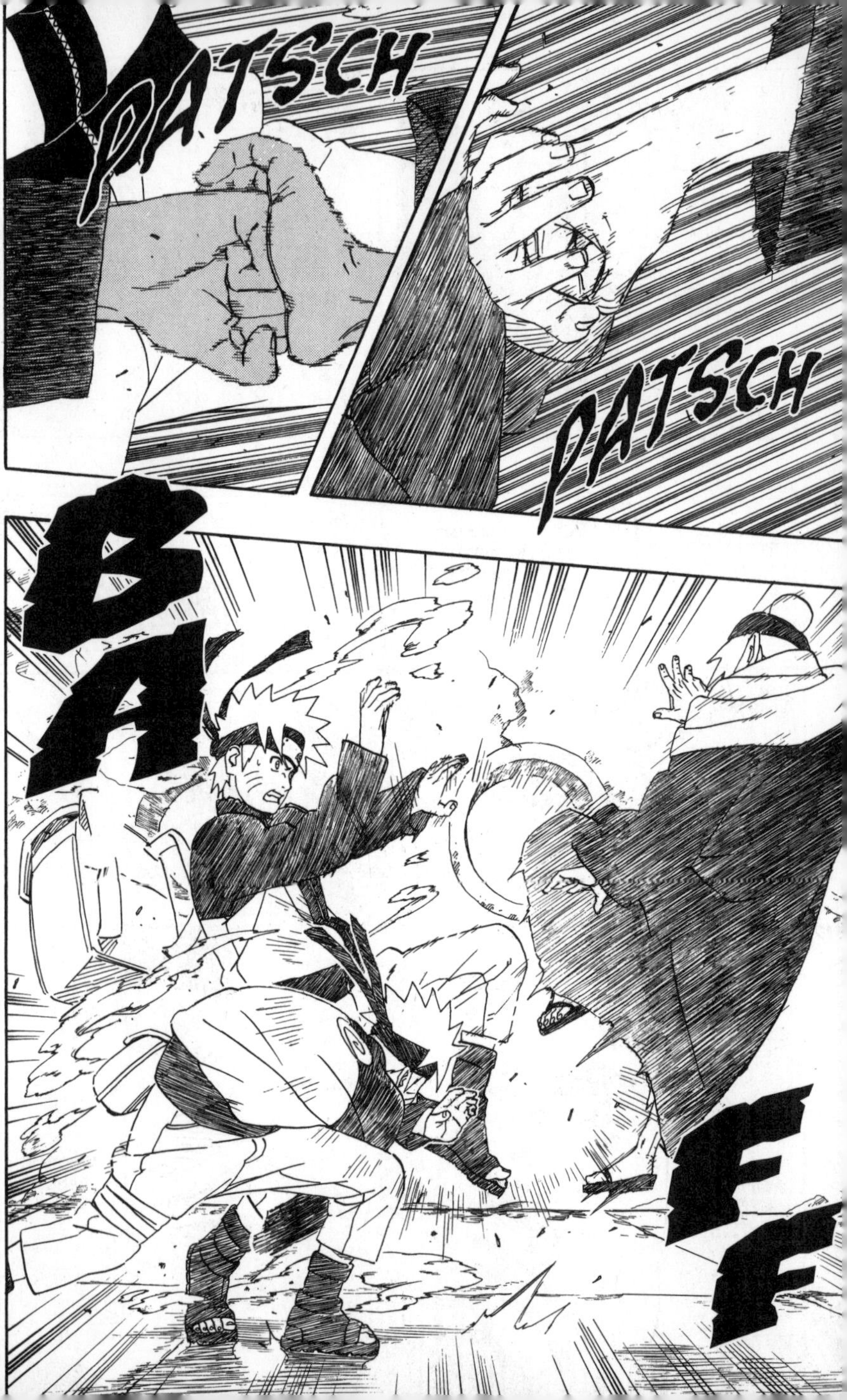
PATSCH
PATSCH
BA
FF

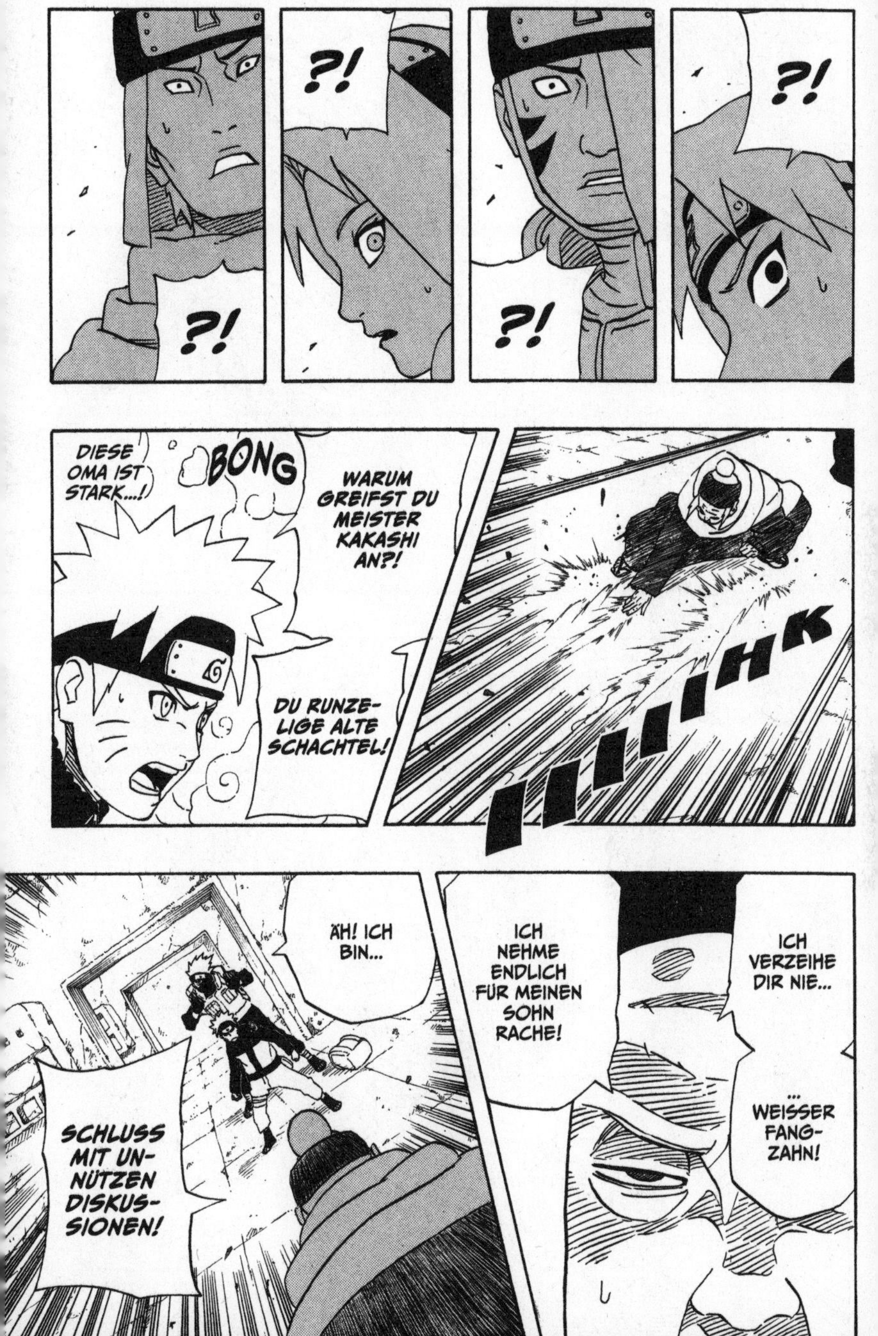
?!
?!
?!
?!
IIIIIHK
BONG
DIESE OMA IST STARK...!
WARUM GREIFST DU MEISTER KAKASHI AN?!
DU RUNZE-LIGE ALTE SCHACHTEL!
ICH VERZEIHE DIR NIE...
... WEISSER FANG-ZAHN!
ICH NEHME ENDLICH FÜR MEINEN SOHN RACHE!
ÄH! ICH BIN...
SCHLUSS MIT UN-NÜTZEN DISKUS-SIONEN!

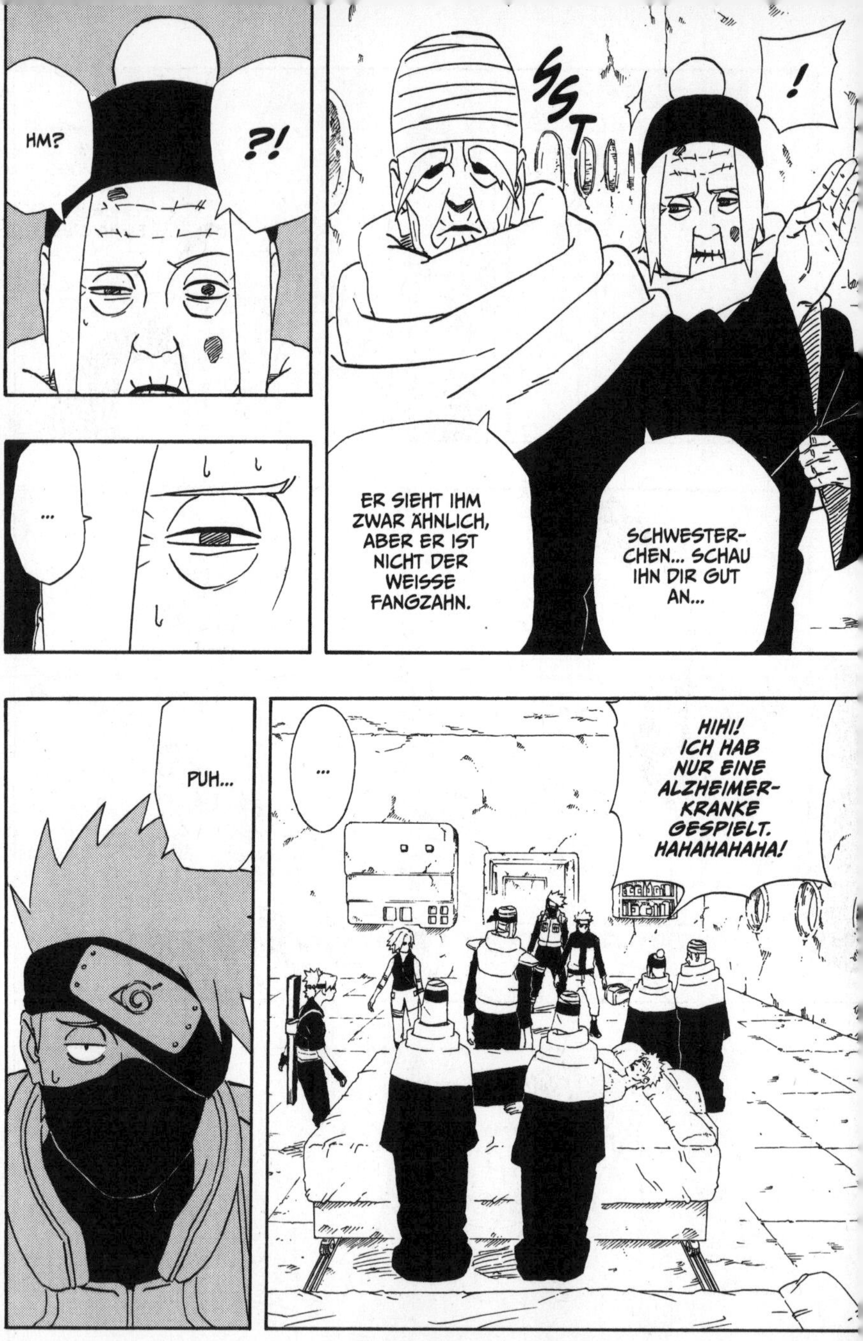
!
SST
SCHWESTERCHEN... SCHAU IHN DIR GUT AN...
ER SIEHT IHM ZWAR ÄHNLICH, ABER ER IST NICHT DER WEISSE FANGZAHN.
?!
HM?
...
HIHI! ICH HAB NUR EINE ALZHEIMER-KRANKE GESPIELT. HAHAHAHAHA!
...
PUH...

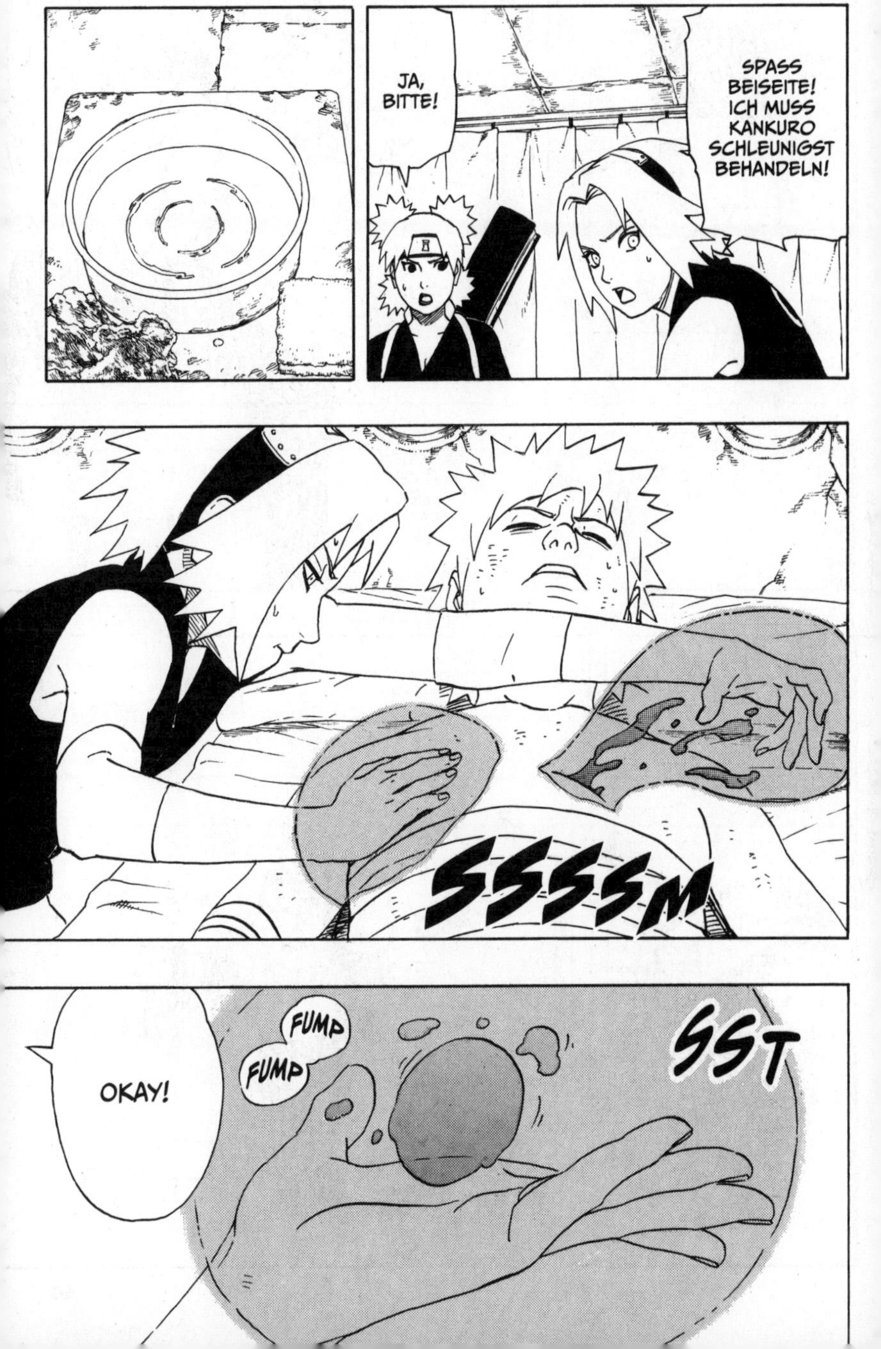
SPASS BEISEITE! ICH MUSS KANKURO SCHLEUNIGST BEHANDELN!
JA, BITTE!
SSSSM
SST
FUMP
FUMP
OKAY!

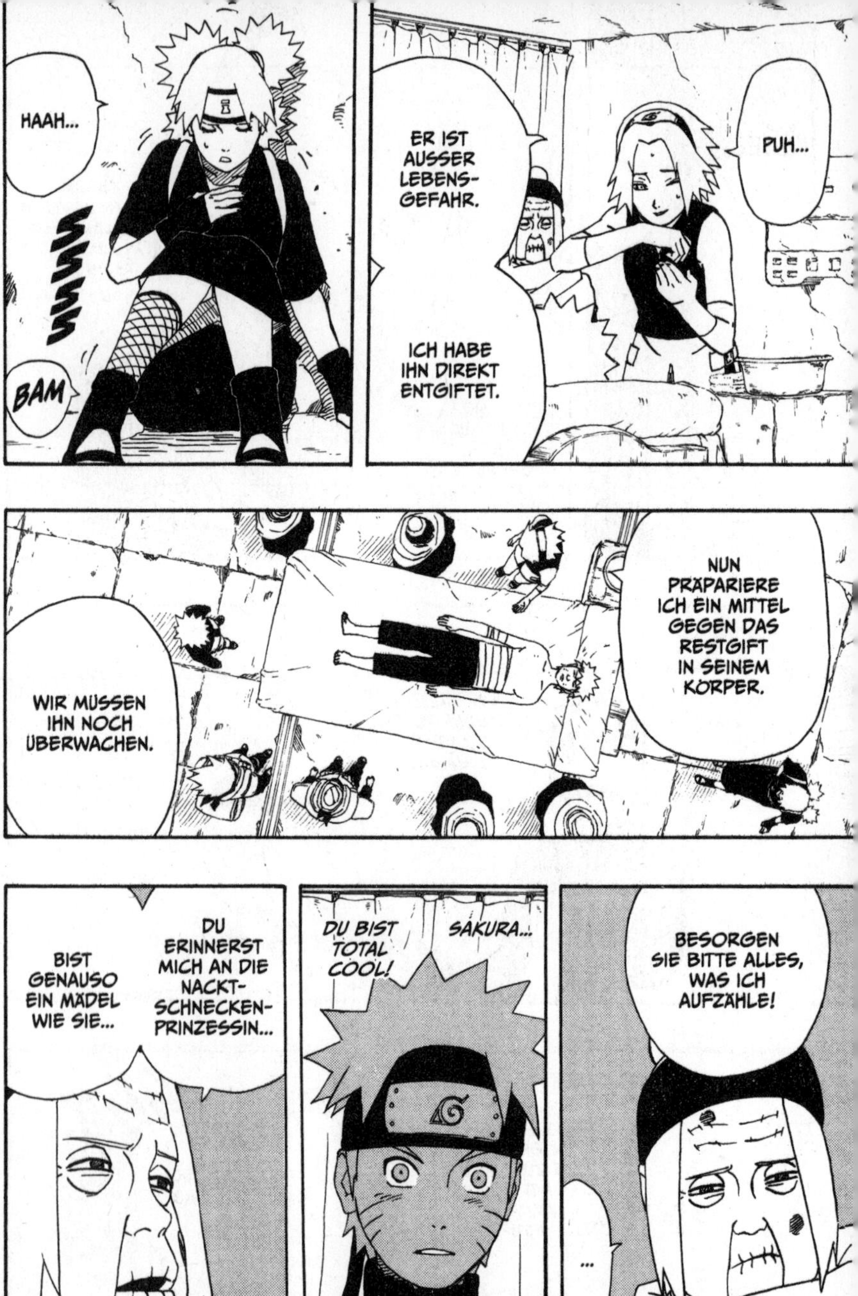
PUH...
ER IST AUSSER LEBENS-GEFAHR.
ICH HABE IHN DIREKT ENTGIFTET.
HAAH...
BAM
NUN PRÄPARIERE ICH EIN MITTEL GEGEN DAS RESTGIFT IN SEINEM KÖRPER.
WIR MÜSSEN IHN NOCH ÜBERWACHEN.
BESORGEN SIE BITTE ALLES, WAS ICH AUFZÄHLE!
...
SAKURA...
DU BIST TOTAL COOL!
DU ERINNERST MICH AN DIE NACKT-SCHNECKEN-PRINZESSIN...
BIST GENAUSO EIN MÄDEL WIE SIE...

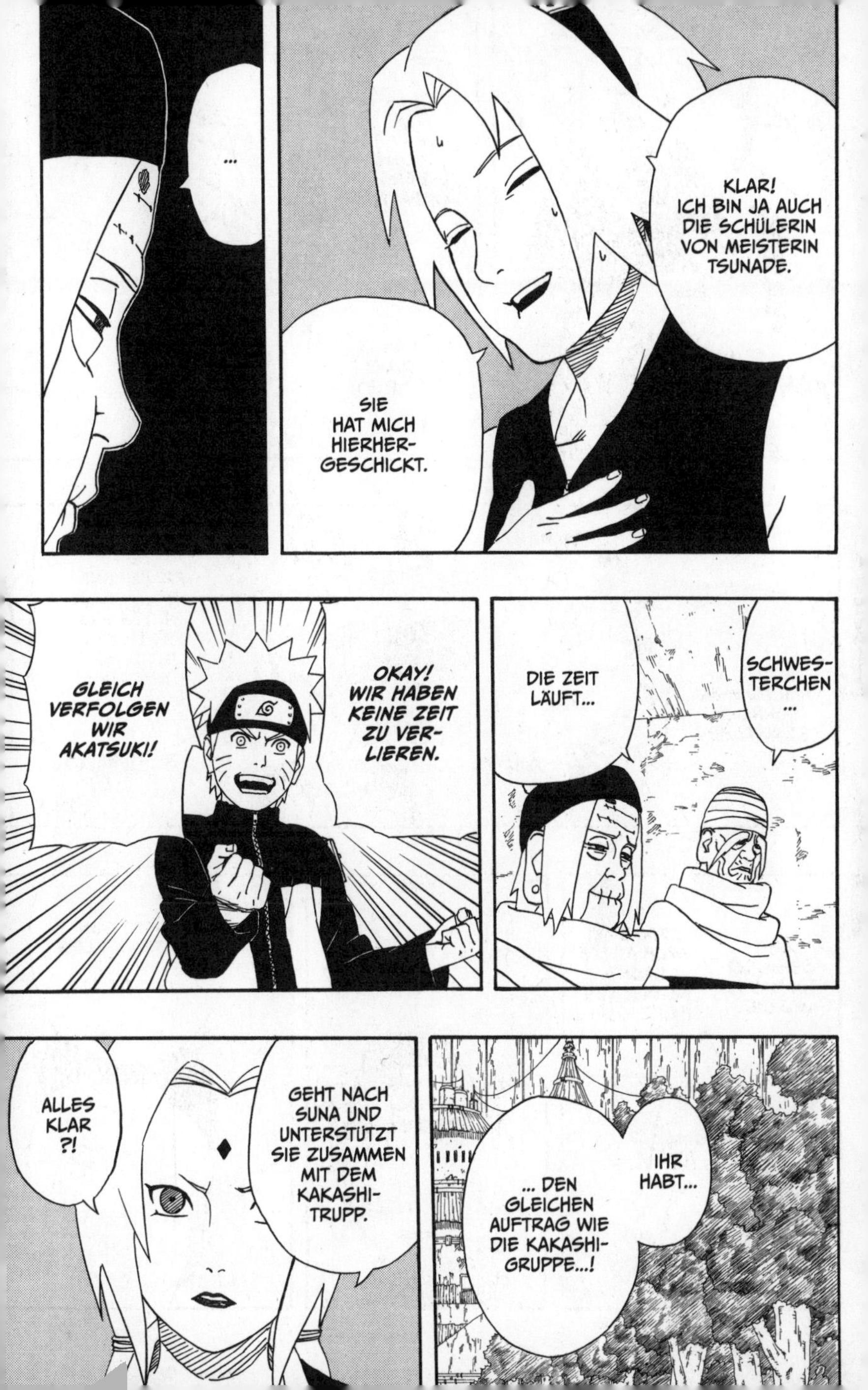
KLAR! ICH BIN JA AUCH DIE SCHÜLERIN VON MEISTERIN TSUNADE.
SIE HAT MICH HIERHER-GESCHICKT.
...
SCHWES-TERCHEN ...
DIE ZEIT LÄUFT...
OKAY! WIR HABEN KEINE ZEIT ZU VER-LIEREN.
GLEICH VERFOLGEN WIR AKATSUKI!
IHR HABT...
... DEN GLEICHEN AUFTRAG WIE DIE KAKASHI-GRUPPE...!
GEHT NACH SUNA UND UNTERSTÜTZT SIE ZUSAMMEN MIT DEM KAKASHI-TRUPP.
ALLES KLAR ?!

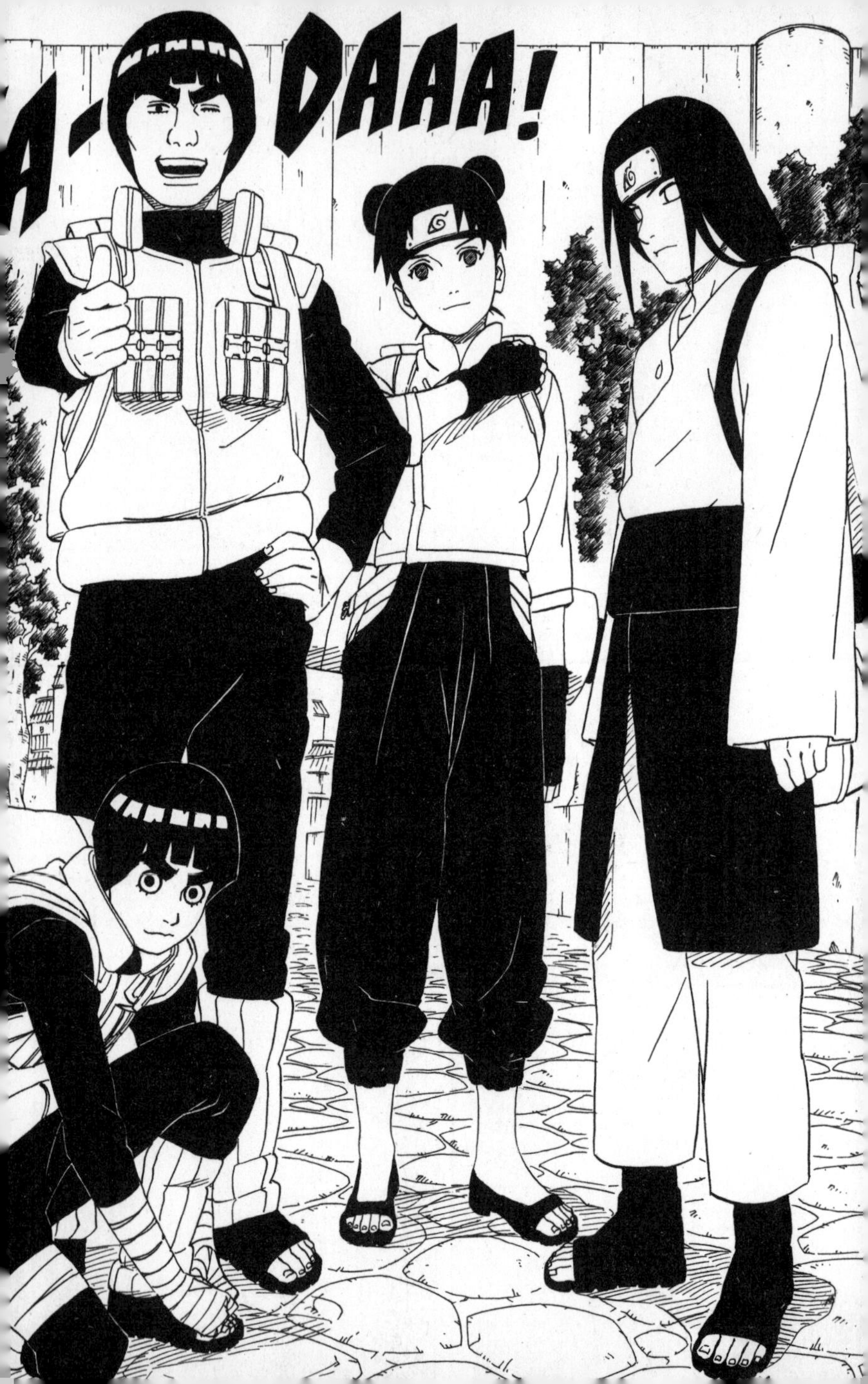
A-DAAAA!

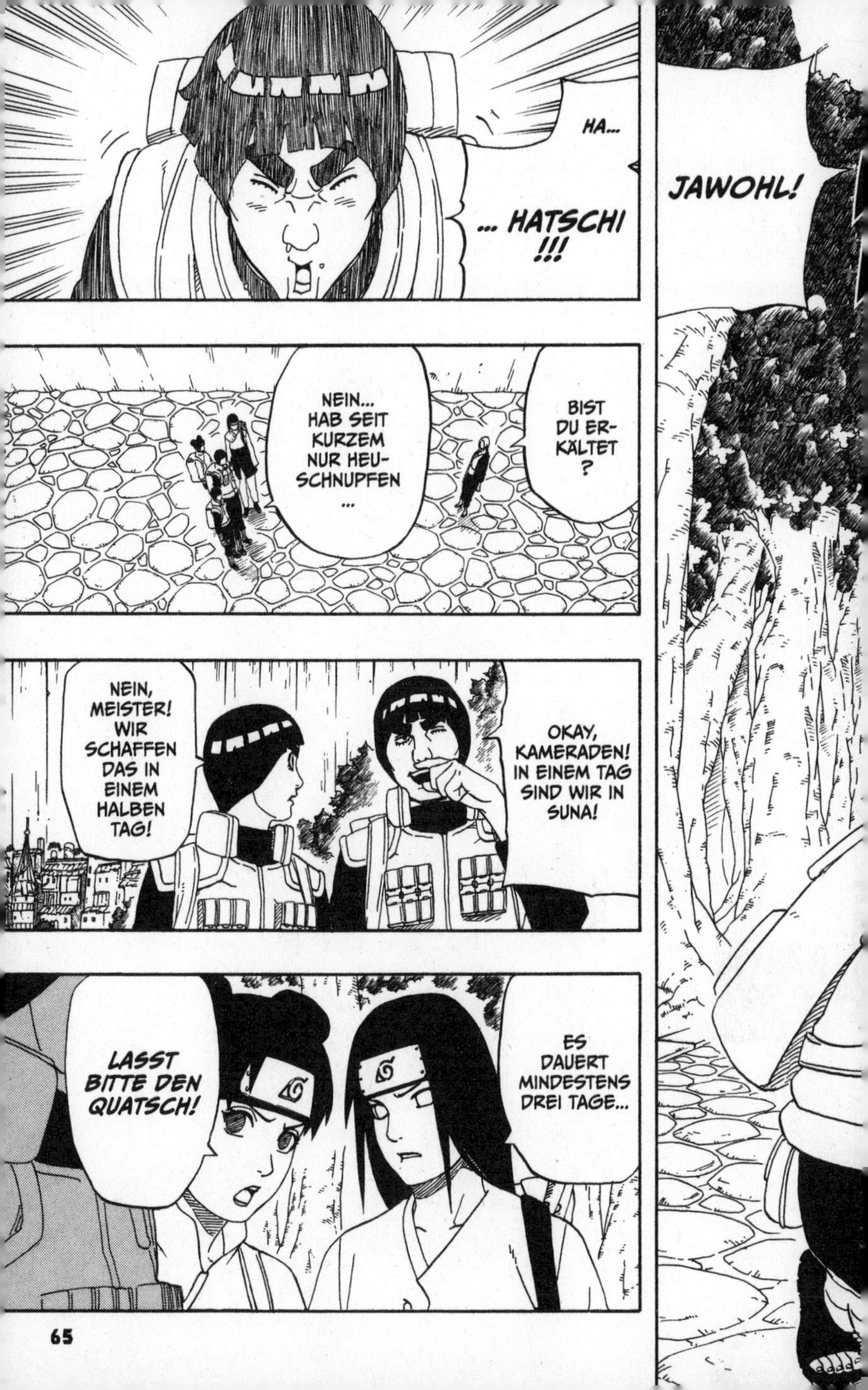
HA...
... HATSCHI !!!
JAWOHL!
BIST DU ERKÄLTET ?
NEIN... HAB SEIT KURZEM NUR HEU-SCHNUPFEN ...
OKAY, KAMERADEN! IN EINEM TAG SIND WIR IN SUNA!
NEIN, MEISTER! WIR SCHAFFEN DAS IN EINEM HALBEN TAG!
ES DAUERT MINDESTENS DREI TAGE...
LASST BITTE DEN QUATSCH!

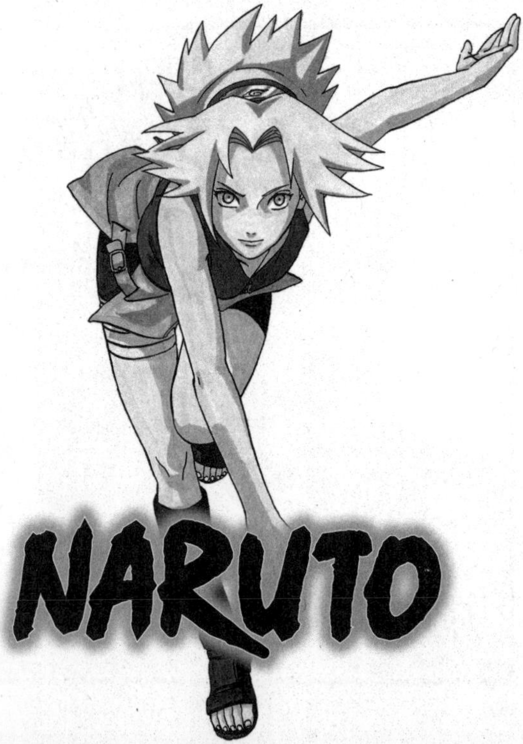
NARUTO

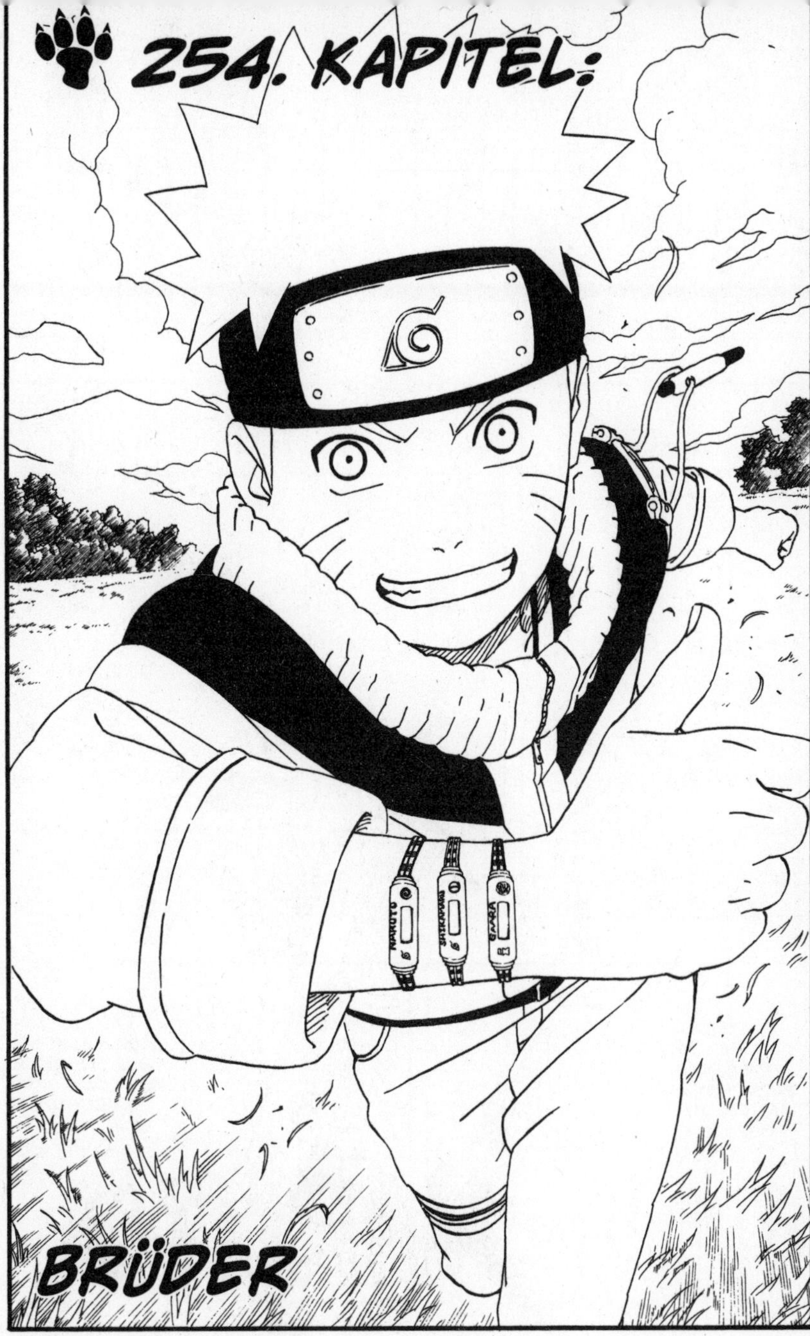
254. KAPITEL:
BRÜDER

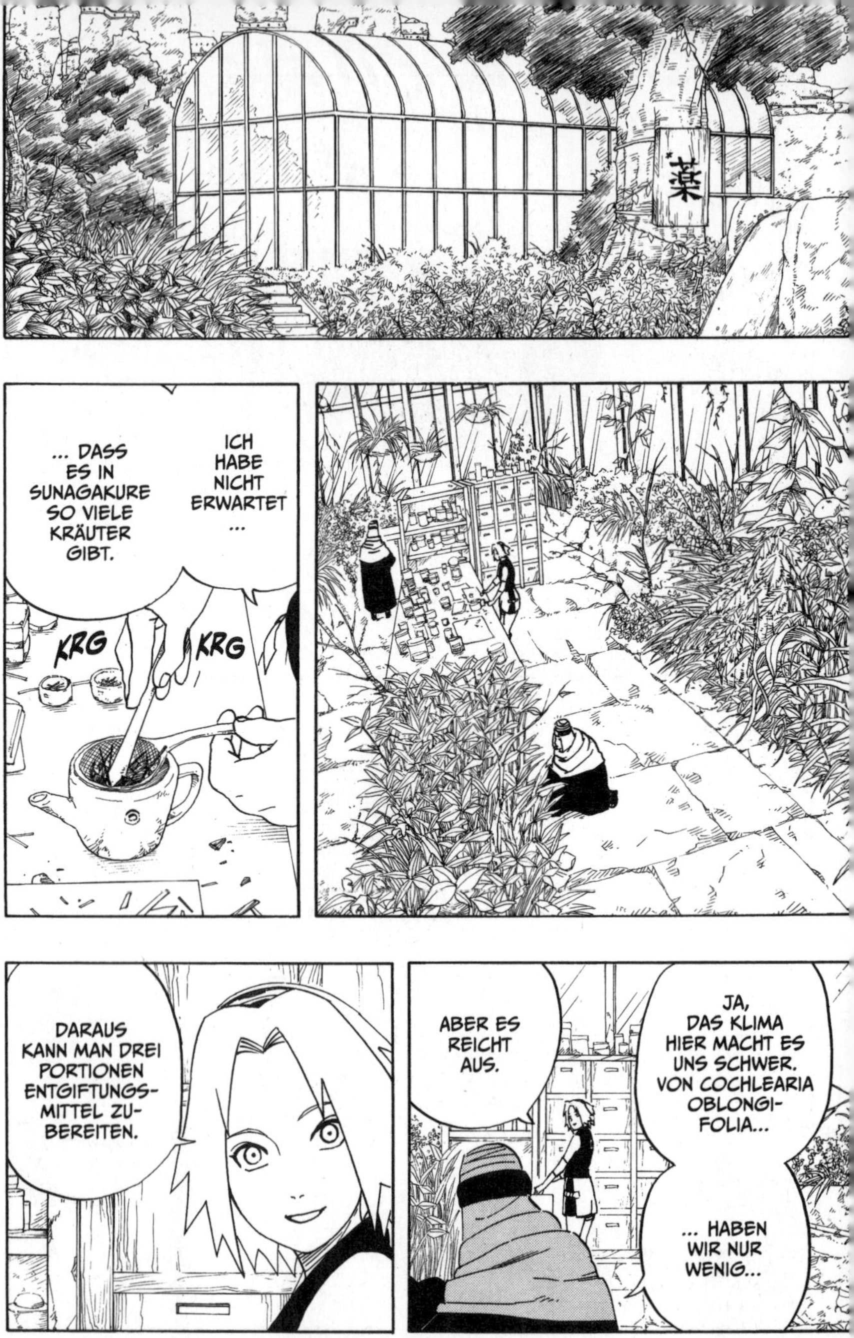

*薬
ICH HABE NICHT ERWARTET ...
... DASS ES IN SUNAGAKURE SO VIELE KRÄUTER GIBT.
KRG
KRG
JA, DAS KLIMA HIER MACHT ES UNS SCHWER. VON COCHLEARIA OBLONGIFOLIA...
... HABEN WIR NUR WENIG...
ABER ES REICHT AUS.
DARAUS KANN MAN DREI PORTIONEN ENTGIFTUNGSMITTEL ZUBEREITEN.

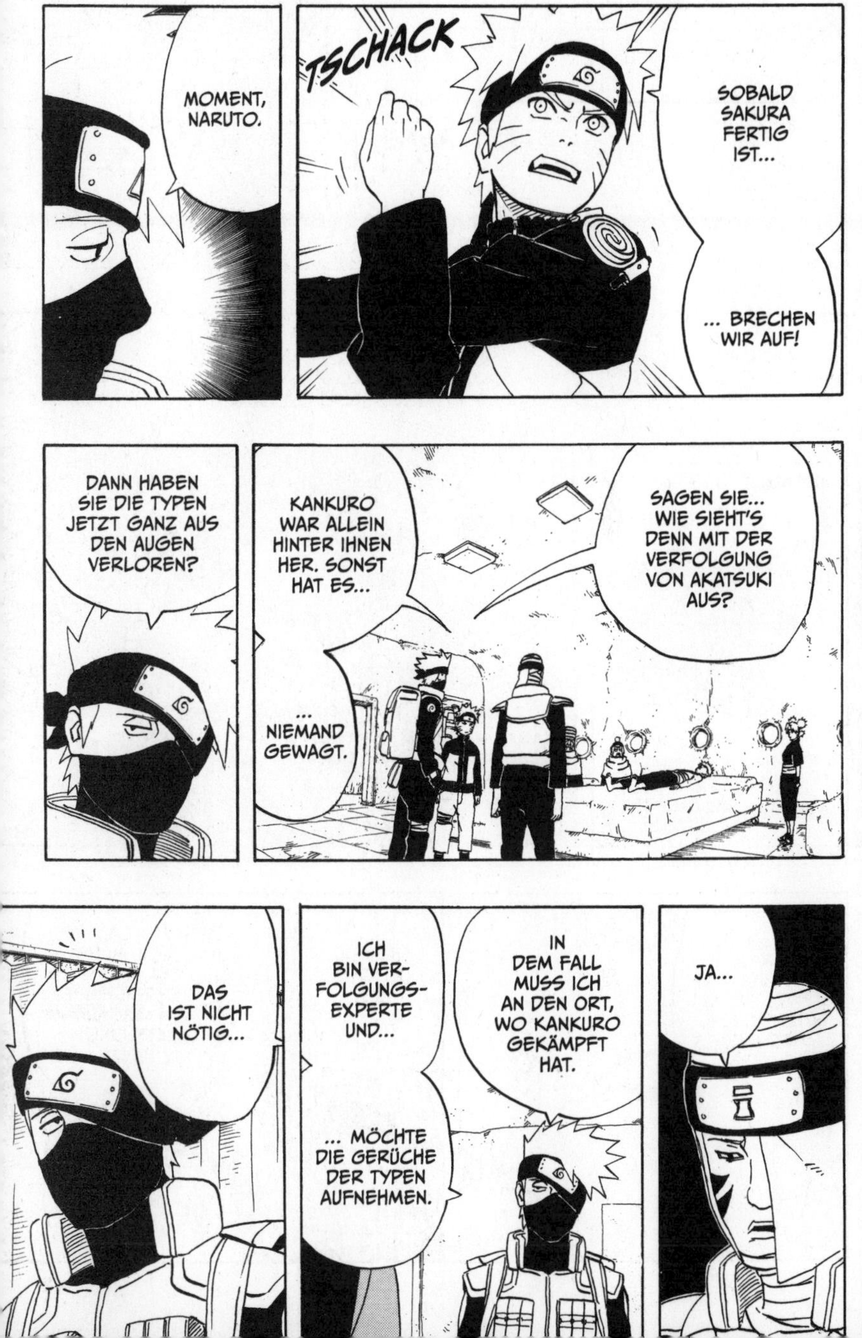
TSCHACK
SOBALD SAKURA FERTIG IST...
... BRECHEN WIR AUF!
MOMENT, NARUTO.
SAGEN SIE... WIE SIEHT'S DENN MIT DER VERFOLGUNG VON AKATSUKI AUS?
KANKURO WAR ALLEIN HINTER IHNEN HER. SONST HAT ES...
... NIEMAND GEWAGT.
DANN HABEN SIE DIE TYPEN JETZT GANZ AUS DEN AUGEN VERLOREN?
JA...
IN DEM FALL MUSS ICH AN DEN ORT, WO KANKURO GEKÄMPFT HAT.
ICH BIN VER-FOLGUNGS-EXPERTE UND...
... MÖCHTE DIE GERÜCHE DER TYPEN AUFNEHMEN.
DAS IST NICHT NÖTIG...

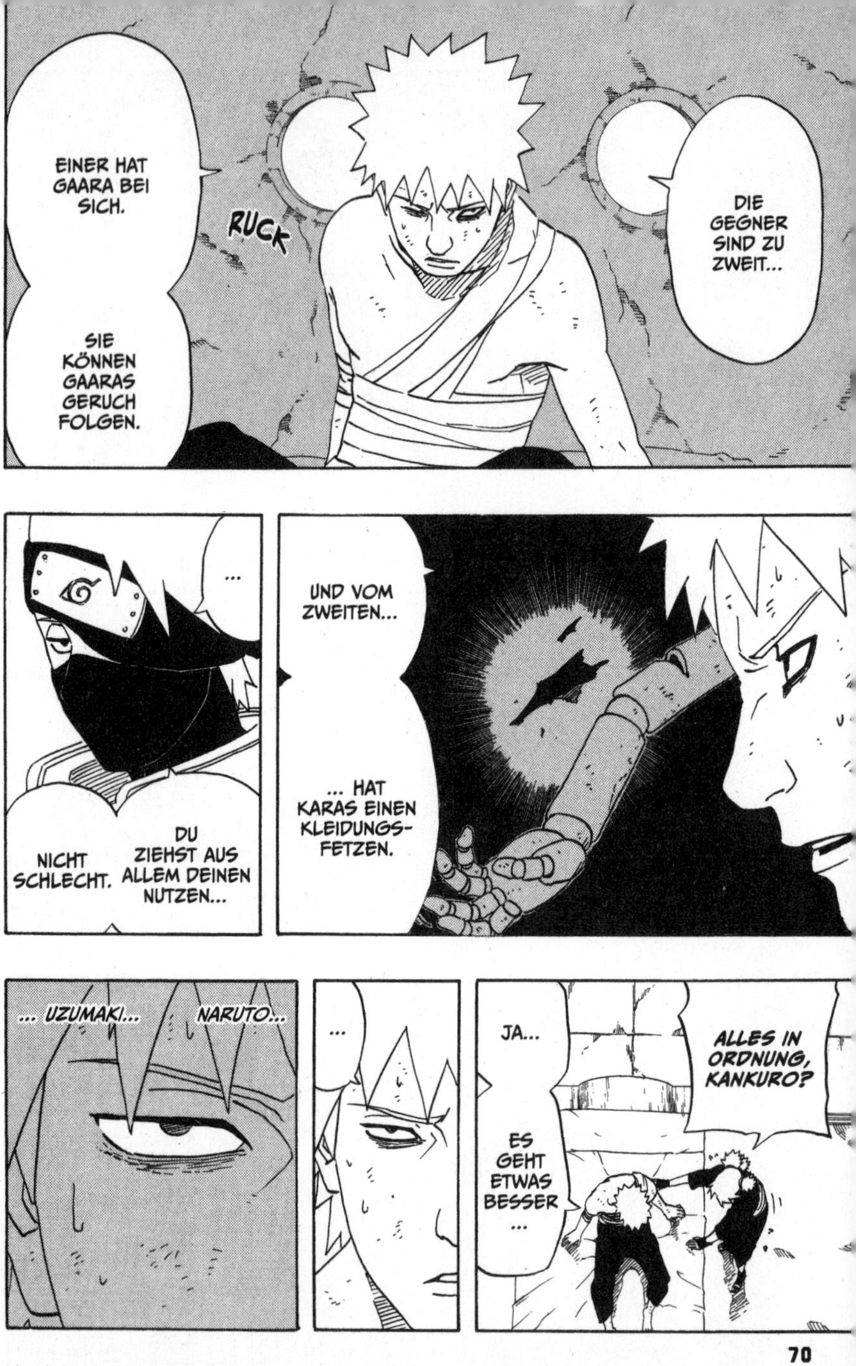

DIE GEGNER SIND ZU ZWEIT...
RUCK
EINER HAT GAARA BEI SICH.
SIE KÖNNEN GAARAS GERUCH FOLGEN.
UND VOM ZWEITEN...
... HAT KARAS EINEN KLEIDUNGS-FETZEN.
...
DU ZIEHST AUS ALLEM DEINEN NUTZEN...
NICHT SCHLECHT.
ALLES IN ORDNUNG, KANKURO?
JA...
ES GEHT ETWAS BESSER ...
...
... UZUMAKI... NARUTO...

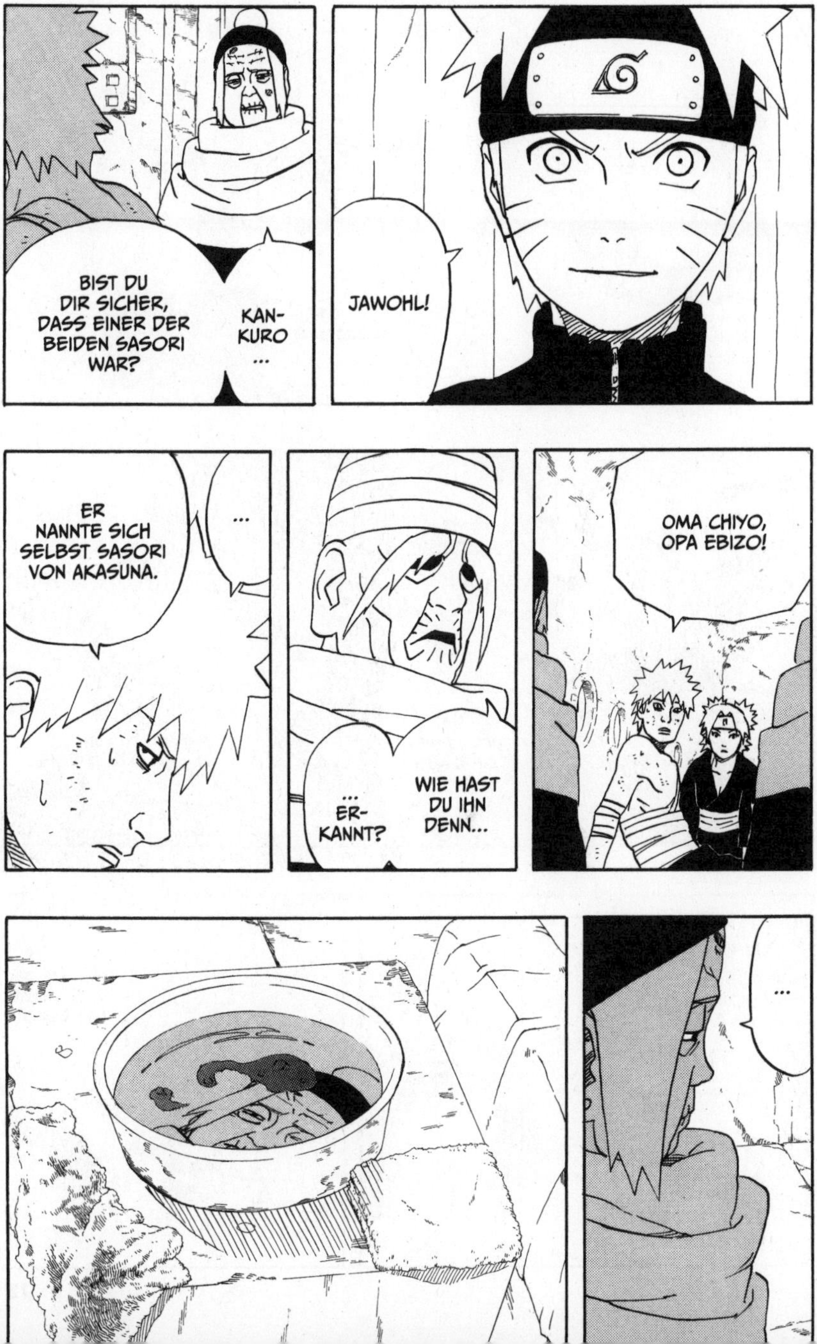
JAWOHL!
KAN-KURO ...
BIST DU DIR SICHER, DASS EINER DER BEIDEN SASORI WAR?
OMA CHIYO, OPA EBIZO!
WIE HAST DU IHN DENN...
... ER-KANNT?
...
ER NANNTE SICH SELBST SASORI VON AKASUNA.
...

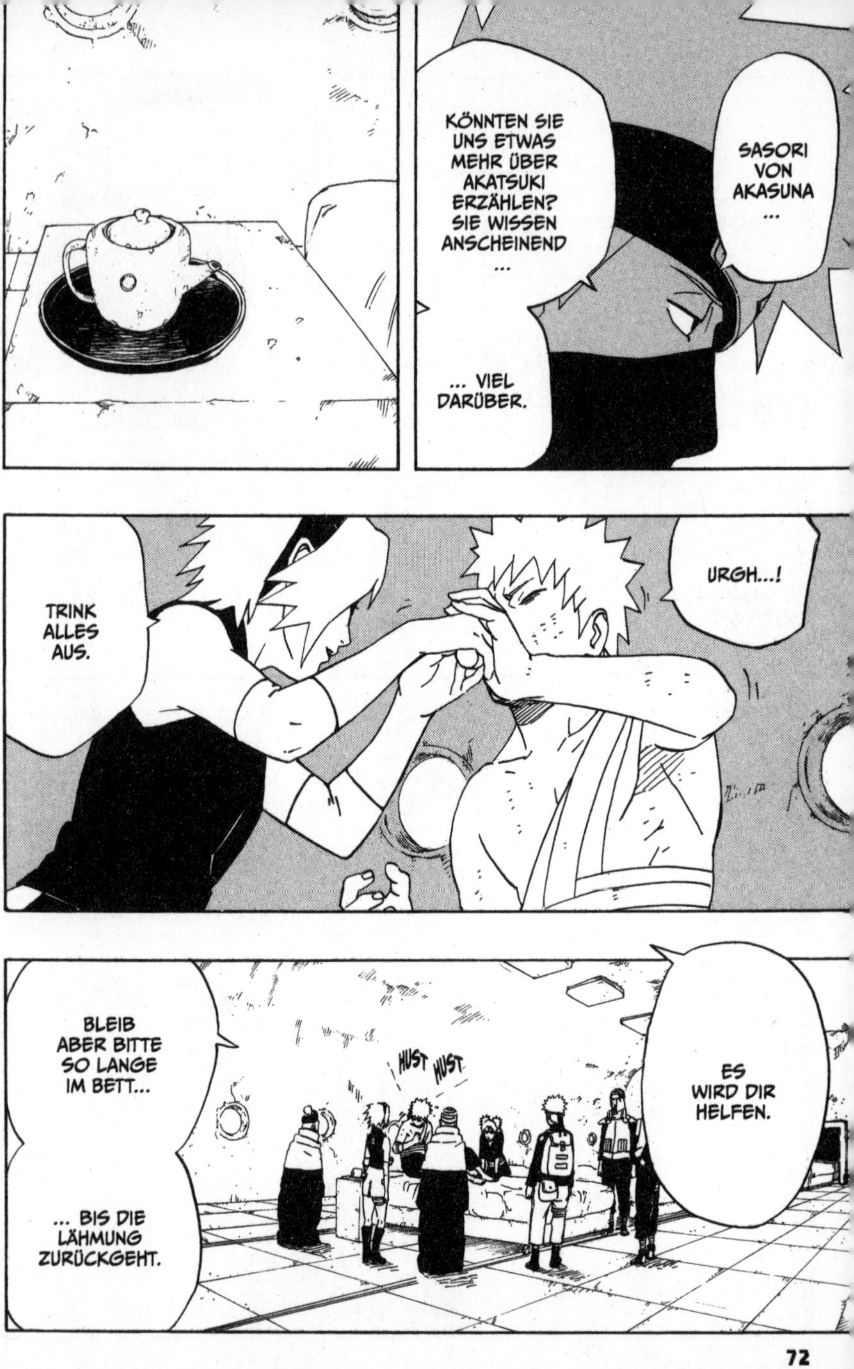
SASORI VON AKASUNA ...
KÖNNTEN SIE UNS ETWAS MEHR ÜBER AKATSUKI ERZÄHLEN? SIE WISSEN ANSCHEINEND ...
... VIEL DARÜBER.
URGH...!
TRINK ALLES AUS.
ES WIRD DIR HELFEN.
HUST HUST
BLEIB ABER BITTE SO LANGE IM BETT...
... BIS DIE LÄHMUNG ZURÜCKGEHT.

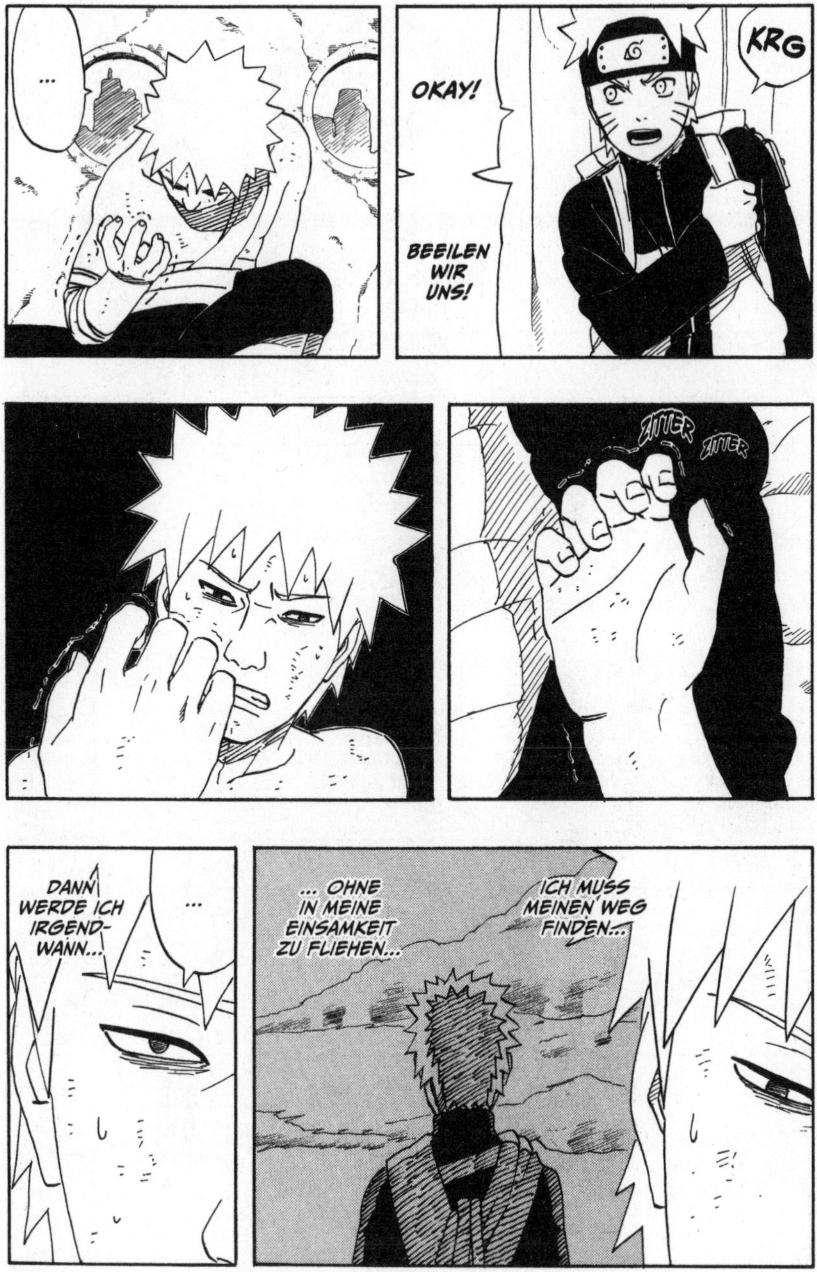
KRG
OKAY!
BEEILEN WIR UNS!
...
ZITTER
ZITTER
ICH MUSS MEINEN WEG FINDEN...
... OHNE IN MEINE EINSAMKEIT ZU FLIEHEN...
...
DANN WERDE ICH IRGEND-WANN...

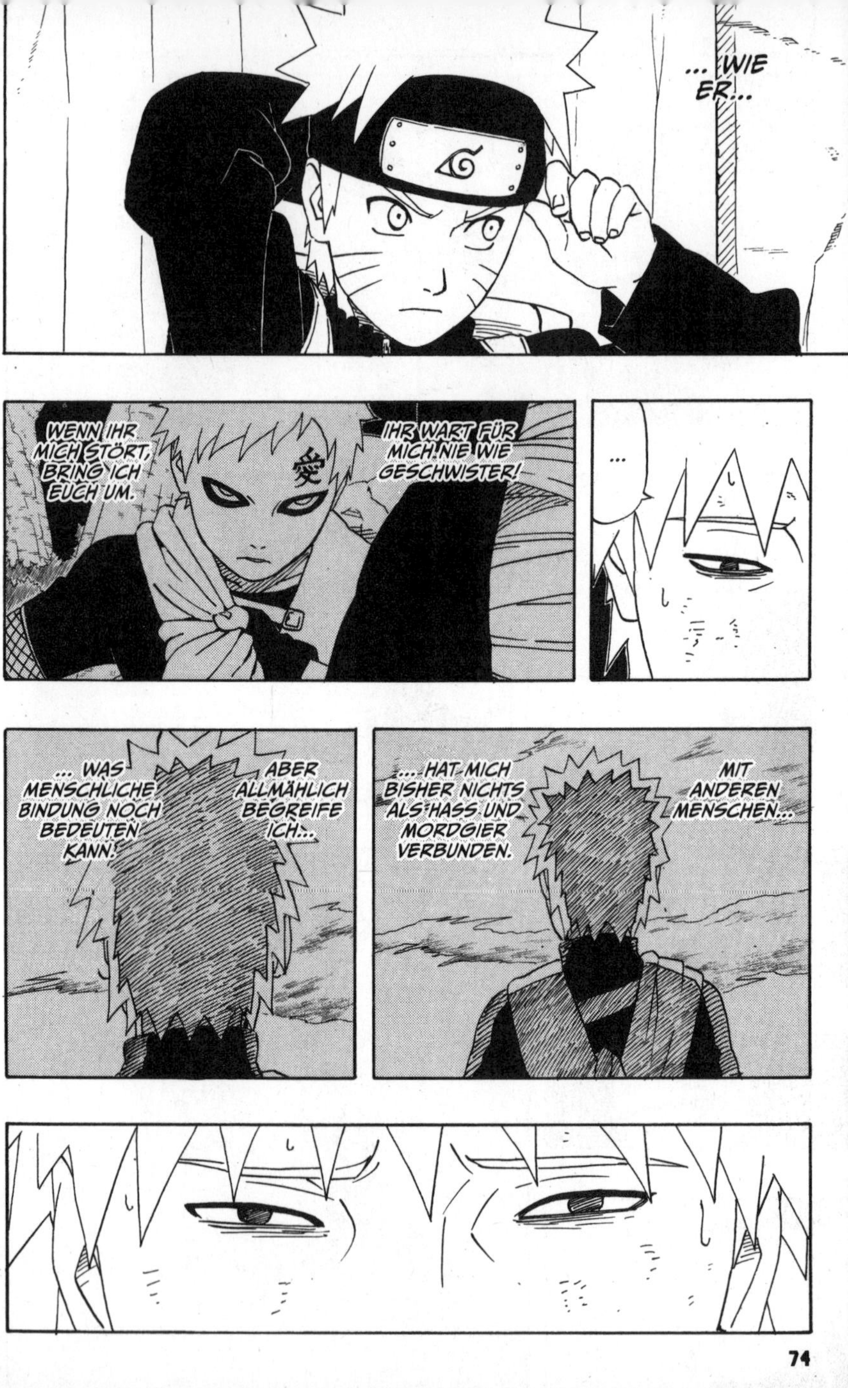
... WIE ER...
...
IHR WART FÜR MICH NIE WIE GESCHWISTER!
WENN IHR MICH STÖRT, BRING ICH EUCH UM.
MIT ANDEREN MENSCHEN...
... HAT MICH BISHER NICHTS ALS HASS UND MORDGIER VERBUNDEN.
ABER ALLMÄHLICH BEGREIFE ICH...
... WAS MENSCHLICHE BINDUNG NOCH BEDEUTEN KANN!

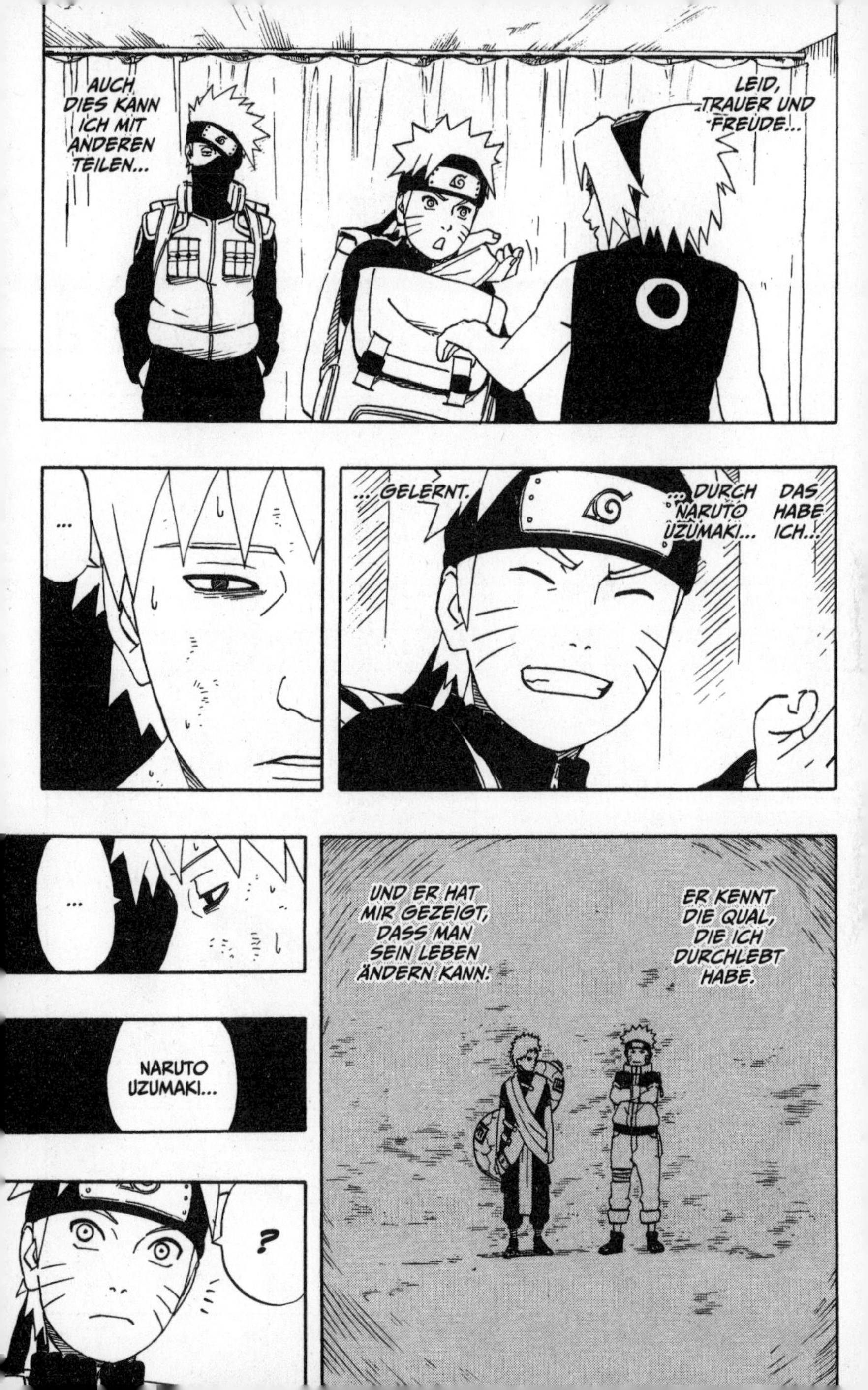
LEID, TRAUER UND FREUDE...
AUCH DIES KANN ICH MIT ANDEREN TEILEN...
DAS HABE ICH...
... DURCH NARUTO UZUMAKI...
... GELERNT.
...
ER KENNT DIE QUAL, DIE ICH DURCHLEBT HABE.
UND ER HAT MIR GEZEIGT, DASS MAN SEIN LEBEN ÄNDERN KANN.
...
NARUTO UZUMAKI...
?

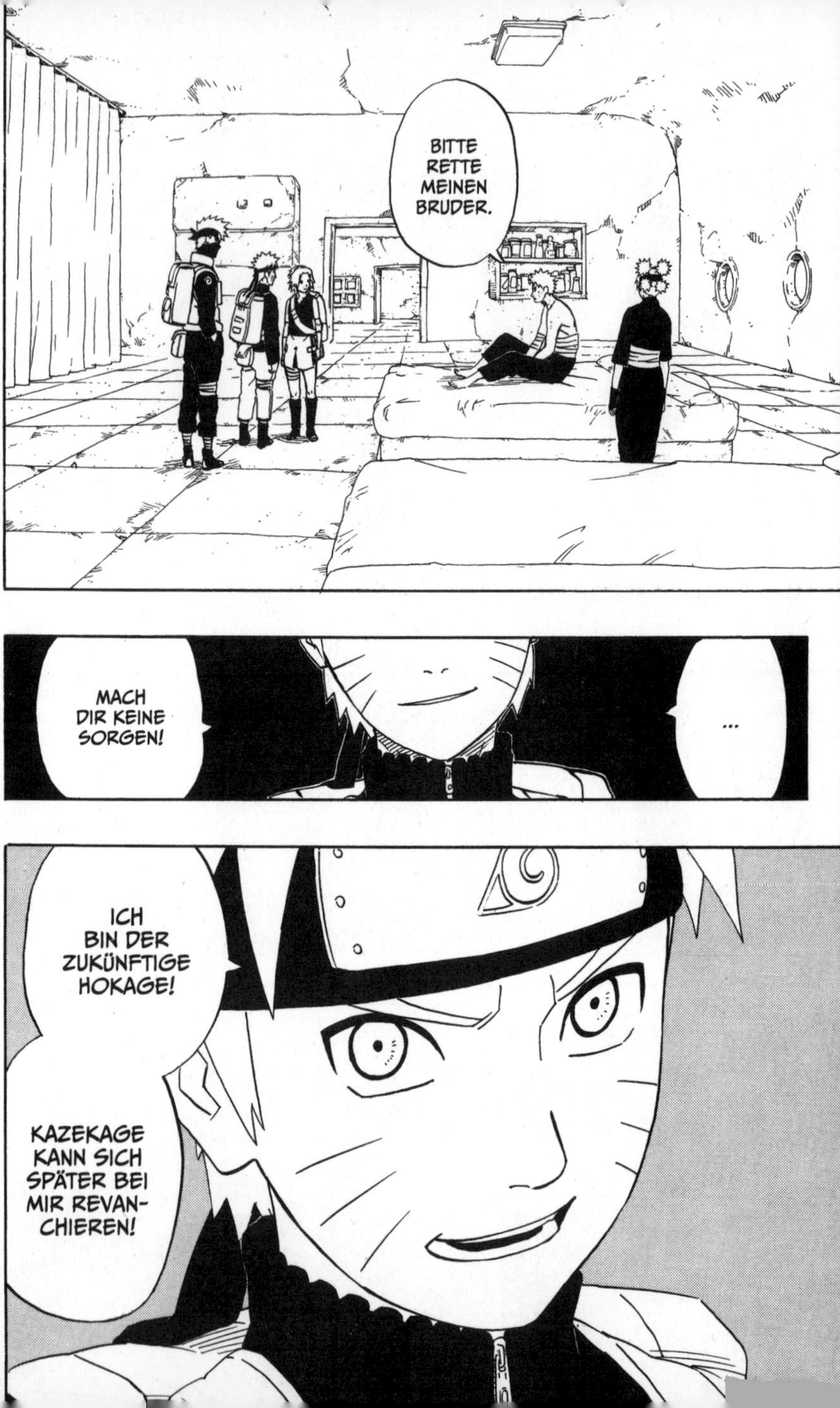
BITTE RETTE MEINEN BRUDER.
...
MACH DIR KEINE SORGEN!
ICH BIN DER ZUKÜNFTIGE HOKAGE!
KAZEKAGE KANN SICH SPÄTER BEI MIR REVAN-CHIEREN!

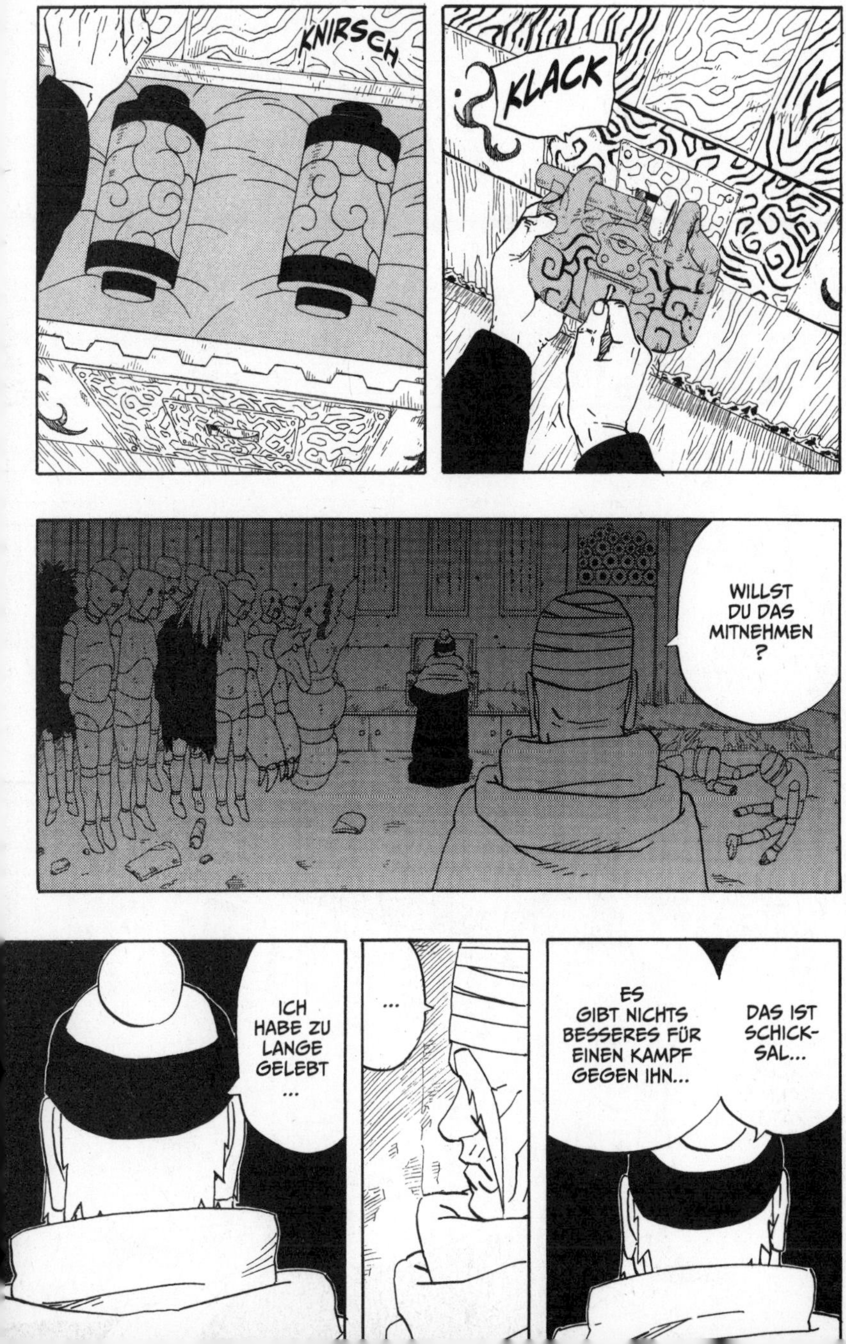
KLACK
KNIRSCH
WILLST DU DAS MITNEHMEN ?
DAS IST SCHICKSAL...
ES GIBT NICHTS BESSERES FÜR EINEN KAMPF GEGEN IHN...
...
ICH HABE ZU LANGE GELEBT ...

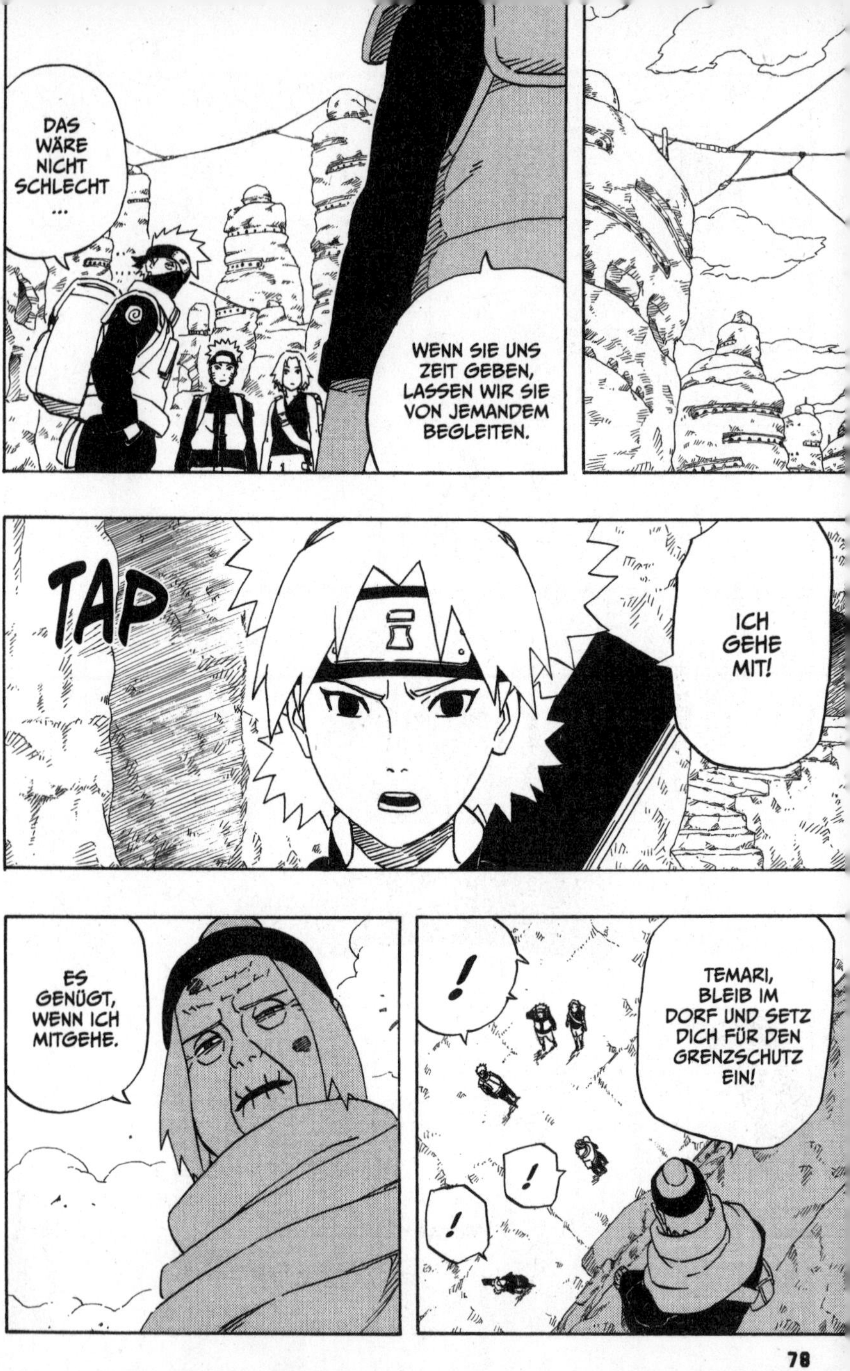
WENN SIE UNS ZEIT GEBEN, LASSEN WIR SIE VON JEMANDEM BEGLEITEN.
DAS WÄRE NICHT SCHLECHT ...
TAP
ICH GEHE MIT!
TEMARI, BLEIB IM DORF UND SETZ DICH FÜR DEN GRENZSCHUTZ EIN!
!
!
!
ES GENÜGT, WENN ICH MITGEHE.

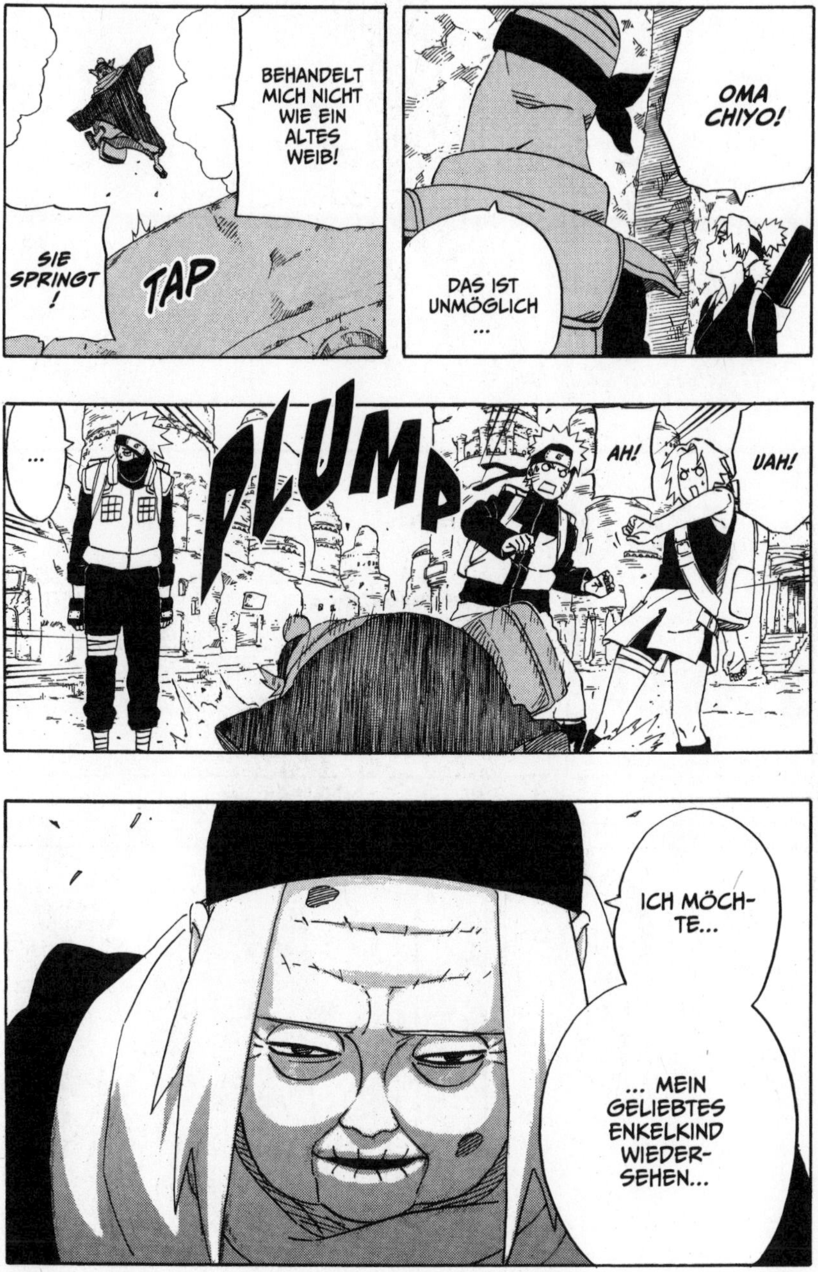
OMA CHIYO!
DAS IST UNMÖGLICH ...
BEHANDELT MICH NICHT WIE EIN ALTES WEIB!
SIE SPRINGT !
TAP
UAH!
AH!
PLUMP
...
ICH MÖCH-TE...
... MEIN GELIEBTES ENKELKIND WIEDER-SEHEN...

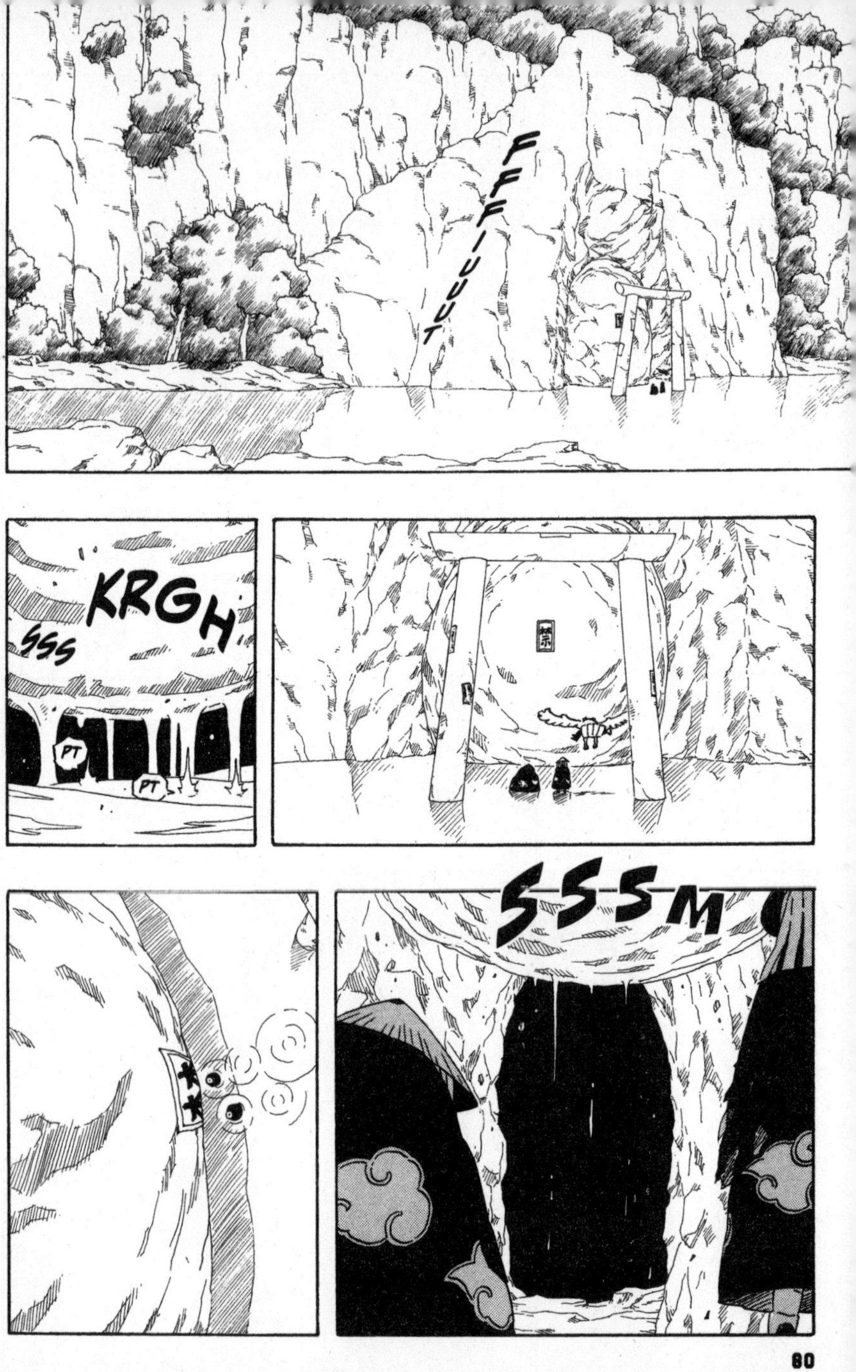
FFFIUUUT
KRGH
SSS
PT
PT
SSSM

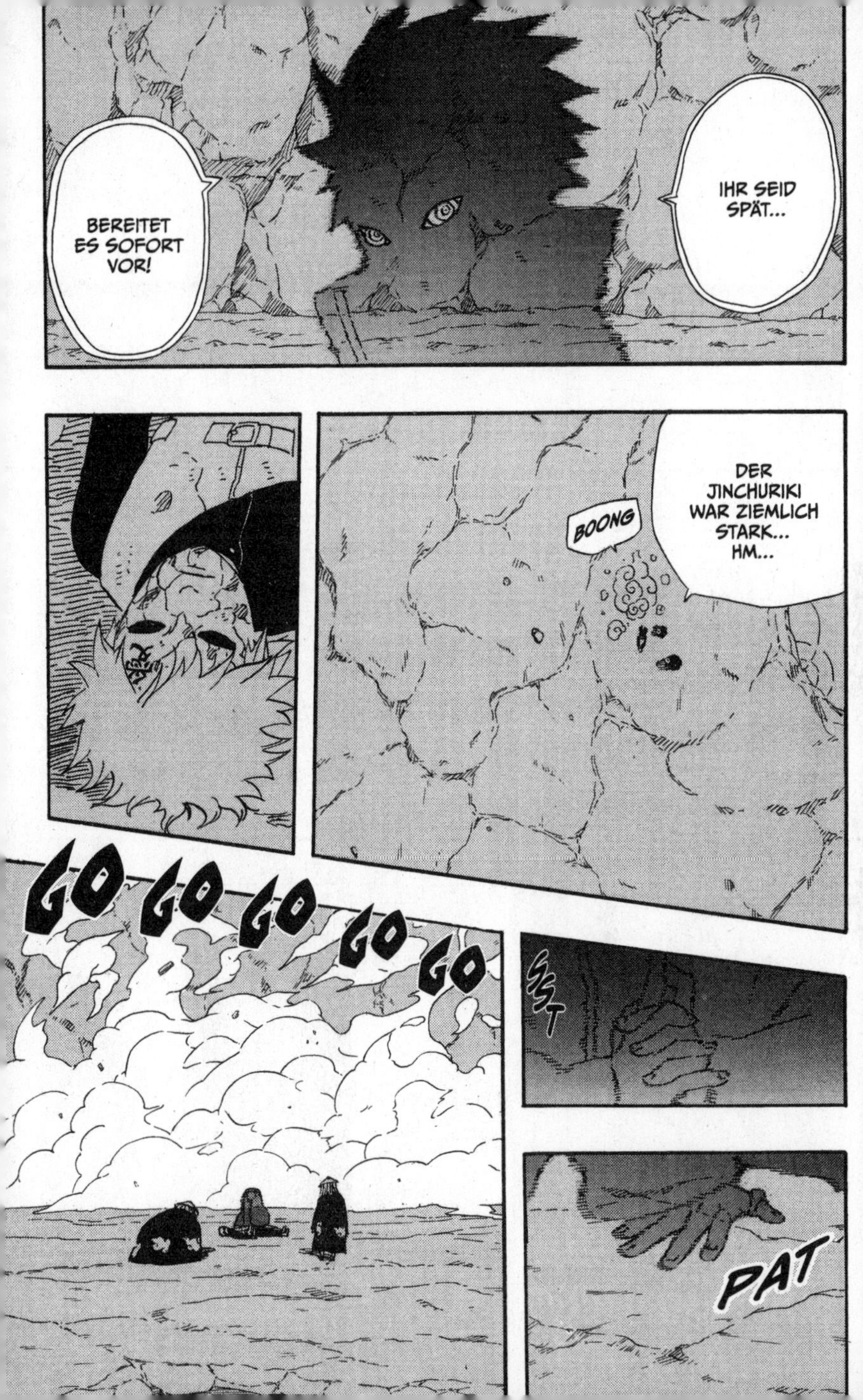
IHR SEID SPÄT...
BEREITET ES SOFORT VOR!
BOONG
DER JINCHURIKI WAR ZIEMLICH STARK... HM...
GO GO GO GO GO
SST
PAT

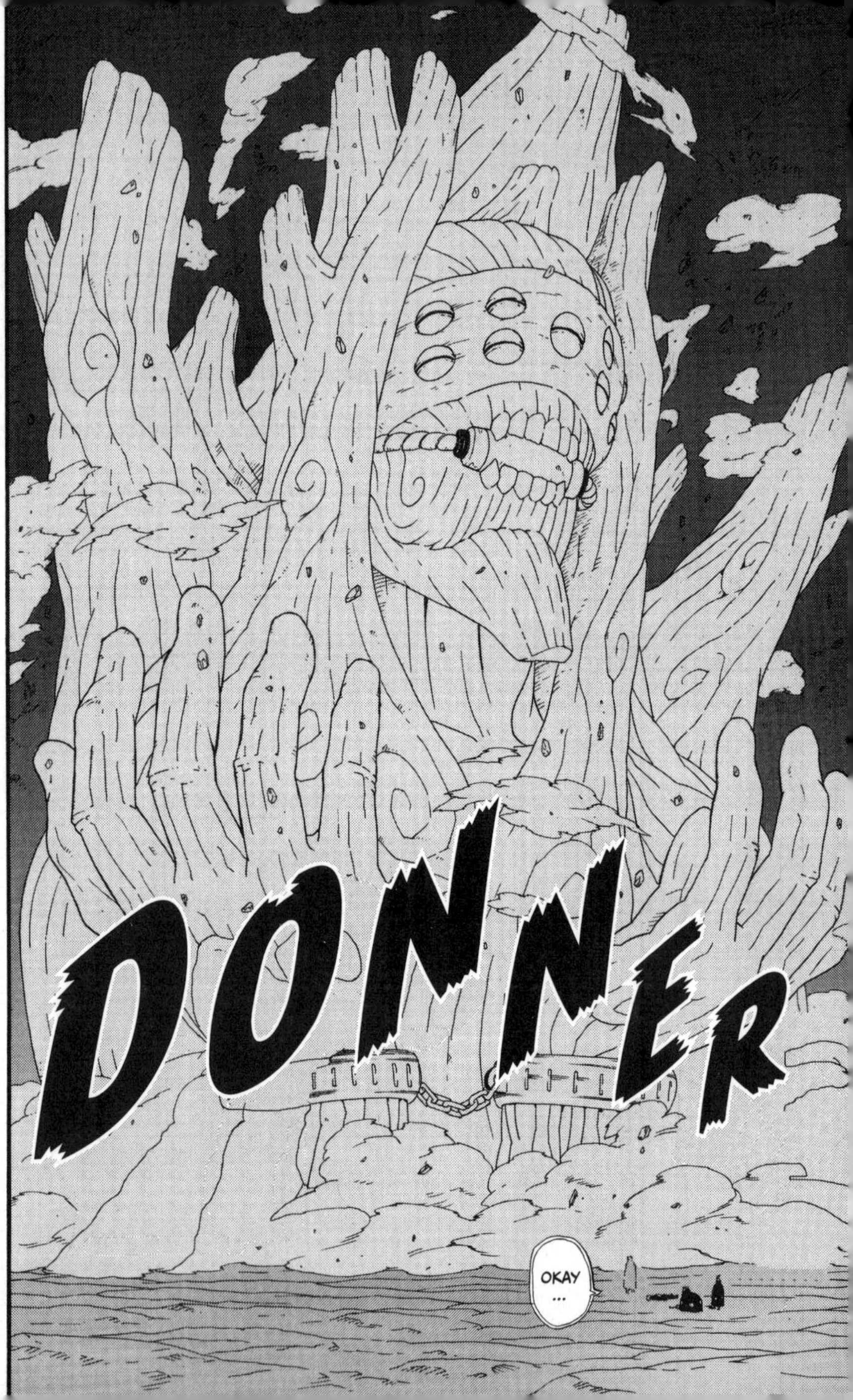
DONNER
OKAY ...

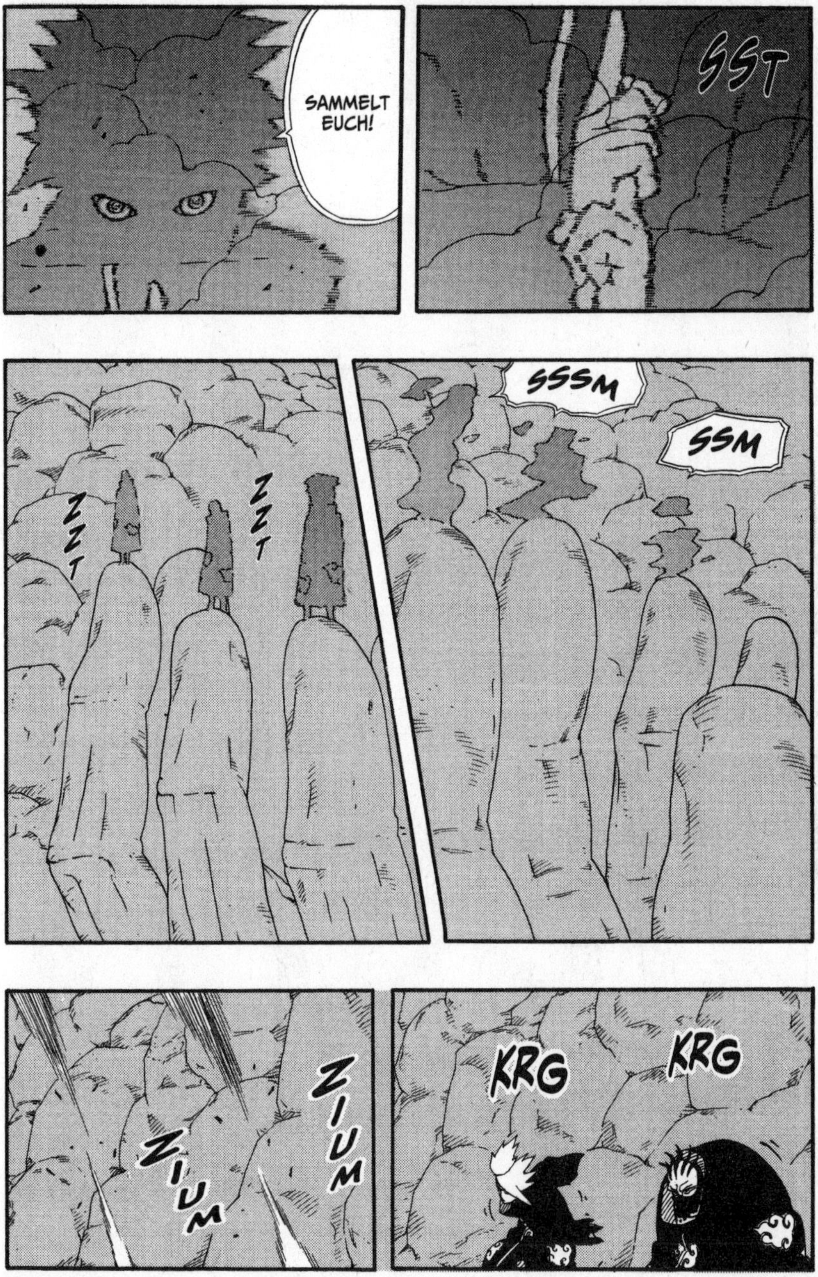
SAMMELT EUCH!
SST
ZZZT
ZZT
SSSM
SSM
ZIUM
ZIUM
KRG
KRG

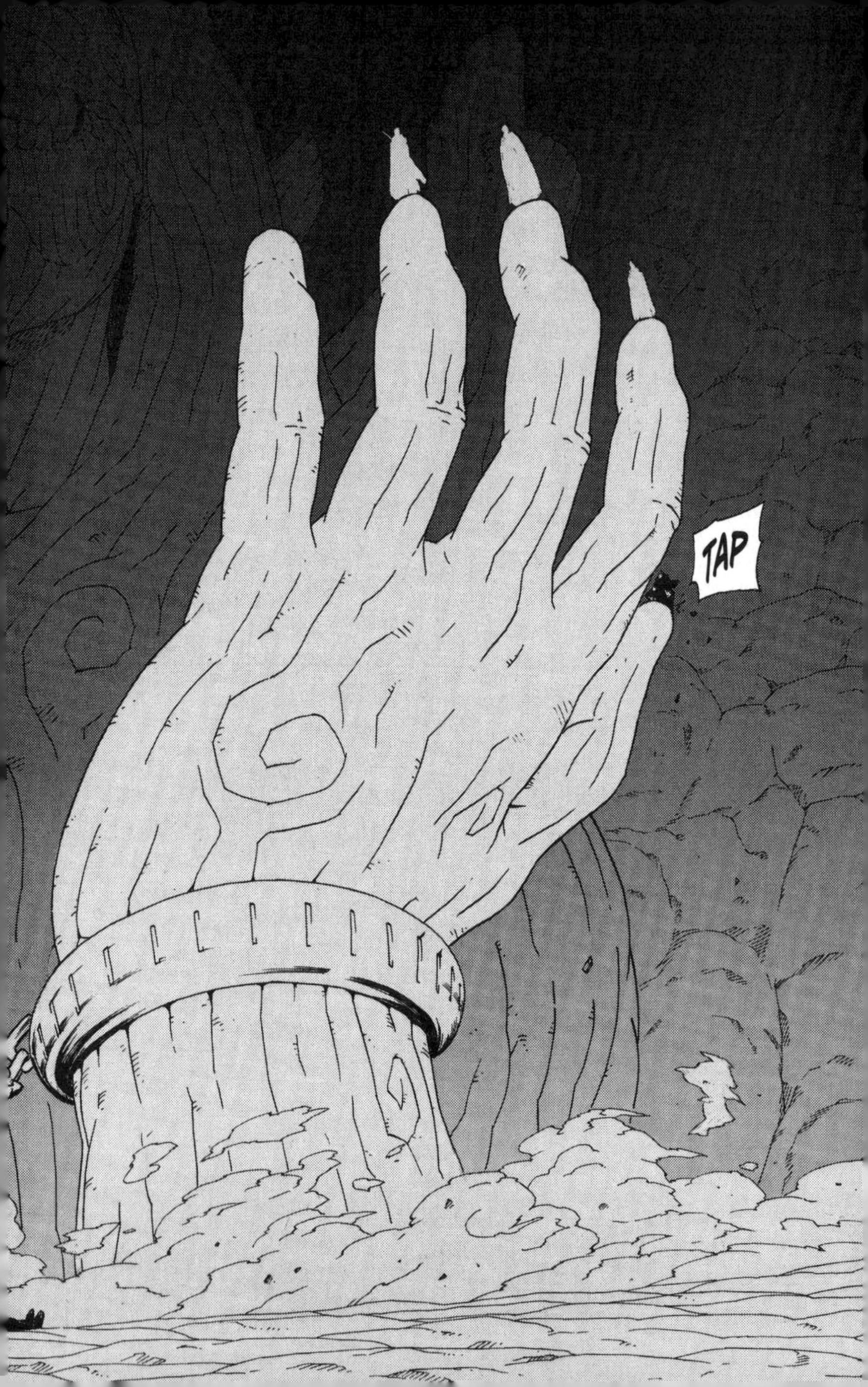
TAP

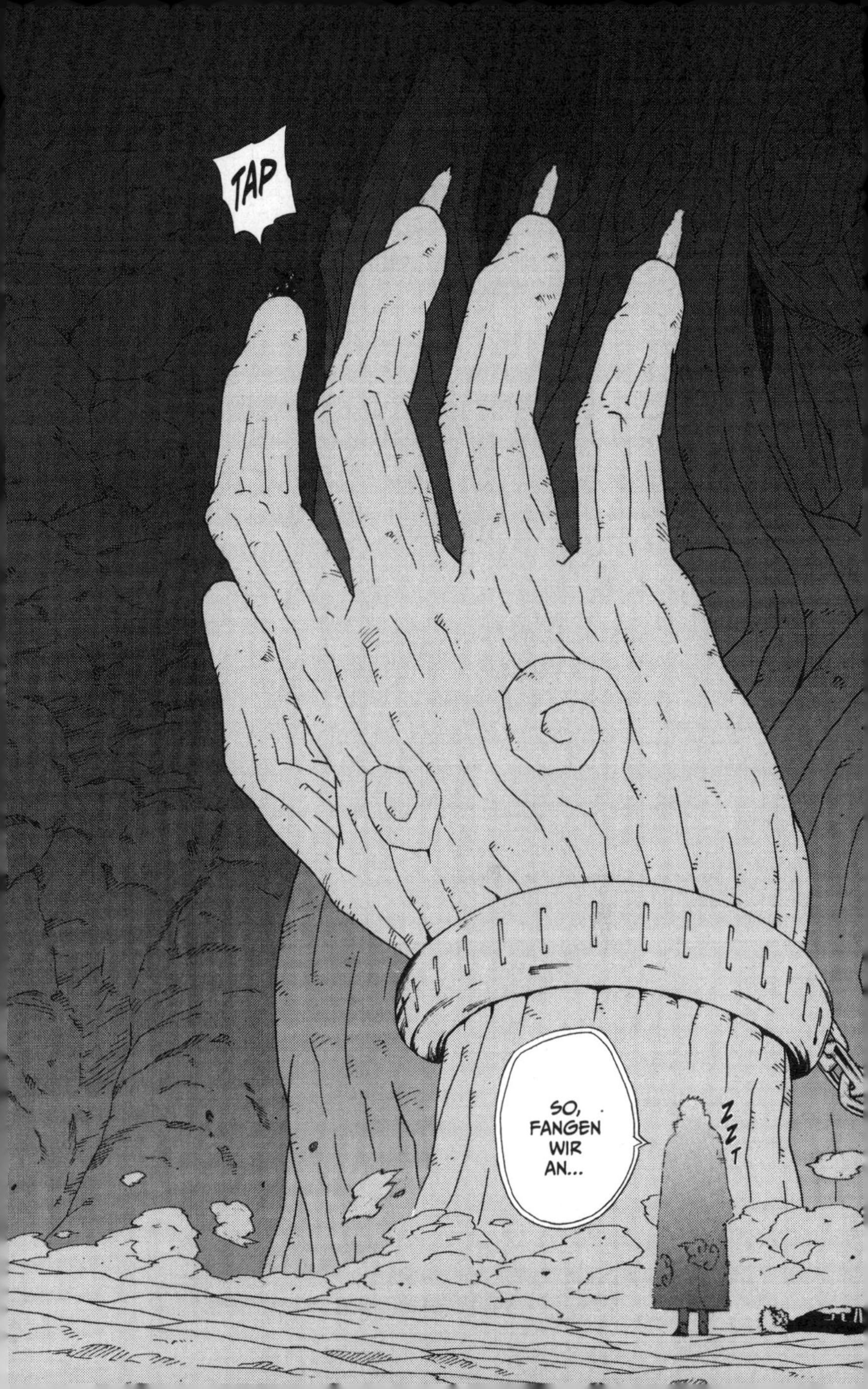
TAP
SO, FANGEN WIR AN...
ZZZ

MASASHI KISHIMOTOS WELT LEBENSGESCHICHTE: MEIN KAMPF GEGEN DAS CHAOS – TEIL 1

NACH SECHS JAHREN, IN DENEN ICH JEDEN TAG MANGA GEZEICHNET HABE, IST MIR EINS KLAR GEWORDEN: MAN WIRD VERRÜCKT, WENN MAN LANGE ZEIT AM SELBEN ORT MIT DENSELBEN MENSCHEN ZUSAMMENSITZT. VERSCHIEDENE KOMISCHE SYMPTOME ZEIGEN SICH BEI MIR UND ALLEN MEINEN ASSISTENTEN. WIR LACHEN UNS ZUM BEISPIEL OFT ÜBER TOTAL ALBERNE WITZE ZU TODE. EINMAL HABEN WIR ÜBER DREISSIG MINUTEN UNSERE FÜRZE AUF TONBAND AUFGENOMMEN. UND MANCHMAL STÖHNEN WIR NUR, STATT ZU SPRECHEN.

WIR STECKEN SOZUSAGEN IN EINER ART CHAOS, EINER VERRÜCKTEN PARALLELWELT. ABER WIR SELBST BEMERKEN DAS NICHT UND HALTEN DIESEN ZUSTAND FÜR NORMAL. ERST WENN EIN NEUER ASSISTENT KOMMT, BEMERKEN WIR DEN UNTERSCHIED ZWISCHEN IHM UND UNS. DANN MACHEN WIR UNS NATÜRLICH GEDANKEN. ABER SOBALD DER NEUE ASSISTENT SICH AN UNS GEWÖHNT HAT, VERGESSEN WIR SCHNELL WIEDER, WIE ABNORMAL WIR SIND...

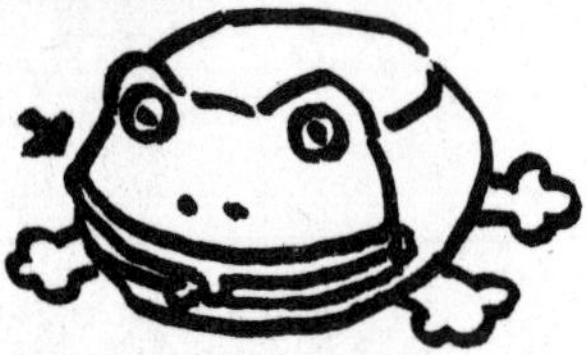

EINMAL IST ETWAS EINSCHNEIDENDES GESCHEHEN: KURZ VOR EINEM ABGABETERMIN WAR ICH TOTAL KAPUTT UND WOLLTE EIN WENIG SCHLAFEN. ICH LEGTE MICH HINTER DEN ARBEITSTISCH UND SUCHTE ETWAS, WAS ICH ALS KOPFKISSEN VERWENDEN KÖNNTE. DA FAND ICH EIN KISSEN MIT DER FORM UND DEM MAUL EINER KRÖTE – EIN KISSEN NACH DEM MUSTER VON NARUTOS GELDBEUTEL. ICH LEGTE ES HIN UND WOLLTE SCHLAFEN, MUSSTE ABER PLÖTZLICH UNBEDINGT AUSPROBIEREN, OB MAN SEINEN KOPF IN DAS RIESIGE KRÖTENMAUL STECKEN KONNTE! IMMERHIN WAR DAS KISSEN GENAUSO GROSS WIE EIN MENSCHLICHER KOPF. ALSO HABE ICH MEINEN KOPF IN DAS KRÖTENMAUL-KISSEN GESTECKT, OBWOHL ICH EIGENTLICH TODMÜDE WAR. UND DA PASSTE TATSÄCHLICH MEIN GANZER KOPF BIS ZUM HALS HINEIN...

ICH WEISS NICHT MEHR GENAU, WAS MICH DAMALS DAZU GETRIEBEN HAT. ICH GLAUBE, ICH WAR VOR ERSCHÖPFUNG EINFACH IRRE. UND ICH AHNTE GAR NICHT, WAS DAS FÜR FOLGEN HABEN WÜRDE...

(FORTSETZUNG FOLGT...)

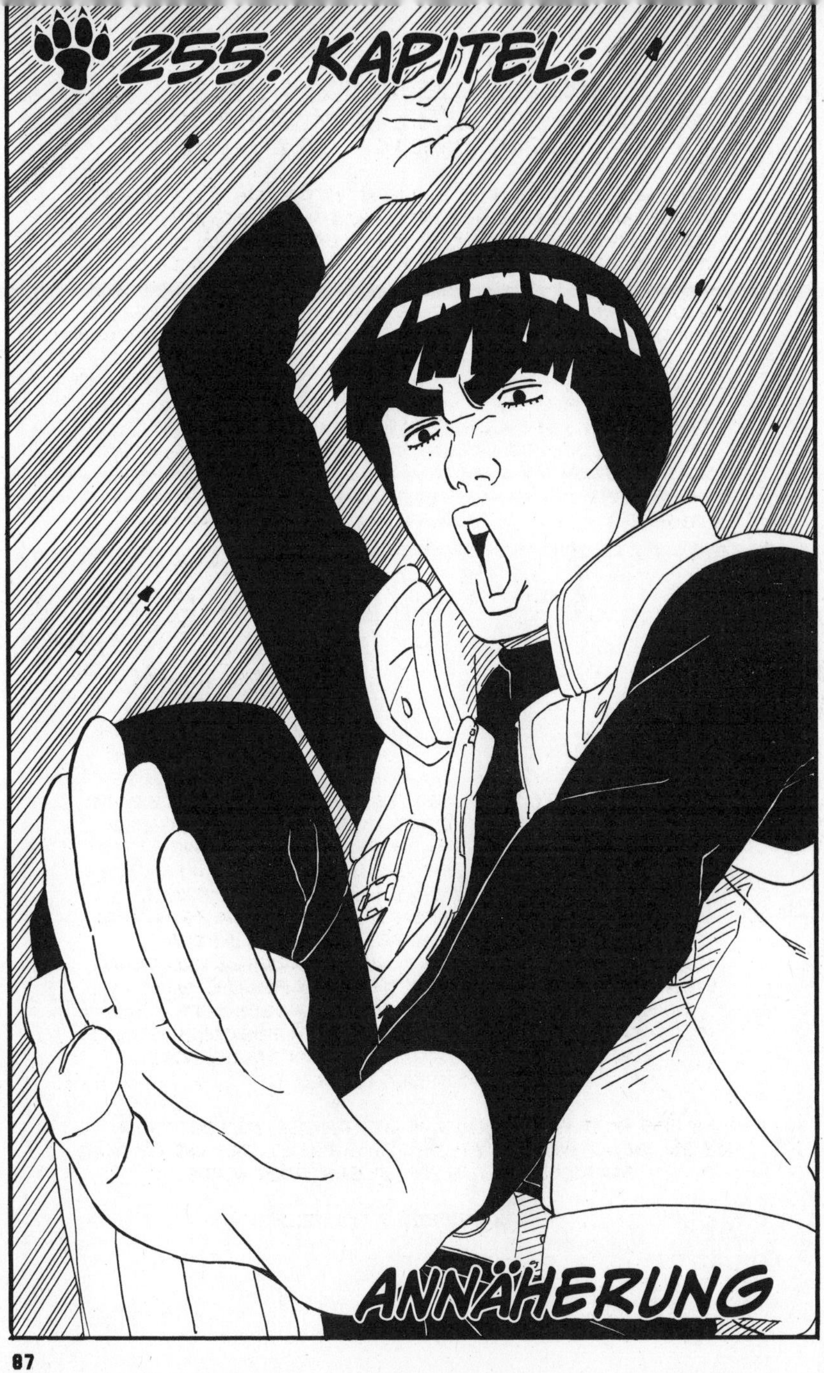
255. Kapitel:
Annäherung

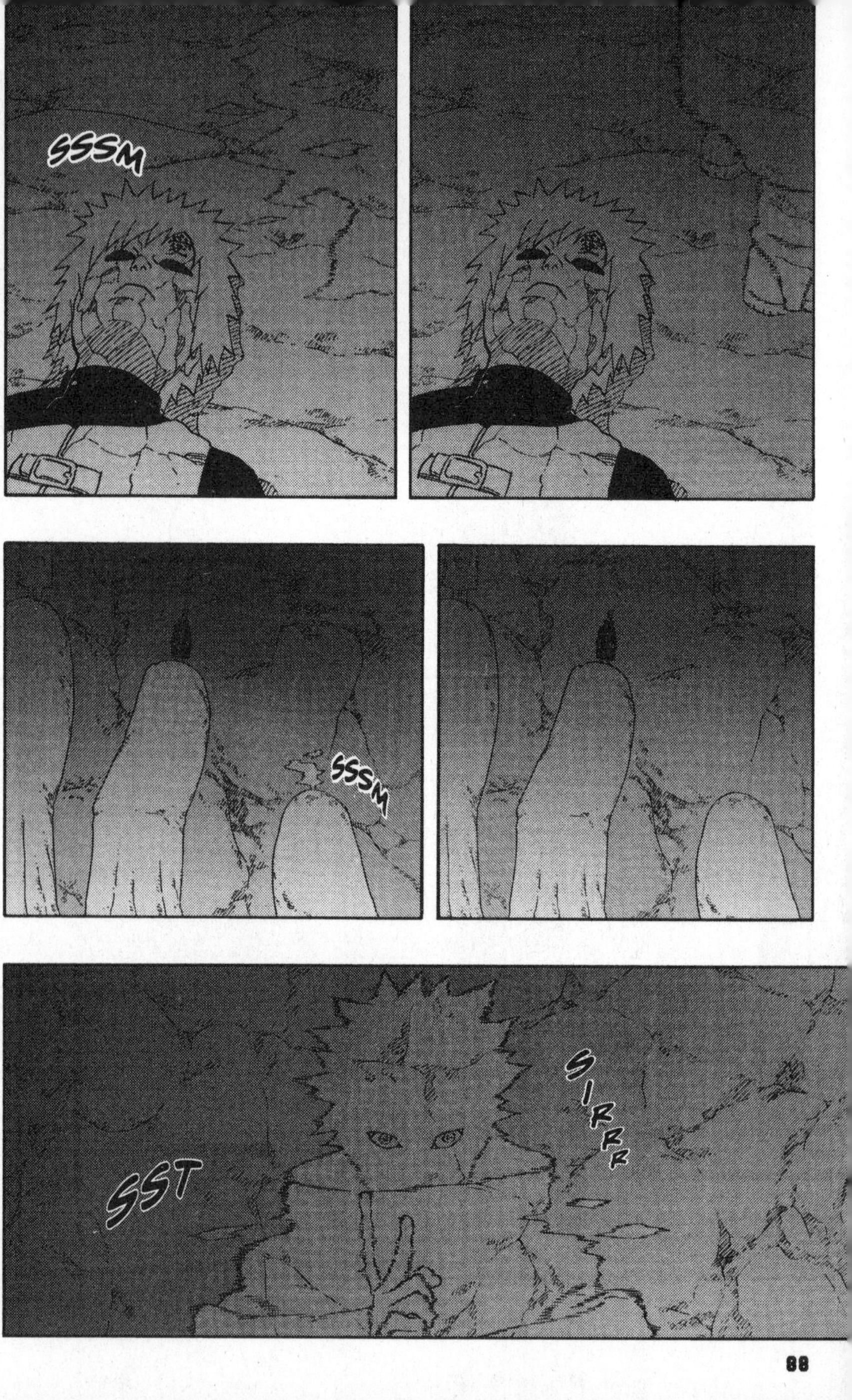
SSSM
SSSM
SIRRR
SST

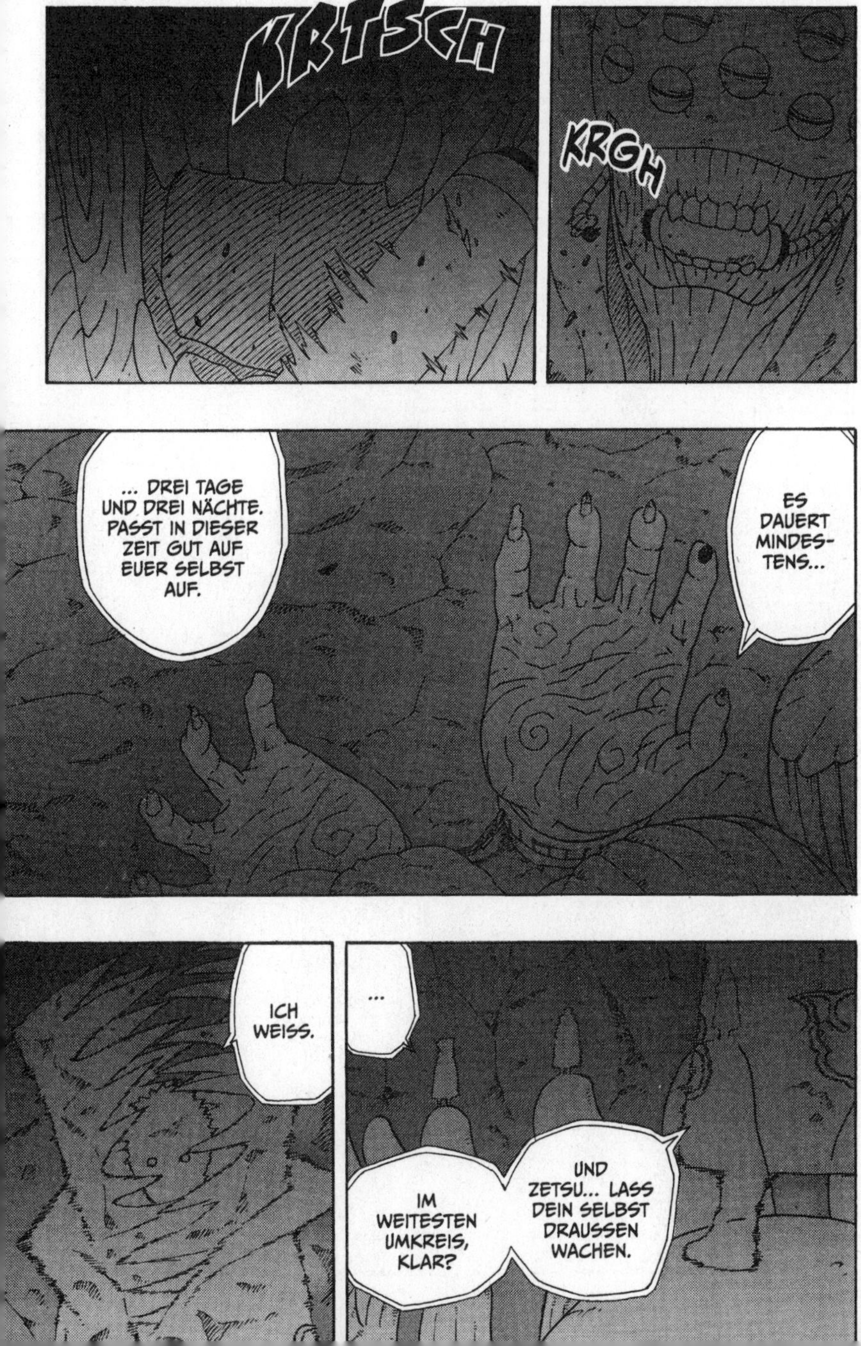
KRGH
KRTSCH
ES DAUERT MINDESTENS...
... DREI TAGE UND DREI NÄCHTE. PASST IN DIESER ZEIT GUT AUF EUER SELBST AUF.
UND ZETSU... LASS DEIN SELBST DRAUSSEN WACHEN.
IM WEITESTEN UMKREIS, KLAR?
...
ICH WEISS.

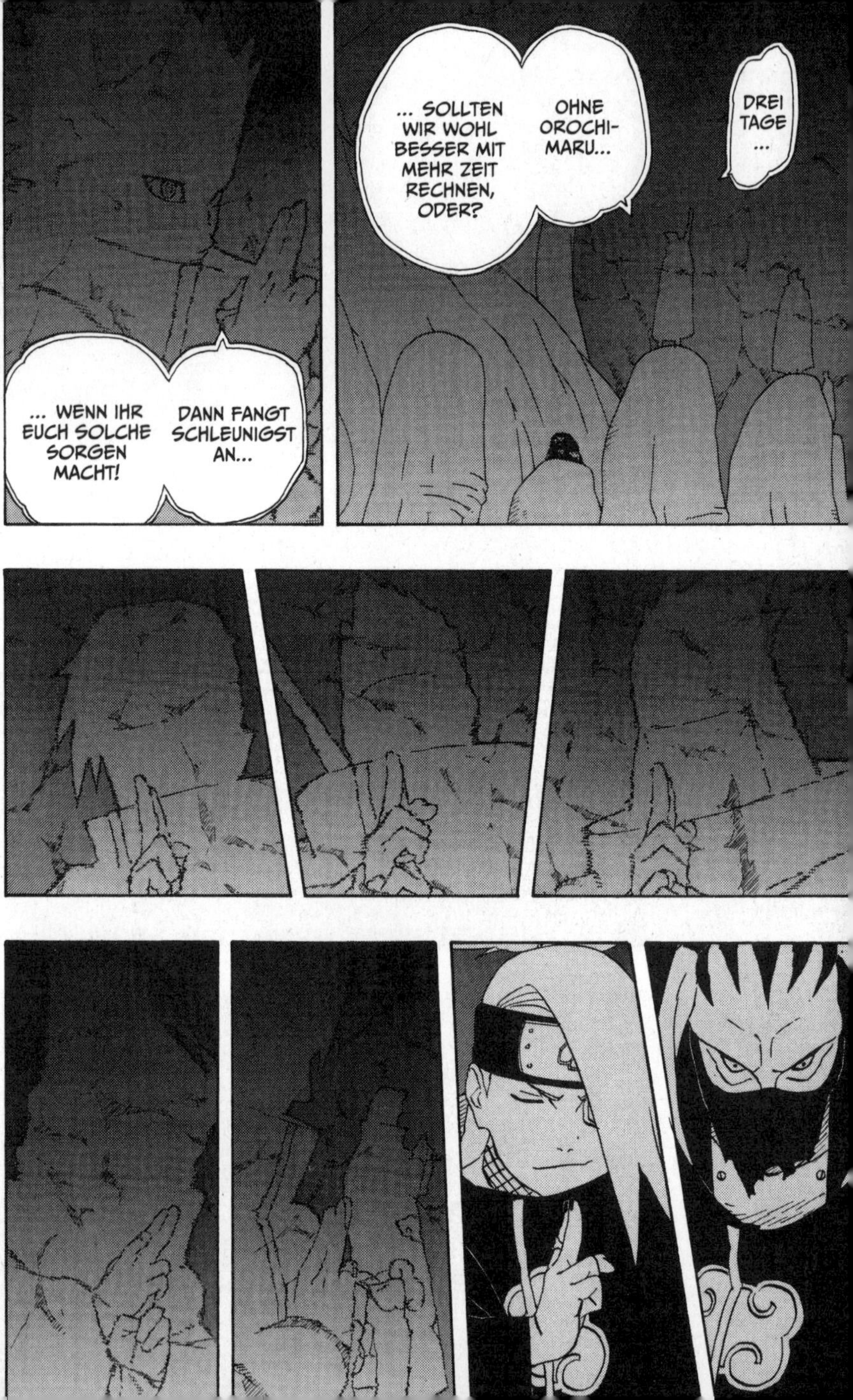
DREI TAGE ...
OHNE OROCHI-MARU...
... SOLLTEN WIR WOHL BESSER MIT MEHR ZEIT RECHNEN, ODER?
DANN FANGT SCHLEUNIGST AN...
... WENN IHR EUCH SOLCHE SORGEN MACHT!

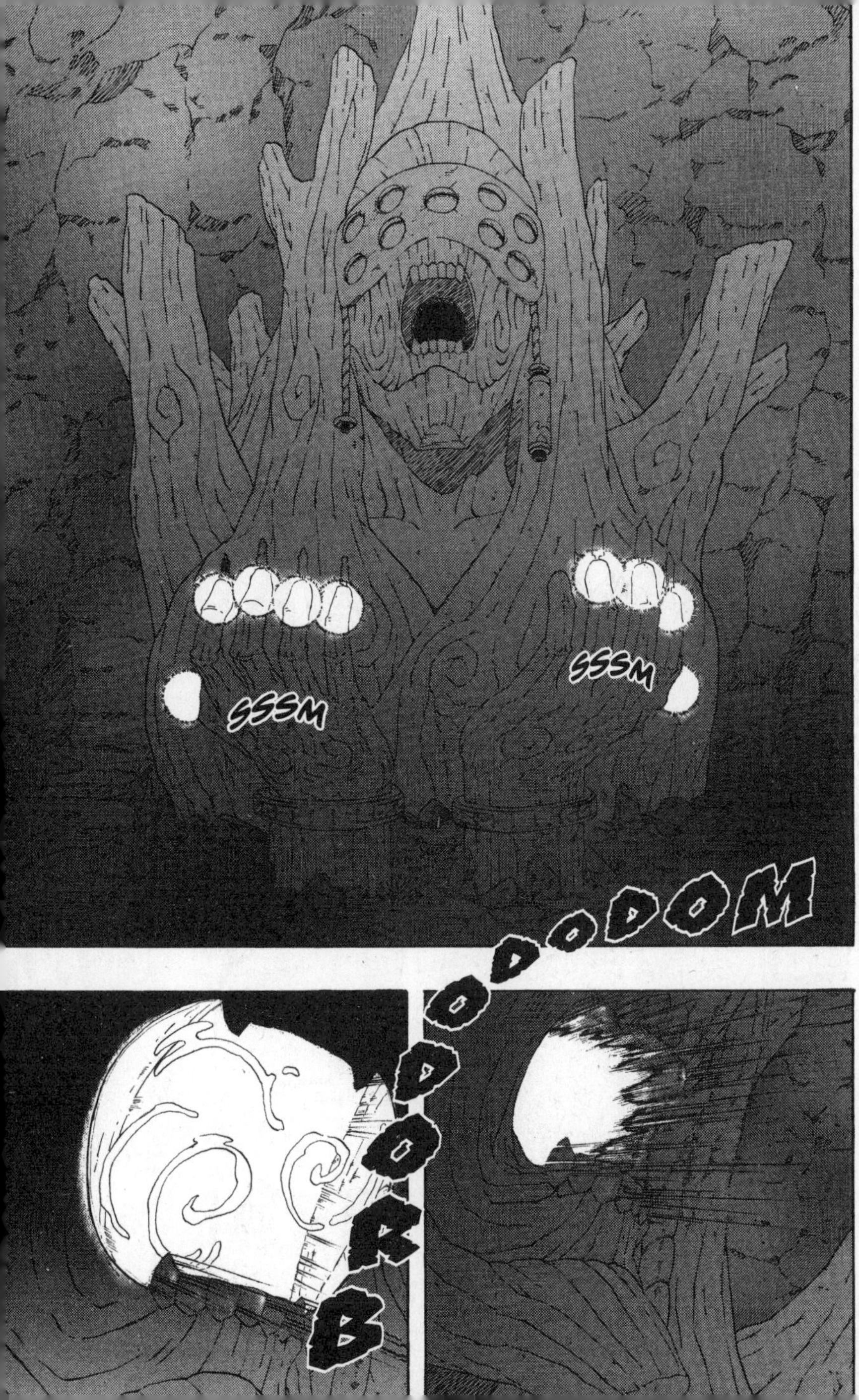
SSSM
SSSM
BRODODODOM

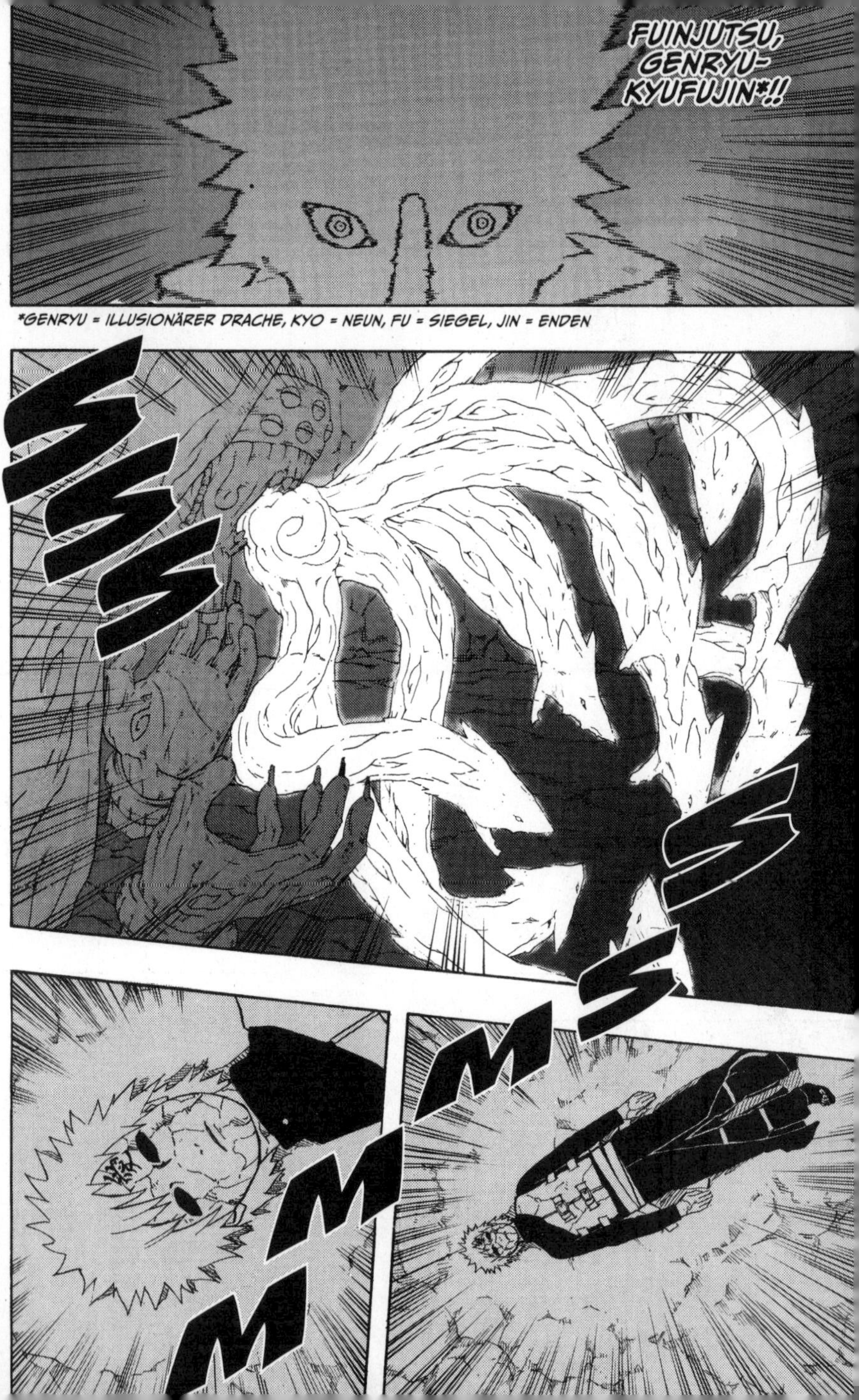
FUINJUTSU, GENRYU-KYUFUJIN*!!
*GENRYU = ILLUSIONÄRER DRACHE, KYO = NEUN, FU = SIEGEL, JIN = ENDEN
SWISH
SWISH
MMMMM

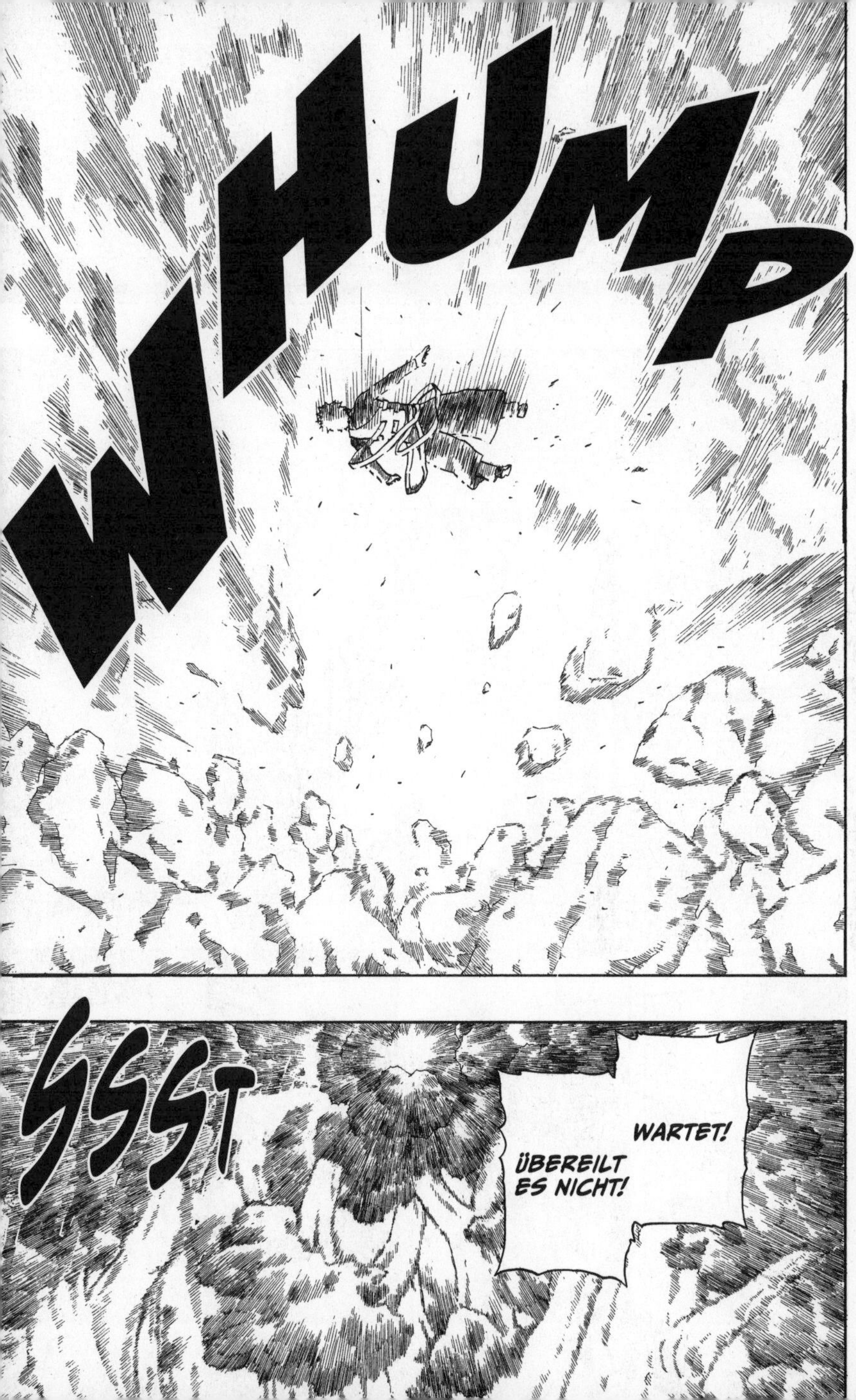
WHUMP
SSST
WARTET!
ÜBEREILT ES NICHT!

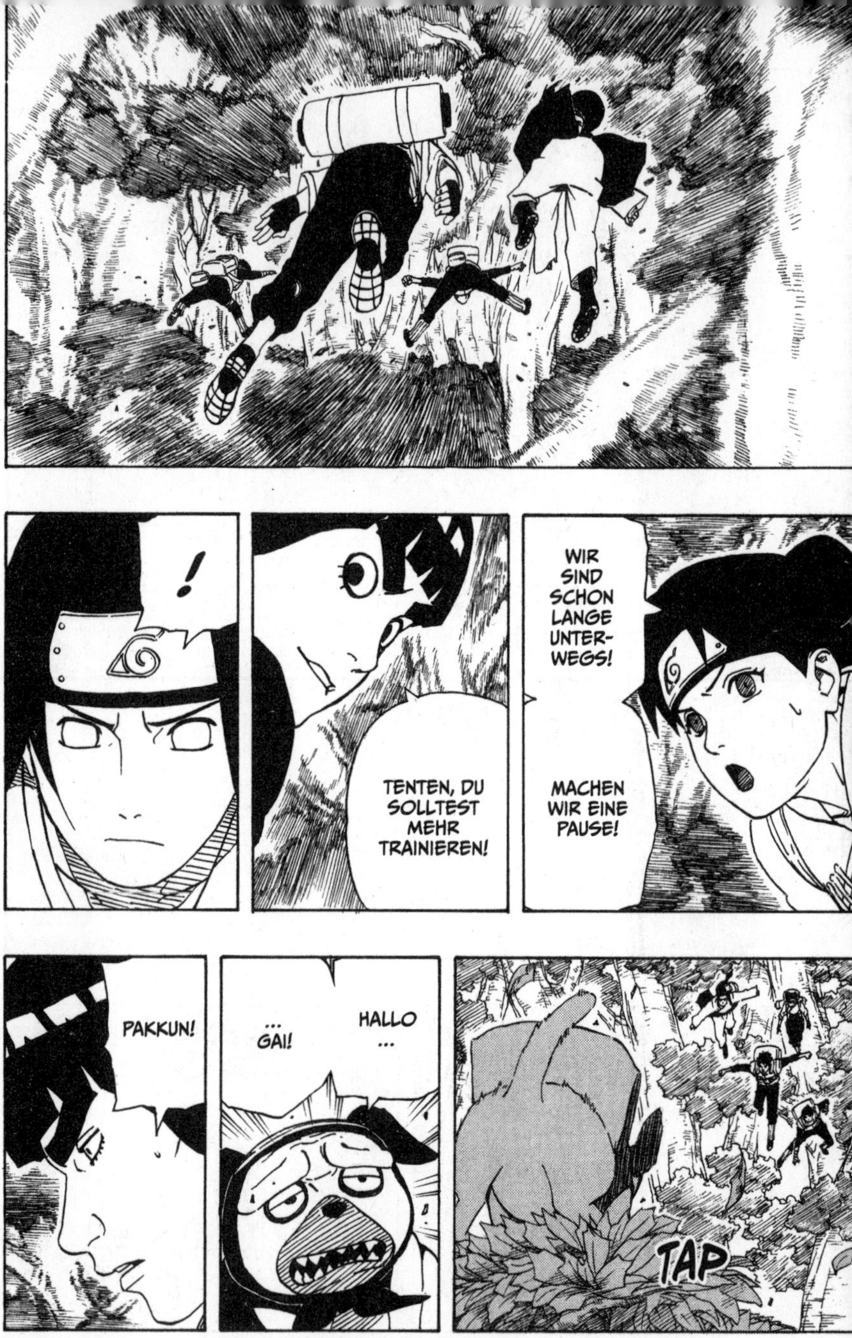
WIR SIND SCHON LANGE UNTERWEGS!
MACHEN WIR EINE PAUSE!
TENTEN, DU SOLLTEST MEHR TRAINIEREN!
!
TAP
HALLO ...
... GAI!
PAKKUN!

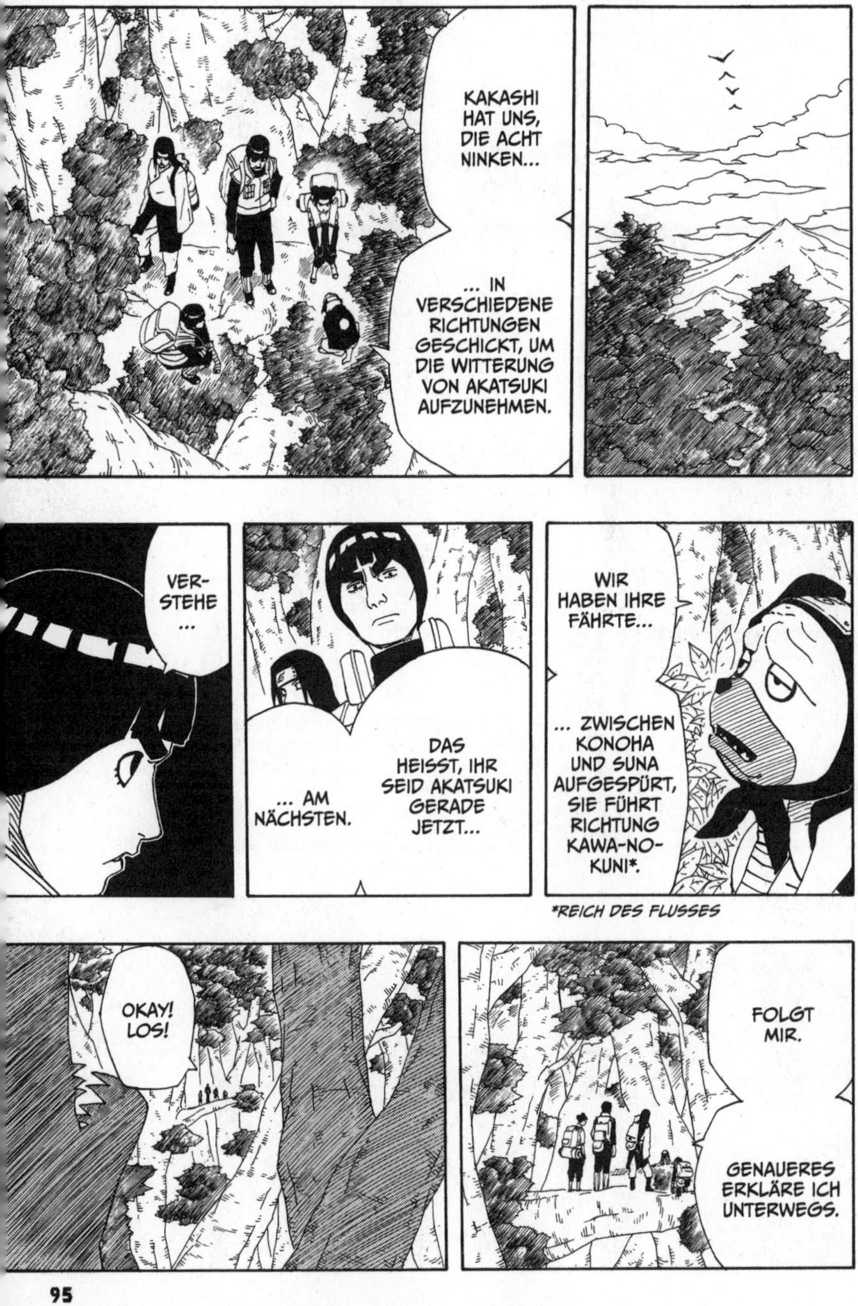

*REICH DES FLUSSES

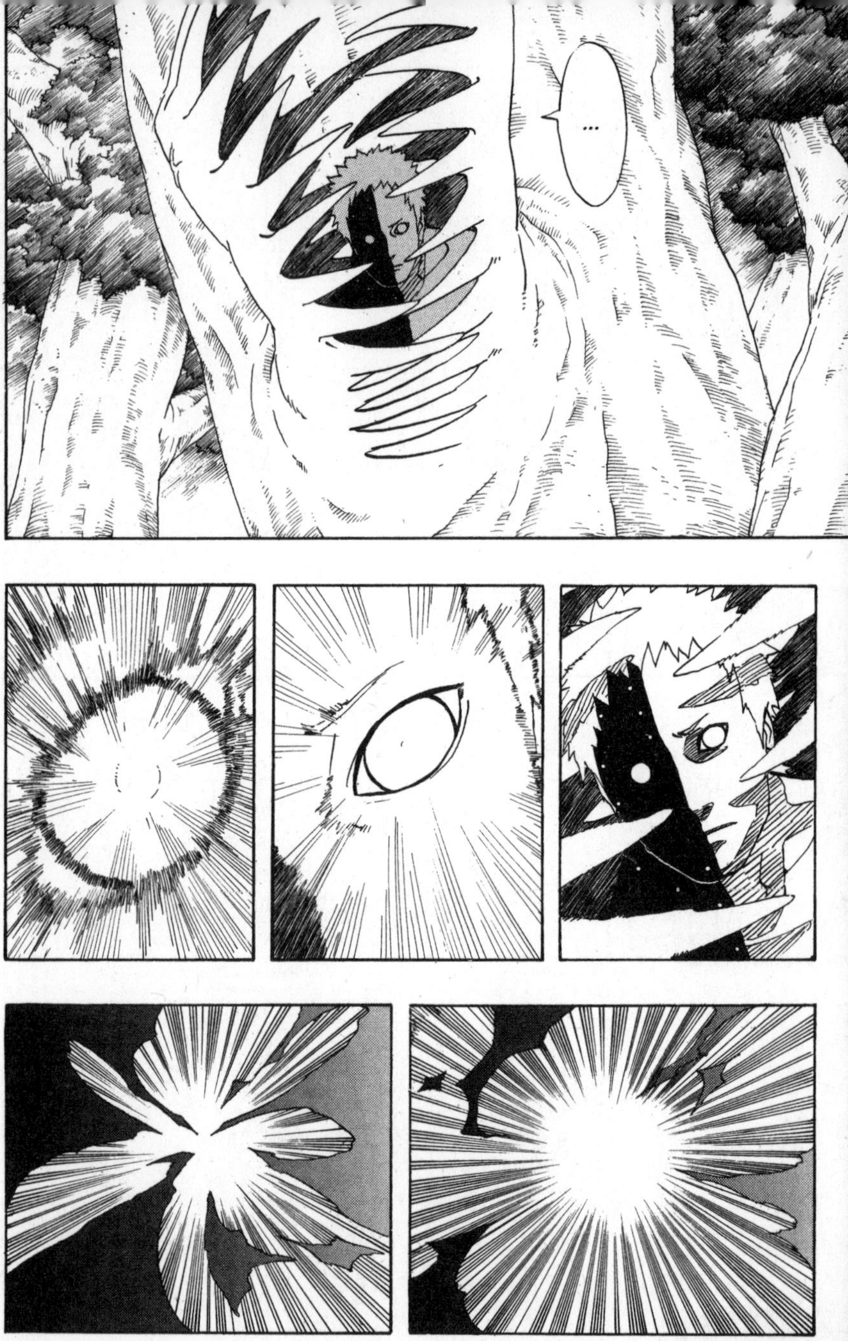

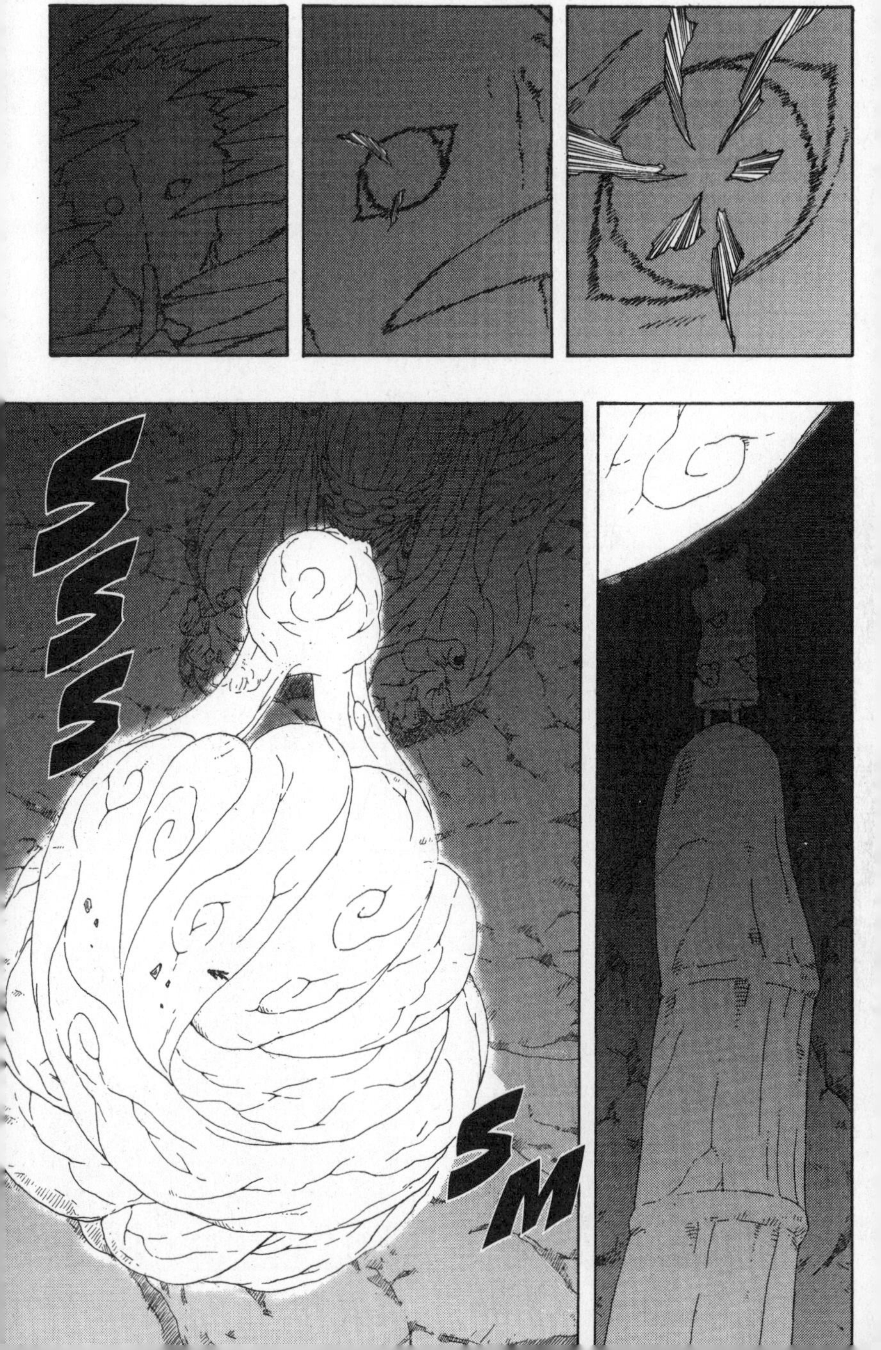
SSSS
SM

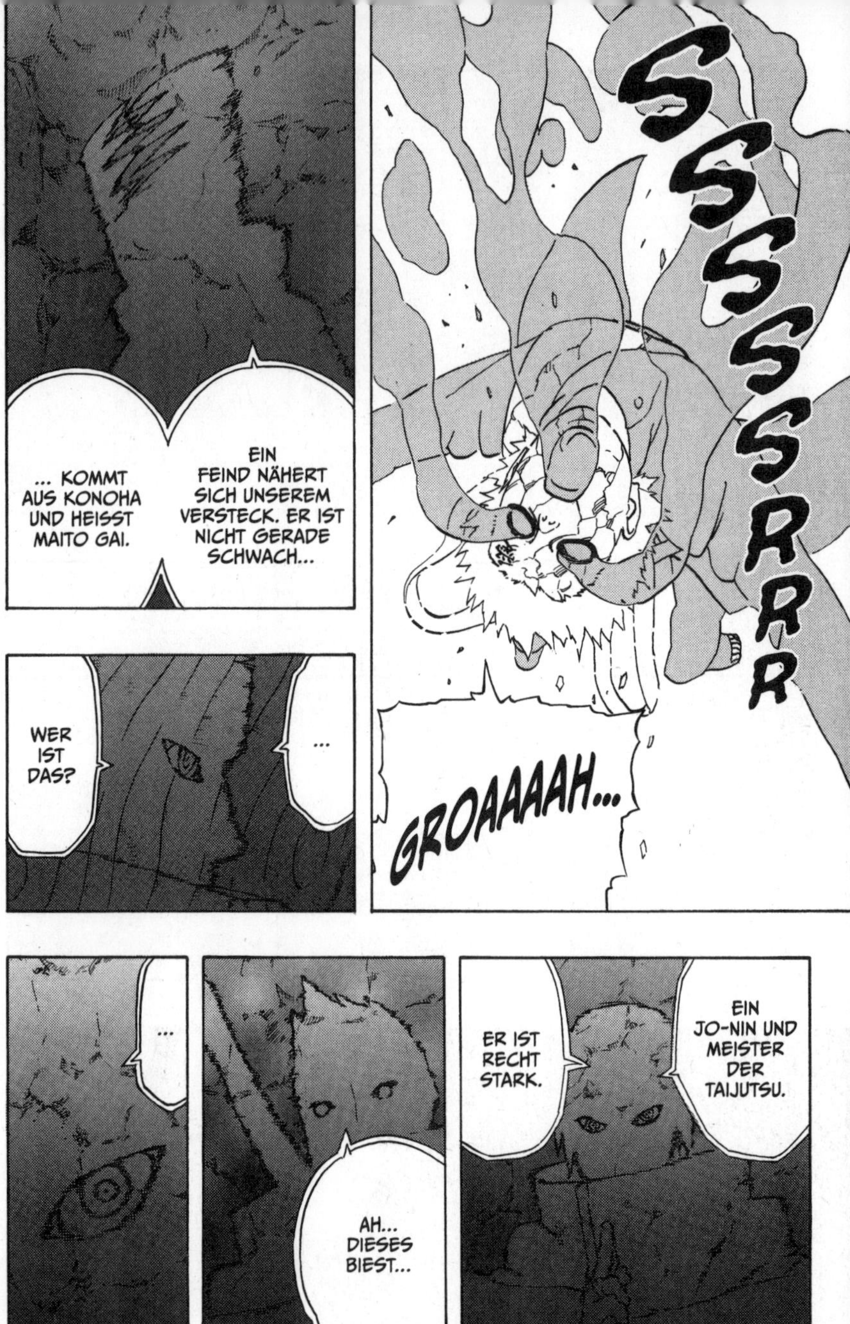
SSSSSSRRRR
GROAAAAH...
EIN FEIND NÄHERT SICH UNSEREM VERSTECK. ER IST NICHT GERADE SCHWACH...
... KOMMT AUS KONOHA UND HEISST MAITO GAI.
...
WER IST DAS?
EIN JO-NIN UND MEISTER DER TAIJUTSU.
ER IST RECHT STARK.
AH... DIESES BIEST...
...

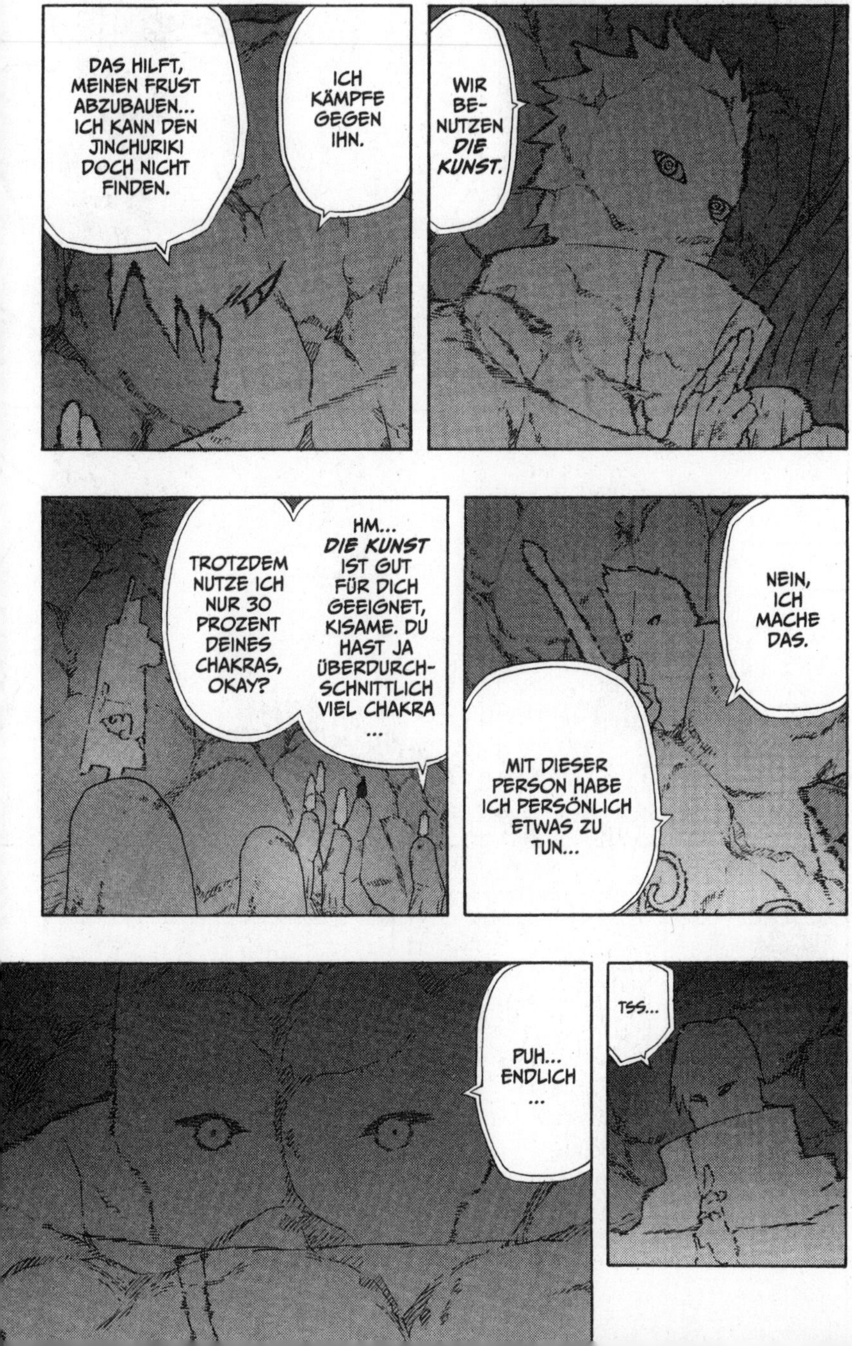
WIR BENUTZEN *DIE KUNST*.
ICH KÄMPFE GEGEN IHN.
DAS HILFT, MEINEN FRUST ABZUBAUEN... ICH KANN DEN JINCHURIKI DOCH NICHT FINDEN.
NEIN, ICH MACHE DAS.
MIT DIESER PERSON HABE ICH PERSÖNLICH ETWAS ZU TUN...
HM... *DIE KUNST* IST GUT FÜR DICH GEEIGNET, KISAME. DU HAST JA ÜBERDURCHSCHNITTLICH VIEL CHAKRA ...
TROTZDEM NUTZE ICH NUR 30 PROZENT DEINES CHAKRAS, OKAY?
TSS...
PUH... ENDLICH ...

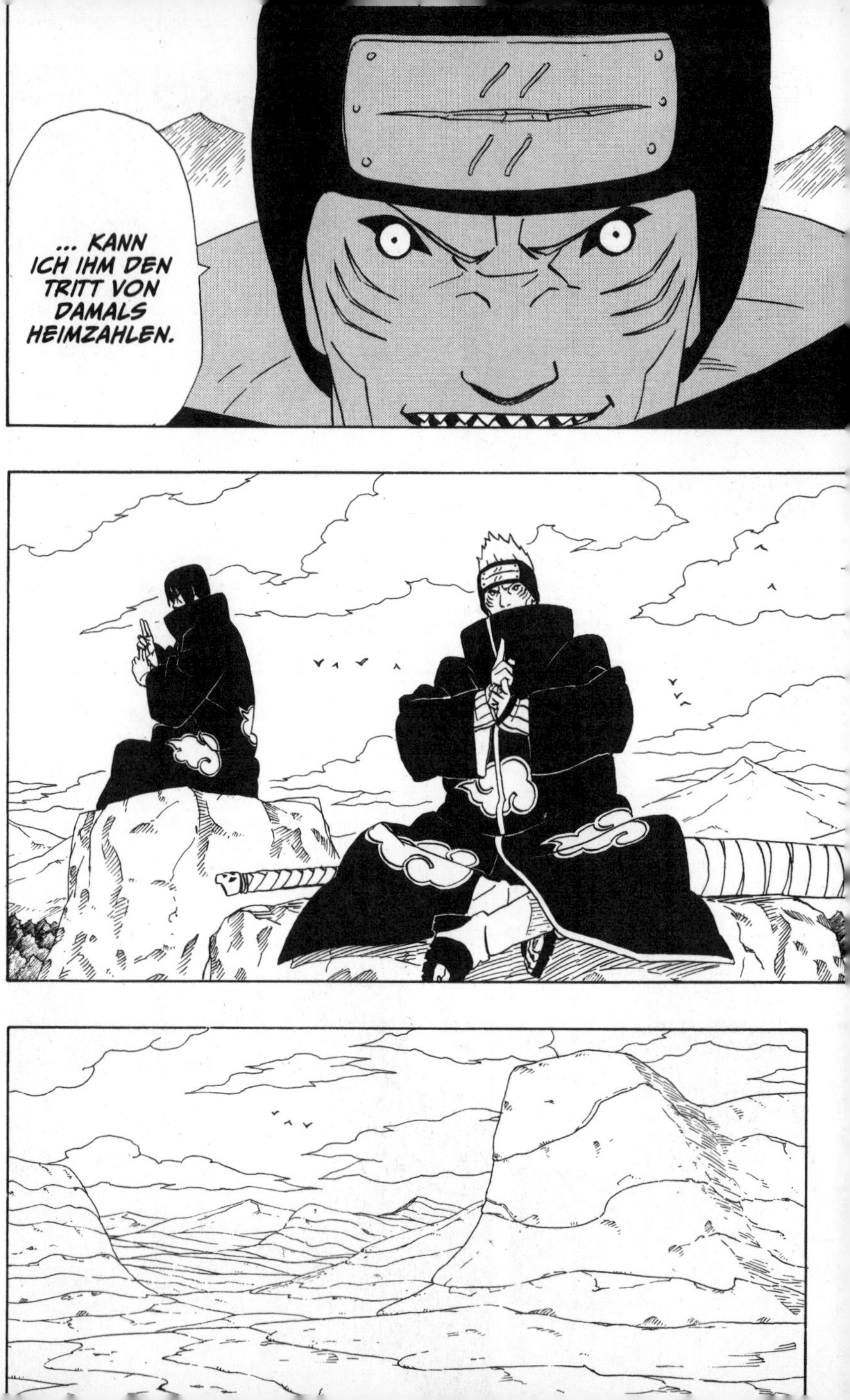
... KANN ICH IHM DEN TRITT VON DAMALS HEIMZAHLEN.

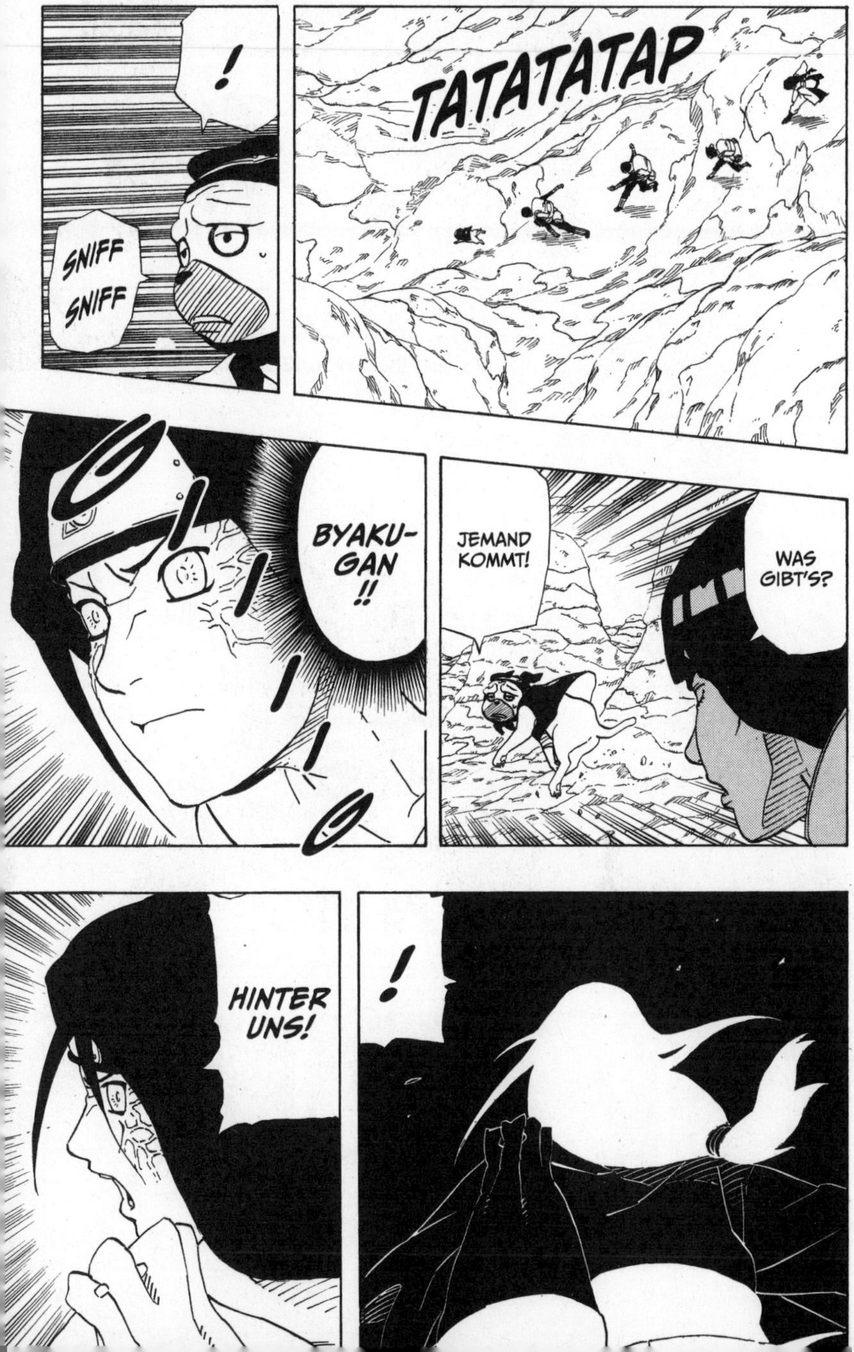
TATATATAP
!
SNIFF SNIFF
WAS GIBT'S?
JEMAND KOMMT!
BYAKU-GAN !!
!
HINTER UNS!

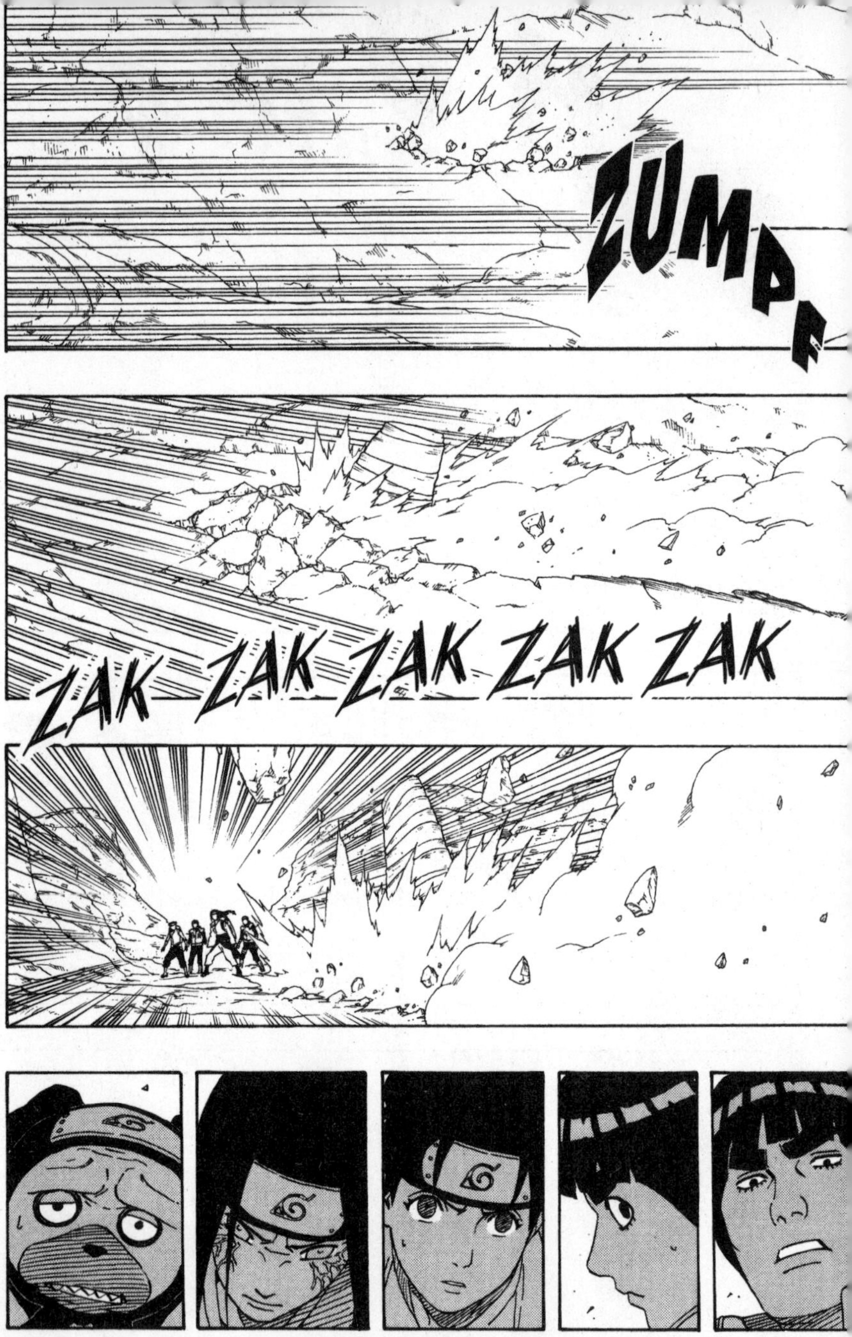
ZUMPF
ZAK ZAK ZAK ZAK ZAK

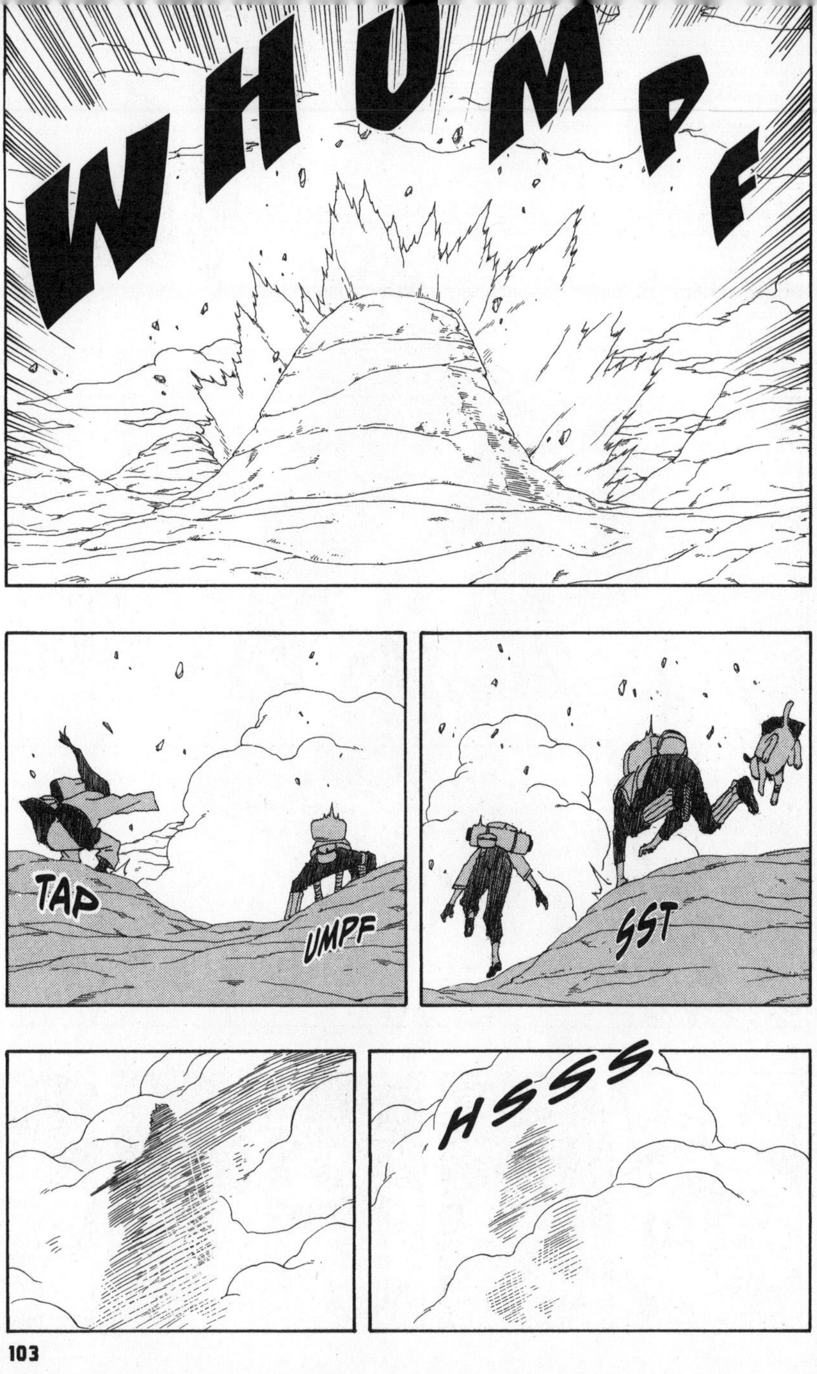
WHUMPF
SST
TAP
UMPF
HSSS

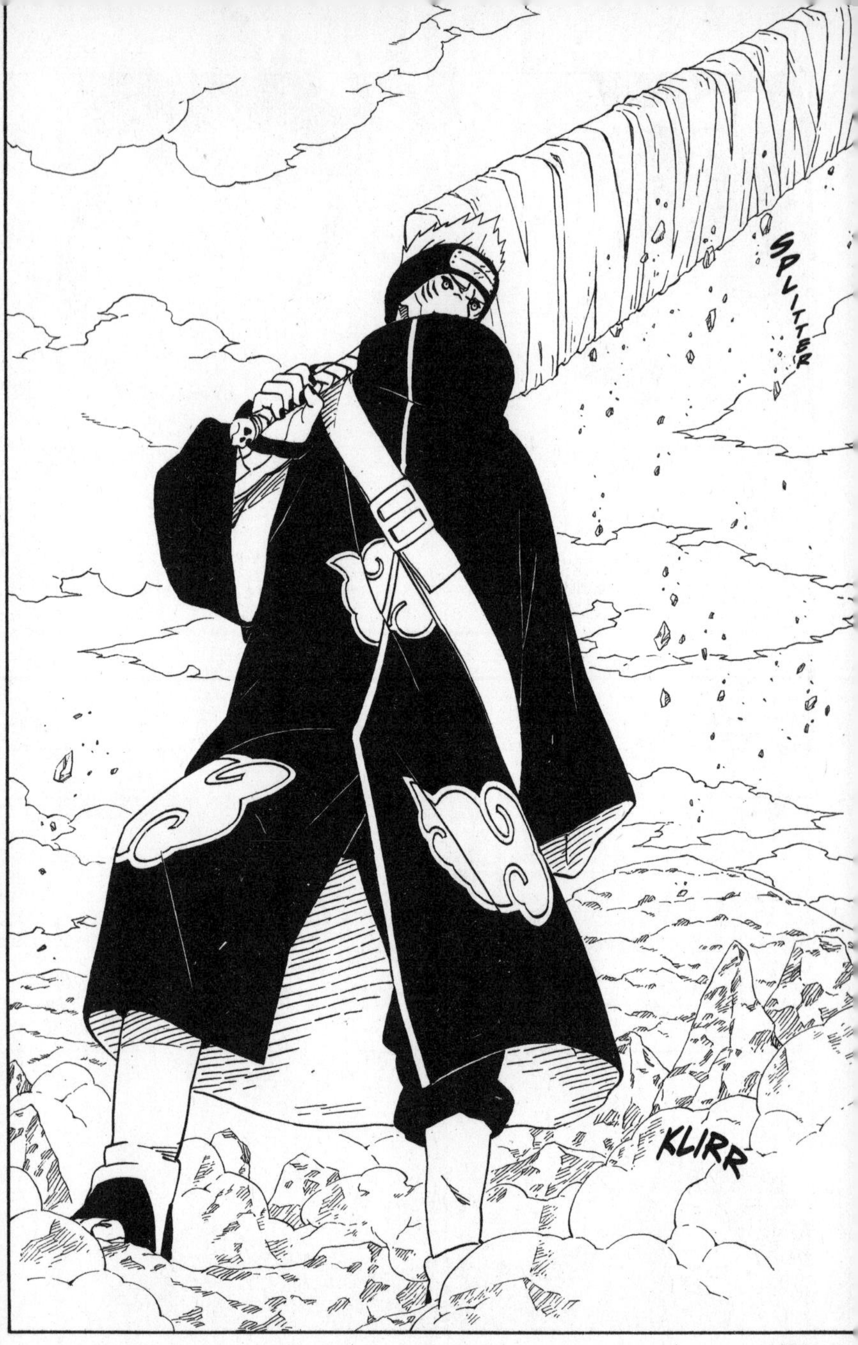
SPLITTER
KLIRR

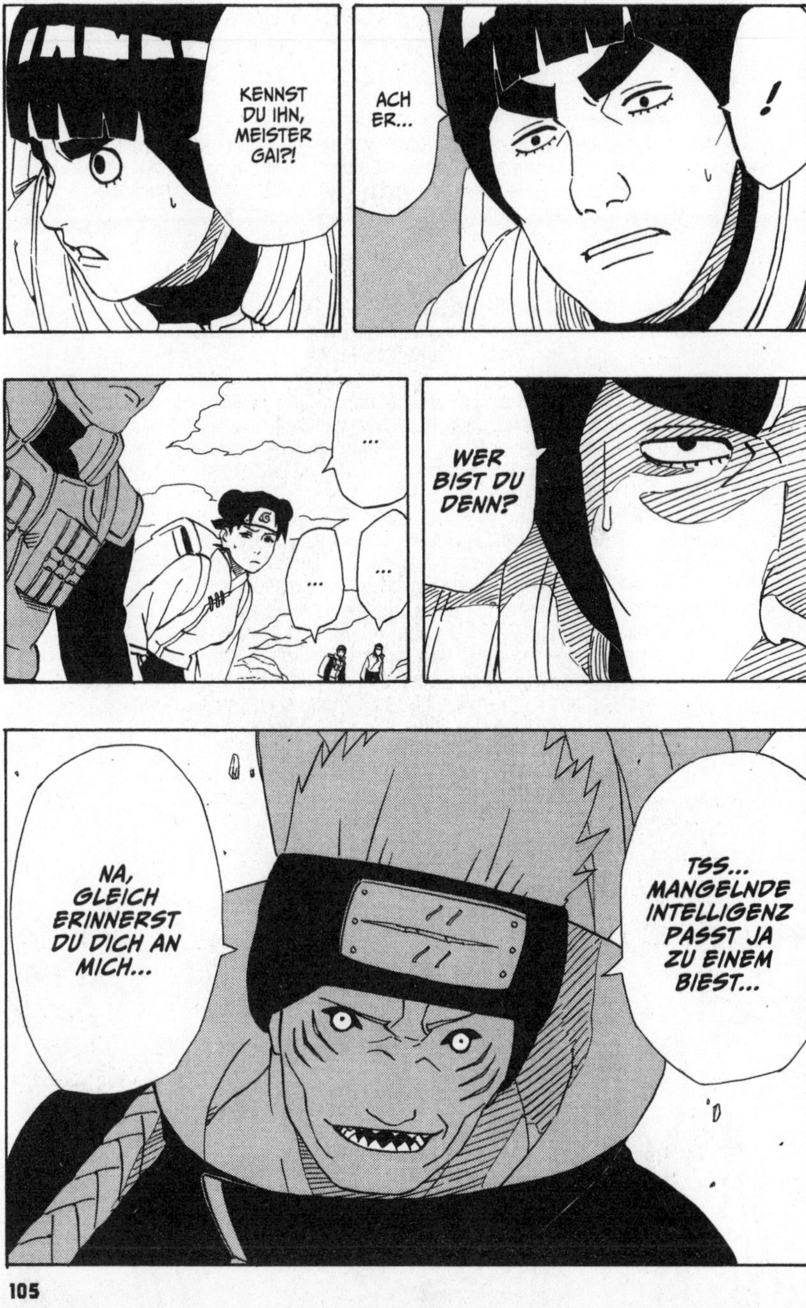
!
KENNST DU IHN, MEISTER GAI?!
ACH ER...
WER BIST DU DENN?
...
...
...
TSS... MANGELNDE INTELLIGENZ PASST JA ZU EINEM BIEST...
NA, GLEICH ERINNERST DU DICH AN MICH...

MASASHI KISHIMOTOS WELT LEBENSGESCHICHTE: MEIN KAMPF GEGEN DAS CHAOS – TEIL 2

MEIN KOPF PASSTE GANZ GENAU INS KRÖTENMAUL-KISSEN. DAS WUSSTE ICH JETZT ALSO UND WOLLTE DEN KOPF WIEDER AUS DEM KISSEN ZIEHEN. ABER... ES GING NICHT! MEINE OHREN BLIEBEN HÄNGEN! DAS INNERE DES KRÖTENMAUL-KISSENS WAR MIT FÜLLWATTE AUSGESTOPFT UND JE EIFRIGER ICH VERSUCHTE, MEINEN KOPF HERAUSZUZIEHEN, DESTO ENGER UMSCHLOSS DAS DING MEINE NASE UND BEHINDERTE MICH BEIM ATMEN!

ICH WAR TOTAL IN PANIK UND STRAMPELTE HEFTIG, WOBEI ICH MIT BEIDEN HÄNDEN VERSUCHTE, DAS KRÖTENMAUL SO WEIT WIE MÖGLICH AUFZUHALTEN.

DAS BEMERKTEN MEINE ASSISTENTEN UND ICH HÖRTE, WIE SIE »WAS IST LOS, KISHIMOTO?« FRAGTEN. ICH WAR ERLEICHTERT UND DACHTE, SIE WÜRDEN MIR GLEICH HELFEN. ABER STATTDESSEN HÖRTE ICH DAS KNIPSEN VON AUSLÖSERN. ZWAR KONNTE ICH NICHT SEHEN, WAS SIE MACHTEN, ABER ICH KONNTE ES MIR DENKEN – MEINE ASSISTENTEN MACHTEN MIT IHREN HANDYS FOTOS VON MIR, WOBEI SIE SICH KAPUTTLACHTEN! JA, SIE MACHTEN FOTOS! SIE MACHTEN FOTOS UND LACHTEN, STATT MIR ZU HELFEN! ICH ENTSCHIED MICH, MIT EIGENER KRAFT DAS KISSEN VON MEINEM KOPF ZU REISSEN. MEINE OHREN TATEN SCHRECKLICH WEH, ABER ICH ZOG DAS KISSEN MIT VOLLER KRAFT AB UND KONNTE ENDLICH WIEDER FREI ATMEN. SCHLAFEN KONNTE ICH DANACH SELBSTVERSTÄNDLICH GAR NICHT. ICH DACHTE, ZUMINDEST EINER MEINER ASSISTENTEN WÜRDE MICH FRAGEN, OB MIT MIR ALLES IN ORDNUNG SEI. ABER... KEINER MACHTE DAS. SIE LITTEN ALLE UNTER SCHLAFMANGEL UND WAREN ZIEMLICH AUFGEDREHT. SIE STECKTEN ALSO IM ÜBLICHEN CHAOS. DA HABE ICH MIR GESCHWOREN, DASS ICH GEGEN DIESES CHAOS KÄMPFEN WERDE!

ACHTUNG! BITTE MACHT MIR DAS KEINESFALLS NACH!

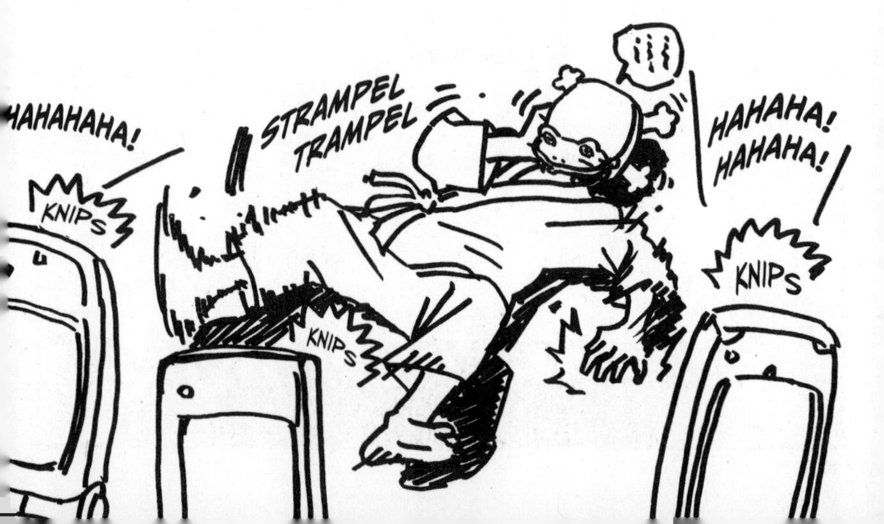

256. Kapitel: Sie stehen im Weg!

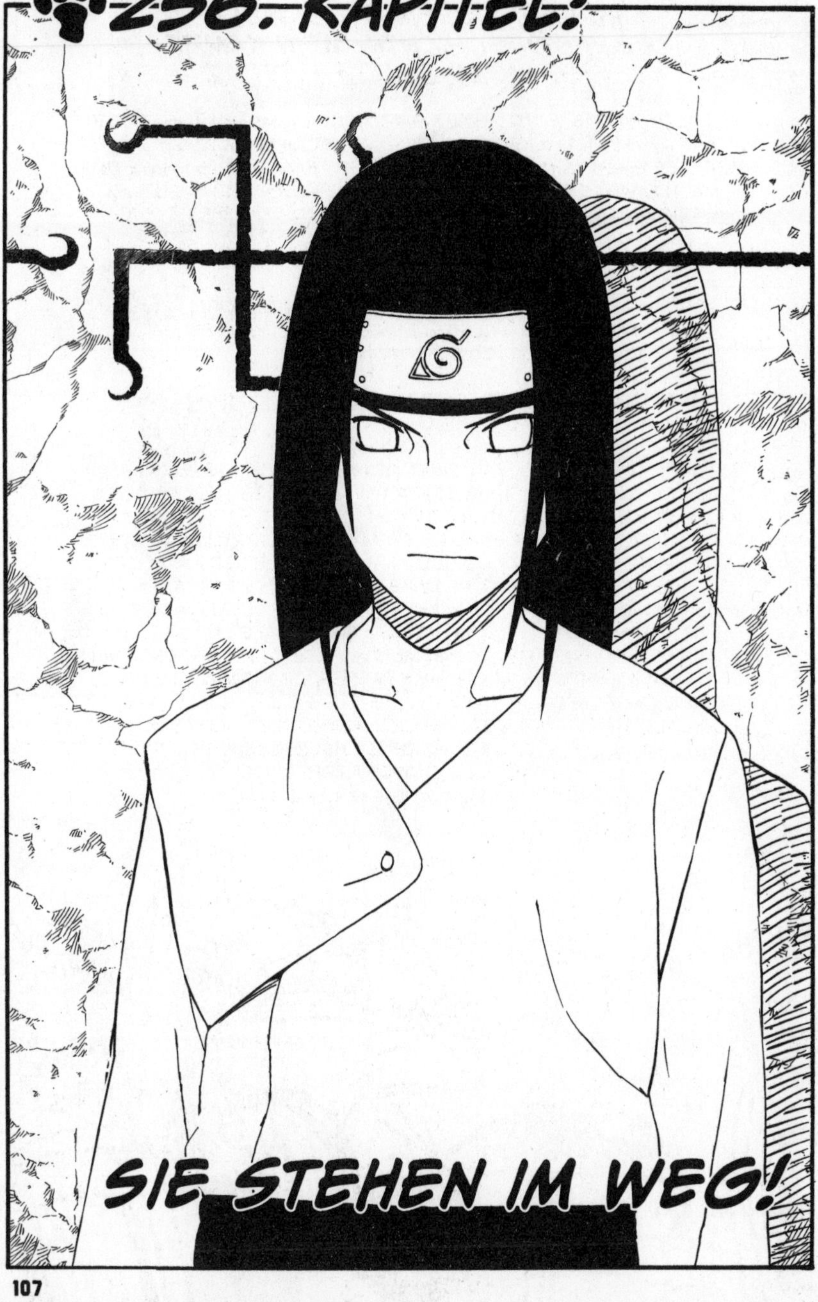

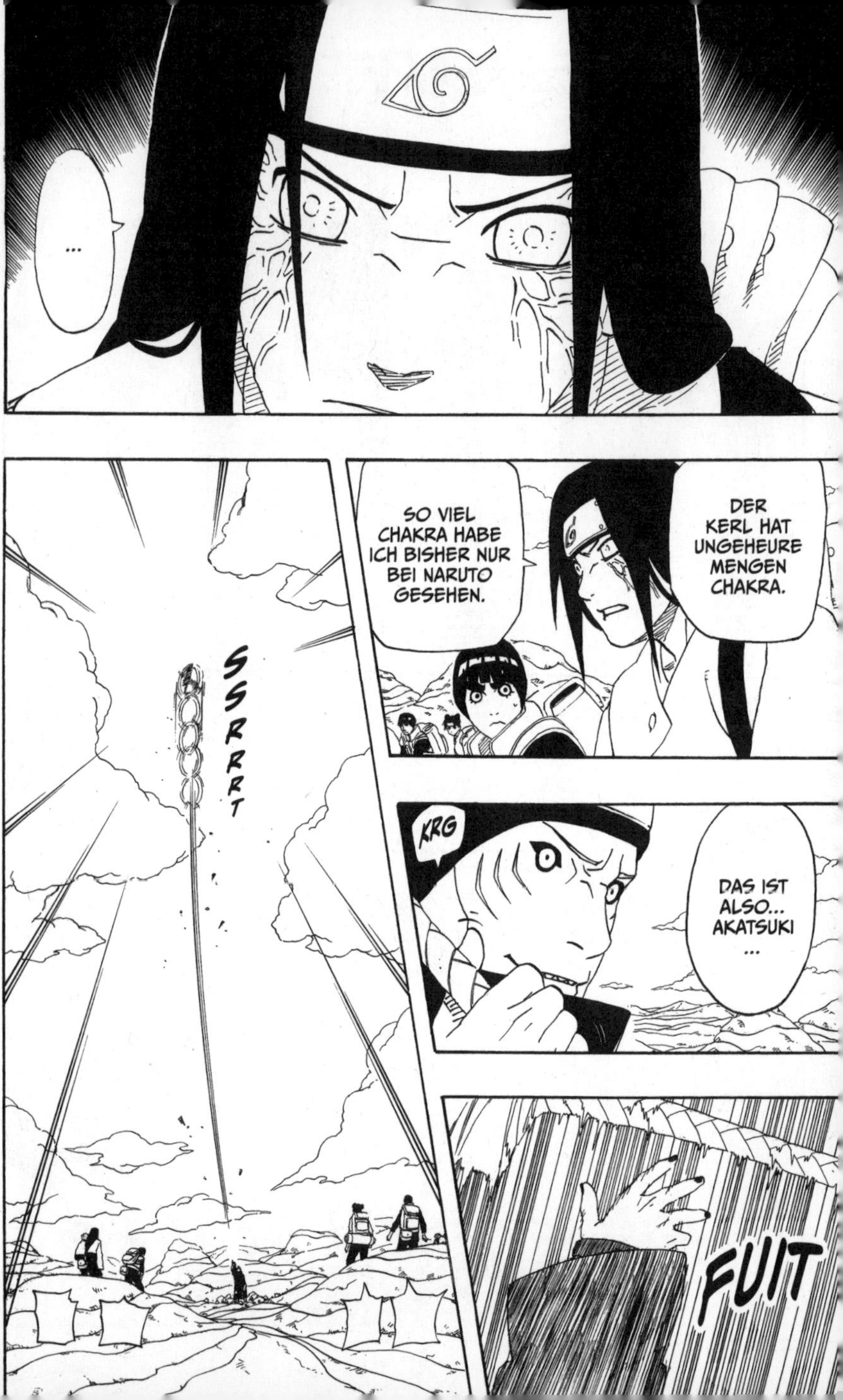
...
DER KERL HAT UNGEHEURE MENGEN CHAKRA.
SO VIEL CHAKRA HABE ICH BISHER NUR BEI NARUTO GESEHEN.
SSRRRT
KRG
DAS IST ALSO... AKATSUKI ...
FUIT

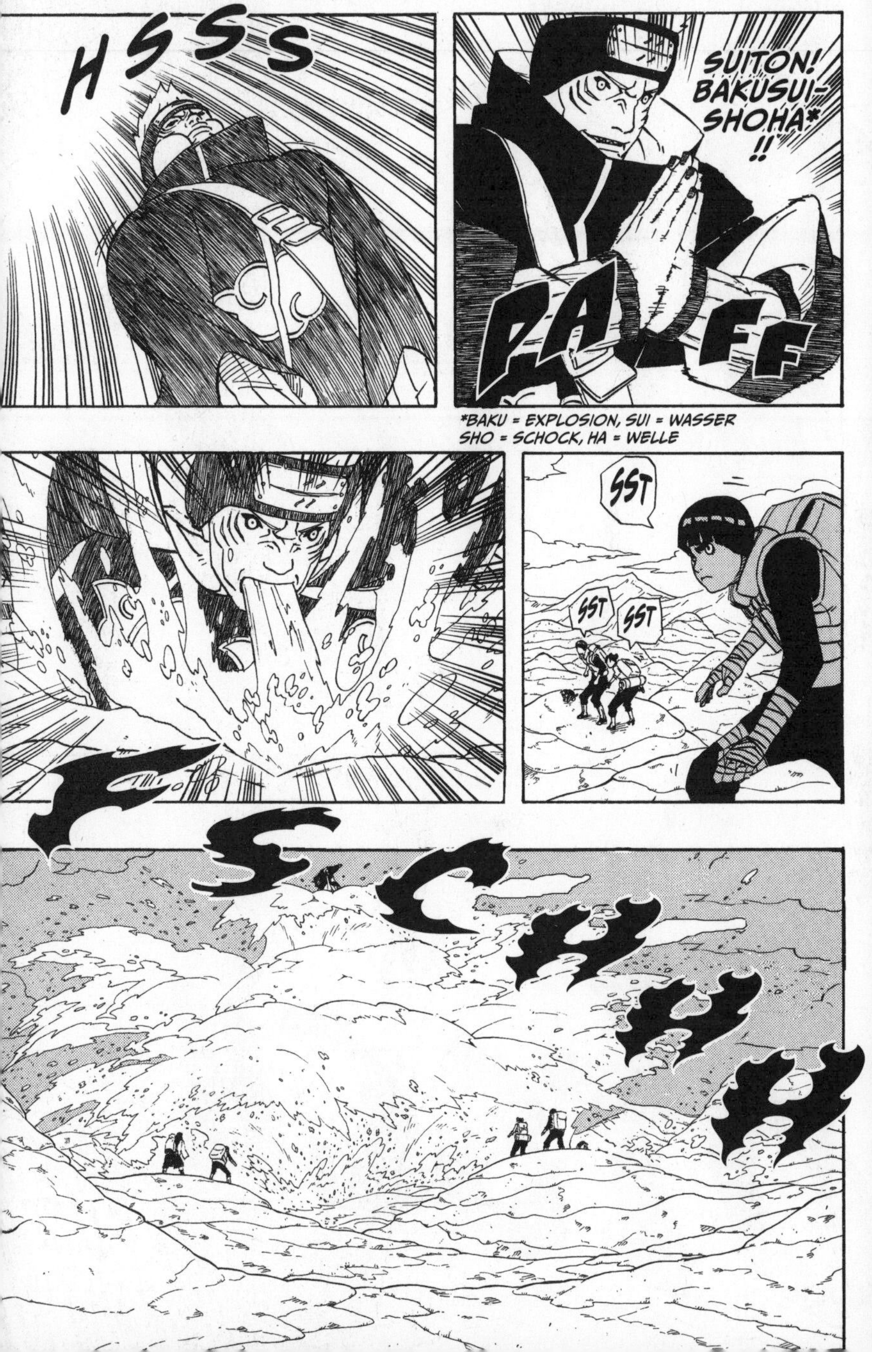
SUITON! BAKUSUI-SHOHA* !!
PAFF
HSSS
*BAKU = EXPLOSION, SUI = WASSER
SHO = SCHOCK, HA = WELLE
SST
SST
SST
FSCHHH

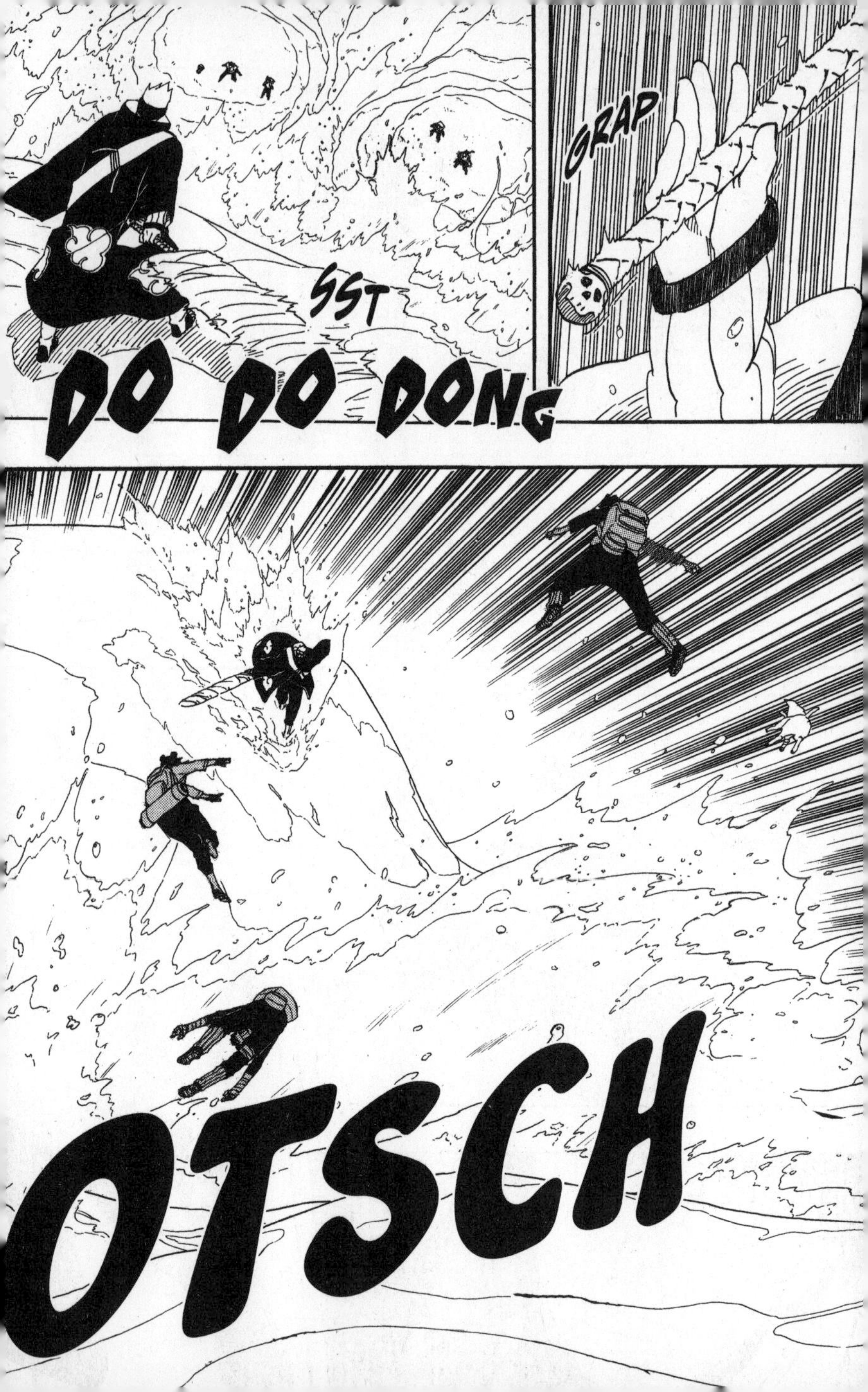
GRAP
SST
DO DO DONG
OTSCH

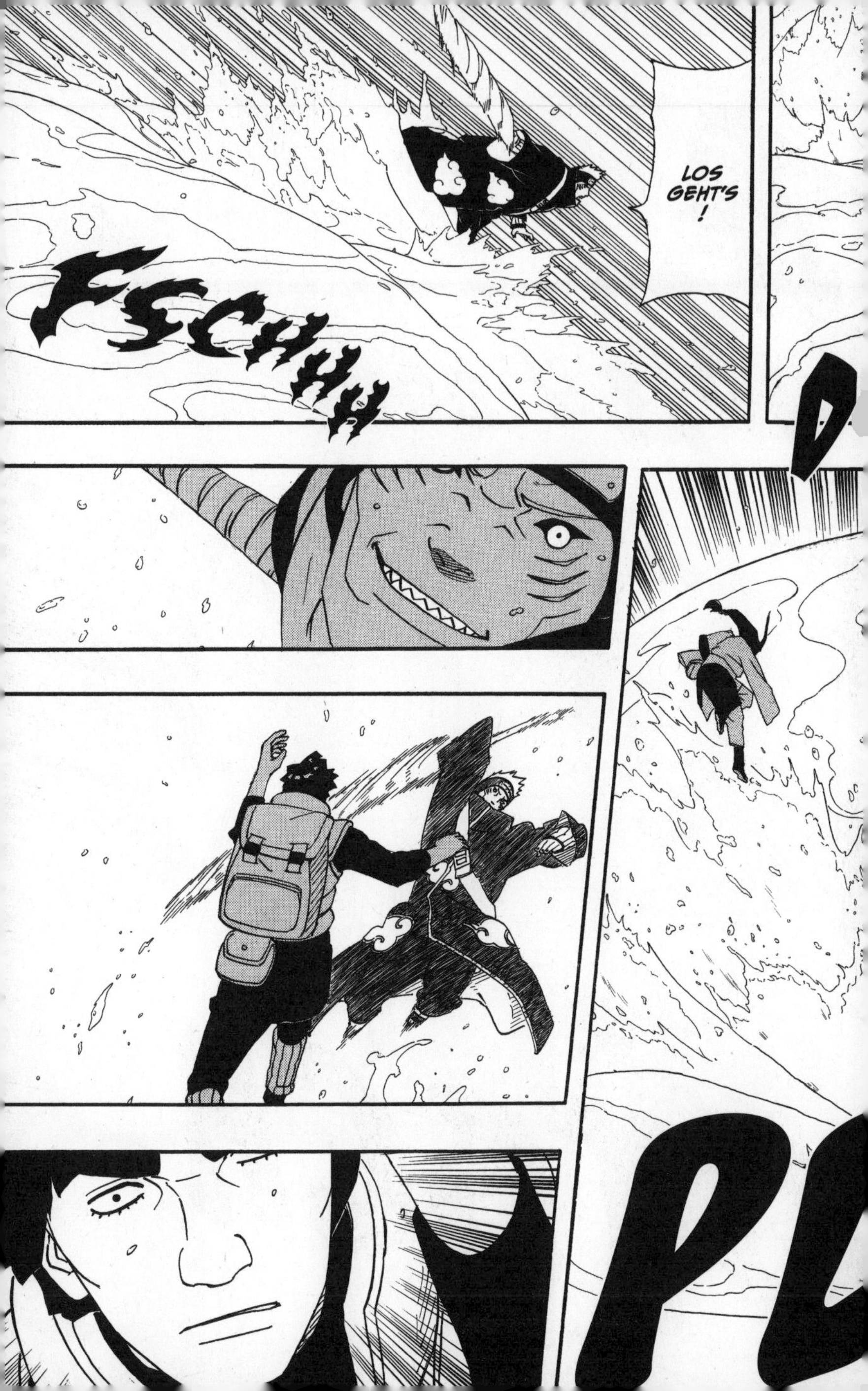

LOS GEHT'S!
FSCHH

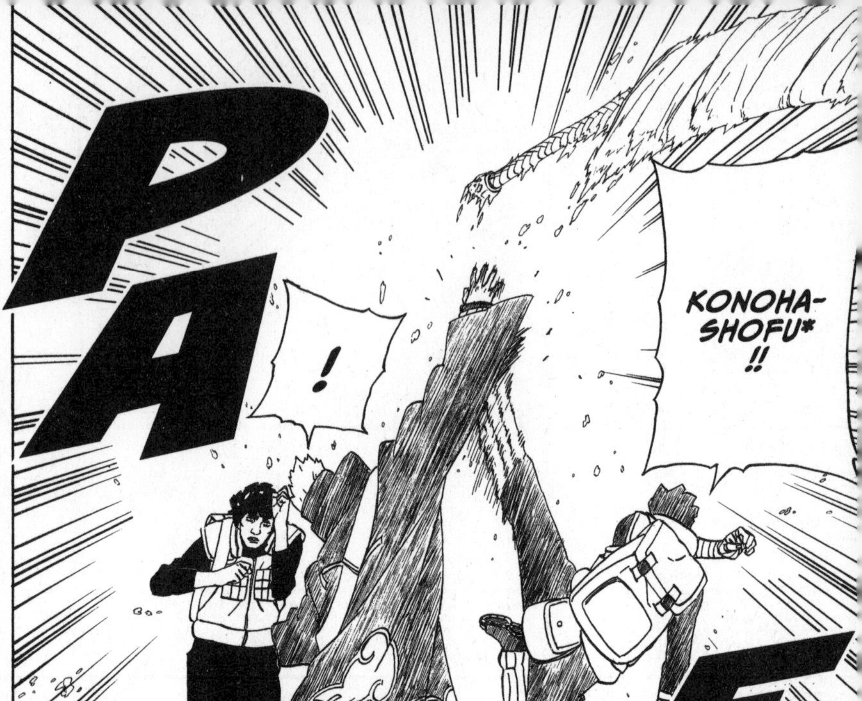

*SHO = AUFSTEIGEN, FU = WIND

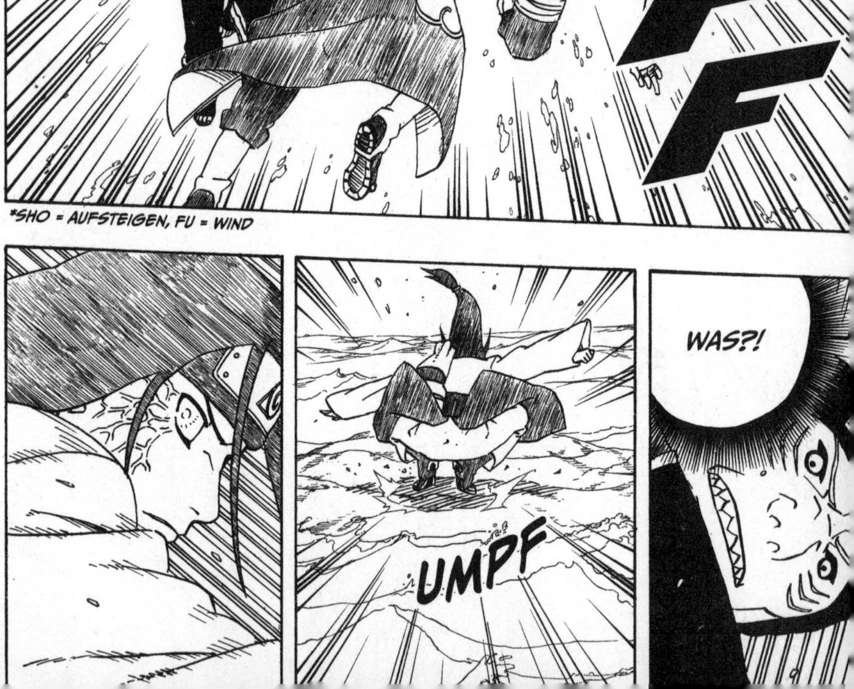

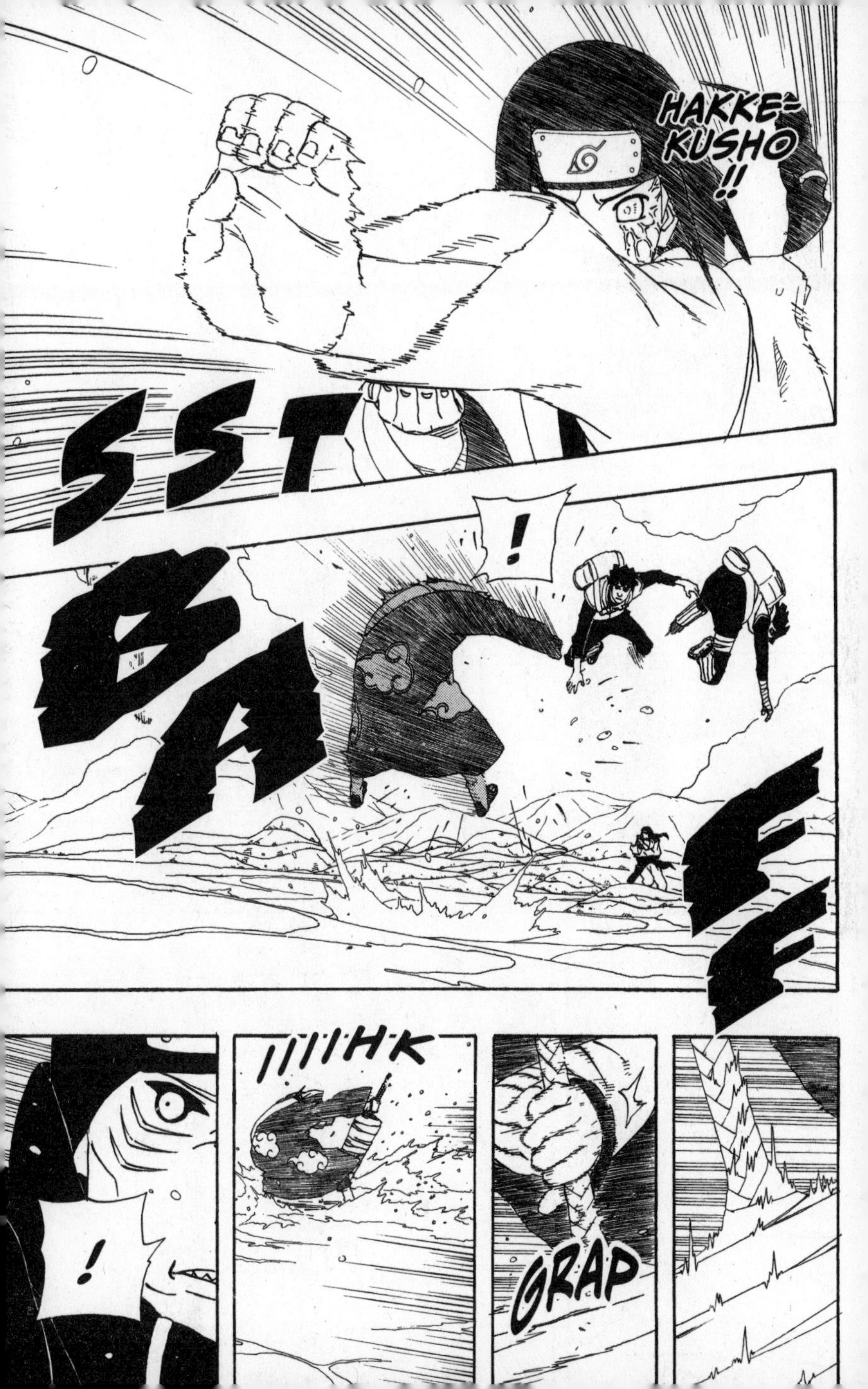

HAKKE-KUSHO!!
SST
!
BAM
!
!!!!HK
GRAP

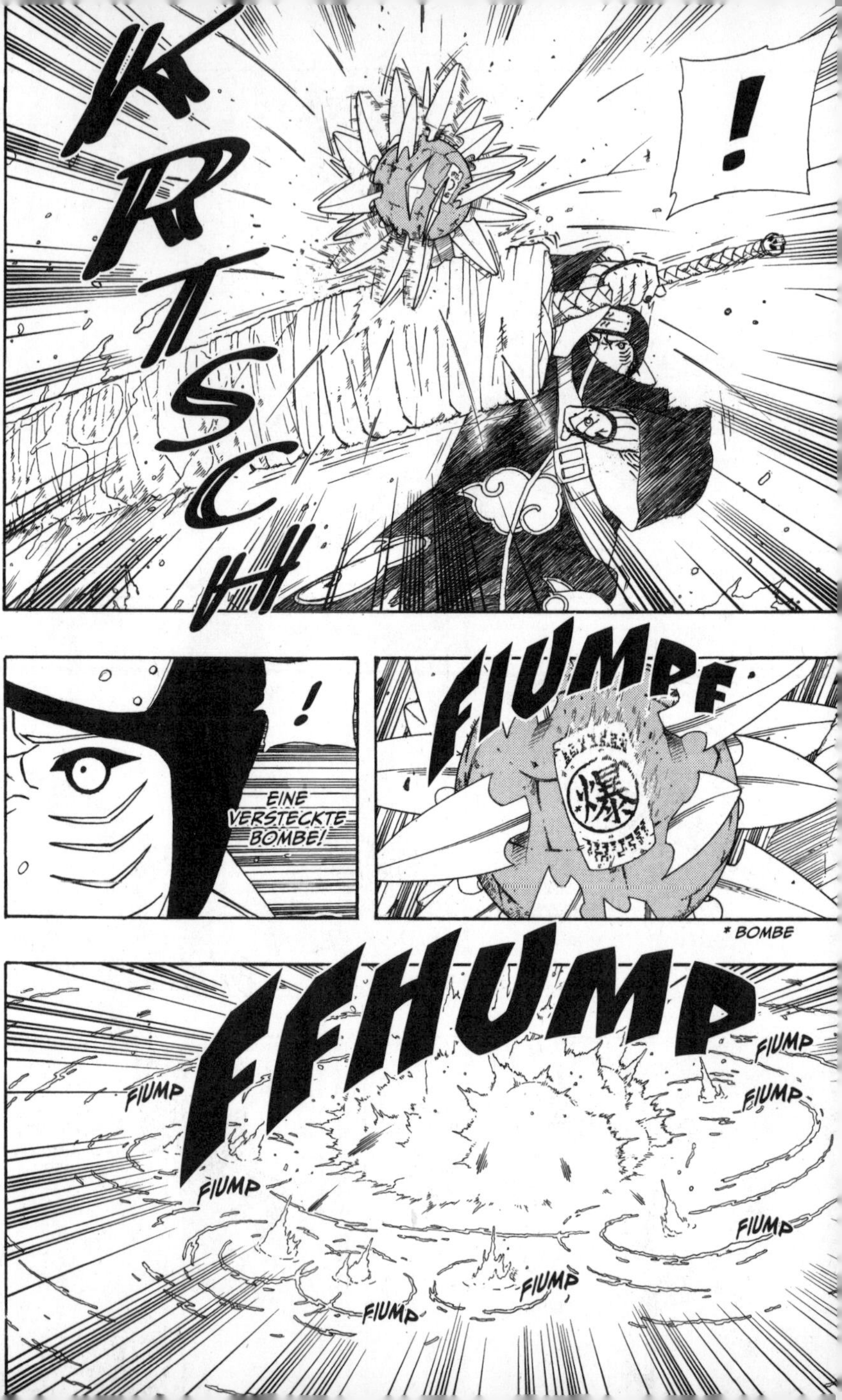
!
KRTSCH
FIUMPF
!
EINE VERSTECKTE BOMBE!
FFHUMP
FIUMP
FIUMP
FIUMP
FIUMP
FIUMP
FIUMP
FIUMP
* BOMBE

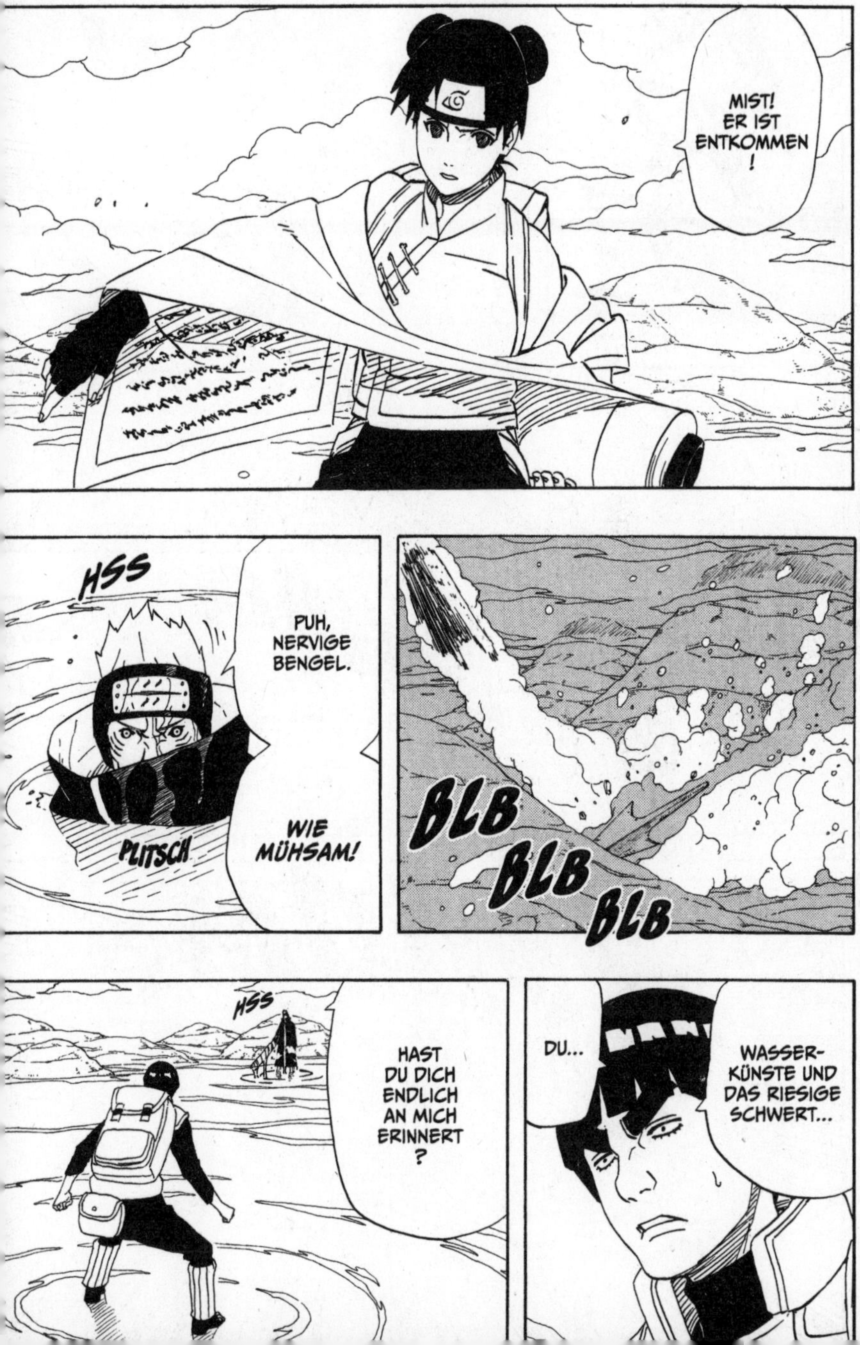
MIST! ER IST ENTKOMMEN!
BLB BLB BLB
HSS
PUH, NERVIGE BENGEL.
WIE MÜHSAM!
PLITSCH
WASSER-KÜNSTE UND DAS RIESIGE SCHWERT...
DU...
HSS
HAST DU DICH ENDLICH AN MICH ERINNERT?

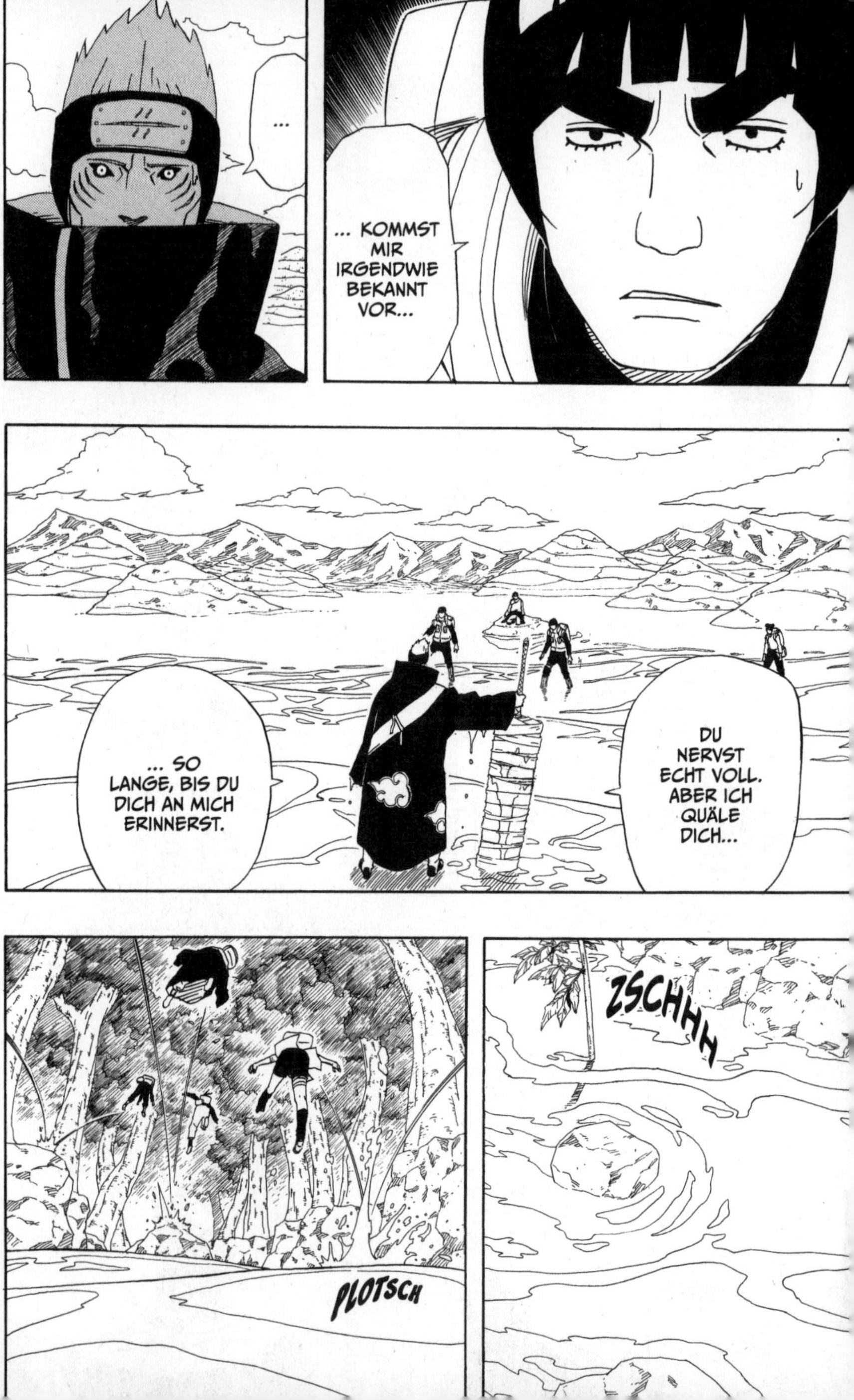
... KOMMST MIR IRGENDWIE BEKANNT VOR...
...
DU NERVST ECHT VOLL. ABER ICH QUÄLE DICH...
... SO LANGE, BIS DU DICH AN MICH ERINNERST.
ZSCHHH
PLOTSCH

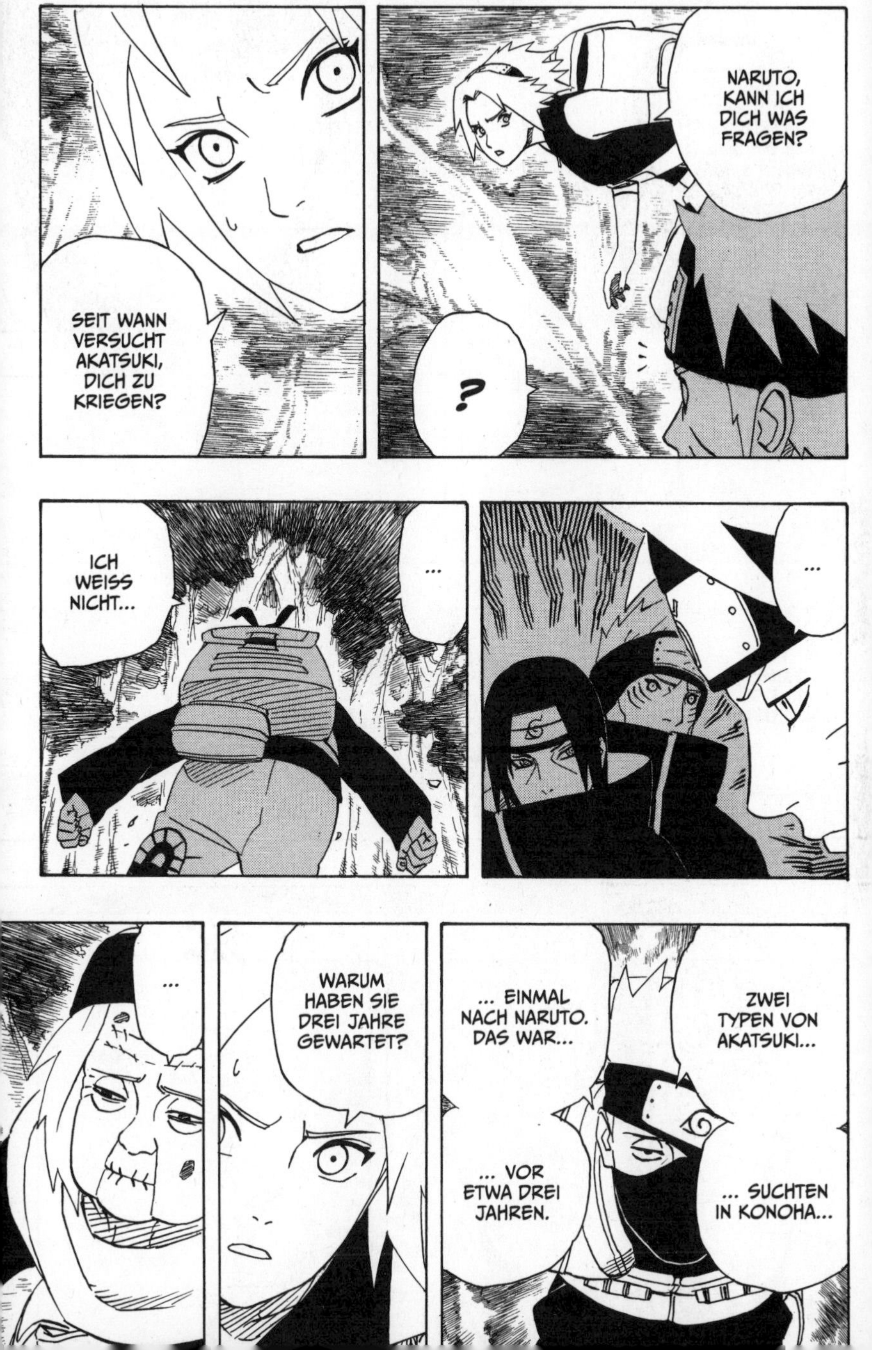
NARUTO, KANN ICH DICH WAS FRAGEN?
?
SEIT WANN VERSUCHT AKATSUKI, DICH ZU KRIEGEN?
...
...
ICH WEISS NICHT...
ZWEI TYPEN VON AKATSUKI...
... SUCHTEN IN KONOHA...
... EINMAL NACH NARUTO. DAS WAR...
... VOR ETWA DREI JAHREN.
WARUM HABEN SIE DREI JAHRE GEWARTET?
...

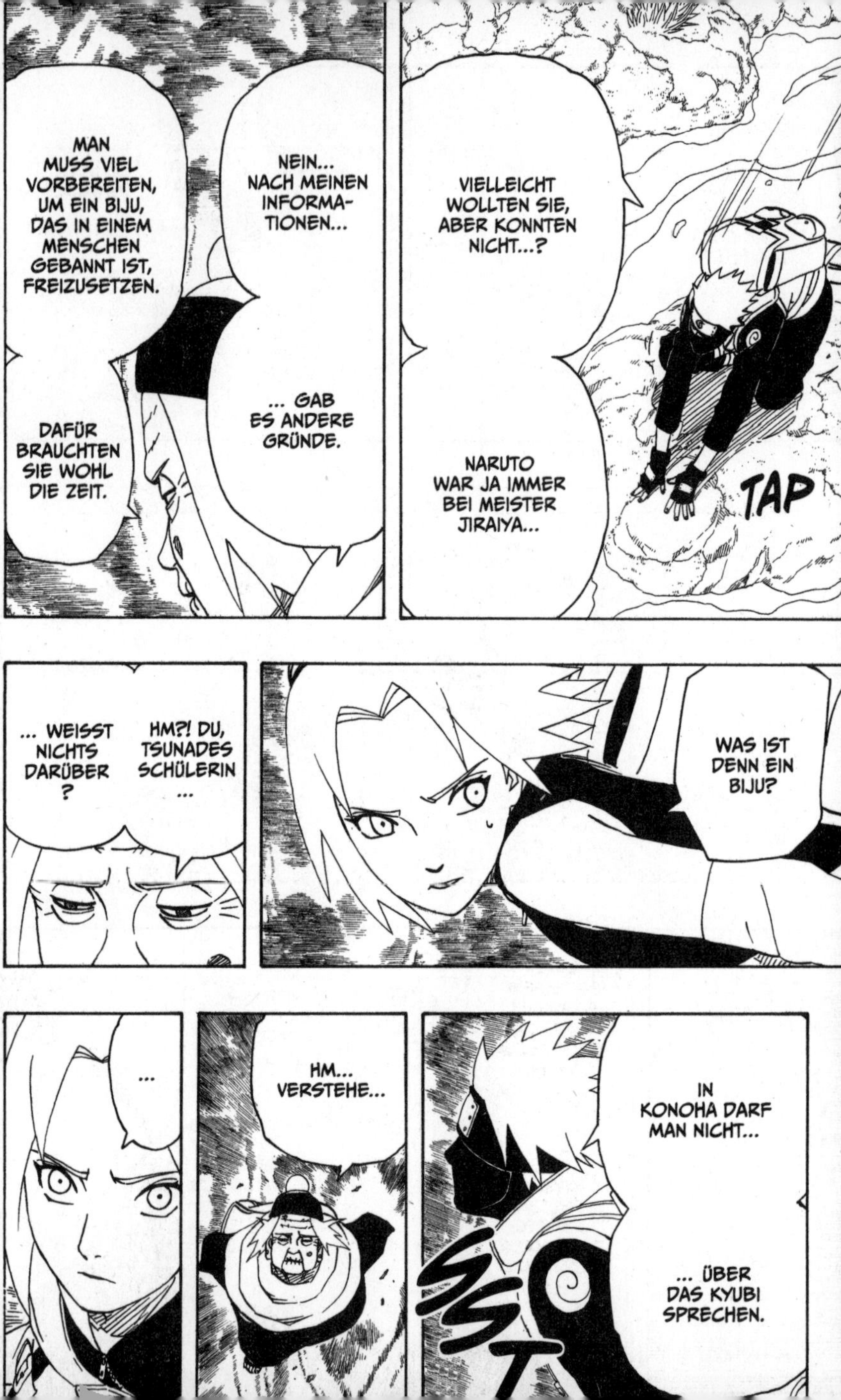

VIELLEICHT WOLLTEN SIE, ABER KONNTEN NICHT...?
NARUTO WAR JA IMMER BEI MEISTER JIRAIYA...
TAP
NEIN... NACH MEINEN INFORMATIONEN...
... GAB ES ANDERE GRÜNDE.
MAN MUSS VIEL VORBEREITEN, UM EIN BIJU, DAS IN EINEM MENSCHEN GEBANNT IST, FREIZUSETZEN.
DAFÜR BRAUCHTEN SIE WOHL DIE ZEIT.
WAS IST DENN EIN BIJU?
HM?! DU, TSUNADES SCHÜLERIN ...
... WEISST NICHTS DARÜBER ?
IN KONOHA DARF MAN NICHT...
... ÜBER DAS KYUBI SPRECHEN.
SST
HM... VERSTEHE...
...

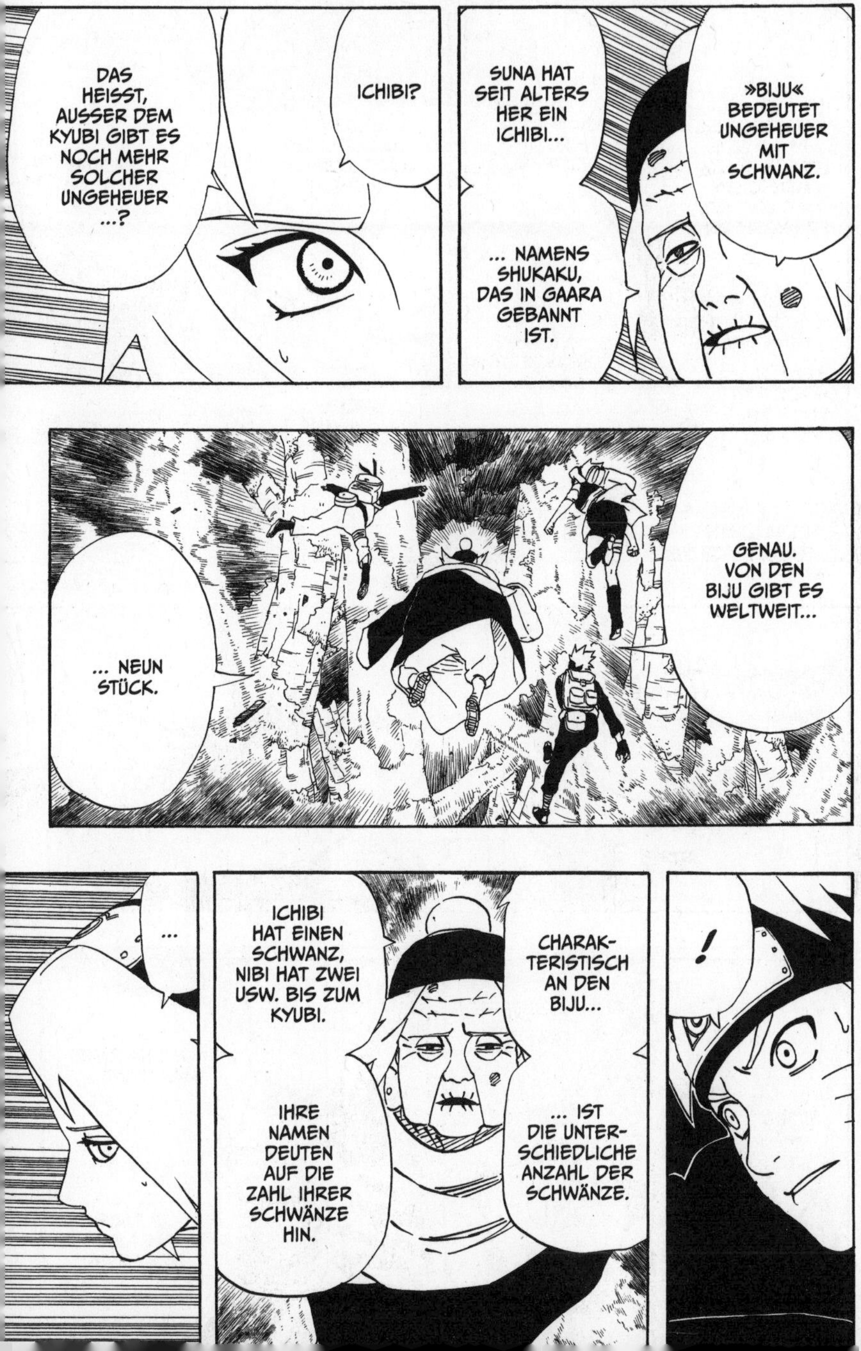
»BIJU« BEDEUTET UNGEHEUER MIT SCHWANZ.
SUNA HAT SEIT ALTERS HER EIN ICHIBI...
... NAMENS SHUKAKU, DAS IN GAARA GEBANNT IST.
ICHIBI?
DAS HEISST, AUSSER DEM KYUBI GIBT ES NOCH MEHR SOLCHER UNGEHEUER ...?
GENAU. VON DEN BIJU GIBT ES WELTWEIT...
... NEUN STÜCK.
!
CHARAK-TERISTISCH AN DEN BIJU...
... IST DIE UNTER-SCHIEDLICHE ANZAHL DER SCHWÄNZE.
ICHIBI HAT EINEN SCHWANZ, NIBI HAT ZWEI USW. BIS ZUM KYUBI.
IHRE NAMEN DEUTEN AUF DIE ZAHL IHRER SCHWÄNZE HIN.
...

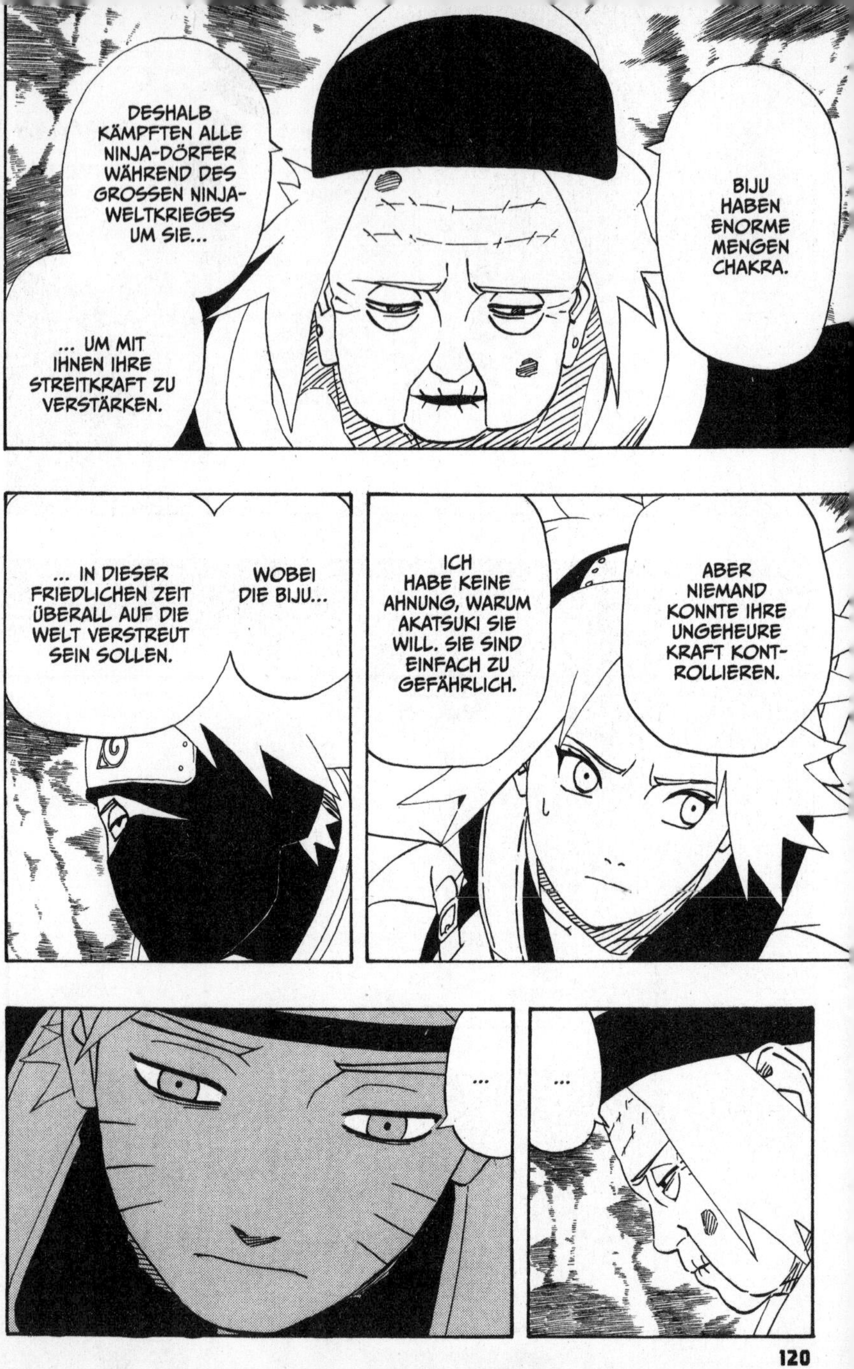
BIJU HABEN ENORME MENGEN CHAKRA.
DESHALB KÄMPFTEN ALLE NINJA-DÖRFER WÄHREND DES GROSSEN NINJA-WELTKRIEGES UM SIE...
... UM MIT IHNEN IHRE STREITKRAFT ZU VERSTÄRKEN.
ABER NIEMAND KONNTE IHRE UNGEHEURE KRAFT KONTROLLIEREN.
ICH HABE KEINE AHNUNG, WARUM AKATSUKI SIE WILL. SIE SIND EINFACH ZU GEFÄHRLICH.
WOBEI DIE BIJU...
... IN DIESER FRIEDLICHEN ZEIT ÜBERALL AUF DIE WELT VERSTREUT SEIN SOLLEN.
...
...

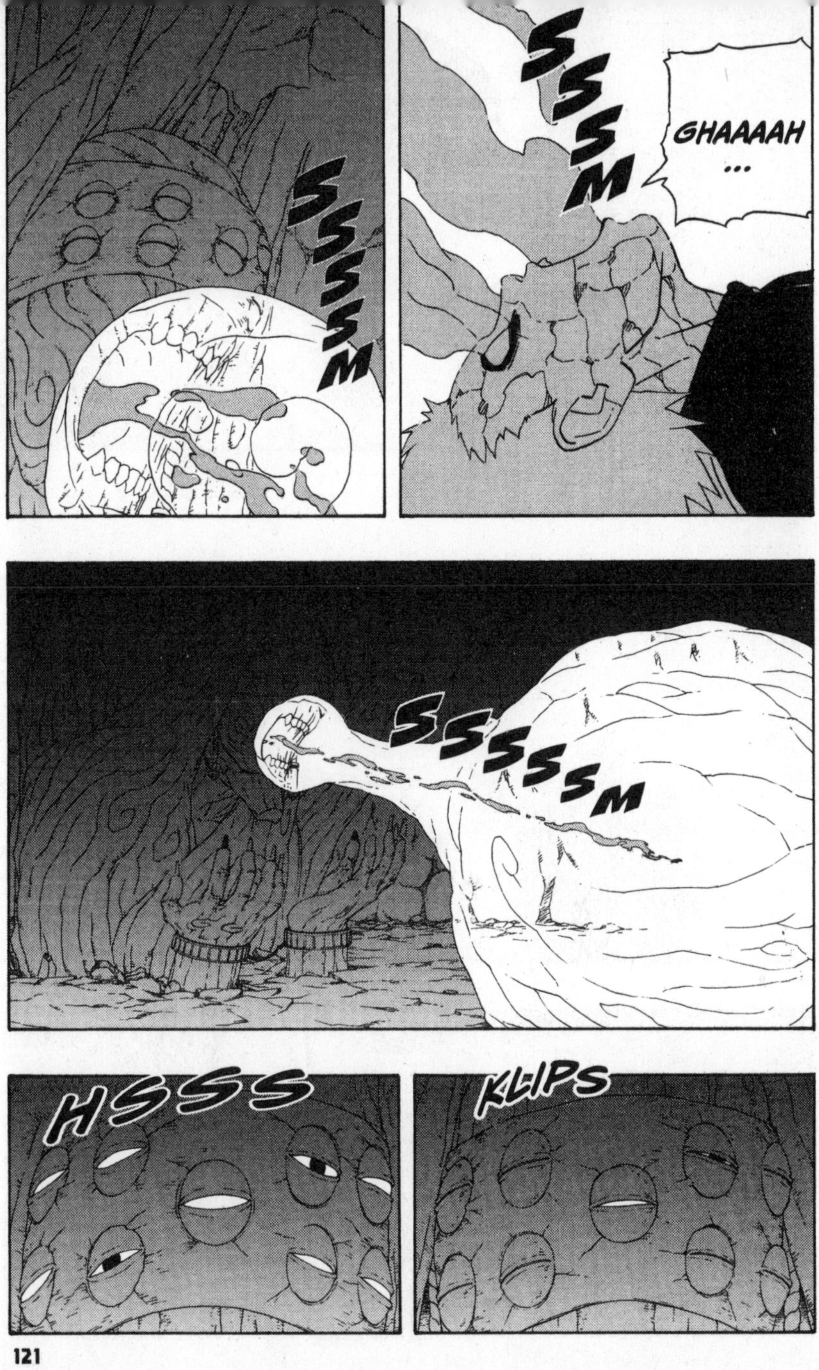
SSSM
GHAAAAH ...
SSSSM
SSSSSM
KLIPS
HSSS

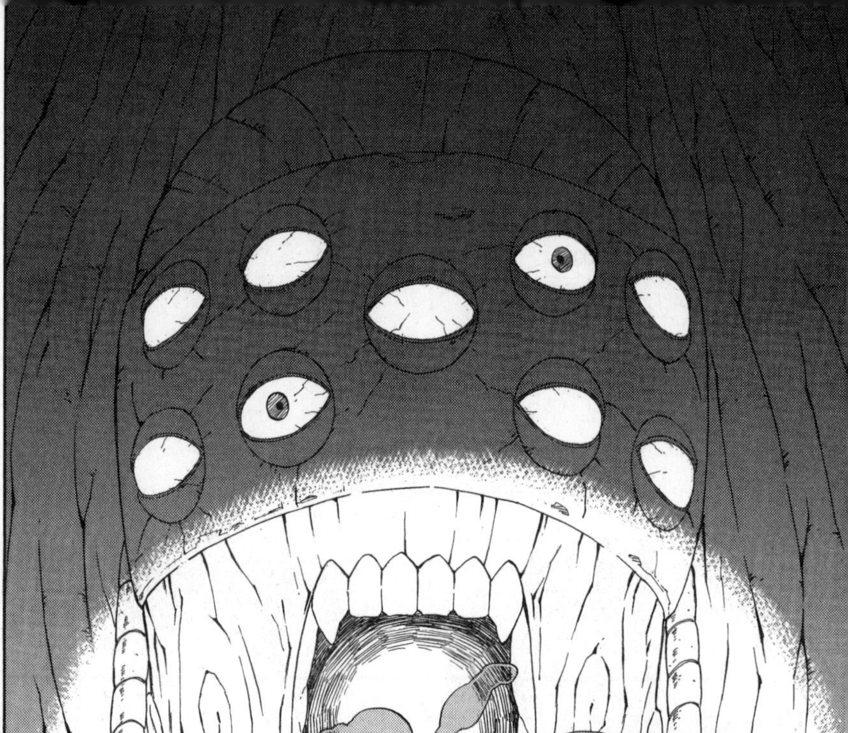

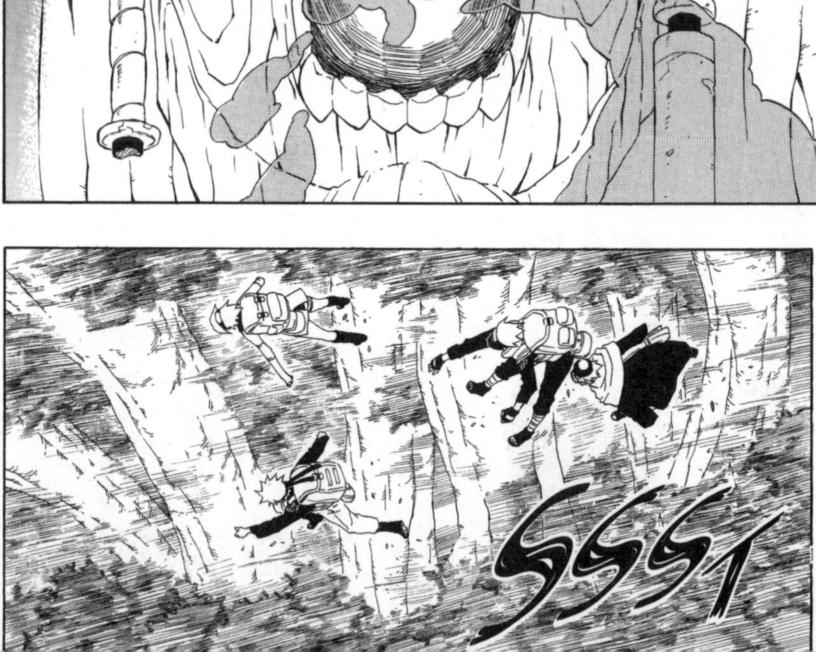
SSST

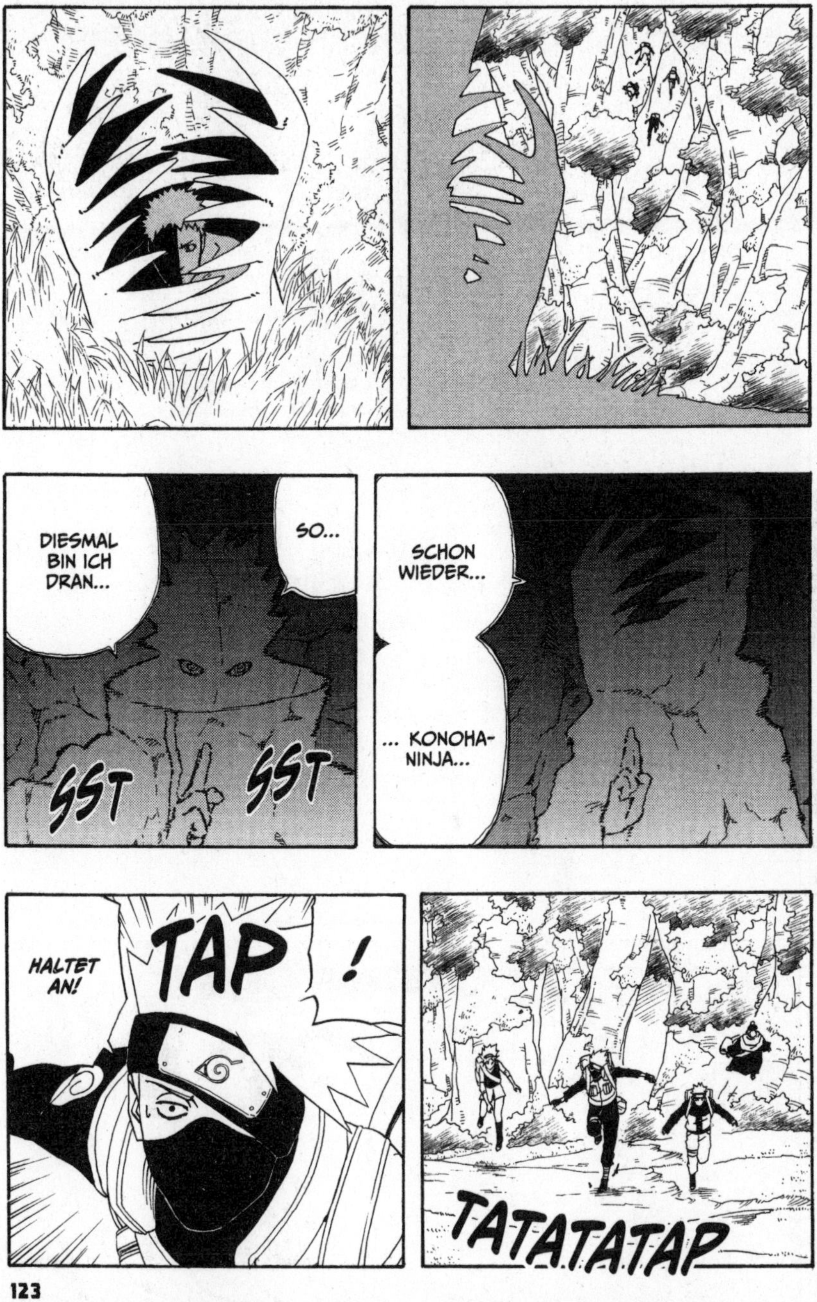
DIESMAL BIN ICH DRAN...
SO...
SST
SST
SCHON WIEDER...
... KONOHA-NINJA...
HALTET AN!
TAP !
TATATATAP

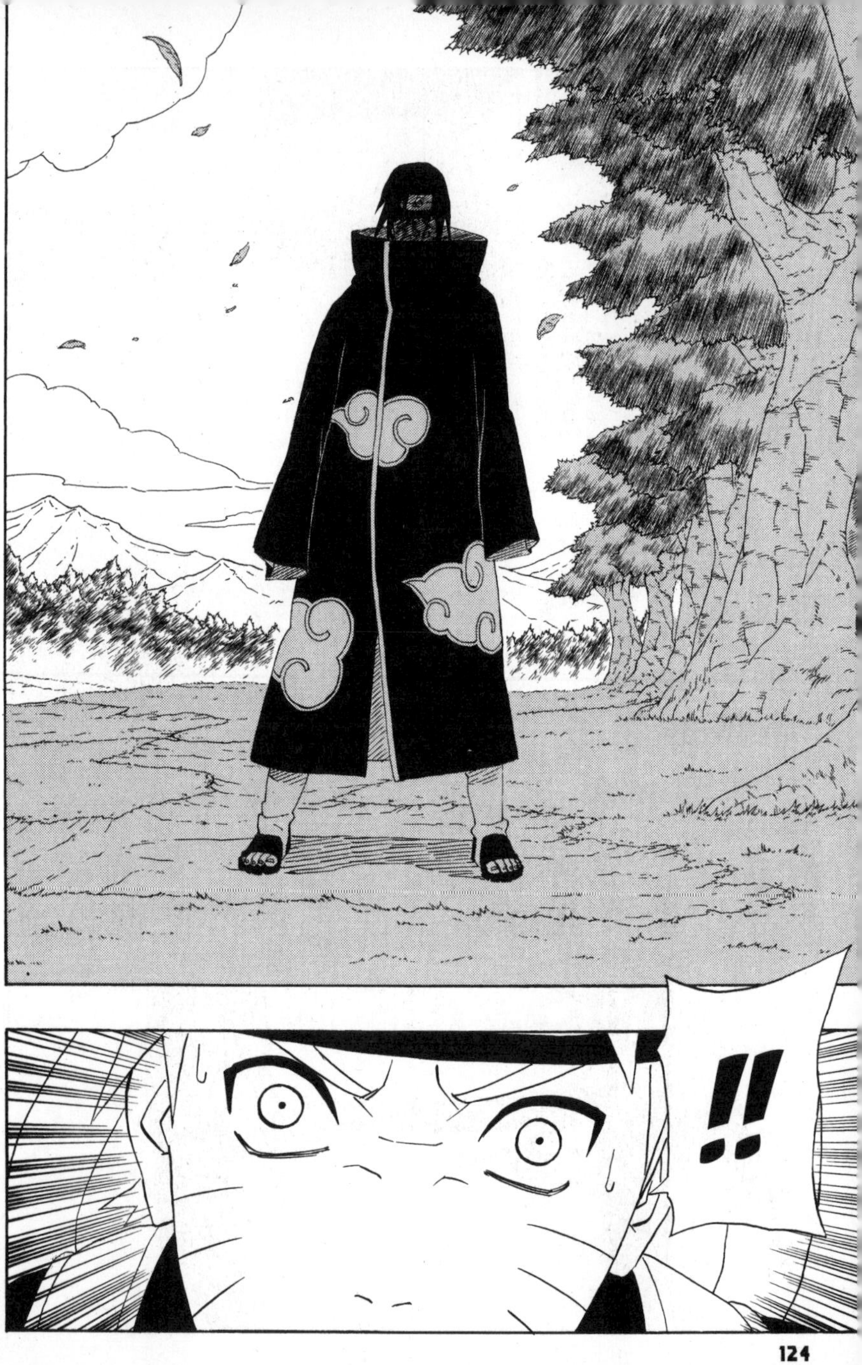

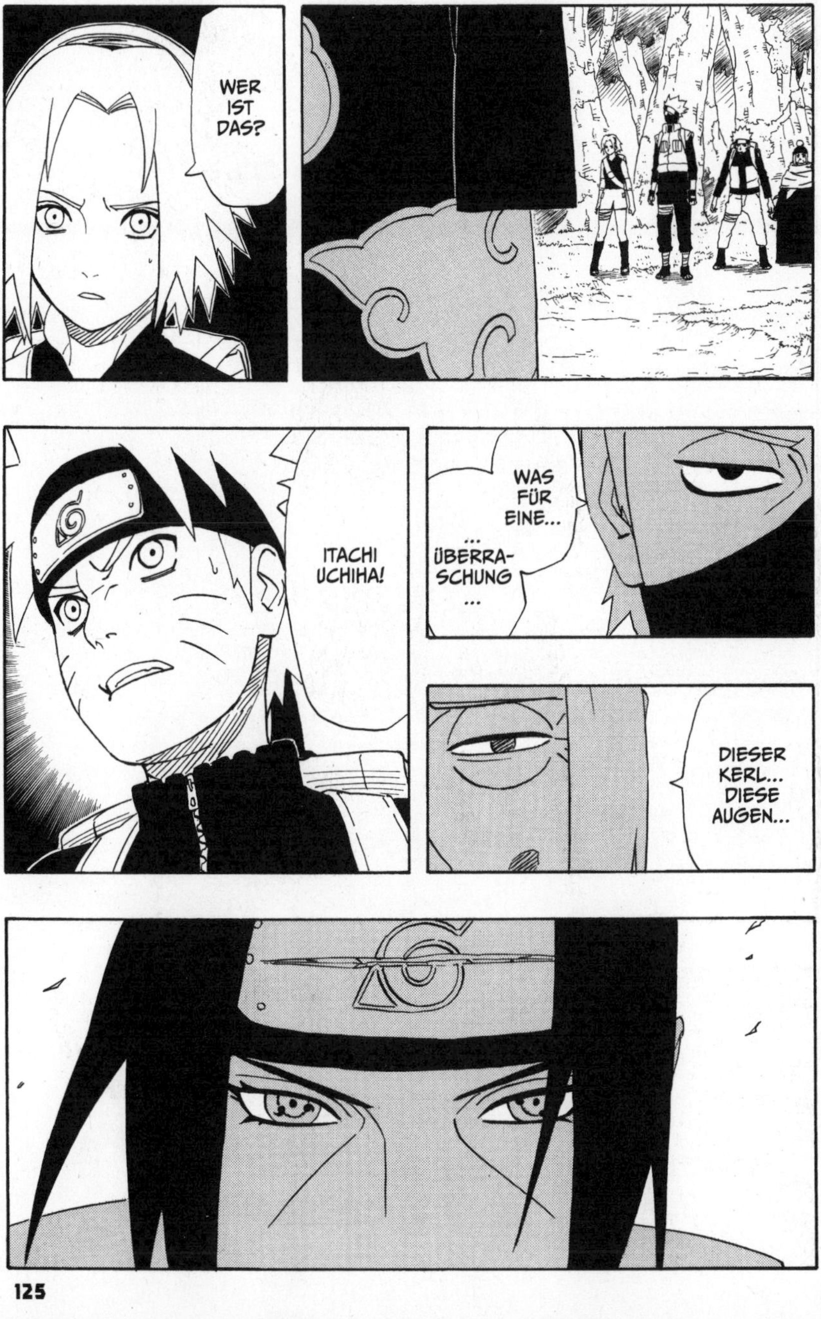
WER IST DAS?
ITACHI UCHIHA!
WAS FÜR EINE...
... ÜBERRASCHUNG ...
DIESER KERL... DIESE AUGEN...

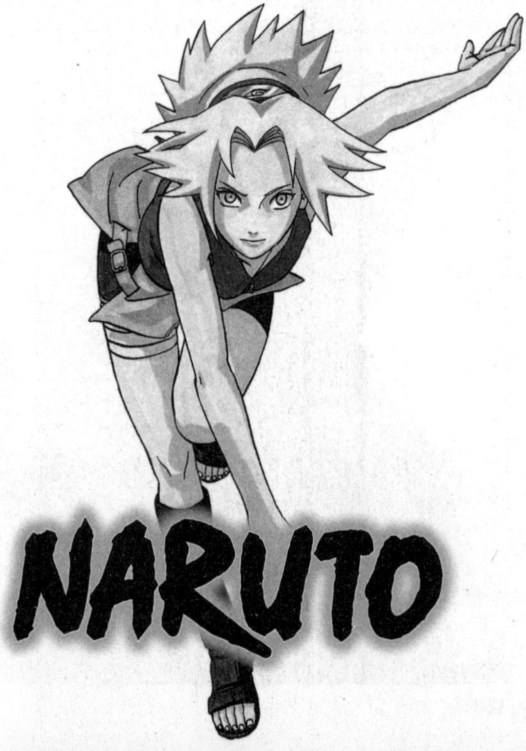
NARUTO

257. Kapitel:

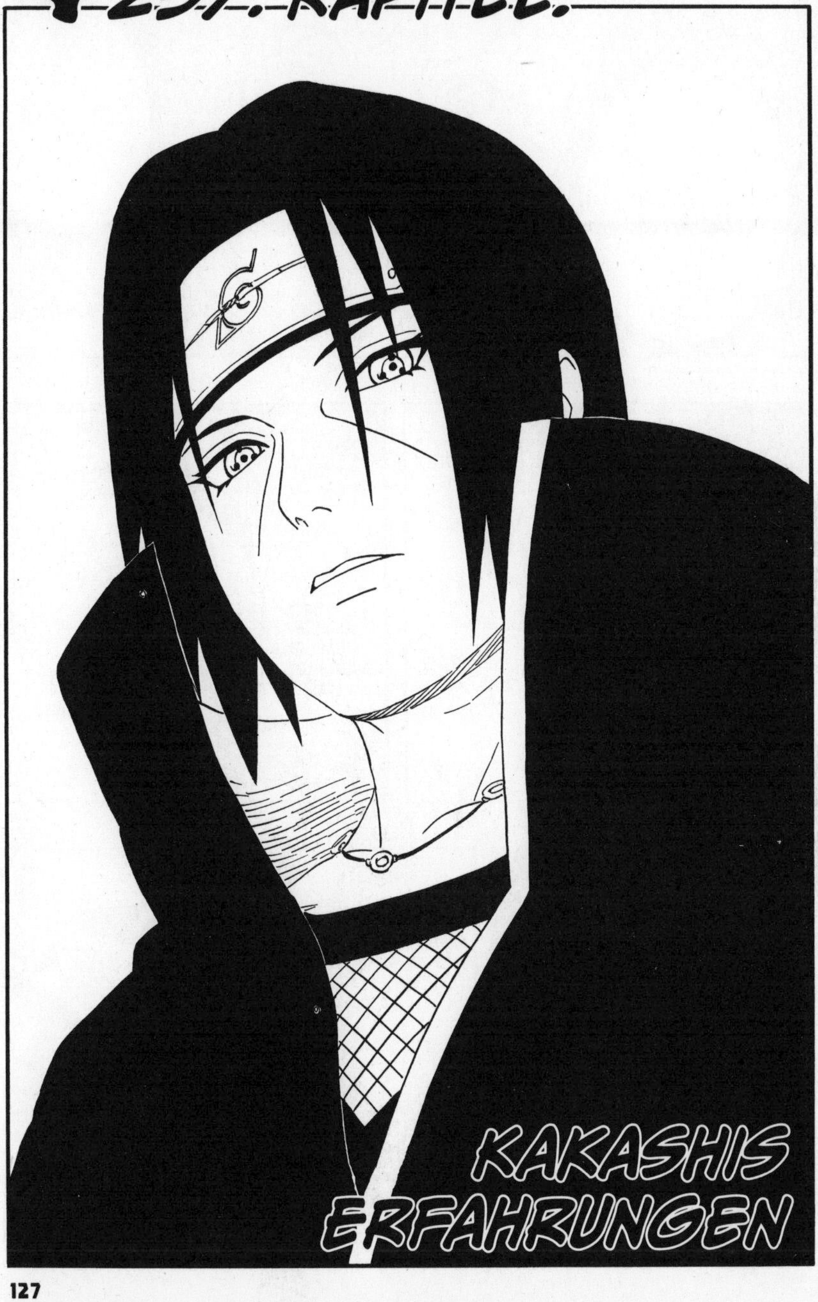

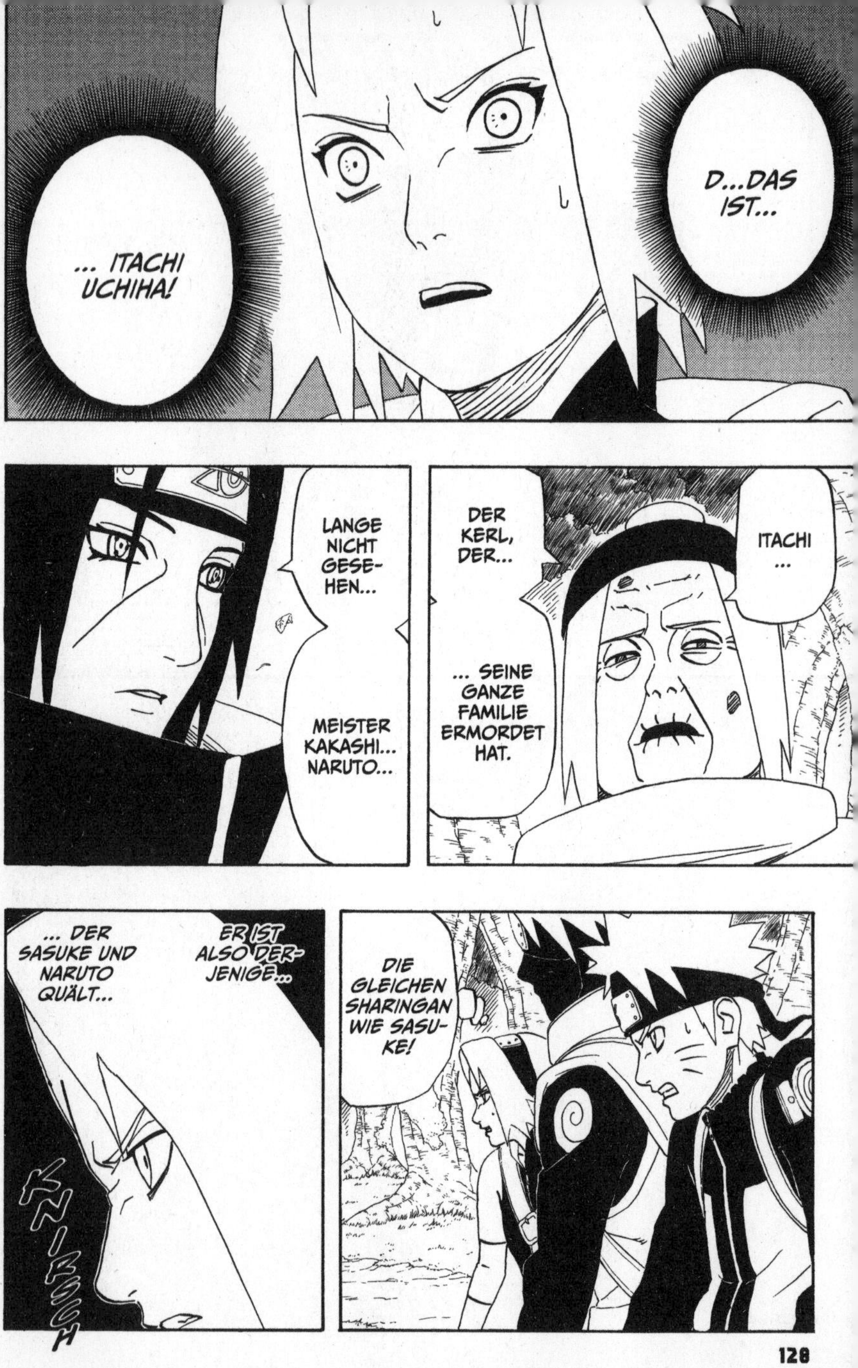
D...DAS IST...
... ITACHI UCHIHA!
ITACHI ...
DER KERL, DER...
... SEINE GANZE FAMILIE ERMORDET HAT.
LANGE NICHT GESE-HEN...
MEISTER KAKASHI... NARUTO...
DIE GLEICHEN SHARINGAN WIE SASU-KE!
ER IST ALSO DER-JENIGE...
... DER SASUKE UND NARUTO QUÄLT...
KNIRSCH

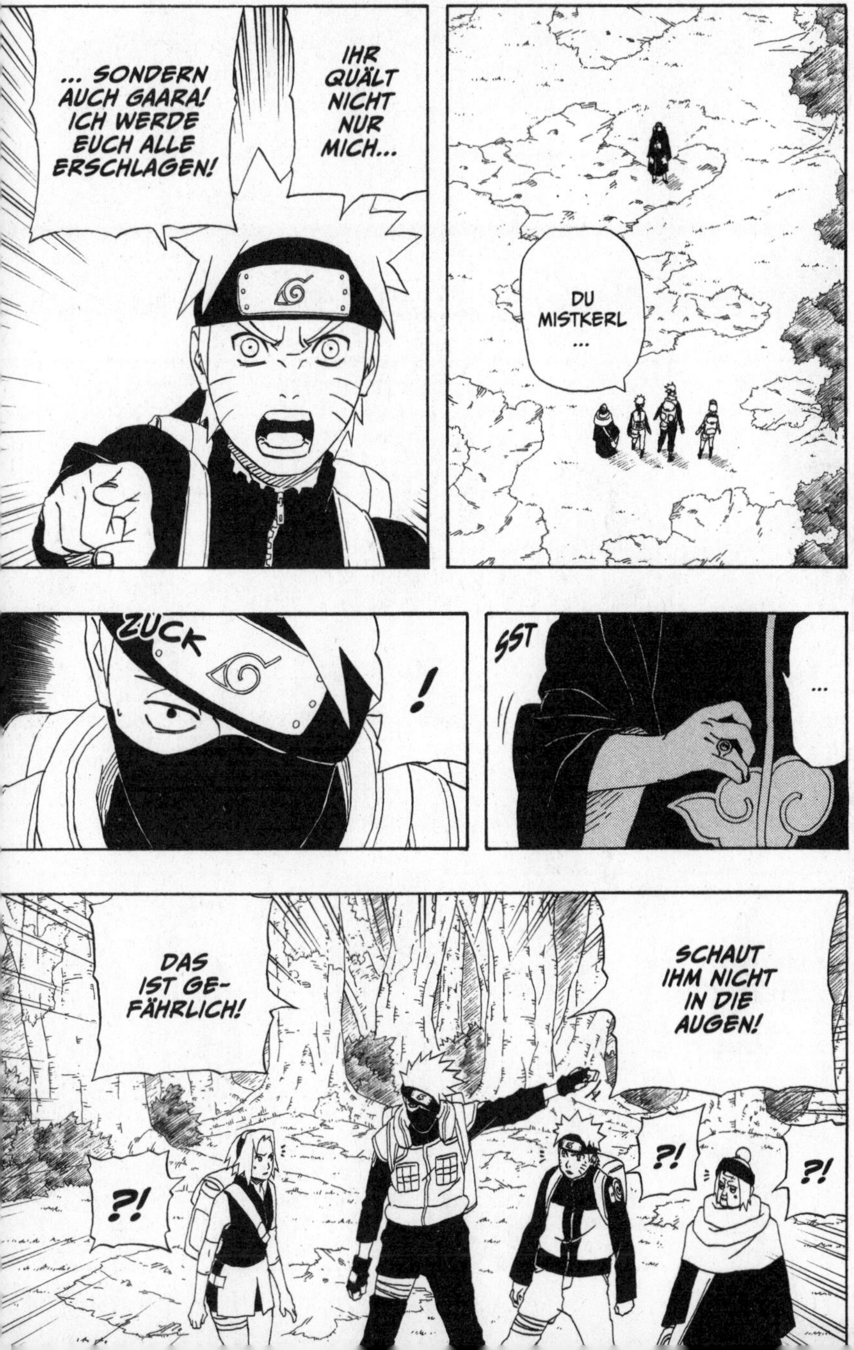
IHR QUÄLT NICHT NUR MICH...
... SONDERN AUCH GAARA! ICH WERDE EUCH ALLE ERSCHLAGEN!
DU MISTKERL ...
ZUCK
!
SST
...
SCHAUT IHM NICHT IN DIE AUGEN!
DAS IST GE-FÄHRLICH!
?!
?!
?!

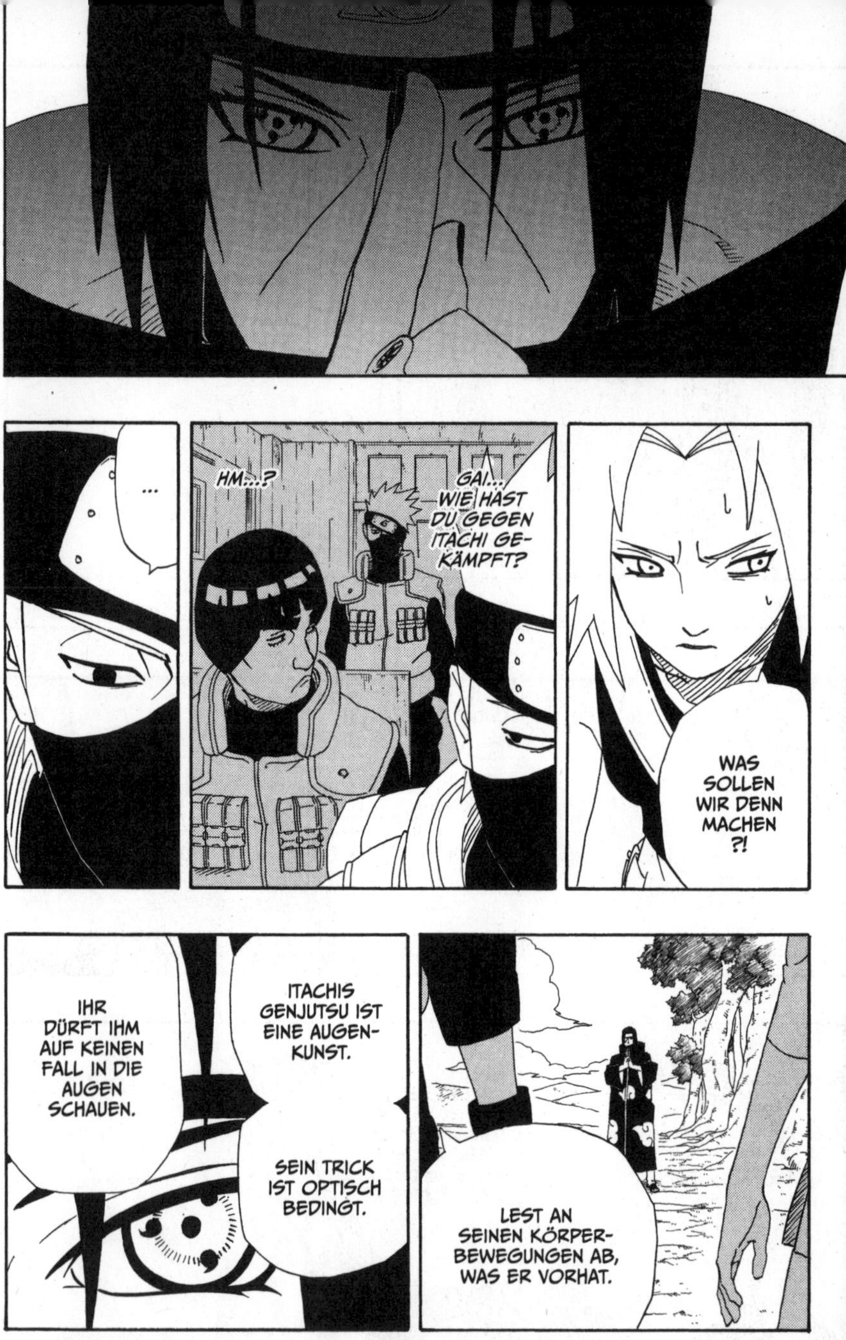
WAS SOLLEN WIR DENN MACHEN ?!
GAI... WIE HAST DU GEGEN ITACHI GEKÄMPFT?
HM...?
...
LEST AN SEINEN KÖRPERBEWEGUNGEN AB, WAS ER VORHAT.
ITACHIS GENJUTSU IST EINE AUGENKUNST.
SEIN TRICK IST OPTISCH BEDINGT.
IHR DÜRFT IHM AUF KEINEN FALL IN DIE AUGEN SCHAUEN.

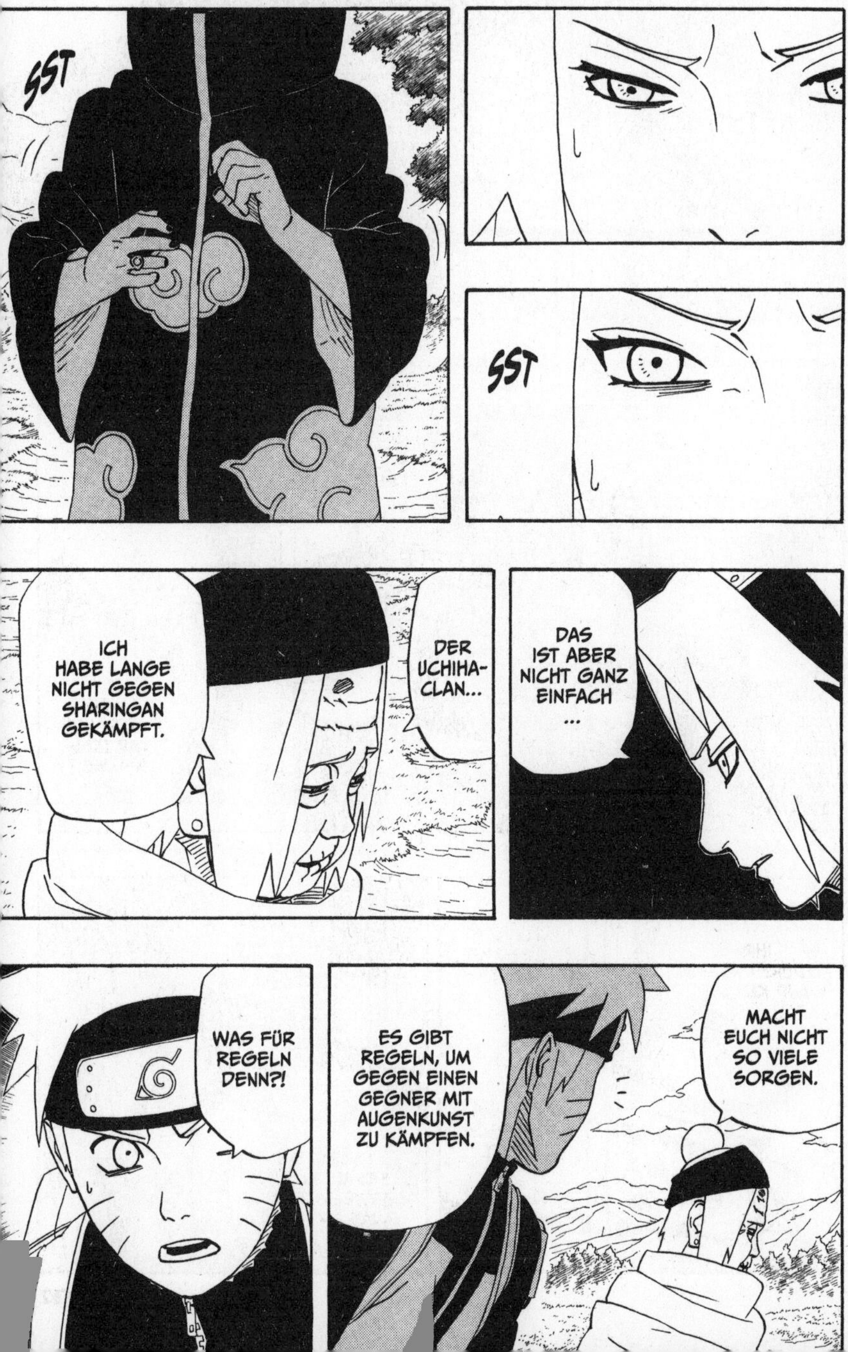

SST
SST
DAS IST ABER NICHT GANZ EINFACH ...
DER UCHIHA-CLAN...
ICH HABE LANGE NICHT GEGEN SHARINGAN GEKÄMPFT.
MACHT EUCH NICHT SO VIELE SORGEN.
ES GIBT REGELN, UM GEGEN EINEN GEGNER MIT AUGENKUNST ZU KÄMPFEN.
WAS FÜR REGELN DENN?!

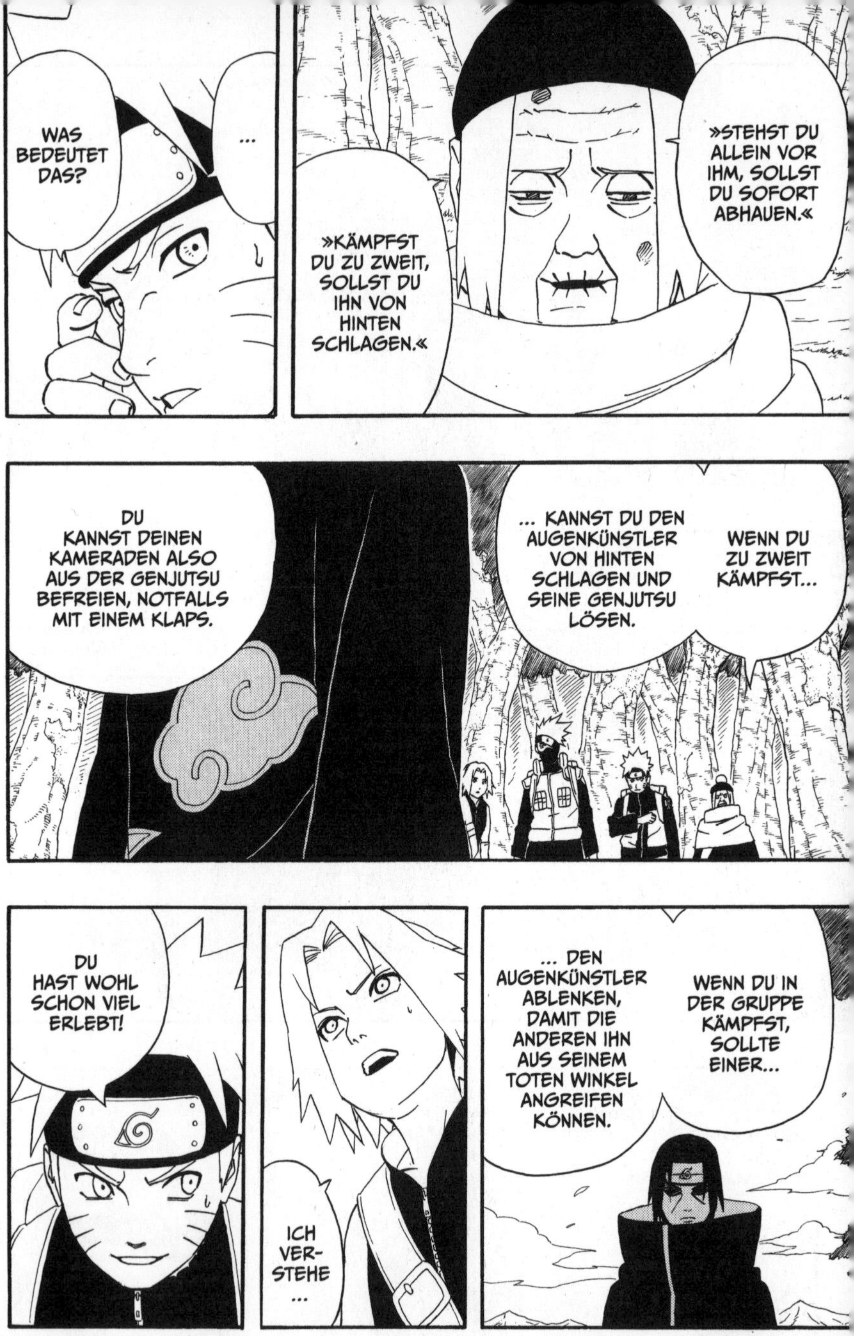
»STEHST DU ALLEIN VOR IHM, SOLLST DU SOFORT ABHAUEN.«
»KÄMPFST DU ZU ZWEIT, SOLLST DU IHN VON HINTEN SCHLAGEN.«
...
WAS BEDEUTET DAS?
WENN DU ZU ZWEIT KÄMPFST...
... KANNST DU DEN AUGENKÜNSTLER VON HINTEN SCHLAGEN UND SEINE GENJUTSU LÖSEN.
DU KANNST DEINEN KAMERADEN ALSO AUS DER GENJUTSU BEFREIEN, NOTFALLS MIT EINEM KLAPS.
WENN DU IN DER GRUPPE KÄMPFST, SOLLTE EINER...
... DEN AUGENKÜNSTLER ABLENKEN, DAMIT DIE ANDEREN IHN AUS SEINEM TOTEN WINKEL ANGREIFEN KÖNNEN.
ICH VERSTEHE ...
DU HAST WOHL SCHON VIEL ERLEBT!

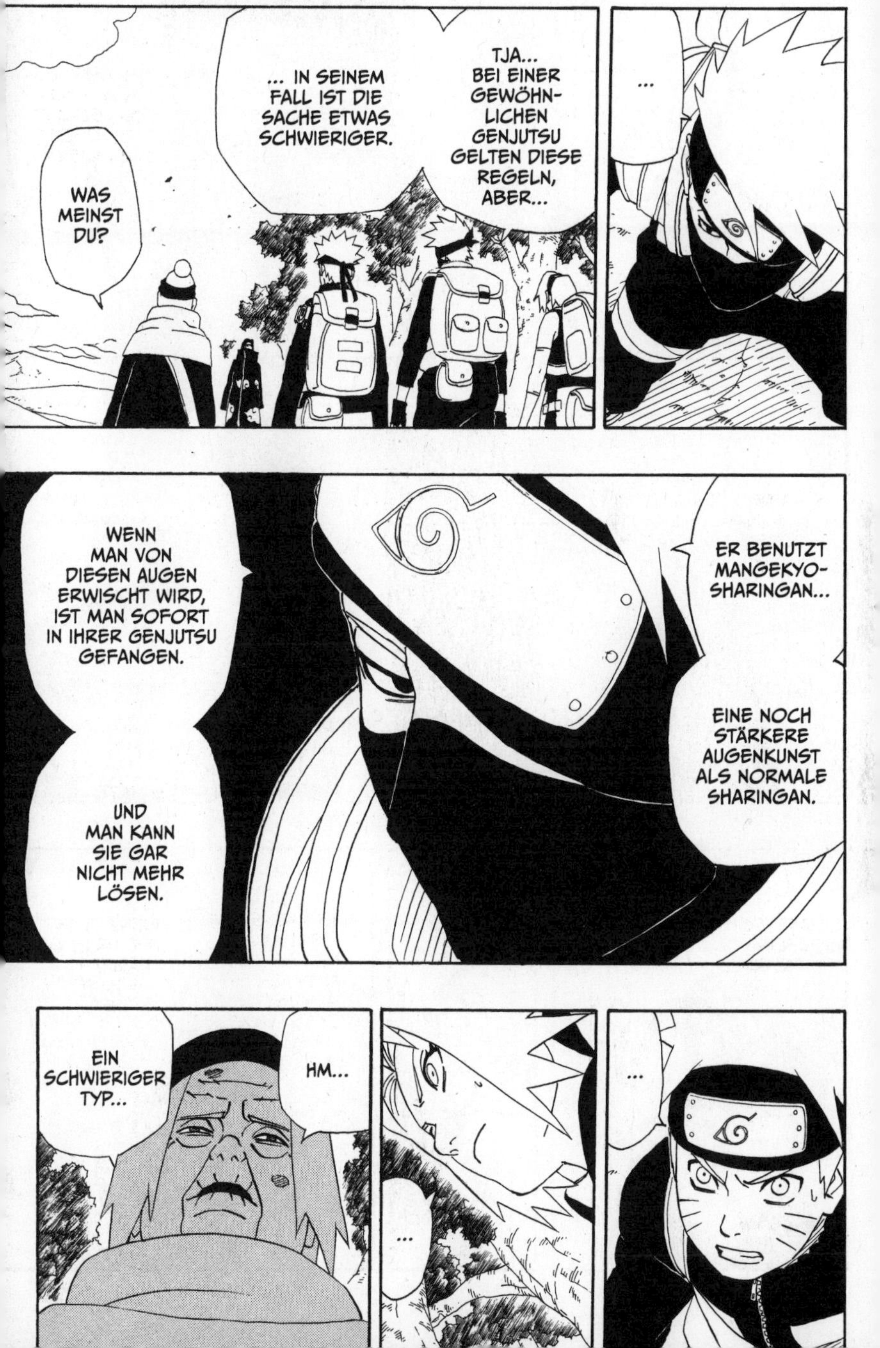
...
TJA... BEI EINER GEWÖHNLICHEN GENJUTSU GELTEN DIESE REGELN, ABER...
... IN SEINEM FALL IST DIE SACHE ETWAS SCHWIERIGER.
WAS MEINST DU?
ER BENUTZT MANGEKYO-SHARINGAN...
EINE NOCH STÄRKERE AUGENKUNST ALS NORMALE SHARINGAN.
WENN MAN VON DIESEN AUGEN ERWISCHT WIRD, IST MAN SOFORT IN IHRER GENJUTSU GEFANGEN.
UND MAN KANN SIE GAR NICHT MEHR LÖSEN.
...
...
HM...
EIN SCHWIERIGER TYP...

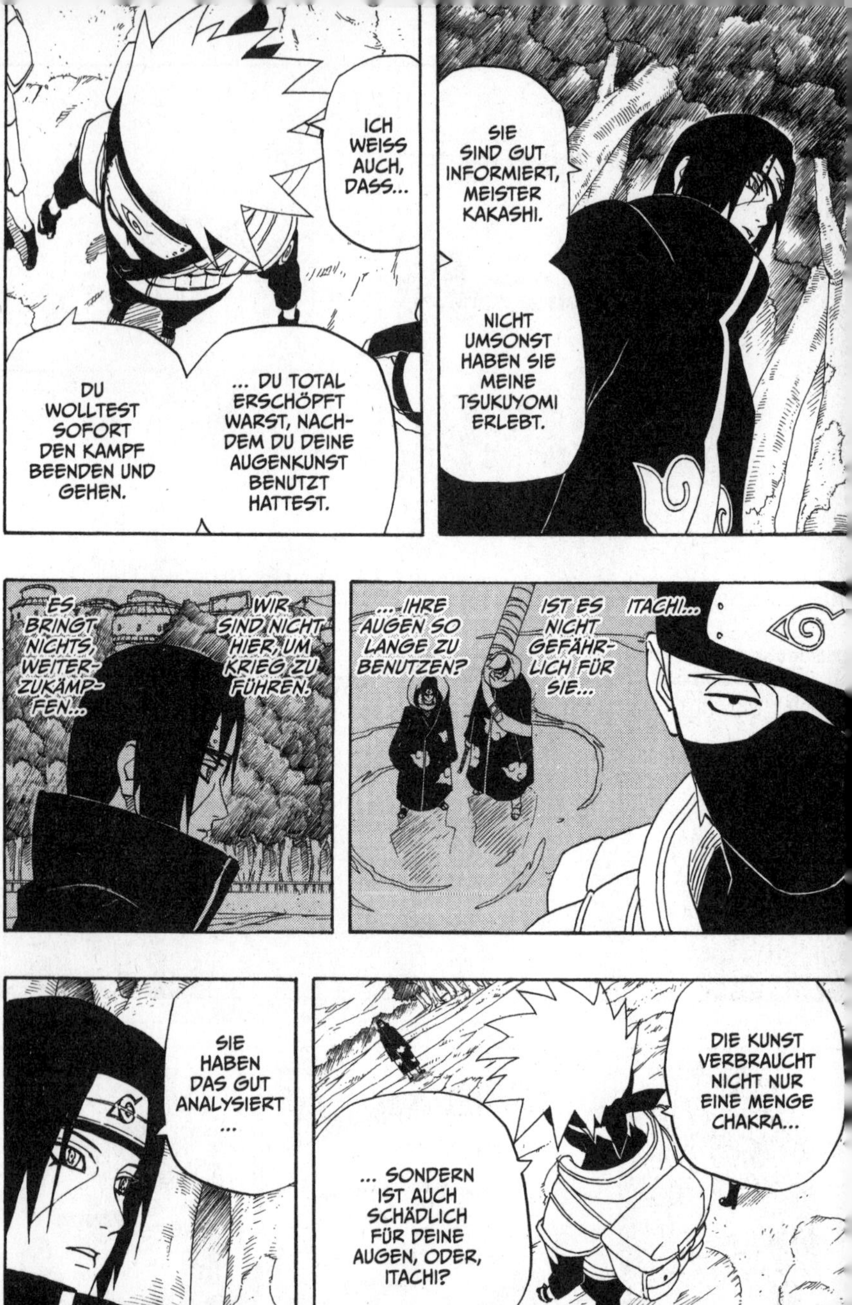
SIE SIND GUT INFORMIERT, MEISTER KAKASHI.
NICHT UMSONST HABEN SIE MEINE TSUKUYOMI ERLEBT.
ICH WEISS AUCH, DASS...
... DU TOTAL ERSCHÖPFT WARST, NACHDEM DU DEINE AUGENKUNST BENUTZT HATTEST.
DU WOLLTEST SOFORT DEN KAMPF BEENDEN UND GEHEN.
ITACHI...
IST ES NICHT GEFÄHRLICH FÜR SIE...
...IHRE AUGEN SO LANGE ZU BENUTZEN?
WIR SIND NICHT HIER, UM KRIEG ZU FÜHREN.
ES BRINGT NICHTS, WEITERZUKÄMPFEN...
DIE KUNST VERBRAUCHT NICHT NUR EINE MENGE CHAKRA...
... SONDERN IST AUCH SCHÄDLICH FÜR DEINE AUGEN, ODER, ITACHI?
SIE HABEN DAS GUT ANALYSIERT ...

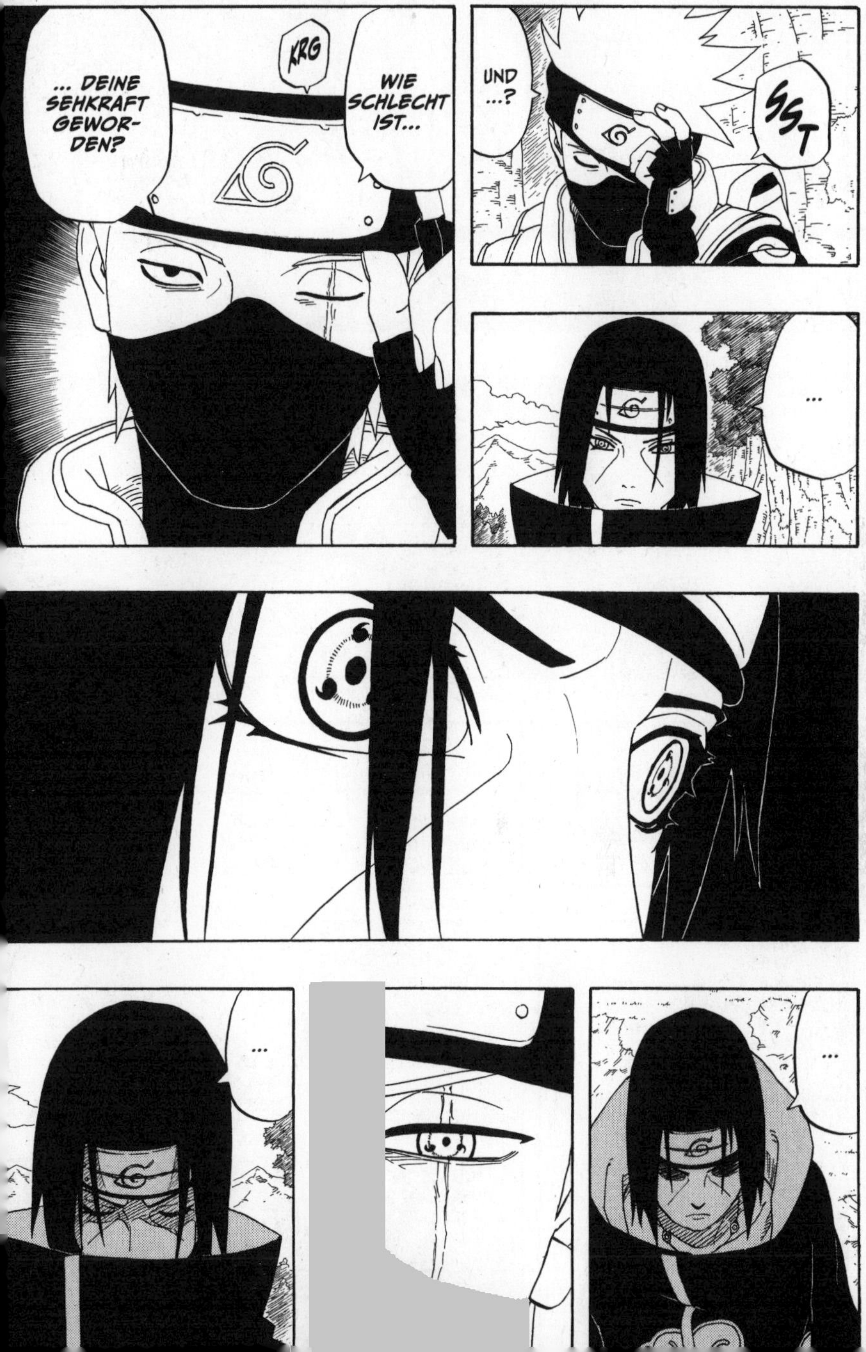
UND ...?
SST
WIE SCHLECHT IST...
KRG
... DEINE SEHKRAFT GEWORDEN?
...
...
...

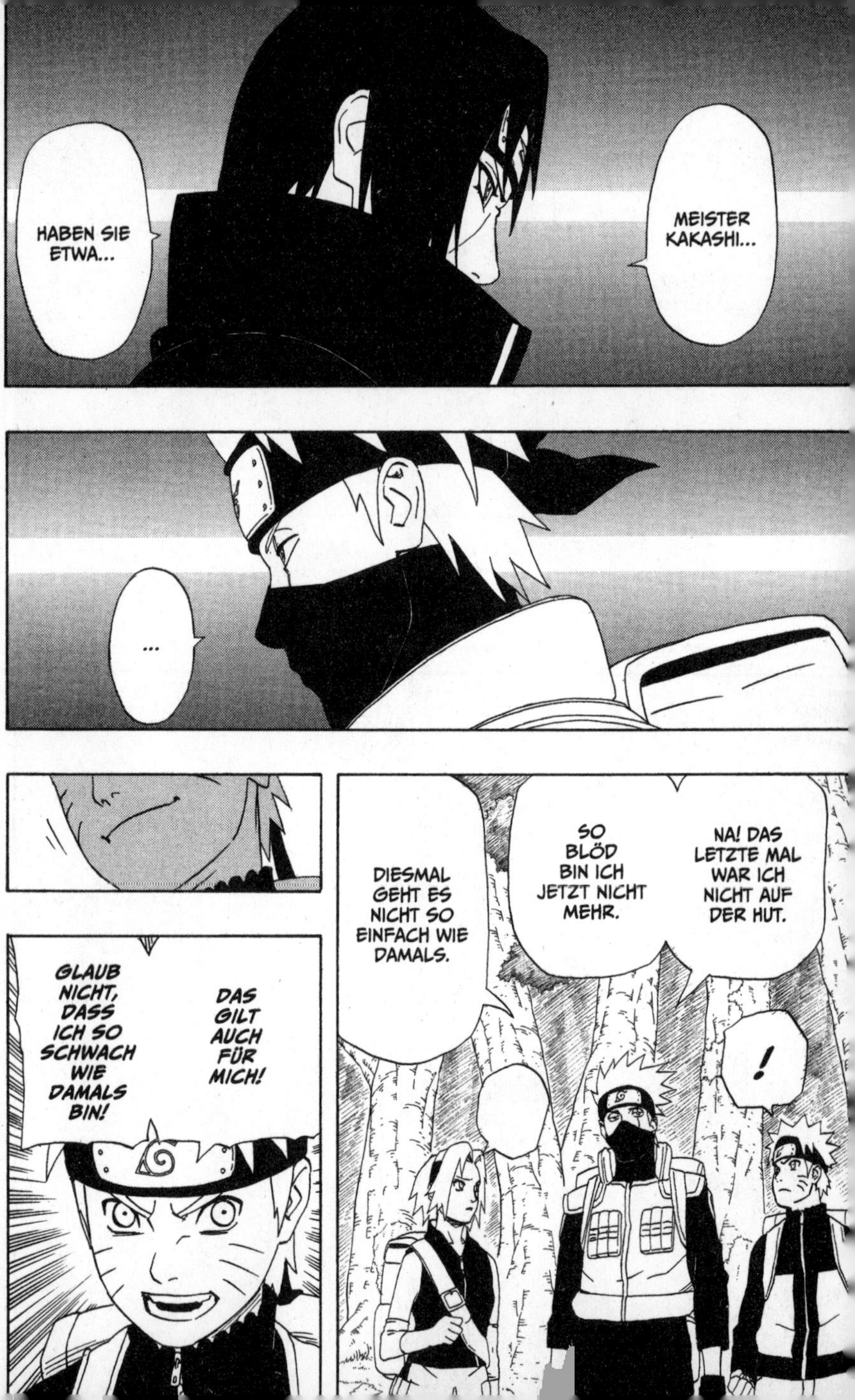
MEISTER KAKASHI...
HABEN SIE ETWA...
...
!
NA! DAS LETZTE MAL WAR ICH NICHT AUF DER HUT.
SO BLÖD BIN ICH JETZT NICHT MEHR.
DIESMAL GEHT ES NICHT SO EINFACH WIE DAMALS.
DAS GILT AUCH FÜR MICH!
GLAUB NICHT, DASS ICH SO SCHWACH WIE DAMALS BIN!

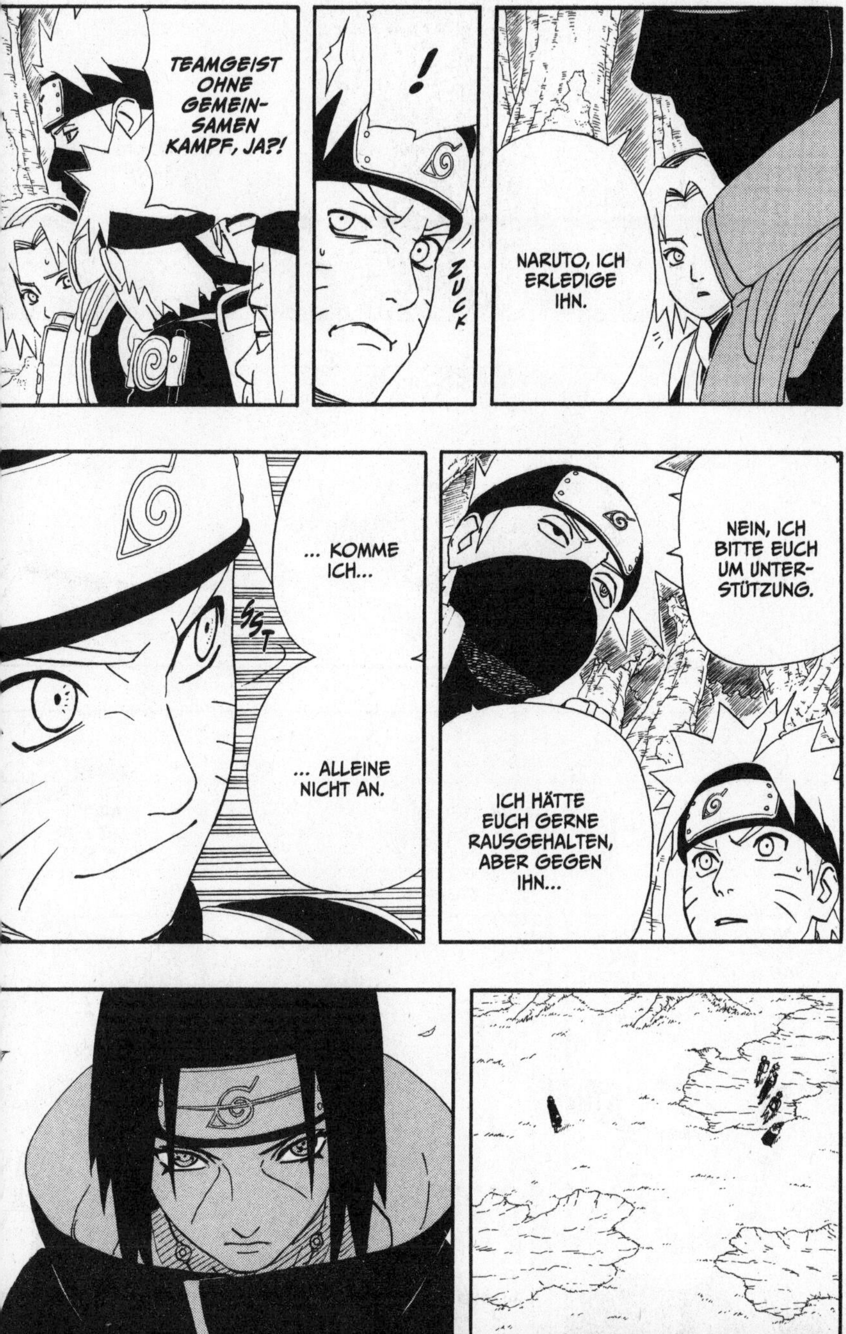
NARUTO, ICH ERLEDIGE IHN.
!
ZUCK
TEAMGEIST OHNE GEMEIN-SAMEN KAMPF, JA?!
NEIN, ICH BITTE EUCH UM UNTER-STÜTZUNG.
ICH HÄTTE EUCH GERNE RAUSGEHALTEN, ABER GEGEN IHN...
... KOMME ICH...
SST
... ALLEINE NICHT AN.

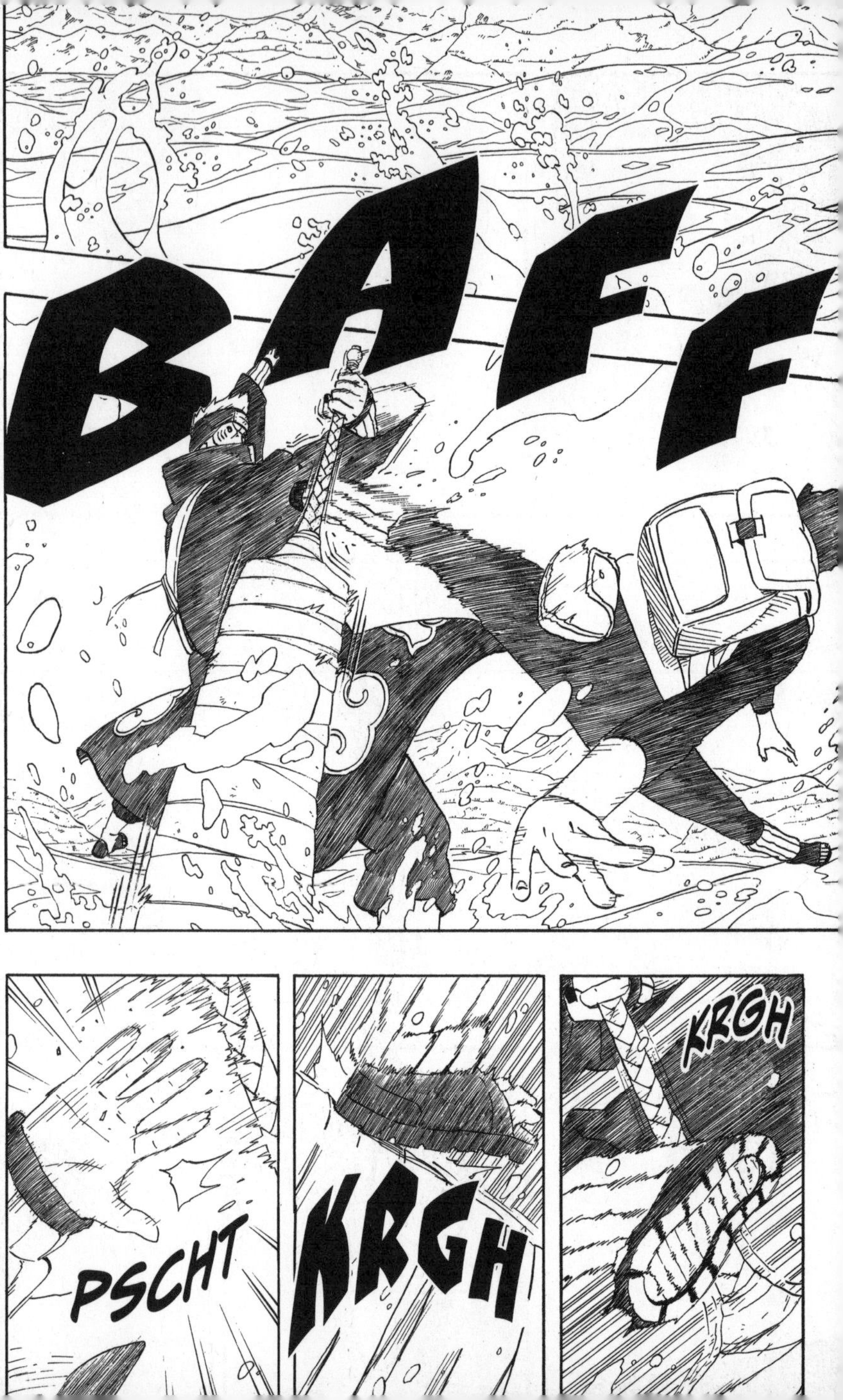
BAFF
PSCHT
KRGH
KRGH

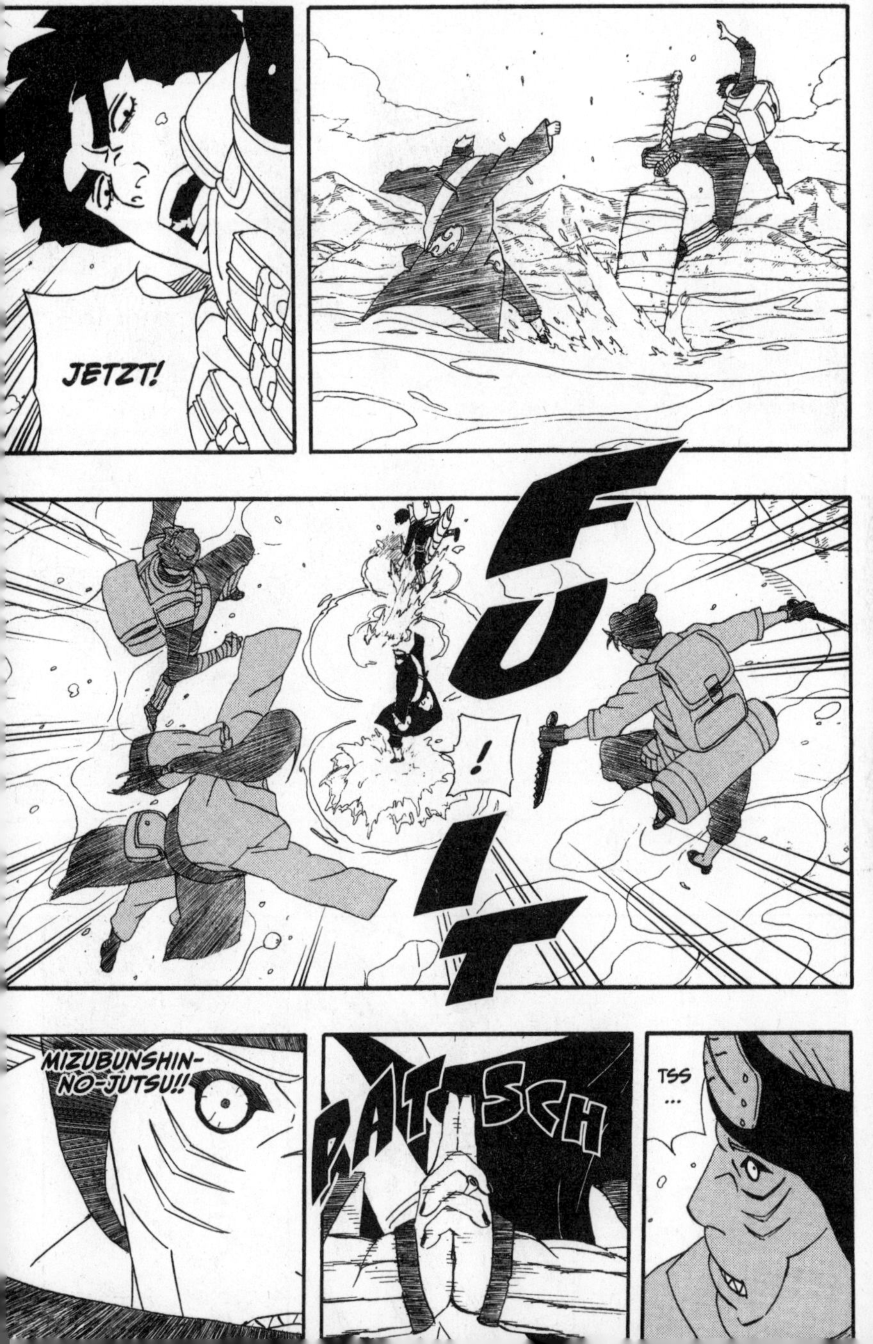
JETZT!
FUIT
!
TSS ...
PATSCH
MIZUBUNSHIN-NO-JUTSU!!

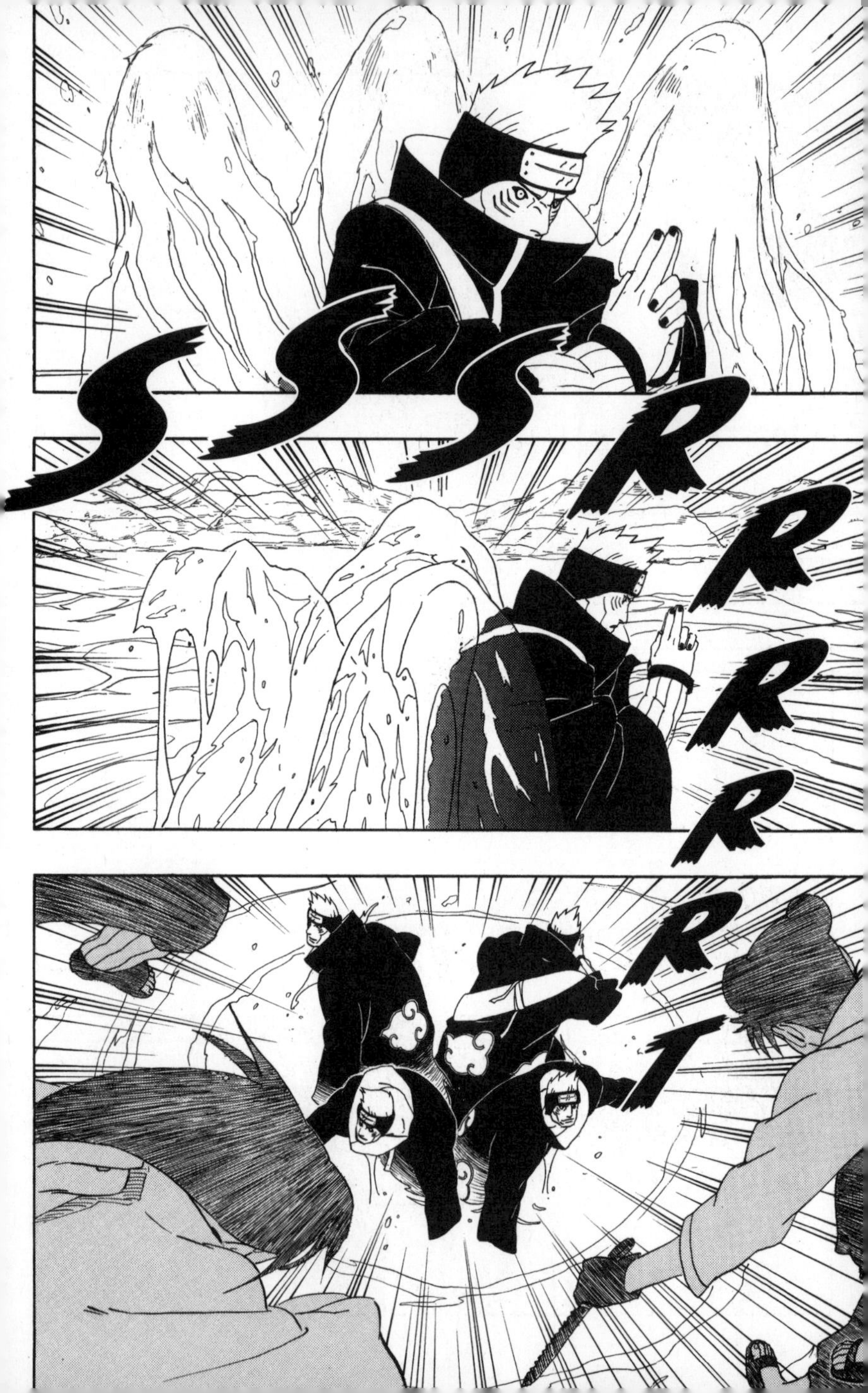
SSSRRRRRT

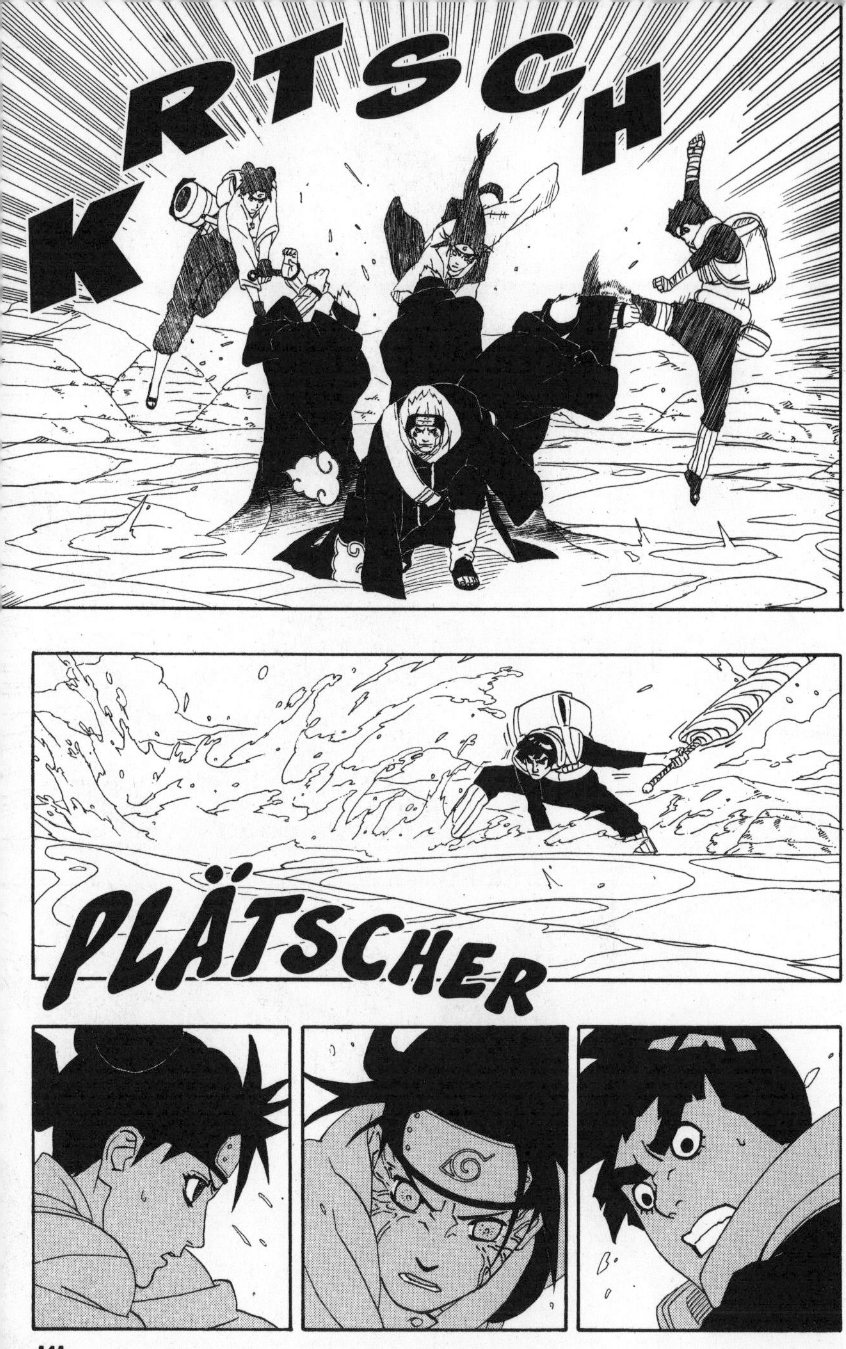
KRTSCH
PLÄTSCHER

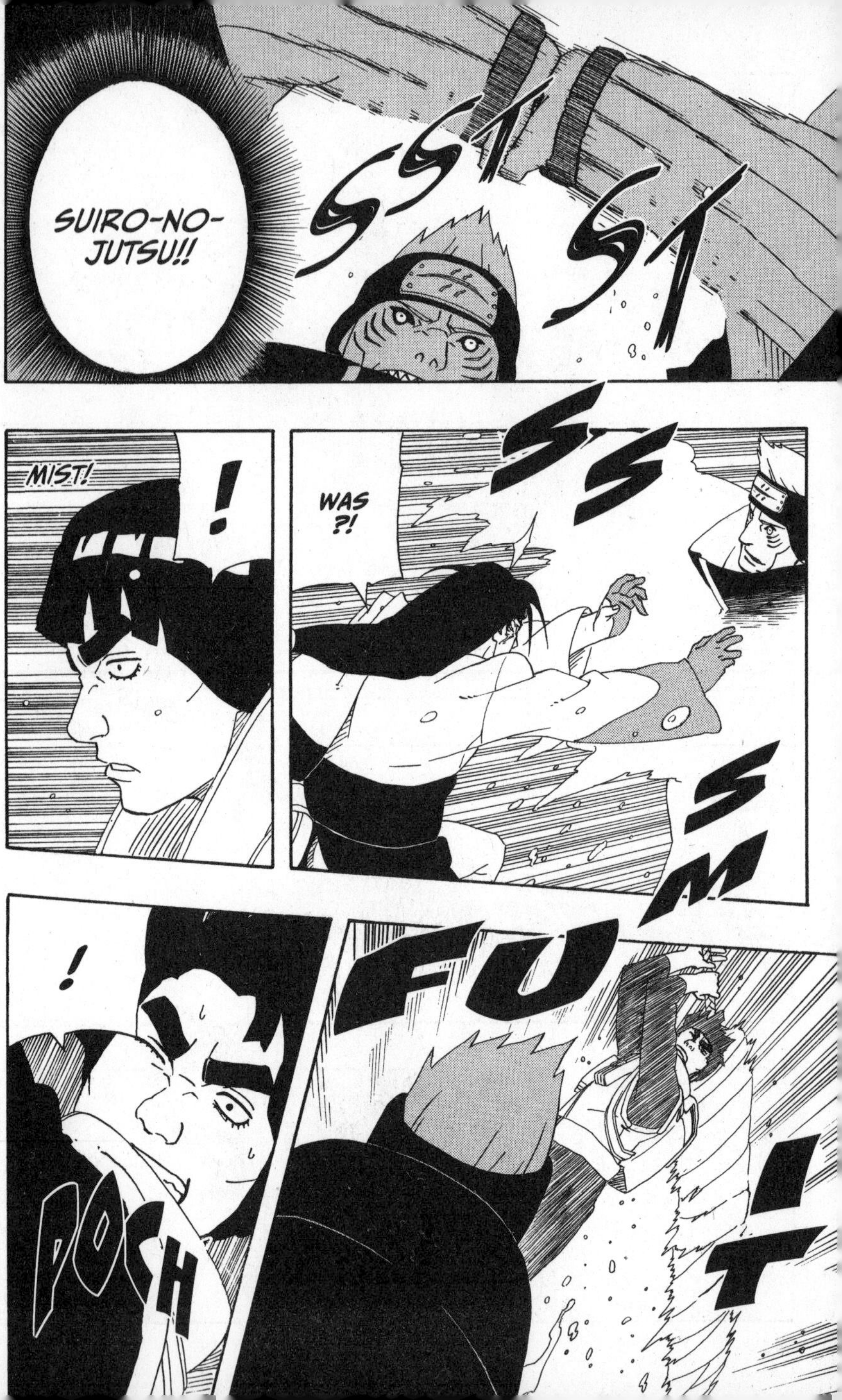
SUIRO-NO-JUTSU!!
WAS ?!
!
MIST!
!

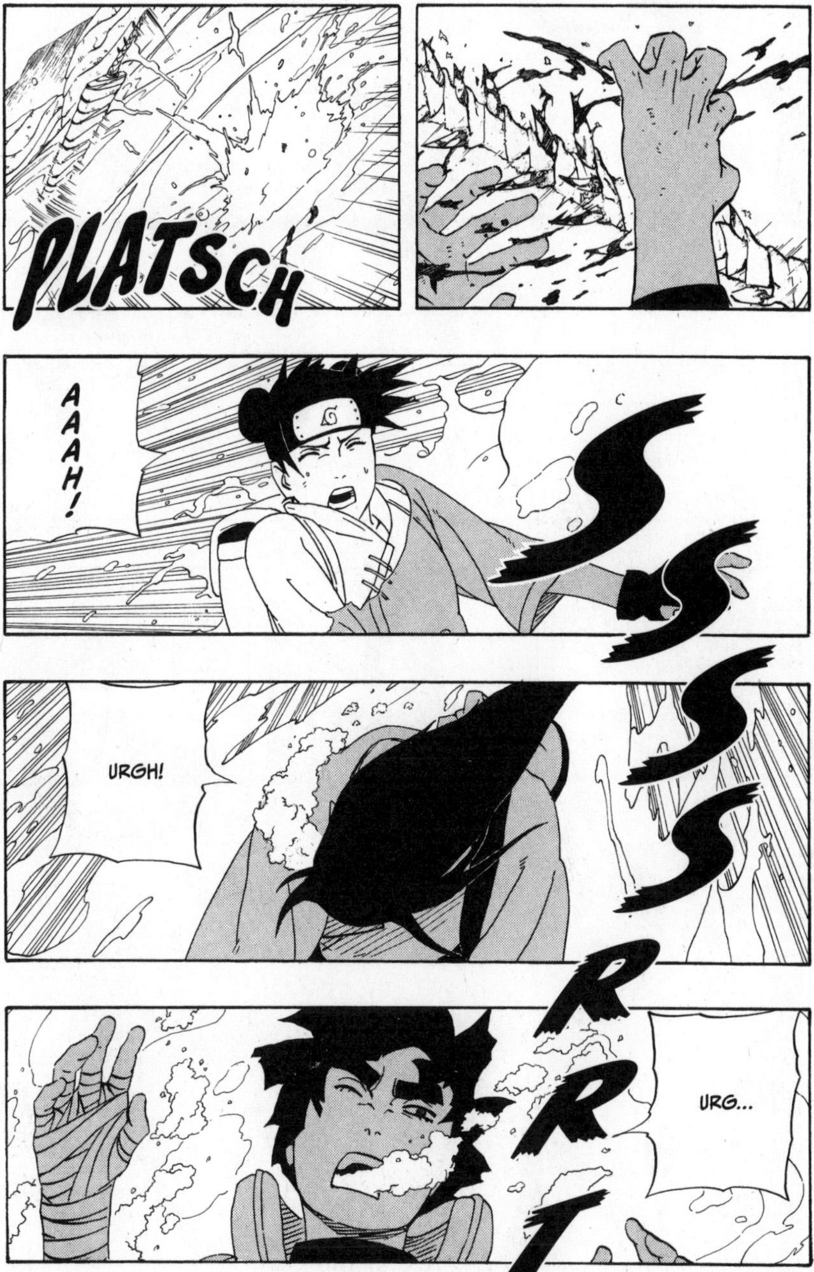
PLATSCH
AAAAH!
SSSRRRT
URGH!
URG...

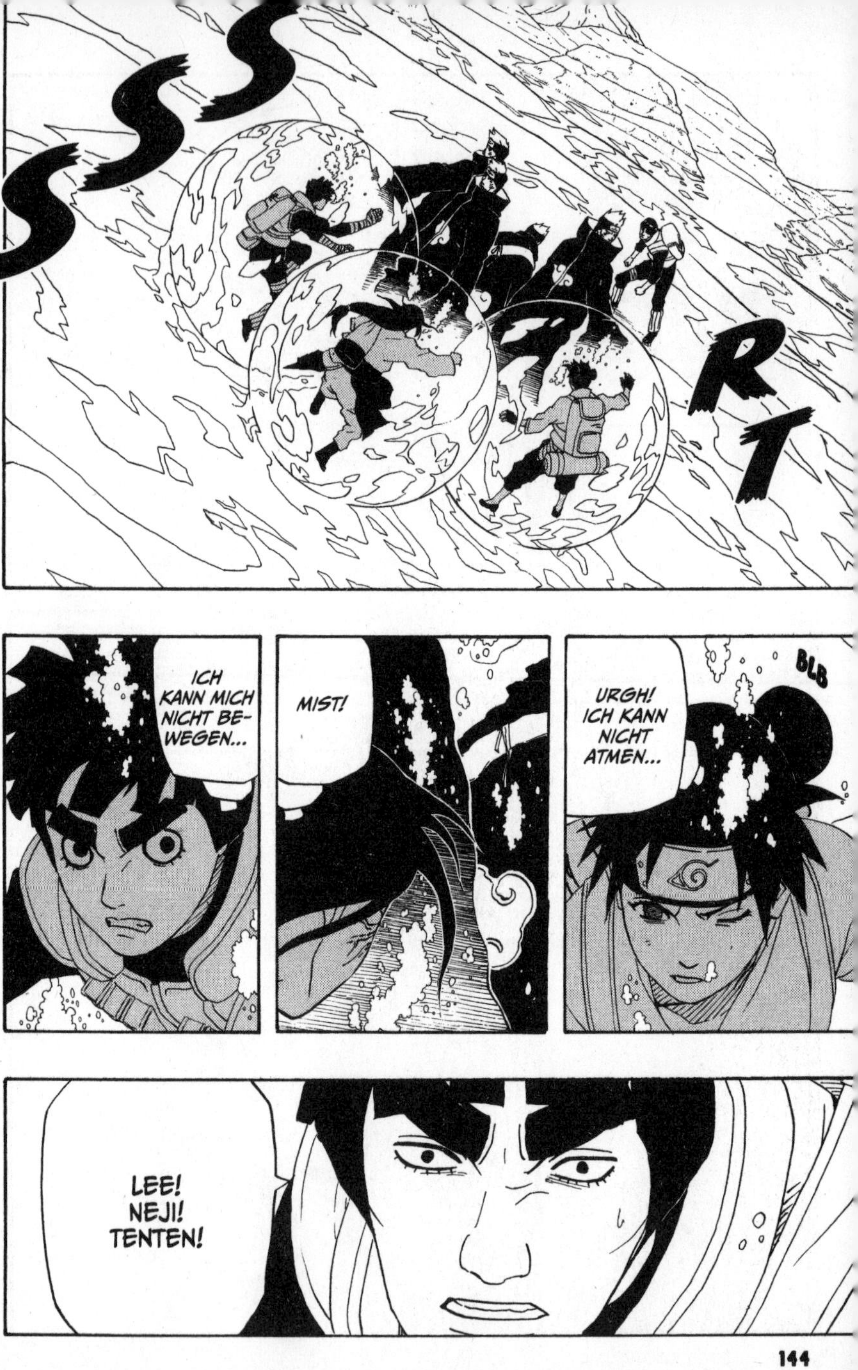
SSS
RT
ICH KANN MICH NICHT BE-WEGEN...
MIST!
BLB
URGH! ICH KANN NICHT ATMEN...
LEE! NEJI! TENTEN!

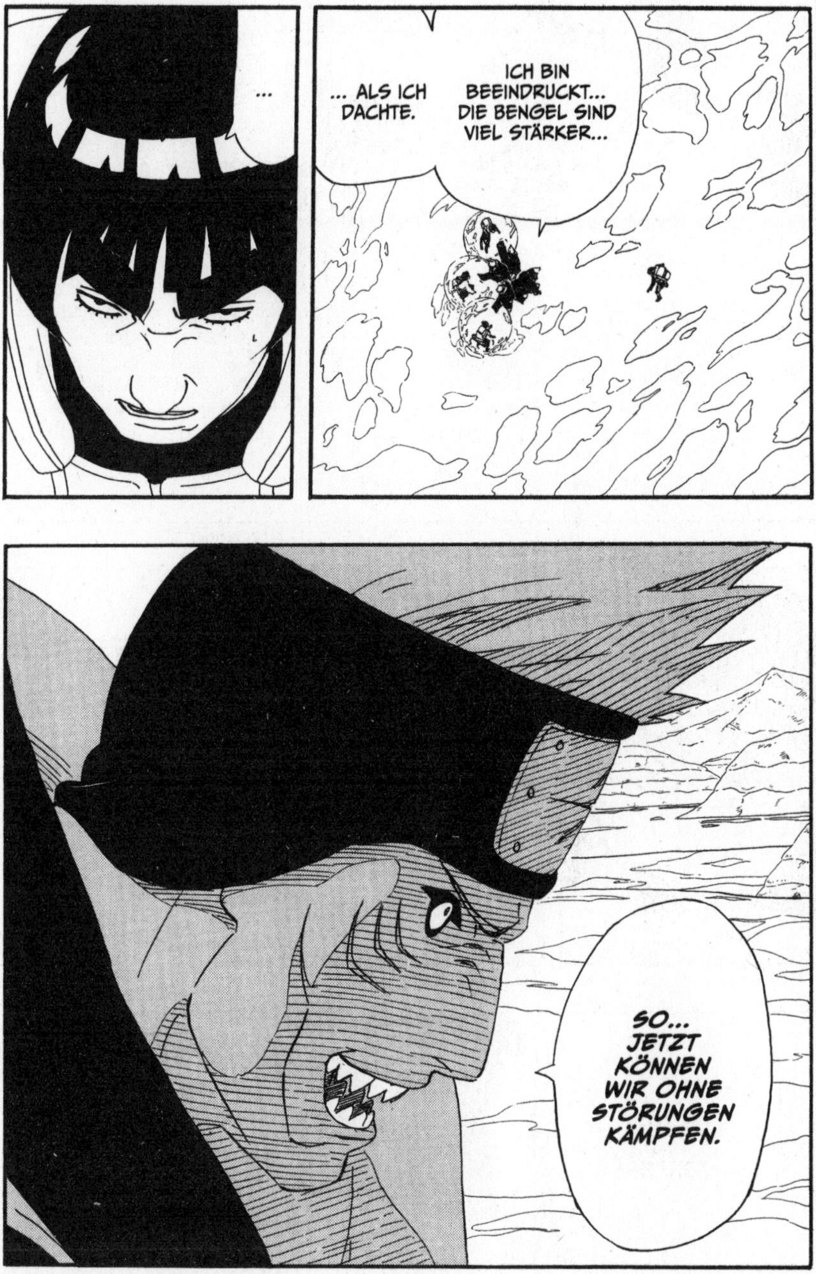
ICH BIN BEEINDRUCKT... DIE BENGEL SIND VIEL STÄRKER...
... ALS ICH DACHTE.
...
SO... JETZT KÖNNEN WIR OHNE STÖRUNGEN KÄMPFEN.

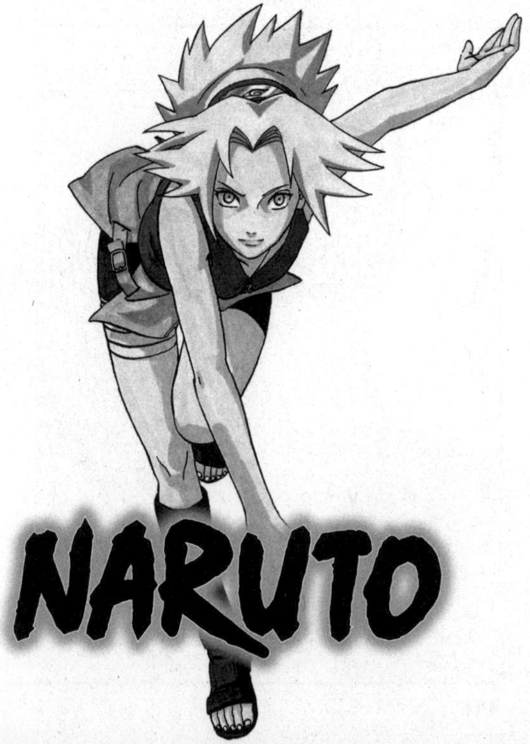
NARUTO

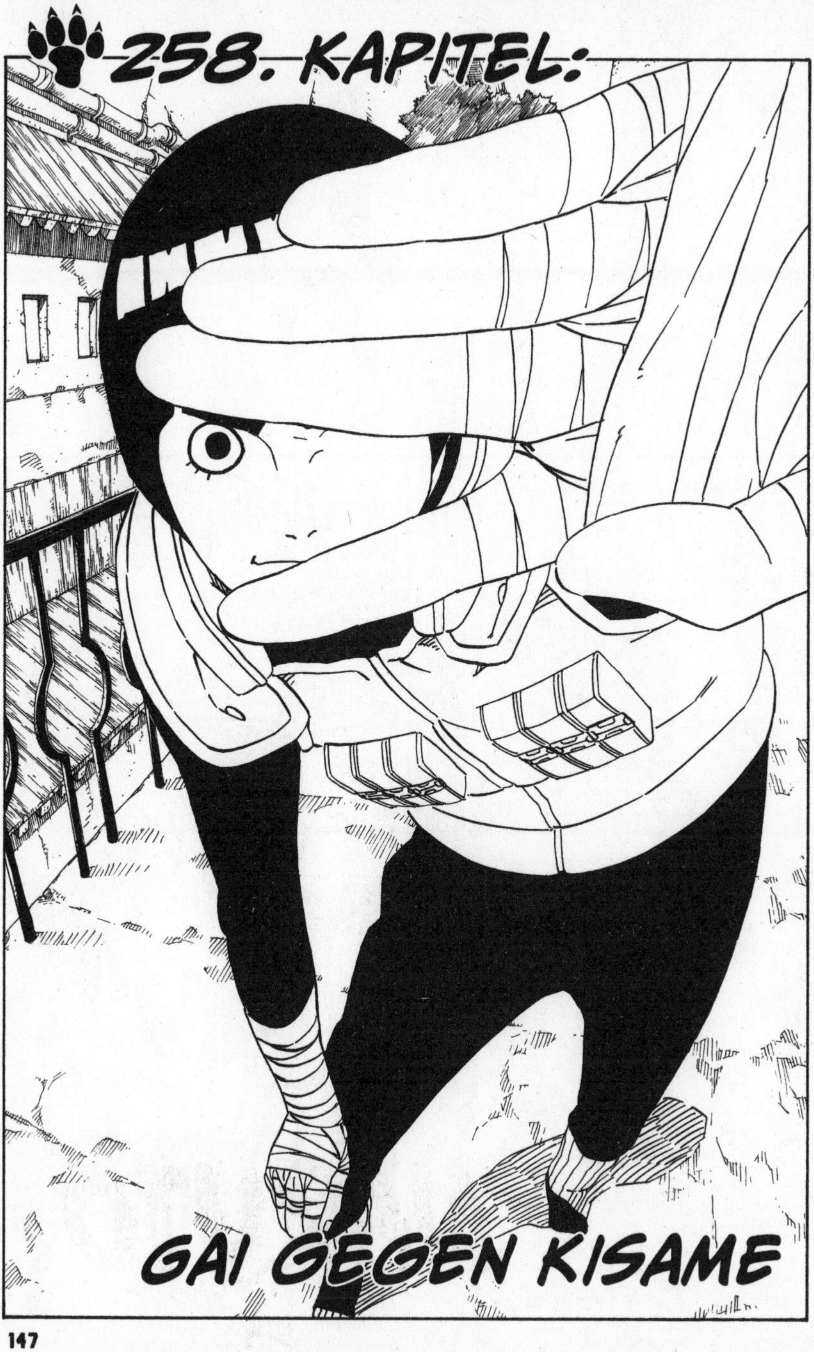
258. KAPITEL:
GAI GEGEN KISAME

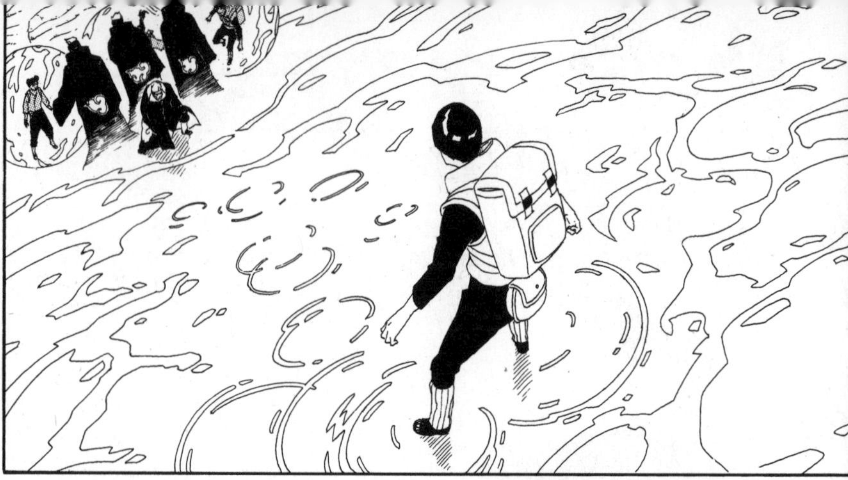

*SAME = HAIFISCH, HADA = HAUT

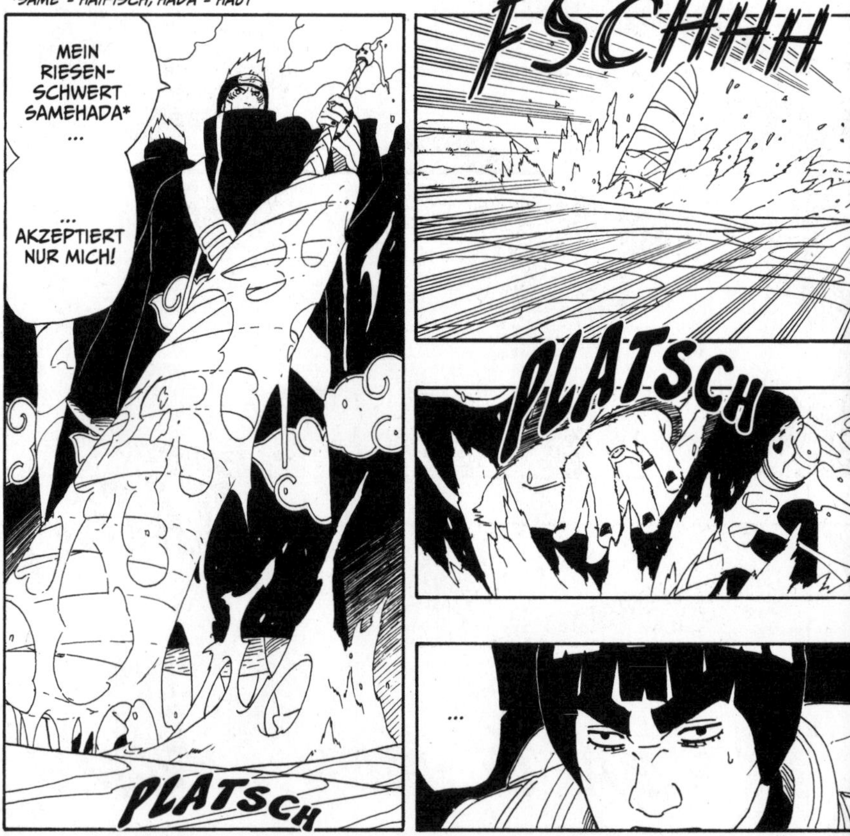

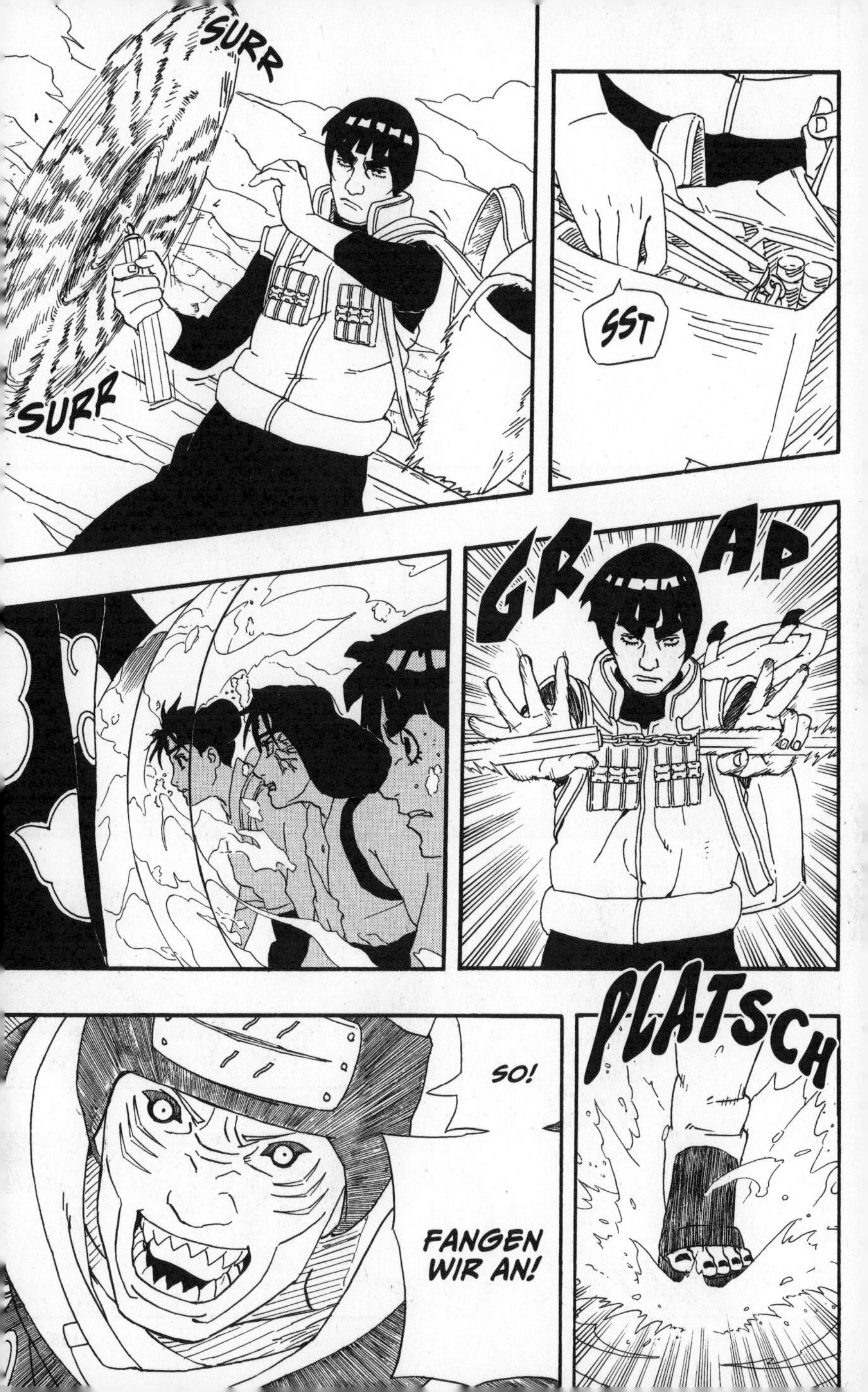
SST
SURR
SURR
GR AP
PLATSCH
SO!
FANGEN WIR AN!

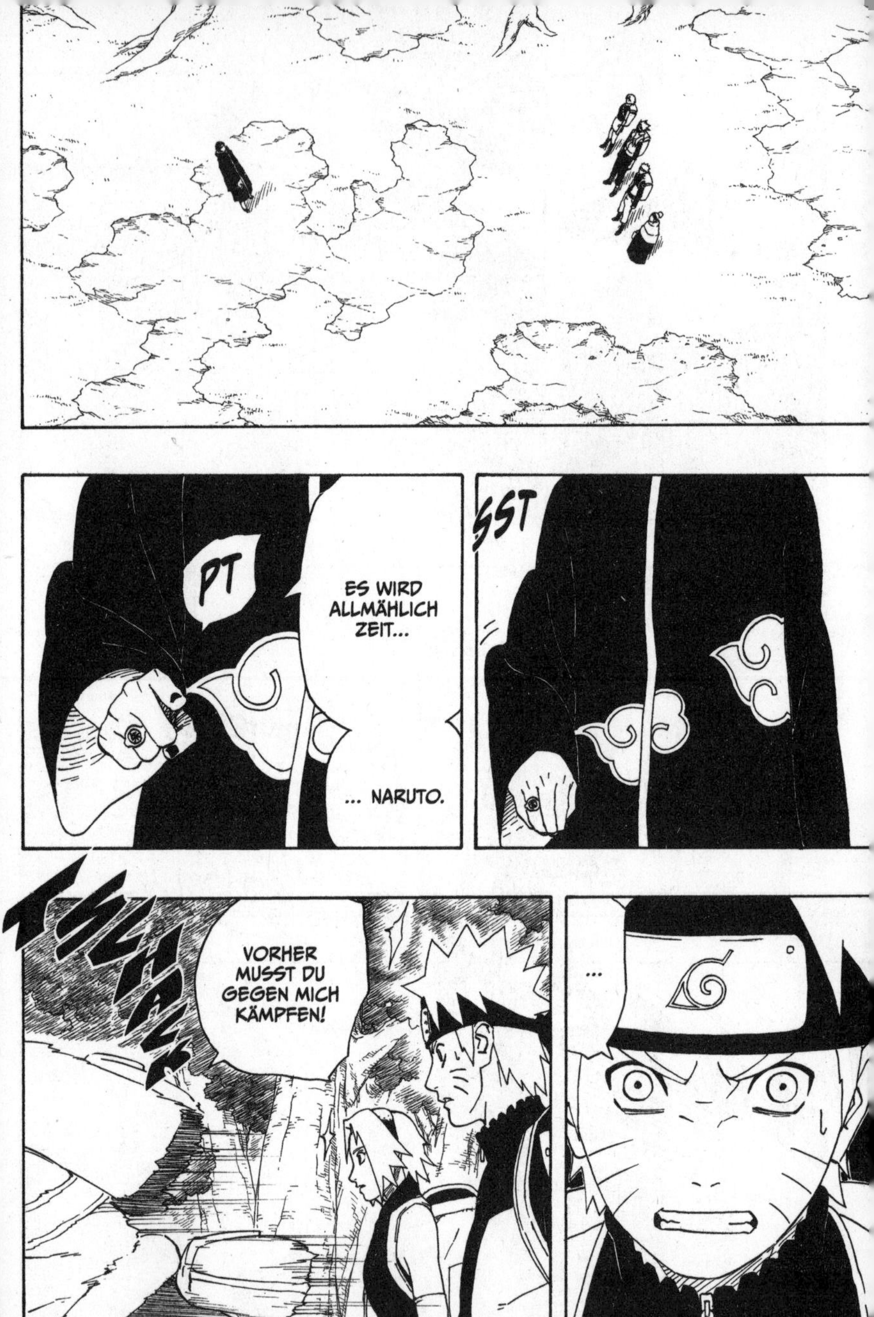
PT
ES WIRD ALLMÄHLICH ZEIT...
... NARUTO.
SST
...
VORHER MUSST DU GEGEN MICH KÄMPFEN!

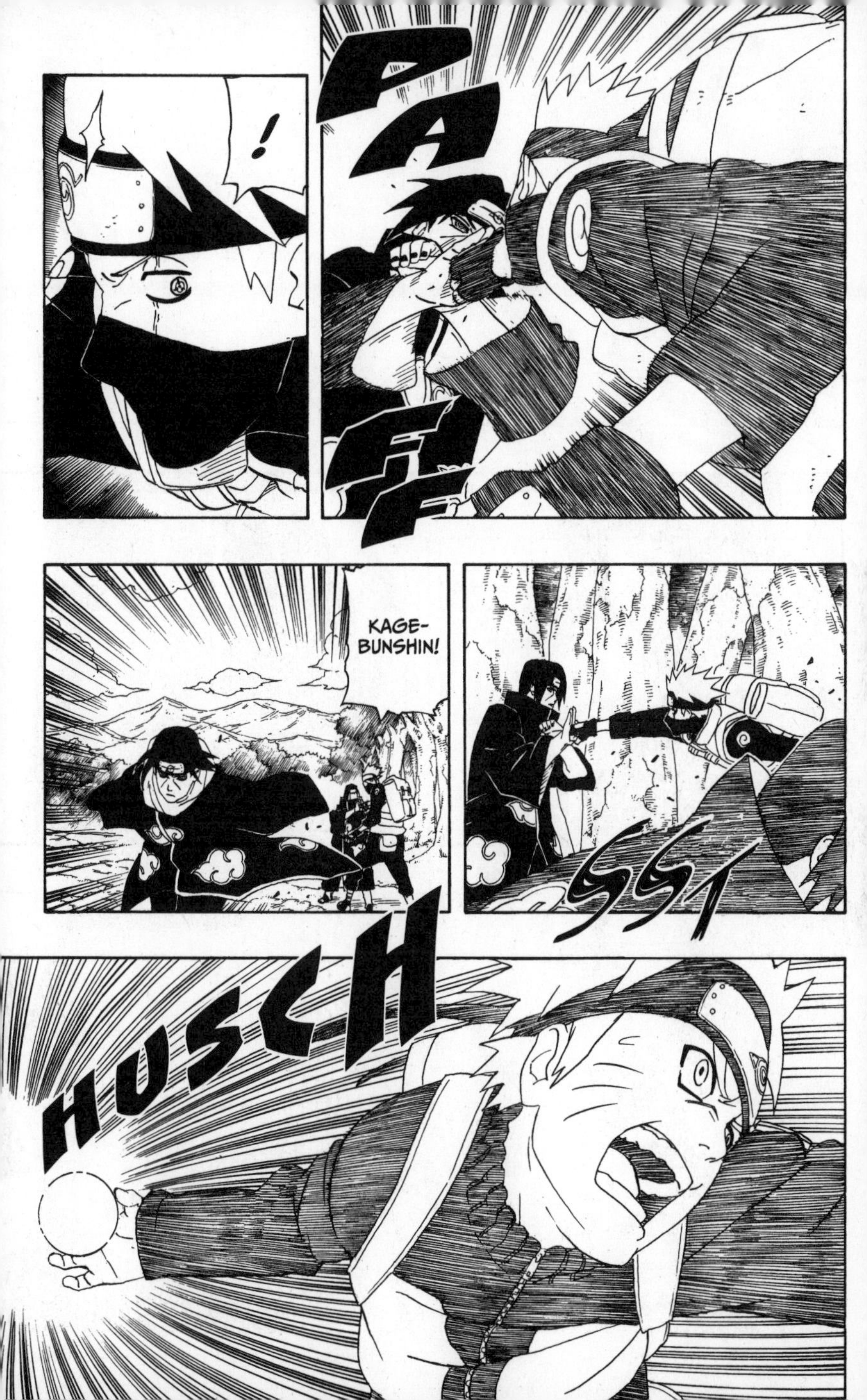
PAFF
!
SST
KAGE-
BUNSHIN!
HUSCH

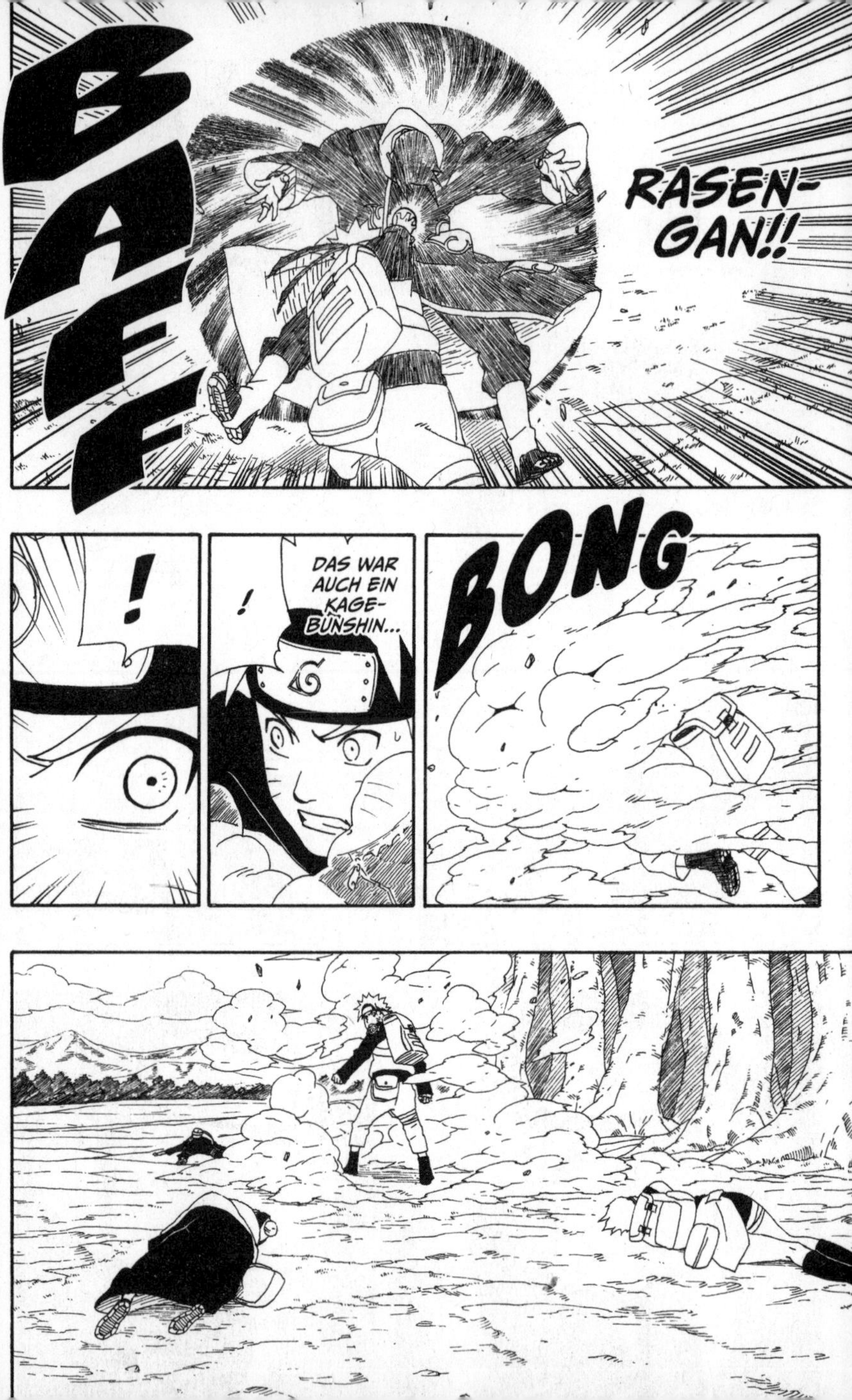
RASEN-
GAN!!
BAFF
BONG
DAS WAR AUCH EIN KAGE-BUNSHIN...
!
!

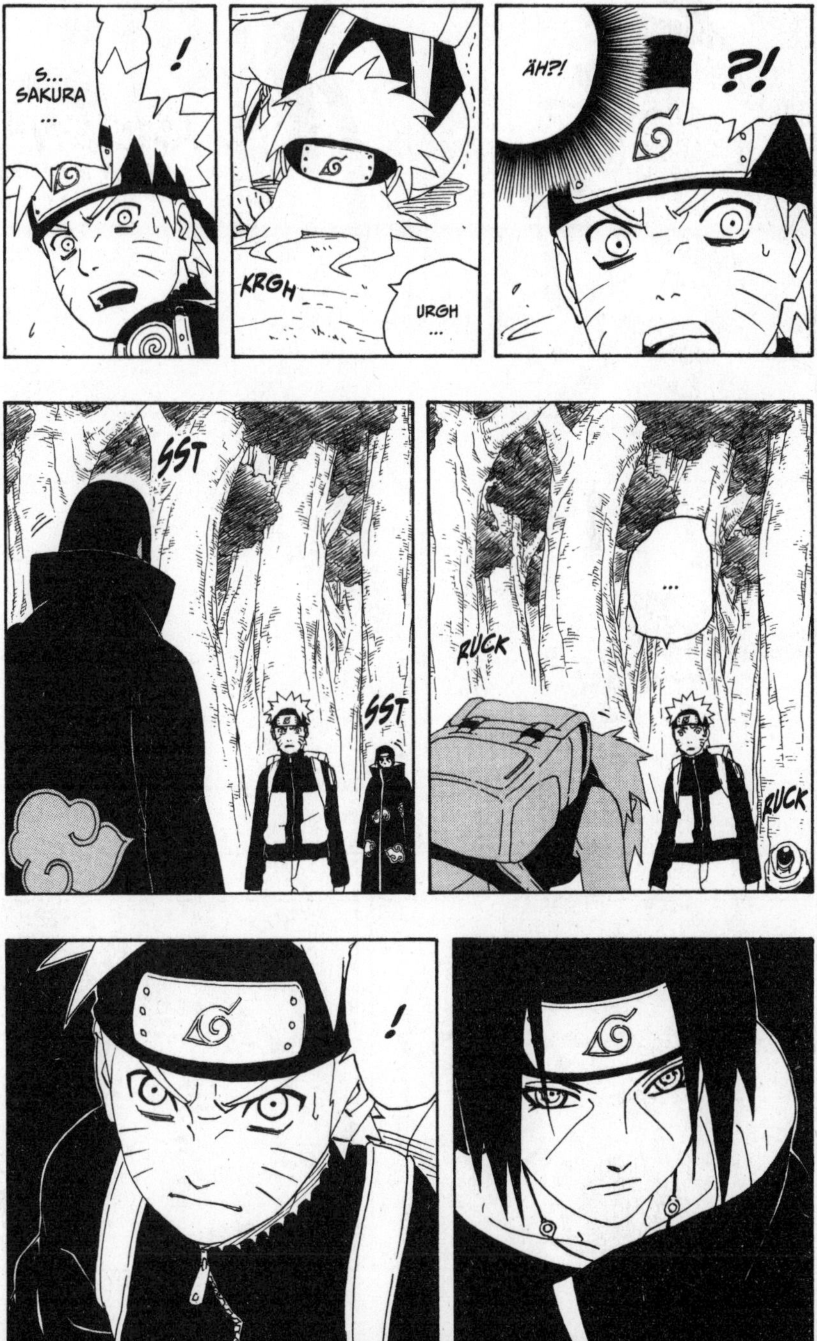
ÄH?!
?!
KRGH
URGH
...
S...
SAKURA
...
!
...
RUCK
RUCK
SST
SST
!

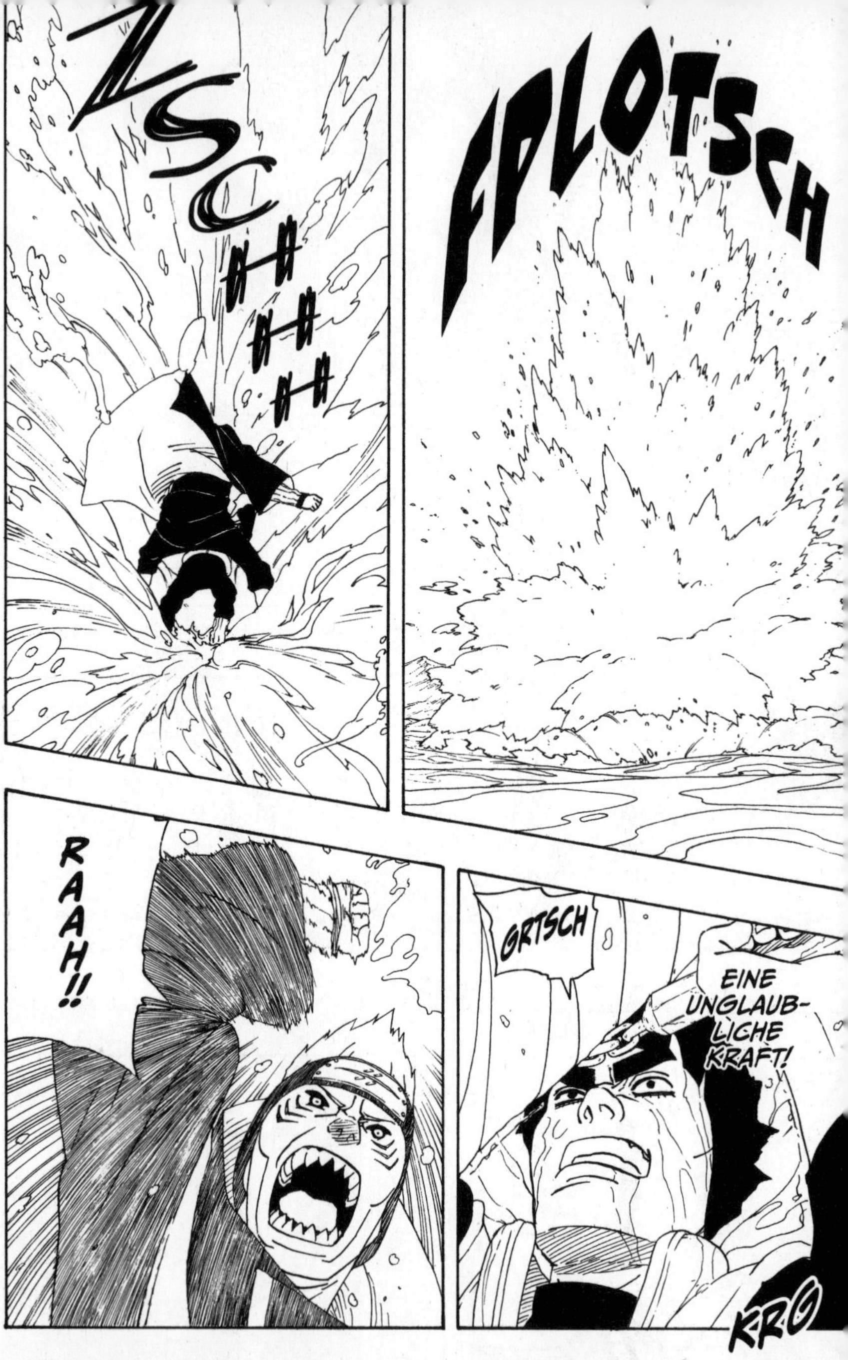
FPLOTSCH
ZSCHHH
GRTSCH
EINE UNGLAUB-LICHE KRAFT!
KRG
RAAAH!!

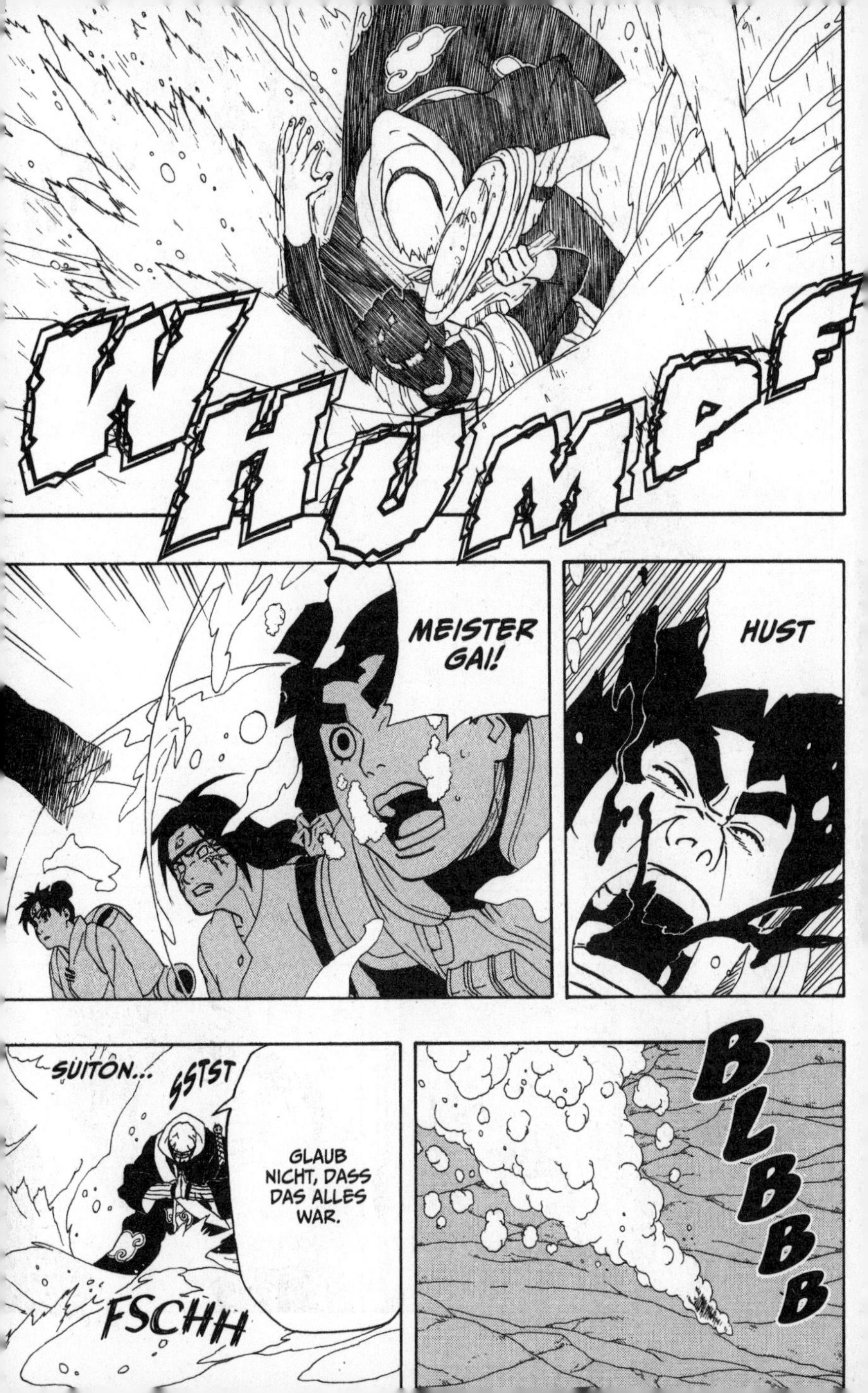
WHUMPF
HUST
MEISTER GAI!
SSTST
SUITON...
FSCHH
GLAUB NICHT, DASS DAS ALLES WAR.
BLBBB

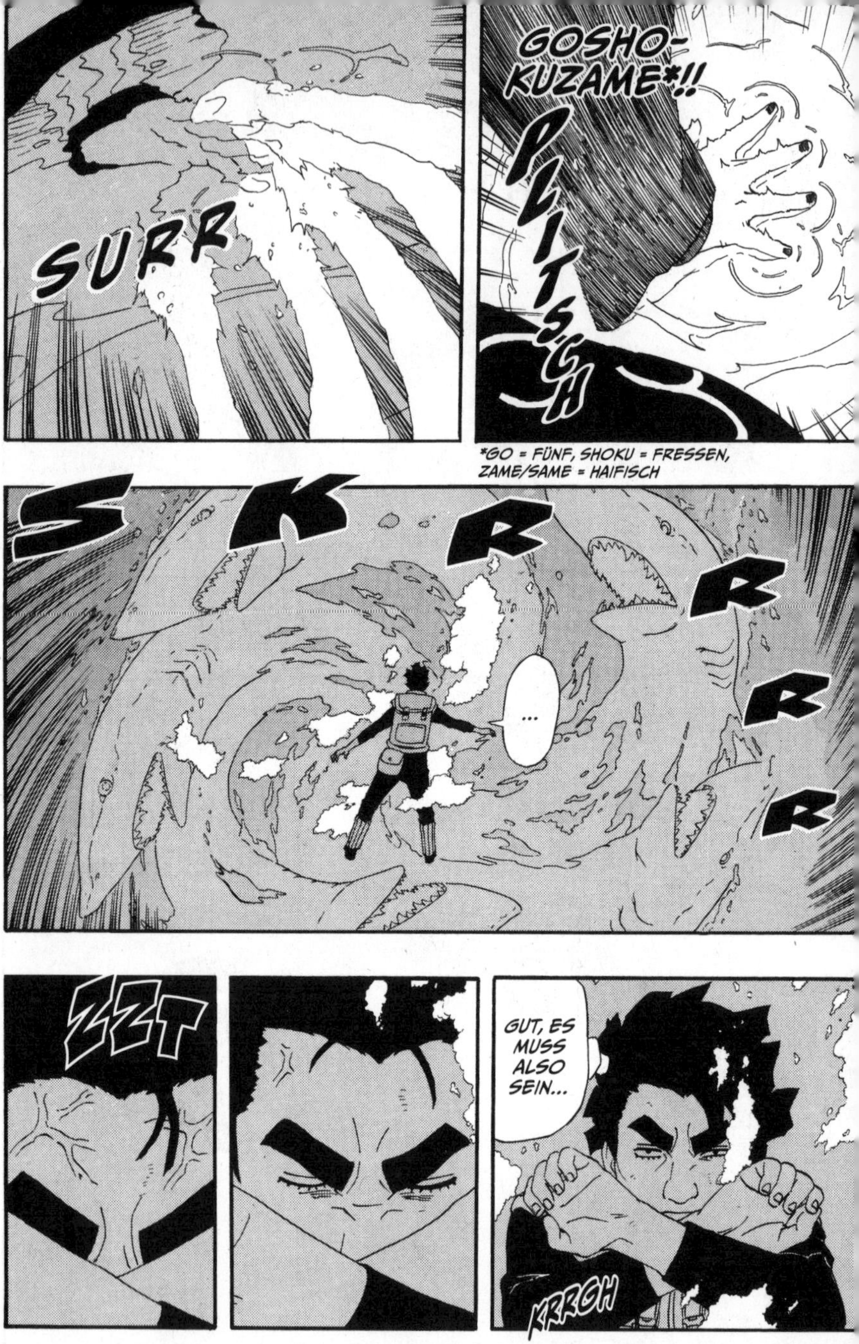

*GO = FÜNF, SHOKU = FRESSEN, ZAME/SAME = HAIFISCH

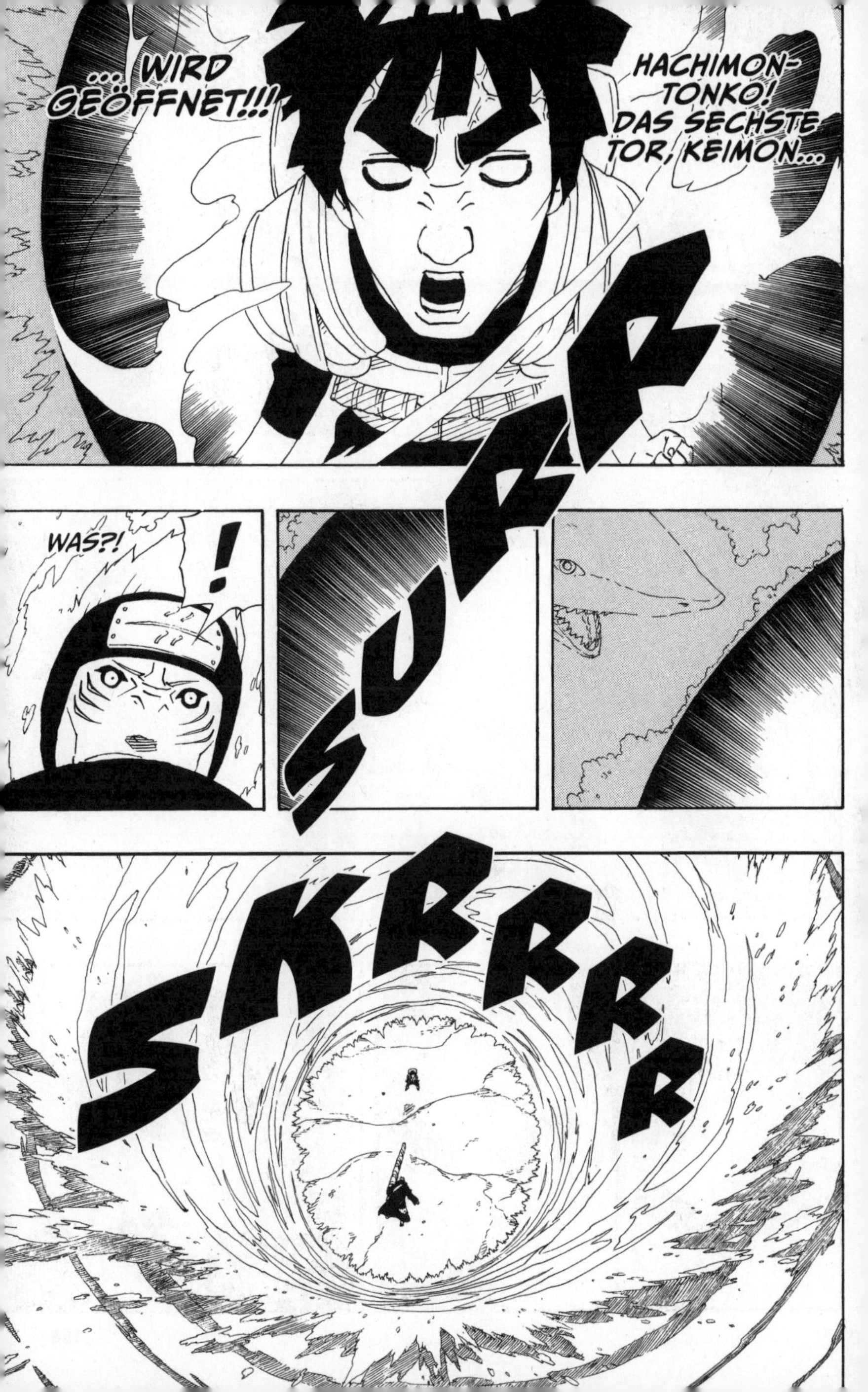
HACHIMON-TONKO! DAS SECHSTE TOR, KEIMON...
... WIRD GEÖFFNET!!!
SURR
!
WAS?!
SKRRRR

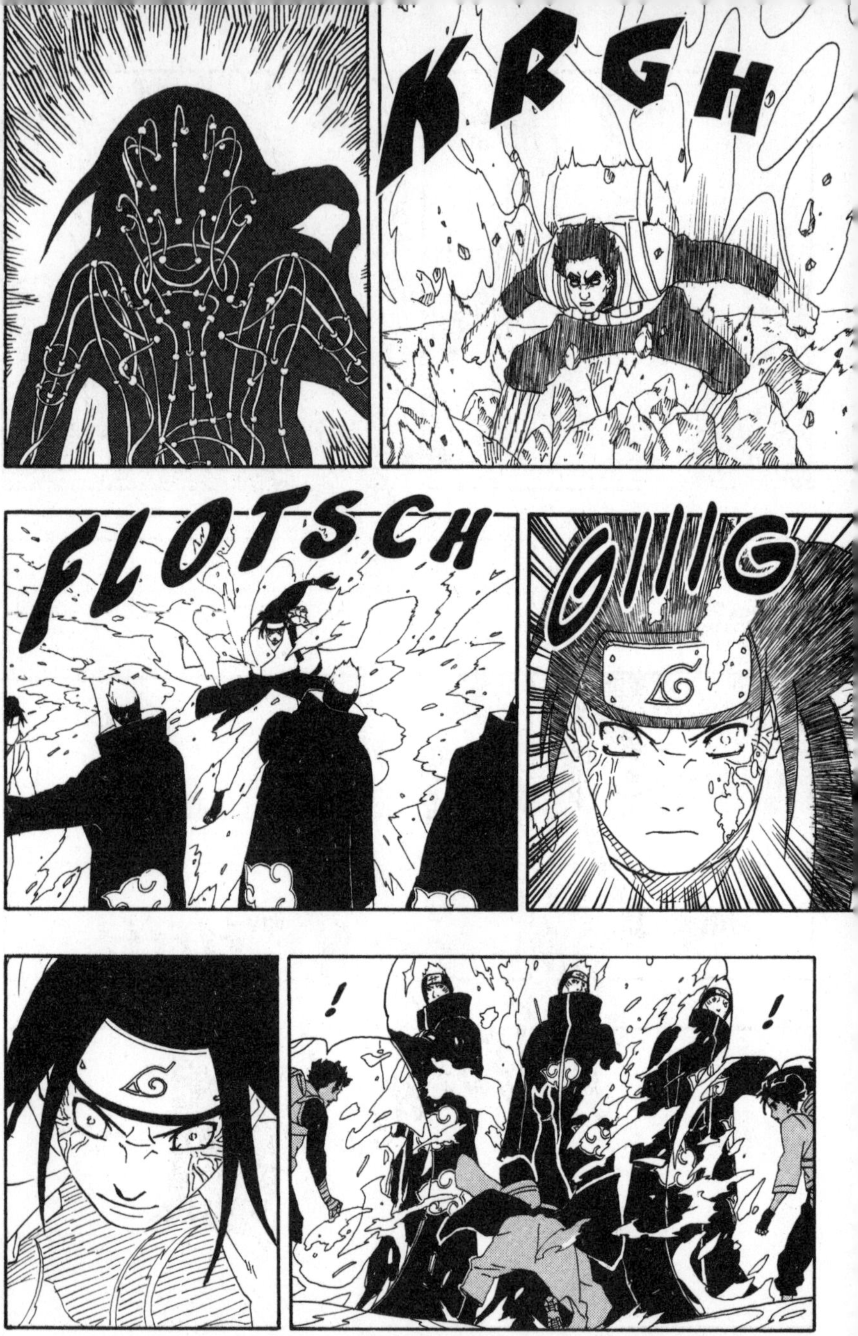
KRGH
GIIIG
FLOTSCH
!
!

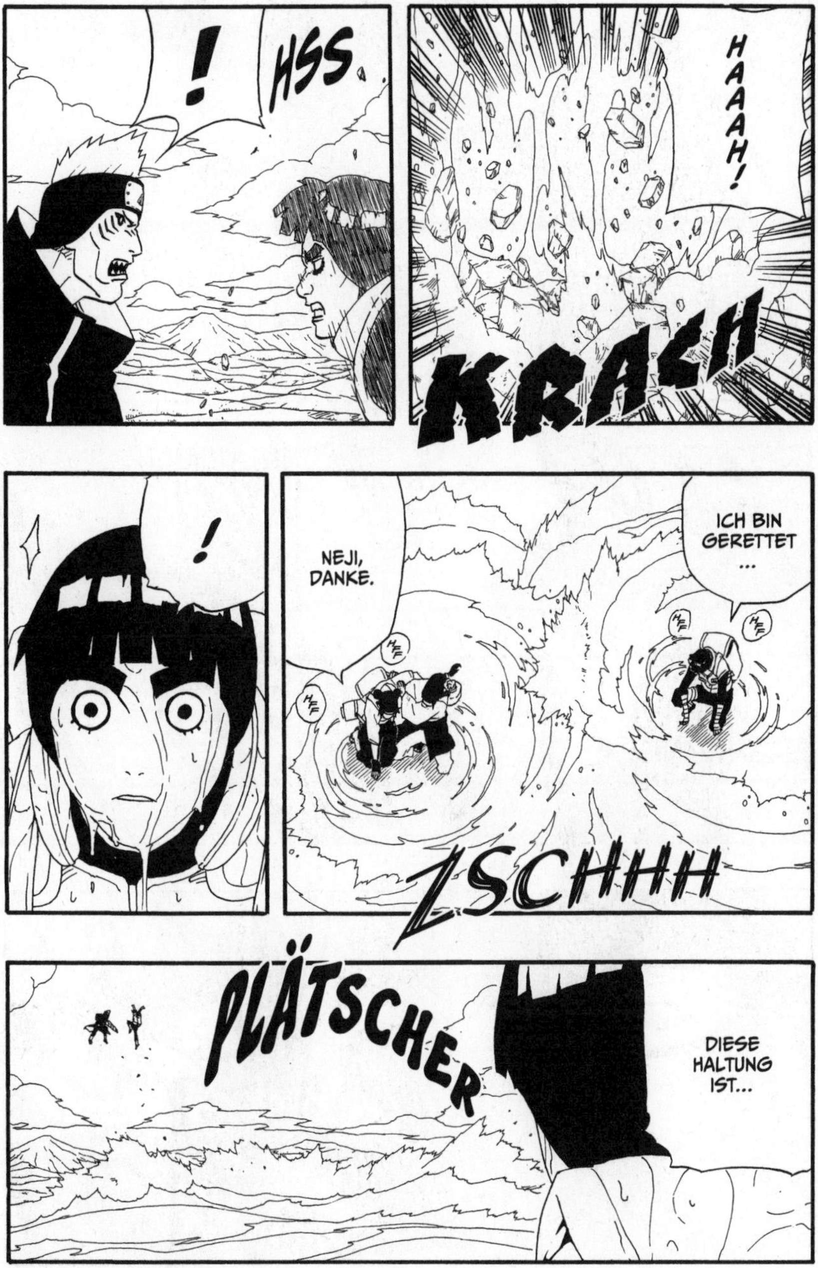

HAAAAH!
KRACH
!
HSS
ICH BIN GERETTET ...
HEF
HEF
NEJI, DANKE.
HEF
HEF
ZSCHHH
!
DIESE HALTUNG IST...
PLÄTSCHER

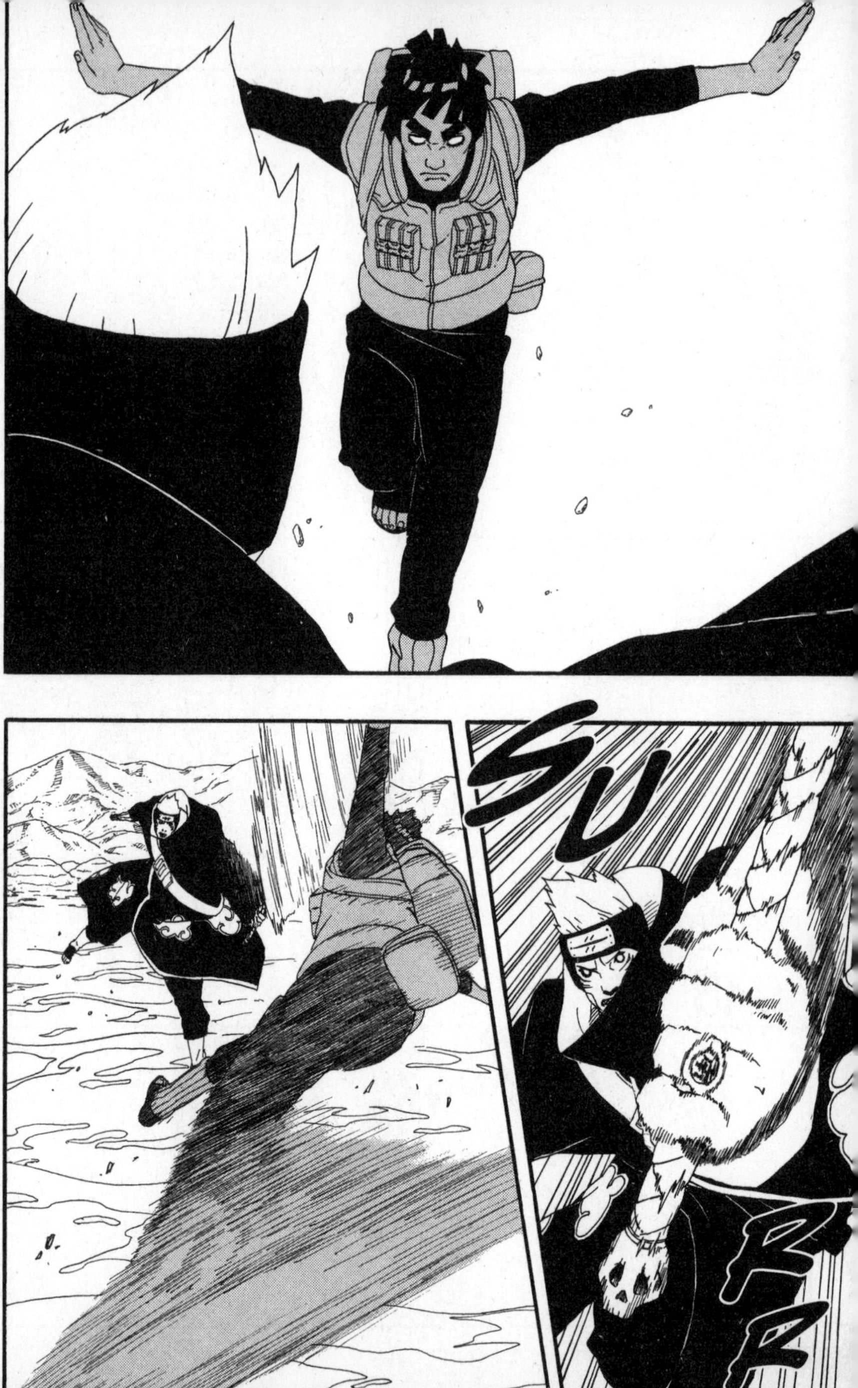
SU

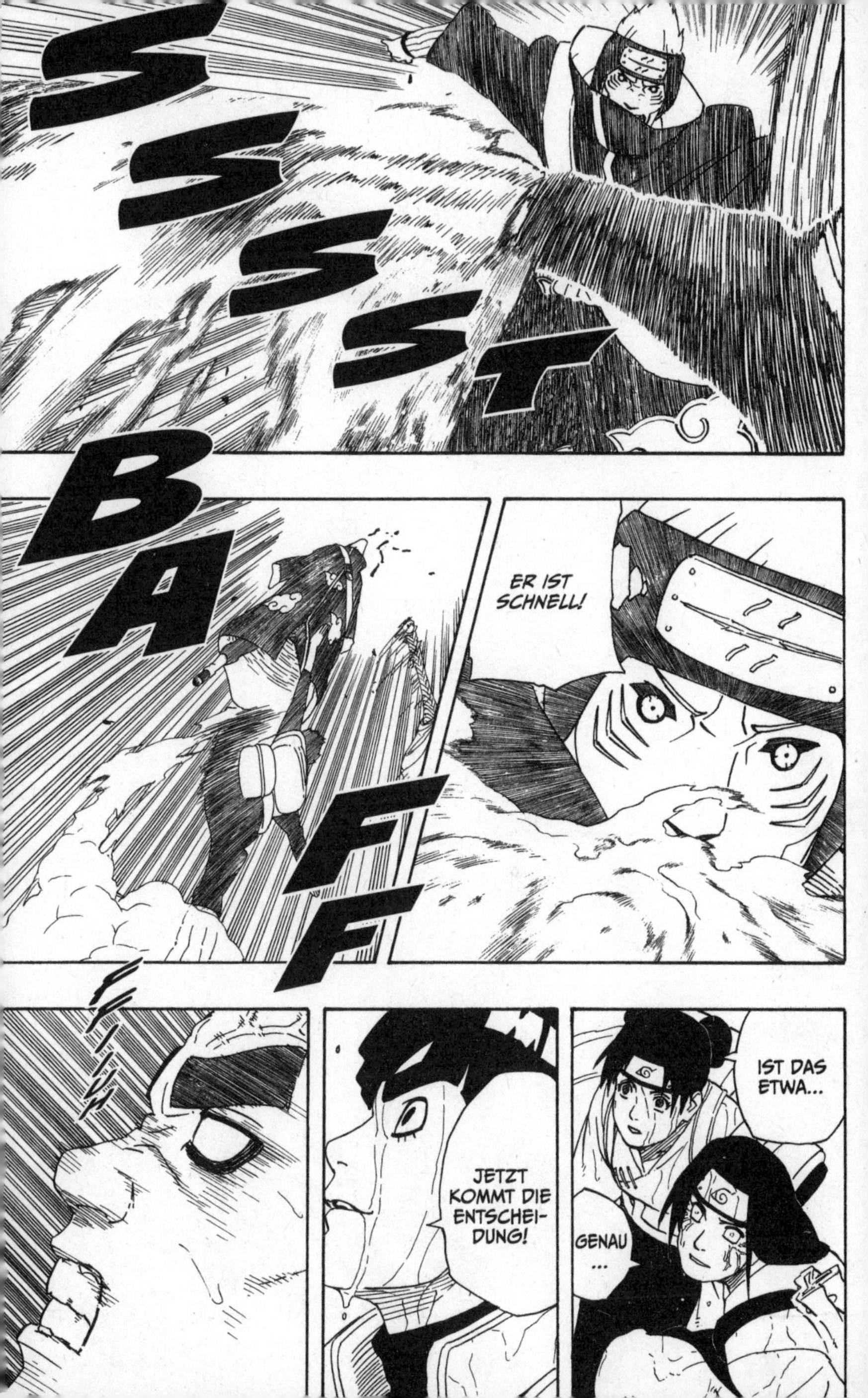
SSSST
ER IST SCHNELL!
BAFFF
IST DAS ETWA...
GENAU ...
JETZT KOMMT DIE ENTSCHEI-DUNG!

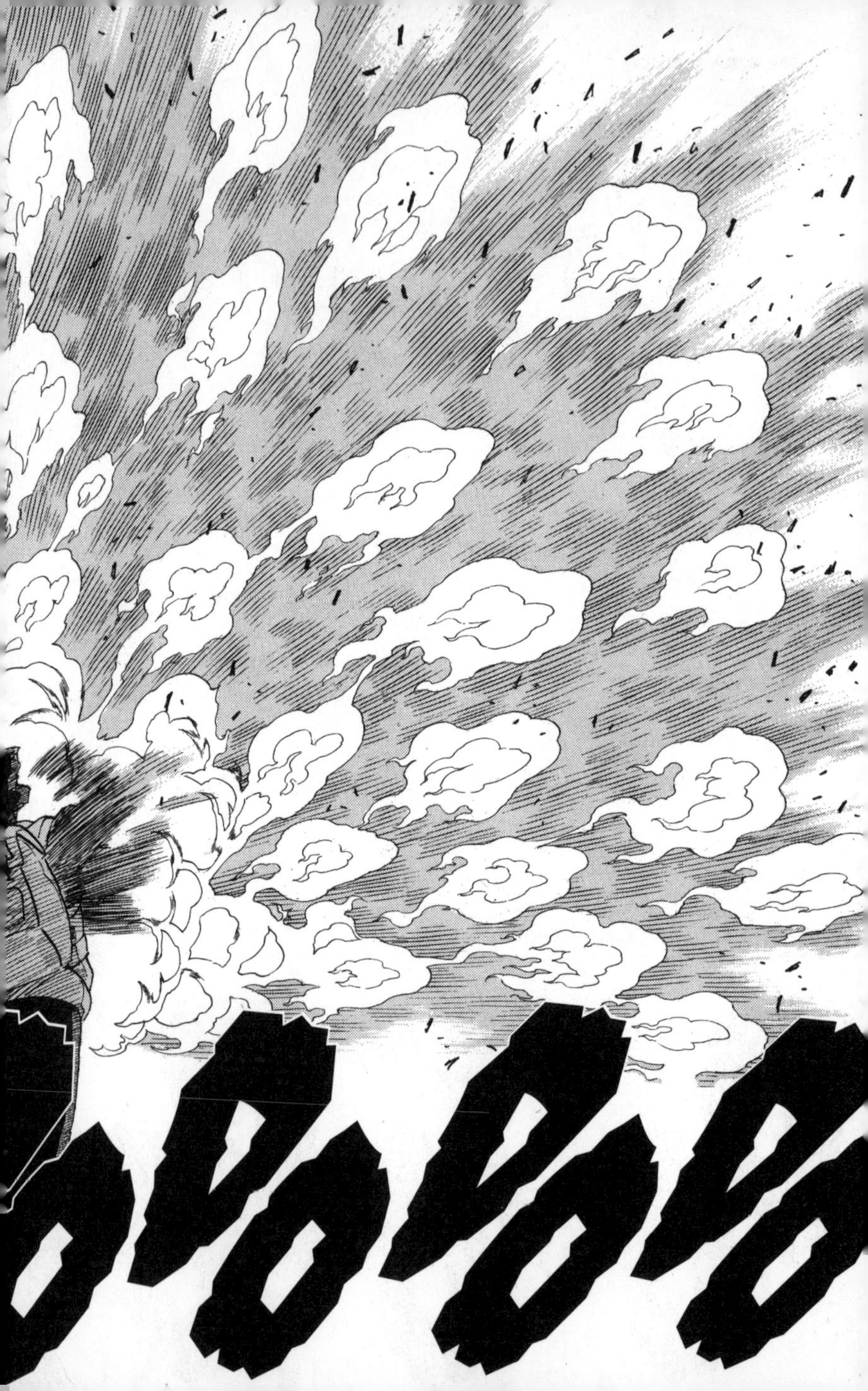

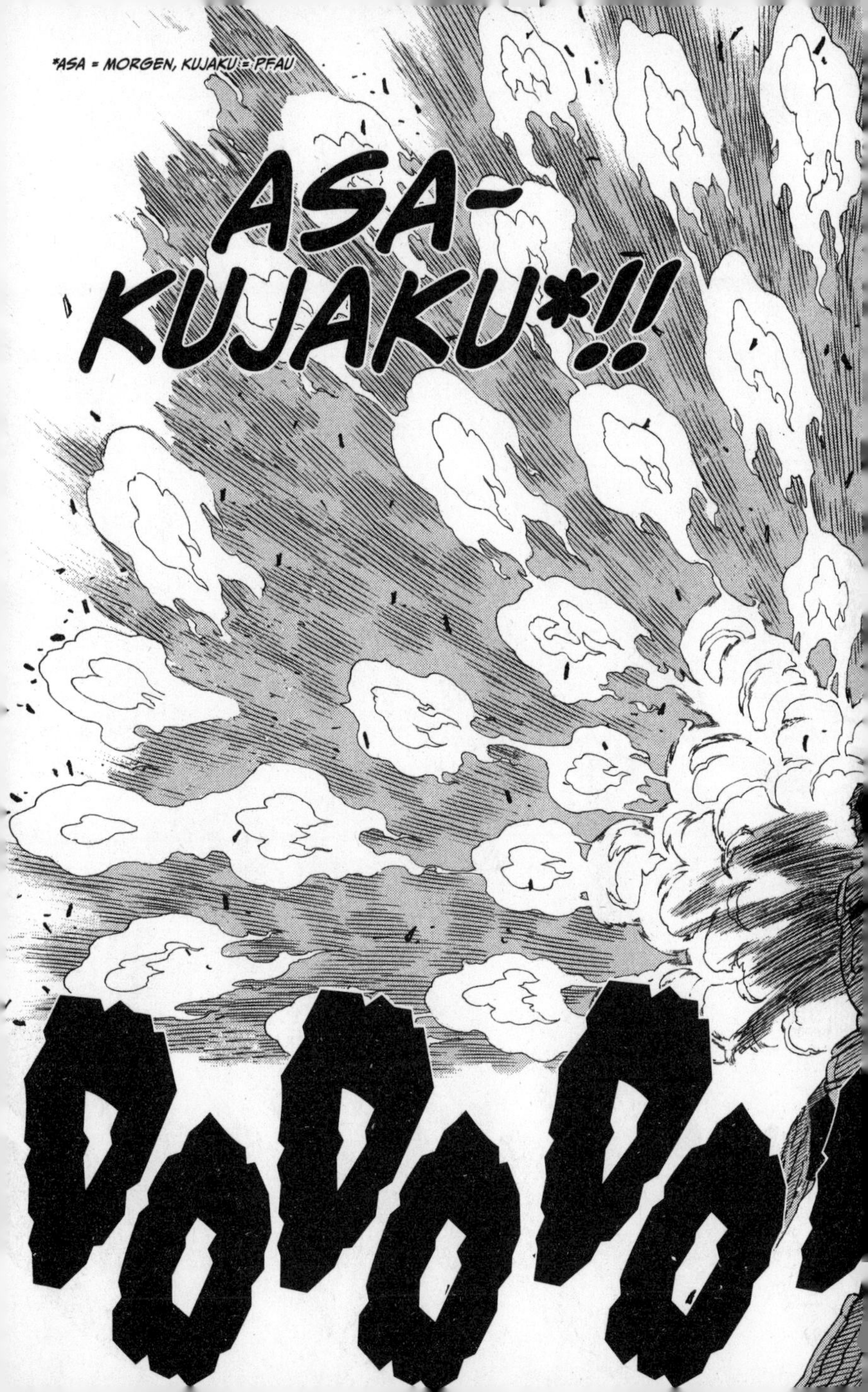
*ASA = MORGEN, KUJAKU = PFAU
ASA-KUJAKU*!!
DODODODODODO

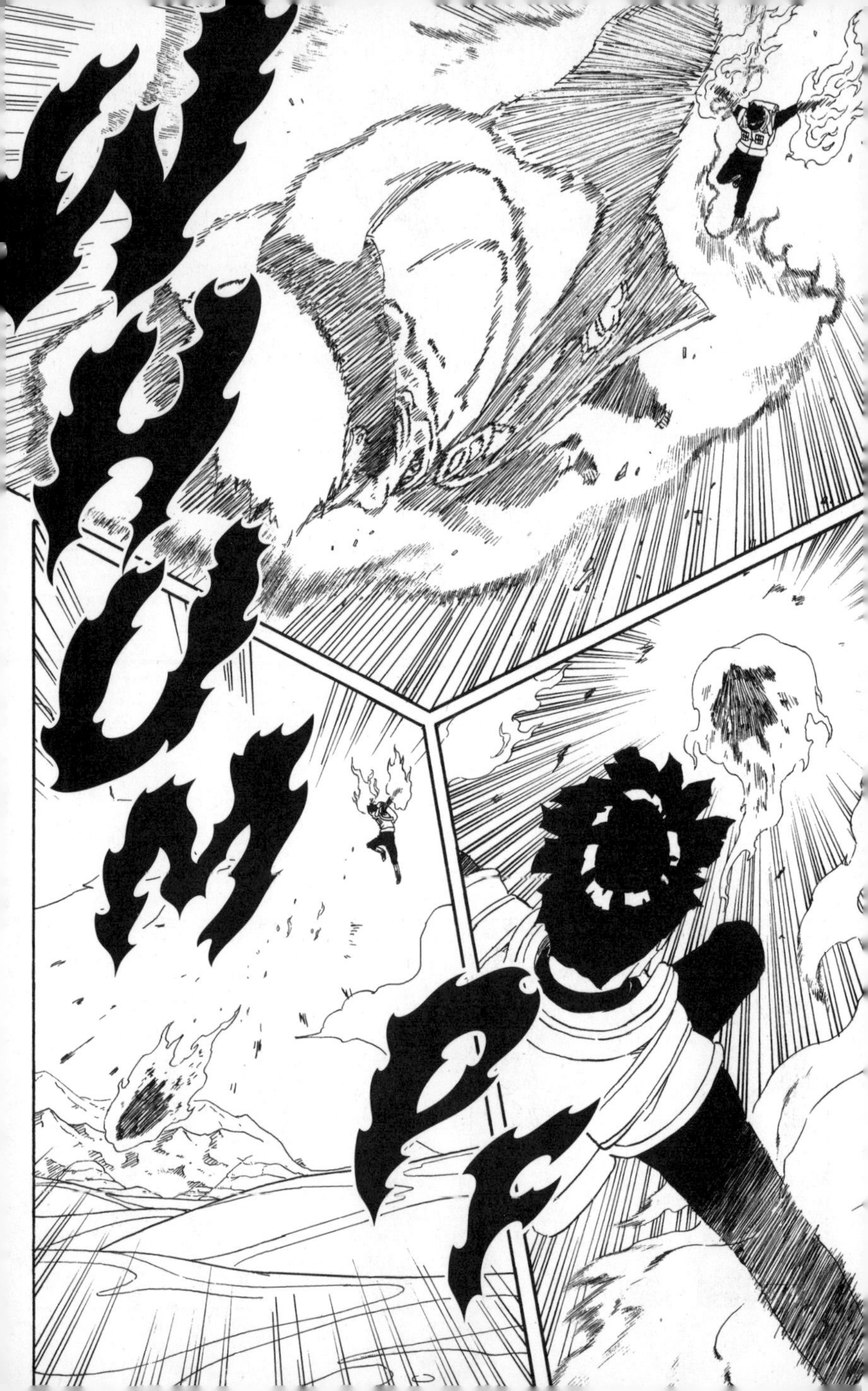

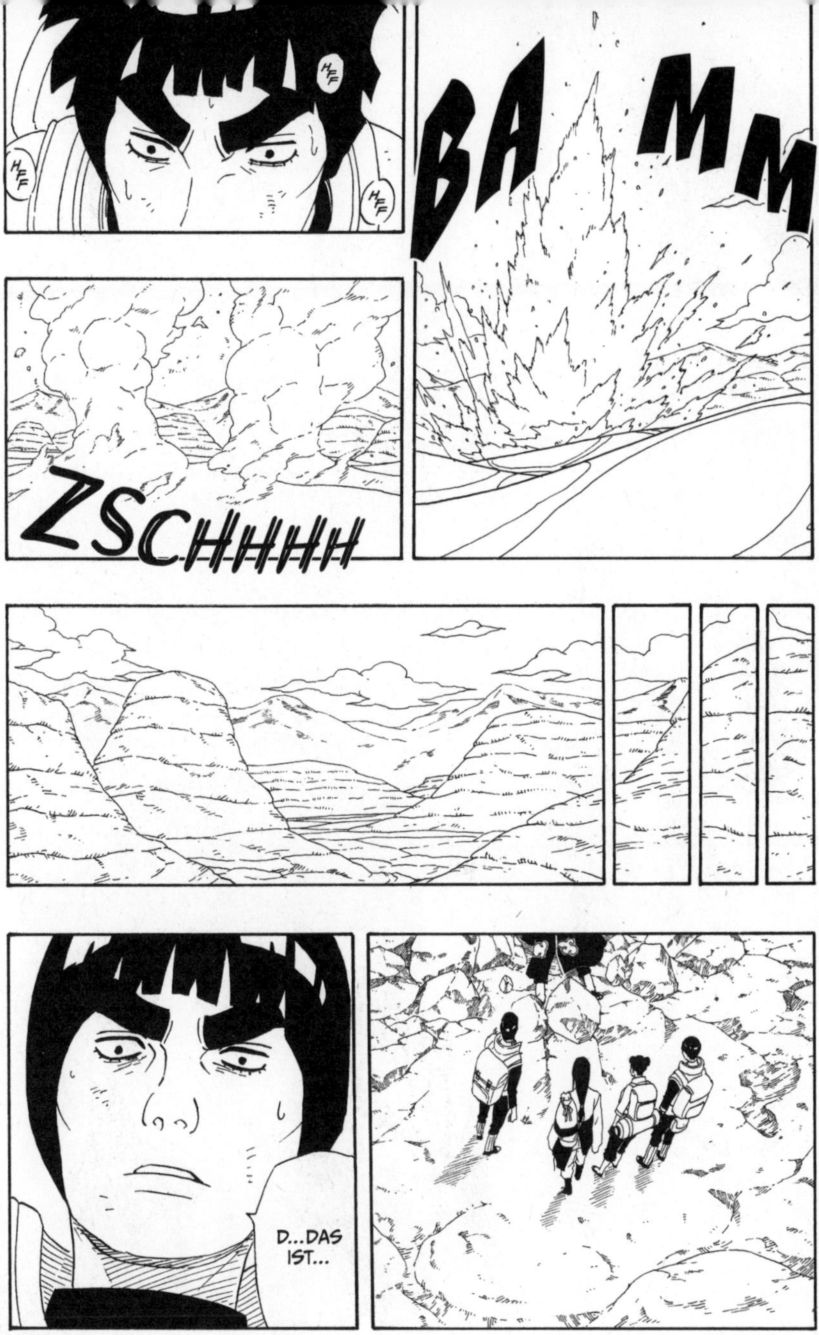
HEF
HEF
HEF
BAMM
ZSCHHHHH
D...DAS IST...

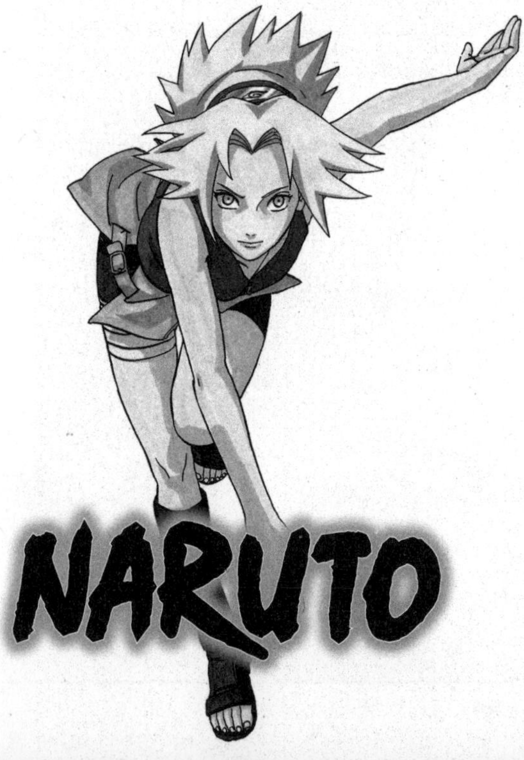
NARUTO

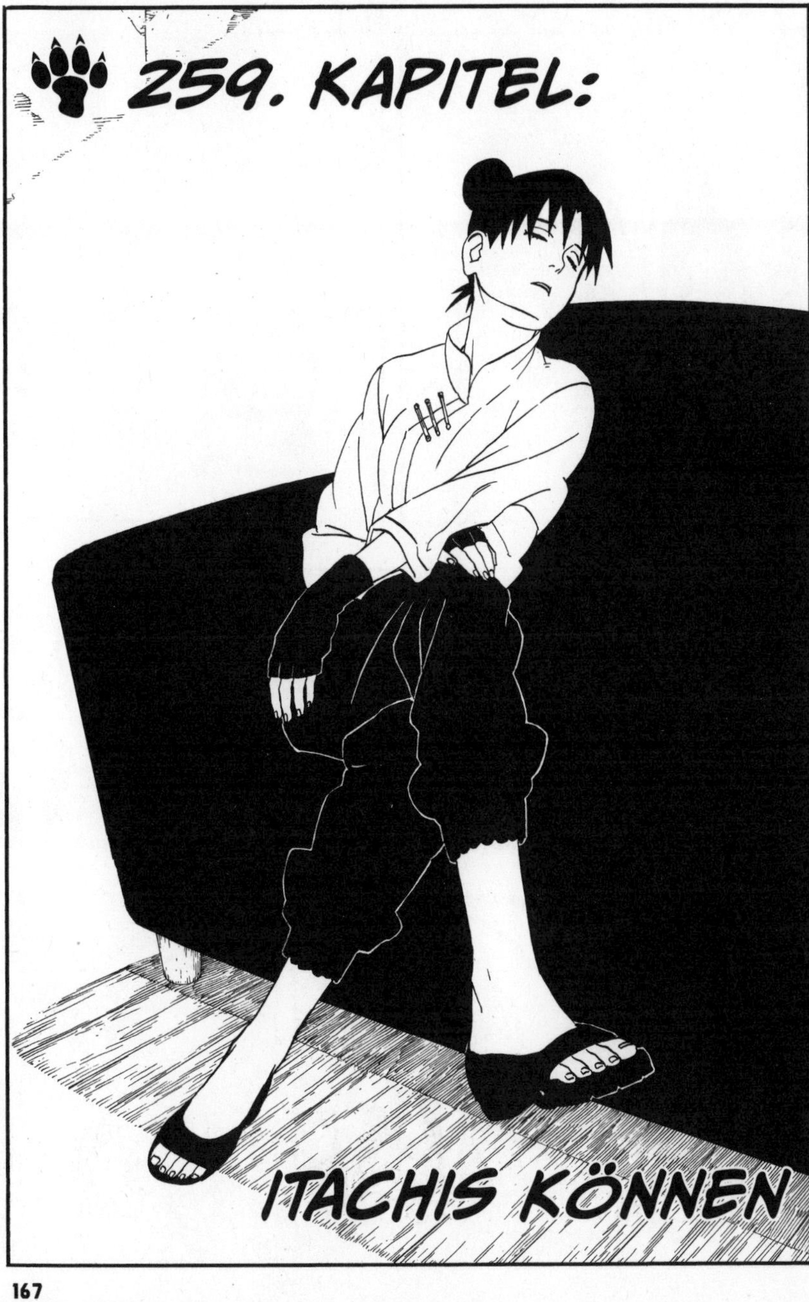
259. Kapitel:
Itachis Können

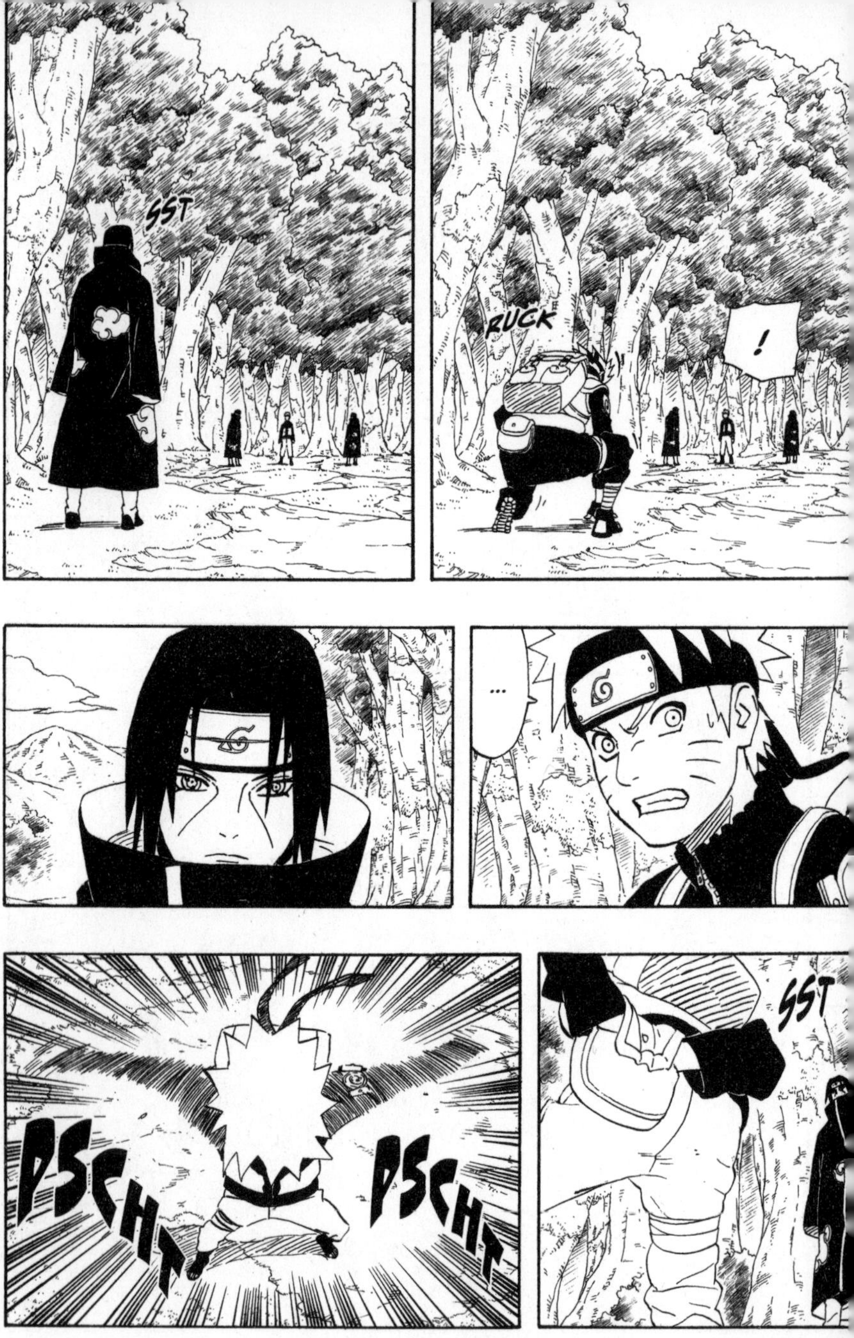
!
RUCK
SST
...
SST
PSCHT
PSCHT

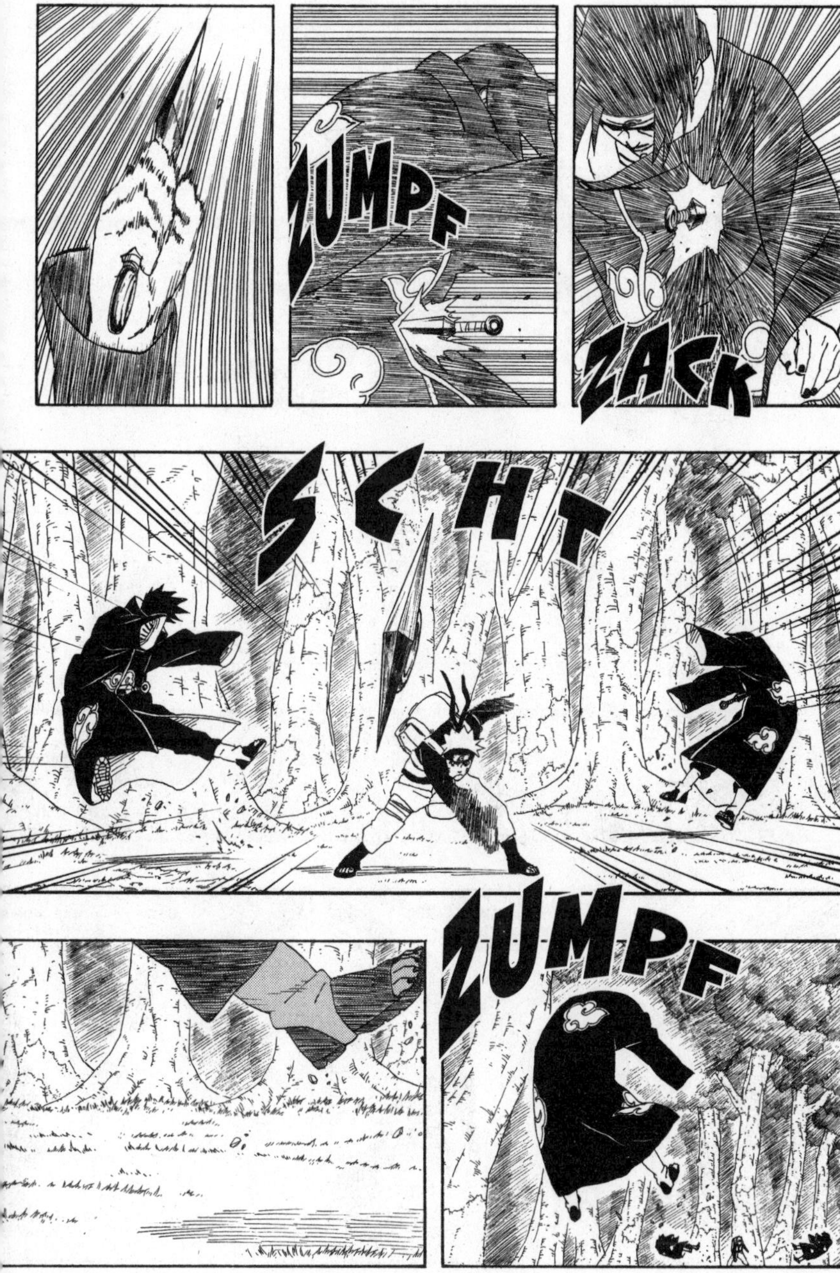
ZACK
ZUMPF
SCHT
ZUMPF

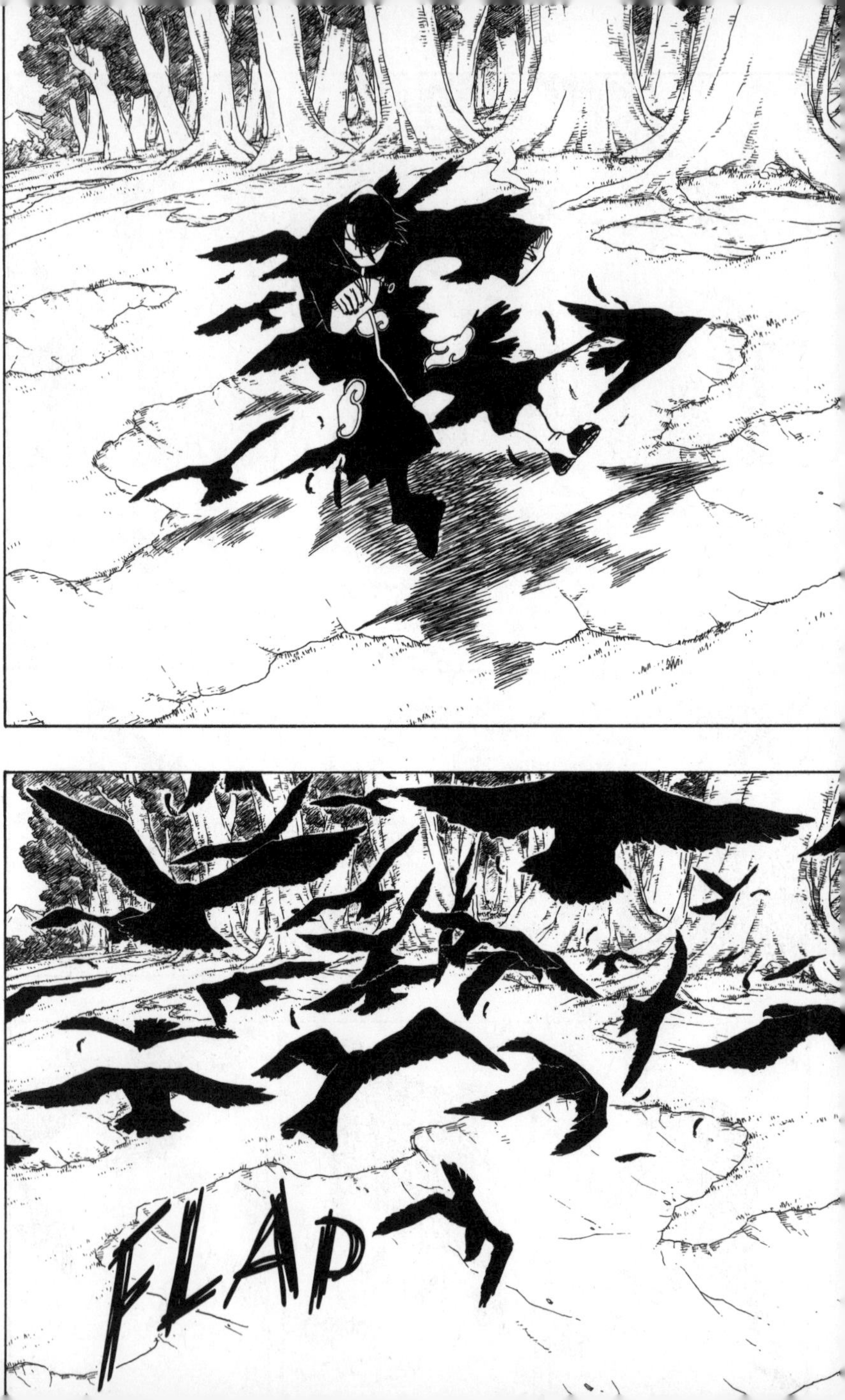
FLAP

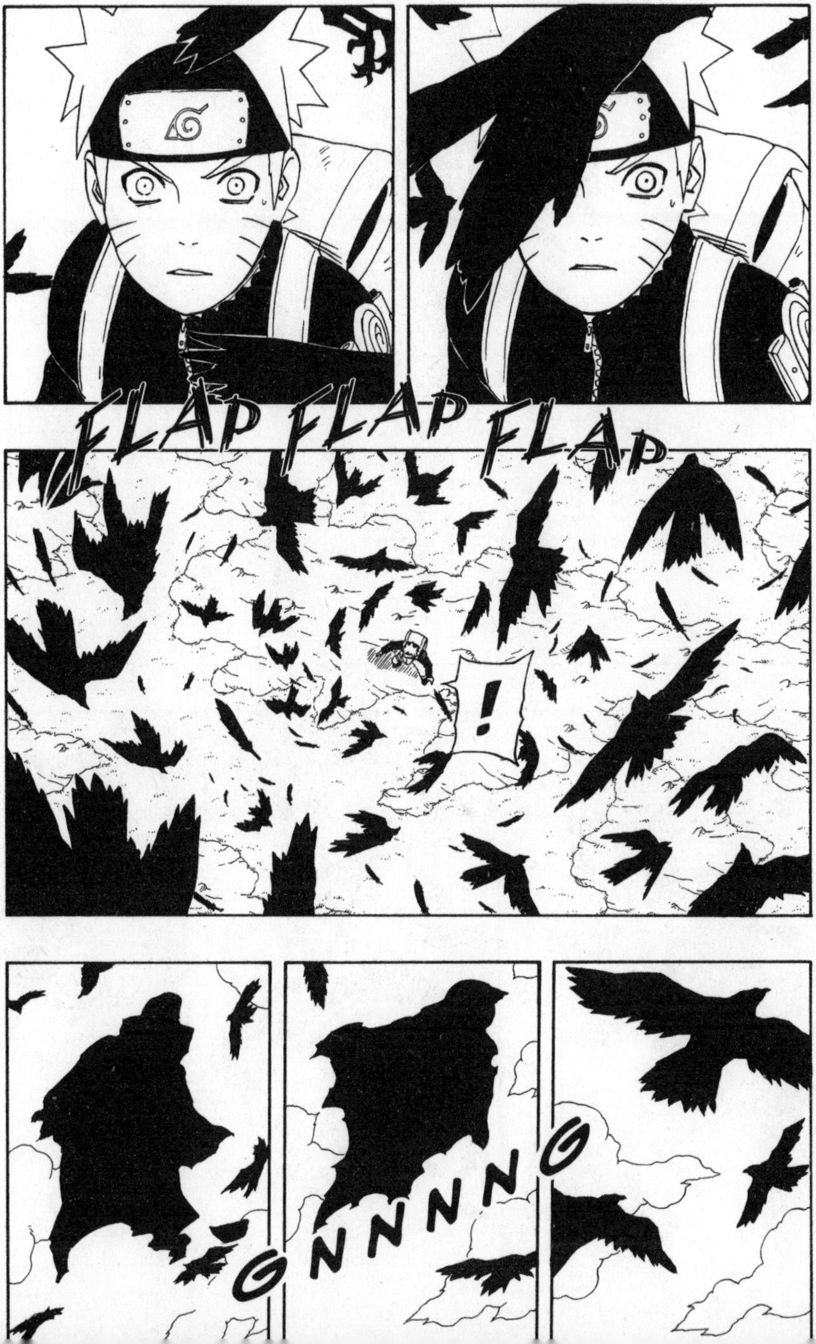
FLAP FLAP FLAP
!
GNNNNG

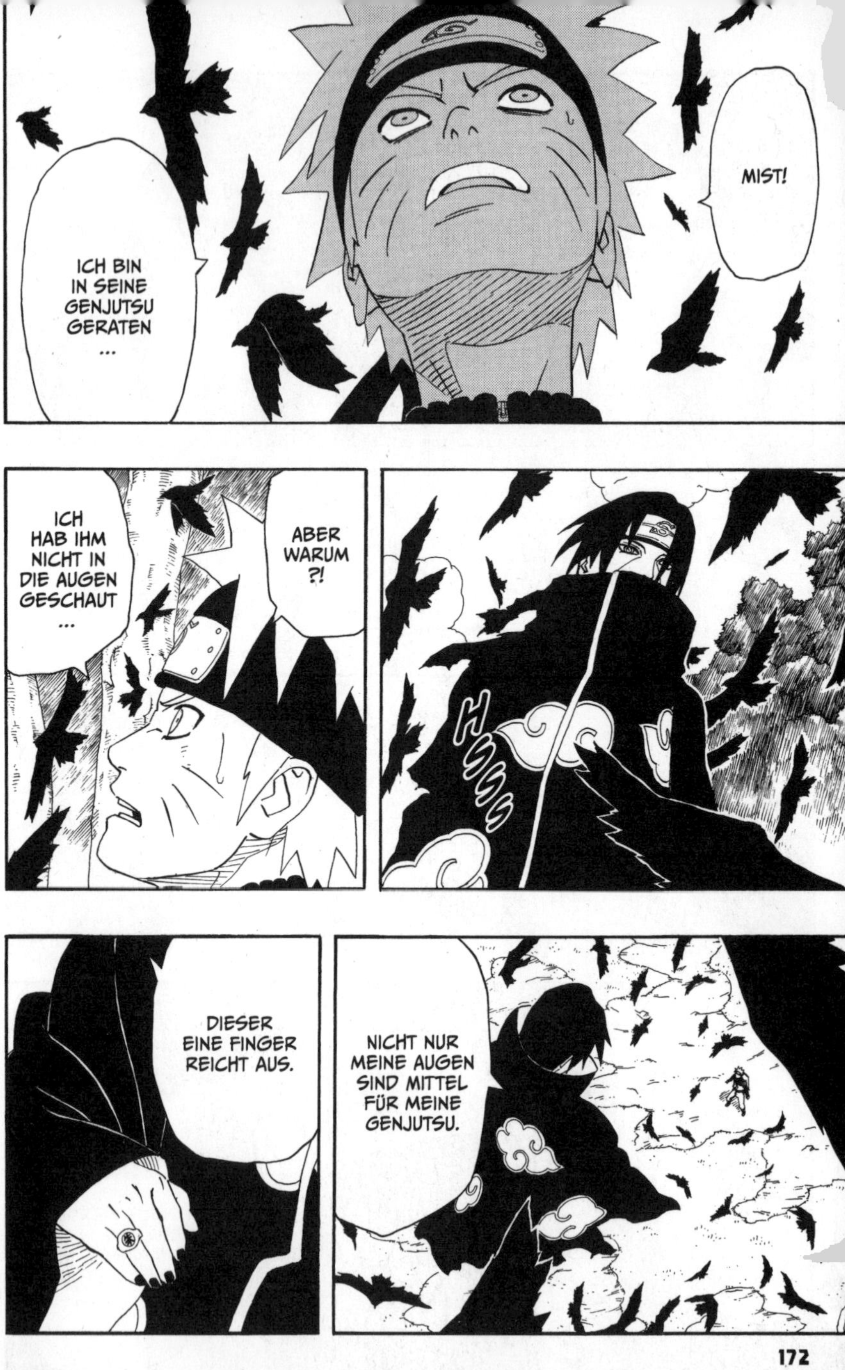
MIST!
ICH BIN IN SEINE GENJUTSU GERATEN ...
HSSS
ABER WARUM ?!
ICH HAB IHM NICHT IN DIE AUGEN GESCHAUT ...
NICHT NUR MEINE AUGEN SIND MITTEL FÜR MEINE GENJUTSU.
DIESER EINE FINGER REICHT AUS.

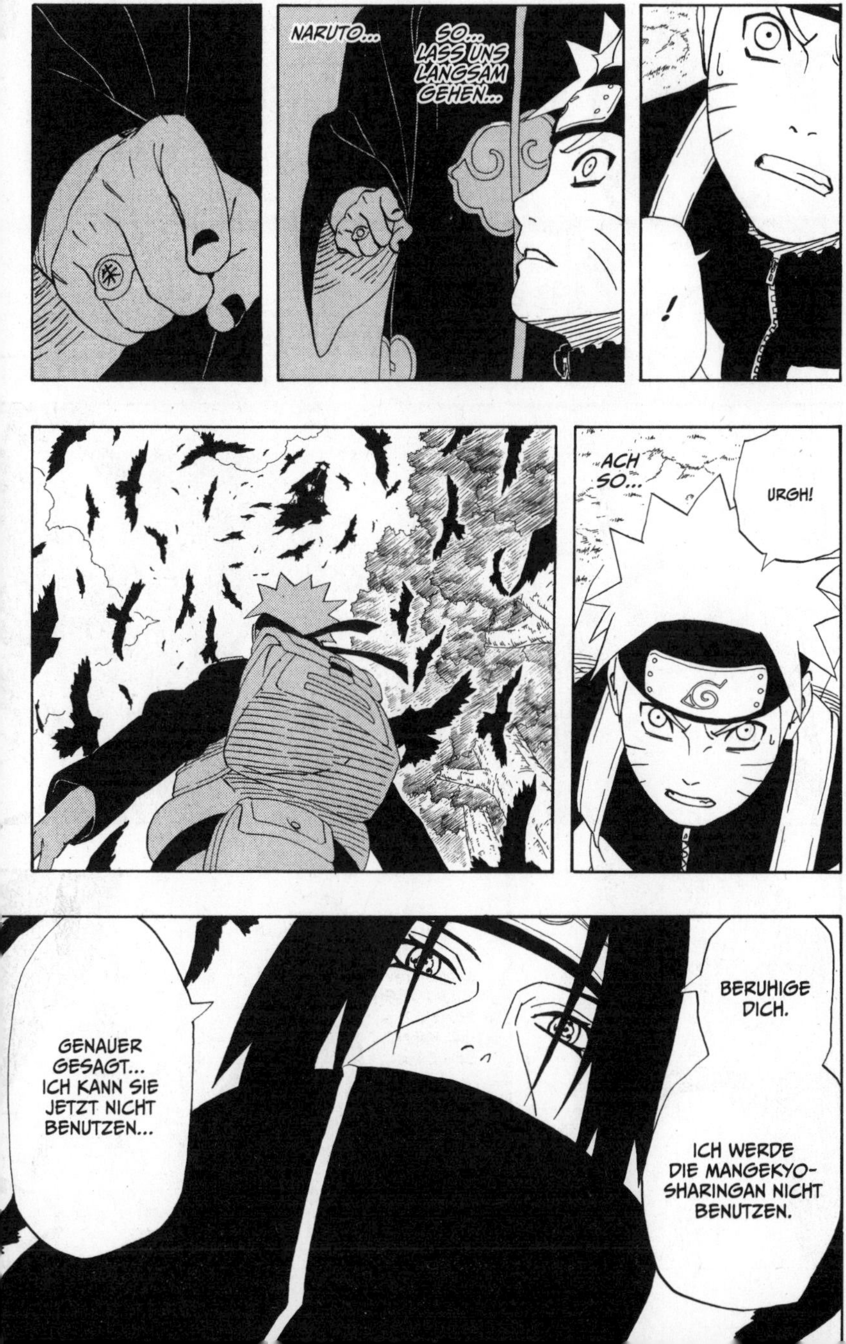
!
NARUTO...
SO... LASS UNS LANGSAM GEHEN...
URGH!
ACH SO...
BERUHIGE DICH.
ICH WERDE DIE MANGEKYO-SHARINGAN NICHT BENUTZEN.
GENAUER GESAGT... ICH KANN SIE JETZT NICHT BENUTZEN...

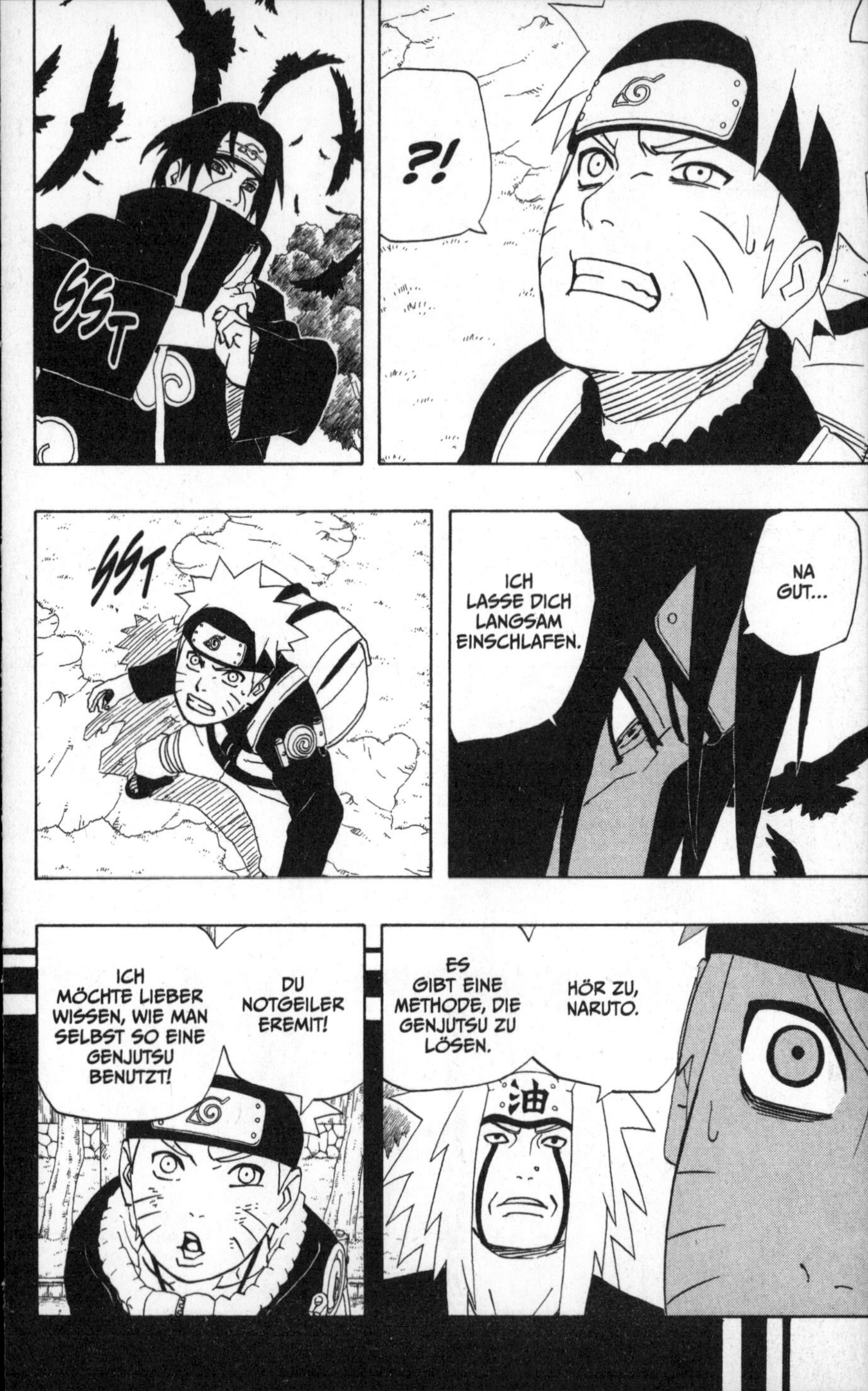
?!
SST
NA GUT...
ICH LASSE DICH LANGSAM EINSCHLAFEN.
SST
HÖR ZU, NARUTO.
ES GIBT EINE METHODE, DIE GENJUTSU ZU LÖSEN.
DU NOTGEILER EREMIT!
ICH MÖCHTE LIEBER WISSEN, WIE MAN SELBST SO EINE GENJUTSU BENUTZT!

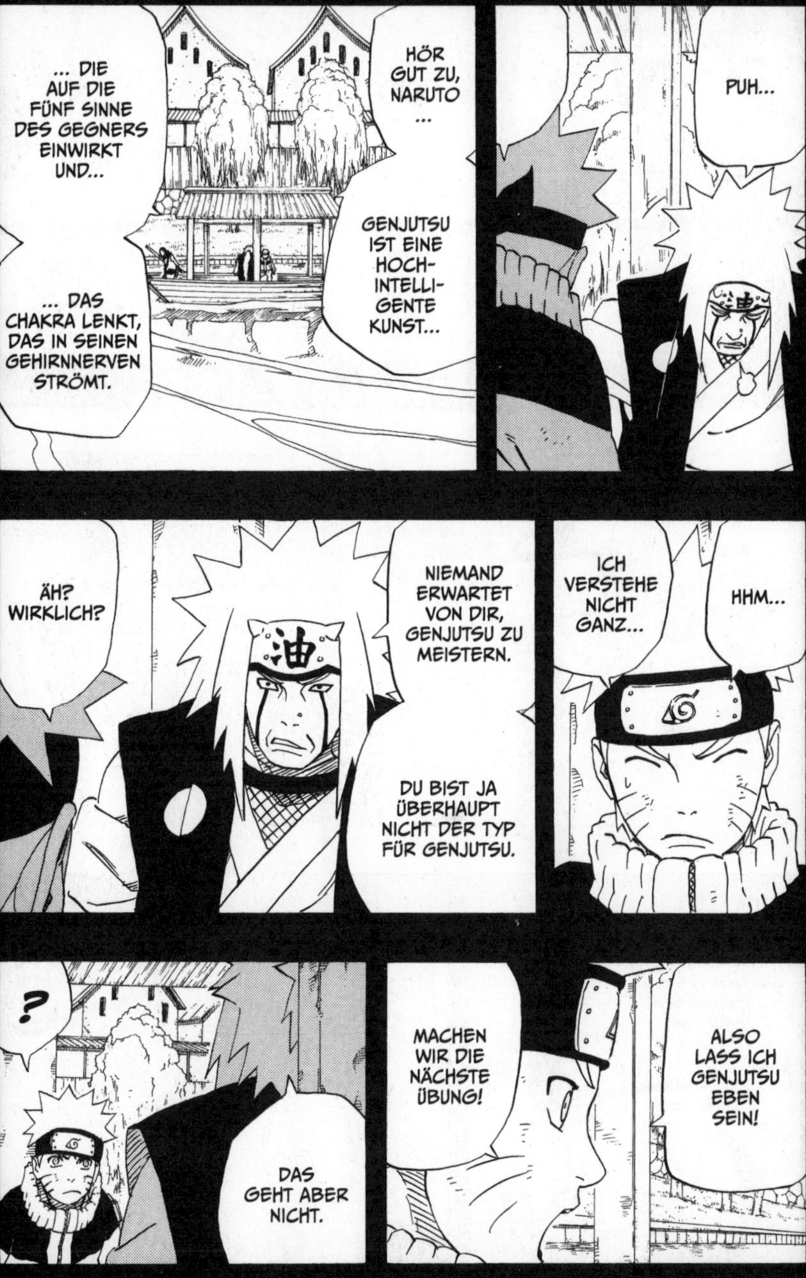
PUH...
HÖR GUT ZU, NARUTO ...
GENJUTSU IST EINE HOCH-INTELLI-GENTE KUNST...
... DIE AUF DIE FÜNF SINNE DES GEGNERS EINWIRKT UND...
... DAS CHAKRA LENKT, DAS IN SEINEN GEHIRNNERVEN STRÖMT.
HHM...
ICH VERSTEHE NICHT GANZ...
NIEMAND ERWARTET VON DIR, GENJUTSU ZU MEISTERN.
DU BIST JA ÜBERHAUPT NICHT DER TYP FÜR GENJUTSU.
ÄH? WIRKLICH?
ALSO LASS ICH GENJUTSU EBEN SEIN!
MACHEN WIR DIE NÄCHSTE ÜBUNG!
DAS GEHT ABER NICHT.
?

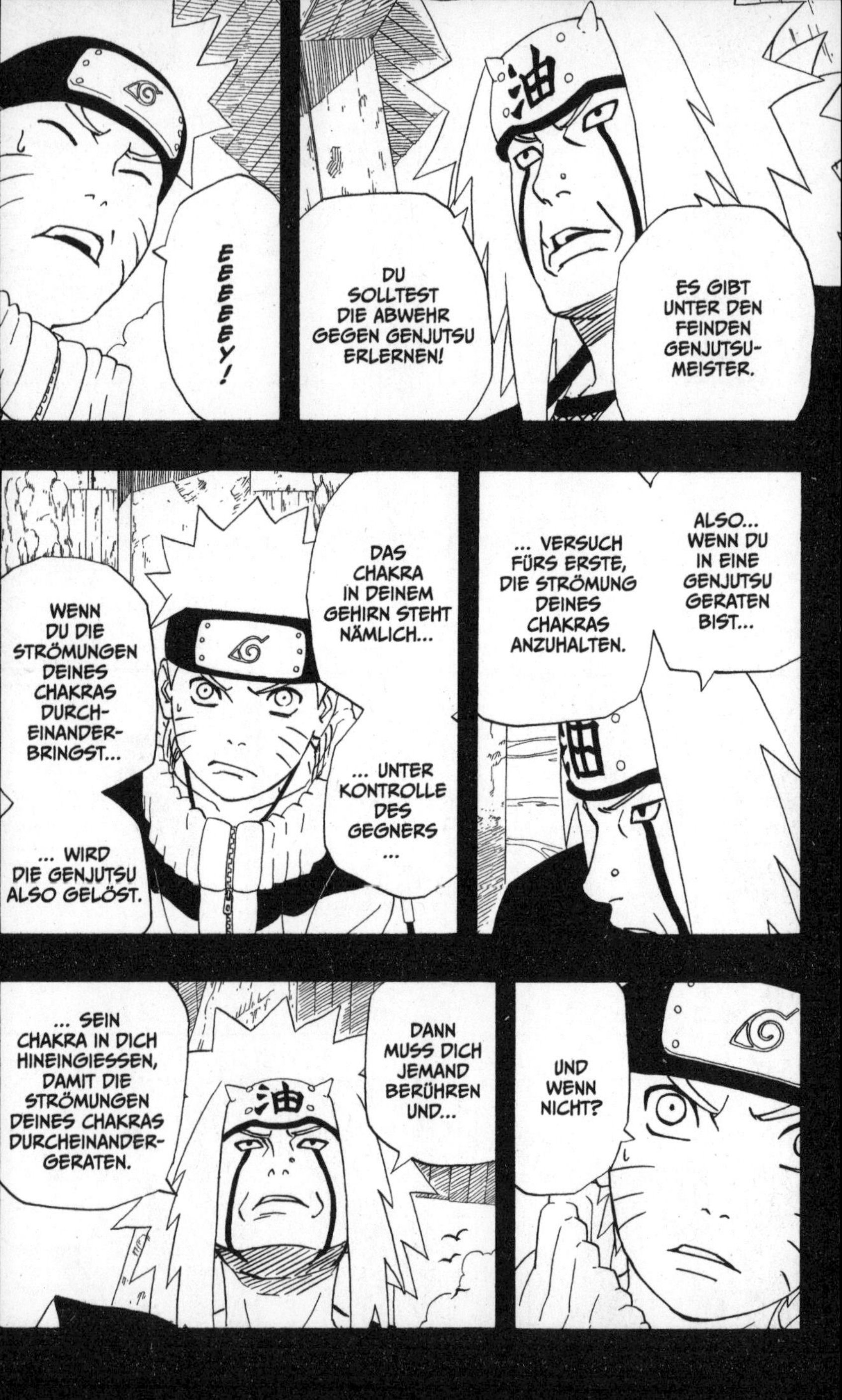
ES GIBT UNTER DEN FEINDEN GENJUTSU-MEISTER.
DU SOLLTEST DIE ABWEHR GEGEN GENJUTSU ERLERNEN!
EEEEEY!
ALSO... WENN DU IN EINE GENJUTSU GERATEN BIST...
... VERSUCH FÜRS ERSTE, DIE STRÖMUNG DEINES CHAKRAS ANZUHALTEN.
DAS CHAKRA IN DEINEM GEHIRN STEHT NÄMLICH...
... UNTER KONTROLLE DES GEGNERS ...
WENN DU DIE STRÖMUNGEN DEINES CHAKRAS DURCHEINANDERBRINGST...
... WIRD DIE GENJUTSU ALSO GELÖST.
UND WENN NICHT?
DANN MUSS DICH JEMAND BERÜHREN UND...
... SEIN CHAKRA IN DICH HINEINGIESSEN, DAMIT DIE STRÖMUNGEN DEINES CHAKRAS DURCHEINANDERGERATEN.

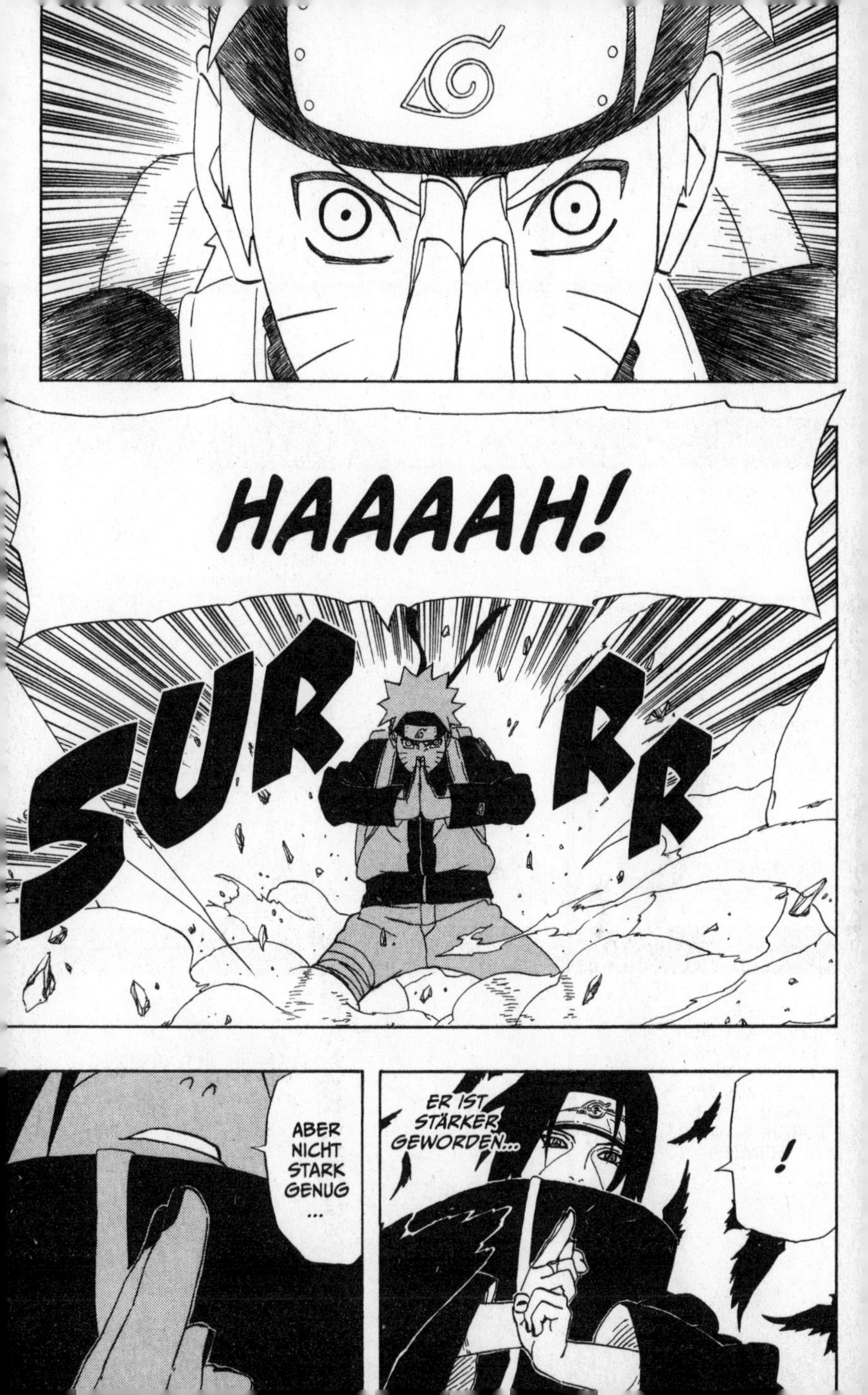
HAAAAH!
SURRR
ER IST STÄRKER GEWORDEN...
!
ABER NICHT STARK GENUG ...

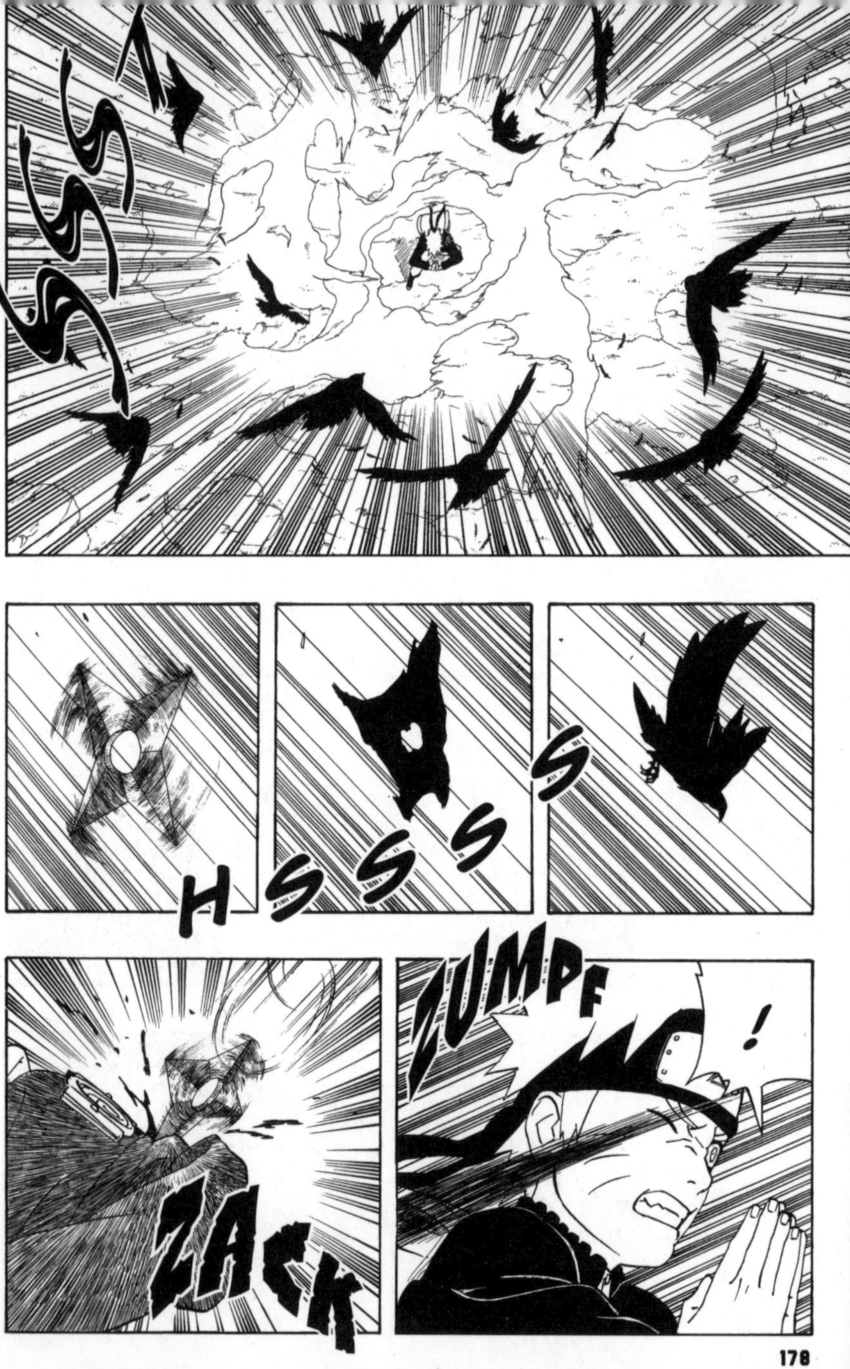
HSSSS
ZACK
ZUMPF
!

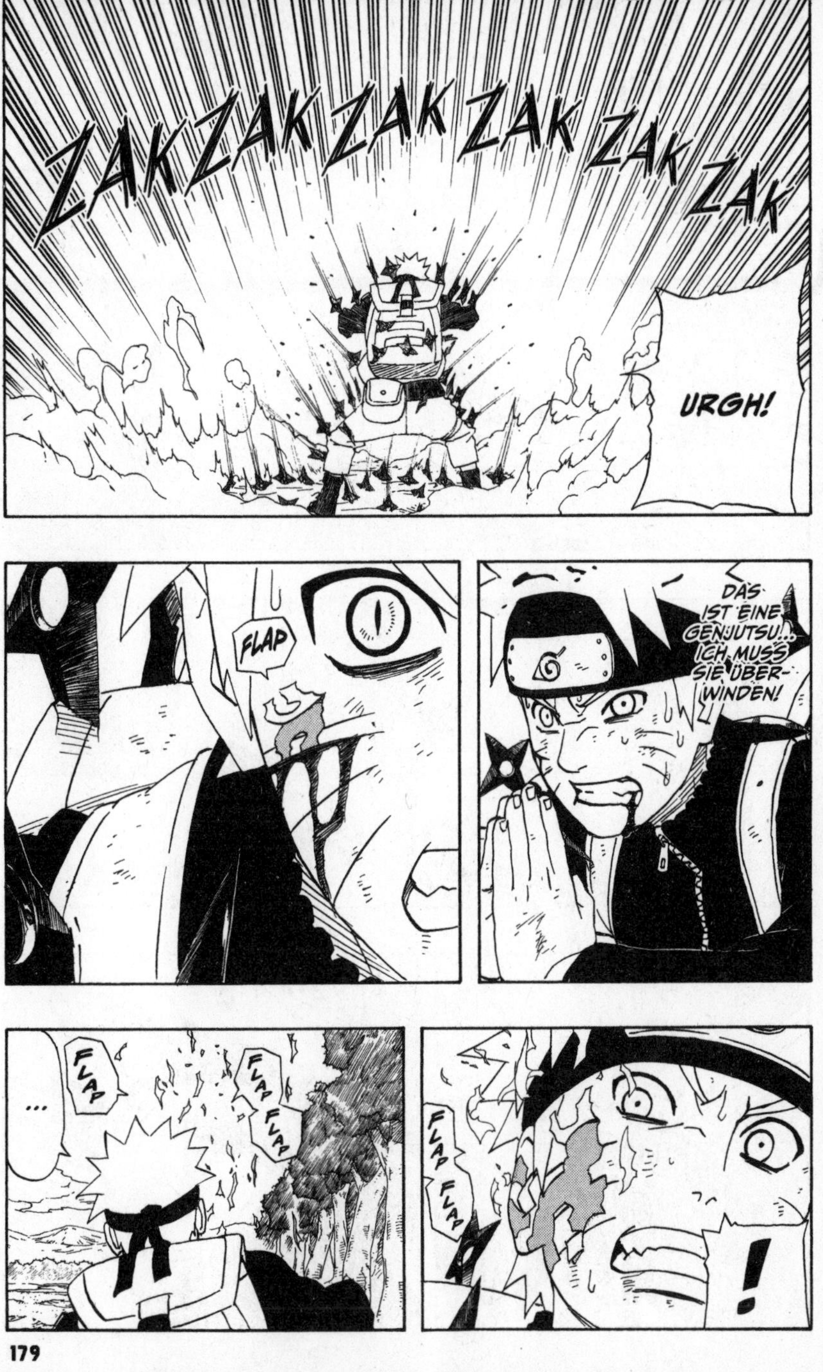
ZAK ZAK ZAK ZAK ZAK ZAK
URGH!
FLAP
DAS IST EINE GENJUTSU... ICH MUSS SIE ÜBERWINDEN!
...
FLAP
FLAP FLAP
FLAP FLAP
!

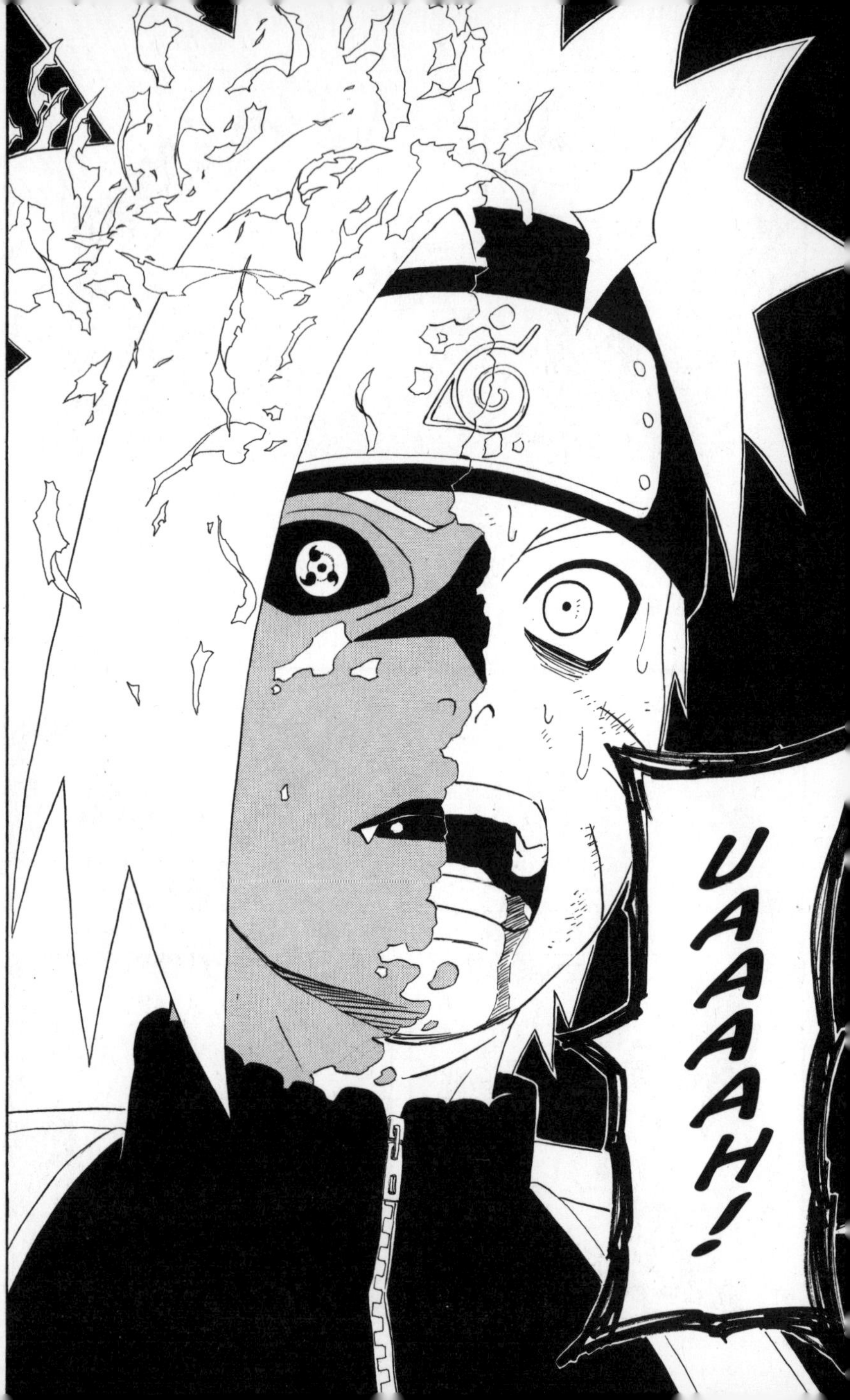
UAAAAH!

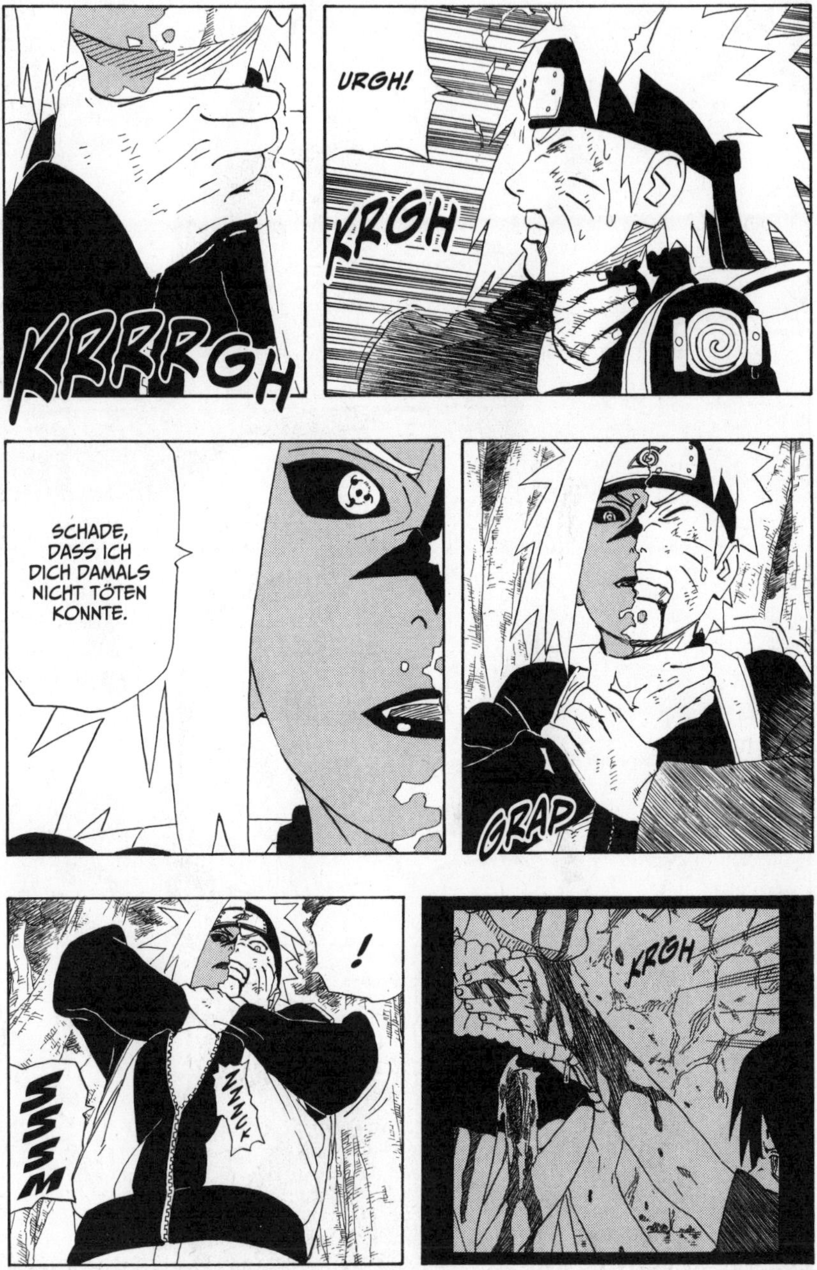
URGH!
KRGH
KRRRGH
GRAP
SCHADE, DASS ICH DICH DAMALS NICHT TÖTEN KONNTE.
KRGH
!
ZZZUCK
SSSM

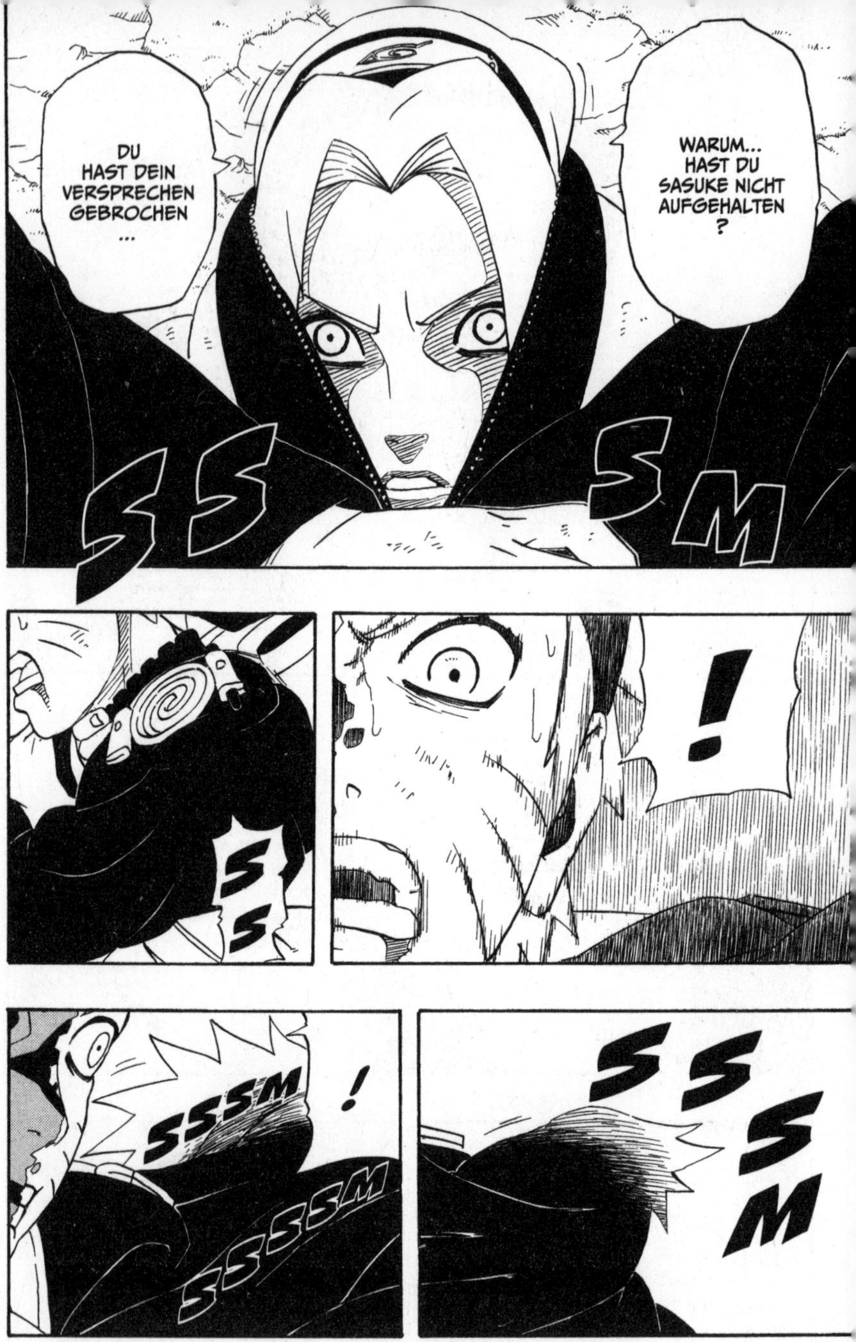
WARUM... HAST DU SASUKE NICHT AUFGEHALTEN ?
DU HAST DEIN VERSPRECHEN GEBROCHEN ...
SSSM
SS
!
SSSM
!
SSSSSM
SSSM

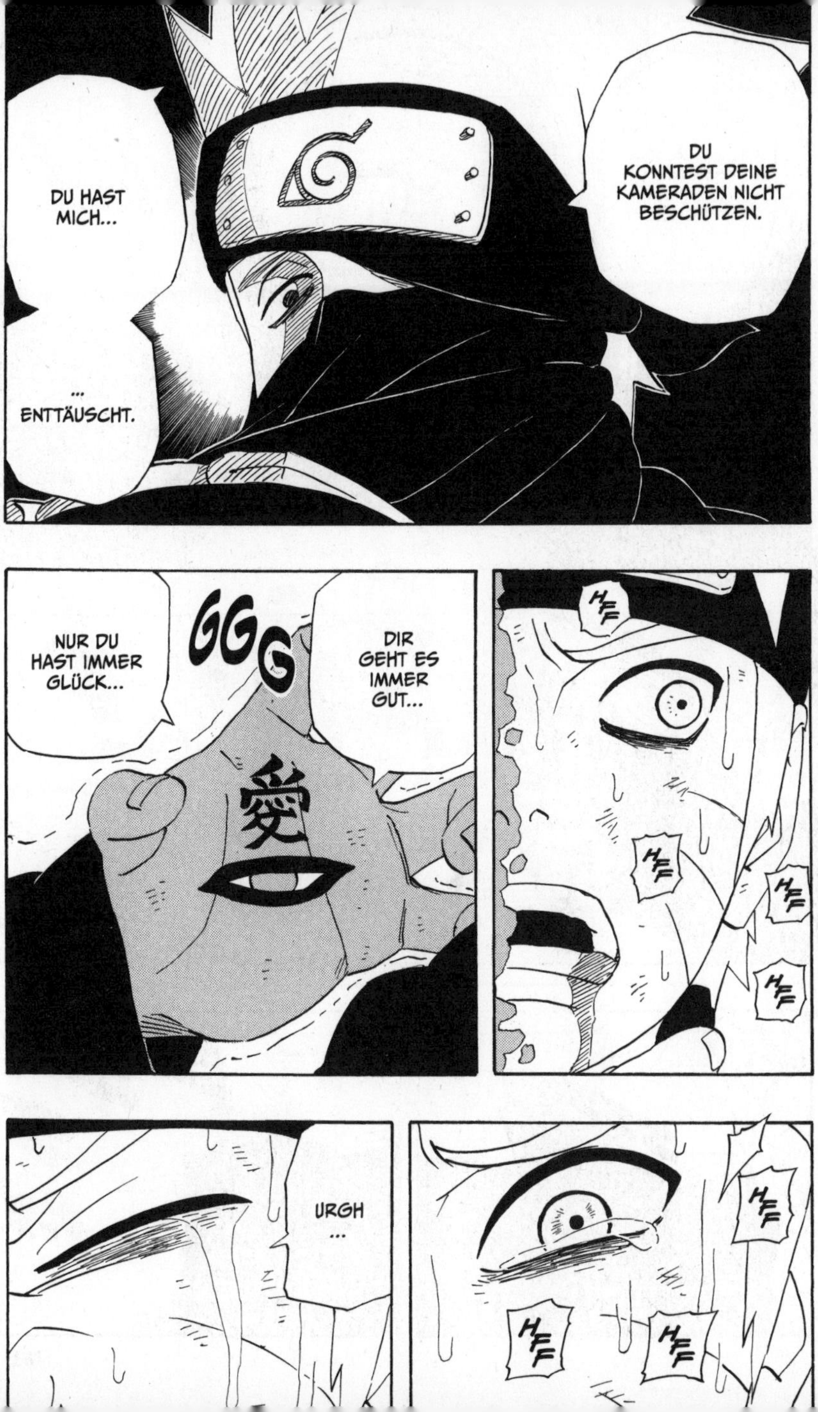
DU KONNTEST DEINE KAMERADEN NICHT BESCHÜTZEN.
DU HAST MICH...
... ENTTÄUSCHT.
HF
HF
HF
HF
DIR GEHT ES IMMER GUT...
GGG
NUR DU HAST IMMER GLÜCK...
HF
HF
HF
URGH ...

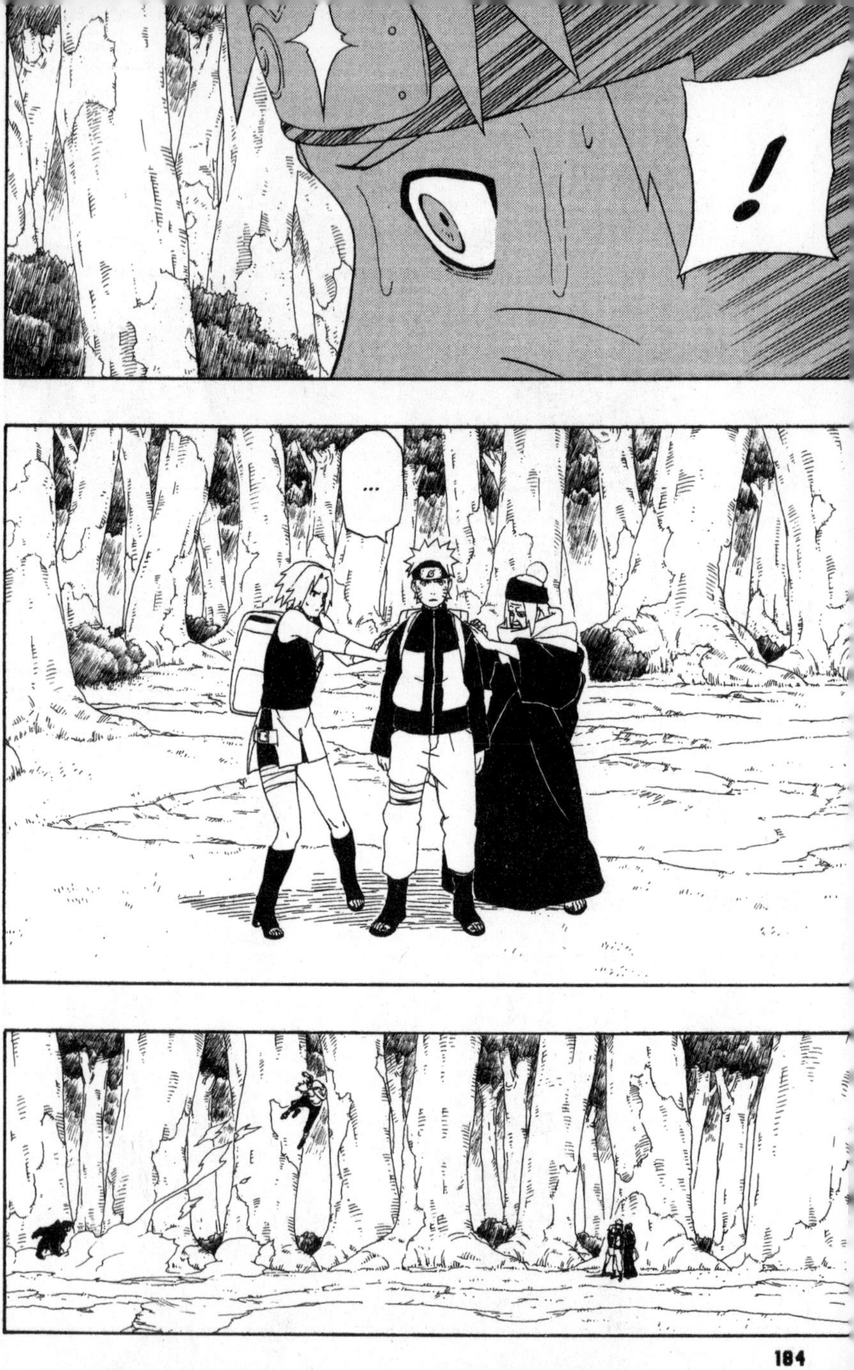

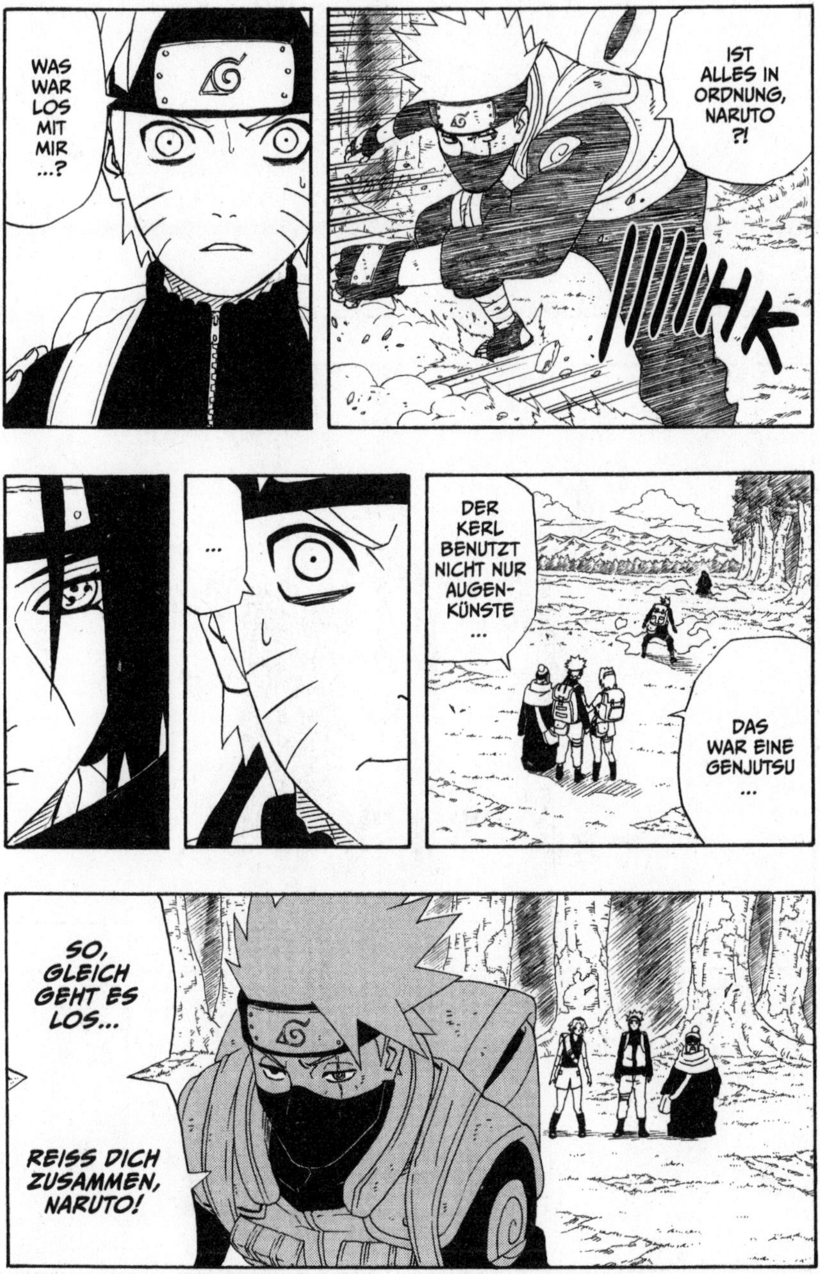
IST ALLES IN ORDNUNG, NARUTO ?!
HK
WAS WAR LOS MIT MIR ...?
DAS WAR EINE GENJUTSU ...
DER KERL BENUTZT NICHT NUR AUGEN-KÜNSTE ...
...
SO, GLEICH GEHT ES LOS...
REISS DICH ZUSAMMEN, NARUTO!

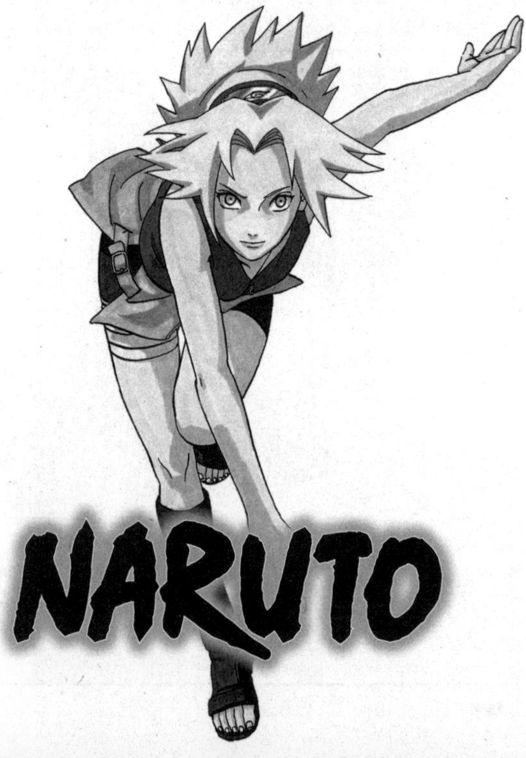
NARUTO

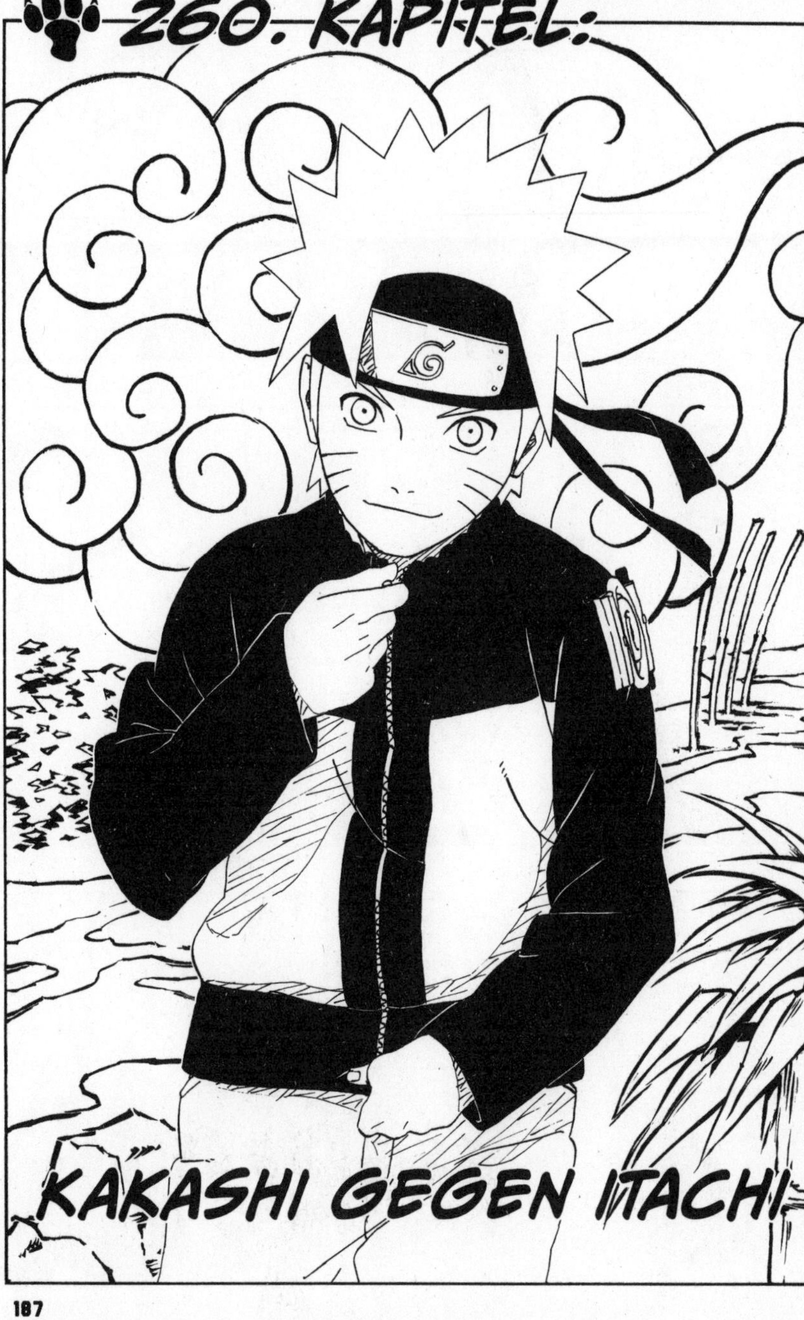
260. Kapitel:
Kakashi gegen Itachi

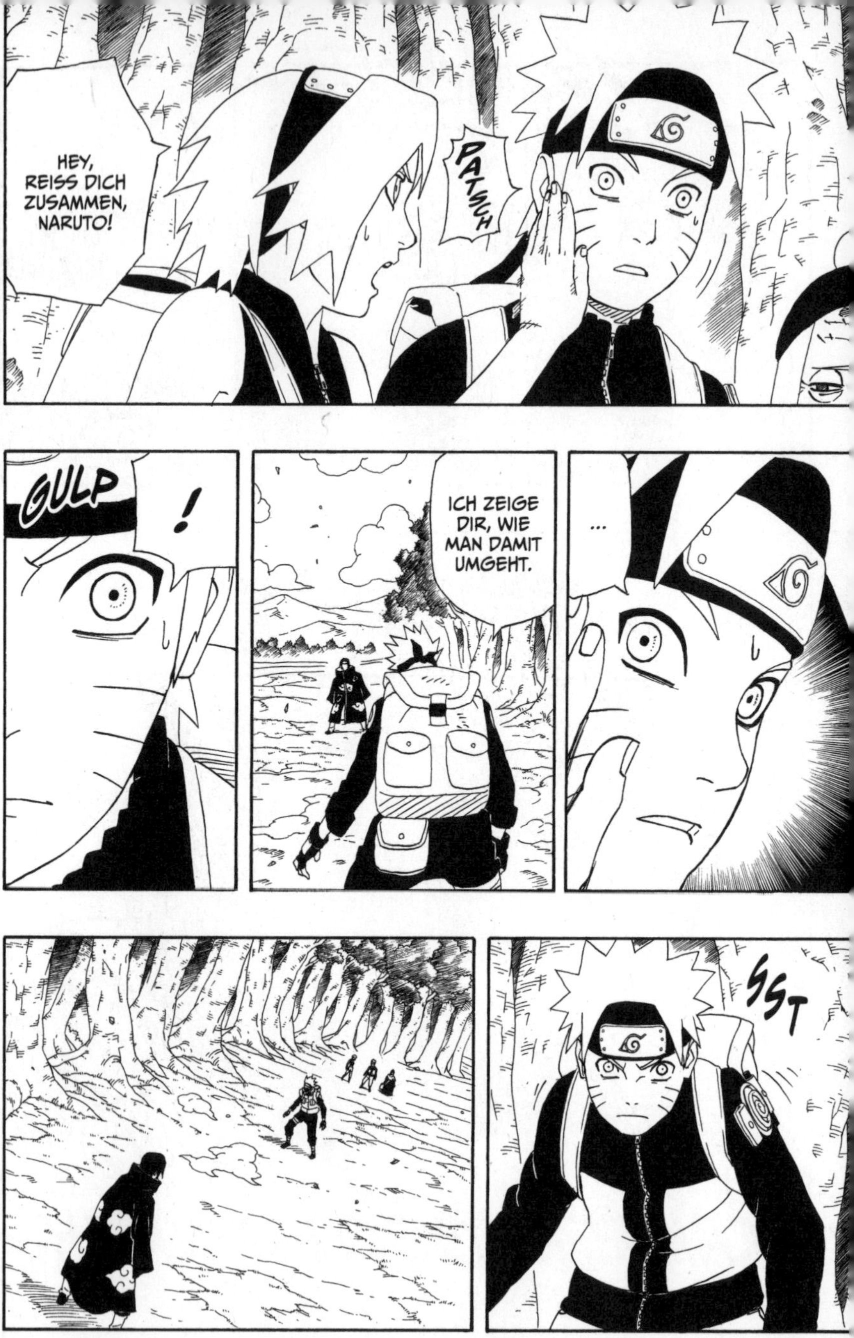
PATSCH
HEY, REISS DICH ZUSAMMEN, NARUTO!
...
ICH ZEIGE DIR, WIE MAN DAMIT UMGEHT.
!
GULP
SST

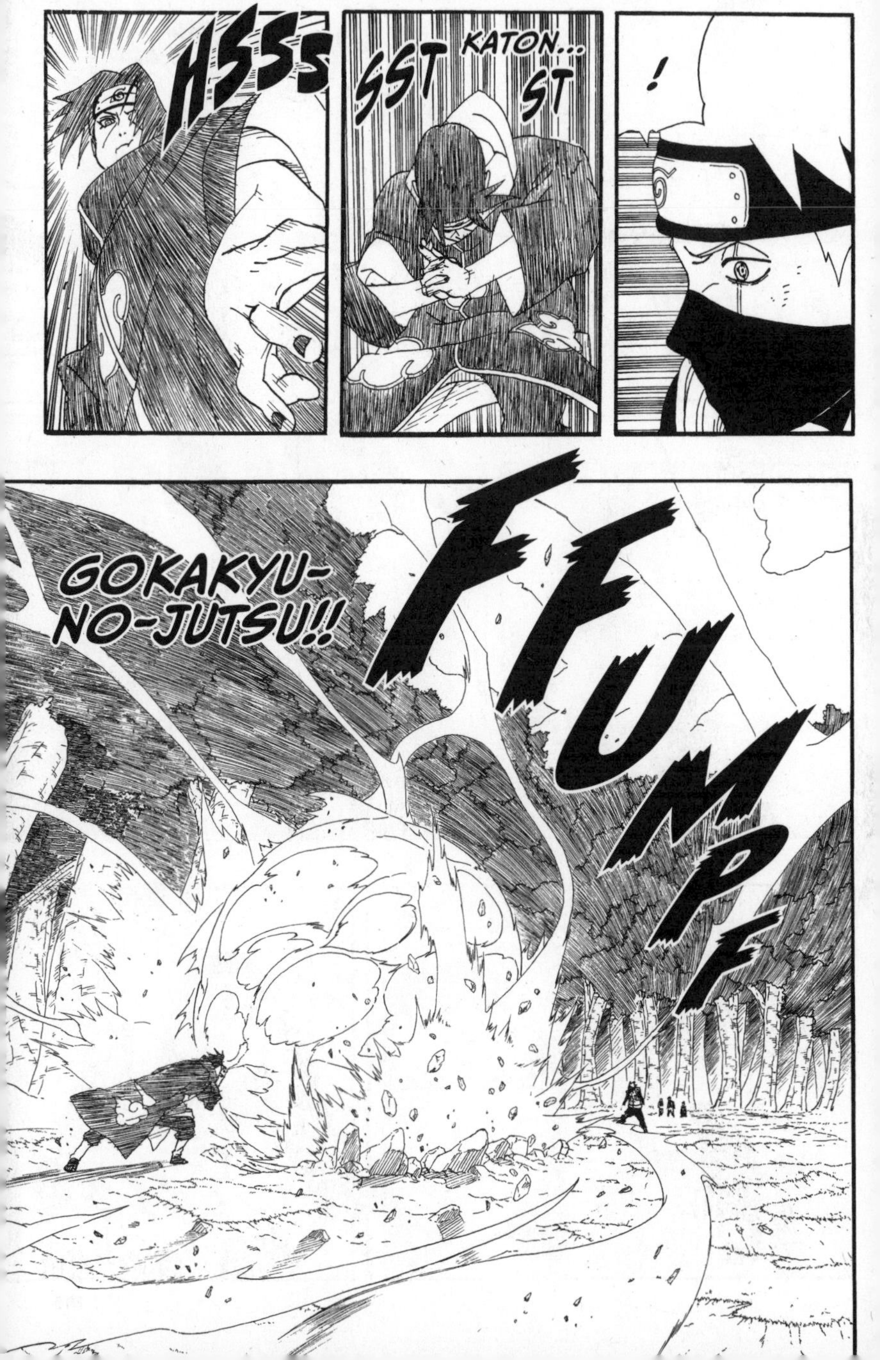

!
KATON...
HSSSS
SST
ST
GOKAKYU-NO-JUTSU!!
FFUMPF

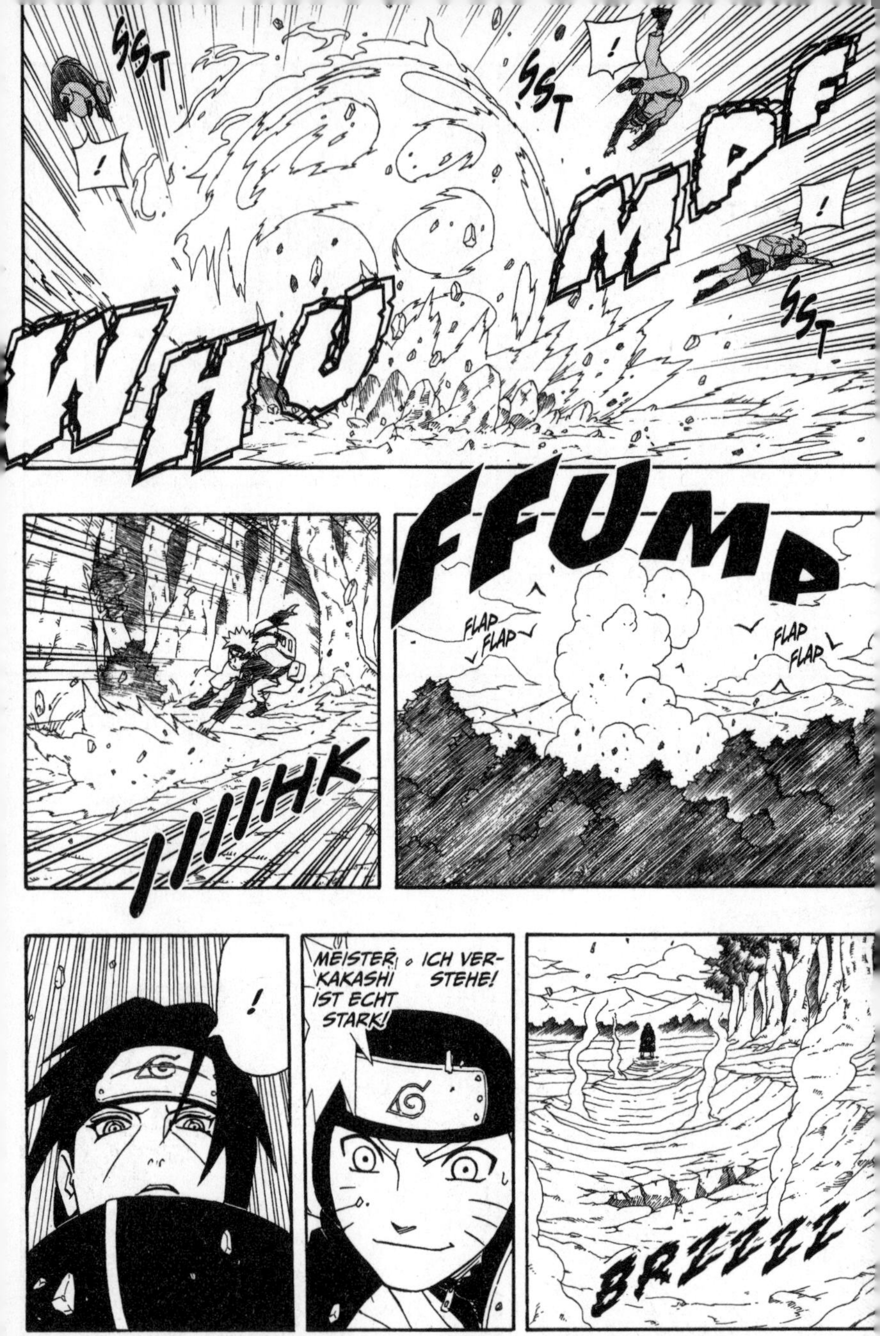

SST
!
SST
!
!
SST
WHOOMPF
IIIIIHK
FFUMP
FLAP FLAP
FLAP FLAP
!
ICH VERSTEHE!
MEISTER KAKASHI IST ECHT STARK!
BRZZZZ

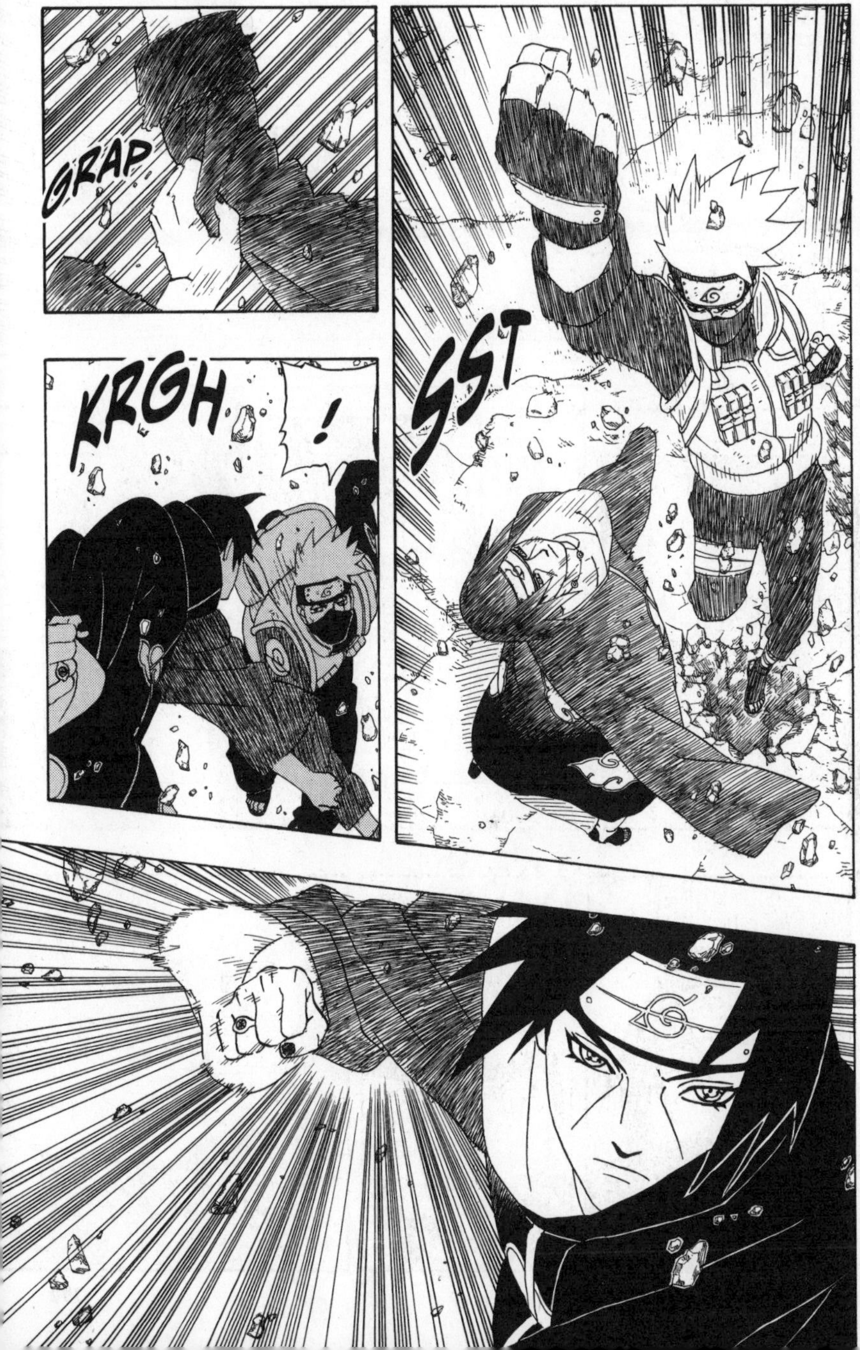
SST
GRAP
KRGH
!

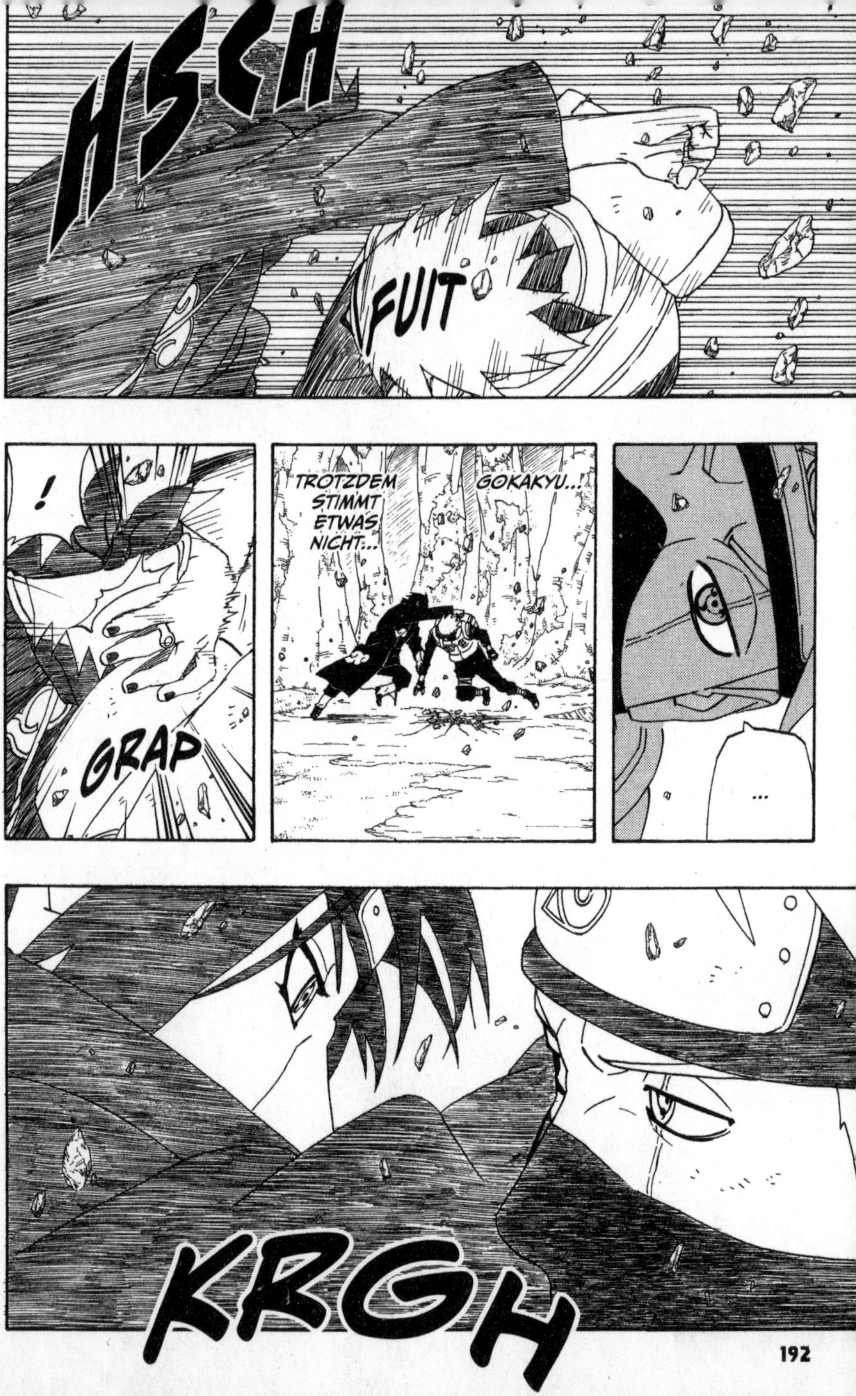
HSCH
FUIT
...
GOKAKYU...
TROTZDEM STIMMT ETWAS NICHT...
!
GRAP
KRGH

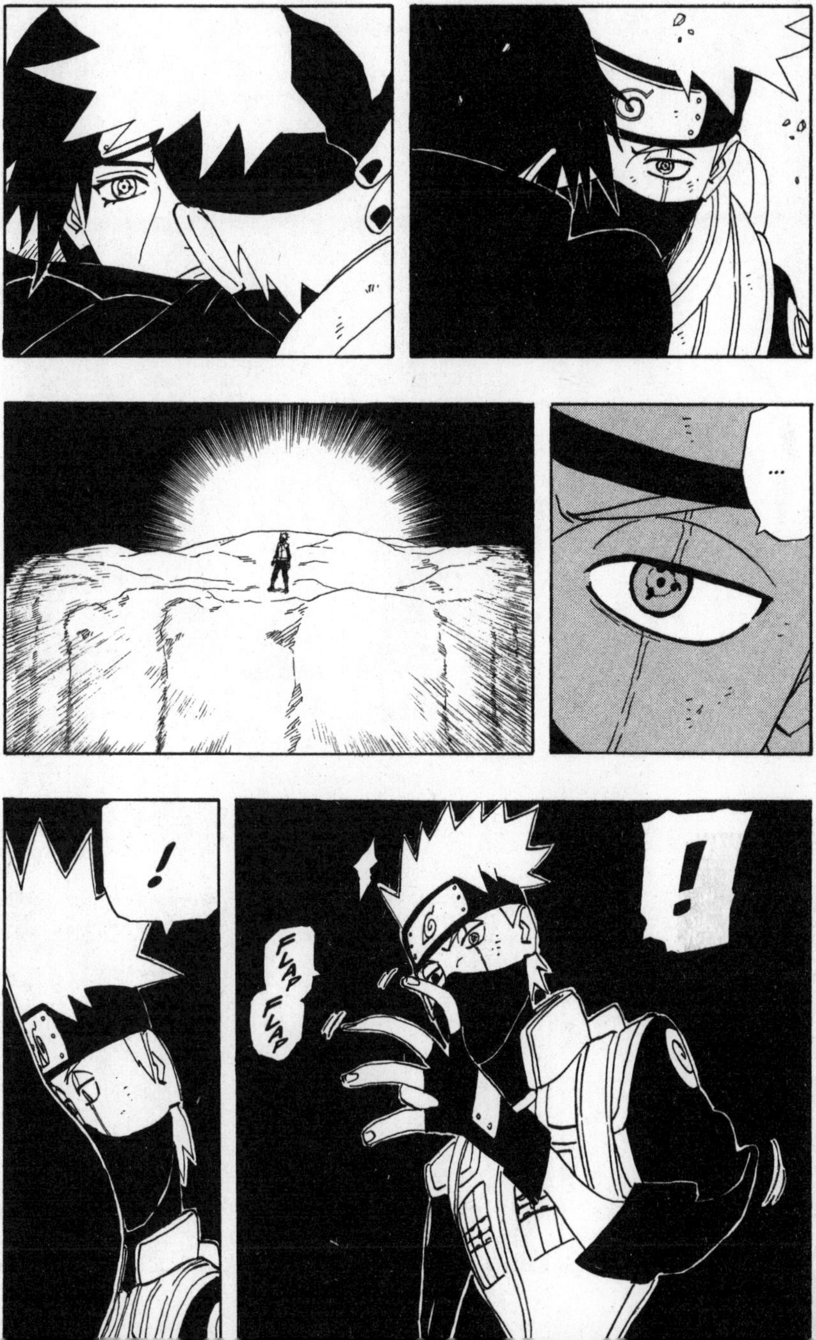
...
!
!
FLAP
FLAP

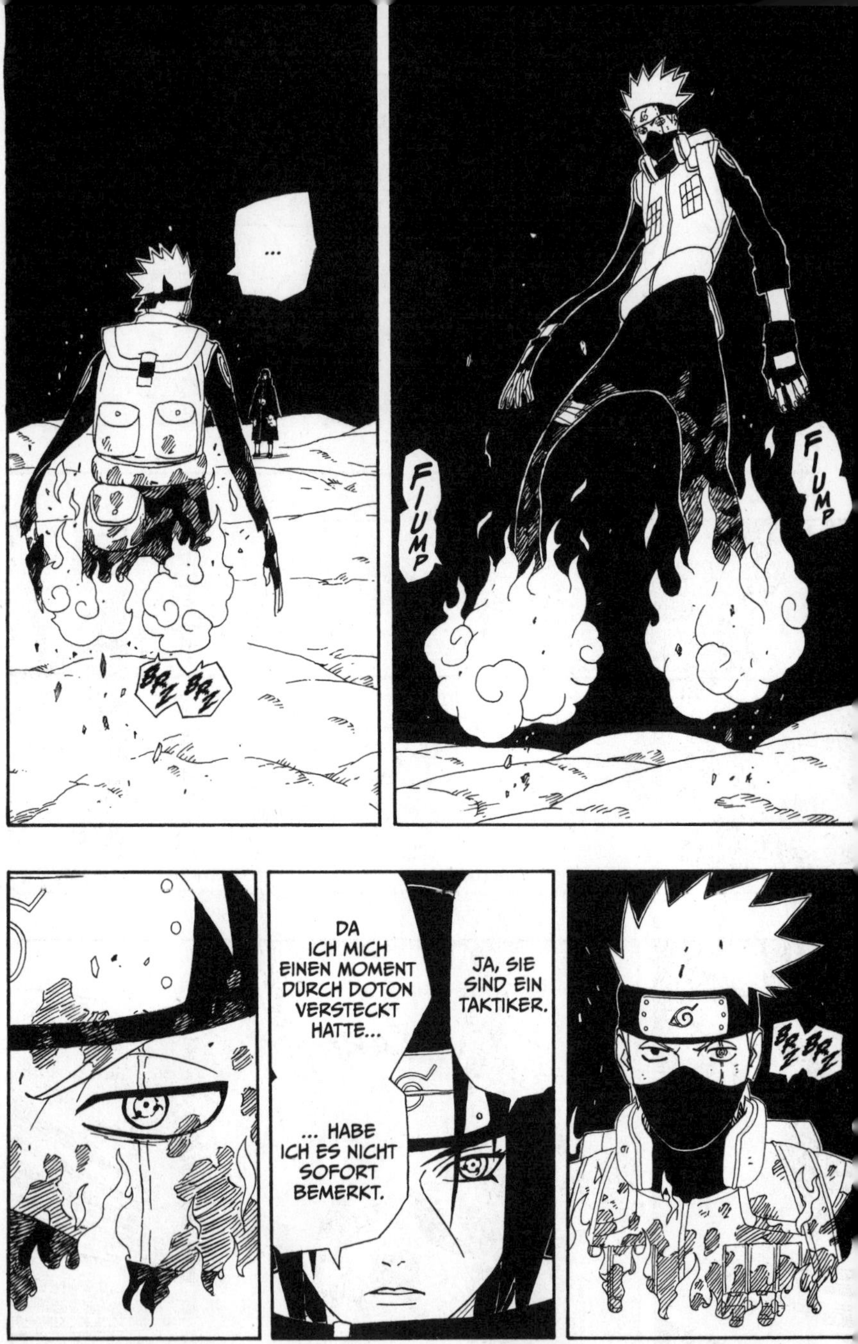
FIUMP
FIUMP
...
BRZ BRZ
BRZ BRZ
JA, SIE SIND EIN TAKTIKER.
DA ICH MICH EINEN MOMENT DURCH DOTON VERSTECKT HATTE...
... HABE ICH ES NICHT SOFORT BEMERKT.

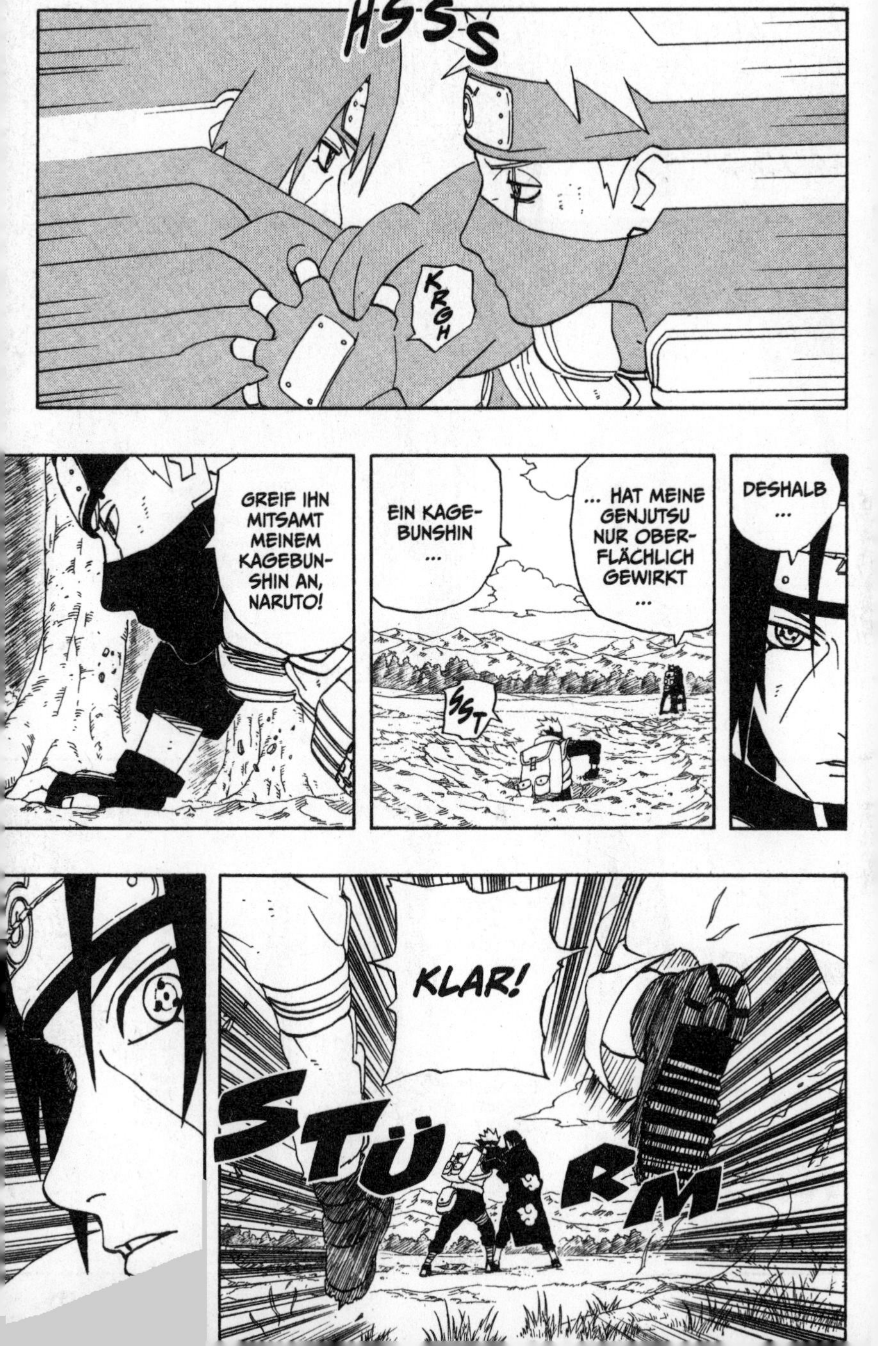
HSSS
KRGH
DESHALB ...
... HAT MEINE GENJUTSU NUR OBERFLÄCHLICH GEWIRKT ...
EIN KAGE-BUNSHIN ...
SST
GREIF IHN MITSAMT MEINEM KAGEBUNSHIN AN, NARUTO!
KLAR!
STÜRM

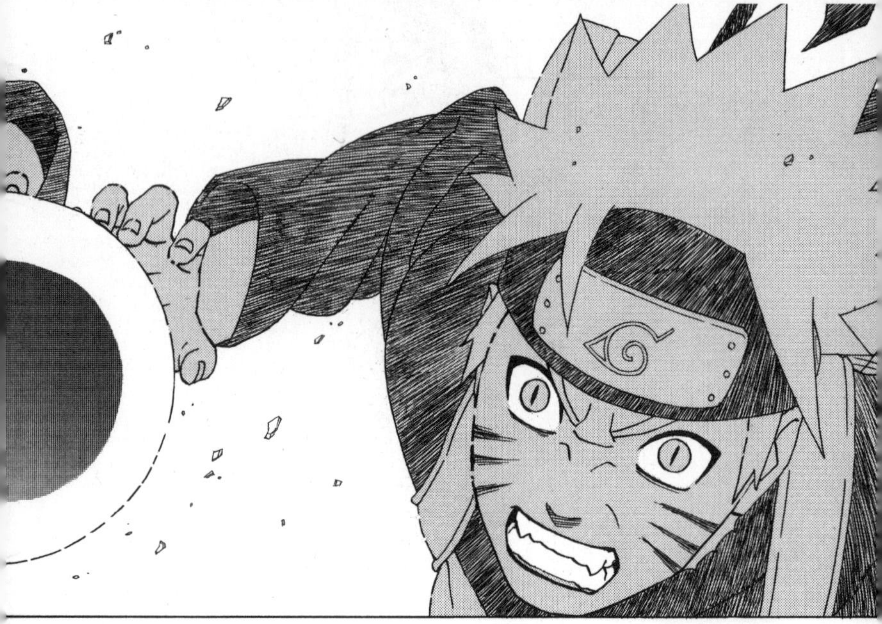

*ODAMA = RIESENKUGEL

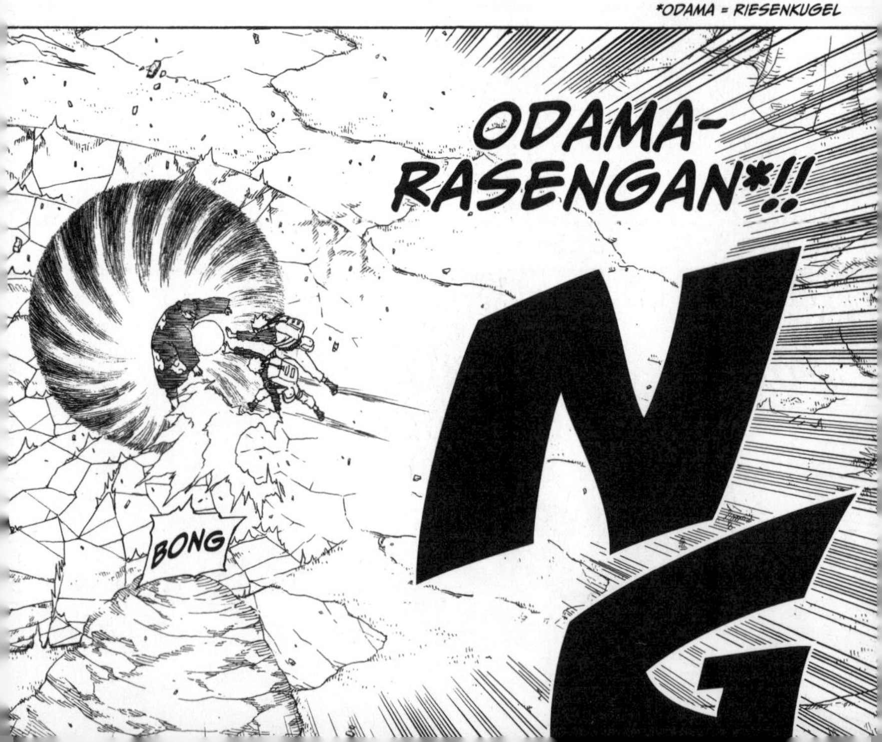

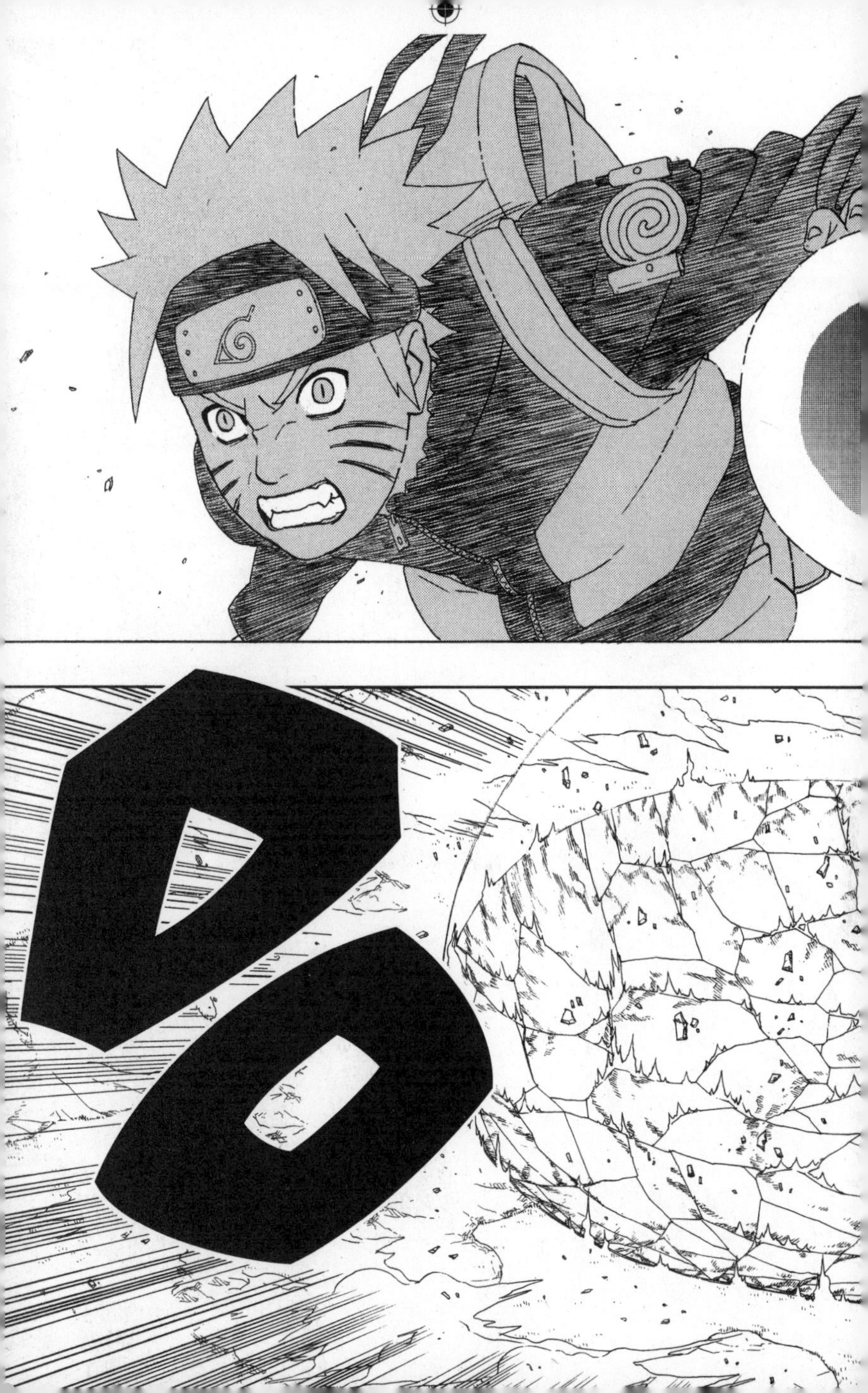
DO

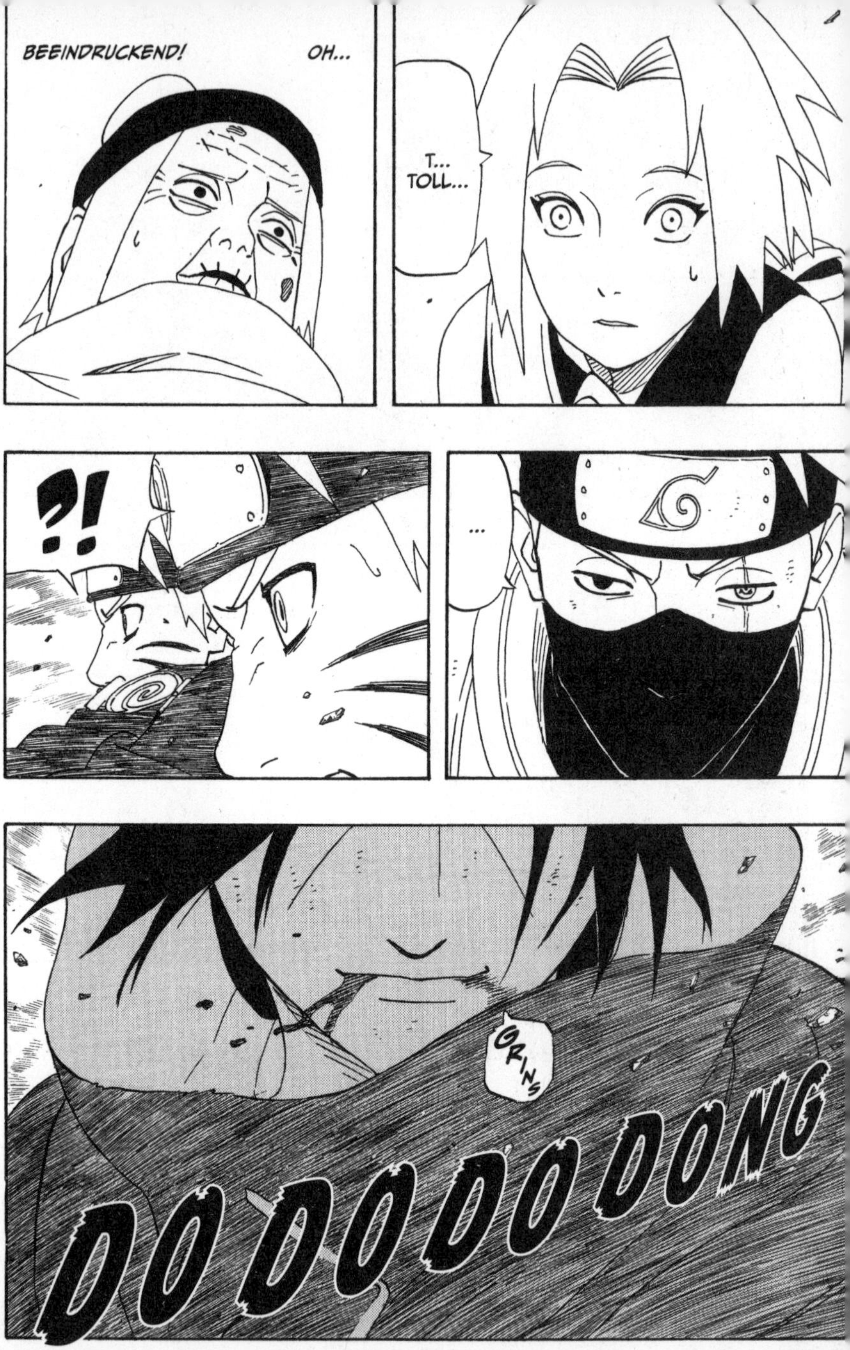

OH...
BEEINDRUCKEND!
T... TOLL...
...
?!
GRINS
DO DO DO DO DONG

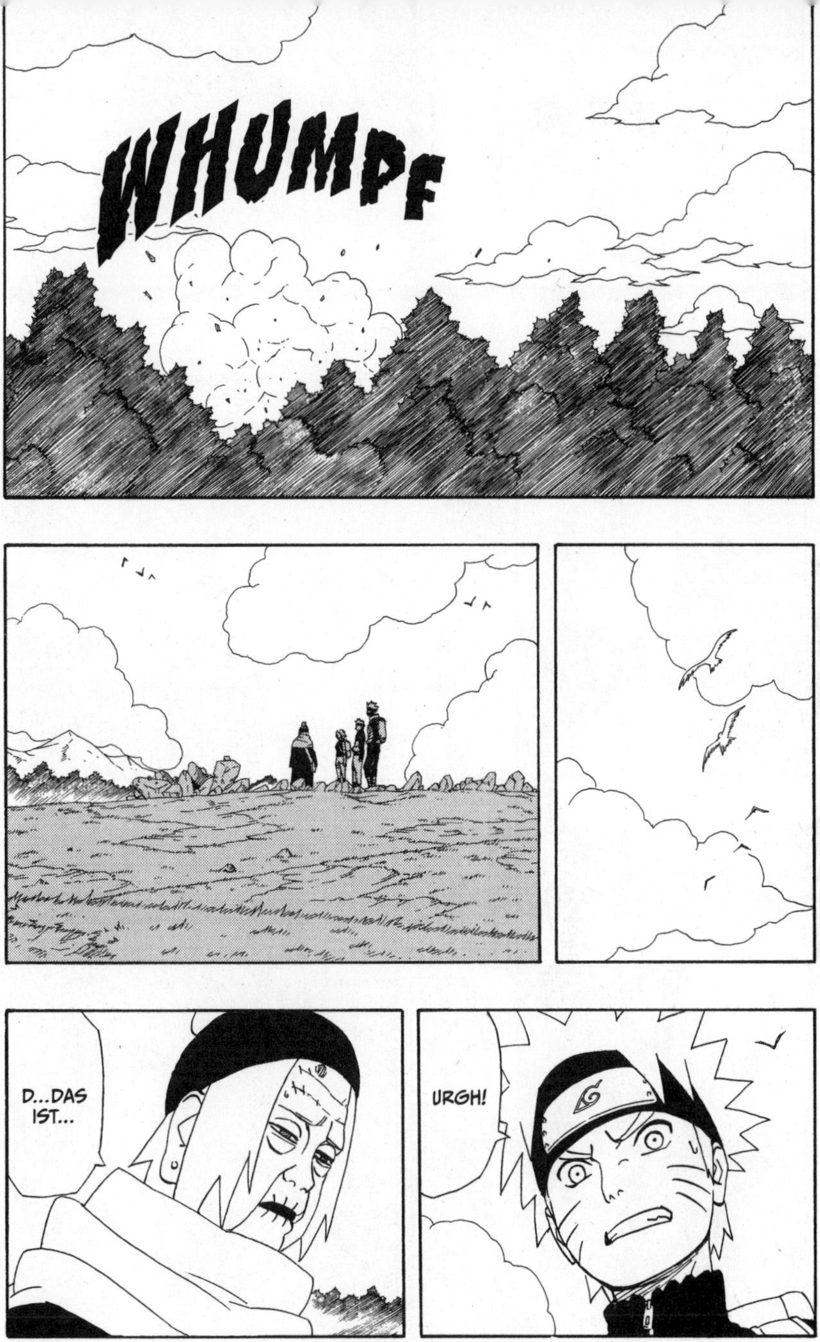
WHUMPF
URGH!
D...DAS
IST...

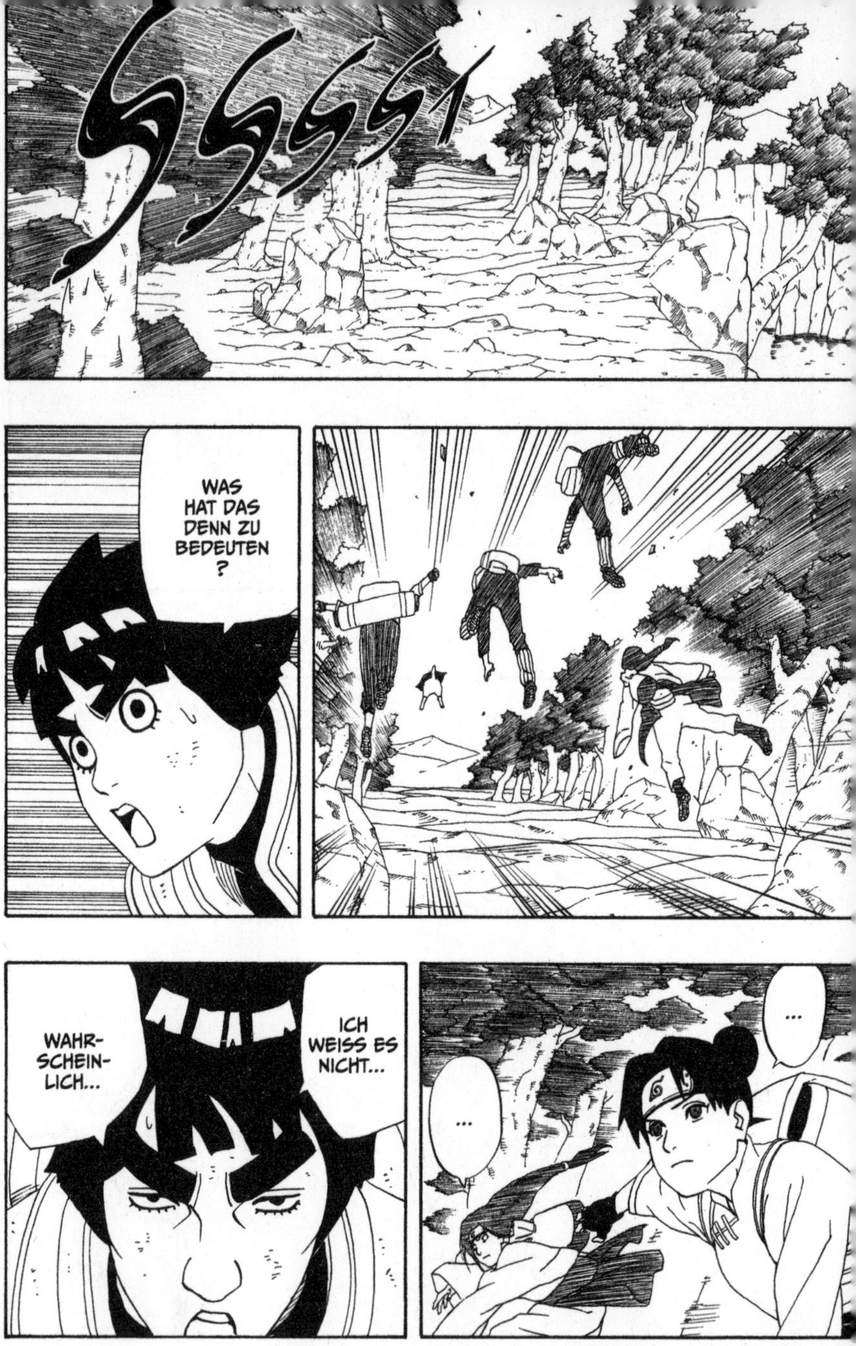
WAS HAT DAS DENN ZU BEDEUTEN ?
...
...
ICH WEISS ES NICHT...
WAHR-SCHEIN-LICH...

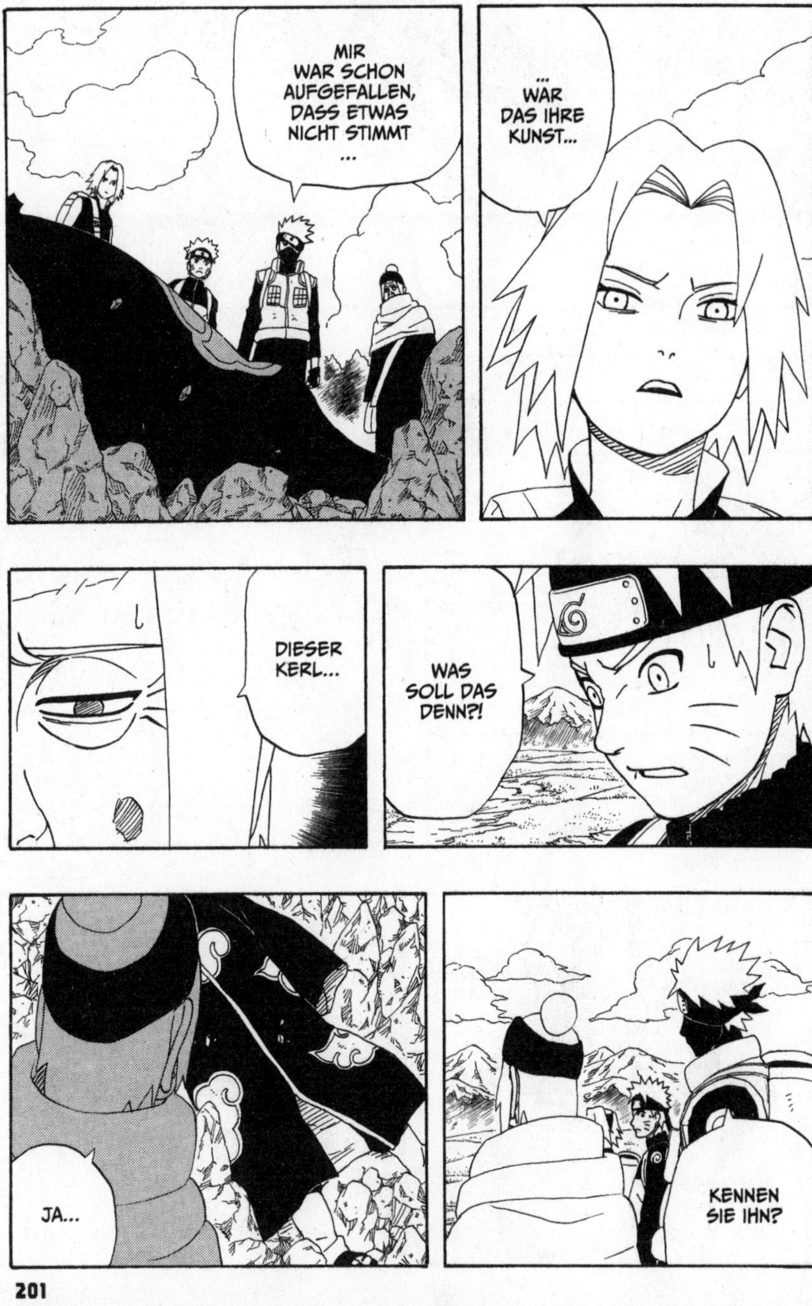
... WAR DAS IHRE KUNST...
MIR WAR SCHON AUFGEFALLEN, DASS ETWAS NICHT STIMMT ...
WAS SOLL DAS DENN?!
DIESER KERL...
KENNEN SIE IHN?
JA...

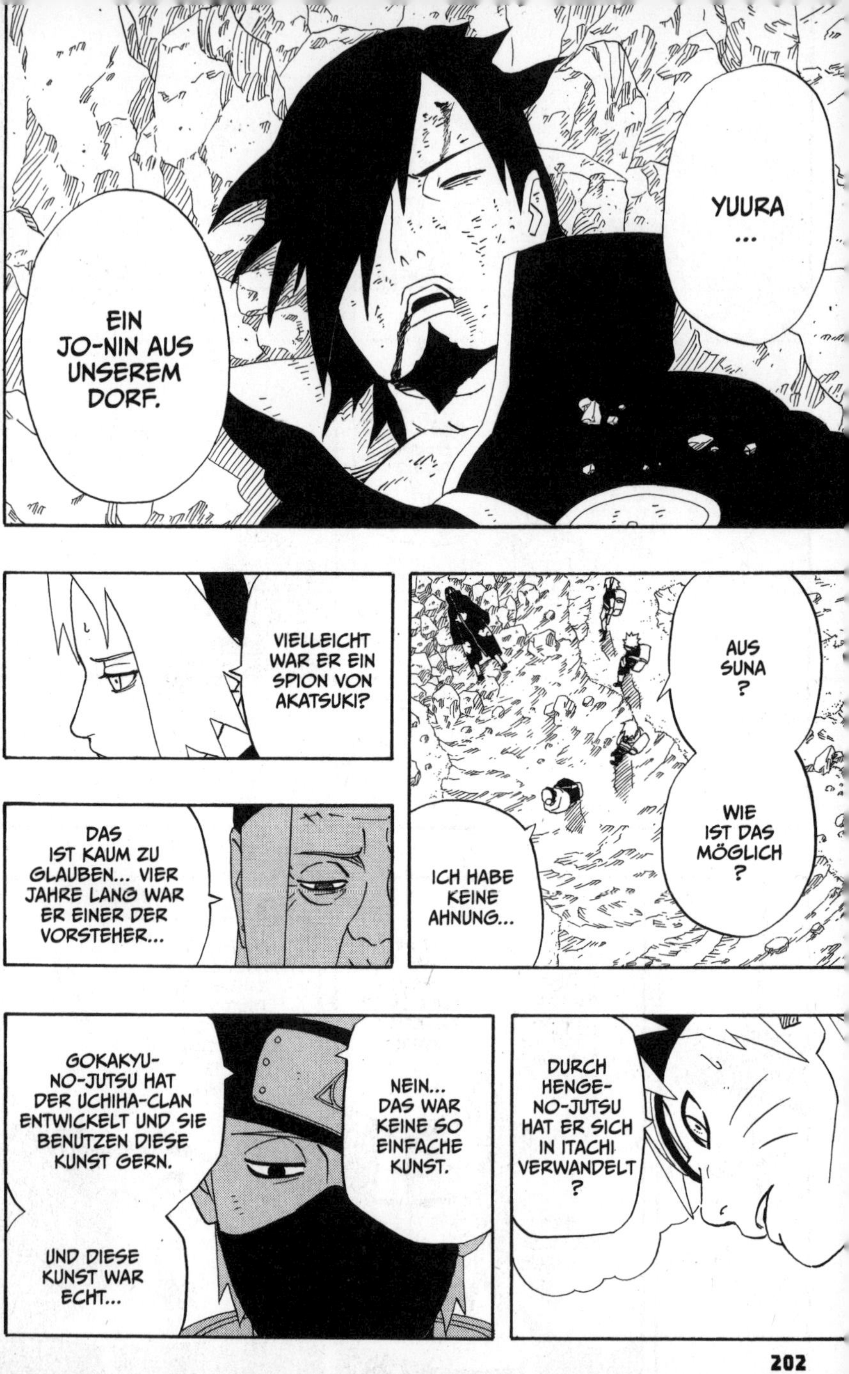
YUURA ...
EIN JO-NIN AUS UNSEREM DORF.
AUS SUNA?
WIE IST DAS MÖGLICH?
ICH HABE KEINE AHNUNG...
VIELLEICHT WAR ER EIN SPION VON AKATSUKI?
DAS IST KAUM ZU GLAUBEN... VIER JAHRE LANG WAR ER EINER DER VORSTEHER...
DURCH HENGE-NO-JUTSU HAT ER SICH IN ITACHI VERWANDELT?
NEIN... DAS WAR KEINE SO EINFACHE KUNST.
GOKAKYU-NO-JUTSU HAT DER UCHIHA-CLAN ENTWICKELT UND SIE BENUTZEN DIESE KUNST GERN.
UND DIESE KUNST WAR ECHT...

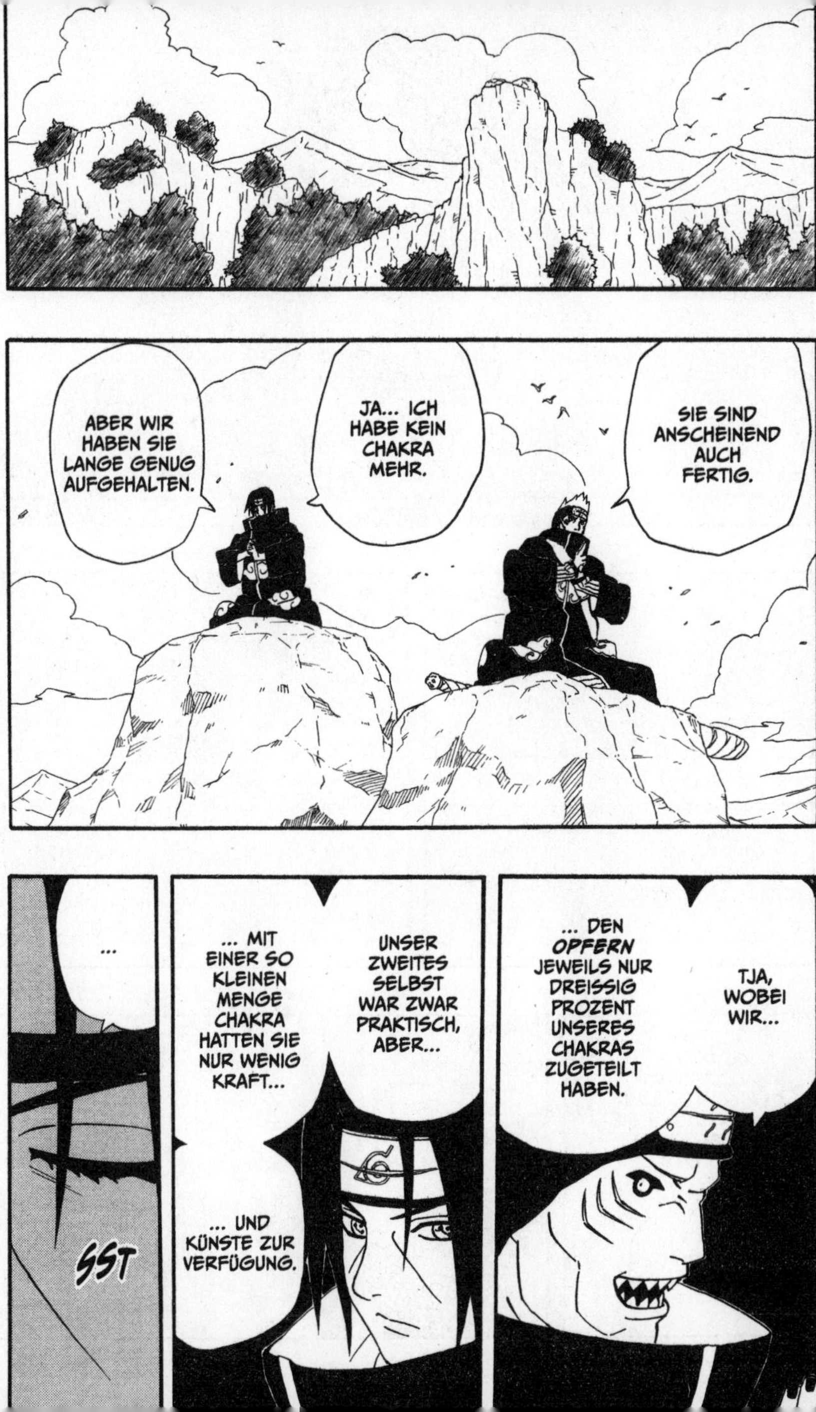
SIE SIND ANSCHEINEND AUCH FERTIG.
JA... ICH HABE KEIN CHAKRA MEHR.
ABER WIR HABEN SIE LANGE GENUG AUFGEHALTEN.
TJA, WOBEI WIR...
... DEN *OPFERN* JEWEILS NUR DREISSIG PROZENT UNSERES CHAKRAS ZUGETEILT HABEN.
UNSER ZWEITES SELBST WAR ZWAR PRAKTISCH, ABER...
... MIT EINER SO KLEINEN MENGE CHAKRA HATTEN SIE NUR WENIG KRAFT...
... UND KÜNSTE ZUR VERFÜGUNG.
...
SST

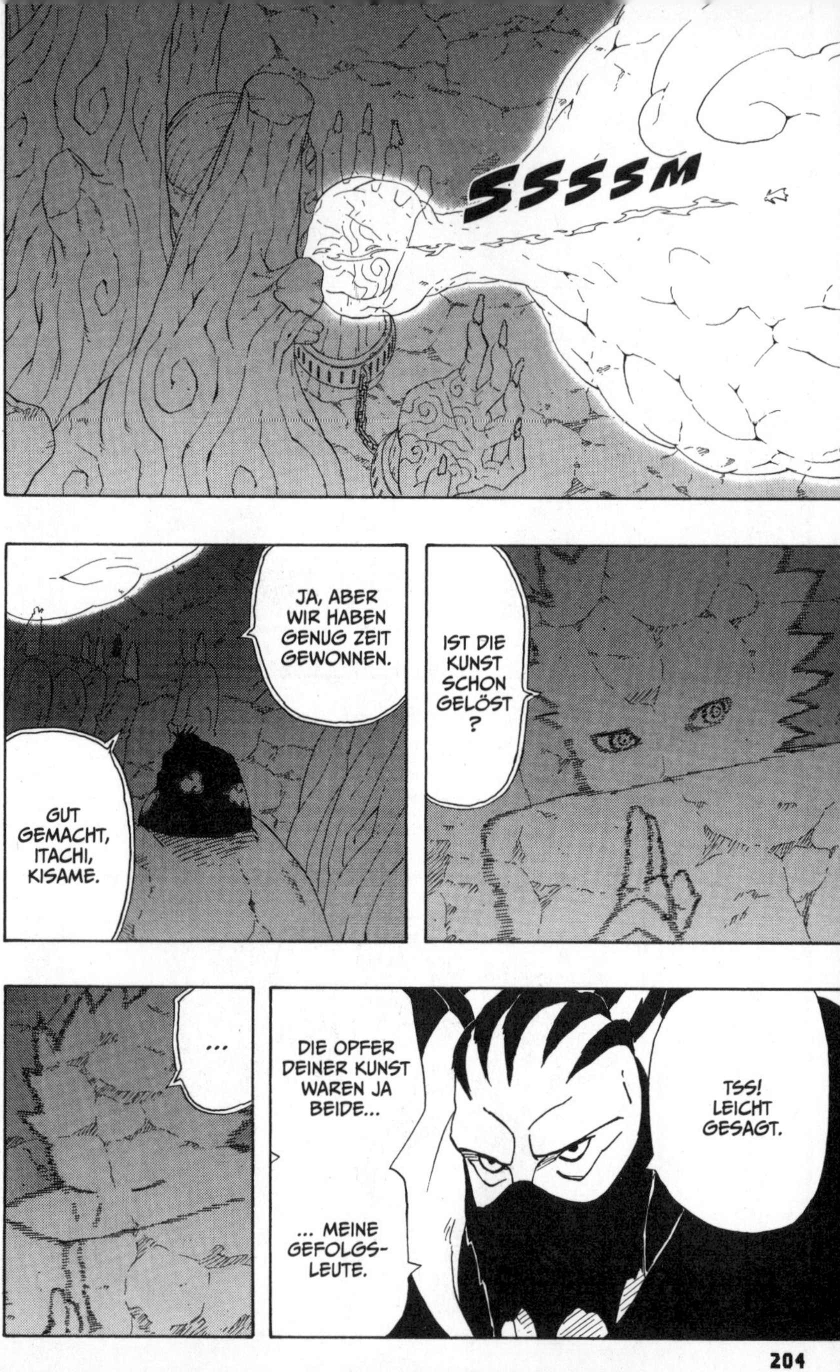
SSSSM
IST DIE KUNST SCHON GELÖST?
JA, ABER WIR HABEN GENUG ZEIT GEWONNEN.
GUT GEMACHT, ITACHI, KISAME.
TSS! LEICHT GESAGT.
DIE OPFER DEINER KUNST WAREN JA BEIDE...
... MEINE GEFOLGS-LEUTE.
...

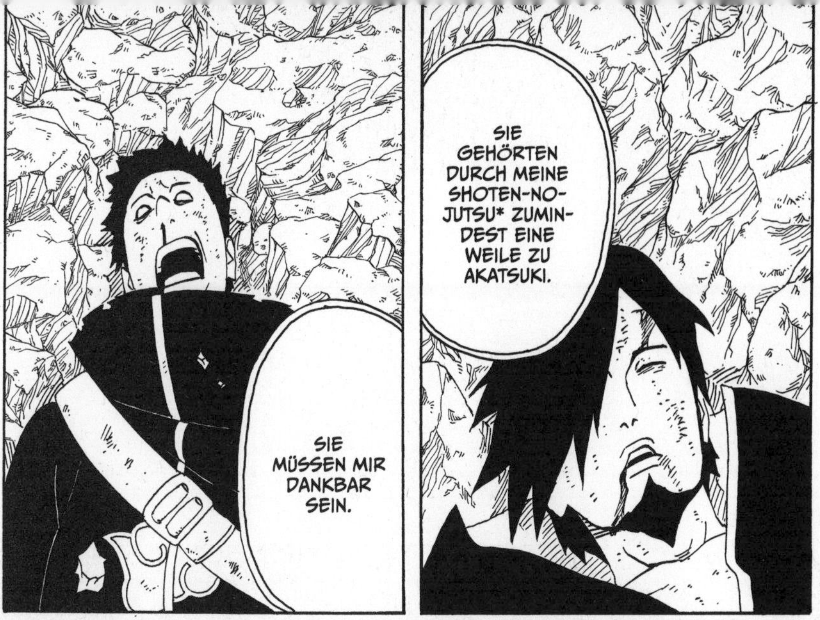

*SHO = ERSCHEINUNG, TEN = VERSETZEN

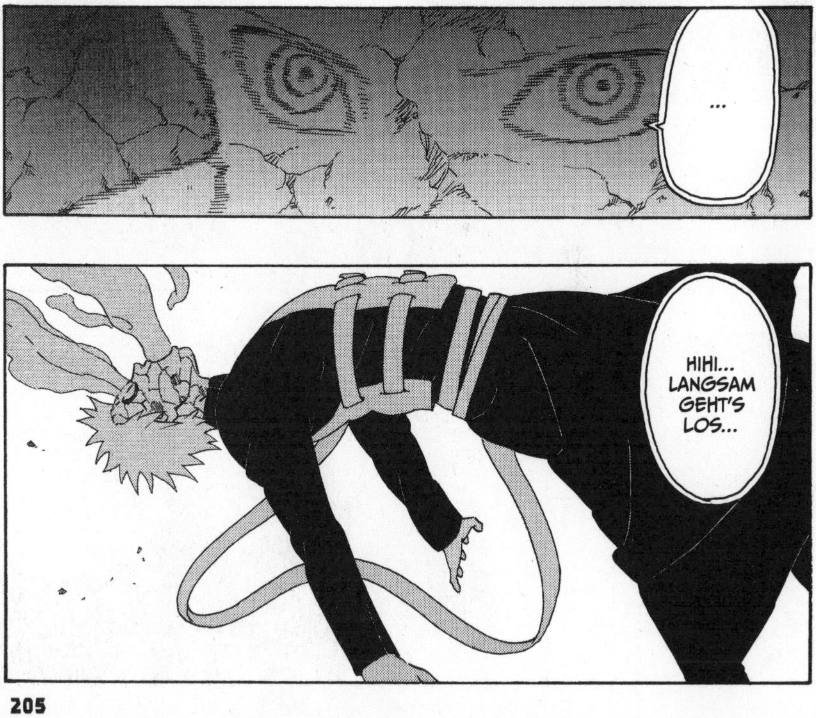

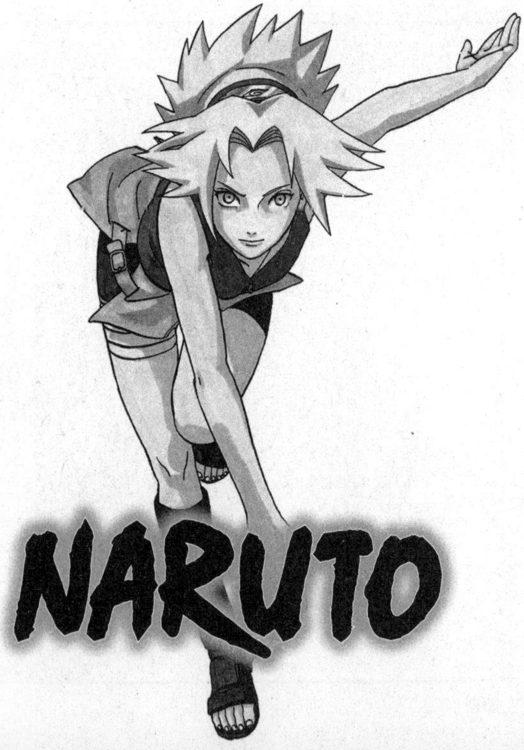
NARUTO

261. Kapitel: Jinchuriki

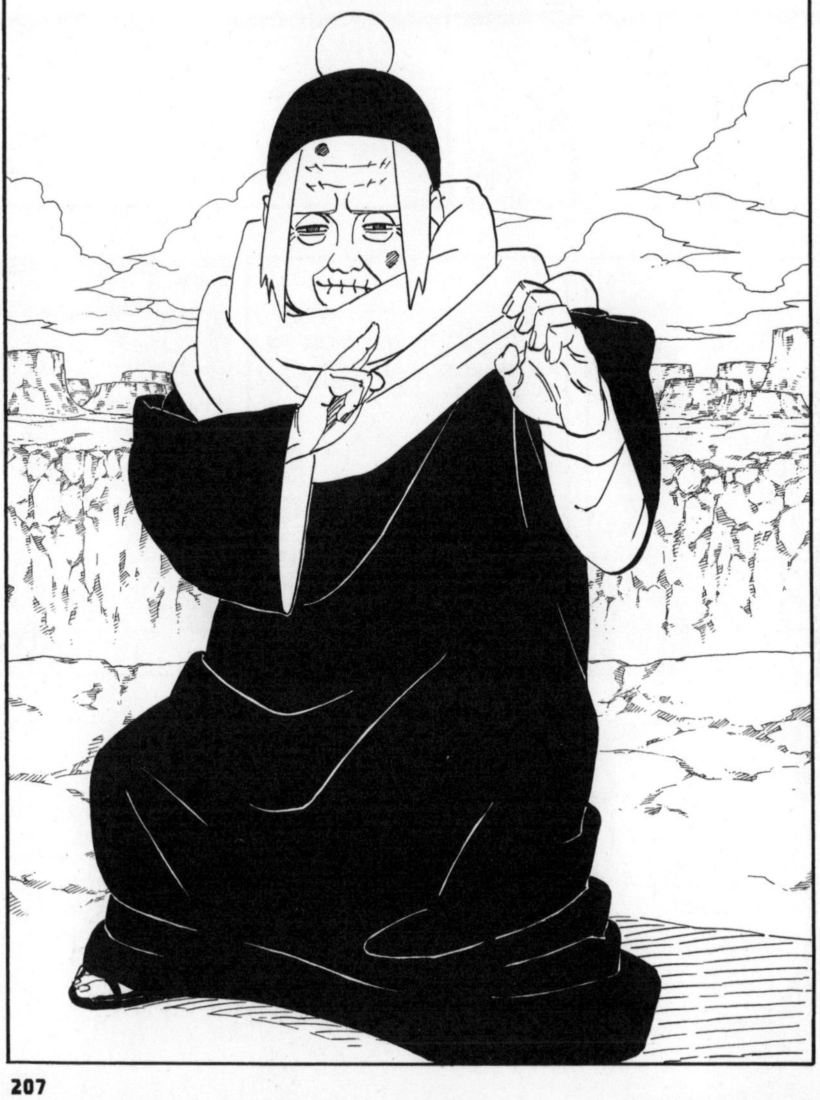

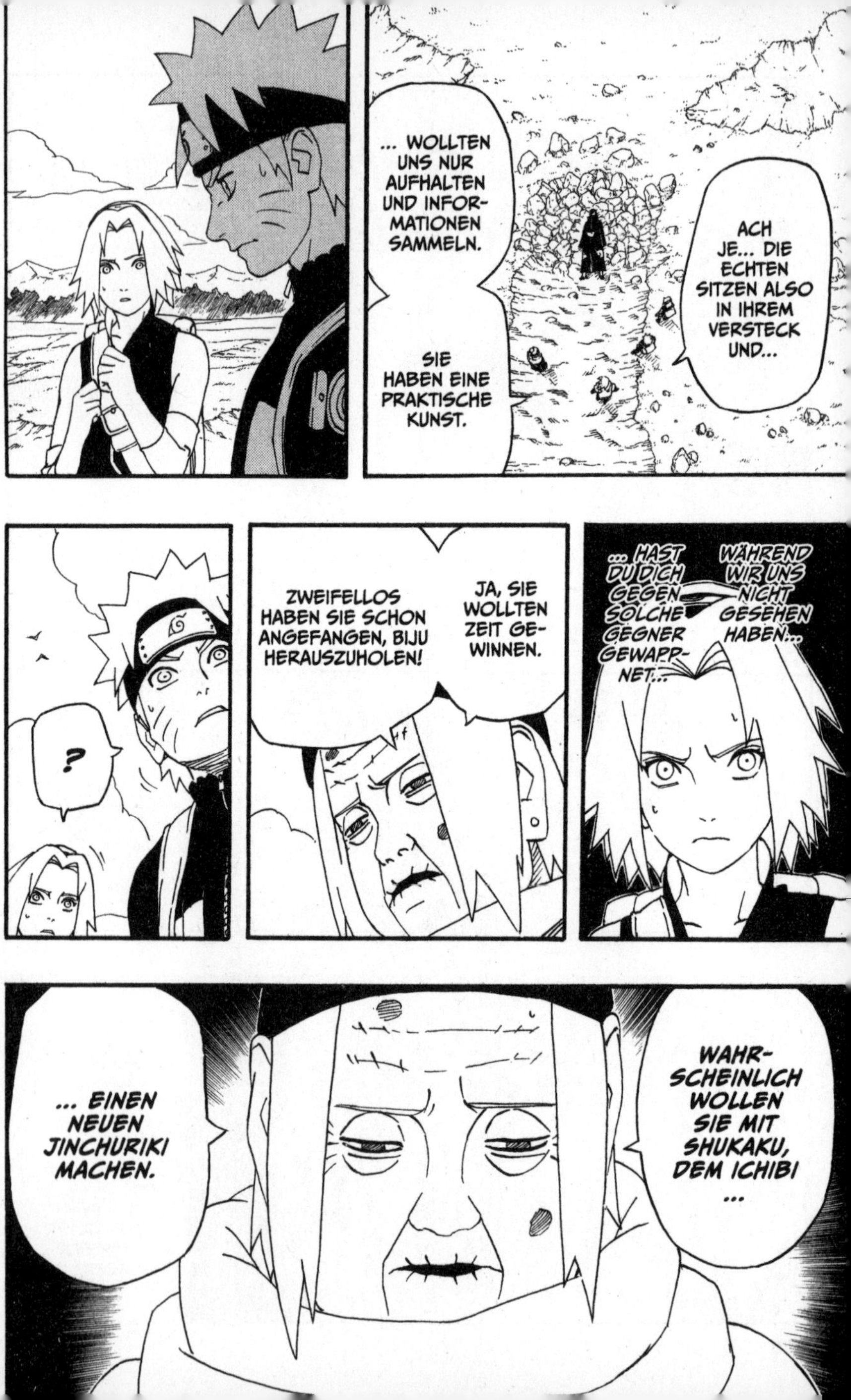

ACH JE... DIE ECHTEN SITZEN ALSO IN IHREM VERSTECK UND...
... WOLLTEN UNS NUR AUFHALTEN UND INFORMATIONEN SAMMELN.
SIE HABEN EINE PRAKTISCHE KUNST.
WÄHREND WIR UNS NICHT GESEHEN HABEN...
... HAST DU DICH GEGEN SOLCHE GEGNER GEWAPPNET...
JA, SIE WOLLTEN ZEIT GEWINNEN.
ZWEIFELLOS HABEN SIE SCHON ANGEFANGEN, BIJU HERAUSZUHOLEN!
?
WAHRSCHEINLICH WOLLEN SIE MIT SHUKAKU, DEM ICHIBI ...
... EINEN NEUEN JINCHURIKI MACHEN.

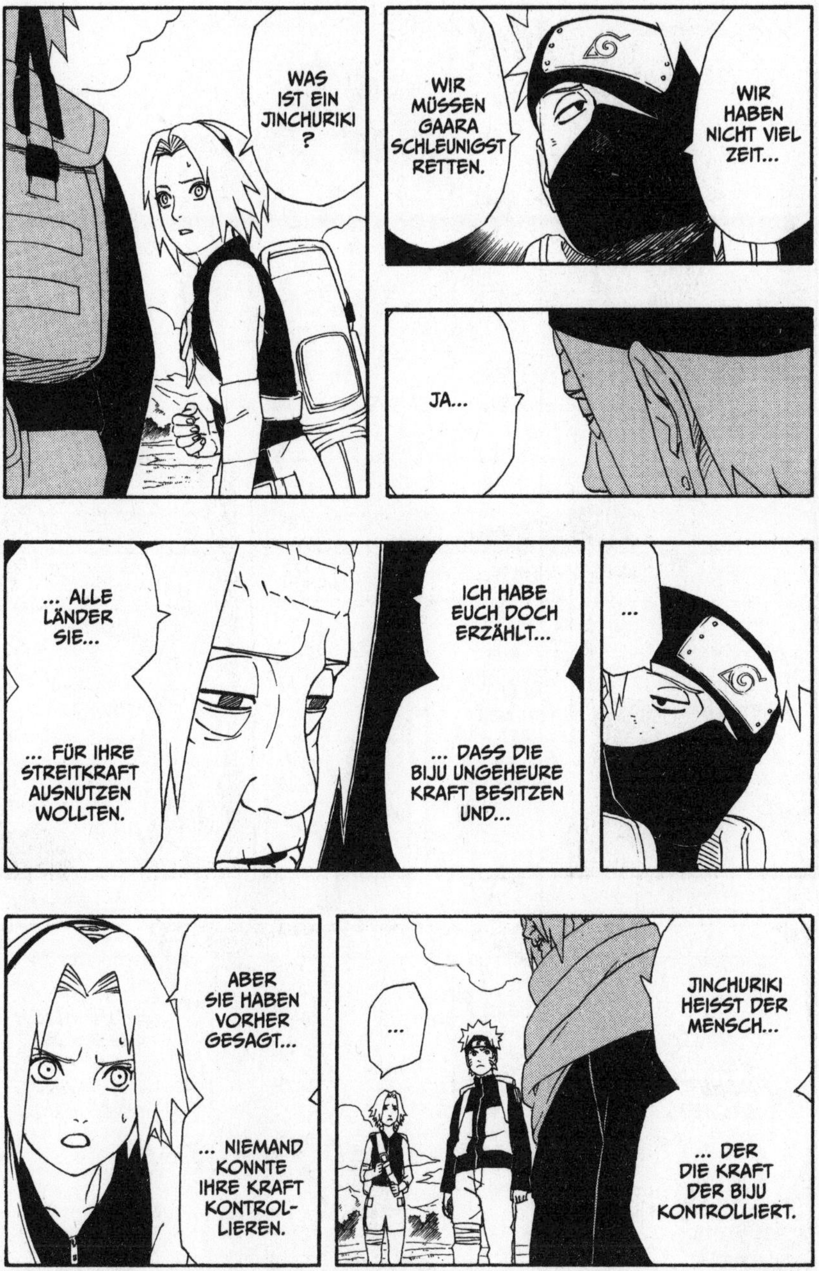
WIR HABEN NICHT VIEL ZEIT...
WIR MÜSSEN GAARA SCHLEUNIGST RETTEN.
JA...
WAS IST EIN JINCHURIKI ?
...
ICH HABE EUCH DOCH ERZÄHLT...
... DASS DIE BIJU UNGEHEURE KRAFT BESITZEN UND...
... ALLE LÄNDER SIE...
... FÜR IHRE STREITKRAFT AUSNUTZEN WOLLTEN.
JINCHURIKI HEISST DER MENSCH...
... DER DIE KRAFT DER BIJU KONTROLLIERT.
...
ABER SIE HABEN VORHER GESAGT...
... NIEMAND KONNTE IHRE KRAFT KONTROL-LIEREN.

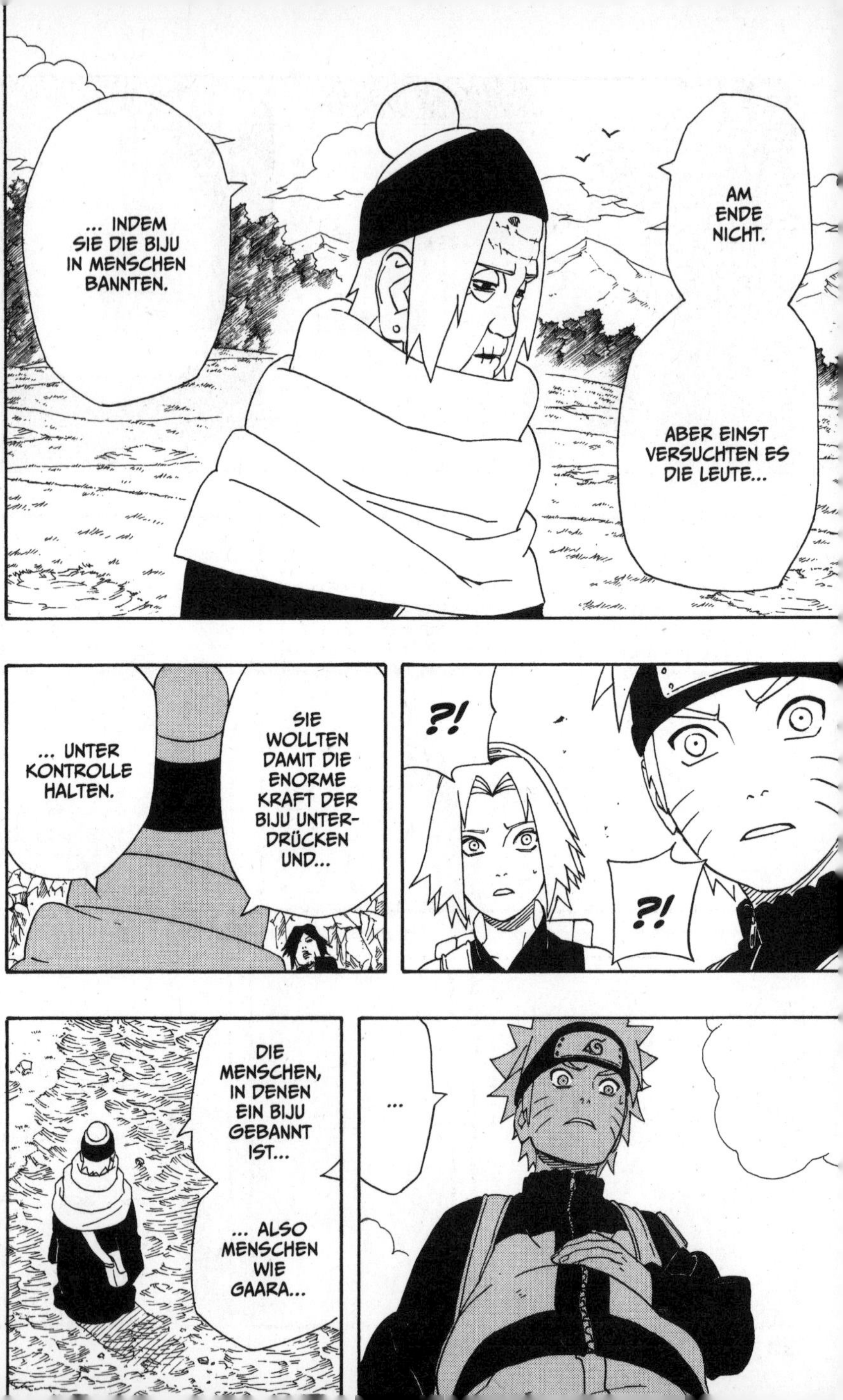

AM ENDE NICHT.
ABER EINST VERSUCHTEN ES DIE LEUTE...
... INDEM SIE DIE BIJU IN MENSCHEN BANNTEN.
?!
?!
SIE WOLLTEN DAMIT DIE ENORME KRAFT DER BIJU UNTER-DRÜCKEN UND...
... UNTER KONTROLLE HALTEN.
...
DIE MENSCHEN, IN DENEN EIN BIJU GEBANNT IST...
... ALSO MENSCHEN WIE GAARA...

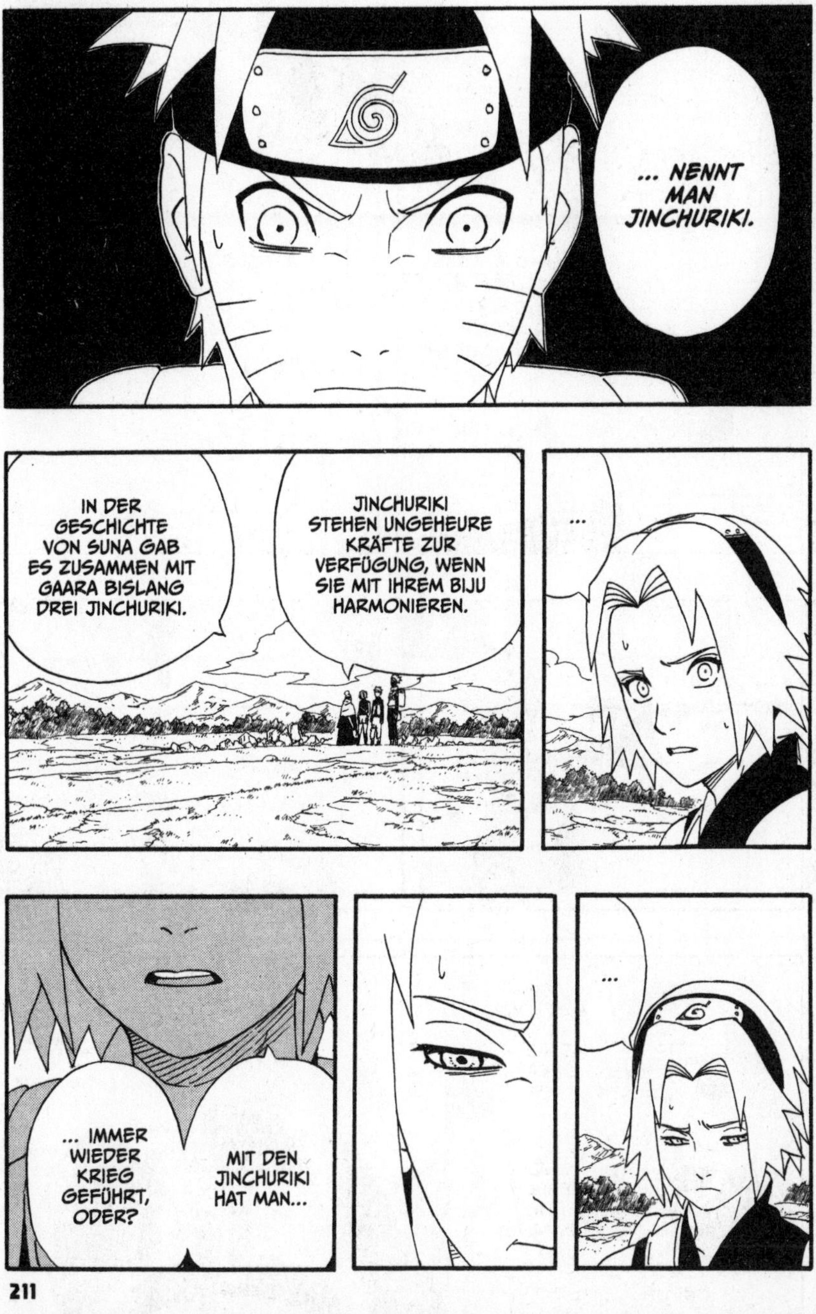

... NENNT MAN JINCHURIKI.
...
JINCHURIKI STEHEN UNGEHEURE KRÄFTE ZUR VERFÜGUNG, WENN SIE MIT IHREM BIJU HARMONIEREN.
IN DER GESCHICHTE VON SUNA GAB ES ZUSAMMEN MIT GAARA BISLANG DREI JINCHURIKI.
...
MIT DEN JINCHURIKI HAT MAN...
... IMMER WIEDER KRIEG GEFÜHRT, ODER?

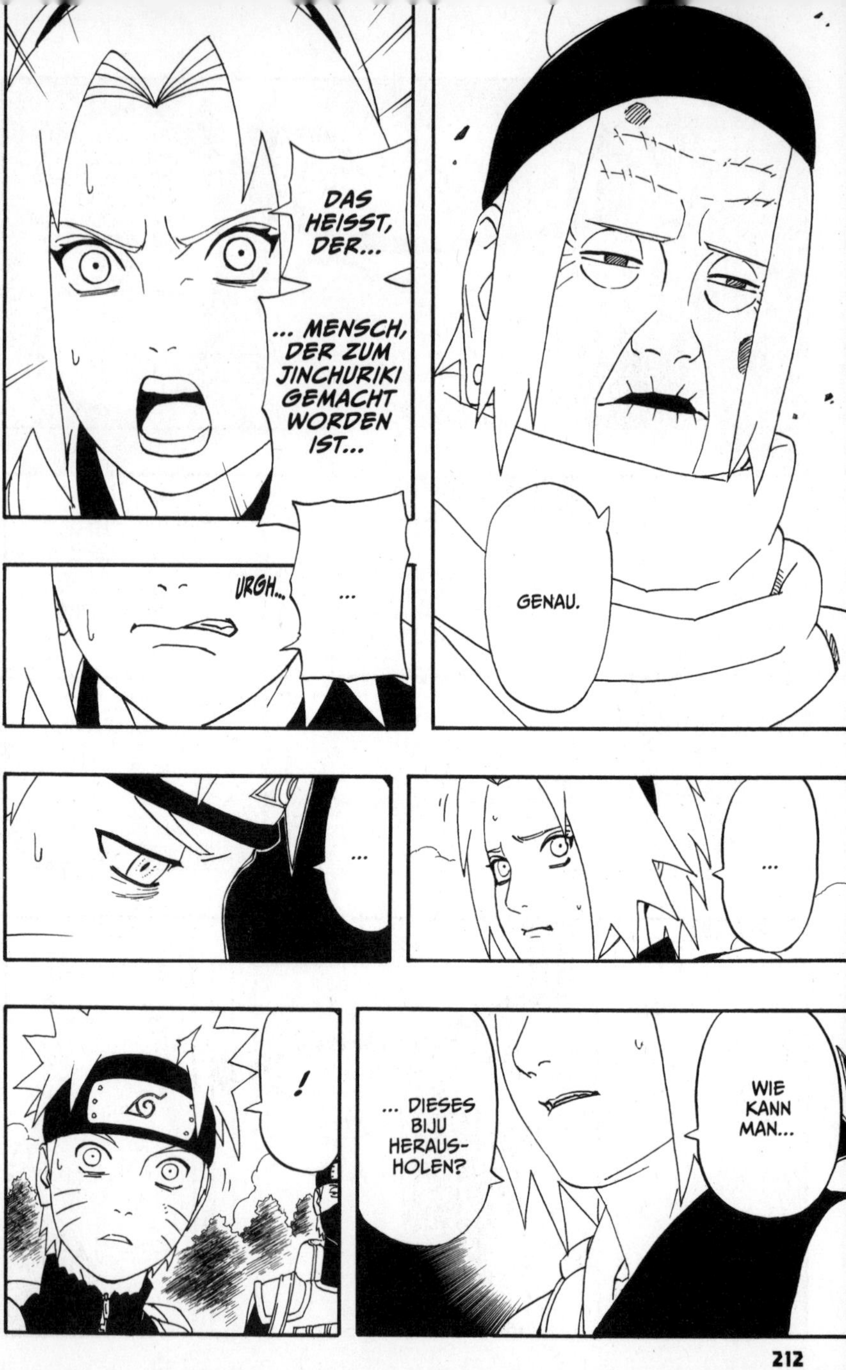
DAS HEISST, DER...
... MENSCH, DER ZUM JINCHURIKI GEMACHT WORDEN IST...
GENAU.
URGH...
...
...
...
WIE KANN MAN...
... DIESES BIJU HERAUSHOLEN?
!

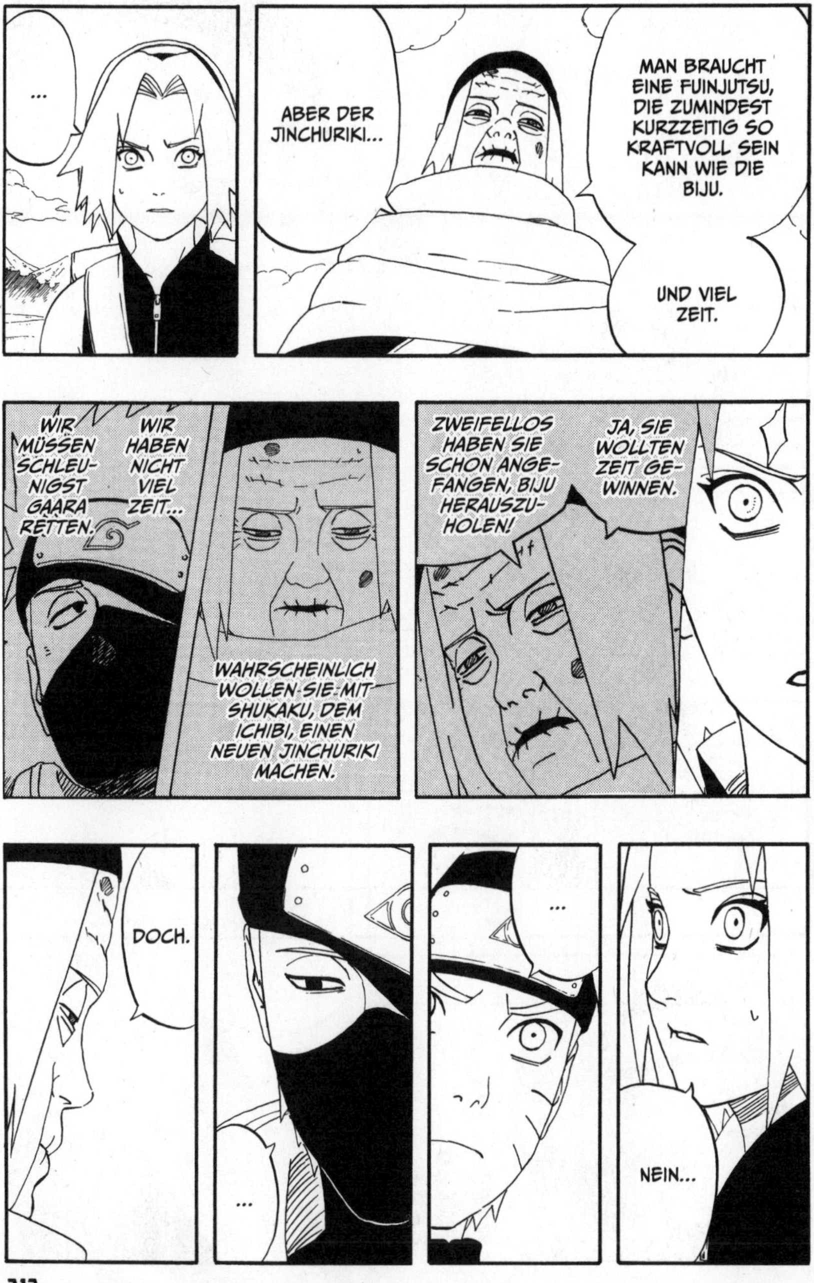
MAN BRAUCHT EINE FUINJUTSU, DIE ZUMINDEST KURZZEITIG SO KRAFTVOLL SEIN KANN WIE DIE BIJU.
UND VIEL ZEIT.
ABER DER JINCHURIKI...
...
JA, SIE WOLLTEN ZEIT GEWINNEN.
ZWEIFELLOS HABEN SIE SCHON ANGEFANGEN, BIJU HERAUSZUHOLEN!
WIR HABEN NICHT VIEL ZEIT...
WIR MÜSSEN SCHLEUNIGST GAARA RETTEN.
WAHRSCHEINLICH WOLLEN SIE MIT SHUKAKU, DEM ICHIBI, EINEN NEUEN JINCHURIKI MACHEN.
NEIN...
...
...
DOCH.

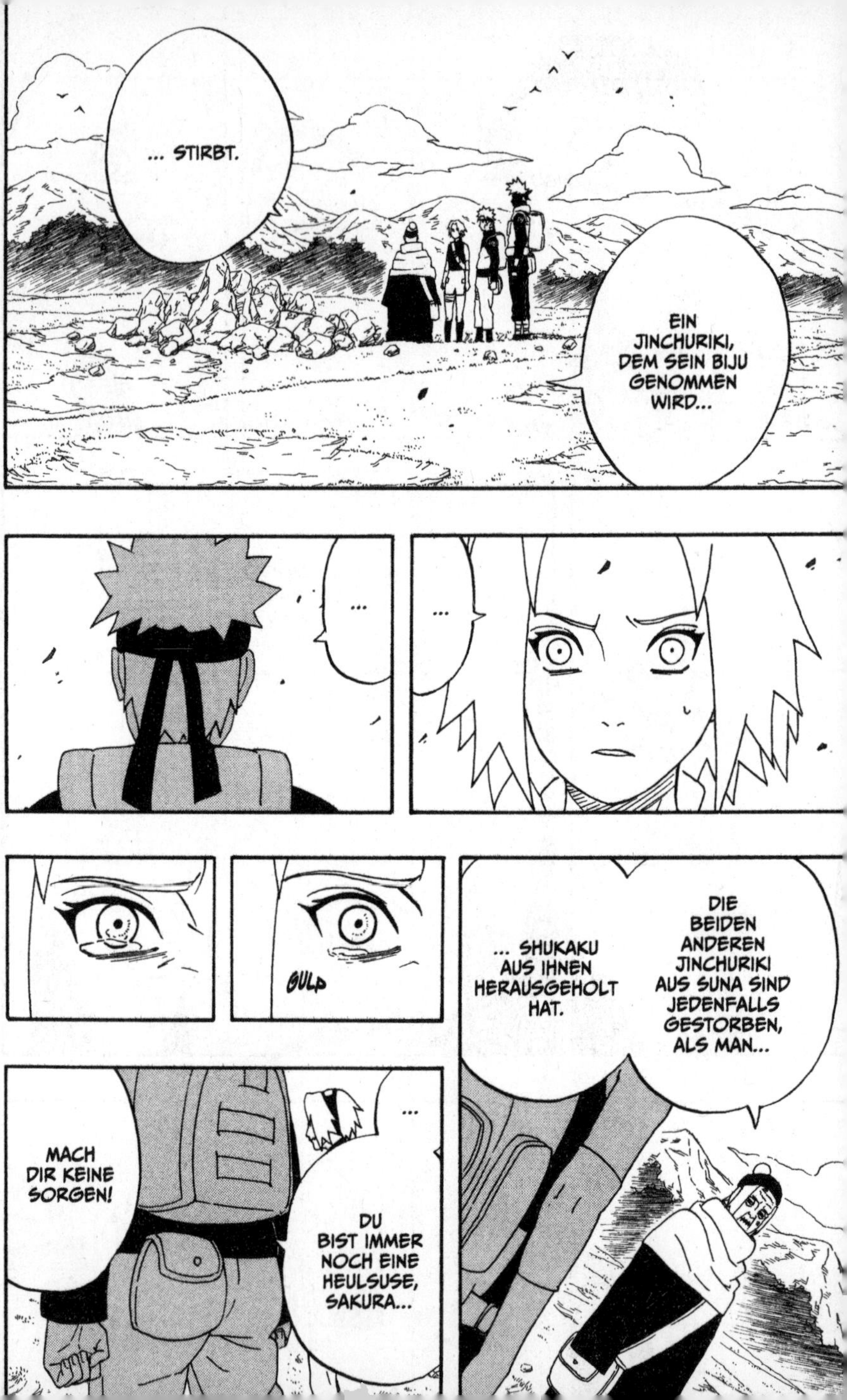
EIN JINCHURIKI, DEM SEIN BIJU GENOMMEN WIRD...
... STIRBT.
...
...
DIE BEIDEN ANDEREN JINCHURIKI AUS SUNA SIND JEDENFALLS GESTORBEN, ALS MAN...
... SHUKAKU AUS IHNEN HERAUSGEHOLT HAT.
GULP
...
DU BIST IMMER NOCH EINE HEULSUSE, SAKURA...
MACH DIR KEINE SORGEN!

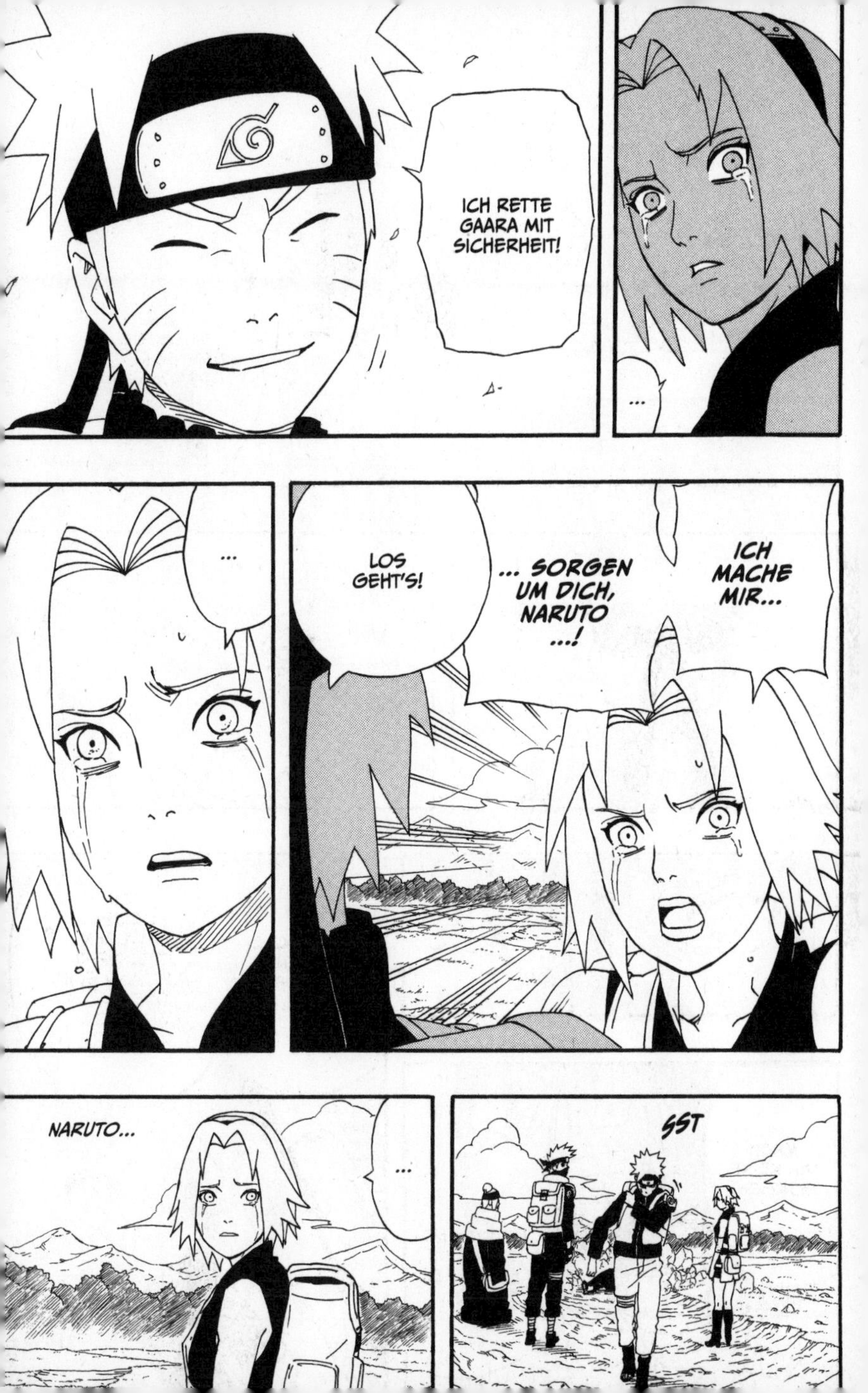
...
ICH RETTE GAARA MIT SICHERHEIT!
ICH MACHE MIR...
... SORGEN UM DICH, NARUTO ...!
LOS GEHT'S!
...
SST
...
NARUTO...

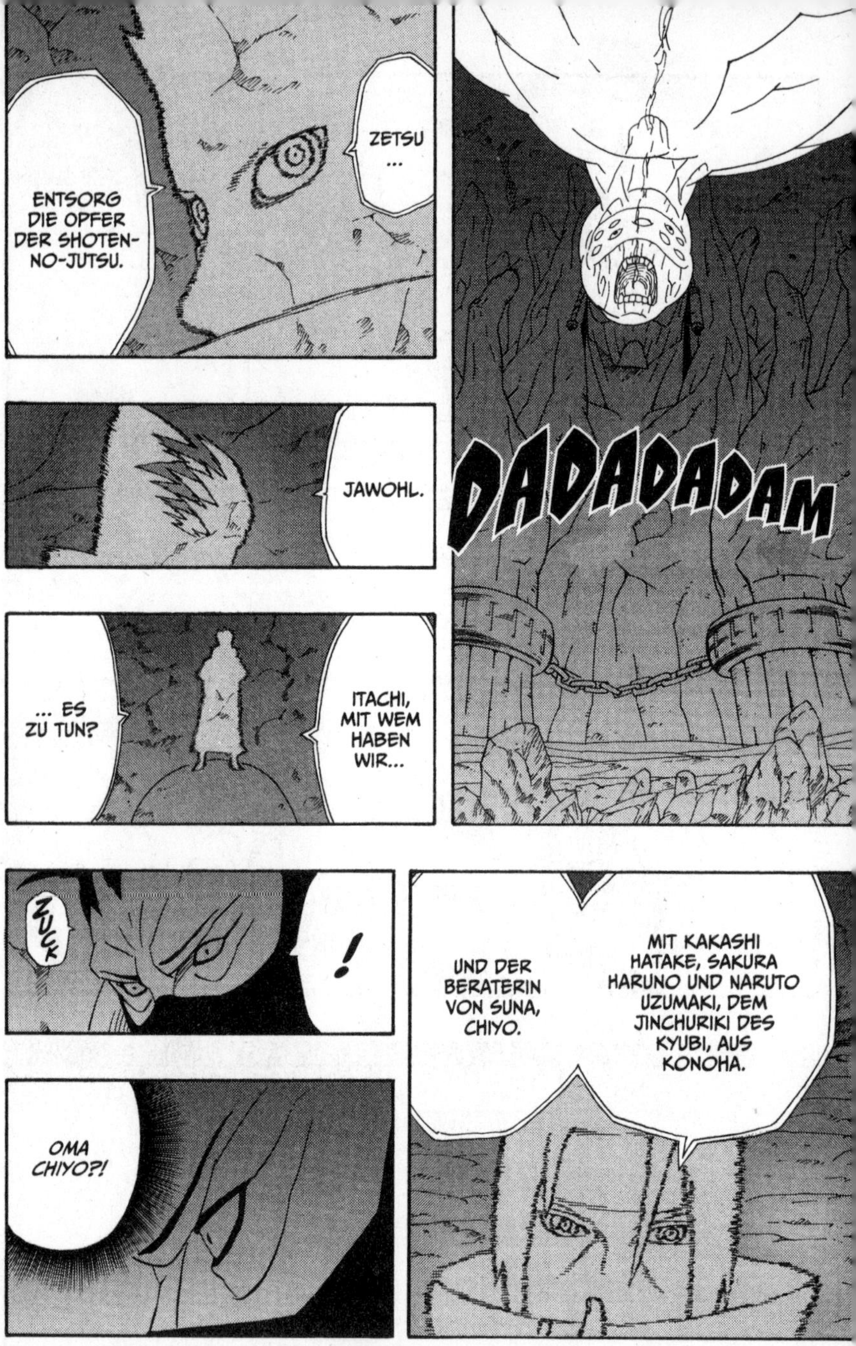
ZETSU ...
ENTSORG DIE OPFER DER SHOTEN-NO-JUTSU.
DADADADAM
JAWOHL.
ITACHI, MIT WEM HABEN WIR...
... ES ZU TUN?
MIT KAKASHI HATAKE, SAKURA HARUNO UND NARUTO UZUMAKI, DEM JINCHURIKI DES KYUBI, AUS KONOHA.
UND DER BERATERIN VON SUNA, CHIYO.
!
ZUCK
OMA CHIYO?!

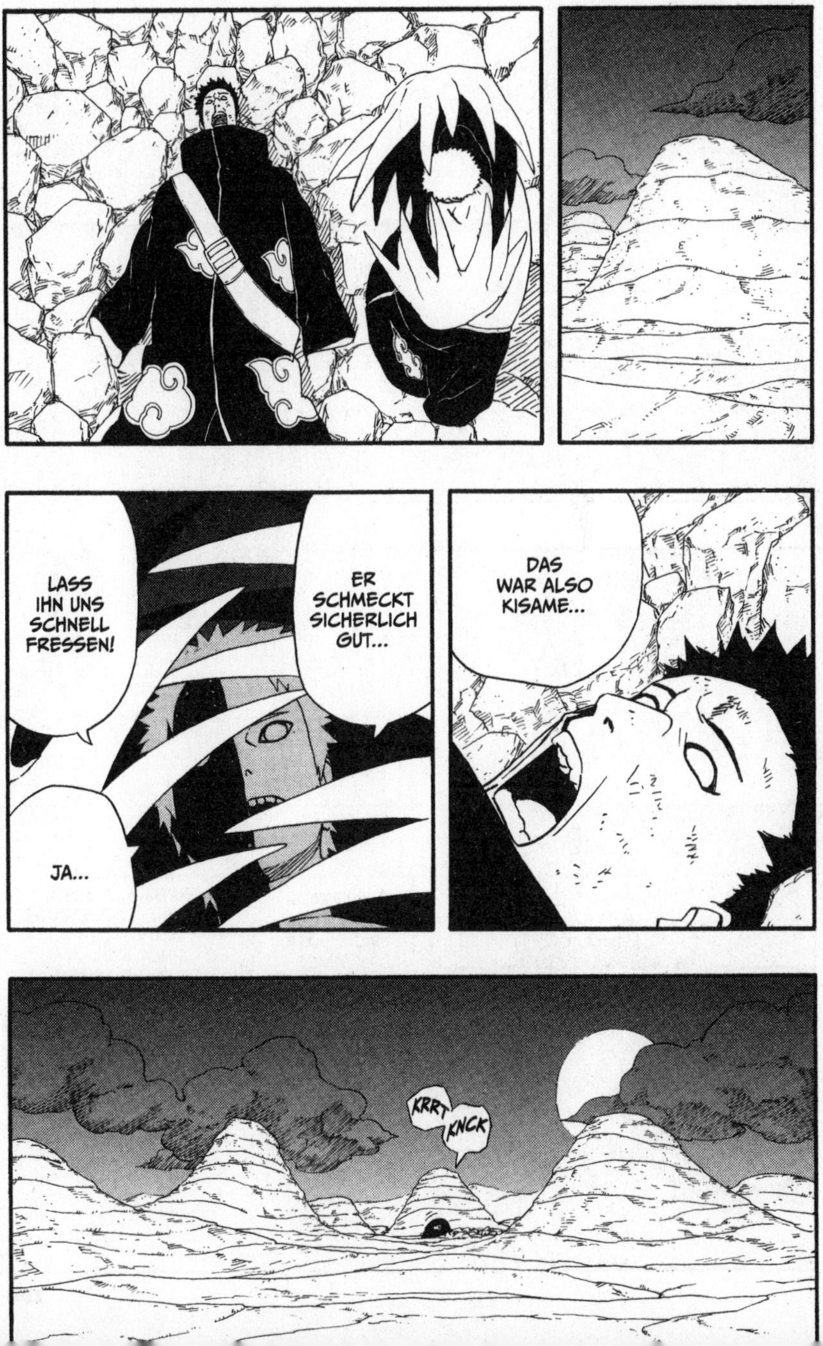
DAS WAR ALSO KISAME...
ER SCHMECKT SICHERLICH GUT...
LASS IHN UNS SCHNELL FRESSEN!
JA...
KRRT
KNCK

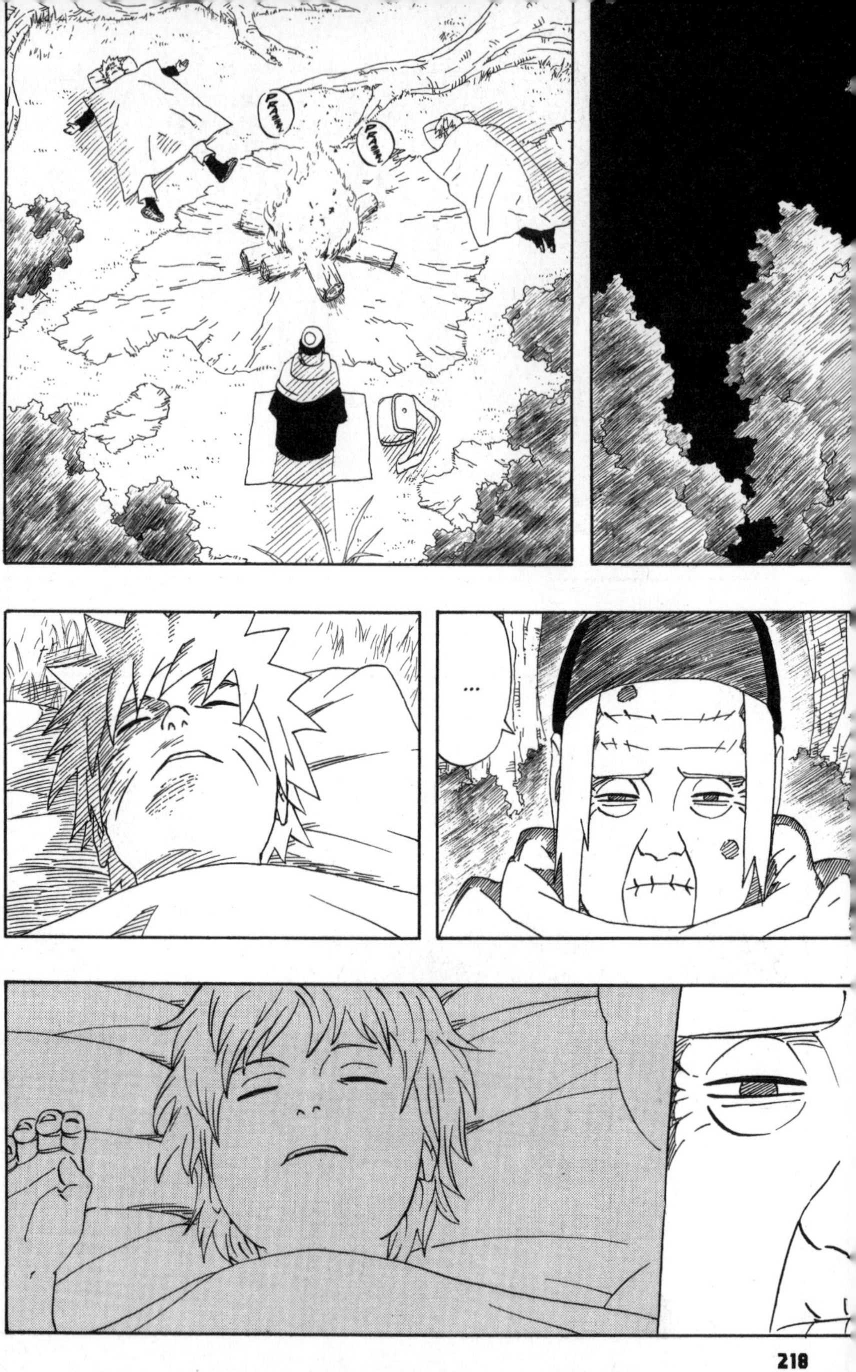

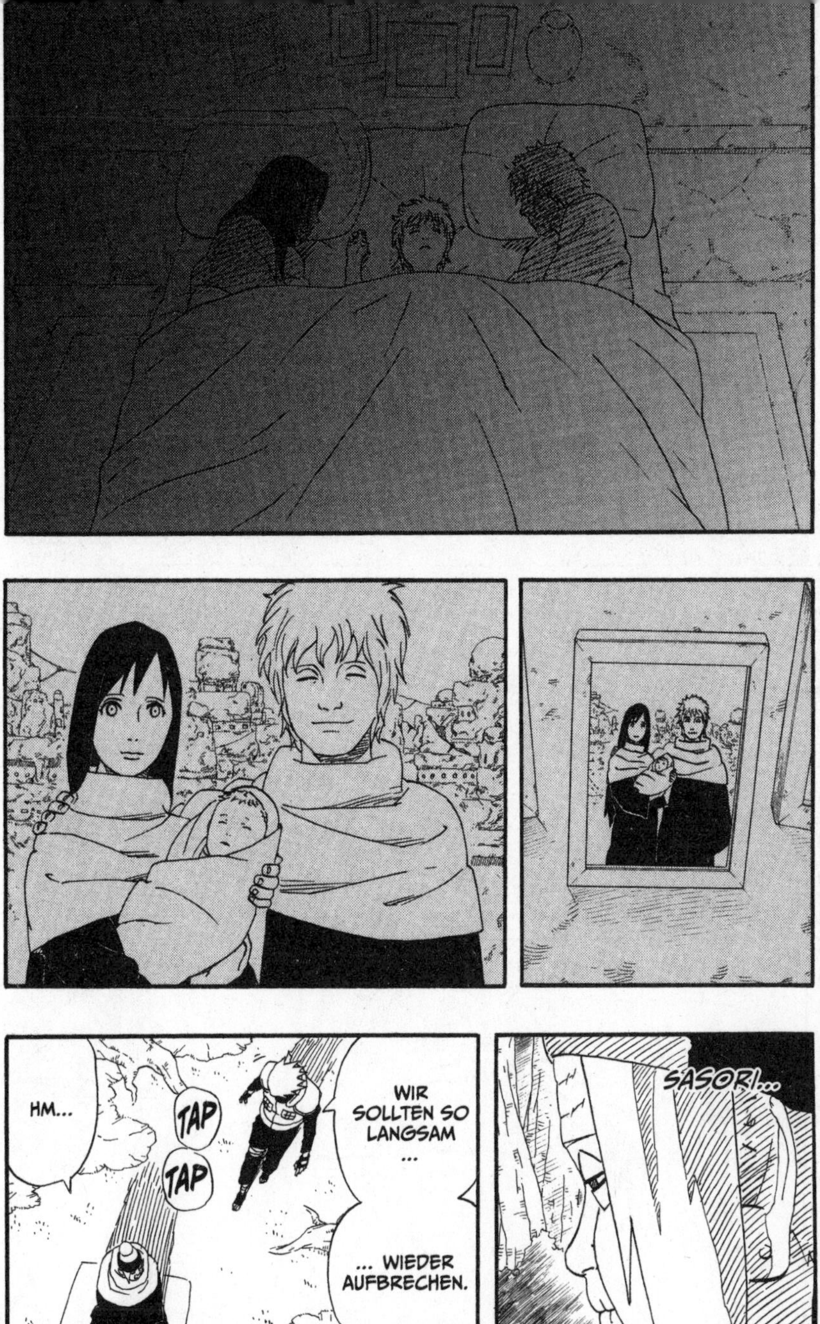
HM...
TAP
TAP
WIR SOLLTEN SO LANGSAM ...
... WIEDER AUFBRECHEN.
SASORI...

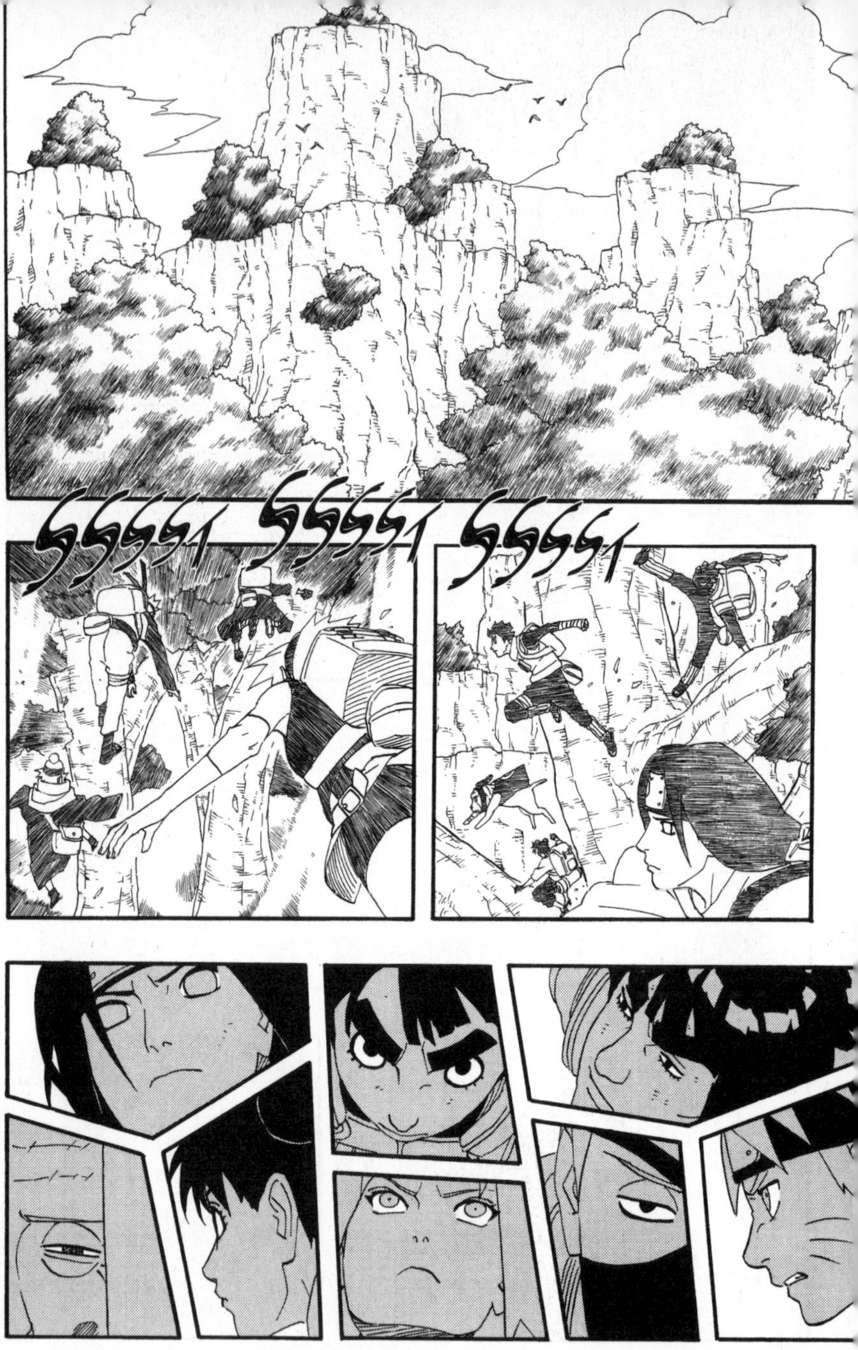

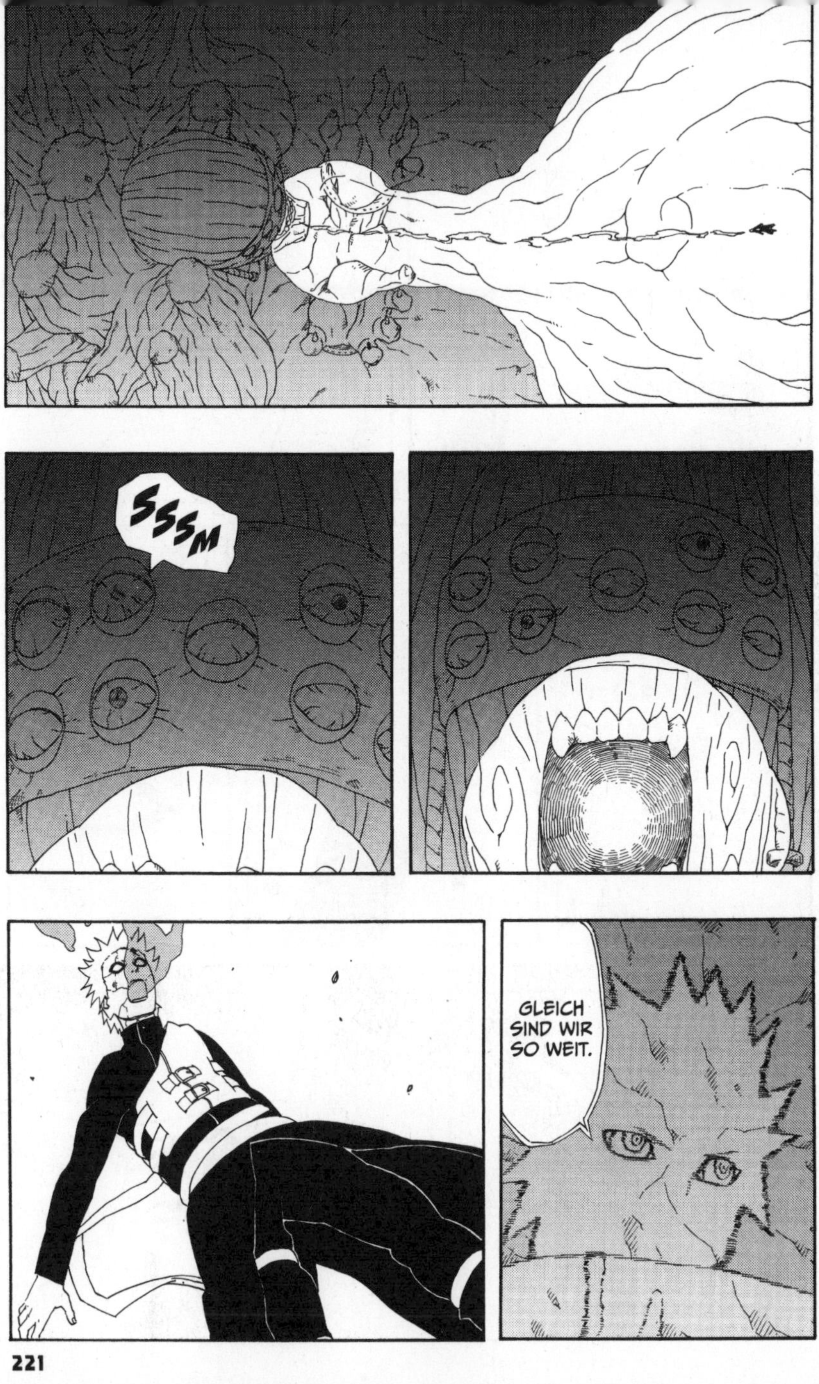
SSSM
GLEICH SIND WIR SO WEIT.

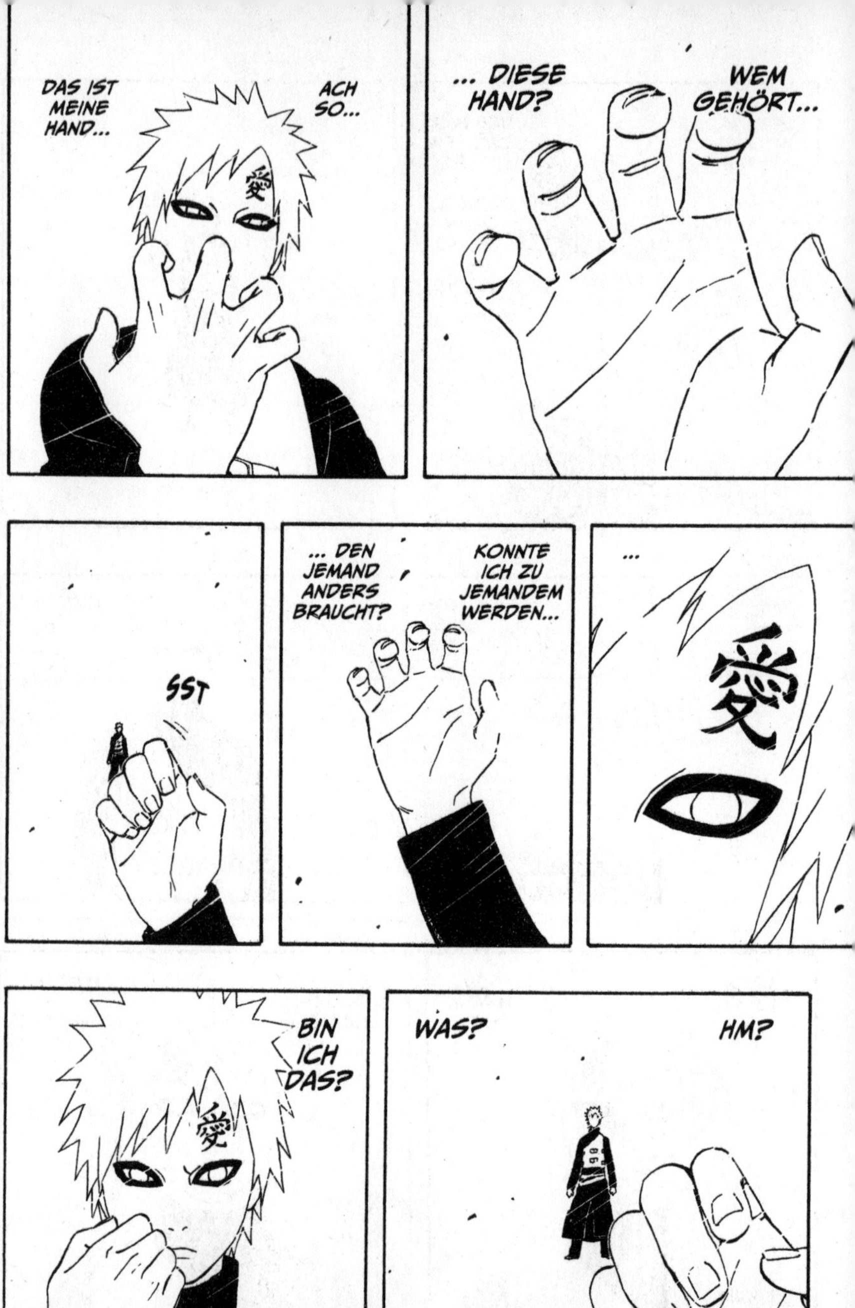
WEM GEHÖRT...
... DIESE HAND?
ACH SO...
DAS IST MEINE HAND...
...
KONNTE ICH ZU JEMANDEM WERDEN...
... DEN JEMAND ANDERS BRAUCHT?
SST
HM?
WAS?
BIN ICH DAS?

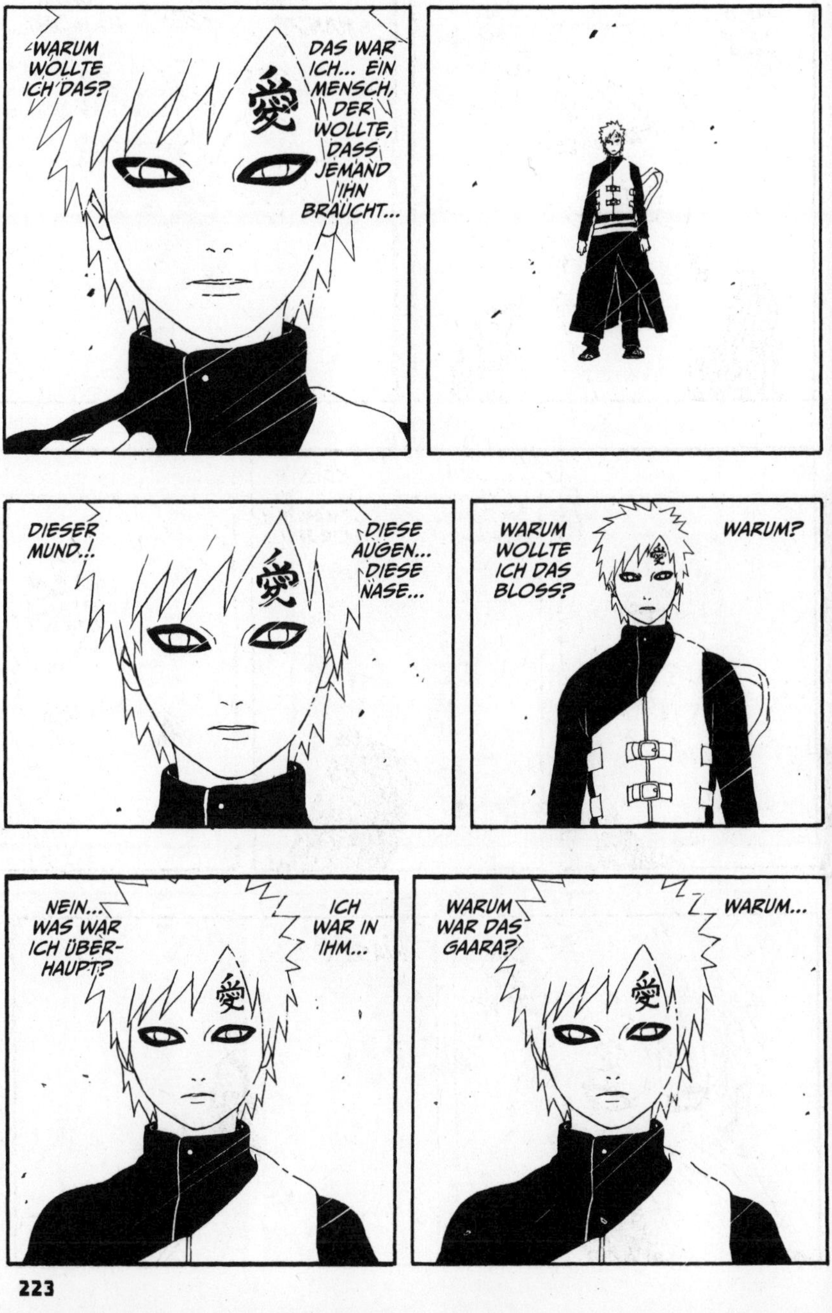
DAS WAR ICH... EIN MENSCH, DER WOLLTE, DASS JEMAND IHN BRAUCHT...
WARUM WOLLTE ICH DAS?
WARUM?
WARUM WOLLTE ICH DAS BLOSS?
DIESE AUGEN... DIESE NASE...
DIESER MUND...
WARUM...
WARUM WAR DAS GAARA?
ICH WAR IN IHM...
NEIN... WAS WAR ICH ÜBERHAUPT?

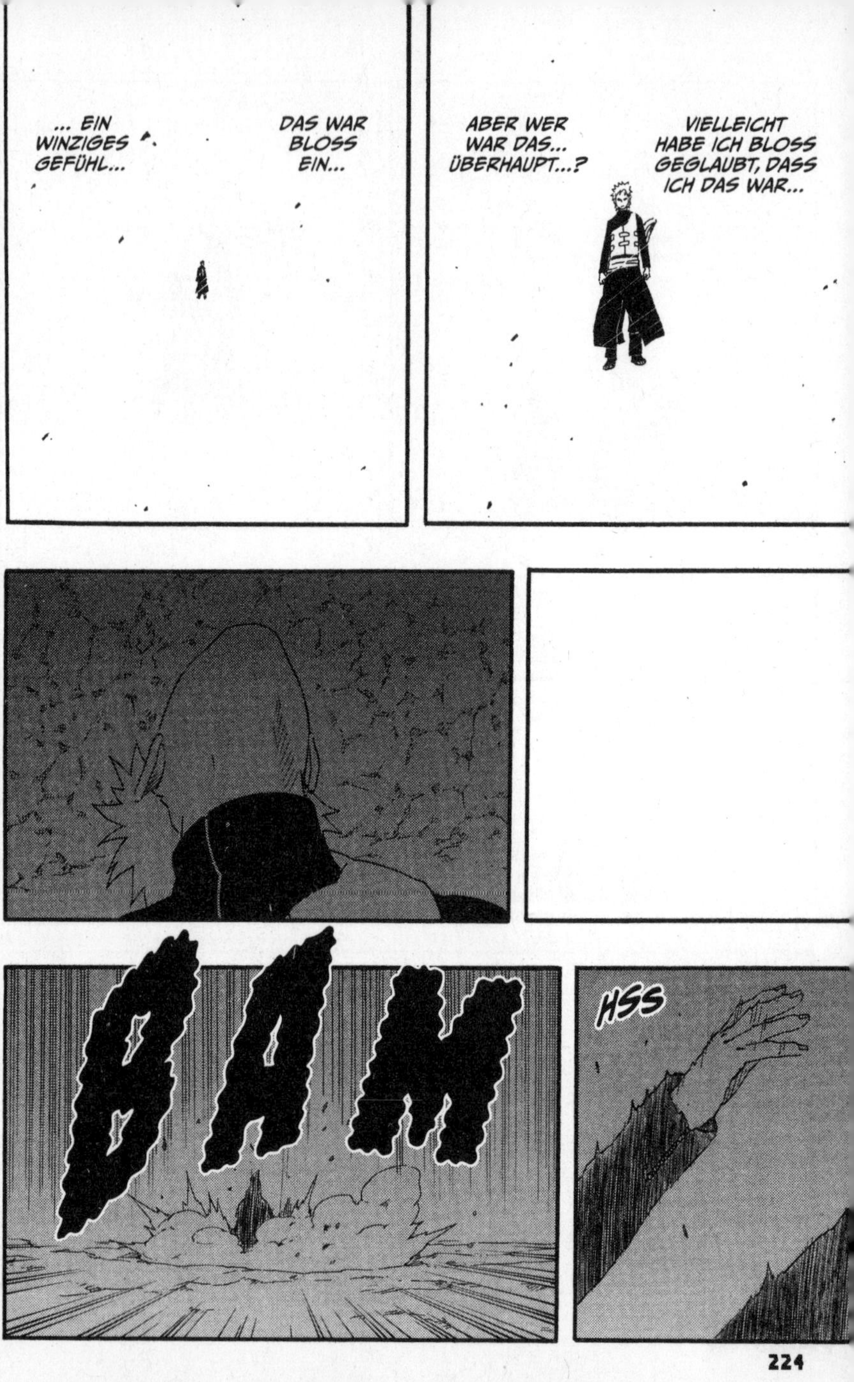
VIELLEICHT HABE ICH BLOSS GEGLAUBT, DASS ICH DAS WAR...
ABER WER WAR DAS... ÜBERHAUPT...?
DAS WAR BLOSS EIN...
... EIN WINZIGES GEFÜHL...
HSS
BAM

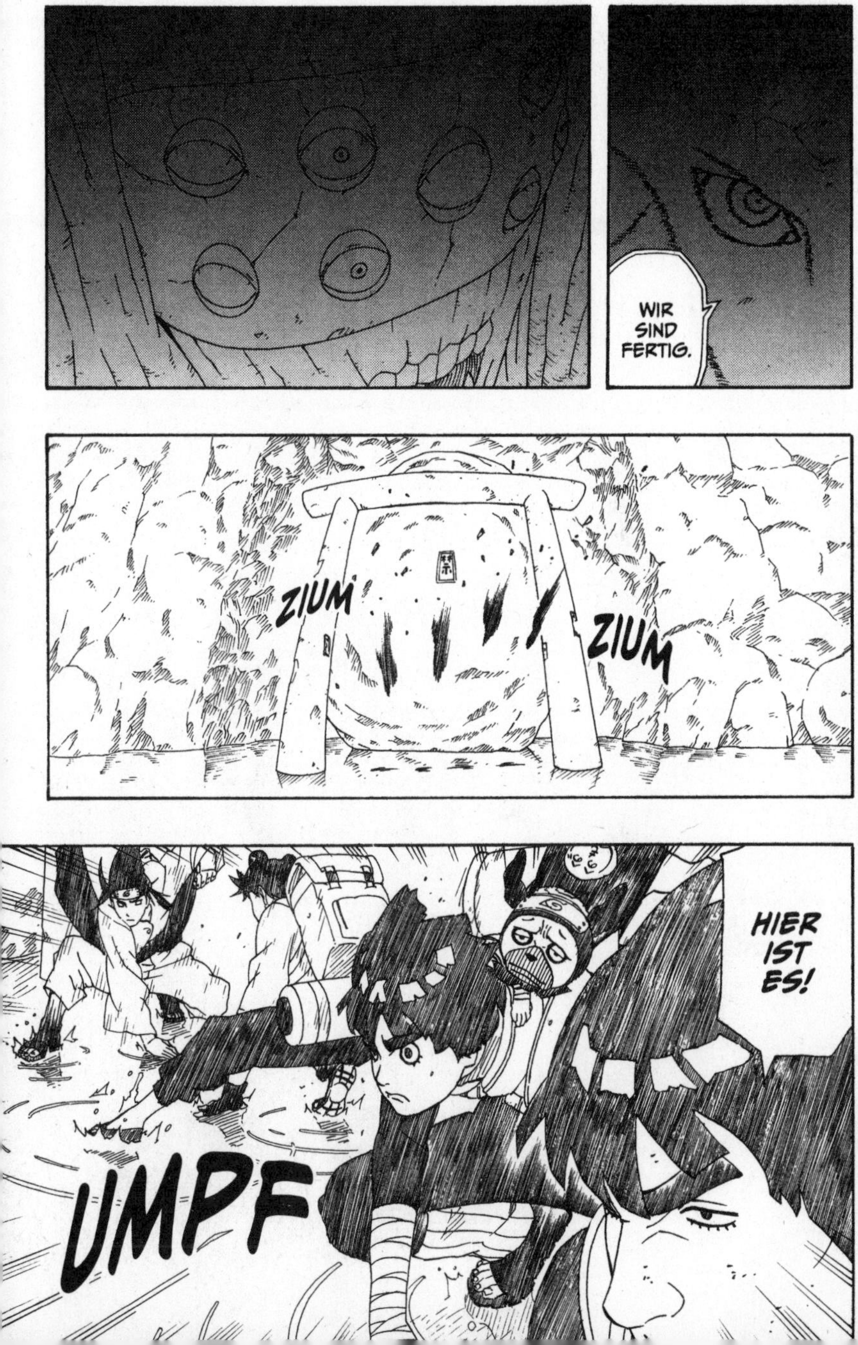
WIR SIND FERTIG.
ZIUM
ZIUM
HIER IST ES!
UMPF

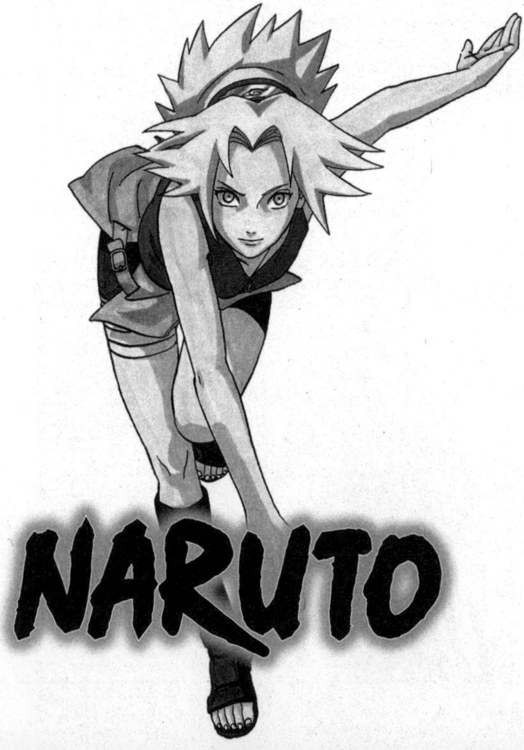
NARUTO

262. Kapitel: Die Gefühle sind schneller

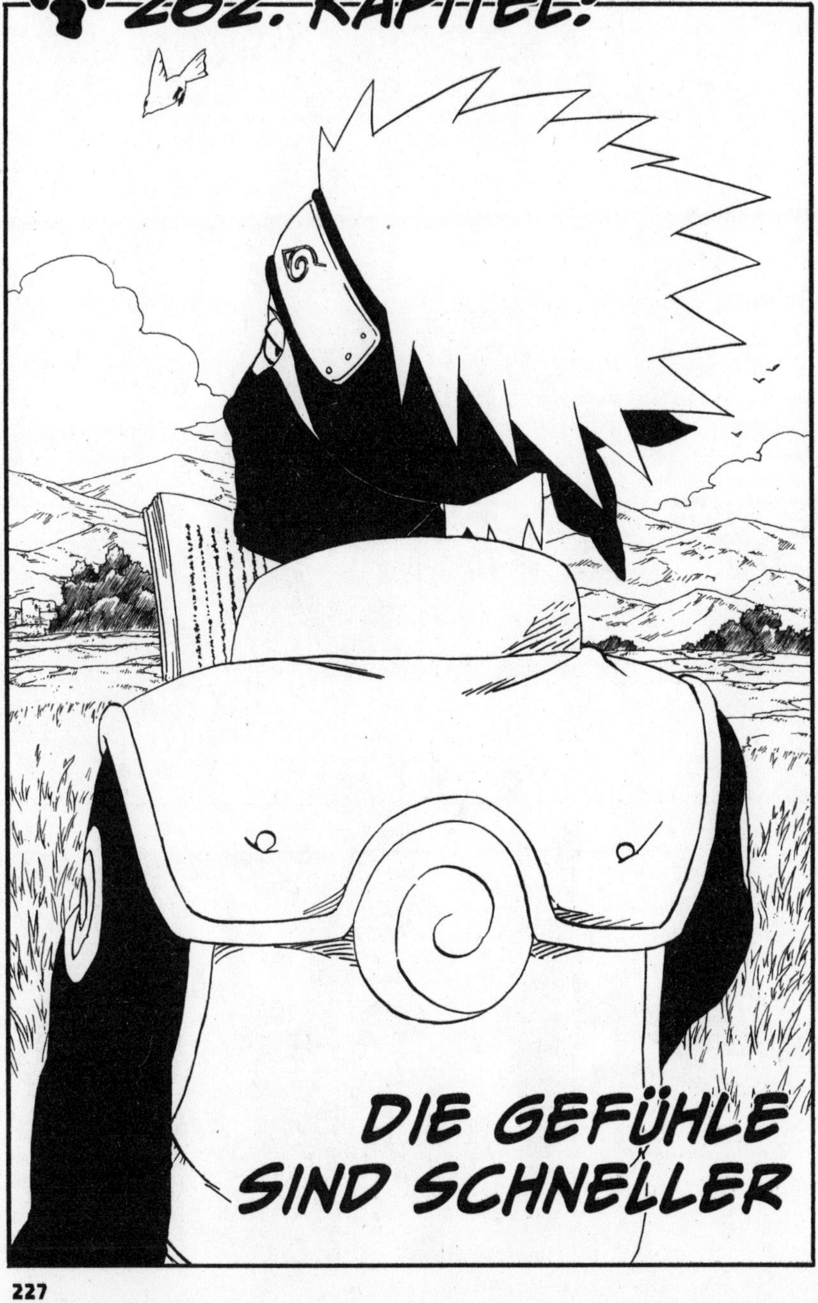

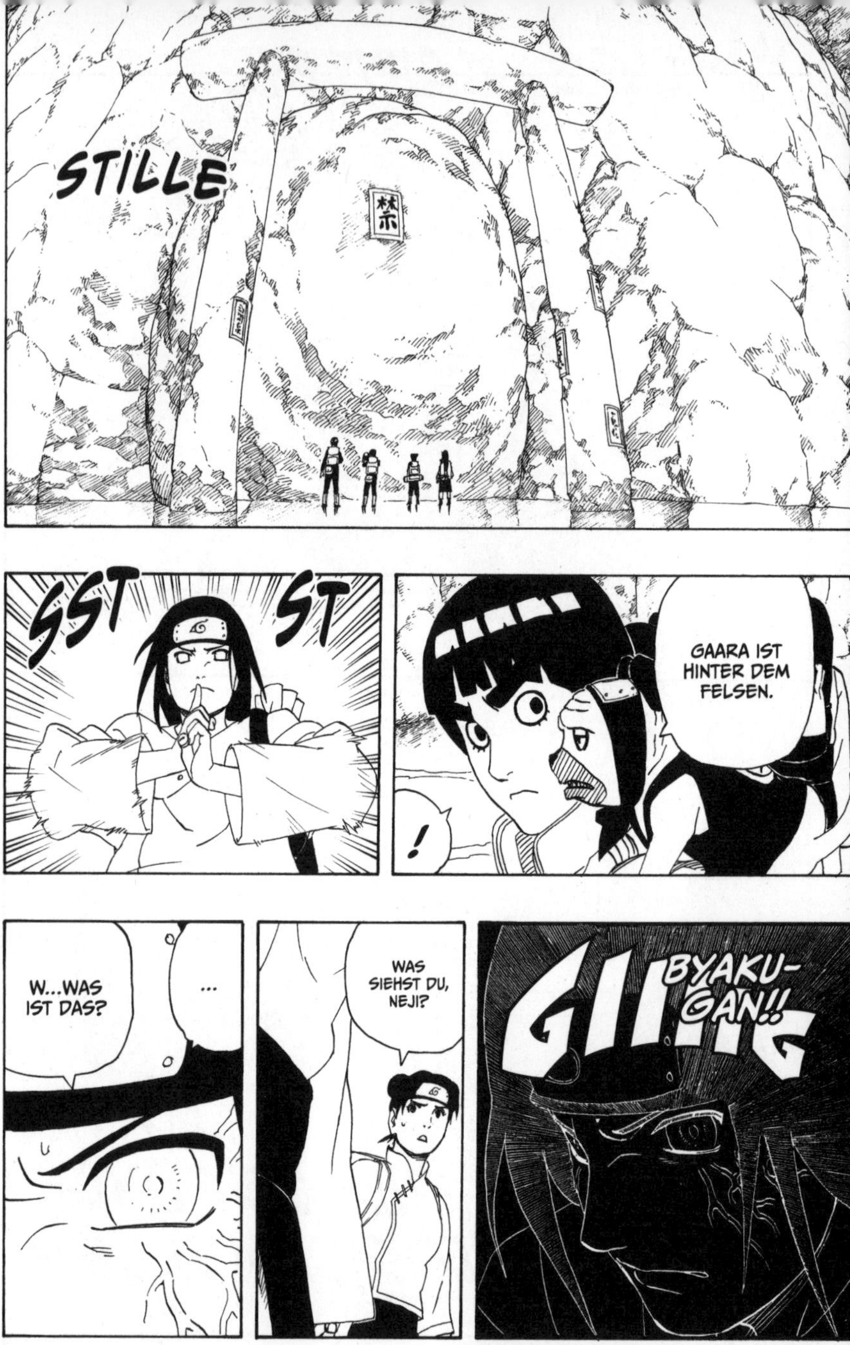
STILLE
GAARA IST HINTER DEM FELSEN.
!
SST
ST
BYAKU-GAN!!
GIIIG
WAS SIEHST DU, NEJI?
...
W...WAS IST DAS?

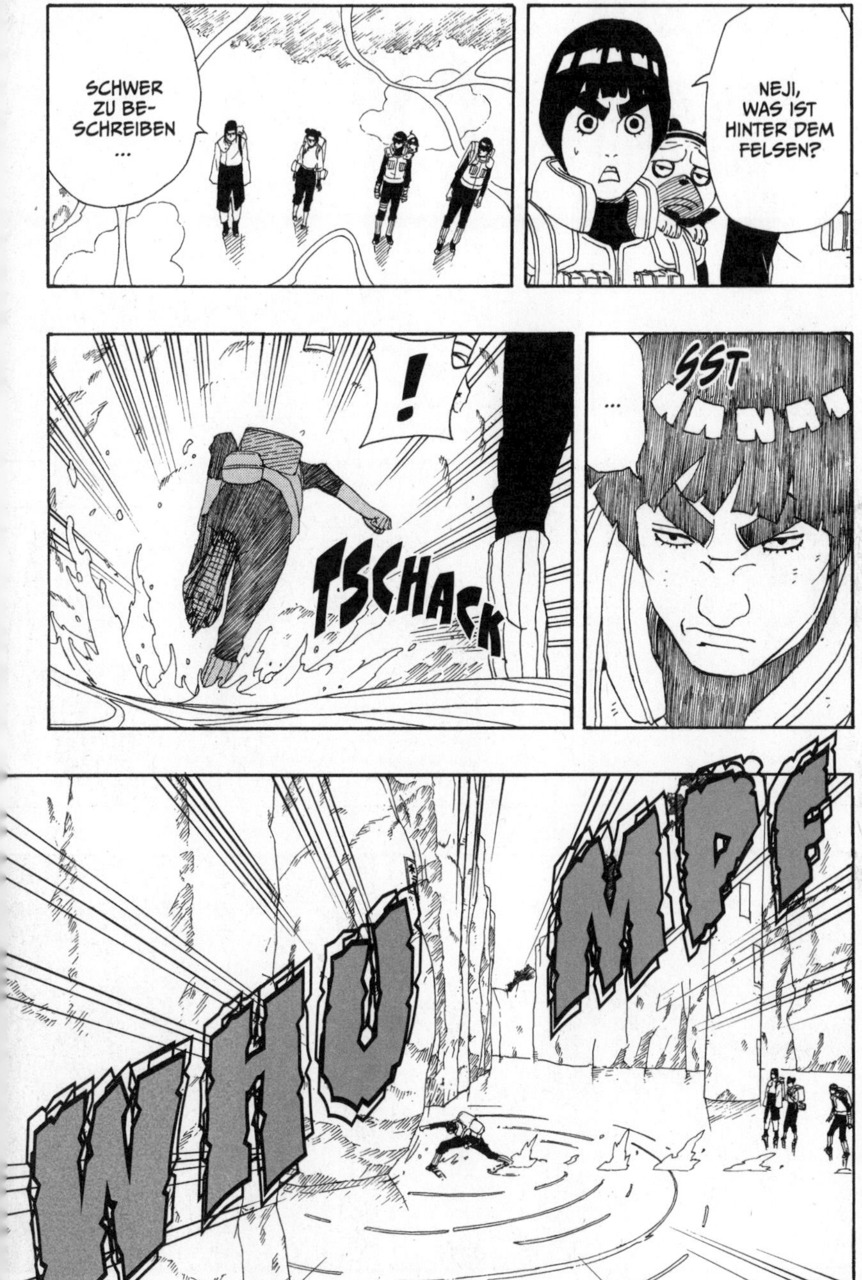
NEJI, WAS IST HINTER DEM FELSEN?
SCHWER ZU BE- SCHREIBEN ...
...
SST
!
TSCHACK
WHUMPF

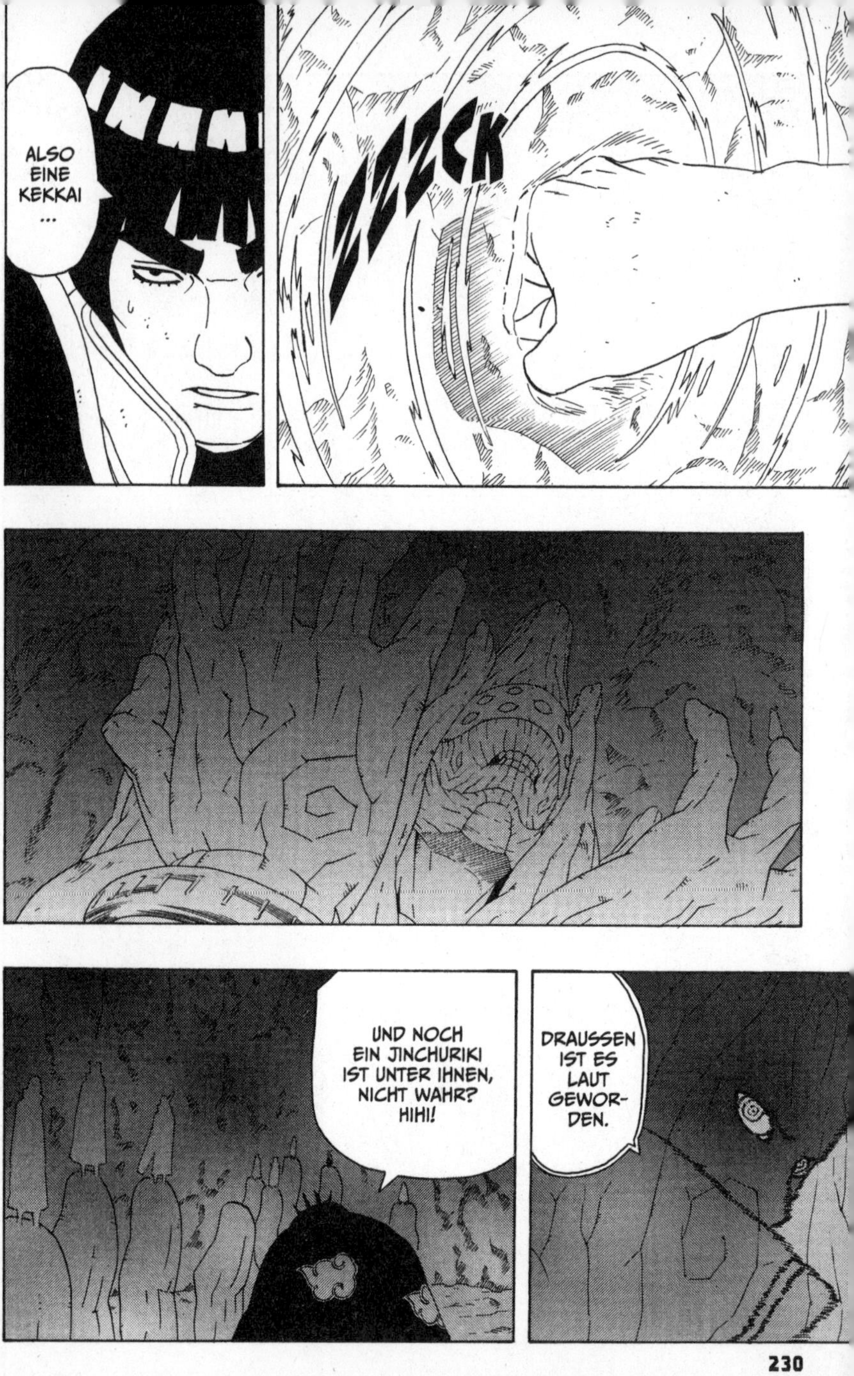
ZZZCK
ALSO EINE KEKKAI ...
DRAUSSEN IST ES LAUT GEWORDEN.
UND NOCH EIN JINCHURIKI IST UNTER IHNEN, NICHT WAHR? HIHI!

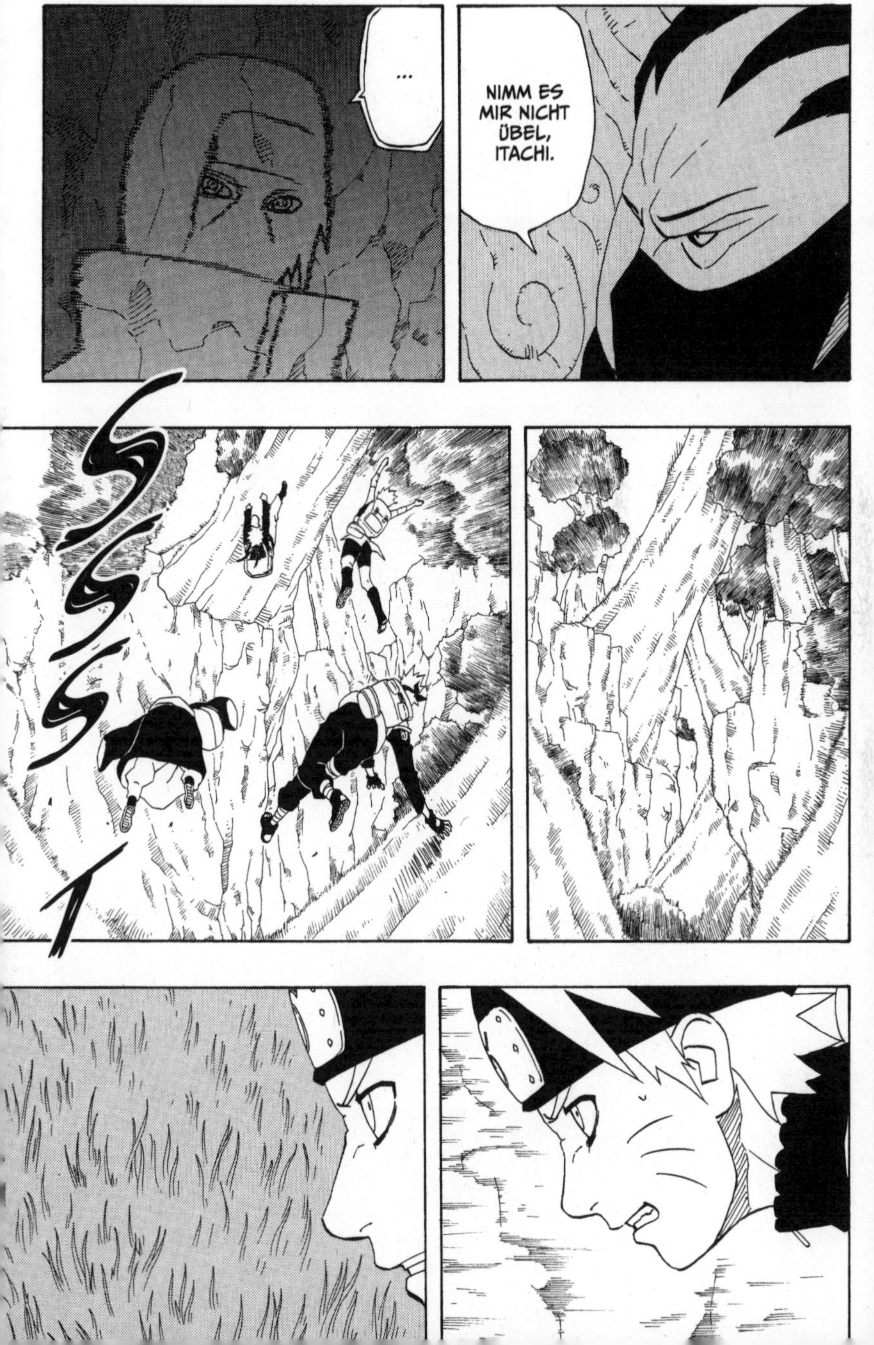
NIMM ES MIR NICHT ÜBEL, ITACHI.
...
SSSST

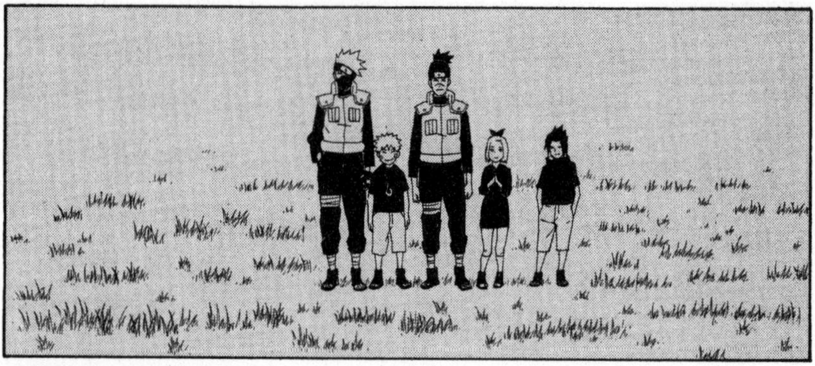

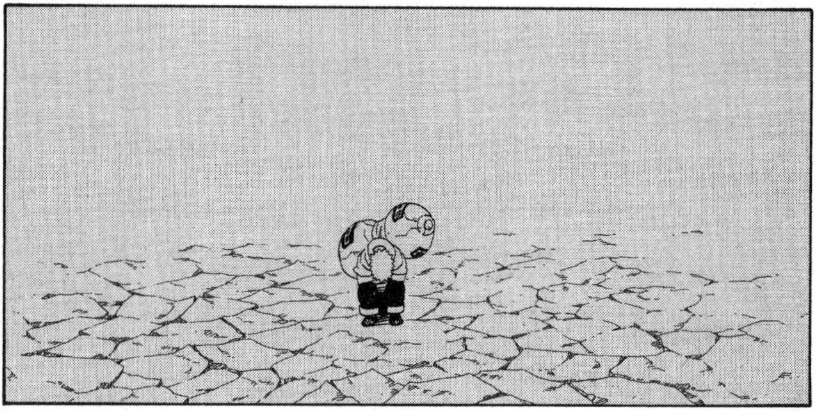

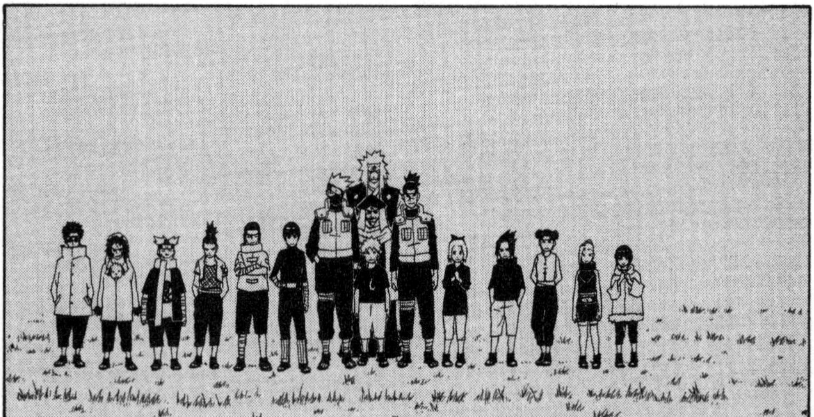

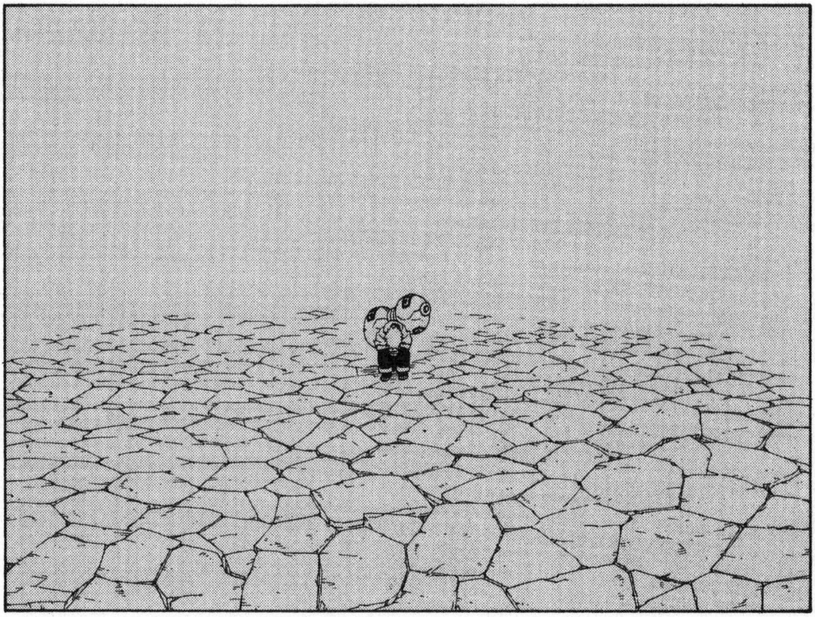

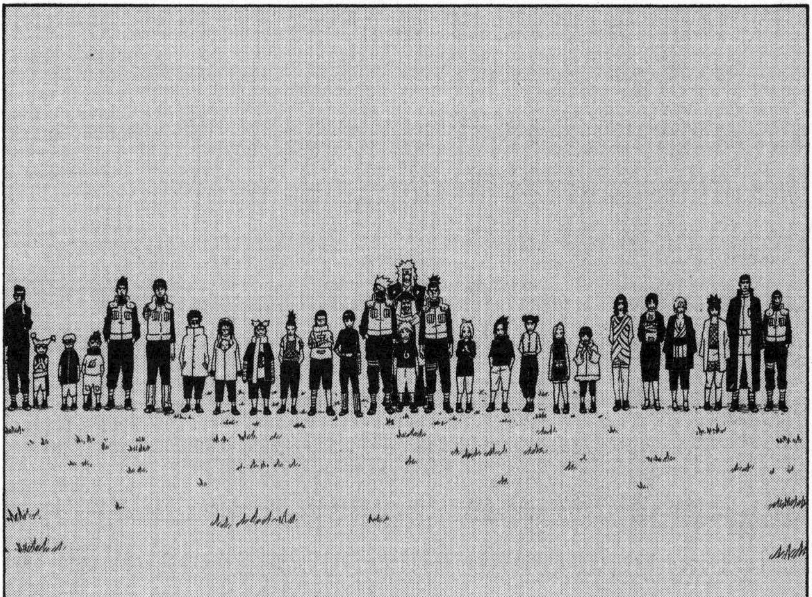

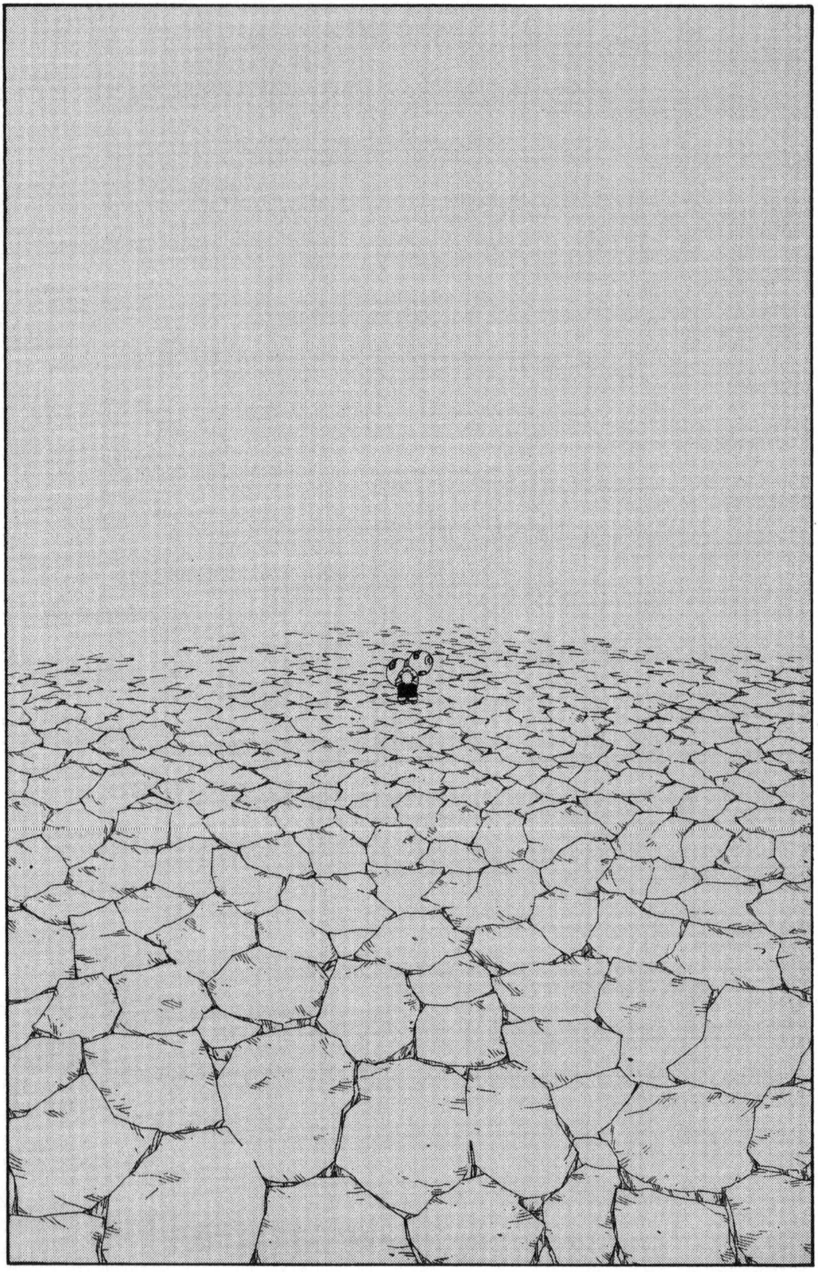

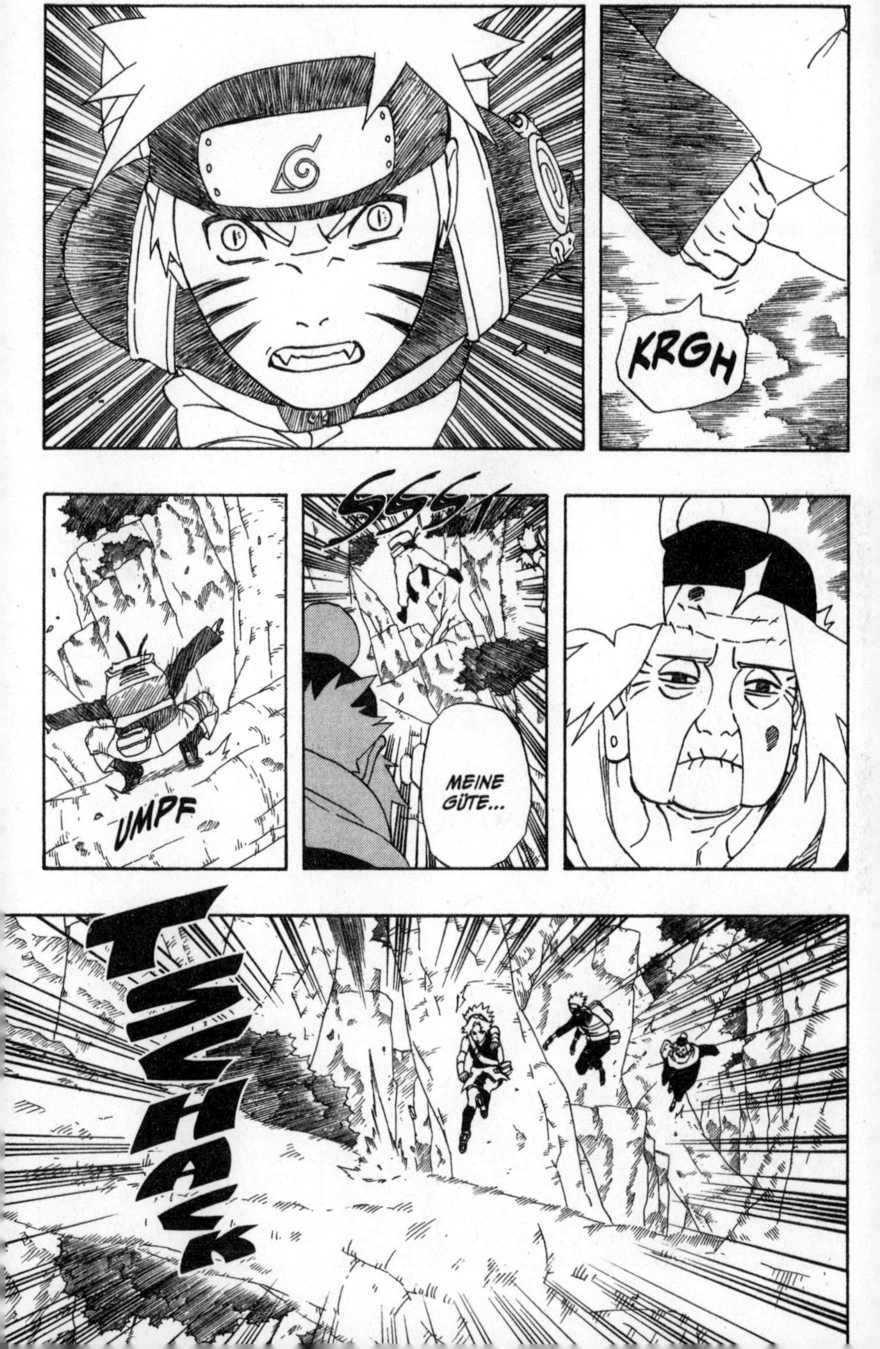
KRGH
MEINE GÜTE...
UMPF
ZISCH

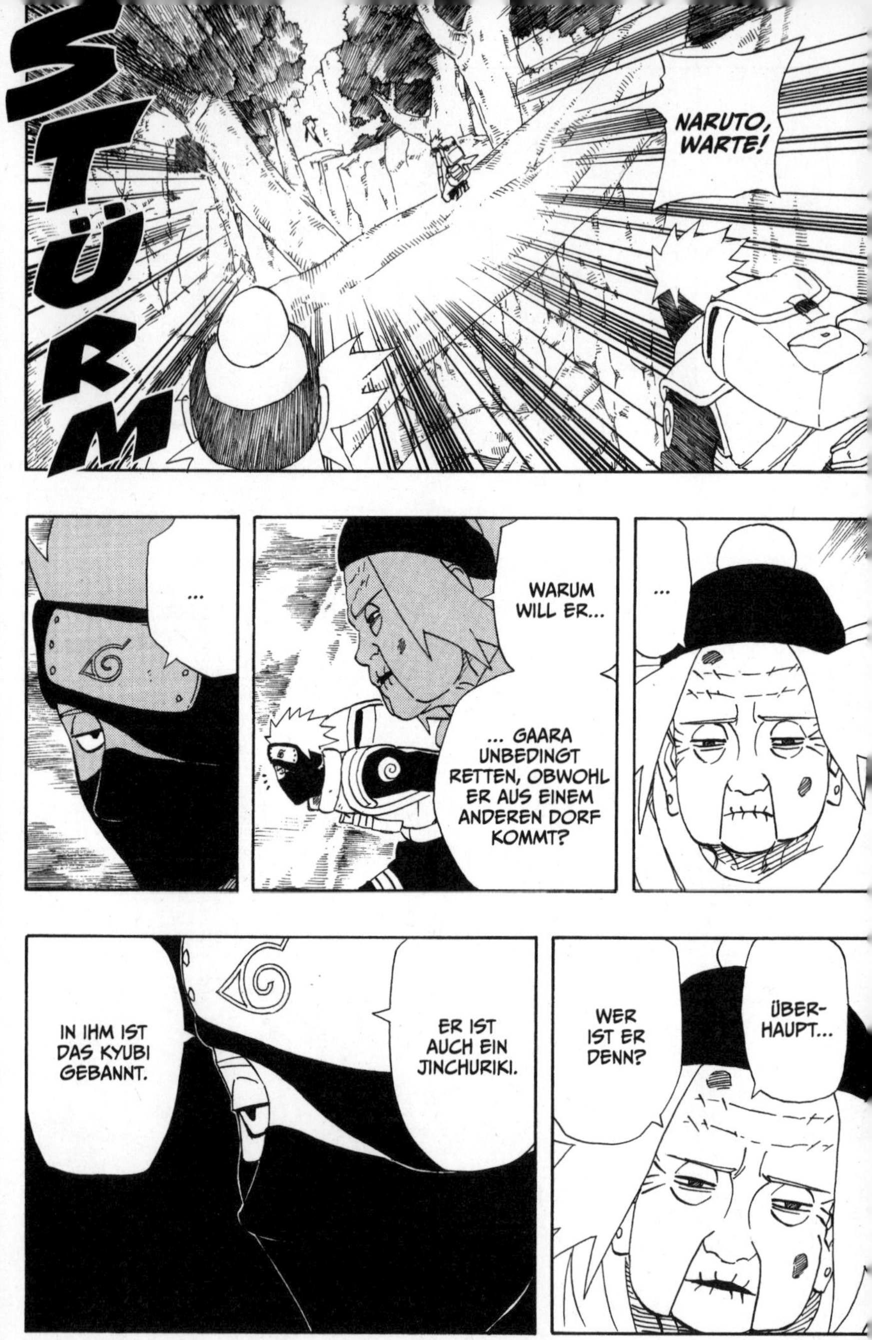
STÜRM
NARUTO, WARTE!
...
WARUM WILL ER...
... GAARA UNBEDINGT RETTEN, OBWOHL ER AUS EINEM ANDEREN DORF KOMMT?
...
ÜBER-HAUPT...
WER IST ER DENN?
ER IST AUCH EIN JINCHURIKI.
IN IHM IST DAS KYUBI GEBANNT.

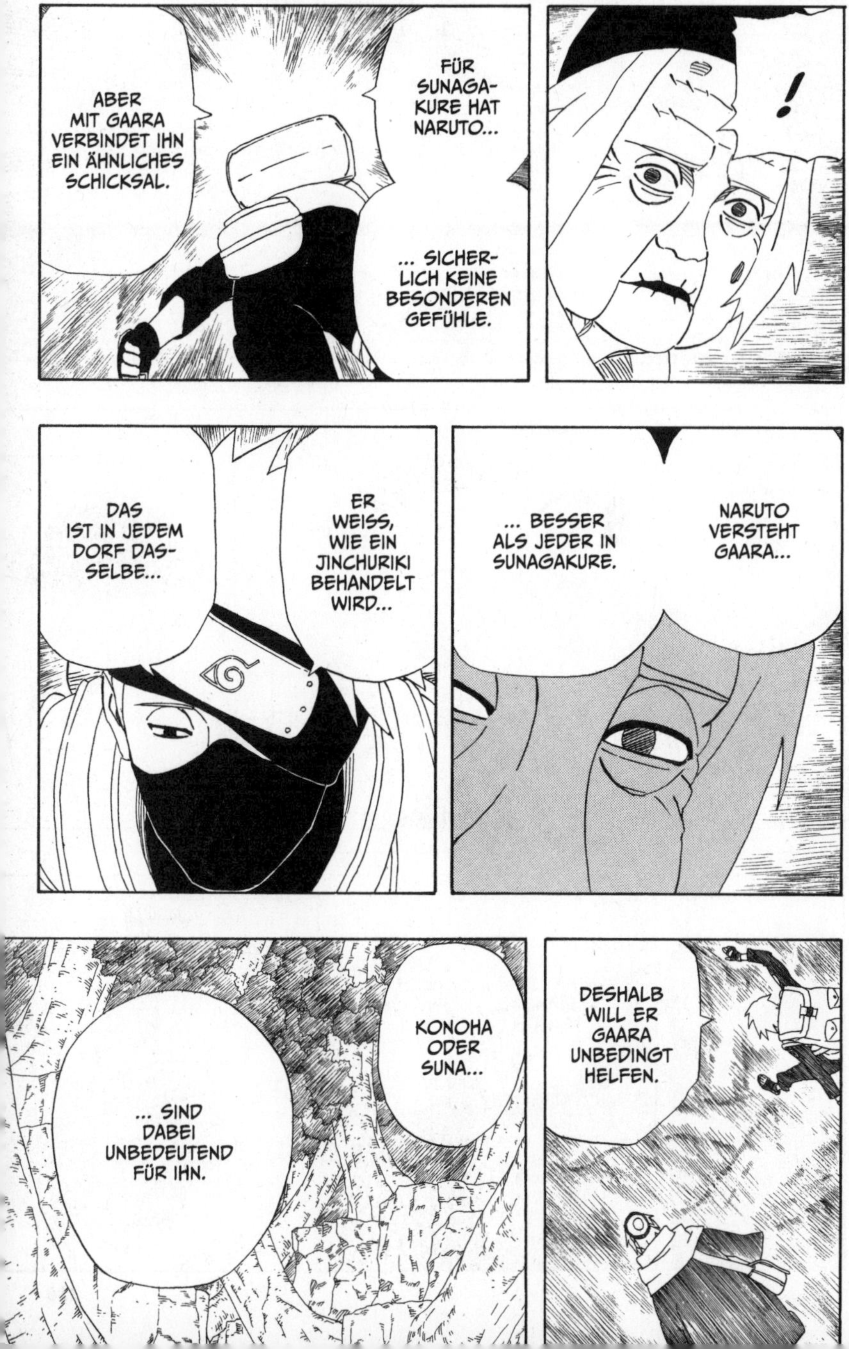
!
FÜR SUNAGAKURE HAT NARUTO...
... SICHERLICH KEINE BESONDEREN GEFÜHLE.
ABER MIT GAARA VERBINDET IHN EIN ÄHNLICHES SCHICKSAL.
NARUTO VERSTEHT GAARA...
... BESSER ALS JEDER IN SUNAGAKURE.
ER WEISS, WIE EIN JINCHURIKI BEHANDELT WIRD...
DAS IST IN JEDEM DORF DASSELBE...
DESHALB WILL ER GAARA UNBEDINGT HELFEN.
KONOHA ODER SUNA...
... SIND DABEI UNBEDEUTEND FÜR IHN.

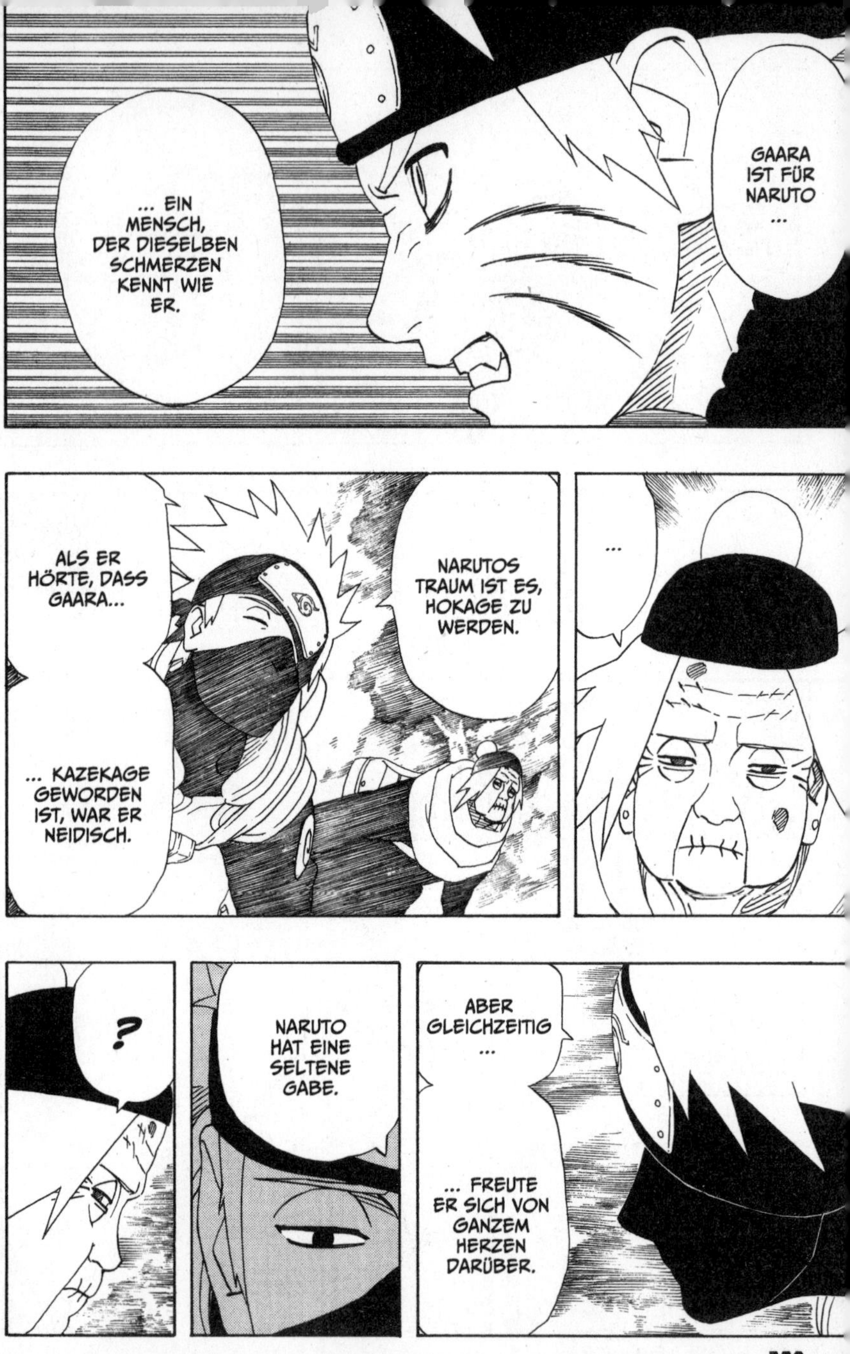
GAARA IST FÜR NARUTO ...
... EIN MENSCH, DER DIESELBEN SCHMERZEN KENNT WIE ER.
...
NARUTOS TRAUM IST ES, HOKAGE ZU WERDEN.
ALS ER HÖRTE, DASS GAARA...
... KAZEKAGE GEWORDEN IST, WAR ER NEIDISCH.
ABER GLEICHZEITIG ...
... FREUTE ER SICH VON GANZEM HERZEN DARÜBER.
NARUTO HAT EINE SELTENE GABE.
?

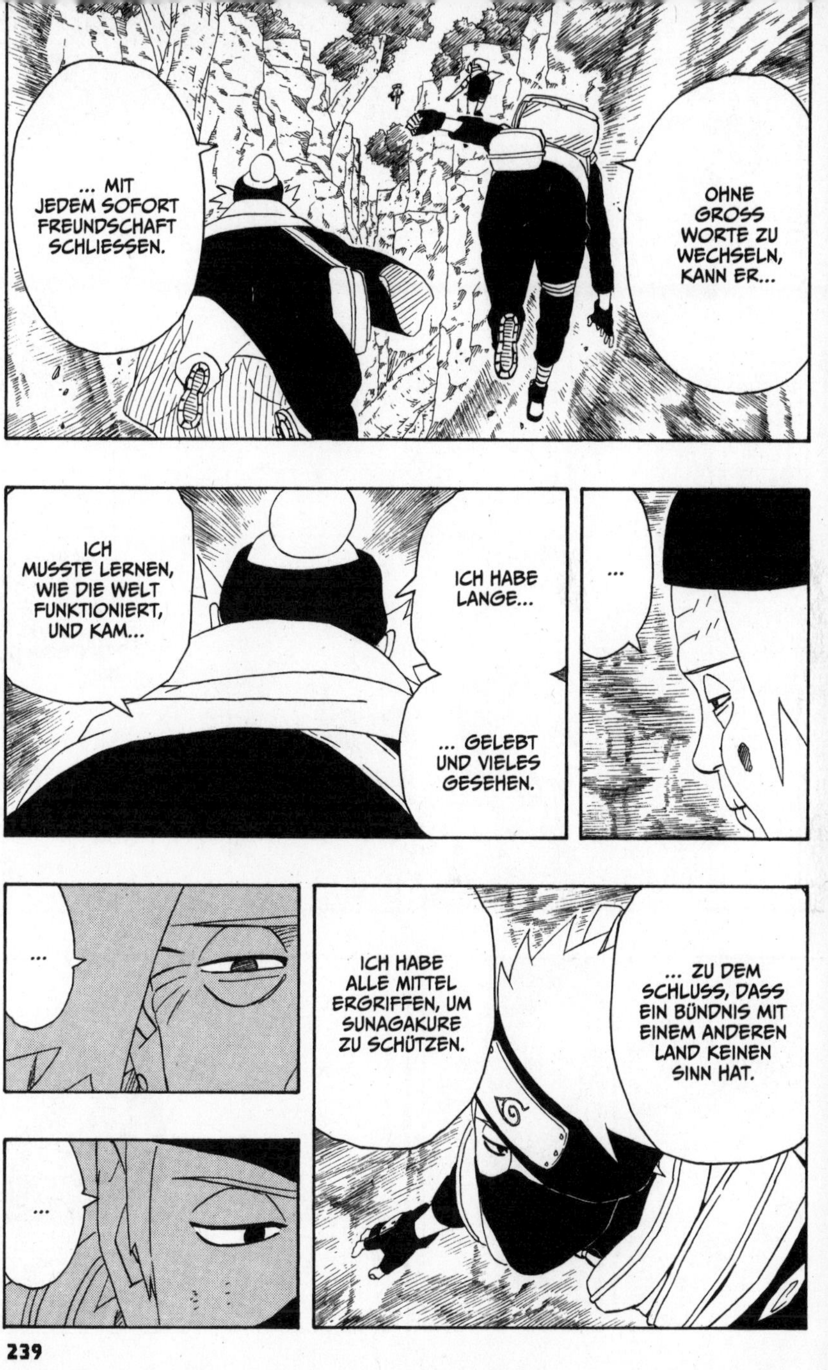
OHNE GROSS WORTE ZU WECHSELN, KANN ER...
... MIT JEDEM SOFORT FREUNDSCHAFT SCHLIESSEN.
...
ICH HABE LANGE...
... GELEBT UND VIELES GESEHEN.
ICH MUSSTE LERNEN, WIE DIE WELT FUNKTIONIERT, UND KAM...
... ZU DEM SCHLUSS, DASS EIN BÜNDNIS MIT EINEM ANDEREN LAND KEINEN SINN HAT.
ICH HABE ALLE MITTEL ERGRIFFEN, UM SUNAGAKURE ZU SCHÜTZEN.
...
...

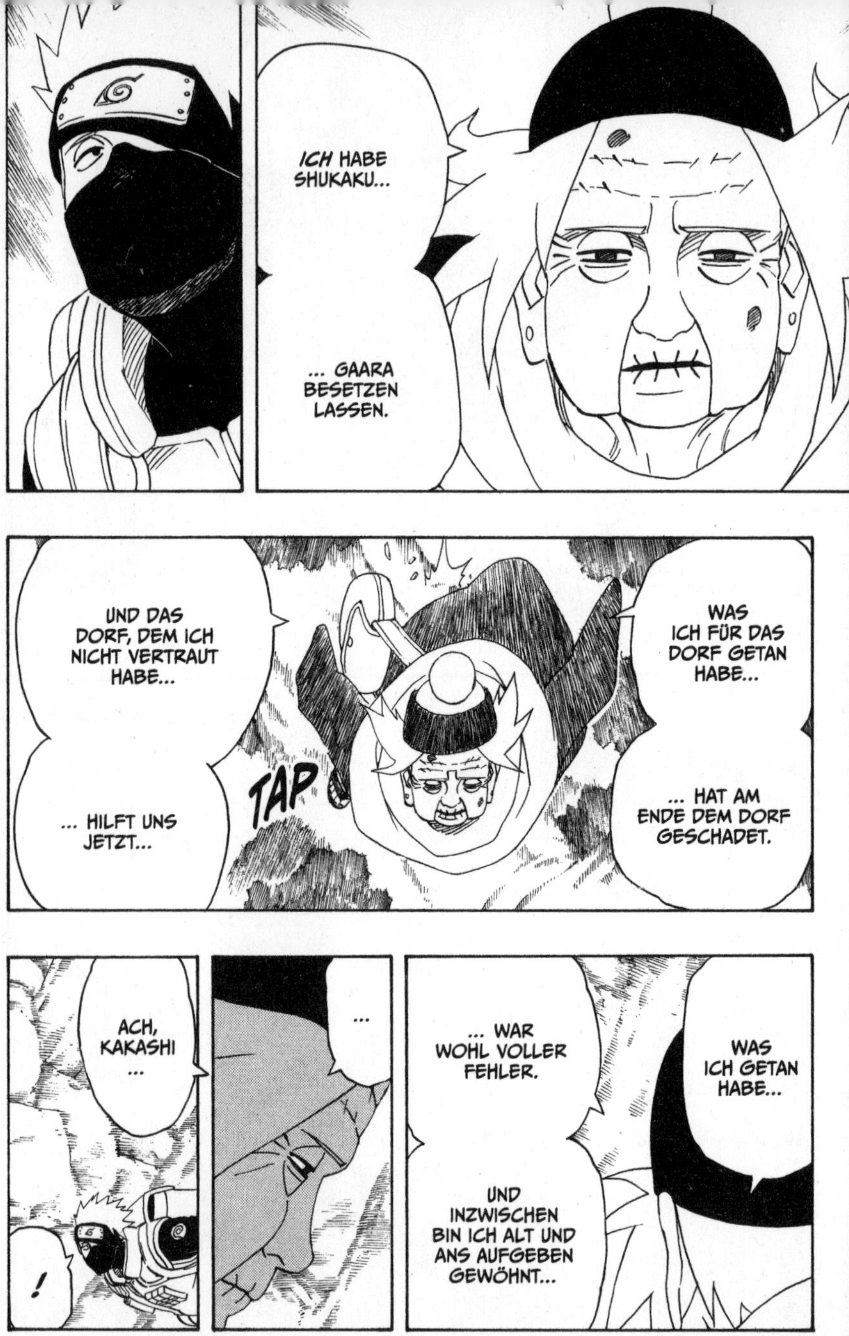
ICH HABE SHUKAKU...
... GAARA BESETZEN LASSEN.
WAS ICH FÜR DAS DORF GETAN HABE...
... HAT AM ENDE DEM DORF GESCHADET.
UND DAS DORF, DEM ICH NICHT VERTRAUT HABE...
... HILFT UNS JETZT...
TAP
WAS ICH GETAN HABE...
... WAR WOHL VOLLER FEHLER.
UND INZWISCHEN BIN ICH ALT UND ANS AUFGEBEN GEWÖHNT...
...
ACH, KAKASHI ...
!

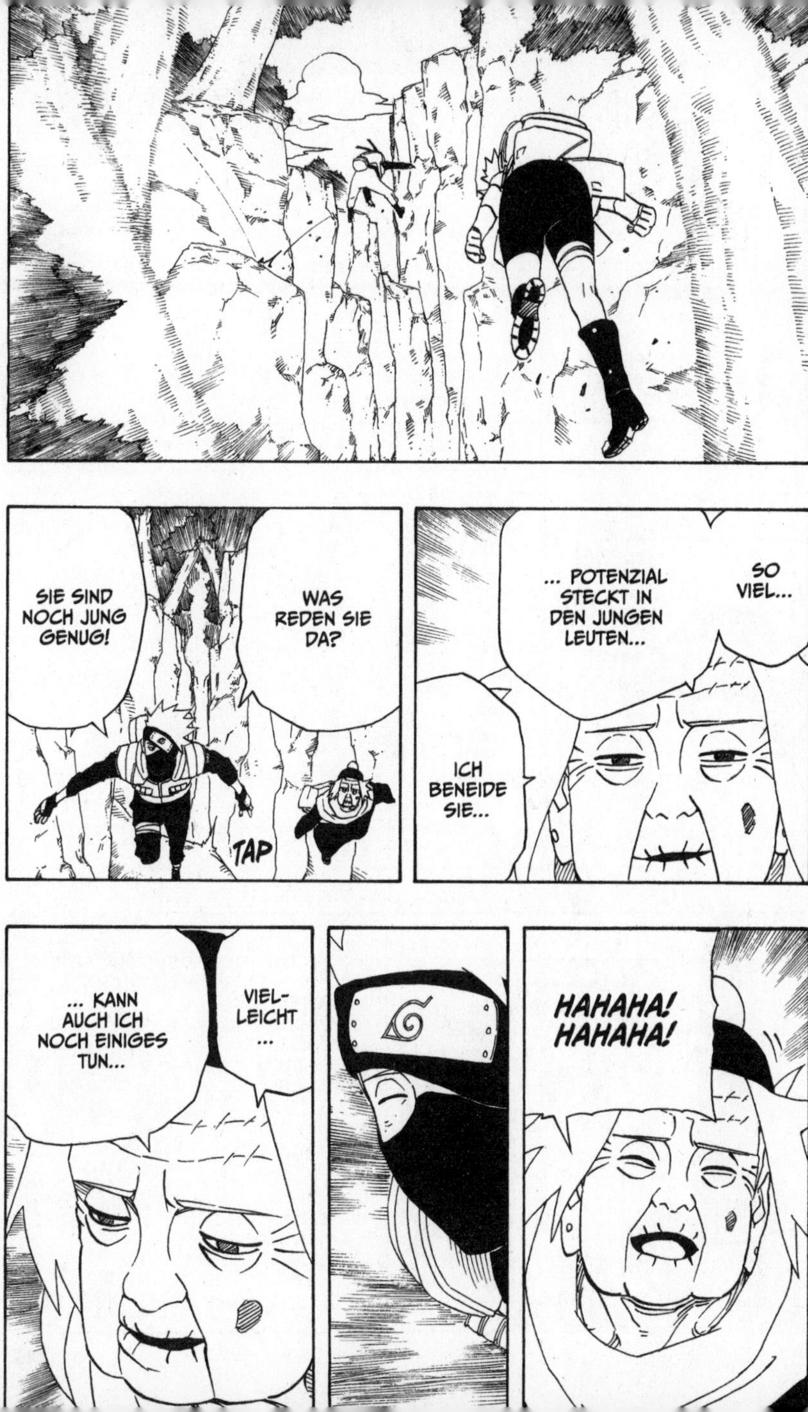
SO VIEL...
... POTENZIAL STECKT IN DEN JUNGEN LEUTEN...
ICH BENEIDE SIE...
WAS REDEN SIE DA?
SIE SIND NOCH JUNG GENUG!
TAP
HAHAHA! HAHAHA!
VIEL-LEICHT ...
... KANN AUCH ICH NOCH EINIGES TUN...

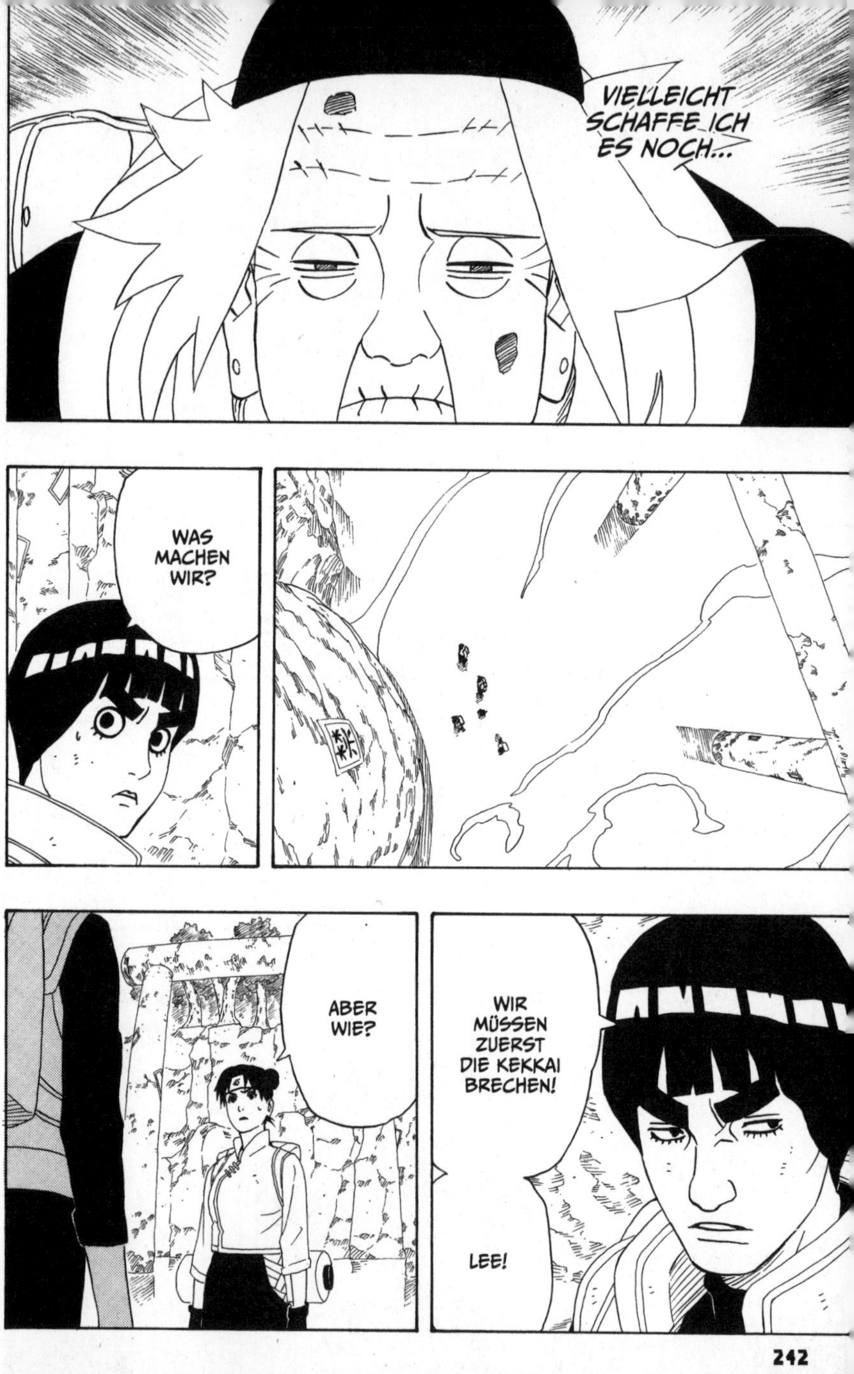
VIELLEICHT SCHAFFE ICH ES NOCH...
WAS MACHEN WIR?
WIR MÜSSEN ZUERST DIE KEKKAI BRECHEN!
LEE!
ABER WIE?

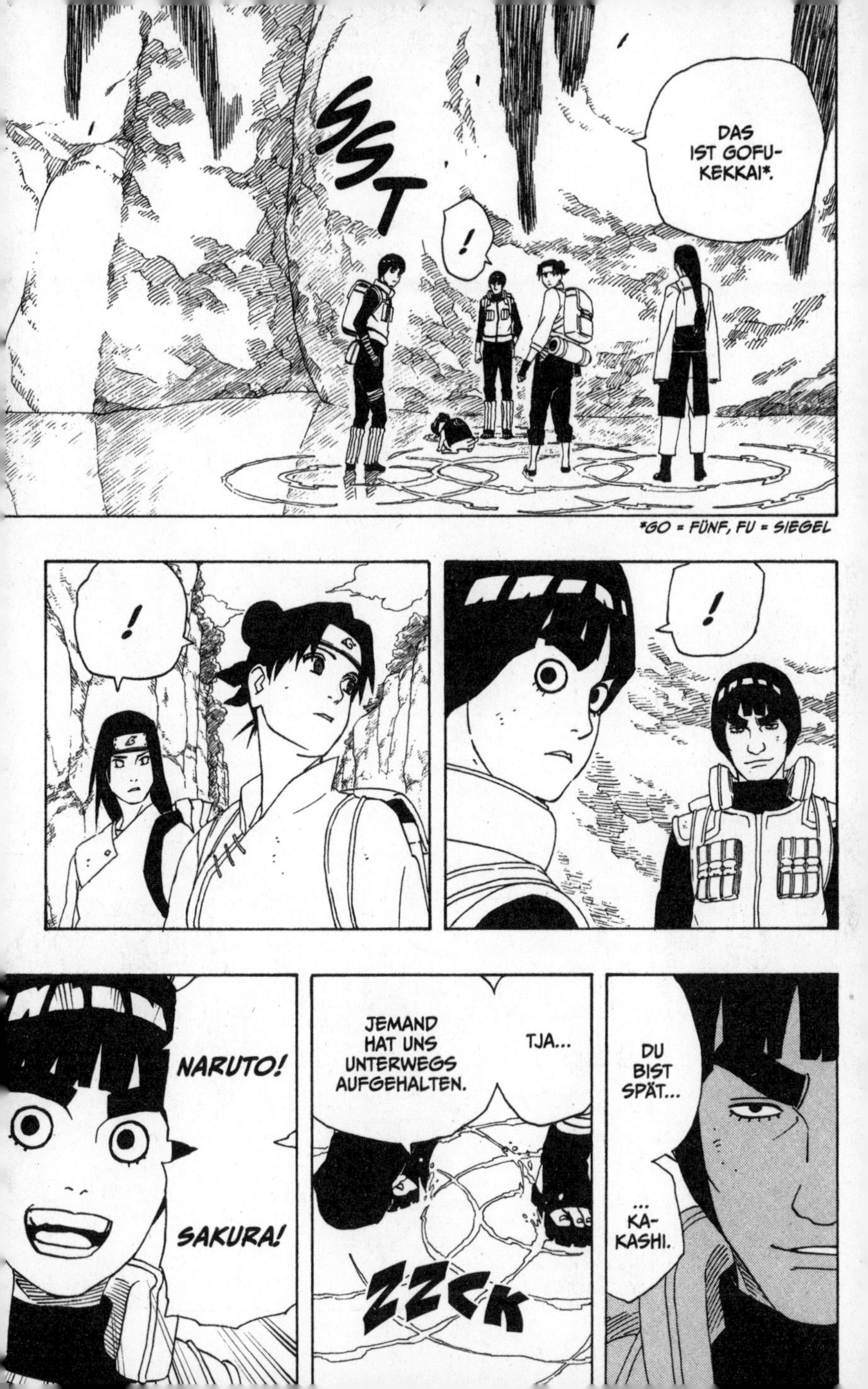

*GO = FÜNF, FU = SIEGEL

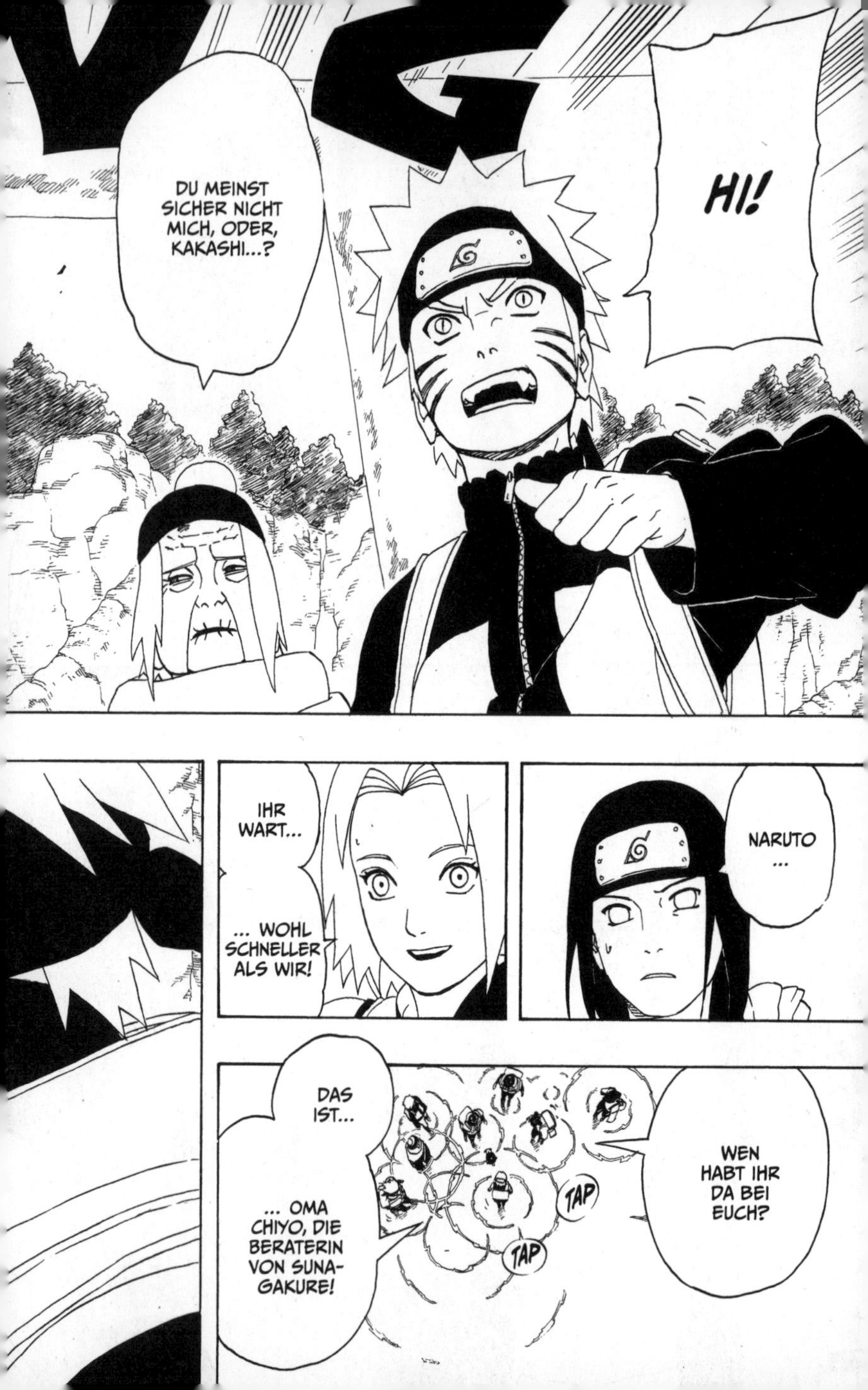
HI!
DU MEINST SICHER NICHT MICH, ODER, KAKASHI...?
NARUTO ...
IHR WART...
... WOHL SCHNELLER ALS WIR!
WEN HABT IHR DA BEI EUCH?
TAP
TAP
DAS IST...
... OMA CHIYO, DIE BERATERIN VON SUNA-GAKURE!

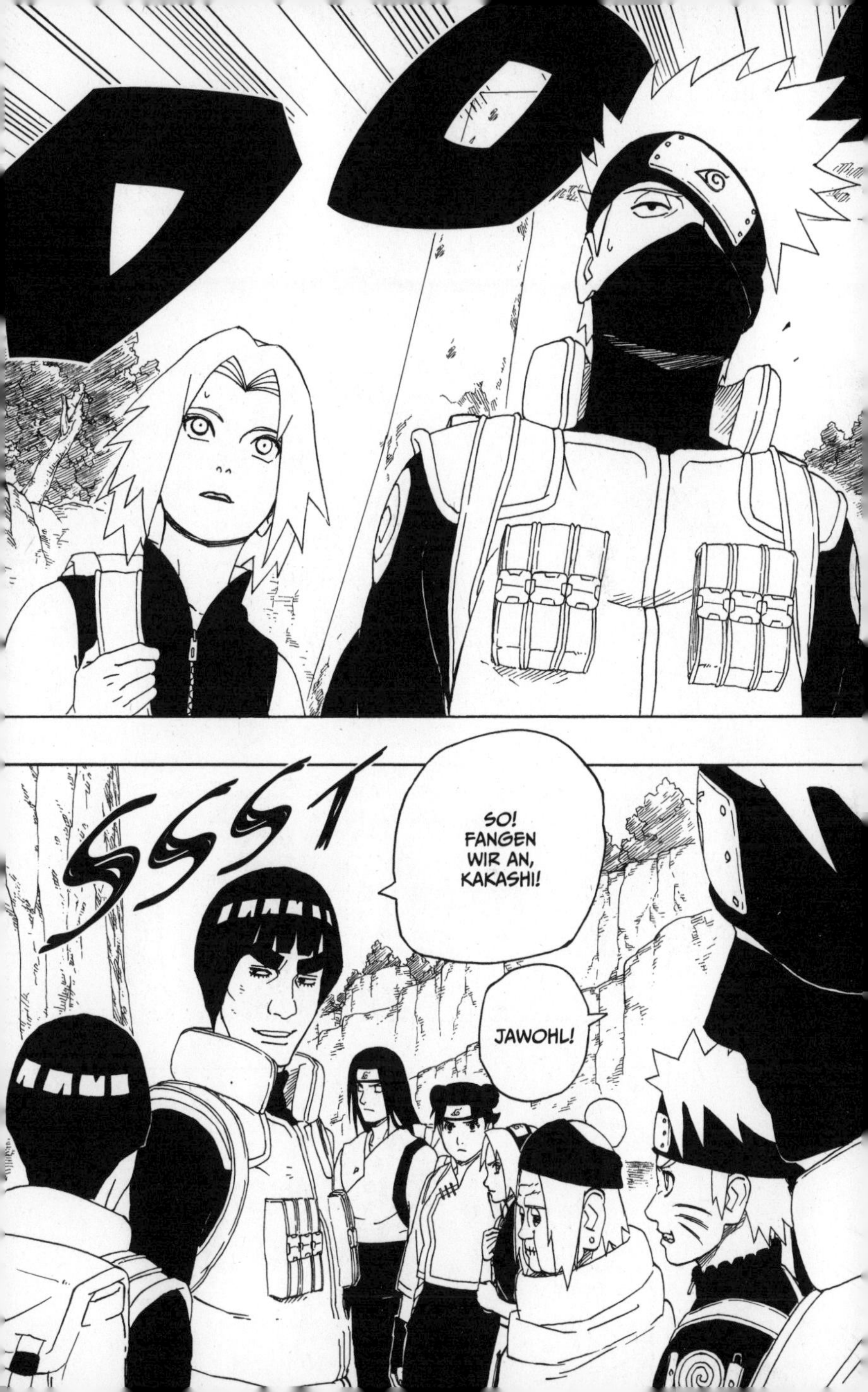
DOO
SSST
SO! FANGEN WIR AN, KAKASHI!
JAWOHL!

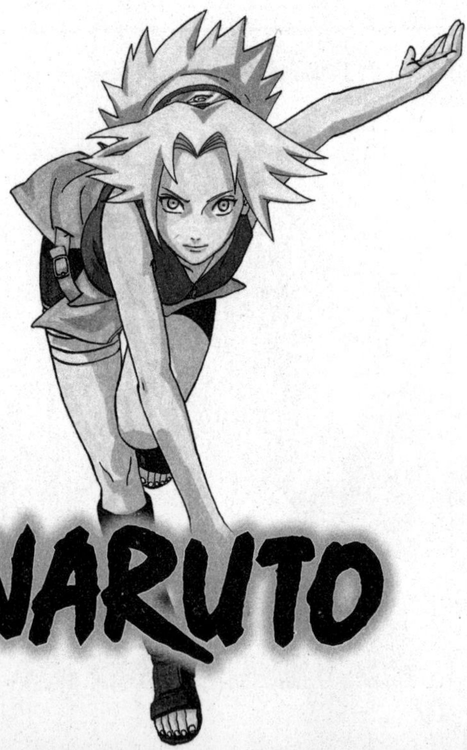

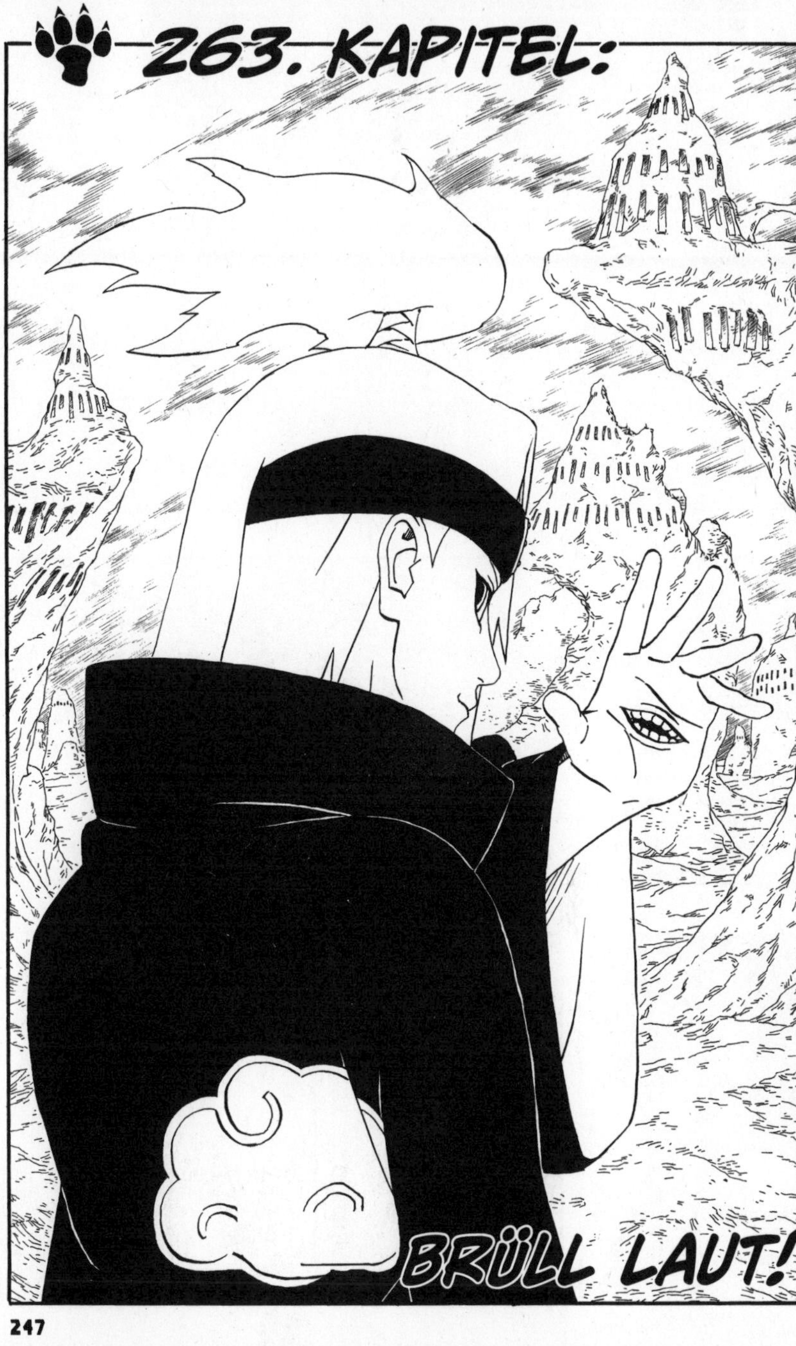
263. KAPITEL:
BRÜLL LAUT!

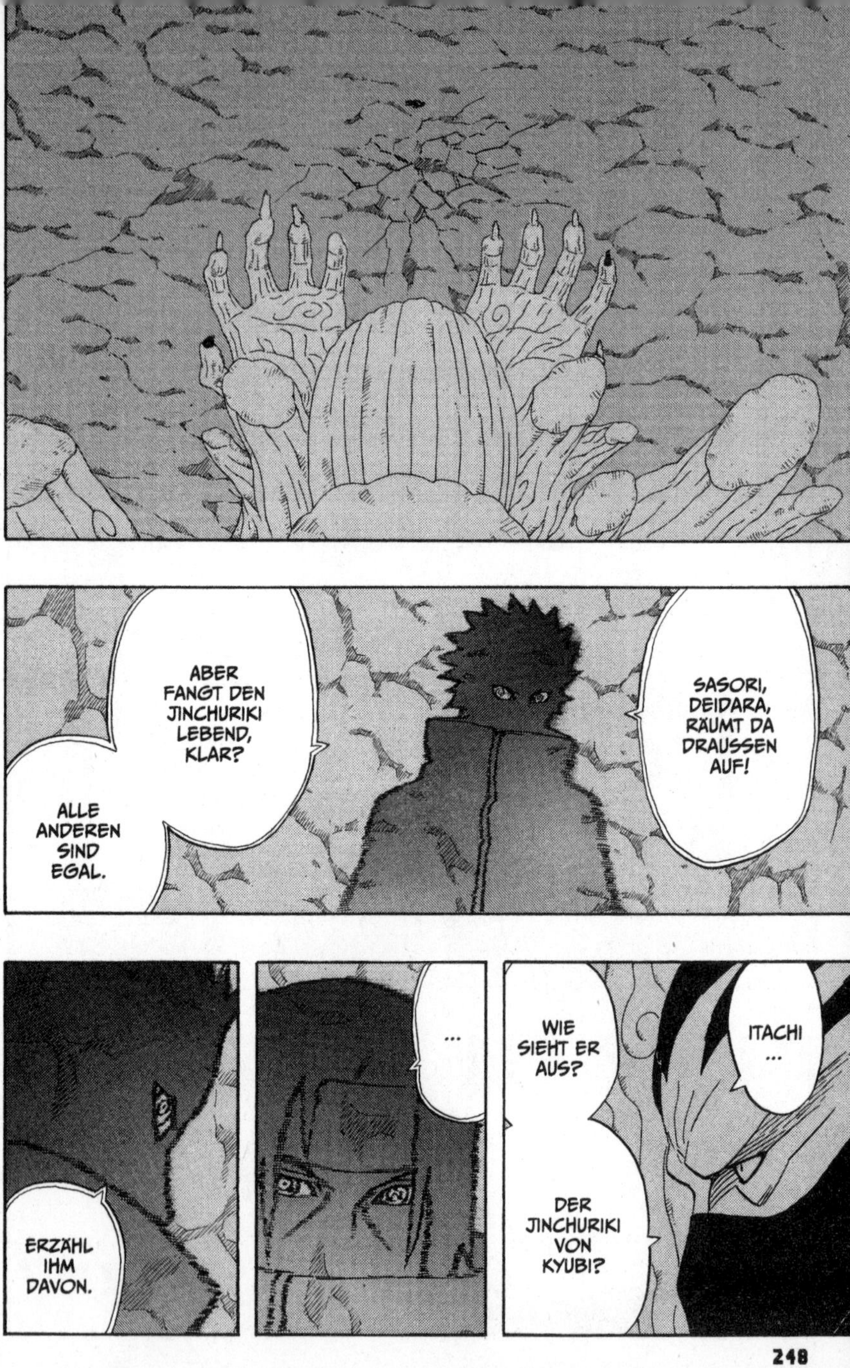
SASORI, DEIDARA, RÄUMT DA DRAUSSEN AUF!
ABER FANGT DEN JINCHURIKI LEBEND, KLAR?
ALLE ANDEREN SIND EGAL.
ITACHI ...
WIE SIEHT ER AUS?
DER JINCHURIKI VON KYUBI?
...
ERZÄHL IHM DAVON.

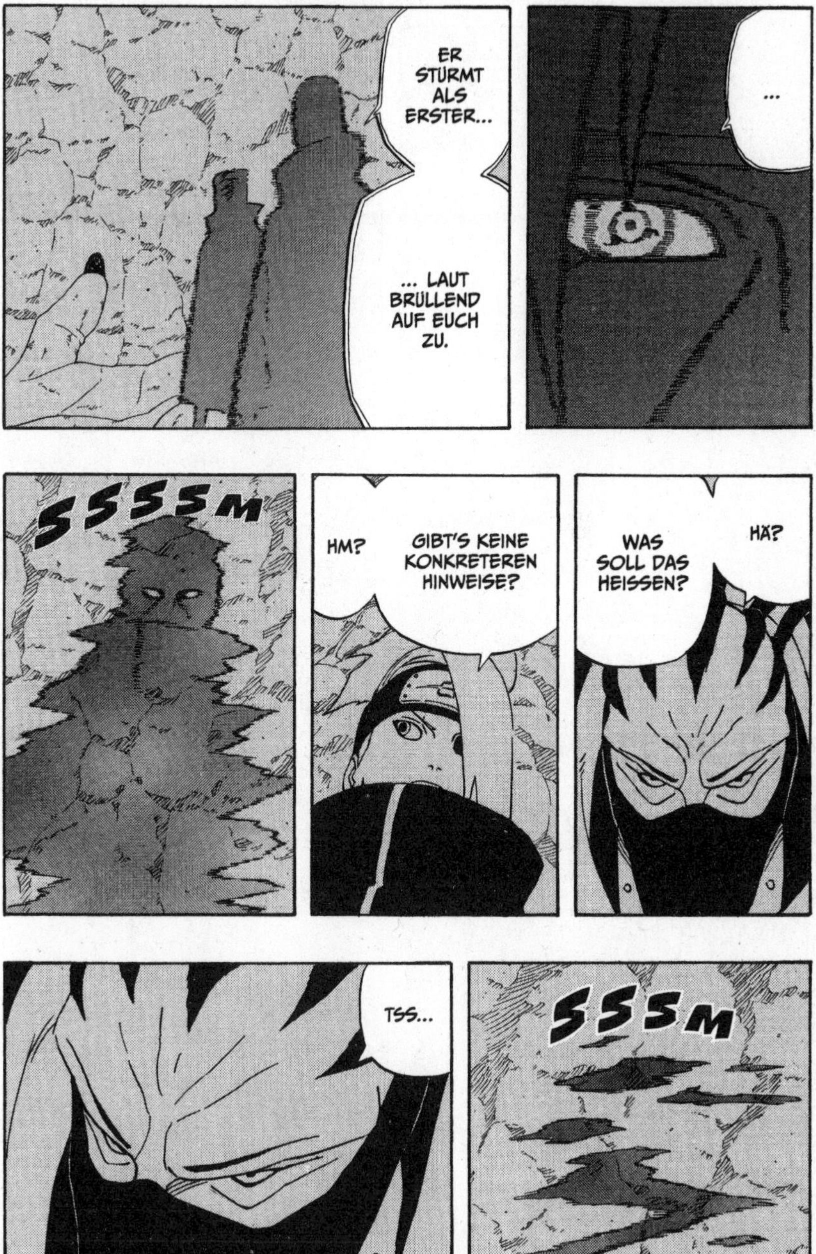
...
ER STÜRMT ALS ERSTER...
... LAUT BRÜLLEND AUF EUCH ZU.
HÄ?
WAS SOLL DAS HEISSEN?
HM?
GIBT'S KEINE KONKRETEREN HINWEISE?
SSSSM
SSSM
TSS...

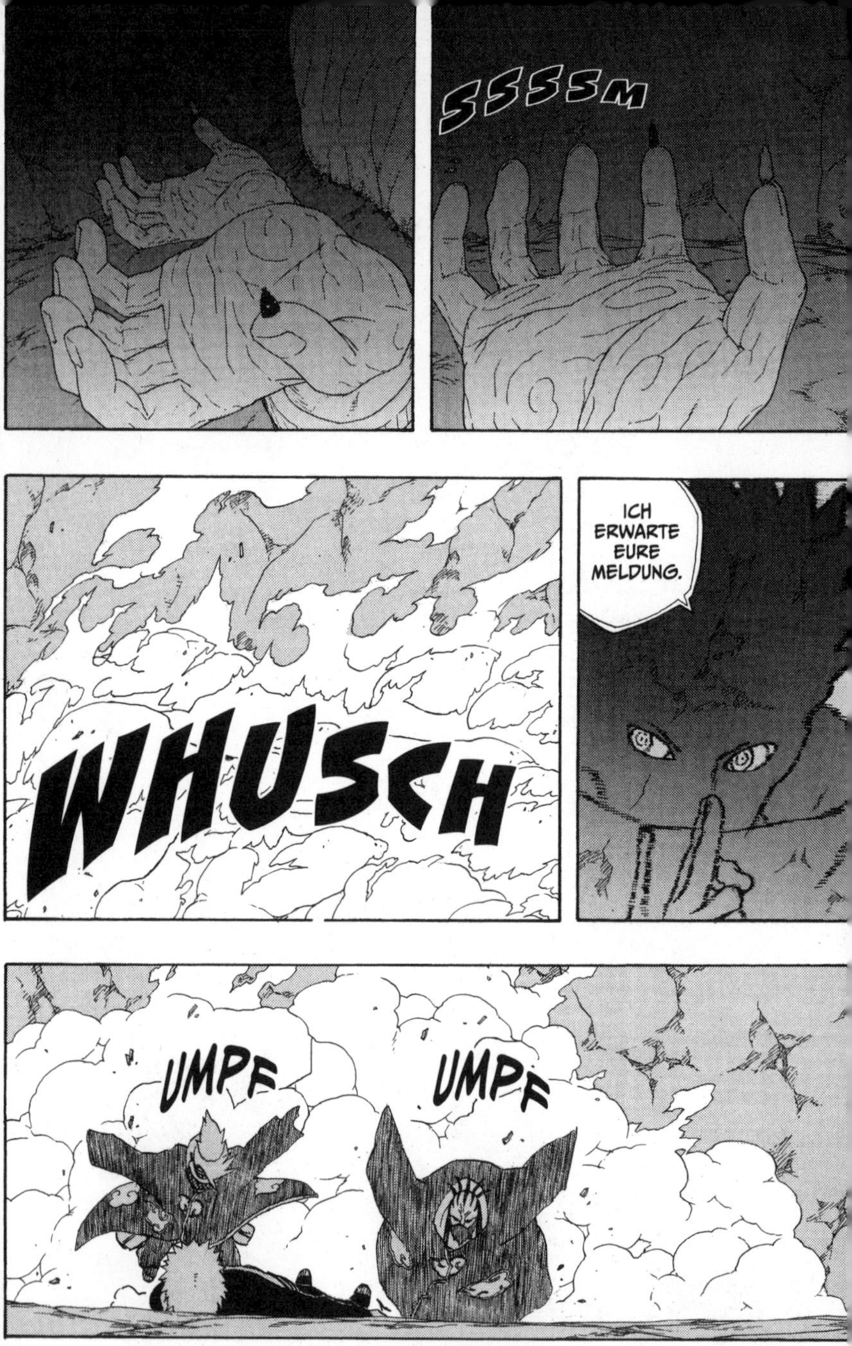
SSSSM
ICH ERWARTE EURE MELDUNG.
WHUSCH
UMPF
UMPF

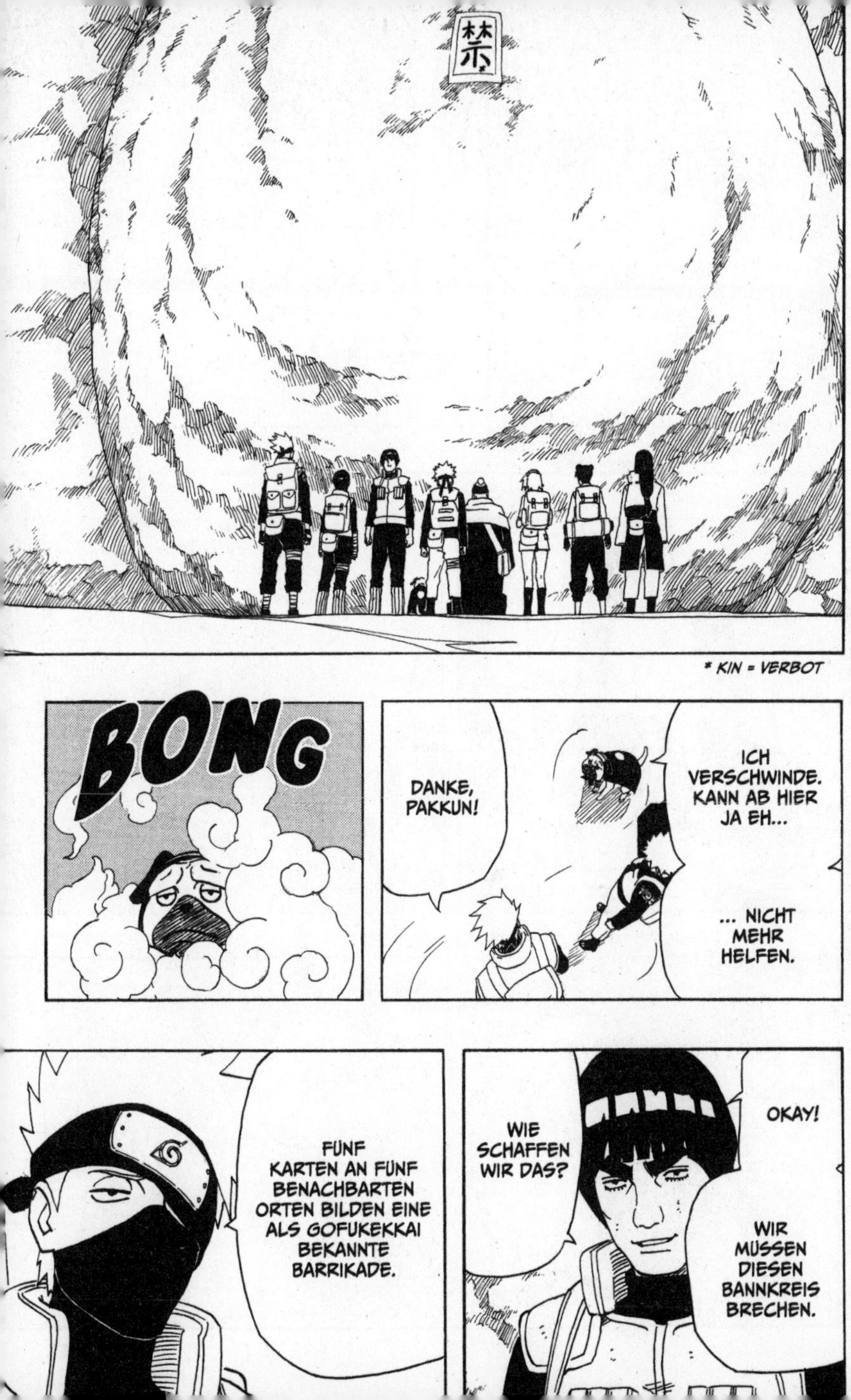
禁
* KIN = VERBOT
ICH VERSCHWINDE. KANN AB HIER JA EH...
... NICHT MEHR HELFEN.
DANKE, PAKKUN!
BONG
OKAY!
WIR MÜSSEN DIESEN BANNKREIS BRECHEN.
WIE SCHAFFEN WIR DAS?
FÜNF KARTEN AN FÜNF BENACHBARTEN ORTEN BILDEN EINE ALS GOFUKEKKAI BEKANNTE BARRIKADE.

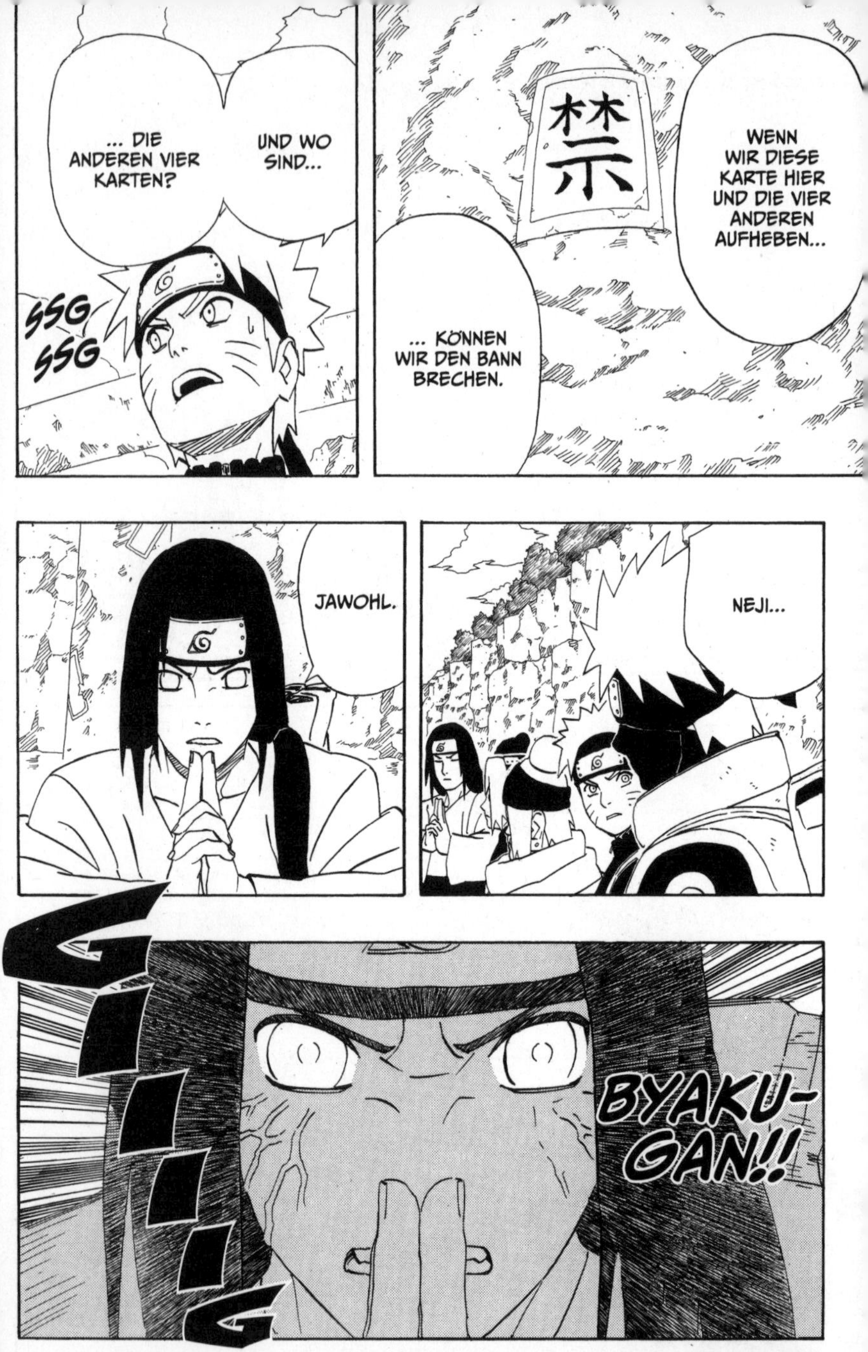

禁
WENN WIR DIESE KARTE HIER UND DIE VIER ANDEREN AUFHEBEN...
... KÖNNEN WIR DEN BANN BRECHEN.
UND WO SIND...
... DIE ANDEREN VIER KARTEN?
SSG SSG
NEJI...
JAWOHL.
BYAKU-GAN!!

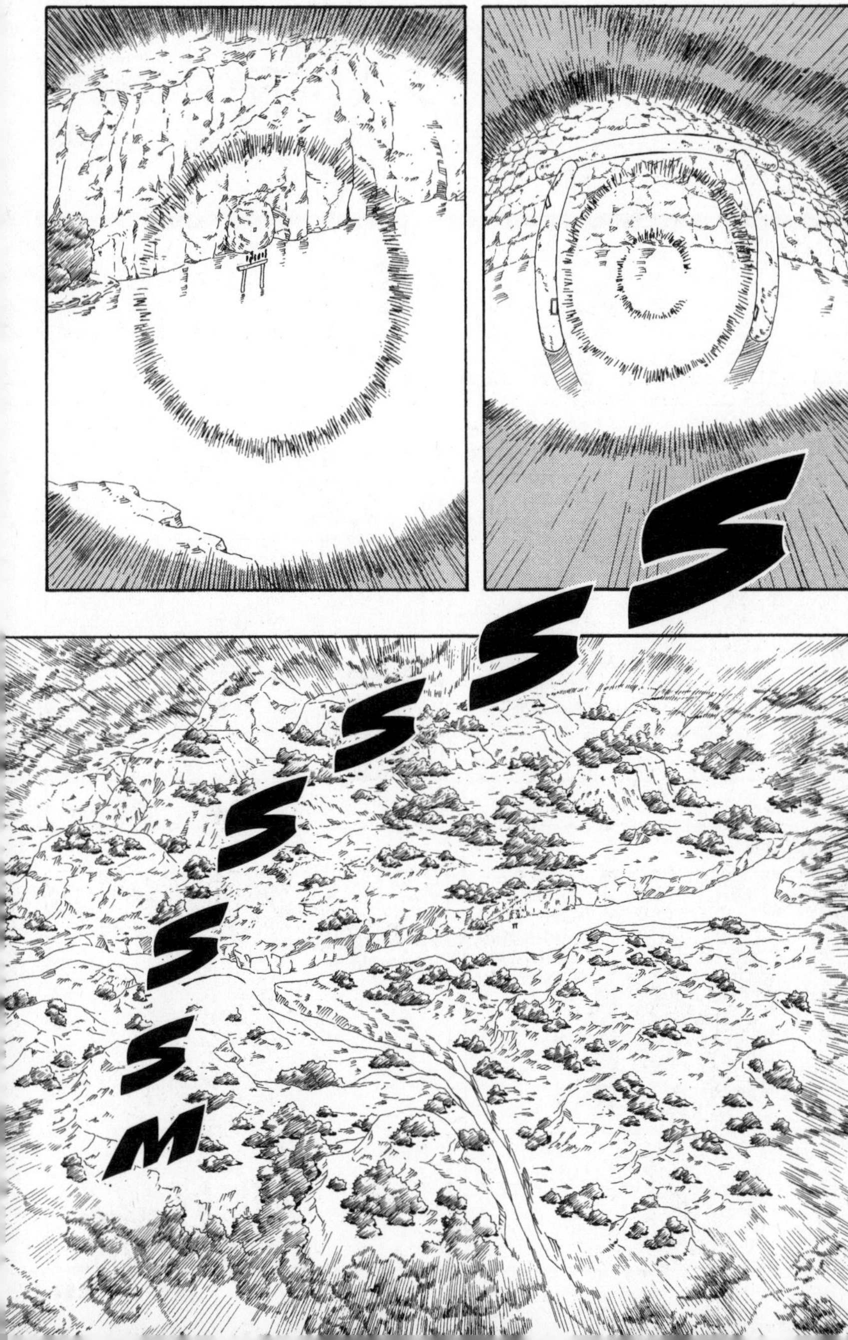
SSSSSSM

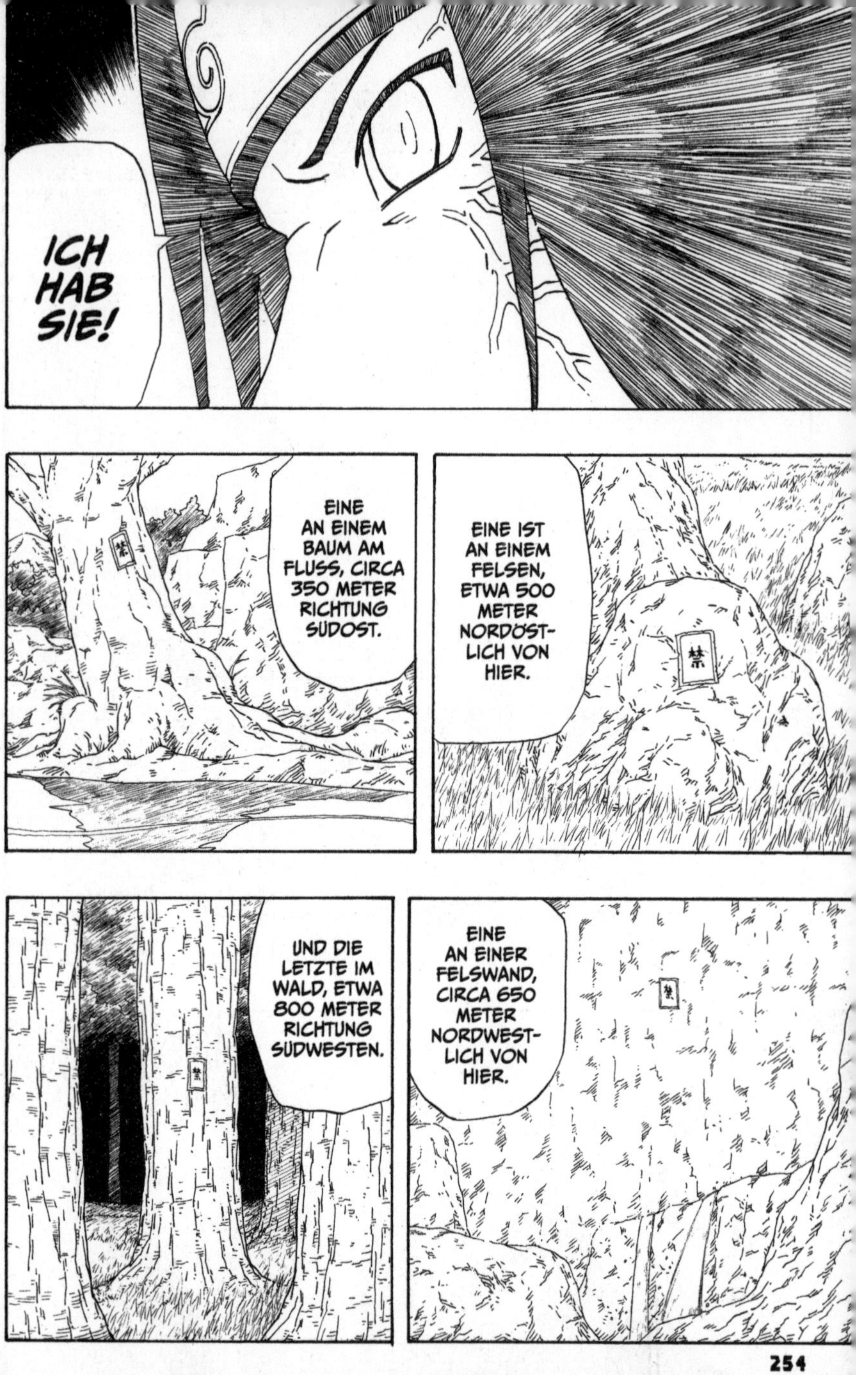
ICH HAB SIE!
EINE IST AN EINEM FELSEN, ETWA 500 METER NORDÖSTLICH VON HIER.
EINE AN EINEM BAUM AM FLUSS, CIRCA 350 METER RICHTUNG SÜDOST.
EINE AN EINER FELSWAND, CIRCA 650 METER NORDWESTLICH VON HIER.
UND DIE LETZTE IM WALD, ETWA 800 METER RICHTUNG SÜDWESTEN.

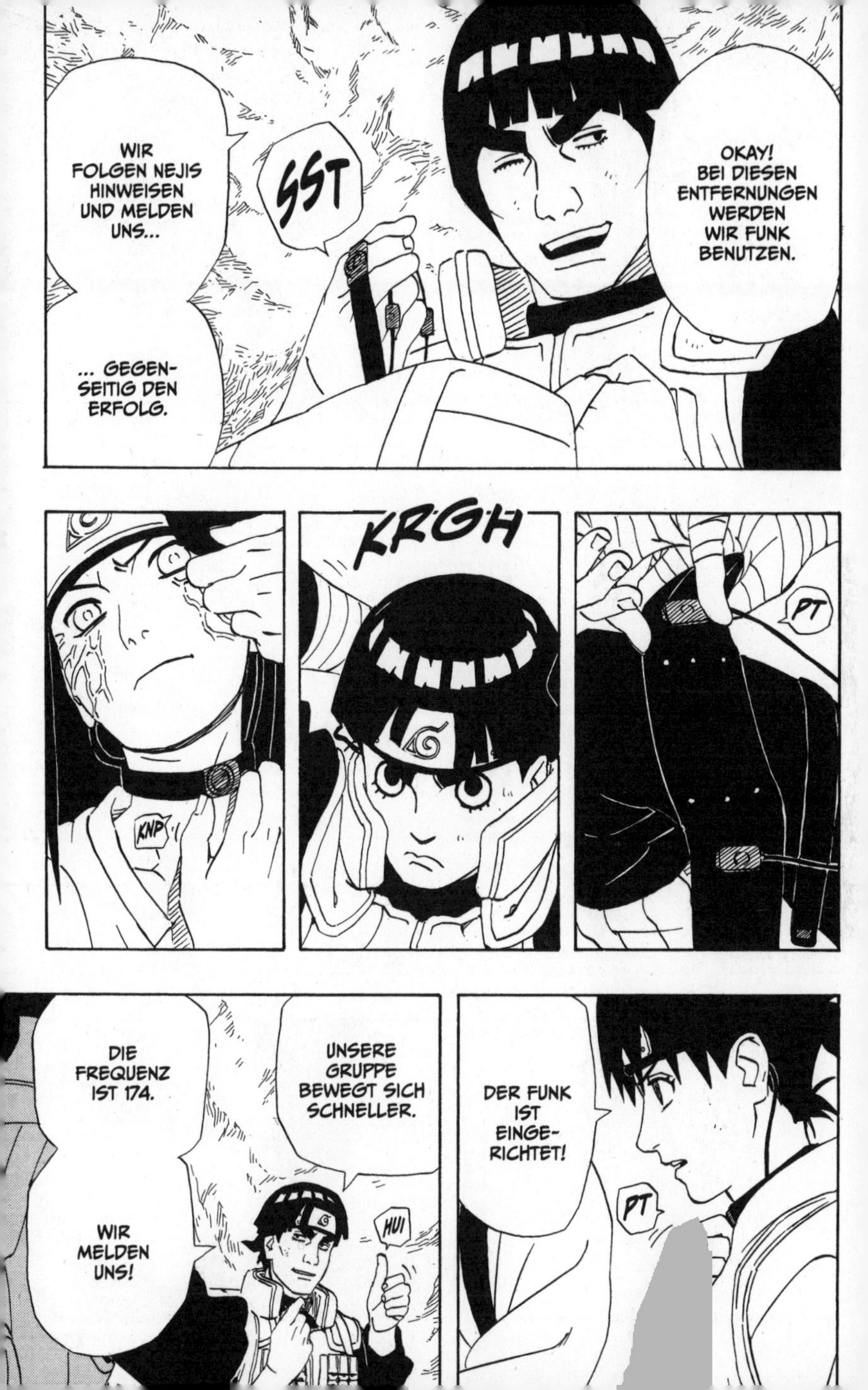
OKAY! BEI DIESEN ENTFERNUNGEN WERDEN WIR FUNK BENUTZEN.
SST
WIR FOLGEN NEJIS HINWEISEN UND MELDEN UNS...
... GEGEN-SEITIG DEN ERFOLG.
PT
KRGH
KNP
DER FUNK IST EINGE-RICHTET!
PT
UNSERE GRUPPE BEWEGT SICH SCHNELLER.
HUI
DIE FREQUENZ IST 174.
WIR MELDEN UNS!

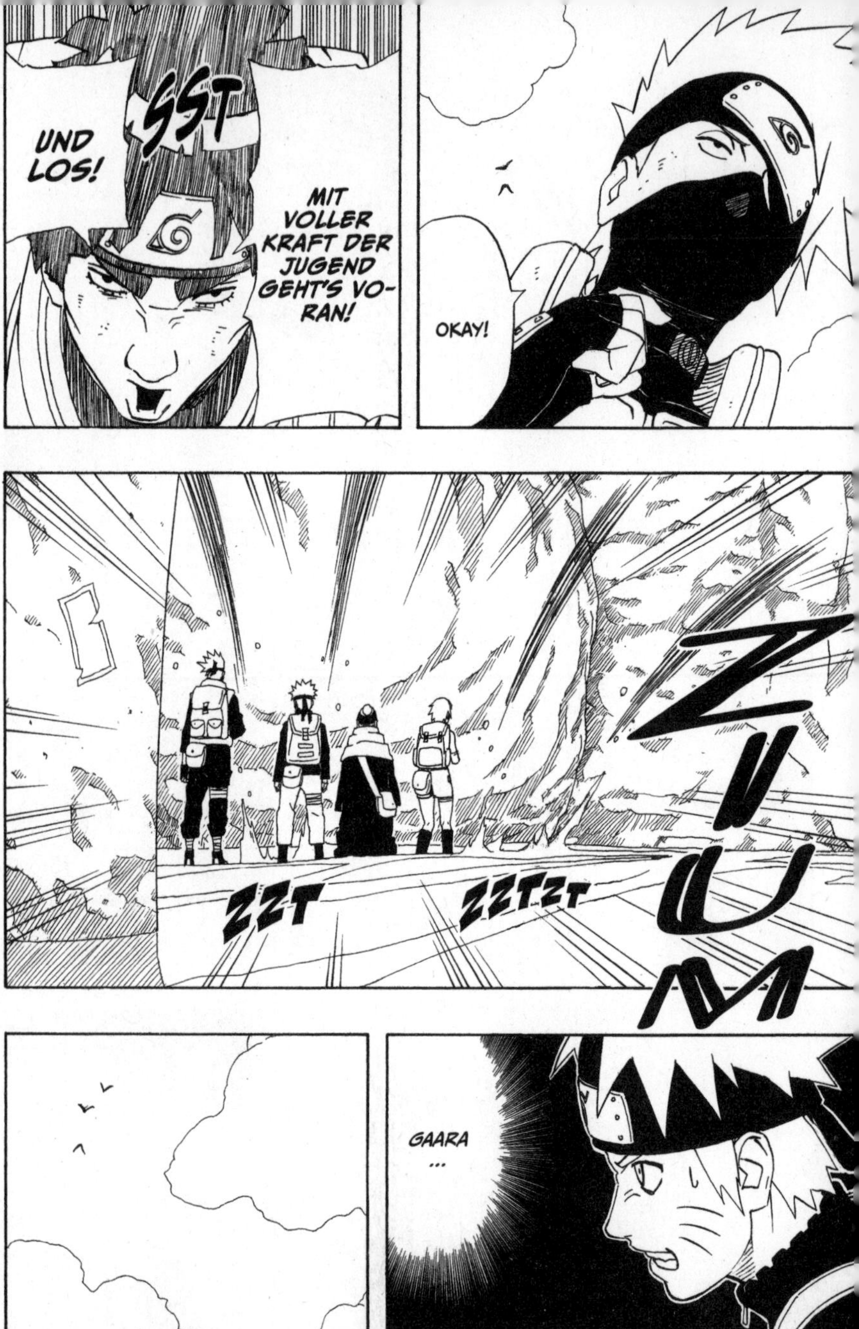

UND LOS!
SST
MIT VOLLER KRAFT DER JUGEND GEHT'S VO-RAN!
OKAY!
ZIUUM
ZZT
ZZTZT
GAARA …

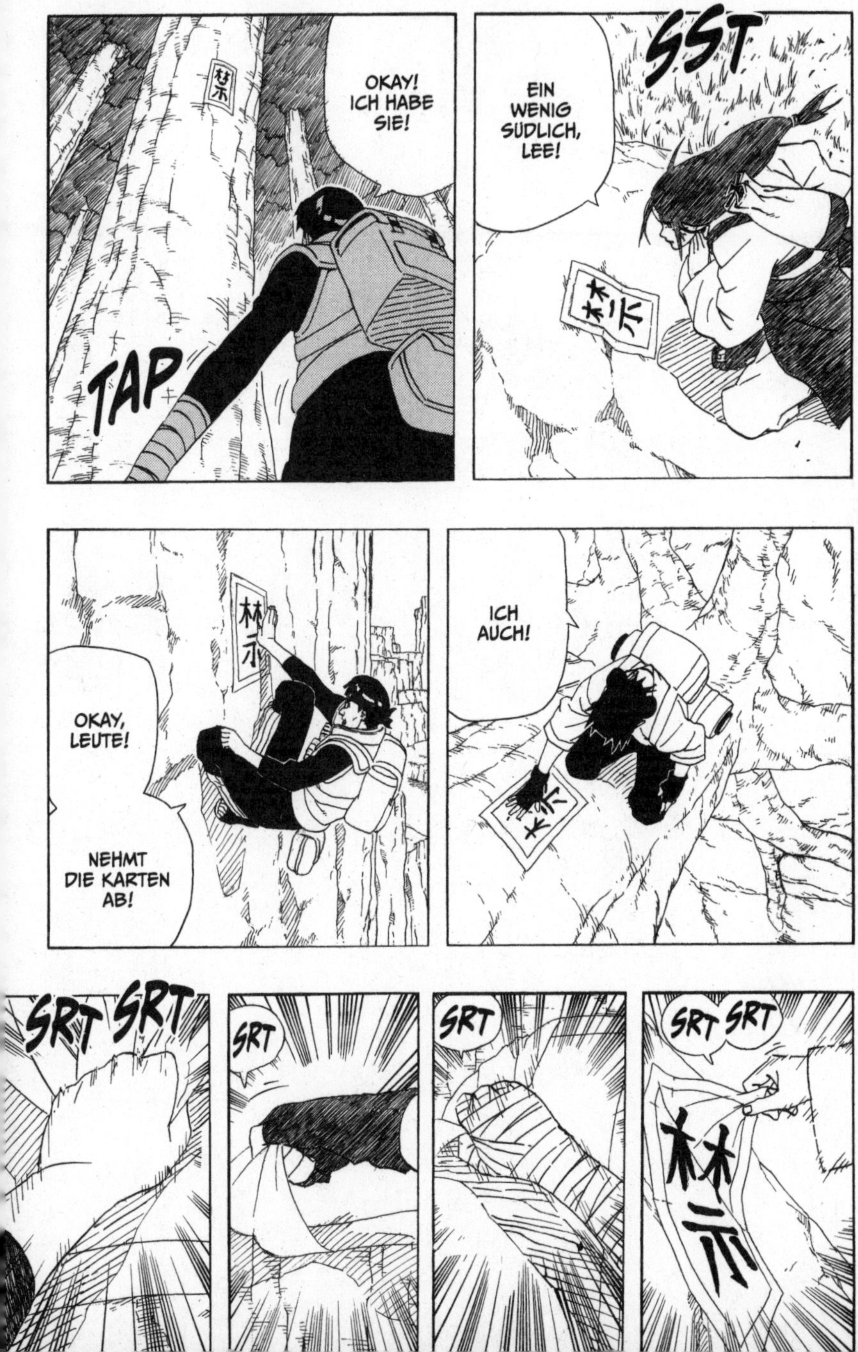
SST
EIN WENIG SÜDLICH, LEE!
OKAY! ICH HABE SIE!
TAP
ICH AUCH!
OKAY, LEUTE!
NEHMT DIE KARTEN AB!
SRT SRT
SRT
SRT
SRT SRT

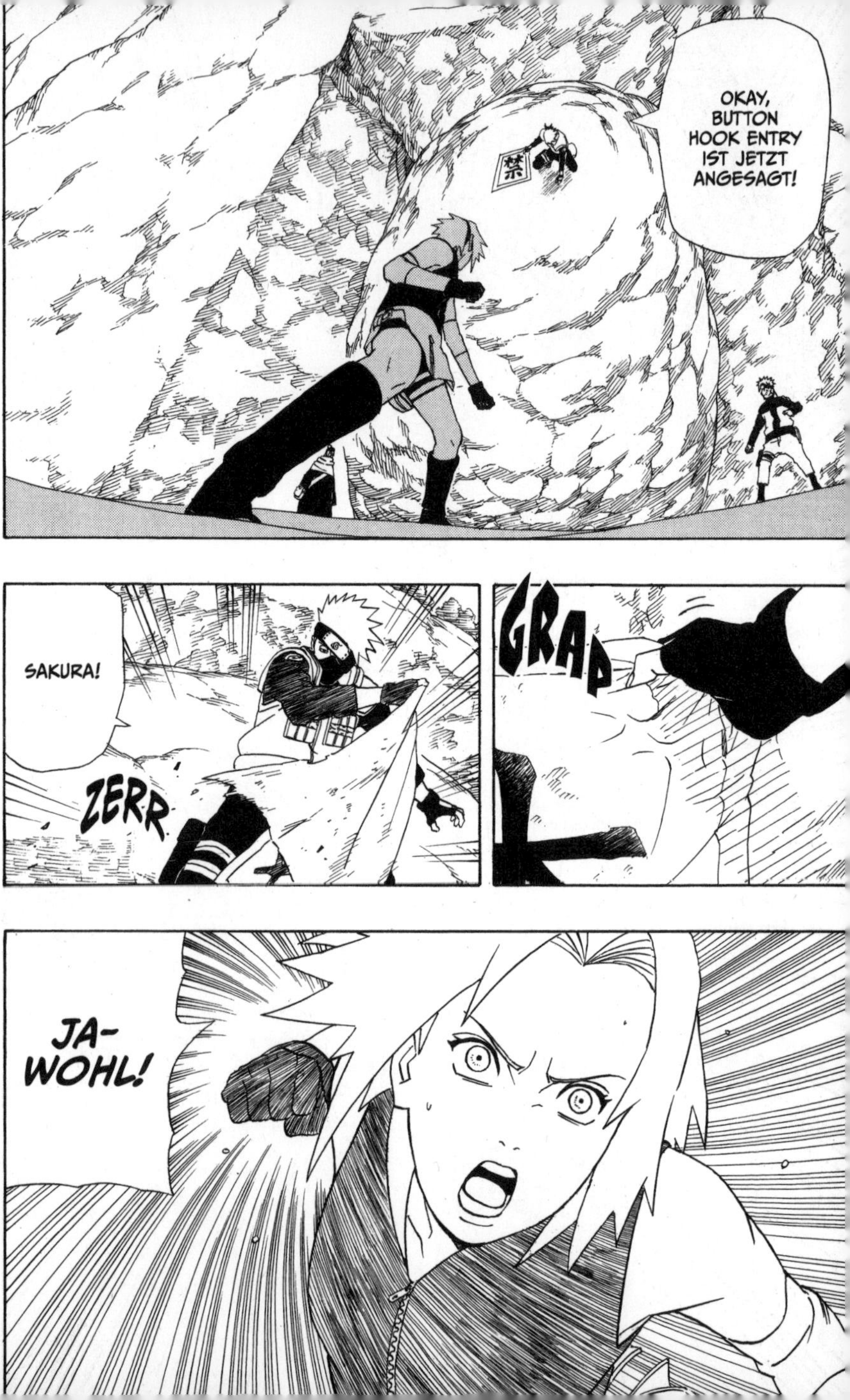
OKAY, BUTTON HOOK ENTRY IST JETZT ANGESAGT!
禁
GRAP
SAKURA!
ZERR
JA-WOHL!

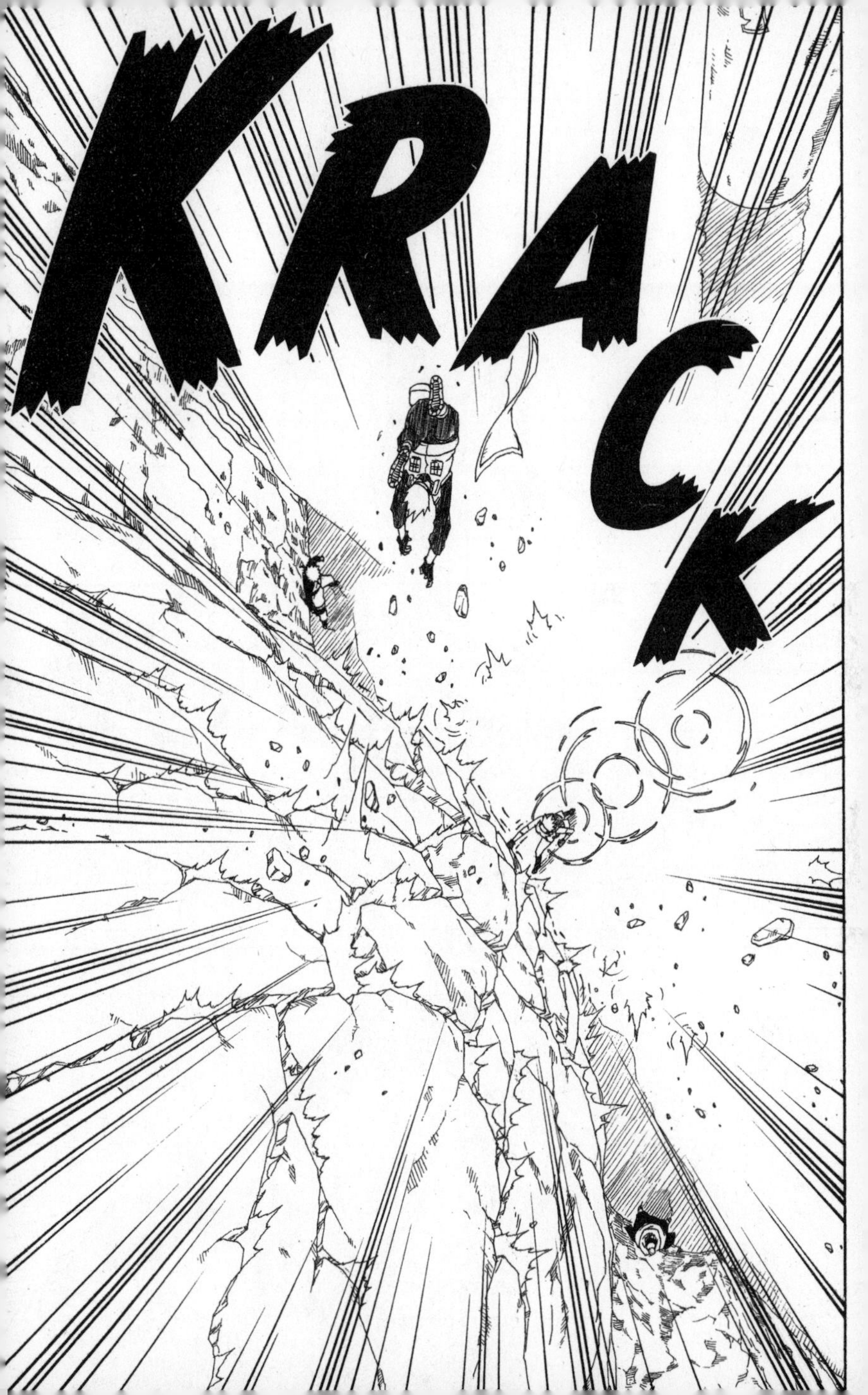
KRACK

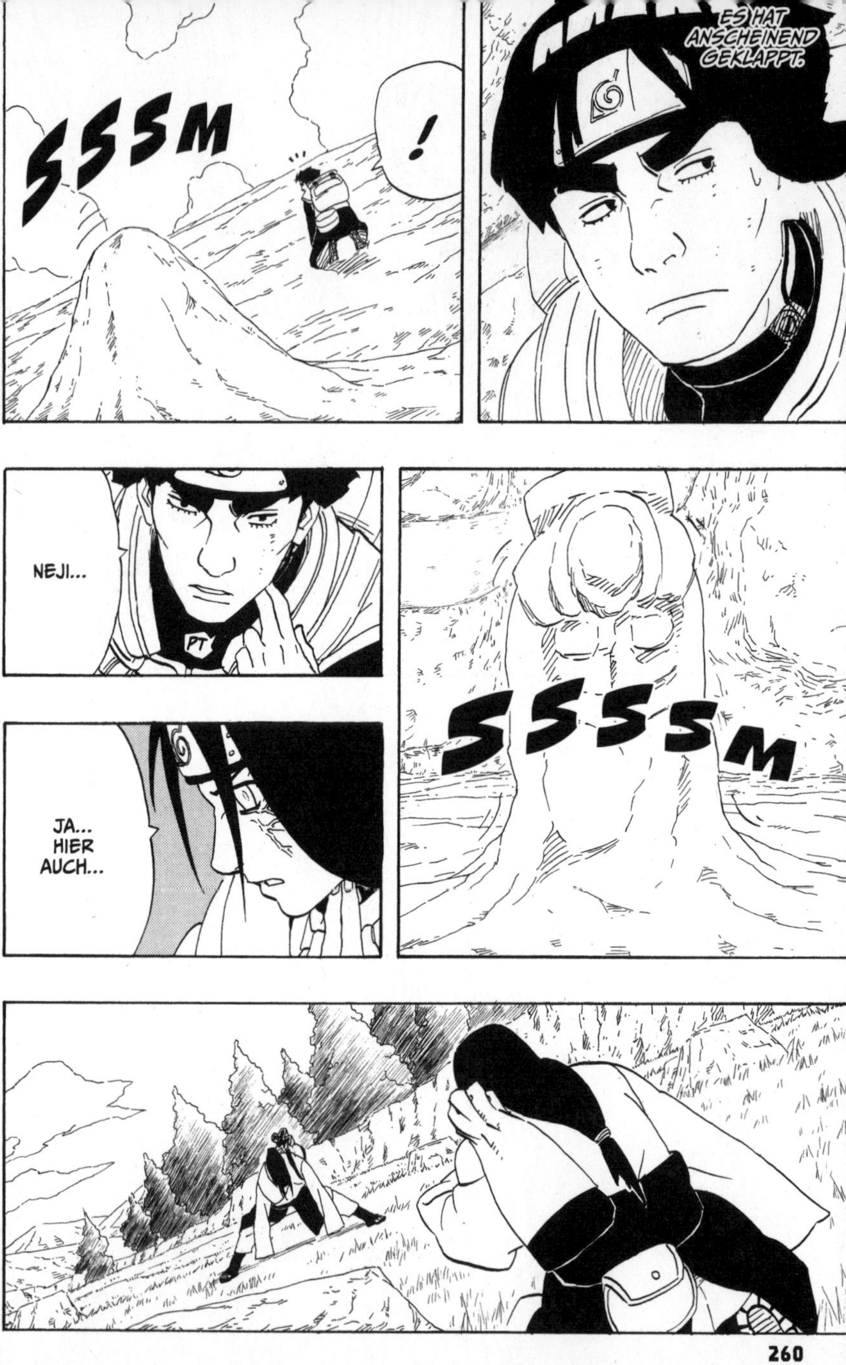
ES HAT ANSCHEINEND GEKLAPPT.
!
SSSM
SSSSM
NEJI...
JA... HIER AUCH...

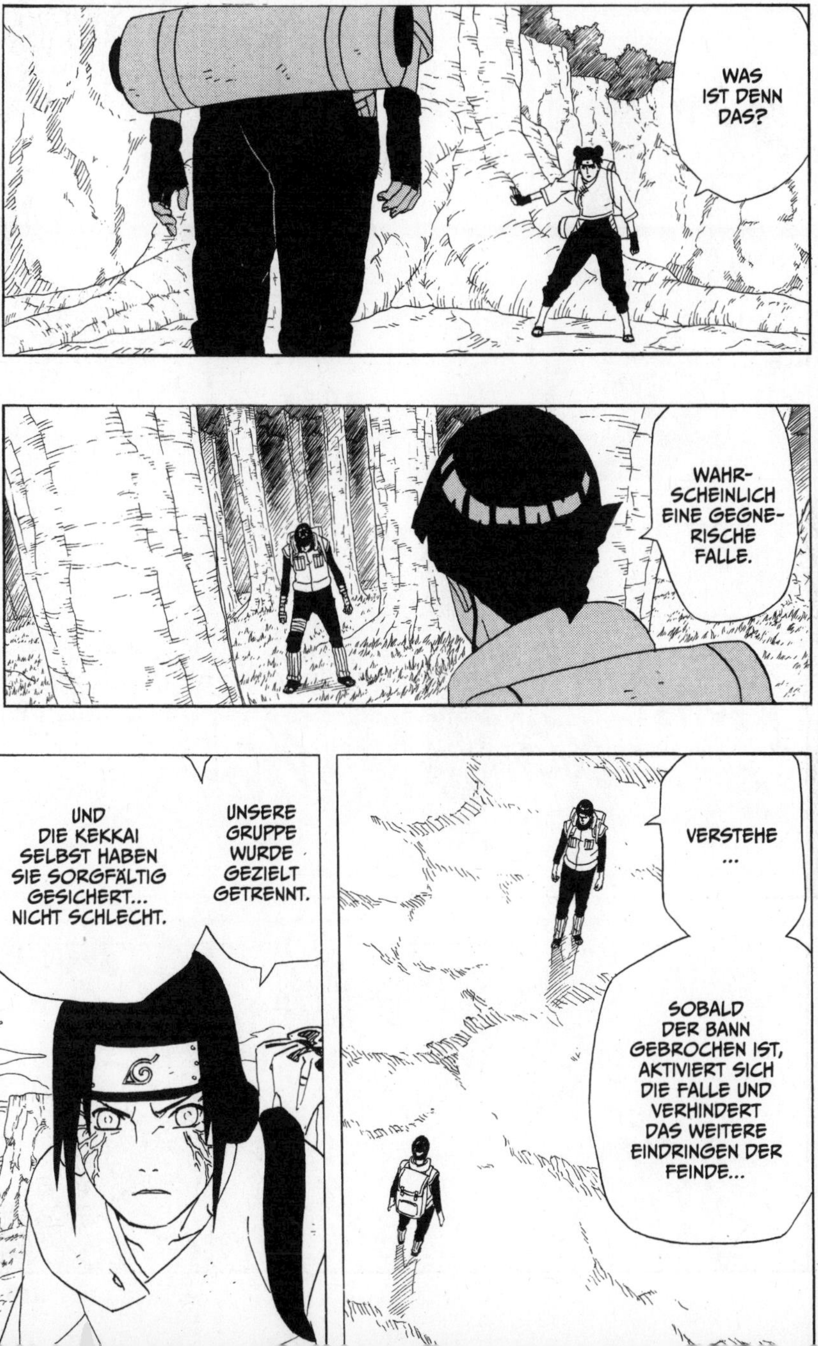

WAS IST DENN DAS?
WAHRSCHEINLICH EINE GEGNERISCHE FALLE.
VERSTEHE ...
SOBALD DER BANN GEBROCHEN IST, AKTIVIERT SICH DIE FALLE UND VERHINDERT DAS WEITERE EINDRINGEN DER FEINDE...
UNSERE GRUPPE WURDE GEZIELT GETRENNT.
UND DIE KEKKAI SELBST HABEN SIE SORGFÄLTIG GESICHERT... NICHT SCHLECHT.

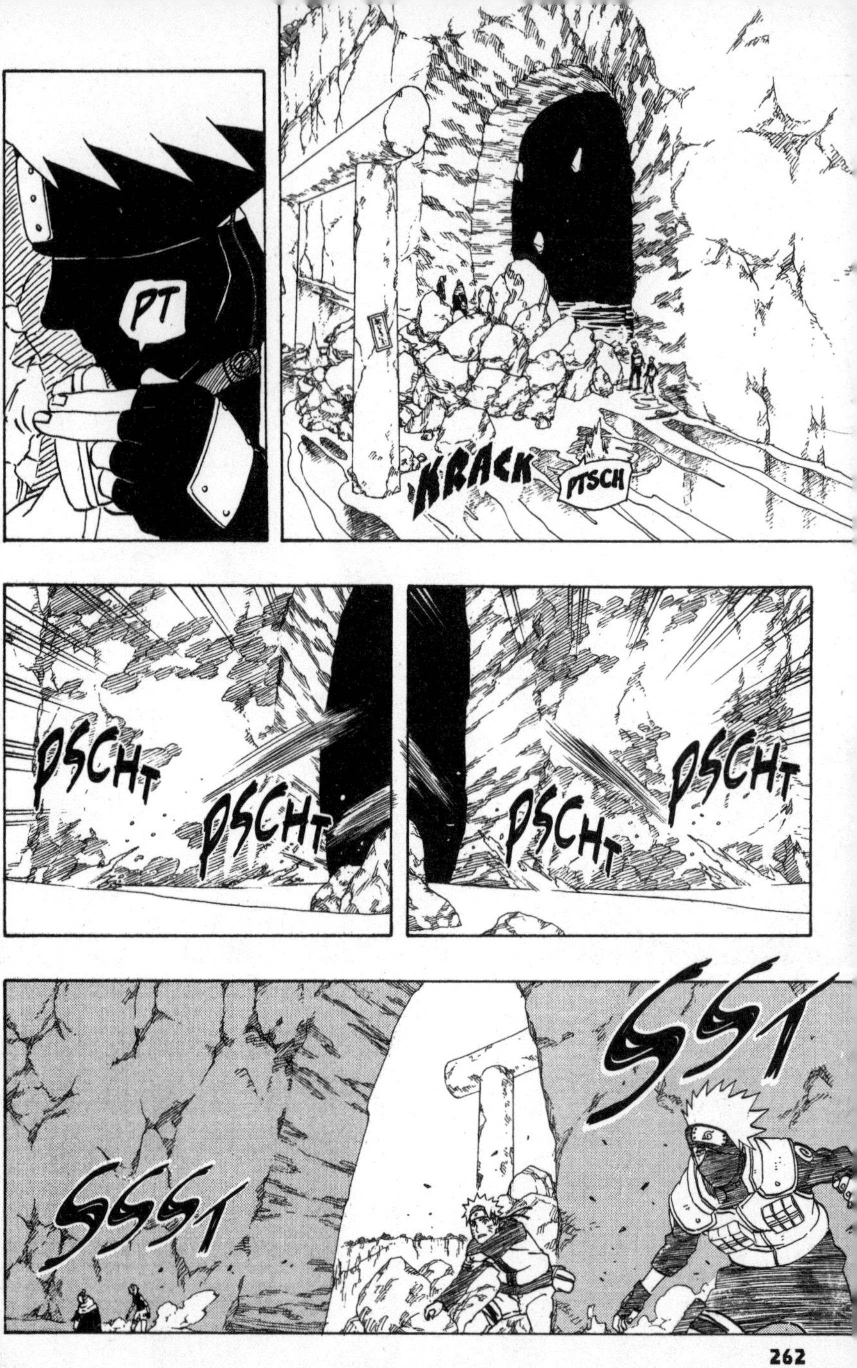

KRACK
PTSCH
PT
PSCHT
PSCHT
PSCHT
PSCHT
SST
SSST

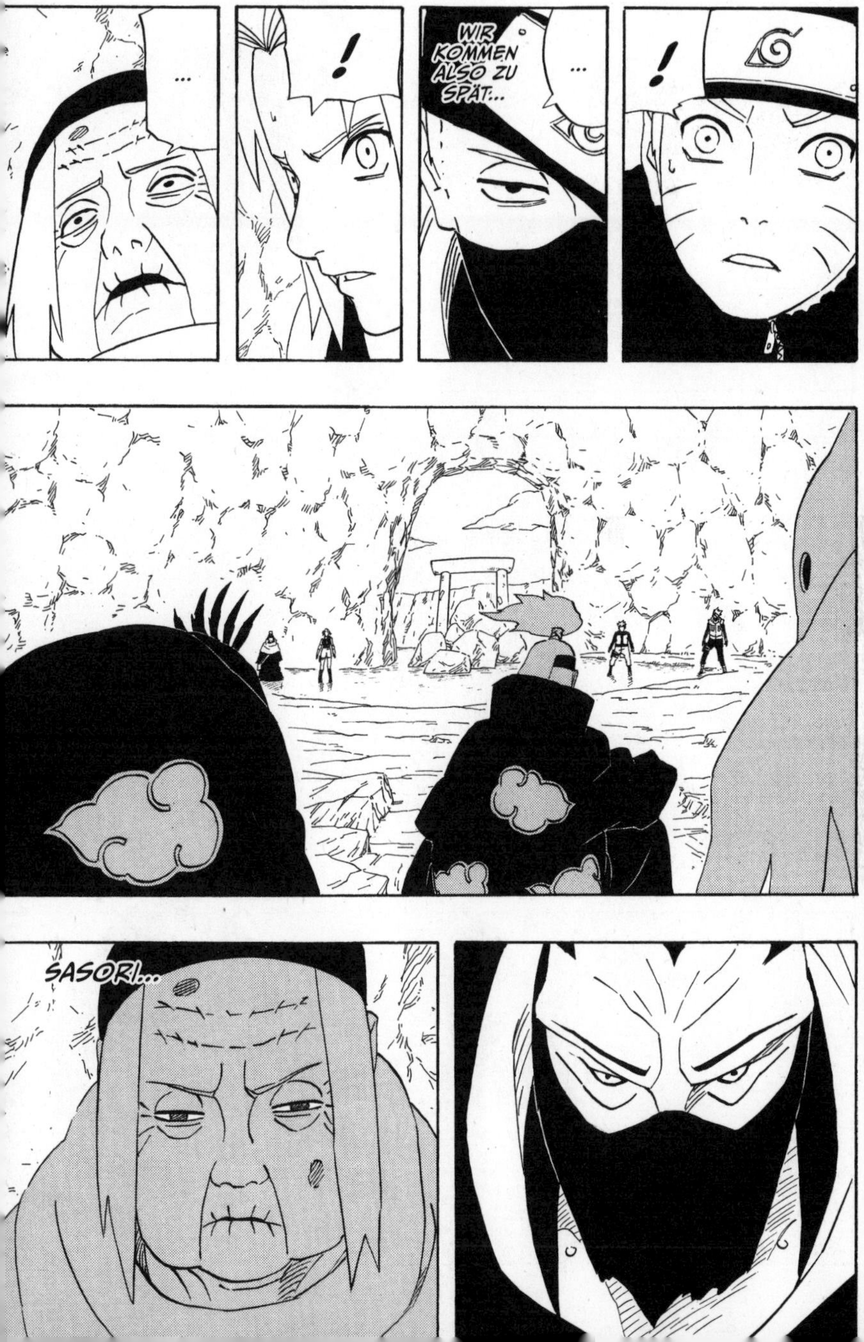

!
...
WIR KOMMEN ALSO ZU SPÄT...
!
...
SASORI...

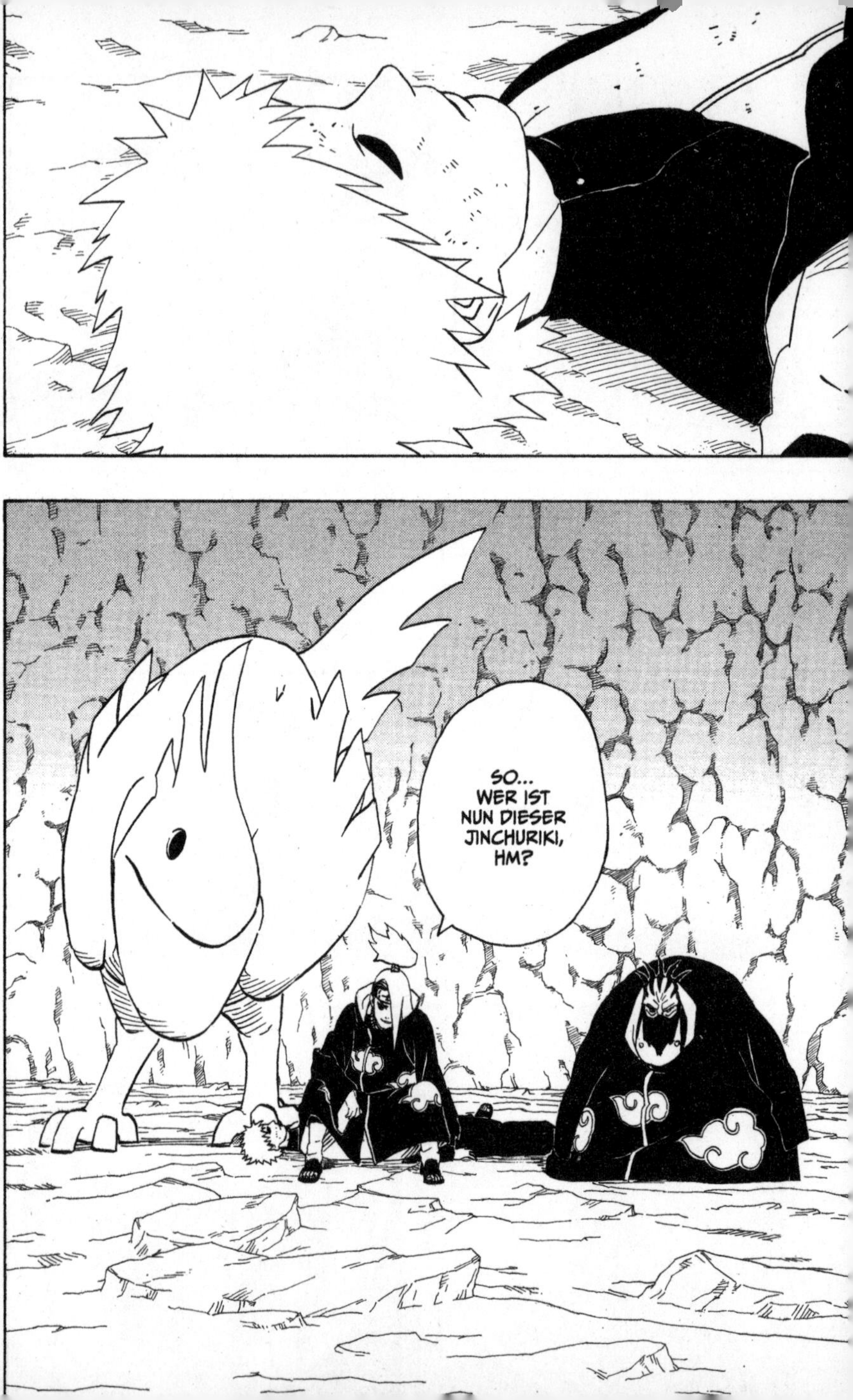
SO...
WER IST
NUN DIESER
JINCHURIKI,
HM?

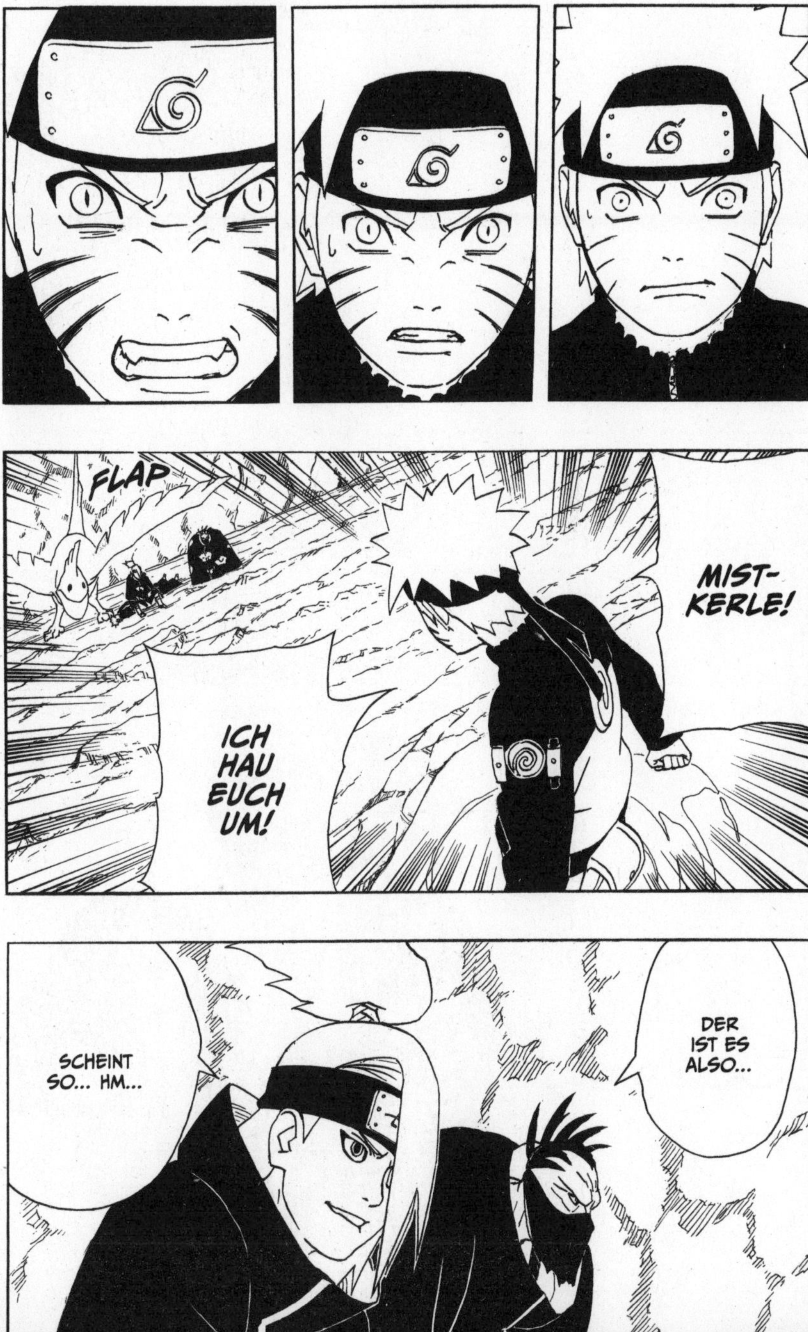
FLAP
MIST-KERLE!
ICH HAU EUCH UM!
DER IST ES ALSO...
SCHEINT SO... HM...

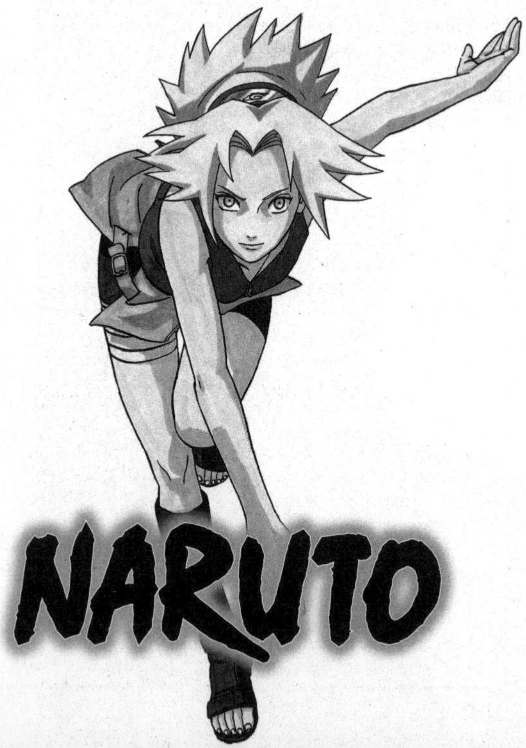
NARUTO

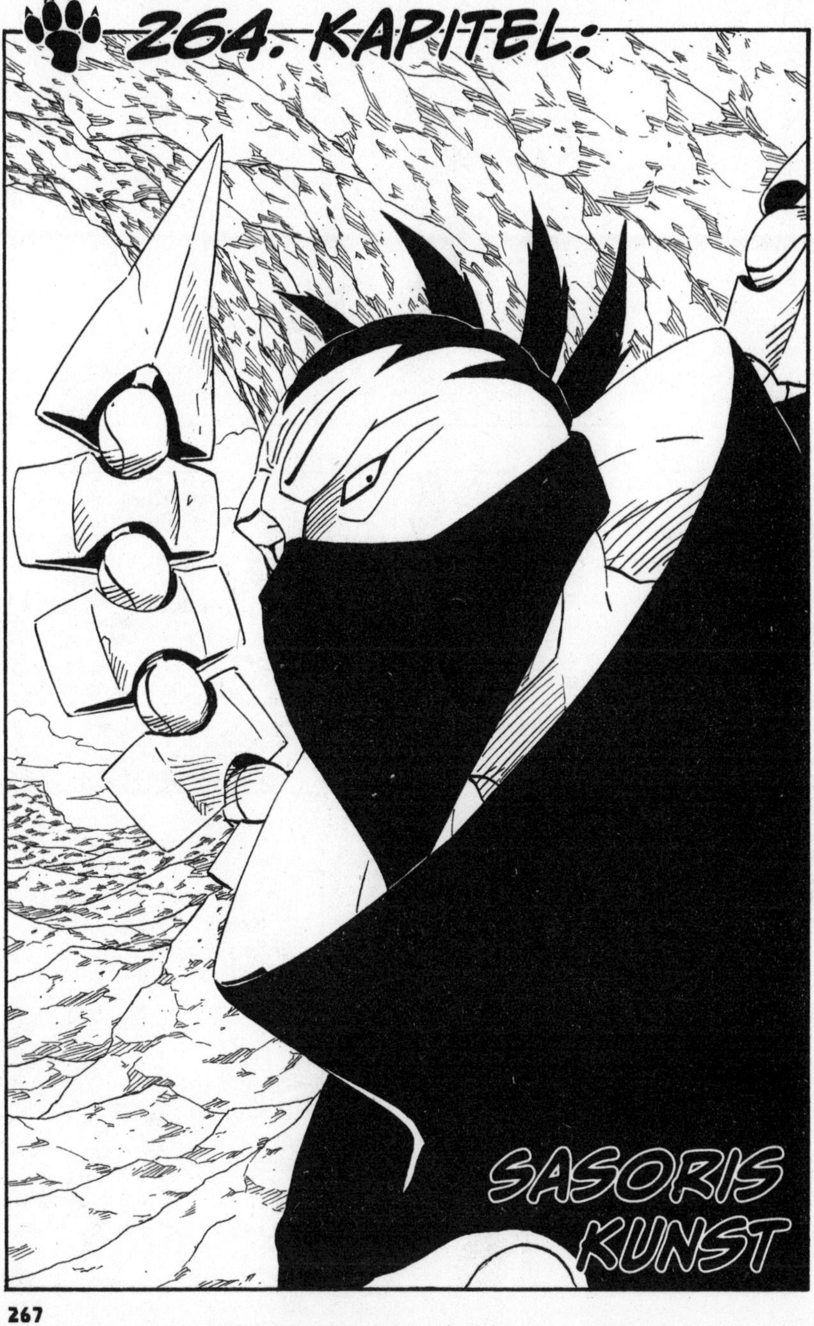
264. Kapitel:
Sasoris Kunst

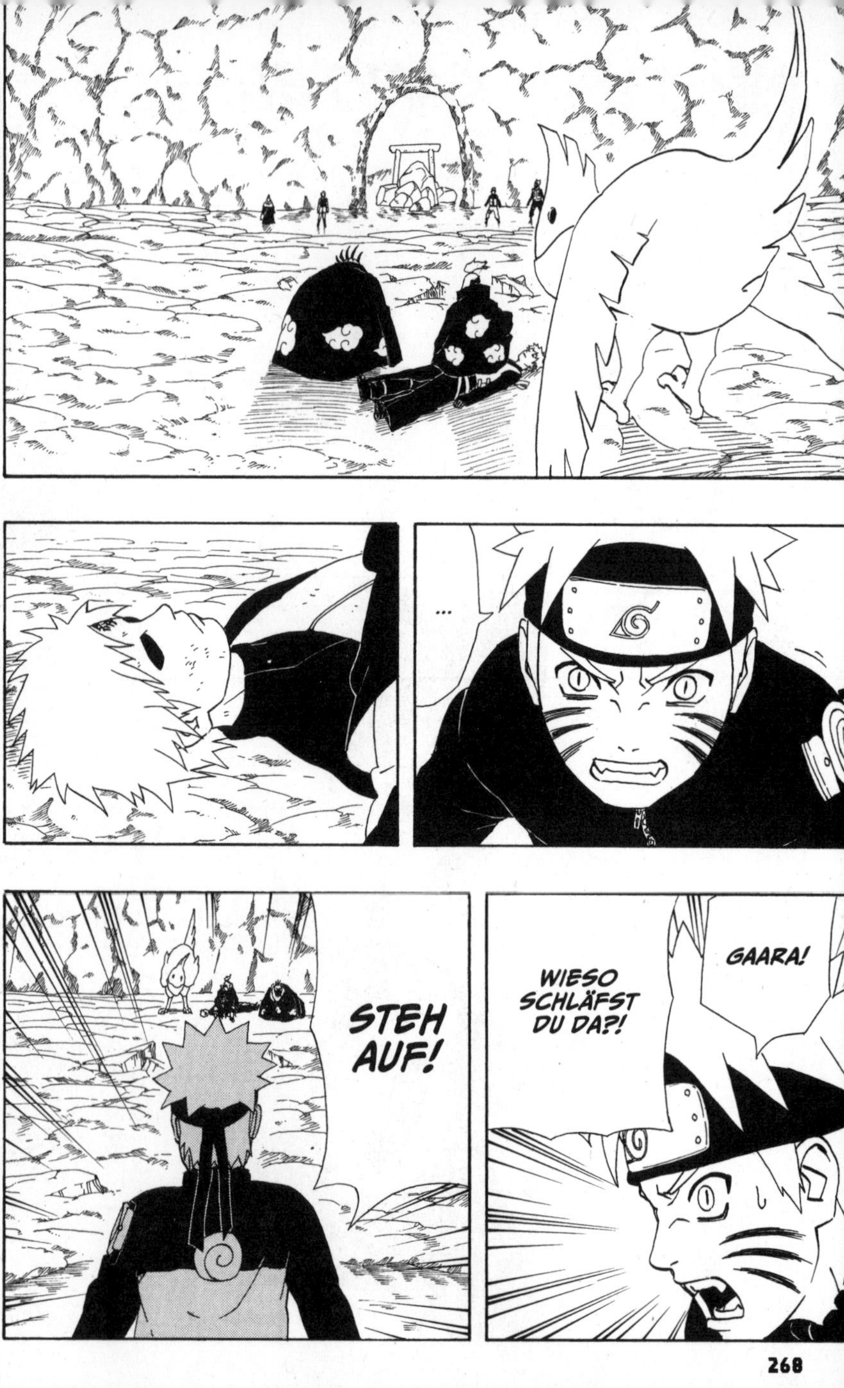
...
GAARA!
WIESO SCHLÄFST DU DA?!
STEH AUF!

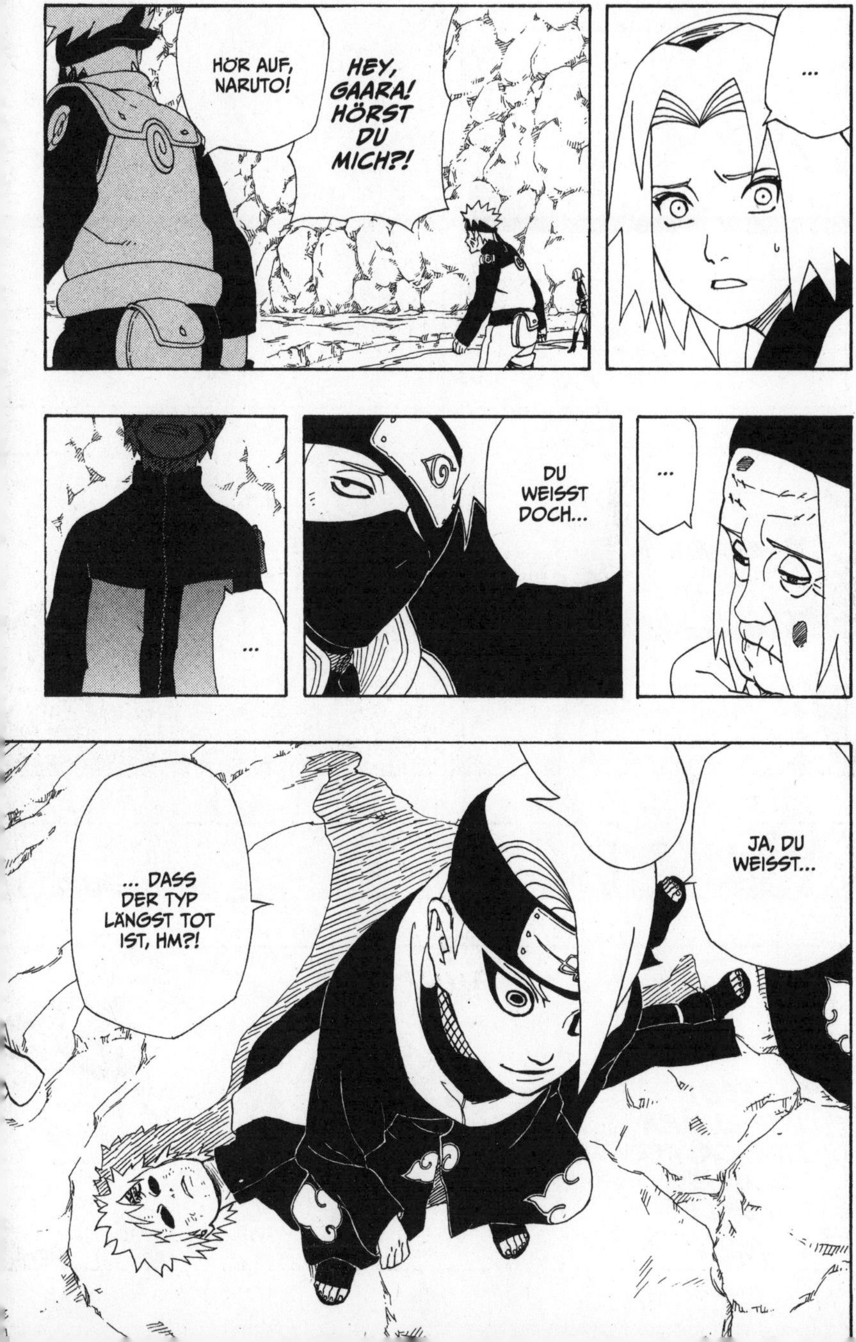
...
HEY, GAARA! HÖRST DU MICH?!
HÖR AUF, NARUTO!
...
DU WEISST DOCH...
...
JA, DU WEISST...
... DASS DER TYP LÄNGST TOT IST, HM?!

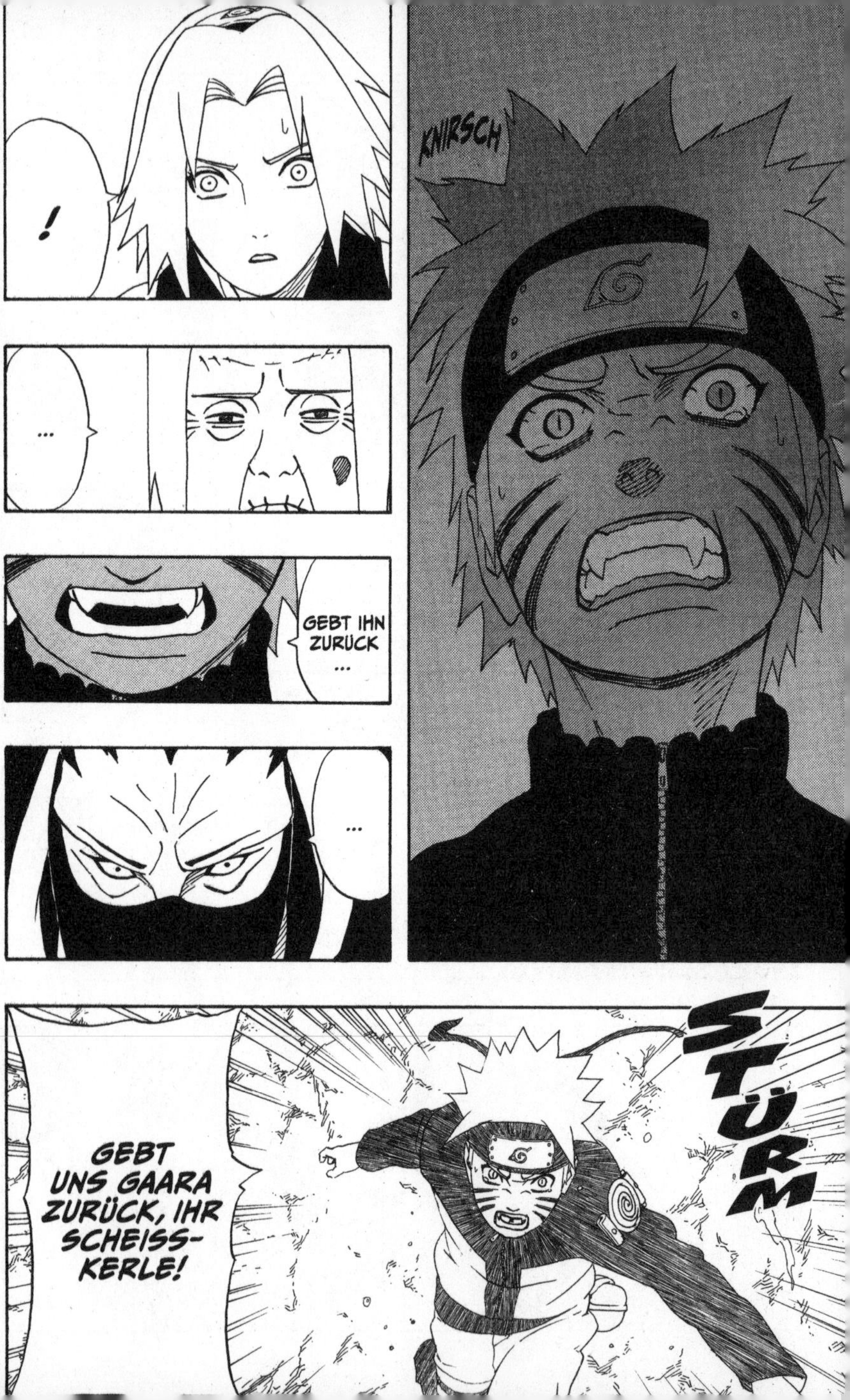
KNIRSCH
!
...
GEBT IHN ZURÜCK ...
...
GEBT UNS GAARA ZURÜCK, IHR SCHEISS-KERLE!
STÜRM

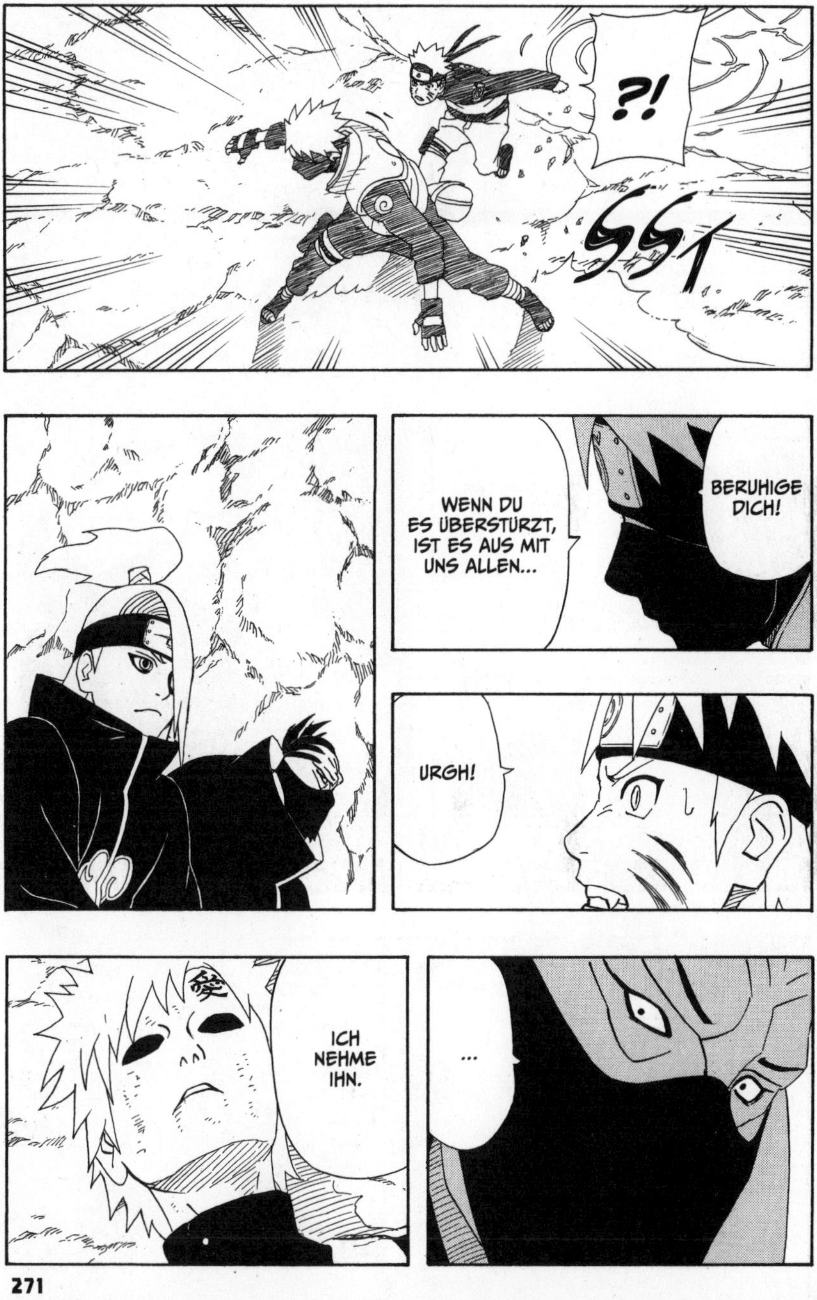
?!
SST
BERUHIGE DICH!
WENN DU ES ÜBERSTÜRZT, IST ES AUS MIT UNS ALLEN...
URGH!
...
ICH NEHME IHN.

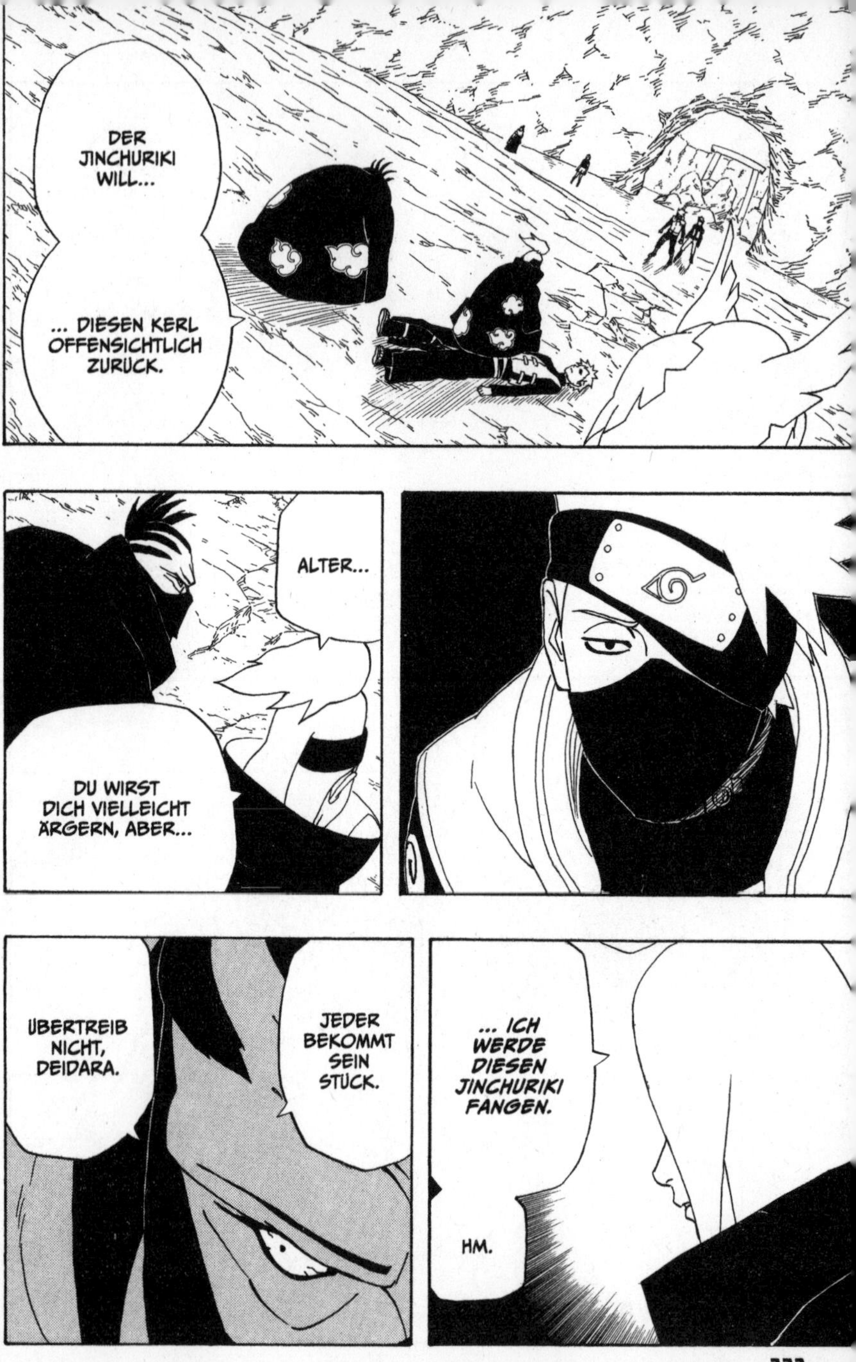
DER JINCHURIKI WILL...
... DIESEN KERL OFFENSICHTLICH ZURÜCK.
ALTER...
DU WIRST DICH VIELLEICHT ÄRGERN, ABER...
... ICH WERDE DIESEN JINCHURIKI FANGEN.
HM.
JEDER BEKOMMT SEIN STÜCK.
ÜBERTREIB NICHT, DEIDARA.

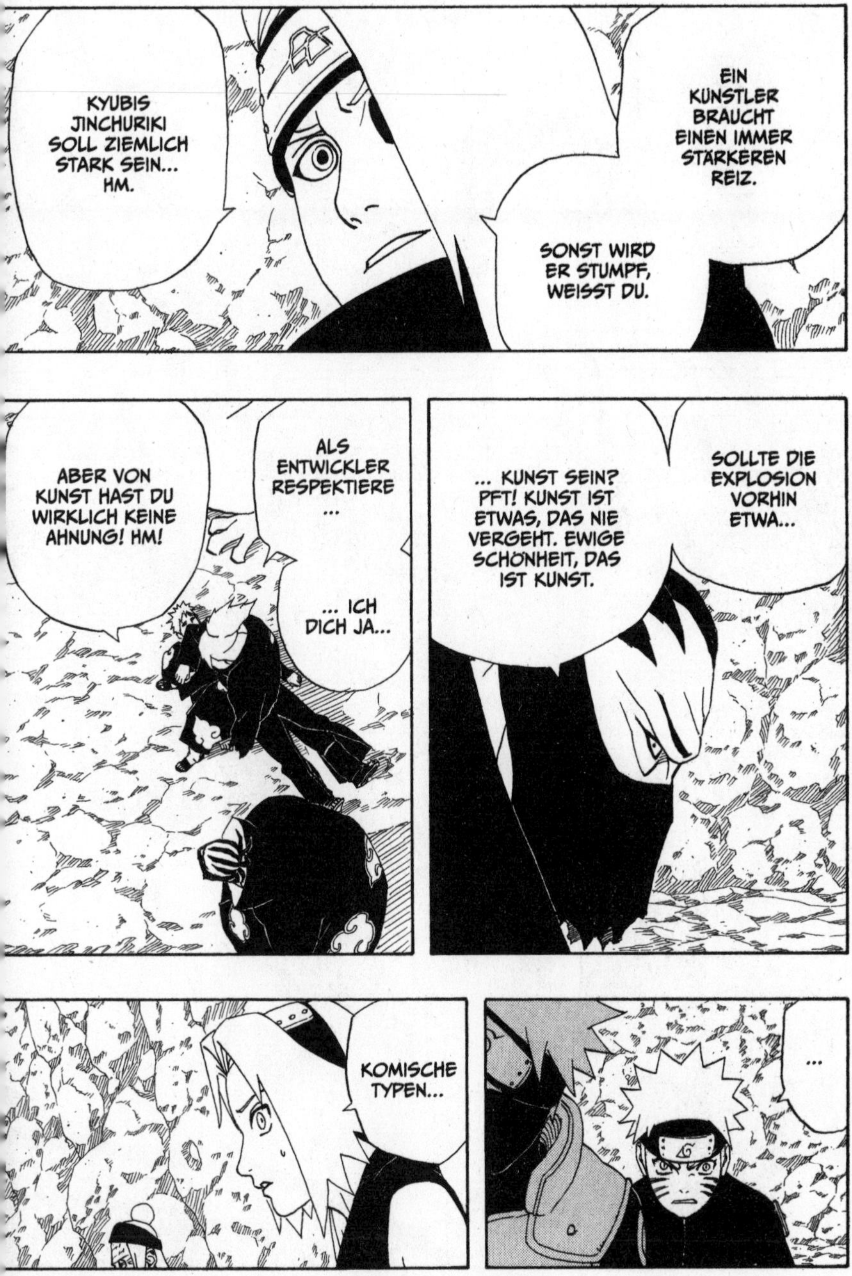
EIN KÜNSTLER BRAUCHT EINEN IMMER STÄRKEREN REIZ.
SONST WIRD ER STUMPF, WEISST DU.
KYUBIS JINCHURIKI SOLL ZIEMLICH STARK SEIN... HM.
SOLLTE DIE EXPLOSION VORHIN ETWA...
... KUNST SEIN? PFT! KUNST IST ETWAS, DAS NIE VERGEHT. EWIGE SCHÖNHEIT, DAS IST KUNST.
ALS ENTWICKLER RESPEKTIERE ...
... ICH DICH JA...
ABER VON KUNST HAST DU WIRKLICH KEINE AHNUNG! HM!
...
KOMISCHE TYPEN...

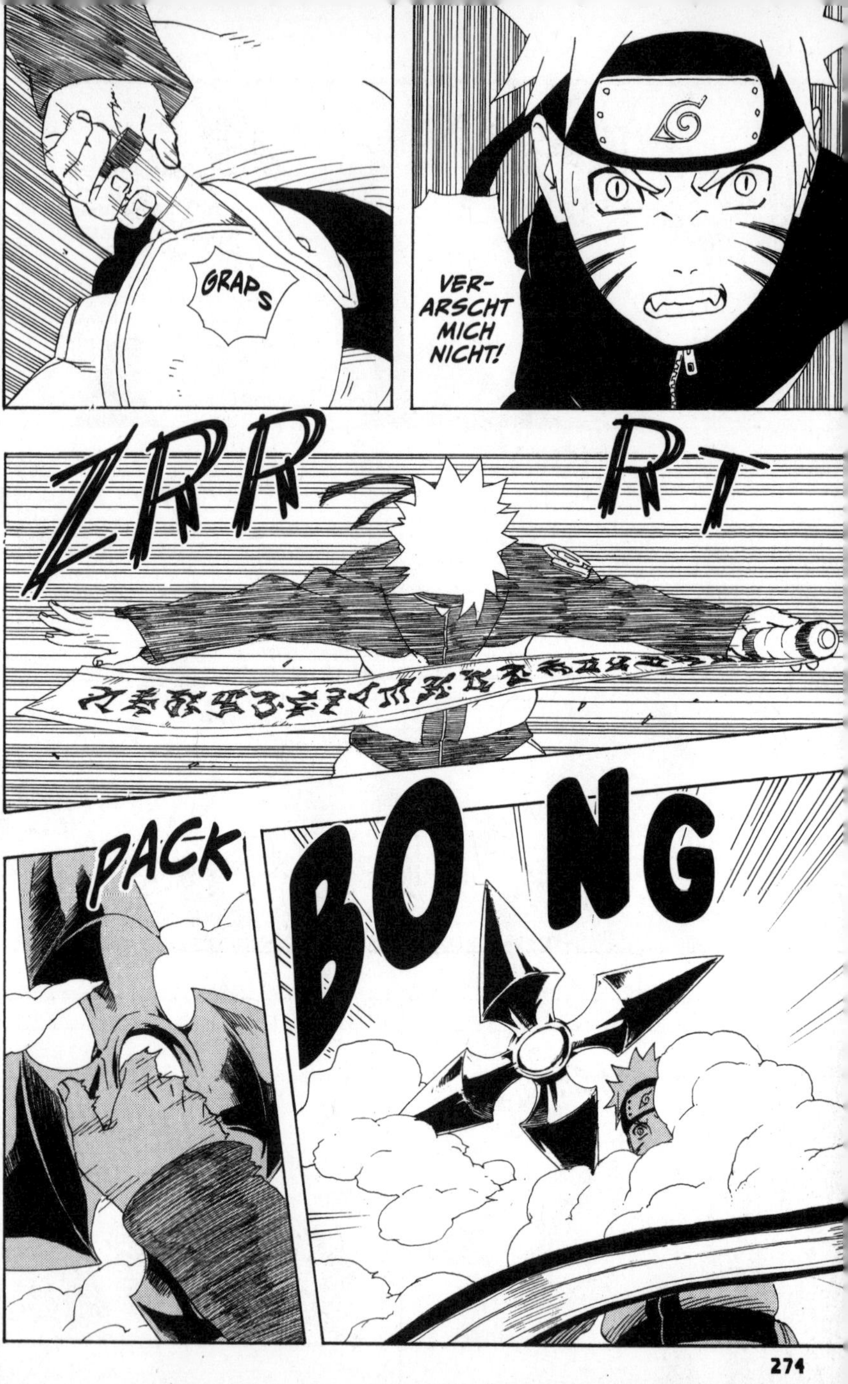
VER-
ARSCHT
MICH
NICHT!
GRAPS
ZRRR—RT
BONG
PACK

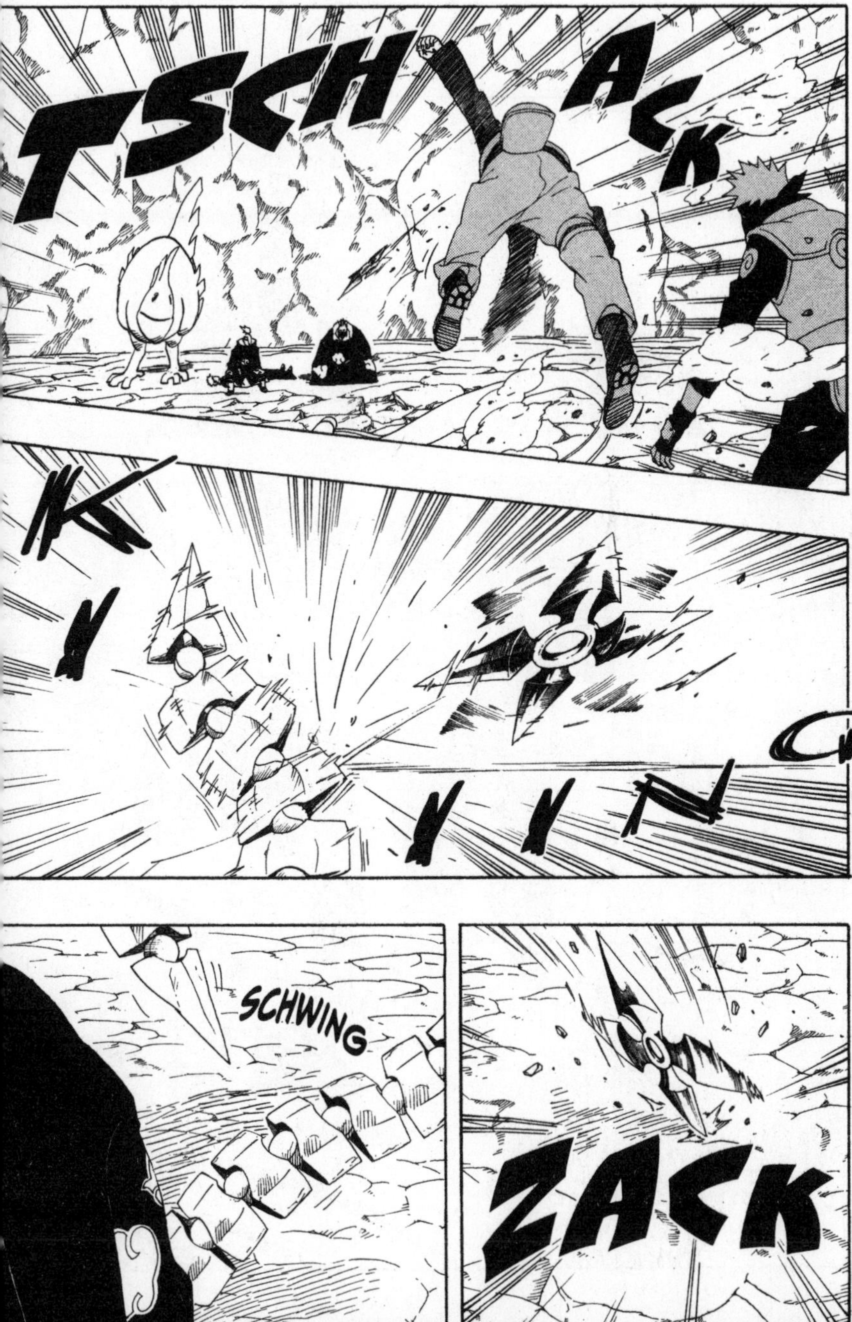
TSCH ACK
KIIIIN
SCHWING
ZACK

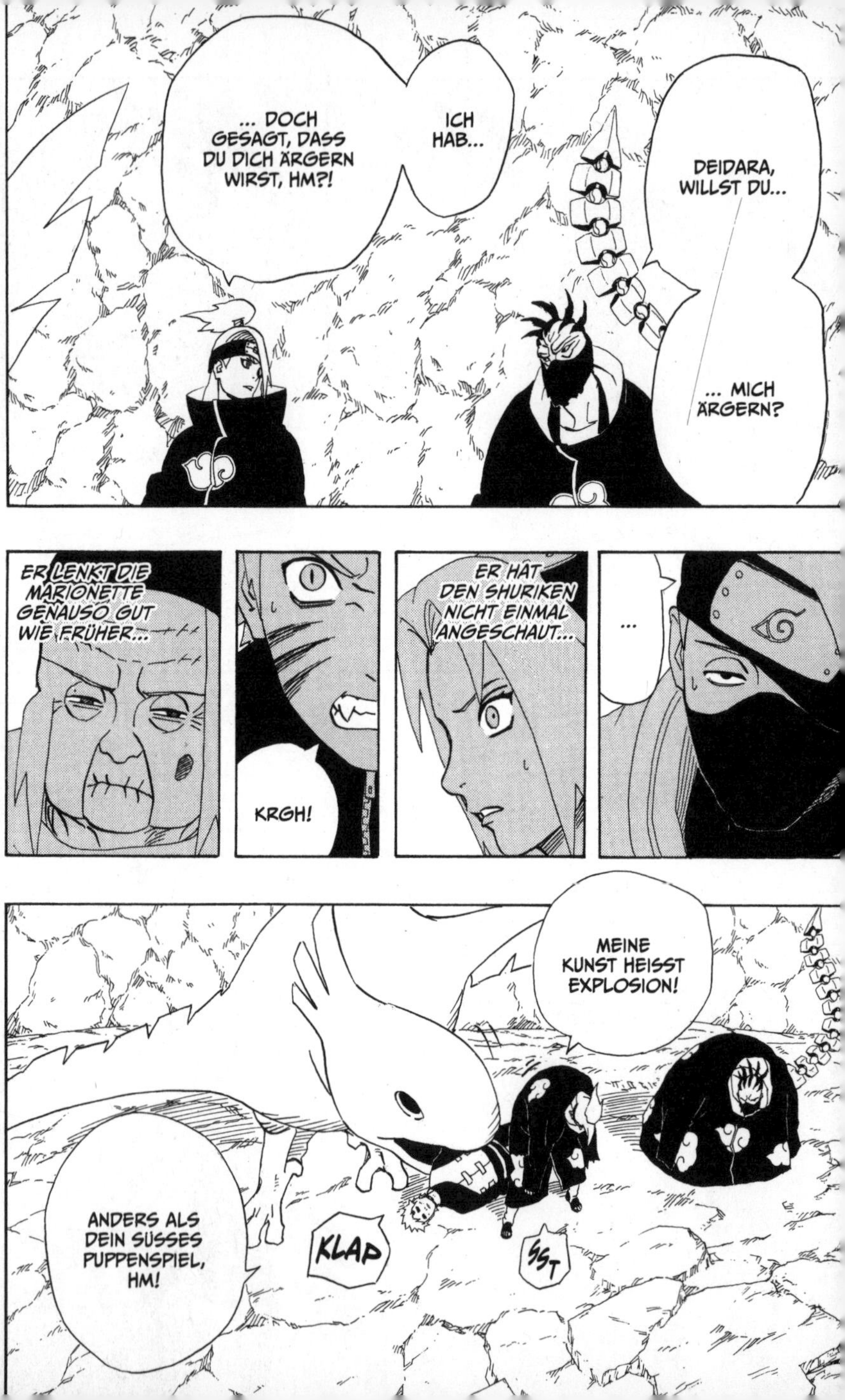
DEIDARA, WILLST DU...
... MICH ÄRGERN?
ICH HAB...
... DOCH GESAGT, DASS DU DICH ÄRGERN WIRST, HM?!
...
ER HAT DEN SHURIKEN NICHT EINMAL ANGESCHAUT...
KRGH!
ER LENKT DIE MARIONETTE GENAUSO GUT WIE FRÜHER...
MEINE KUNST HEISST EXPLOSION!
SST
KLAP
ANDERS ALS DEIN SÜSSES PUPPENSPIEL, HM!

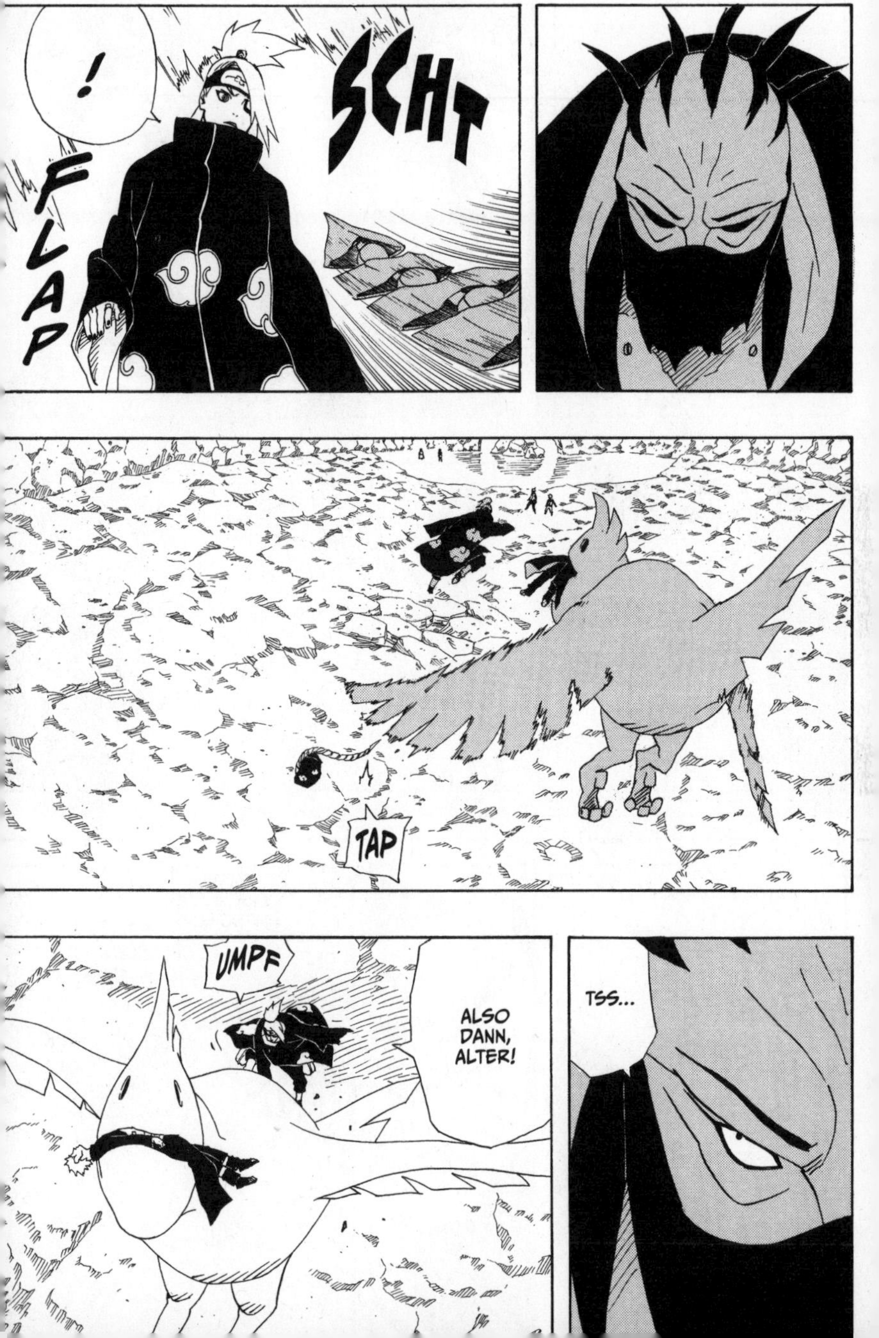
!
FLAP
SCHT
TAP
UMPF
ALSO DANN, ALTER!
TSS...

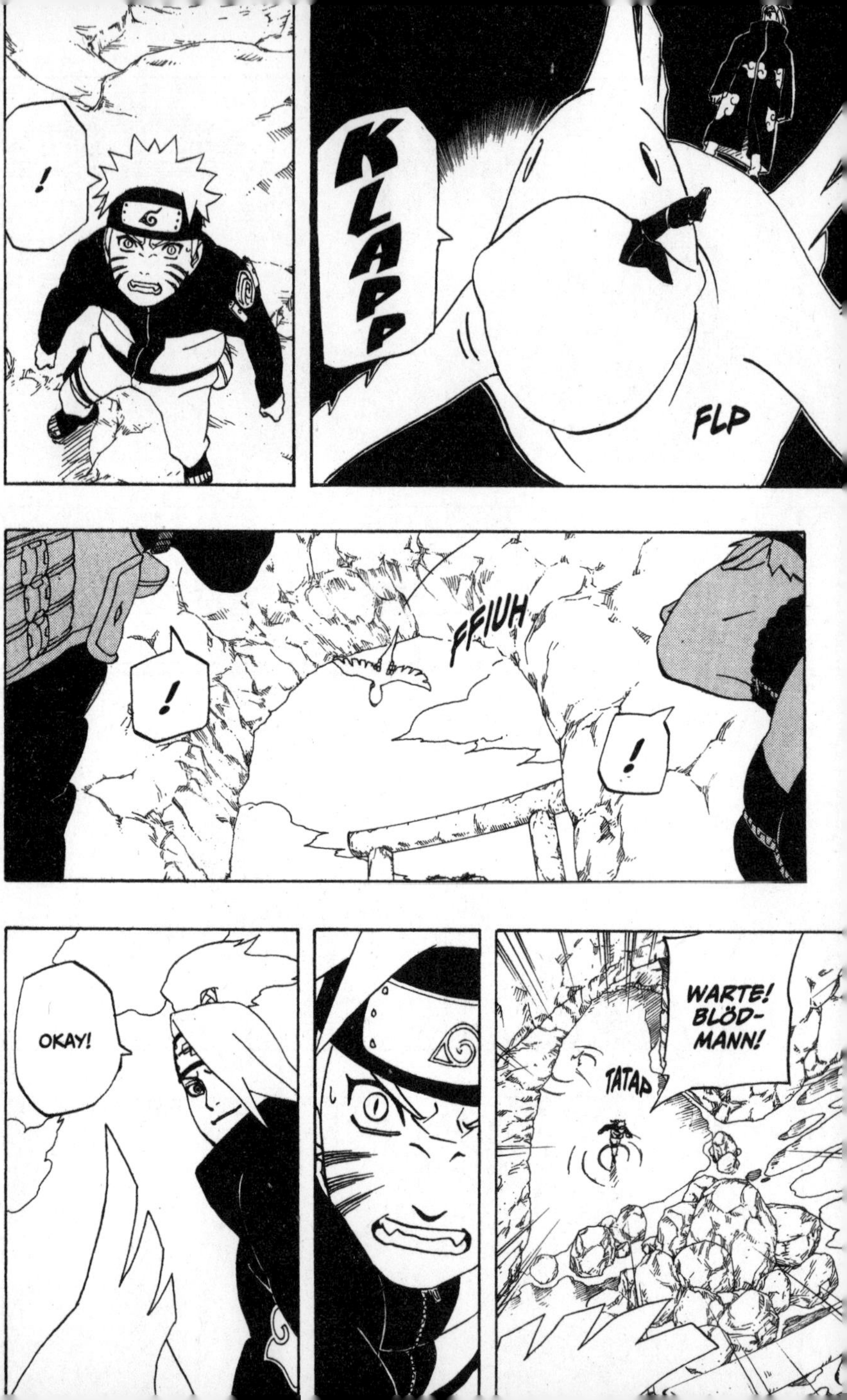
KLAPP
FLP
!
!
FFIUH
!
WARTE! BLÖD-MANN!
TATAP
OKAY!

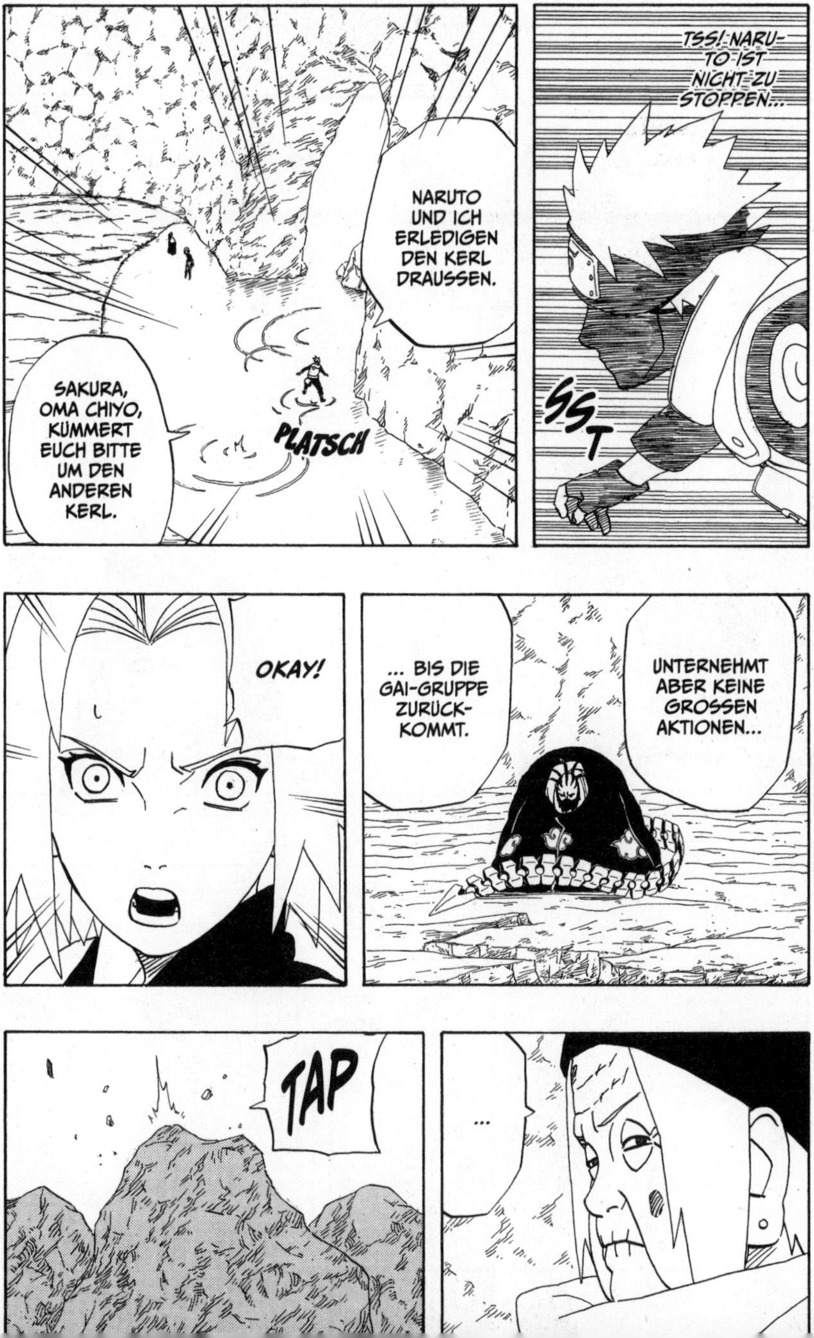
TSS! NARUTO IST NICHT ZU STOPPEN...
SST
NARUTO UND ICH ERLEDIGEN DEN KERL DRAUSSEN.
SAKURA, OMA CHIYO, KÜMMERT EUCH BITTE UM DEN ANDEREN KERL.
PLATSCH
UNTERNEHMT ABER KEINE GROSSEN AKTIONEN...
... BIS DIE GAI-GRUPPE ZURÜCK-KOMMT.
OKAY!
...
TAP

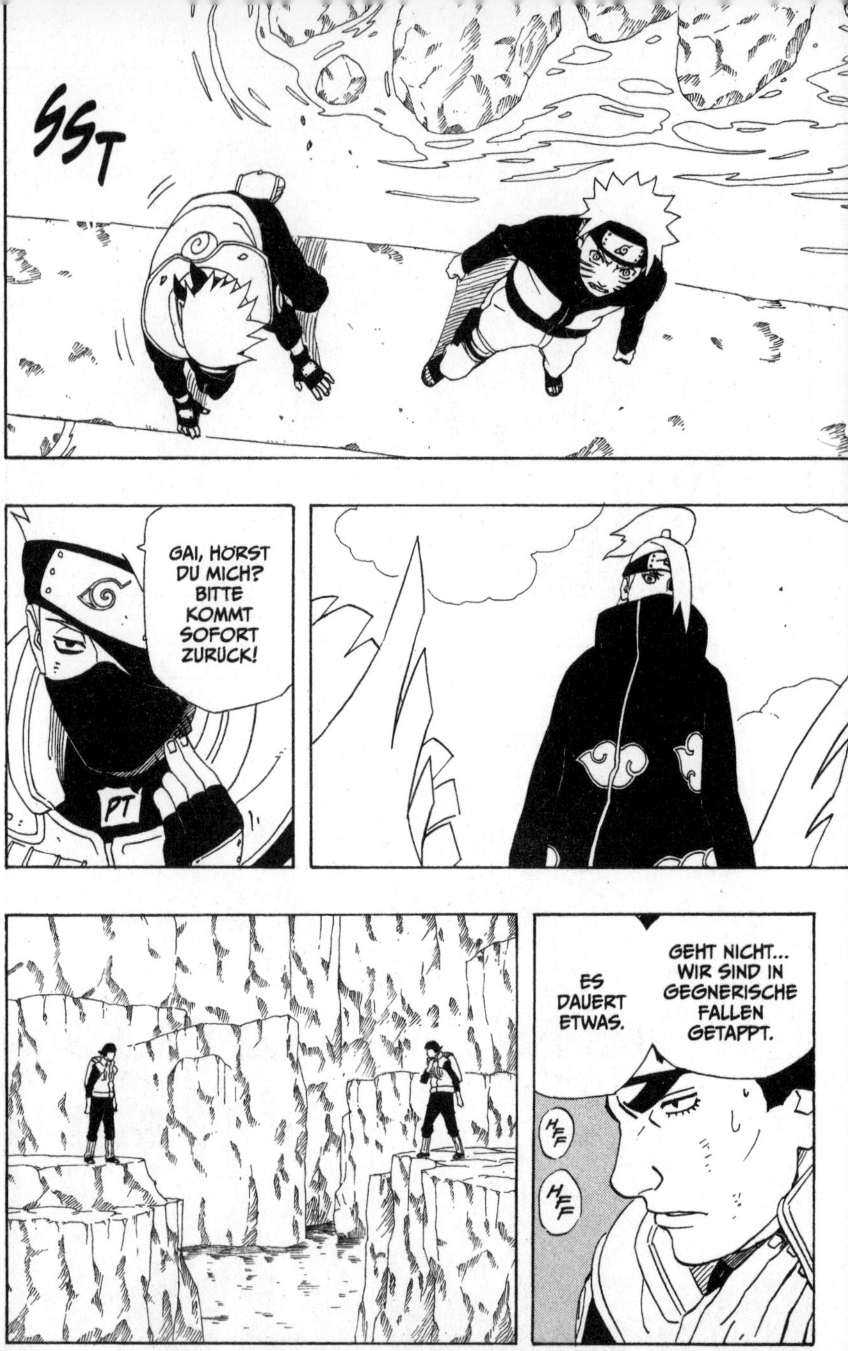
SST
GAI, HÖRST DU MICH? BITTE KOMMT SOFORT ZURÜCK!
PT
GEHT NICHT... WIR SIND IN GEGNERISCHE FALLEN GETAPPT.
ES DAUERT ETWAS.
HEF
HEF

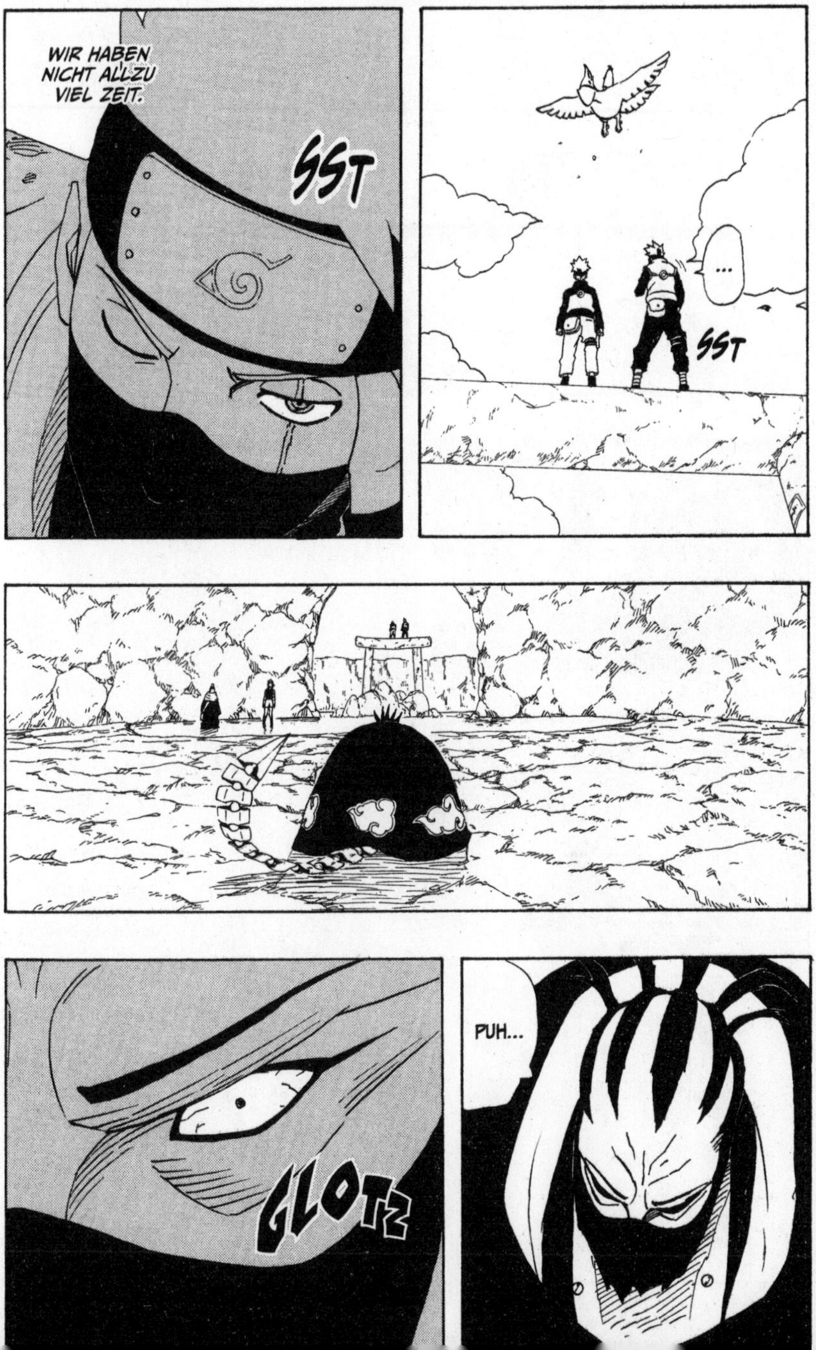
WIR HABEN NICHT ALLZU VIEL ZEIT.
SST
...
SST
GLOTZ
PUH...

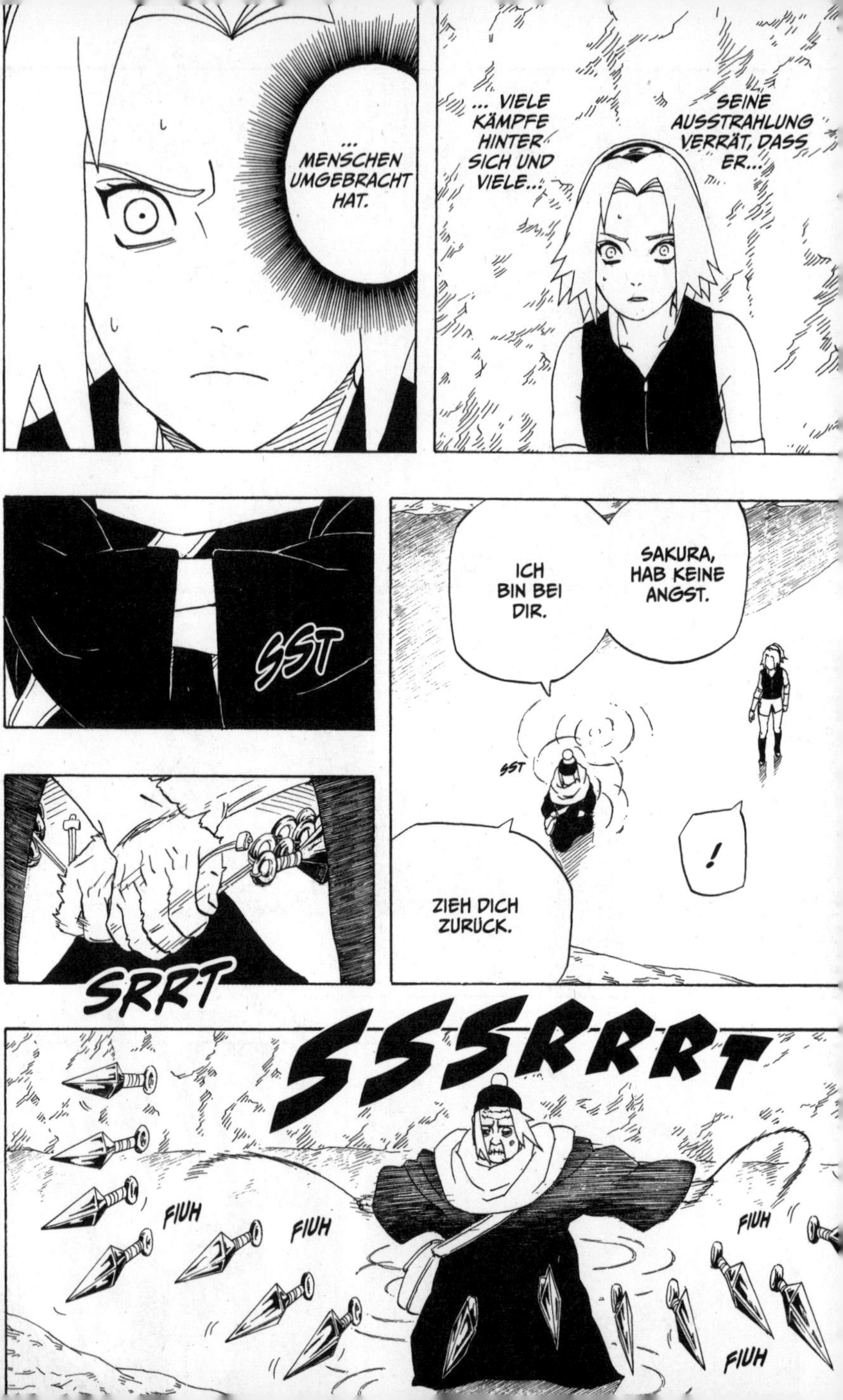
SEINE AUSSTRAHLUNG VERRÄT, DASS ER...
... VIELE KÄMPFE HINTER SICH UND VIELE...
... MENSCHEN UMGEBRACHT HAT.
SAKURA, HAB KEINE ANGST.
ICH BIN BEI DIR.
SST
!
ZIEH DICH ZURÜCK.
SST
SRRT
SSSRRRT
FIUH
FIUH
FIUH
FIUH
FIUH

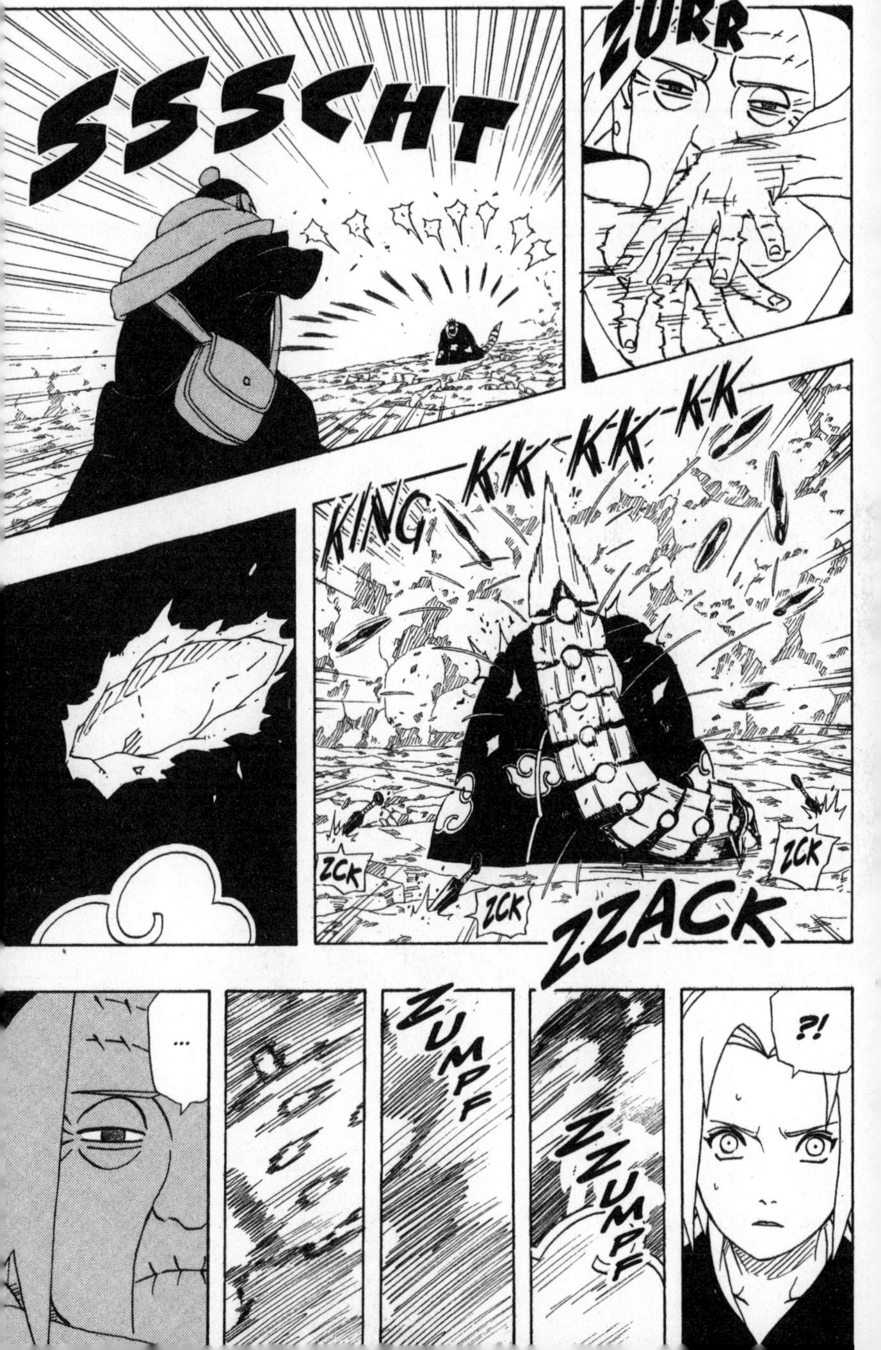

ZURR
SSSCHT
KING KK KK KK KK
ZCK
ZCK
ZCK
ZZACK
?!
ZZZUMPF
ZUMPF
...

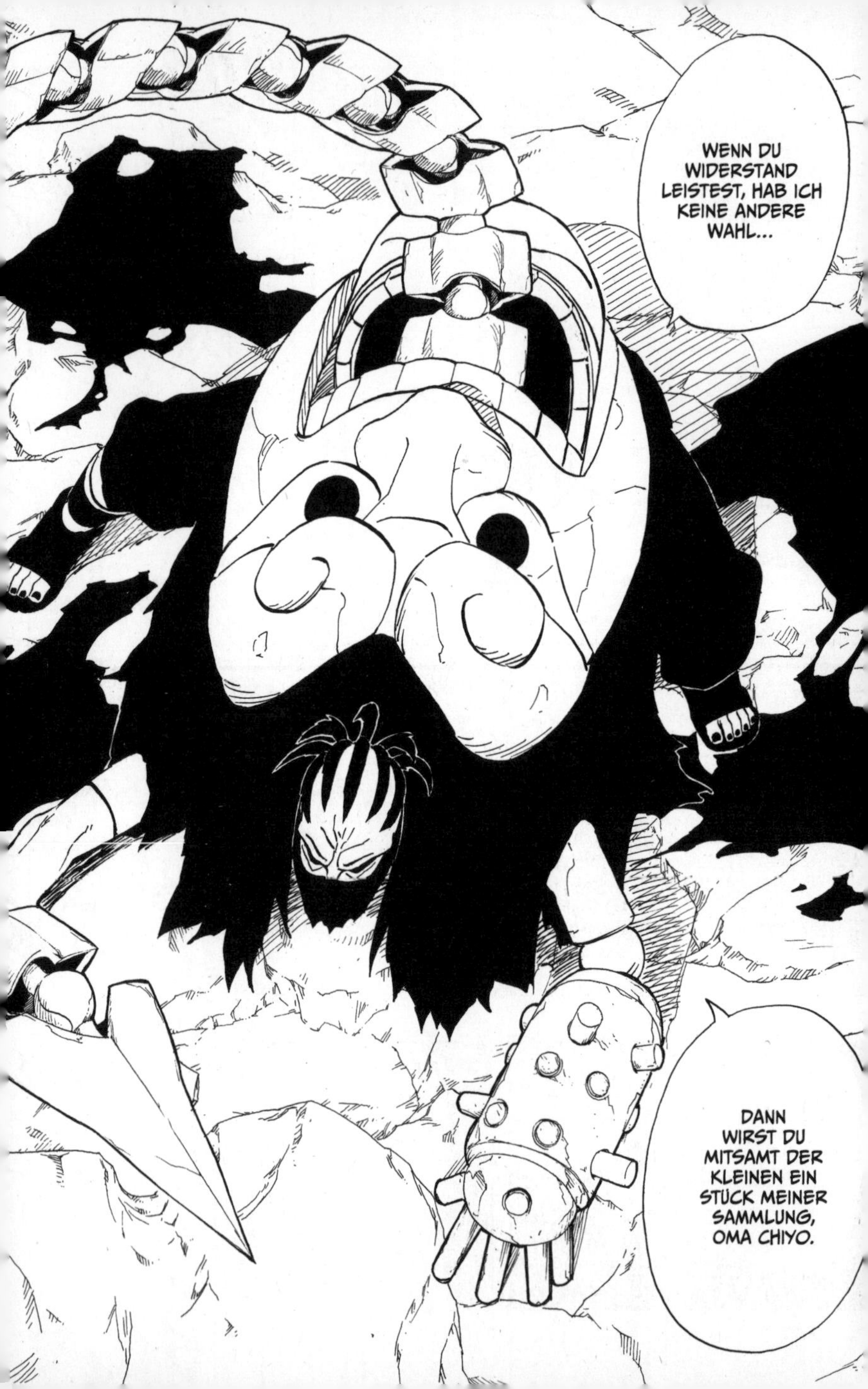
WENN DU WIDERSTAND LEISTEST, HAB ICH KEINE ANDERE WAHL...
DANN WIRST DU MITSAMT DER KLEINEN EIN STÜCK MEINER SAMMLUNG, OMA CHIYO.

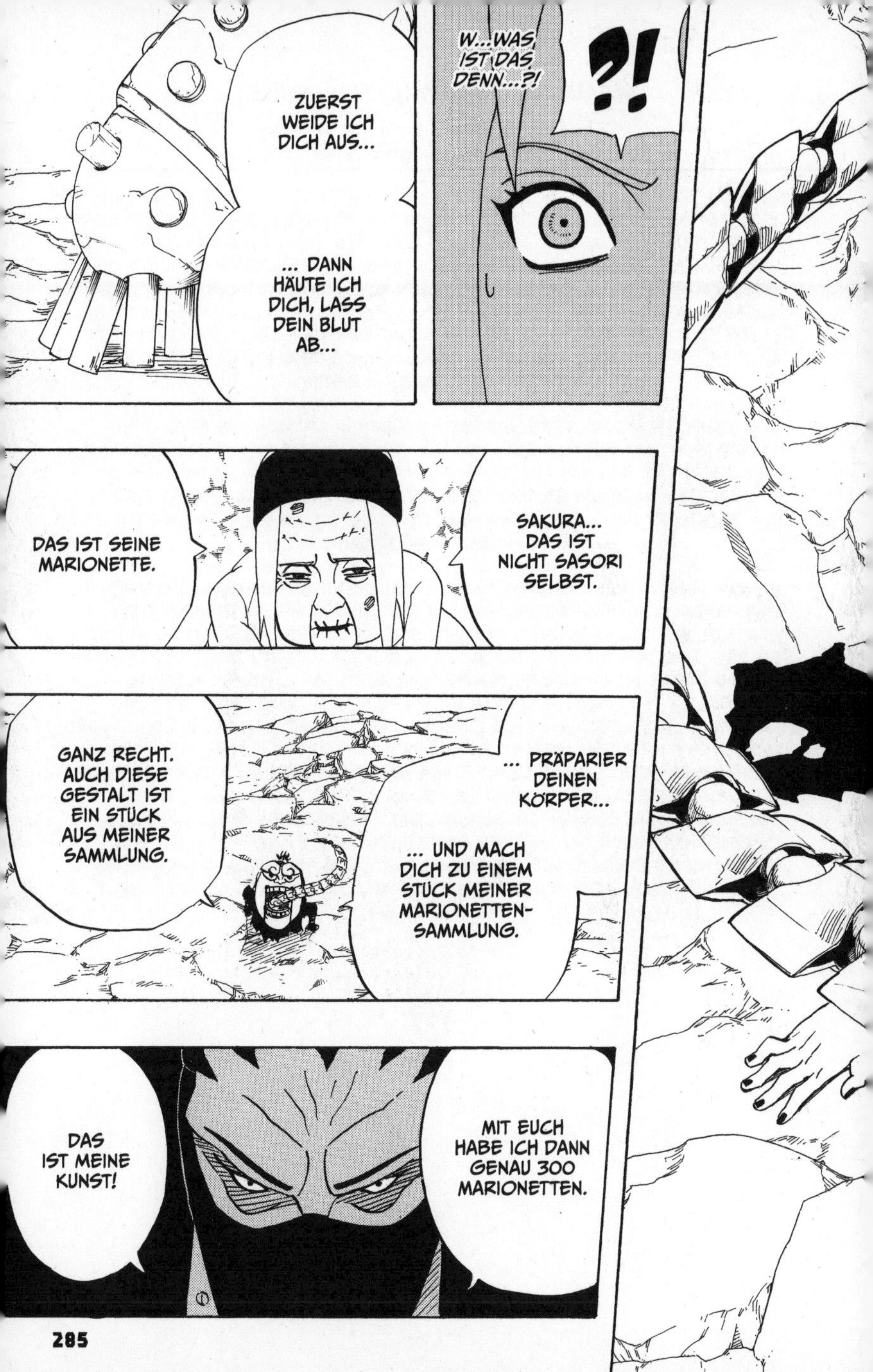
?!
W...WAS IST DAS DENN...?!
ZUERST WEIDE ICH DICH AUS...
... DANN HÄUTE ICH DICH, LASS DEIN BLUT AB...
SAKURA... DAS IST NICHT SASORI SELBST.
DAS IST SEINE MARIONETTE.
... PRÄPARIER DEINEN KÖRPER...
... UND MACH DICH ZU EINEM STÜCK MEINER MARIONETTEN-SAMMLUNG.
GANZ RECHT. AUCH DIESE GESTALT IST EIN STÜCK AUS MEINER SAMMLUNG.
MIT EUCH HABE ICH DANN GENAU 300 MARIONETTEN.
DAS IST MEINE KUNST!

MASASHI KISHIMOTOS WELT LEBENSGESCHICHTE: ERINNERUNGEN AN EINE AUSLANDSREISE

ALS ICH STUDENT WAR, ORGANISIERTE MEINE HOCHSCHULE EINE AUSLANDSREISE ZUR BESICHTIGUNG VERSCHIEDENER KUNSTMUSEEN. DIE TEILNAHME WAR FREIWILLIG UND ICH WOLLTE EIGENTLICH ABSAGEN, WEIL ICH KEINE LUST HATTE. ABER VOR ALLEM SCHRECKTEN MICH DIE HOHEN REISEKOSTEN AB – SO VIEL HÄTTE ICH MIT MEINEM JOB NIE VERDIENEN KÖNNEN. ABER DANN ÜBERREDETE MICH MEIN VATER, DARAN TEILZUNEHMEN. ER MEINTE, DAS WERDE BESTIMMT EIN TOLLES ERLEBNIS, VON DEM ICH VIELE ERINNERUNGEN MITBRINGEN WÜRDE. UND ER GAB MIR DAS GELD, OBWOHL ER ANGESICHTS DER HOHEN KOSTEN AUCH SCHWER SCHLUCKEN MUSSTE...

WIR BESUCHTEN DANN VERSCHIEDENE MUSEEN IN SPANIEN UND FRANKREICH. ALS WIR VOR DEM MUSEUM STANDEN, AUF DAS ICH MICH AM MEISTEN GEFREUT HATTE, TEILTE MAN UNS MIT, DASS EINE VERDÄCHTIGE TASCHE IM MUSEUM GEFUNDEN WORDEN SEI UND MAN DAS MUSEUM NUN VORSICHTSHALBER EVAKUIERT HABE. ALLES, WAS WIR DORT LETZTLICH SAHEN, WAR DIE BOMBENBERGUNGSTRUPPE...

ALS WIR IN FRANKREICH WAREN, WOLLTE ICH UNBEDINGT DIE BERÜHMTE MONA LISA SEHEN. VOR DEM BERÜHMTEN BILD WAR EINE MENSCHENTRAUBE UND ICH WARTETE, BIS DAS GEDRÄNGE ETWAS WENIGER WURDE. DANN STAND ICH VOR DEM BILD. »HM, DAS IST ALSO DIE MONA LISA...« ICH WUSSTE ZWAR NICHT GANZ, WAS DARAN SO BESONDERS WAR, WAR ABER TOTAL BEGEISTERT. UND PLÖTZLICH – PATSCH! – SPÜRTE ICH AN MEINER WANGE EINEN HEFTIGEN SCHMERZ. SCHOCKIERT GING ICH ZU BODEN UND SCHAUTE MICH UM: HINTER MIR STAND EINE KRÄFTIG GEBAUTE ÄLTERE EUROPÄERIN MIT GEBALLTER FAUST. ANSCHEINEND HATTE SIE MIR DAMIT EINEN SCHLAG VERPASST – DER KOPF DES GELBEN AFFEN HATTE IHR WOHL DEN BLICK AUF DIE MONA LISA VERSPERRT. MEINE ERINNERUNGEN AN DIE AUSLANDSREISE BESTEHEN ALSO AUS EINER BOMBENEVAKUIERUNG UND DEM FAUSTHIEB EINER EUROPÄISCHEN TANTE. ÜBRIGENS FOTOGRAFIERTE DIE TANTE OHNE JEDE HEMMUNG, OBWOHL DAS VERBOTEN WAR... DIESE ALTEN TANTEN SIND ECHT ÜBERALL AUF DER WELT FÜRCHTERLICH!

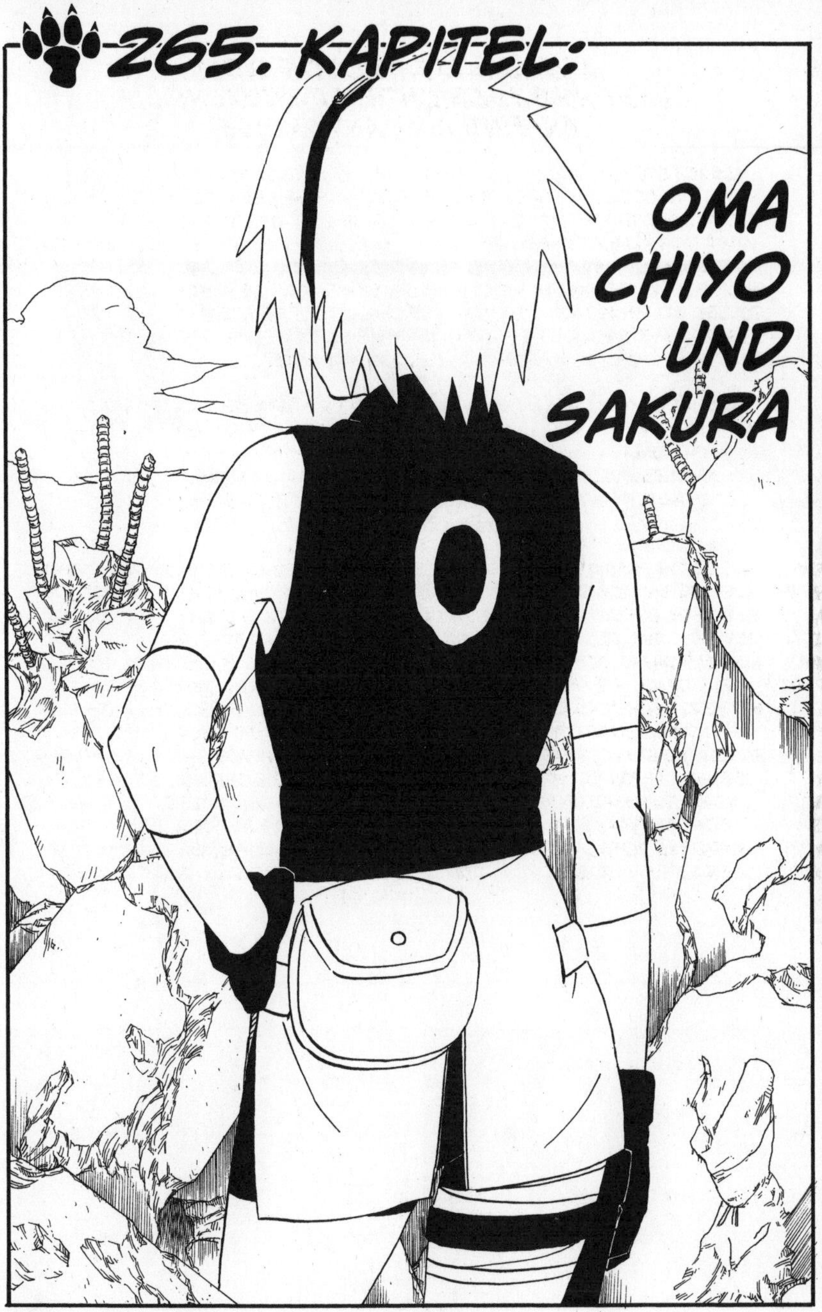
265. KAPITEL:
OMA CHIYO UND SAKURA

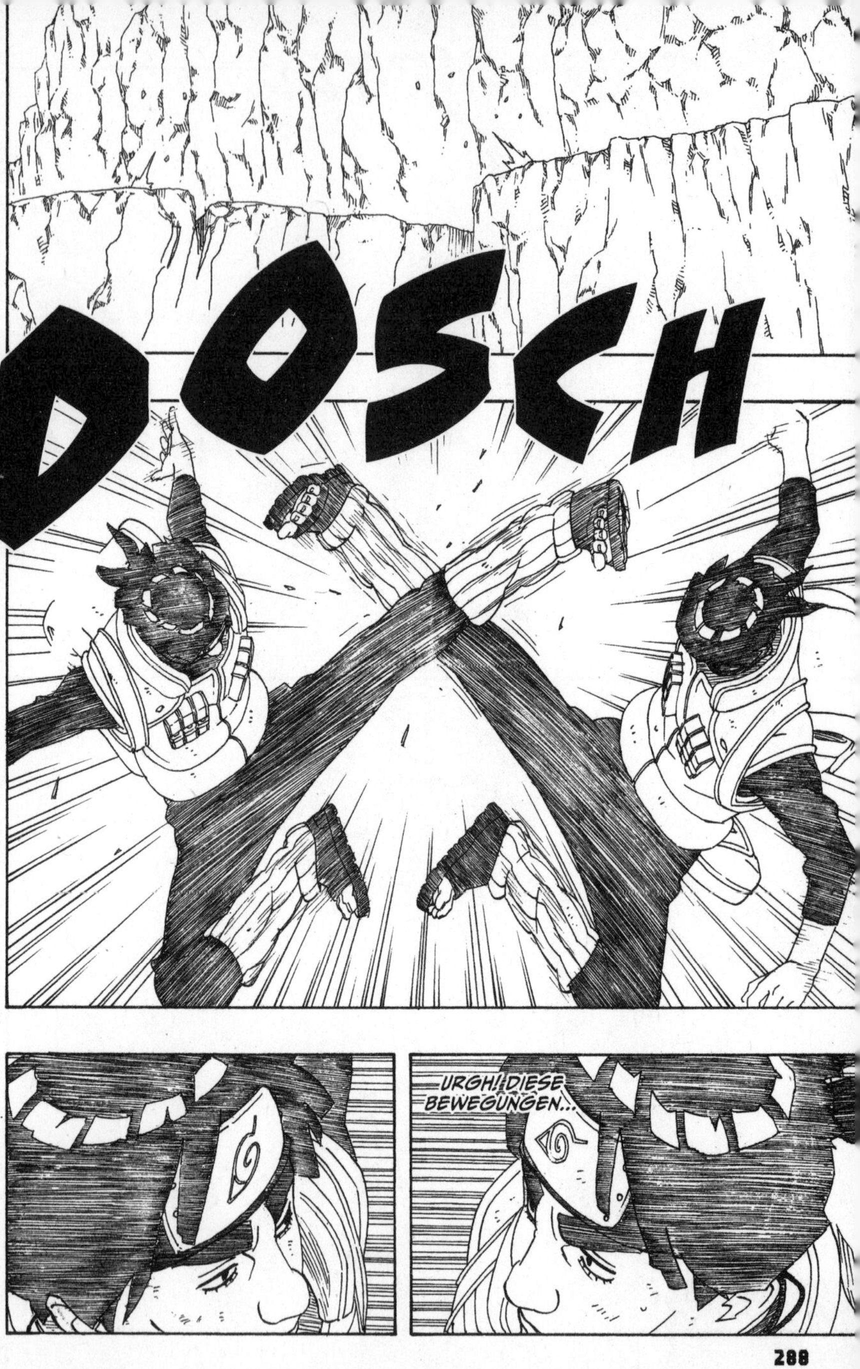
DOSCH
URGH! DIESE BEWEGUNGEN...

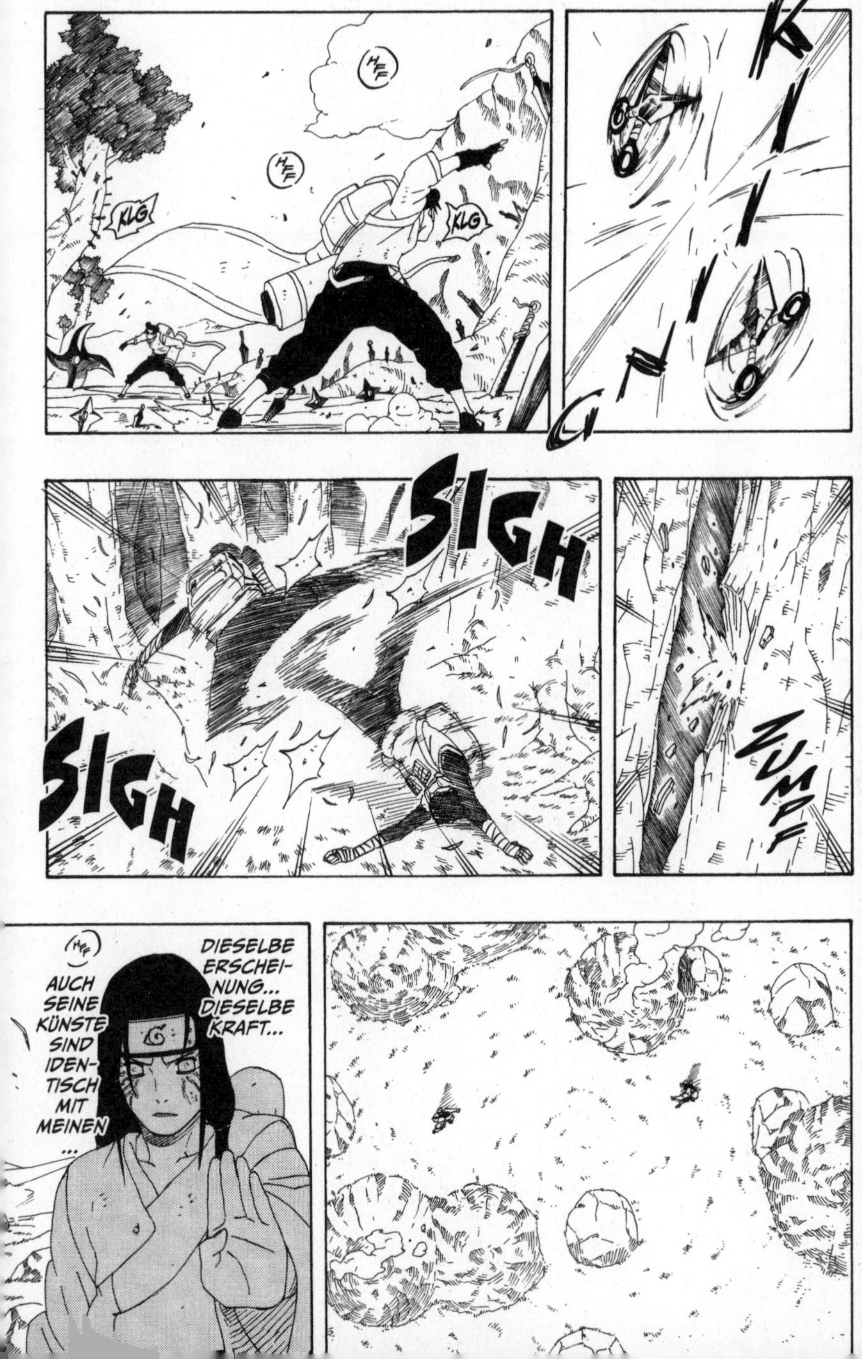
KIIING
HEF
HEF
KLG
KLG
ZUMPF
SIGH
SIGH
DIESELBE ERSCHEI-NUNG... DIESELBE KRAFT...
HEF
AUCH SEINE KÜNSTE SIND IDEN-TISCH MIT MEINEN ...

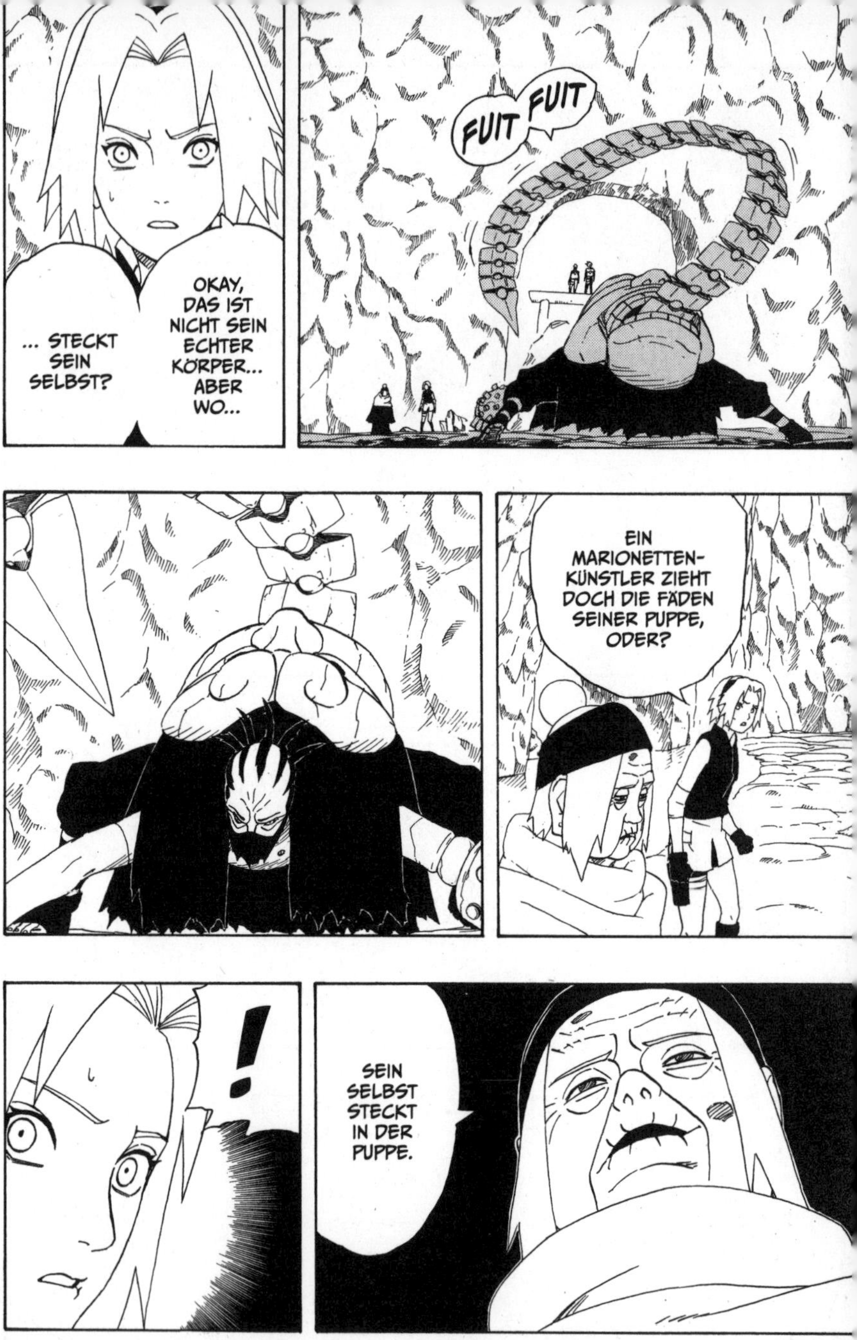
FUIT FUIT
OKAY, DAS IST NICHT SEIN ECHTER KÖRPER... ABER WO...
... STECKT SEIN SELBST?
EIN MARIONETTEN-KÜNSTLER ZIEHT DOCH DIE FÄDEN SEINER PUPPE, ODER?
!
SEIN SELBST STECKT IN DER PUPPE.

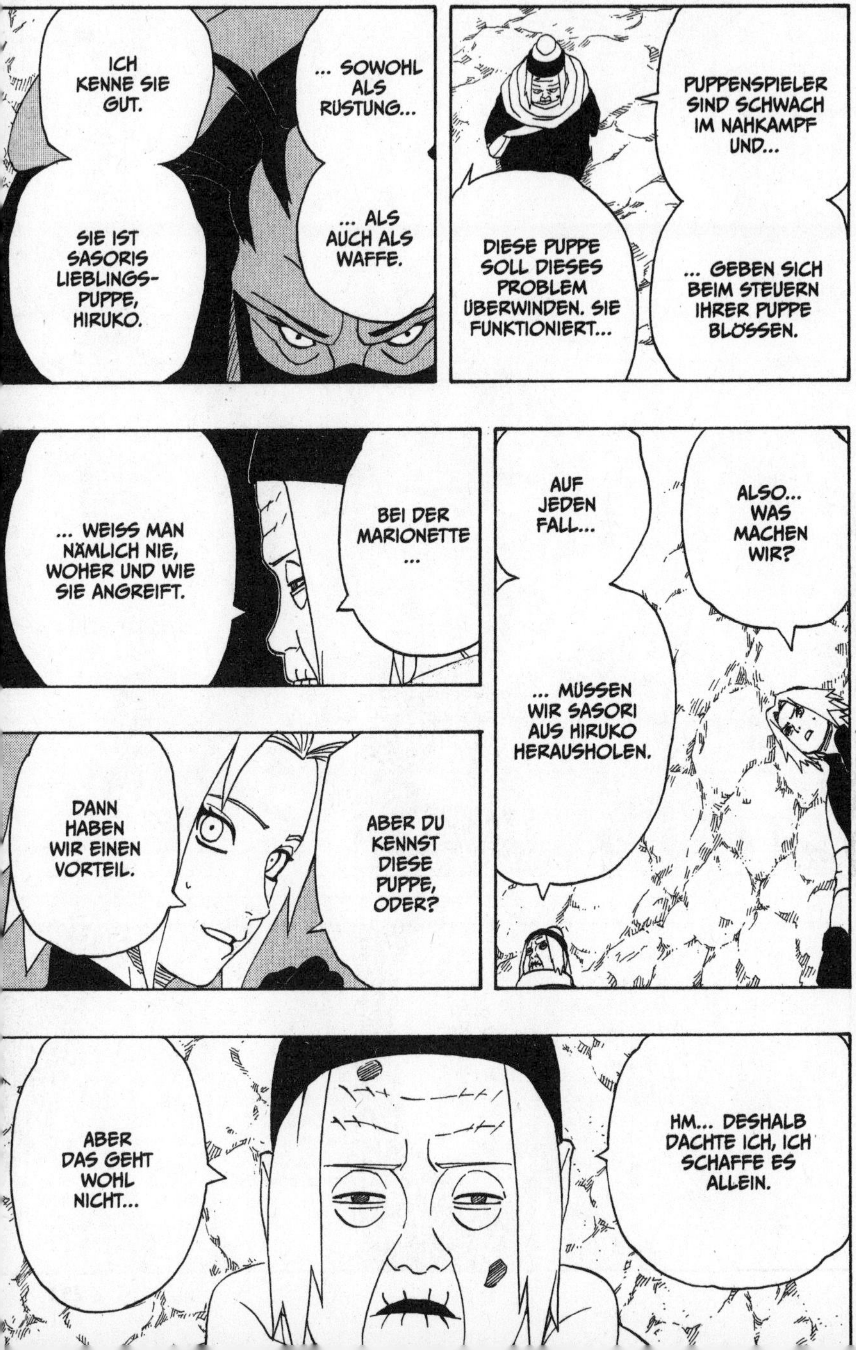

PUPPENSPIELER SIND SCHWACH IM NAHKAMPF UND...
... GEBEN SICH BEIM STEUERN IHRER PUPPE BLÖSSEN.
DIESE PUPPE SOLL DIESES PROBLEM ÜBERWINDEN. SIE FUNKTIONIERT...
... SOWOHL ALS RÜSTUNG...
... ALS AUCH ALS WAFFE.
ICH KENNE SIE GUT.
SIE IST SASORIS LIEBLINGS-PUPPE, HIRUKO.
ALSO... WAS MACHEN WIR?
AUF JEDEN FALL...
... MÜSSEN WIR SASORI AUS HIRUKO HERAUSHOLEN.
BEI DER MARIONETTE ...
... WEISS MAN NÄMLICH NIE, WOHER UND WIE SIE ANGREIFT.
ABER DU KENNST DIESE PUPPE, ODER?
DANN HABEN WIR EINEN VORTEIL.
HM... DESHALB DACHTE ICH, ICH SCHAFFE ES ALLEIN.
ABER DAS GEHT WOHL NICHT...

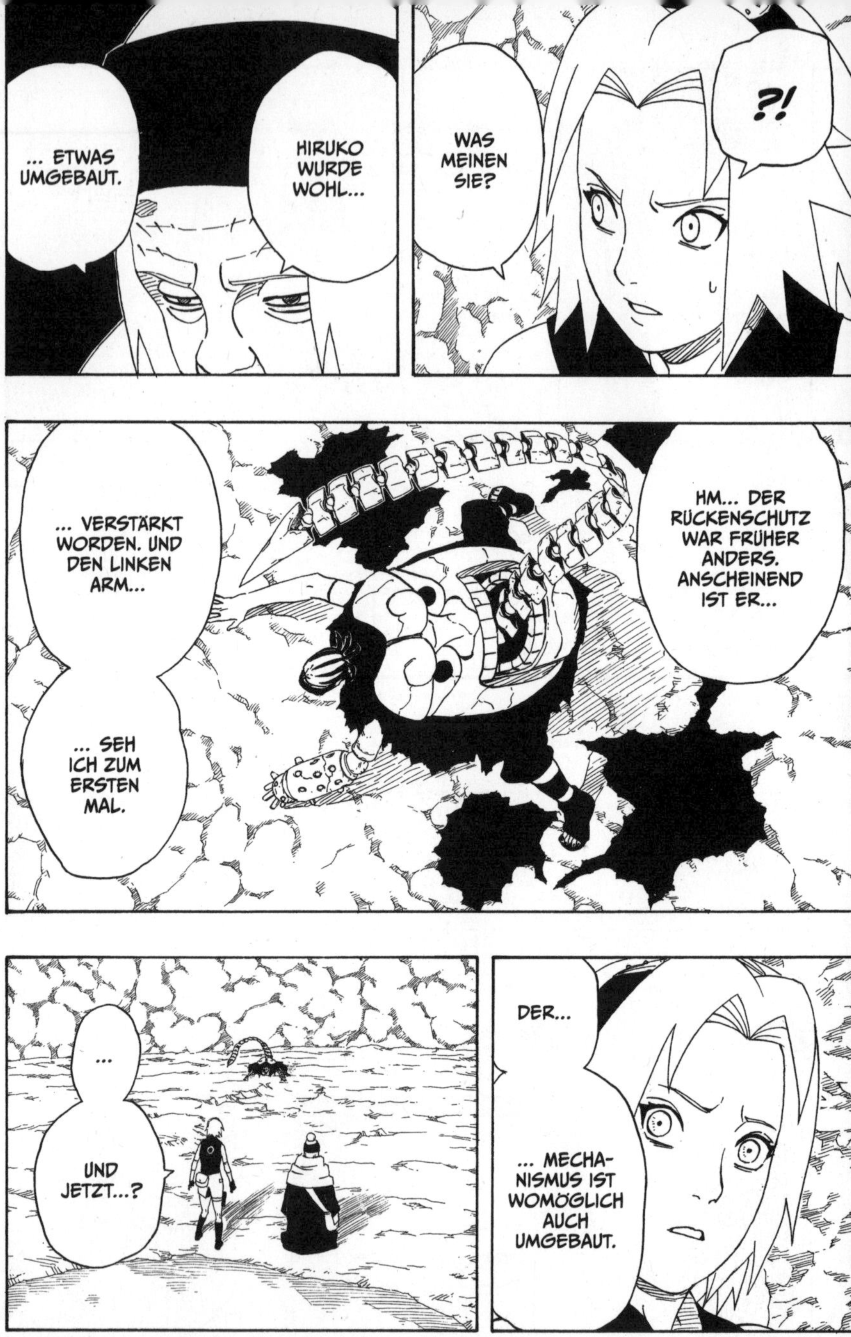
?!
WAS MEINEN SIE?
HIRUKO WURDE WOHL...
... ETWAS UMGEBAUT.
HM... DER RÜCKENSCHUTZ WAR FRÜHER ANDERS. ANSCHEINEND IST ER...
... VERSTÄRKT WORDEN. UND DEN LINKEN ARM...
... SEH ICH ZUM ERSTEN MAL.
DER...
... MECHANISMUS IST WOMÖGLICH AUCH UMGEBAUT.
...
UND JETZT...?

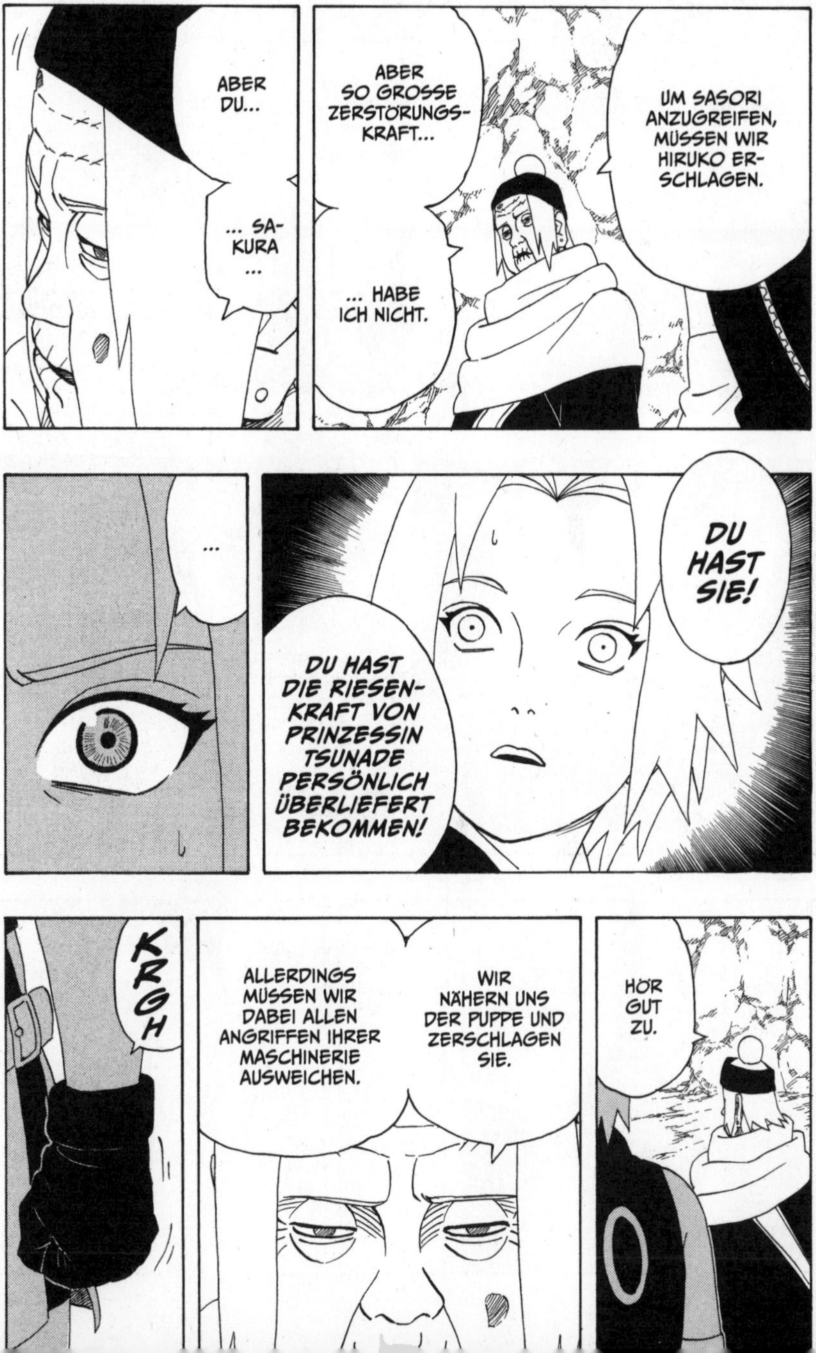

UM SASORI ANZUGREIFEN, MÜSSEN WIR HIRUKO ERSCHLAGEN.
ABER SO GROSSE ZERSTÖRUNGSKRAFT...
... HABE ICH NICHT.
ABER DU...
... SAKURA ...
DU HAST SIE!
DU HAST DIE RIESENKRAFT VON PRINZESSIN TSUNADE PERSÖNLICH ÜBERLIEFERT BEKOMMEN!
...
HÖR GUT ZU.
WIR NÄHERN UNS DER PUPPE UND ZERSCHLAGEN SIE.
ALLERDINGS MÜSSEN WIR DABEI ALLEN ANGRIFFEN IHRER MASCHINERIE AUSWEICHEN.
KRGH

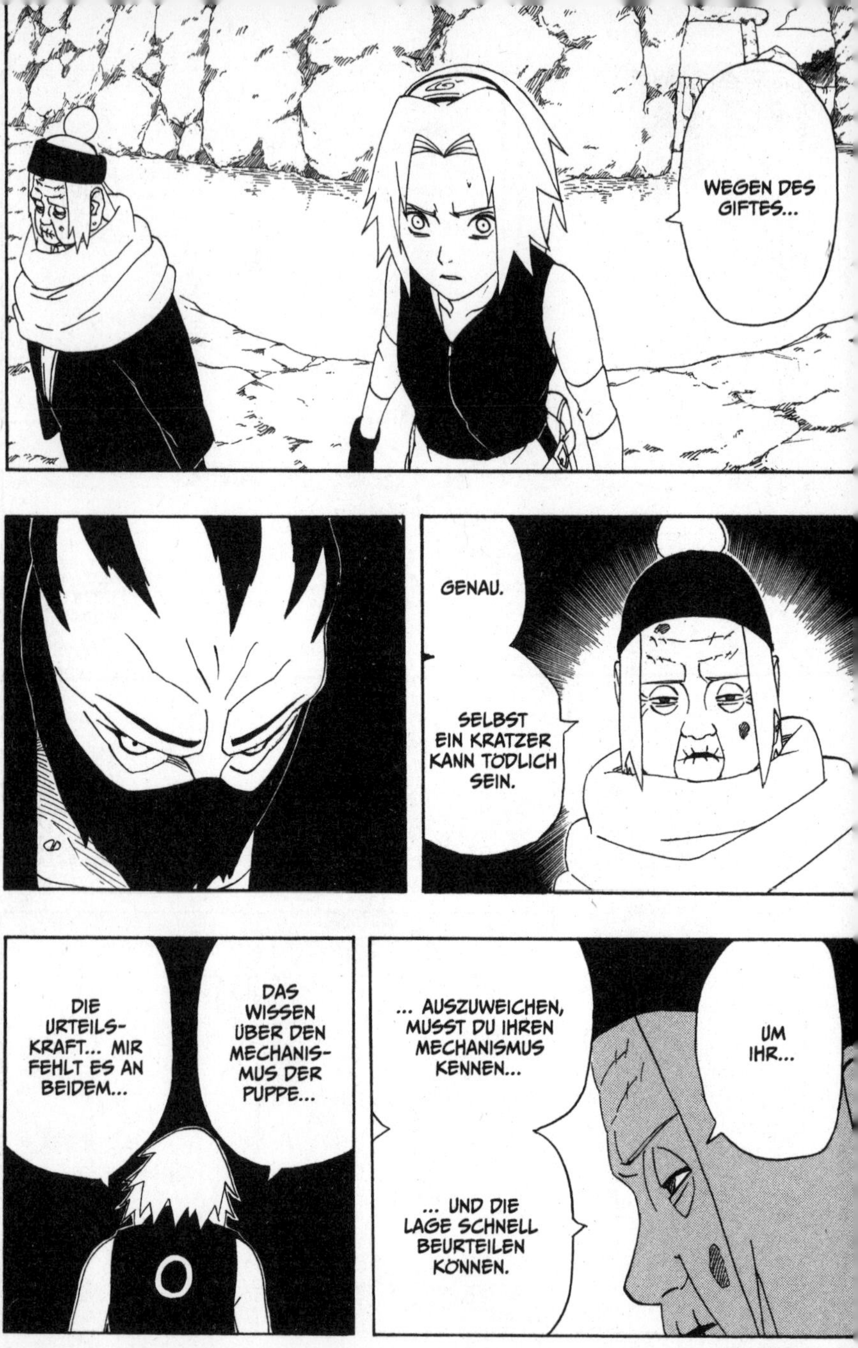
WEGEN DES GIFTES...
GENAU.
SELBST EIN KRATZER KANN TÖDLICH SEIN.
UM IHR...
... AUSZUWEICHEN, MUSST DU IHREN MECHANISMUS KENNEN...
... UND DIE LAGE SCHNELL BEURTEILEN KÖNNEN.
DAS WISSEN ÜBER DEN MECHANIS-MUS DER PUPPE...
DIE URTEILS-KRAFT... MIR FEHLT ES AN BEIDEM...

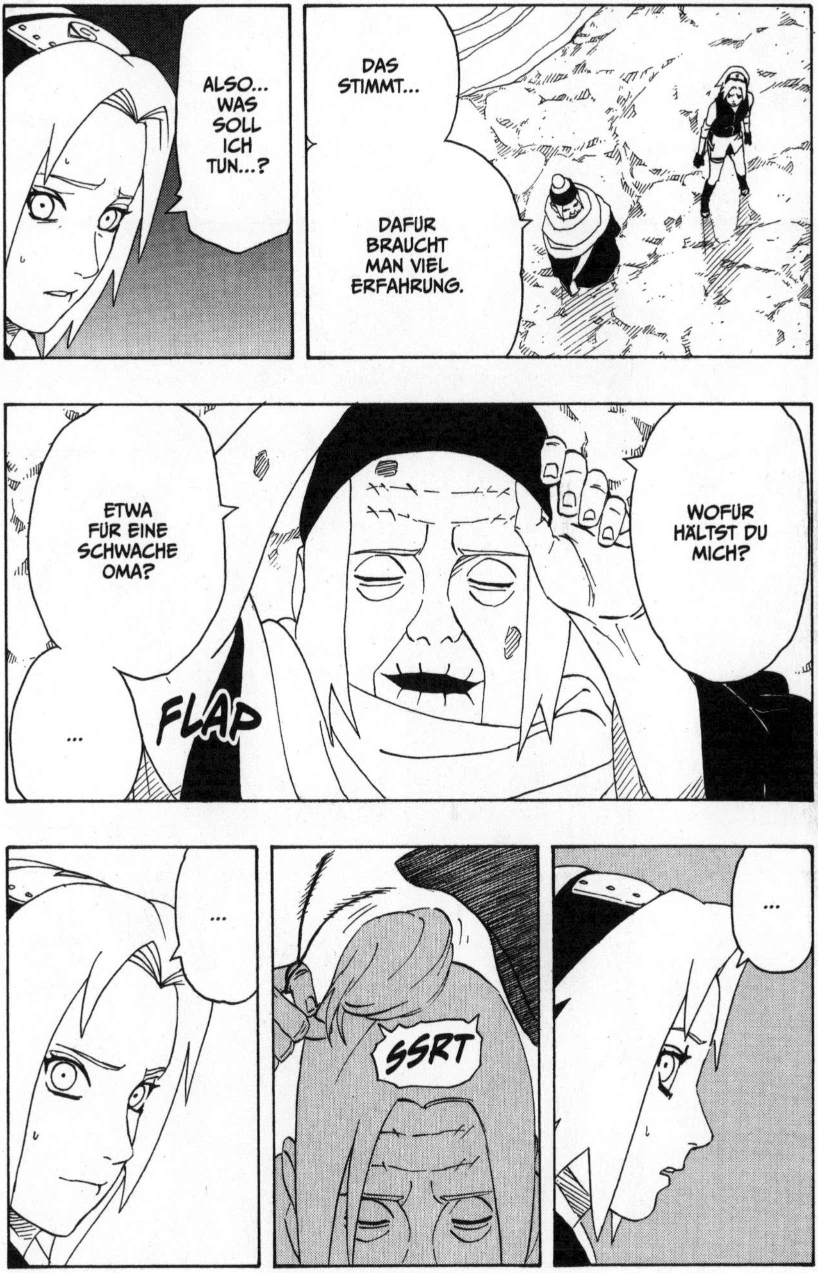
DAS STIMMT...
DAFÜR BRAUCHT MAN VIEL ERFAHRUNG.
ALSO... WAS SOLL ICH TUN...?
WOFÜR HÄLTST DU MICH?
ETWA FÜR EINE SCHWACHE OMA?
FLAP
...
...
SSRT
...

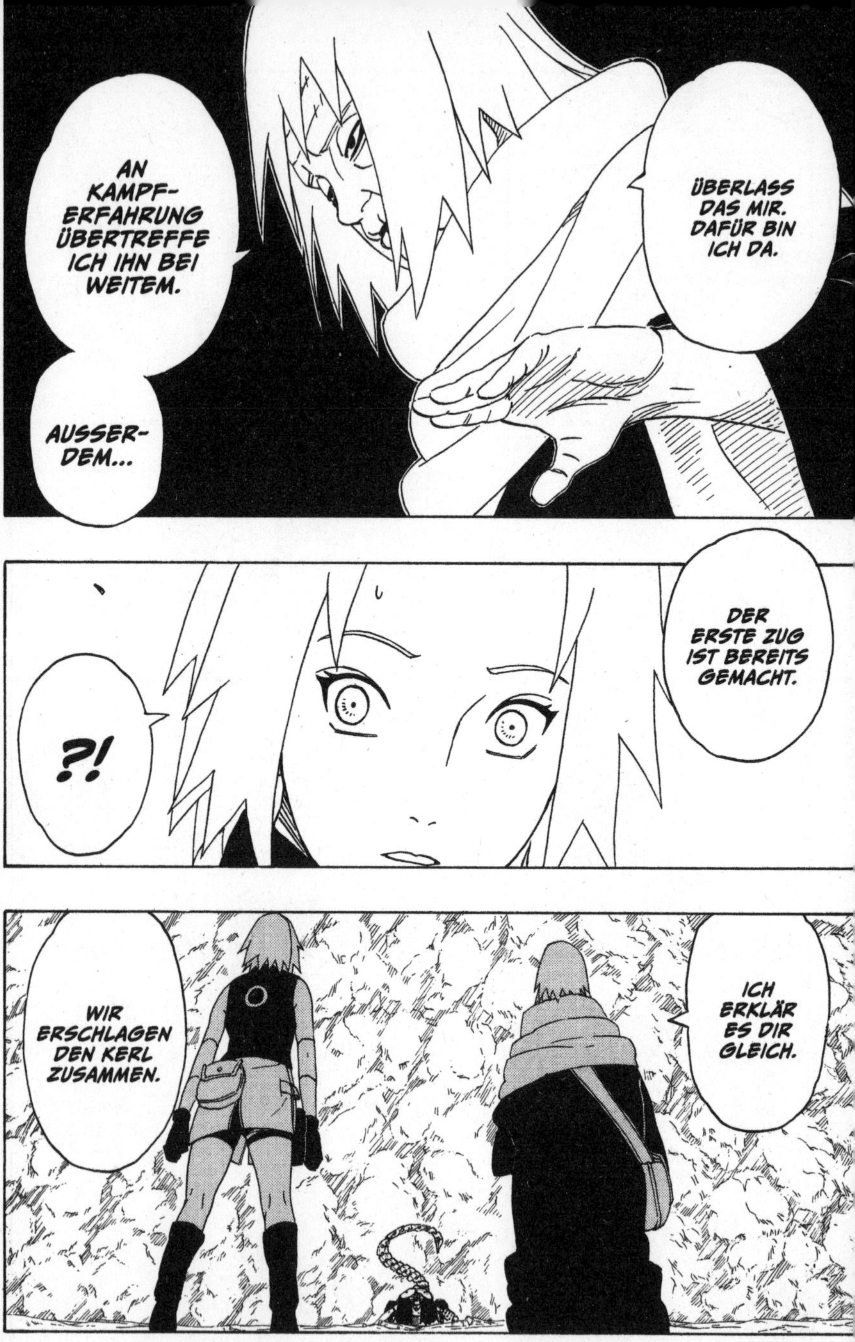
ÜBERLASS DAS MIR. DAFÜR BIN ICH DA.
AN KAMPF-ERFAHRUNG ÜBERTREFFE ICH IHN BEI WEITEM.
AUSSER-DEM...
DER ERSTE ZUG IST BEREITS GEMACHT.
?!
ICH ERKLÄR ES DIR GLEICH.
WIR ERSCHLAGEN DEN KERL ZUSAMMEN.

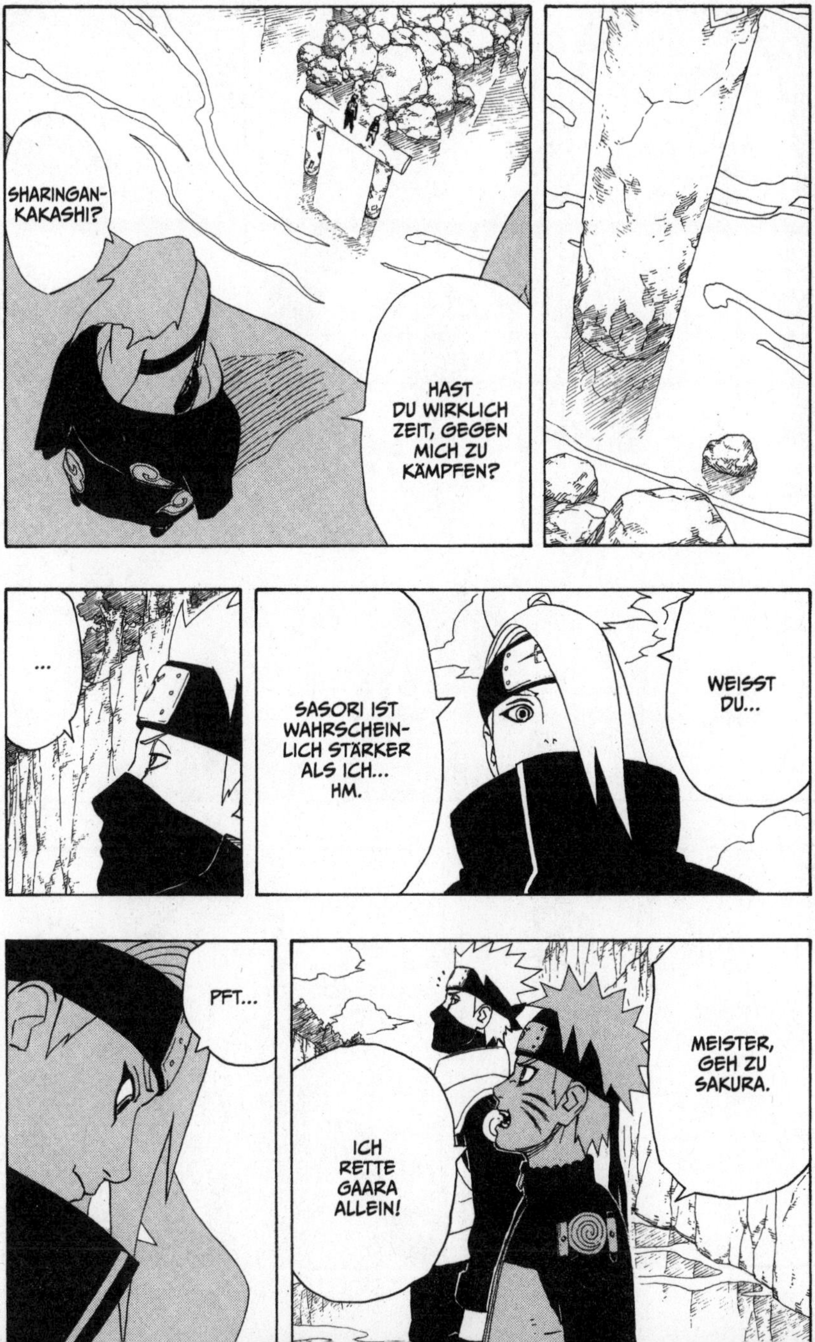
HAST DU WIRKLICH ZEIT, GEGEN MICH ZU KÄMPFEN?
SHARINGAN-KAKASHI?
WEISST DU...
SASORI IST WAHRSCHEIN-LICH STÄRKER ALS ICH... HM.
...
MEISTER, GEH ZU SAKURA.
ICH RETTE GAARA ALLEIN!
PFT...

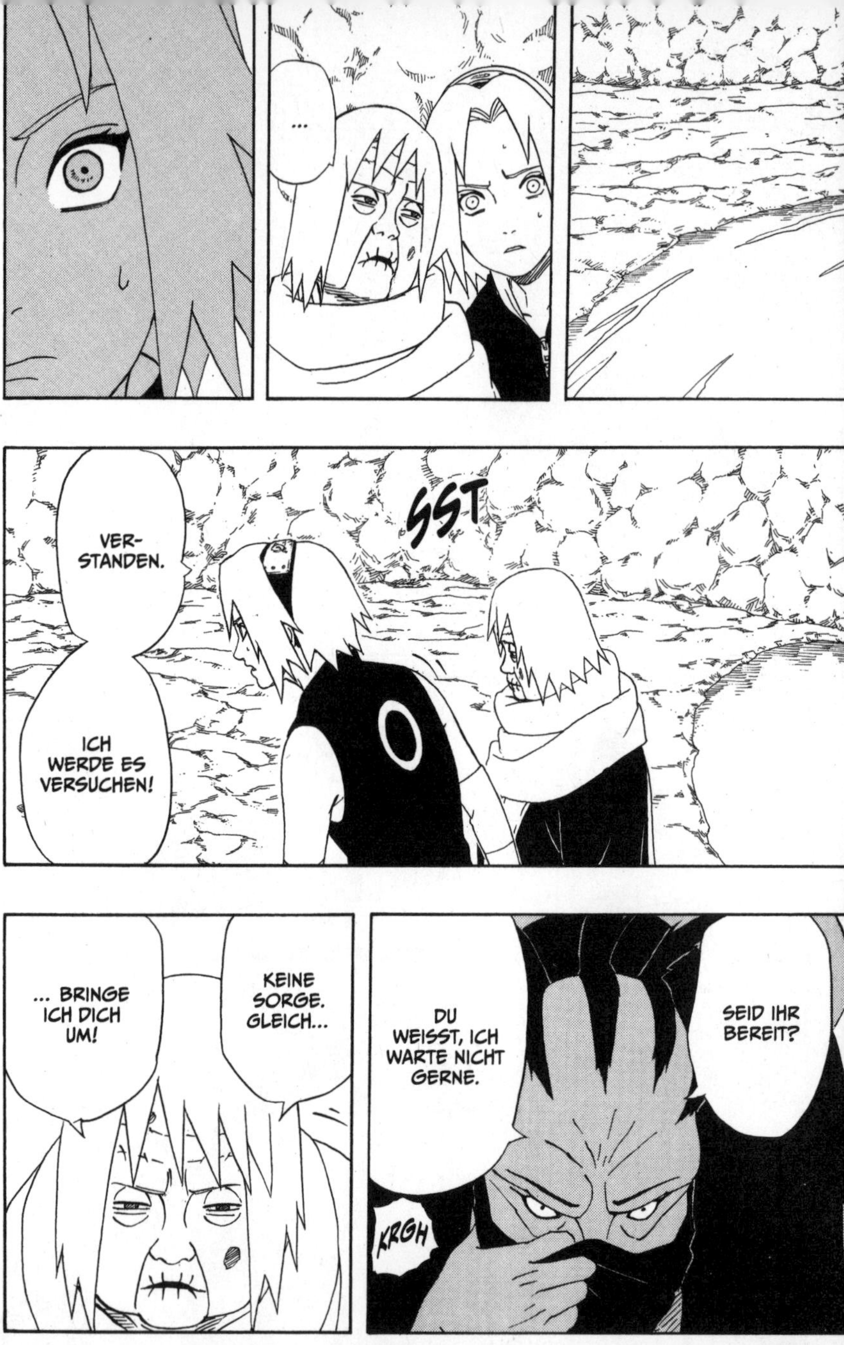
...
VER-STANDEN.
ICH WERDE ES VERSUCHEN!
SST
SEID IHR BEREIT?
DU WEISST, ICH WARTE NICHT GERNE.
KRGH
KEINE SORGE. GLEICH...
... BRINGE ICH DICH UM!

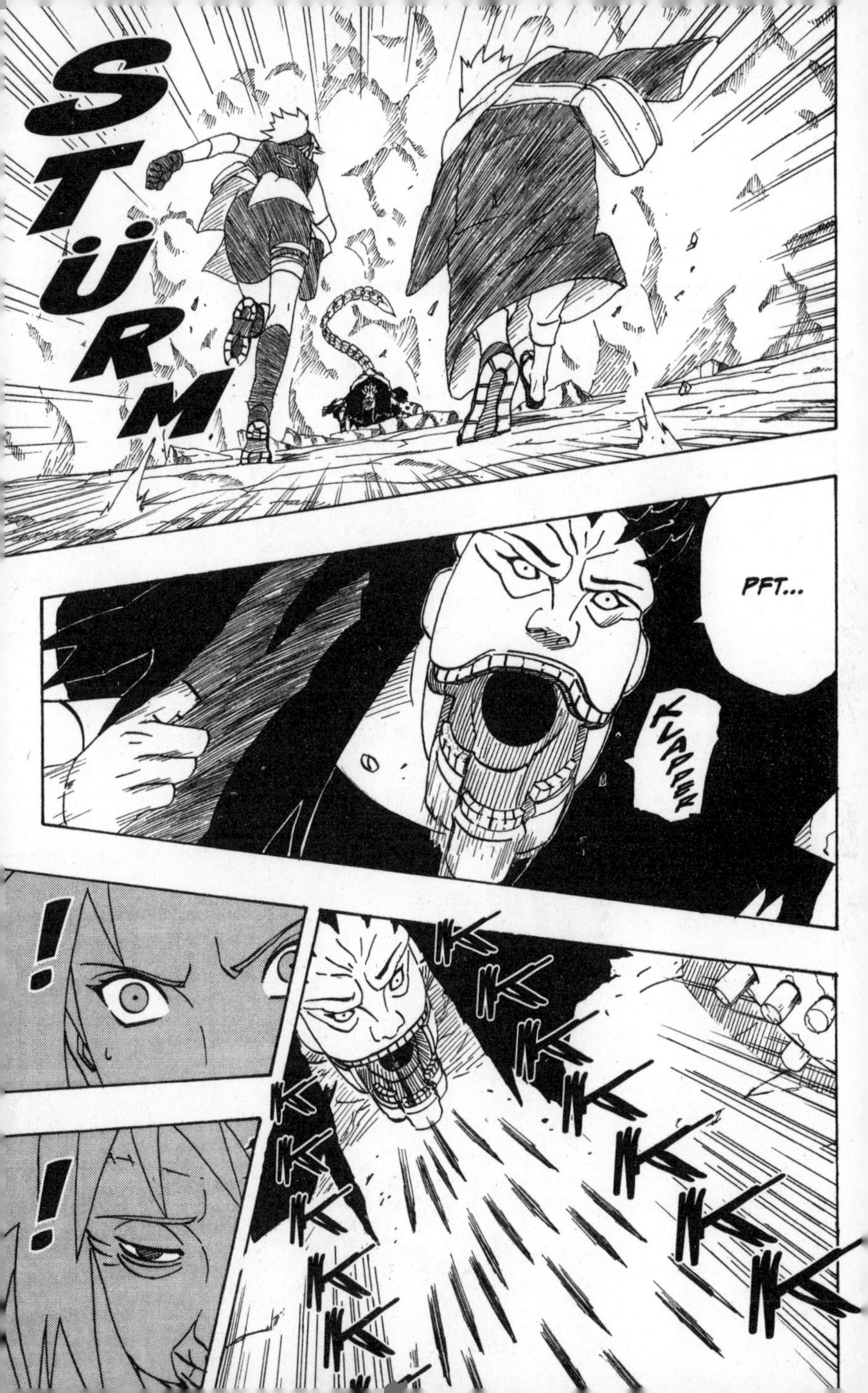
STÜRM
PFT...
KLAPPER
!
!

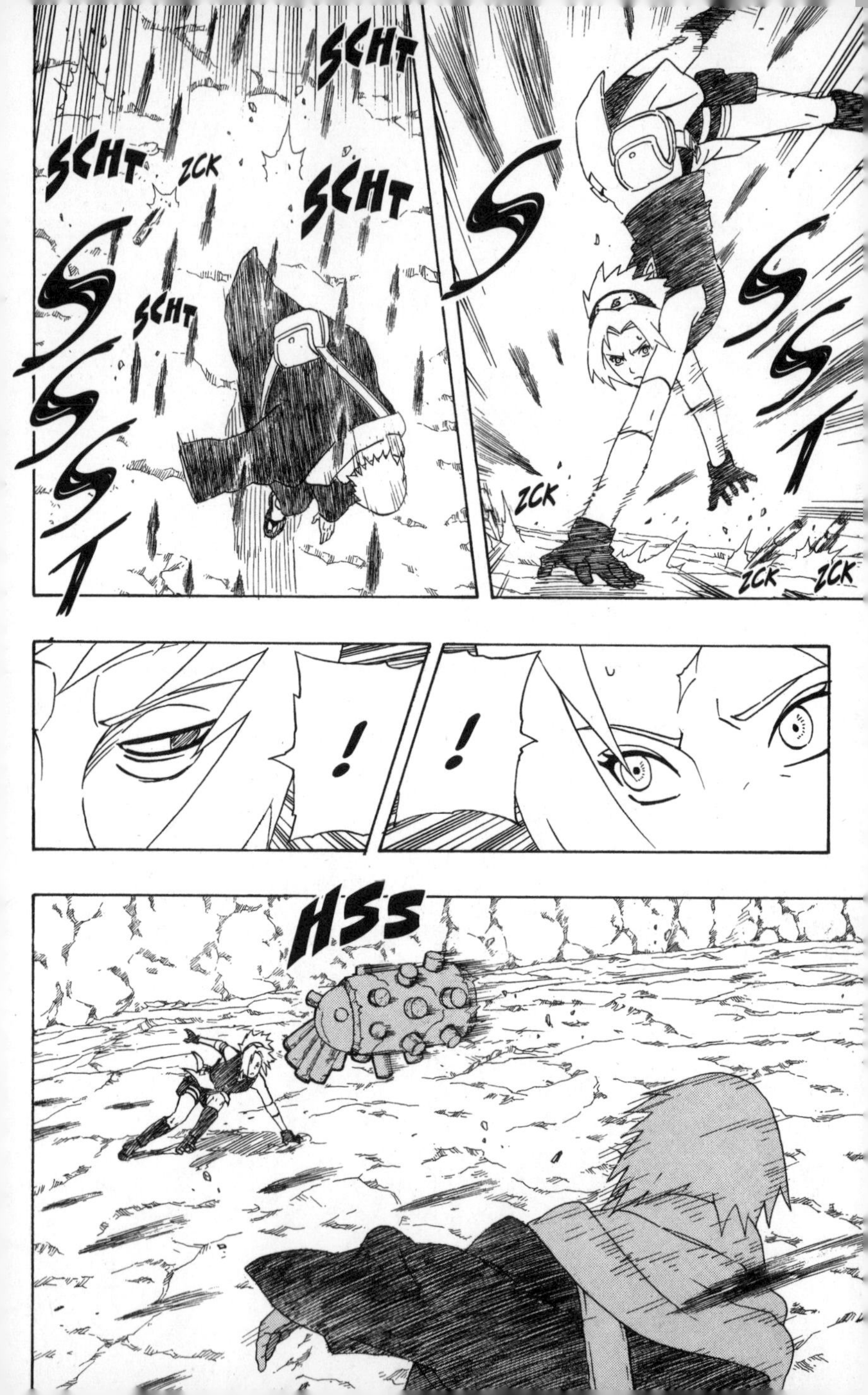
S
SST
ZCK
ZCK
ZCK
SCHT
SCHT
ZCK
SCHT
SCHT
SSST
!
!
HSS

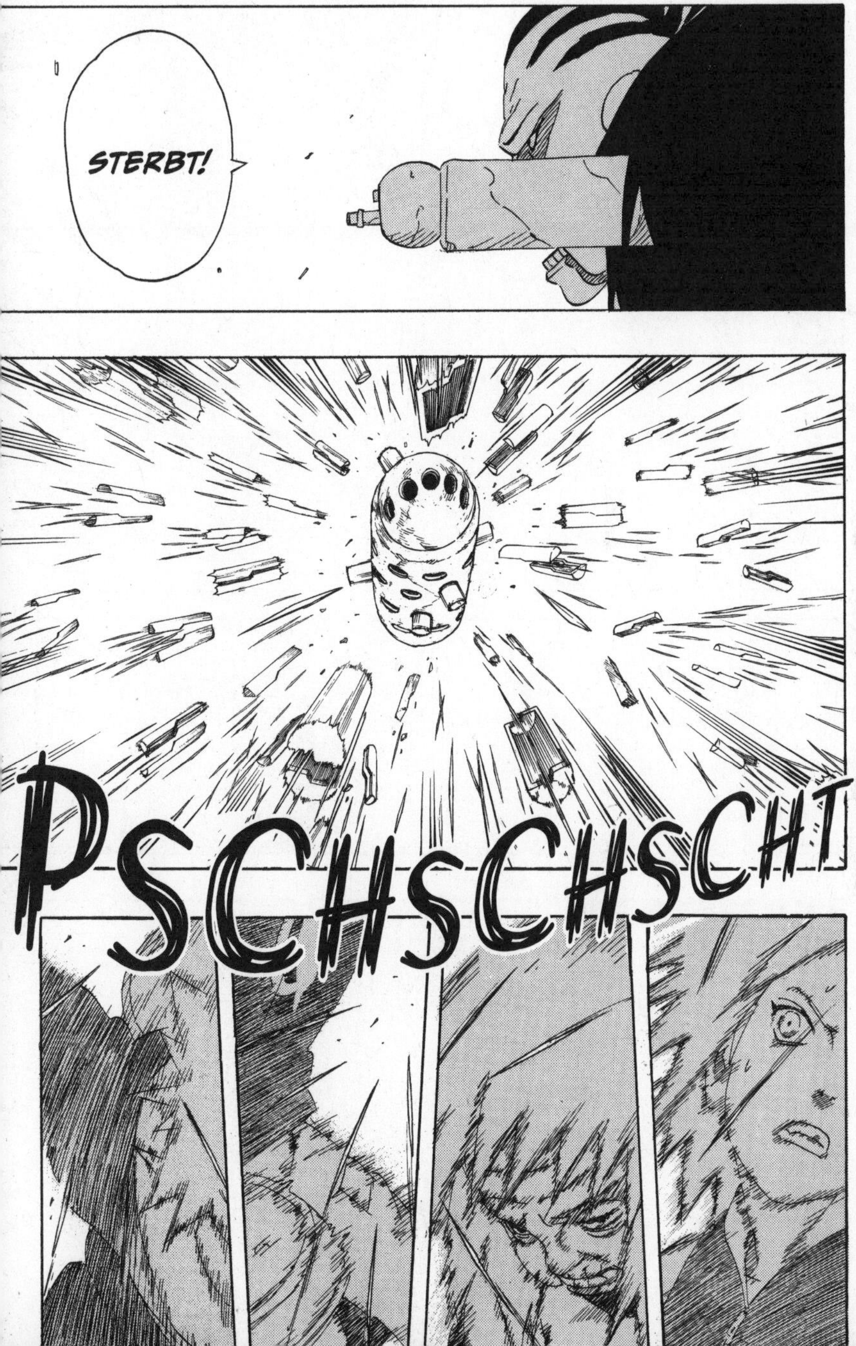
STERBT!
PSCHSCHSCHT

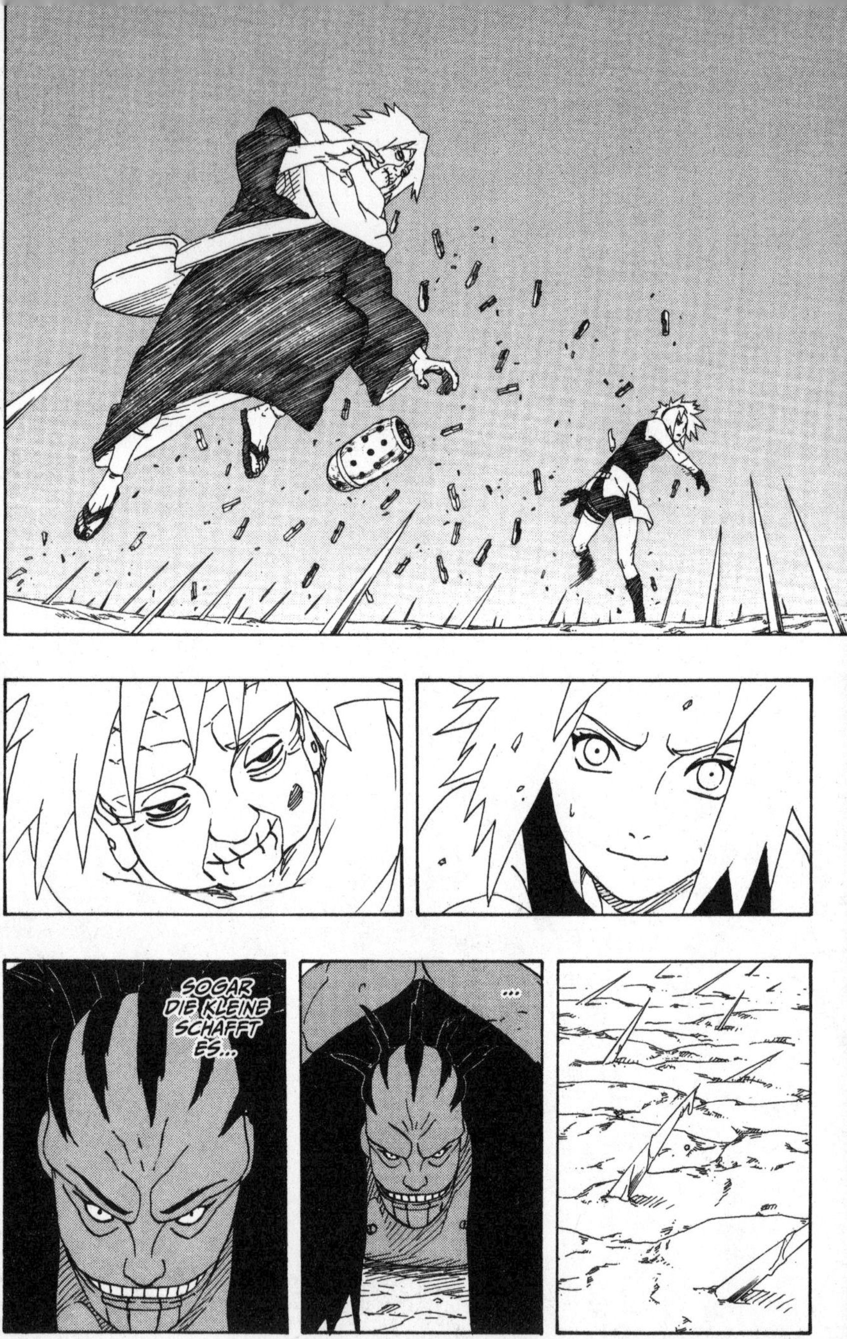
SOGAR DIE KLEINE SCHAFFT ES...
...

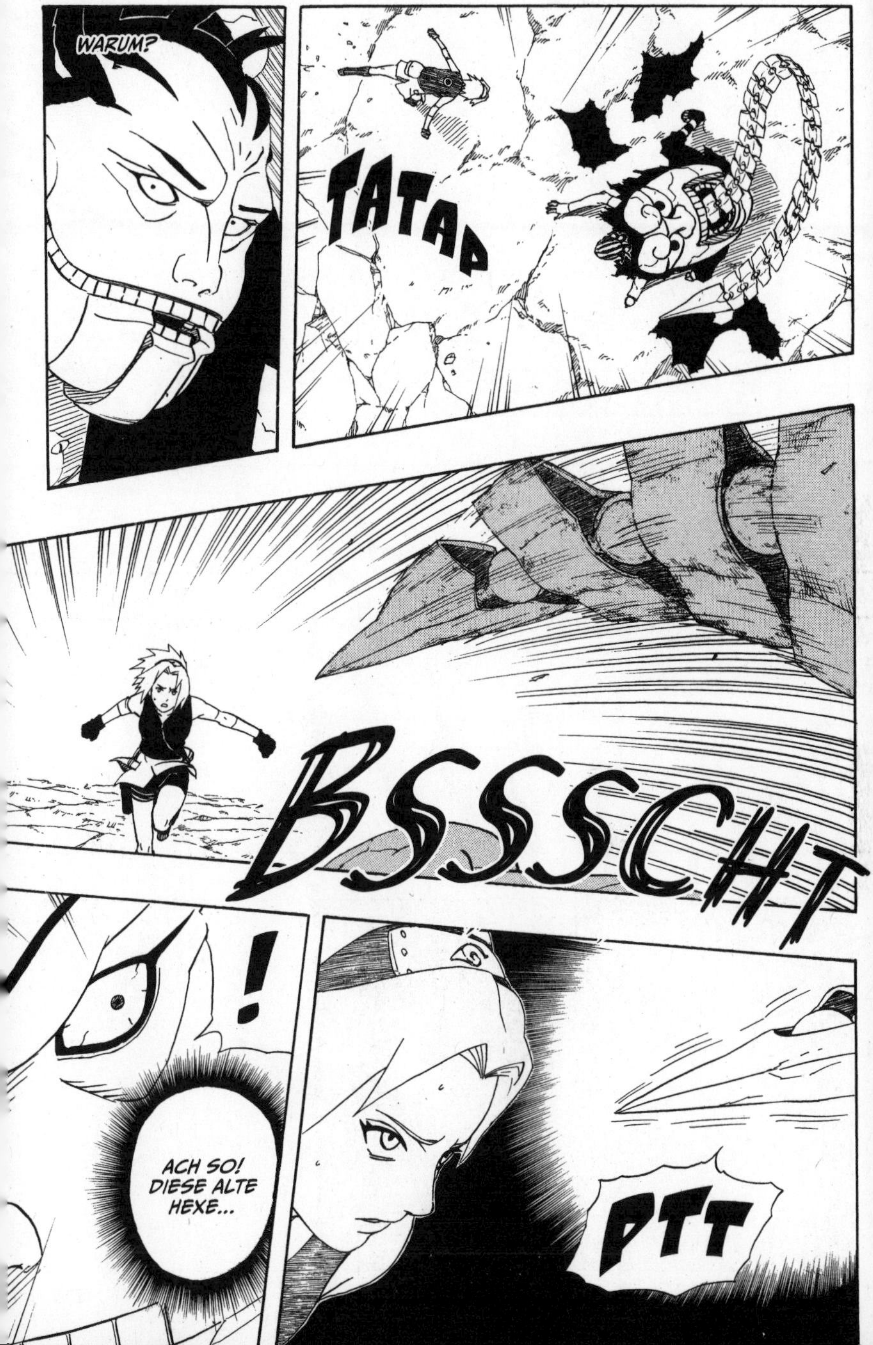
TATAP
WARUM?
BSSSCHT
PTT
!
ACH SO! DIESE ALTE HEXE...

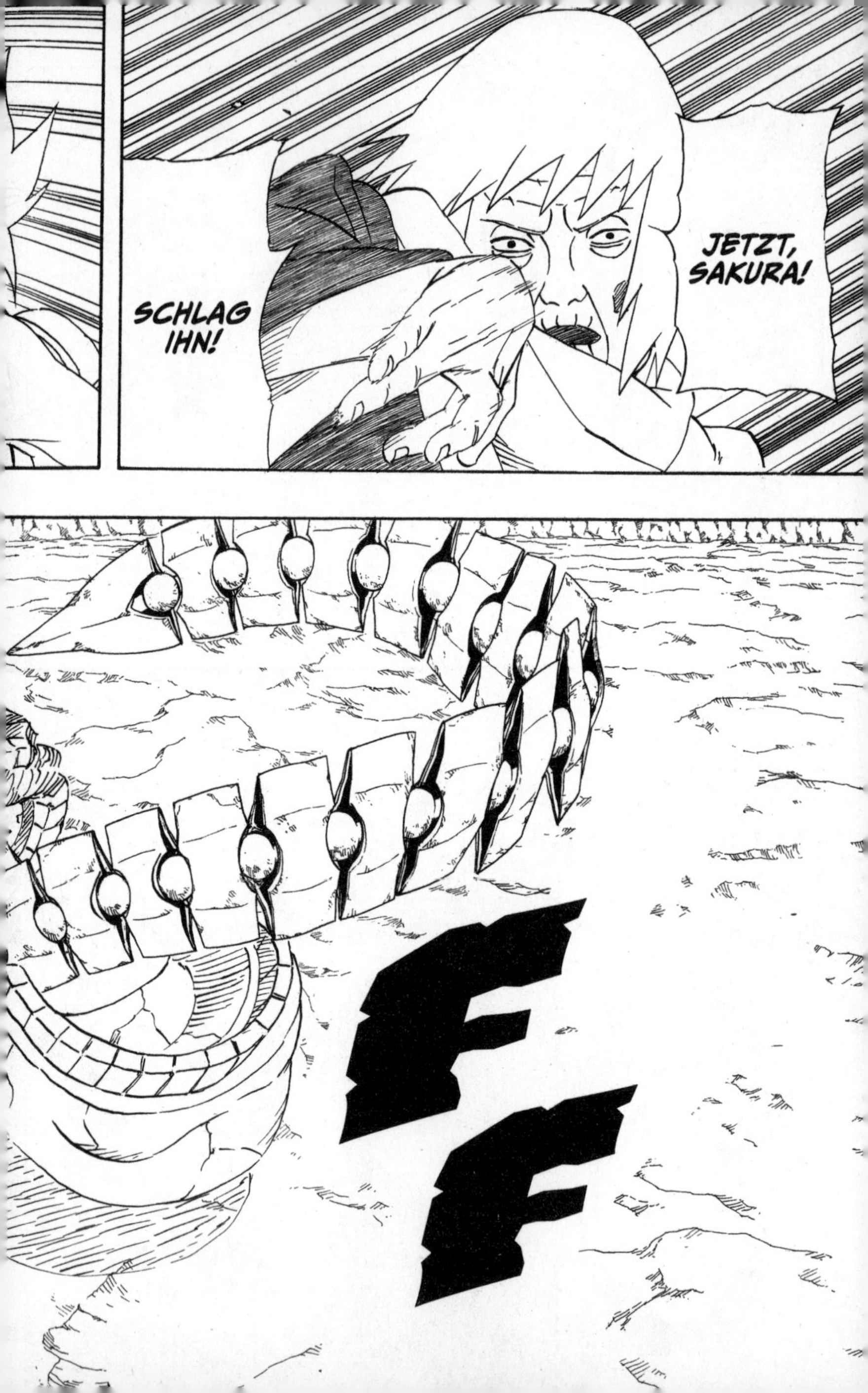

JETZT, SAKURA!
SCHLAG IHN!
FF

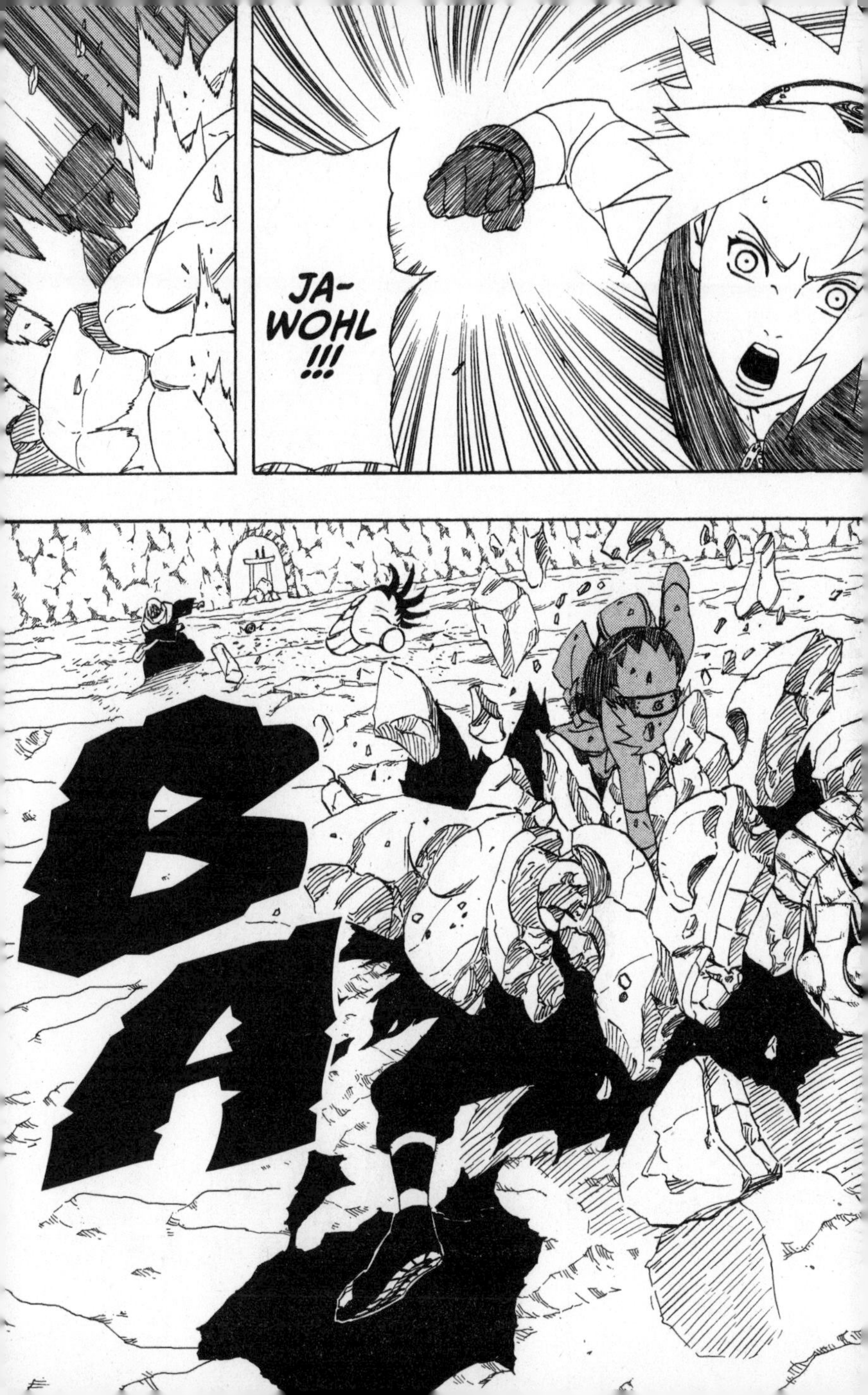

JA-
WOHL
!!!

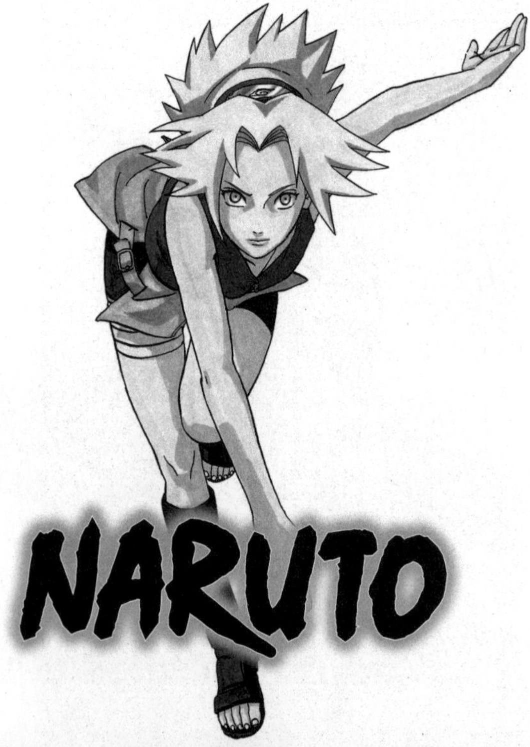
NARUTO

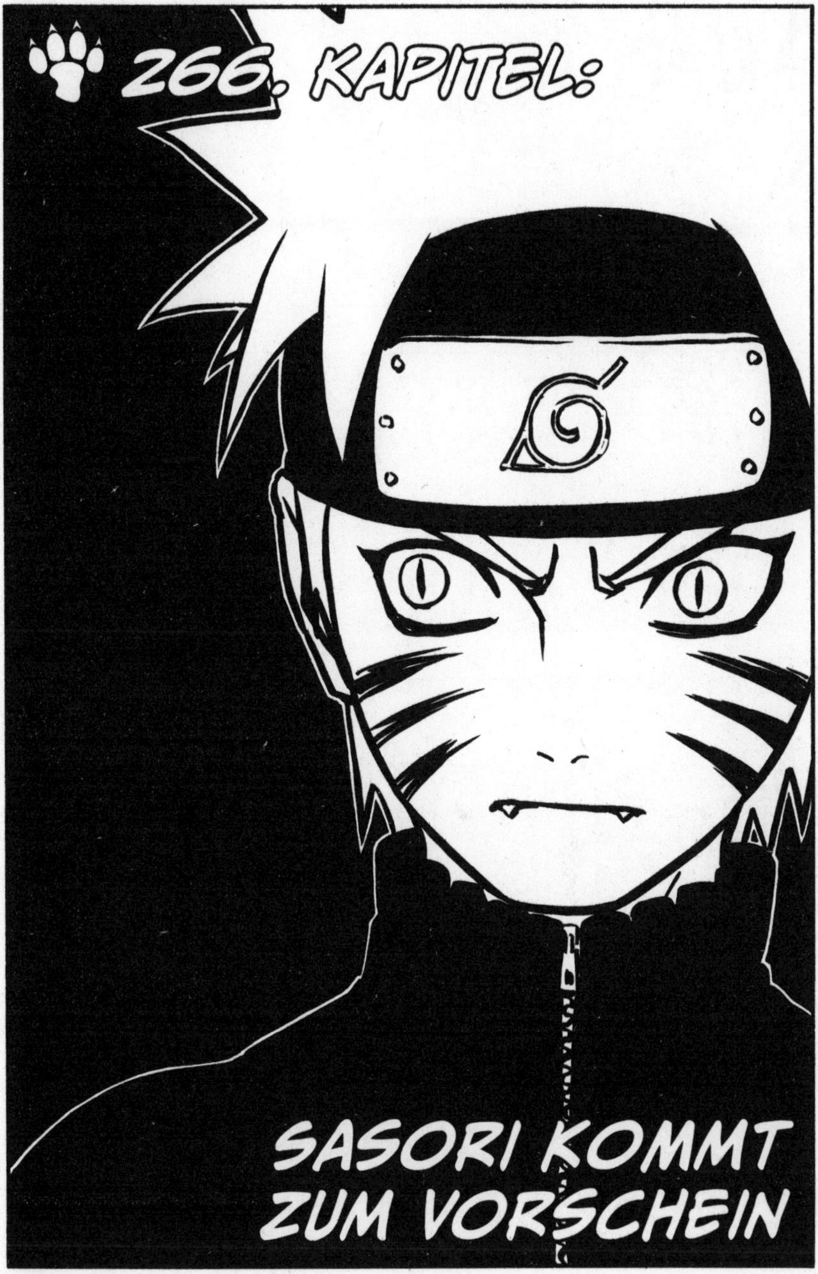
266. KAPITEL:
SASORI KOMMT ZUM VORSCHEIN

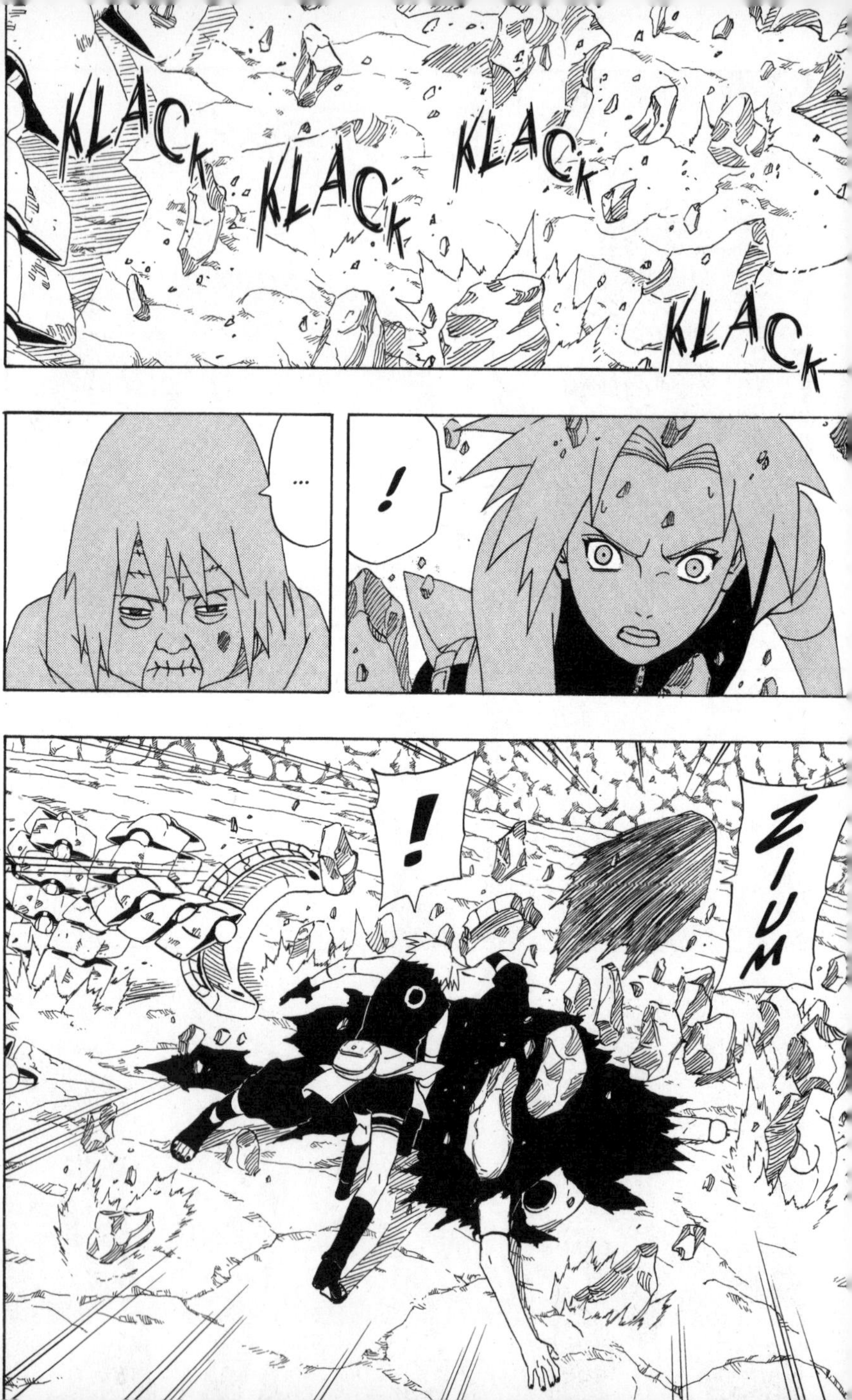
KLACK
KLACK
KLACK
KLACK
!
...
ZIUM
!

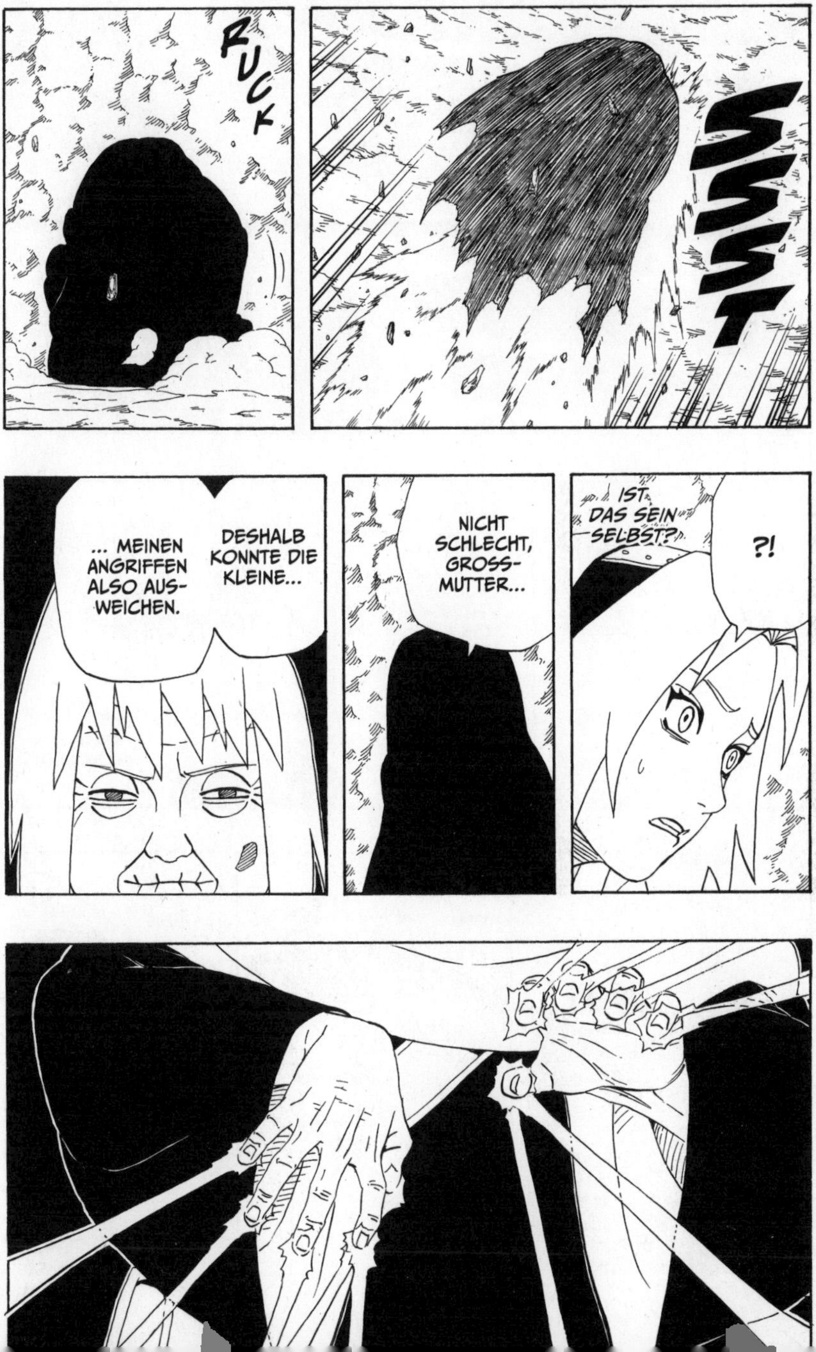
SSST
RUCK
?!
IST DAS SEIN SELBST?
NICHT SCHLECHT, GROSS-MUTTER...
DESHALB KONNTE DIE KLEINE...
... MEINEN ANGRIFFEN ALSO AUS-WEICHEN.

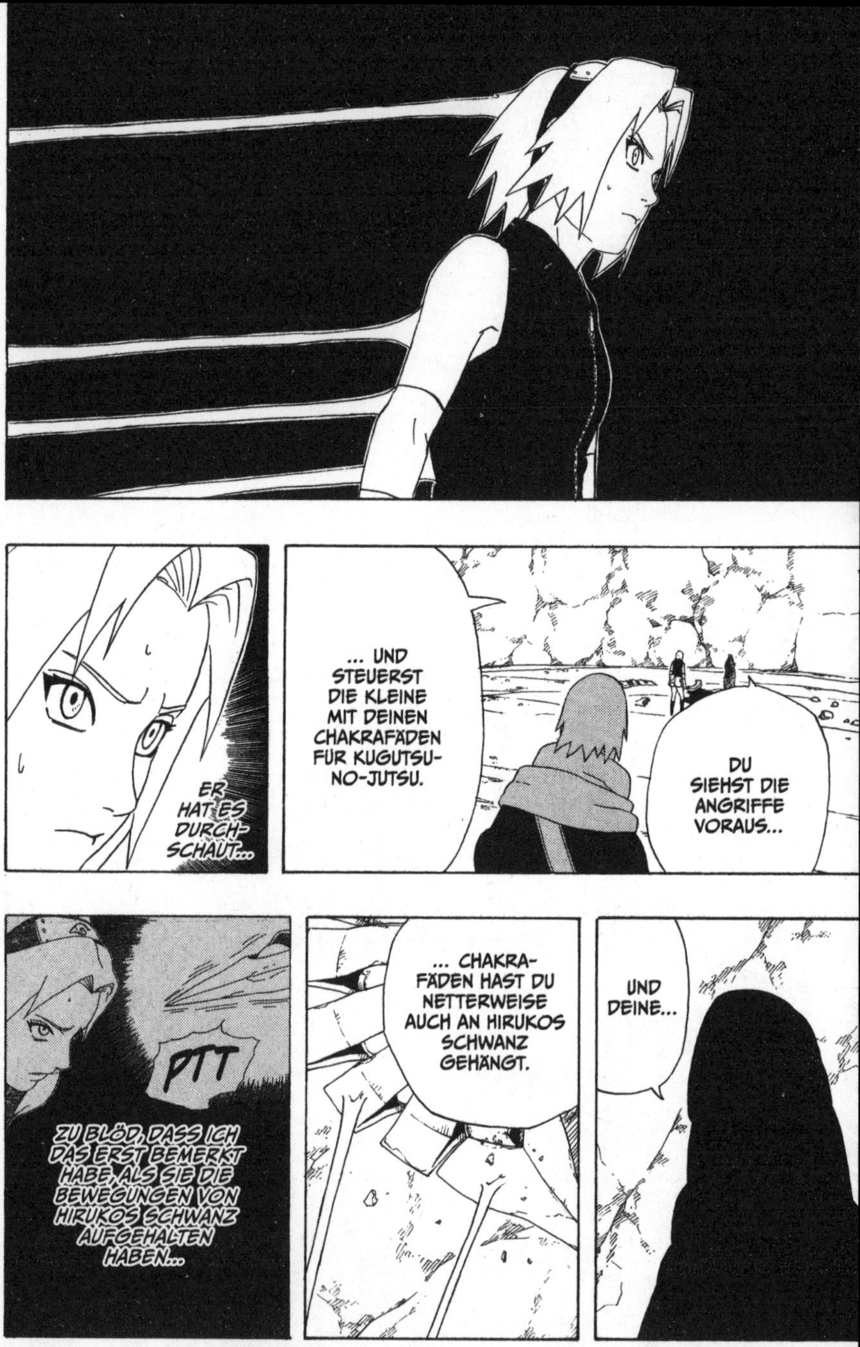
DU SIEHST DIE ANGRIFFE VORAUS...
... UND STEUERST DIE KLEINE MIT DEINEN CHAKRAFÄDEN FÜR KUGUTSU-NO-JUTSU.
ER HAT ES DURCHSCHAUT...
UND DEINE...
... CHAKRAFÄDEN HAST DU NETTERWEISE AUCH AN HIRUKOS SCHWANZ GEHÄNGT.
PTT
ZU BLÖD, DASS ICH DAS ERST BEMERKT HABE, ALS SIE DIE BEWEGUNGEN VON HIRUKOS SCHWANZ AUFGEHALTEN HABEN...

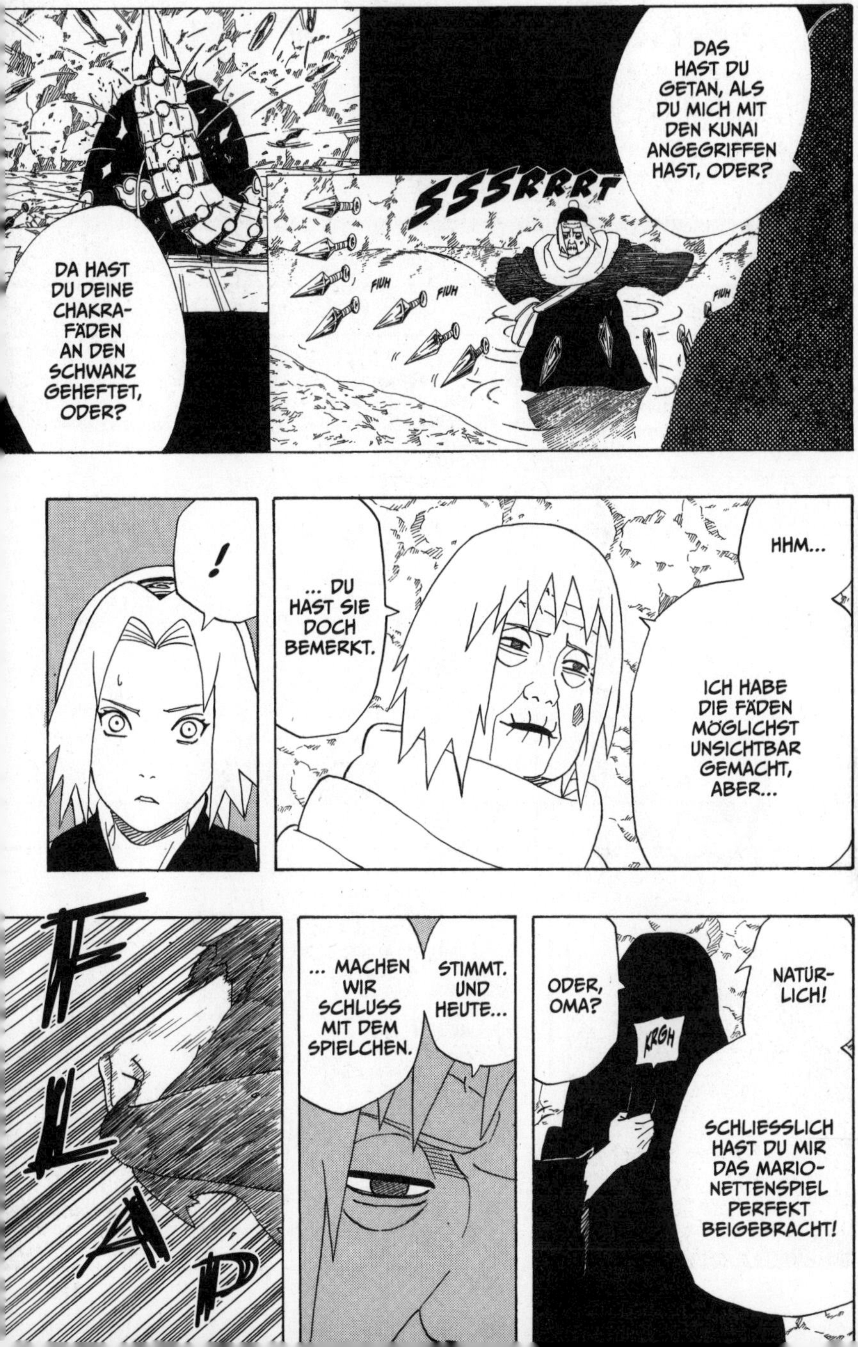
DAS HAST DU GETAN, ALS DU MICH MIT DEN KUNAI ANGEGRIFFEN HAST, ODER?
SSSRRRT
FIUH
FIUH
FIUH
DA HAST DU DEINE CHAKRA-FÄDEN AN DEN SCHWANZ GEHEFTET, ODER?
HHM...
ICH HABE DIE FÄDEN MÖGLICHST UNSICHTBAR GEMACHT, ABER...
... DU HAST SIE DOCH BEMERKT.
!
NATÜR-LICH!
SCHLIESSLICH HAST DU MIR DAS MARIO-NETTENSPIEL PERFEKT BEIGEBRACHT!
ODER, OMA?
KRGH
STIMMT. UND HEUTE...
... MACHEN WIR SCHLUSS MIT DEM SPIELCHEN.
FLAP

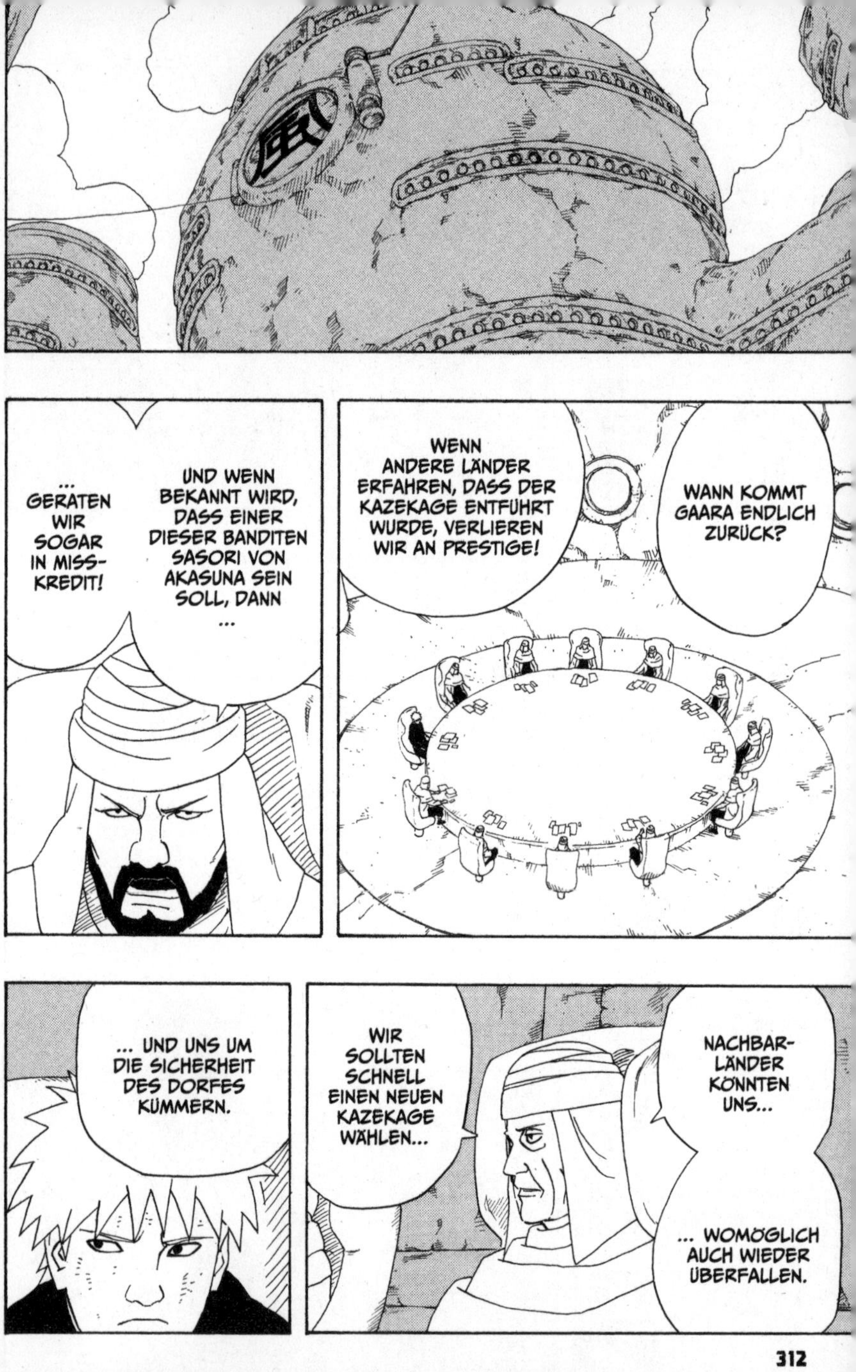
WANN KOMMT GAARA ENDLICH ZURÜCK?
WENN ANDERE LÄNDER ERFAHREN, DASS DER KAZEKAGE ENTFÜHRT WURDE, VERLIEREN WIR AN PRESTIGE!
UND WENN BEKANNT WIRD, DASS EINER DIESER BANDITEN SASORI VON AKASUNA SEIN SOLL, DANN ...
... GERATEN WIR SOGAR IN MISS-KREDIT!
NACHBAR-LÄNDER KÖNNTEN UNS...
... WOMÖGLICH AUCH WIEDER ÜBERFALLEN.
WIR SOLLTEN SCHNELL EINEN NEUEN KAZEKAGE WÄHLEN...
... UND UNS UM DIE SICHERHEIT DES DORFES KÜMMERN.

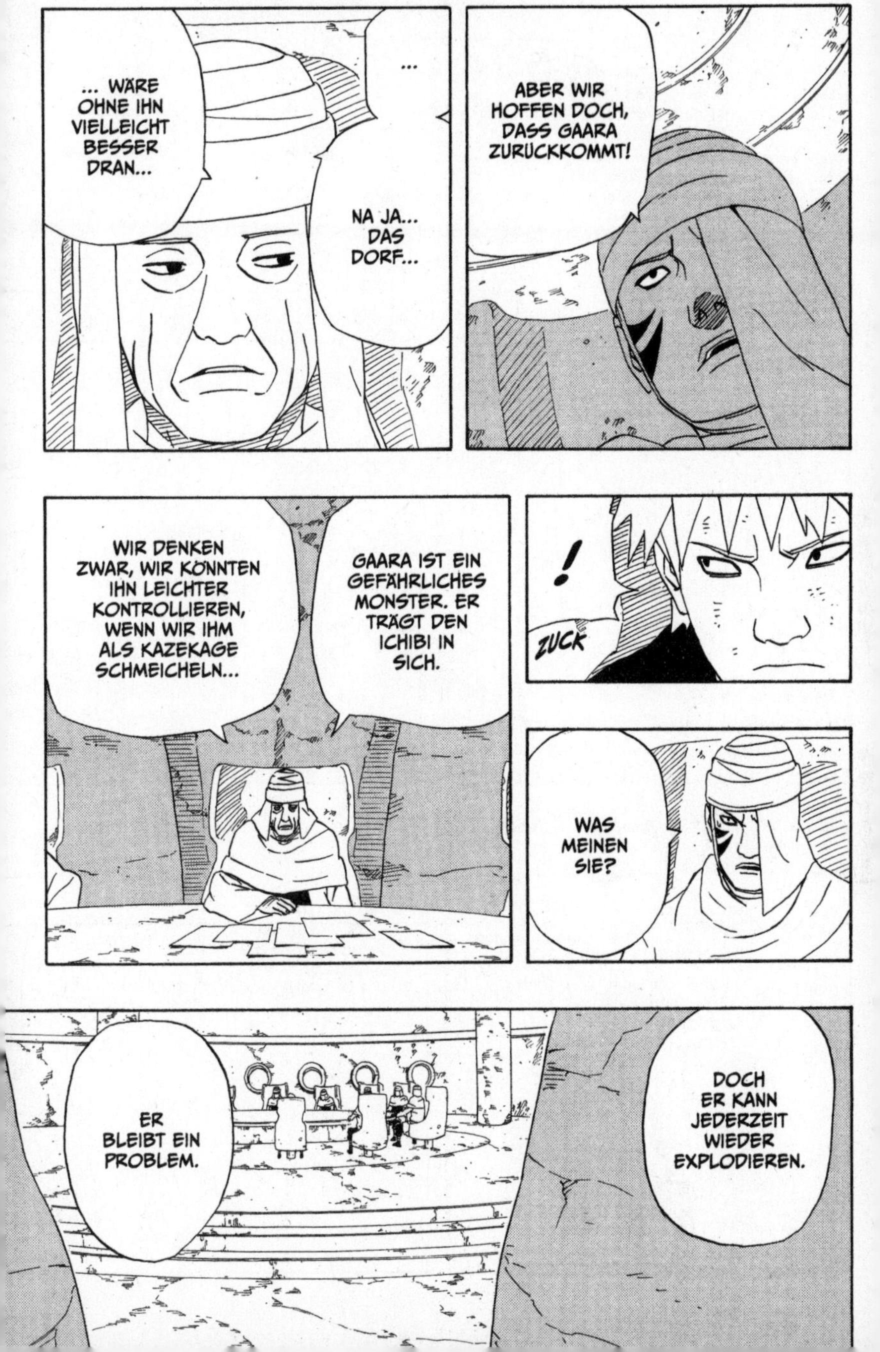
ABER WIR HOFFEN DOCH, DASS GAARA ZURUCKKOMMT!
...
NA JA... DAS DORF...
... WÄRE OHNE IHN VIELLEICHT BESSER DRAN...
!
ZUCK
WAS MEINEN SIE?
GAARA IST EIN GEFÄHRLICHES MONSTER. ER TRÄGT DEN ICHIBI IN SICH.
WIR DENKEN ZWAR, WIR KÖNNTEN IHN LEICHTER KONTROLLIEREN, WENN WIR IHM ALS KAZEKAGE SCHMEICHELN...
DOCH ER KANN JEDERZEIT WIEDER EXPLODIEREN.
ER BLEIBT EIN PROBLEM.

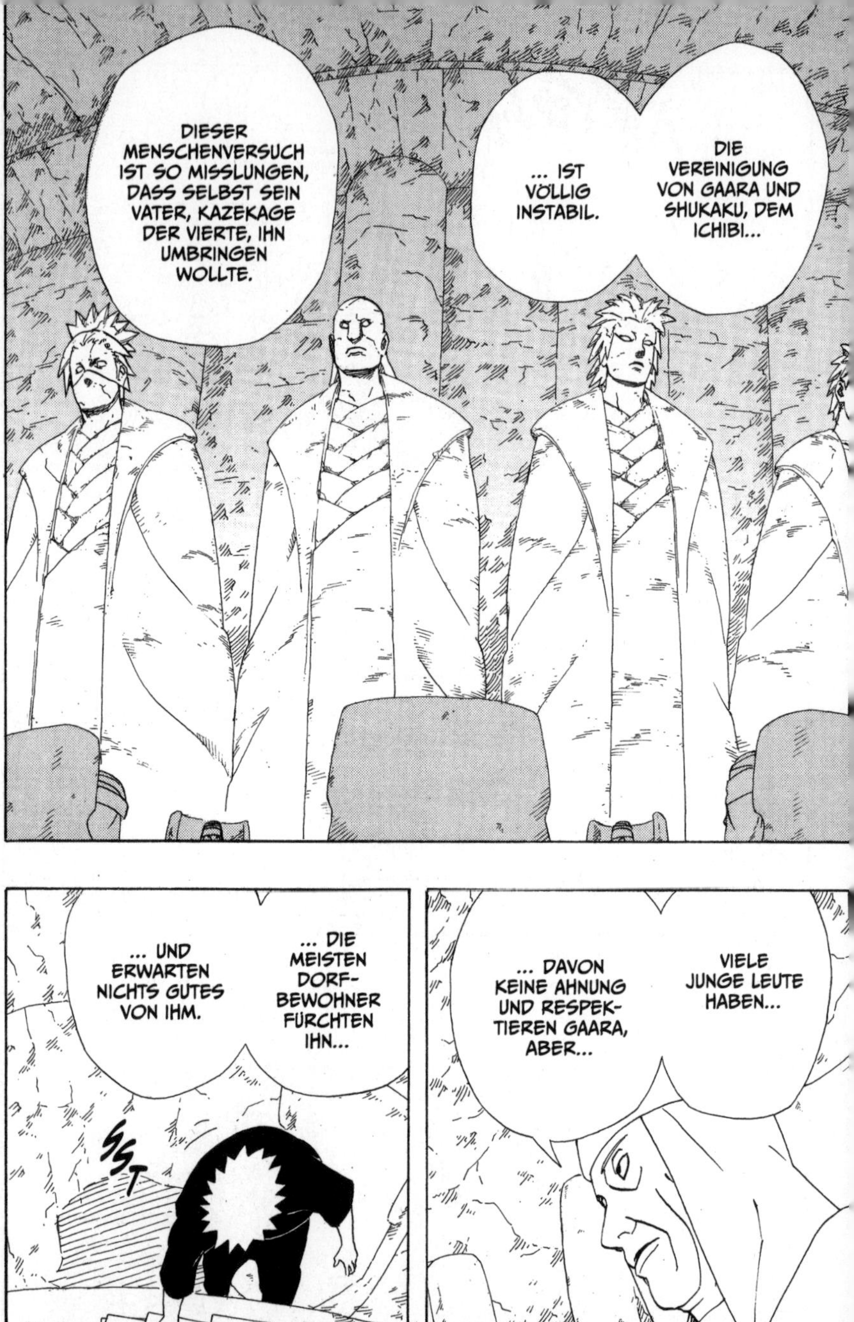
DIE VEREINIGUNG VON GAARA UND SHUKAKU, DEM ICHIBI...
... IST VÖLLIG INSTABIL.
DIESER MENSCHENVERSUCH IST SO MISSLUNGEN, DASS SELBST SEIN VATER, KAZEKAGE DER VIERTE, IHN UMBRINGEN WOLLTE.
VIELE JUNGE LEUTE HABEN...
... DAVON KEINE AHNUNG UND RESPEK-TIEREN GAARA, ABER...
... DIE MEISTEN DORF-BEWOHNER FÜRCHTEN IHN...
... UND ERWARTEN NICHTS GUTES VON IHM.
SST

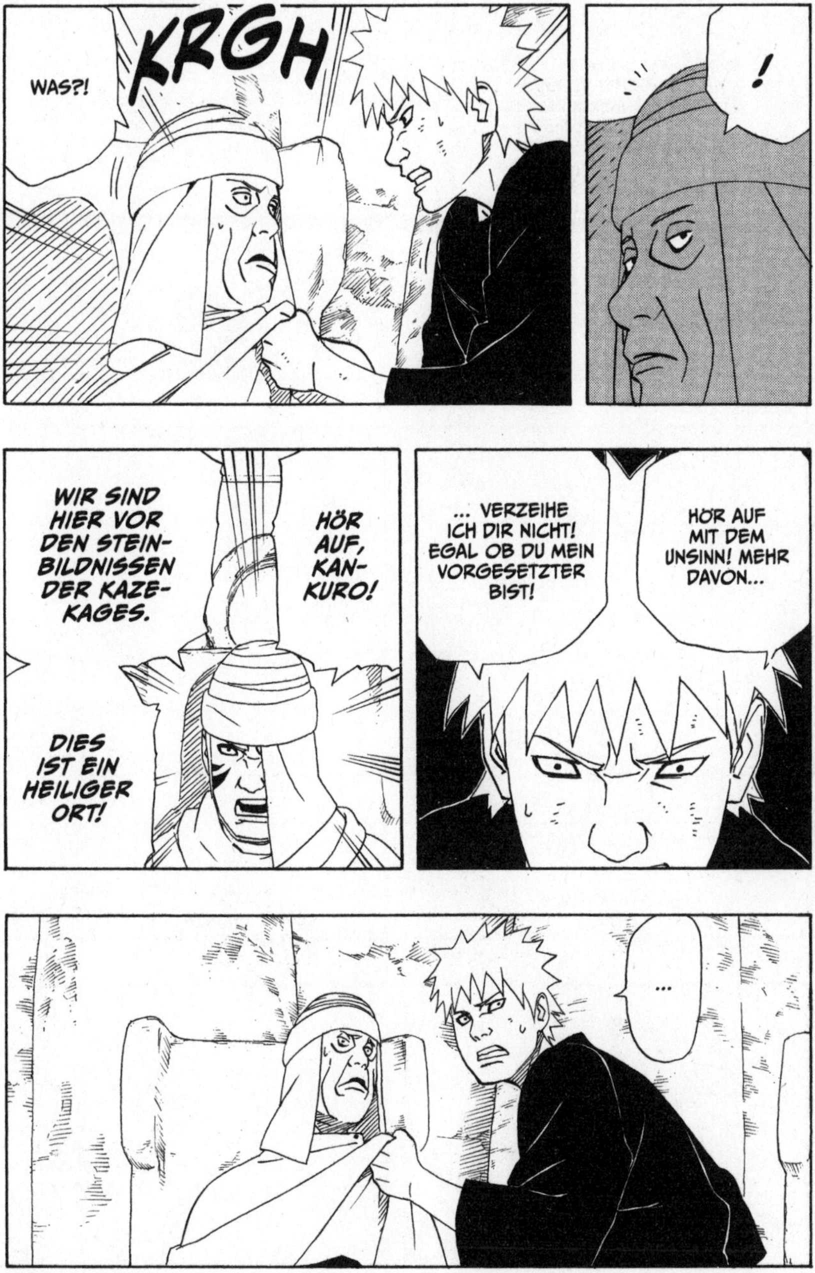
!
KRGH
WAS?!
HÖR AUF, KANKURO!
WIR SIND HIER VOR DEN STEINBILDNISSEN DER KAZEKAGES.
DIES IST EIN HEILIGER ORT!
HÖR AUF MIT DEM UNSINN! MEHR DAVON...
... VERZEIHE ICH DIR NICHT! EGAL OB DU MEIN VORGESETZTER BIST!
...

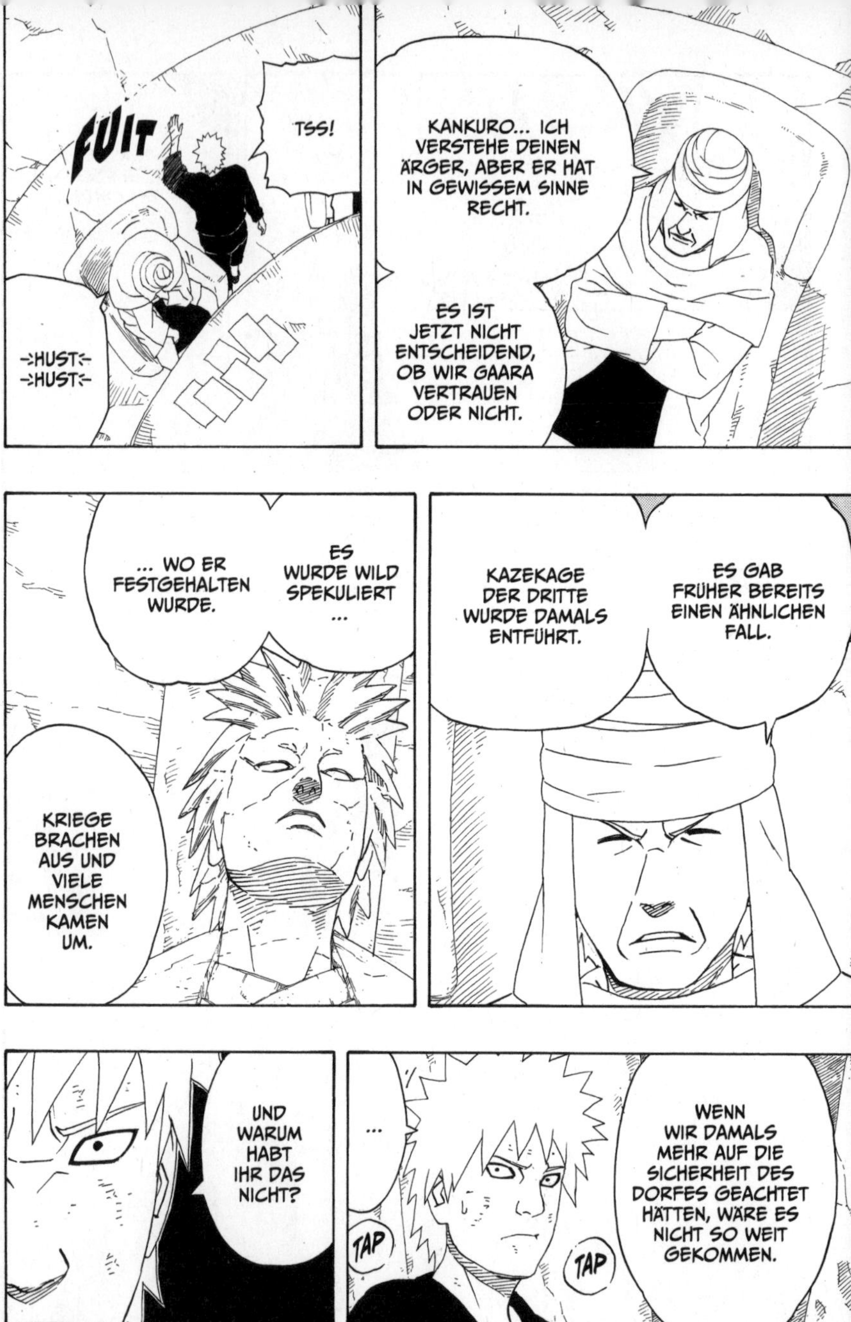
KANKURO... ICH VERSTEHE DEINEN ÄRGER, ABER ER HAT IN GEWISSEM SINNE RECHT.
ES IST JETZT NICHT ENTSCHEIDEND, OB WIR GAARA VERTRAUEN ODER NICHT.
TSS!
FUIT
HUST HUST
ES GAB FRÜHER BEREITS EINEN ÄHNLICHEN FALL.
KAZEKAGE DER DRITTE WURDE DAMALS ENTFÜHRT.
ES WURDE WILD SPEKULIERT ...
... WO ER FESTGEHALTEN WURDE.
KRIEGE BRACHEN AUS UND VIELE MENSCHEN KAMEN UM.
WENN WIR DAMALS MEHR AUF DIE SICHERHEIT DES DORFES GEACHTET HÄTTEN, WÄRE ES NICHT SO WEIT GEKOMMEN.
TAP
TAP
...
UND WARUM HABT IHR DAS NICHT?

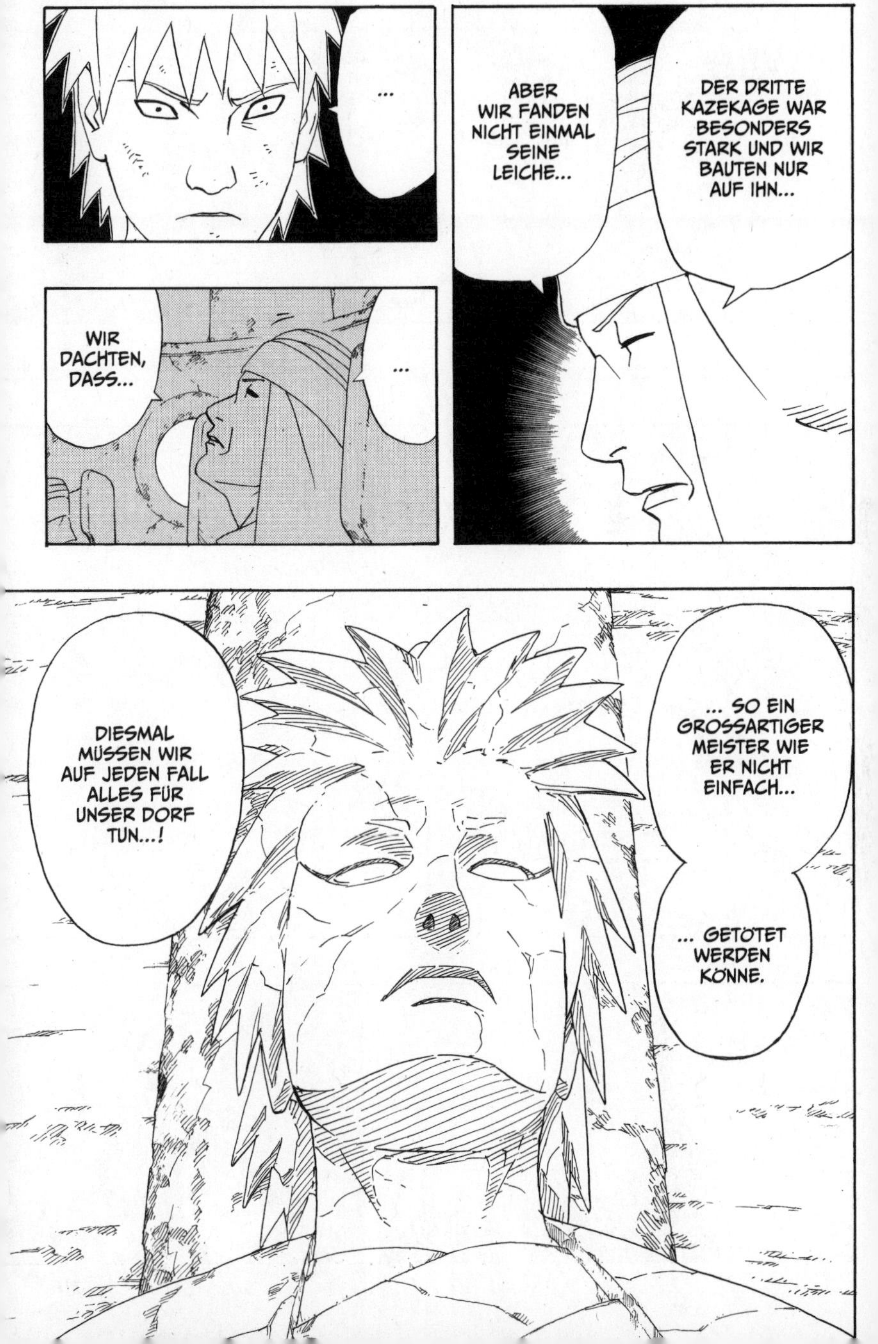
...
DER DRITTE KAZEKAGE WAR BESONDERS STARK UND WIR BAUTEN NUR AUF IHN...
ABER WIR FANDEN NICHT EINMAL SEINE LEICHE...
...
WIR DACHTEN, DASS...
... SO EIN GROSSARTIGER MEISTER WIE ER NICHT EINFACH...
... GETÖTET WERDEN KÖNNE.
DIESMAL MÜSSEN WIR AUF JEDEN FALL ALLES FÜR UNSER DORF TUN...!

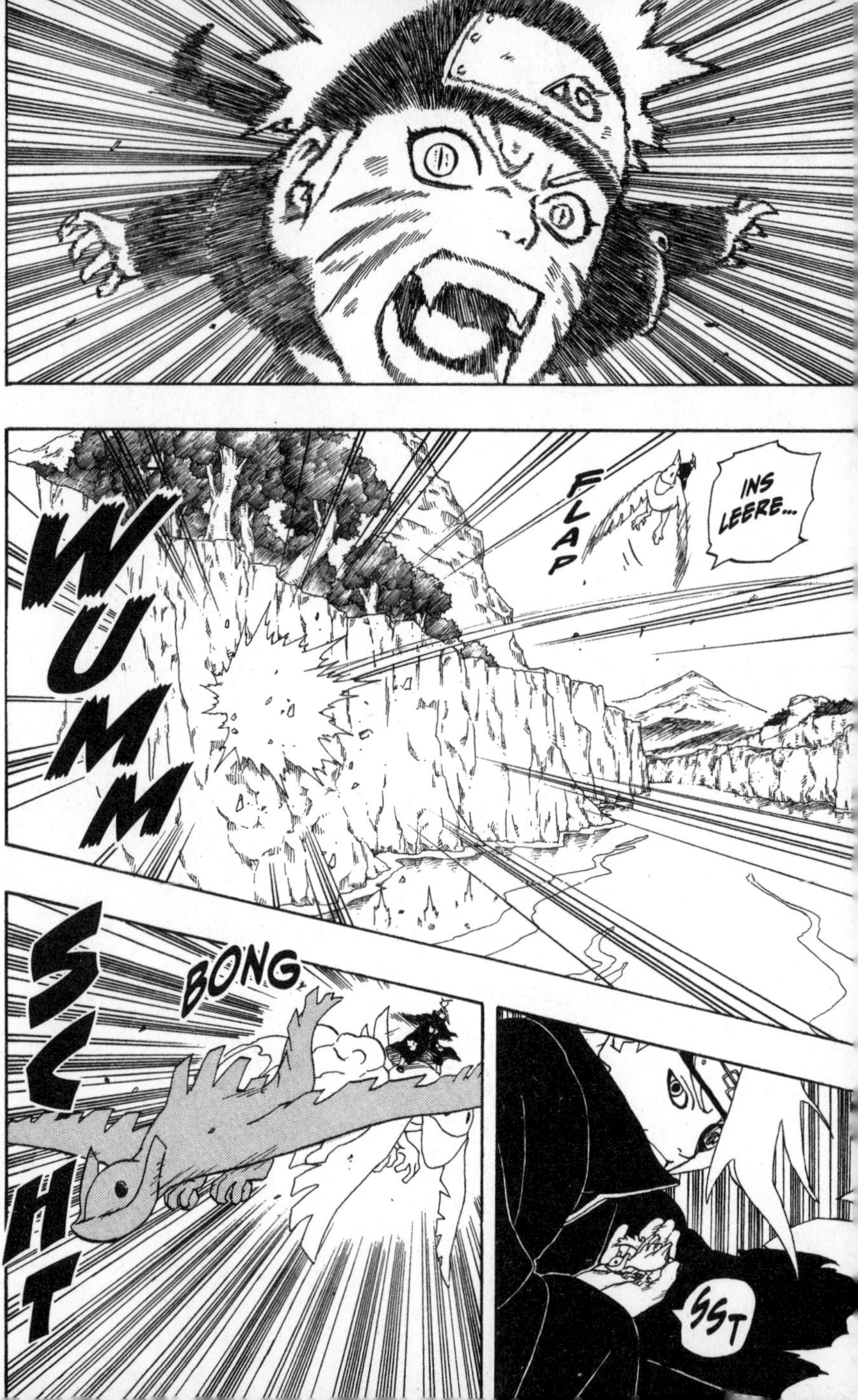
FLAP
INS LEERE...
WUMM
BONG
SSST
SSSST

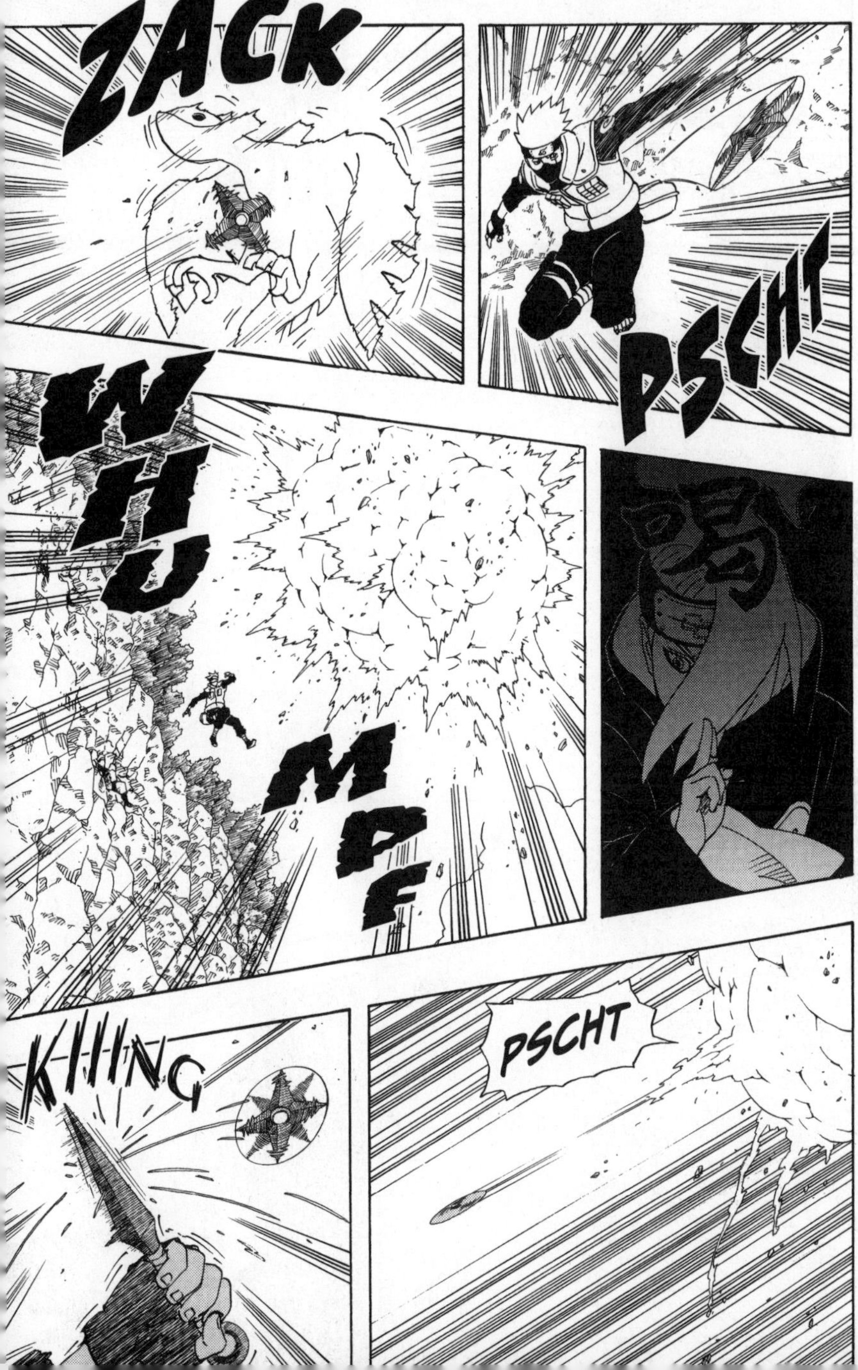

ZACK
PSCHT
WUMPF
KIING
PSCHT

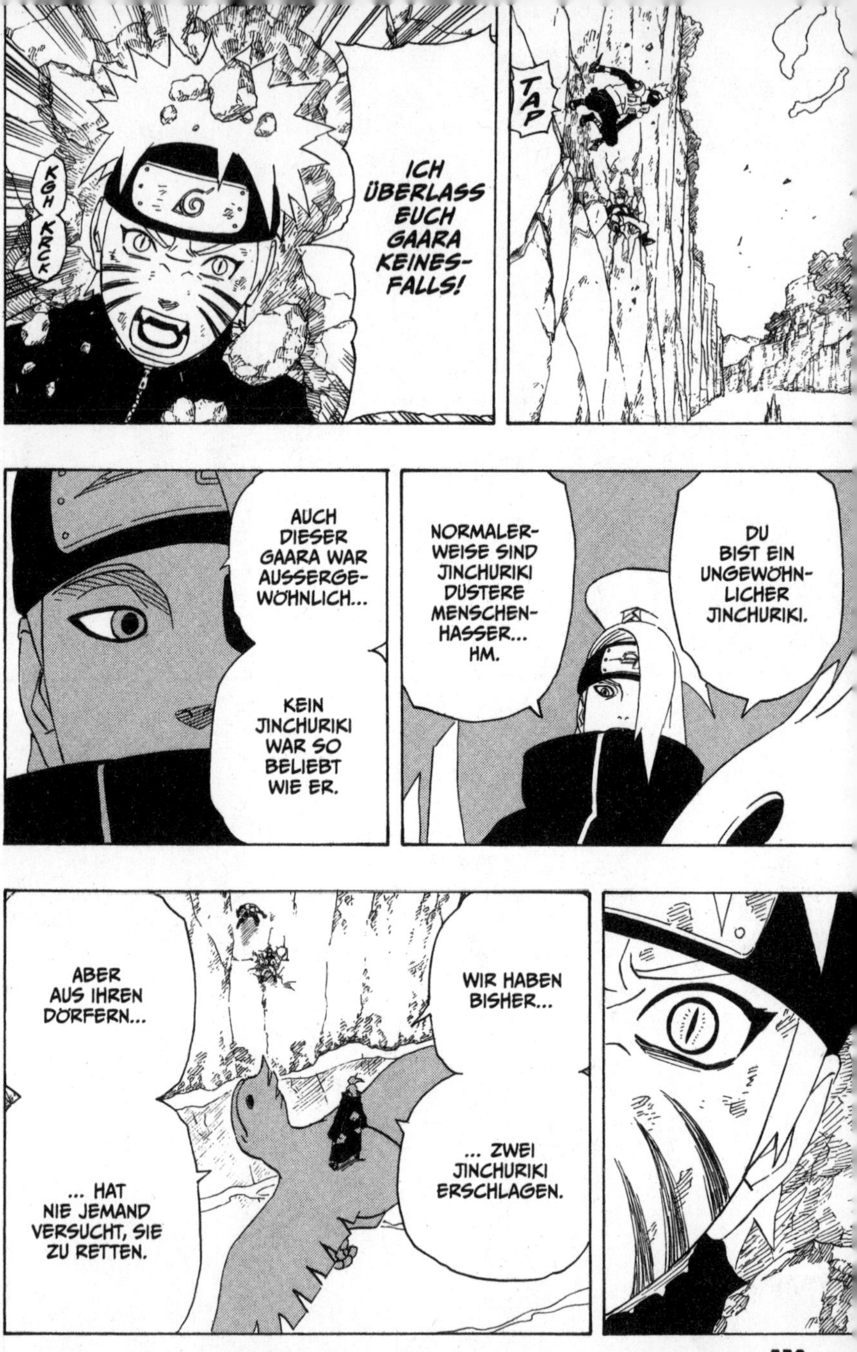
KGH KRCK
ICH ÜBERLASS EUCH GAARA KEINESFALLS!
TAP
AUCH DIESER GAARA WAR AUSSERGEWÖHNLICH...
KEIN JINCHURIKI WAR SO BELIEBT WIE ER.
NORMALERWEISE SIND JINCHURIKI DÜSTERE MENSCHENHASSER... HM.
DU BIST EIN UNGEWÖHNLICHER JINCHURIKI.
AUCH DIESER GAARA WAR AUSSERGEWÖHNLICH...
WIR HABEN BISHER...
... ZWEI JINCHURIKI ERSCHLAGEN.
ABER AUS IHREN DÖRFERN...
... HAT NIE JEMAND VERSUCHT, SIE ZU RETTEN.

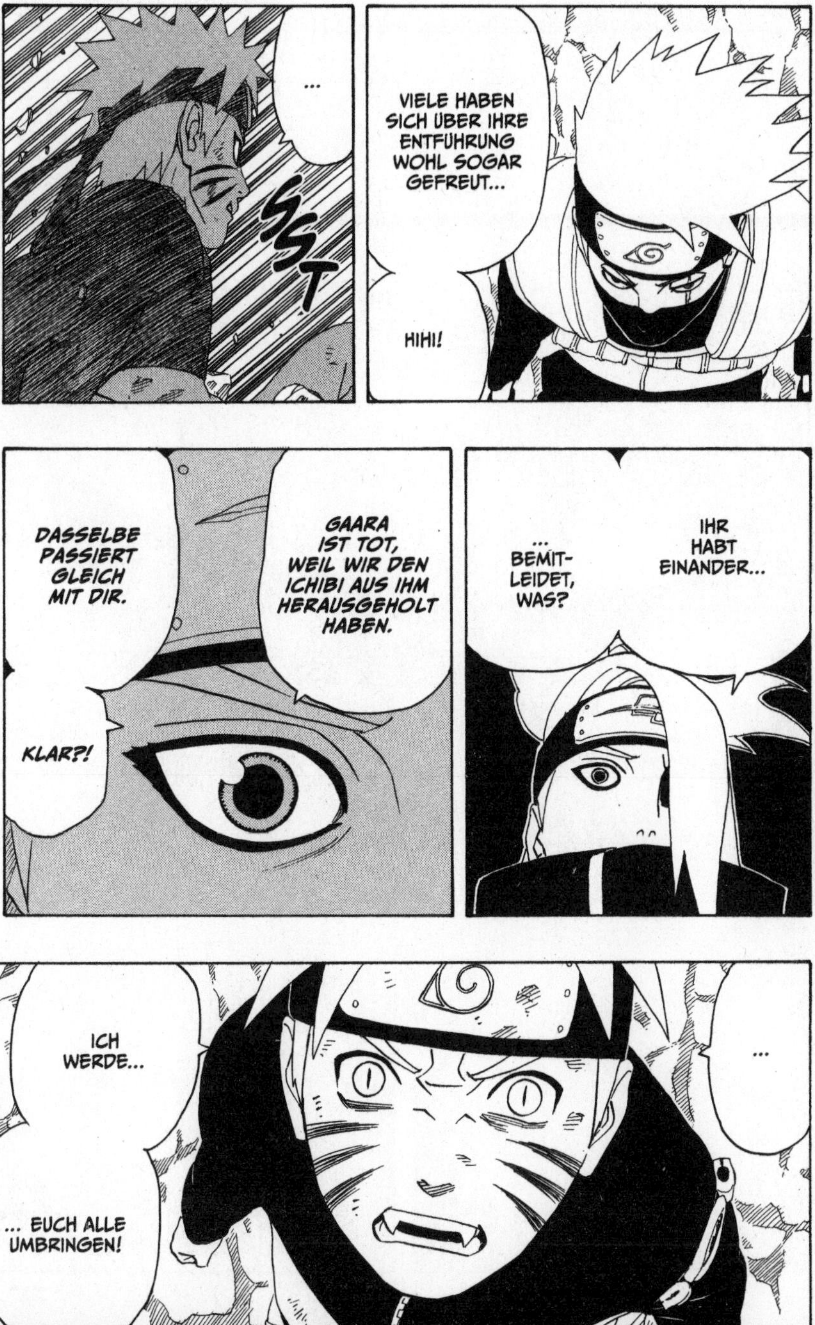
VIELE HABEN SICH ÜBER IHRE ENTFÜHRUNG WOHL SOGAR GEFREUT...
HIHI!
...
SST
IHR HABT EINANDER...
... BEMIT-LEIDET, WAS?
GAARA IST TOT, WEIL WIR DEN ICHIBI AUS IHM HERAUSGEHOLT HABEN.
DASSELBE PASSIERT GLEICH MIT DIR.
KLAR?!
...
ICH WERDE...
... EUCH ALLE UMBRINGEN!

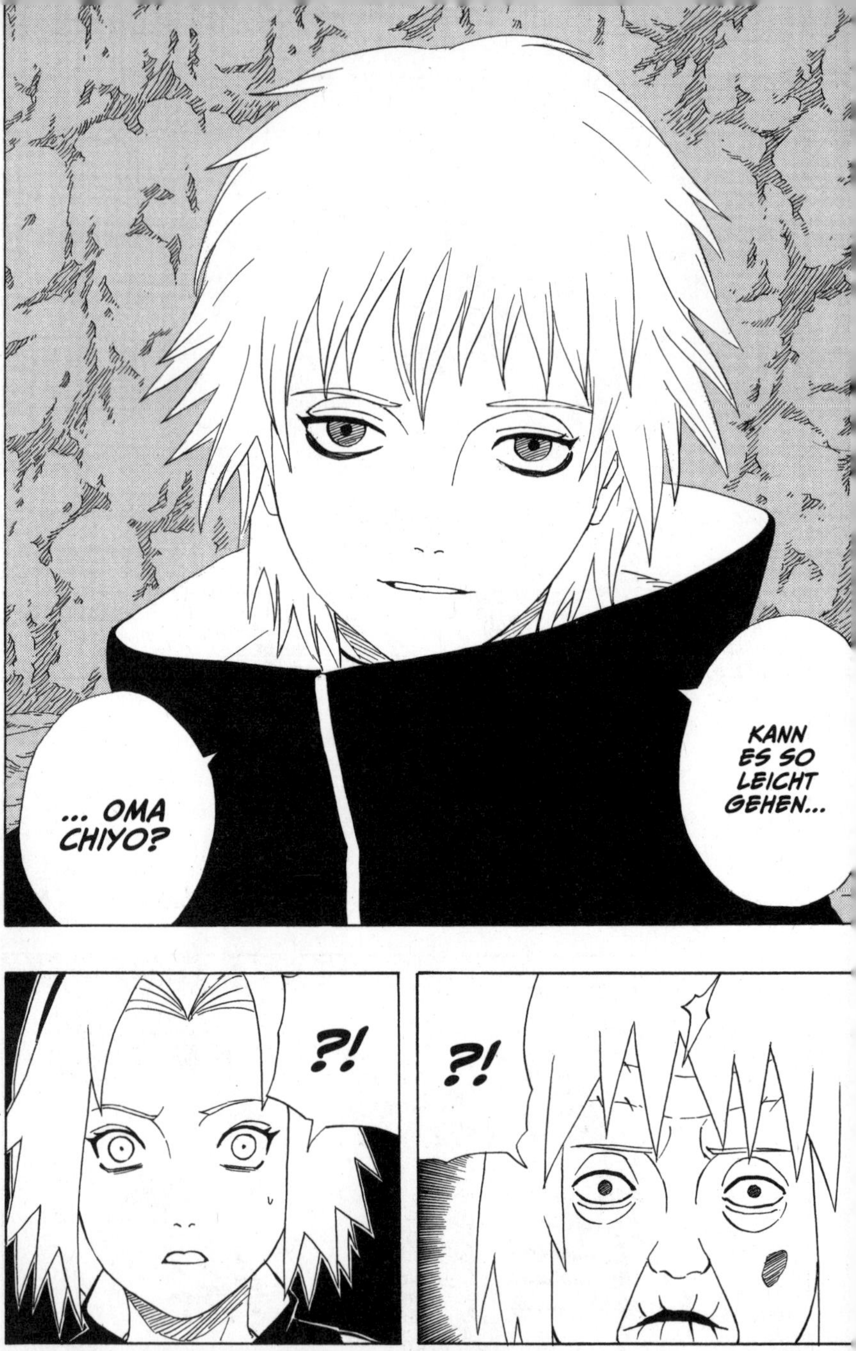
KANN ES SO LEICHT GEHEN...
... OMA CHIYO?
?!
?!

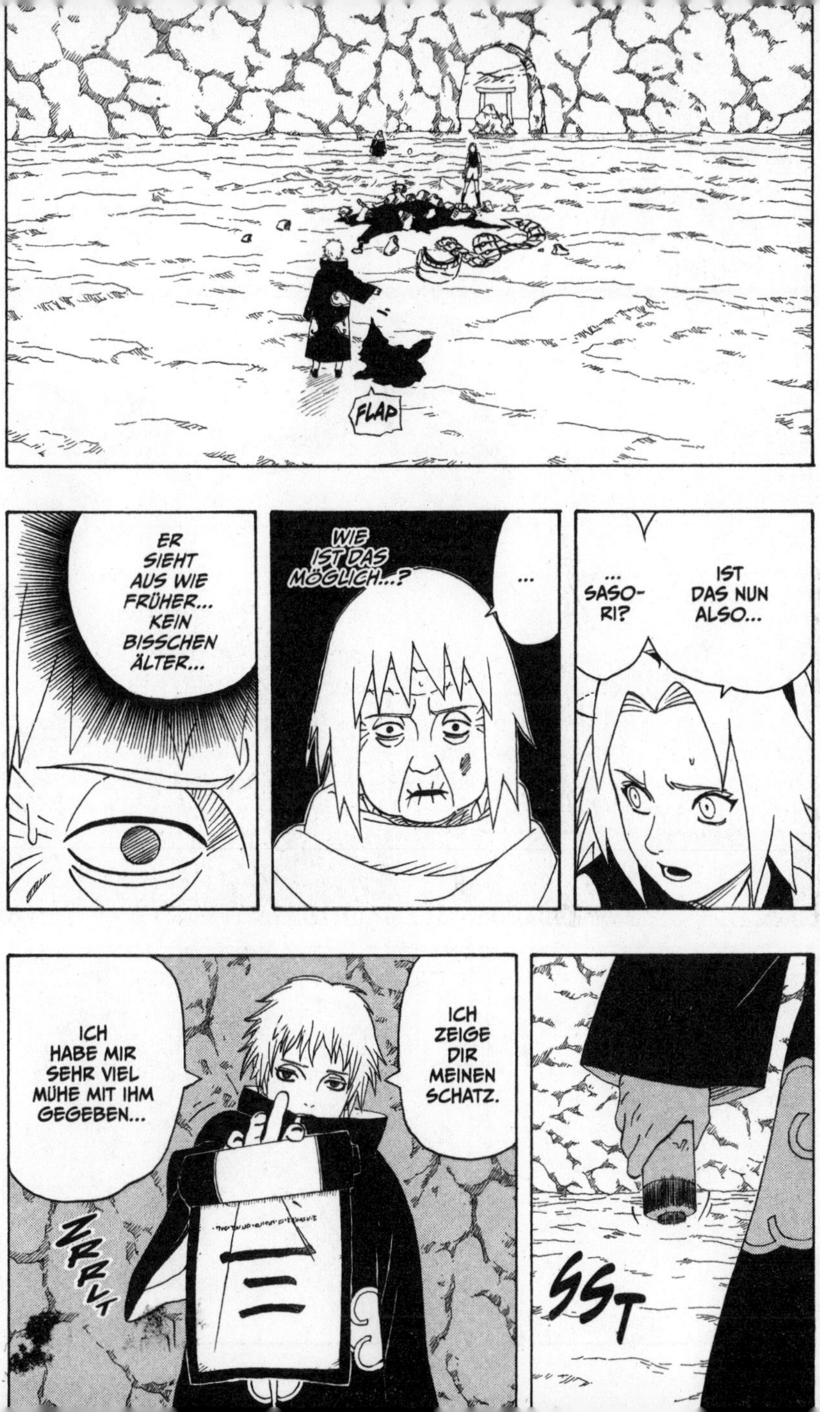
FLAP
IST DAS NUN ALSO...
... SASO-RI?
...
WIE IST DAS MÖGLICH...?
ER SIEHT AUS WIE FRÜHER... KEIN BISSCHEN ÄLTER...
SST
ICH ZEIGE DIR MEINEN SCHATZ.
ICH HABE MIR SEHR VIEL MÜHE MIT IHM GEGEBEN...

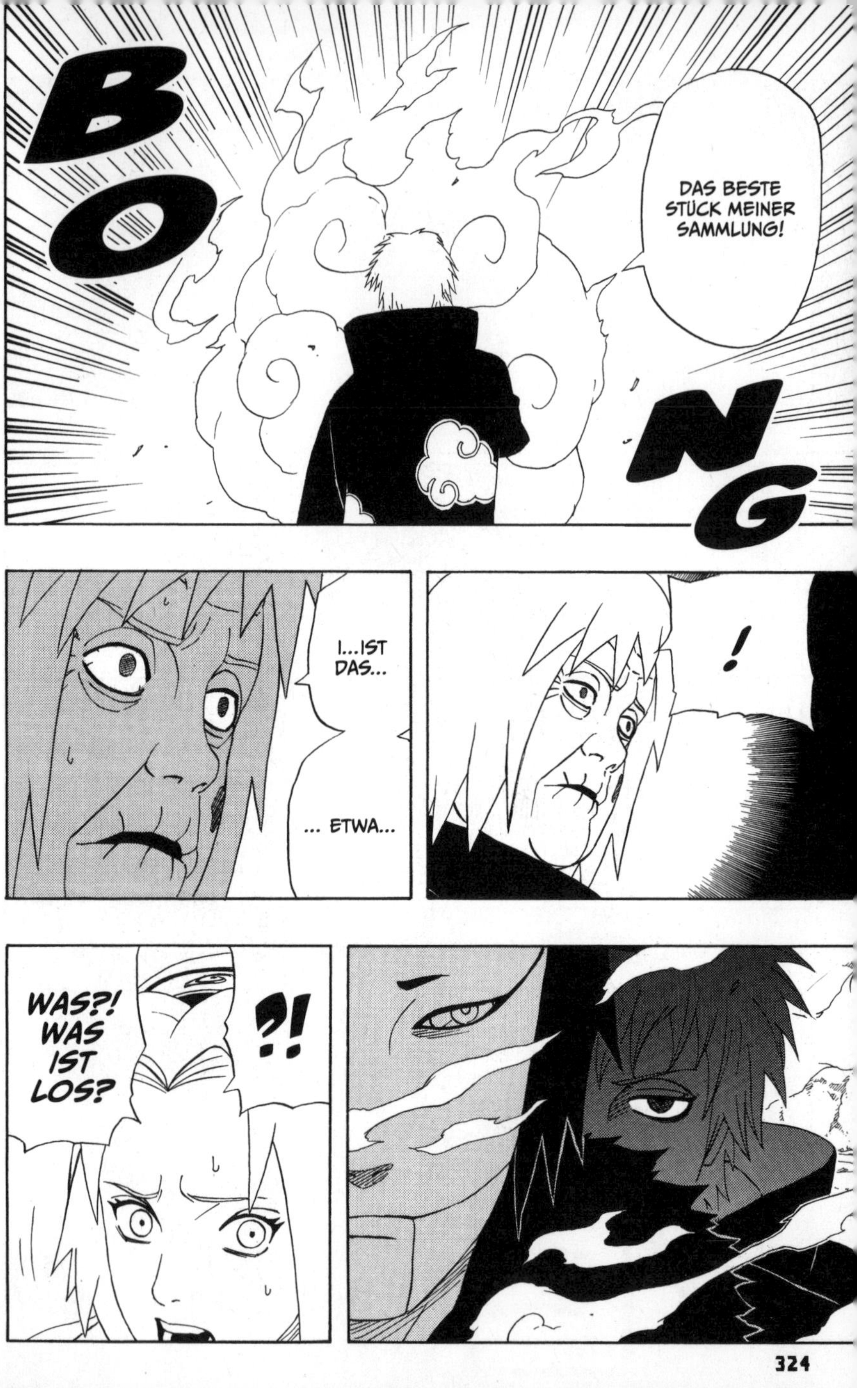
DAS BESTE STÜCK MEINER SAMMLUNG!
BOONG
!
I...IST DAS...
... ETWA...
?!
WAS?! WAS IST LOS?

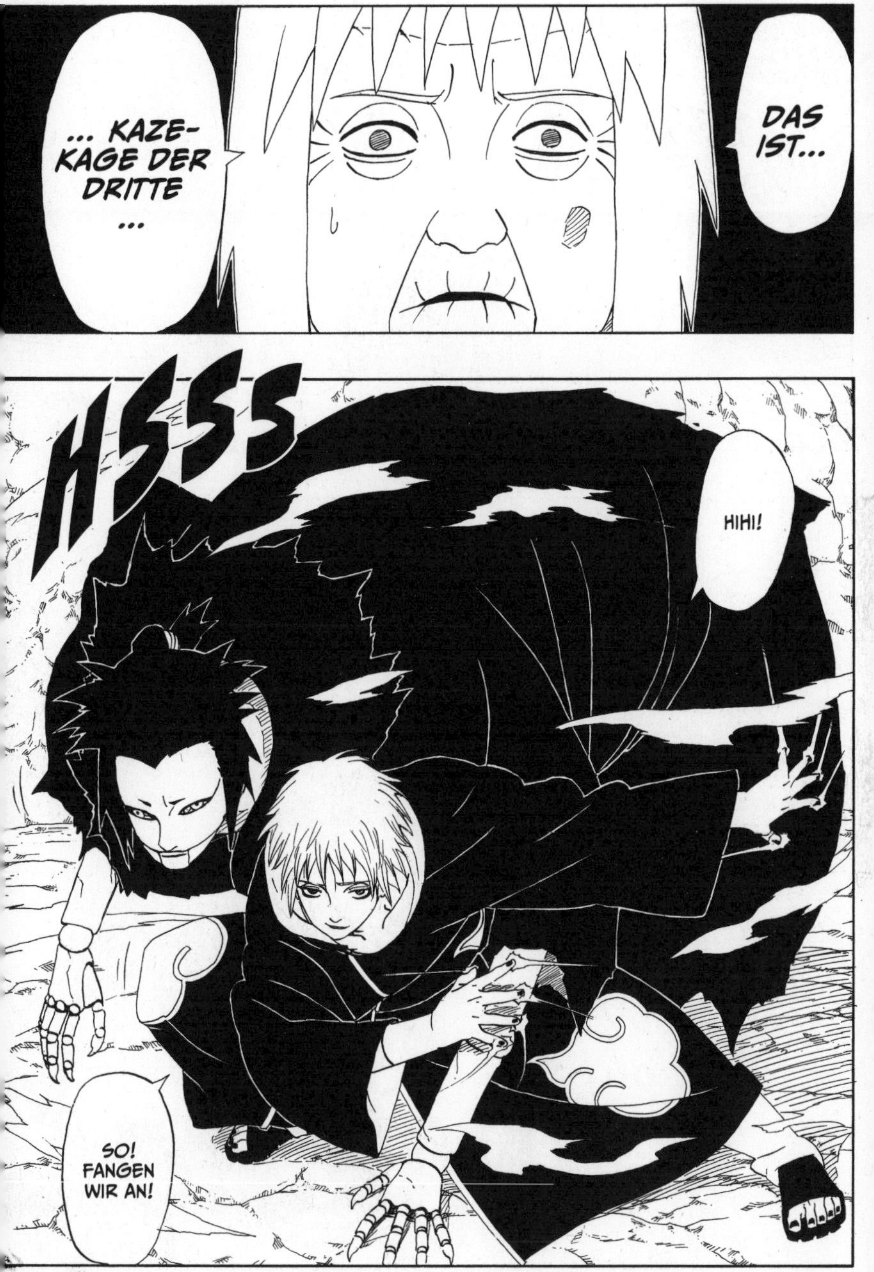
DAS IST...
... KAZE-KAGE DER DRITTE ...
HSSS
HIHI!
SO! FANGEN WIR AN!

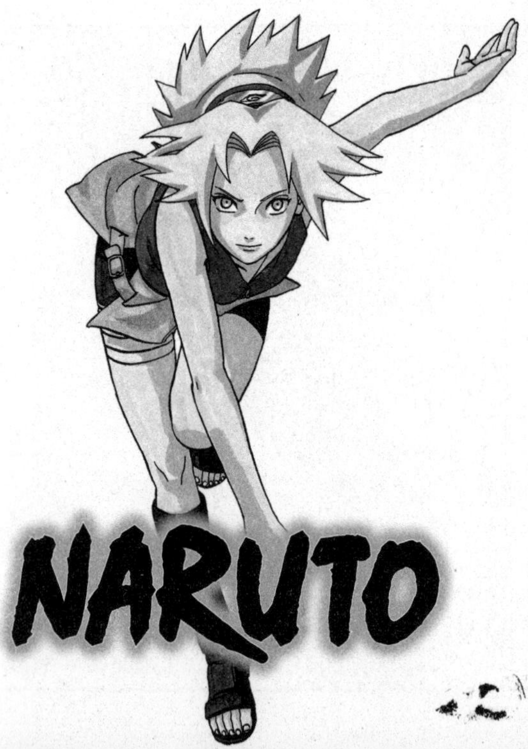
NARUTO

267. KAPITEL: EIN UNERSCHÜTTERLICHER ENTSCHLUSS

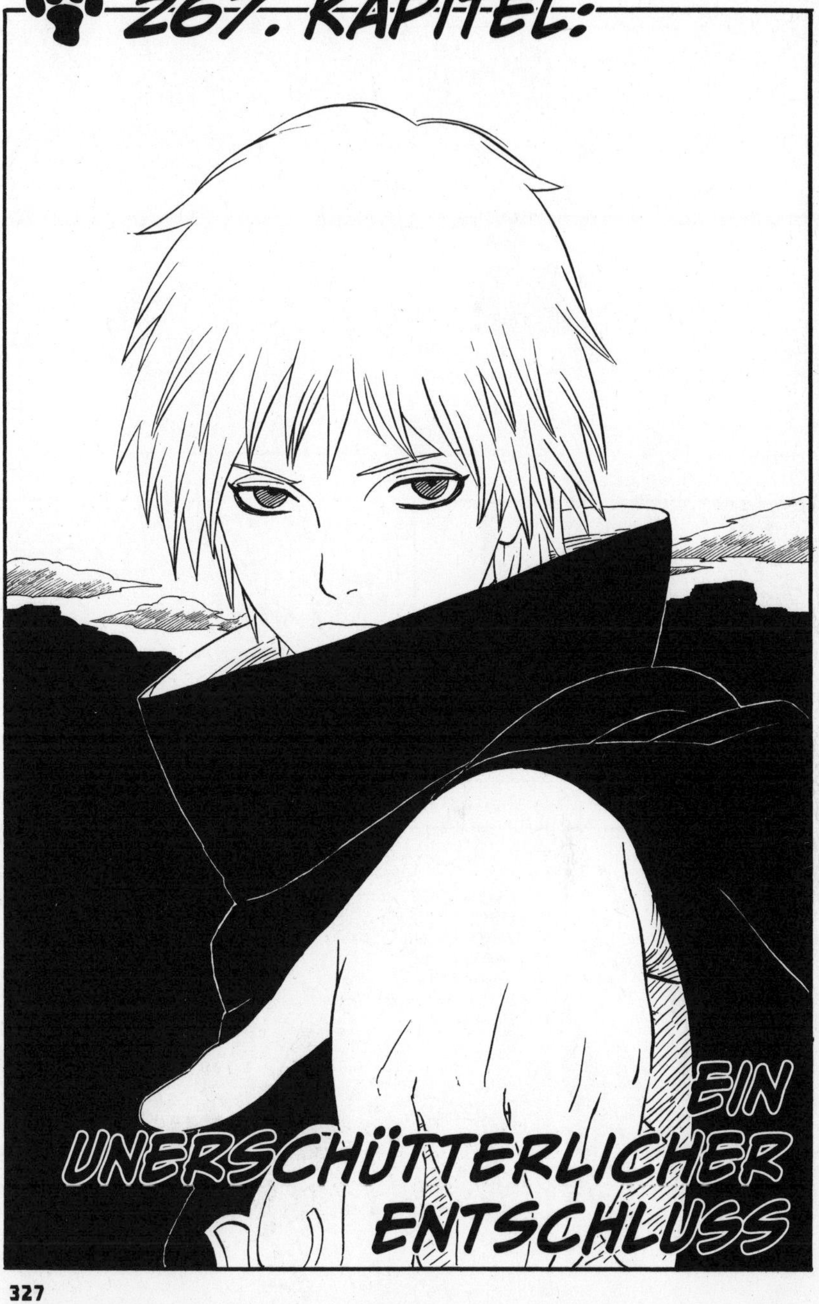

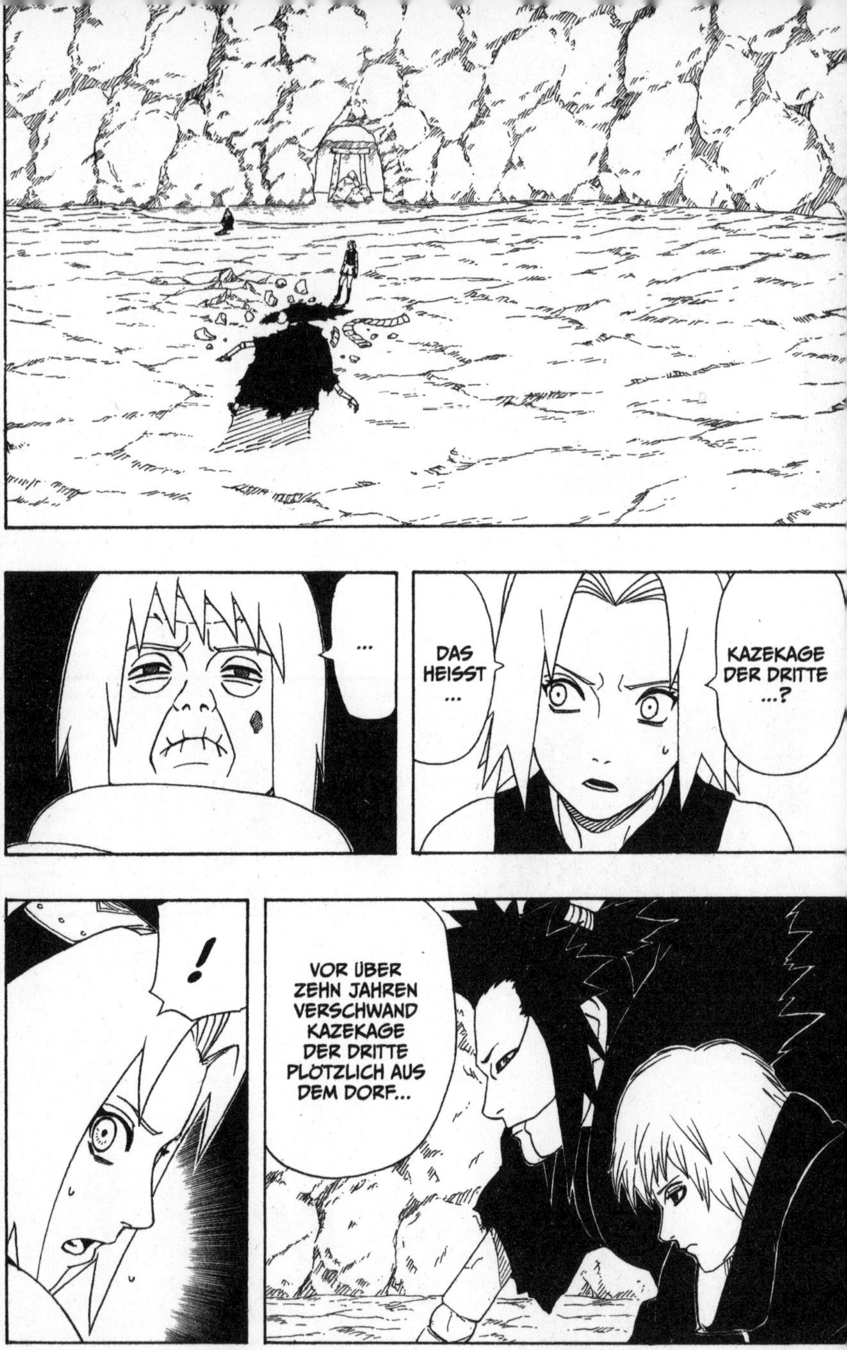
KAZEKAGE DER DRITTE ...?
DAS HEISST ...
...
VOR ÜBER ZEHN JAHREN VERSCHWAND KAZEKAGE DER DRITTE PLÖTZLICH AUS DEM DORF...
!

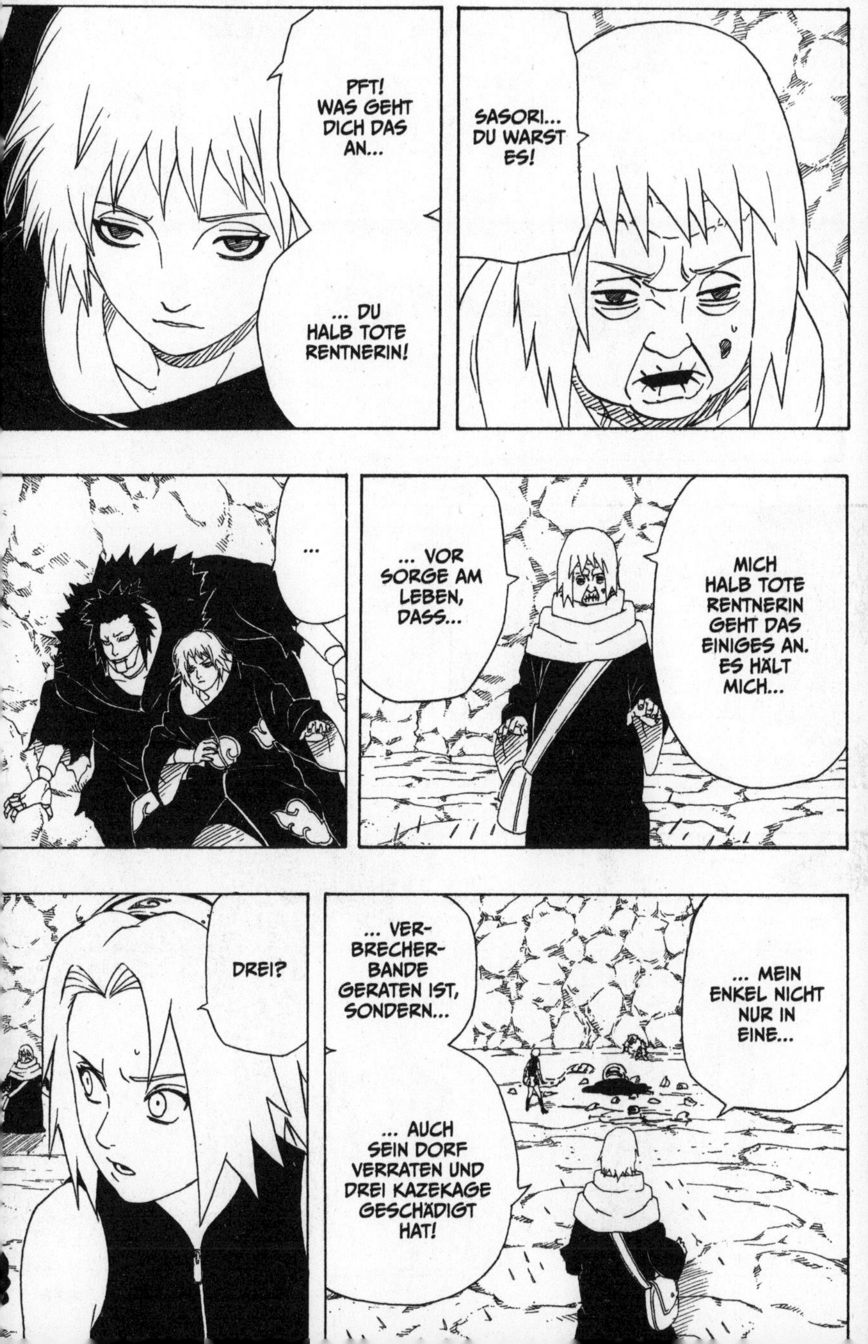
SASORI... DU WARST ES!
PFT! WAS GEHT DICH DAS AN...
... DU HALB TOTE RENTNERIN!
MICH HALB TOTE RENTNERIN GEHT DAS EINIGES AN. ES HÄLT MICH...
... VOR SORGE AM LEBEN, DASS...
...
... MEIN ENKEL NICHT NUR IN EINE...
... VER-BRECHER-BANDE GERATEN IST, SONDERN...
... AUCH SEIN DORF VERRATEN UND DREI KAZEKAGE GESCHÄDIGT HAT!
DREI?

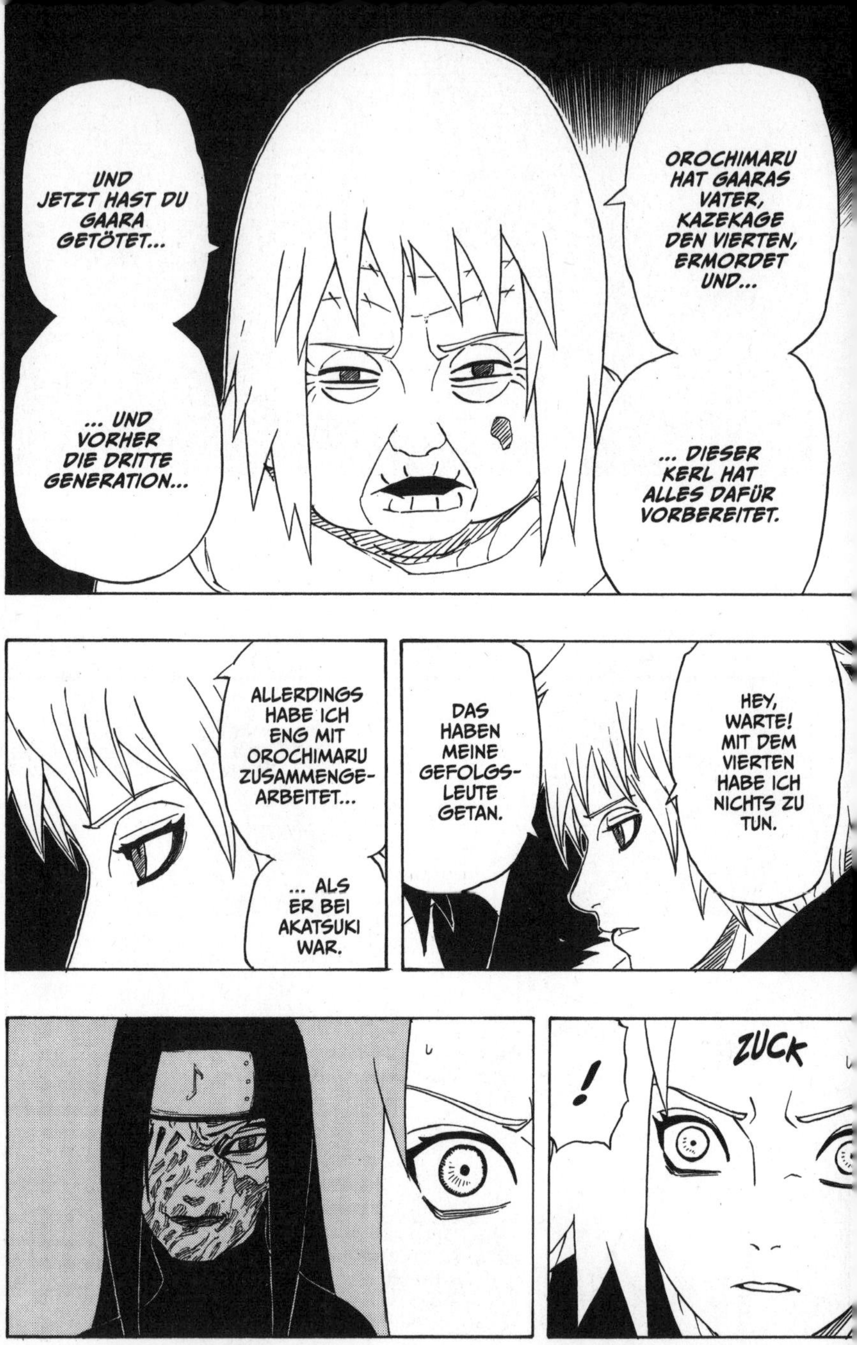
OROCHIMARU HAT GAARAS VATER, KAZEKAGE DEN VIERTEN, ERMORDET UND...
... DIESER KERL HAT ALLES DAFÜR VORBEREITET.
UND JETZT HAST DU GAARA GETÖTET...
... UND VORHER DIE DRITTE GENERATION...
HEY, WARTE! MIT DEM VIERTEN HABE ICH NICHTS ZU TUN.
DAS HABEN MEINE GEFOLGS-LEUTE GETAN.
ALLERDINGS HABE ICH ENG MIT OROCHIMARU ZUSAMMENGE-ARBEITET...
... ALS ER BEI AKATSUKI WAR.
ZUCK
!

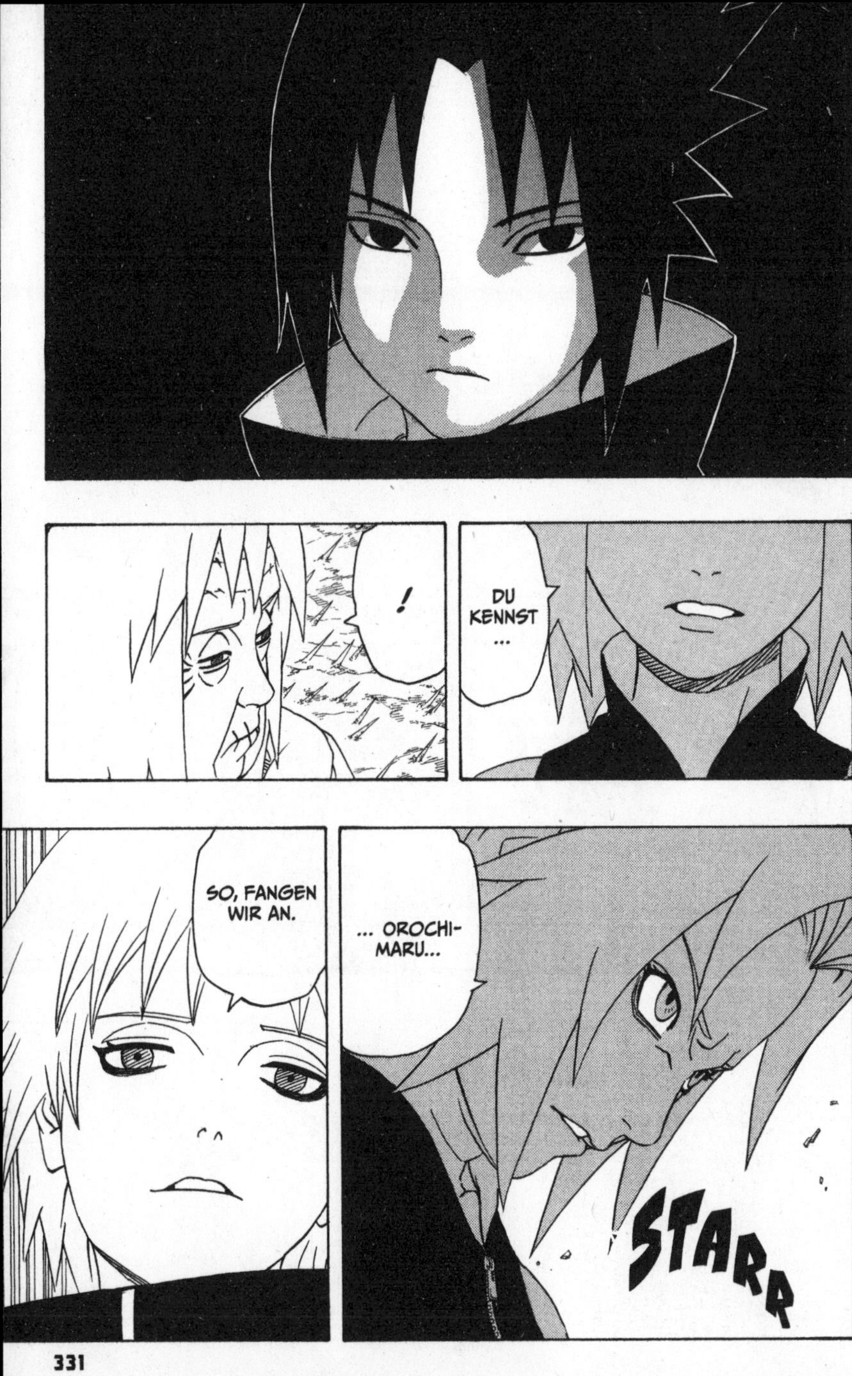
DU KENNST ...
!
... OROCHI-MARU...
STARR
SO, FANGEN WIR AN.

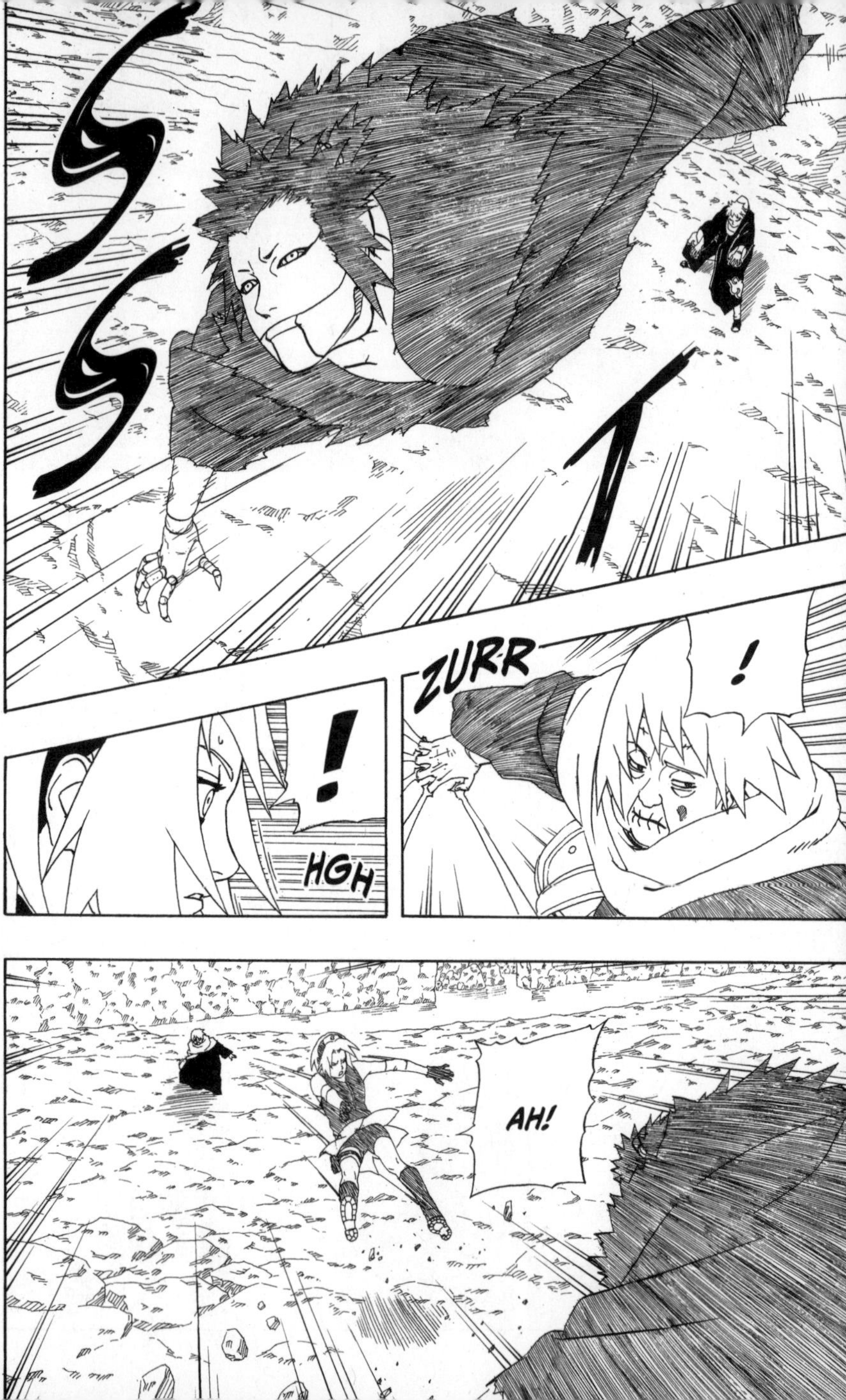

ZURR
!
!
HGH
AH!

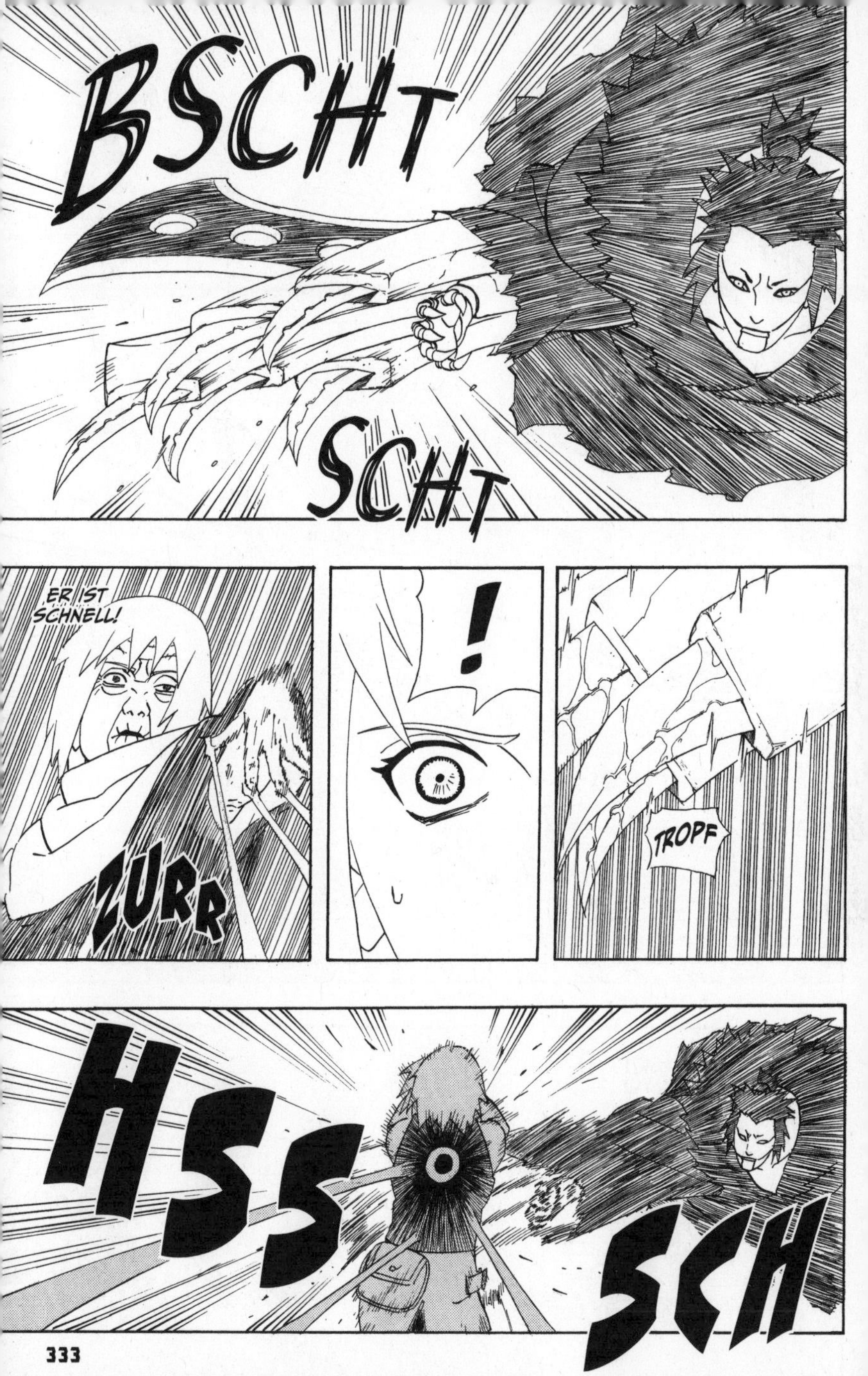
BSCHT
SCHT
ER IST SCHNELL!
!
ZURR
TROPF
HSS
SCH

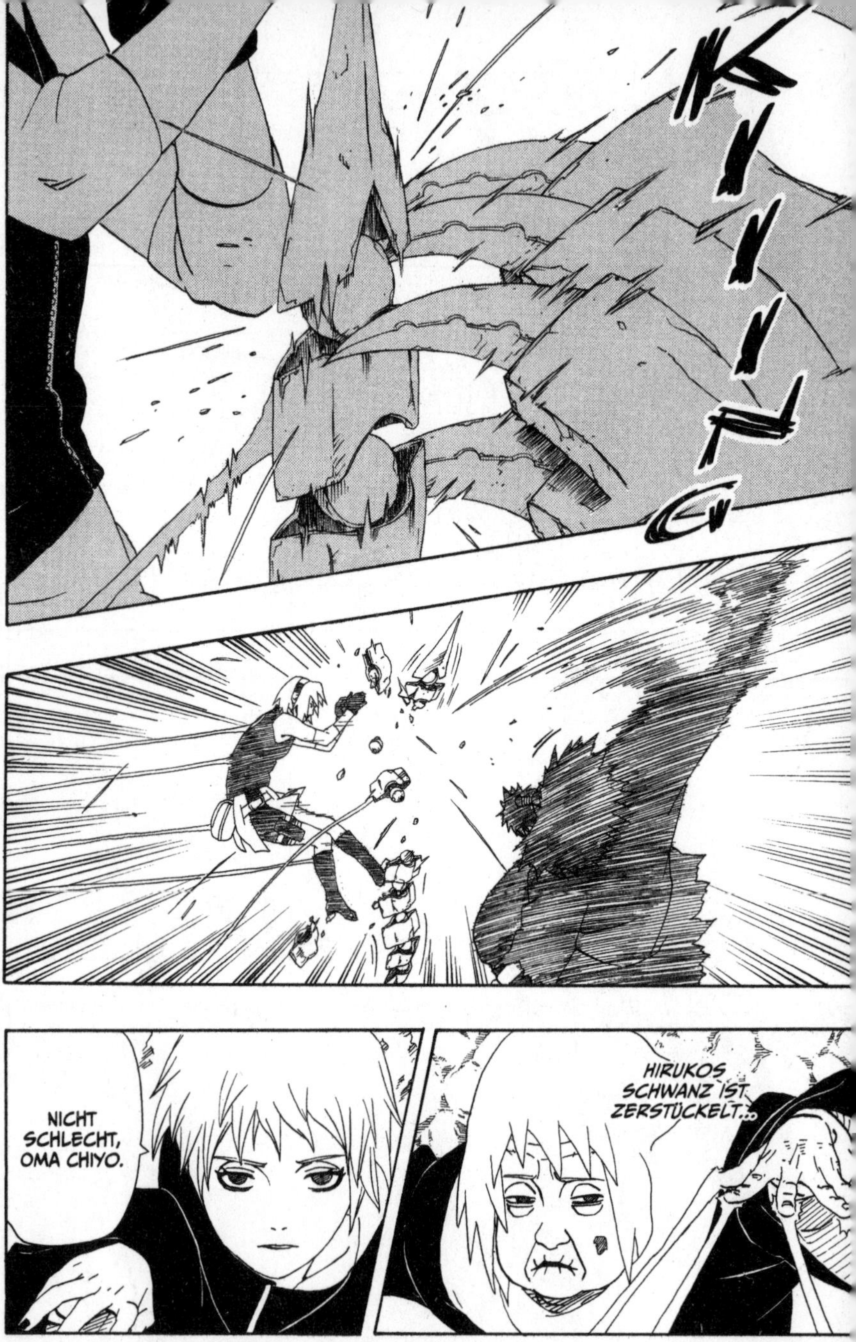

KRIIINNG
HIRUKOS SCHWANZ IST ZERSTÜCKELT...
NICHT SCHLECHT, OMA CHIYO.

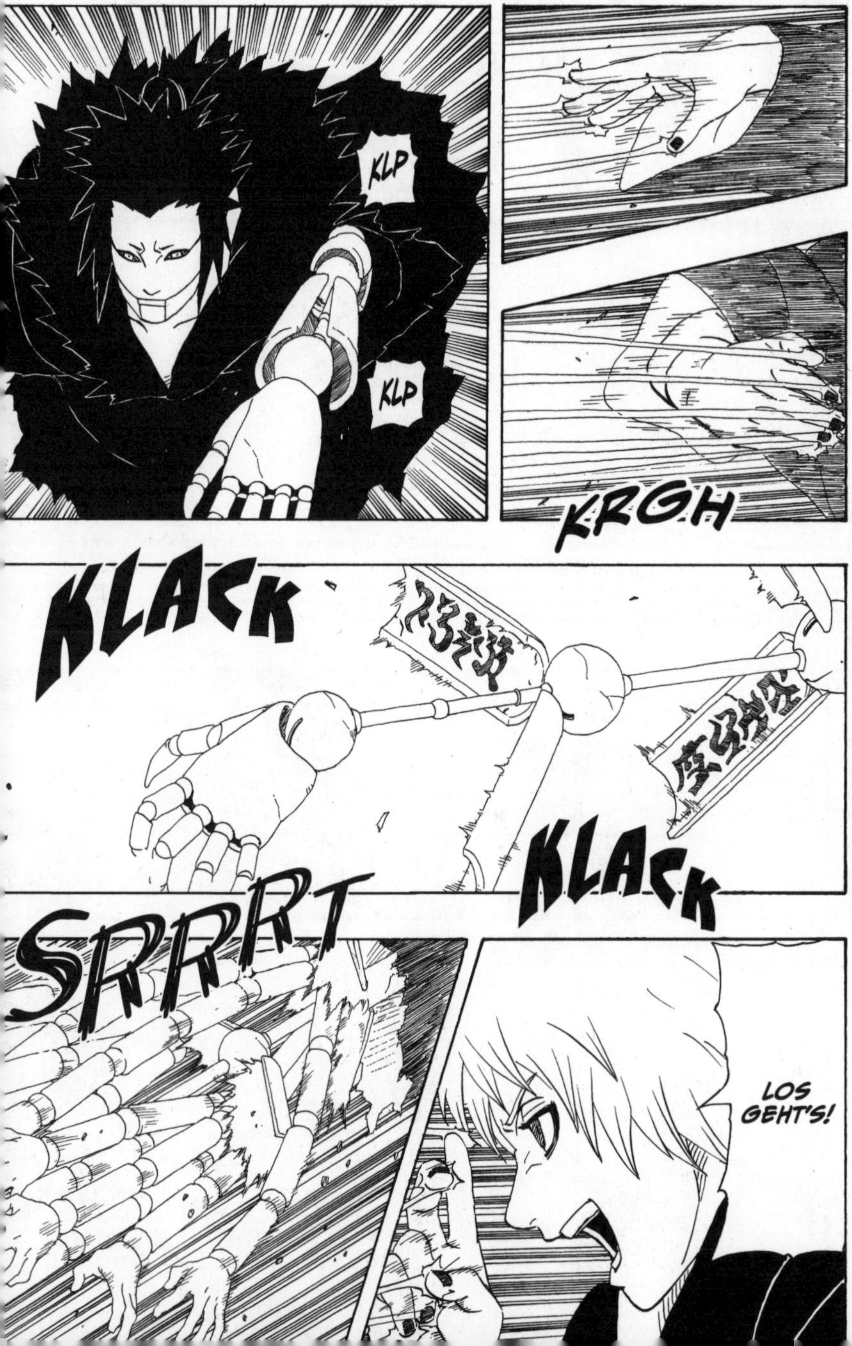
KLP
KLP
KRGH
KLACK
KLACK
SRRRT
LOS GEHT'S!

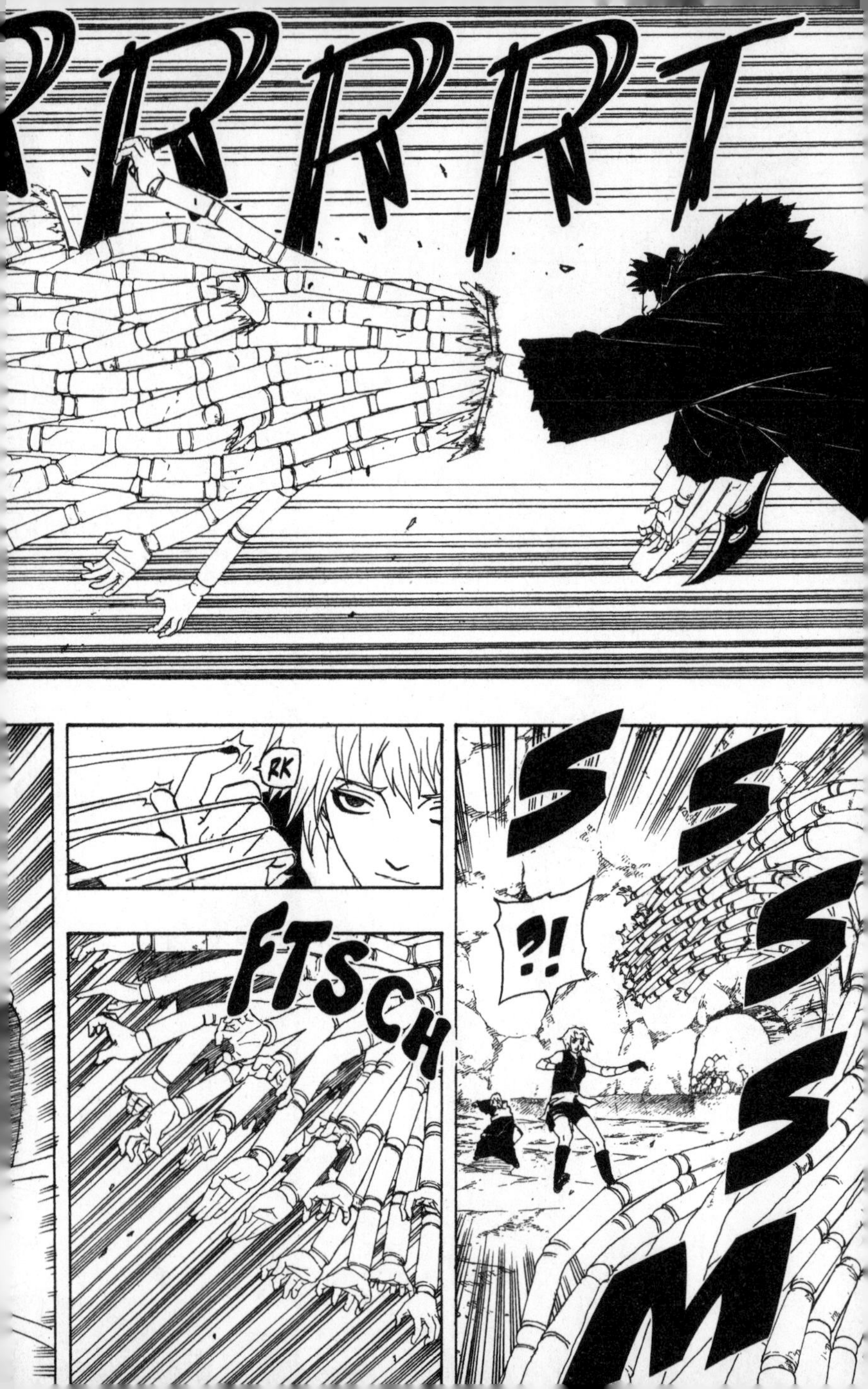
RRRRT
RK
?!
SSSSSM
FTSCH

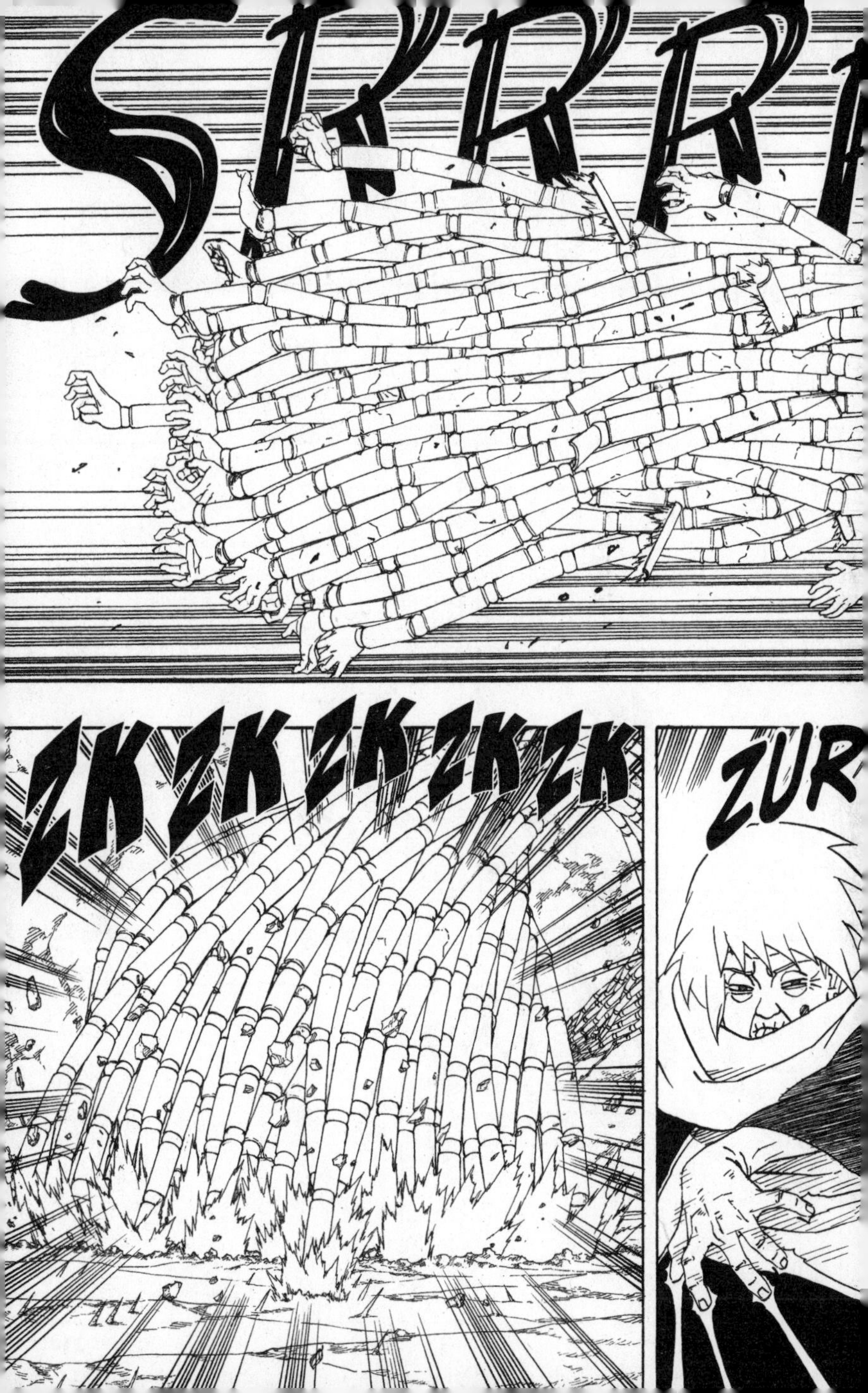
SRRR
ZUR
ZKZK ZKZKZKZK

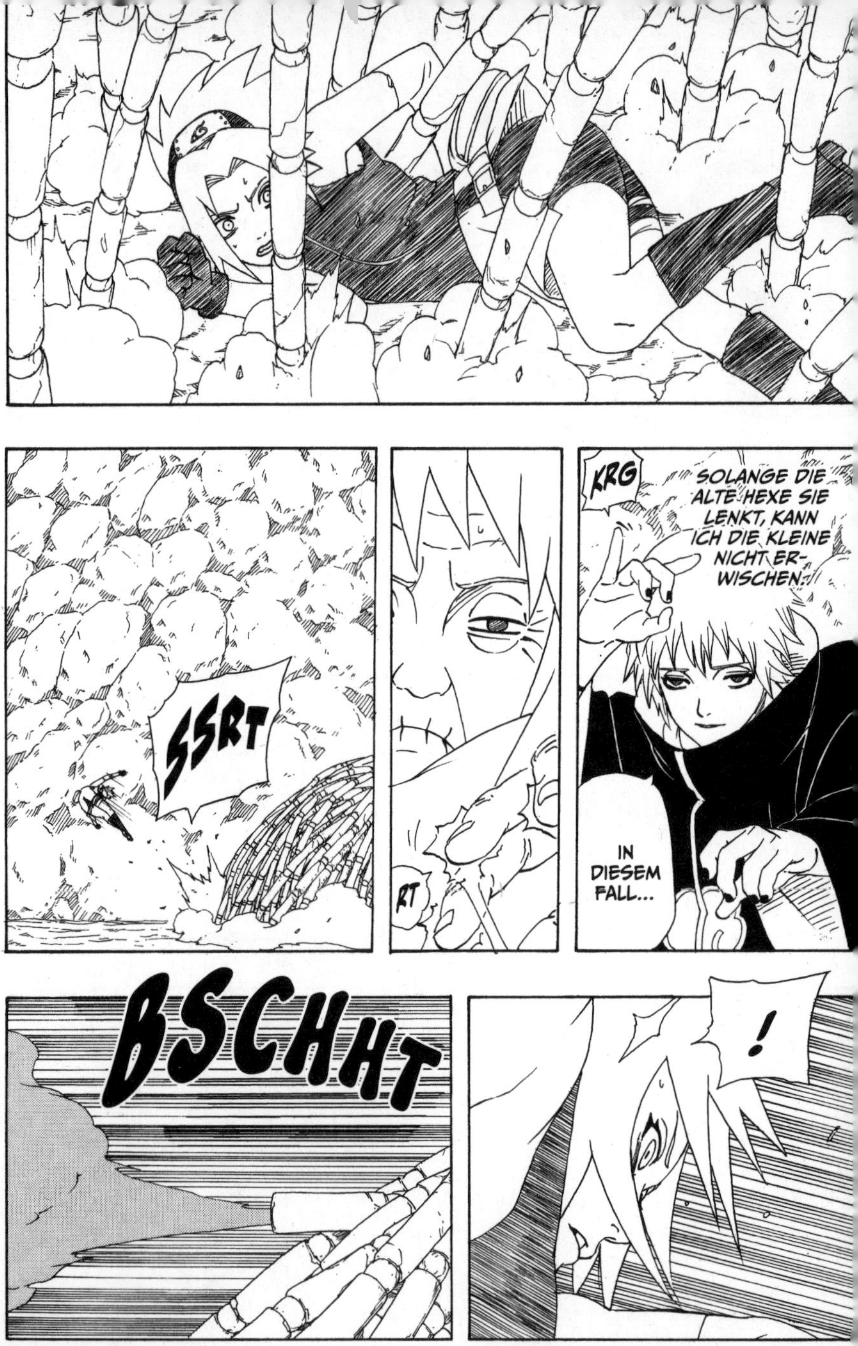

KRG
SOLANGE DIE ALTE HEXE SIE LENKT, KANN ICH DIE KLEINE NICHT ER-WISCHEN.
IN DIESEM FALL...
RT
SSRT
!
BSCHHT

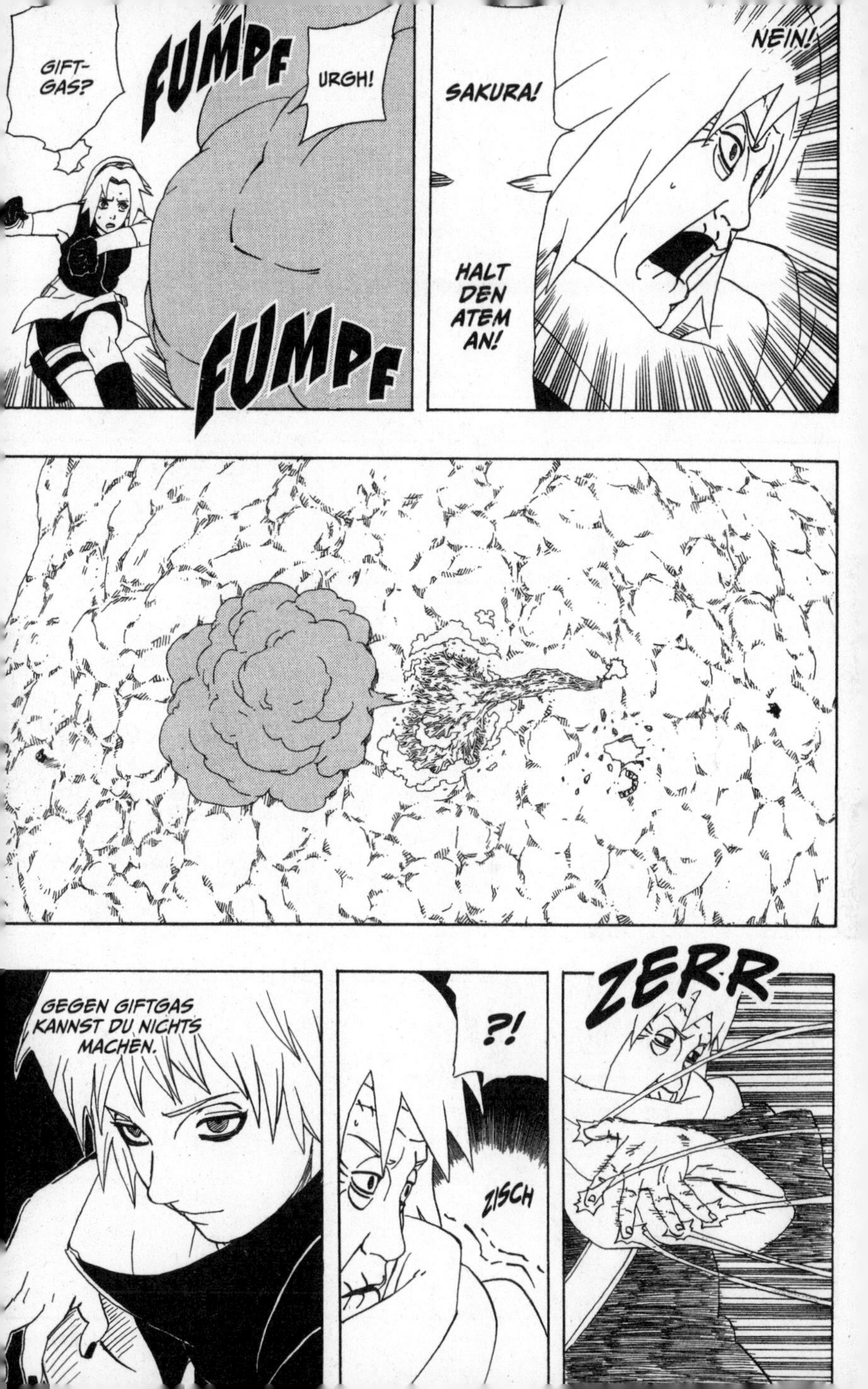
NEIN!
SAKURA!
HALT DEN ATEM AN!
URGH!
FUMPF
GIFT-GAS?
FUMPF
ZERR
?!
ZISCH
GEGEN GIFTGAS KANNST DU NICHTS MACHEN.

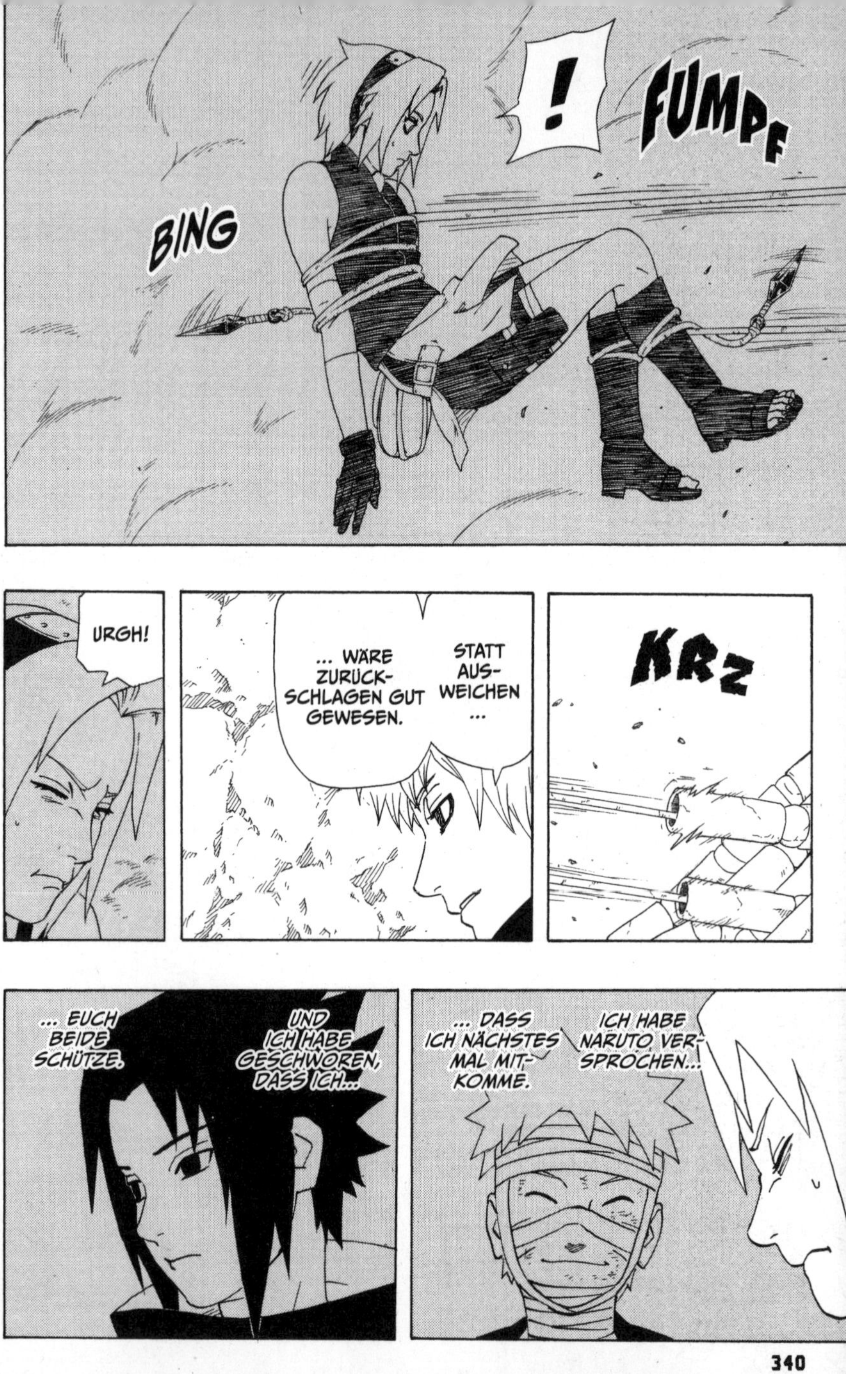
FUMPF
!
BING
KRZ
STATT AUS-
WEICHEN
...
... WÄRE
ZURÜCK-
SCHLAGEN GUT
GEWESEN.
URGH!
ICH HABE
NARUTO VER-
SPROCHEN...
... DASS
ICH NÄCHSTES
MAL MIT-
KOMME.
UND
ICH HABE
GESCHWOREN,
DASS ICH...
... EUCH
BEIDE
SCHÜTZE.

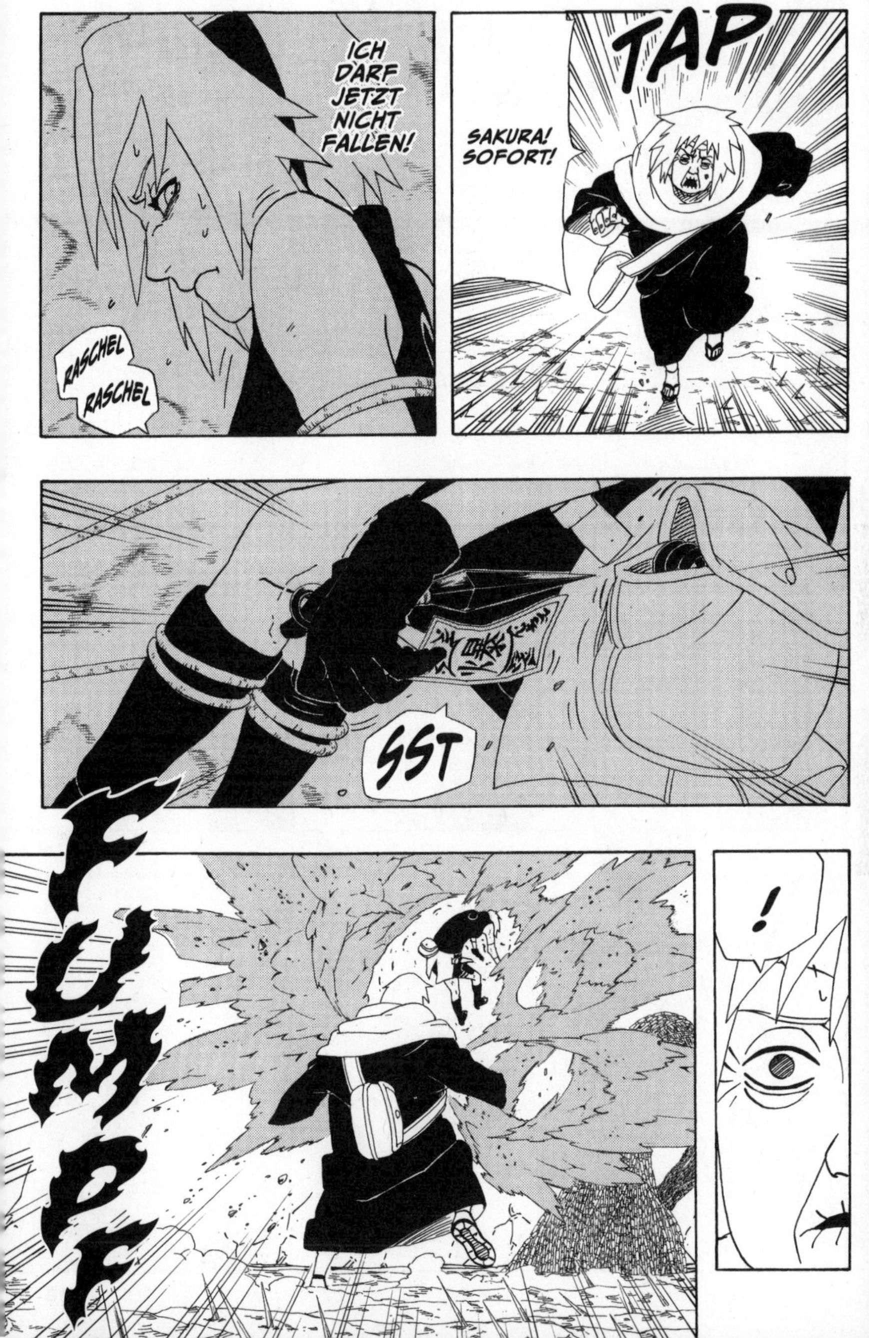
TAP
SAKURA! SOFORT!
ICH DARF JETZT NICHT FALLEN!
RASCHEL
RASCHEL
SST
!

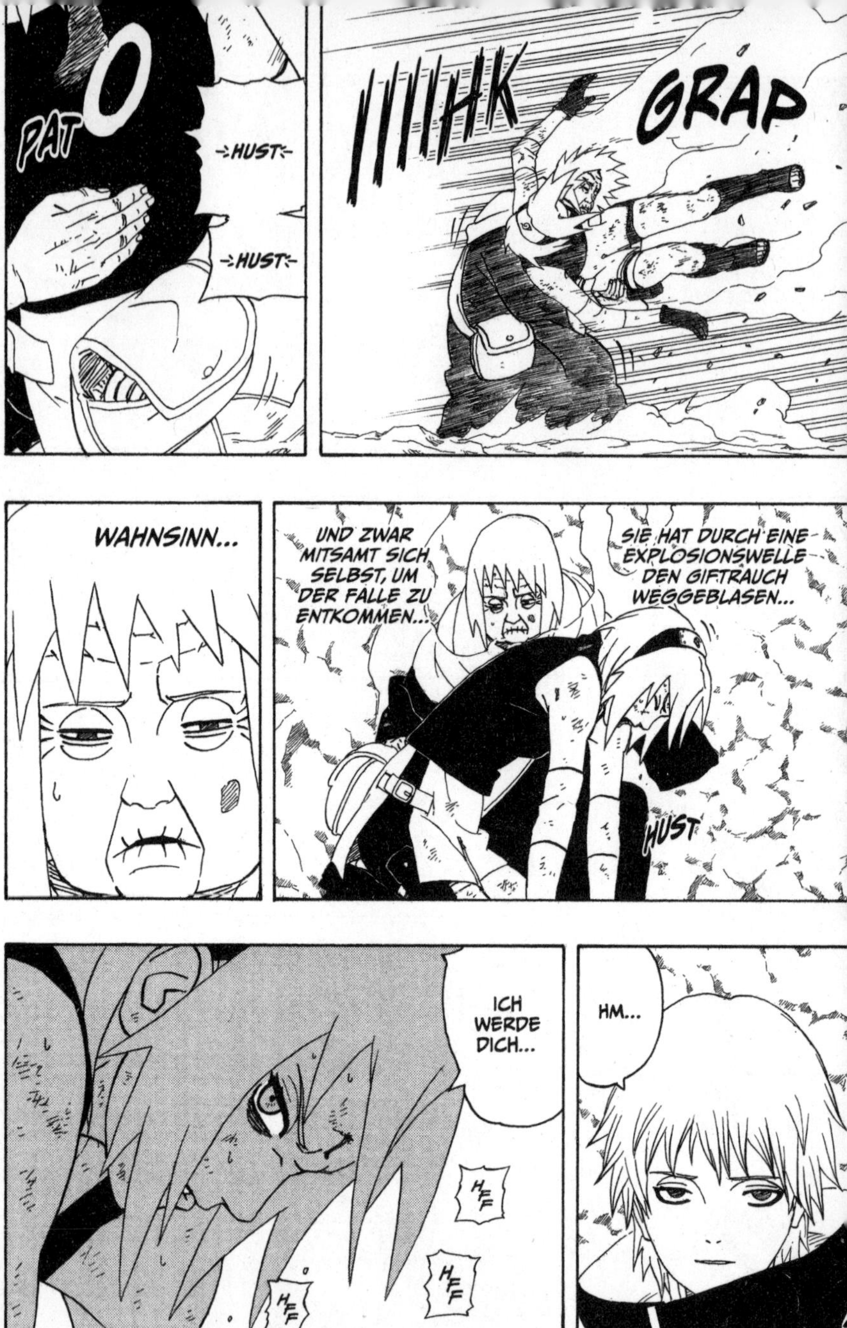
GRAP
IIIIHK
PAT
HUST
HUST
SIE HAT DURCH EINE EXPLOSIONSWELLE DEN GIFTRAUCH WEGGEBLASEN...
UND ZWAR MITSAMT SICH SELBST, UM DER FALLE ZU ENTKOMMEN...
HUST
WAHNSINN...
HM...
ICH WERDE DICH...
HFF
HFF
HFF

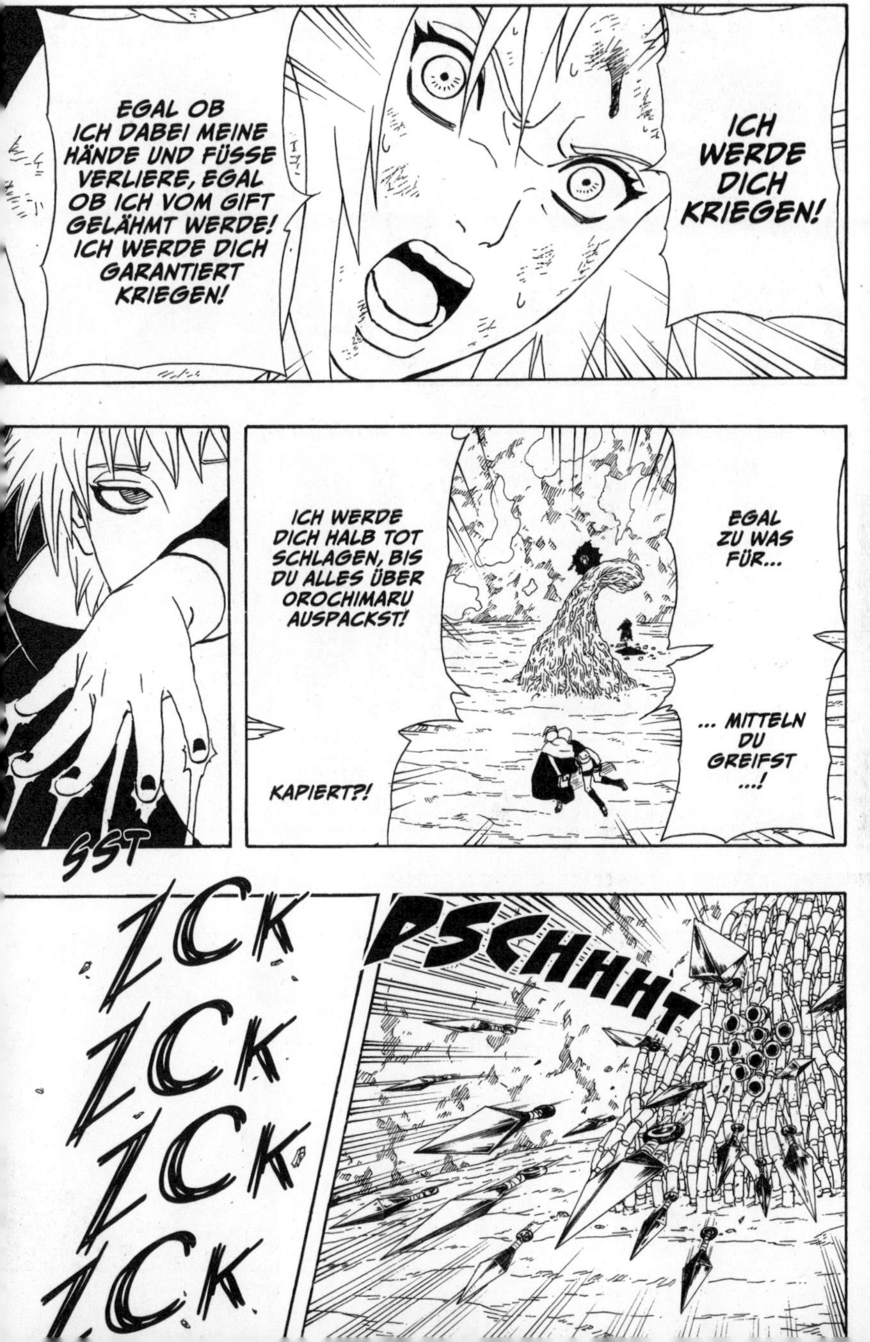
ICH WERDE DICH KRIEGEN!
EGAL OB ICH DABEI MEINE HÄNDE UND FÜSSE VERLIERE, EGAL OB ICH VOM GIFT GELÄHMT WERDE! ICH WERDE DICH GARANTIERT KRIEGEN!
EGAL ZU WAS FÜR...
... MITTELN DU GREIFST ...!
ICH WERDE DICH HALB TOT SCHLAGEN, BIS DU ALLES ÜBER OROCHIMARU AUSPACKST!
KAPIERT?!
SST
PSCHHHT
ZCK
ZCK
ZCK
ZCK

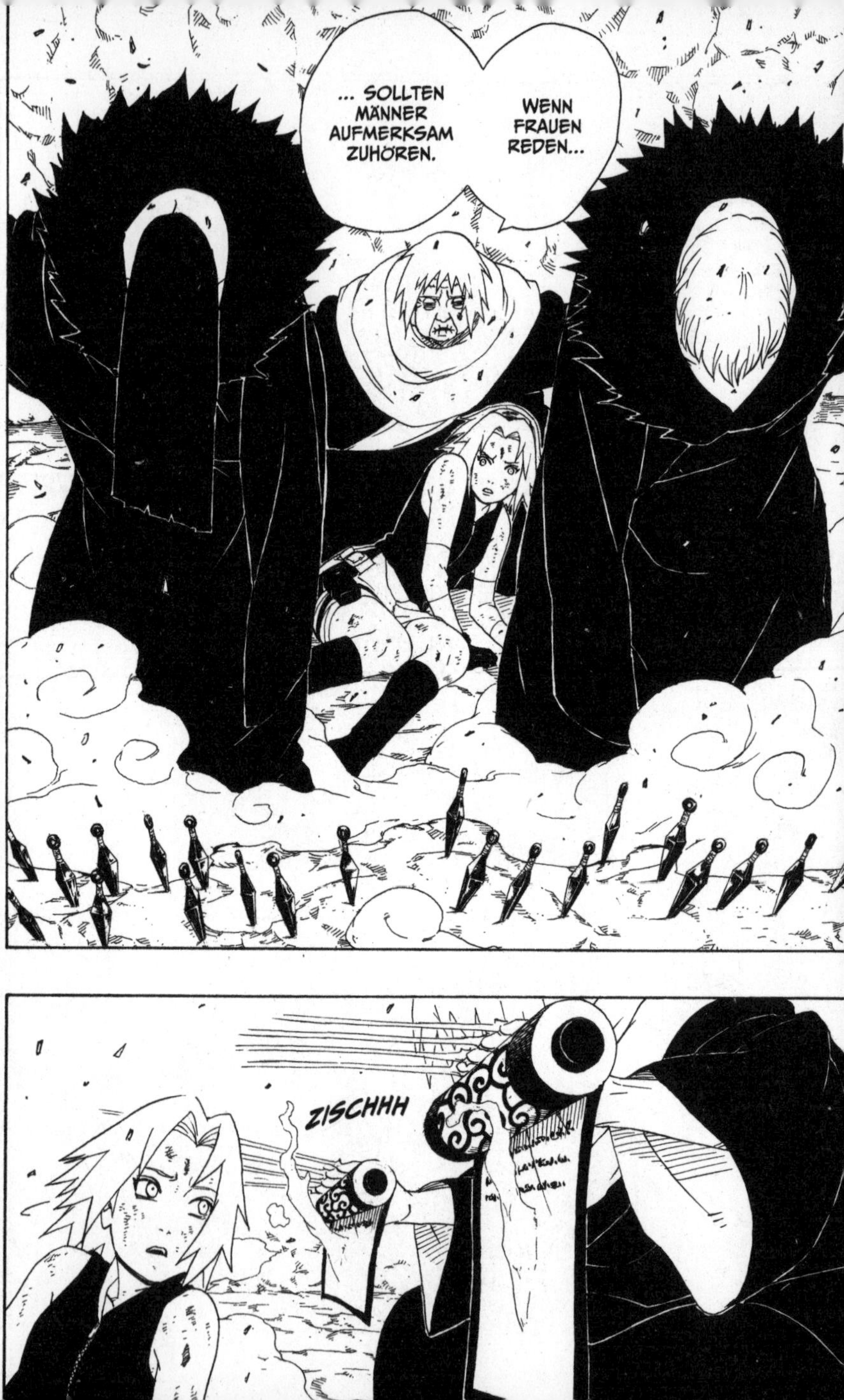
WENN FRAUEN REDEN...
... SOLLTEN MÄNNER AUFMERKSAM ZUHÖREN.
ZISCHHH

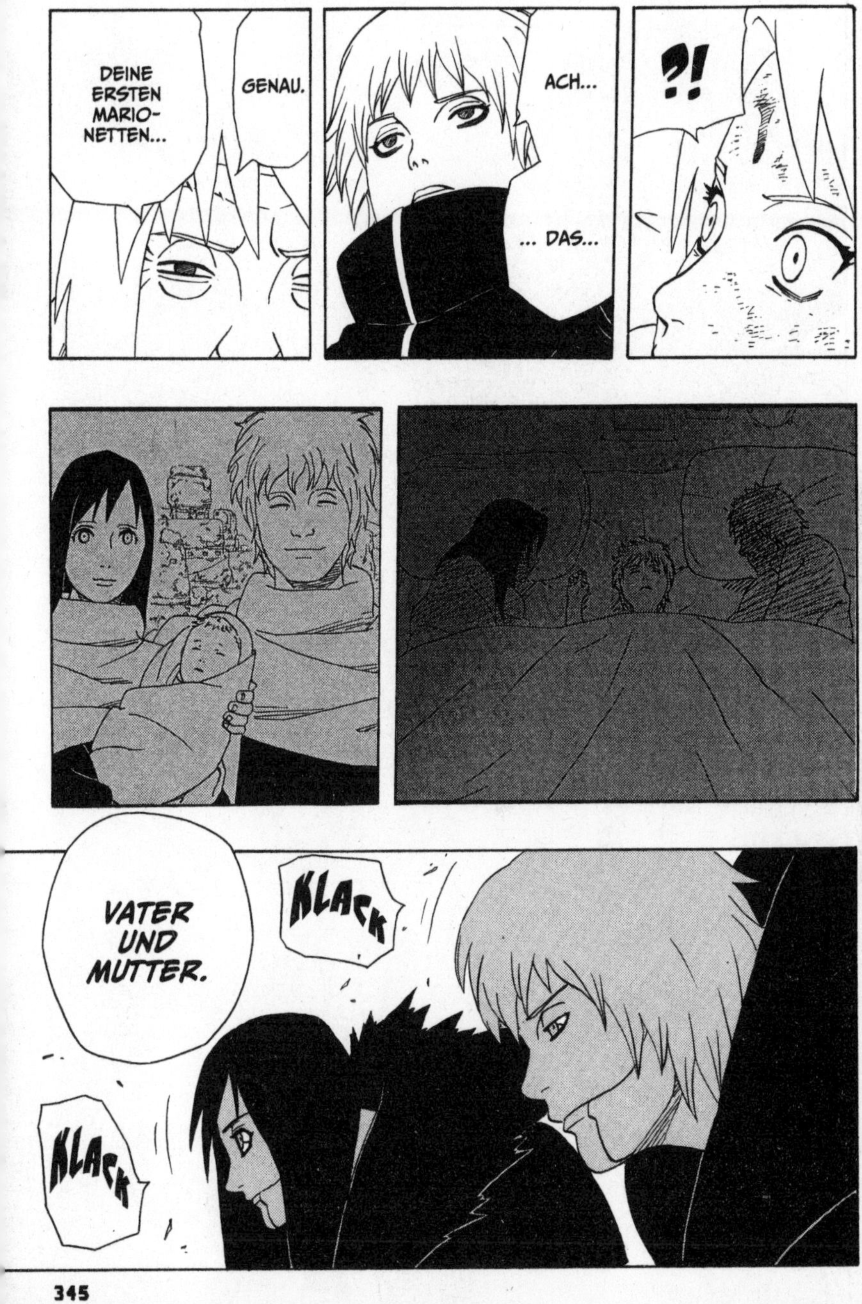
DEINE ERSTEN MARIO-NETTEN...
GENAU.
ACH...
... DAS...
?!
VATER UND MUTTER.
KLACK
KLACK

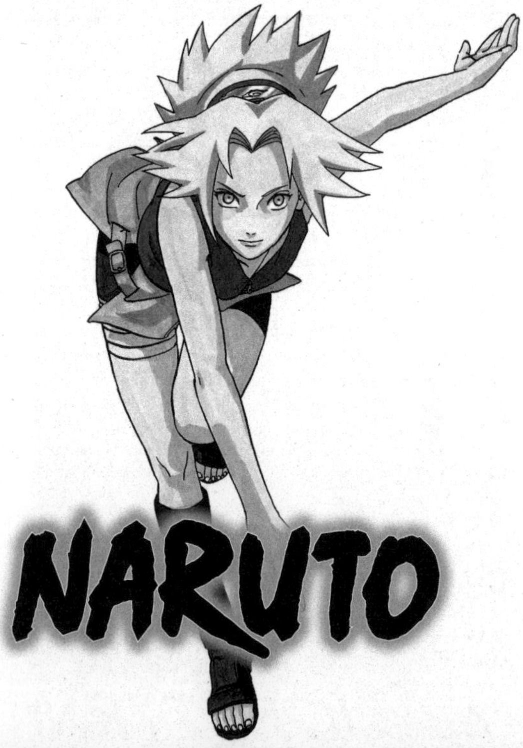
NARUTO

268. Kapitel: Der Kampf zweier Marionettenkünstler

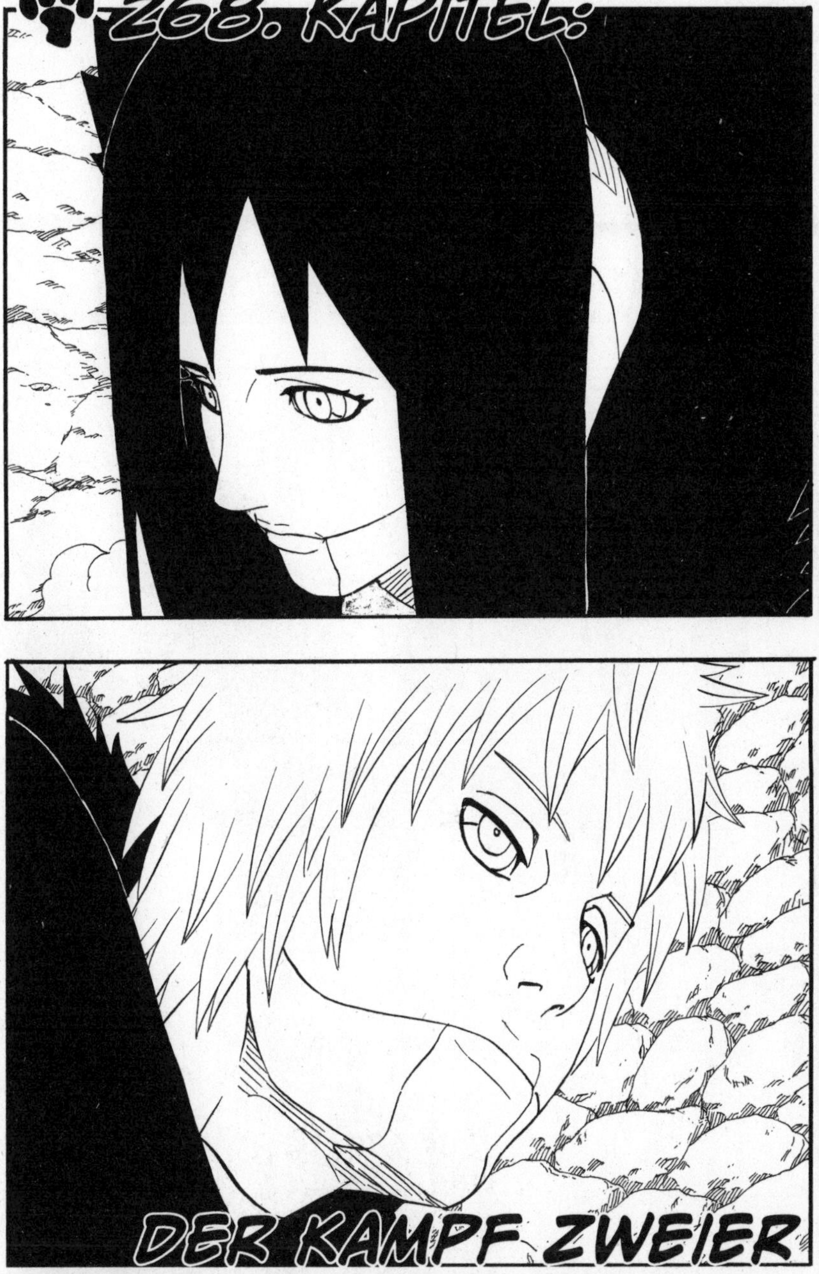

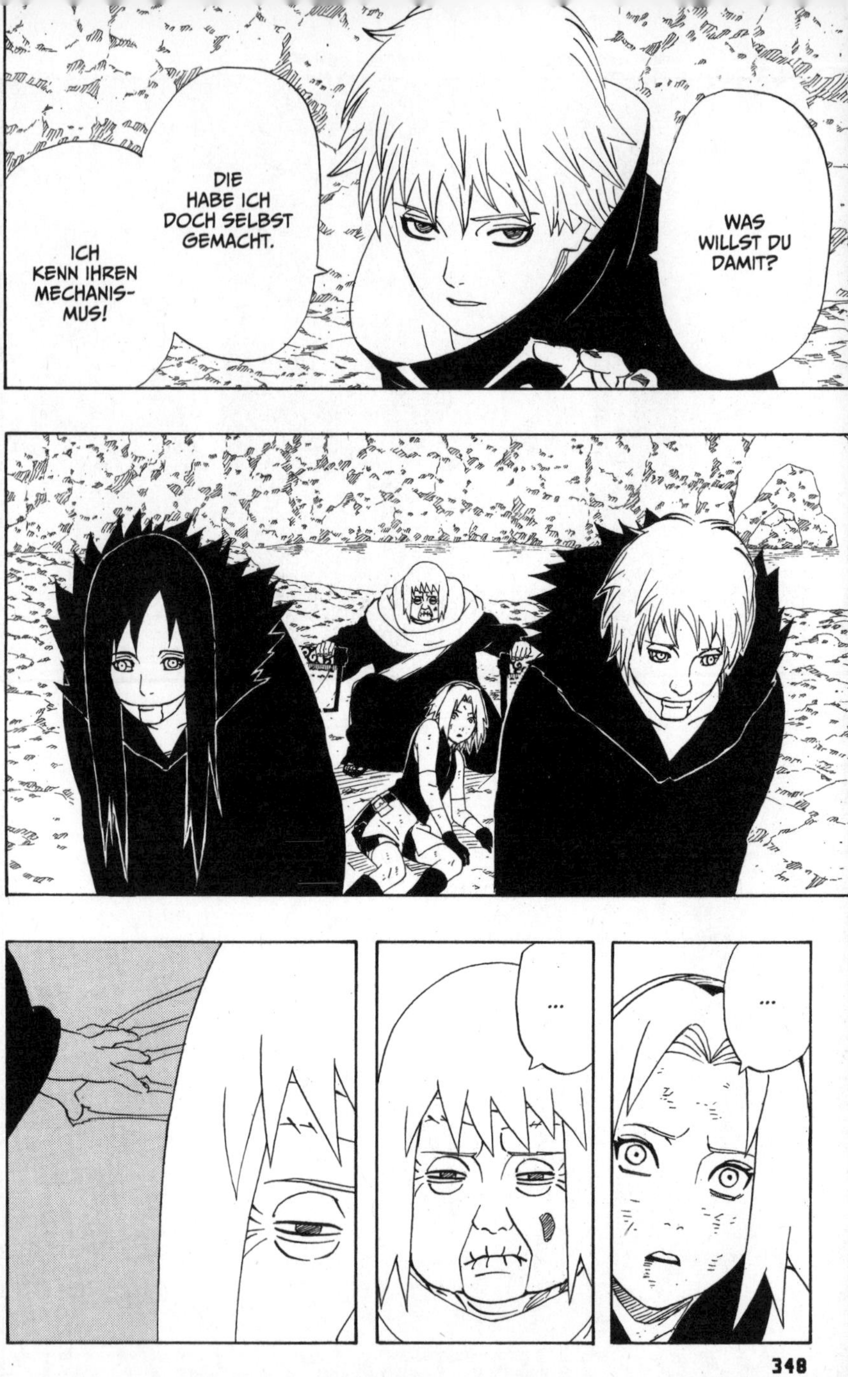
WAS WILLST DU DAMIT?
DIE HABE ICH DOCH SELBST GEMACHT.
ICH KENN IHREN MECHANIS-MUS!
...
...

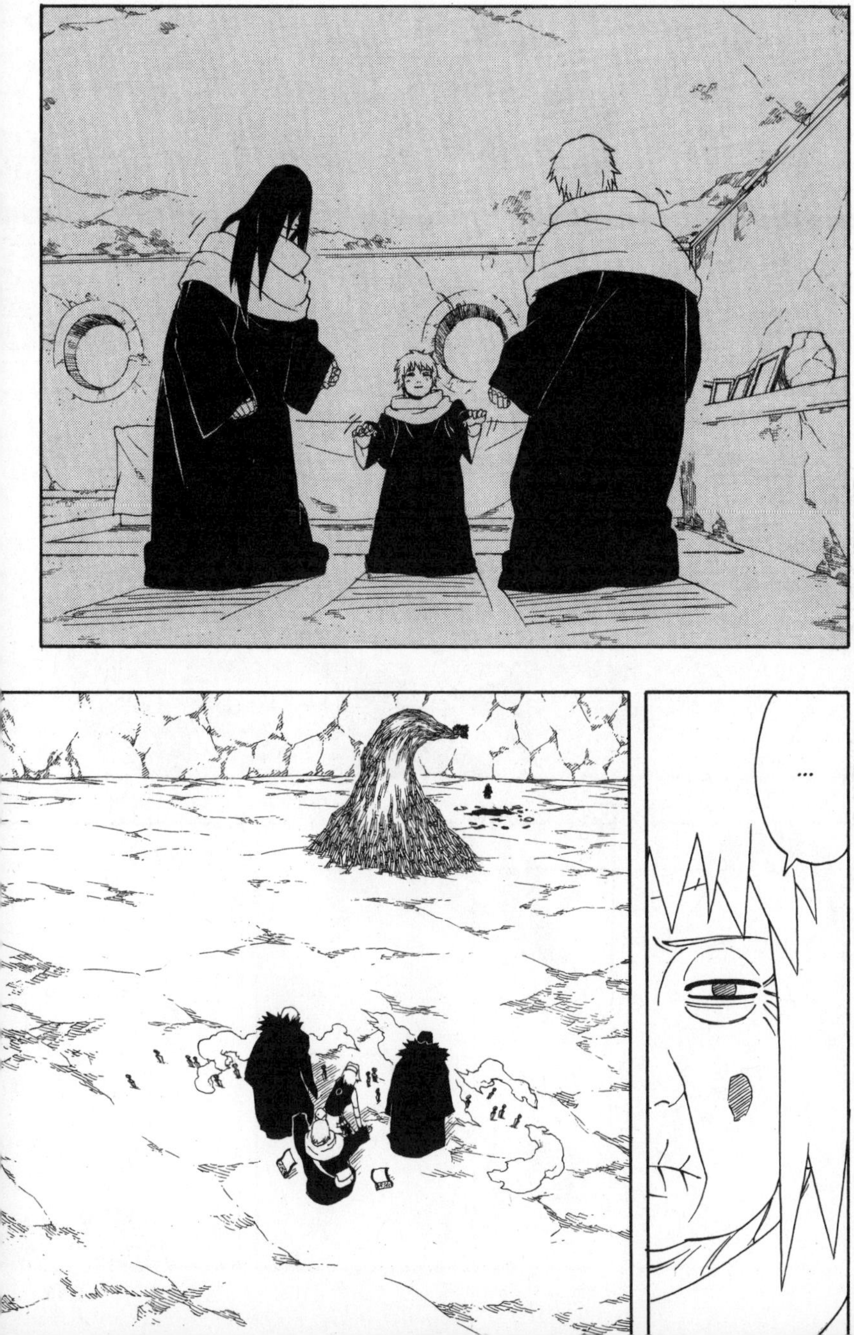

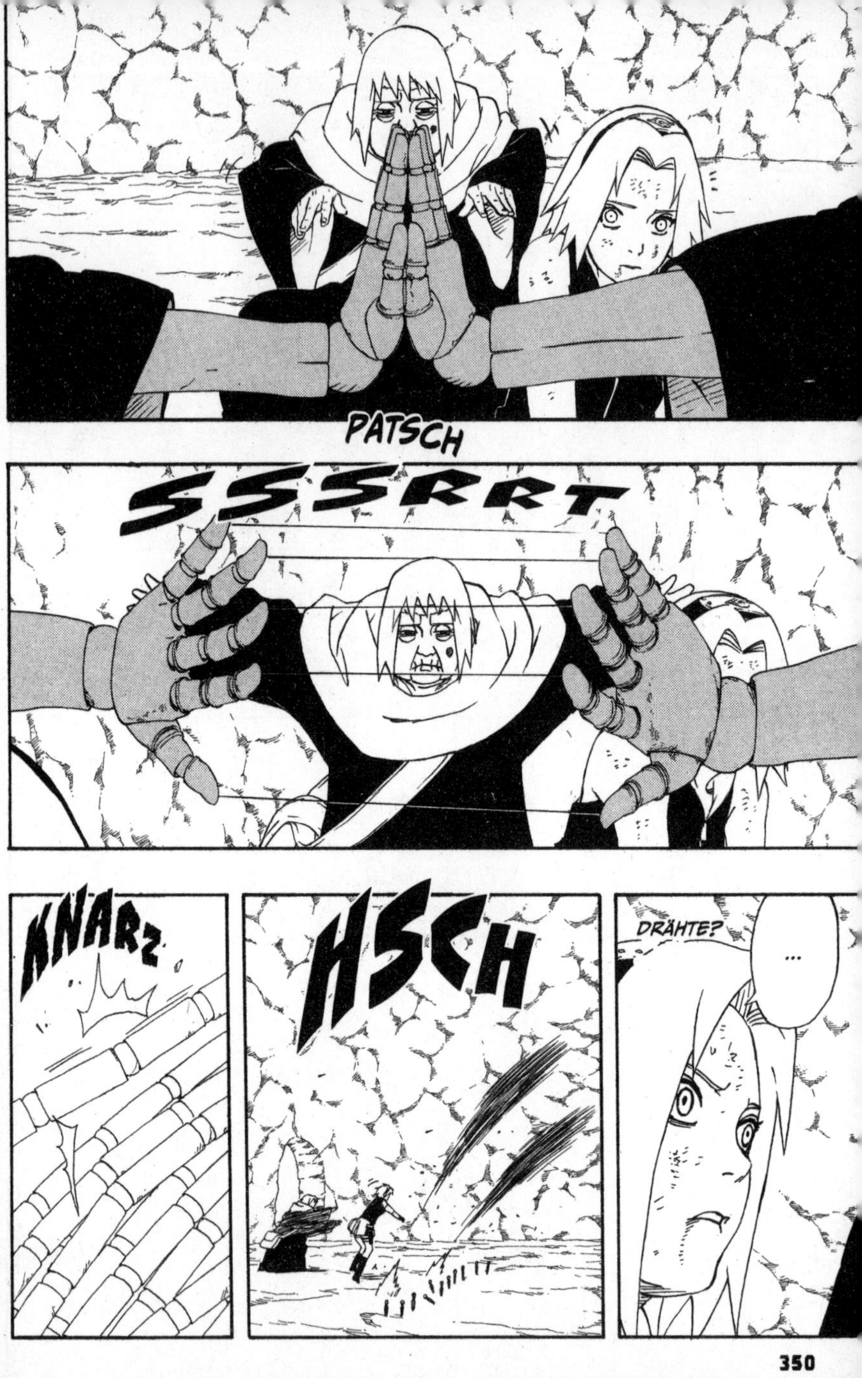
PATSCH
SSSRRT
DRÄHTE?
...
HSCH
KNARZ

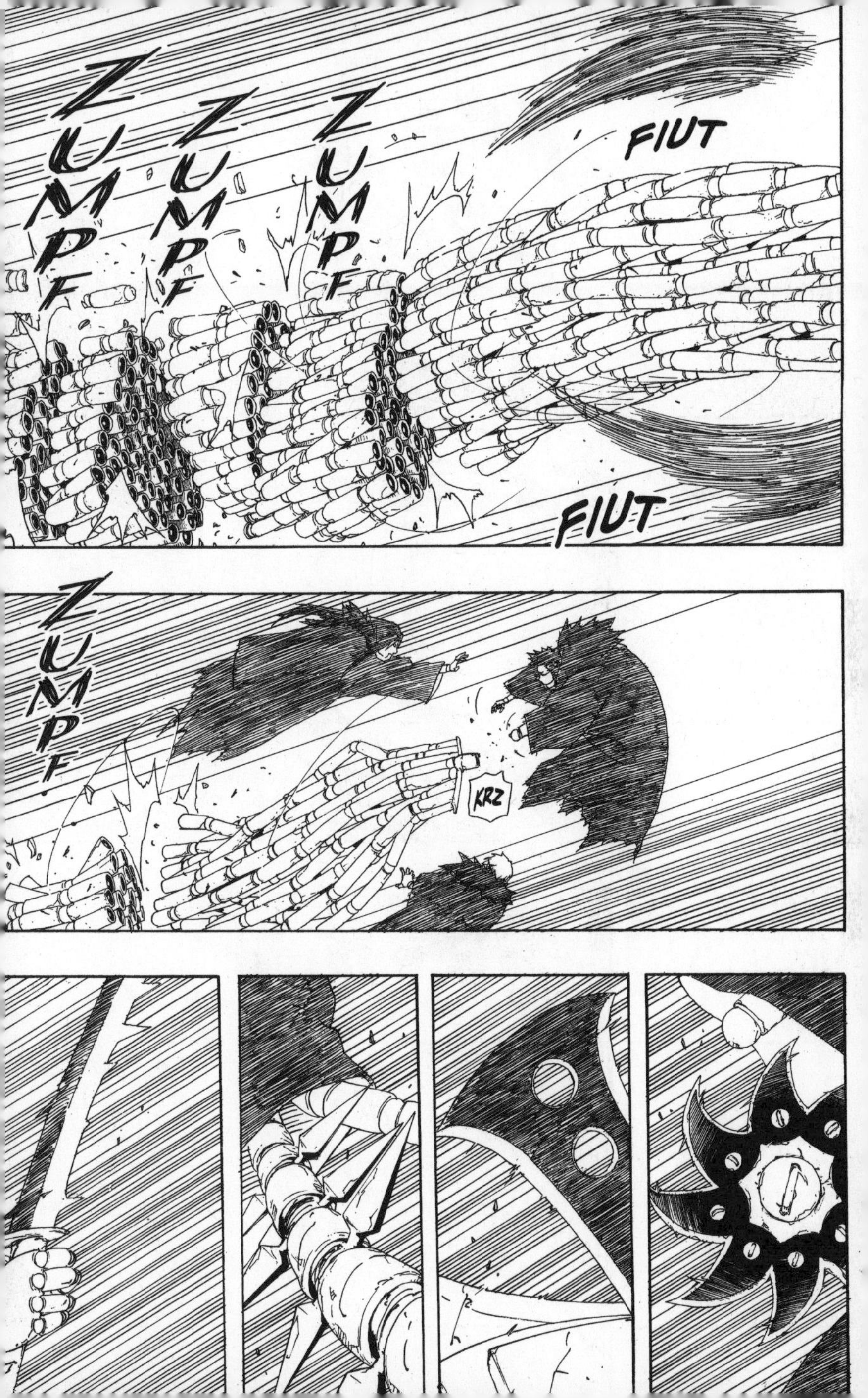
ZUMPF
ZUMPF
ZUMPF
FIUT
FIUT
ZUMPF
KRZ

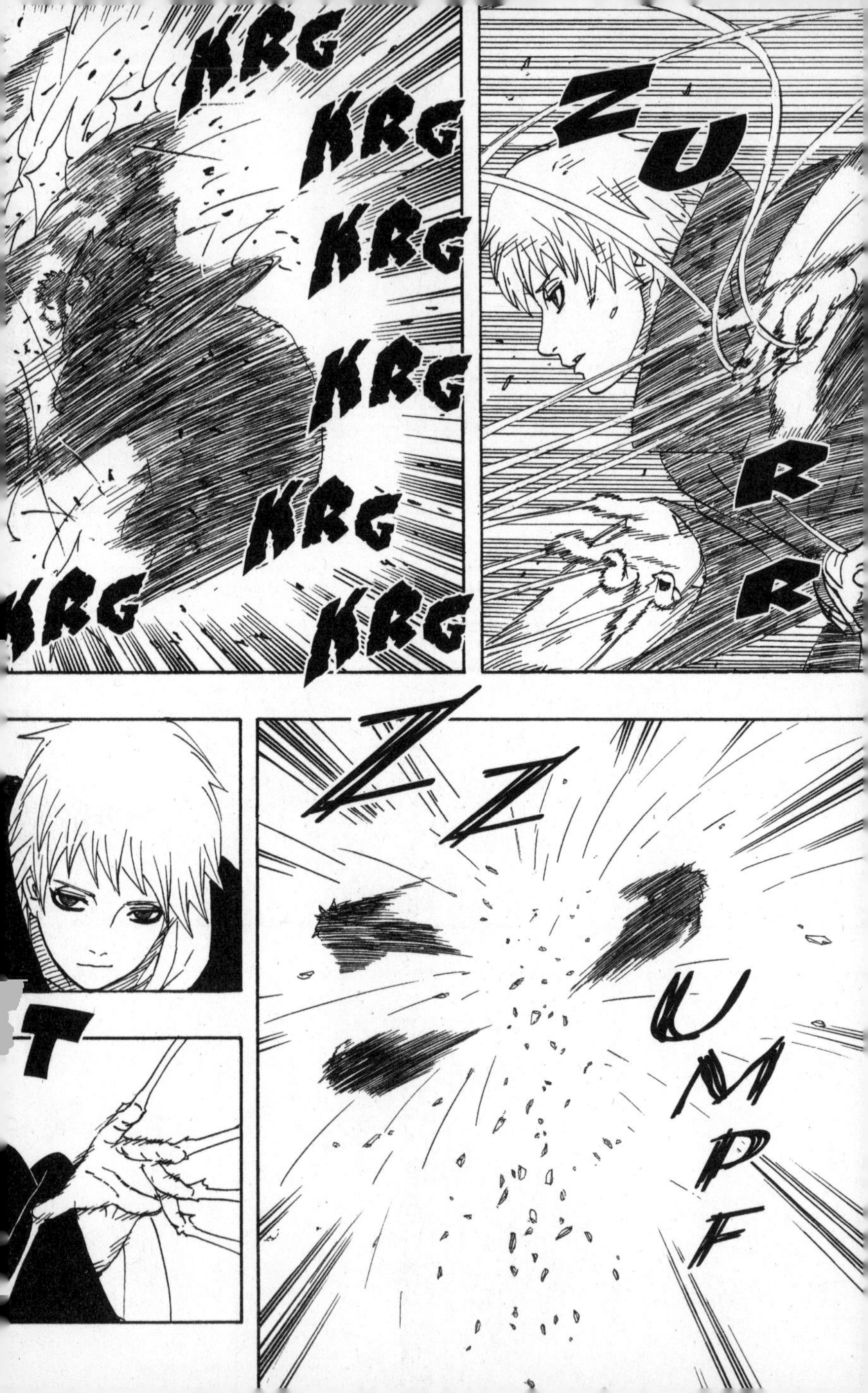
ZU
RR
KRG
KRG
KRG
KRG
KRG
KRG
KRG
ZZ
UMPF

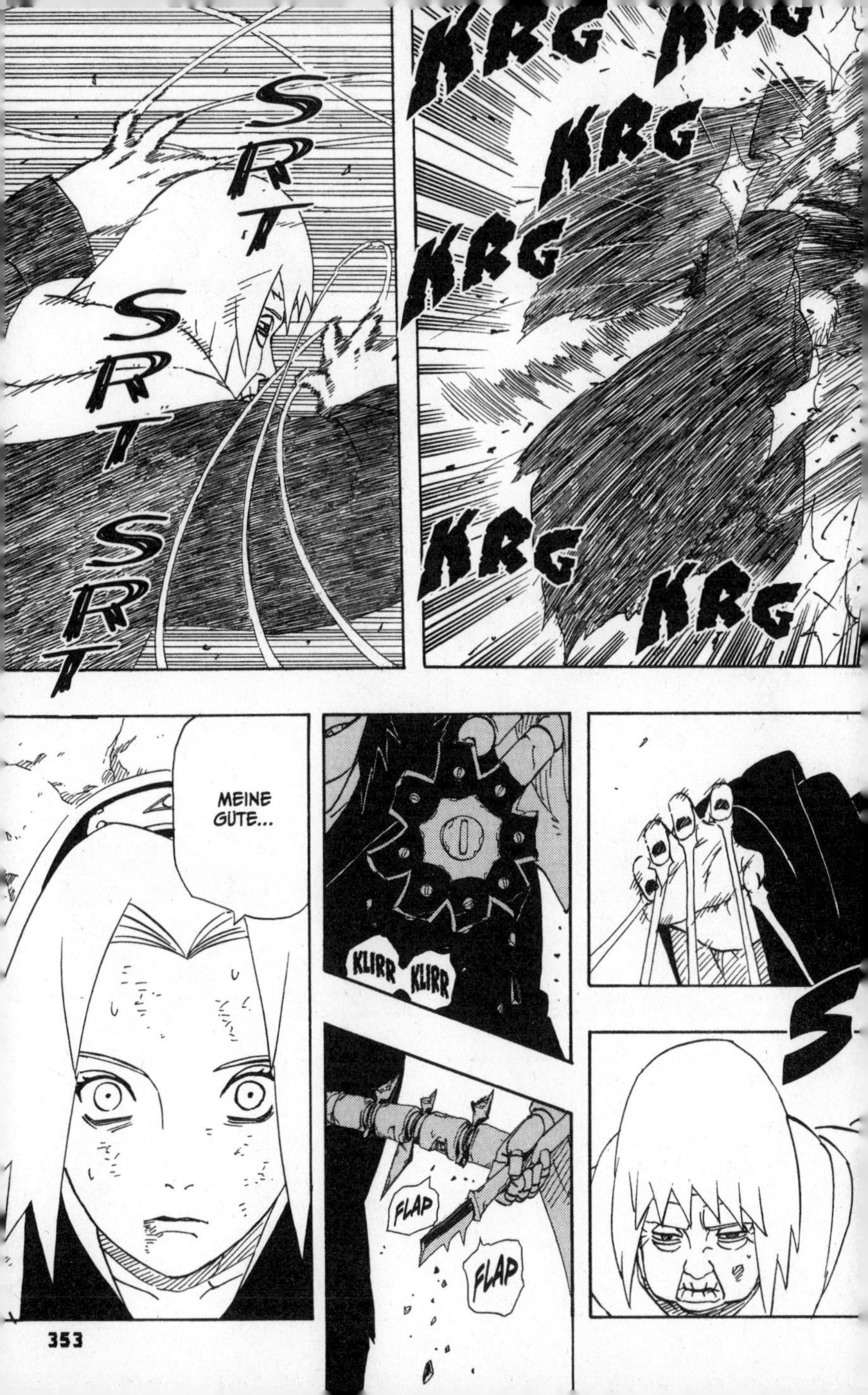
KRG KRG
KRG
KRG
KRG
KRG
SRT SRT SRT
MEINE GUTE...
KLIRR KLIRR
FLAP
FLAP

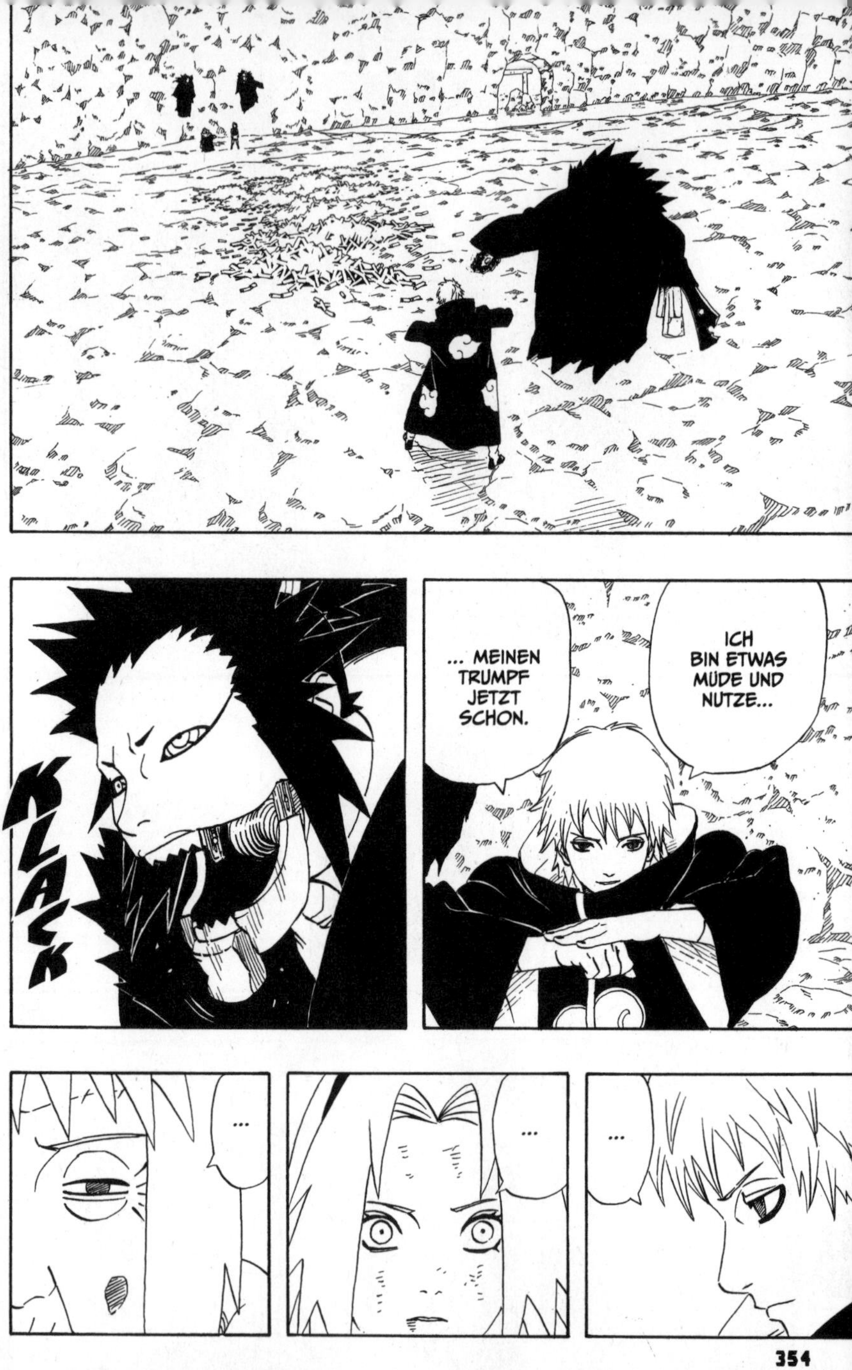

ICH BIN ETWAS MÜDE UND NUTZE...
... MEINEN TRUMPF JETZT SCHON.
KLACK
...
...
...

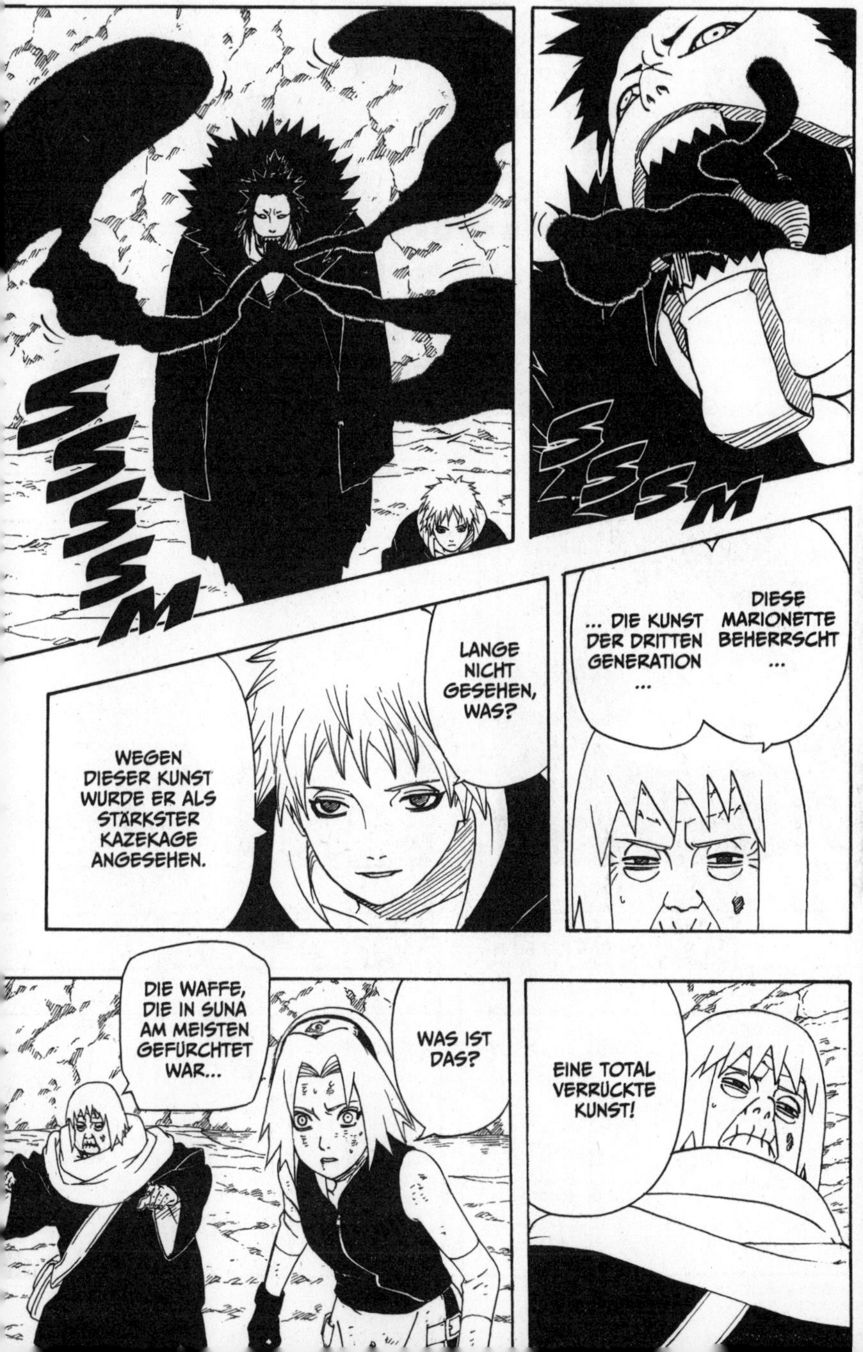
SSSM
SSSSSM
DIESE MARIONETTE BEHERRSCHT ...
... DIE KUNST DER DRITTEN GENERATION ...
LANGE NICHT GESEHEN, WAS?
WEGEN DIESER KUNST WURDE ER ALS STÄRKSTER KAZEKAGE ANGESEHEN.
EINE TOTAL VERRÜCKTE KUNST!
WAS IST DAS?
DIE WAFFE, DIE IN SUNA AM MEISTEN GEFÜRCHTET WAR...

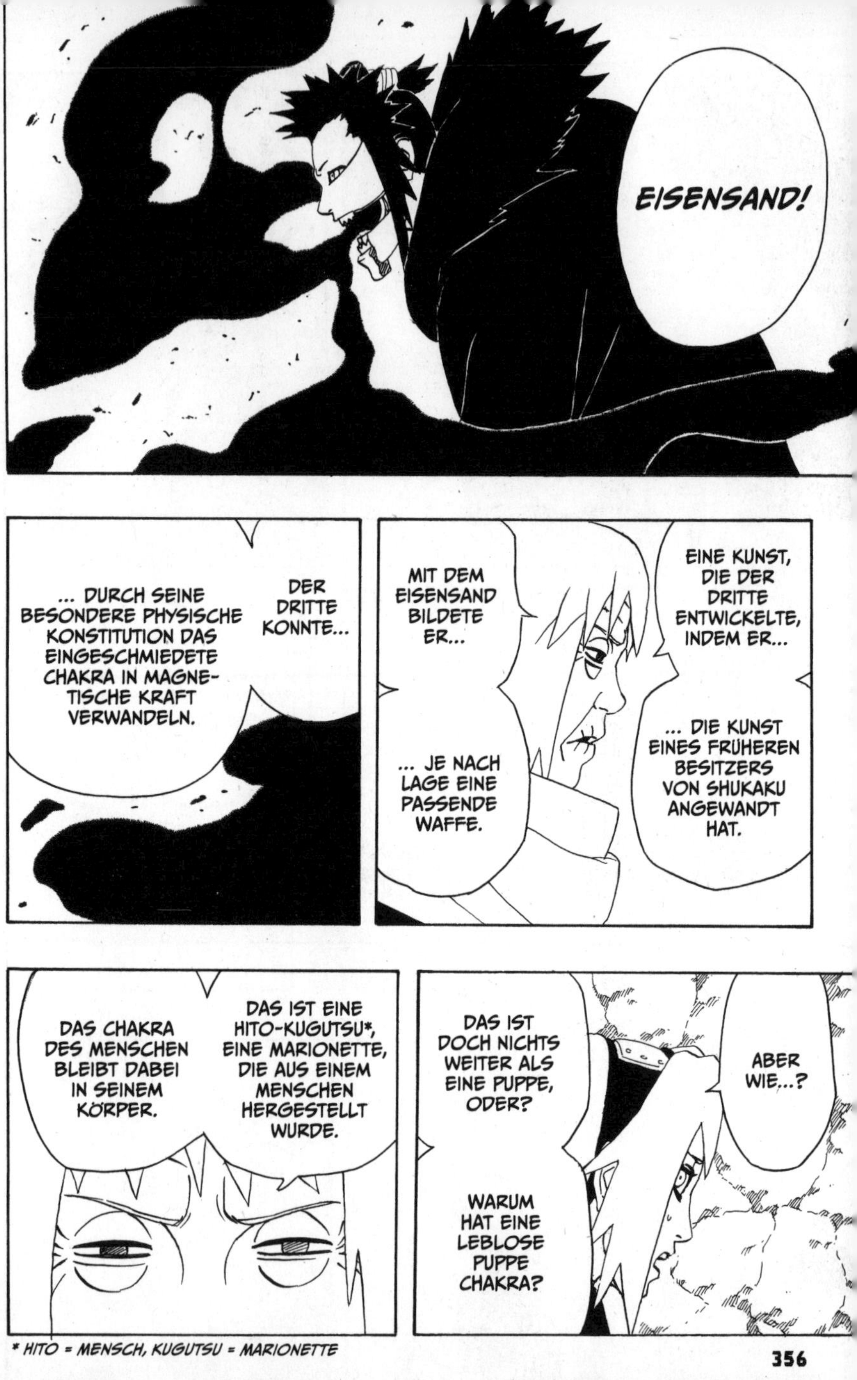

* HITO = MENSCH, KUGUTSU = MARIONETTE

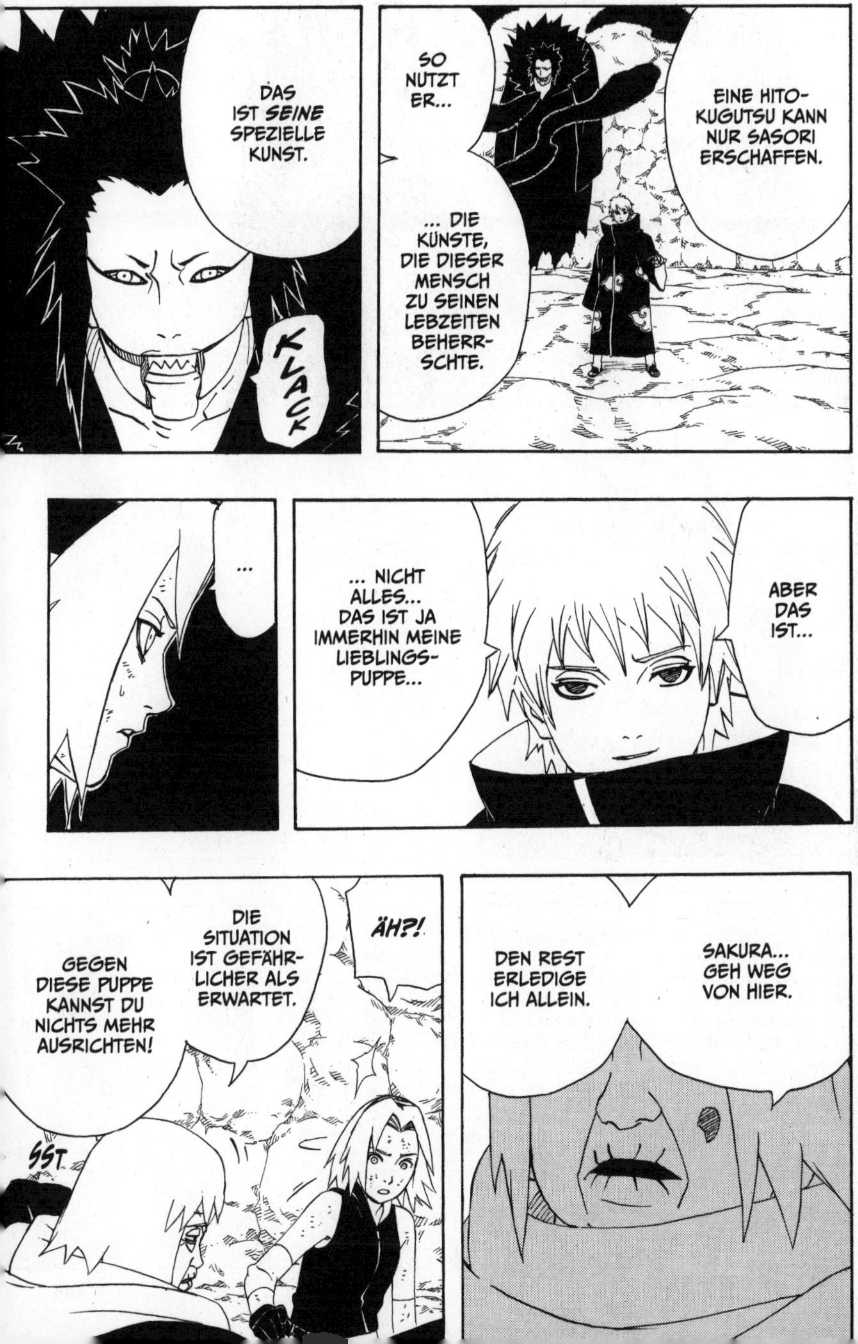
EINE HITO-KUGUTSU KANN NUR SASORI ERSCHAFFEN.
SO NUTZT ER...
... DIE KÜNSTE, DIE DIESER MENSCH ZU SEINEN LEBZEITEN BEHERRSCHTE.
DAS IST SEINE SPEZIELLE KUNST.
KLACK
ABER DAS IST...
... NICHT ALLES... DAS IST JA IMMERHIN MEINE LIEBLINGS-PUPPE...
...
SAKURA... GEH WEG VON HIER.
DEN REST ERLEDIGE ICH ALLEIN.
ÄH?!
DIE SITUATION IST GEFÄHRLICHER ALS ERWARTET.
GEGEN DIESE PUPPE KANNST DU NICHTS MEHR AUSRICHTEN!
SST

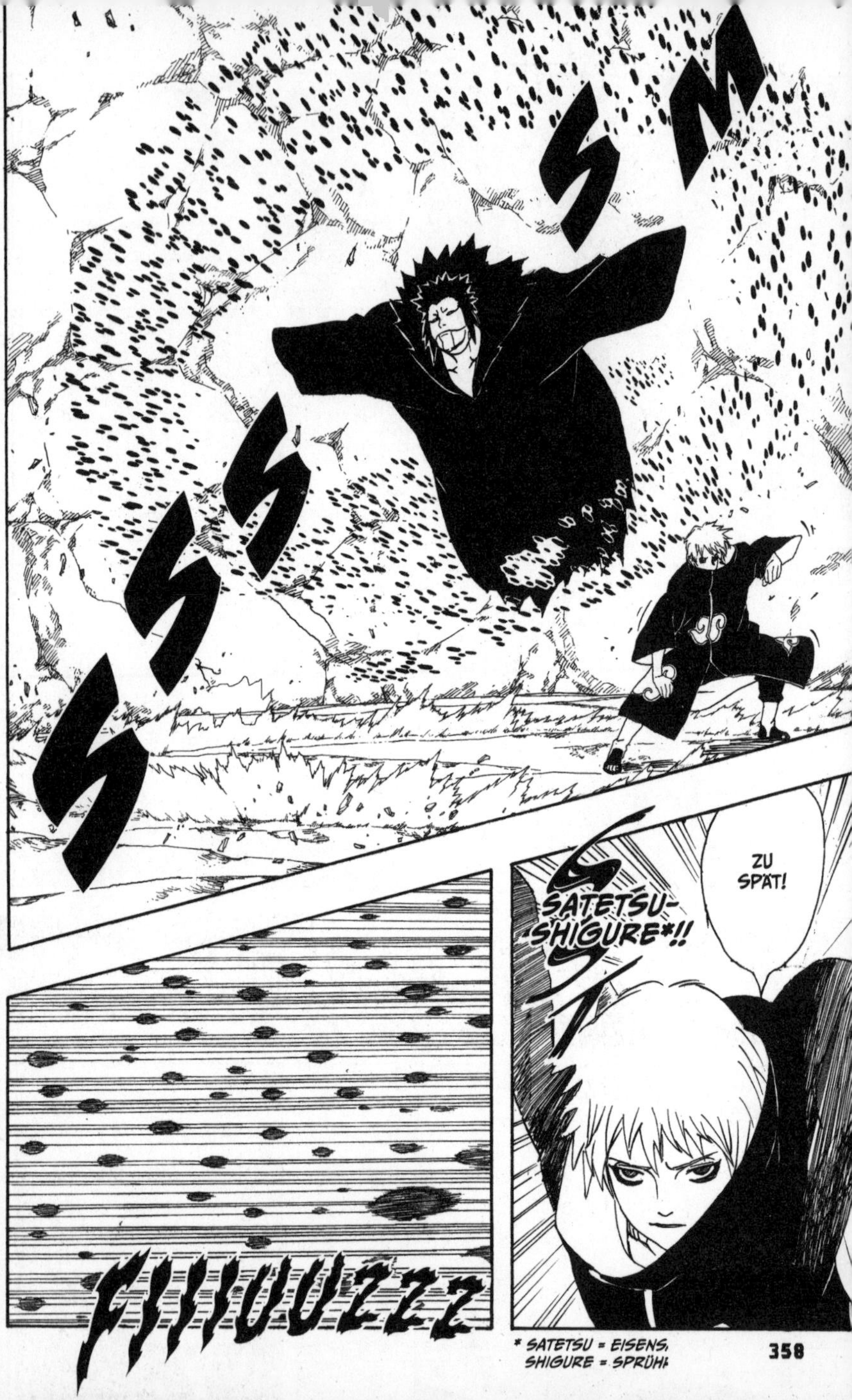

* SATETSU = EISENS
SHIGURE = SPRÜH

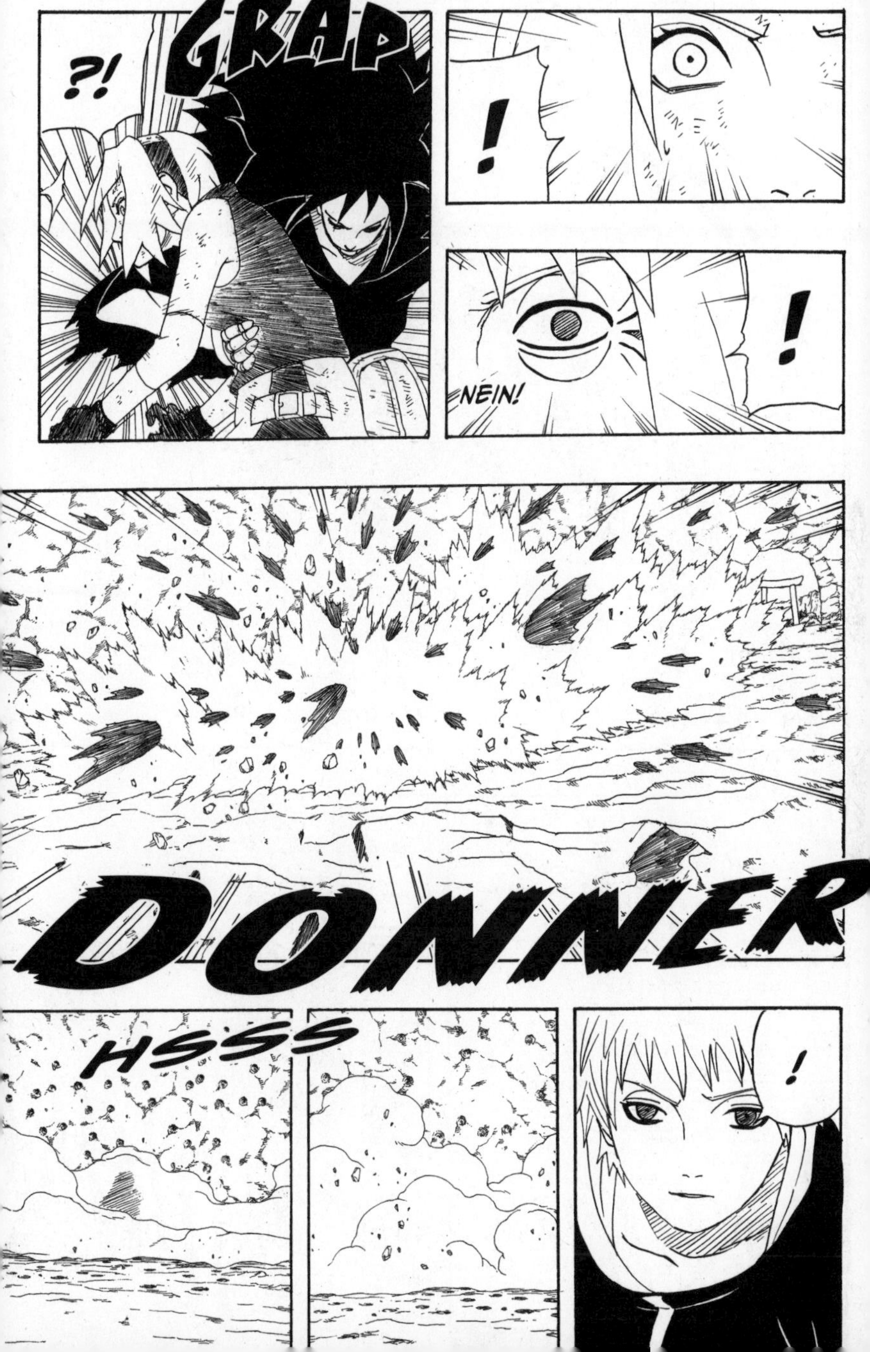

!
!
NEIN!
?!
GRAP
DONNER
!
HSSS

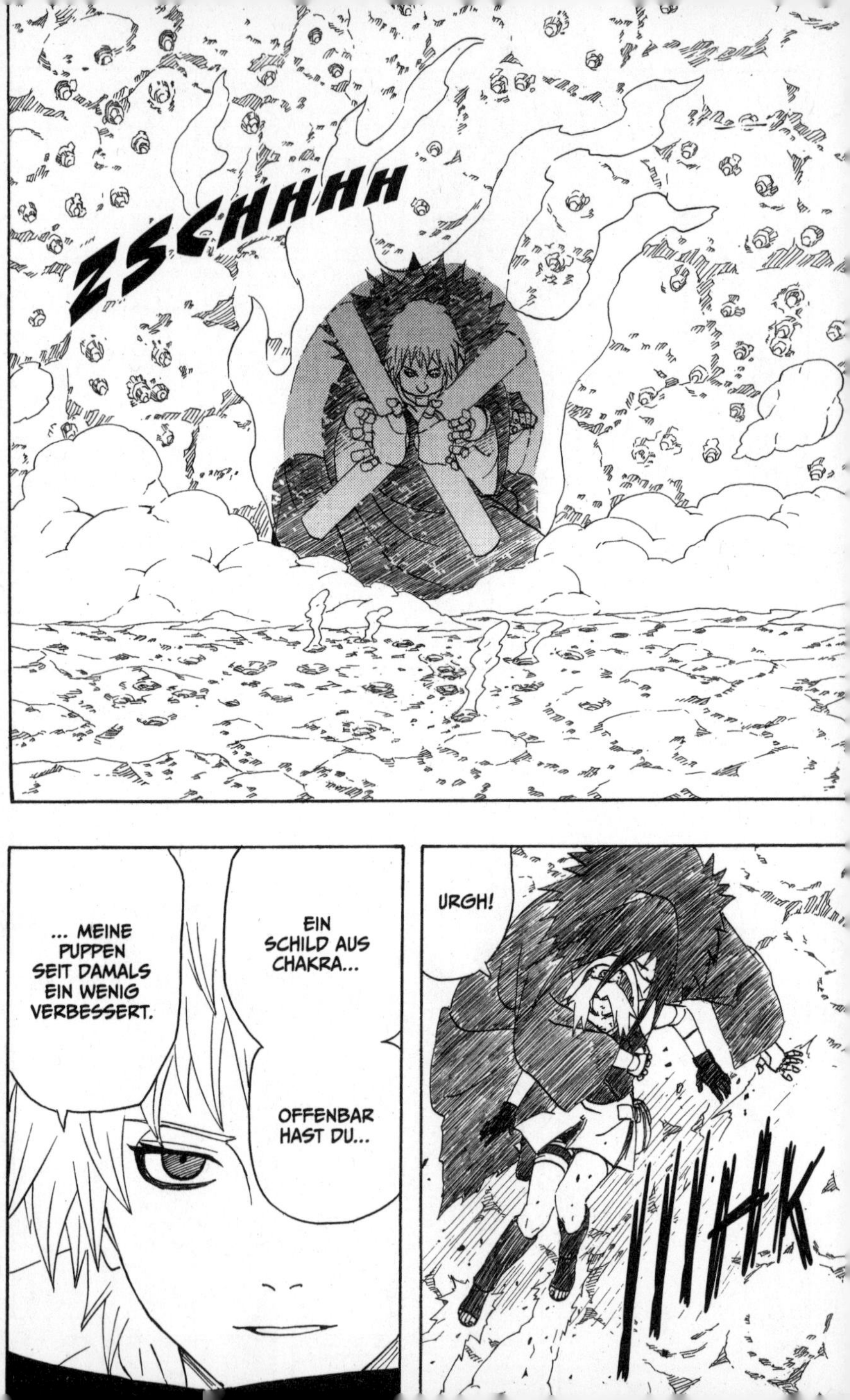
ZSCHHHH
URGH!
EIN SCHILD AUS CHAKRA...
OFFENBAR HAST DU...
... MEINE PUPPEN SEIT DAMALS EIN WENIG VERBESSERT.

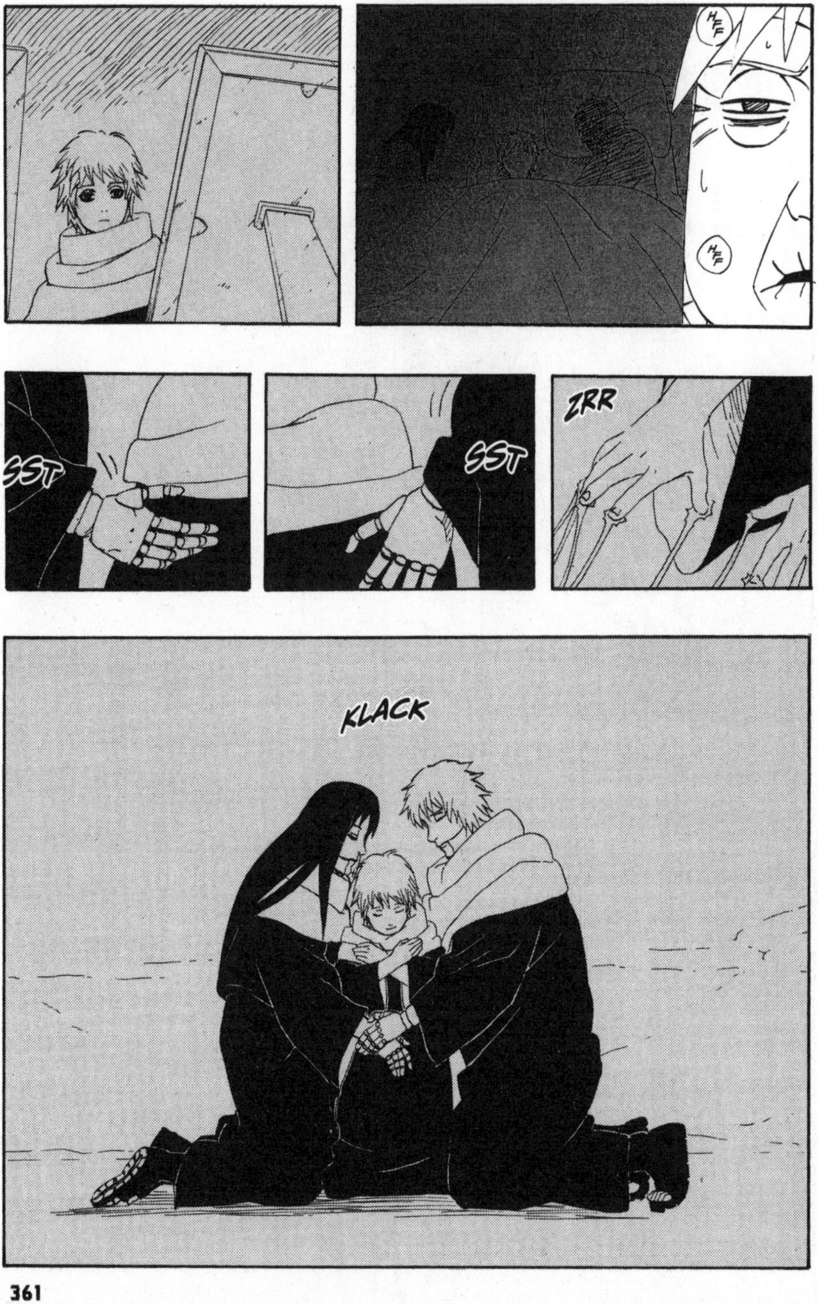
HEF
HEF
ZRR
SST
SST
KLACK

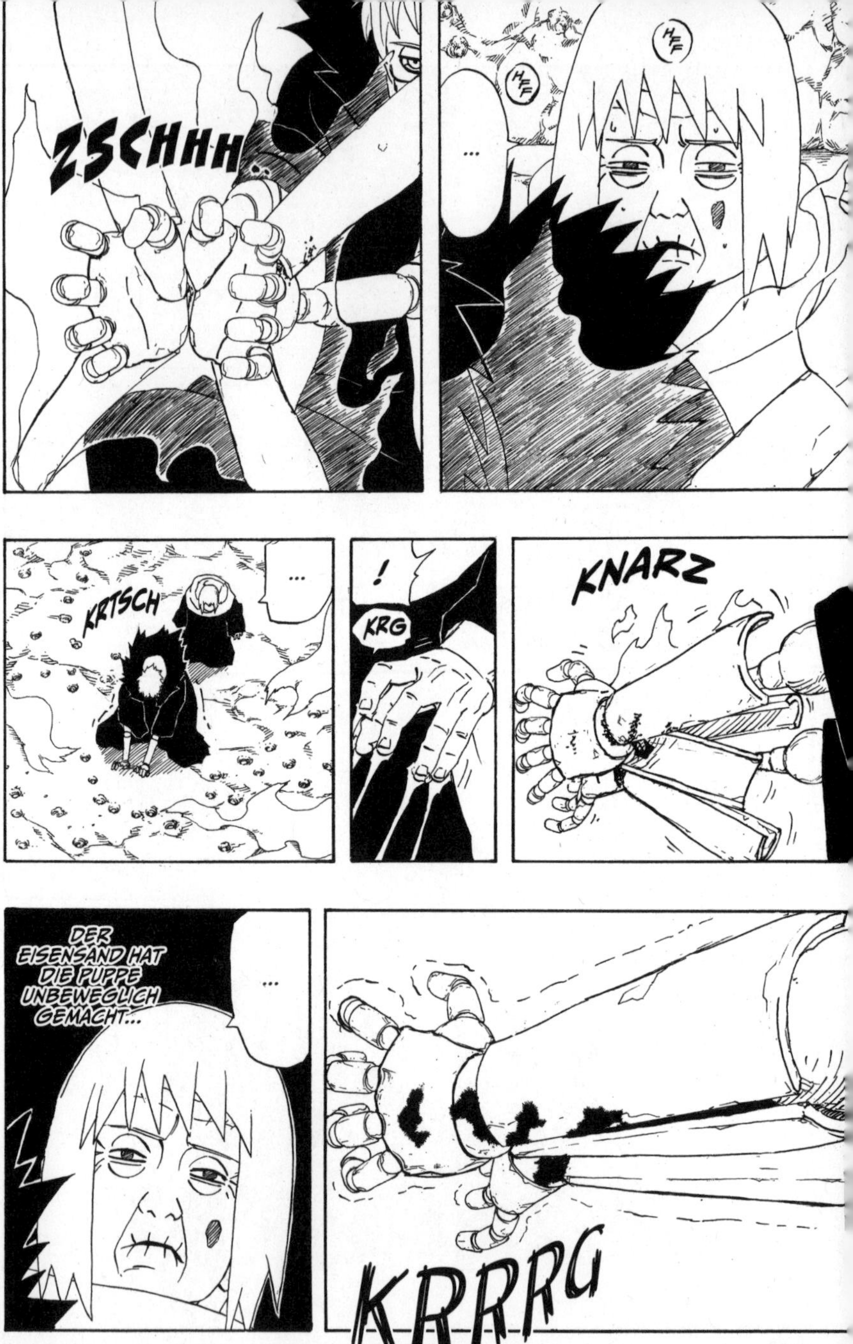
HFF
HFF
...
ZSCHHH
...
KRTSCH
!
KRG
KNARZ
...
DER EISENSAND HAT DIE PUPPE UNBEWEGLICH GEMACHT...
KRRRG

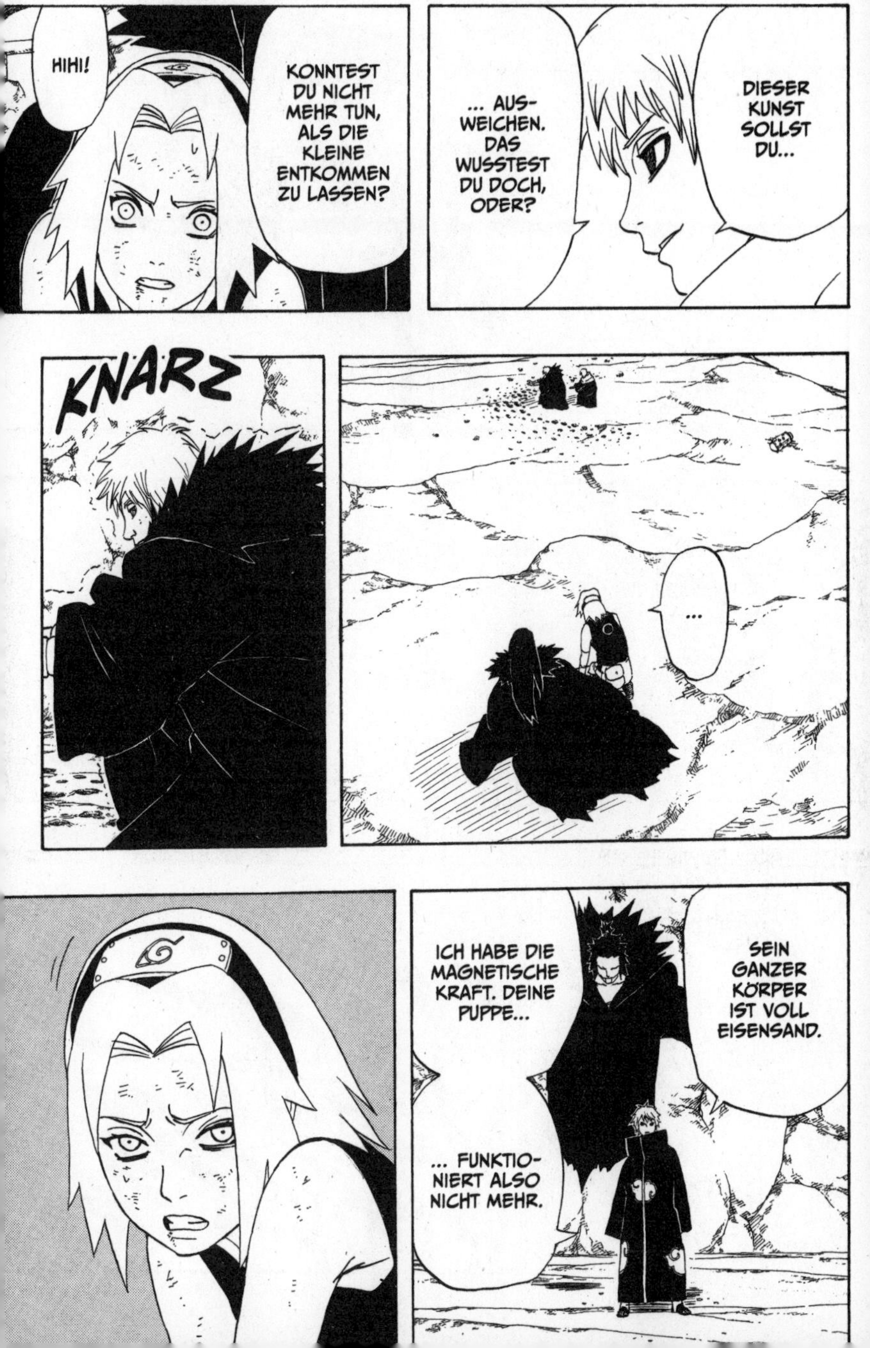
DIESER KUNST SOLLST DU...
... AUS-WEICHEN. DAS WUSSTEST DU DOCH, ODER?
KONNTEST DU NICHT MEHR TUN, ALS DIE KLEINE ENTKOMMEN ZU LASSEN?
HIHI!
...
KNARZ
SEIN GANZER KÖRPER IST VOLL EISENSAND.
ICH HABE DIE MAGNETISCHE KRAFT. DEINE PUPPE...
... FUNKTIONIERT ALSO NICHT MEHR.

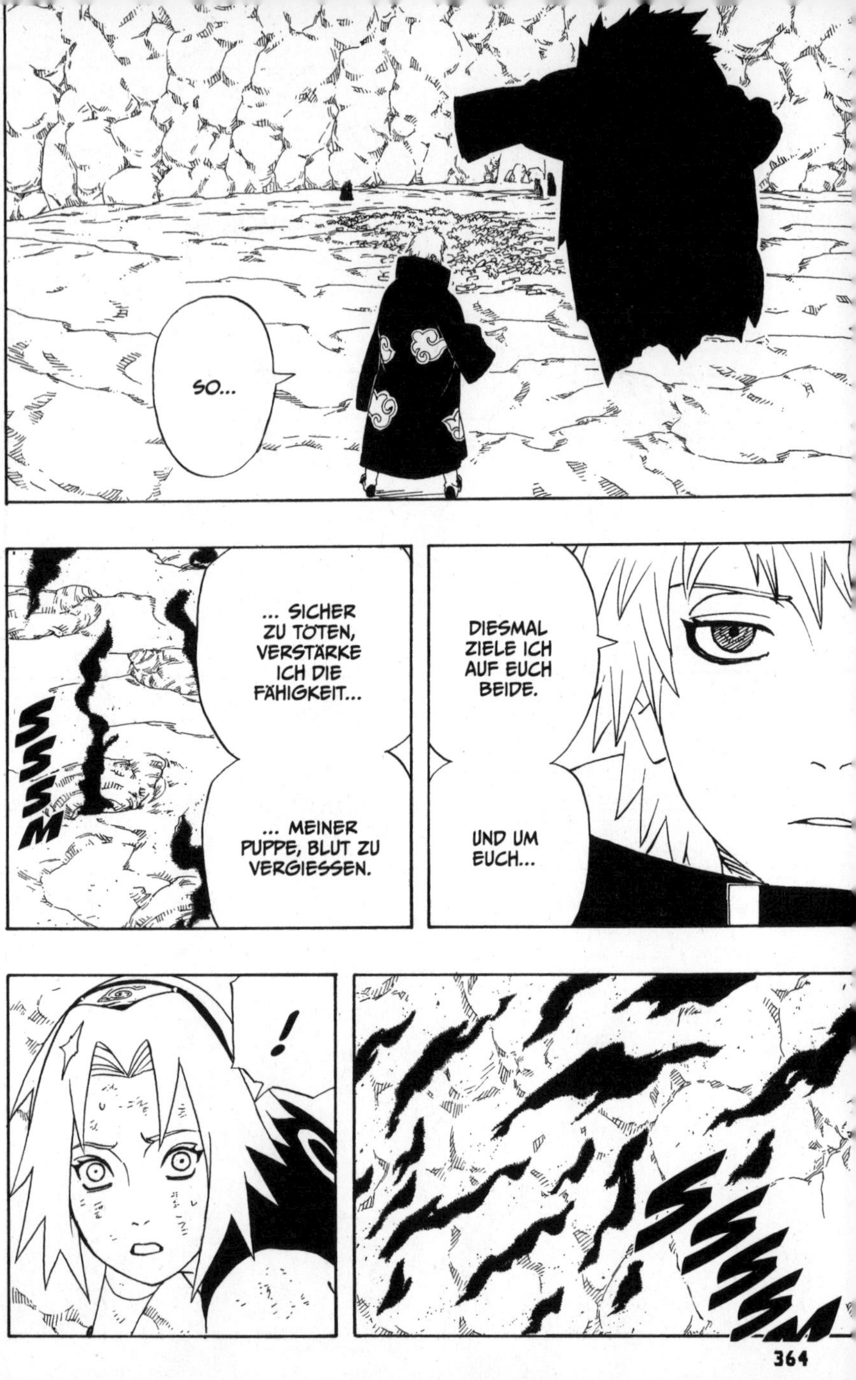
SO...
DIESMAL ZIELE ICH AUF EUCH BEIDE.
UND UM EUCH...
... SICHER ZU TÖTEN, VERSTÄRKE ICH DIE FÄHIGKEIT...
... MEINER PUPPE, BLUT ZU VERGIESSEN.
SSSM
!
SSSSM

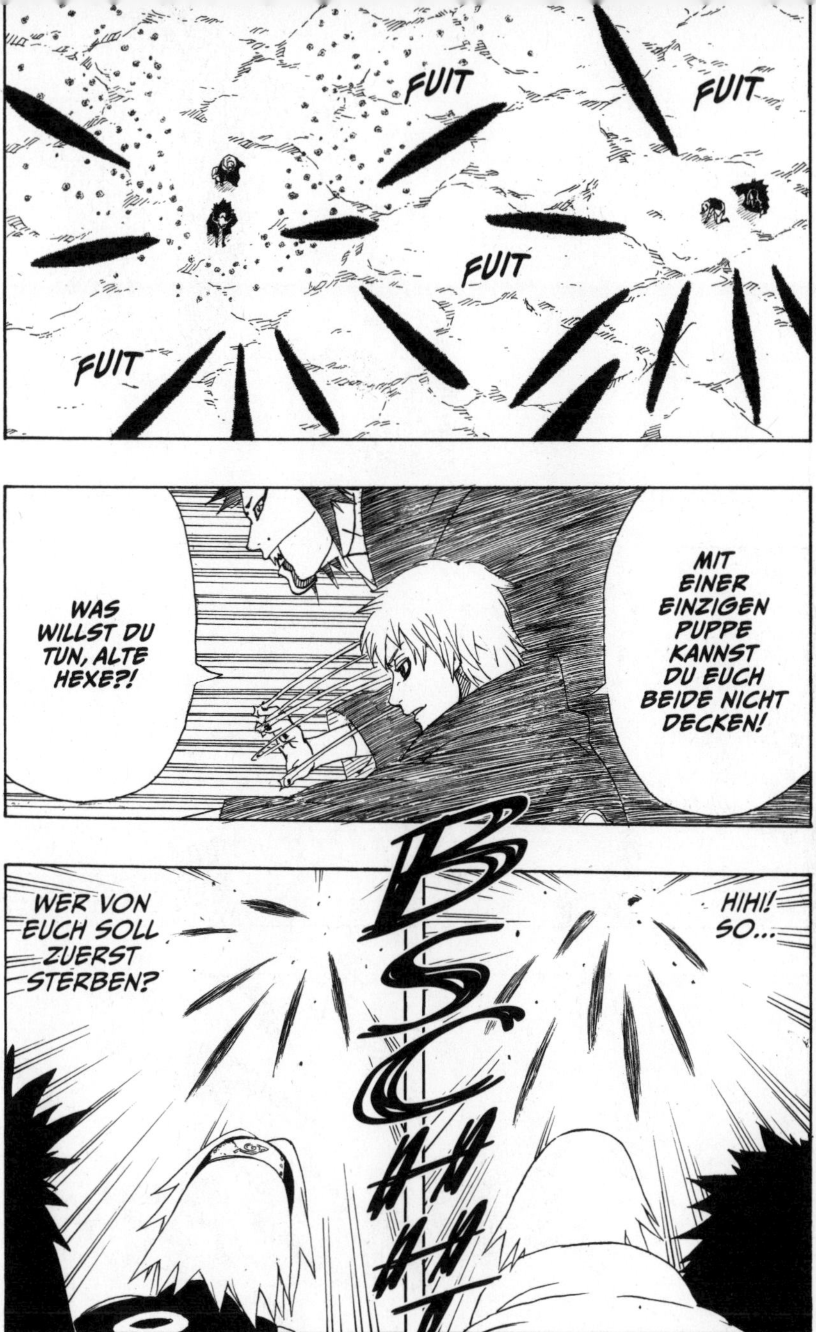
FUIT
FUIT
FUIT
FUIT
MIT EINER EINZIGEN PUPPE KANNST DU EUCH BEIDE NICHT DECKEN!
WAS WILLST DU TUN, ALTE HEXE?!
HIHI! SO...
WER VON EUCH SOLL ZUERST STERBEN?
BSCHHHHT

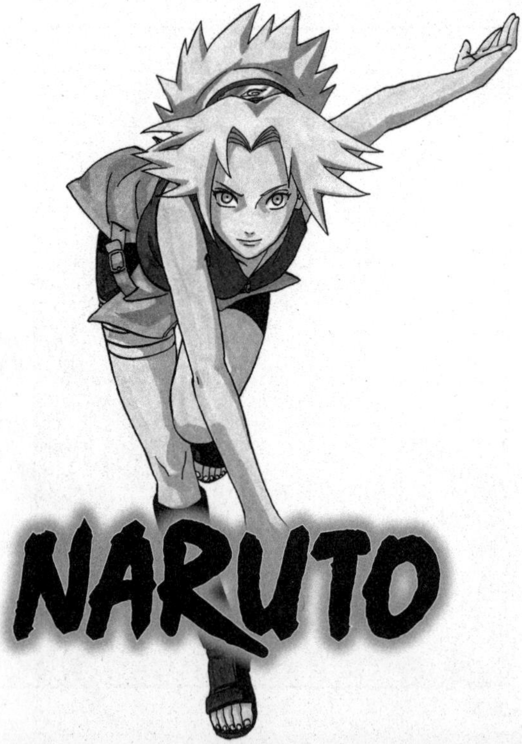
NARUTO

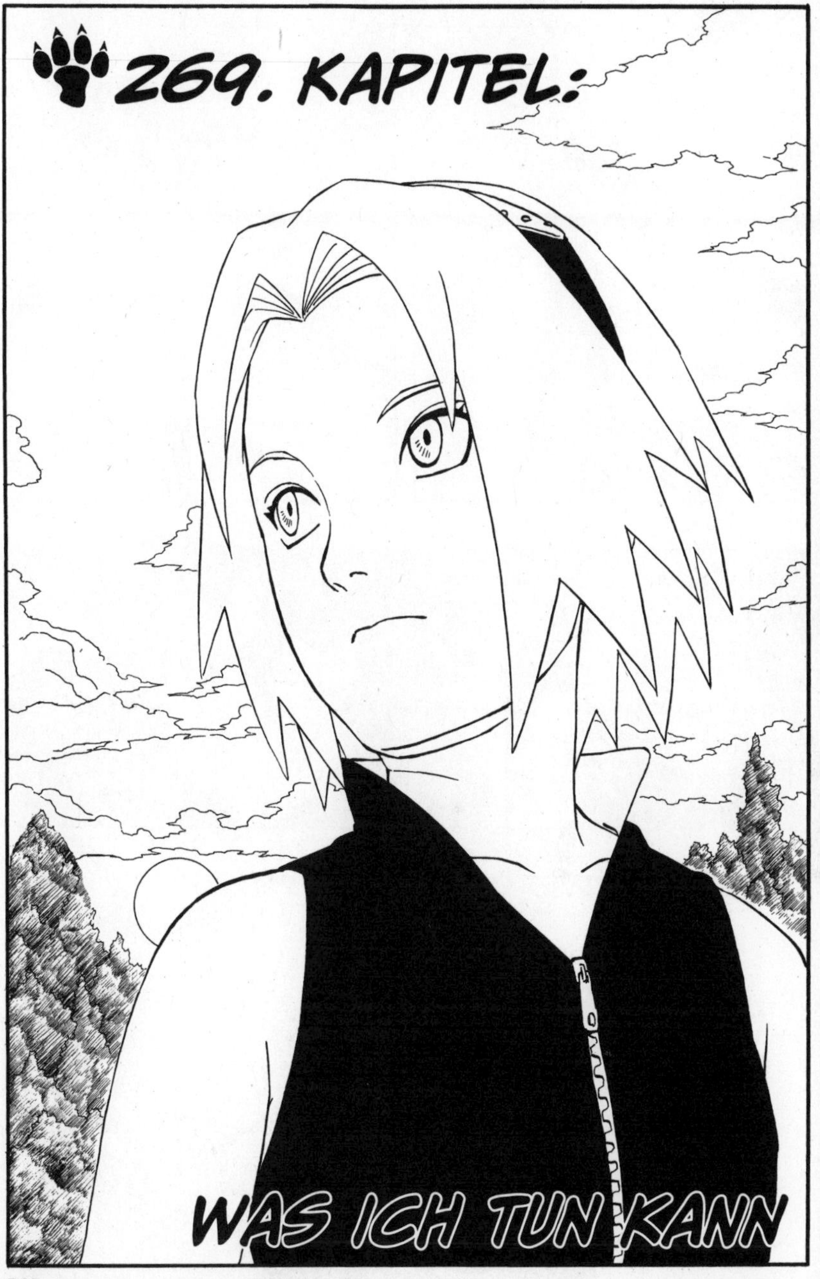
269. KAPITEL:
WAS ICH TUN KANN

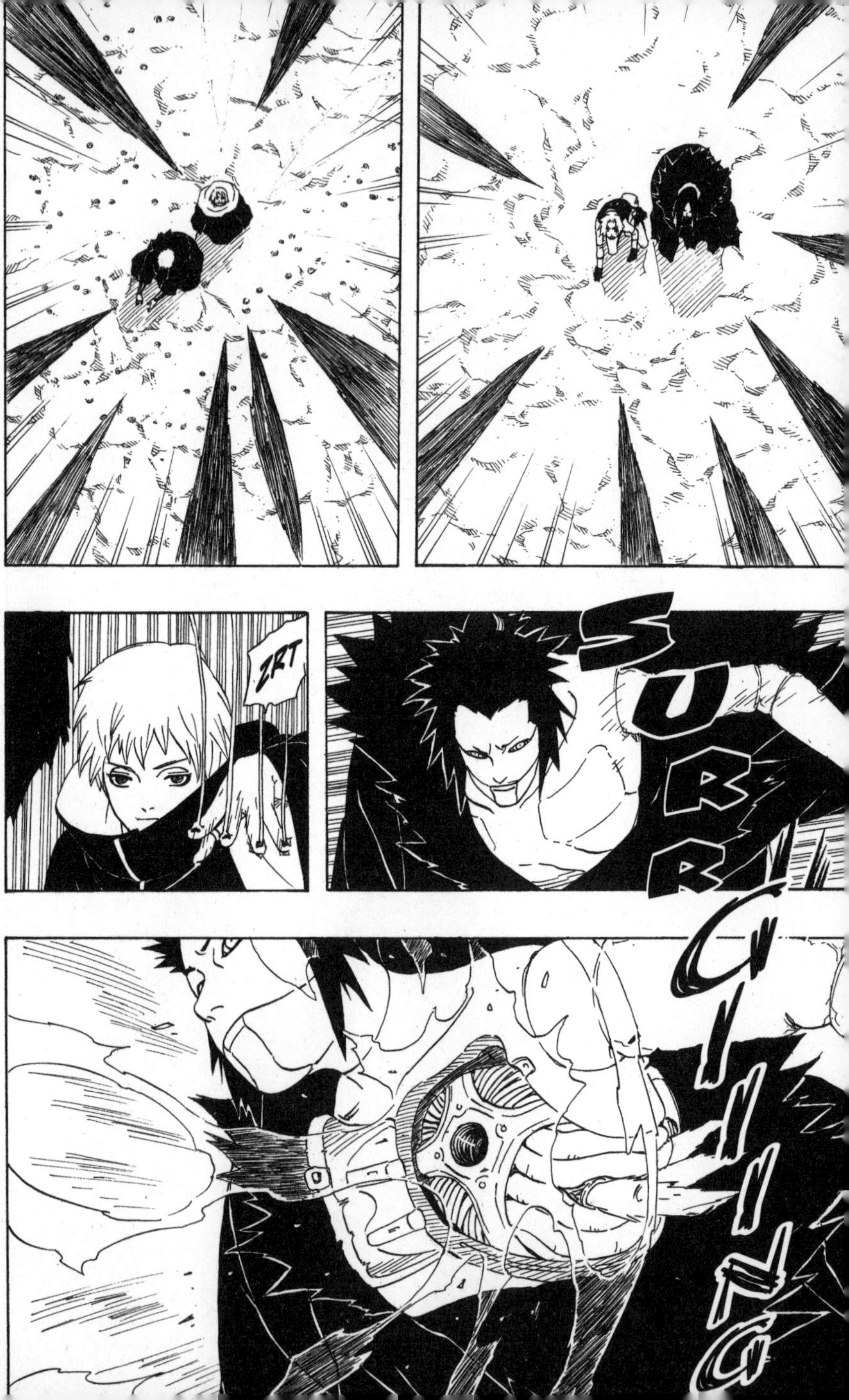

ZRT
SURR
CHING

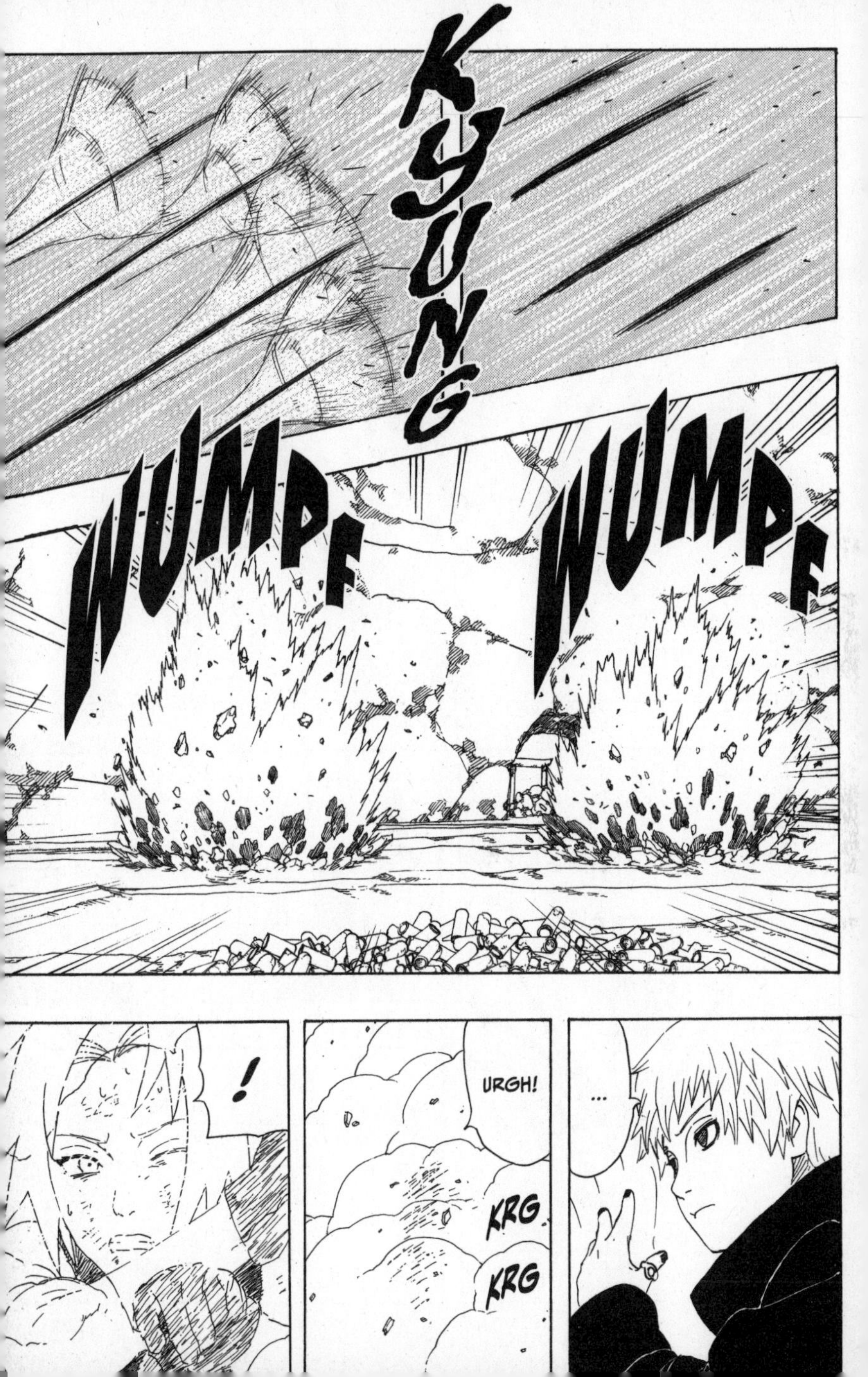
KYUNG
WUMPF
WUMPF
!
URGH!
KRG
KRG
...

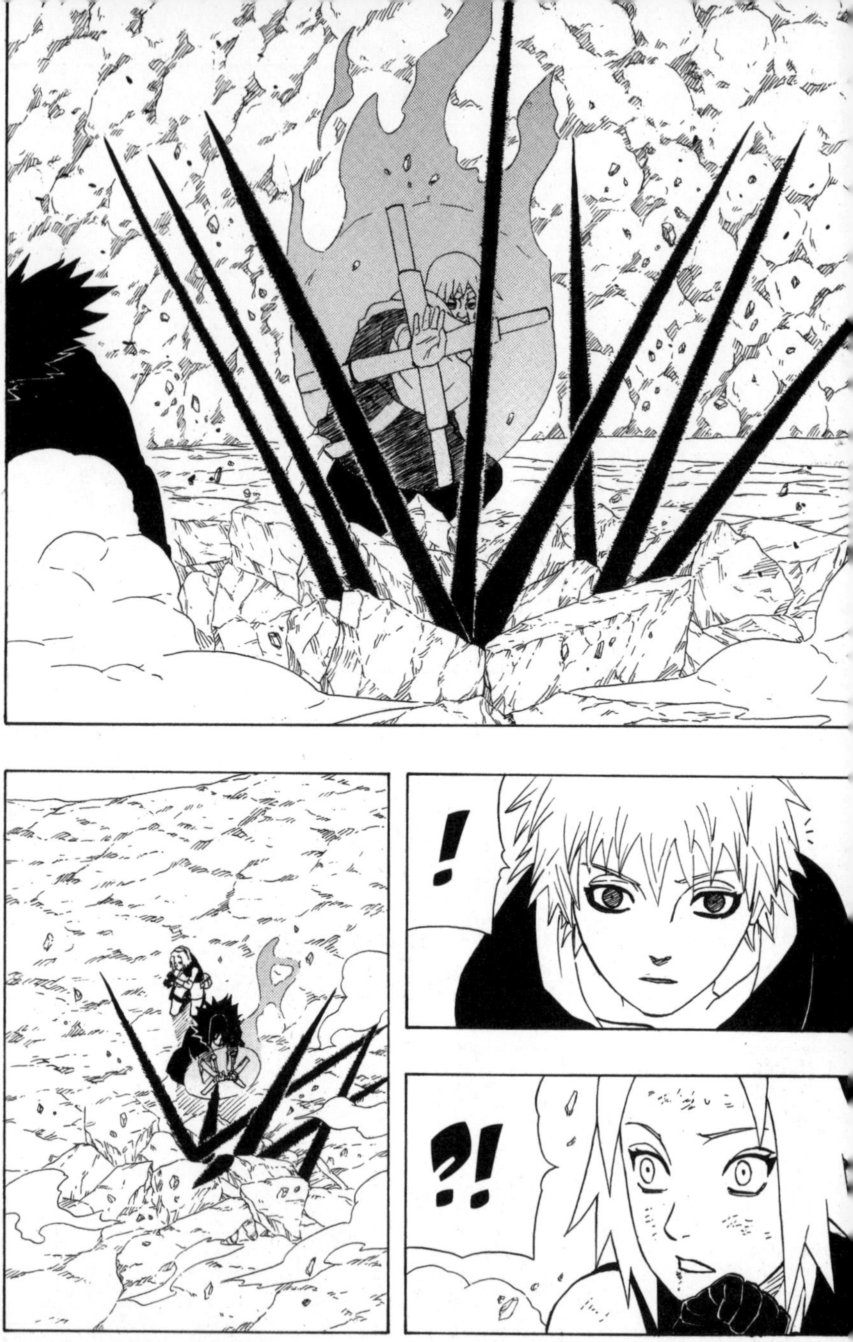

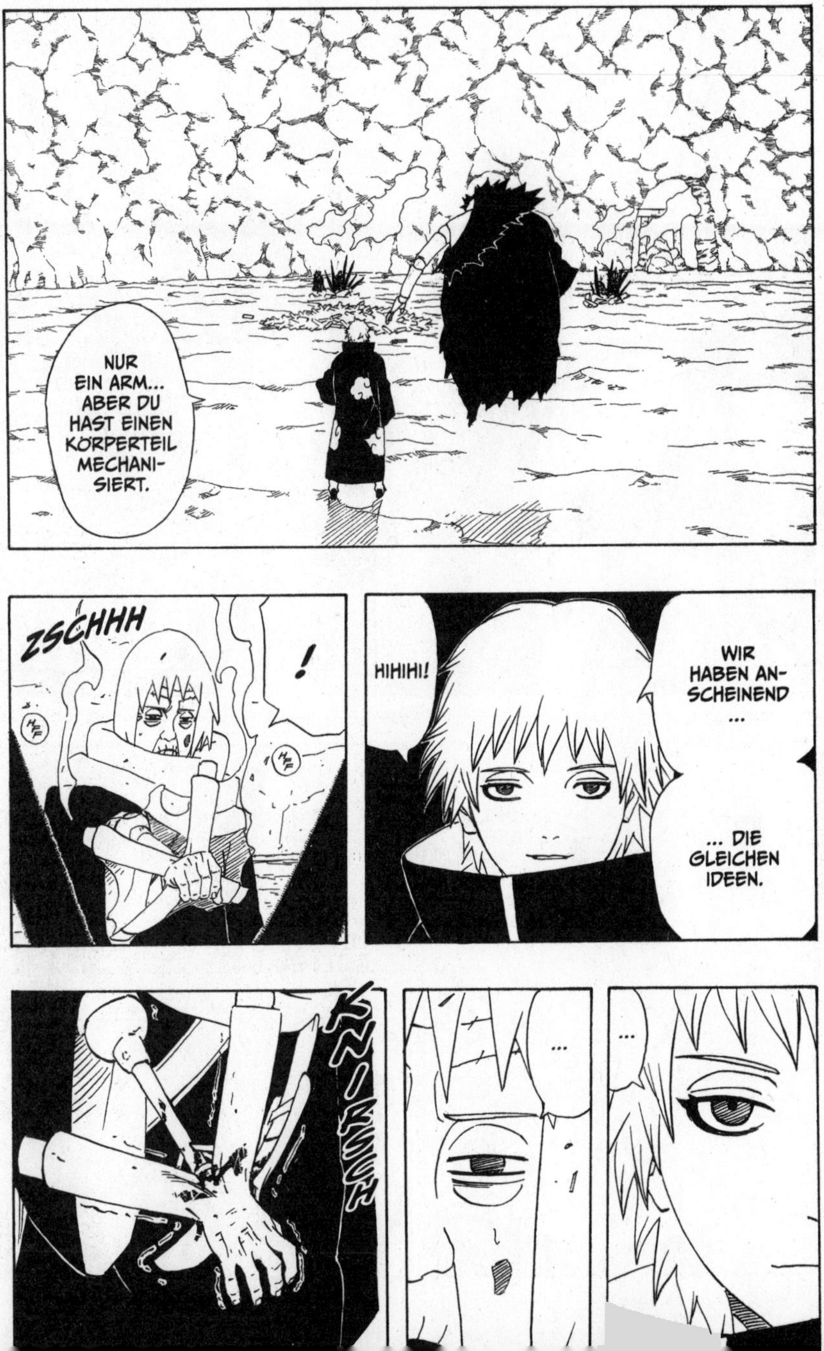
NUR EIN ARM... ABER DU HAST EINEN KÖRPERTEIL MECHANISIERT.
WIR HABEN ANSCHEINEND ...
... DIE GLEICHEN IDEEN.
HIHIHI!
!
ZSCHHH
...
...

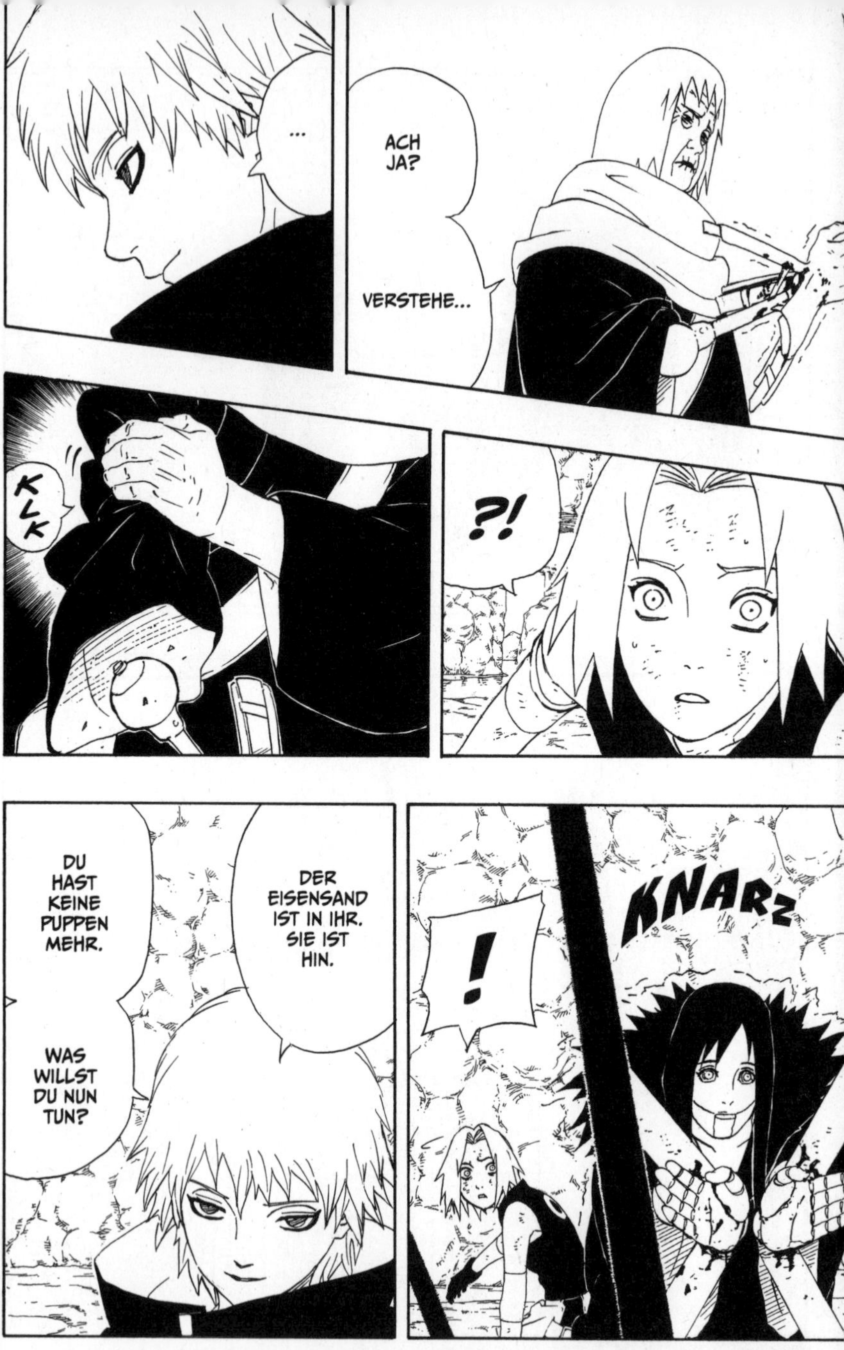
ACH JA?
VERSTEHE...
...
?!
KLK
!
KNARZ
DER EISENSAND IST IN IHR. SIE IST HIN.
DU HAST KEINE PUPPEN MEHR.
WAS WILLST DU NUN TUN?

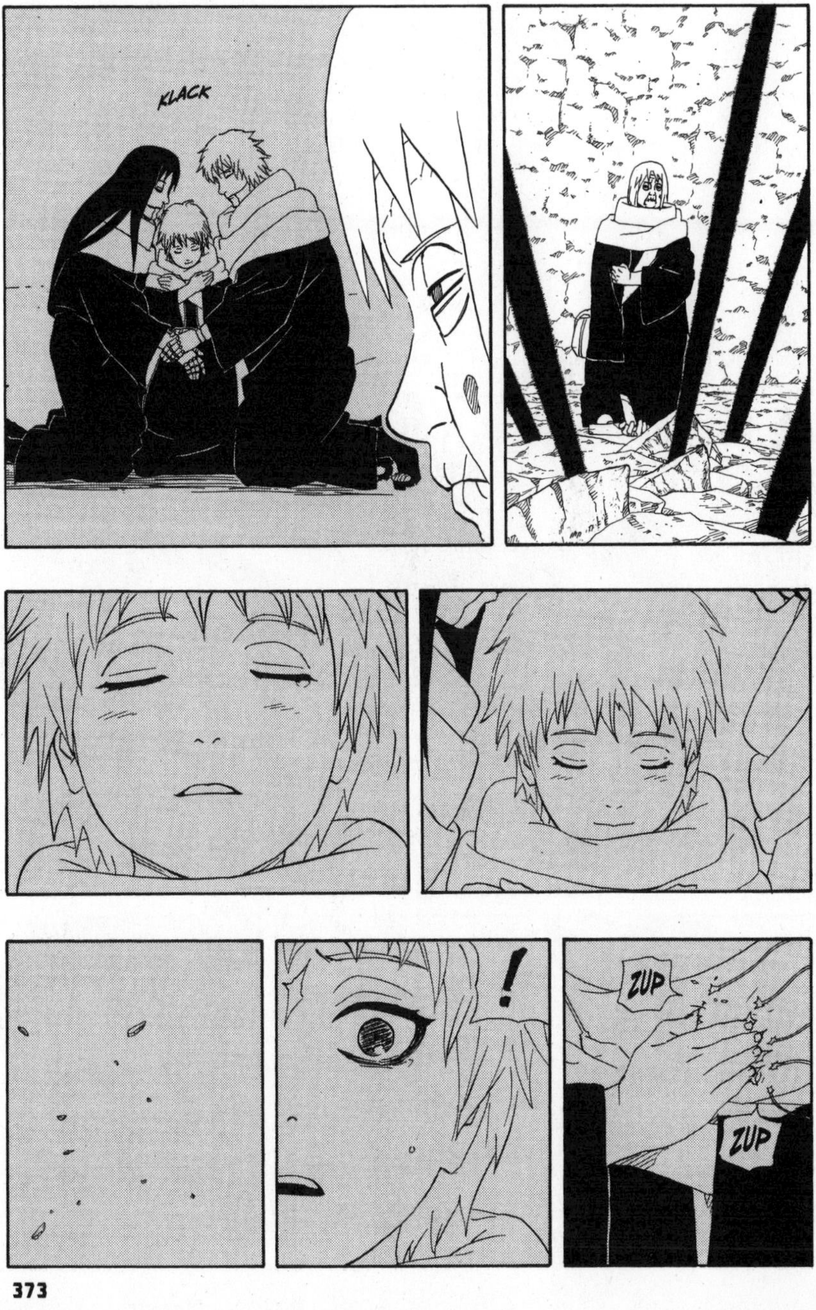
KLACK
!
ZUP
ZUP

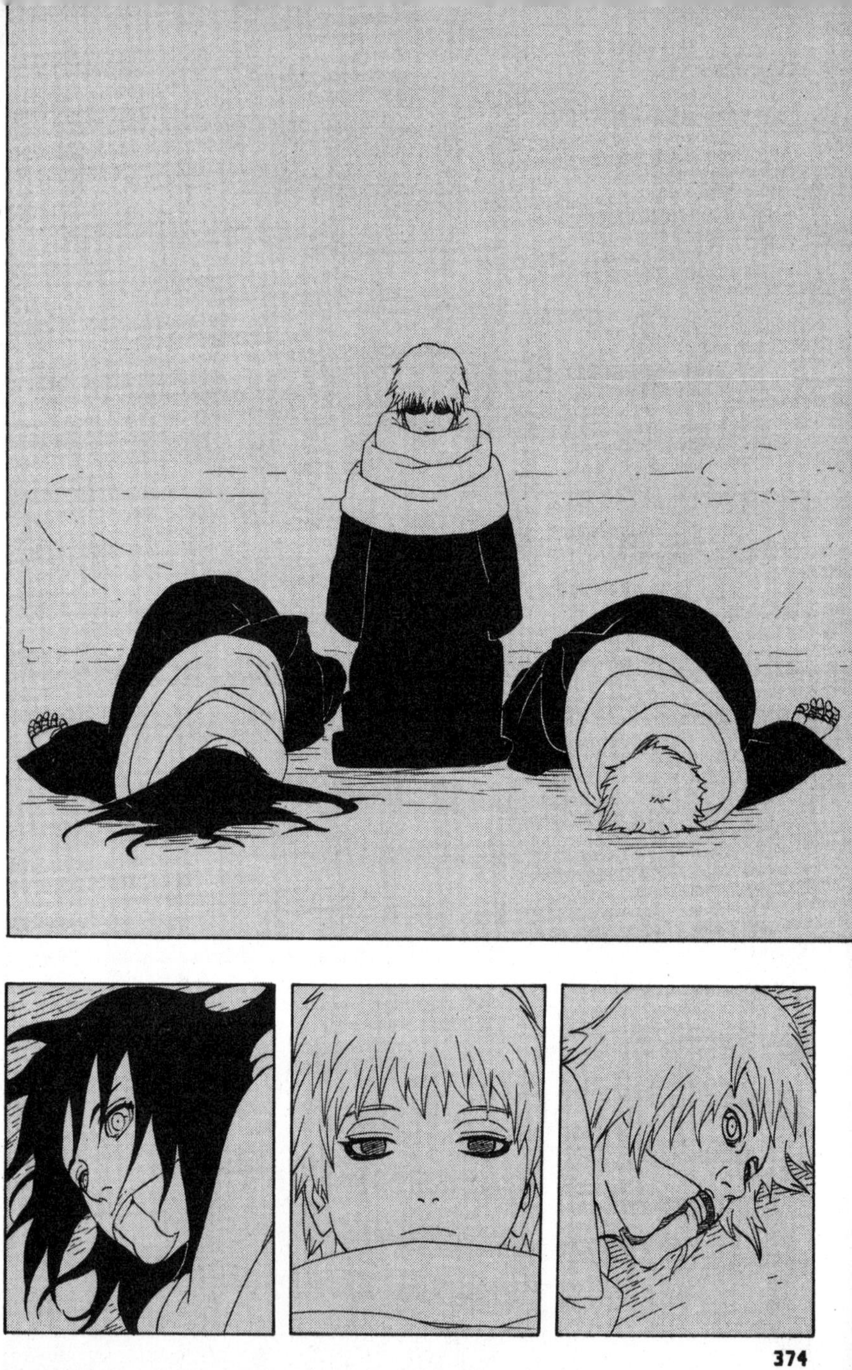

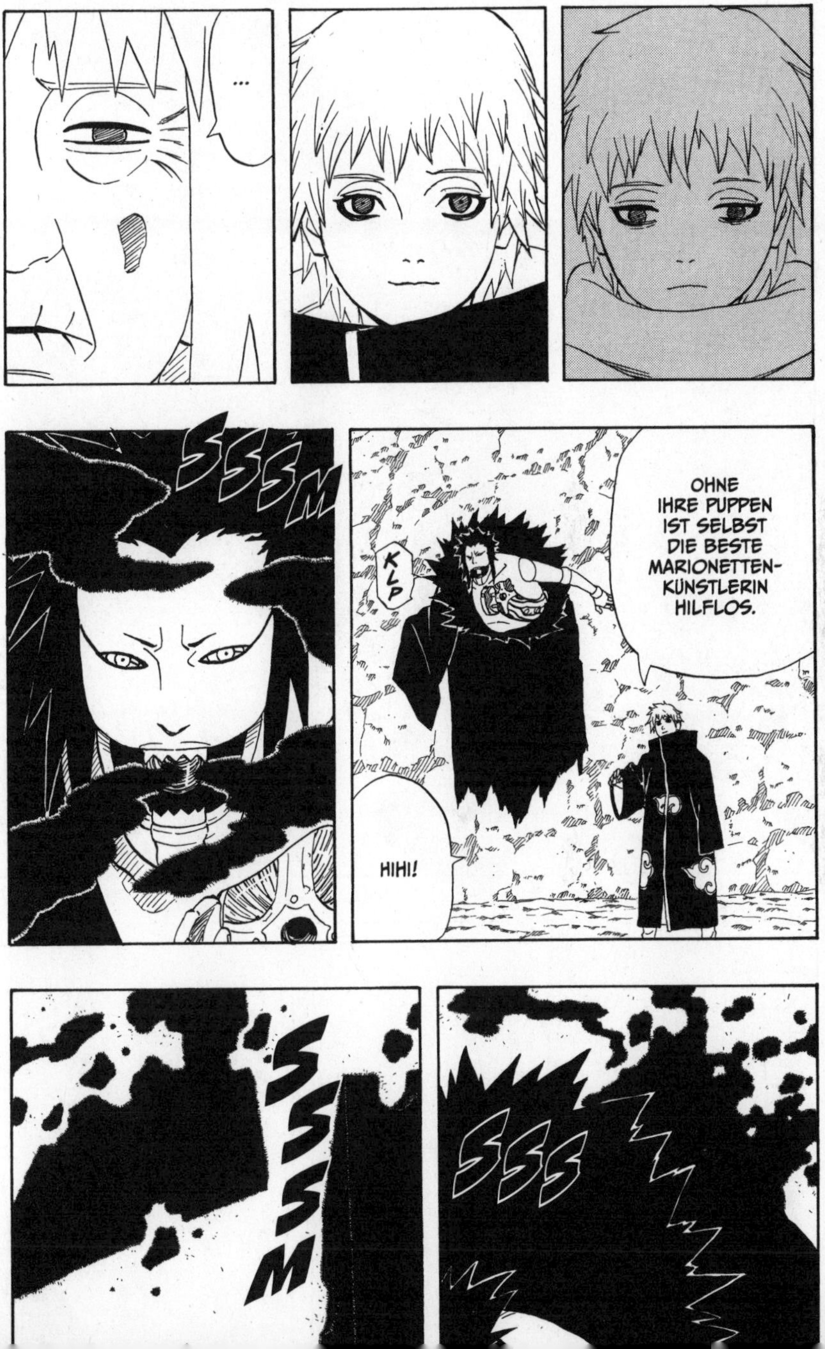
...
SSSM
OHNE IHRE PUPPEN IST SELBST DIE BESTE MARIONETTEN-KÜNSTLERIN HILFLOS.
KLP
HIHI!
SSSM
SSS

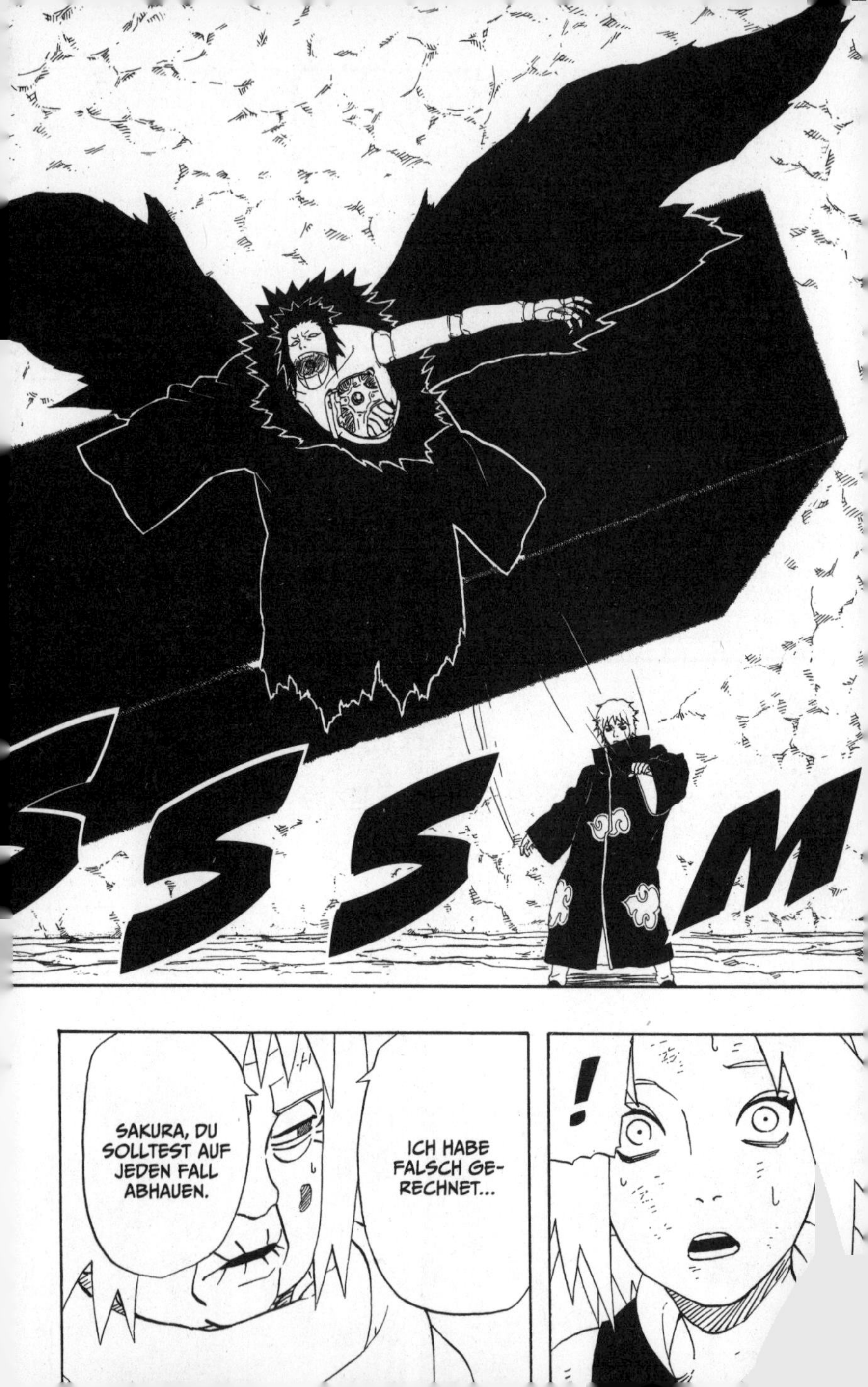
SSSM
SAKURA, DU SOLLTEST AUF JEDEN FALL ABHAUEN.
ICH HABE FALSCH GE-RECHNET...
!

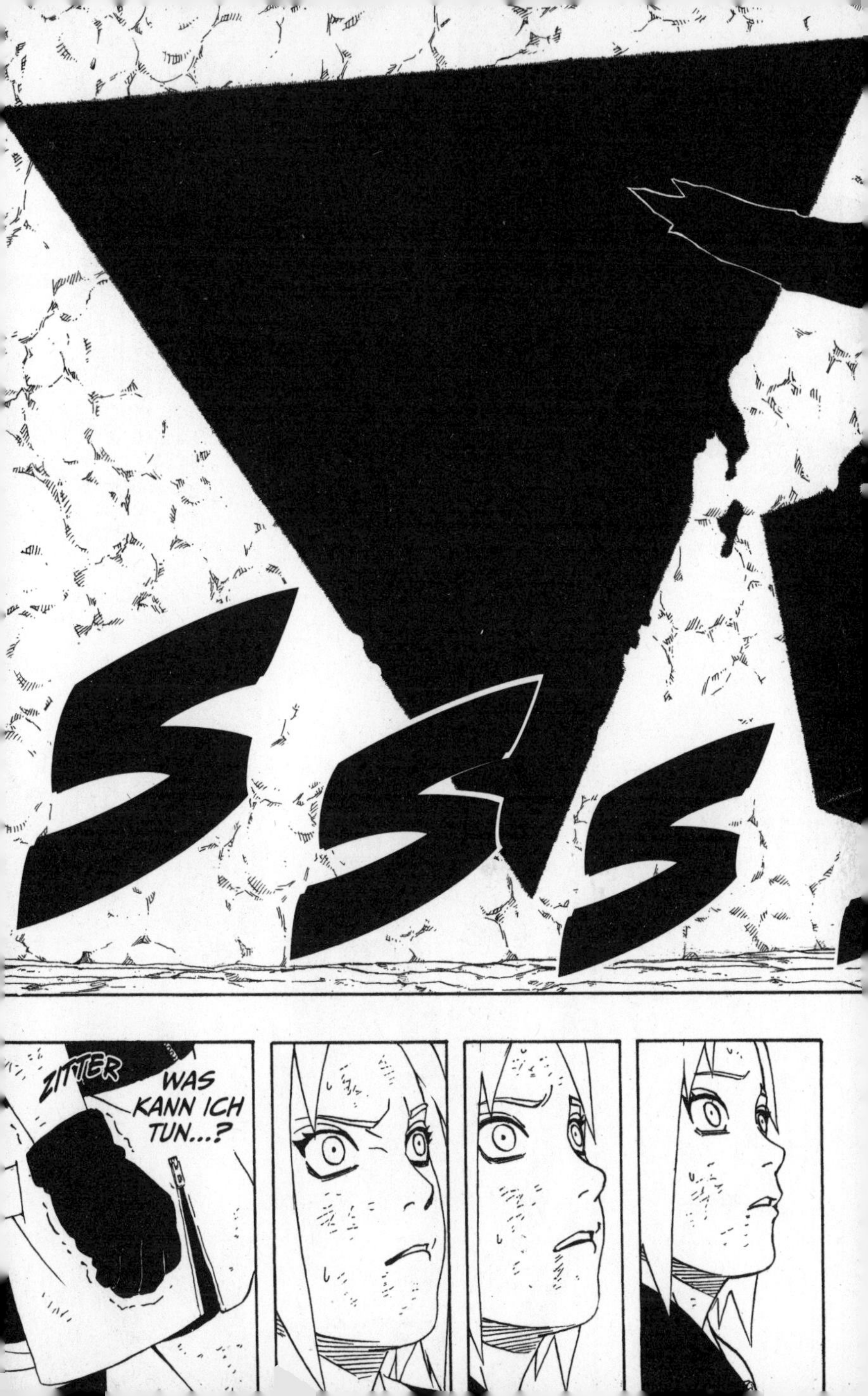

SSS
ZITTER
WAS KANN ICH TUN...?

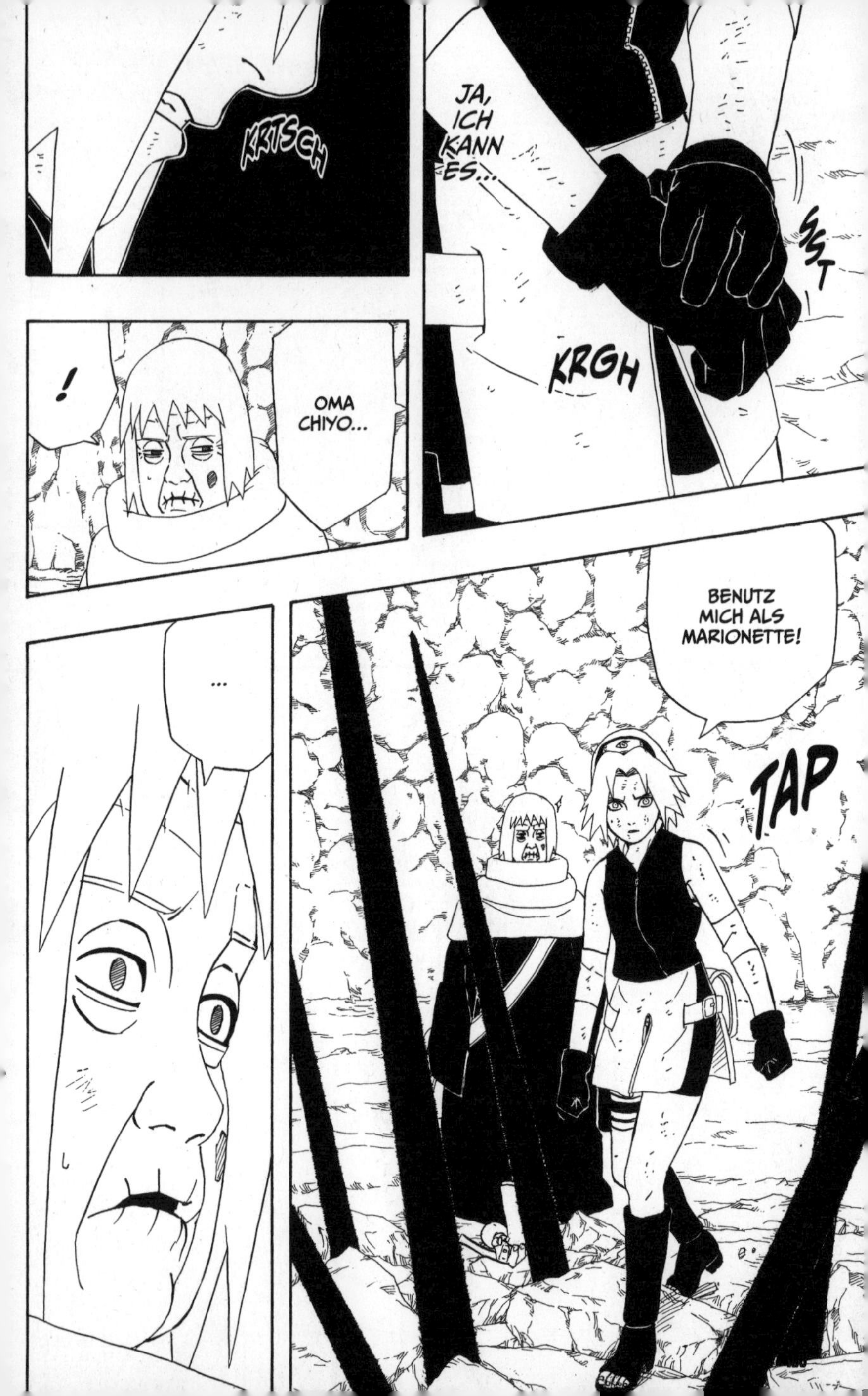
JA, ICH KANN ES...
WST
KRGH
KRTSCH
OMA CHIYO...
!
BENUTZ MICH ALS MARIONETTE!
TAP
...

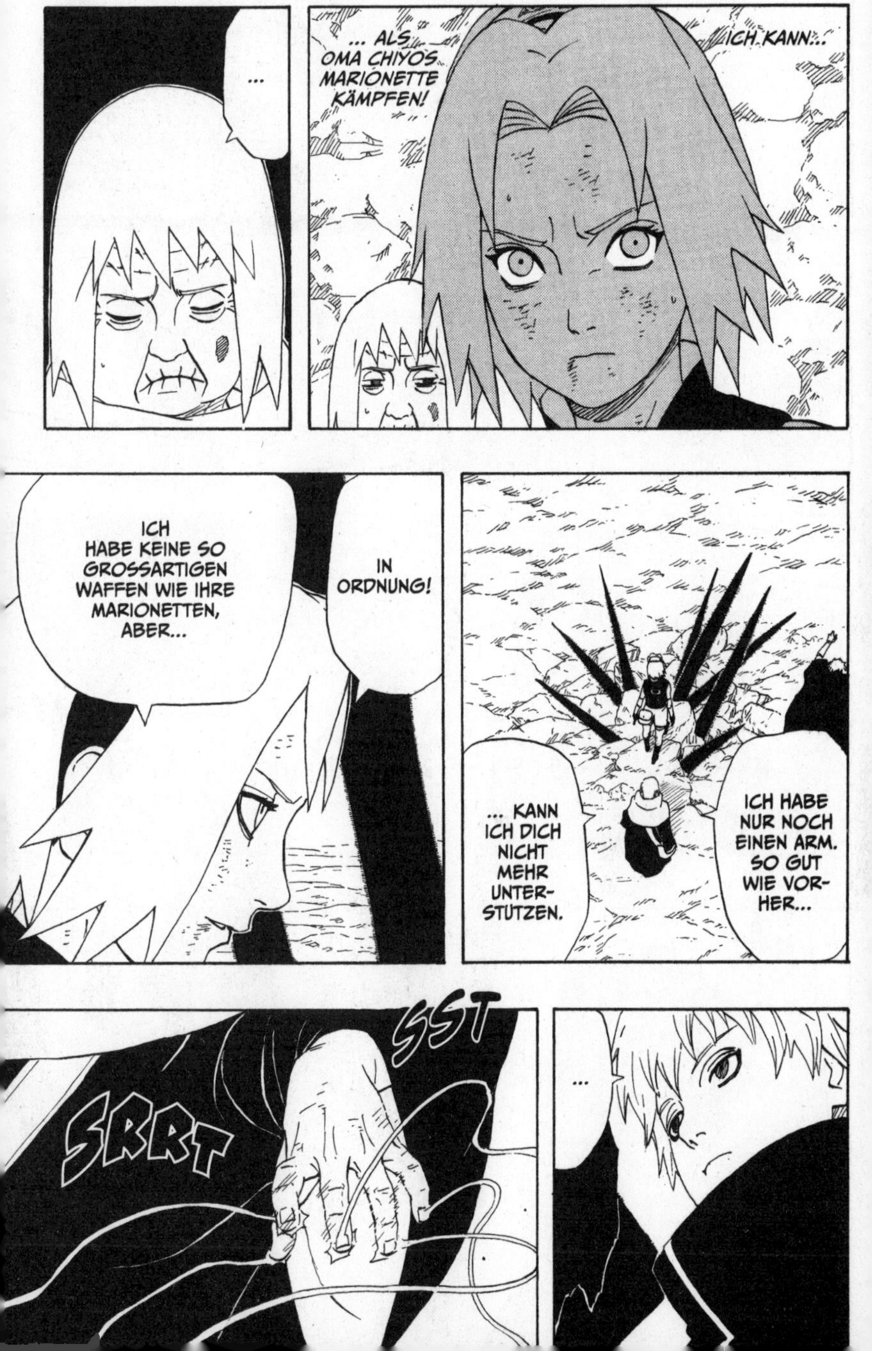
ICH KANN...
... ALS OMA CHIYOS MARIONETTE KÄMPFEN!
...
ICH HABE NUR NOCH EINEN ARM. SO GUT WIE VORHER...
... KANN ICH DICH NICHT MEHR UNTERSTÜTZEN.
IN ORDNUNG!
ICH HABE KEINE SO GROSSARTIGEN WAFFEN WIE IHRE MARIONETTEN, ABER...
...
SST
SRRT

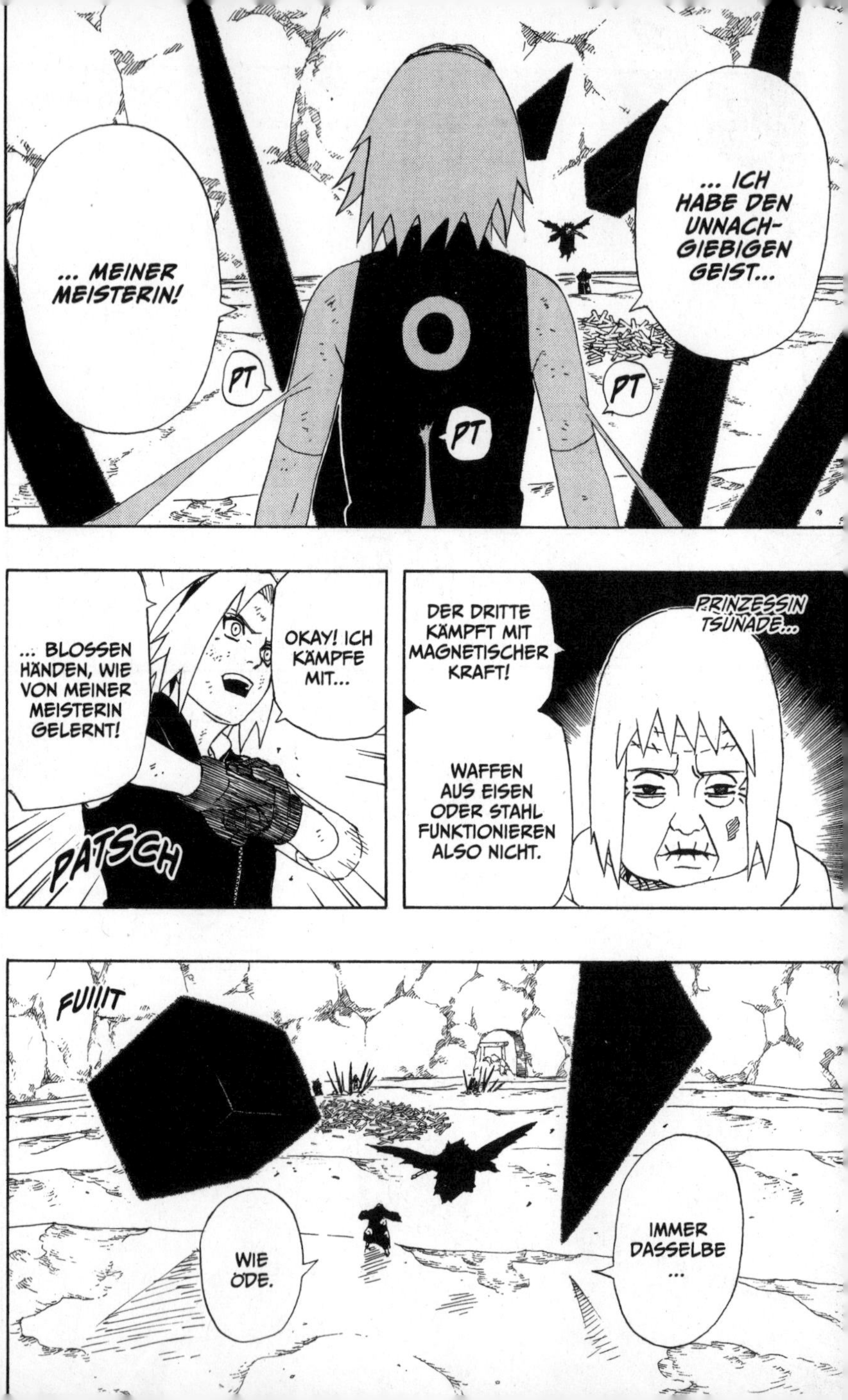
... ICH HABE DEN UNNACH-GIEBIGEN GEIST...
PT
PT
PT
... MEINER MEISTERIN!
PRINZESSIN TSUNADE...
DER DRITTE KÄMPFT MIT MAGNETISCHER KRAFT!
WAFFEN AUS EISEN ODER STAHL FUNKTIONIEREN ALSO NICHT.
OKAY! ICH KÄMPFE MIT...
... BLOSSEN HÄNDEN, WIE VON MEINER MEISTERIN GELERNT!
PATSCH
FUIIIT
IMMER DASSELBE ...
WIE ÖDE.

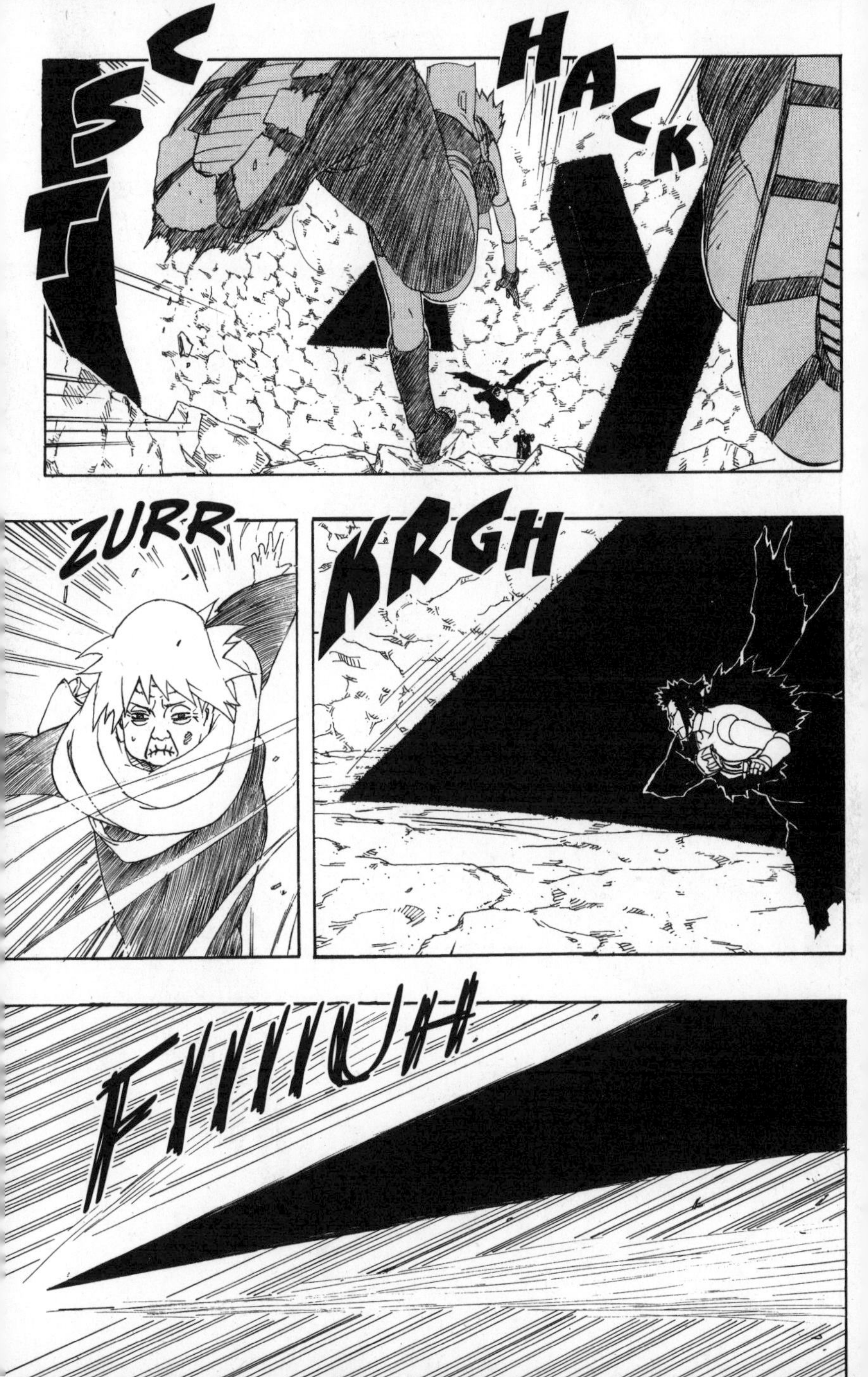

ZISCH
HACK
ZURR
KRGH
FIIIIUAH

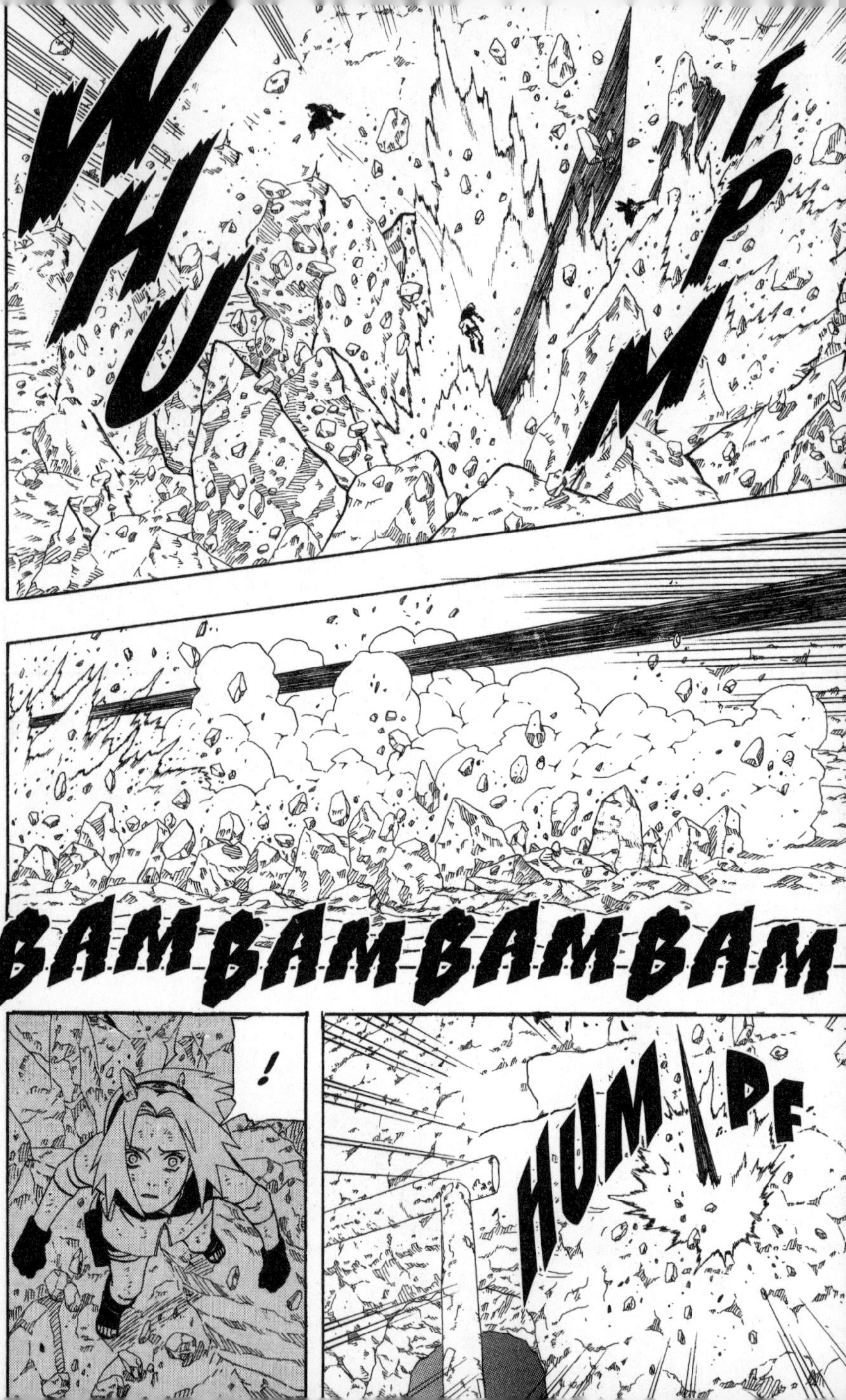
WHUMPF
BAMBAMBAMBAM
HUMPF
!

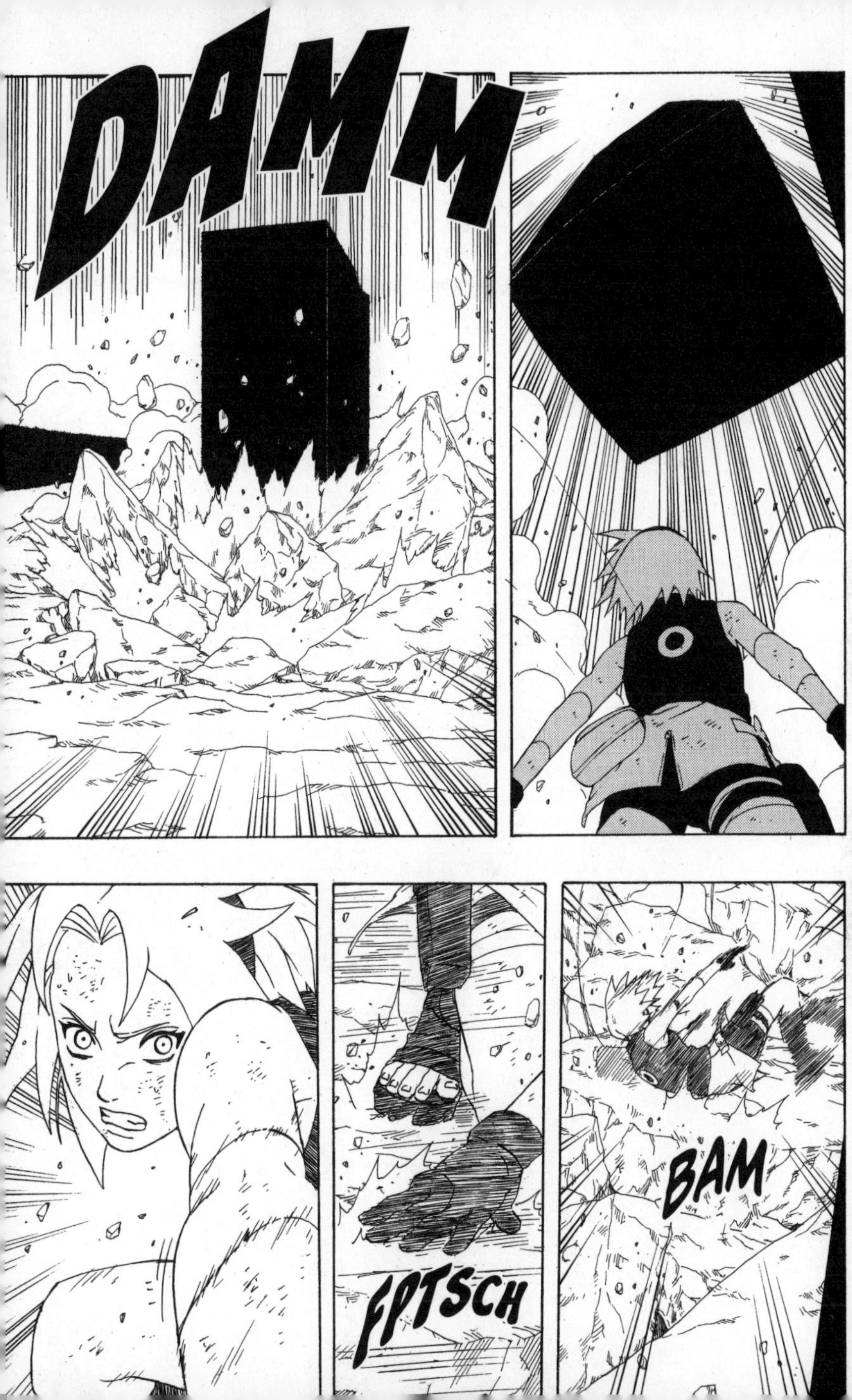

DAMM
FLTSCH
BAM

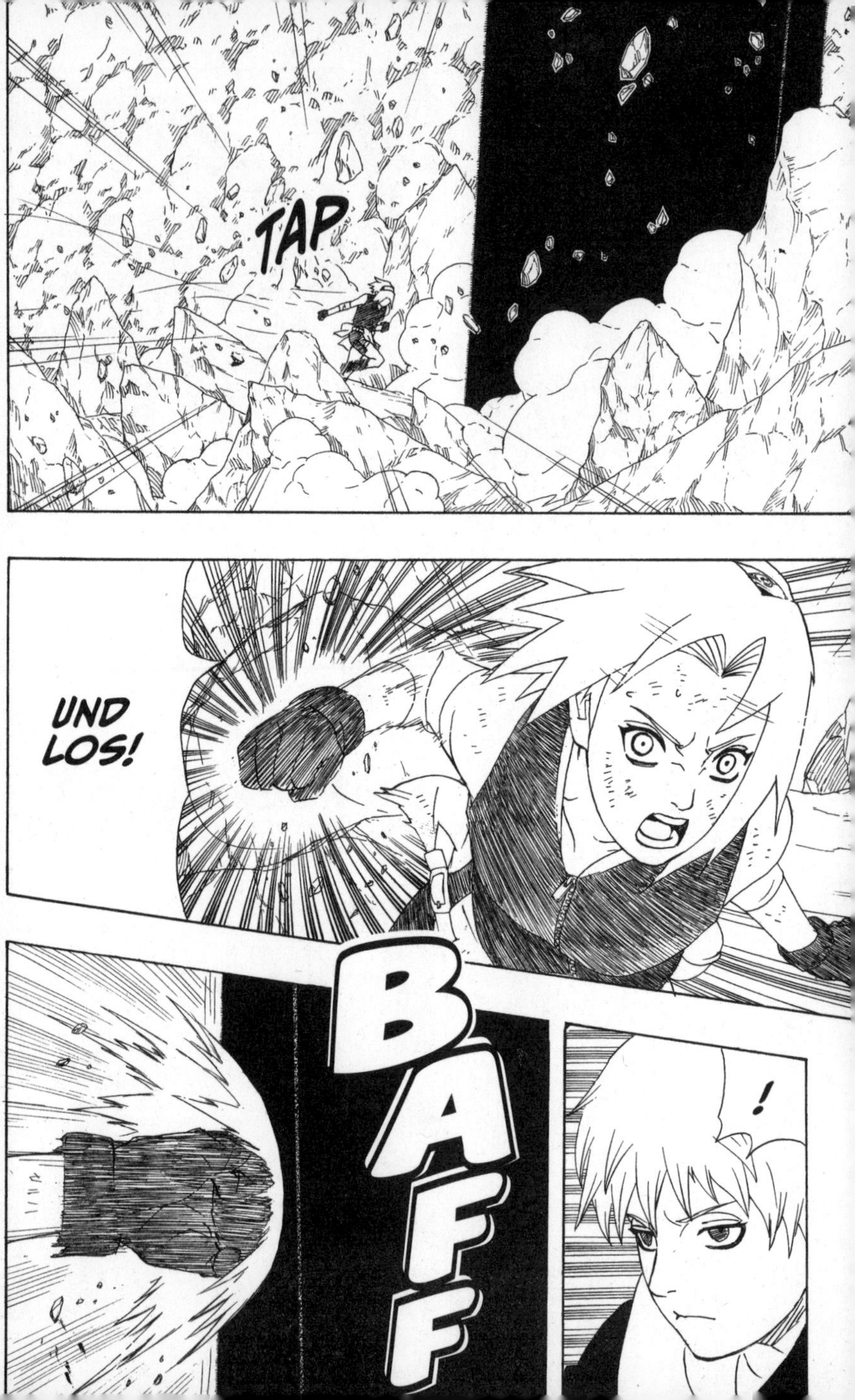
TAP
UND LOS!
BAFF
!

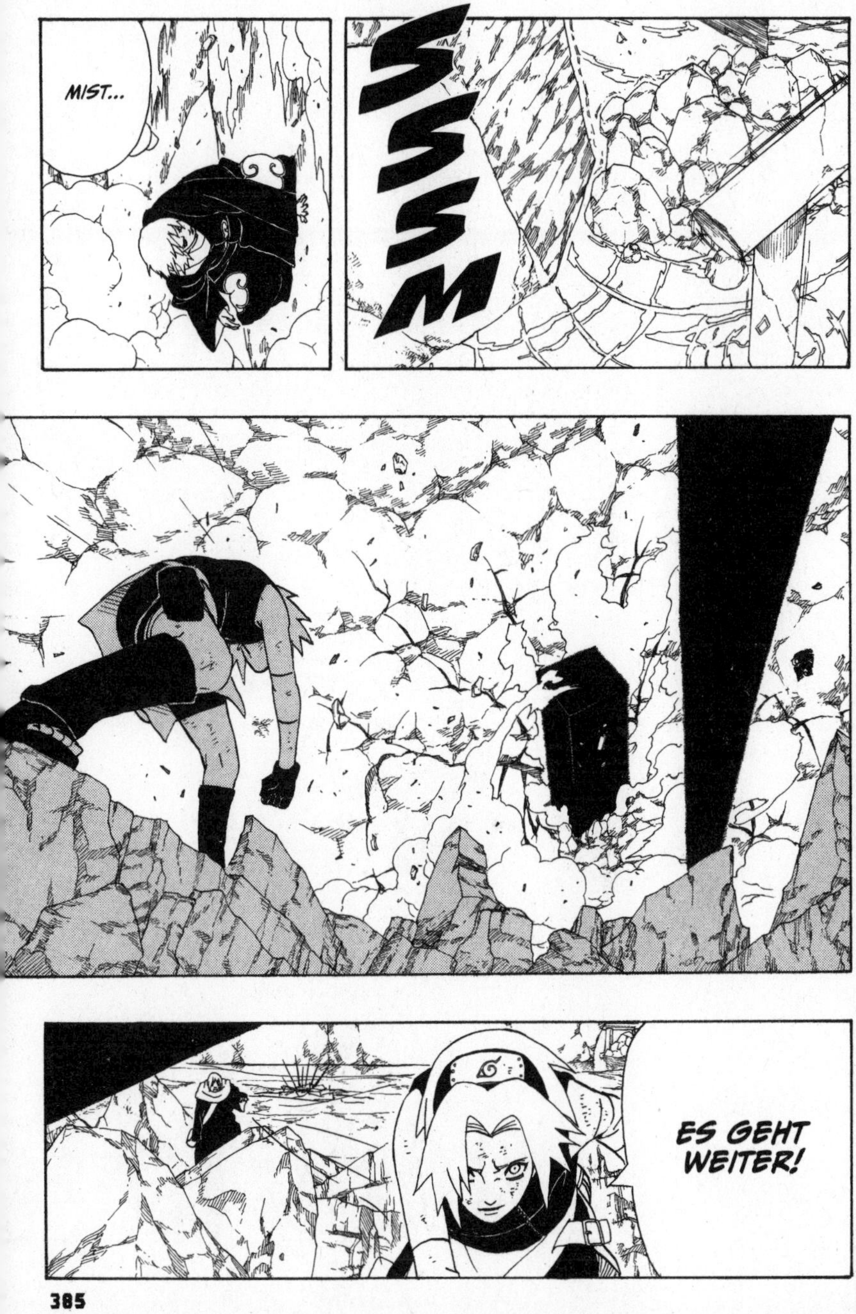
SSSM
MIST...
ES GEHT WEITER!

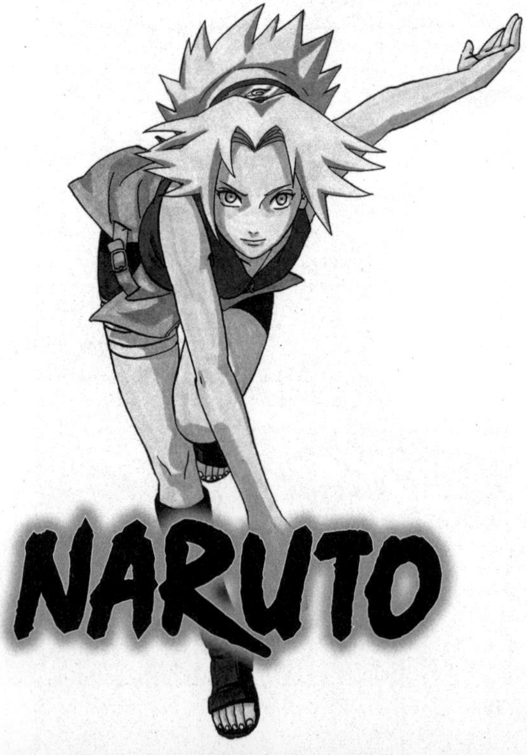
NARUTO

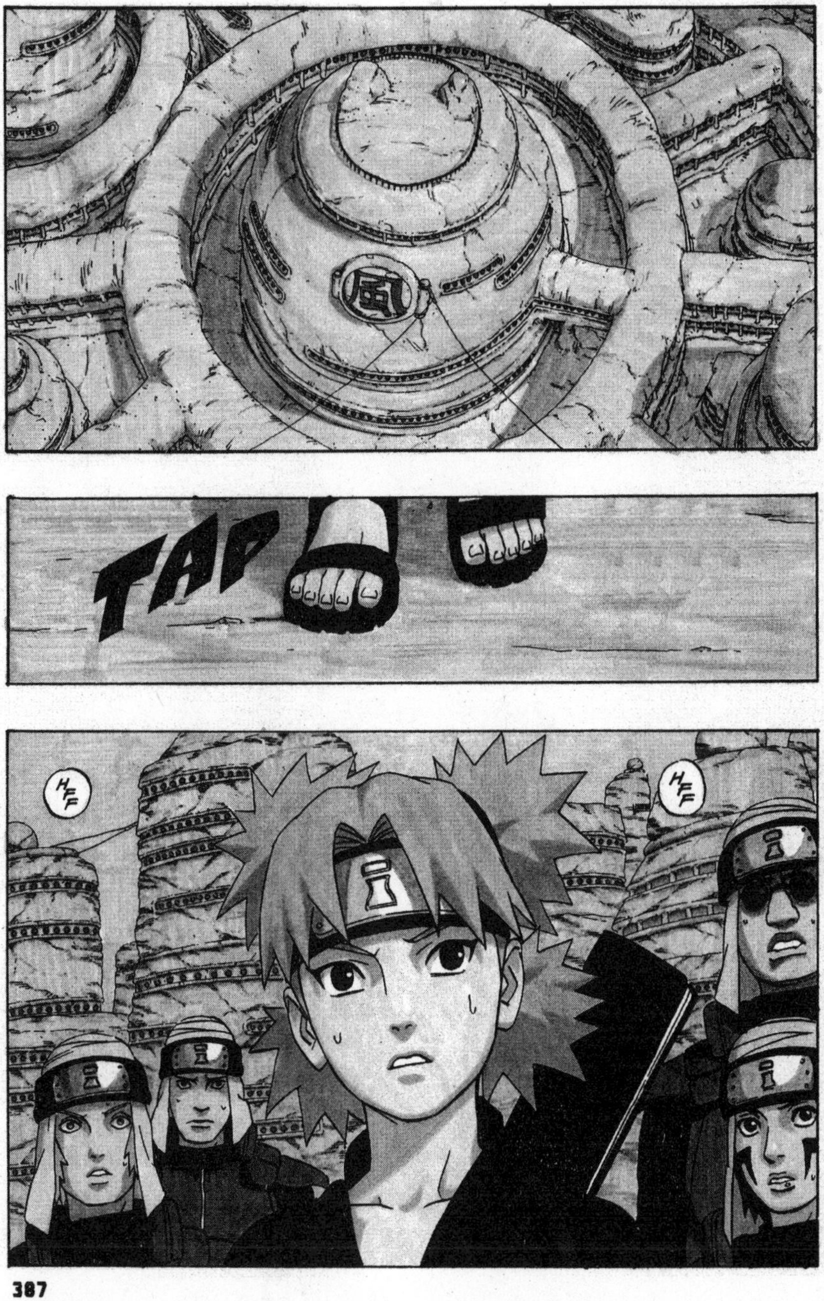
TAP
HFF
HFF

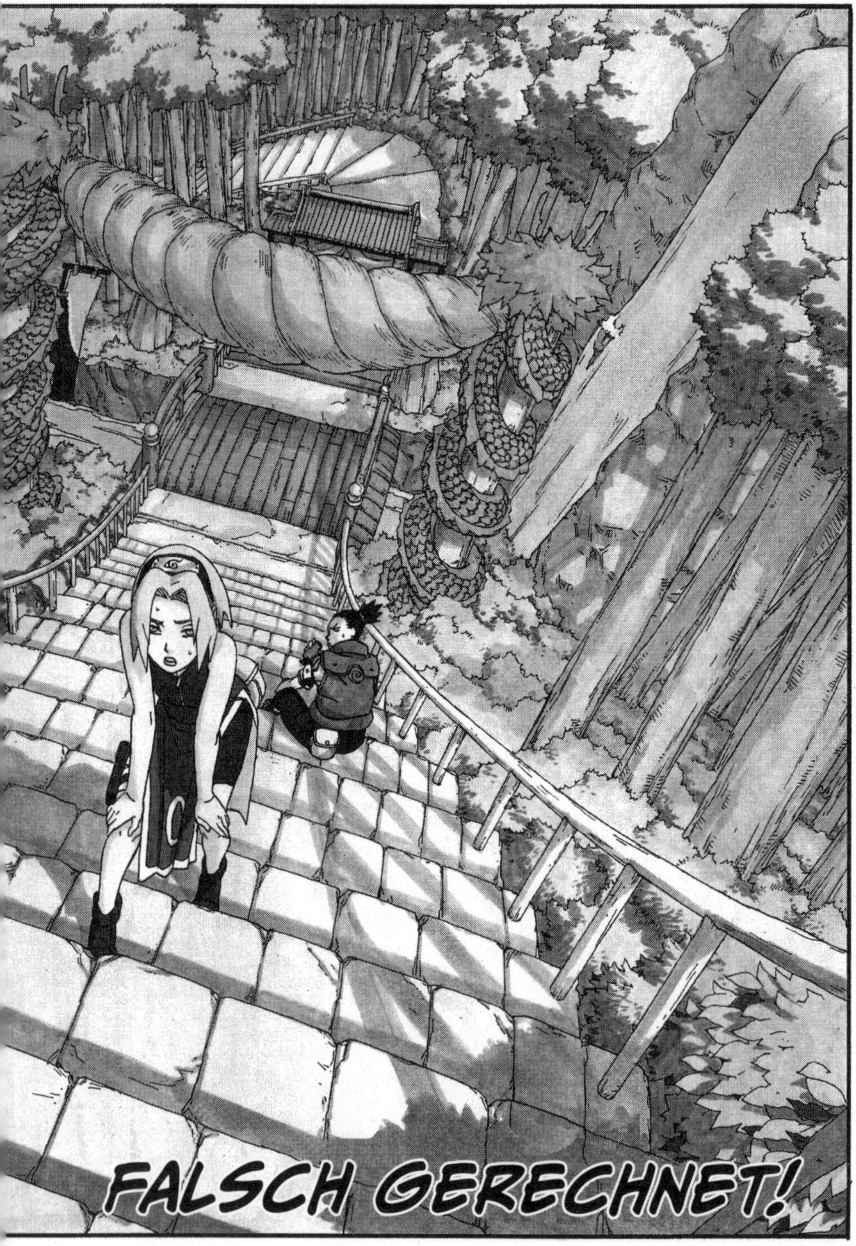
FALSCH GERECHNET!

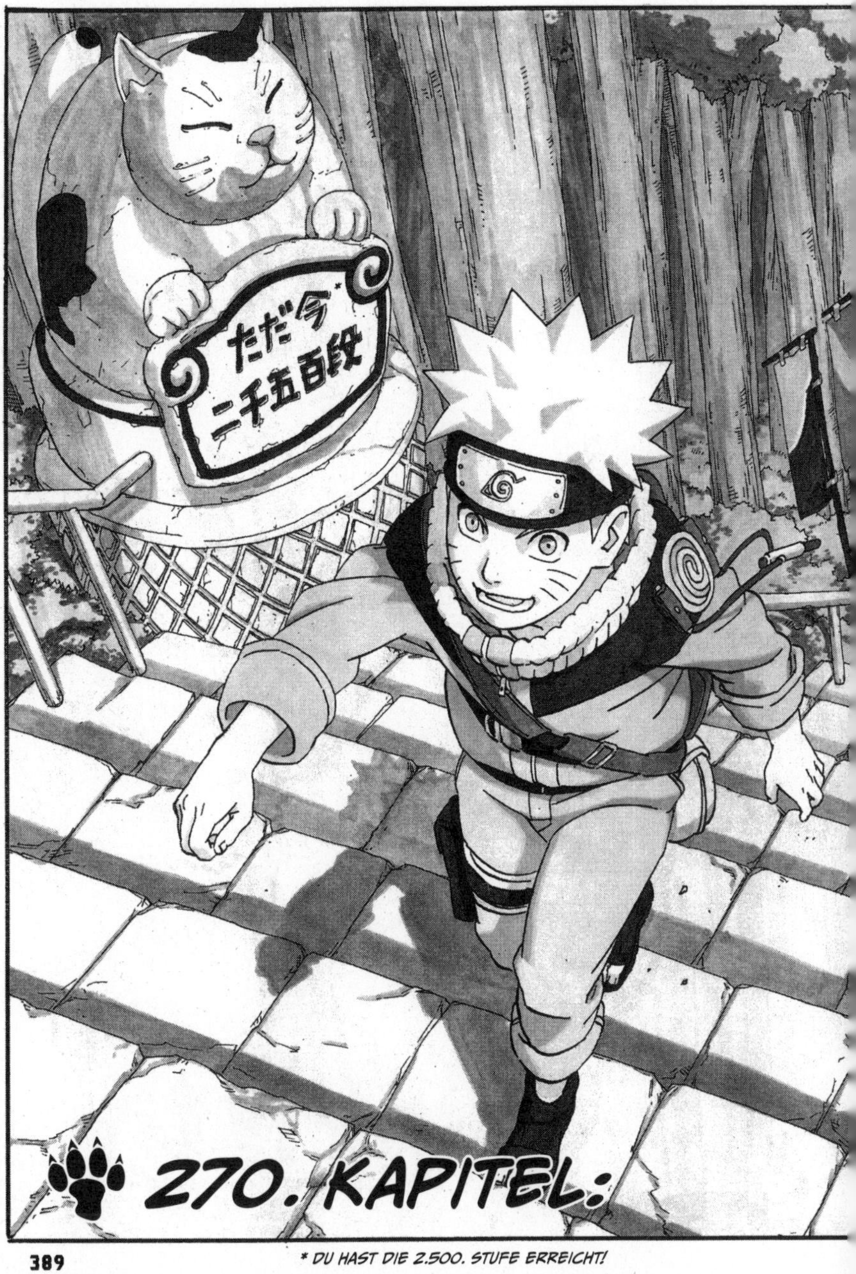

* DU HAST DIE 2.500. STUFE ERREICHT!

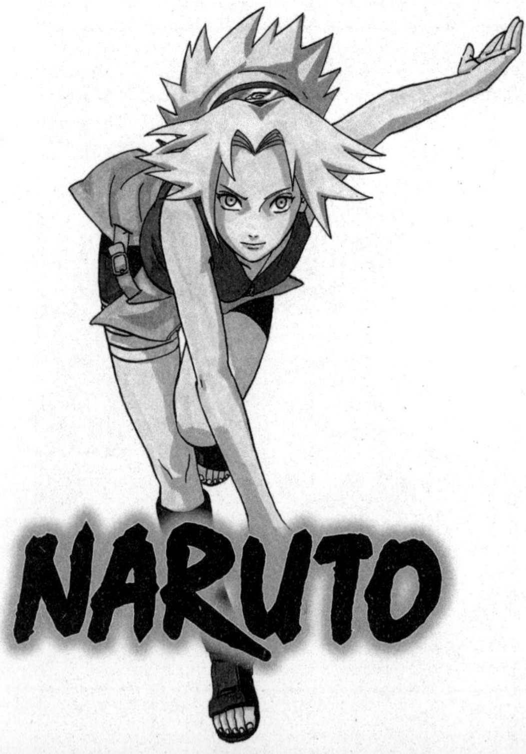
NARUTO

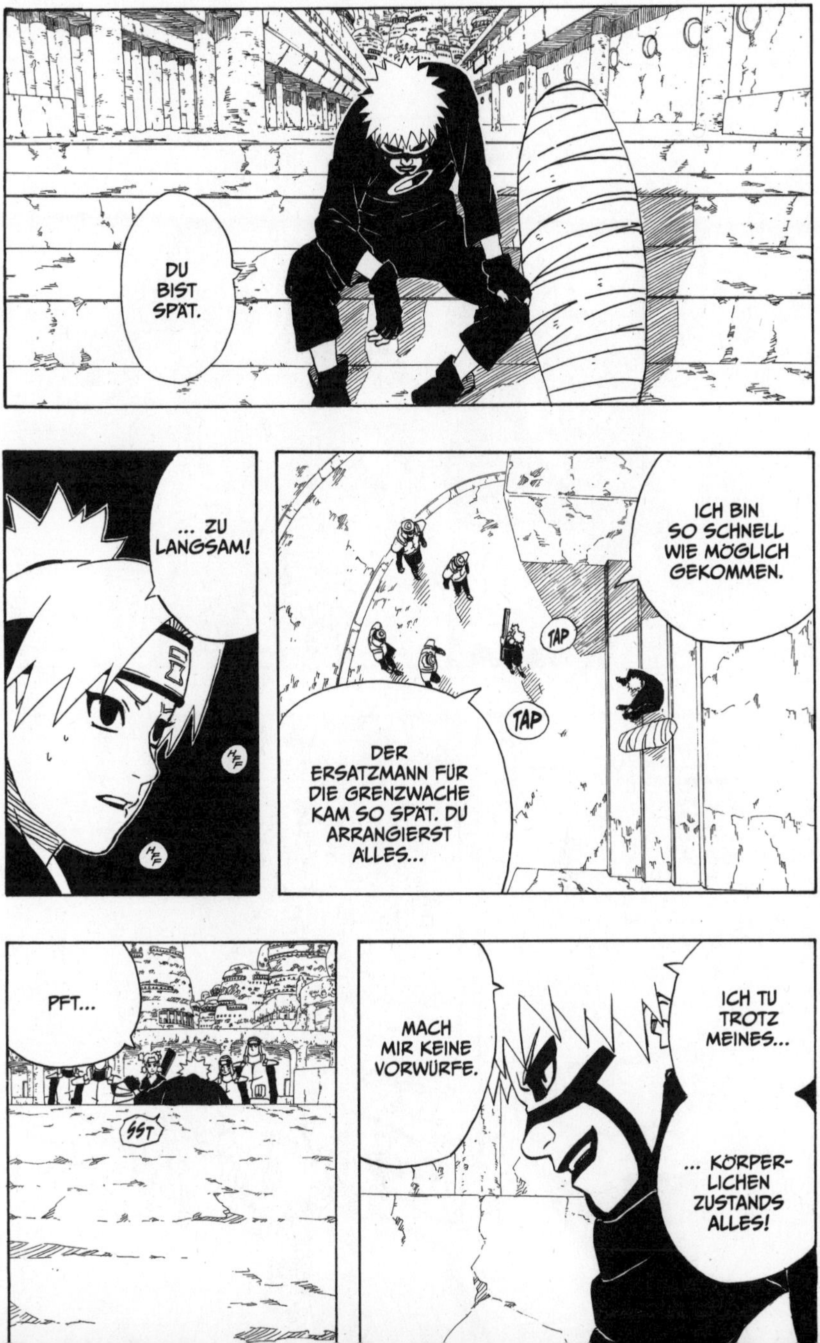
DU BIST SPÄT.
ICH BIN SO SCHNELL WIE MÖGLICH GEKOMMEN.
TAP
TAP
DER ERSATZMANN FÜR DIE GRENZWACHE KAM SO SPÄT. DU ARRANGIERST ALLES...
... ZU LANGSAM!
HEF
HEF
ICH TU TROTZ MEINES...
... KÖRPERLICHEN ZUSTANDS ALLES!
MACH MIR KEINE VORWÜRFE.
PFT...
SST

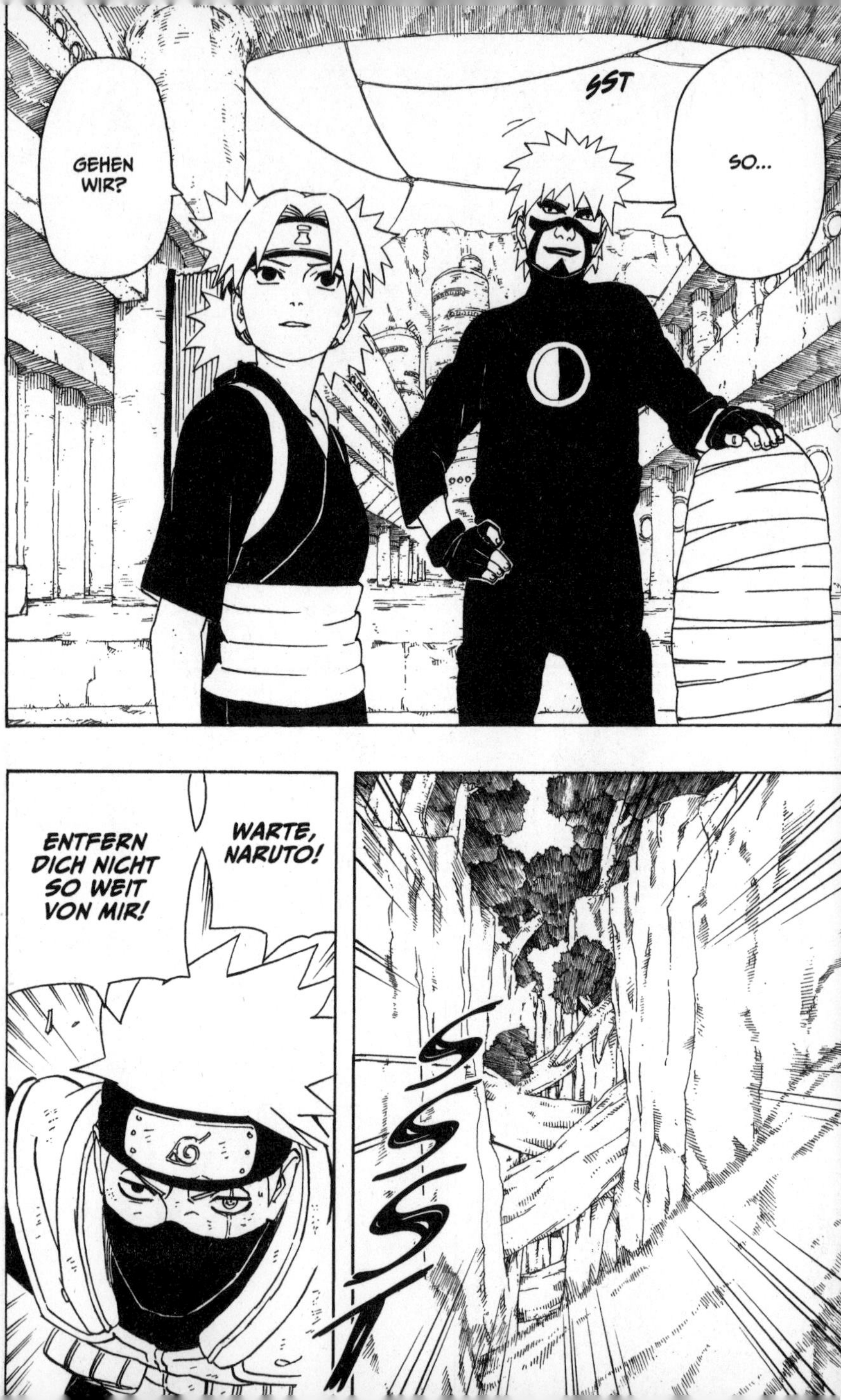
SO...
SST
GEHEN WIR?
WARTE, NARUTO!
ENTFERN DICH NICHT SO WEIT VON MIR!

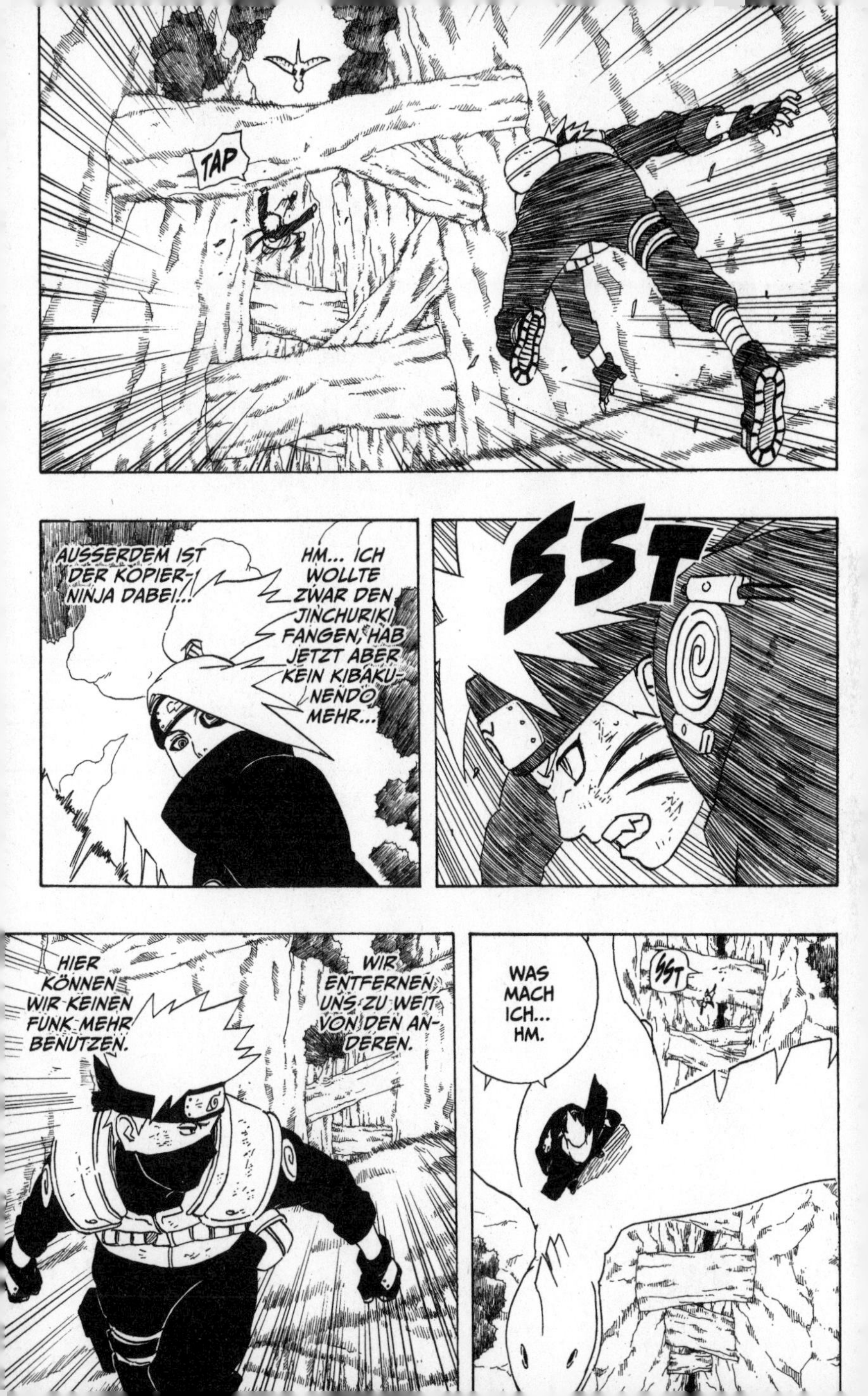
TAP
SST
HM... ICH WOLLTE ZWAR DEN JINCHURIKI FANGEN, HAB JETZT ABER KEIN KIBAKU-NENDO MEHR...
AUSSERDEM IST DER KOPIER-NINJA DABEI...
SST
WAS MACH ICH... HM.
WIR ENTFERNEN UNS ZU WEIT VON DEN ANDEREN.
HIER KÖNNEN WIR KEINEN FUNK MEHR BENUTZEN.

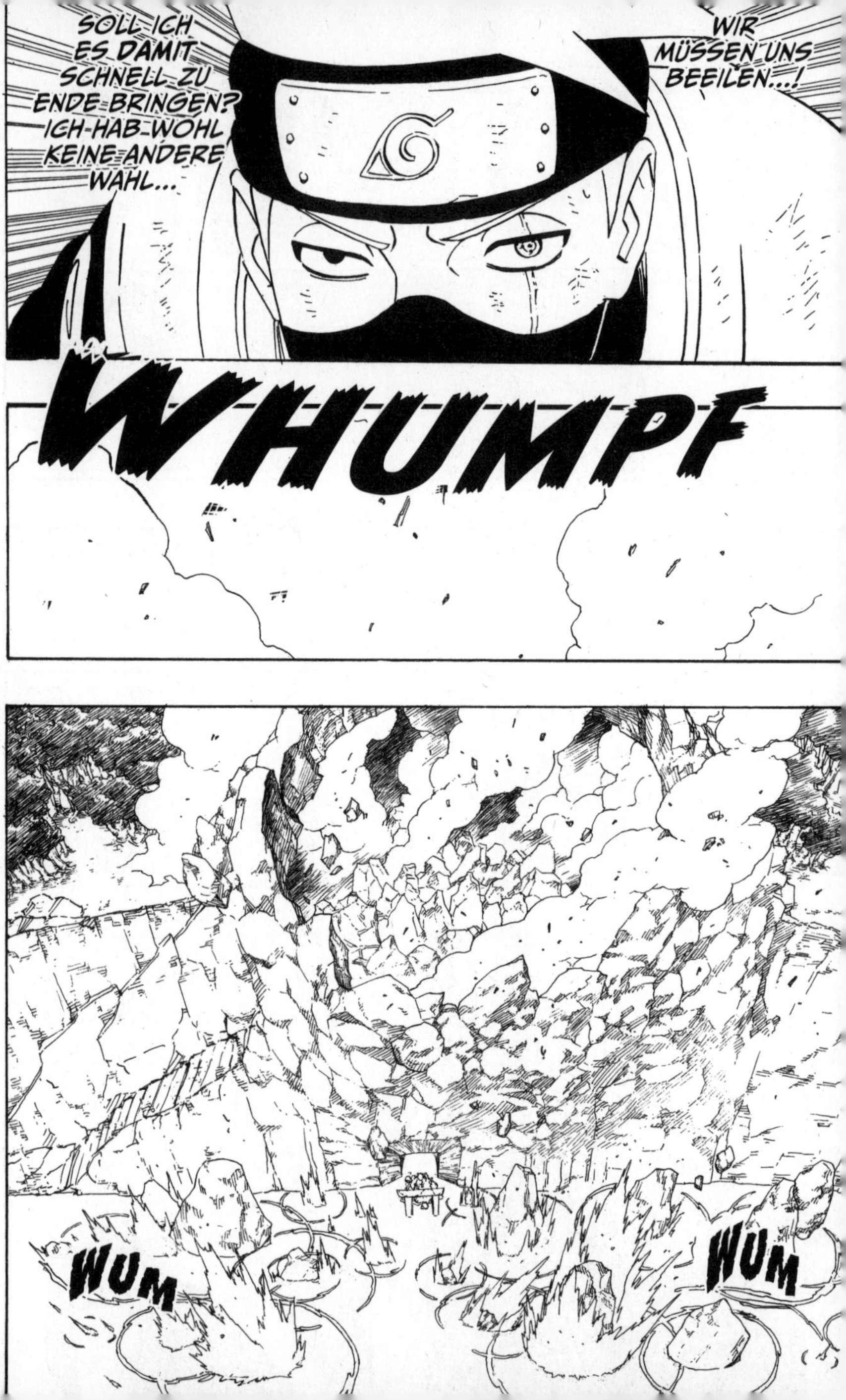
WIR MÜSSEN UNS BEEILEN...!
SOLL ICH ES DAMIT SCHNELL ZU ENDE BRINGEN? ICH HAB WOHL KEINE ANDERE WAHL...
WHUMPF
WUM
WUM

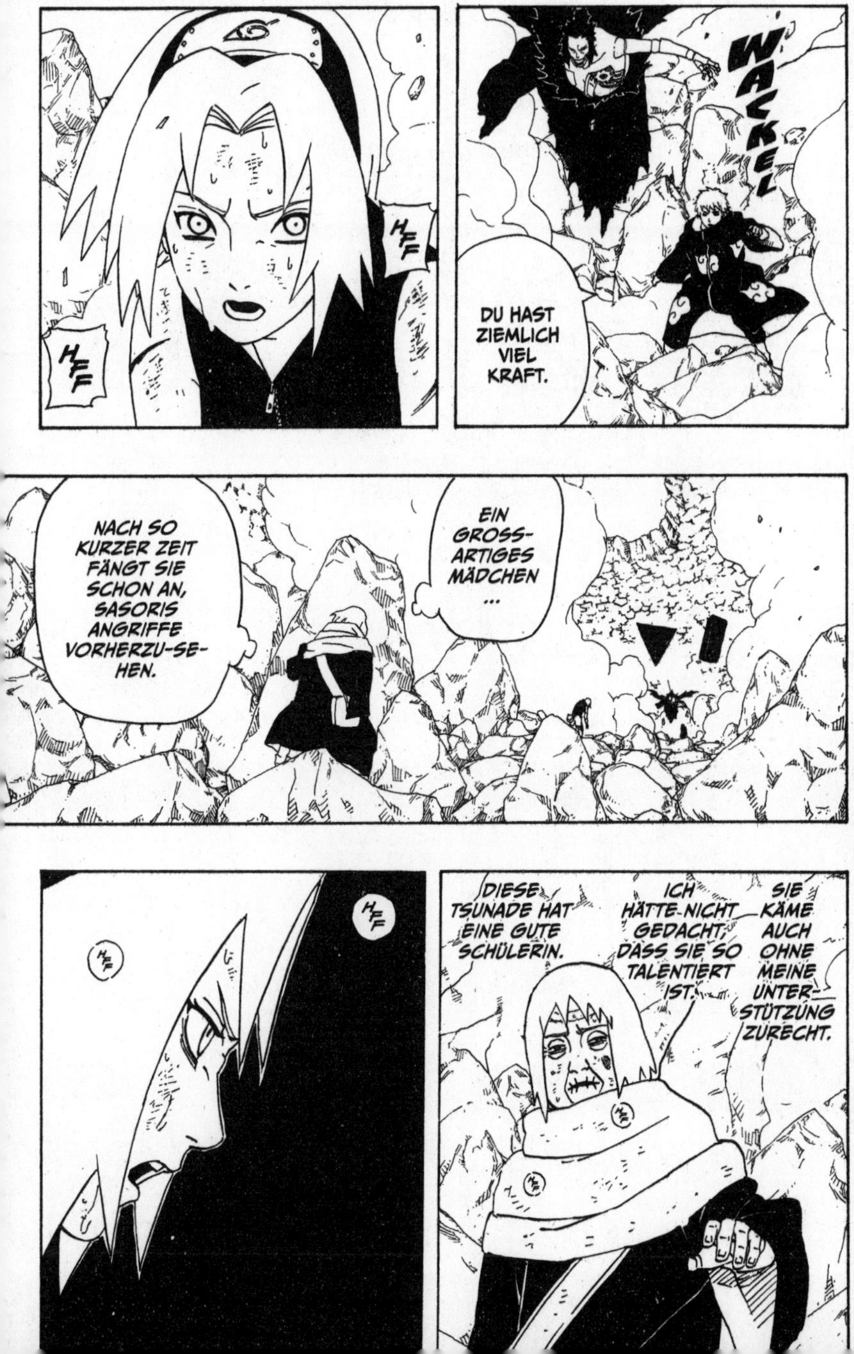
WACKEL
DU HAST ZIEMLICH VIEL KRAFT.
HFF
HFF
EIN GROSSARTIGES MÄDCHEN ...
NACH SO KURZER ZEIT FÄNGT SIE SCHON AN, SASORIS ANGRIFFE VORHERZUSEHEN.
SIE KÄME AUCH OHNE MEINE UNTERSTÜTZUNG ZURECHT.
ICH HÄTTE NICHT GEDACHT, DASS SIE SO TALENTIERT IST.
DIESE TSUNADE HAT EINE GUTE SCHÜLERIN.
HFF
HFF
HFF
HFF

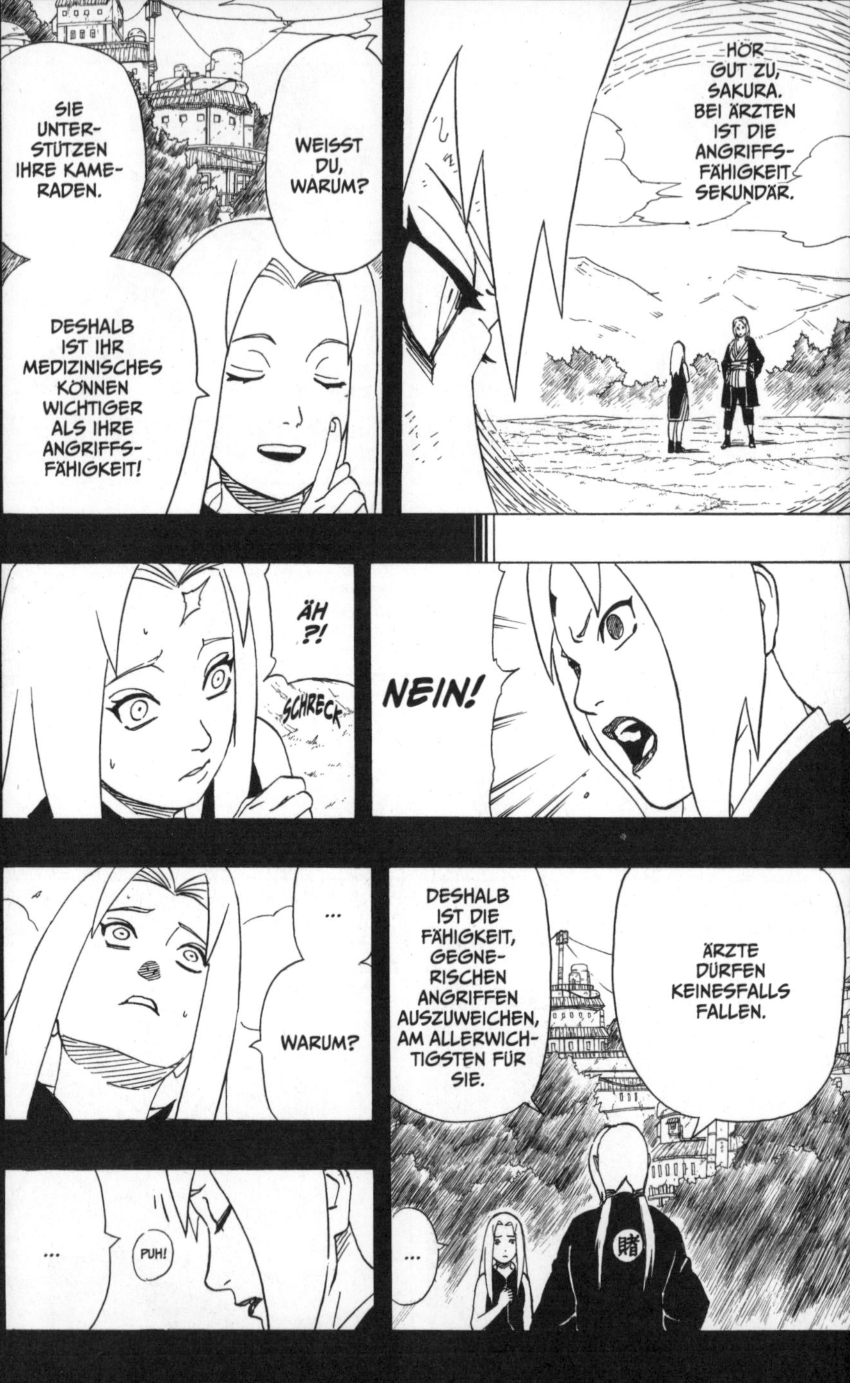

HÖR GUT ZU, SAKURA. BEI ÄRZTEN IST DIE ANGRIFFSFÄHIGKEIT SEKUNDÄR.
WEISST DU, WARUM?
SIE UNTERSTÜTZEN IHRE KAMERADEN.
DESHALB IST IHR MEDIZINISCHES KÖNNEN WICHTIGER ALS IHRE ANGRIFFSFÄHIGKEIT!
NEIN!
ÄH?!
SCHRECK
ÄRZTE DÜRFEN KEINESFALLS FALLEN.
DESHALB IST DIE FÄHIGKEIT, GEGNERISCHEN ANGRIFFEN AUSZUWEICHEN, AM ALLERWICHTIGSTEN FÜR SIE.
...
...
WARUM?
...
PUH!

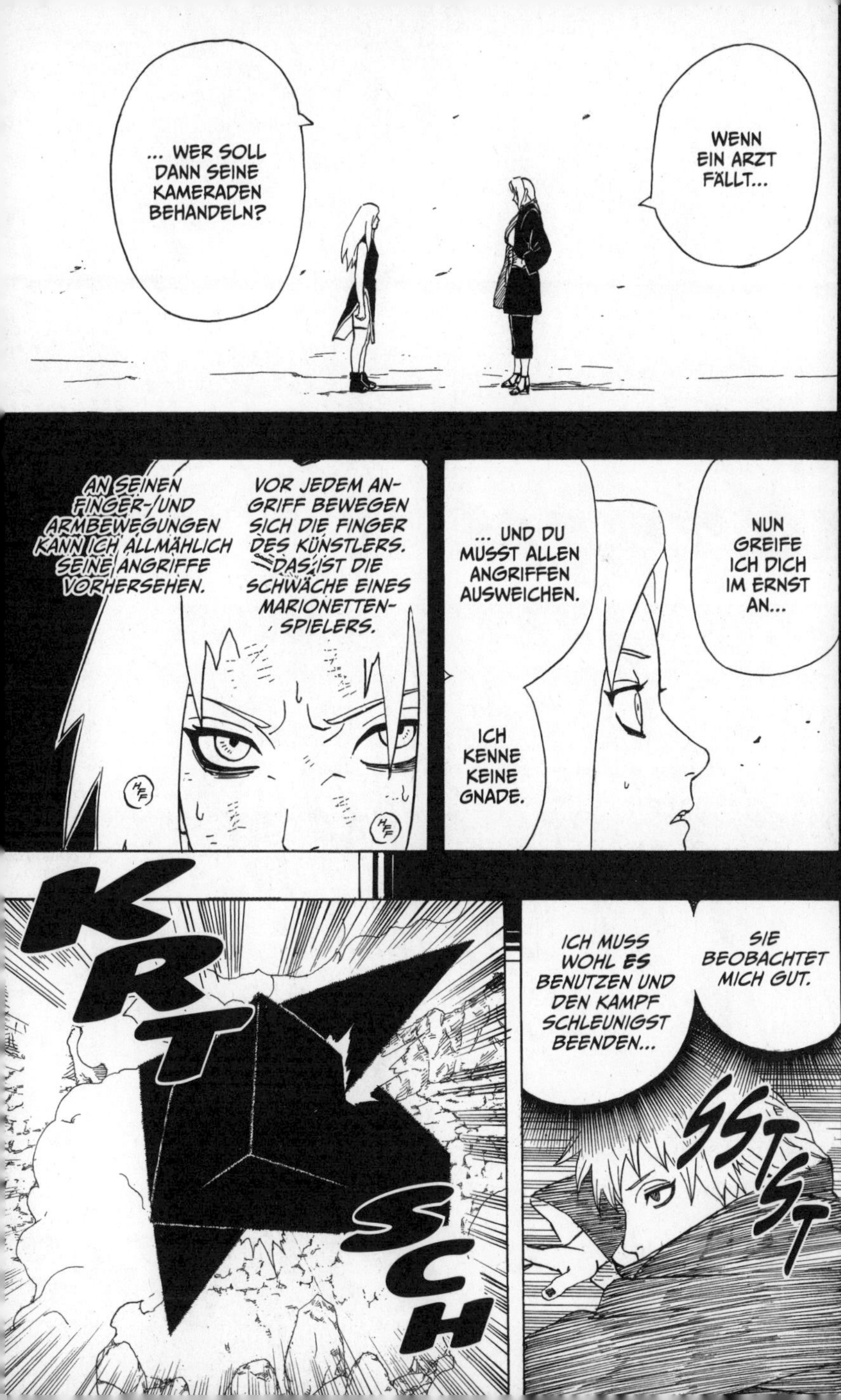
WENN EIN ARZT FÄLLT...
... WER SOLL DANN SEINE KAMERADEN BEHANDELN?
NUN GREIFE ICH DICH IM ERNST AN...
... UND DU MUSST ALLEN ANGRIFFEN AUSWEICHEN.
ICH KENNE KEINE GNADE.
VOR JEDEM AN-GRIFF BEWEGEN SICH DIE FINGER DES KÜNSTLERS. DAS IST DIE SCHWÄCHE EINES MARIONETTEN-SPIELERS.
AN SEINEN FINGER-/UND ARMBEWEGUNGEN KANN ICH ALLMÄHLICH SEINE ANGRIFFE VORHERSEHEN.
HEF
HEF
SIE BEOBACHTET MICH GUT.
ICH MUSS WOHL ES BENUTZEN UND DEN KAMPF SCHLEUNIGST BEENDEN...
SSTST
KRT
SCH

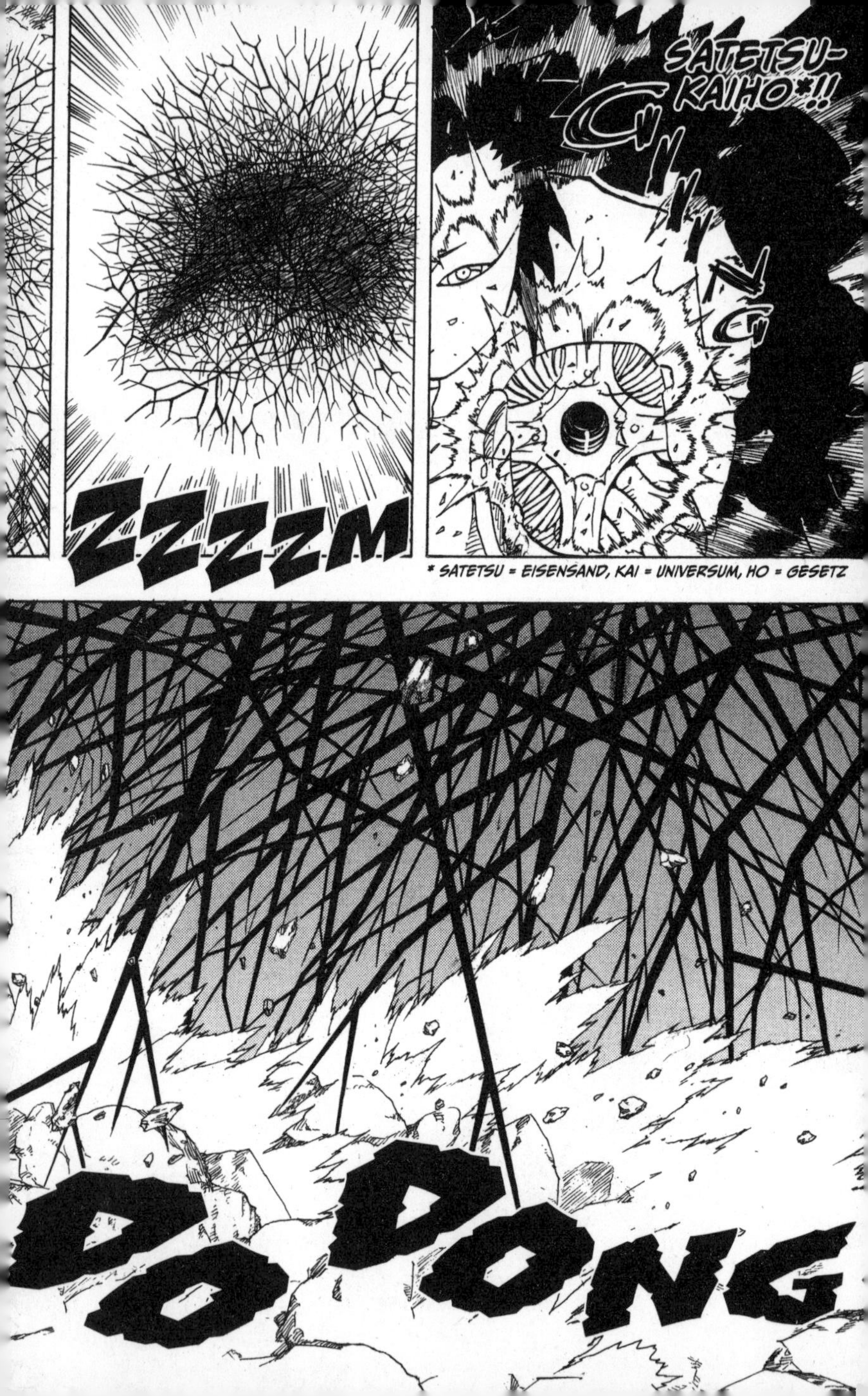
SATETSU-KAIHO*!!
ZZZZM
* SATETSU = EISENSAND, KAI = UNIVERSUM, HO = GESETZ
DO DONG

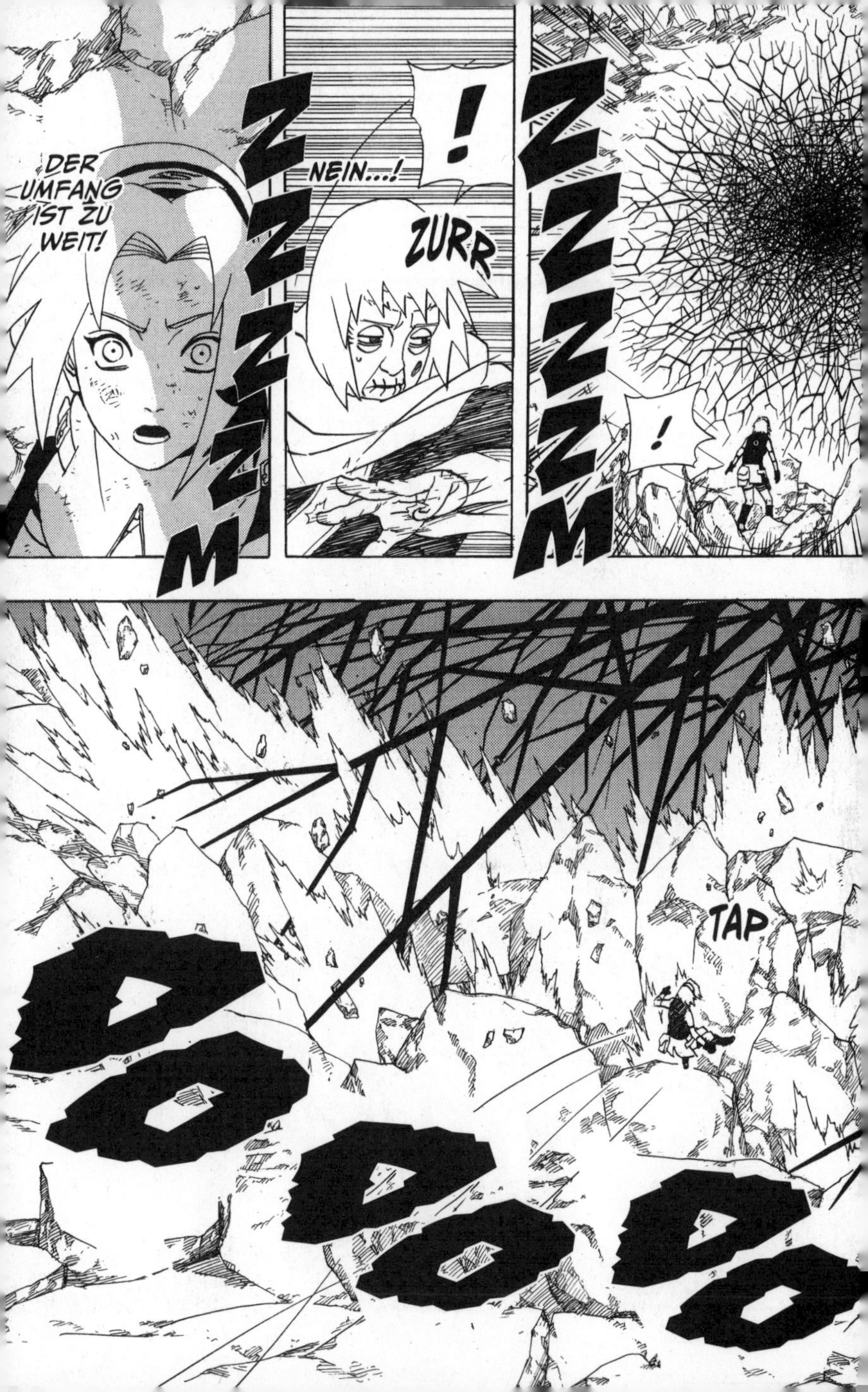
!
NEIN...!
ZURR
ZZZZZZM
DER UMFANG IST ZU WEIT!
ZZZZZZM
!
TAP
DOOOO

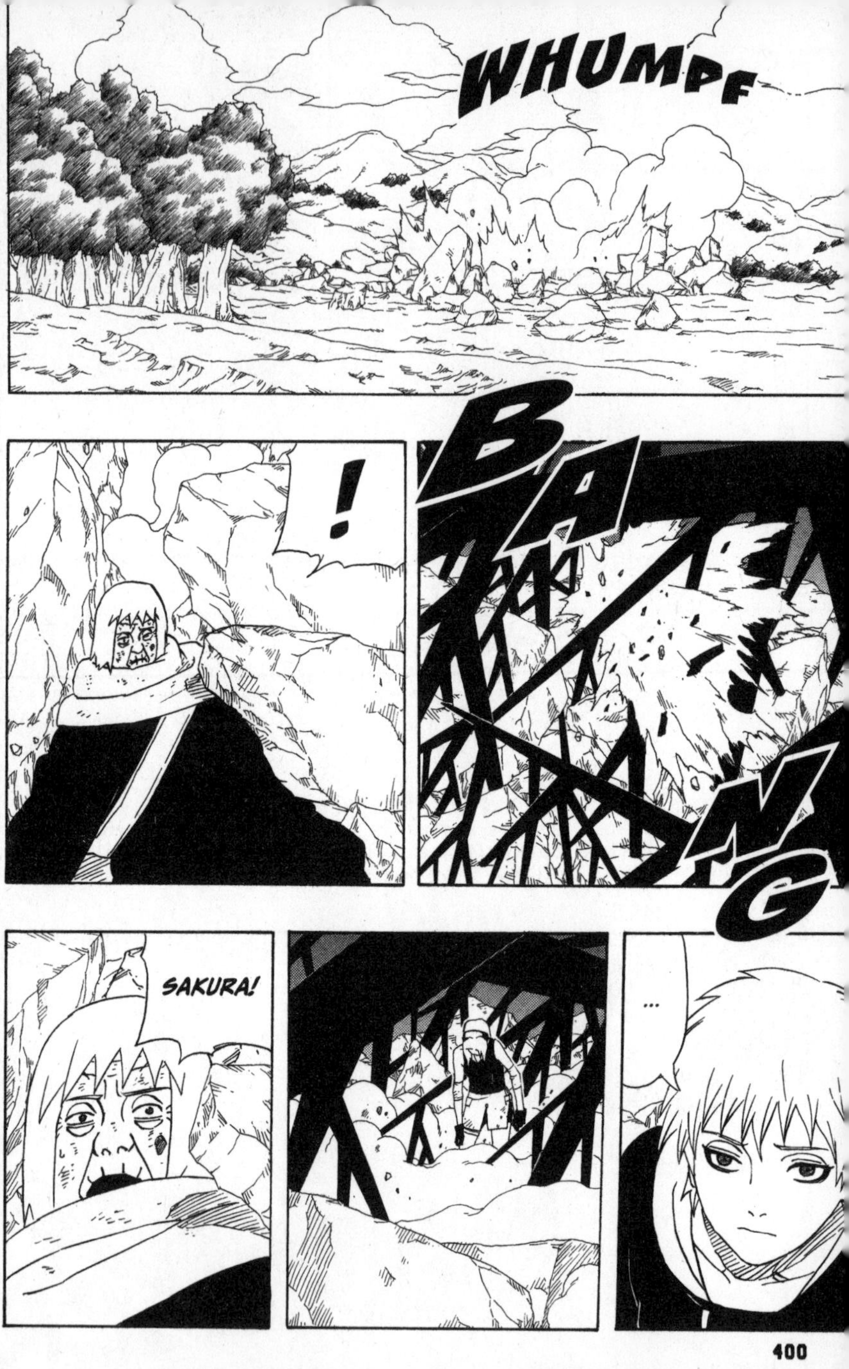
WHUMPF
!
BANG
SAKURA!
...

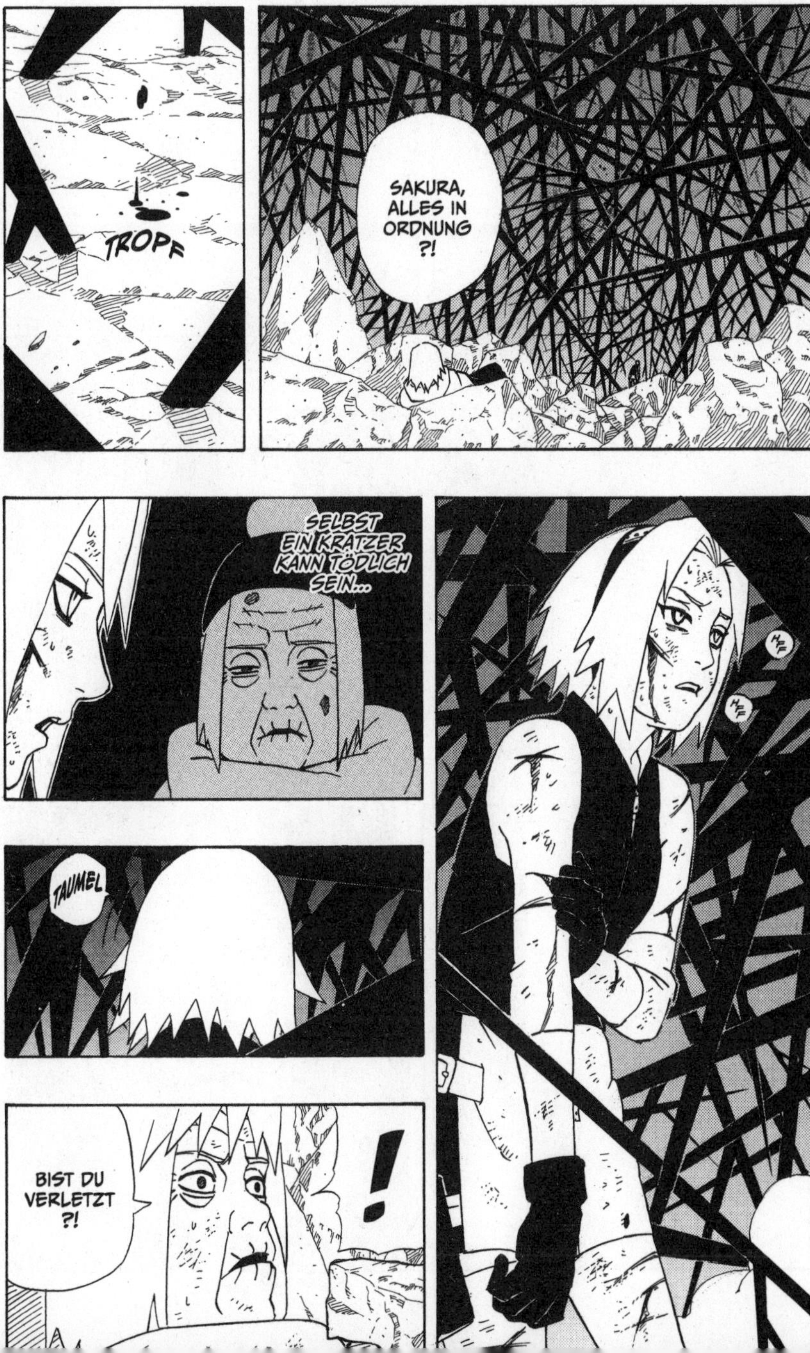
SAKURA, ALLES IN ORDNUNG ?!
TROPF
SELBST EIN KRATZER KANN TÖDLICH SEIN...
TAUMEL
!
BIST DU VERLETZT ?!

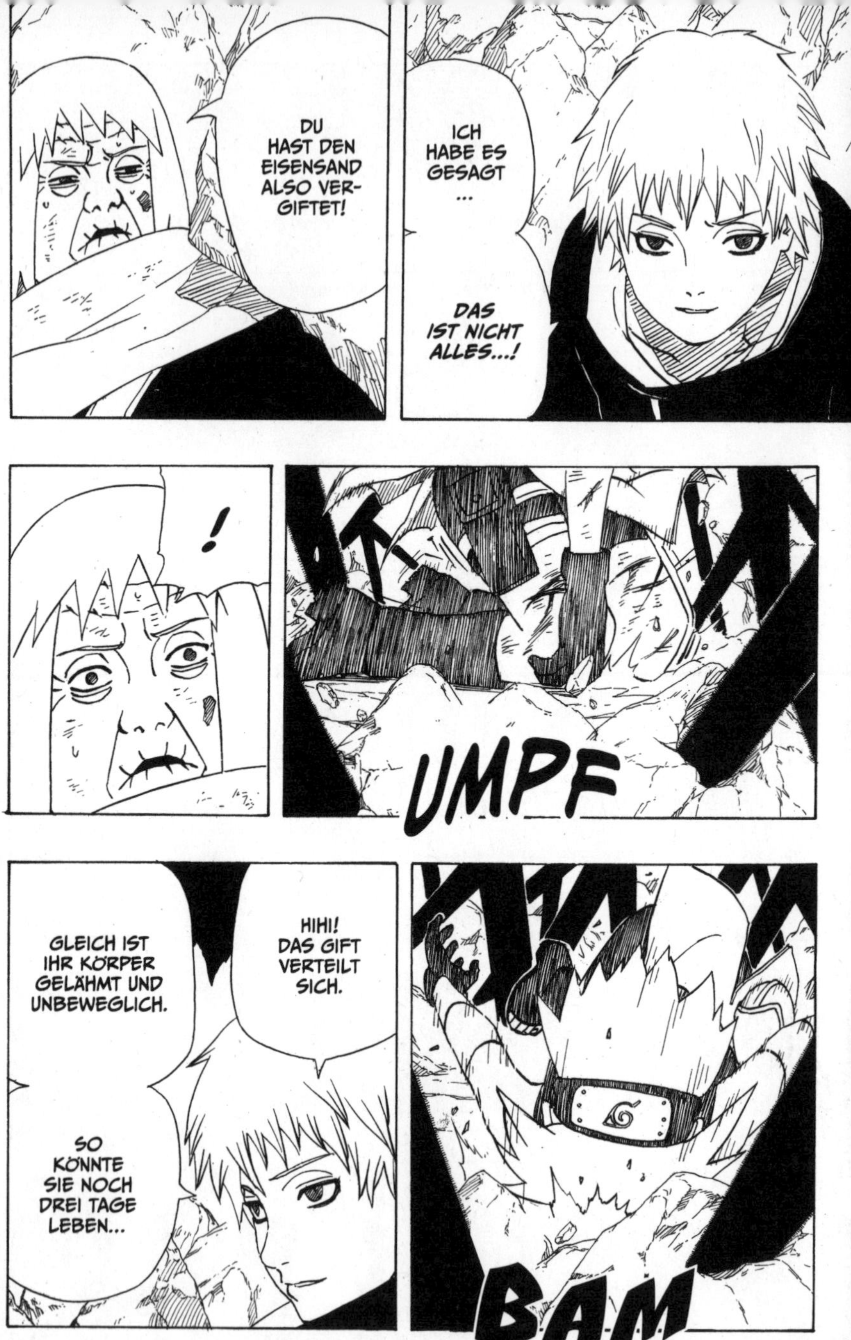
ICH HABE ES GESAGT ...
DAS IST NICHT ALLES...!
DU HAST DEN EISENSAND ALSO VERGIFTET!
UMPF
!
BAM
HIHI! DAS GIFT VERTEILT SICH.
GLEICH IST IHR KÖRPER GELÄHMT UND UNBEWEGLICH.
SO KÖNNTE SIE NOCH DREI TAGE LEBEN...

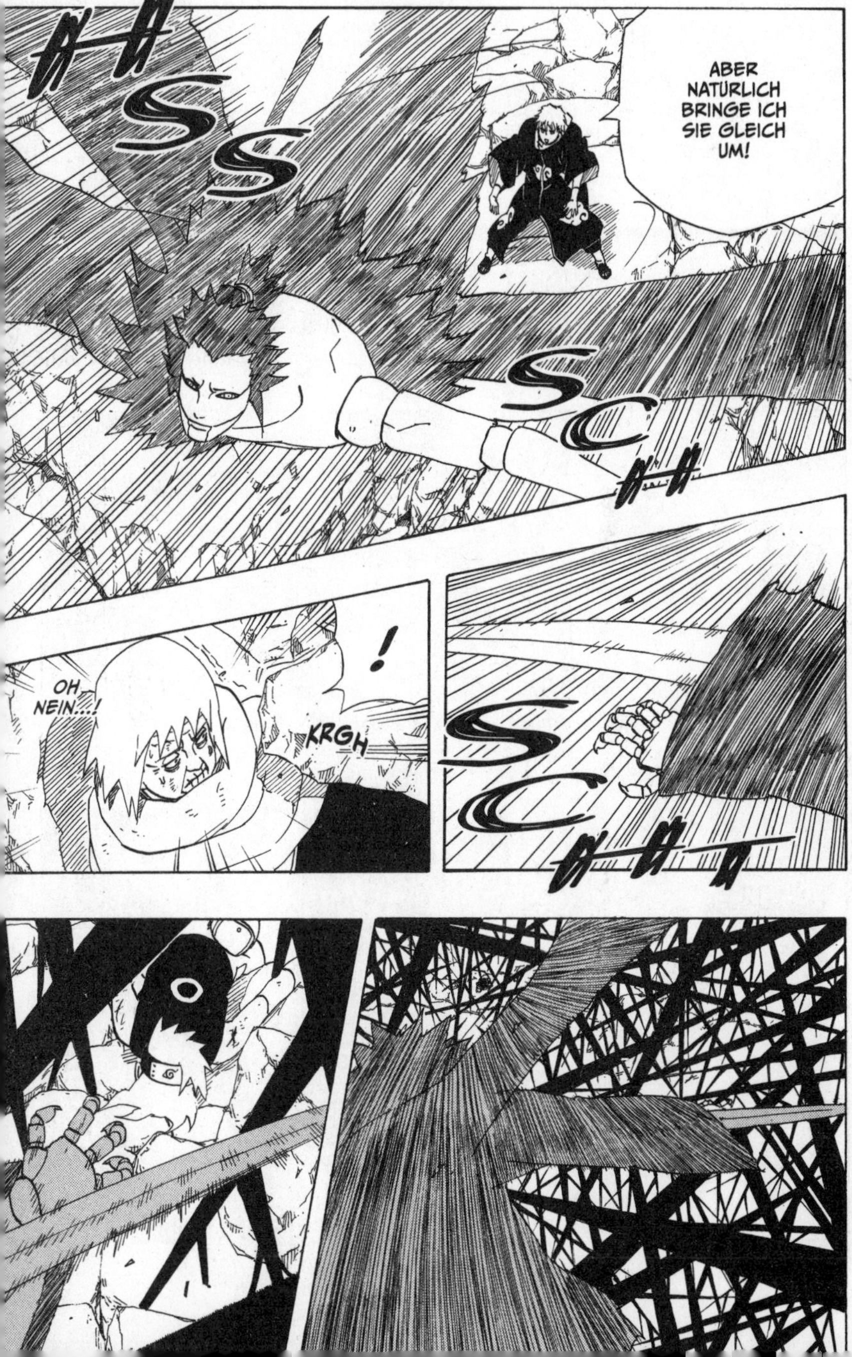
ABER NATÜRLICH BRINGE ICH SIE GLEICH UM!
!
KRGH
OH NEIN...!

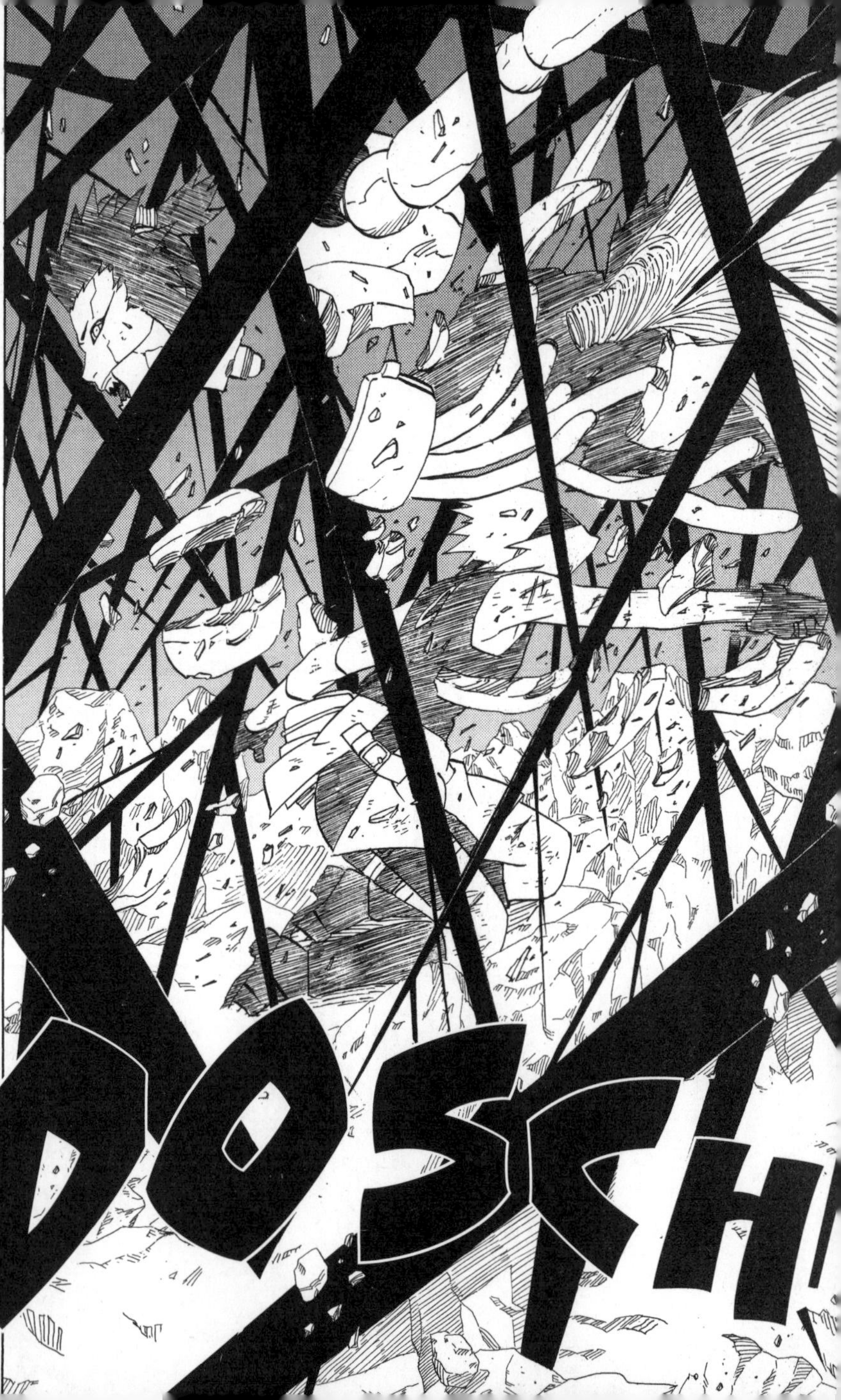
DOSCH!

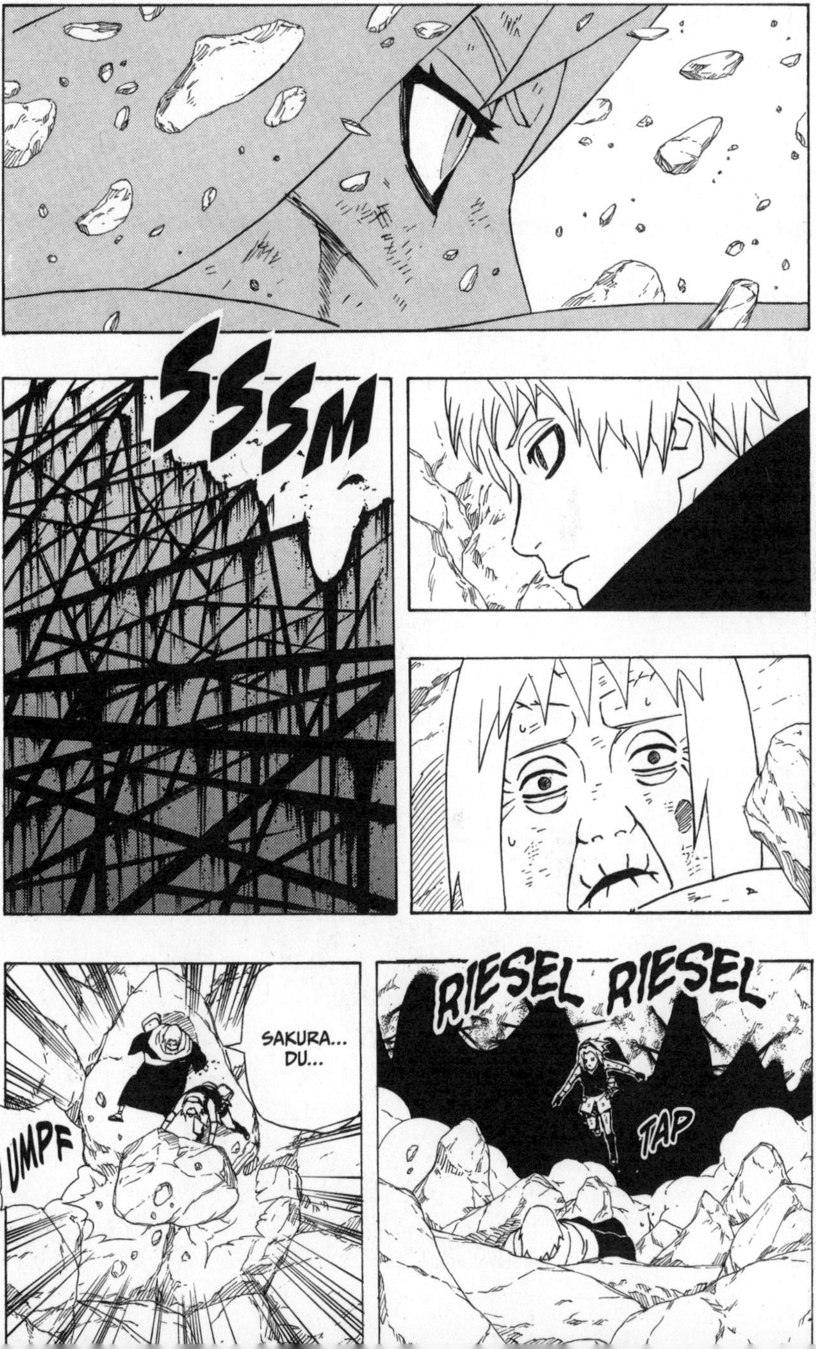
SSSM
RIESEL RIESEL
TAP
SAKURA...
DU...
UMPF

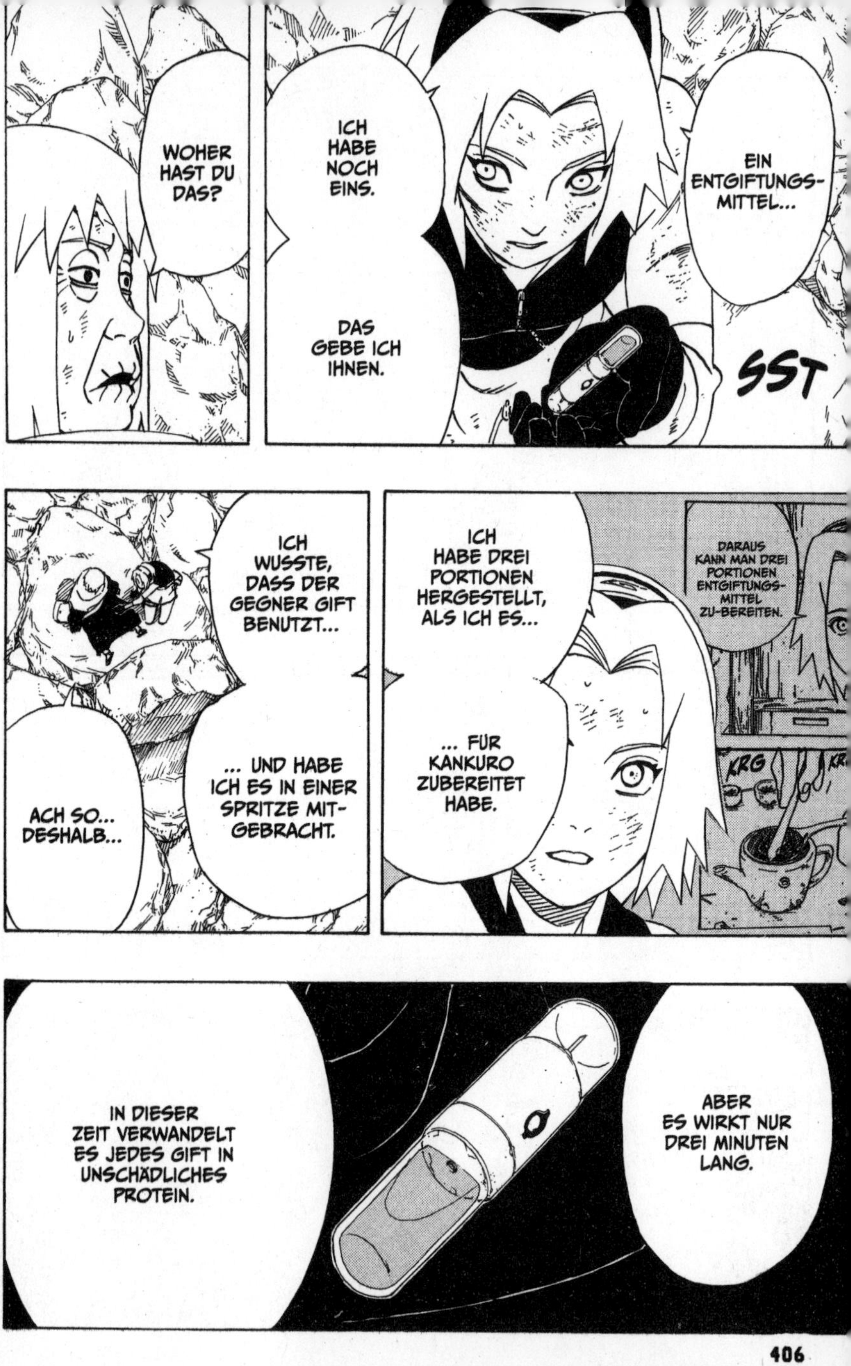
EIN ENTGIFTUNGS-MITTEL...
SST
ICH HABE NOCH EINS.
DAS GEBE ICH IHNEN.
WOHER HAST DU DAS?
DARAUS KANN MAN DREI PORTIONEN ENTGIFTUNGS-MITTEL ZU-BEREITEN.
KRG
ICH HABE DREI PORTIONEN HERGESTELLT, ALS ICH ES...
... FÜR KANKURO ZUBEREITET HABE.
ICH WUSSTE, DASS DER GEGNER GIFT BENUTZT...
... UND HABE ICH ES IN EINER SPRITZE MIT-GEBRACHT.
ACH SO... DESHALB...
ABER ES WIRKT NUR DREI MINUTEN LANG.
IN DIESER ZEIT VERWANDELT ES JEDES GIFT IN UNSCHÄDLICHES PROTEIN.

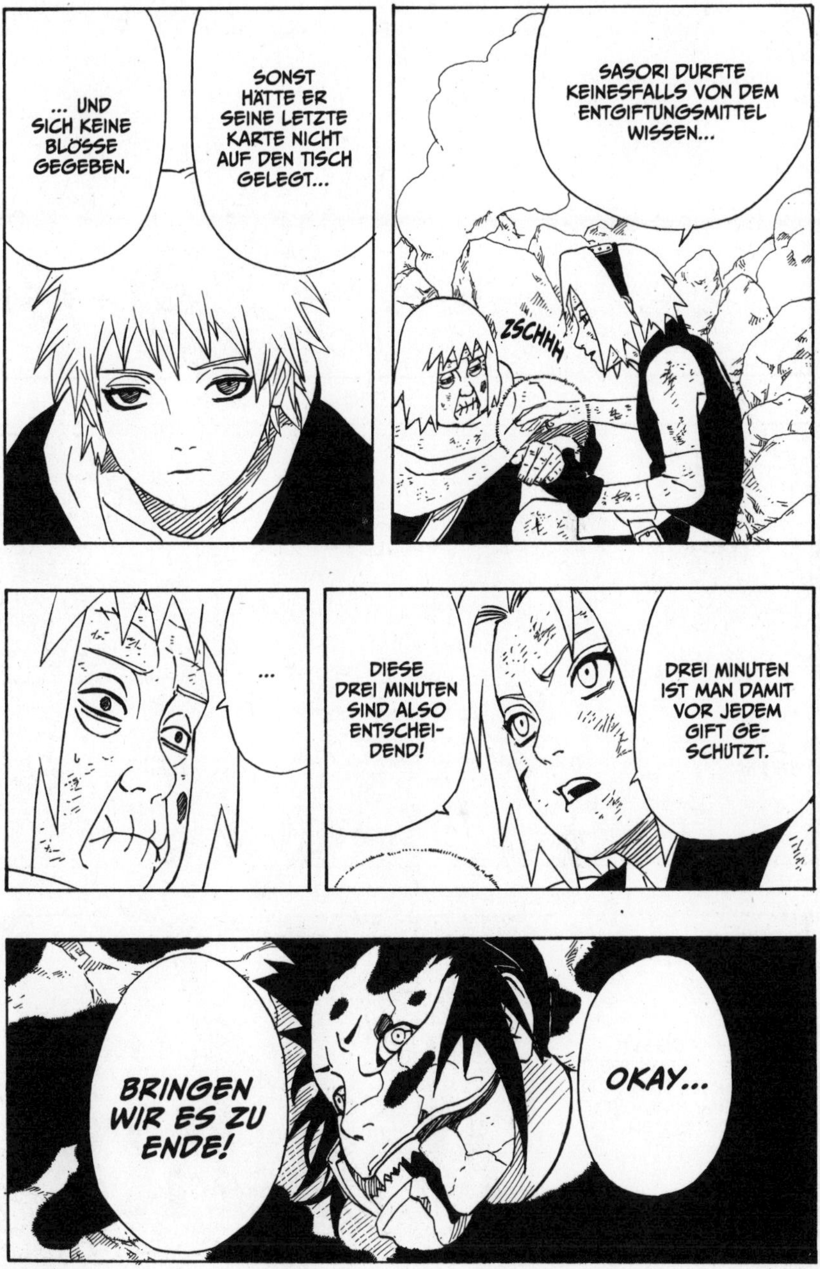

SASORI DURFTE KEINESFALLS VON DEM ENTGIFTUNGSMITTEL WISSEN...
ZSCHHH
SONST HÄTTE ER SEINE LETZTE KARTE NICHT AUF DEN TISCH GELEGT...
... UND SICH KEINE BLÖSSE GEGEBEN.
DREI MINUTEN IST MAN DAMIT VOR JEDEM GIFT GESCHÜTZT.
DIESE DREI MINUTEN SIND ALSO ENTSCHEIDEND!
...
OKAY...
BRINGEN WIR ES ZU ENDE!

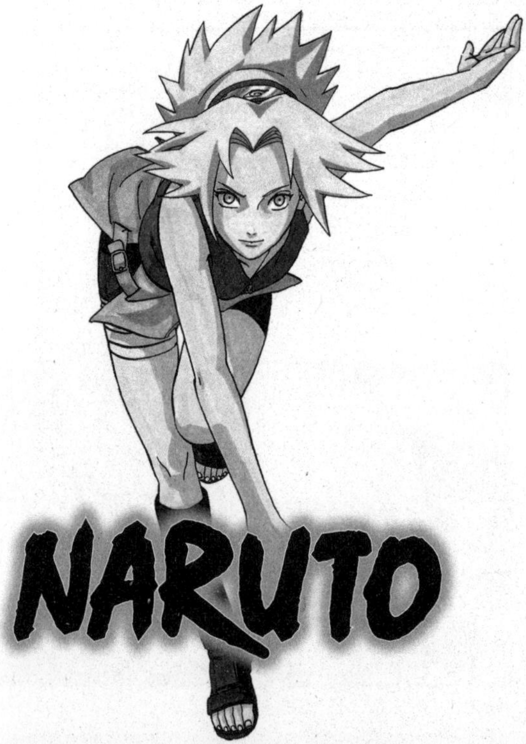
NARUTO

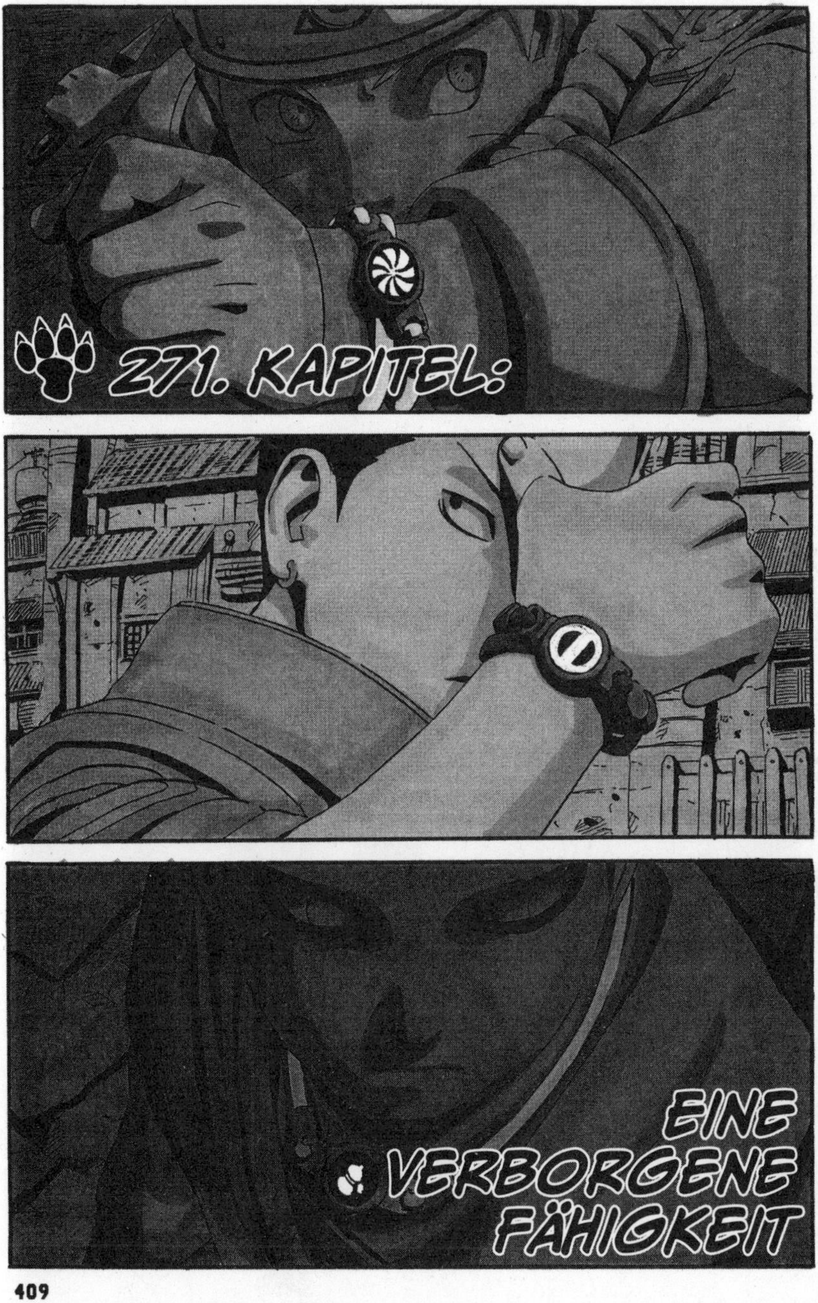
271. KAPITEL:
EINE VERBORGENE FÄHIGKEIT

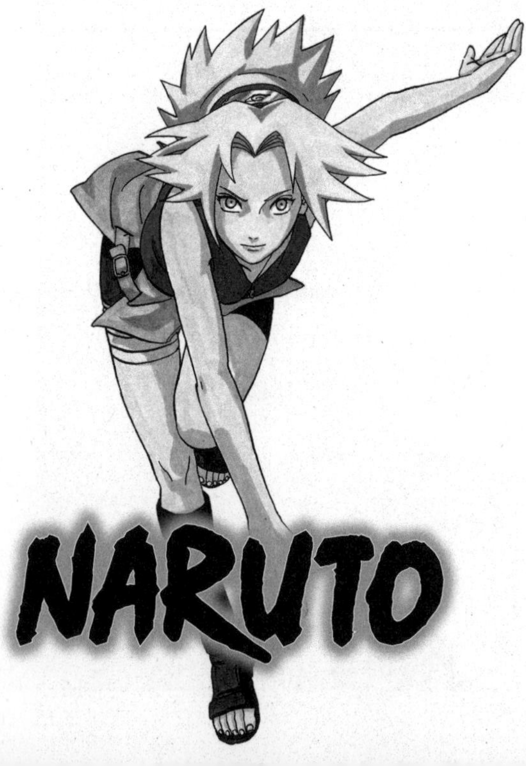
NARUTO

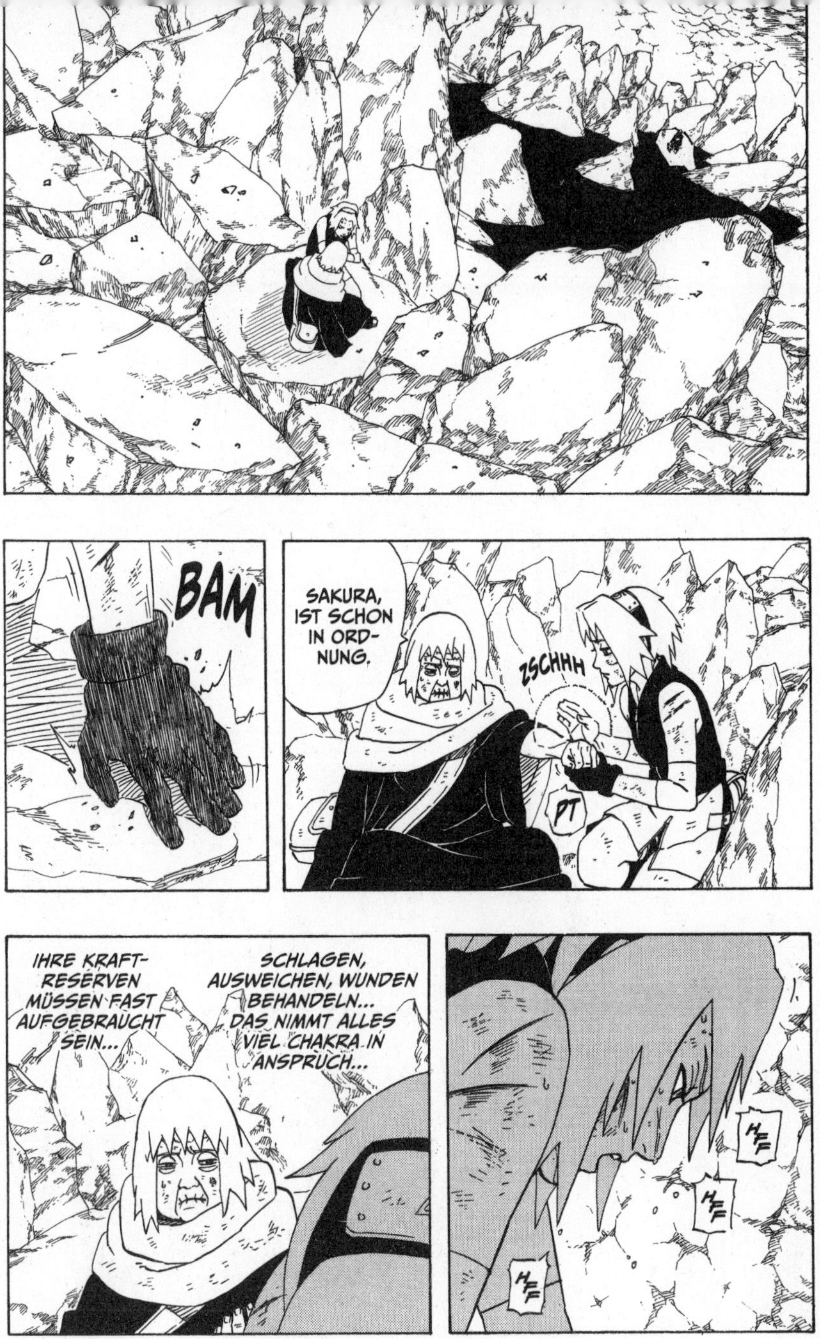
BAM
SAKURA, IST SCHON IN ORD-NUNG.
ZSCHHH
PT
SCHLAGEN, AUSWEICHEN, WUNDEN BEHANDELN... DAS NIMMT ALLES VIEL CHAKRA IN ANSPRUCH...
IHRE KRAFT-RESERVEN MÜSSEN FAST AUFGEBRAUCHT SEIN...
HFF
HFF
HFF

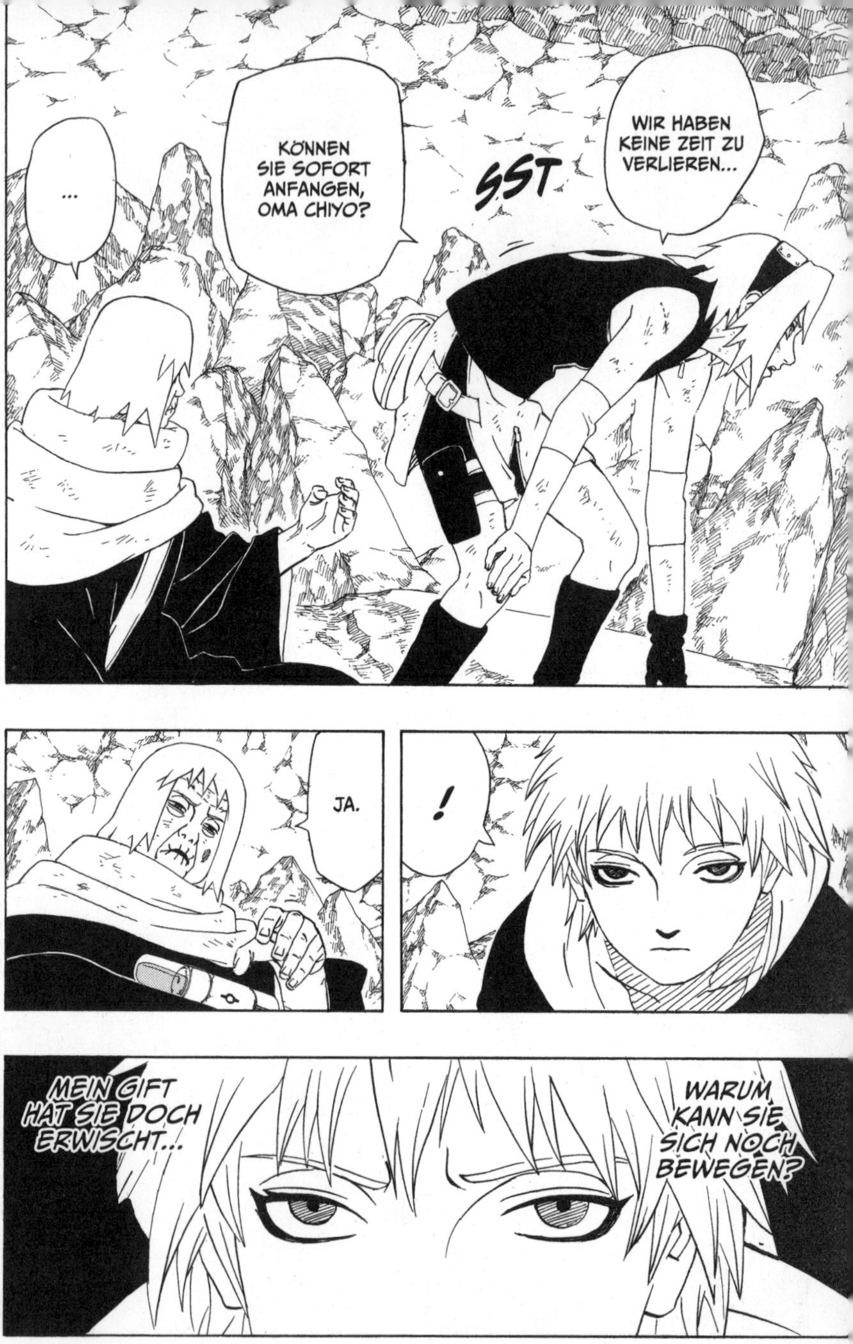
WIR HABEN KEINE ZEIT ZU VERLIEREN...
SST
KÖNNEN SIE SOFORT ANFANGEN, OMA CHIYO?
...
!
JA.
WARUM KANN SIE SICH NOCH BEWEGEN?
MEIN GIFT HAT SIE DOCH ERWISCHT...

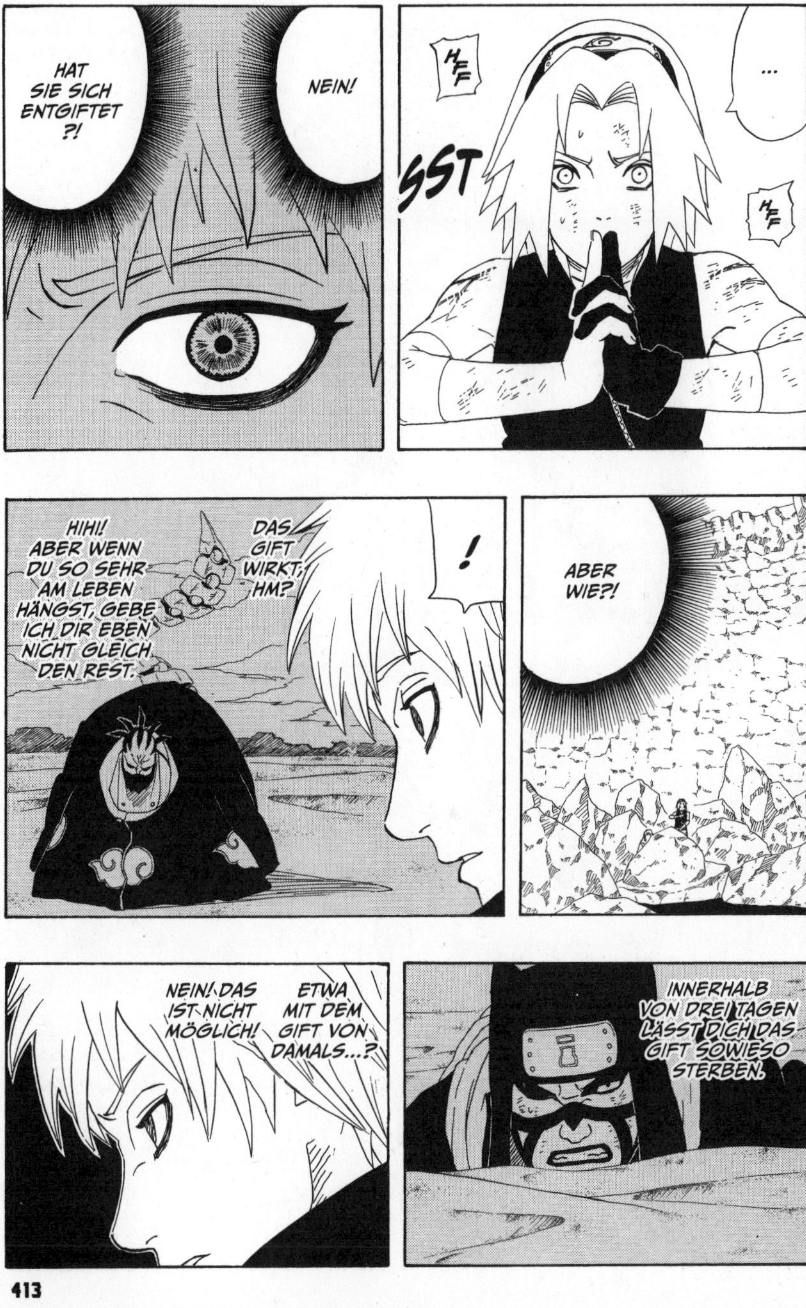
HFF
...
SST
HFF
NEIN!
HAT SIE SICH ENTGIFTET ?!
ABER WIE?!
!
DAS GIFT WIRKT, HM?
HIHI! ABER WENN DU SO SEHR AM LEBEN HÄNGST, GEBE ICH DIR EBEN NICHT GLEICH DEN REST.
INNERHALB VON DREI TAGEN LÄSST DICH DAS GIFT SOWIESO STERBEN.
ETWA MIT DEM GIFT VON DAMALS...?
NEIN! DAS IST NICHT MÖGLICH!

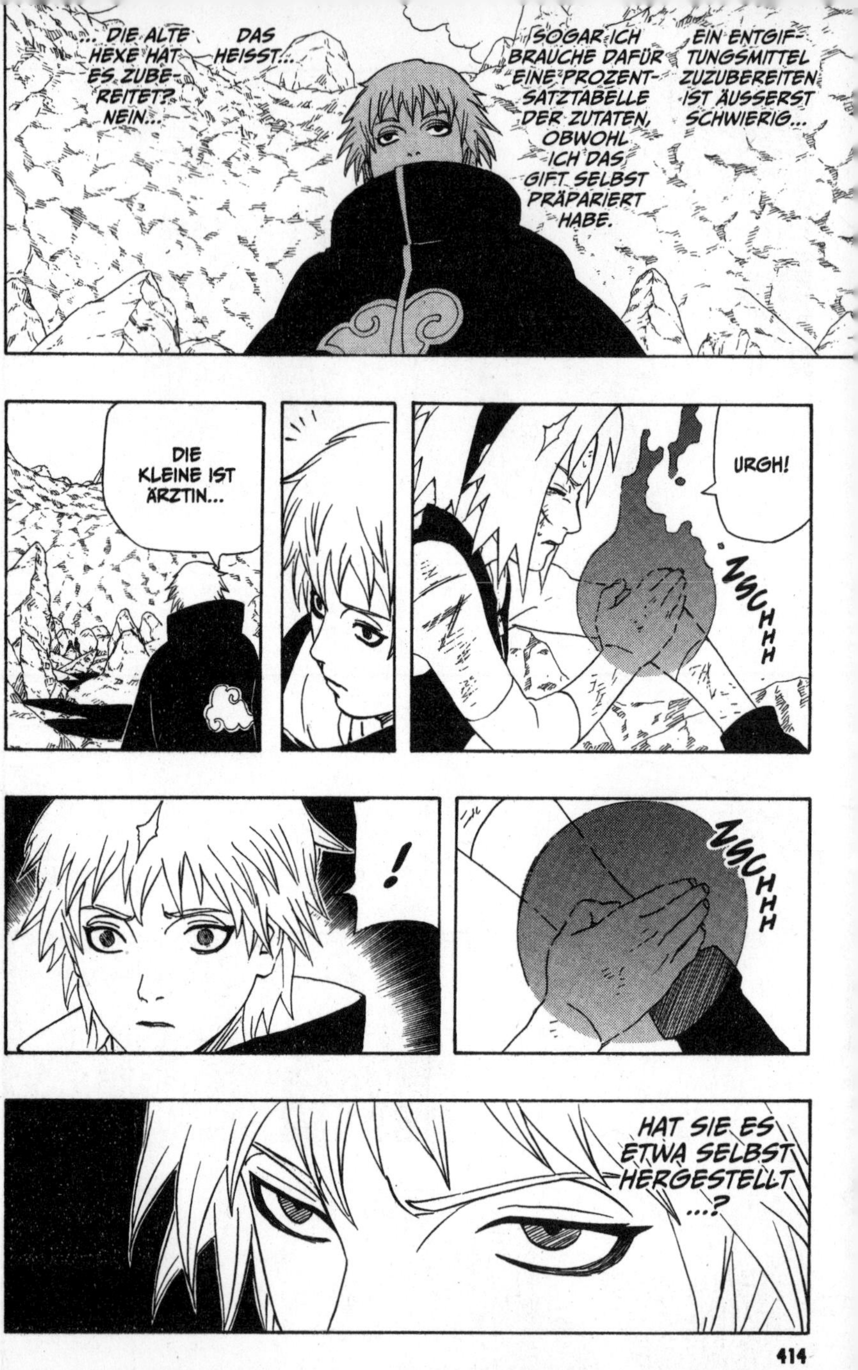
EIN ENTGIF-TUNGSMITTEL ZUZUBEREITEN IST ÄUSSERST SCHWIERIG...
SOGAR ICH BRAUCHE DAFÜR EINE PROZENT-SATZTABELLE DER ZUTATEN, OBWOHL ICH DAS GIFT SELBST PRÄPARIERT HABE.
DAS HEISST...
... DIE ALTE HEXE HAT ES ZUBE-REITET? NEIN...
URGH!
ZSCHHH
DIE KLEINE IST ÄRZTIN...
ZSCHHH
!
HAT SIE ES ETWA SELBST HERGESTELLT ...?

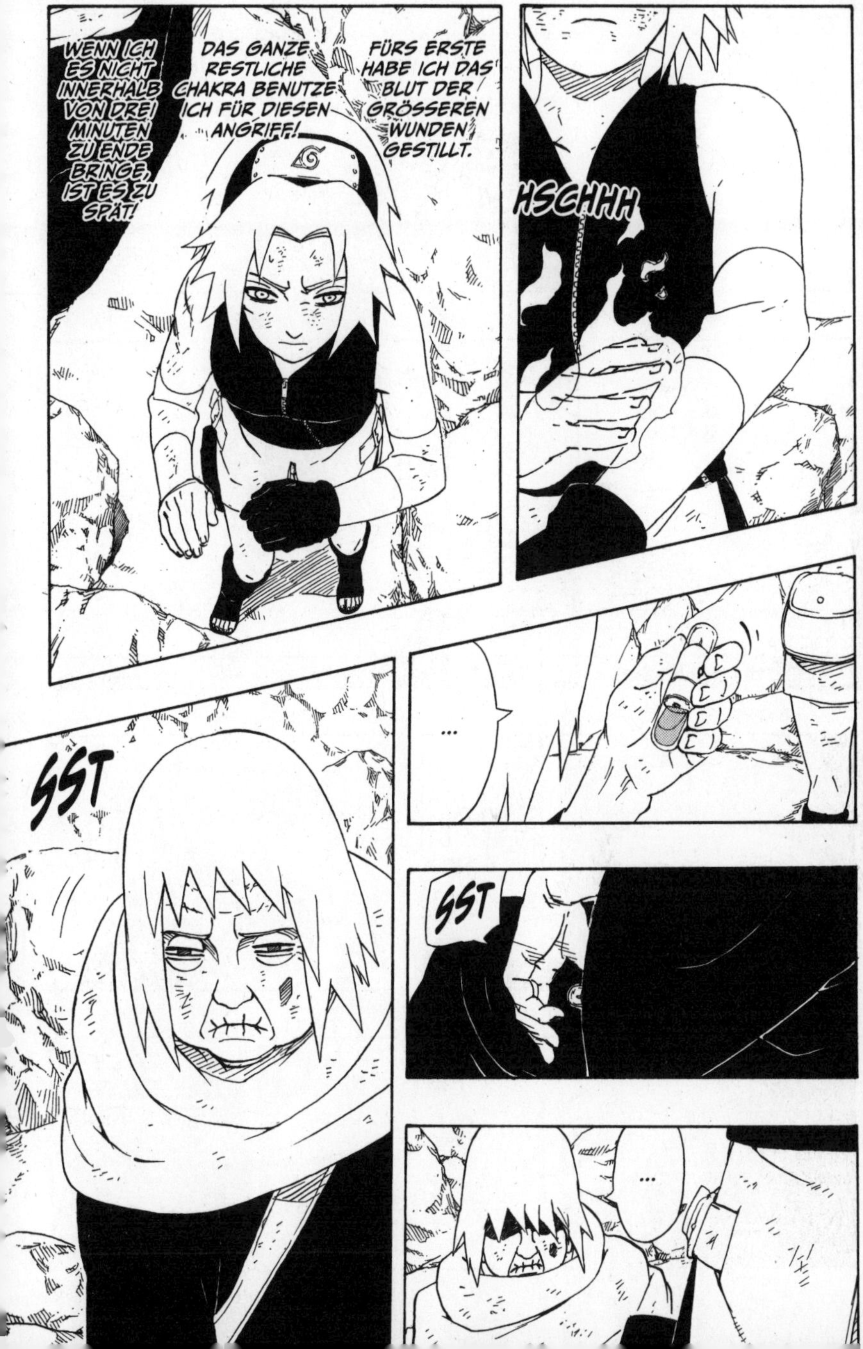
FÜRS ERSTE HABE ICH DAS BLUT DER GRÖSSEREN WUNDEN GESTILLT.
DAS GANZE RESTLICHE CHAKRA BENUTZE ICH FÜR DIESEN ANGRIFF!
WENN ICH ES NICHT INNERHALB VON DREI MINUTEN ZU ENDE BRINGE, IST ES ZU SPÄT!
HSCHHH
...
SST
SST
...

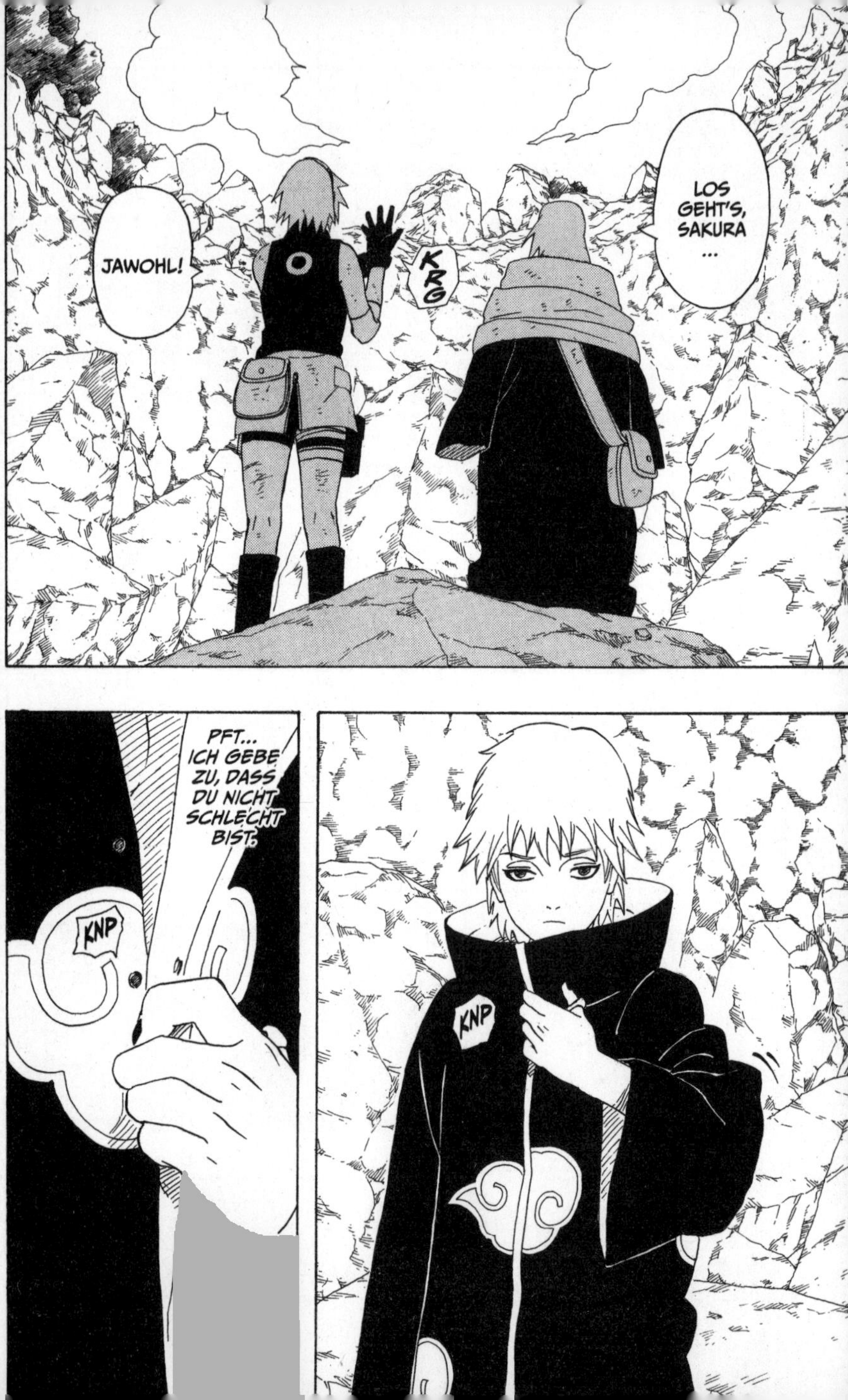
LOS GEHT'S, SAKURA ...
KRG
JAWOHL!
KNP
PFT... ICH GEBE ZU, DASS DU NICHT SCHLECHT BIST.
KNP

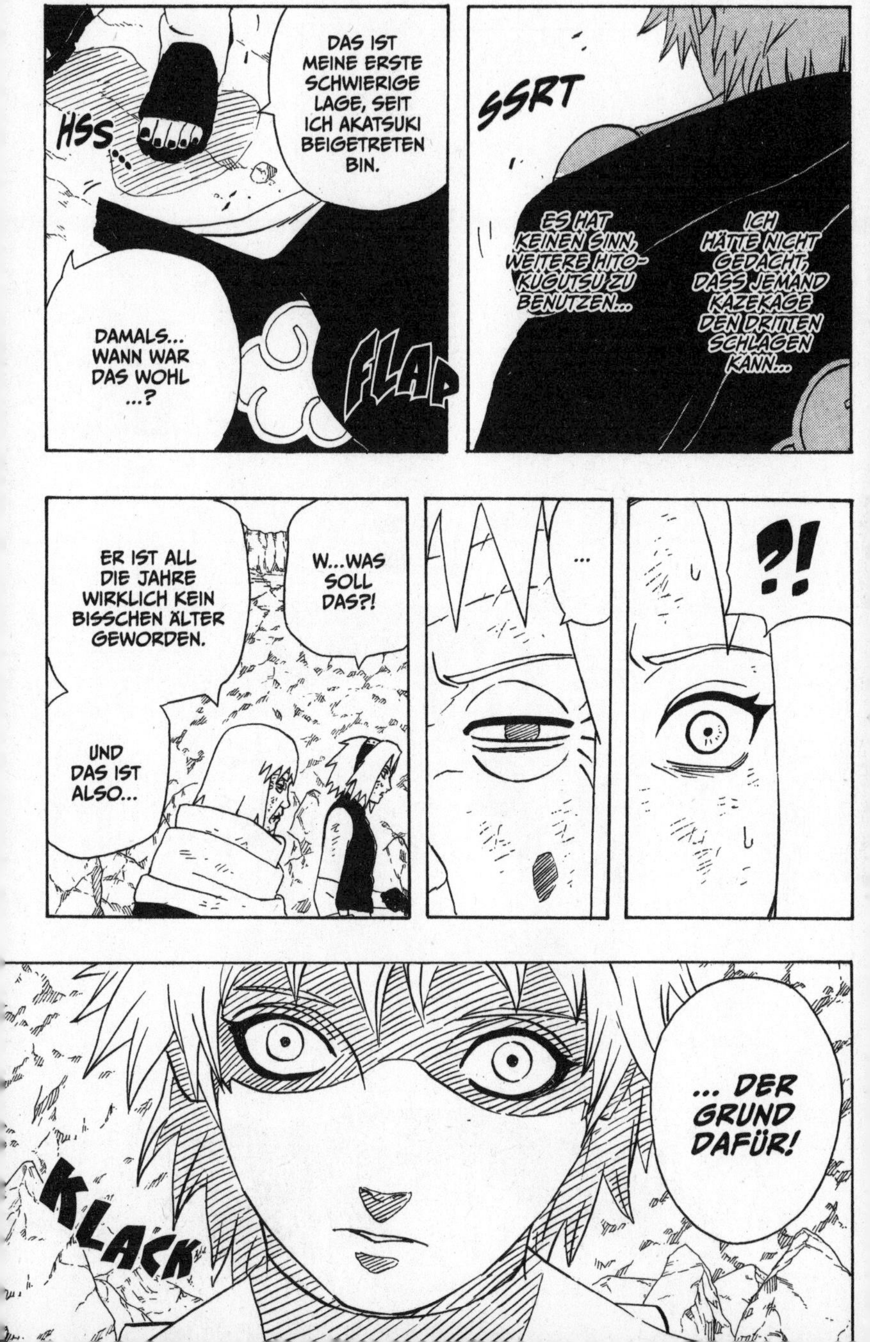
SSRT
ICH HÄTTE NICHT GEDACHT, DASS JEMAND KAZEKAGE DEN DRITTEN SCHLAGEN KANN...
ES HAT KEINEN SINN, WEITERE HITO-KUGUTSU ZU BENUTZEN...
DAS IST MEINE ERSTE SCHWIERIGE LAGE, SEIT ICH AKATSUKI BEIGETRETEN BIN.
HSS...
DAMALS... WANN WAR DAS WOHL ...?
FLAP
?!
...
W...WAS SOLL DAS?!
ER IST ALL DIE JAHRE WIRKLICH KEIN BISSCHEN ÄLTER GEWORDEN.
UND DAS IST ALSO...
... DER GRUND DAFÜR!
KLACK

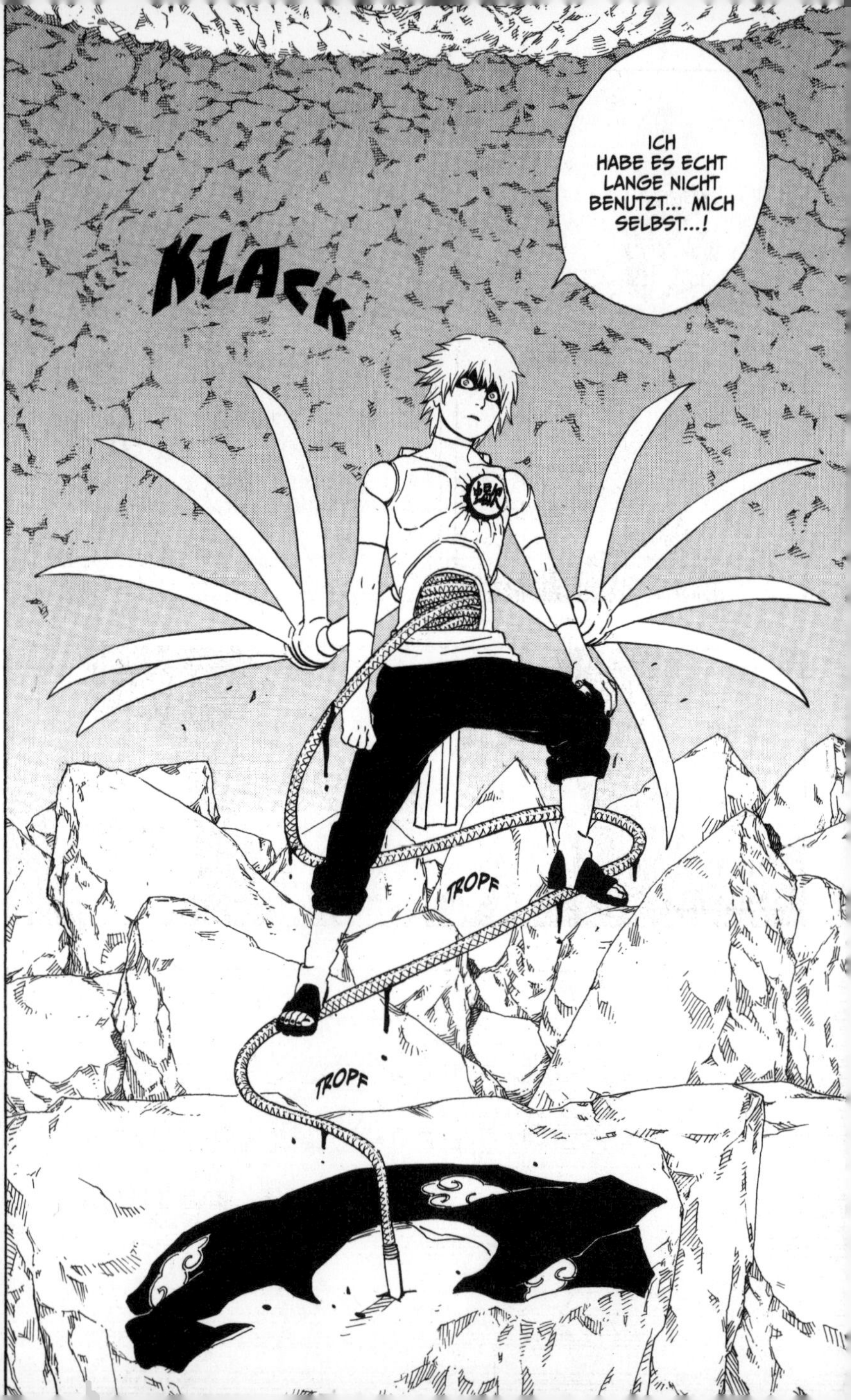
ICH HABE ES ECHT LANGE NICHT BENUTZT... MICH SELBST...!
KLACK
TROPF
TROPF

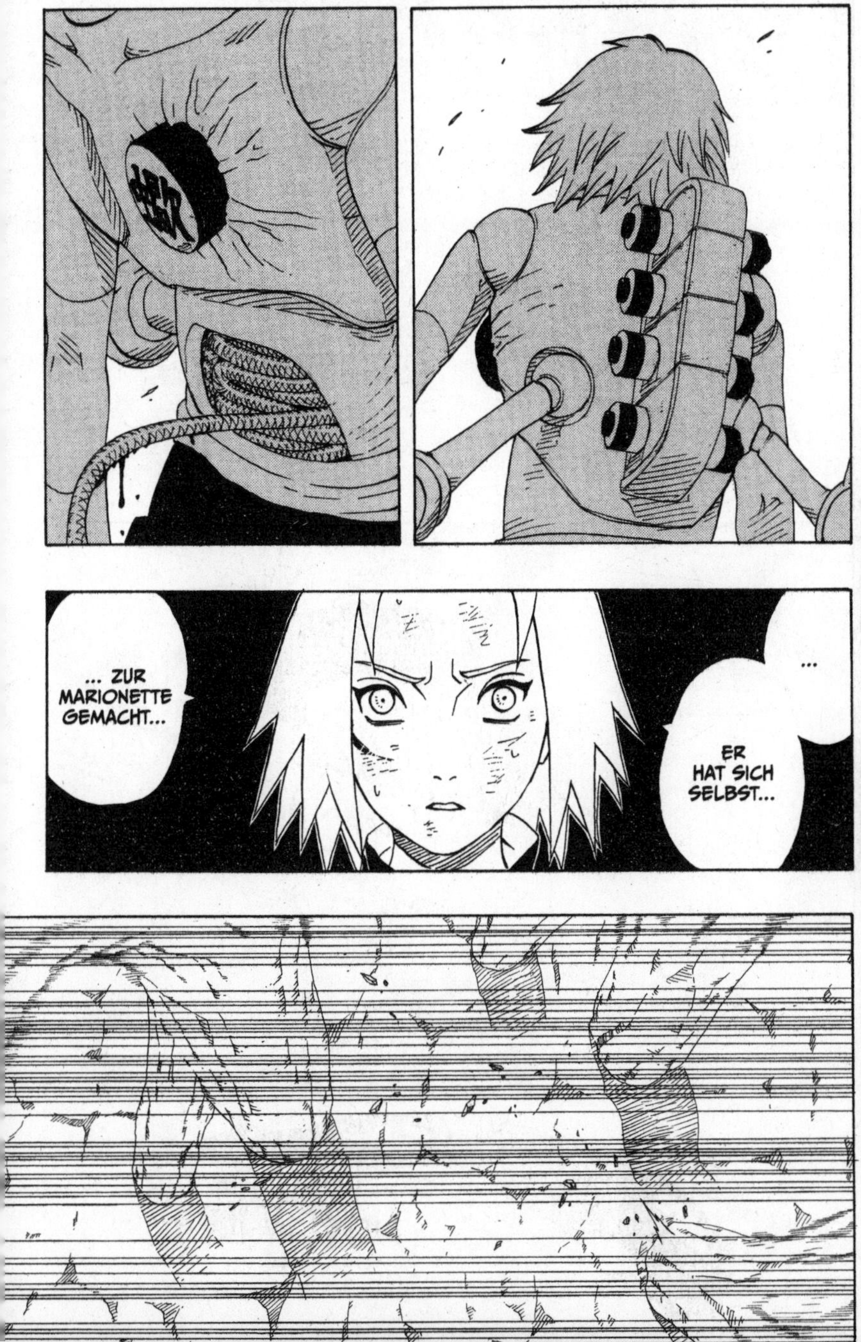
...
ER HAT SICH SELBST...
... ZUR MARIONETTE GEMACHT...

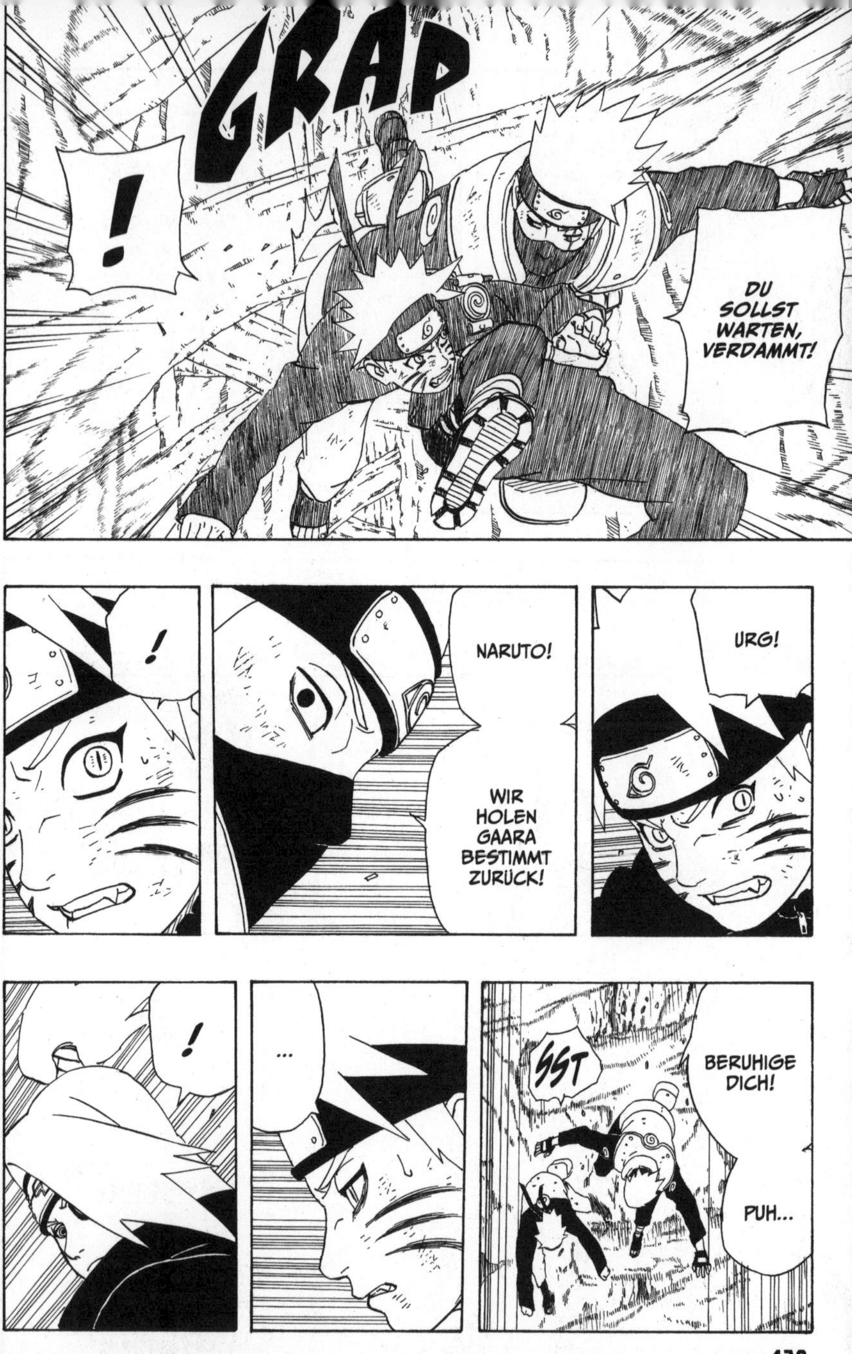
GRAP
DU SOLLST WARTEN, VERDAMMT!
!
URG!
NARUTO!
WIR HOLEN GAARA BESTIMMT ZURÜCK!
!
BERUHIGE DICH!
SST
PUH...
...
!

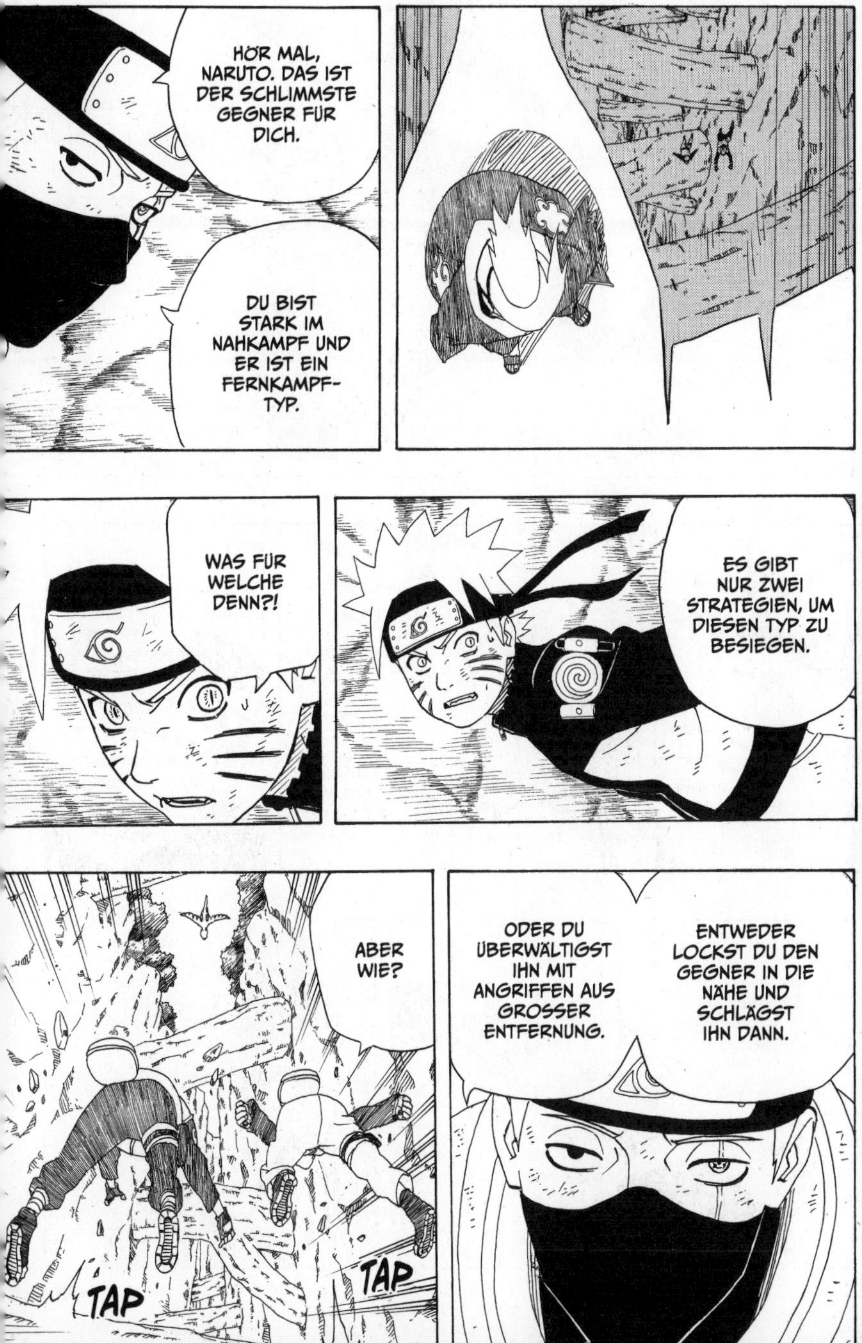
HÖR MAL, NARUTO. DAS IST DER SCHLIMMSTE GEGNER FÜR DICH.
DU BIST STARK IM NAHKAMPF UND ER IST EIN FERNKAMPF-TYP.
ES GIBT NUR ZWEI STRATEGIEN, UM DIESEN TYP ZU BESIEGEN.
WAS FÜR WELCHE DENN?!
ENTWEDER LOCKST DU DEN GEGNER IN DIE NÄHE UND SCHLÄGST IHN DANN.
ODER DU ÜBERWÄLTIGST IHN MIT ANGRIFFEN AUS GROSSER ENTFERNUNG.
ABER WIE?
TAP
TAP

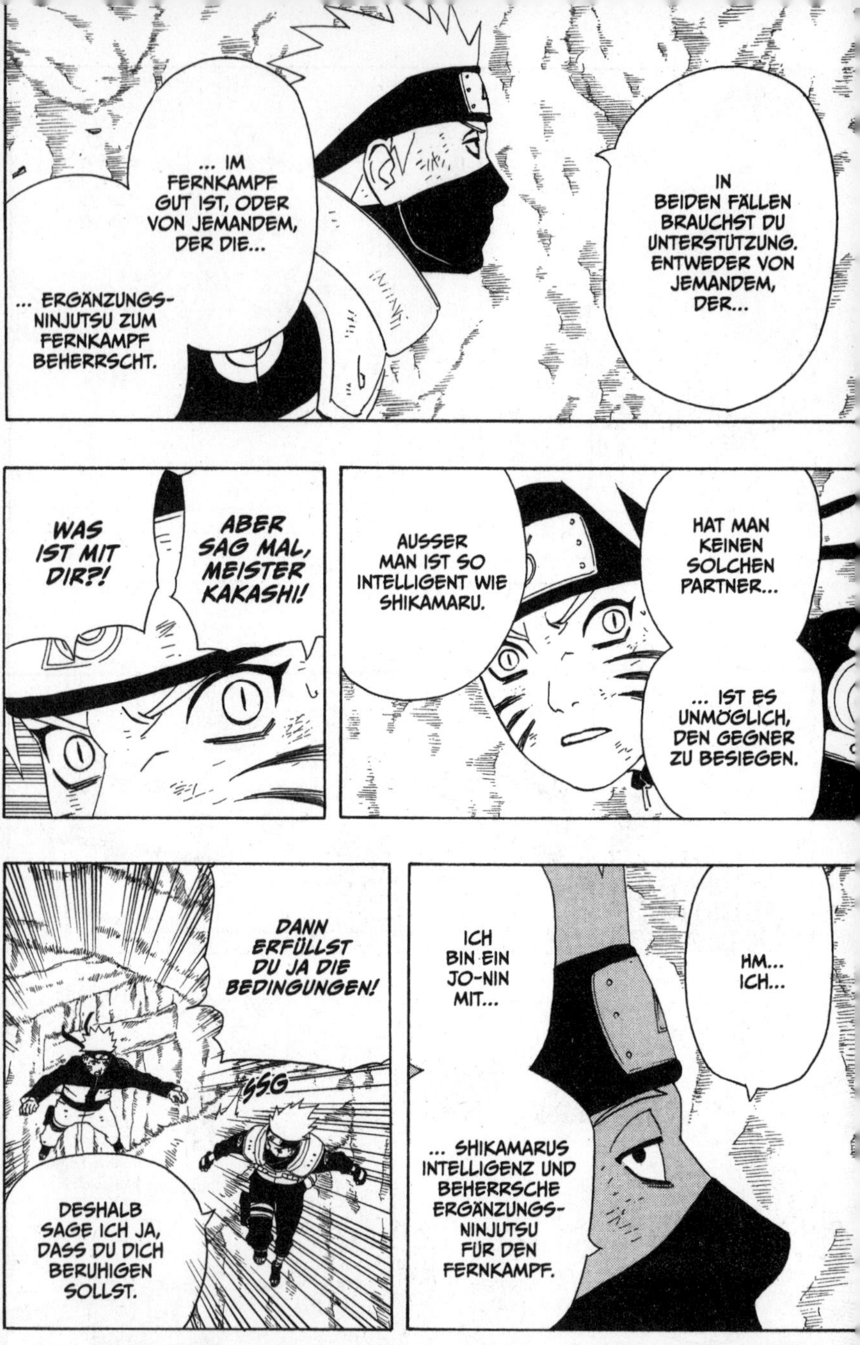
IN BEIDEN FÄLLEN BRAUCHST DU UNTERSTÜTZUNG. ENTWEDER VON JEMANDEM, DER...
... IM FERNKAMPF GUT IST, ODER VON JEMANDEM, DER DIE...
... ERGÄNZUNGS-NINJUTSU ZUM FERNKAMPF BEHERRSCHT.
HAT MAN KEINEN SOLCHEN PARTNER...
... IST ES UNMÖGLICH, DEN GEGNER ZU BESIEGEN.
AUSSER MAN IST SO INTELLIGENT WIE SHIKAMARU.
ABER SAG MAL, MEISTER KAKASHI!
WAS IST MIT DIR?!
HM... ICH...
ICH BIN EIN JO-NIN MIT...
... SHIKAMARUS INTELLIGENZ UND BEHERRSCHE ERGÄNZUNGS-NINJUTSU FÜR DEN FERNKAMPF.
DANN ERFÜLLST DU JA DIE BEDINGUNGEN!
SSG
DESHALB SAGE ICH JA, DASS DU DICH BERUHIGEN SOLLST.

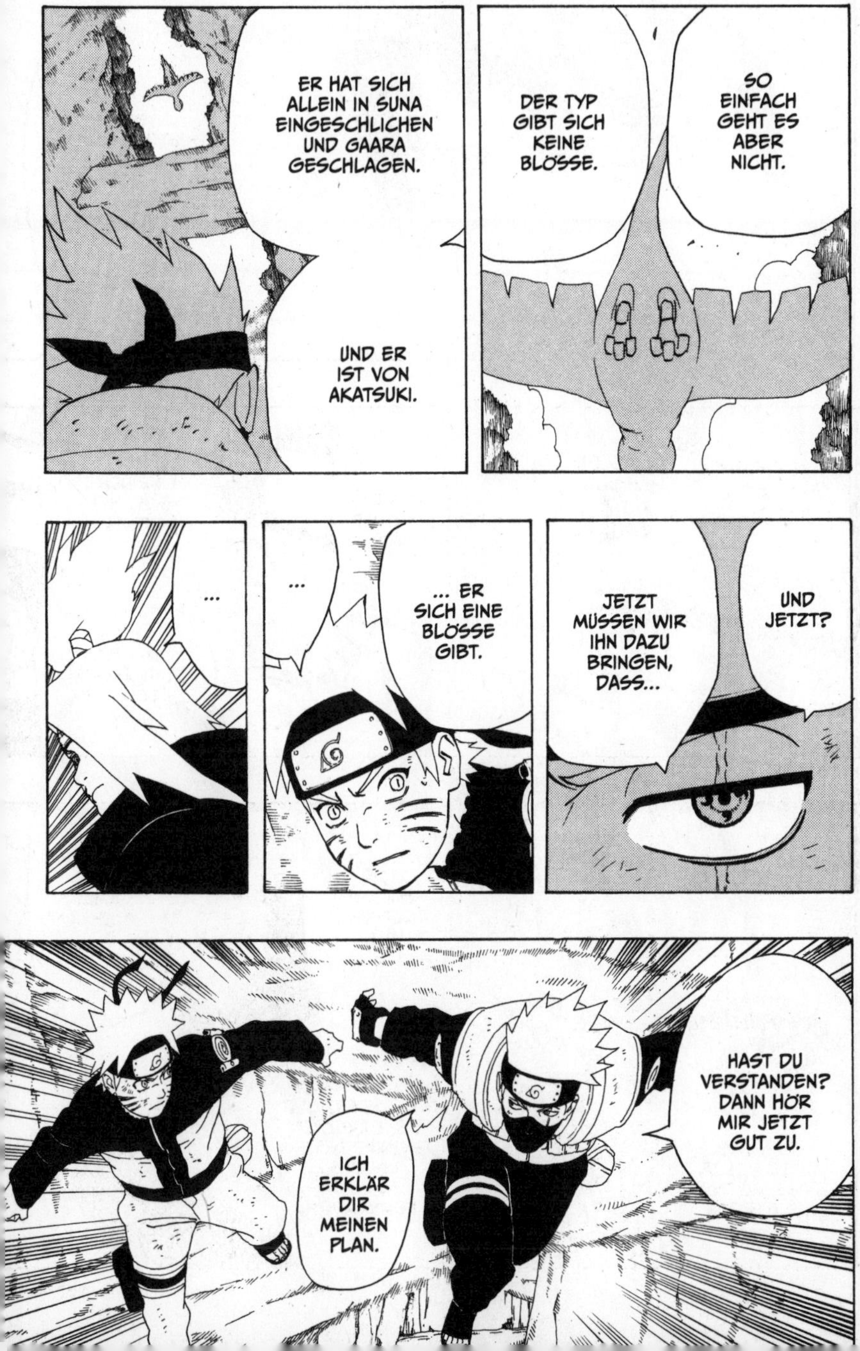
SO EINFACH GEHT ES ABER NICHT.
DER TYP GIBT SICH KEINE BLÖSSE.
ER HAT SICH ALLEIN IN SUNA EINGESCHLICHEN UND GAARA GESCHLAGEN.
UND ER IST VON AKATSUKI.
UND JETZT?
JETZT MÜSSEN WIR IHN DAZU BRINGEN, DASS...
... ER SICH EINE BLÖSSE GIBT.
...
...
HAST DU VERSTANDEN? DANN HÖR MIR JETZT GUT ZU.
ICH ERKLÄR DIR MEINEN PLAN.

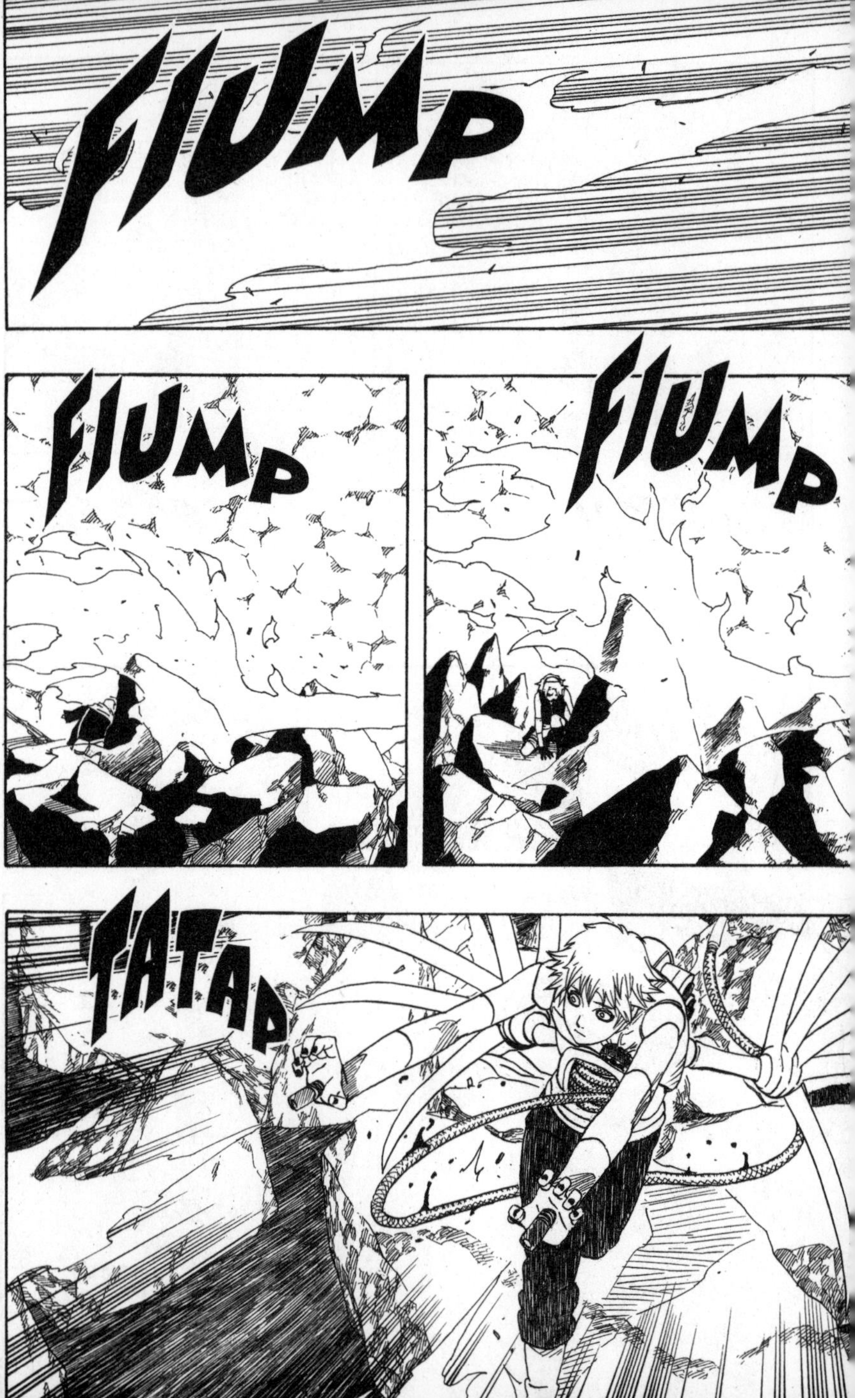
FLUMP
FLUMP
FLUMP
TATAP

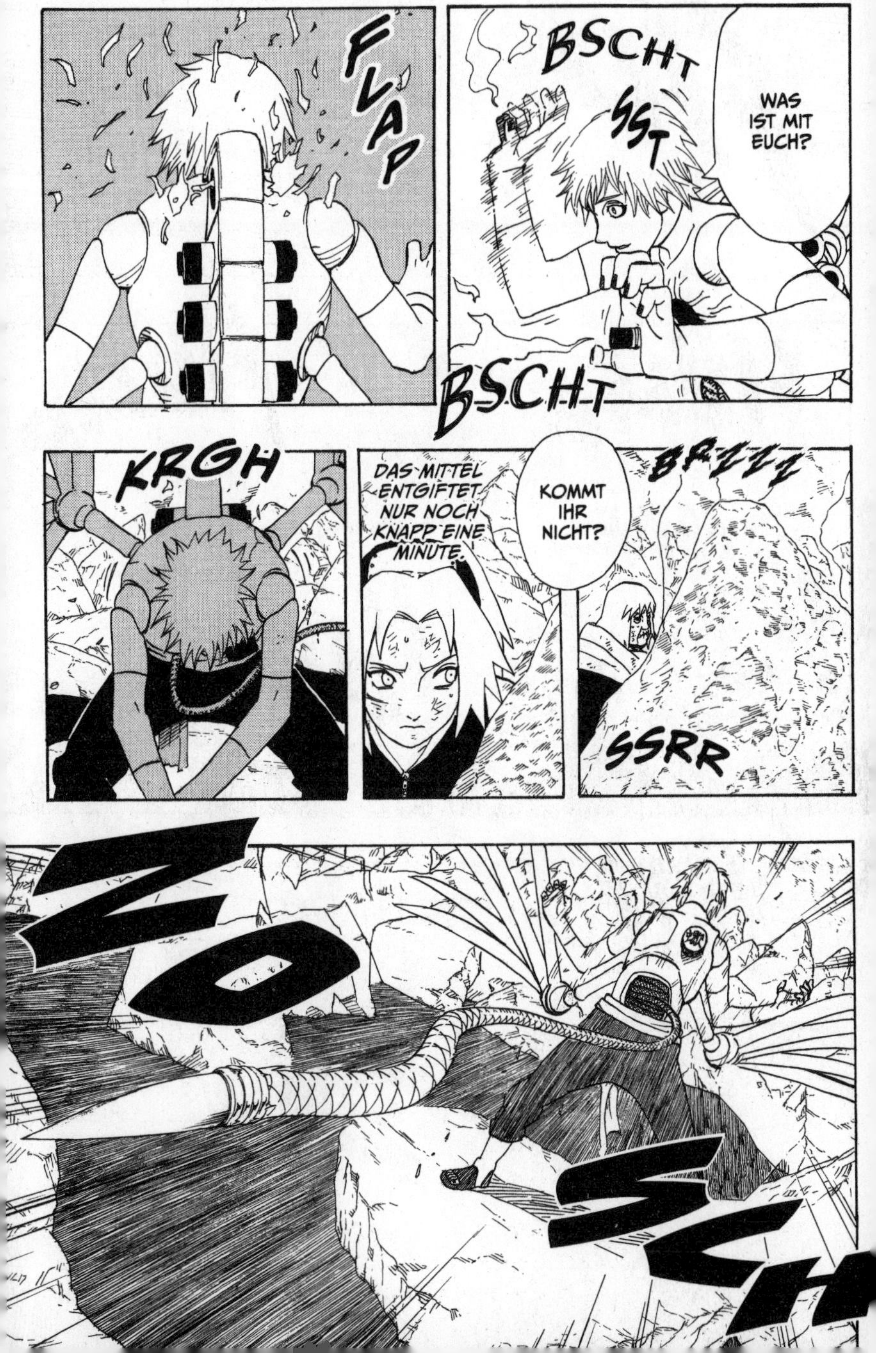
BSCHT
SST
WAS IST MIT EUCH?
BSCHT
FLAP
KOMMT IHR NICHT?
SSRR
DAS MITTEL ENTGIFTET NUR NOCH KNAPP EINE MINUTE.
KRGH

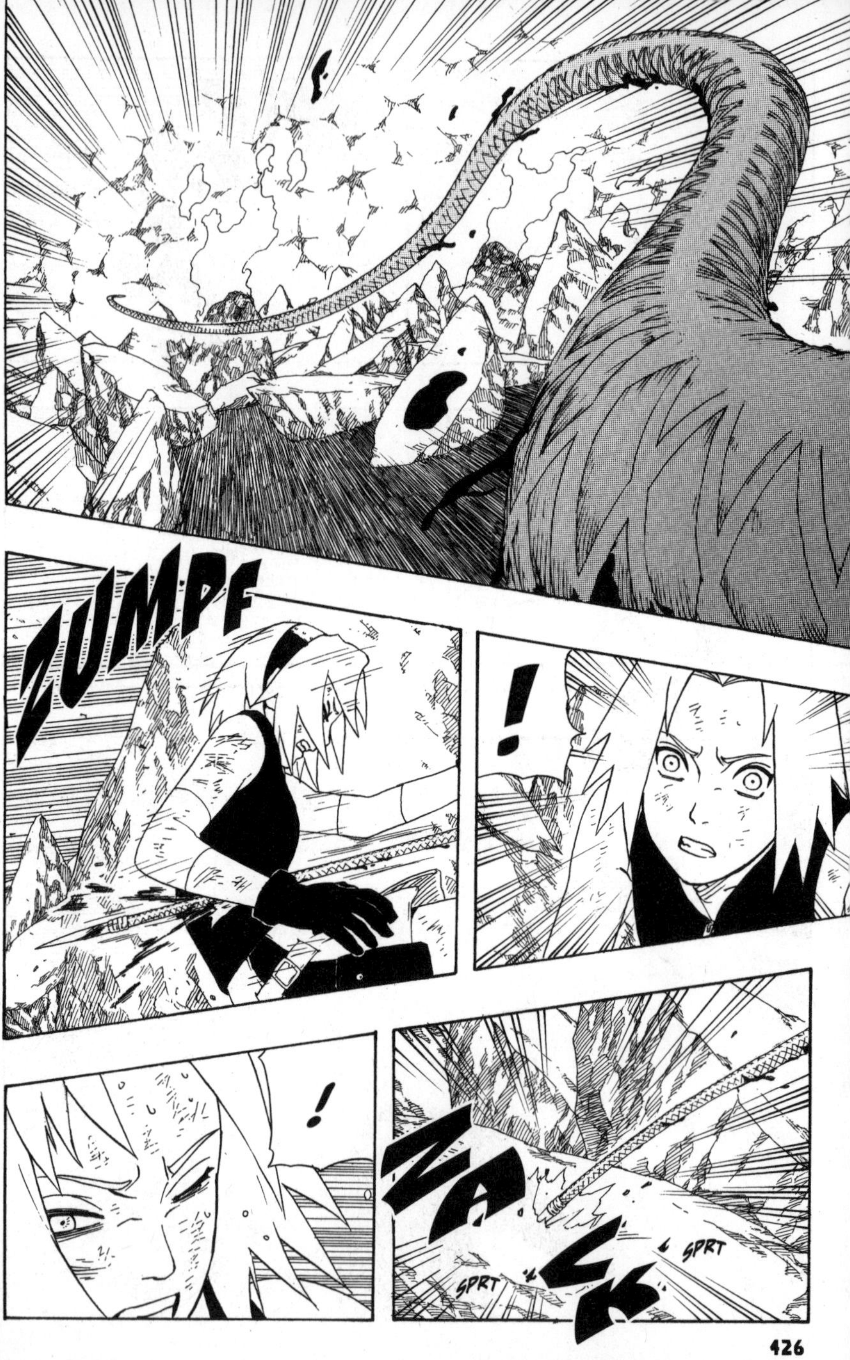
ZUMPF
!
!
ZAACK
SPRT
SPRT

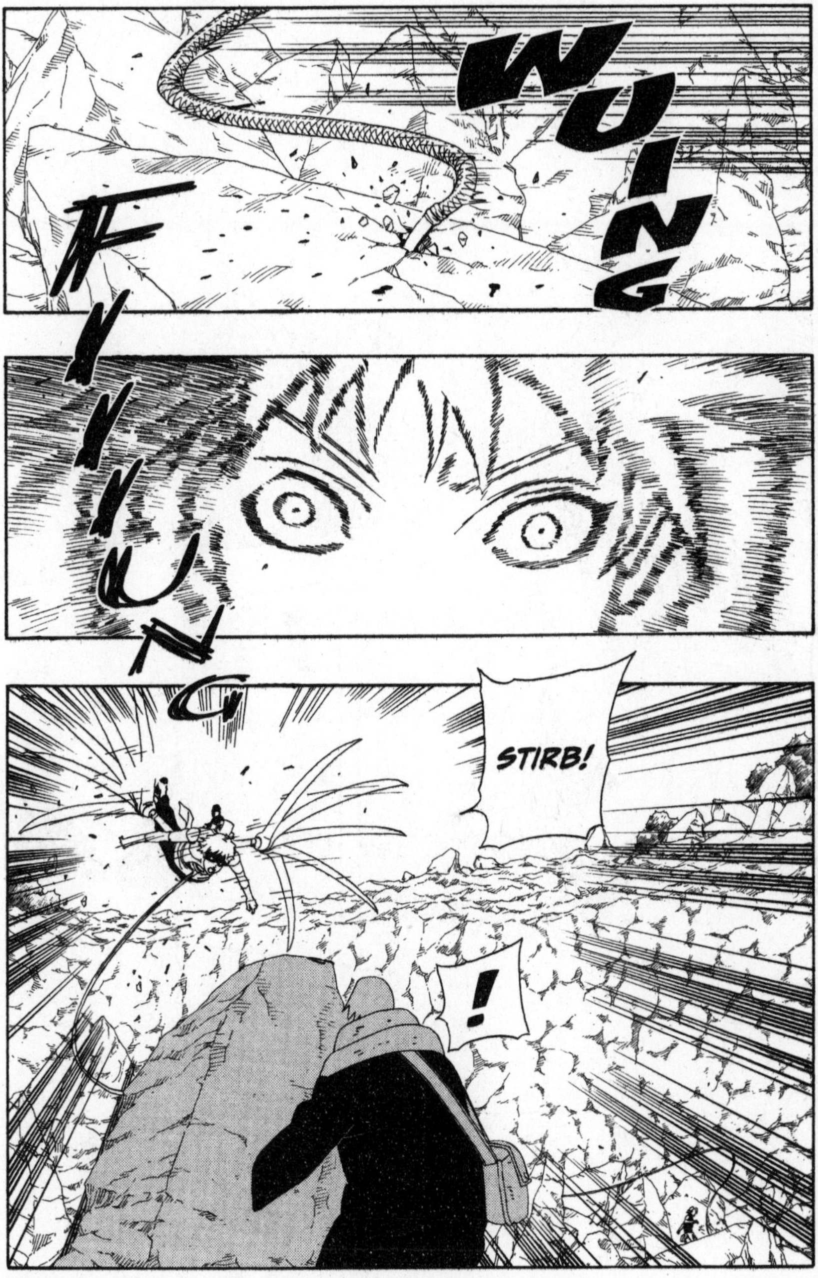
WUING
FWWWUNG
STIRB!
!

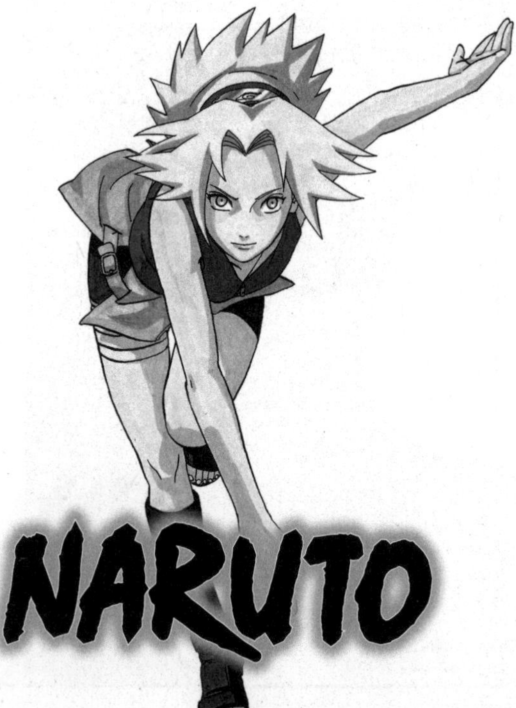
NARUTO

272. Kapitel: Oma Chiyo gegen Sasori

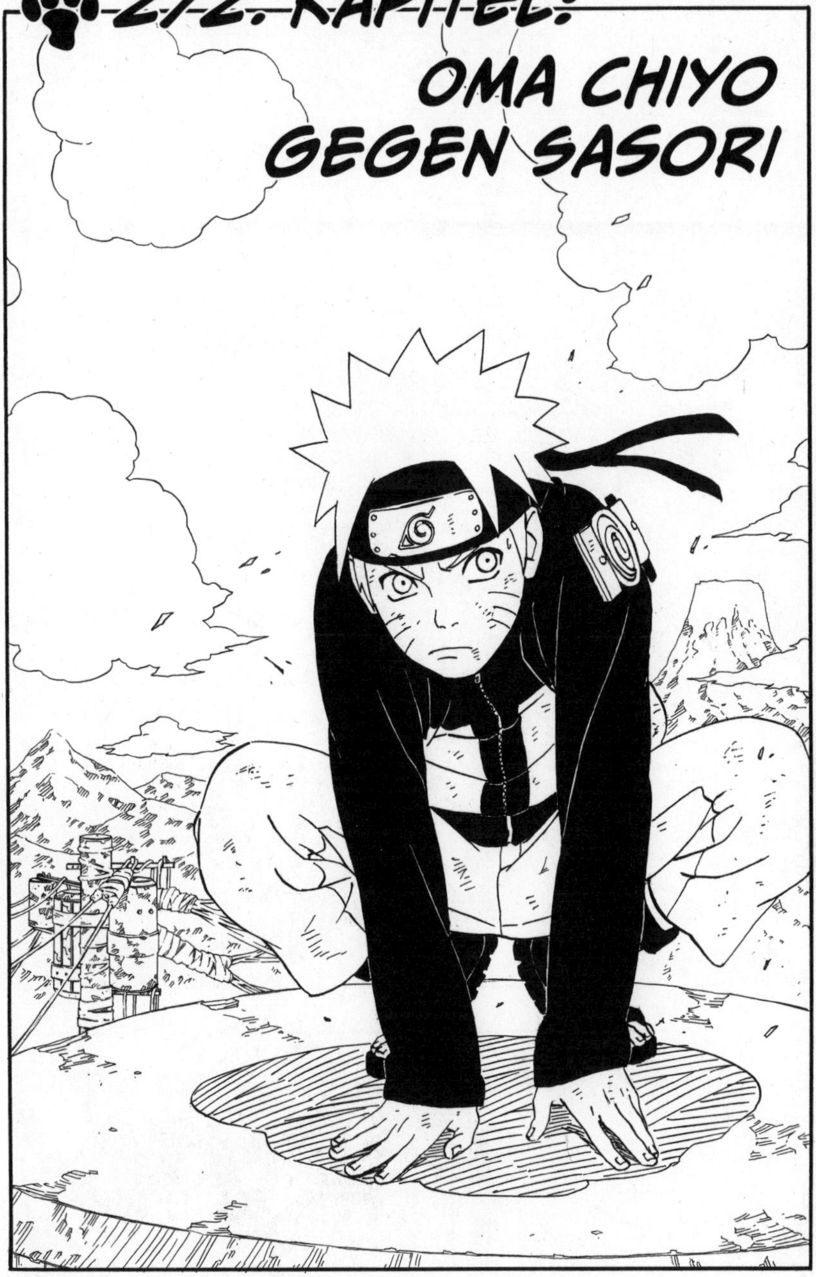

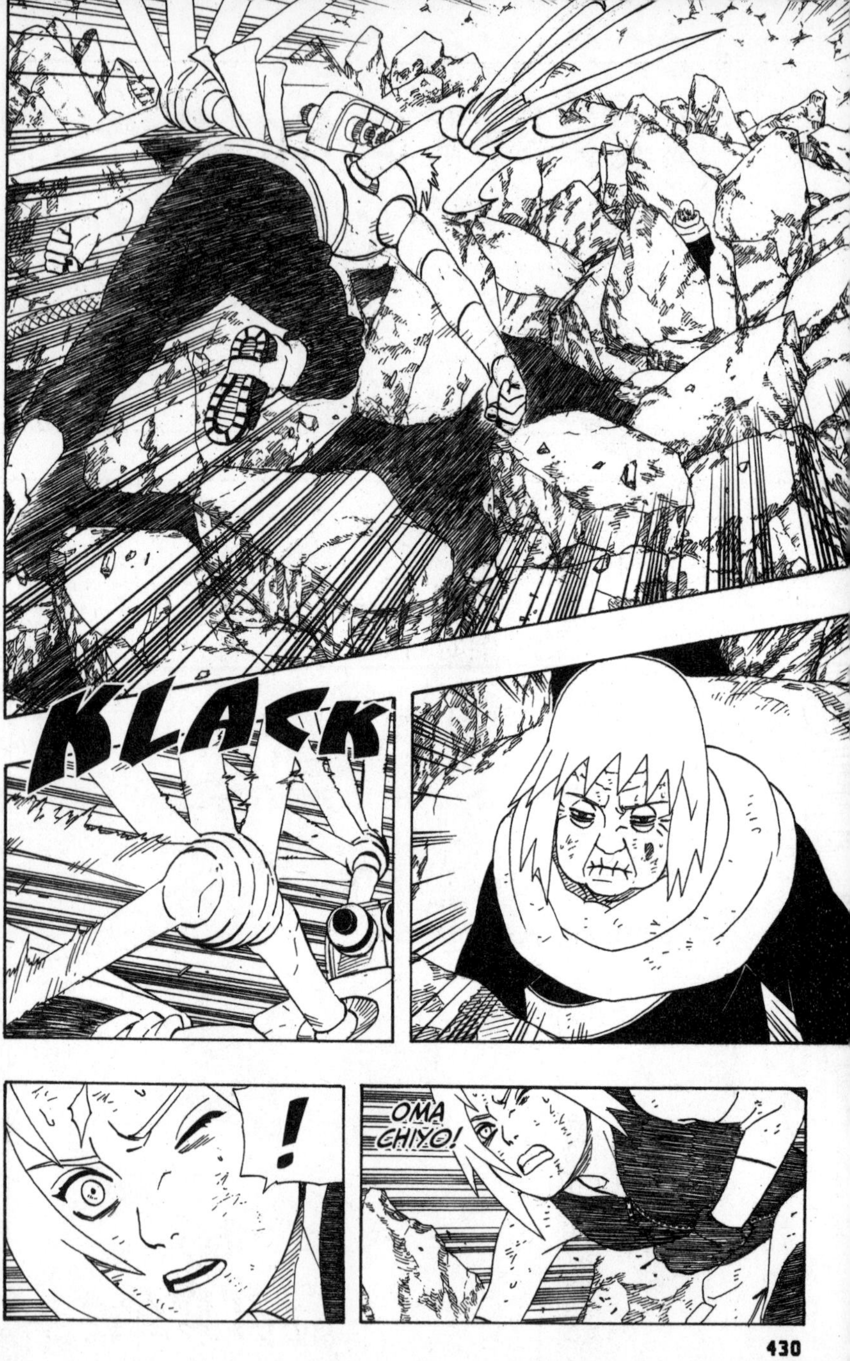
KLACK
!
OMA CHIYO!

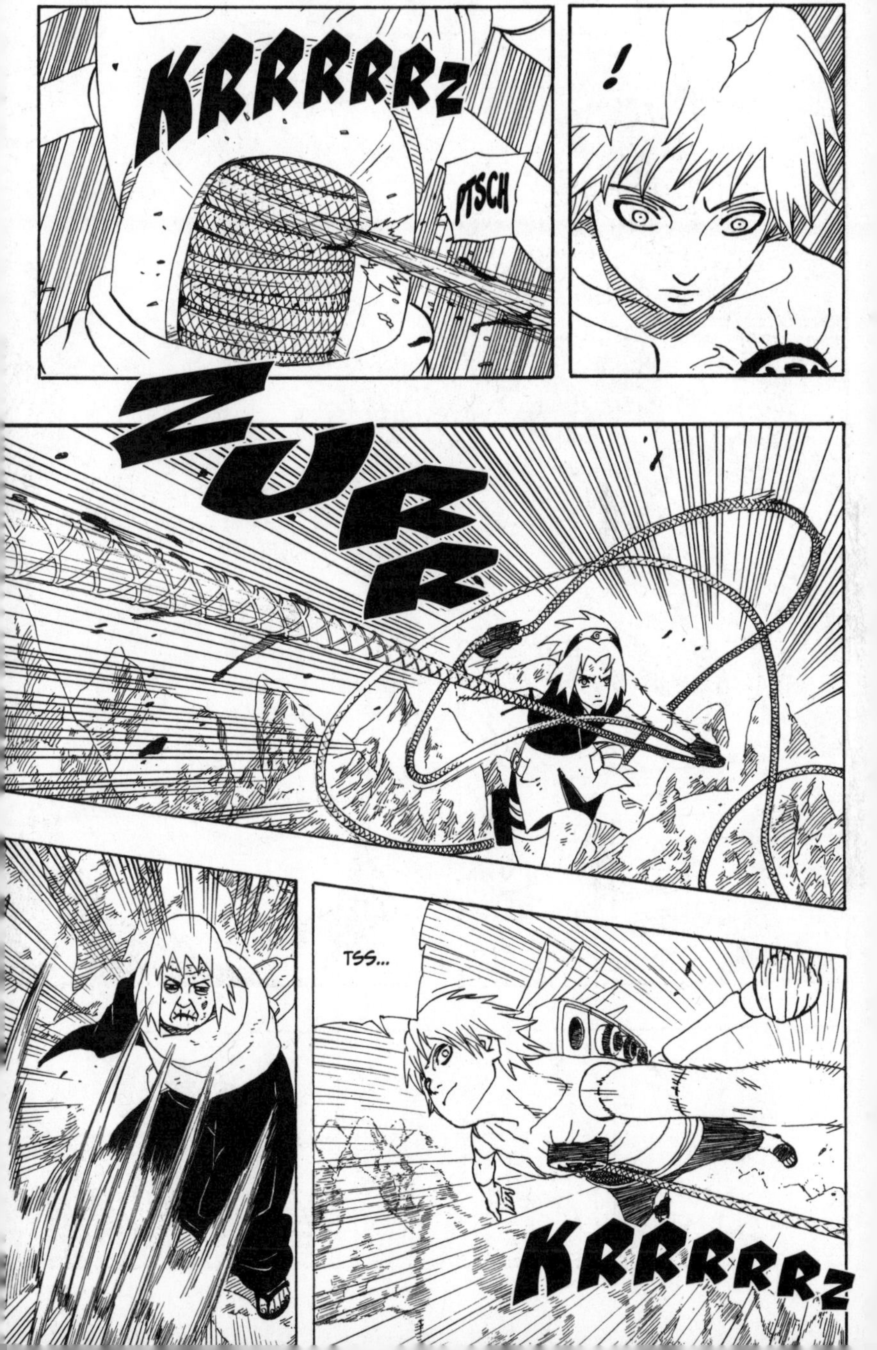
!
KRRRRRRZ
PTSCH
ZUBR
TSS...
KRRRRRZ

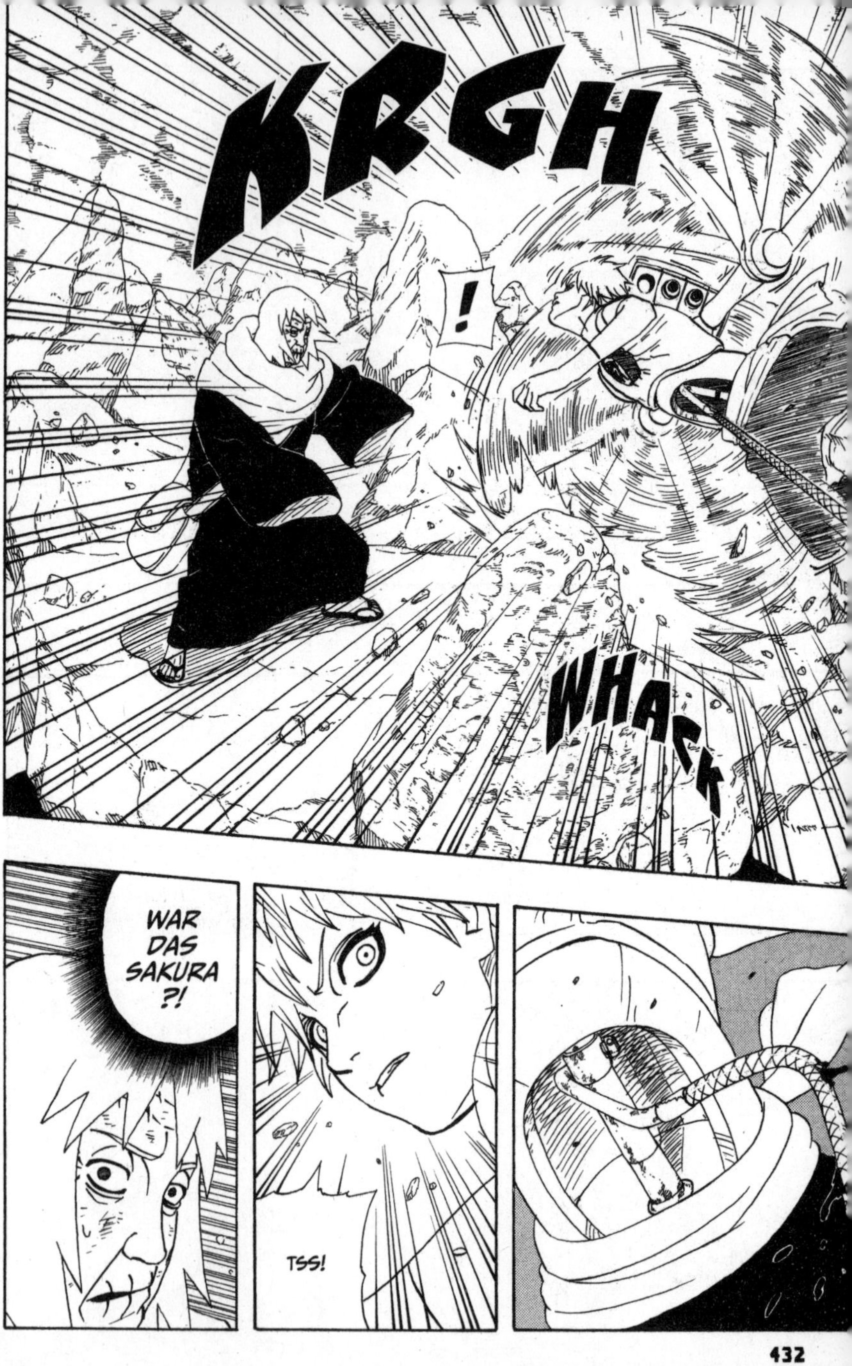
KRGH
!
WHACK
TSS!
WAR DAS SAKURA ?!

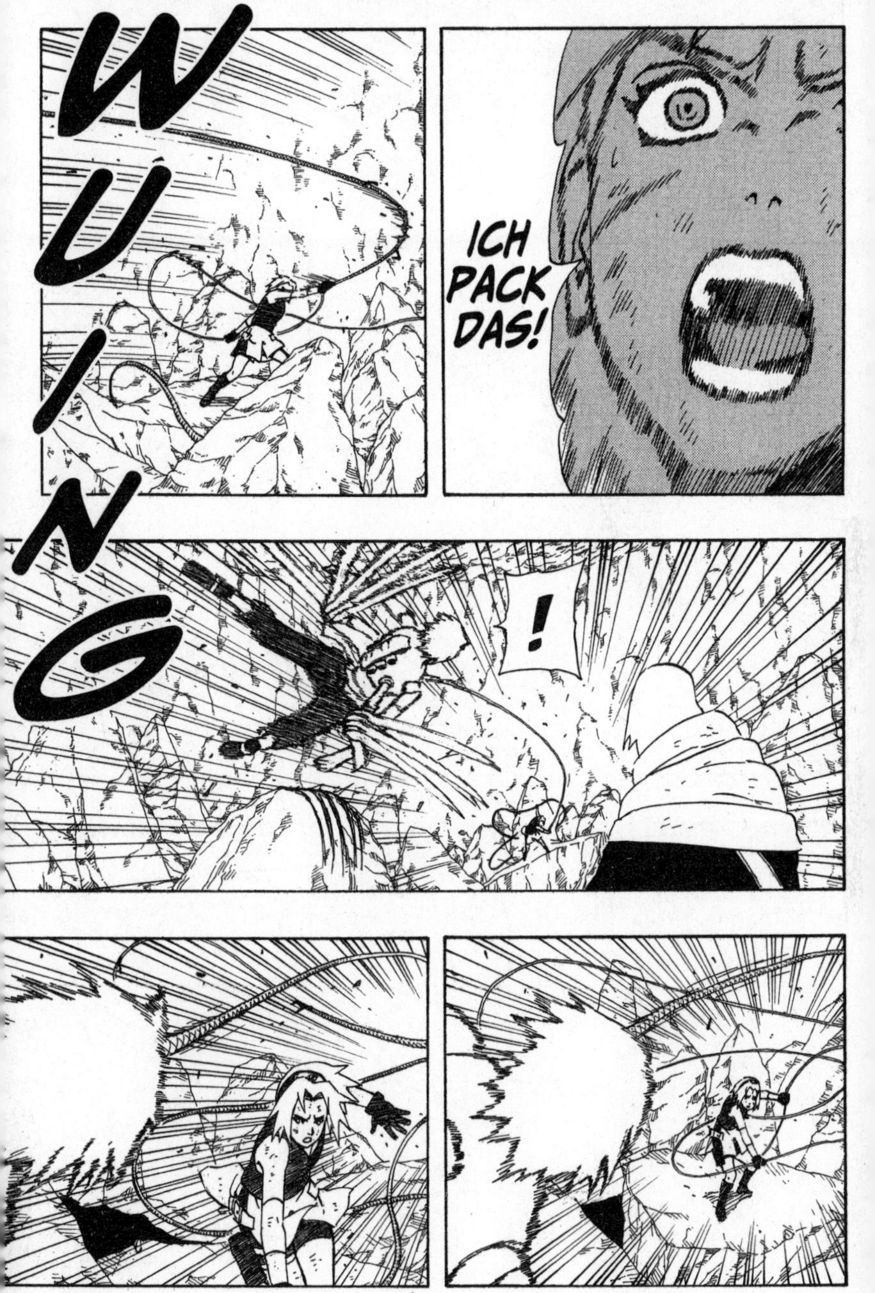
WUUNG
ICH PACK DAS!
!

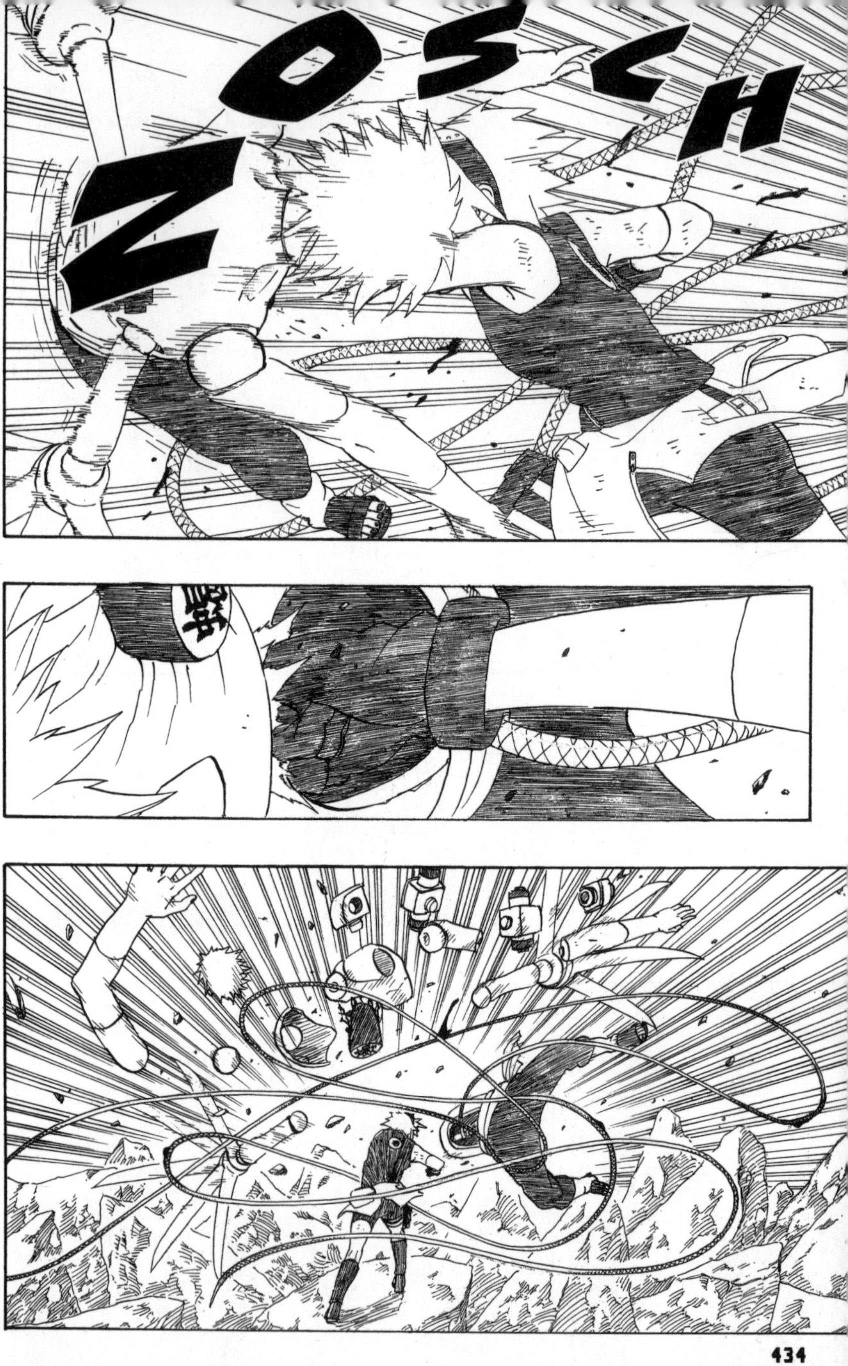
ZOSCH

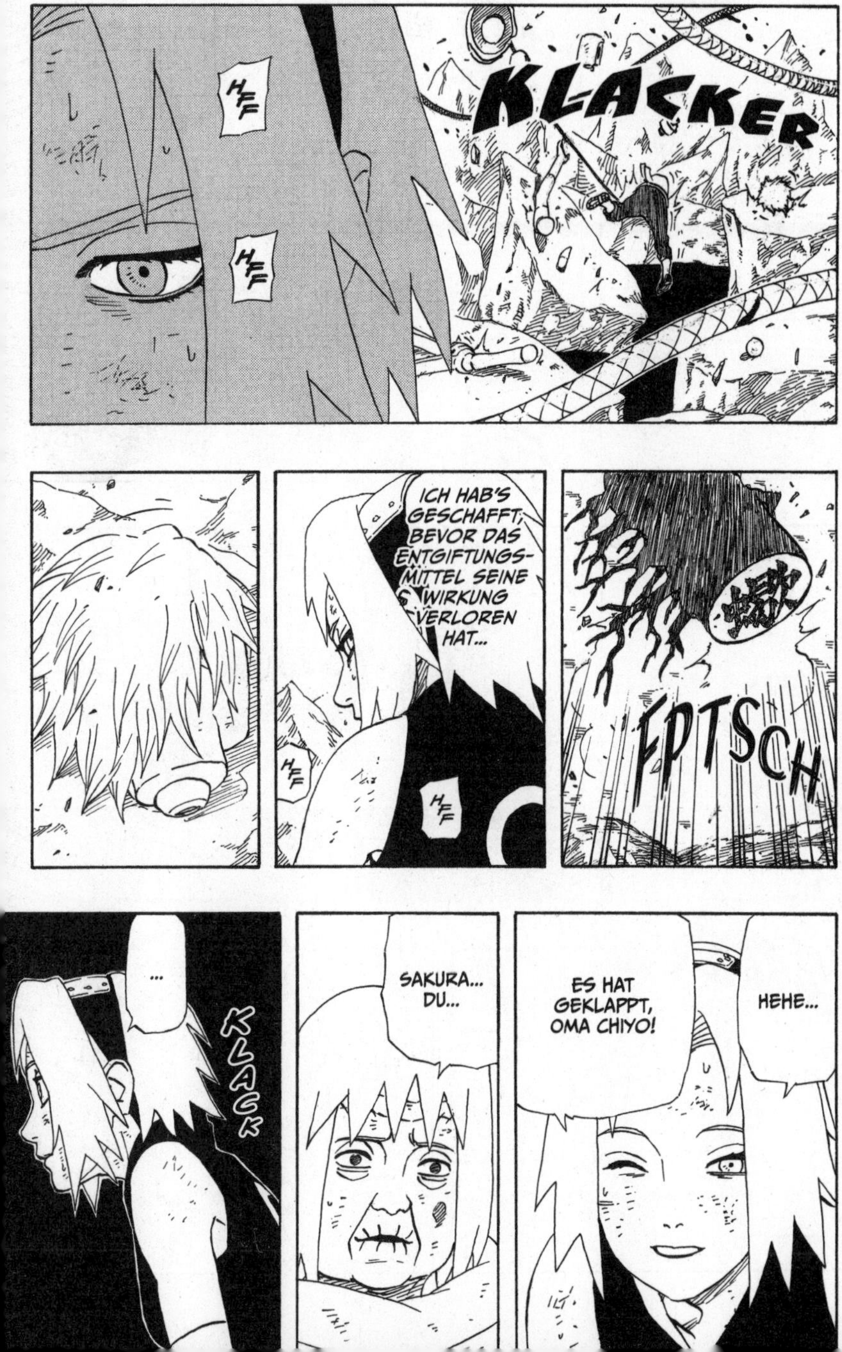
KLACKER
HFF
HFF
FPTSCH
ICH HAB'S GESCHAFFT, BEVOR DAS ENTGIFTUNGS-MITTEL SEINE WIRKUNG VERLOREN HAT...
HFF
HFF
HEHE...
ES HAT GEKLAPPT, OMA CHIYO!
SAKURA... DU...
KLACK
...

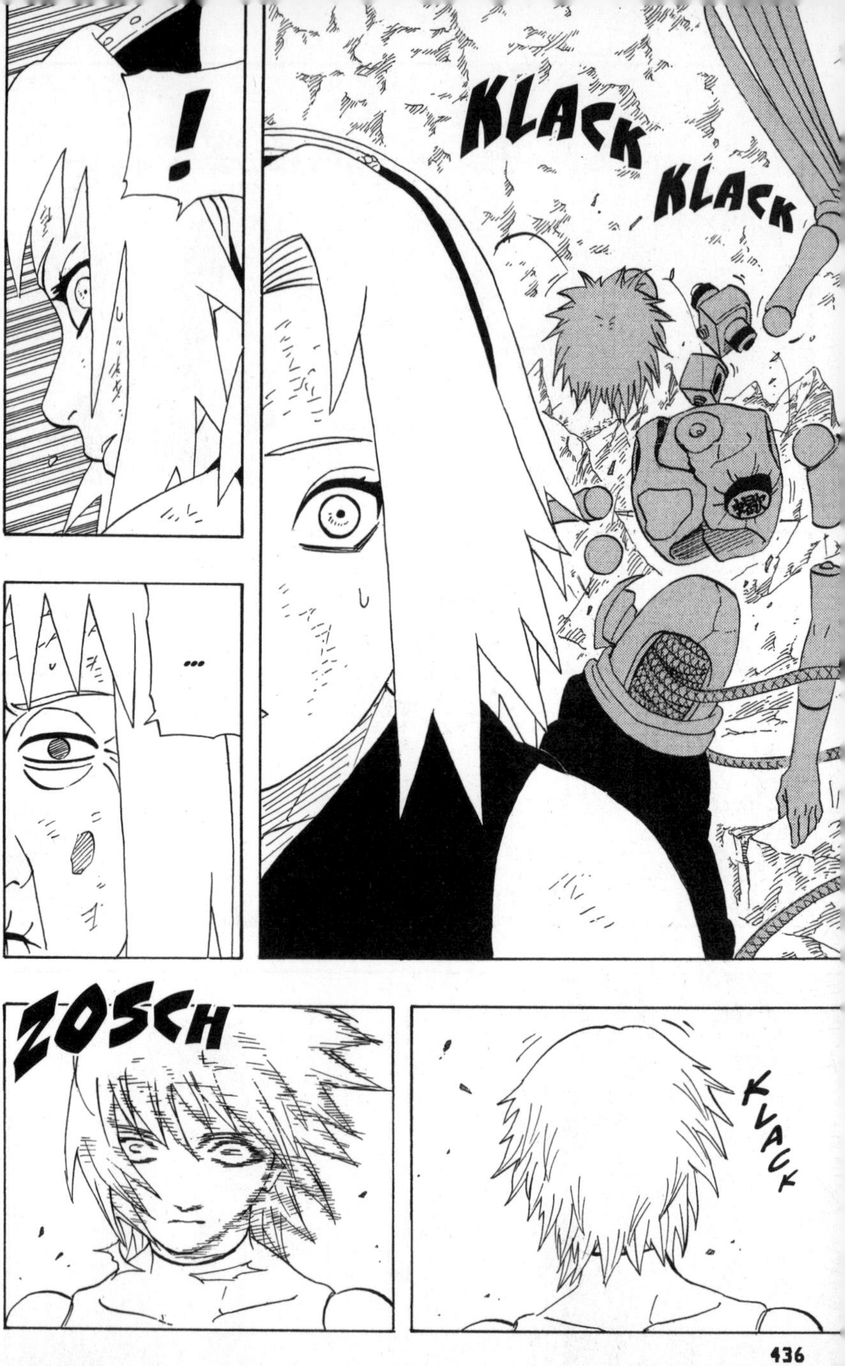
!
KLACK
KLACK
...
ZOSCH
KNACK

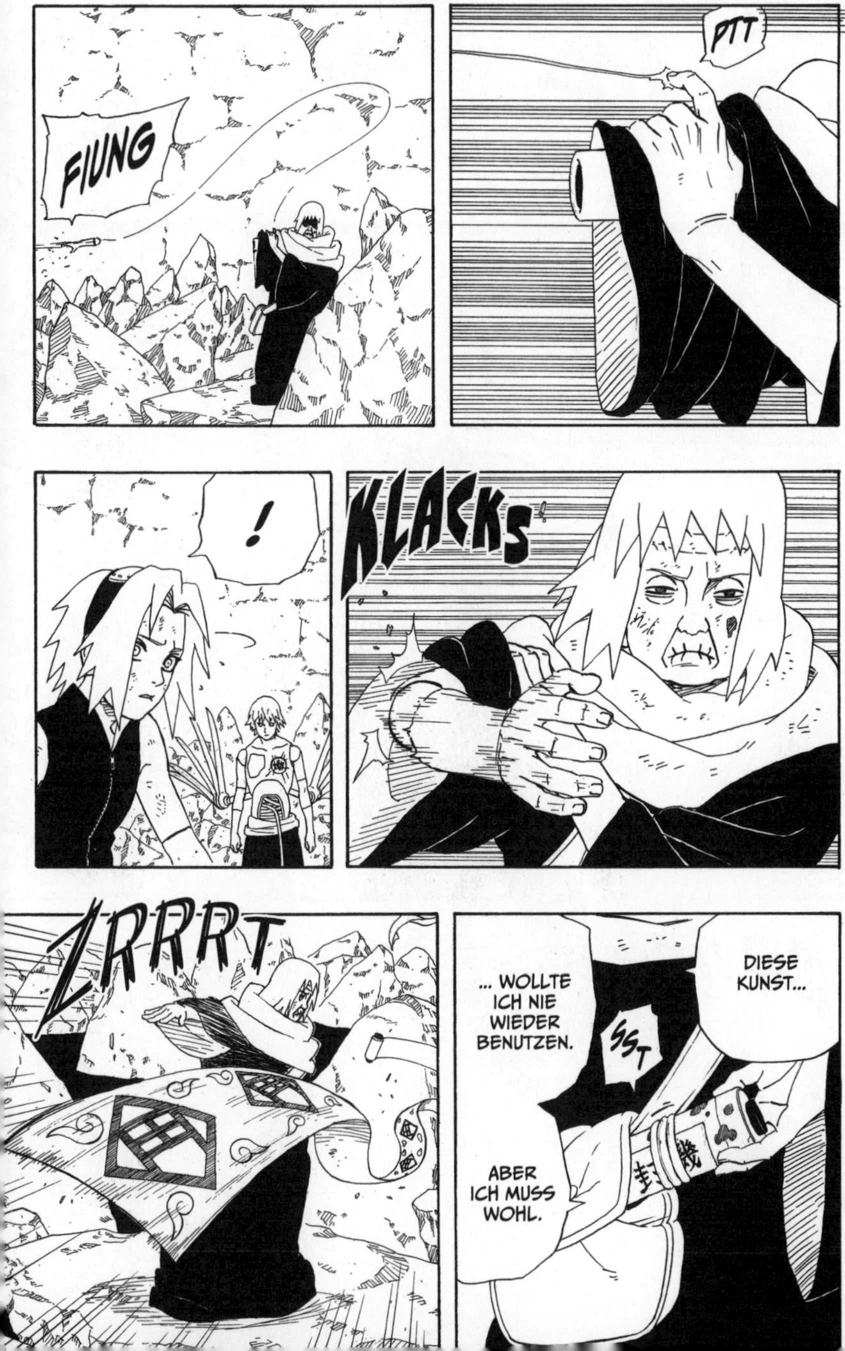
PTT
FIUNG
KLACKS
!
DIESE KUNST...
... WOLLTE ICH NIE WIEDER BENUTZEN.
SST
ABER ICH MUSS WOHL.
ZRRRT

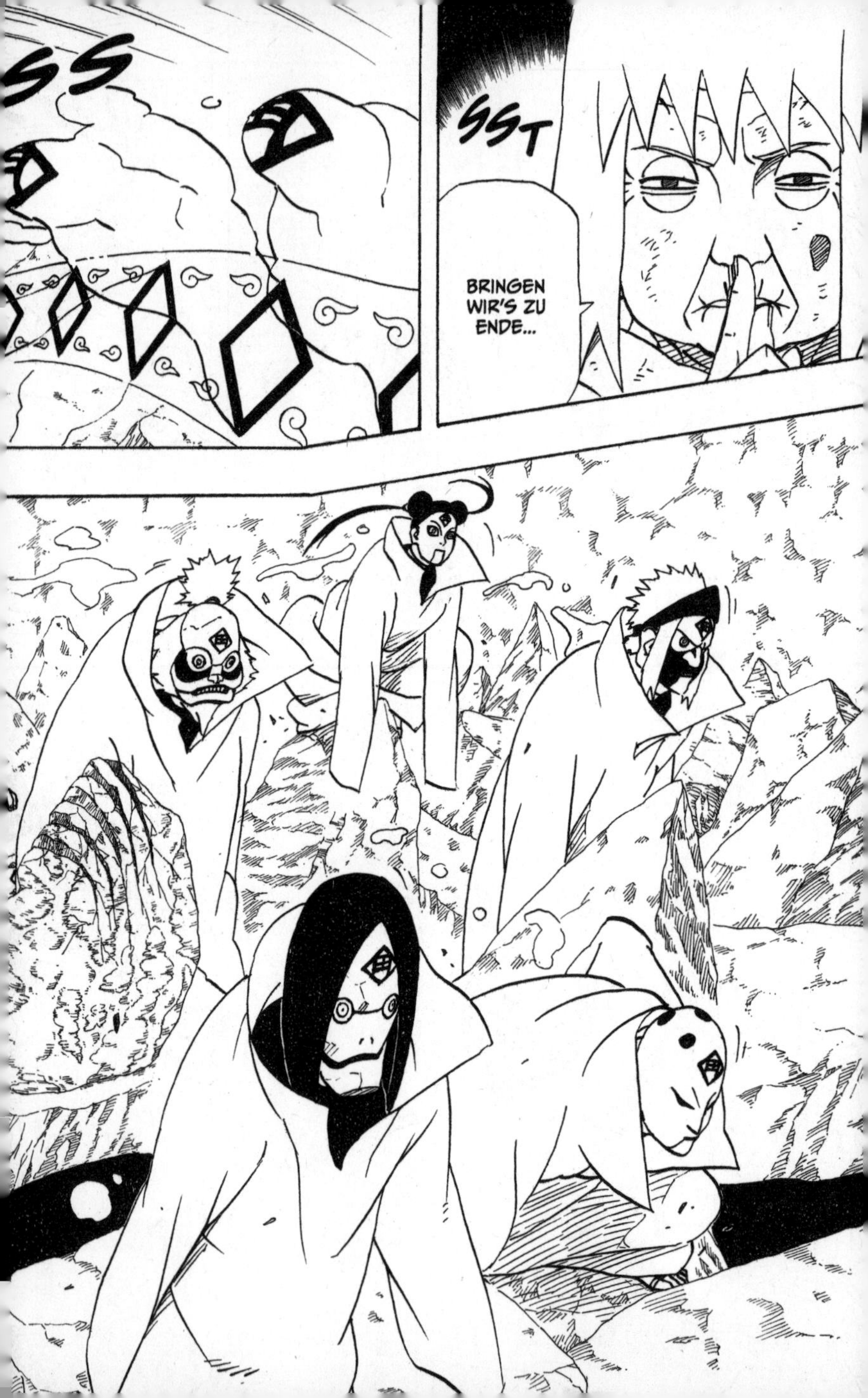
SST
BRINGEN WIR'S ZU ENDE...
SS

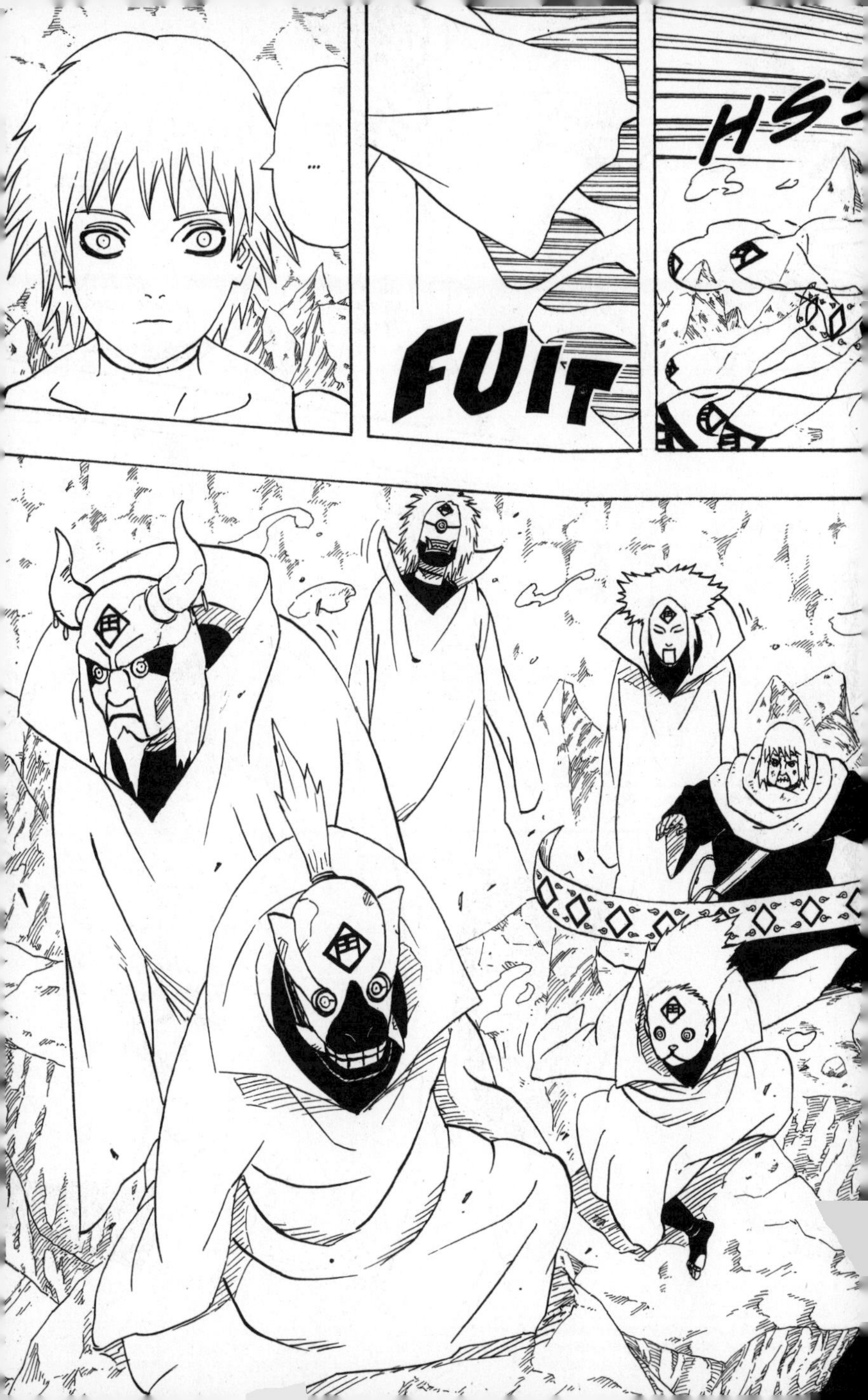
...
FUIT
HS

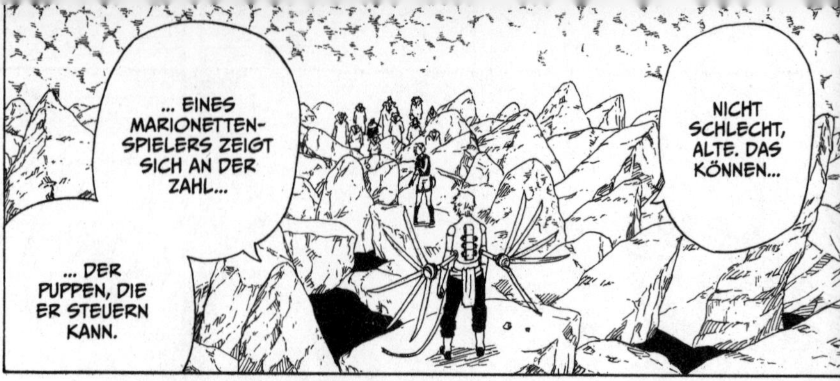

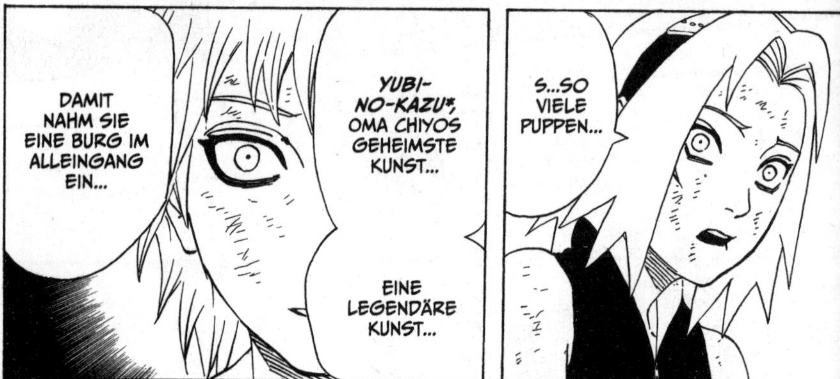

* YUBI = FINGER, KAZU = ZAHL

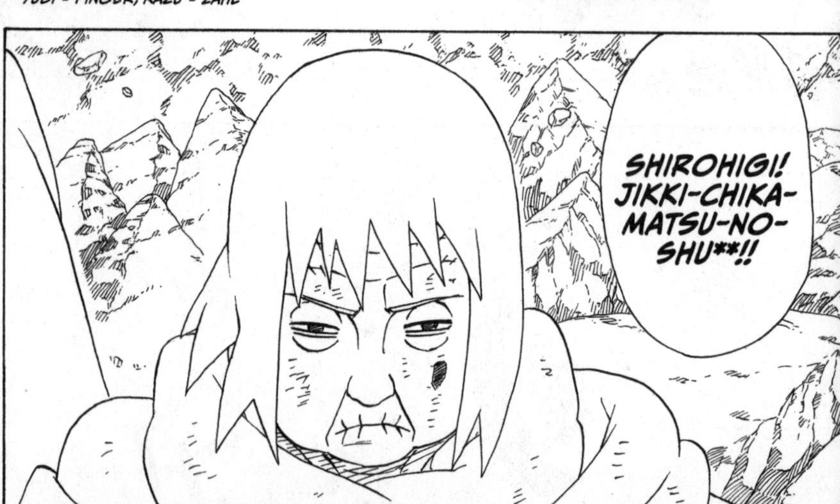

** SHIRO = WEISS, HIGI = GEHEIMKUNST. ANMERKUNG DER REDAKTION: EINE ANSPIELUNG AUF MONZAEMON CHIKAMATSU (1653-1725), EINEN BERÜHMTEN DRAMATIKER DES JAPANISCHEN PUPPENTHEATERS. DER FIKTIVE MONZAEMON CHIKAMATSU HIER SOLL ALLERDINGS EIN PUPPENSPIELER SEIN, UND JIKKI-CHIKAMATSU-NO-SHU BEDEUTET SO VIEL WIE »VERSAMMLUNG DER ZEHN PUPPEN VON CHIKAMATSU«.

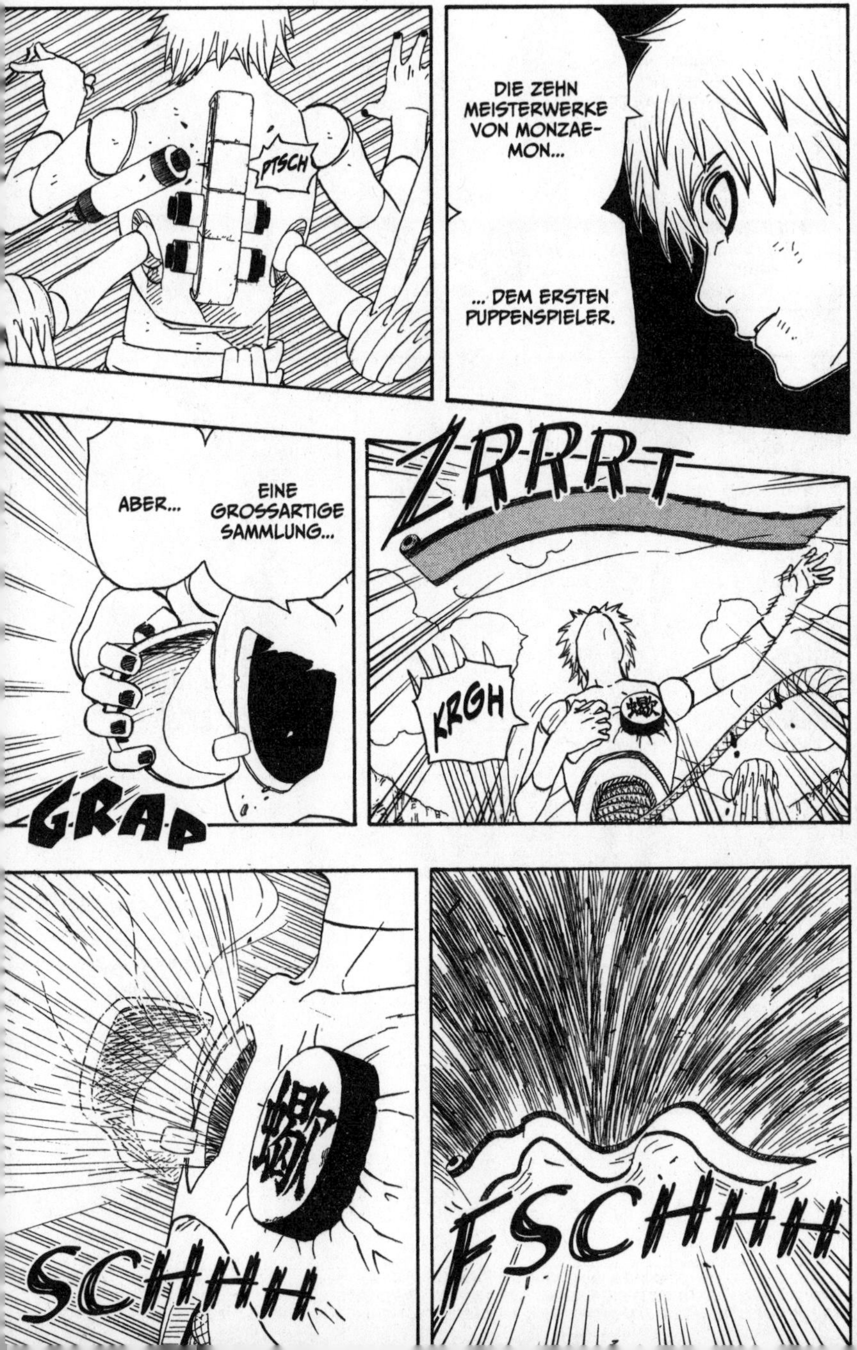
DIE ZEHN MEISTERWERKE VON MONZAE-MON...
... DEM ERSTEN PUPPENSPIELER.
PTSCH
ZRRRRT
KRGH
EINE GROSSARTIGE SAMMLUNG...
ABER...
GRAP
FSCHHH
SCHHH

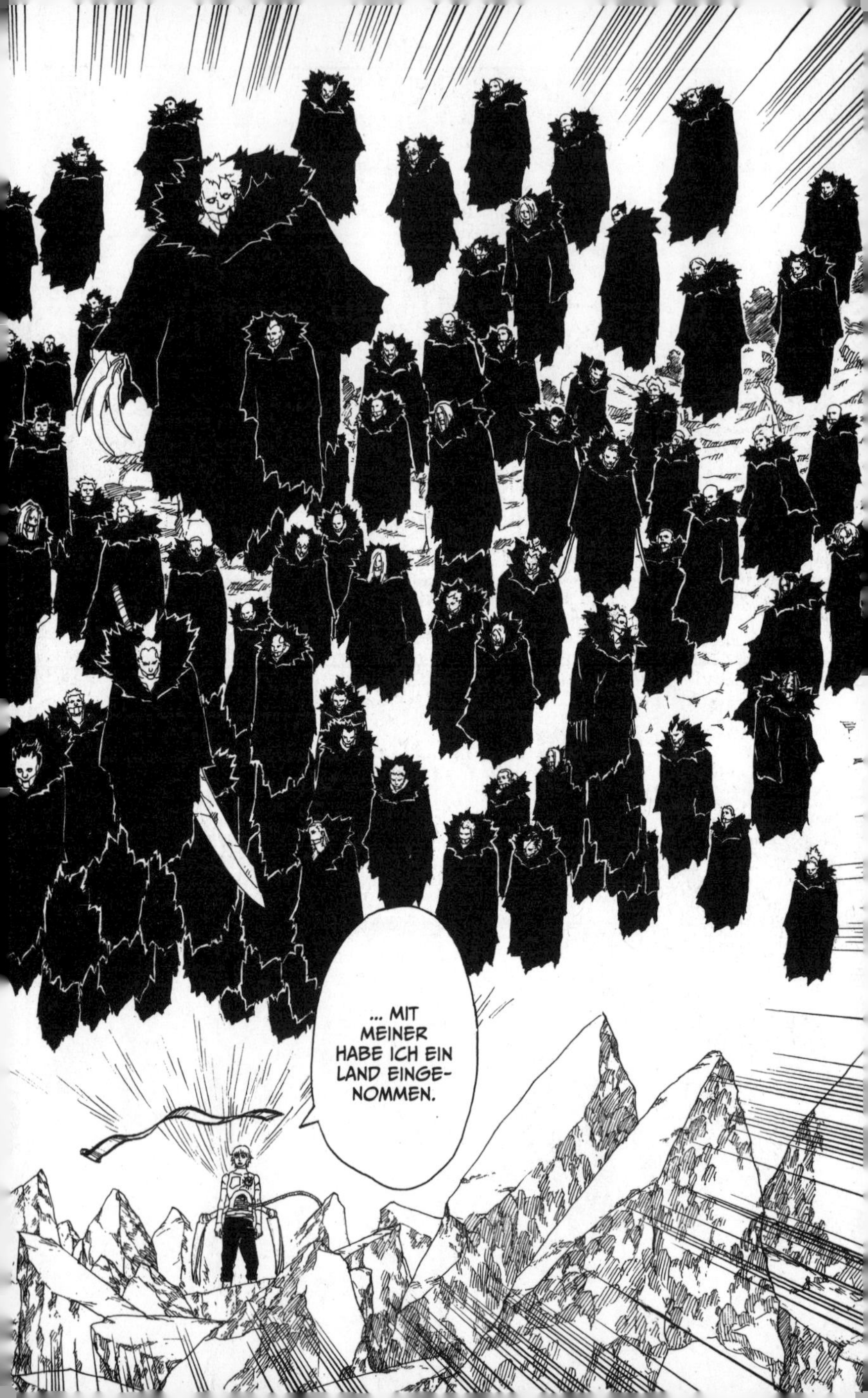
... MIT MEINER HABE ICH EIN LAND EINGE- NOMMEN.

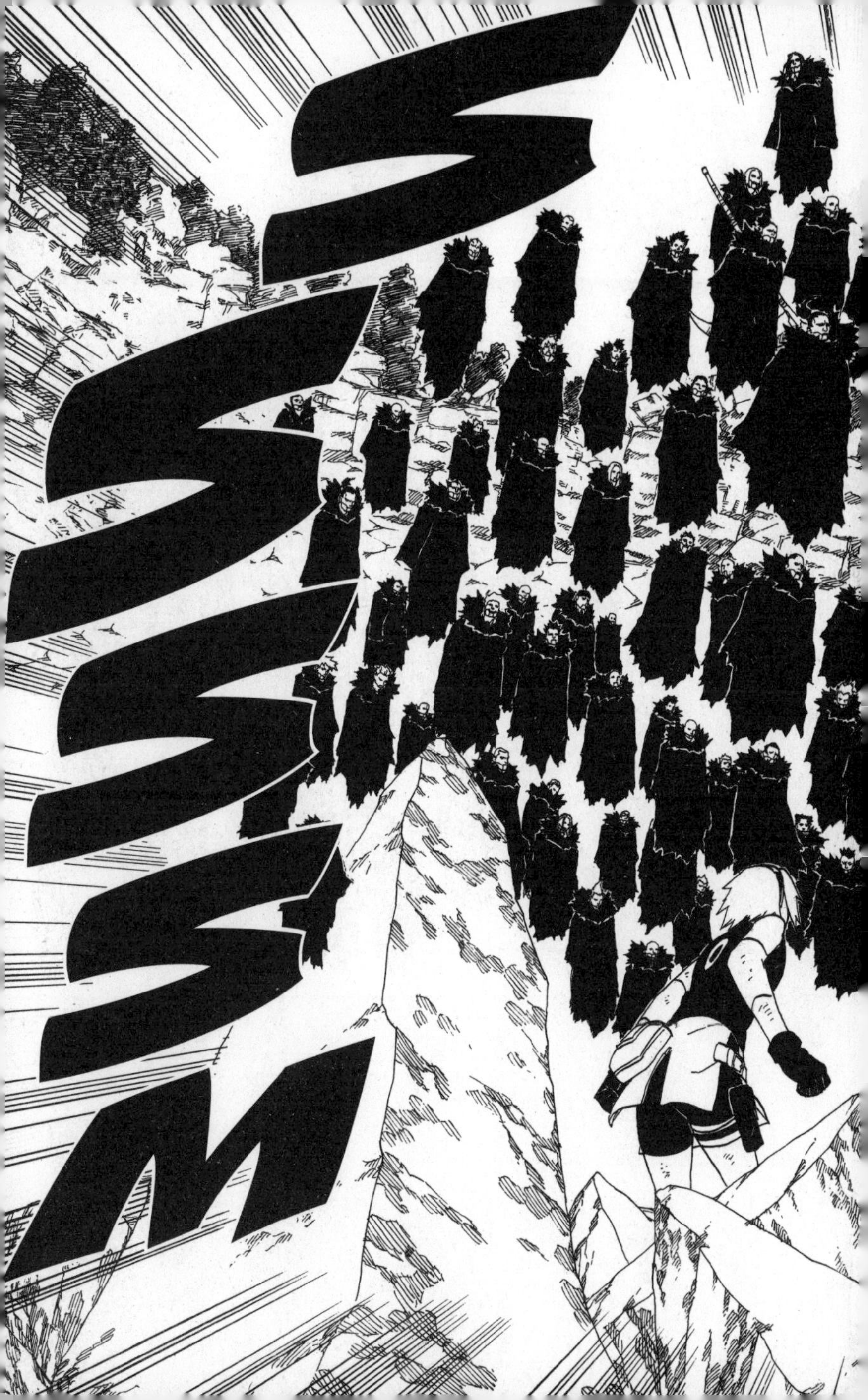

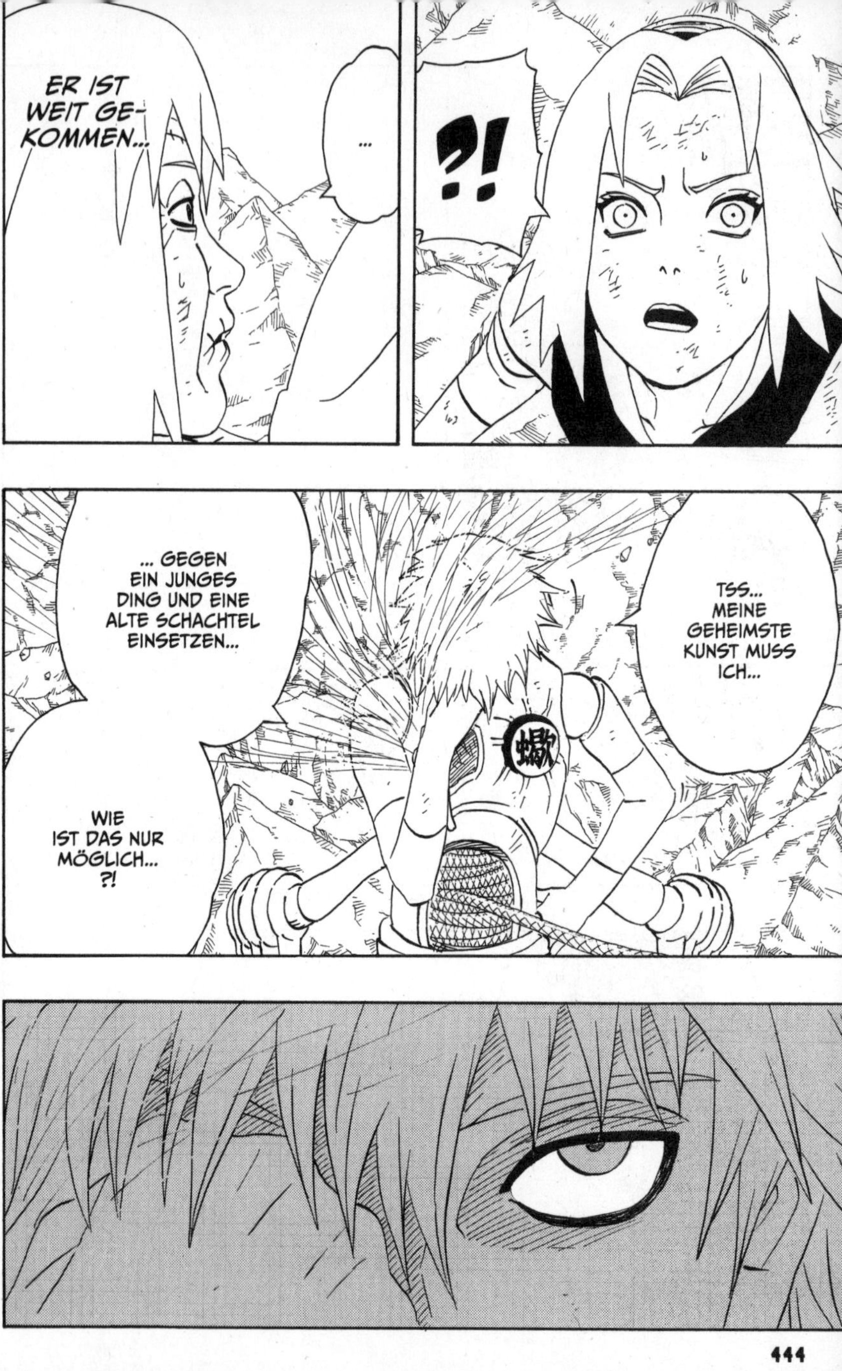
?!
...
ER IST WEIT GE-KOMMEN...
TSS... MEINE GEHEIMSTE KUNST MUSS ICH...
... GEGEN EIN JUNGES DING UND EINE ALTE SCHACHTEL EINSETZEN...
WIE IST DAS NUR MÖGLICH... ?!

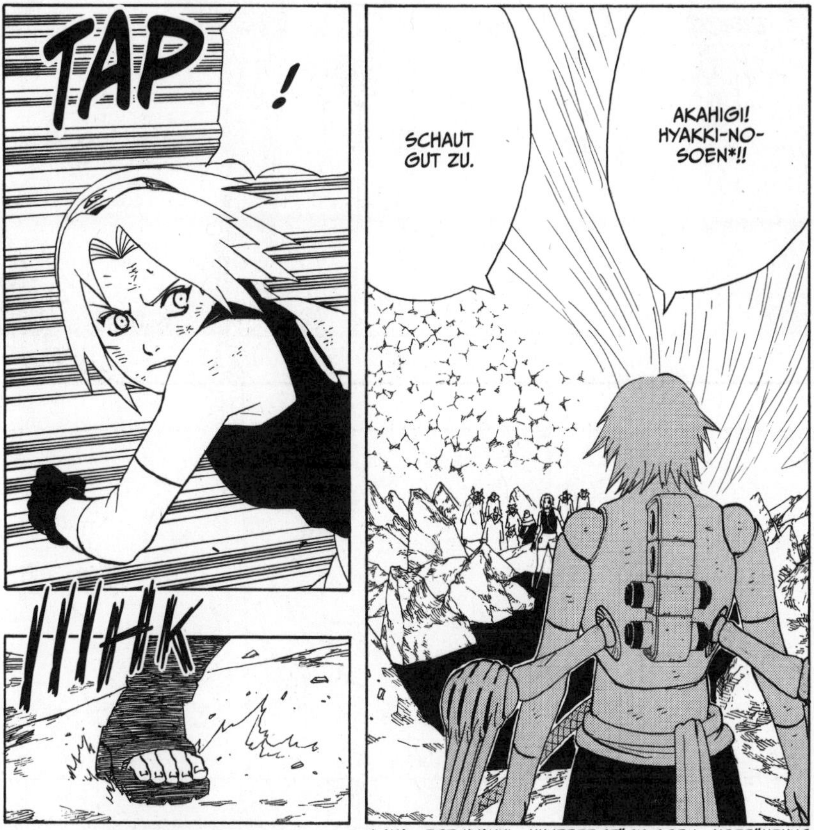

* AKA = ROT, HYAKKI = HUNDERT STÜCK, SOEN = VORFÜHRUNG

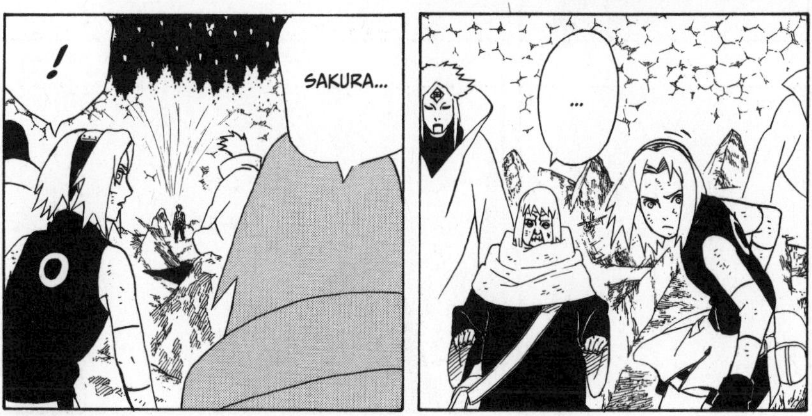

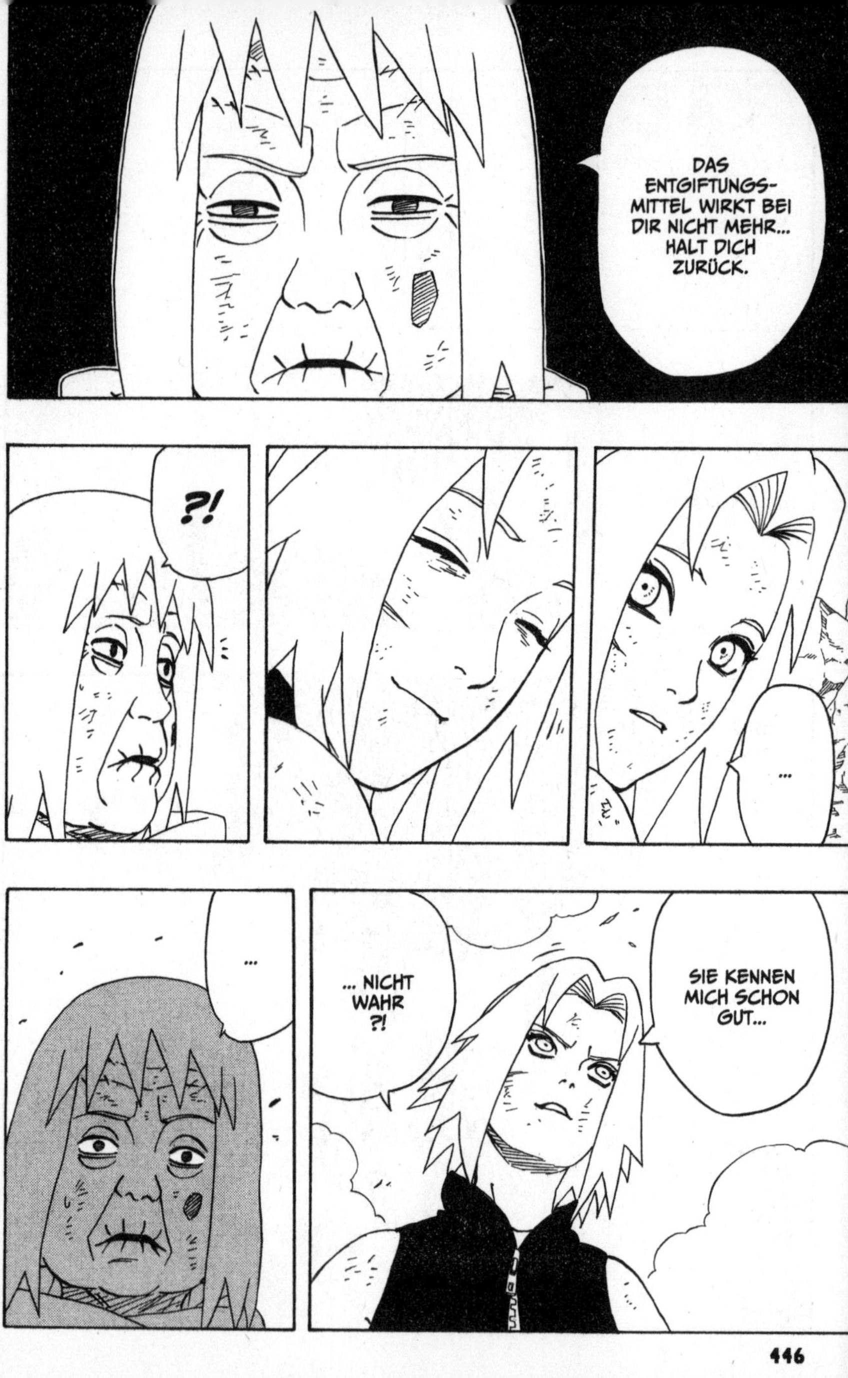
DAS ENTGIFTUNGS-MITTEL WIRKT BEI DIR NICHT MEHR... HALT DICH ZURÜCK.
...
?!
SIE KENNEN MICH SCHON GUT...
... NICHT WAHR ?!
...

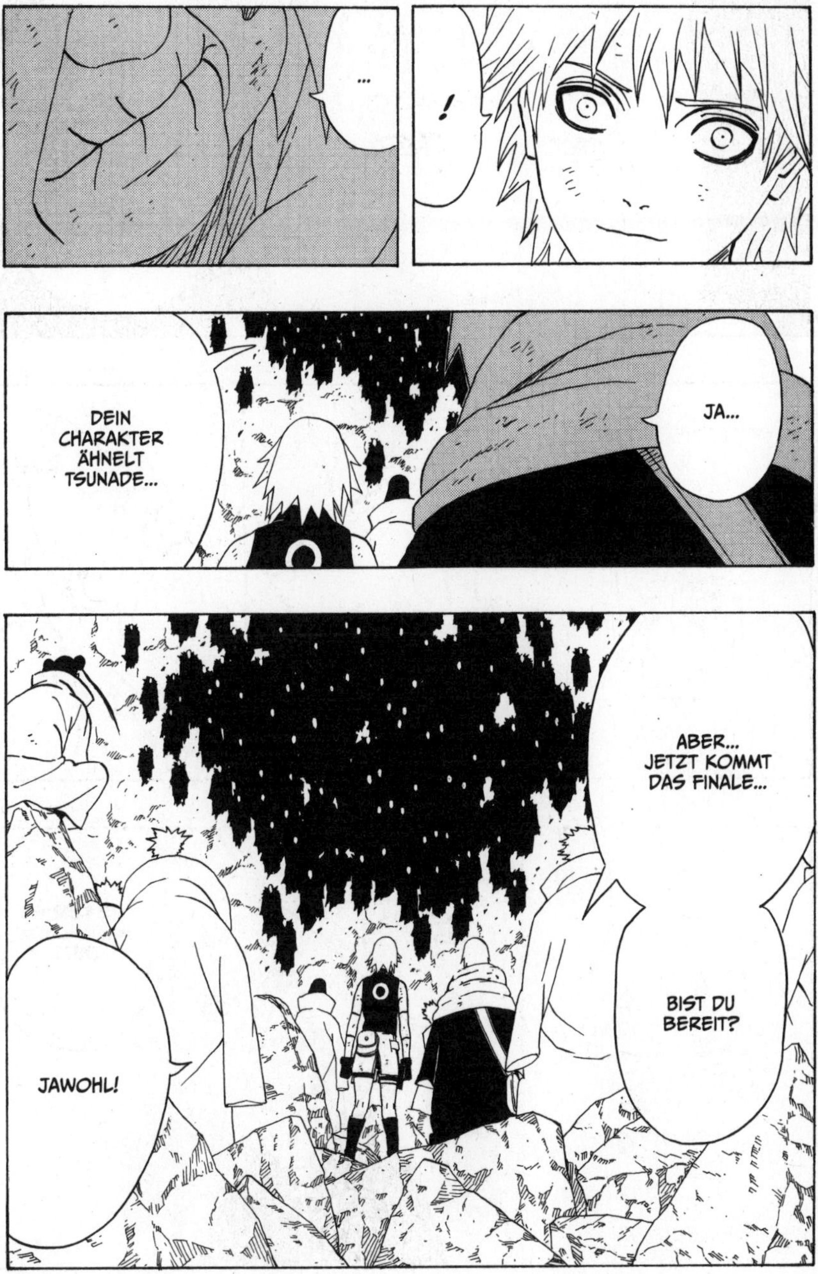
!
...
JA...
DEIN CHARAKTER ÄHNELT TSUNADE...
ABER... JETZT KOMMT DAS FINALE...
BIST DU BEREIT?
JAWOHL!

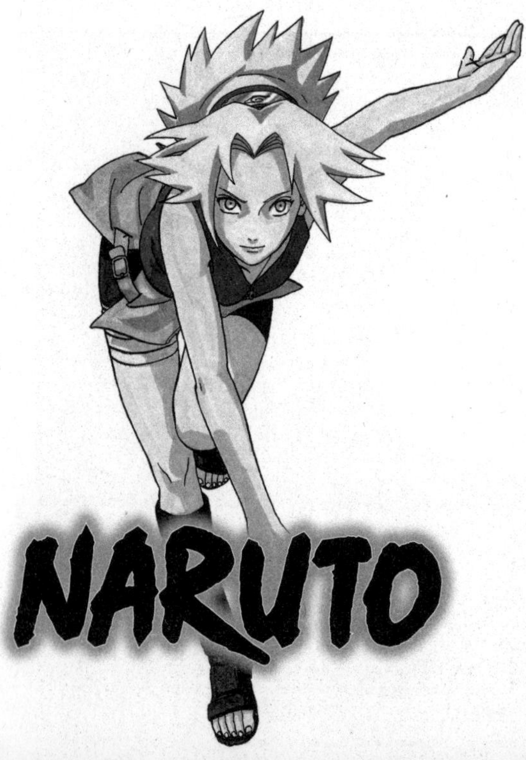
NARUTO

273. Kapitel: Der letzte Kampf

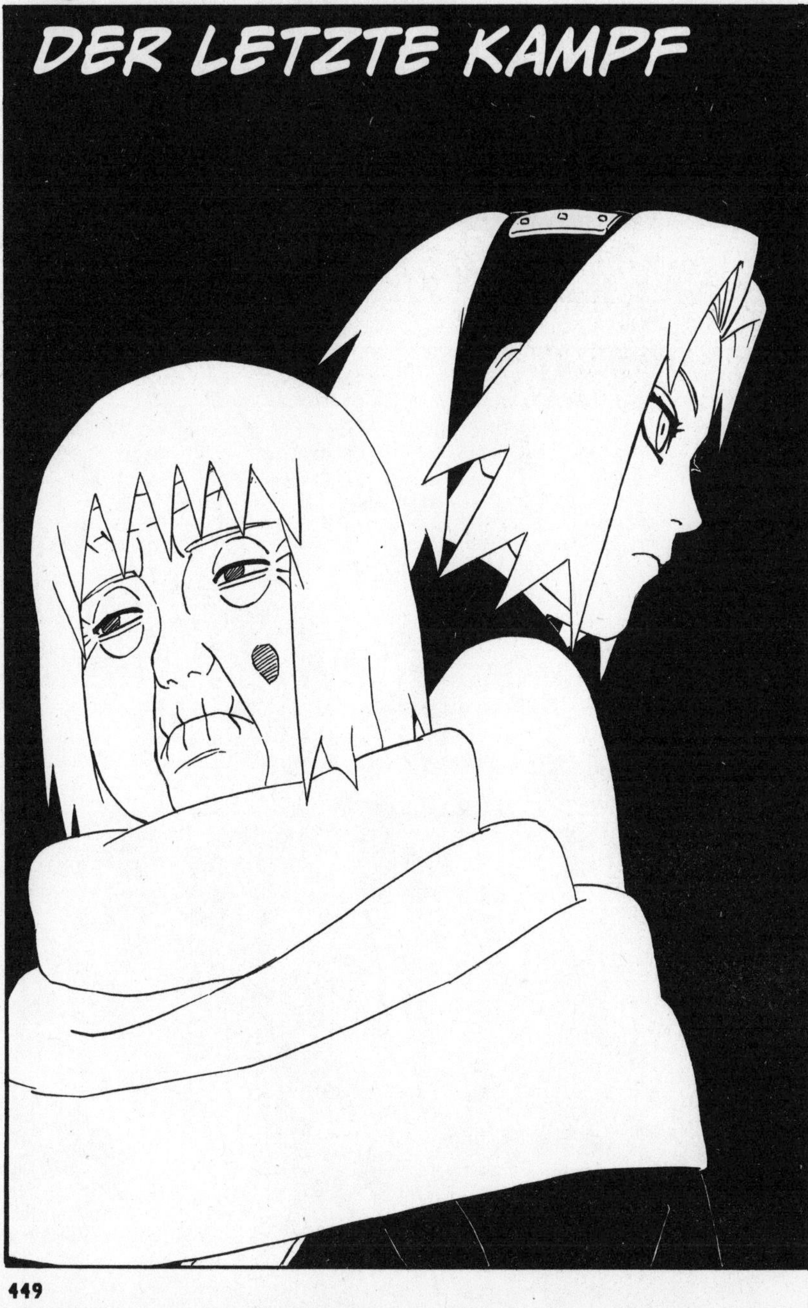

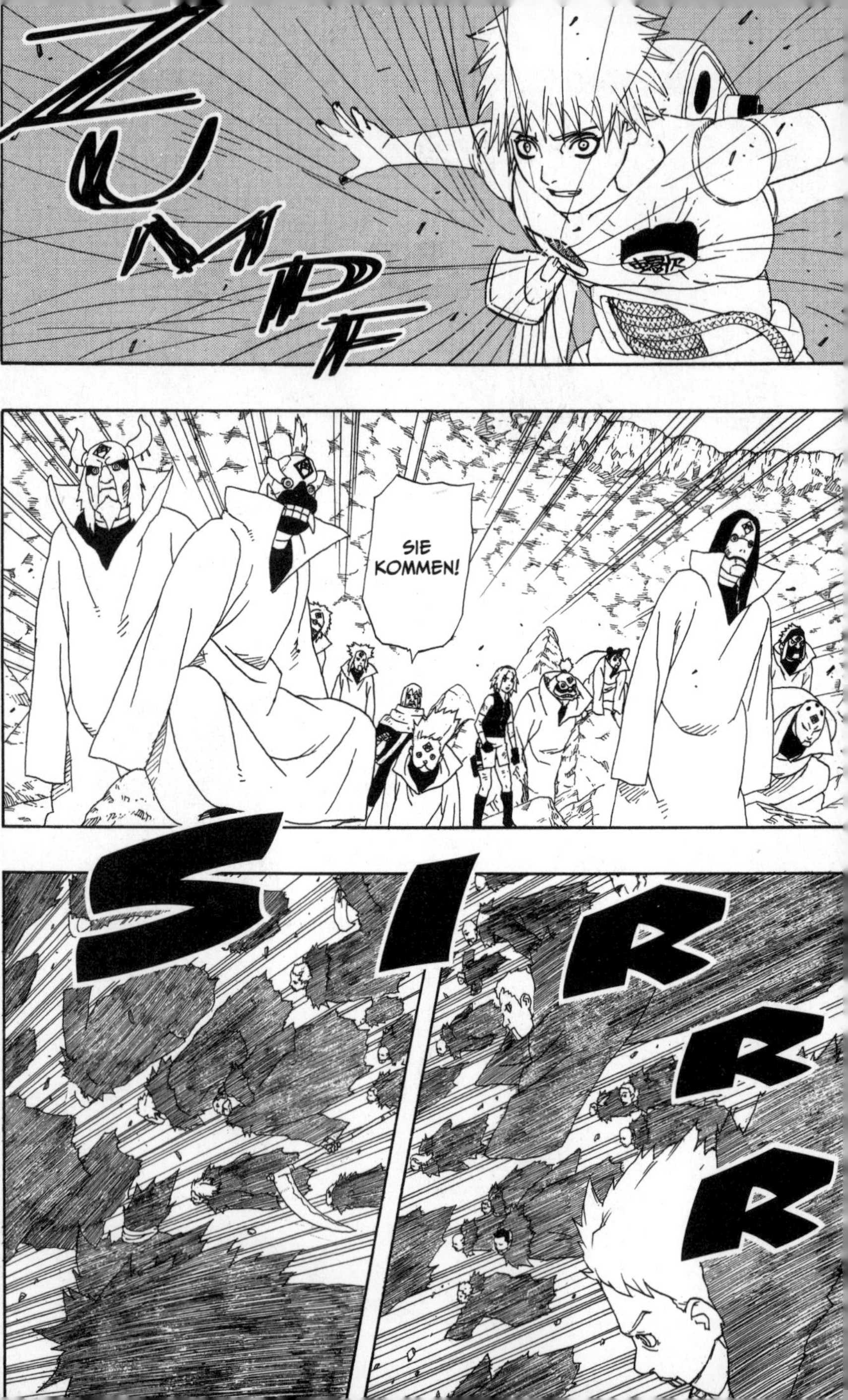

ZUMPF
SIE KOMMEN!
SIRRR

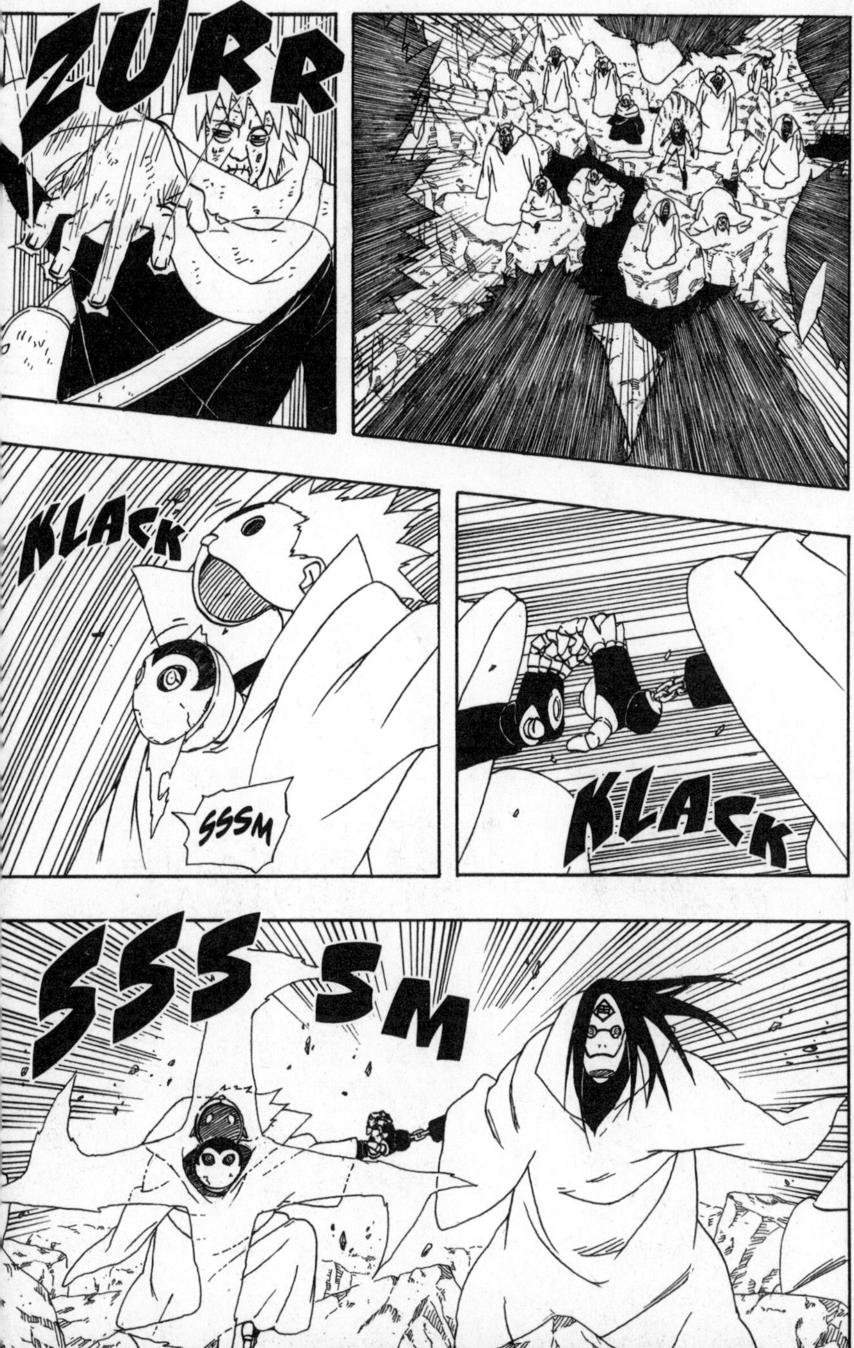
ZURR
KLACK
SSSM
KLACK
SSS SM

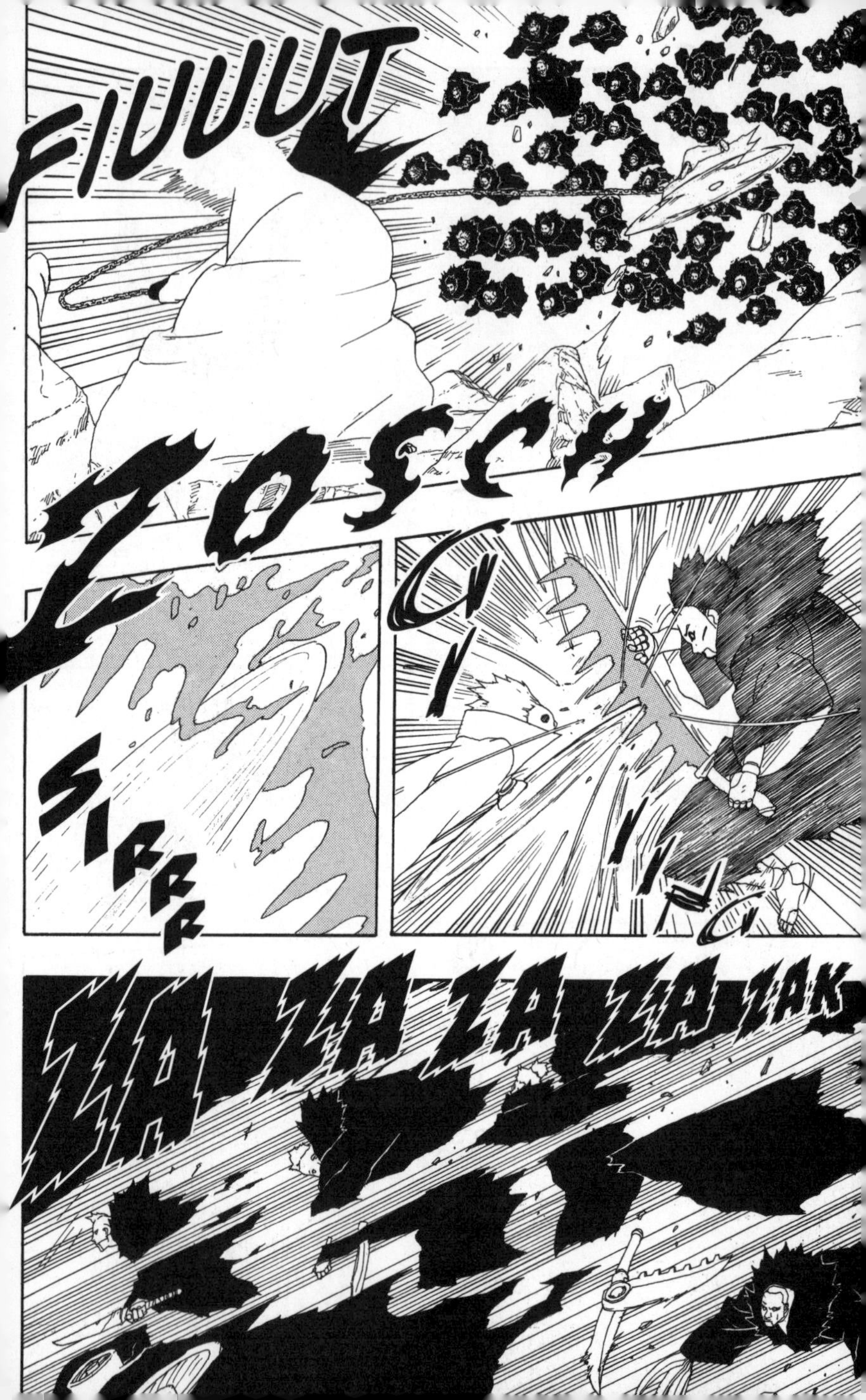
FIUUUT
ZOSCH
SIRRR
ZA ZA ZA ZA ZA ZAK

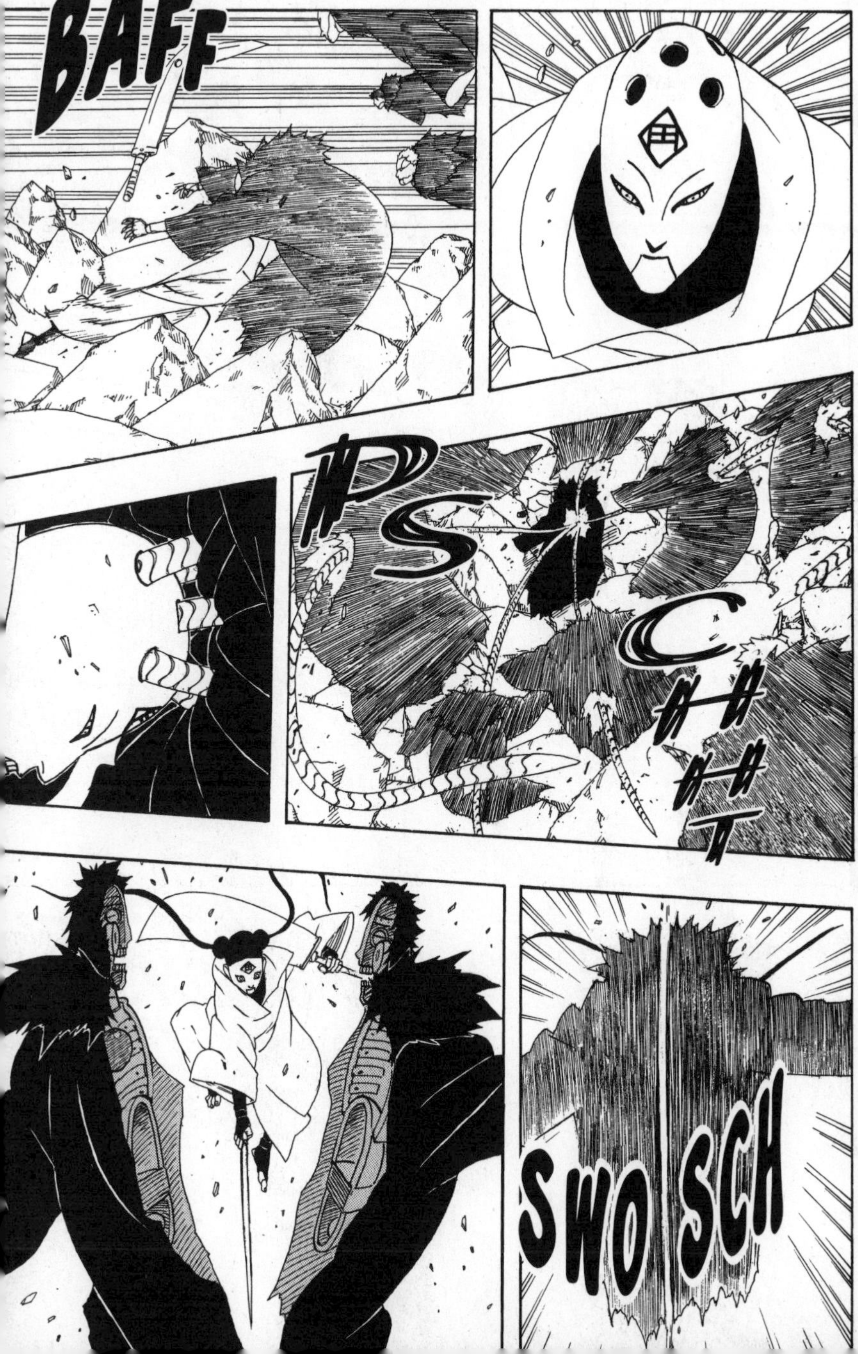
BAFF
PS
CHOCH
SWOSCH

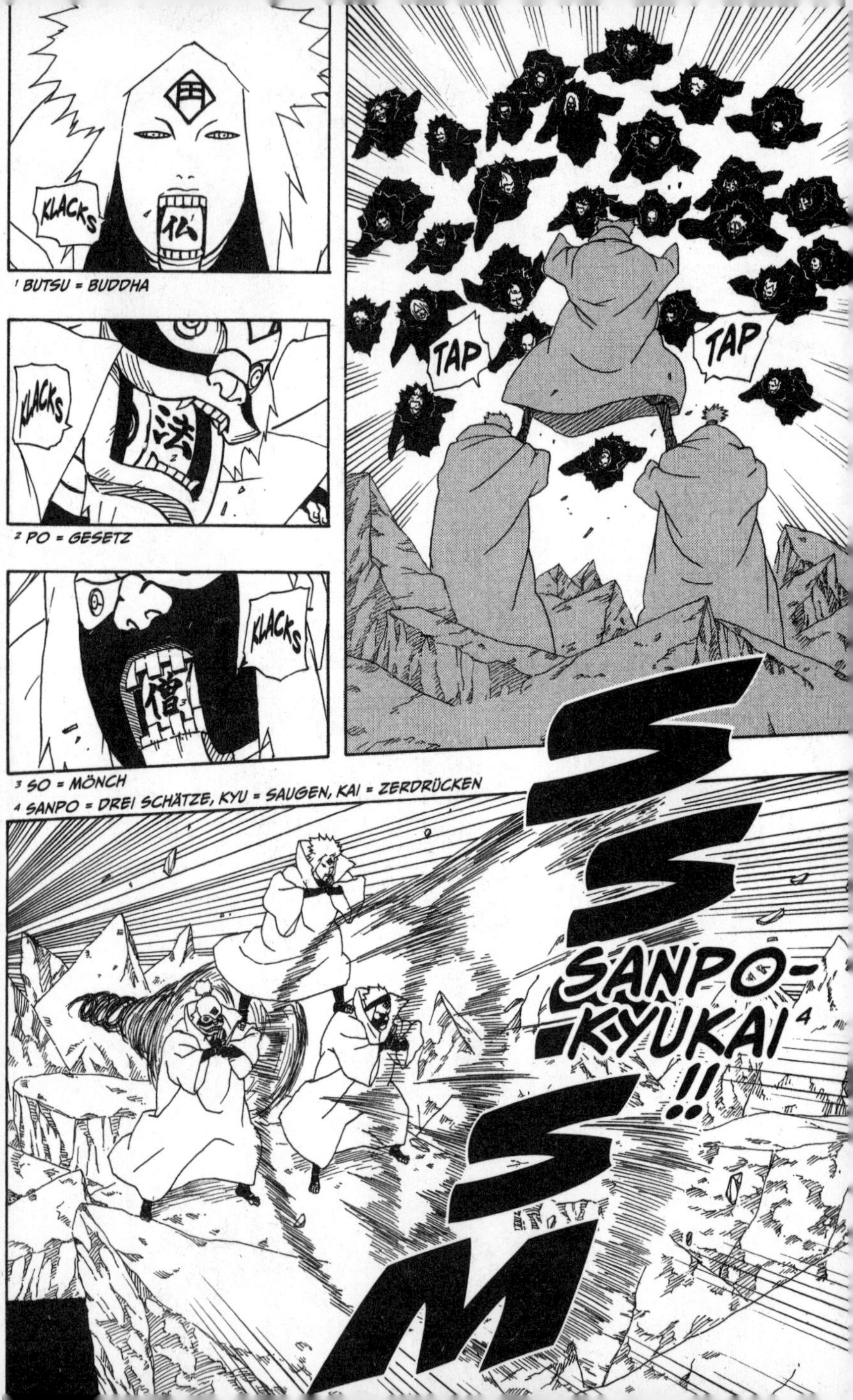
TAP
TAP
KLACKS
仏
1 BUTSU = BUDDHA
KLACKS
法
2 PO = GESETZ
KLACKS
僧
3 SO = MÖNCH
4 SANPO = DREI SCHÄTZE, KYU = SAUGEN, KAI = ZERDRÜCKEN
SANPO-KYUKAI 4 !!
SSSM

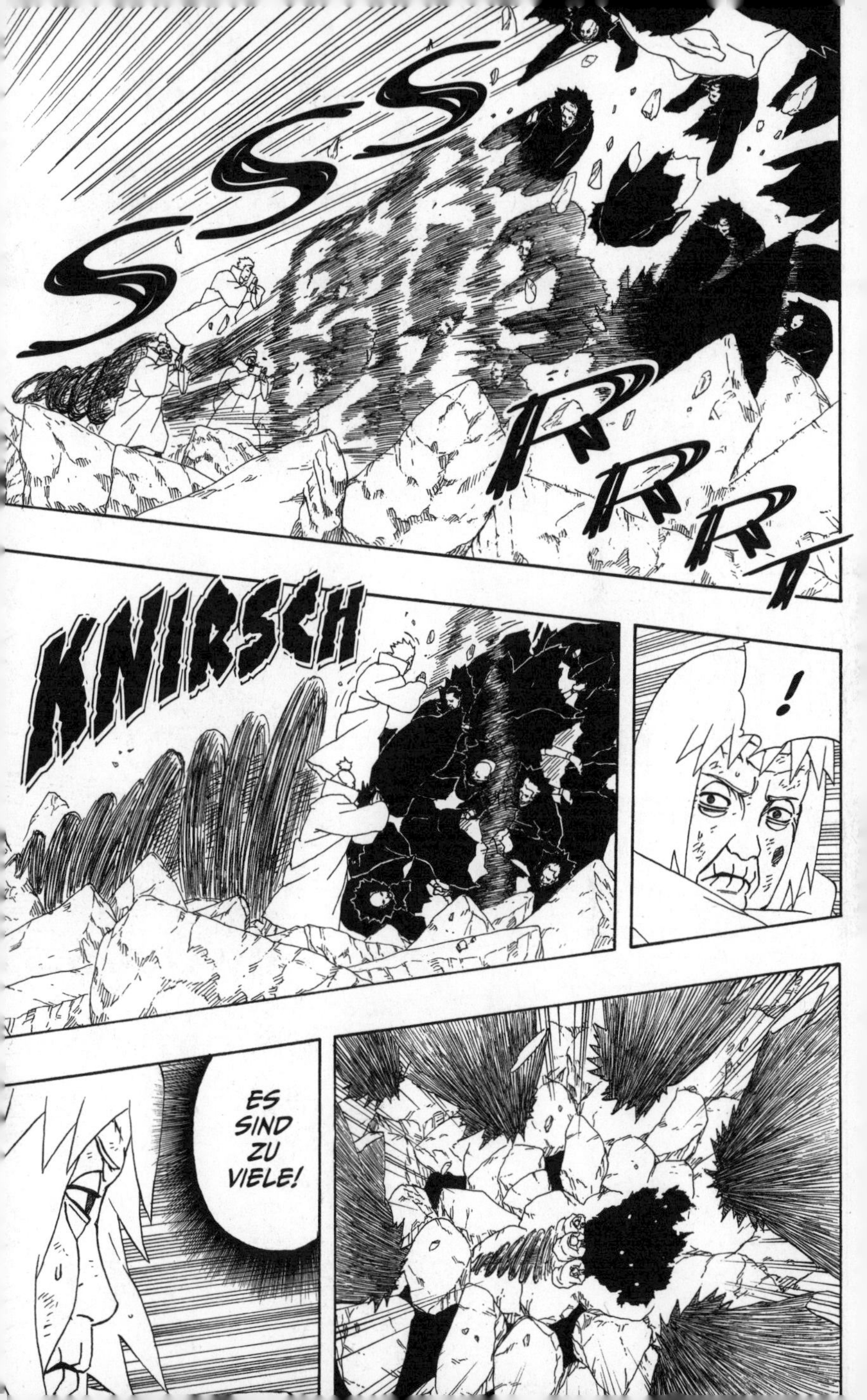
SSSS
RRRRT
KNIRSCH
!
ES SIND ZU VIELE!

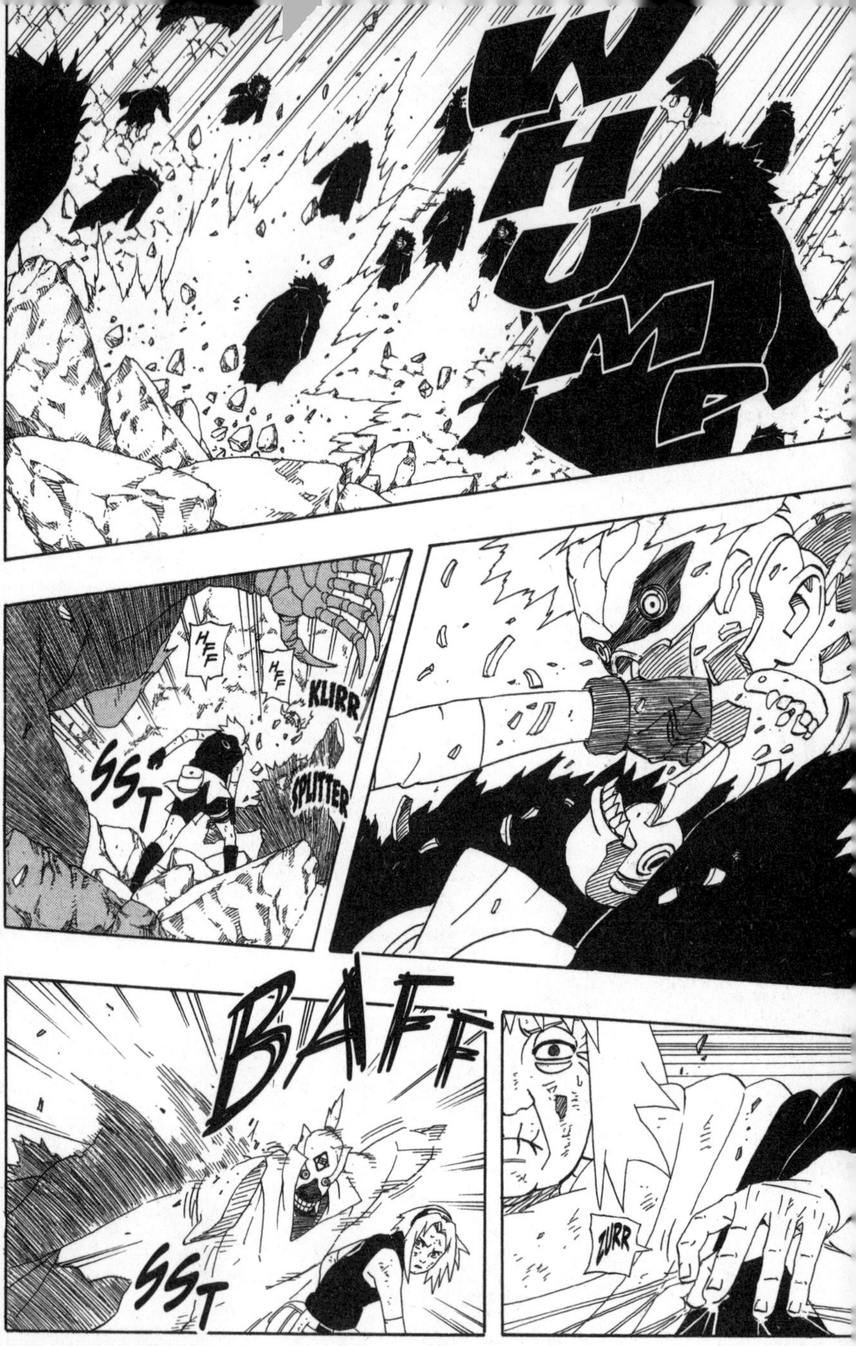
WHUMP
KLIRR
HFF
HFF
SPLITTER
SST
BAFF
ZURR
SST

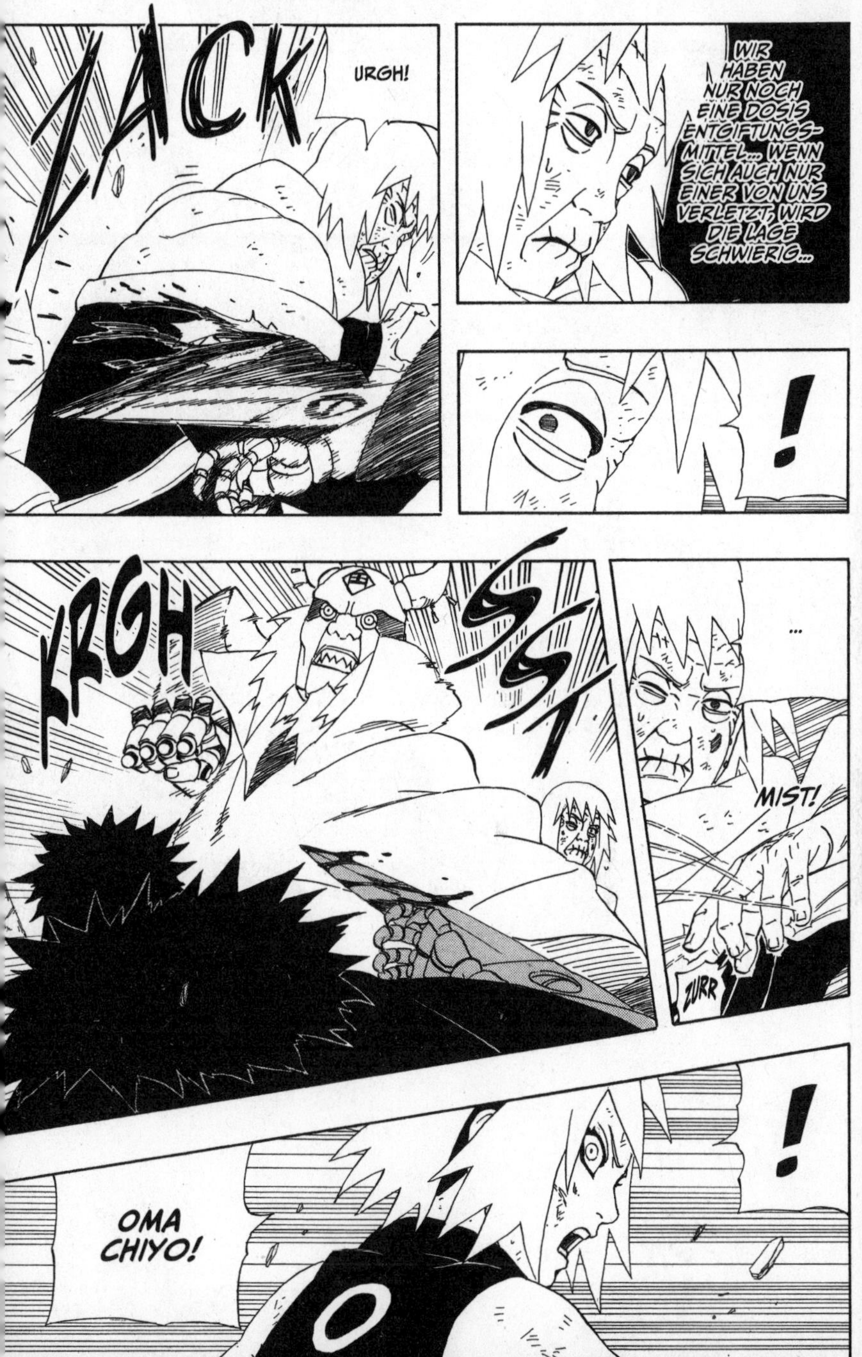
WIR HABEN NUR NOCH EINE DOSIS ENTGIFTUNGS-MITTEL... WENN SICH AUCH NUR EINER VON UNS VERLETZT, WIRD DIE LAGE SCHWIERIG...
ZACK
URGH!
!
...
MIST!
ZURR
SST
KRGH
!
OMA CHIYO!

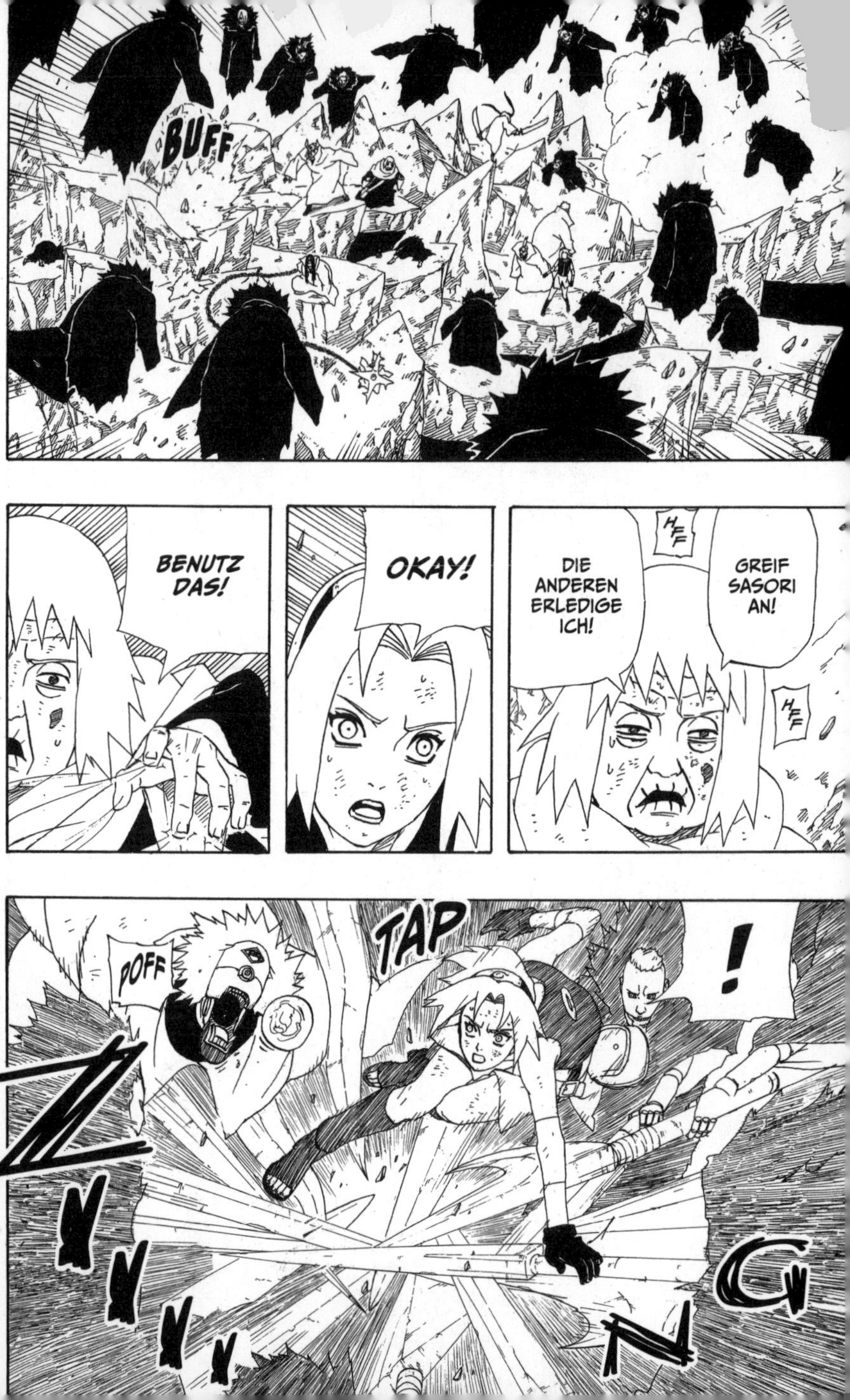
BUFF
GREIF SASORI AN!
HFF
DIE ANDEREN ERLEDIGE ICH!
HFF
OKAY!
BENUTZ DAS!
!
TAP
POFF
ZZNNNNNNGG

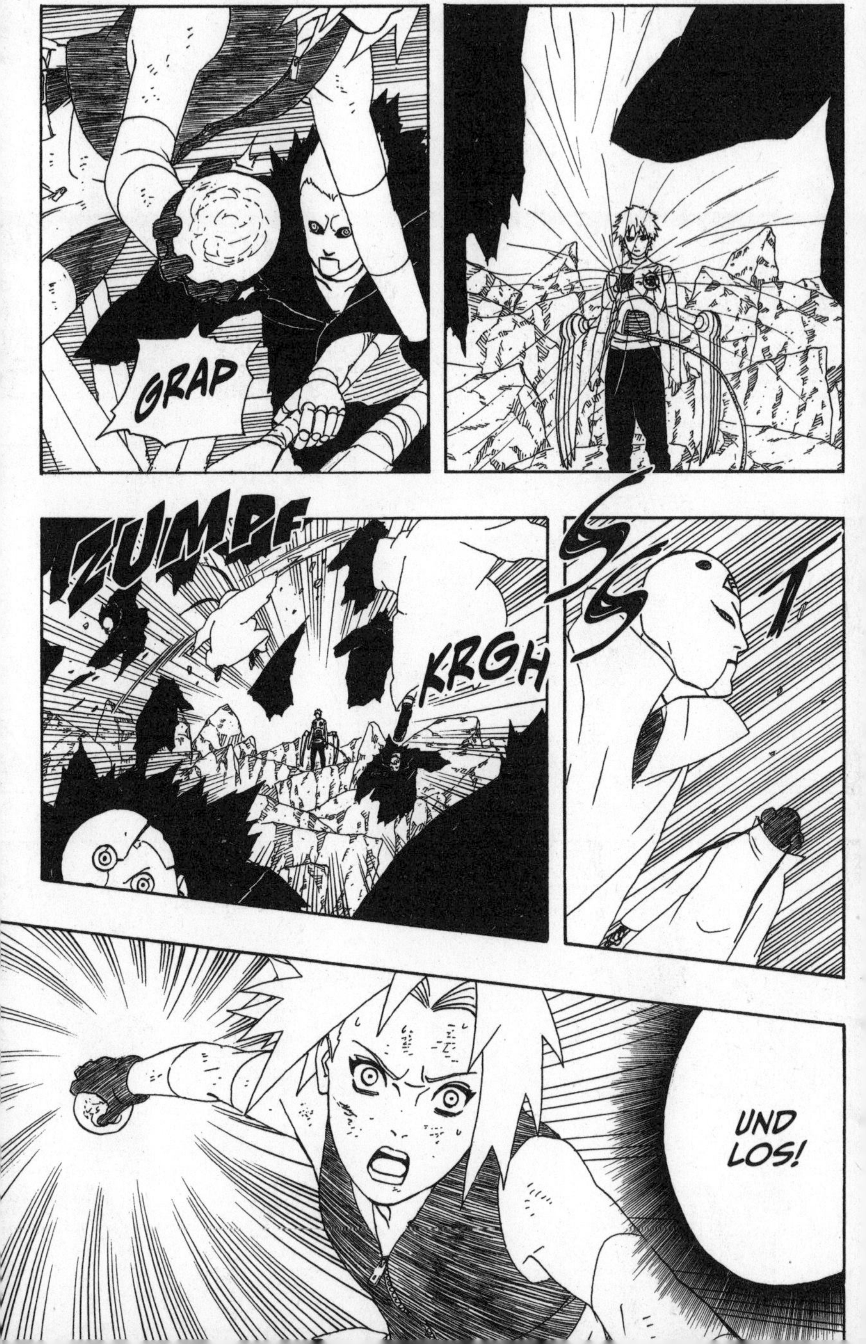
GRAP
ZUMPF
KRGH
SSST
UND LOS!

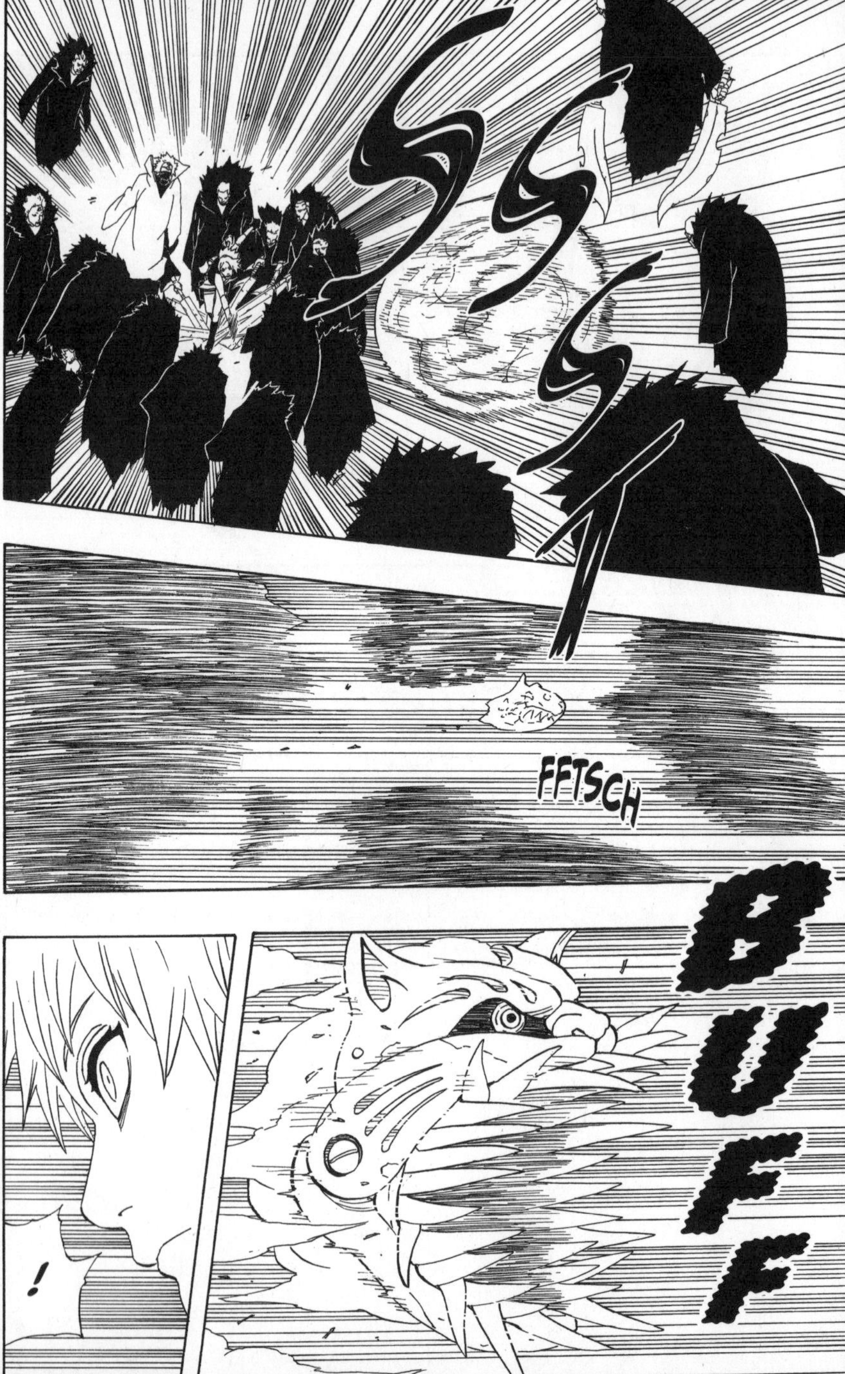
SSSI
FFTSCH
BUFF
!

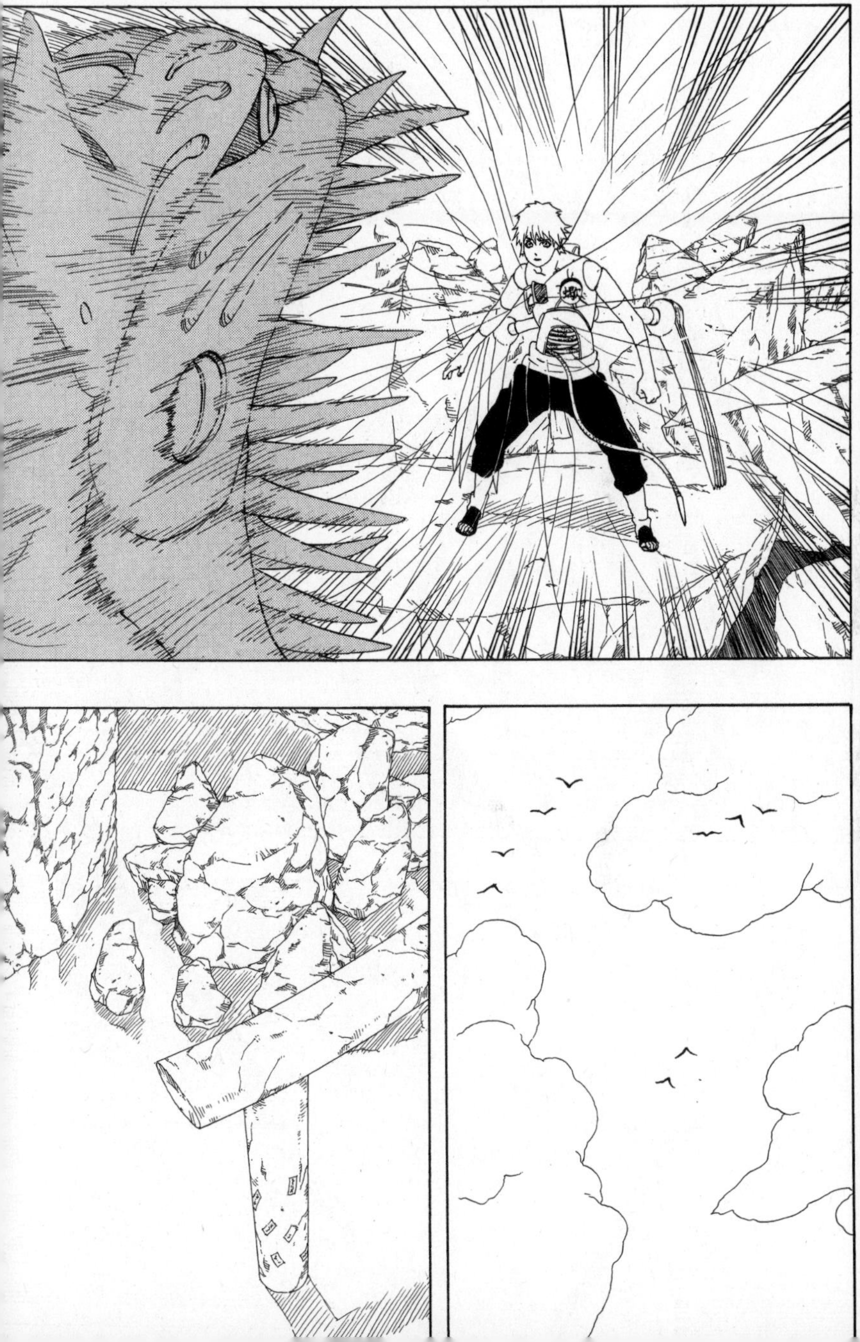

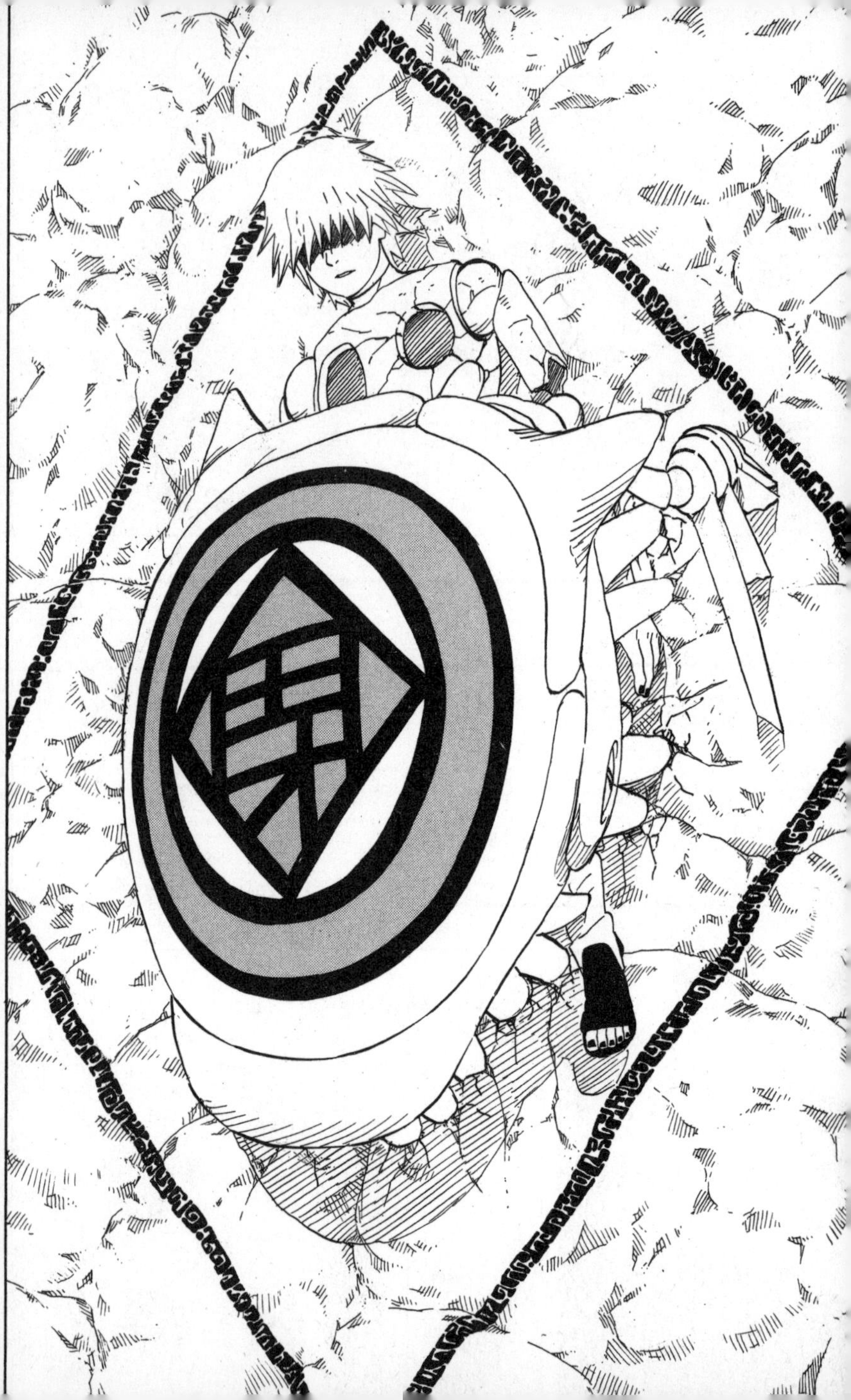

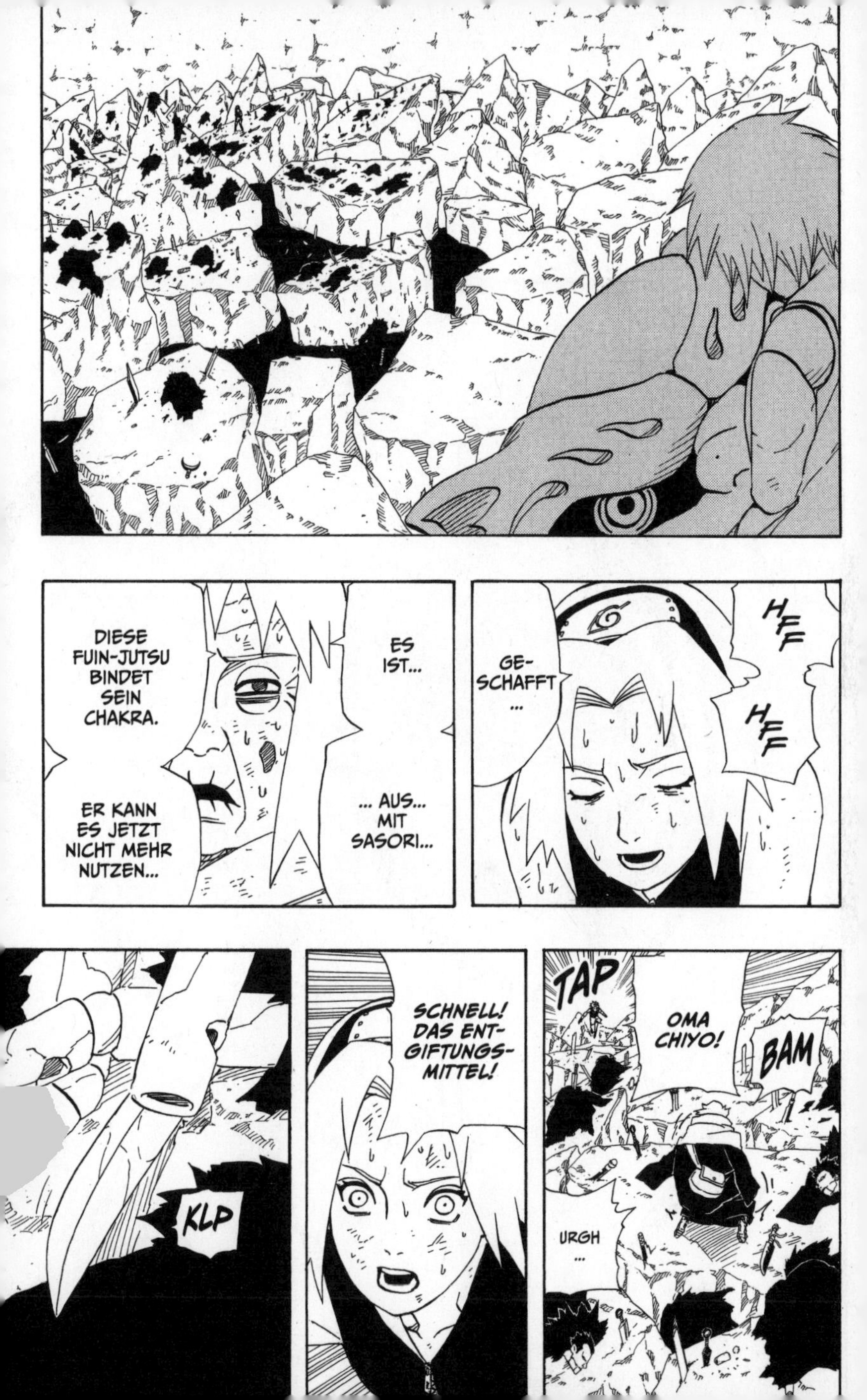
HFF
HFF
GE-SCHAFFT ...
ES IST...
... AUS... MIT SASORI...
DIESE FUIN-JUTSU BINDET SEIN CHAKRA.
ER KANN ES JETZT NICHT MEHR NUTZEN...
BAM
OMA CHIYO!
TAP
URGH ...
SCHNELL! DAS ENT-GIFTUNGS-MITTEL!
KLP

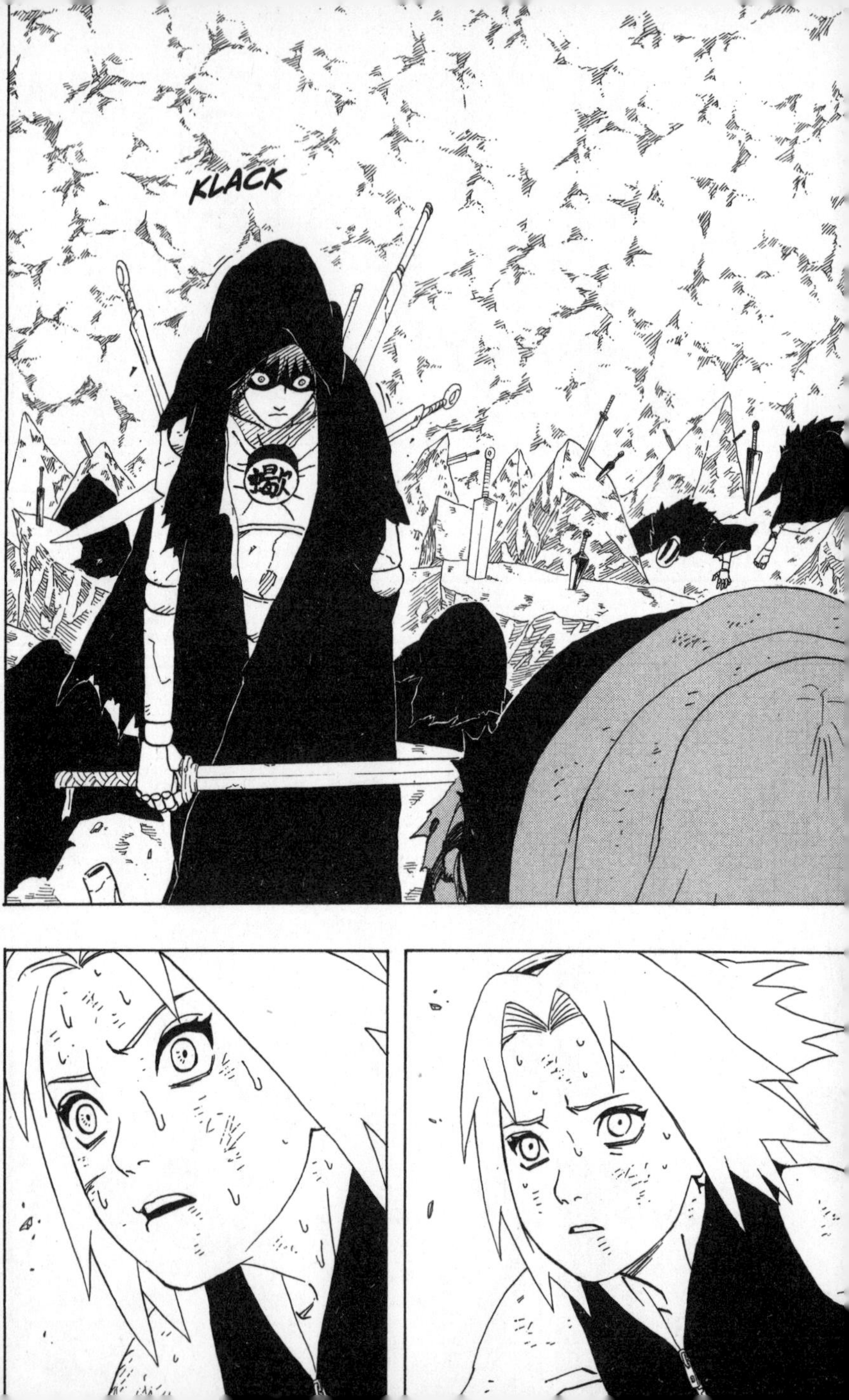
KLACK

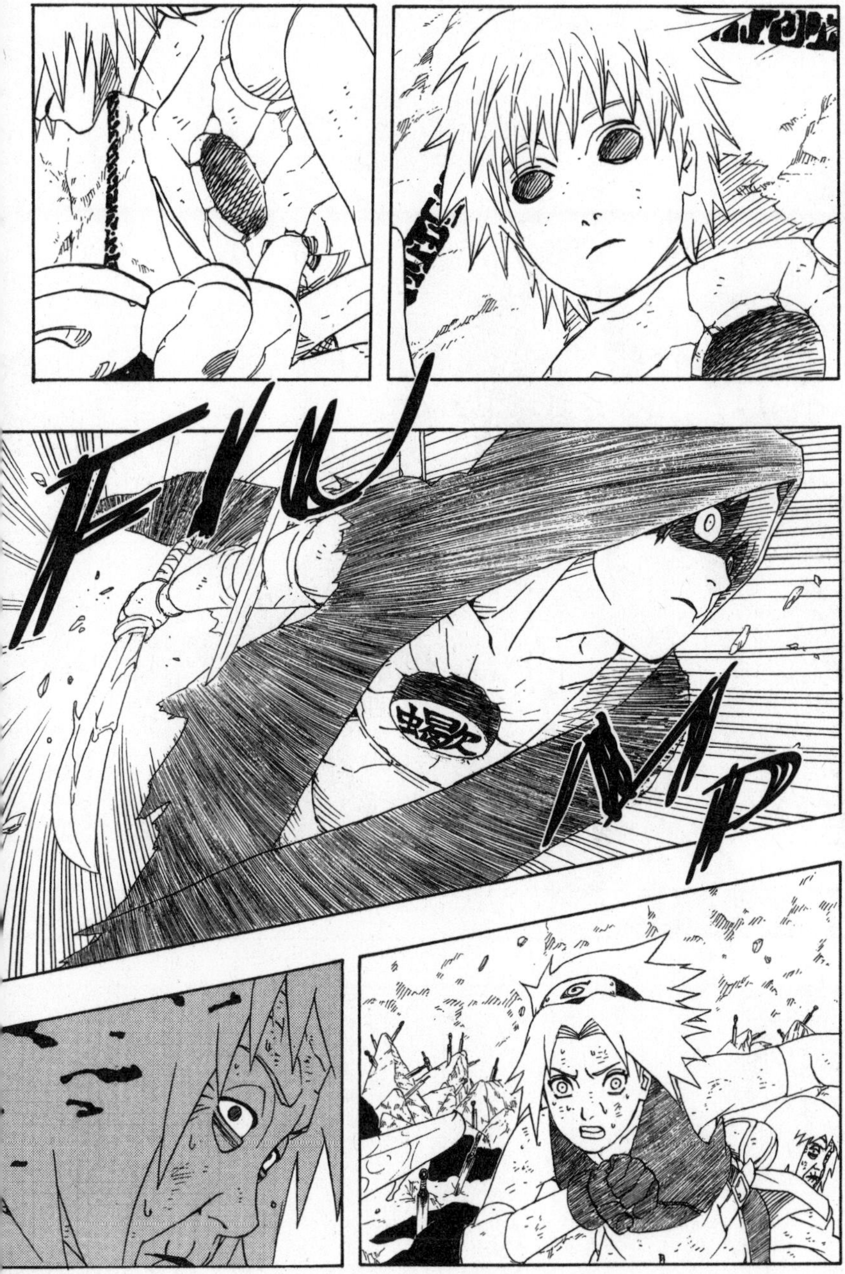
FLUMP

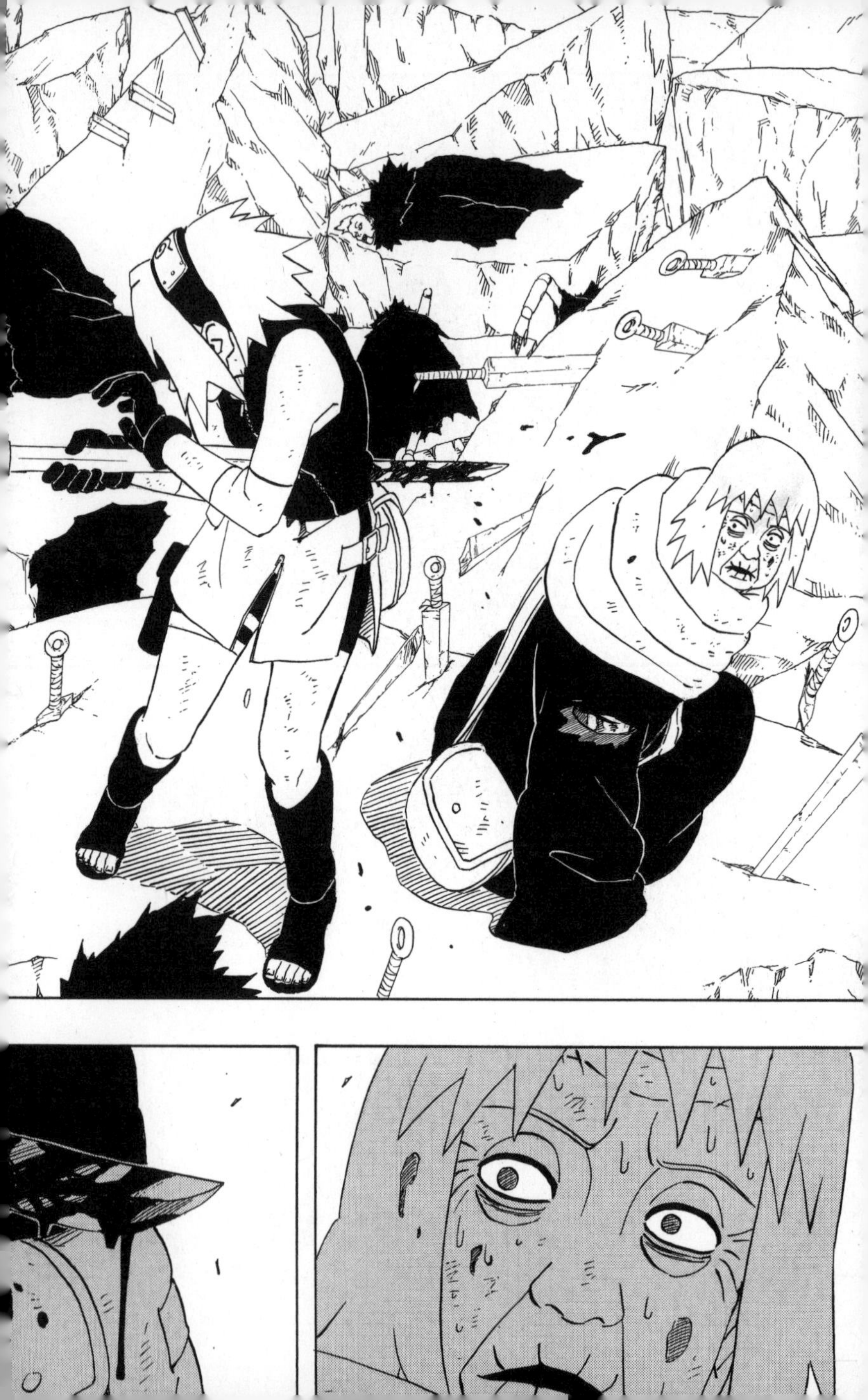

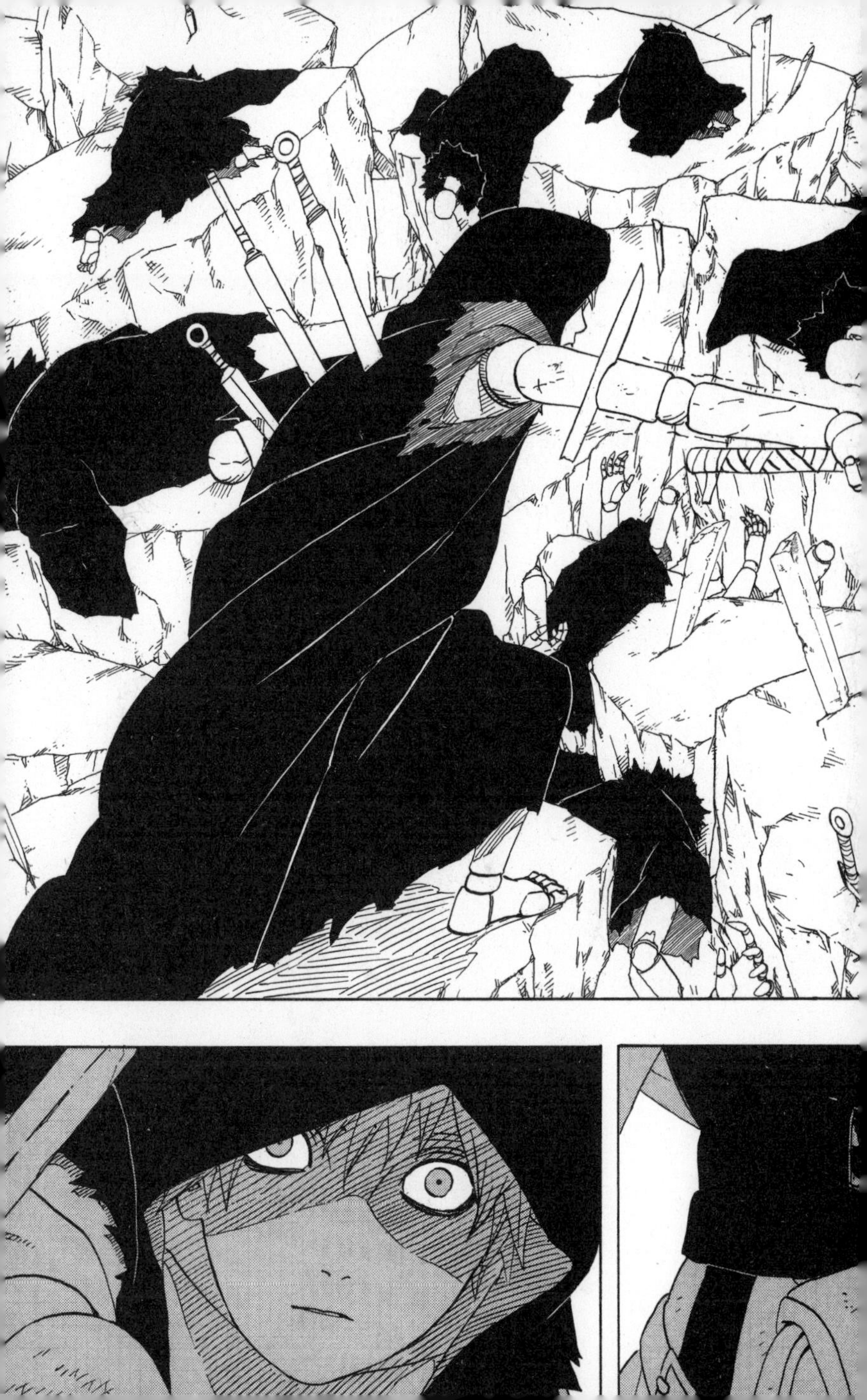

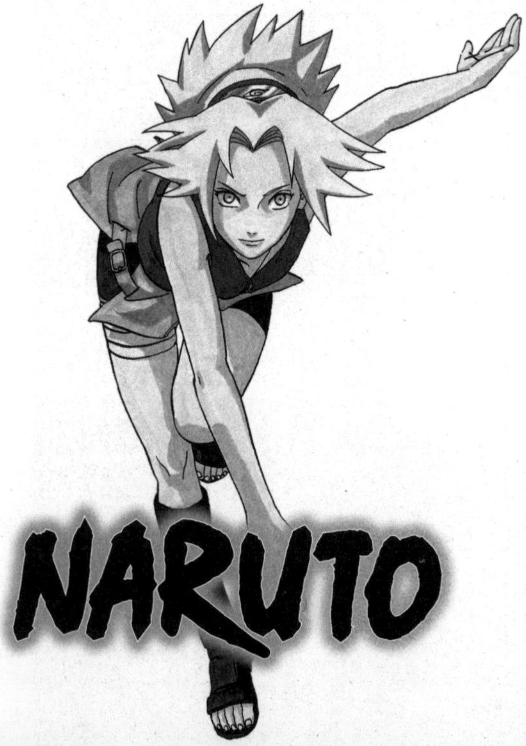
NARUTO

274. Kapitel: Ein unerfüllter Wunsch

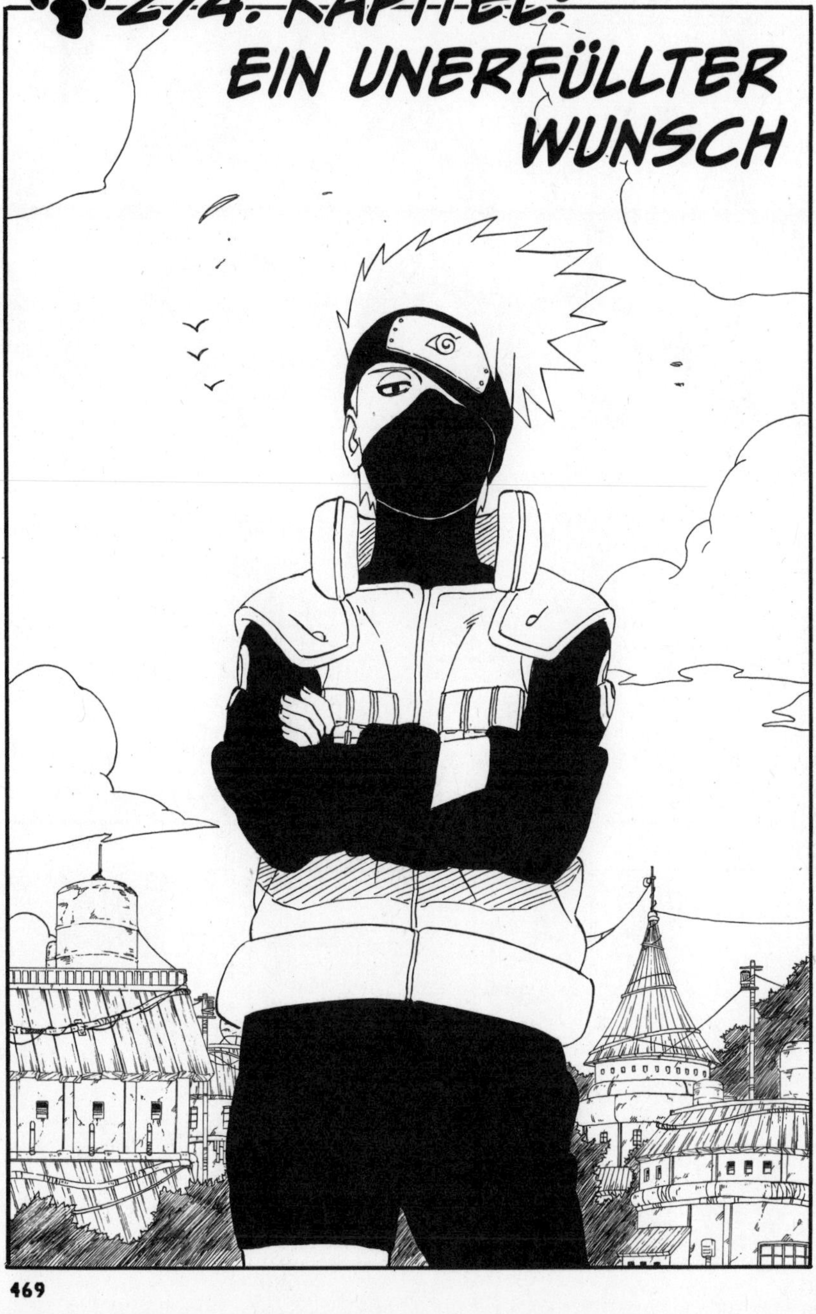

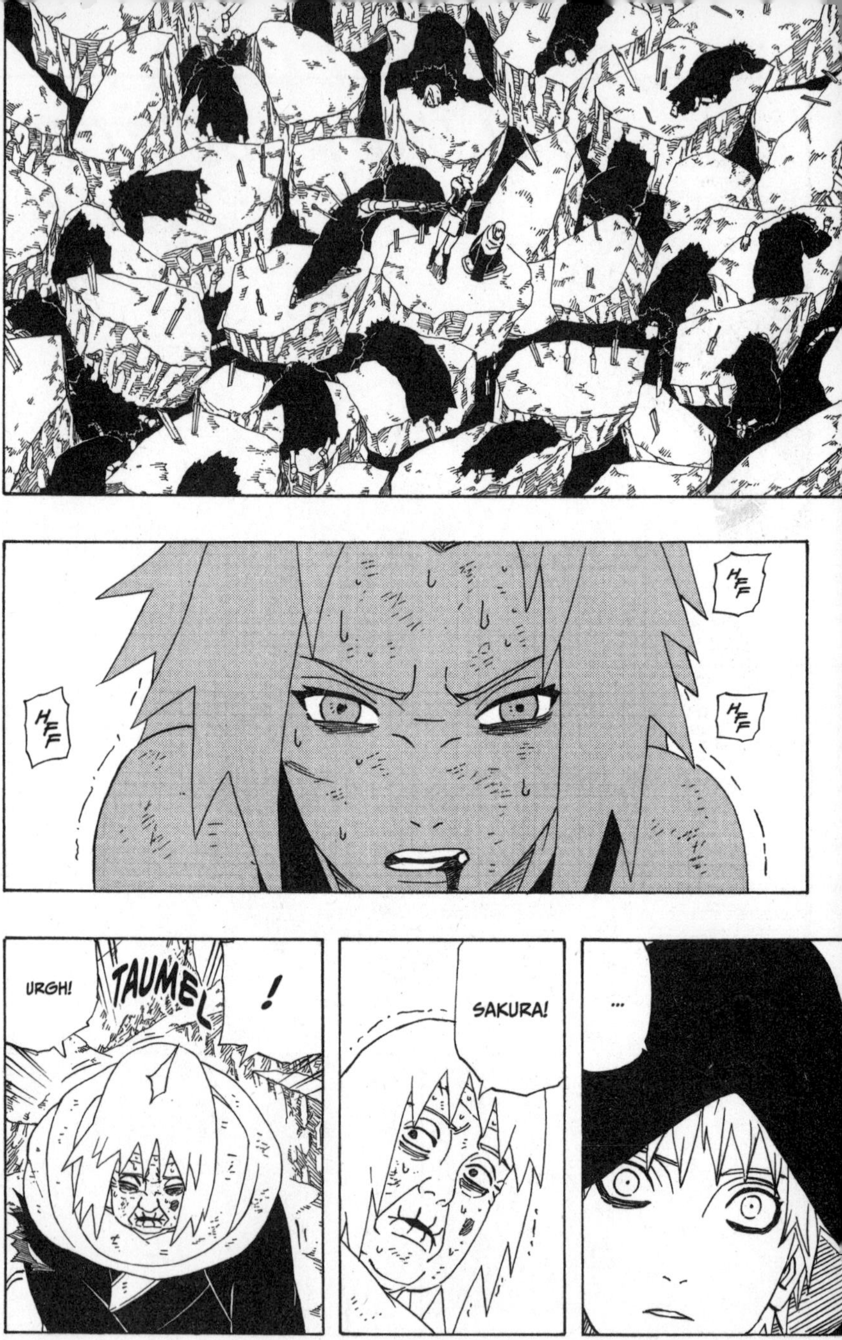
HFF
HFF
HFF
URGH!
TAUMEL
!
SAKURA!
...

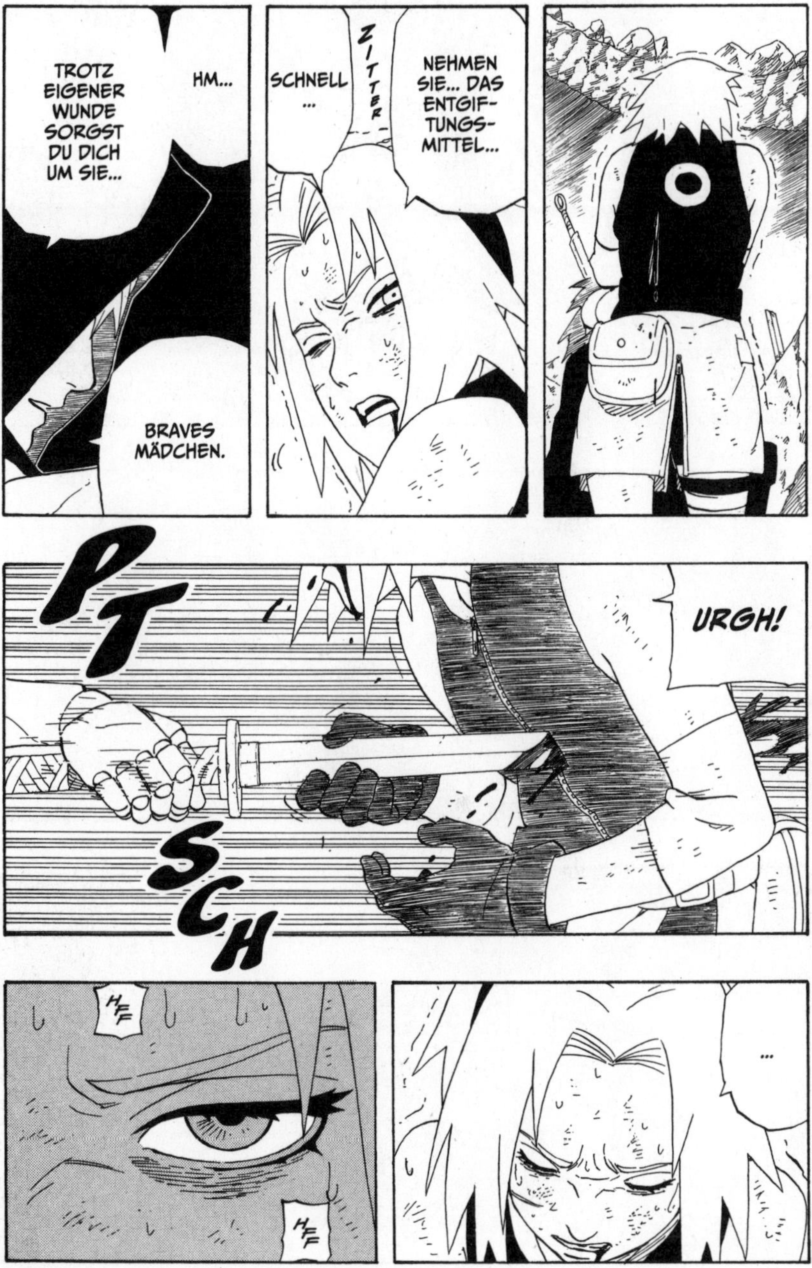
NEHMEN SIE... DAS ENTGIFTUNGS-MITTEL...
ZITTER
SCHNELL ...
HM...
TROTZ EIGENER WUNDE SORGST DU DICH UM SIE...
BRAVES MÄDCHEN.
URGH!
PITSCH
...
HFF
HFF

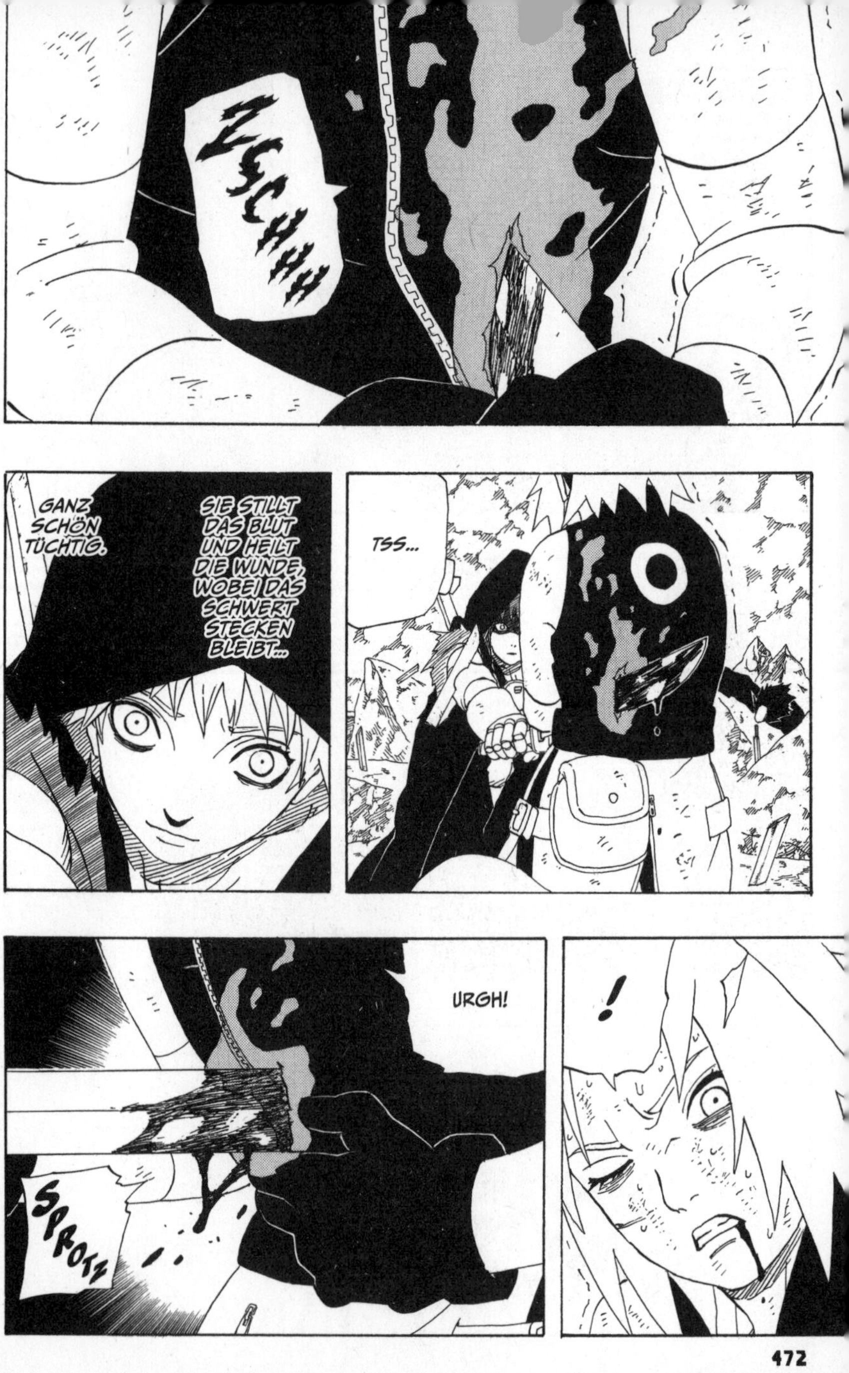
ZSCHHH
TSS...
SIE STILLT DAS BLUT UND HEILT DIE WUNDE, WOBEI DAS SCHWERT STECKEN BLEIBT...
GANZ SCHÖN TÜCHTIG.
!
URGH!
SPROTZ

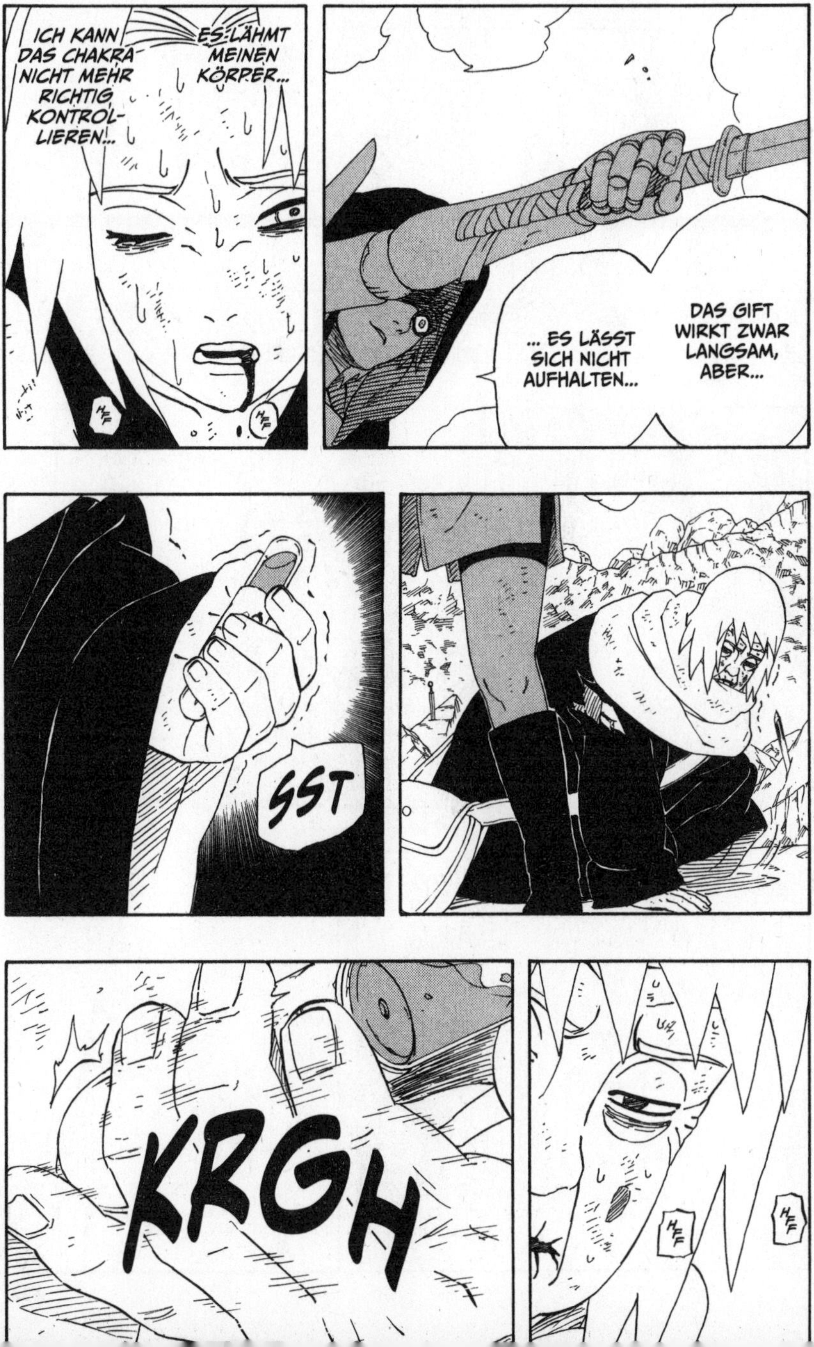
DAS GIFT WIRKT ZWAR LANGSAM, ABER...
... ES LÄSST SICH NICHT AUFHALTEN...
ES LÄHMT MEINEN KÖRPER...
ICH KANN DAS CHAKRA NICHT MEHR RICHTIG KONTROL-LIEREN...
HEF
HEF
SST
HEF
HEF
KRGH

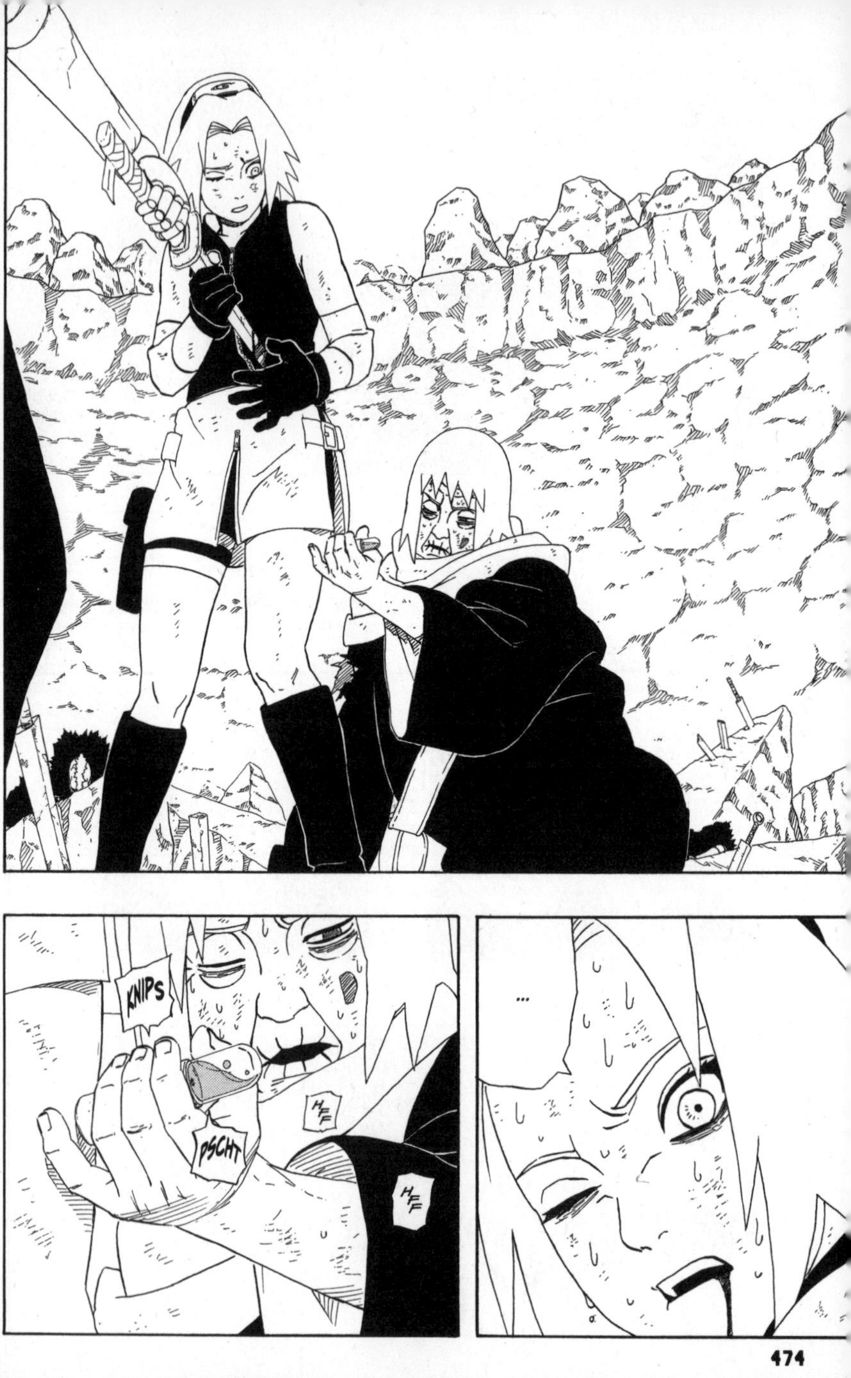

...
KNIPS
PSCHT
HFF
HFF

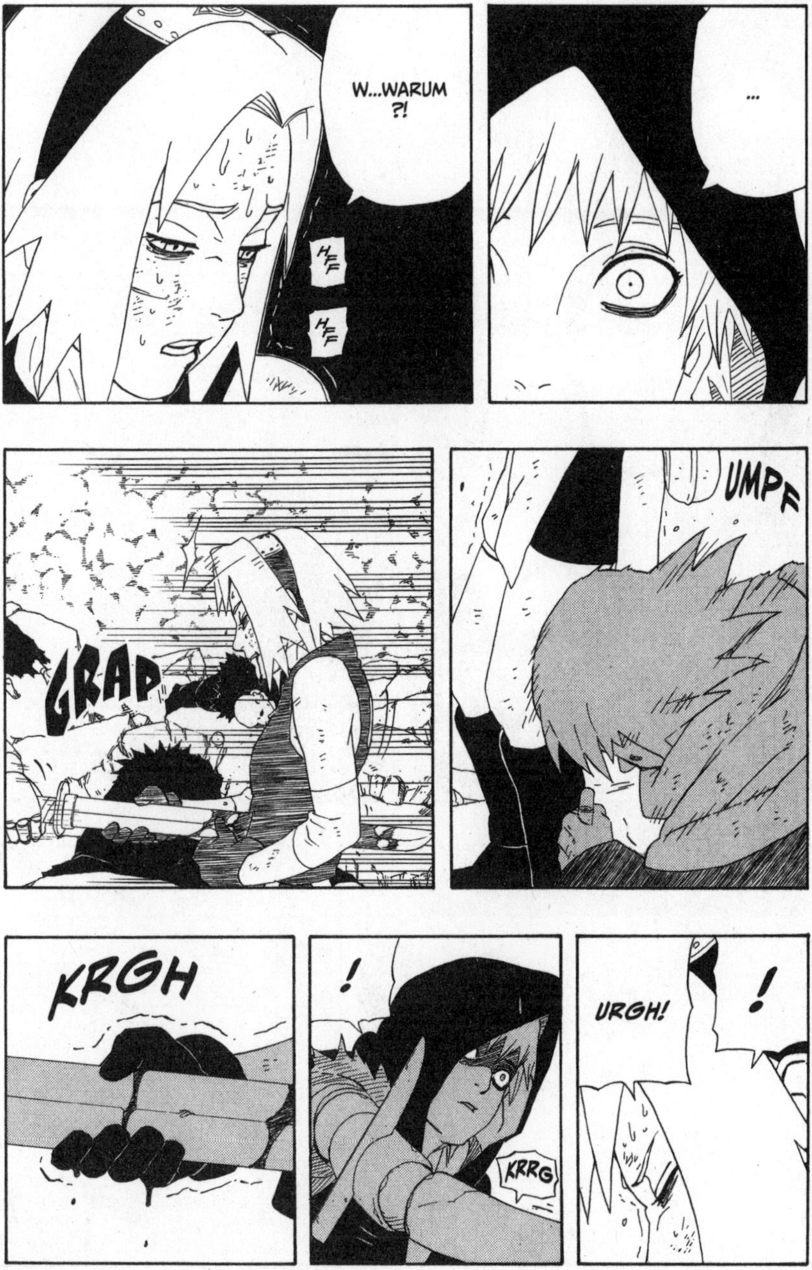
...
W...WARUM ?!
HEF
HEF
UMPF
GRAP
!
URGH!
!
KRRG
KRGH

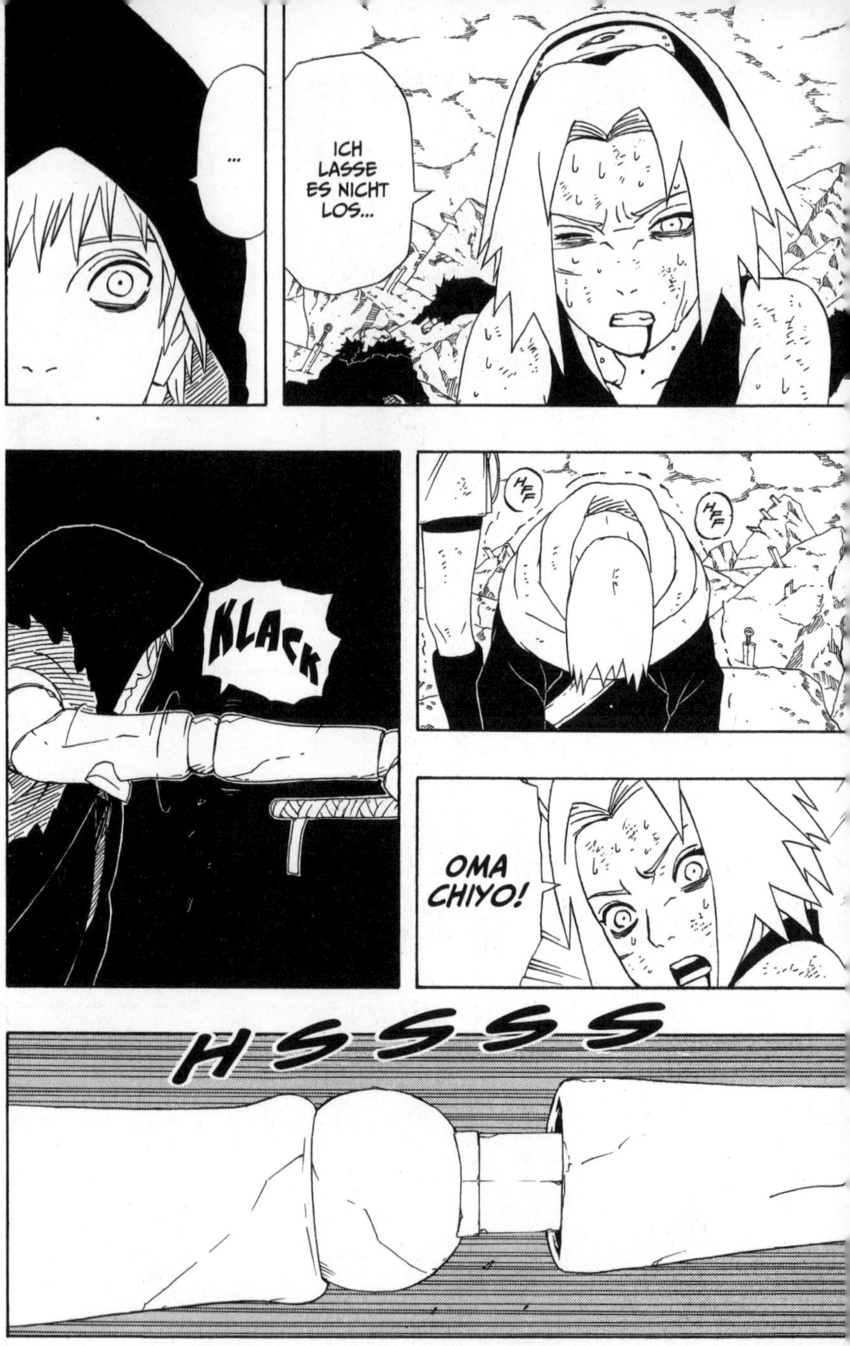
ICH LASSE ES NICHT LOS...
...
HFF HFF
KLACK
OMA CHIYO!
HSSSSS

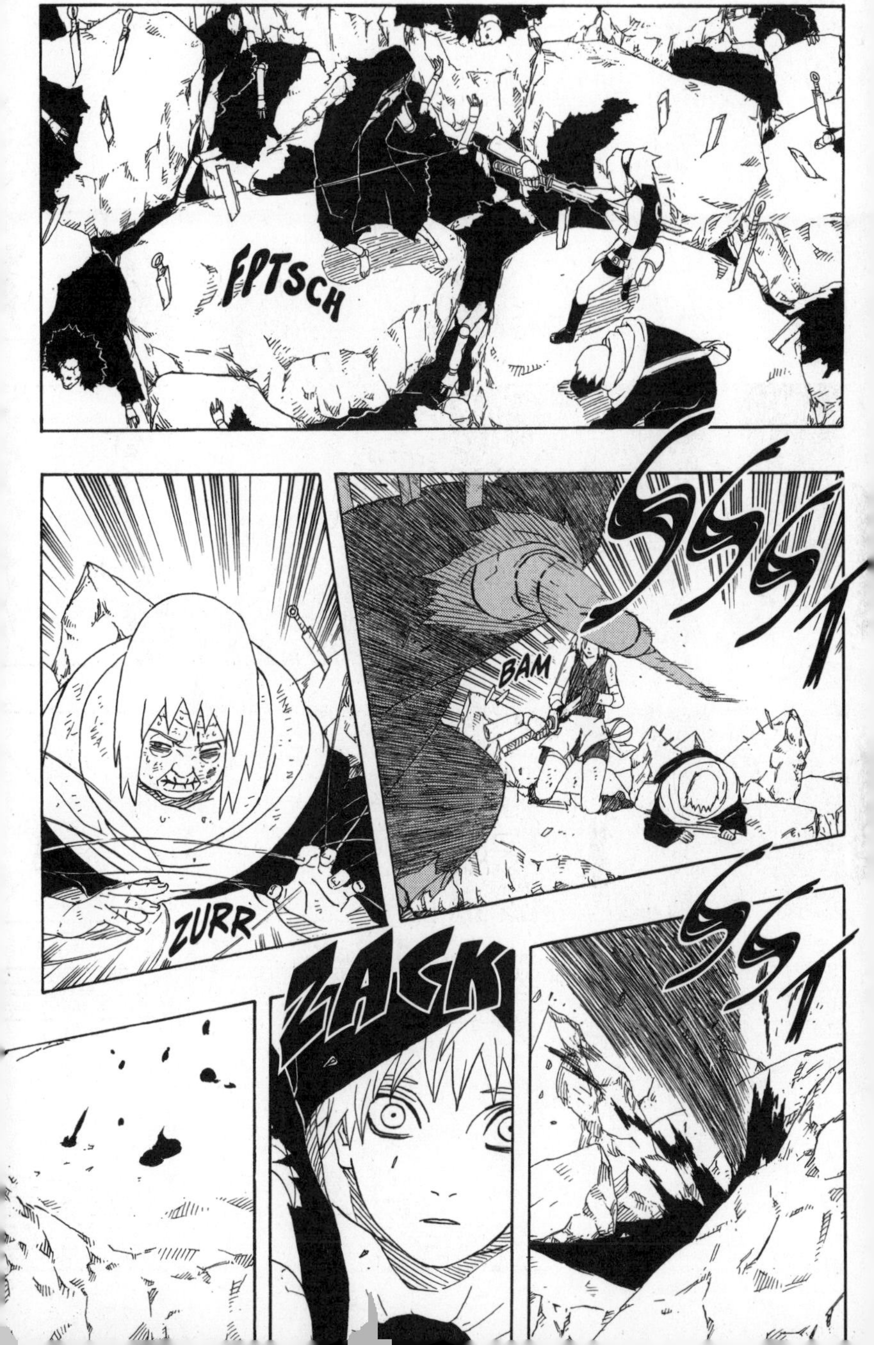
FPTSCH
SSST
BAM
ZURR
SSST
ZACK

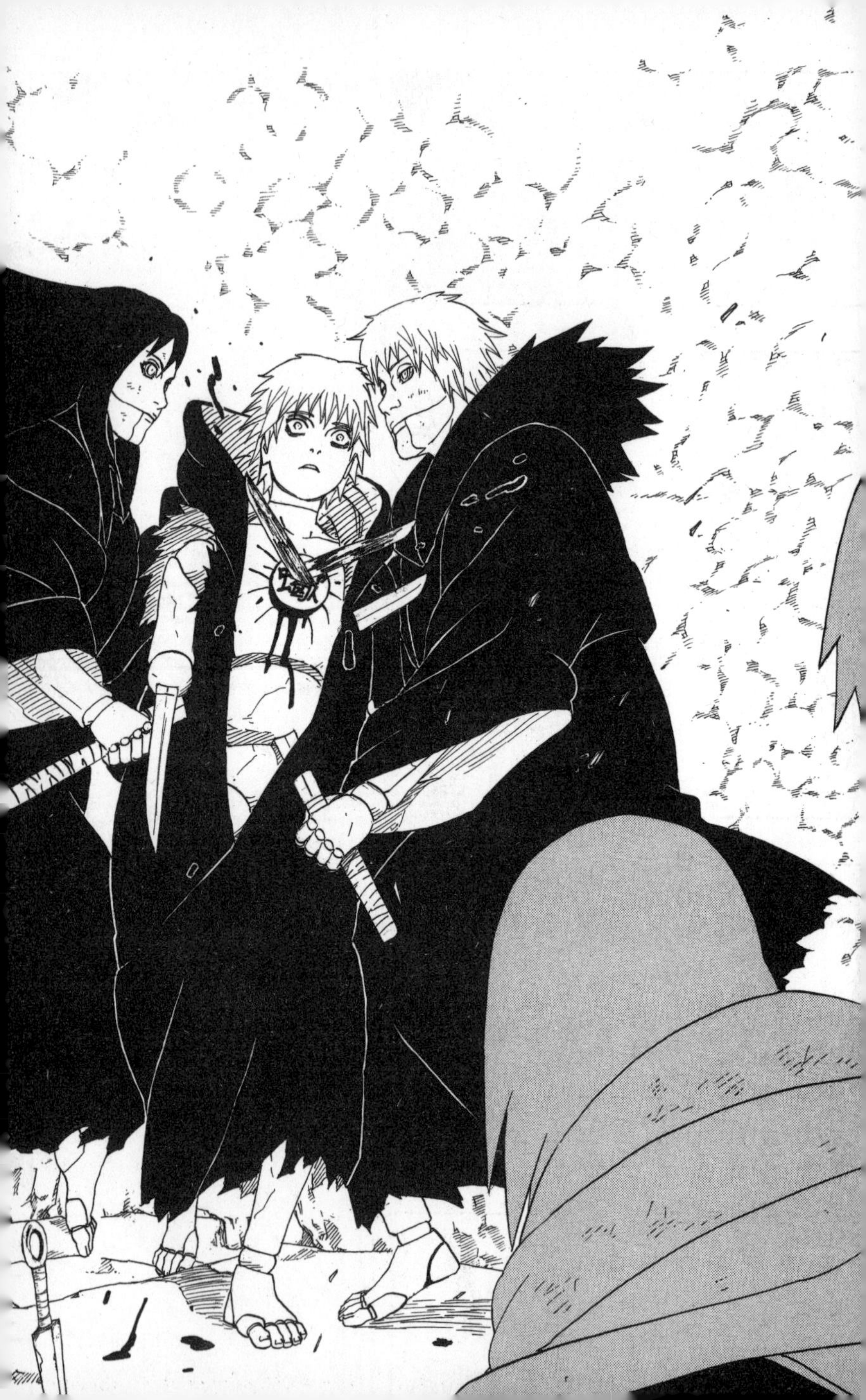

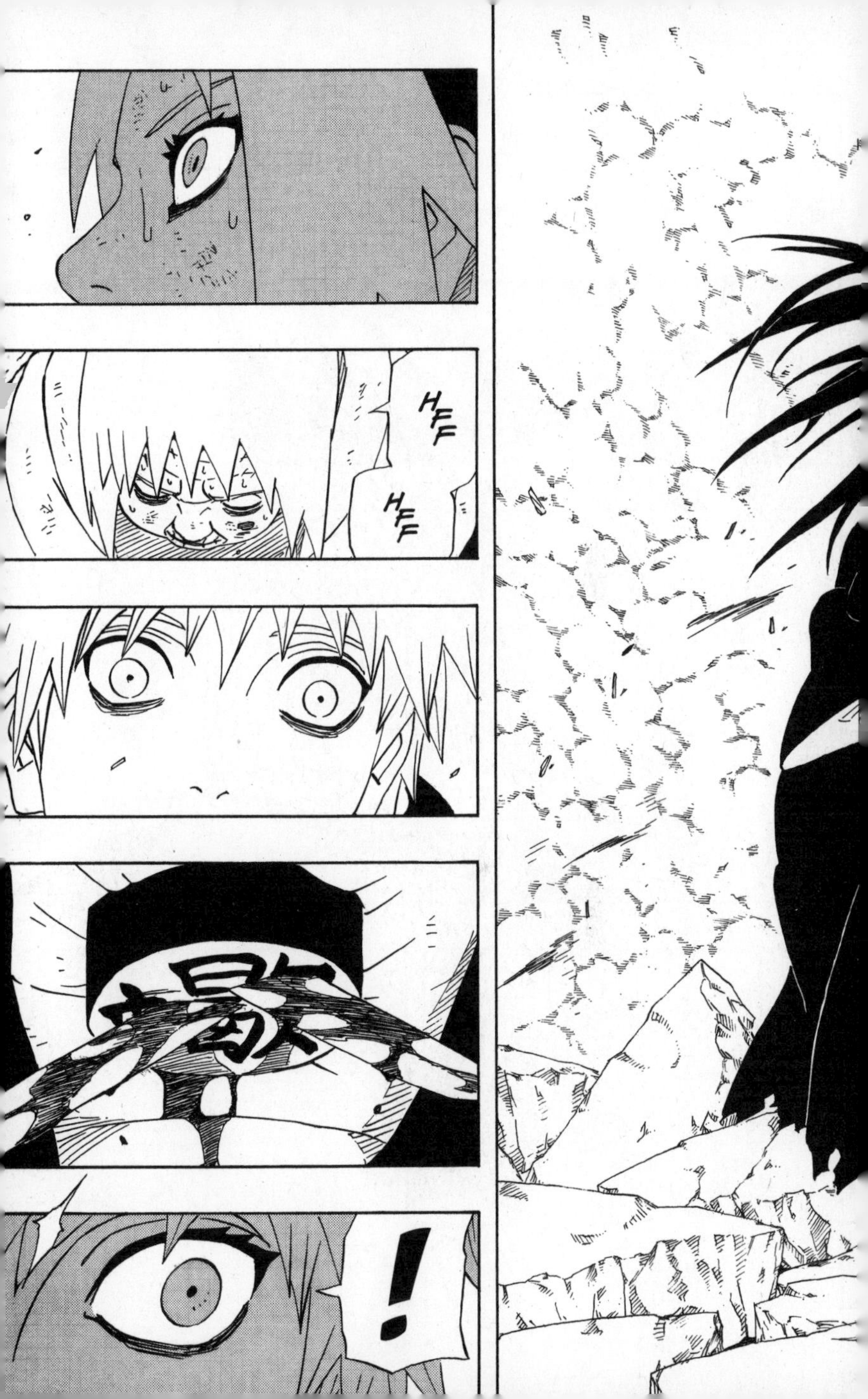
HFF
HFF
!

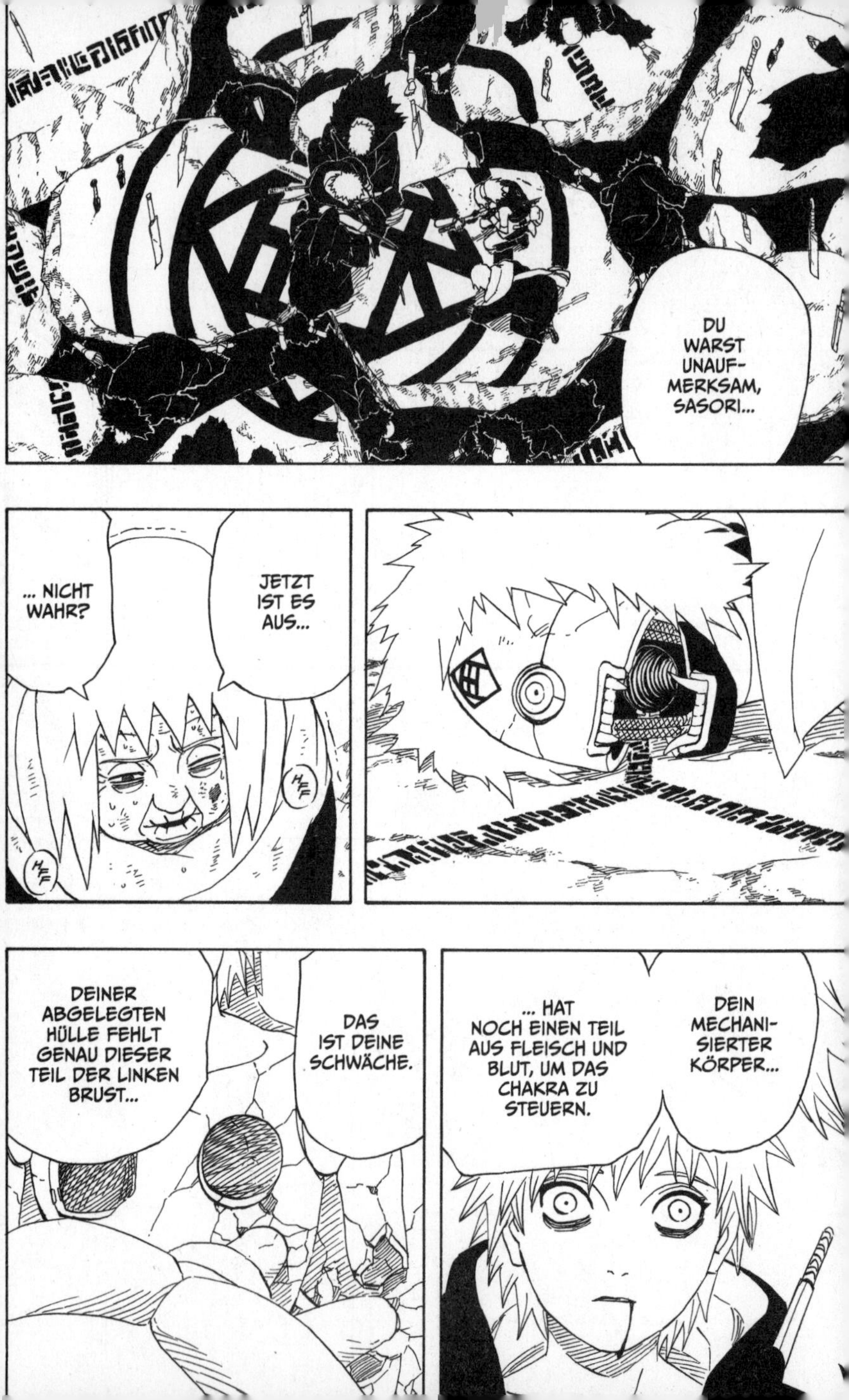
DU WARST UNAUF-MERKSAM, SASORI...
JETZT IST ES AUS...
... NICHT WAHR?
DEIN MECHANI-SIERTER KÖRPER...
... HAT NOCH EINEN TEIL AUS FLEISCH UND BLUT, UM DAS CHAKRA ZU STEUERN.
DAS IST DEINE SCHWÄCHE.
DEINER ABGELEGTEN HÜLLE FEHLT GENAU DIESER TEIL DER LINKEN BRUST...

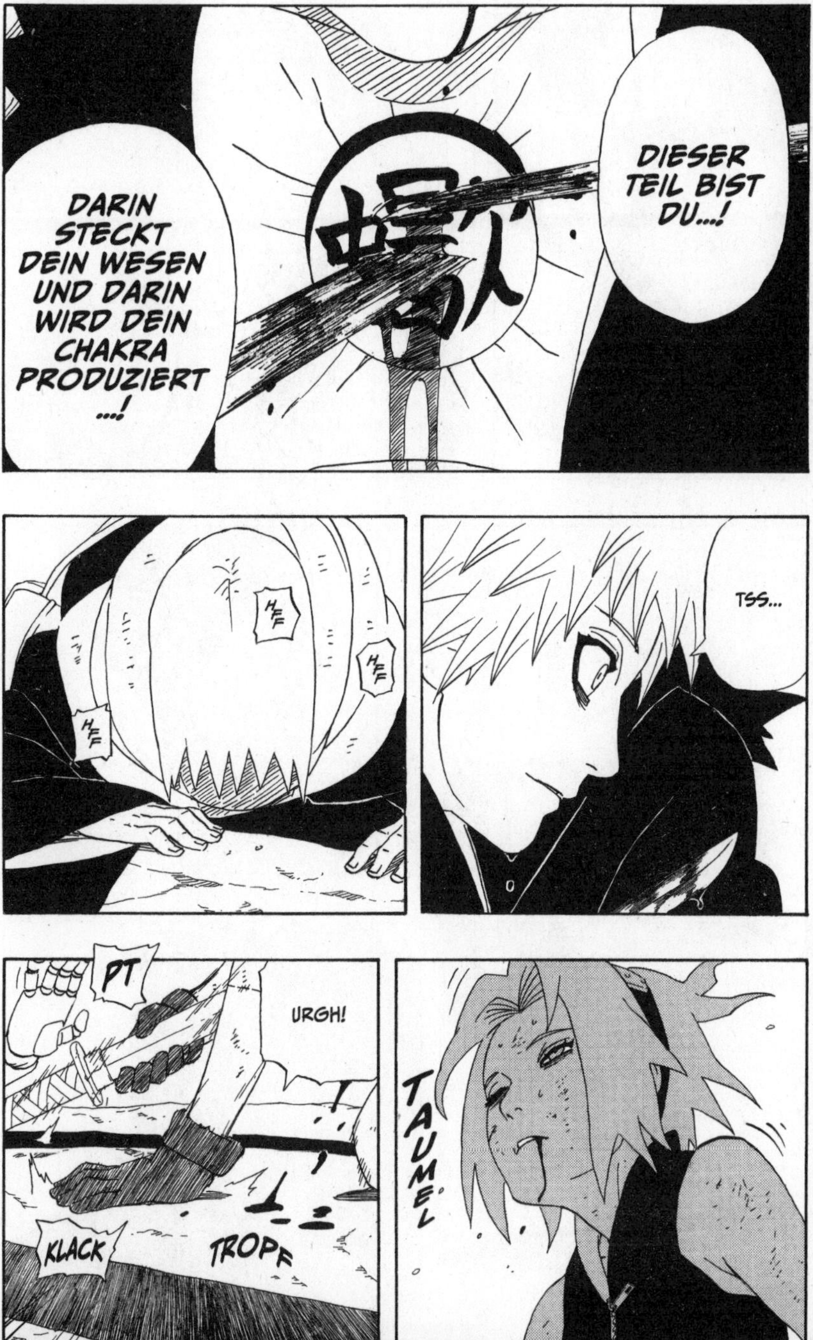
DIESER TEIL BIST DU...!
DARIN STECKT DEIN WESEN UND DARIN WIRD DEIN CHAKRA PRODUZIERT ...!
TSS...
HEF
HEF
HEF
TAUMEL
URGH!
PT
TROPF
KLACK

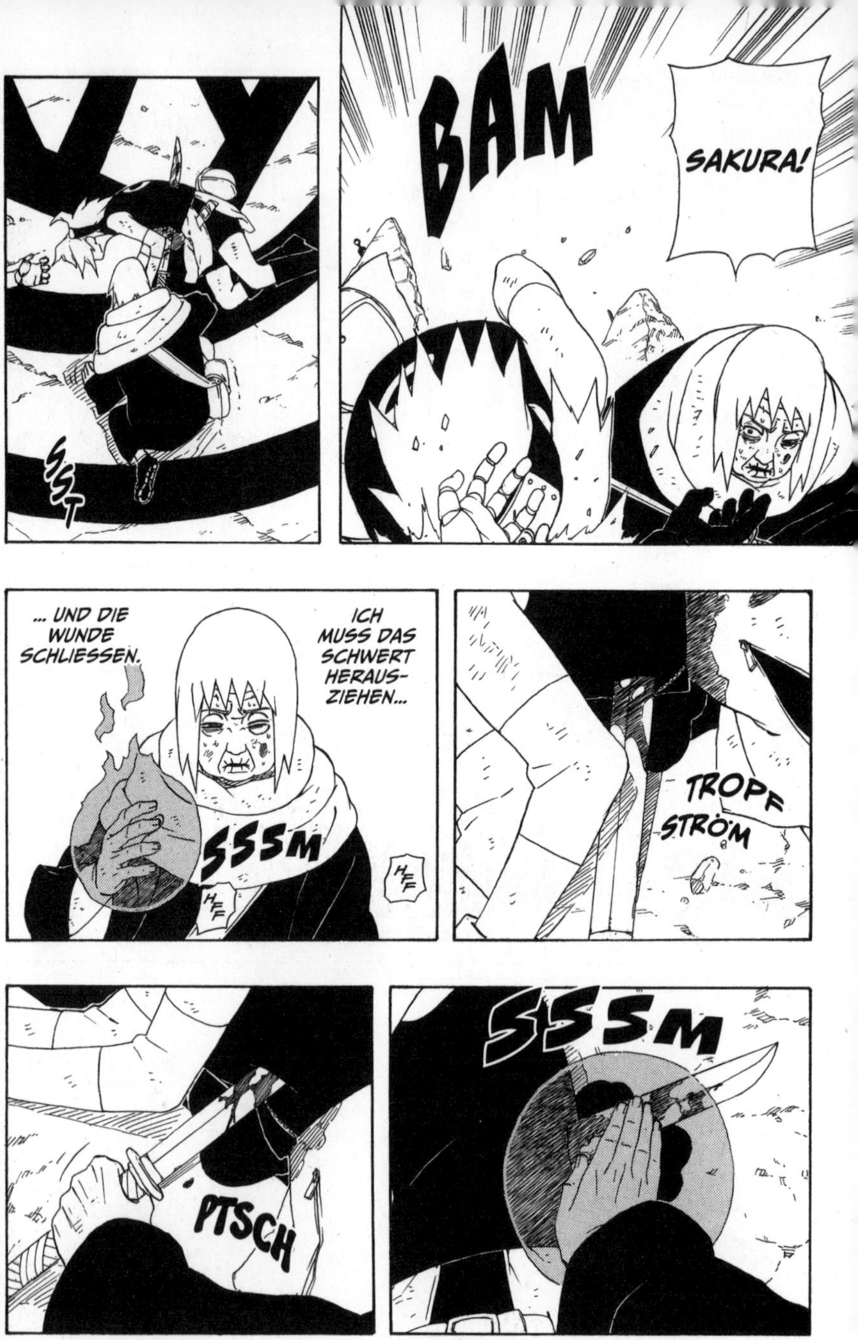
BAM
SAKURA!
SST
TROPF
STRÖM
ICH MUSS DAS SCHWERT HERAUS-ZIEHEN...
... UND DIE WUNDE SCHLIESSEN.
SSSM
HEF
HEF
SSSM
PTSCH

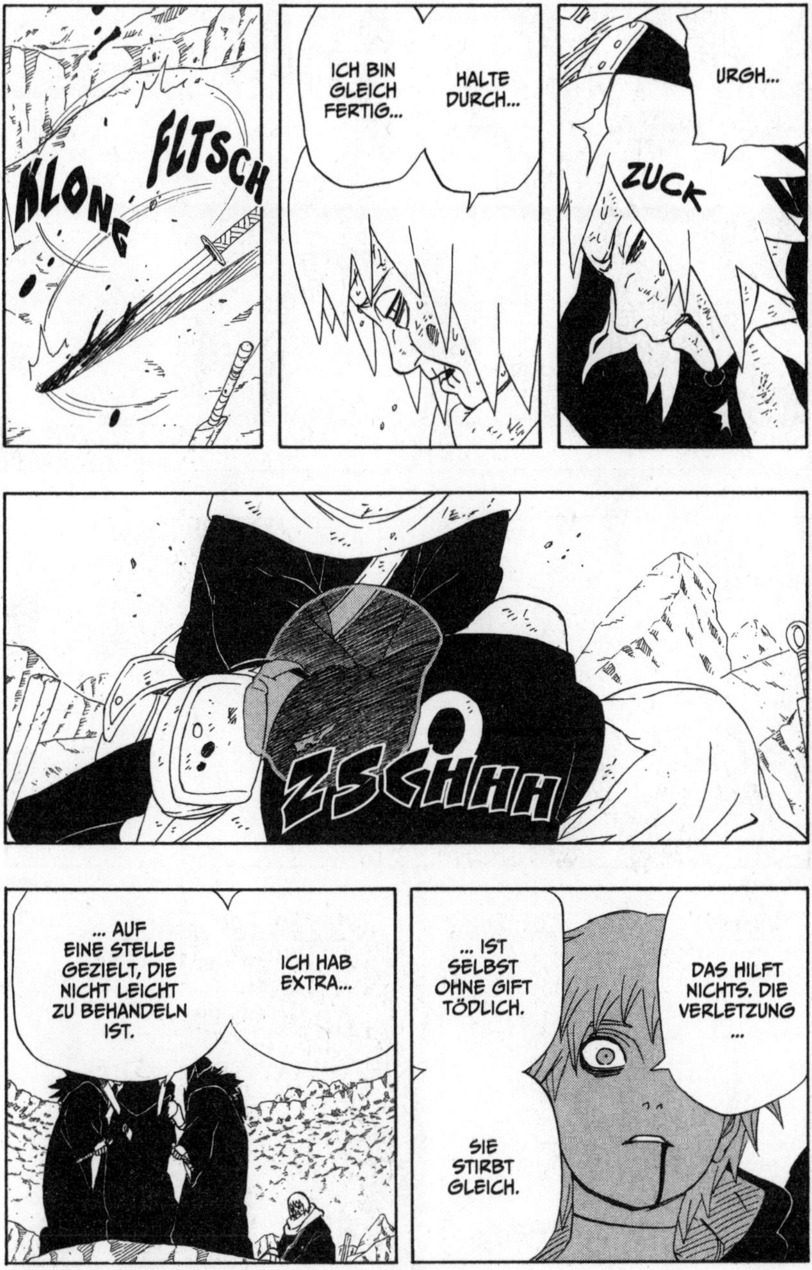
URGH...
ZUCK
HALTE DURCH...
ICH BIN GLEICH FERTIG...
FLTSCH
KLONG
ZSCHHH
DAS HILFT NICHTS. DIE VERLETZUNG ...
... IST SELBST OHNE GIFT TÖDLICH.
SIE STIRBT GLEICH.
ICH HAB EXTRA...
... AUF EINE STELLE GEZIELT, DIE NICHT LEICHT ZU BEHANDELN IST.

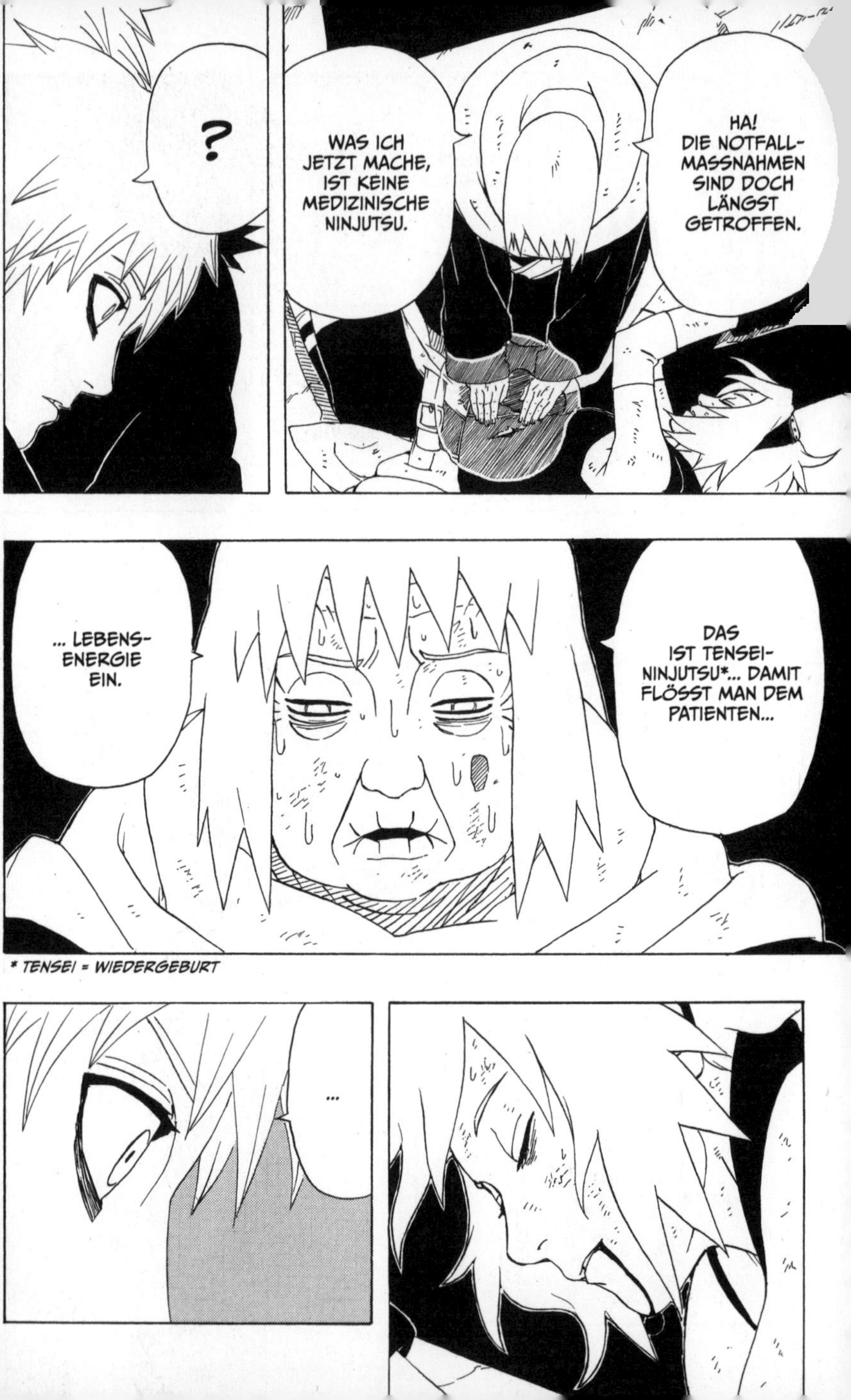
HA! DIE NOTFALL-MASSNAHMEN SIND DOCH LÄNGST GETROFFEN.
WAS ICH JETZT MACHE, IST KEINE MEDIZINISCHE NINJUTSU.
?
DAS IST TENSEI-NINJUTSU*... DAMIT FLÖSST MAN DEM PATIENTEN...
... LEBENS-ENERGIE EIN.
* TENSEI = WIEDERGEBURT
...

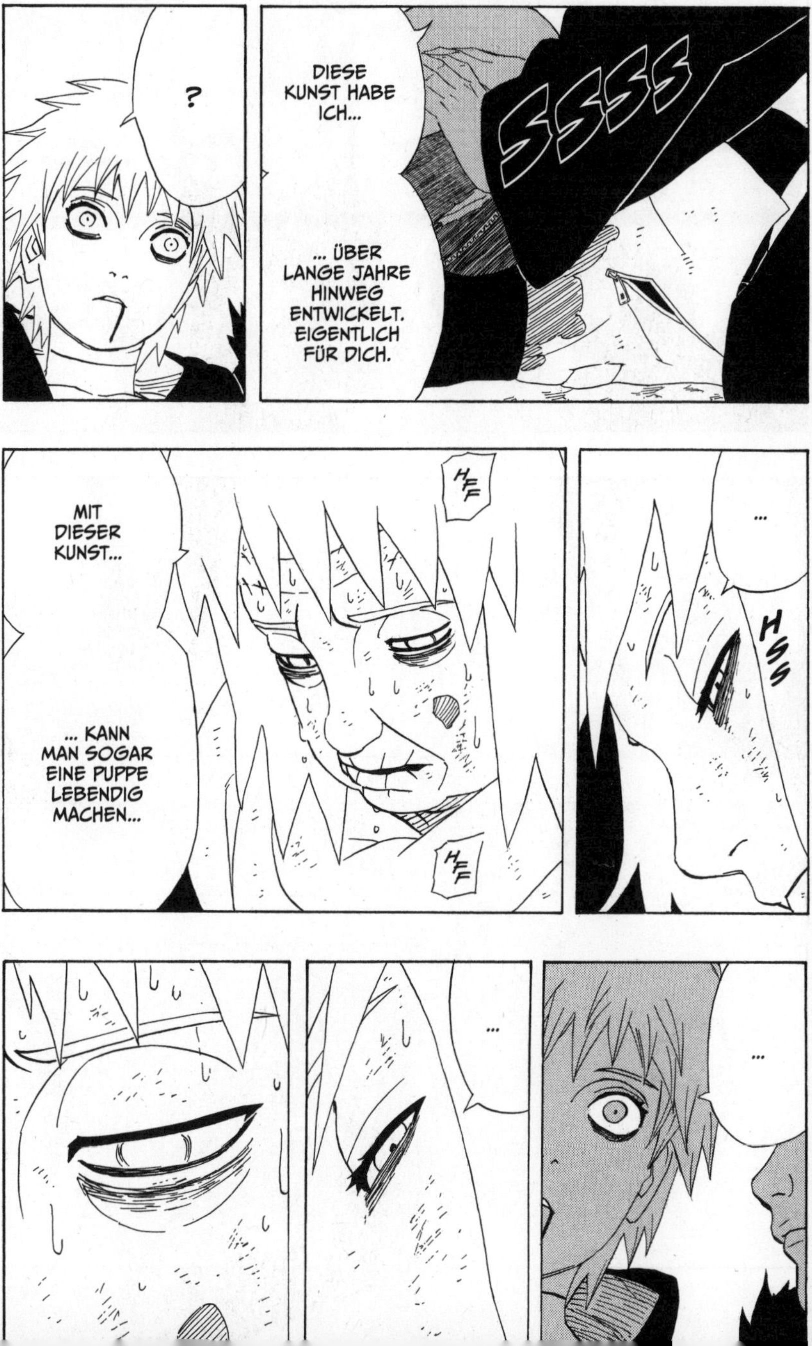
SSSS
DIESE KUNST HABE ICH...
... ÜBER LANGE JAHRE HINWEG ENTWICKELT. EIGENTLICH FÜR DICH.
?
...
HSS
HFF
MIT DIESER KUNST...
... KANN MAN SOGAR EINE PUPPE LEBENDIG MACHEN...
HFF
...
...

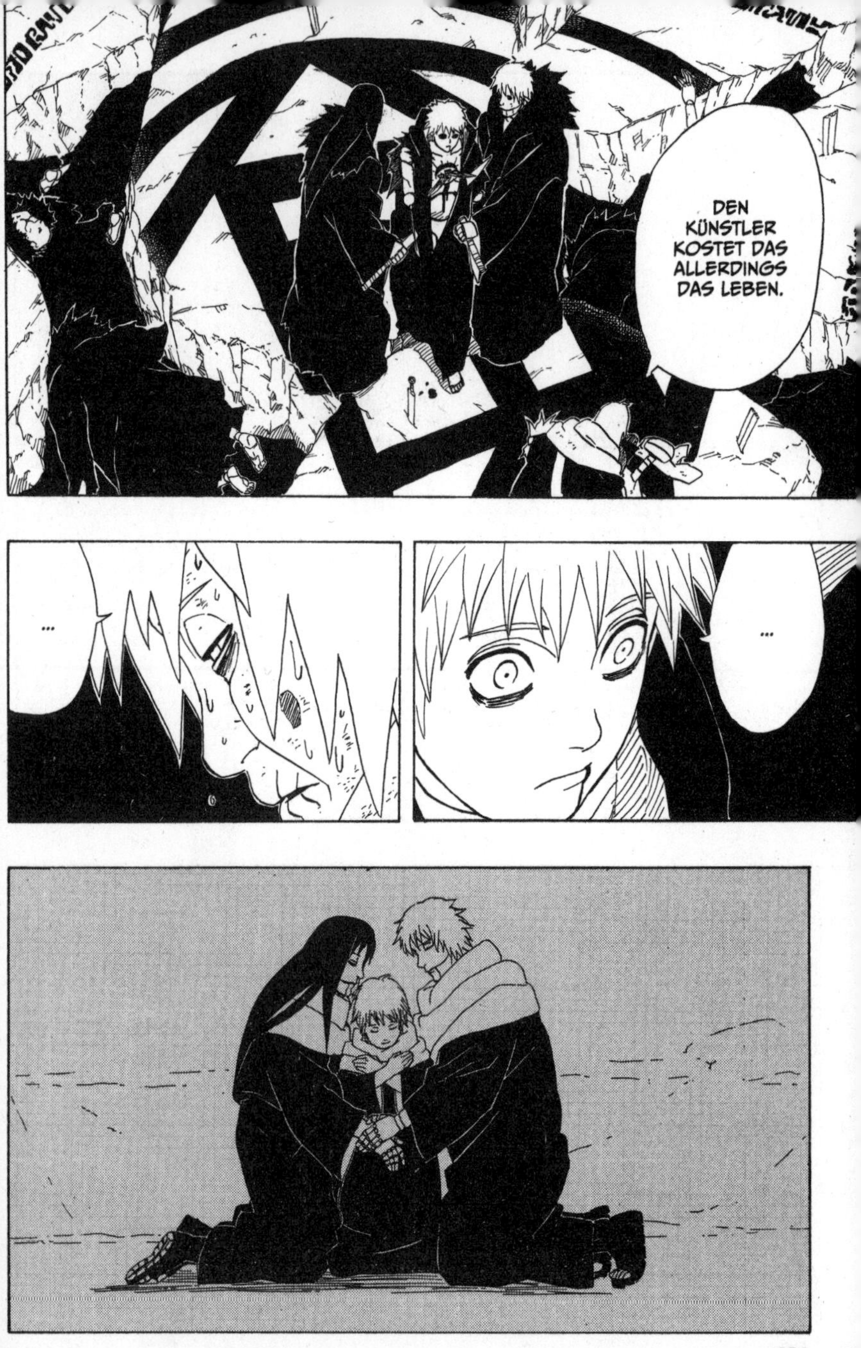
DEN KÜNSTLER KOSTET DAS ALLERDINGS DAS LEBEN.
...
...

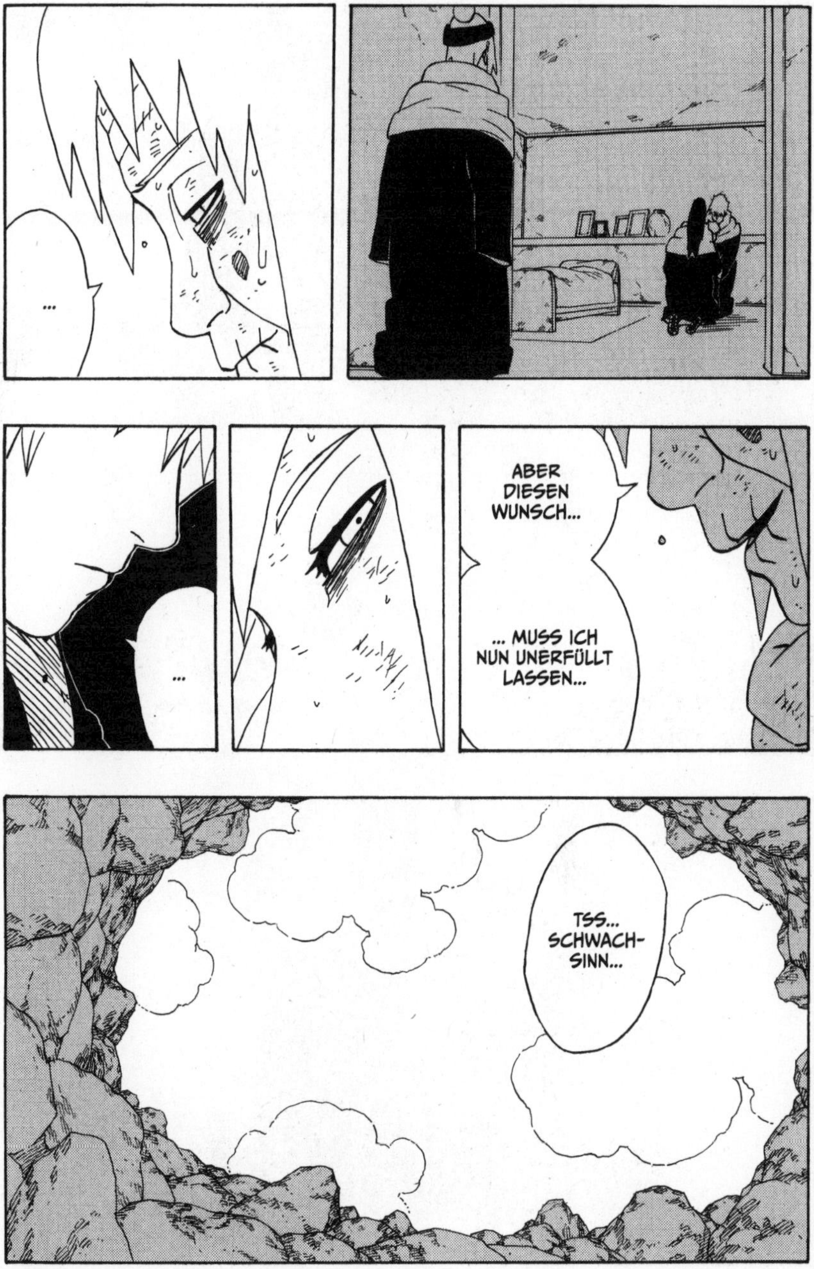
...
ABER DIESEN WUNSCH...
... MUSS ICH NUN UNERFÜLLT LASSEN...
...
TSS... SCHWACH-SINN...

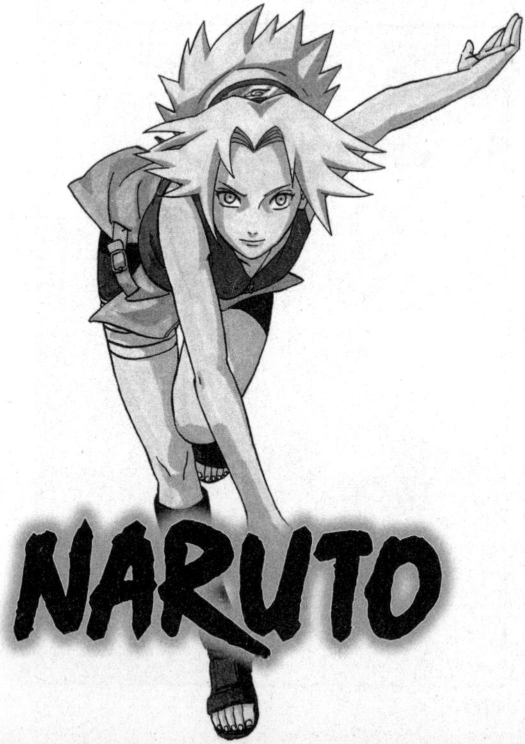
NARUTO

275. Kapitel: Belohnung

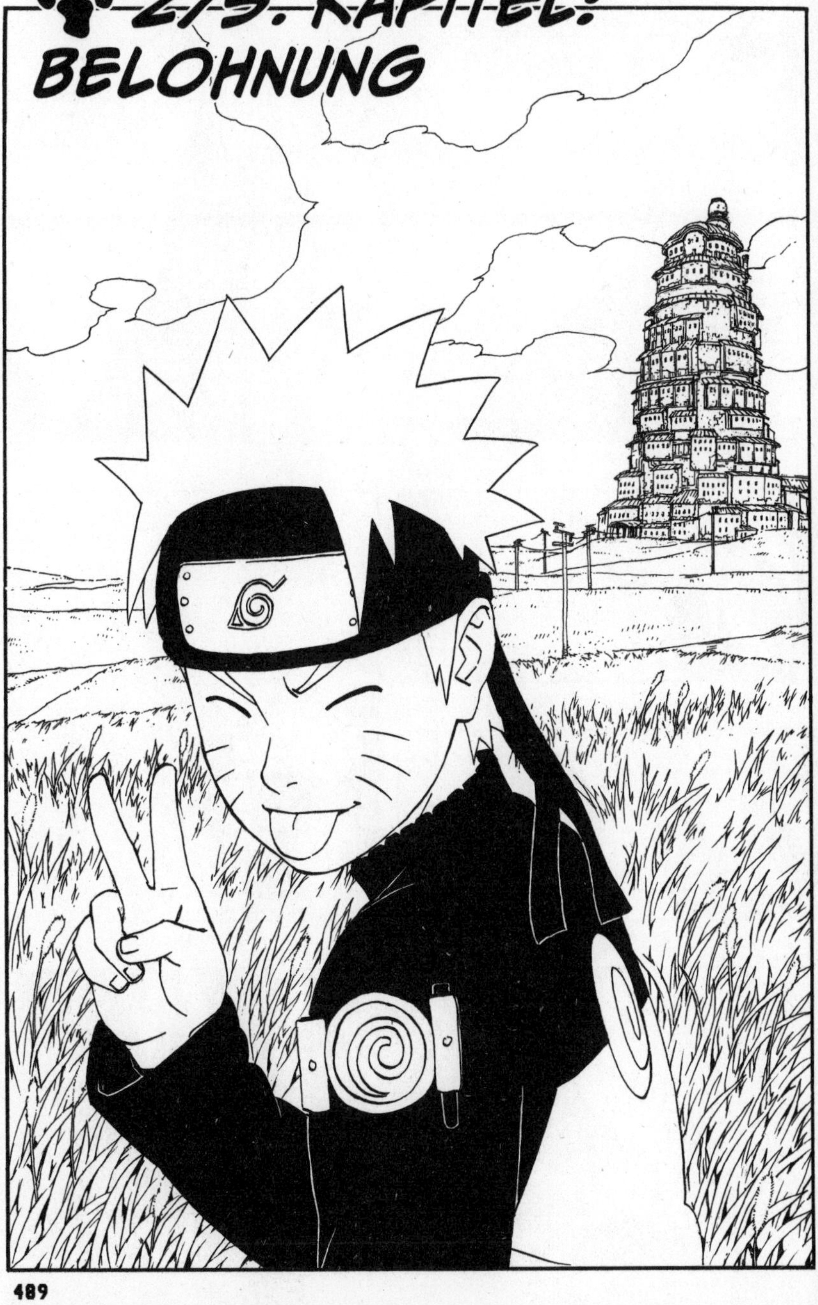

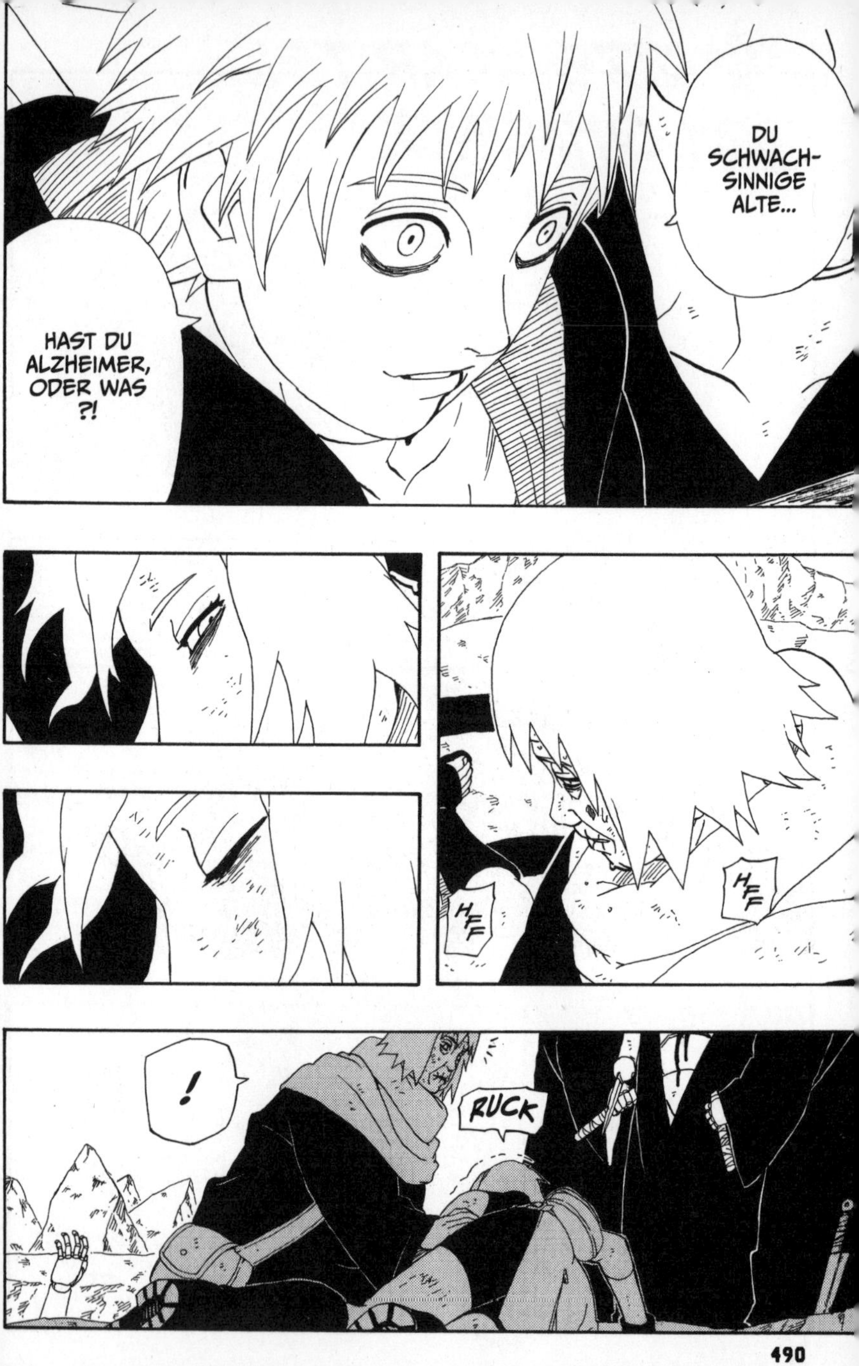
DU SCHWACH-
SINNIGE
ALTE...
HAST DU
ALZHEIMER,
ODER WAS
?!
HFF
HFF
RUCK
!

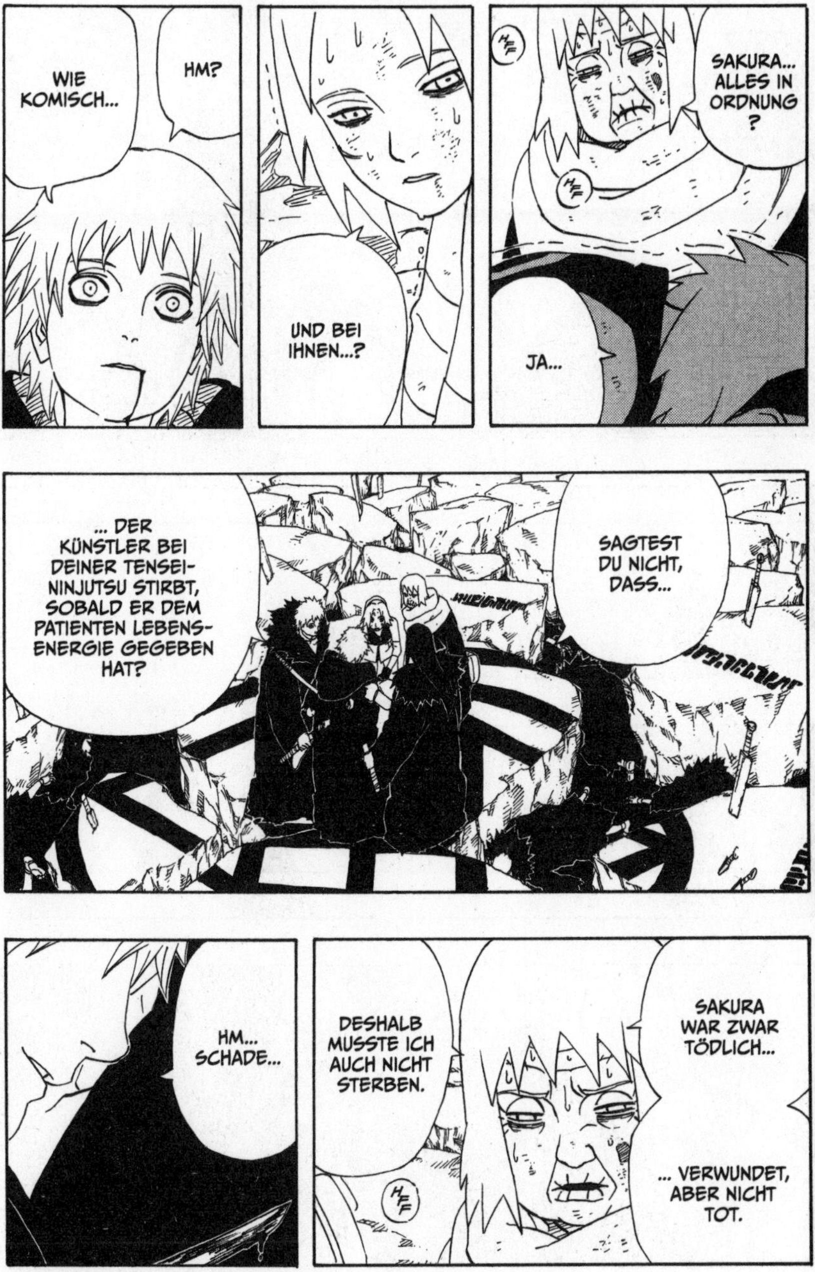
HEF
SAKURA... ALLES IN ORDNUNG ?
HEF
JA...
UND BEI IHNEN...?
HM?
WIE KOMISCH...
SAGTEST DU NICHT, DASS...
... DER KÜNSTLER BEI DEINER TENSEI-NINJUTSU STIRBT, SOBALD ER DEM PATIENTEN LEBENS-ENERGIE GEGEBEN HAT?
SAKURA WAR ZWAR TÖDLICH...
... VERWUNDET, ABER NICHT TOT.
DESHALB MUSSTE ICH AUCH NICHT STERBEN.
HEF
HM... SCHADE...

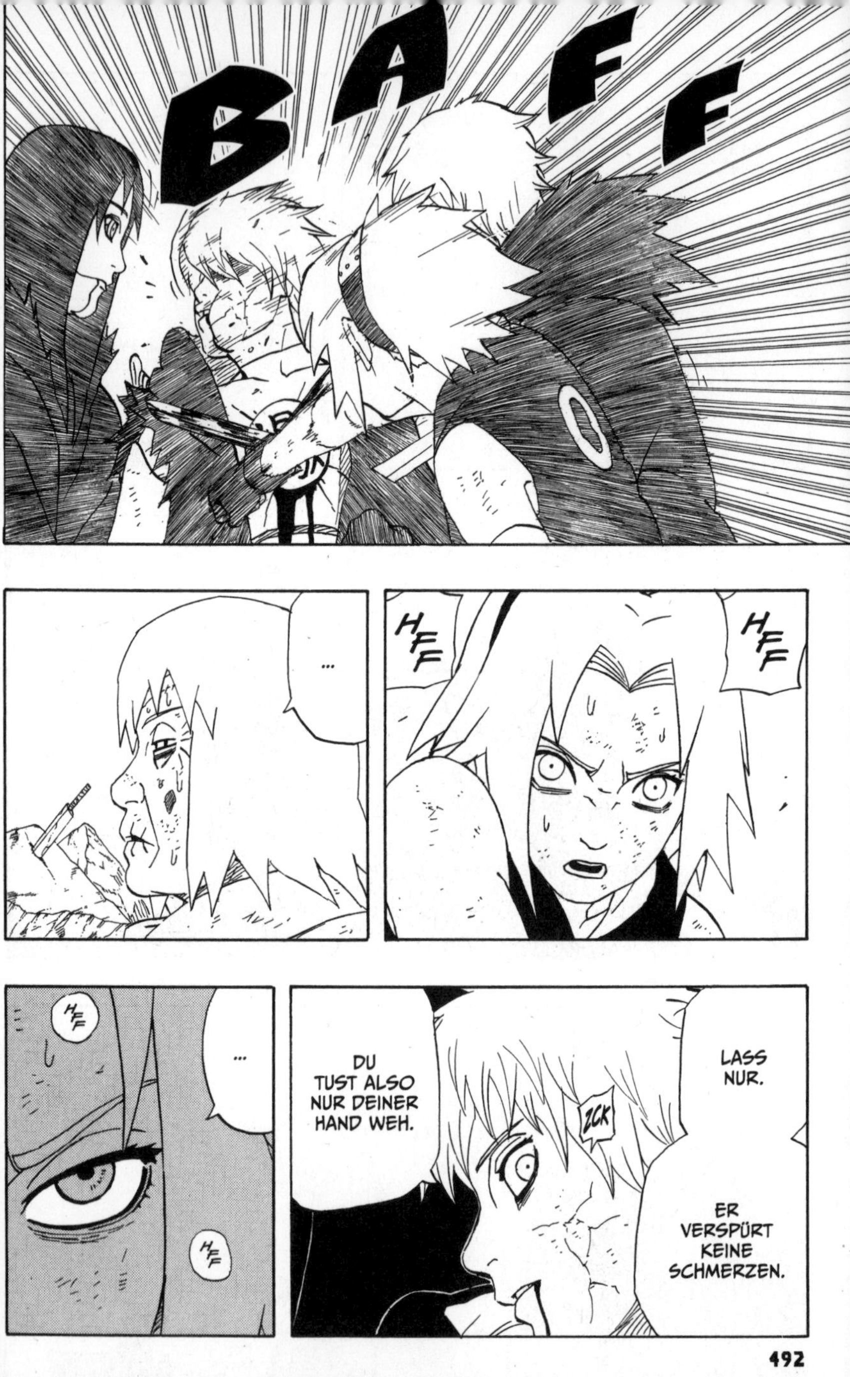
BAFF
HFF
HFF
...
LASS NUR.
ZCK
ER VERSPÜRT KEINE SCHMERZEN.
DU TUST ALSO NUR DEINER HAND WEH.
HFF
...
HFF

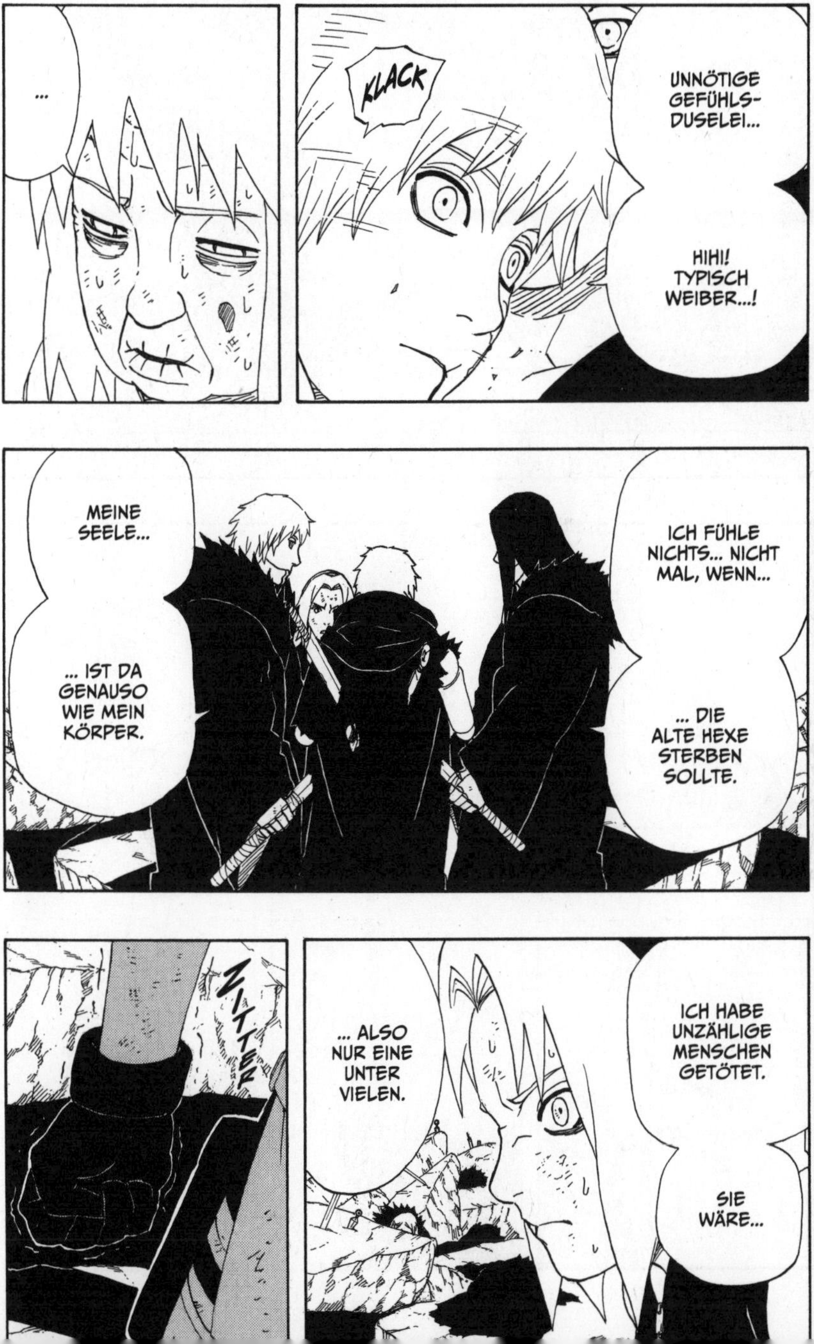
KLACK
UNNÖTIGE GEFÜHLS-DUSELEI...
HIHI! TYPISCH WEIBER...!
...
ICH FÜHLE NICHTS... NICHT MAL, WENN...
... DIE ALTE HEXE STERBEN SOLLTE.
MEINE SEELE...
... IST DA GENAUSO WIE MEIN KÖRPER.
ICH HABE UNZÄHLIGE MENSCHEN GETÖTET.
SIE WÄRE...
... ALSO NUR EINE UNTER VIELEN.
ZITTER

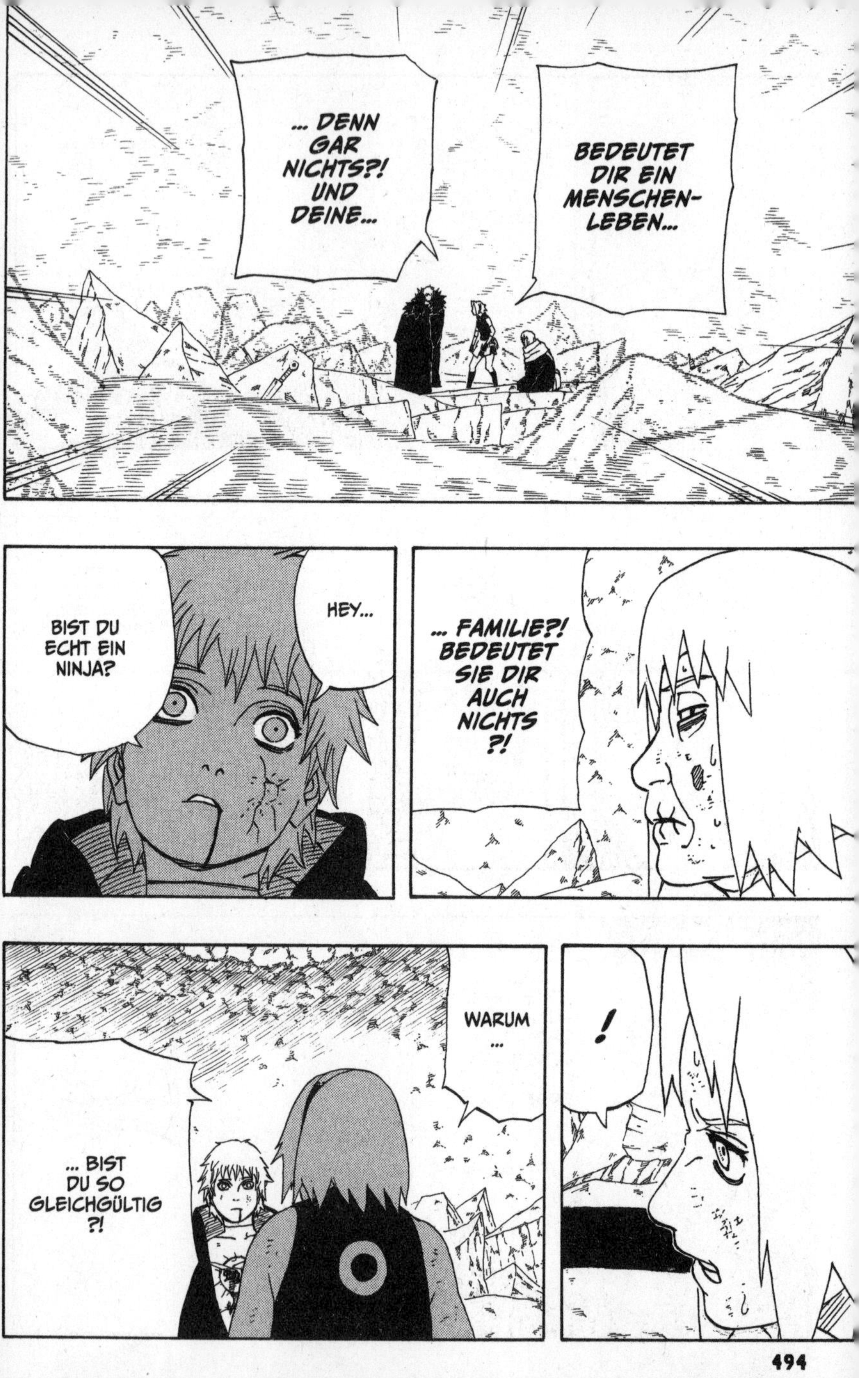
BEDEUTET DIR EIN MENSCHEN-LEBEN...
... DENN GAR NICHTS?! UND DEINE...
... FAMILIE?! BEDEUTET SIE DIR AUCH NICHTS ?!
HEY...
BIST DU ECHT EIN NINJA?
!
WARUM ...
... BIST DU SO GLEICHGÜLTIG ?!

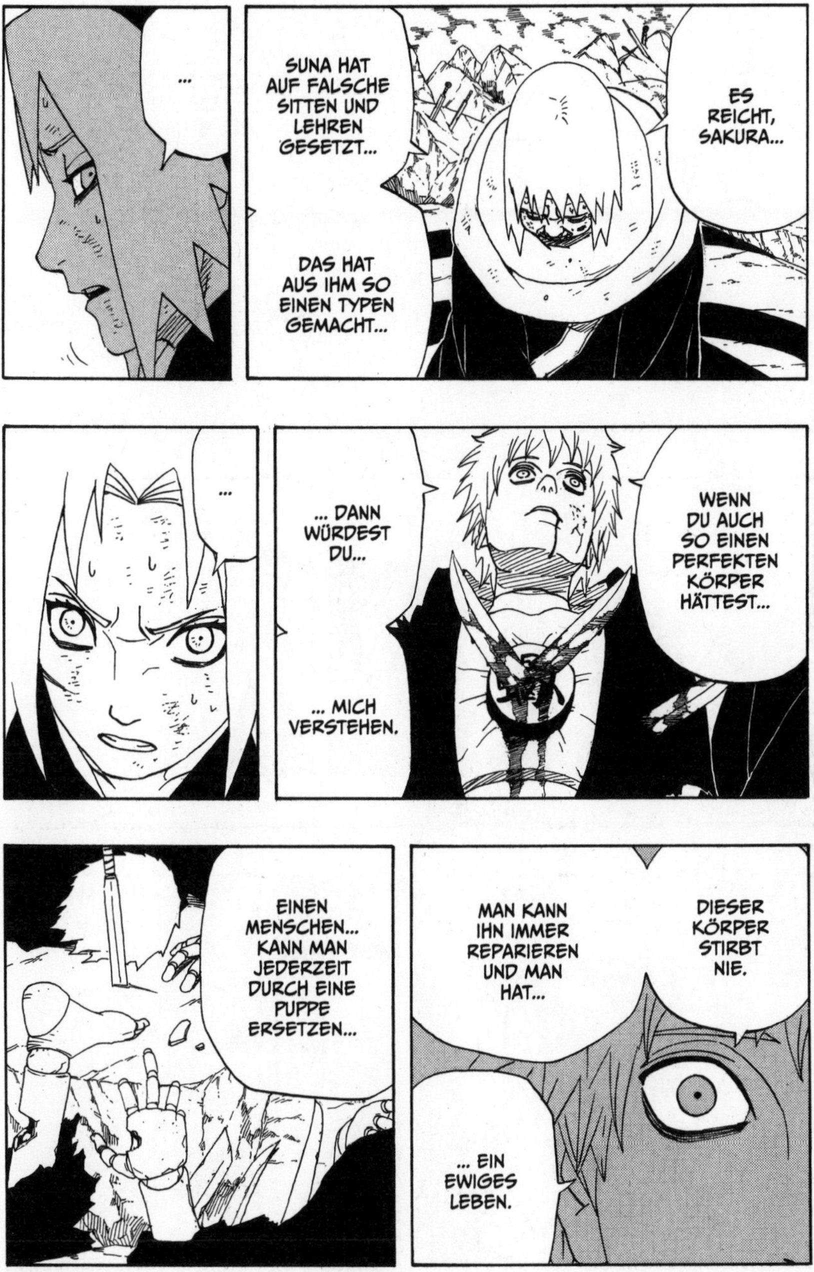
ES REICHT, SAKURA...
SUNA HAT AUF FALSCHE SITTEN UND LEHREN GESETZT...
DAS HAT AUS IHM SO EINEN TYPEN GEMACHT...
...
WENN DU AUCH SO EINEN PERFEKTEN KÖRPER HÄTTEST...
... DANN WÜRDEST DU...
... MICH VERSTEHEN.
...
DIESER KÖRPER STIRBT NIE.
MAN KANN IHN IMMER REPARIEREN UND MAN HAT...
... EIN EWIGES LEBEN.
EINEN MENSCHEN... KANN MAN JEDERZEIT DURCH EINE PUPPE ERSETZEN...

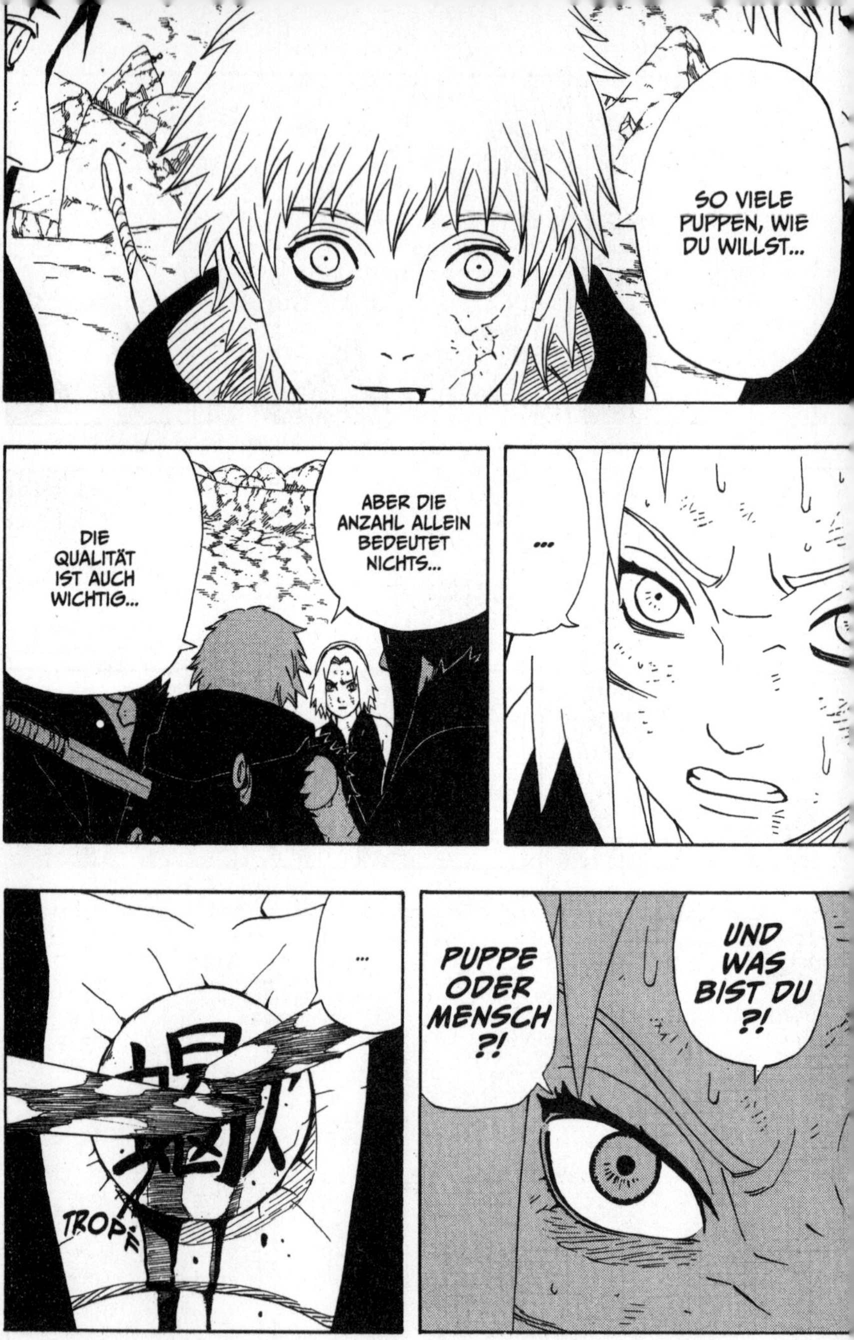

SO VIELE PUPPEN, WIE DU WILLST...
ABER DIE ANZAHL ALLEIN BEDEUTET NICHTS...
DIE QUALITÄT IST AUCH WICHTIG...
...
...
UND WAS BIST DU ?!
PUPPE ODER MENSCH ?!
TROPF

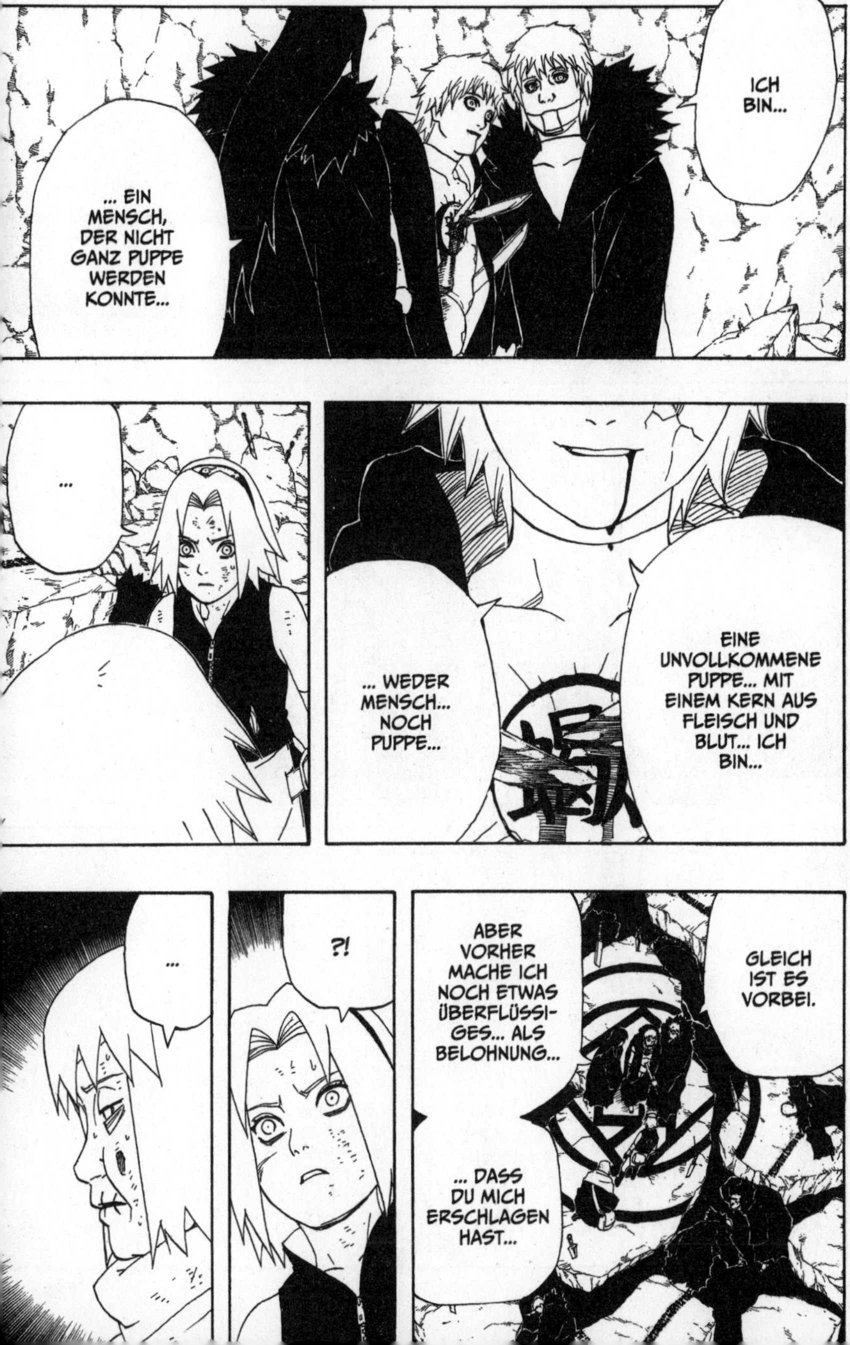
ICH BIN...
... EIN MENSCH, DER NICHT GANZ PUPPE WERDEN KONNTE...
EINE UNVOLLKOMMENE PUPPE... MIT EINEM KERN AUS FLEISCH UND BLUT... ICH BIN...
... WEDER MENSCH... NOCH PUPPE...
...
GLEICH IST ES VORBEI.
ABER VORHER MACHE ICH NOCH ETWAS ÜBERFLÜSSIGES... ALS BELOHNUNG...
... DASS DU MICH ERSCHLAGEN HAST...
?!
...

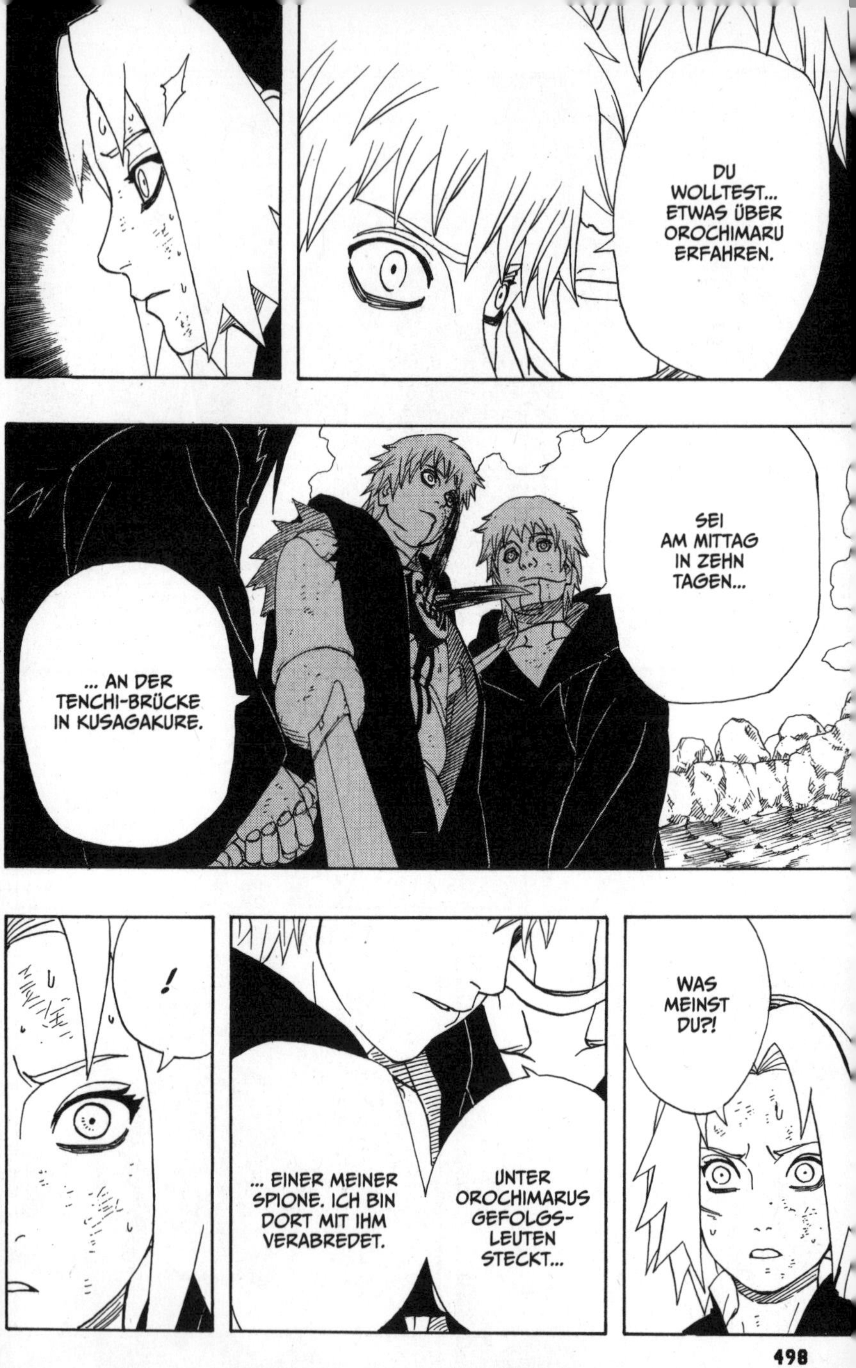
DU WOLLTEST... ETWAS ÜBER OROCHIMARU ERFAHREN.
SEI AM MITTAG IN ZEHN TAGEN...
... AN DER TENCHI-BRÜCKE IN KUSAGAKURE.
WAS MEINST DU?!
UNTER OROCHIMARUS GEFOLGS-LEUTEN STECKT...
... EINER MEINER SPIONE. ICH BIN DORT MIT IHM VERABREDET.
!

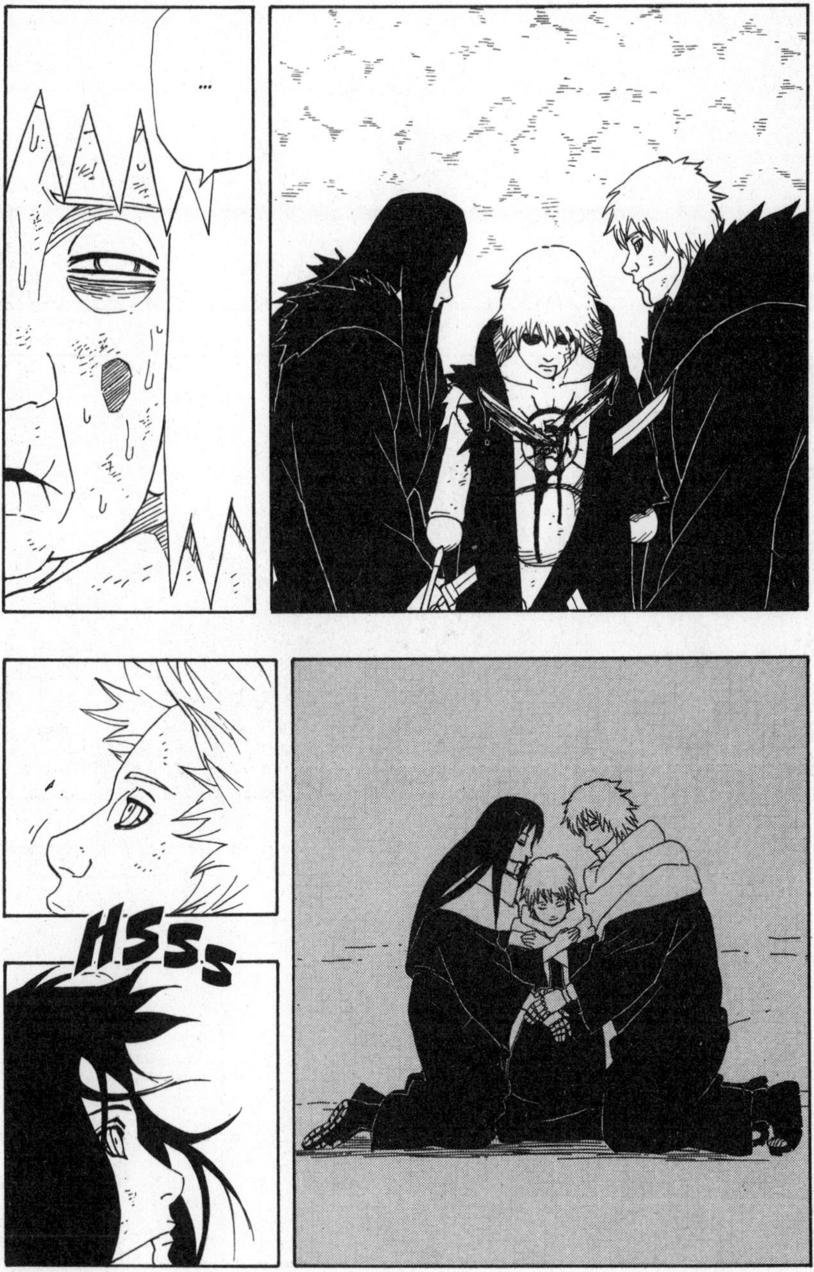
...
HSSS

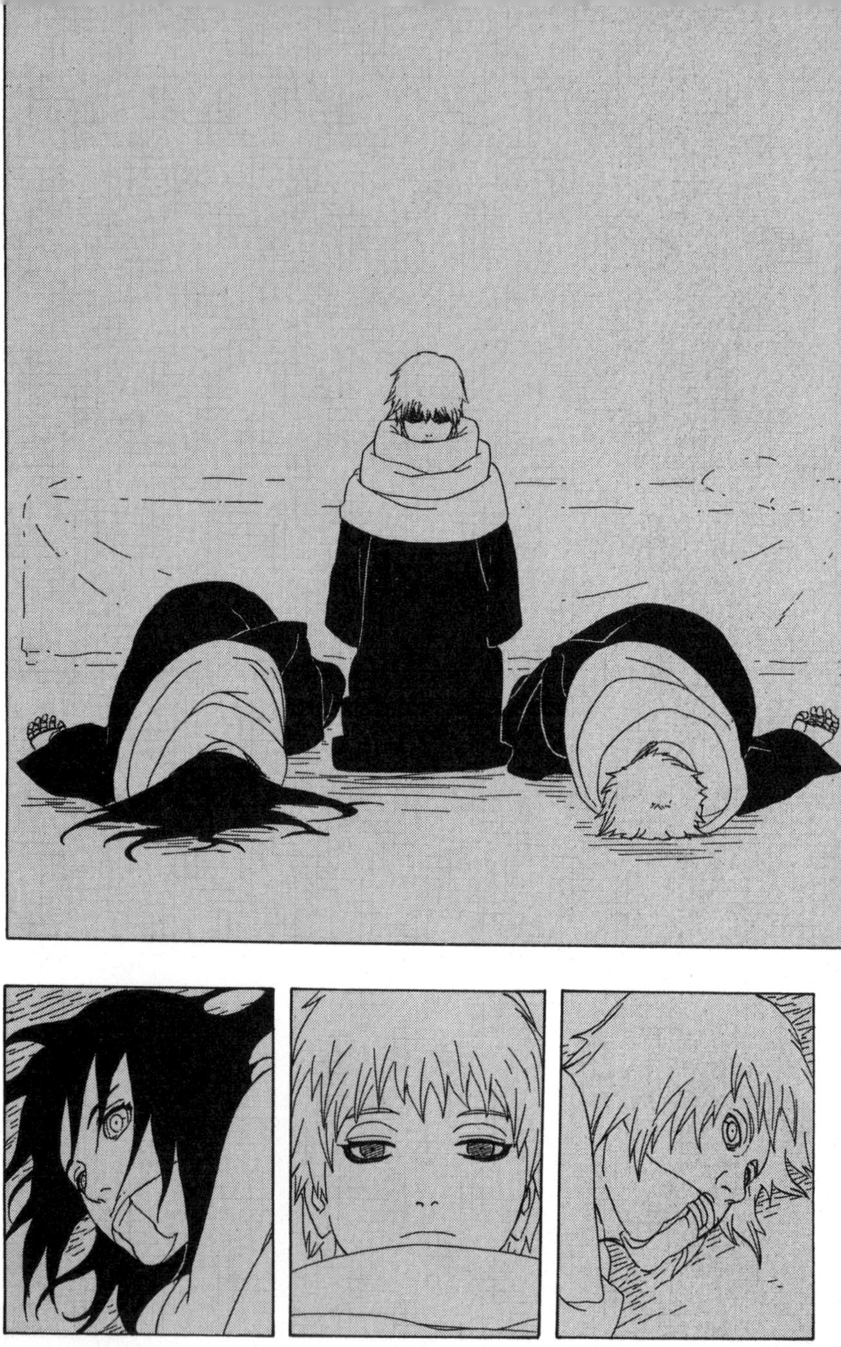

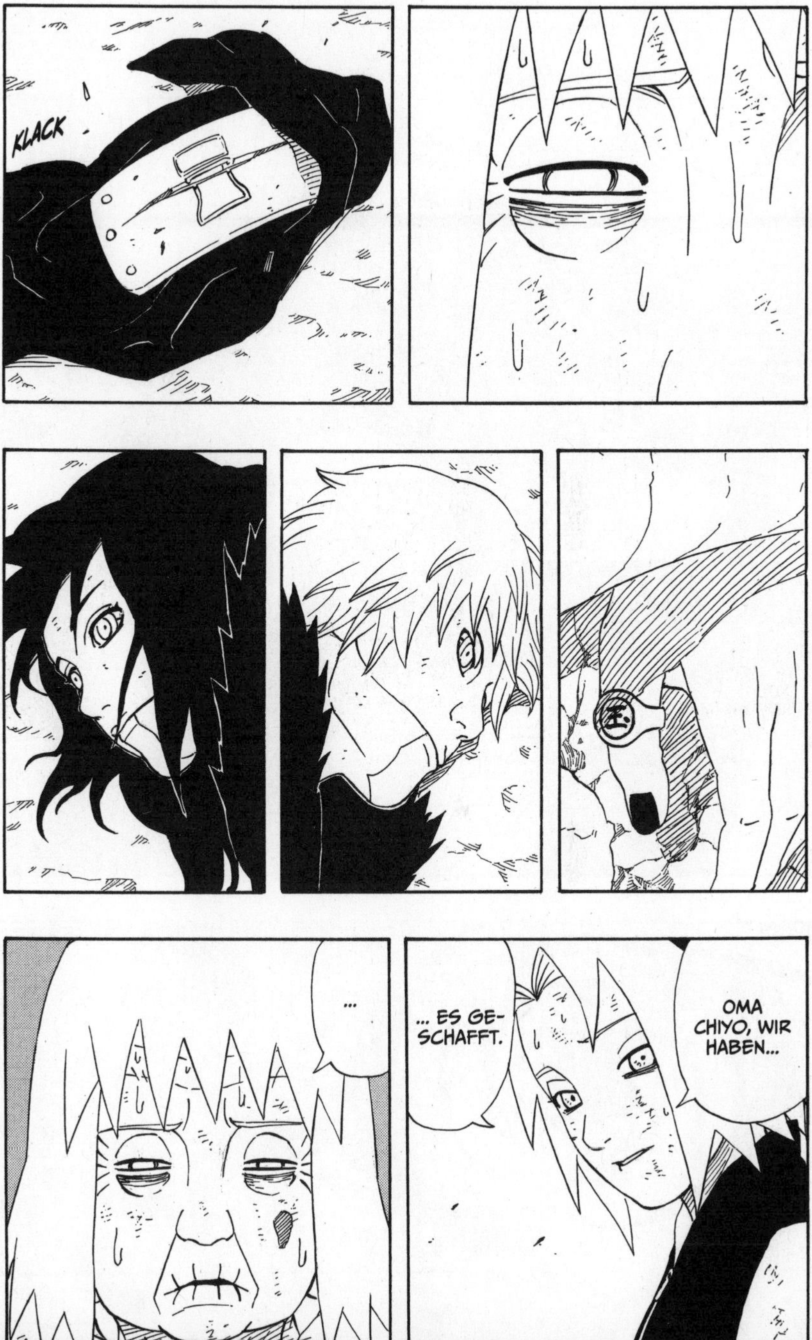
KLACK
OMA CHIYO, WIR HABEN...
... ES GE-SCHAFFT.
...

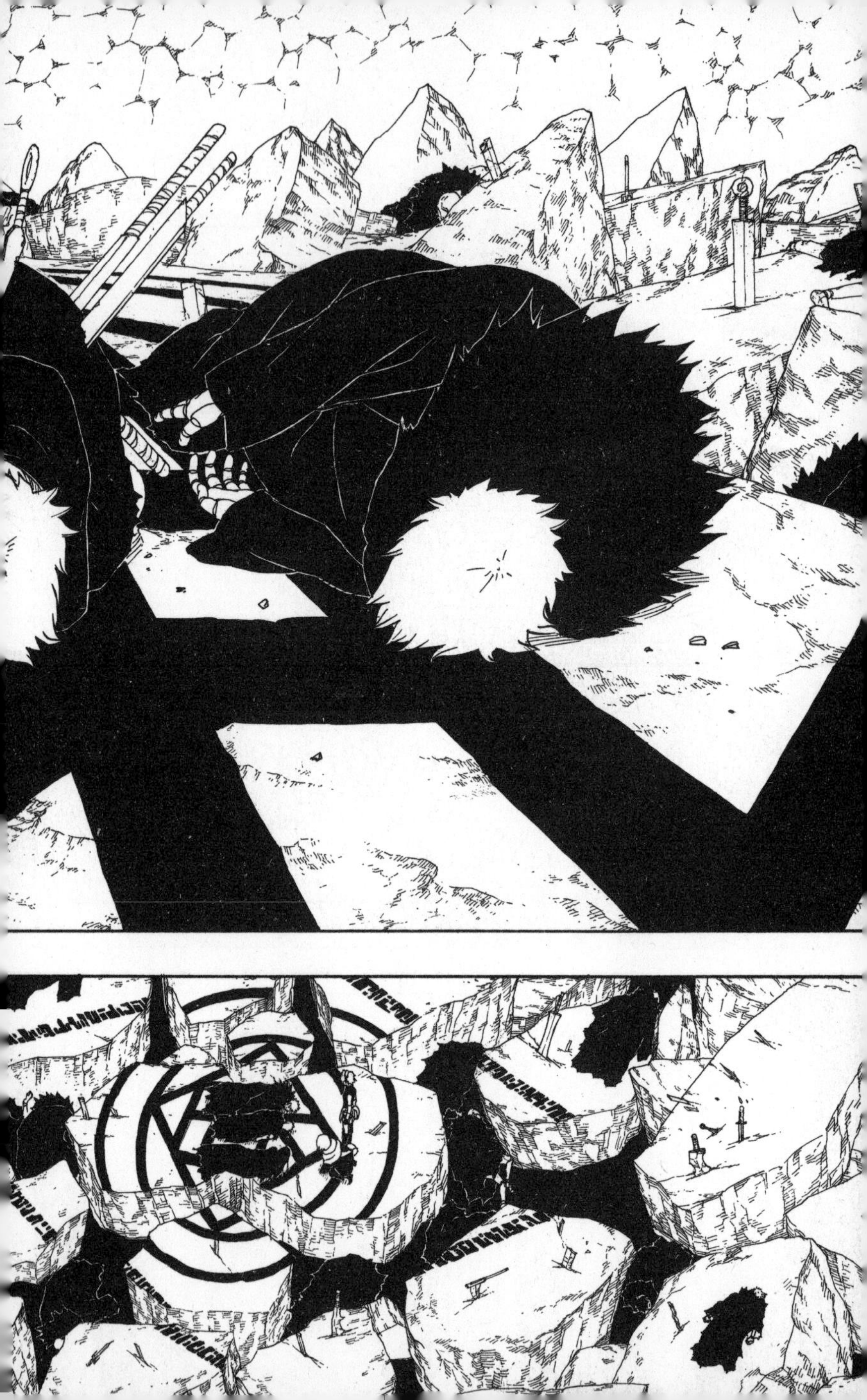

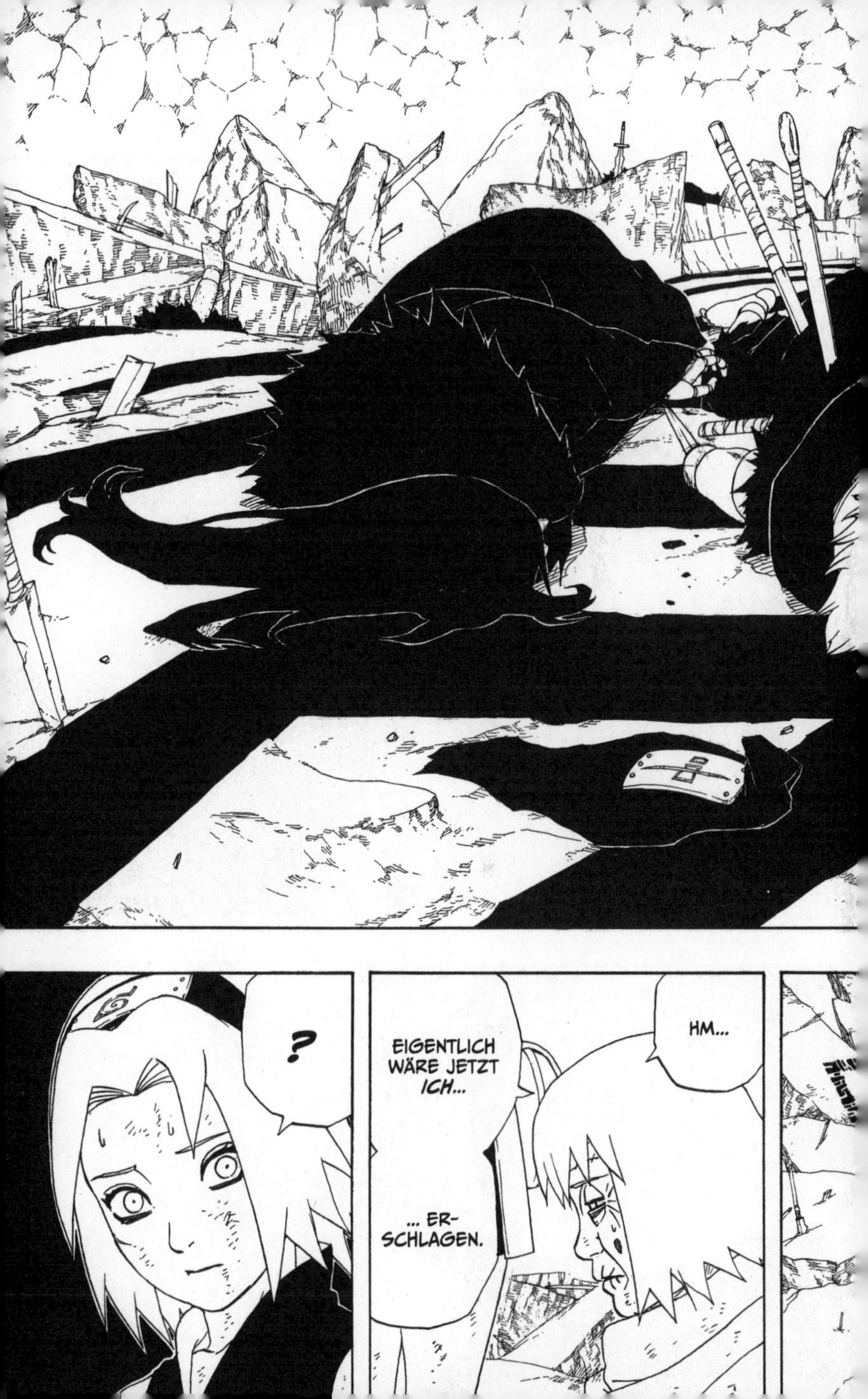
HM...
EIGENTLICH WÄRE JETZT ICH...
... ER-SCHLAGEN.
?

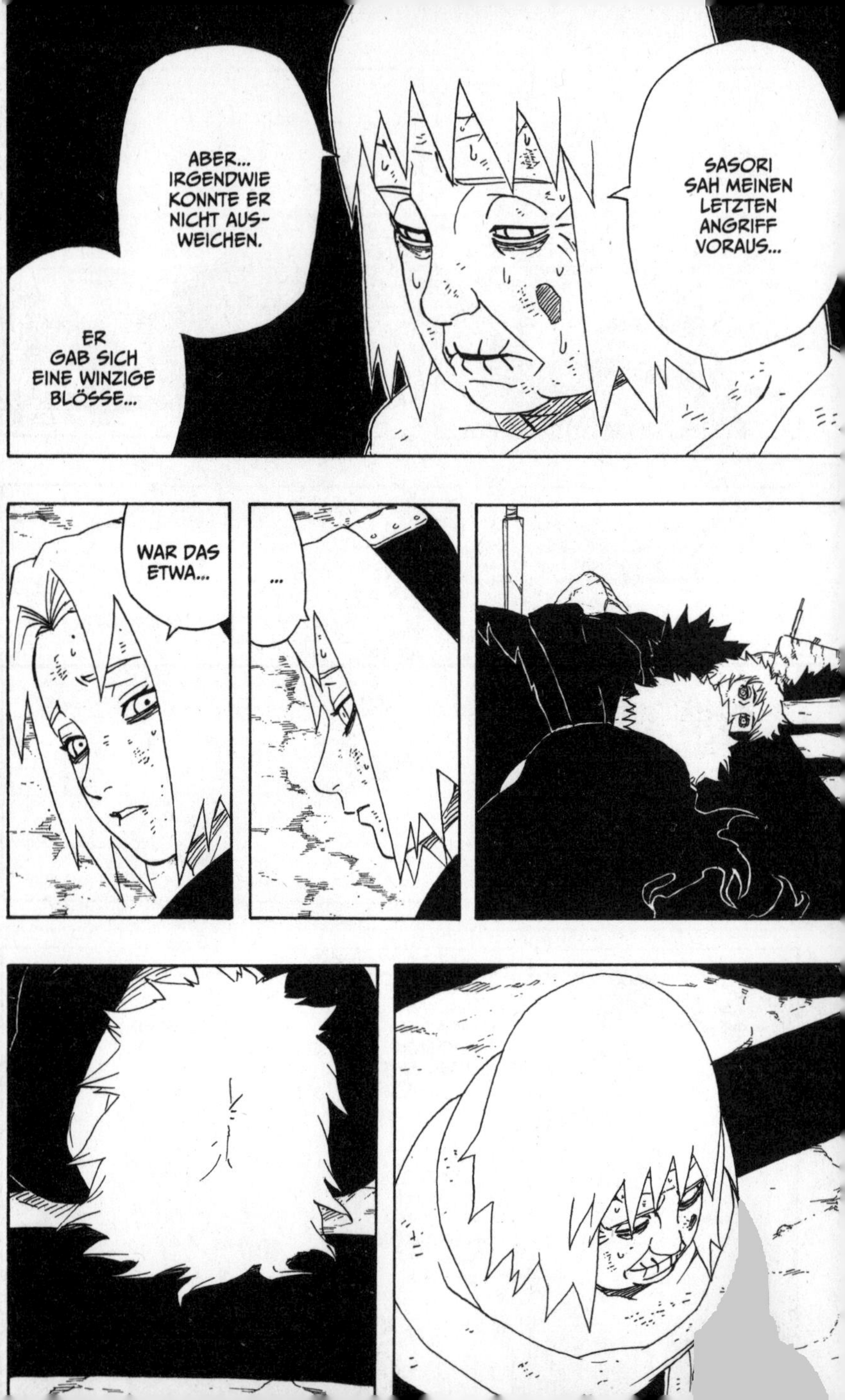
SASORI SAH MEINEN LETZTEN ANGRIFF VORAUS...
ABER... IRGENDWIE KONNTE ER NICHT AUS-WEICHEN.
ER GAB SICH EINE WINZIGE BLÖSSE...
...
WAR DAS ETWA...

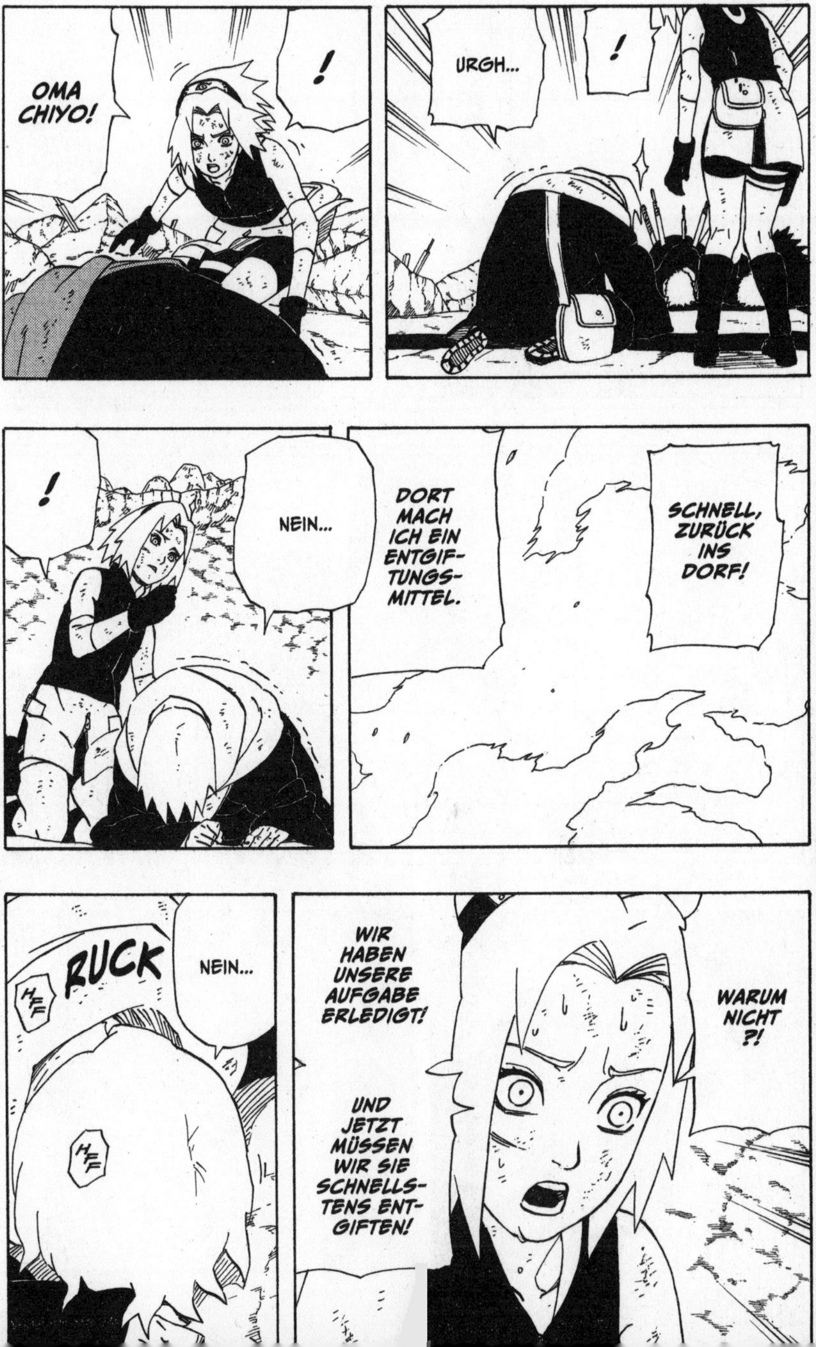
!
URGH...
!
OMA CHIYO!
SCHNELL, ZURÜCK INS DORF!
DORT MACH ICH EIN ENTGIFTUNGSMITTEL.
NEIN...
!
WARUM NICHT ?!
WIR HABEN UNSERE AUFGABE ERLEDIGT!
UND JETZT MÜSSEN WIR SIE SCHNELLSTENS ENTGIFTEN!
NEIN...
RUCK
HFF
HFF

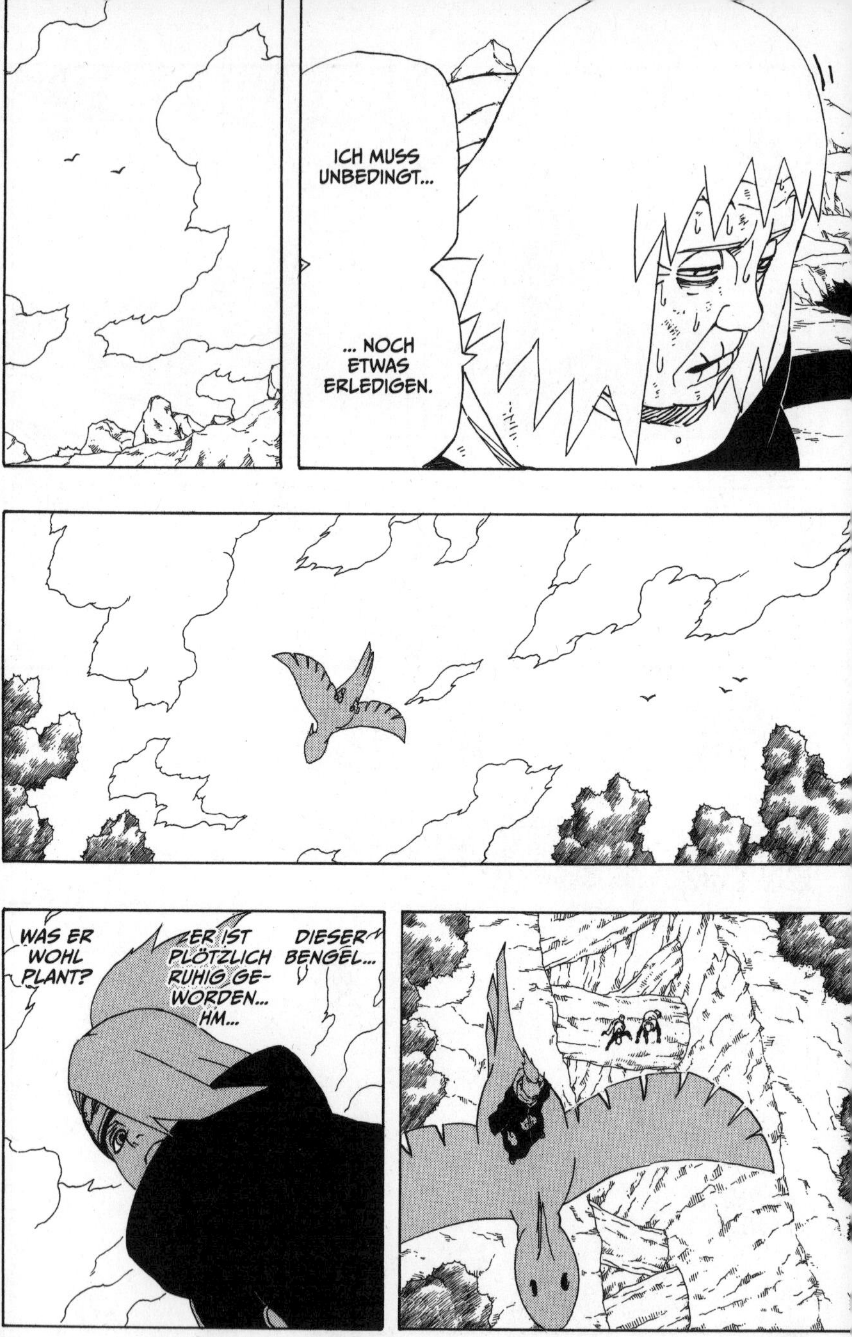

ICH MUSS UNBEDINGT...
... NOCH ETWAS ERLEDIGEN.
DIESER BENGEL...
ER IST PLÖTZLICH RUHIG GEWORDEN... HM...
WAS ER WOHL PLANT?

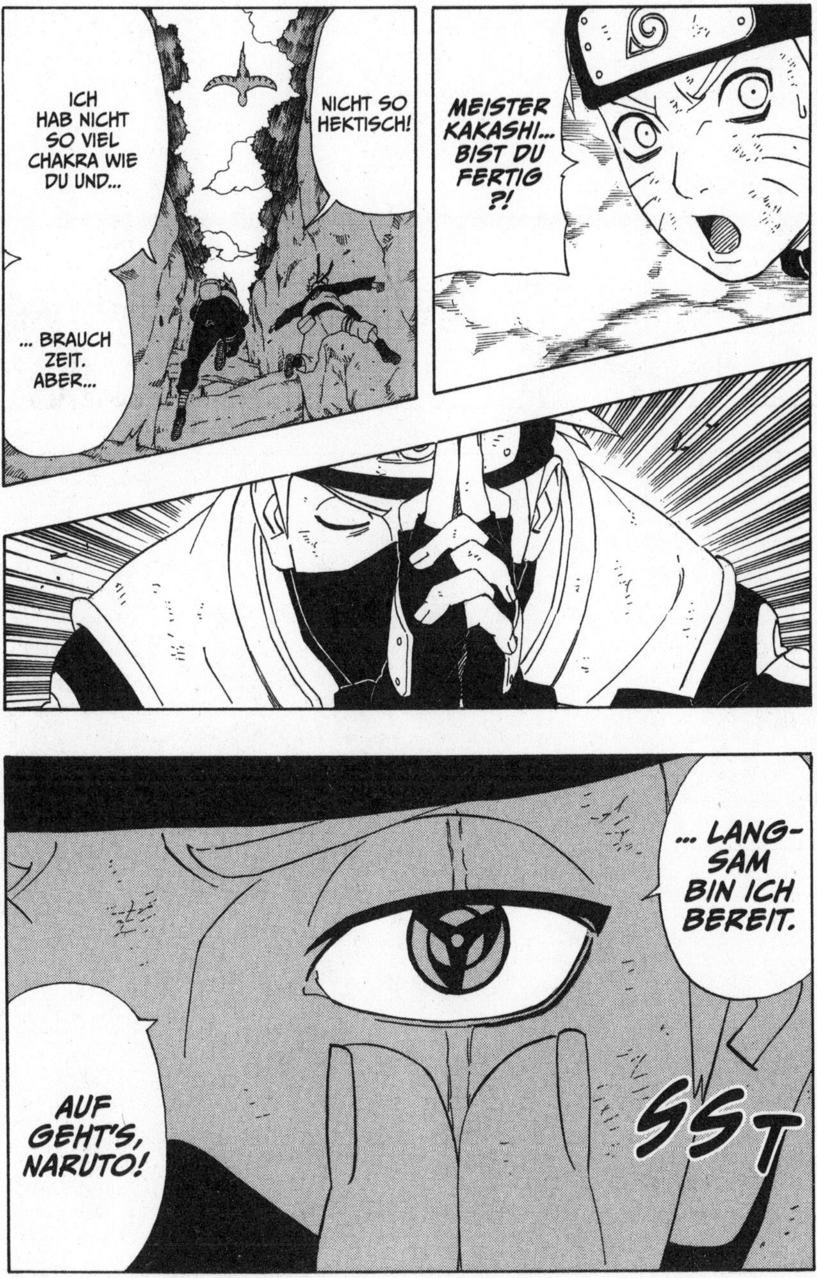
MEISTER KAKASHI... BIST DU FERTIG ?!
NICHT SO HEKTISCH!
ICH HAB NICHT SO VIEL CHAKRA WIE DU UND...
... BRAUCH ZEIT. ABER...
... LANG-SAM BIN ICH BEREIT.
SST
AUF GEHT'S, NARUTO!

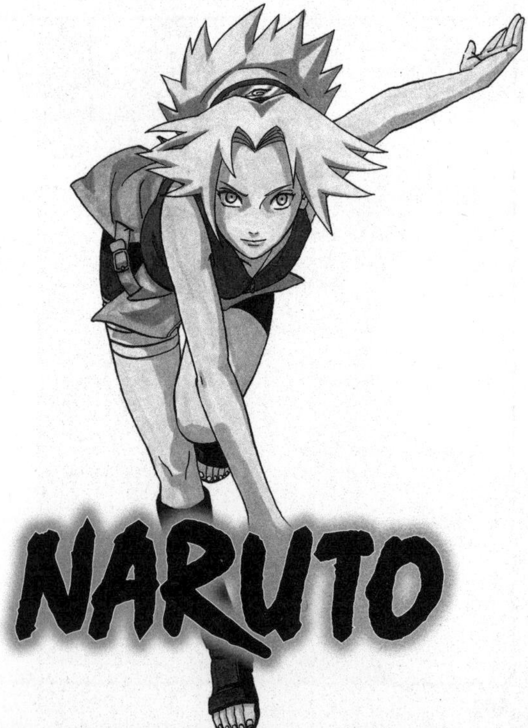
NARUTO

276. Kapitel: Ein neues Sharingan

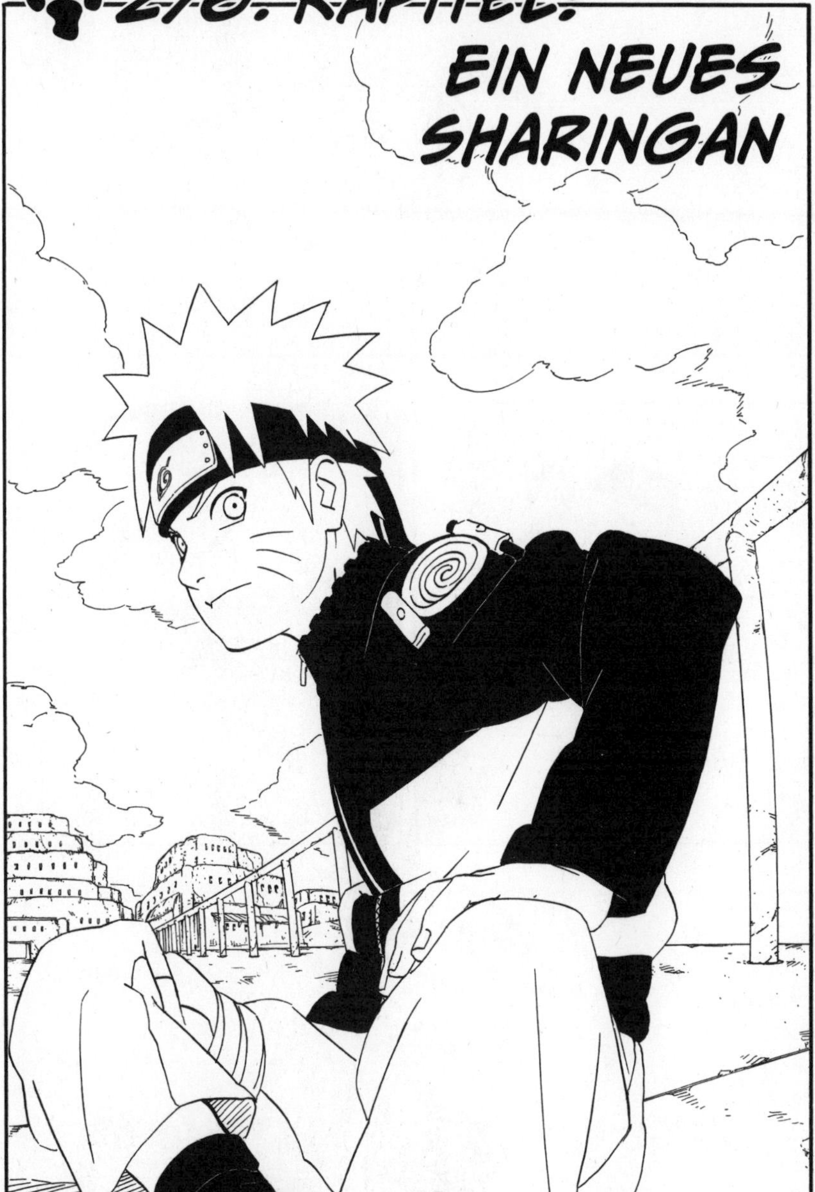

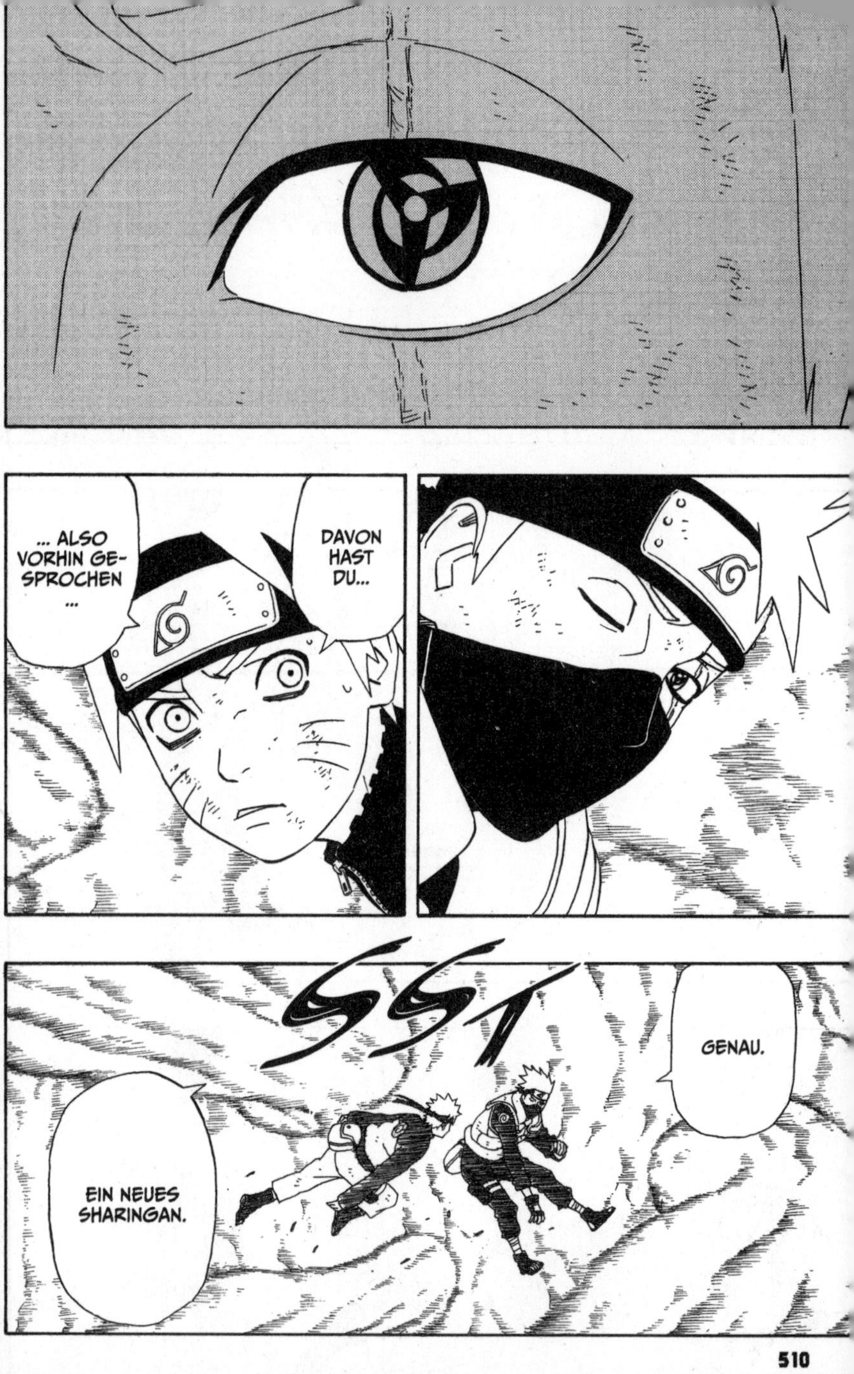
DAVON HAST DU...
... ALSO VORHIN GE-SPROCHEN ...
SST
GENAU.
EIN NEUES SHARINGAN.

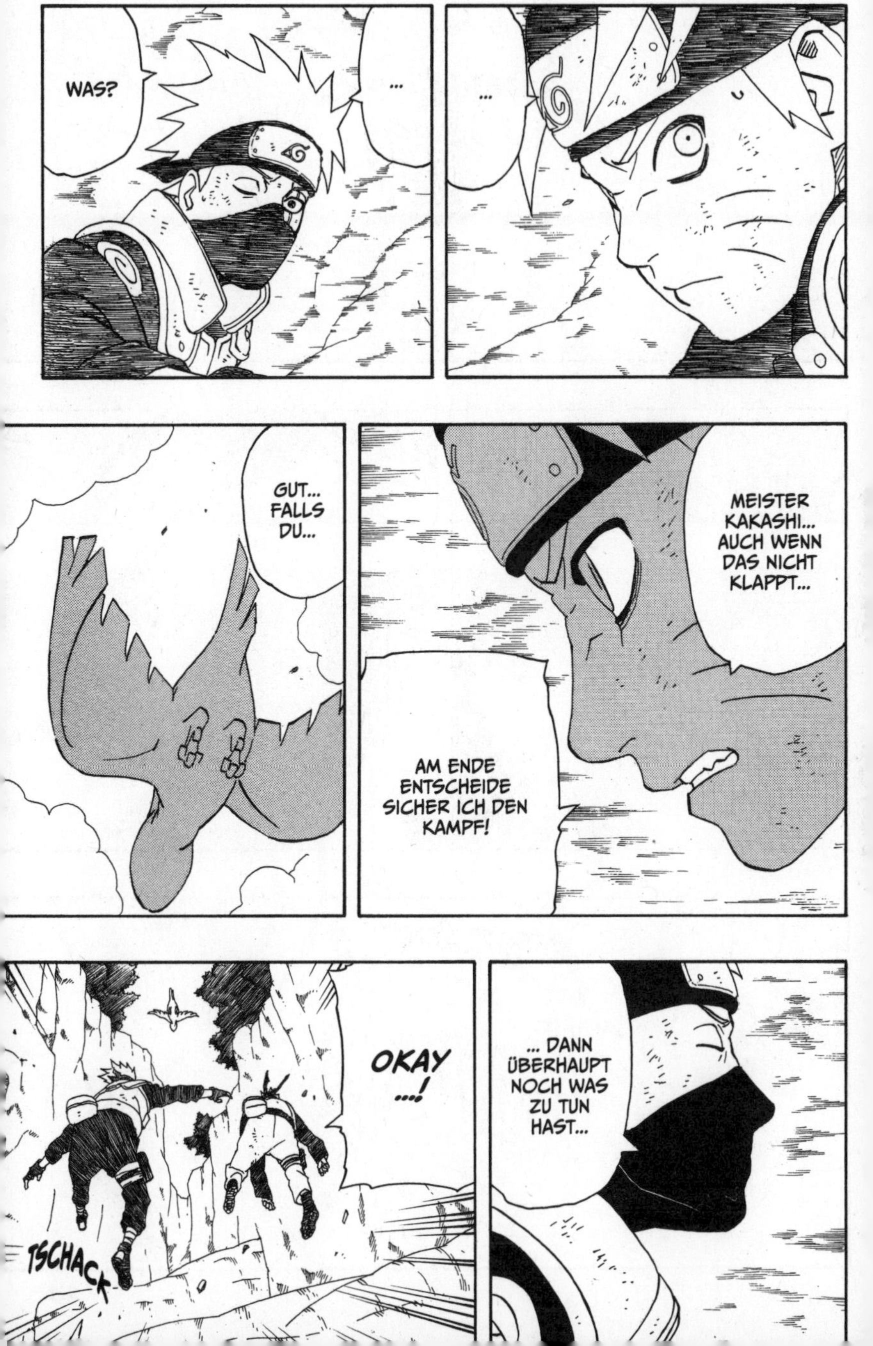
...
...
WAS?
MEISTER KAKASHI... AUCH WENN DAS NICHT KLAPPT...
AM ENDE ENTSCHEIDE SICHER ICH DEN KAMPF!
GUT... FALLS DU...
... DANN ÜBERHAUPT NOCH WAS ZU TUN HAST...
OKAY ...!
TSCHACK

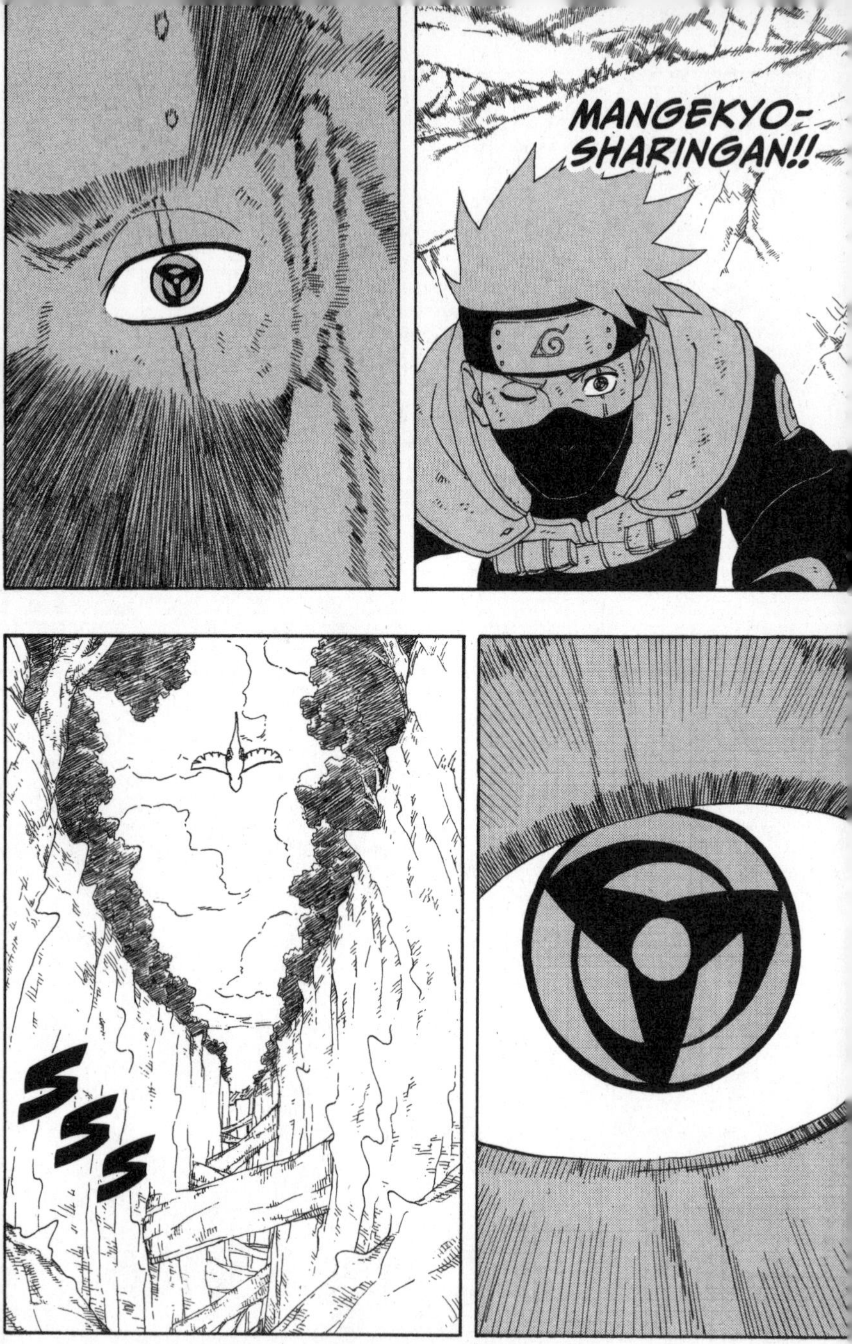
MANGEKYO-SHARINGAN!!
SSS

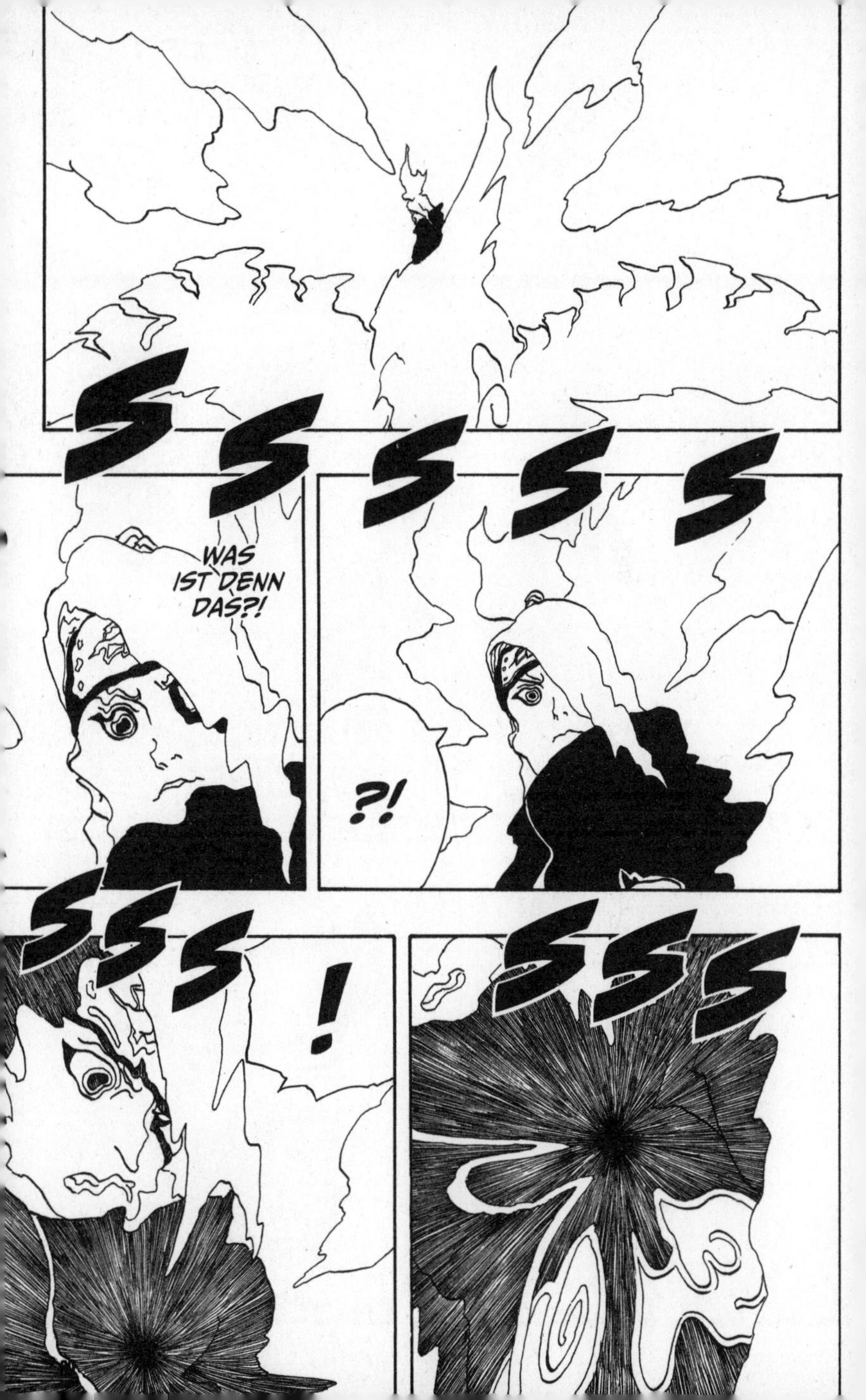
SSSSS
?!
WAS IST DENN DAS?!
SSSS
SSS
!

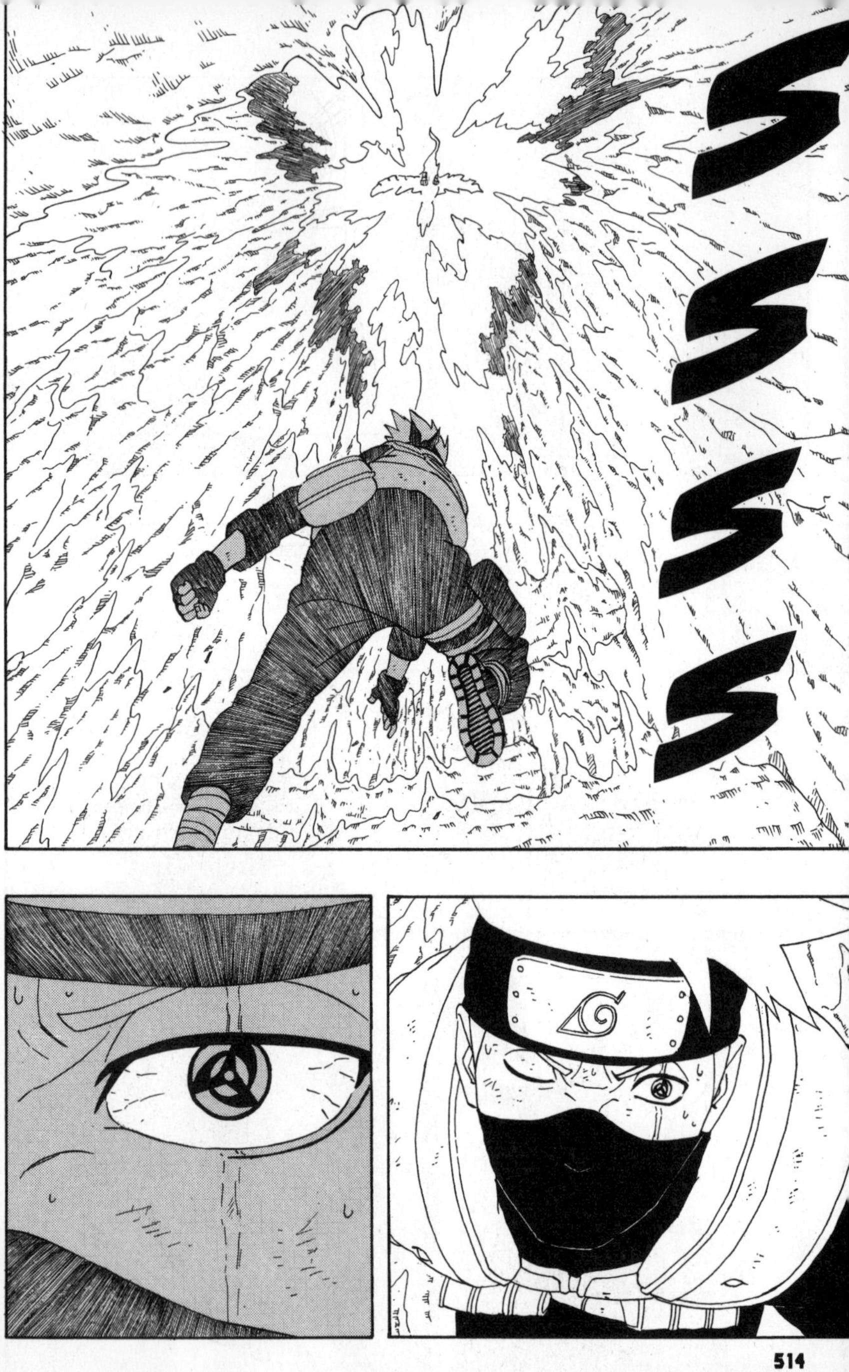

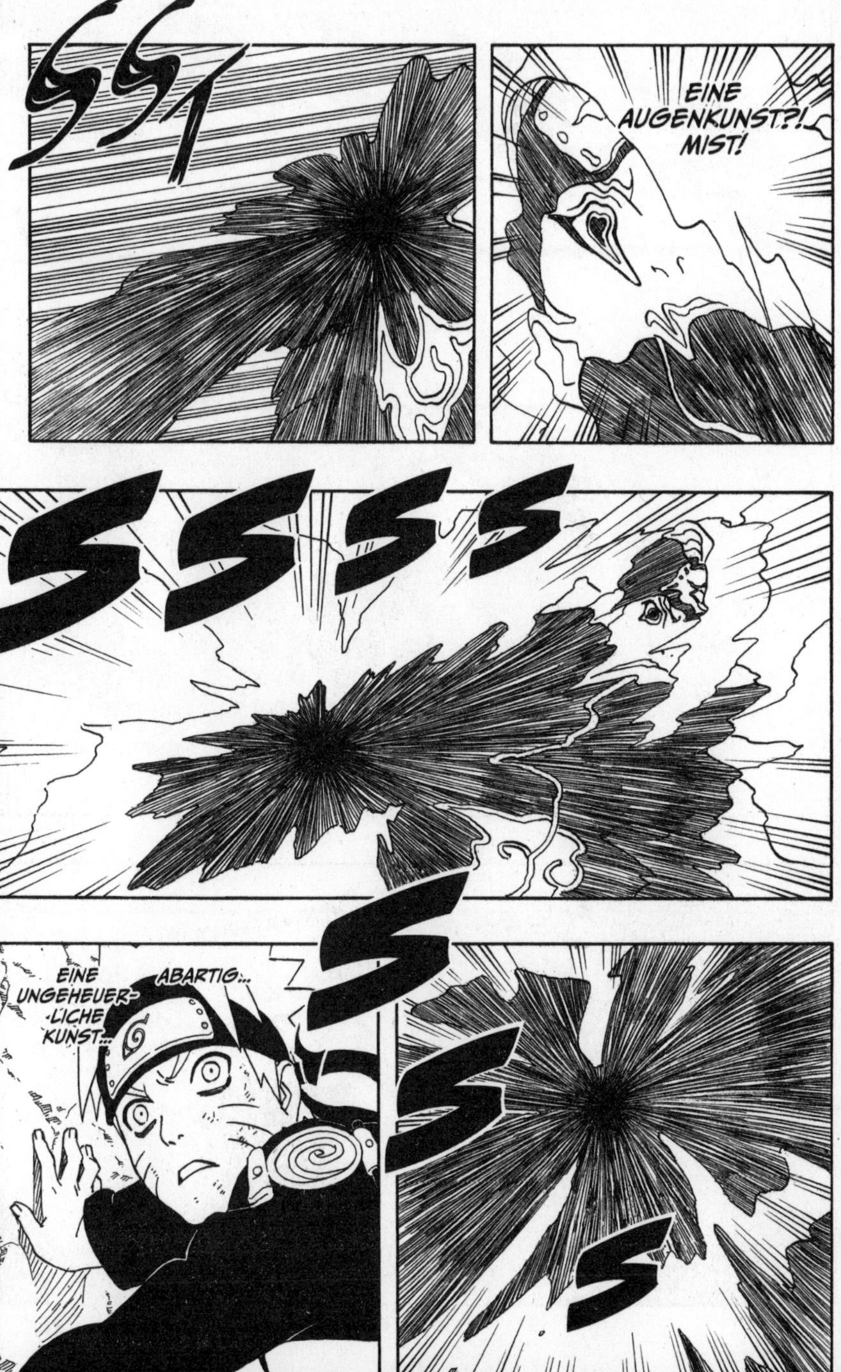

SSSI
EINE AUGENKUNST?! MIST!
SSSSS
EINE UNGEHEUER-LICHE KUNST...
ABARTIG...
SSS

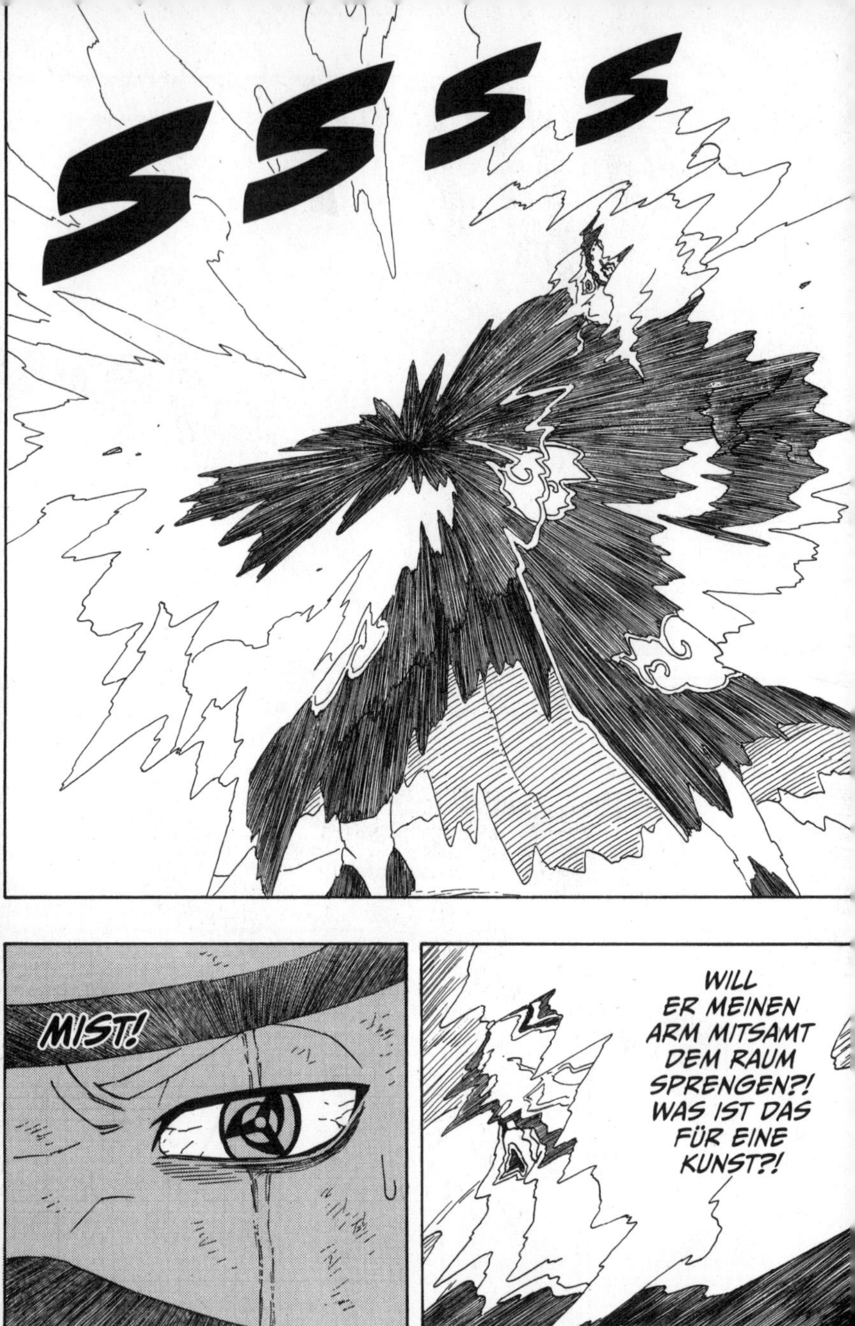
SSSS
WILL ER MEINEN ARM MITSAMT DEM RAUM SPRENGEN?! WAS IST DAS FÜR EINE KUNST?!
MIST!

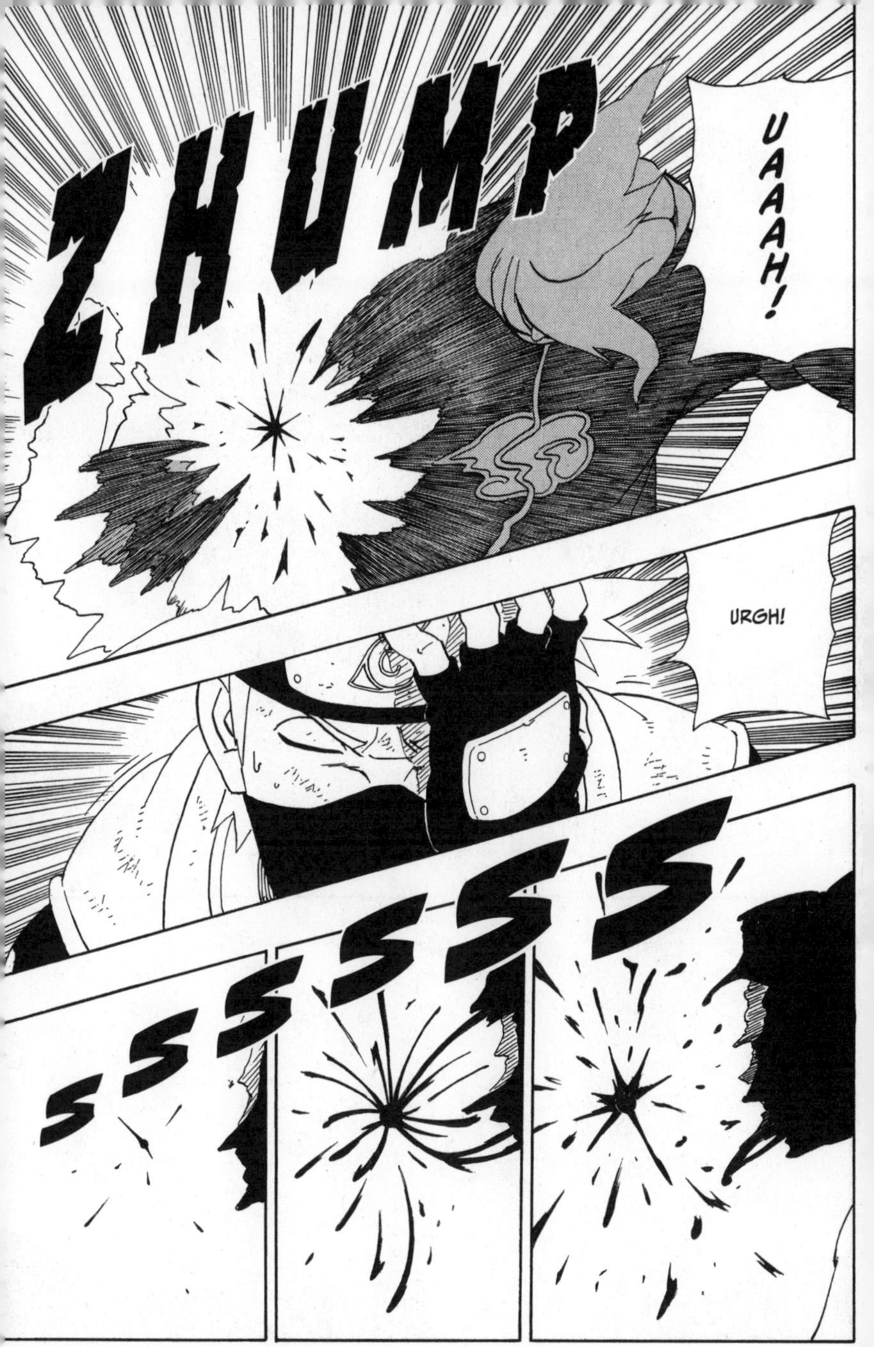
UAAAAH!
ZHUMP
URGH!
SSSSSSSS

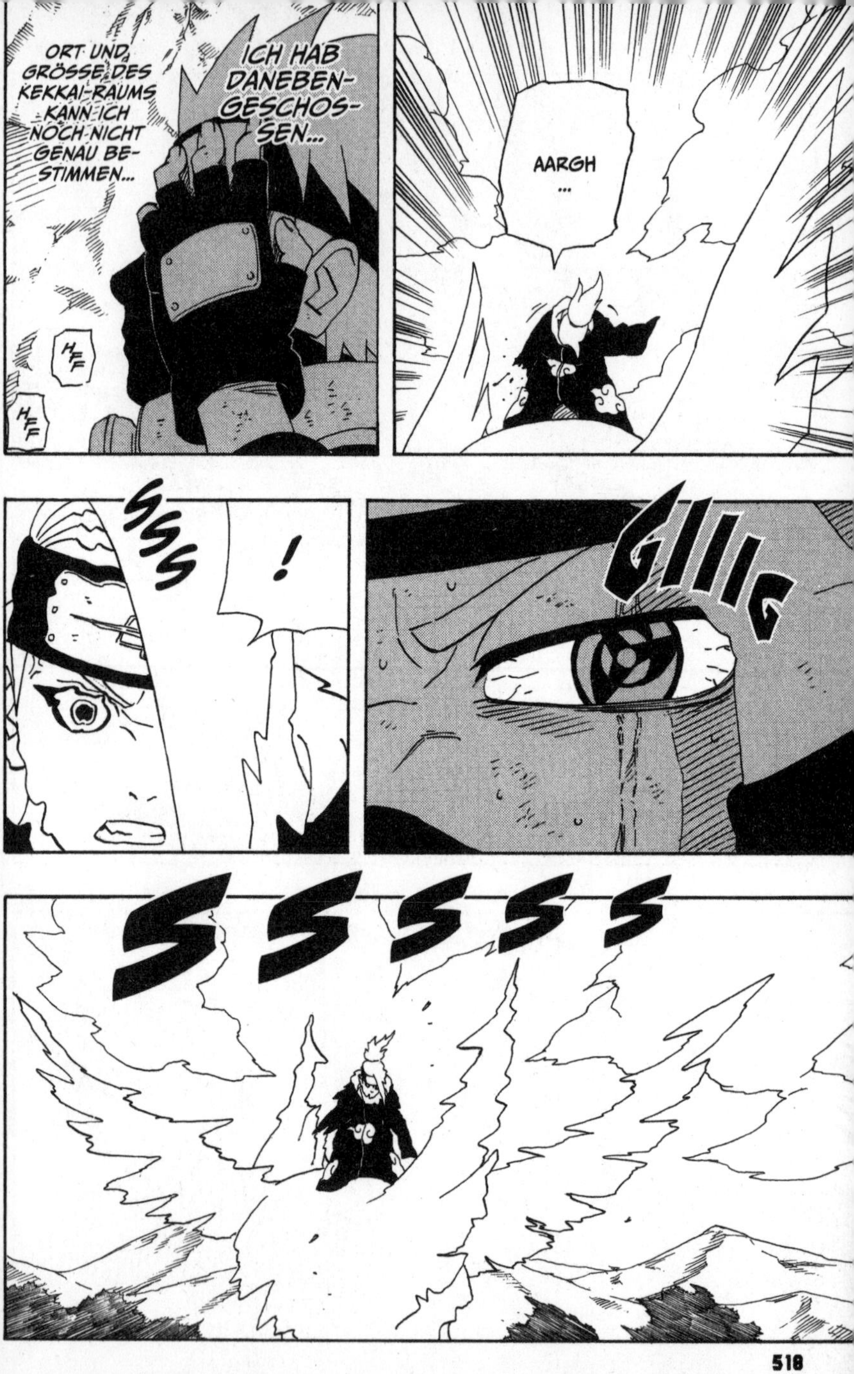
AARGH
...
ICH HAB DANEBEN-GESCHOSSEN...
ORT UND GRÖSSE DES KEKKAI-RAUMS KANN ICH NOCH NICHT GENAU BESTIMMEN...
HFF
HFF
GIIIG
SSS
!
SSSSS

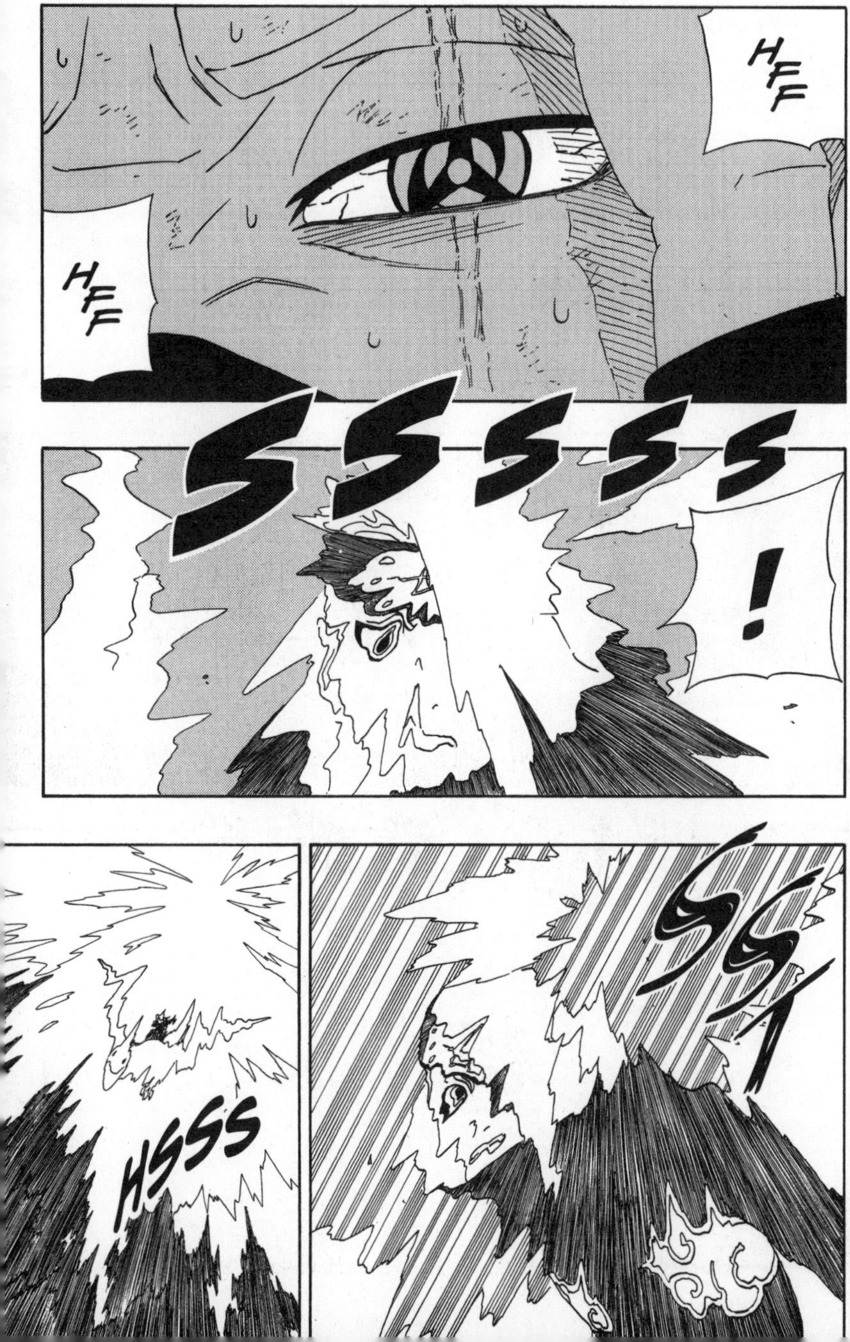
HFF
HFF
SSSSS
!
SSS
HSSS

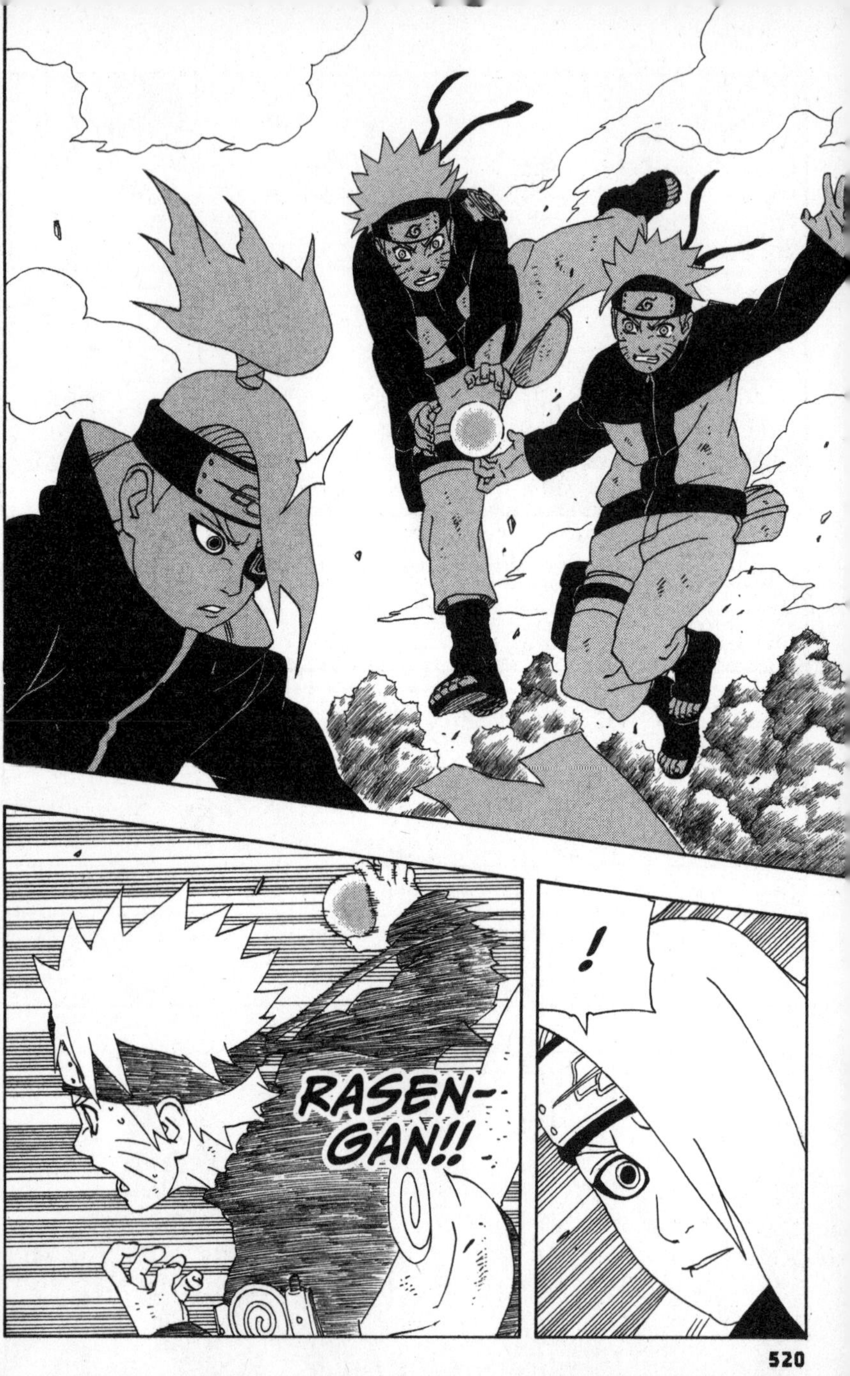
RASEN-
GAN!!
!

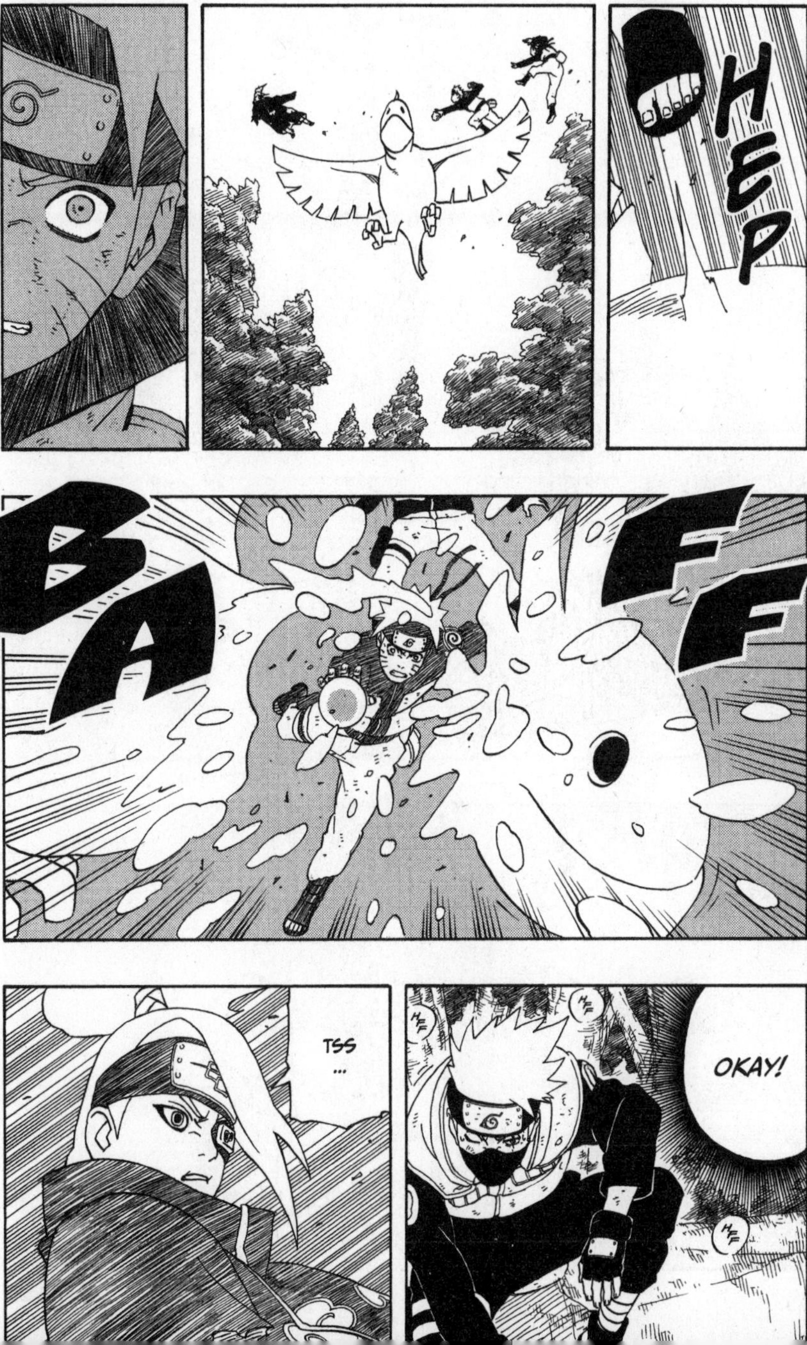
HEP
BAFF
HEF
HEF
OKAY!
HEF
TSS
...

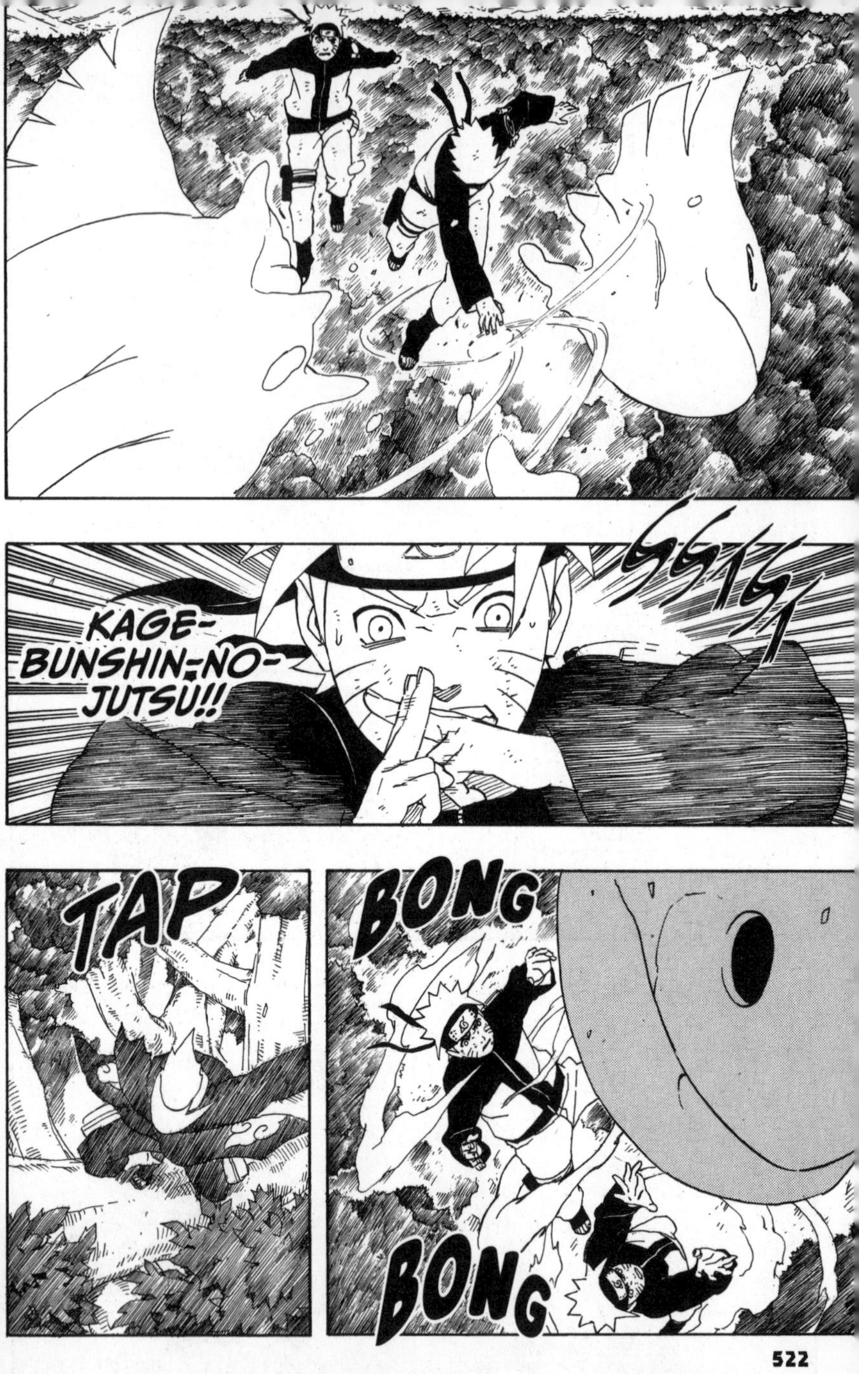
SSISI
KAGE-
BUNSHIN-NO-
JUTSU!!
TAP
BONG
BONG

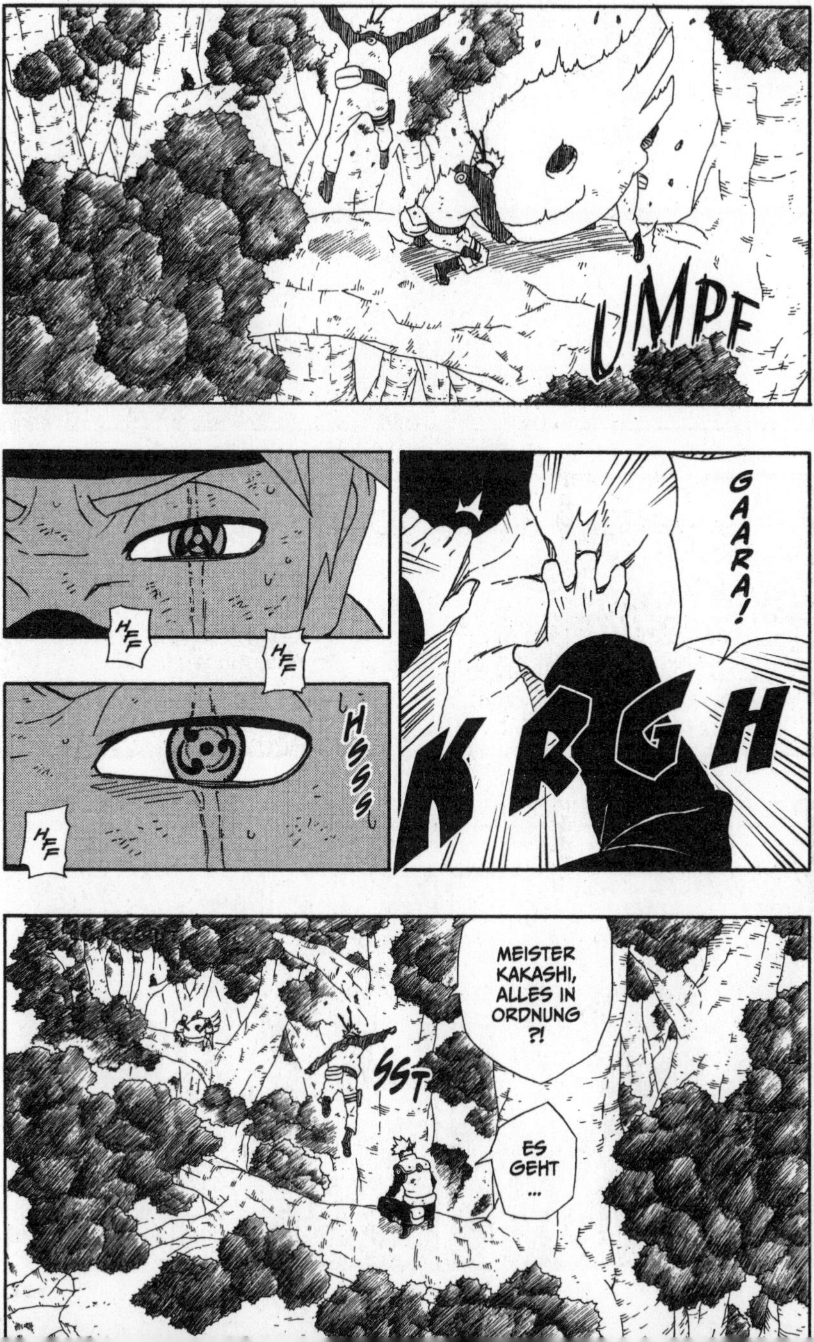
UMPF
GAARA!
KRGH
HFF
HFF
HSSS
HFF
MEISTER KAKASHI, ALLES IN ORDNUNG ?!
SST
ES GEHT ...

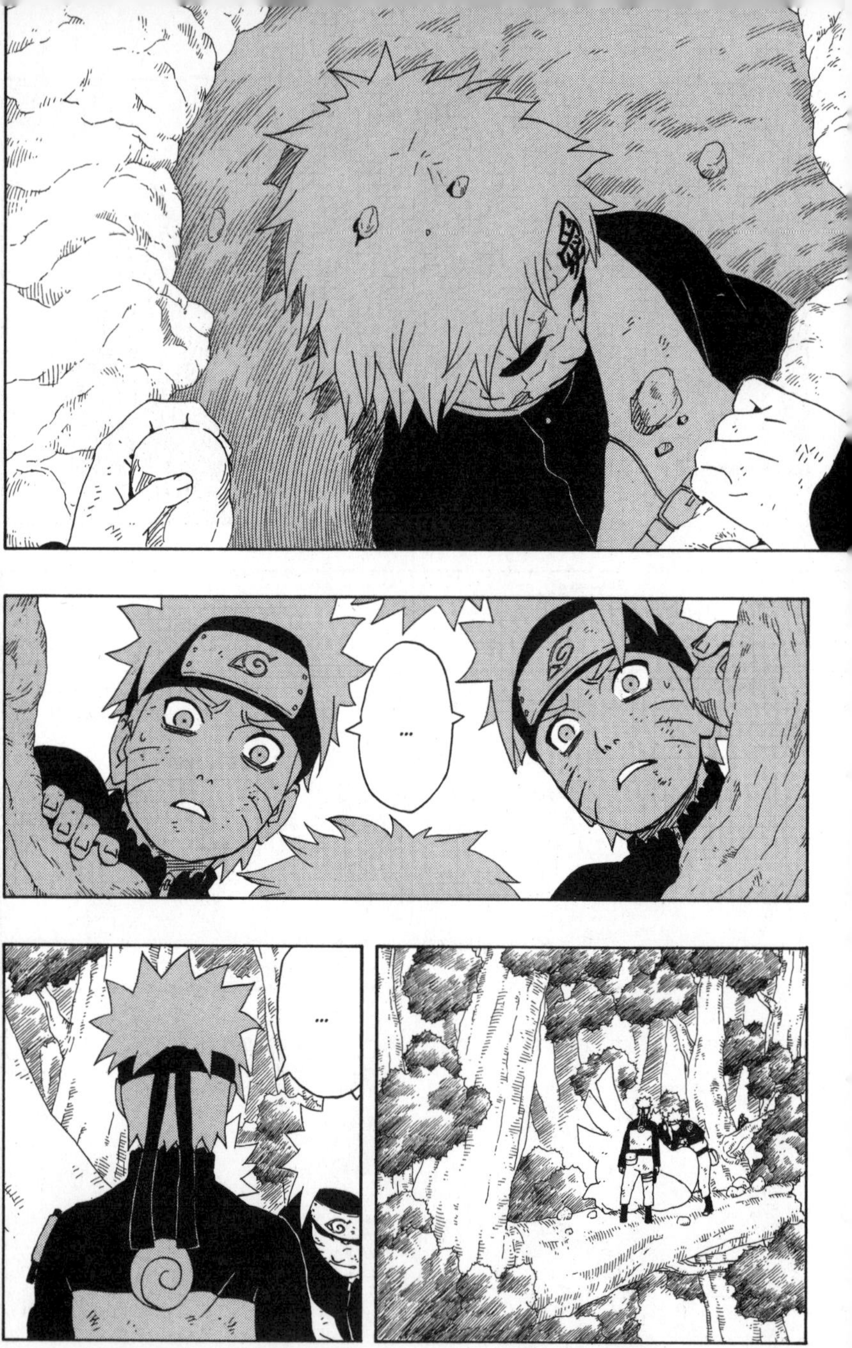

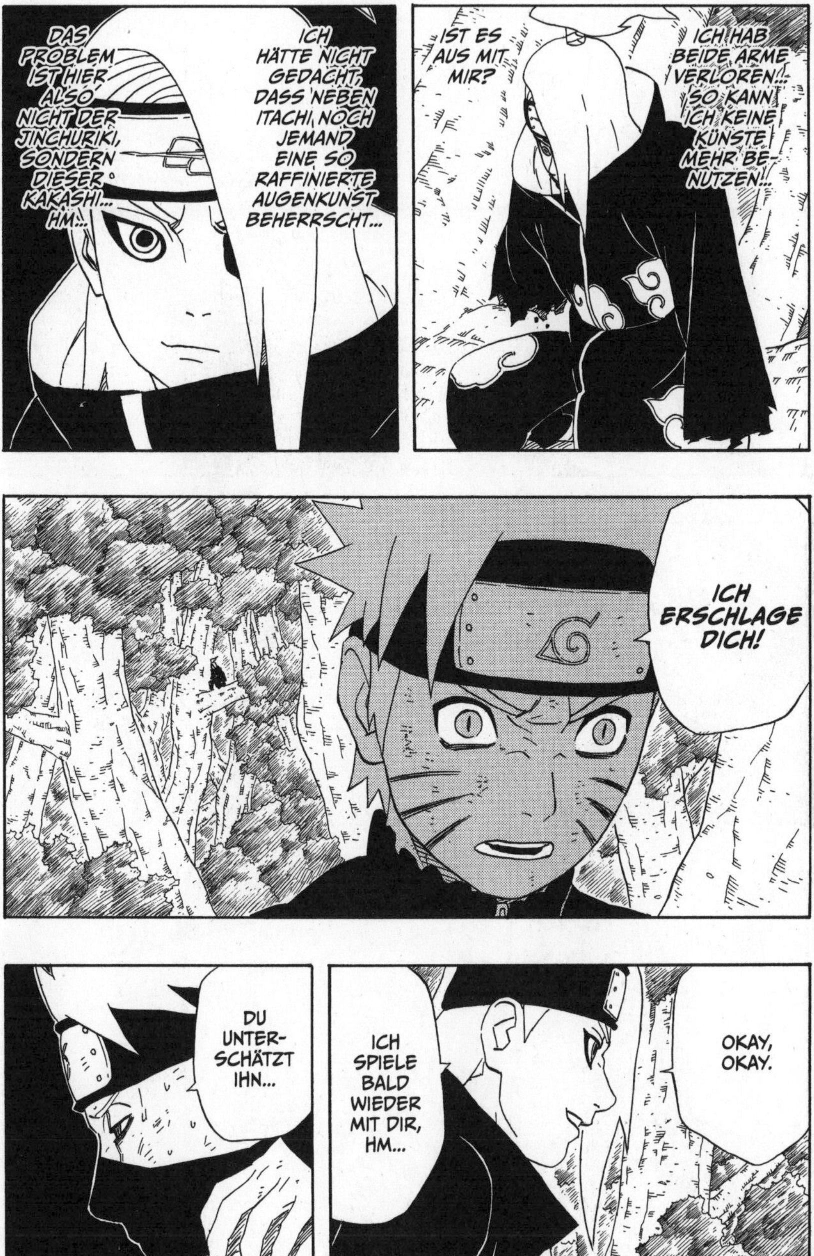
ICH HAB BEIDE ARME VERLOREN... SO KANN ICH KEINE KÜNSTE MEHR BE-NUTZEN...
IST ES AUS MIT MIR?
ICH HÄTTE NICHT GEDACHT, DASS NEBEN ITACHI NOCH JEMAND EINE SO RAFFINIERTE AUGENKUNST BEHERRSCHT...
DAS PROBLEM IST HIER ALSO NICHT DER JINCHURIKI, SONDERN DIESER KAKASHI... HM...
ICH ERSCHLAGE DICH!
OKAY, OKAY.
ICH SPIELE BALD WIEDER MIT DIR, HM...
DU UNTER-SCHÄTZT IHN...

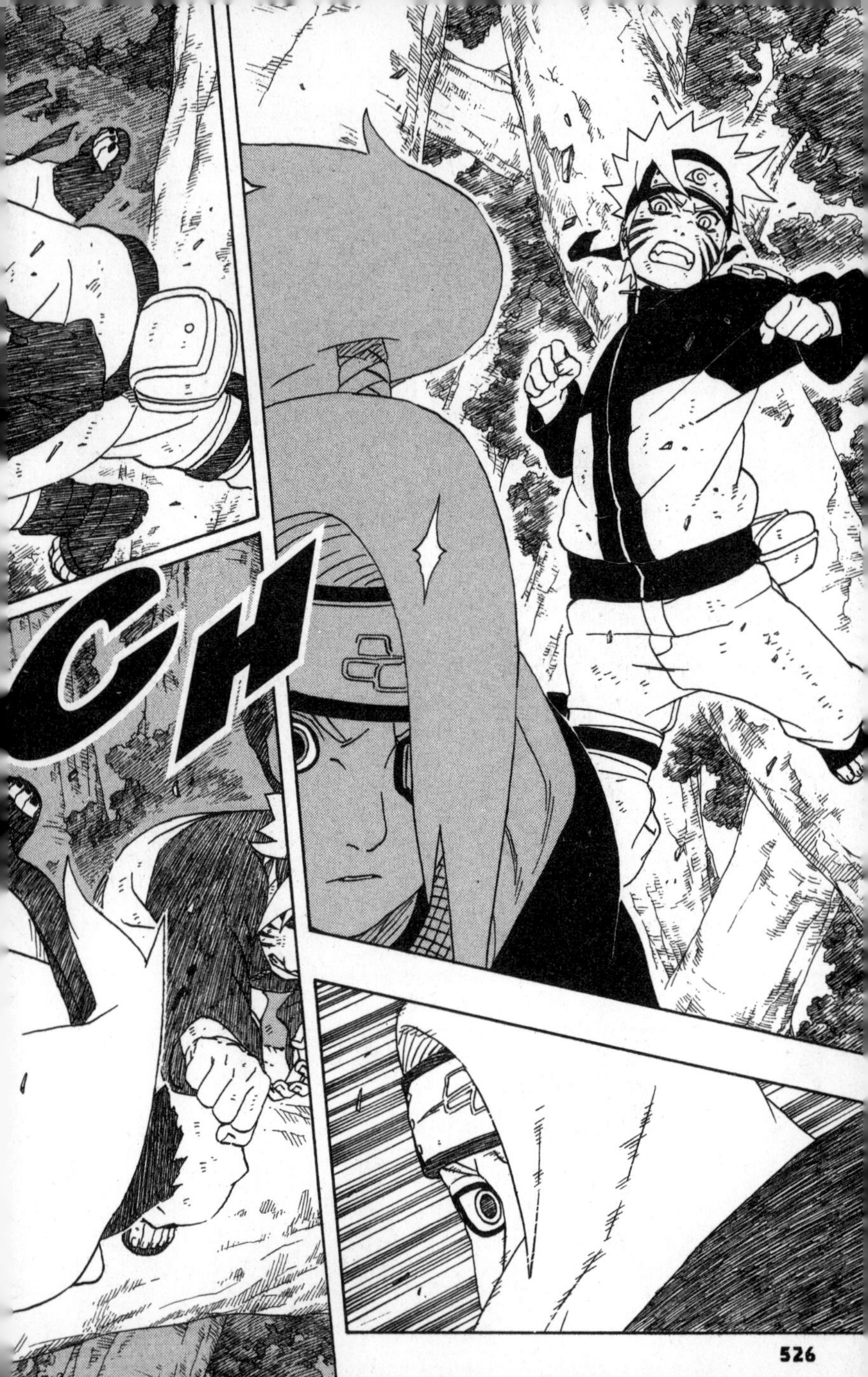
CH

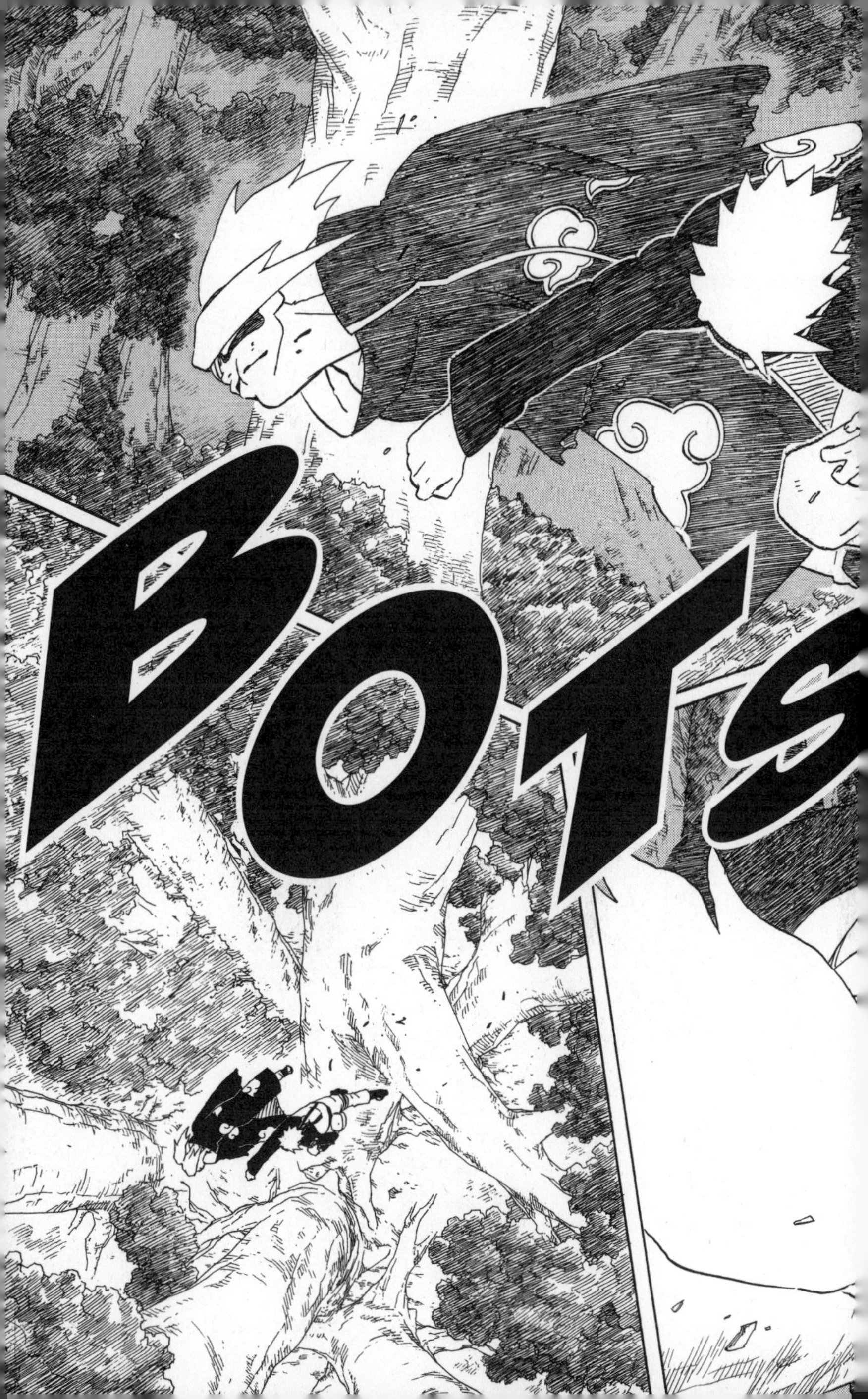
BOTS

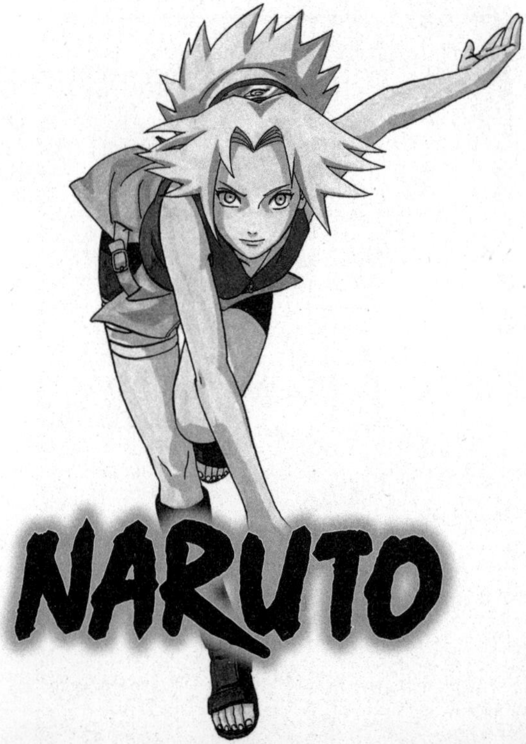
NARUTO

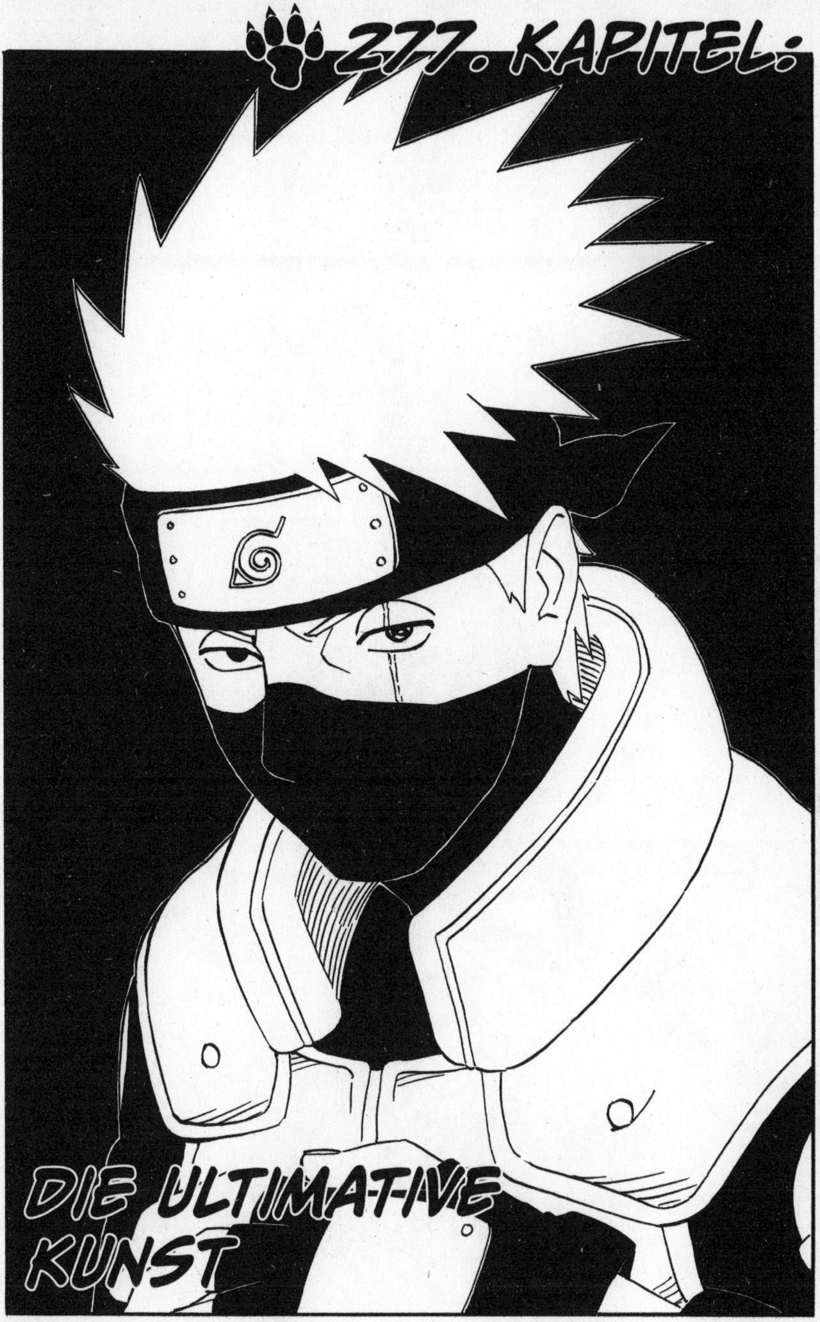
277. KAPITEL:
DIE ULTIMATIVE
KUNST

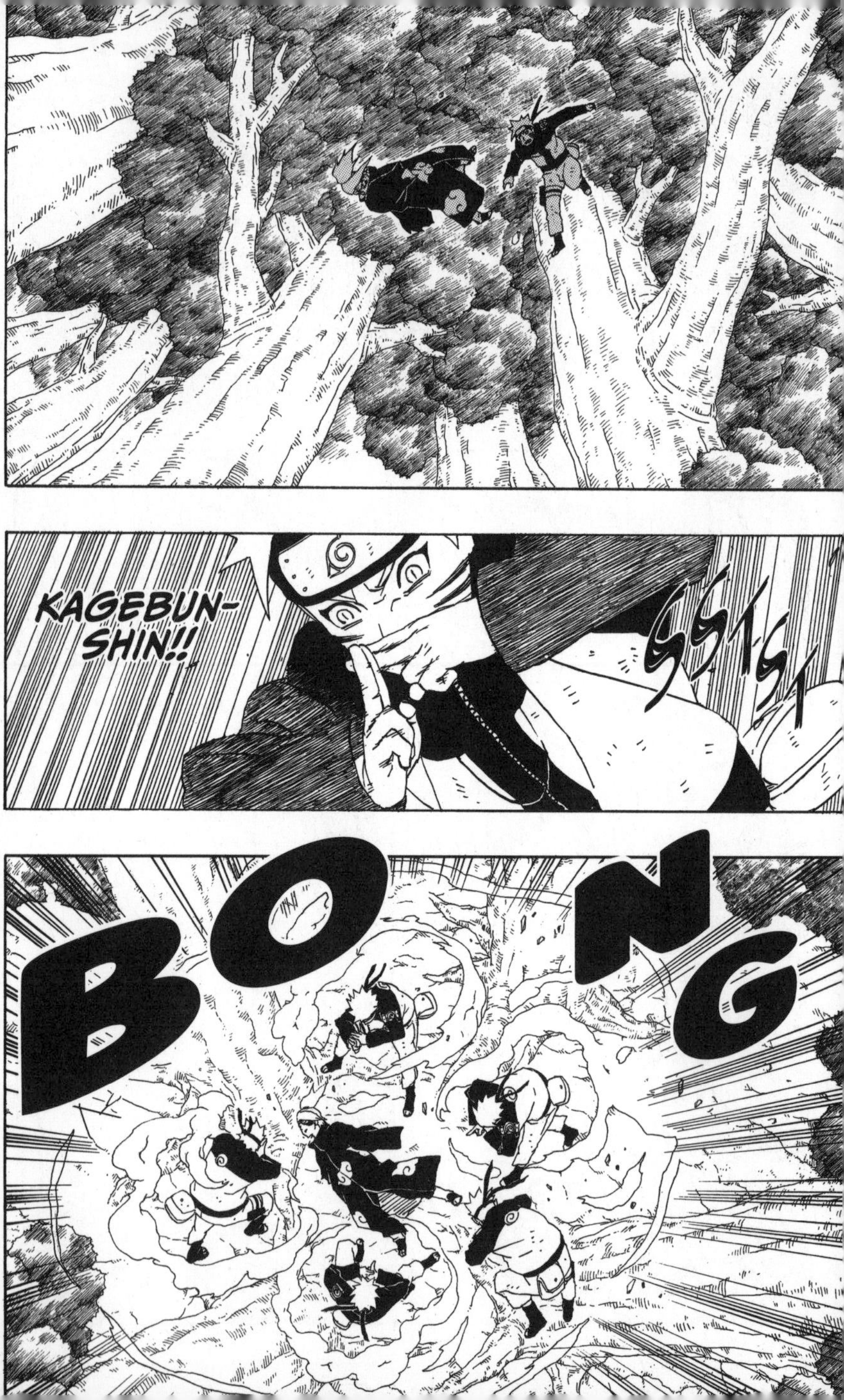
KAGEBUN-
SHIN!!
SST ST
BONG

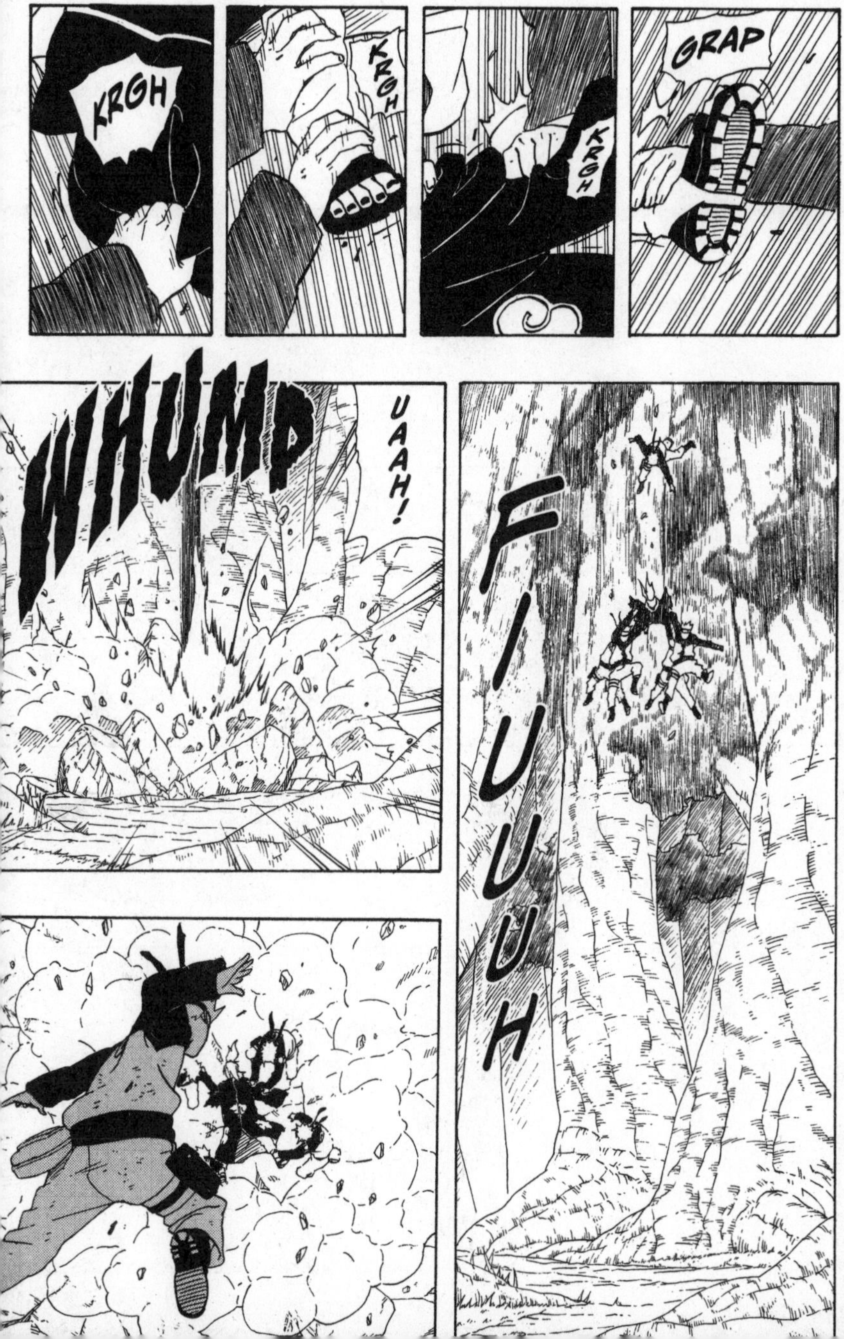
GRAP
KRGH
KRGH
KRGH
FIUUUH
WHUMP
UAAAH!

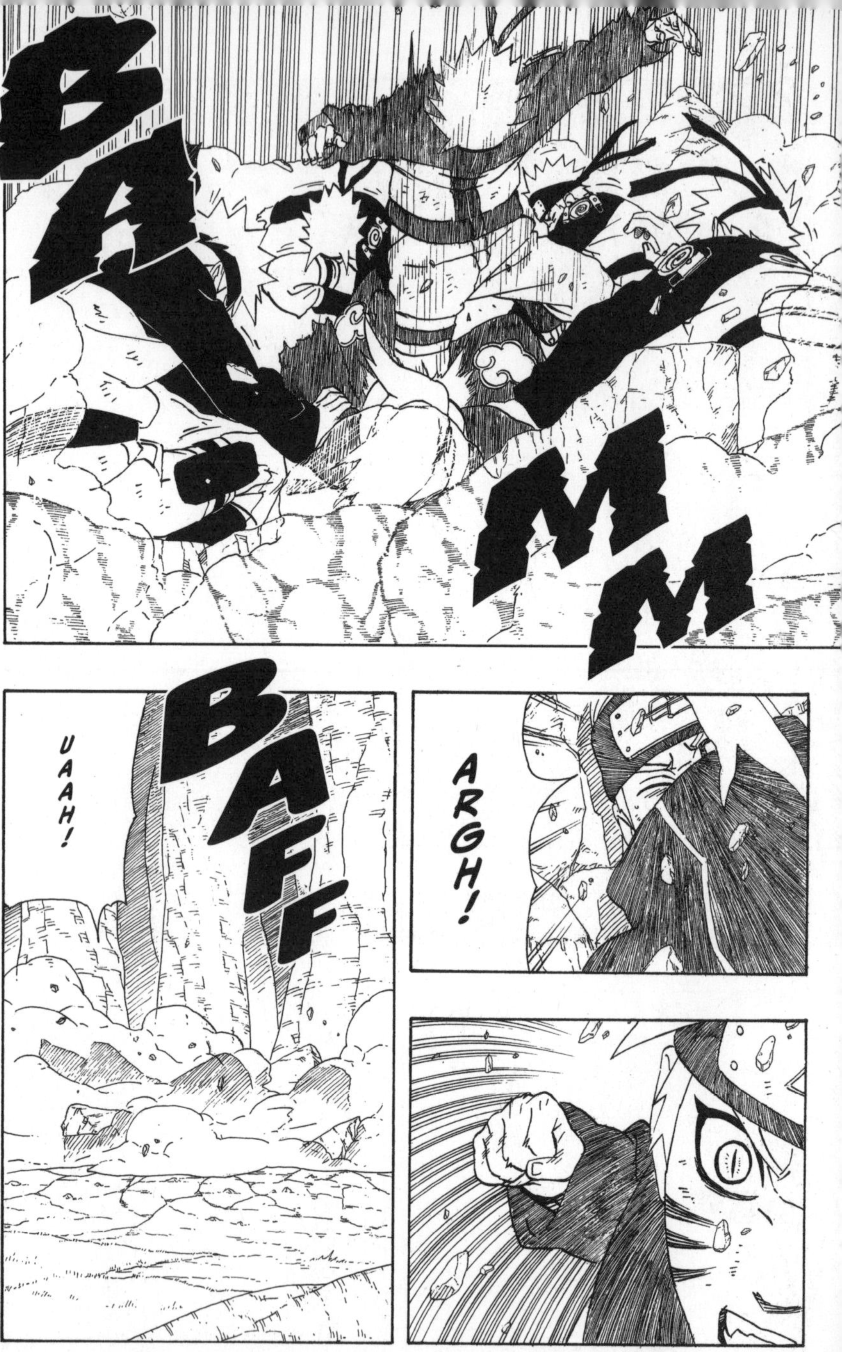

BAMM
ARGH!
BAFF
UAAH!

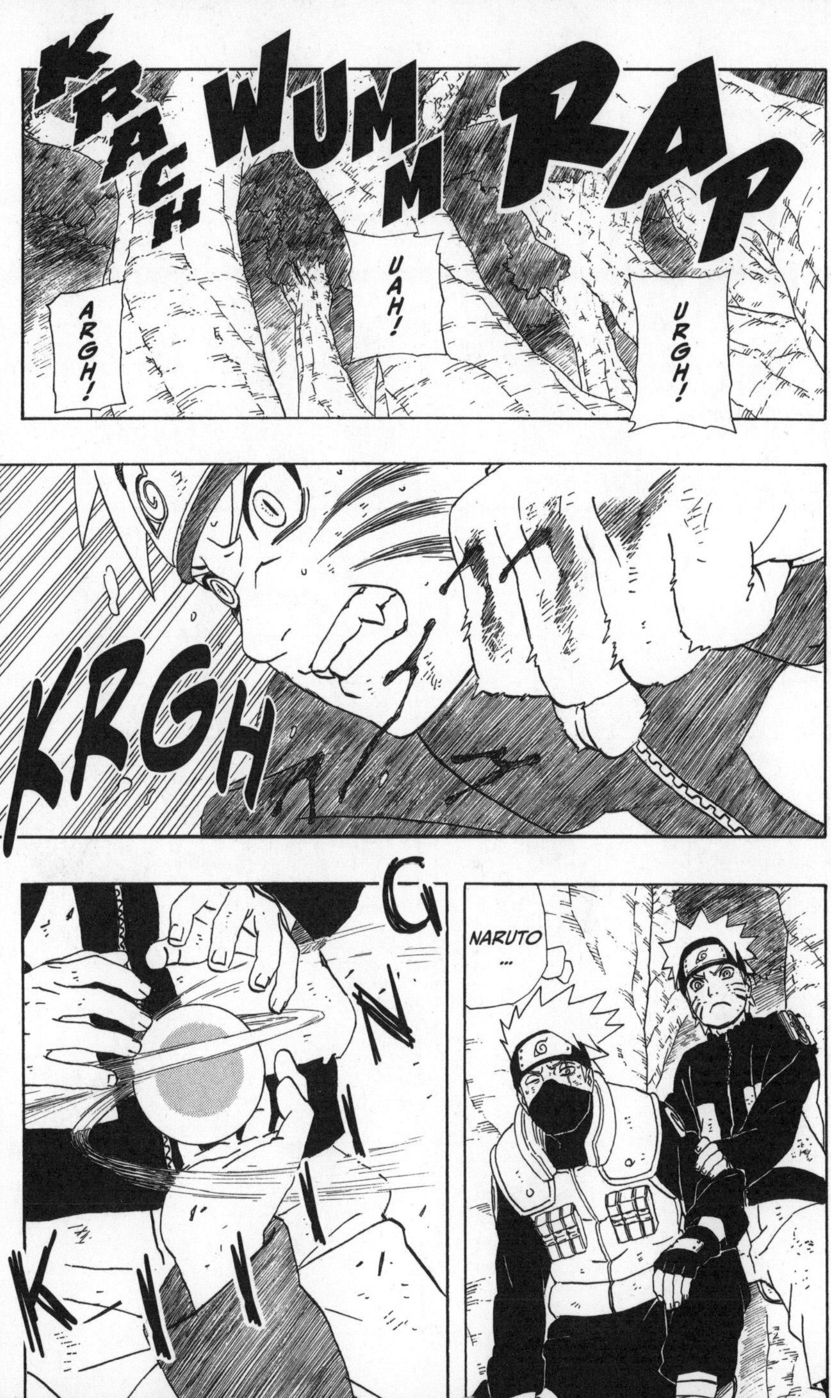
RAP
WUMM
KRACH
URGH!
UAH!
ARGH!
KRGH
NARUTO ...
KIING

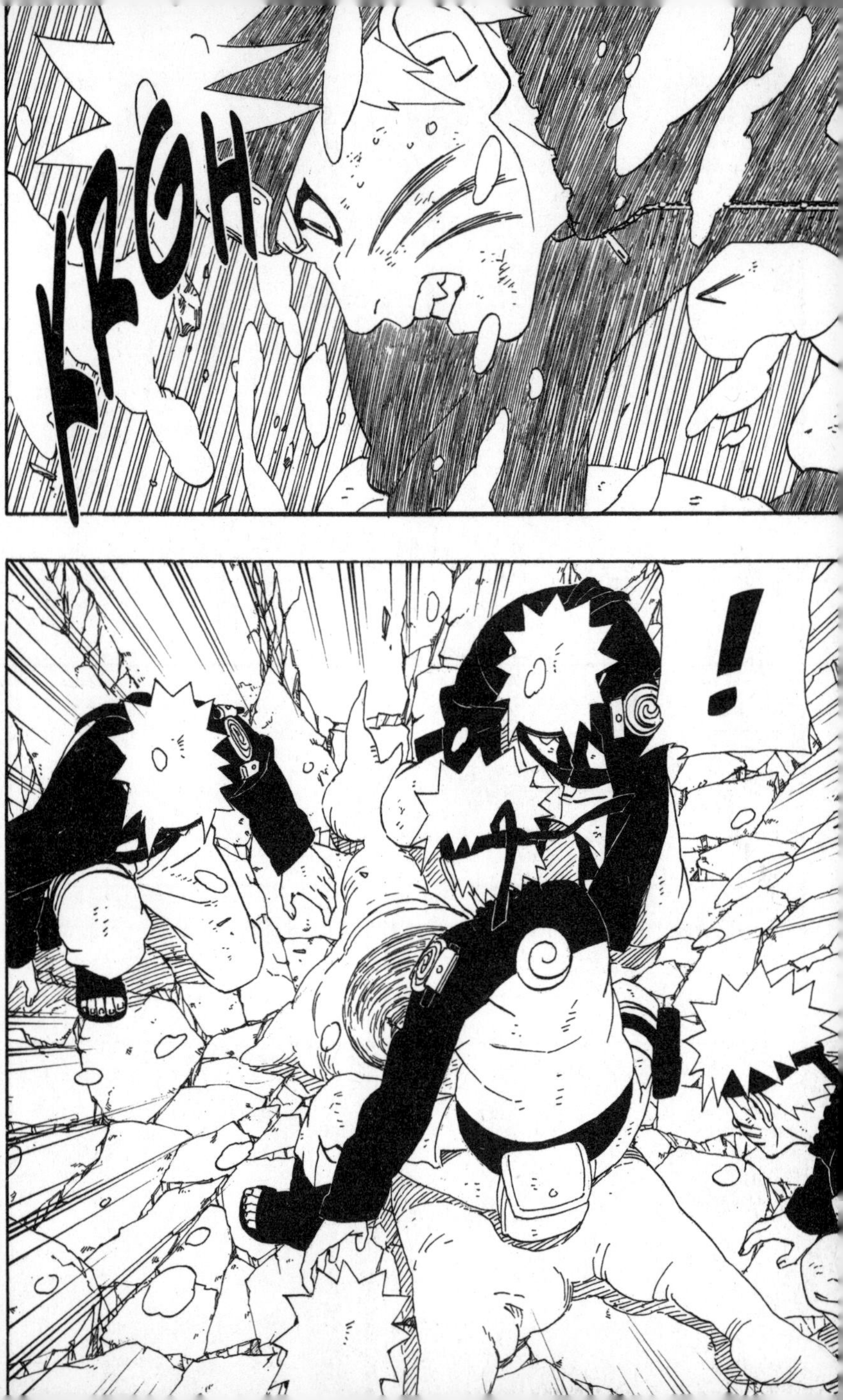
KRGH
!

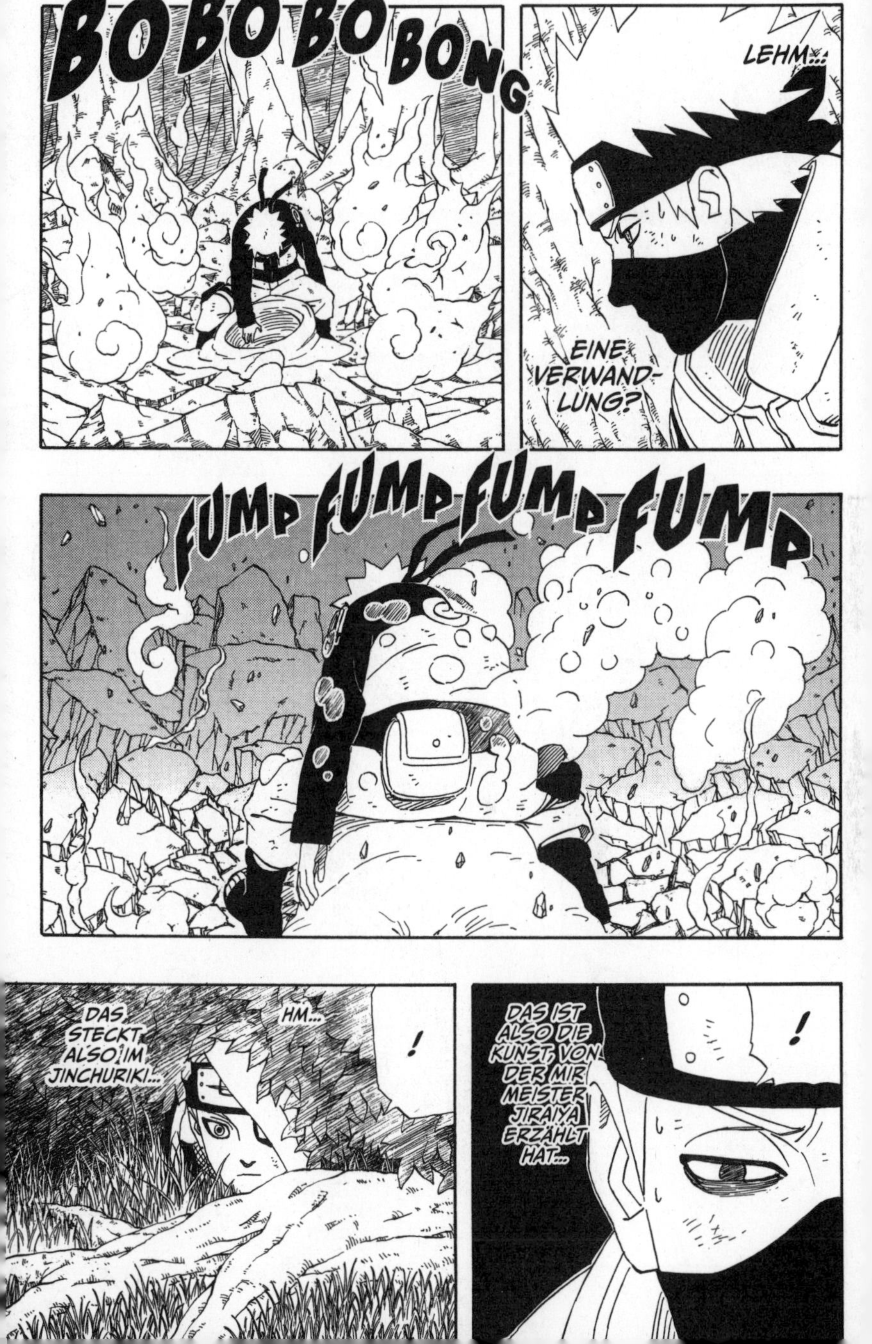

LEHM...
EINE VERWANDLUNG?
BOBOBOBOBONG
FUMP FUMP FUMP FUMP
DAS IST ALSO DIE KUNST, VON DER MIR MEISTER JIRAIYA ERZÄHLT HAT...
!
HM...
!
DAS STECKT ALSO IM JINCHURIKI...

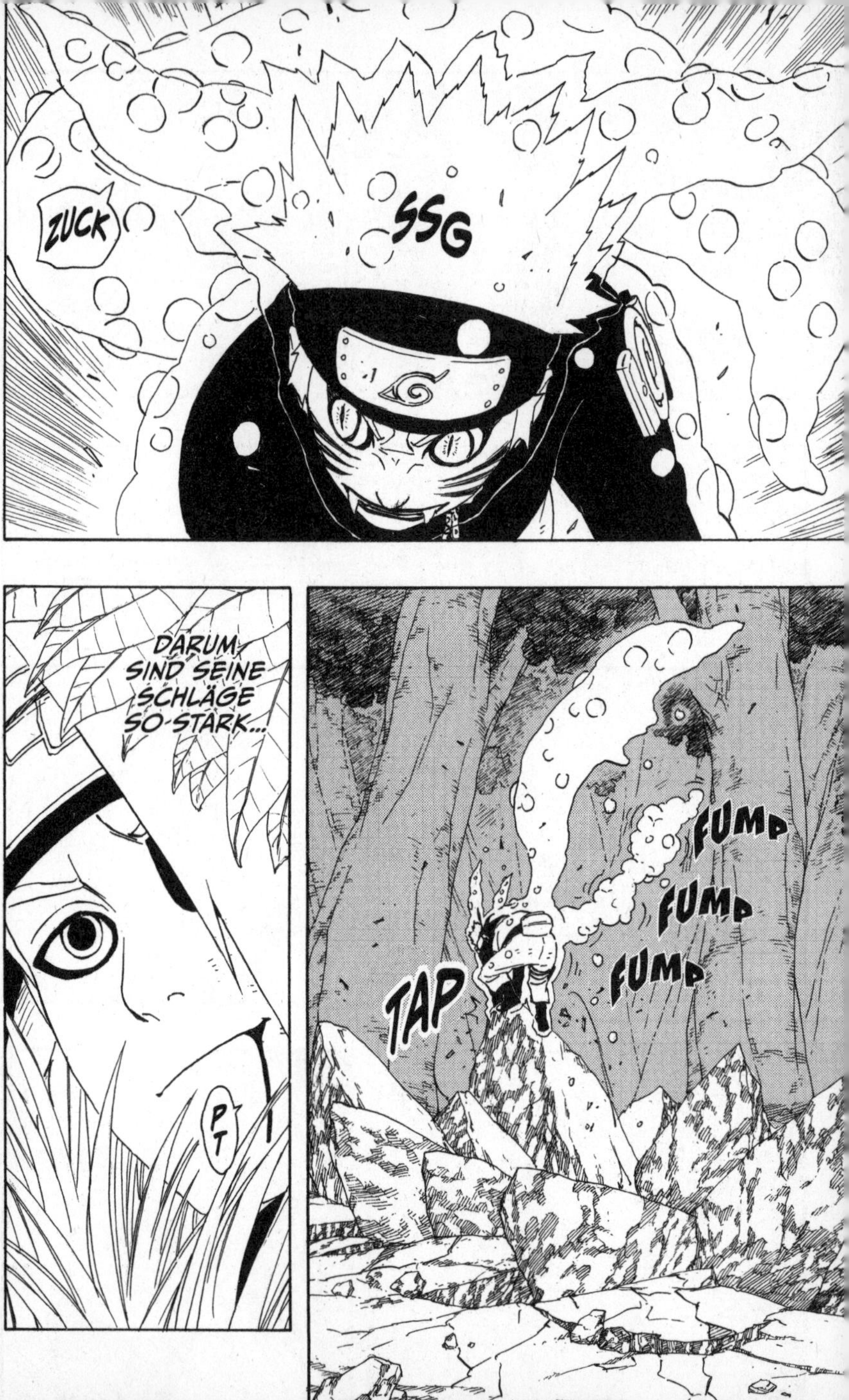
SSG
ZUCK
FUMP
FUMP
FUMP
TAP
DARUM SIND SEINE SCHLÄGE SO STARK...
PT

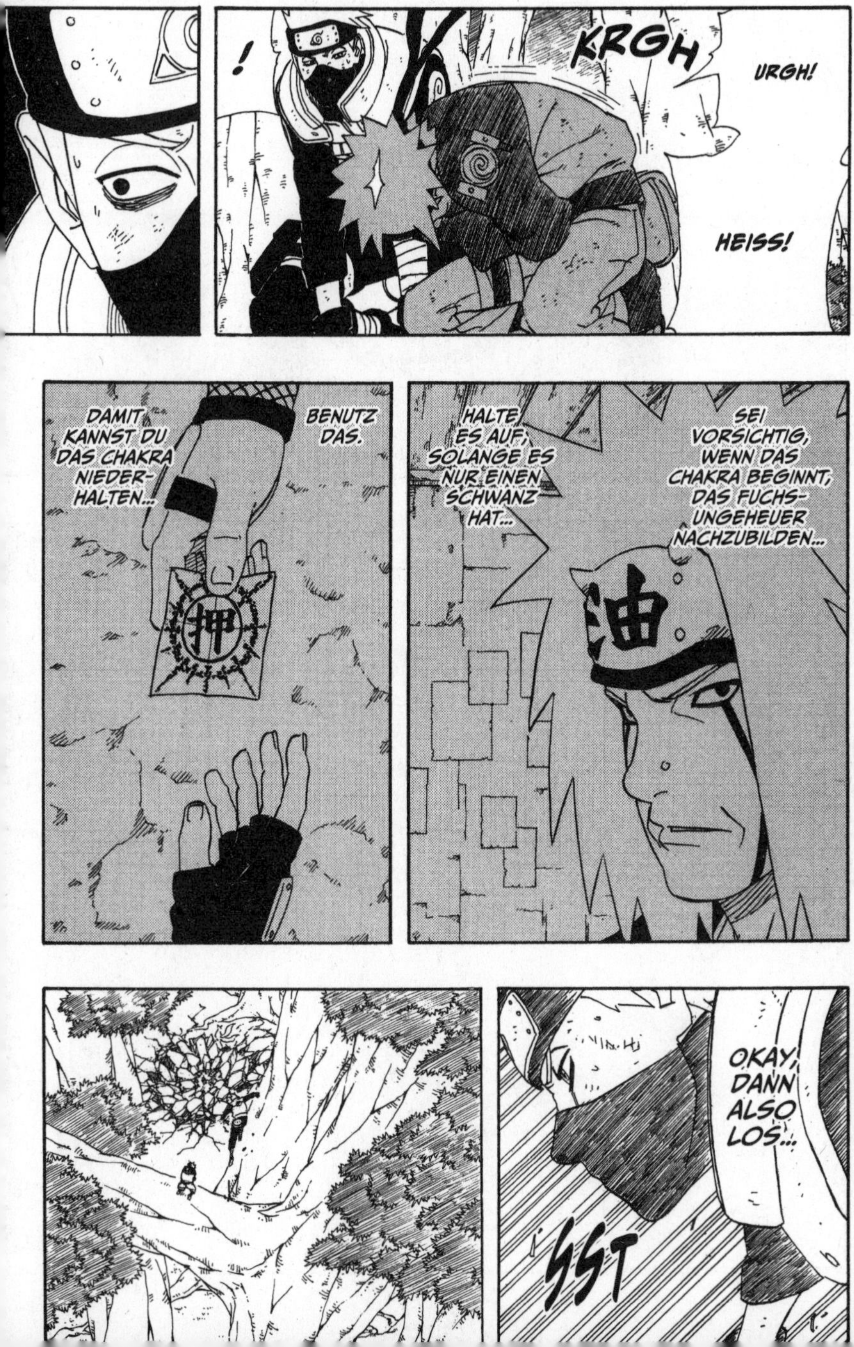
KRGH
URGH!
HEISS!
!
SEI VORSICHTIG, WENN DAS CHAKRA BEGINNT, DAS FUCHS-UNGEHEUER NACHZUBILDEN...
HALTE ES AUF, SOLANGE ES NUR EINEN SCHWANZ HAT...
BENUTZ DAS.
DAMIT KANNST DU DAS CHAKRA NIEDER-HALTEN...
OKAY, DANN ALSO LOS...
SST

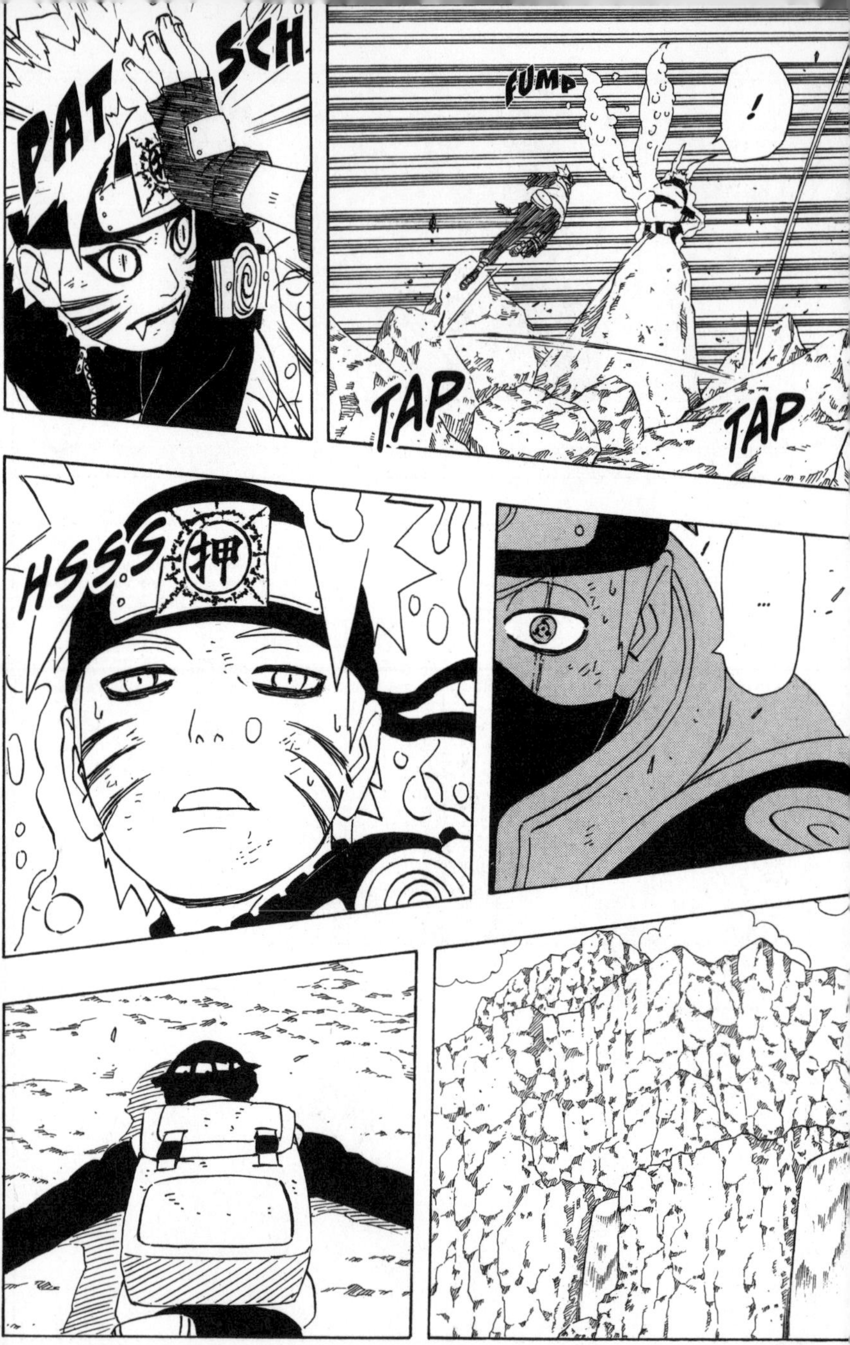
FUMP
!
TAP
TAP
PATSCH
...
HSSS
押

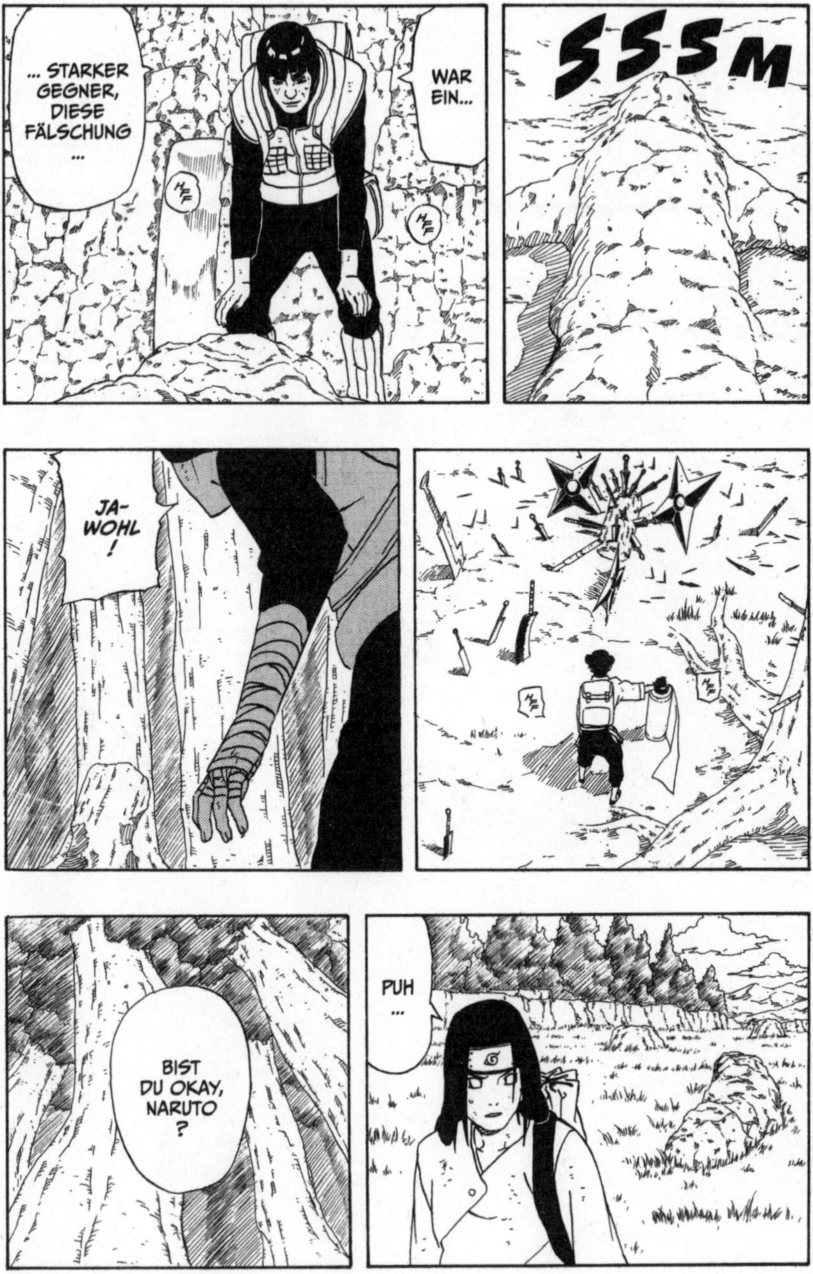
SSSM
WAR EIN...
... STARKER GEGNER, DIESE FÄLSCHUNG ...
HEF
HEF
HEF
HEF
JA-WOHL!
PUH ...
BIST DU OKAY, NARUTO?

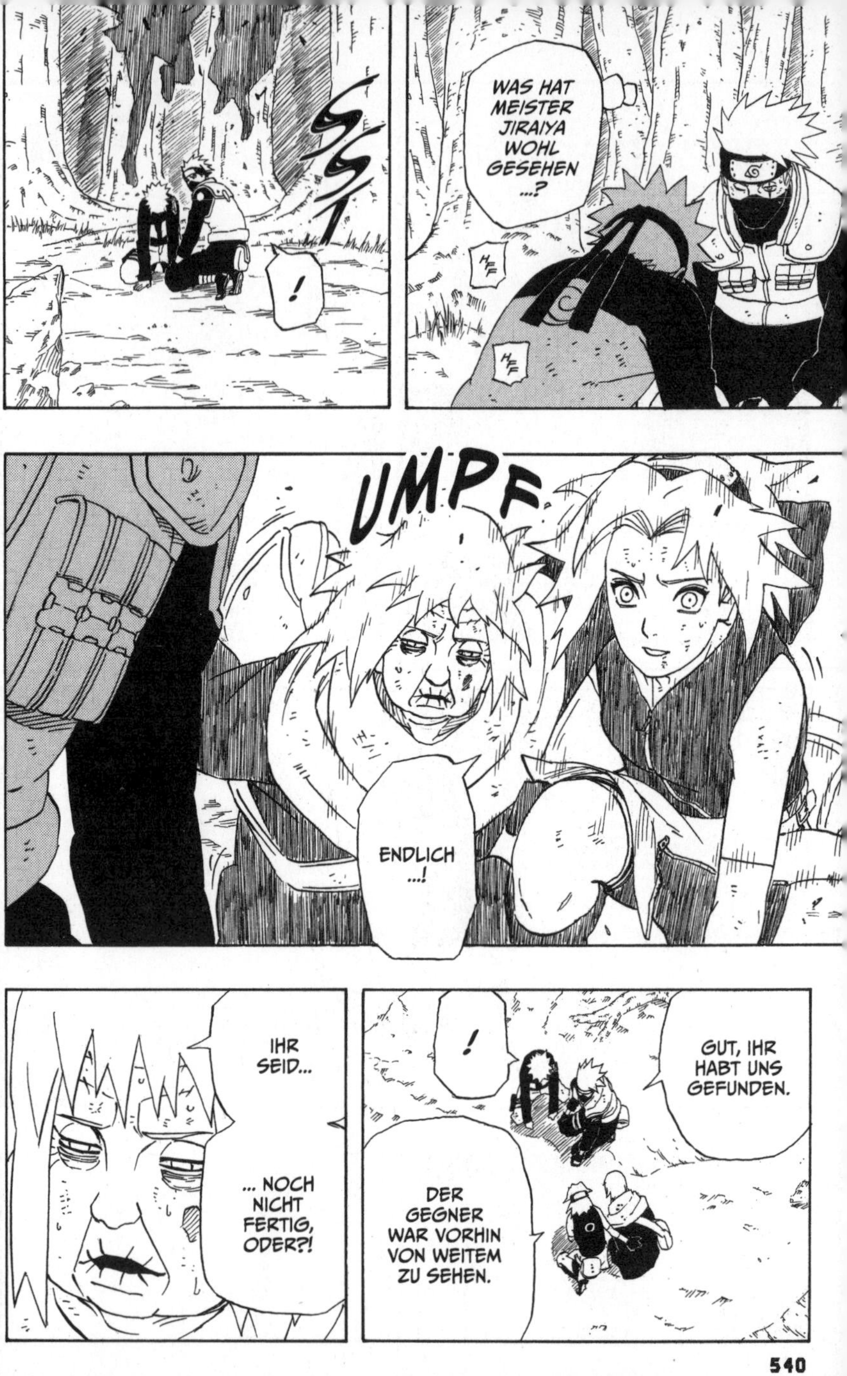
WAS HAT MEISTER JIRAIYA WOHL GESEHEN ...?
HF
HF
!
UMPF
ENDLICH ...!
GUT, IHR HABT UNS GEFUNDEN.
!
DER GEGNER WAR VORHIN VON WEITEM ZU SEHEN.
IHR SEID...
... NOCH NICHT FERTIG, ODER?!

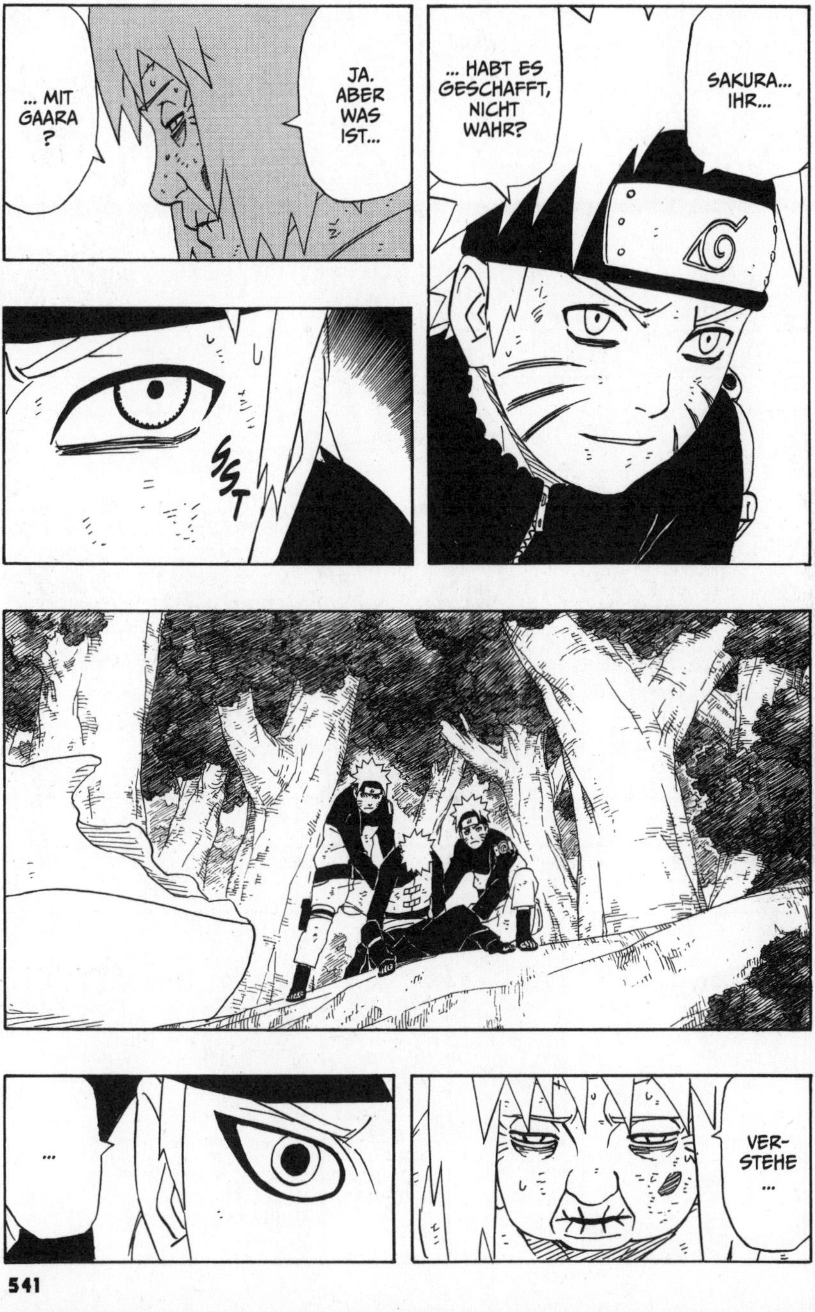
SAKURA... IHR...
... HABT ES GESCHAFFT, NICHT WAHR?
JA. ABER WAS IST...
... MIT GAARA ?
SST
VER-STEHE ...
...

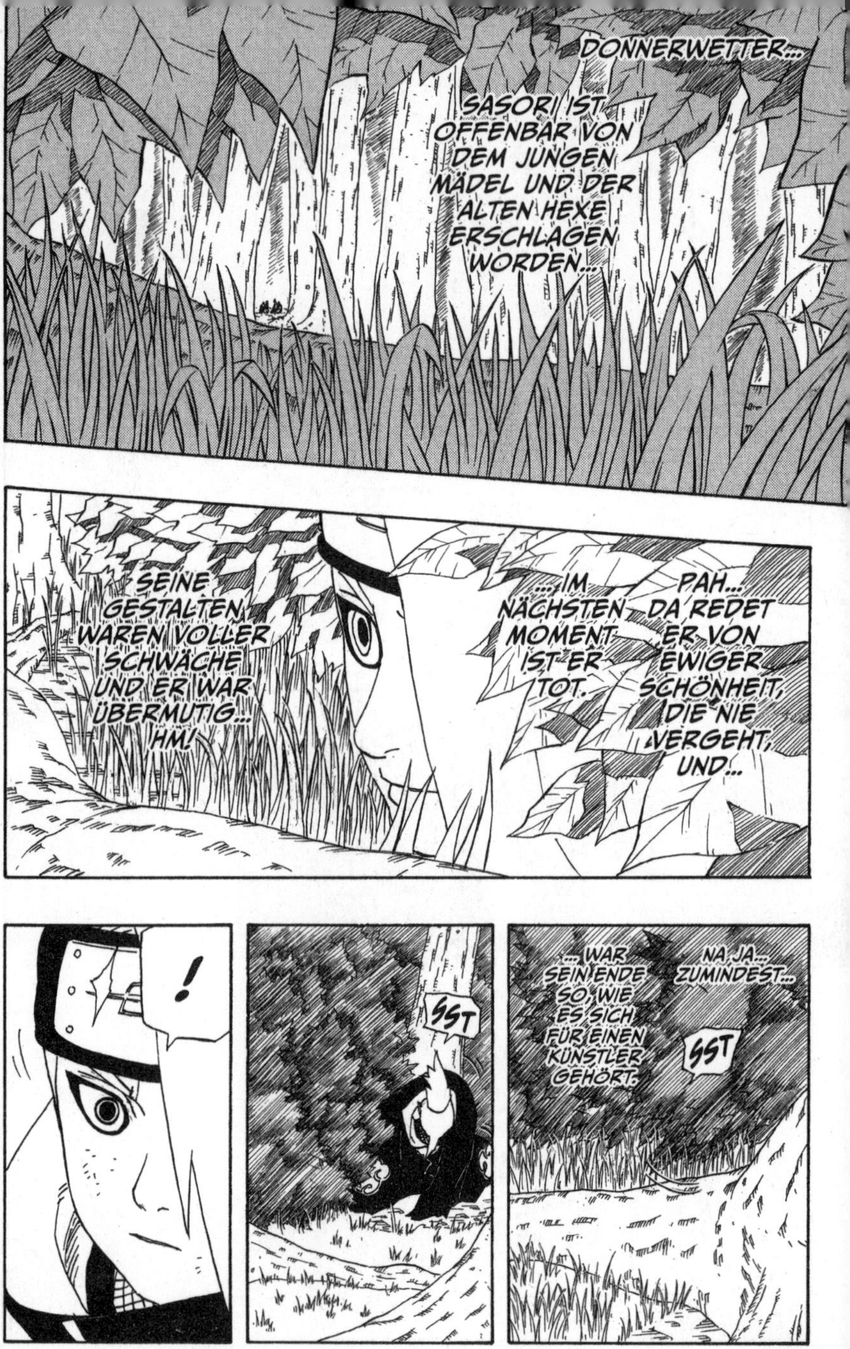
DONNERWETTER...
SASORI IST OFFENBAR VON DEM JUNGEN MÄDEL UND DER ALTEN HEXE ERSCHLAGEN WORDEN...
PAH... DA REDET ER VON EWIGER SCHÖNHEIT, DIE NIE VERGEHT, UND...
...IM NÄCHSTEN MOMENT IST ER TOT.
SEINE GESTALTEN WAREN VOLLER SCHWÄCHE UND ER WAR ÜBERMUTIG... HM!
NA JA... ZUMINDEST...
SST
... WAR SEIN ENDE SO, WIE ES SICH FÜR EINEN KÜNSTLER GEHÖRT.
SST
!

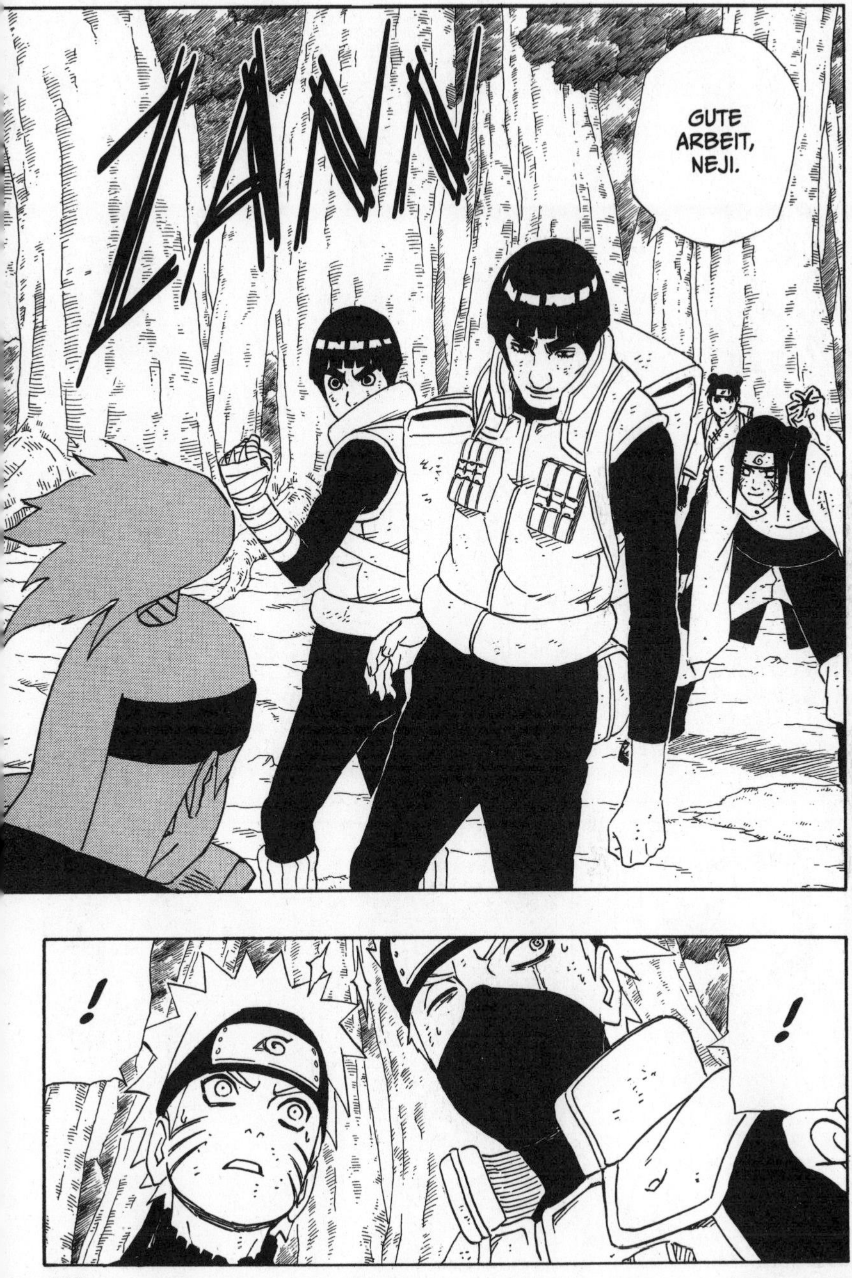
GUTE ARBEIT, NEJI.
ZANN
!
!

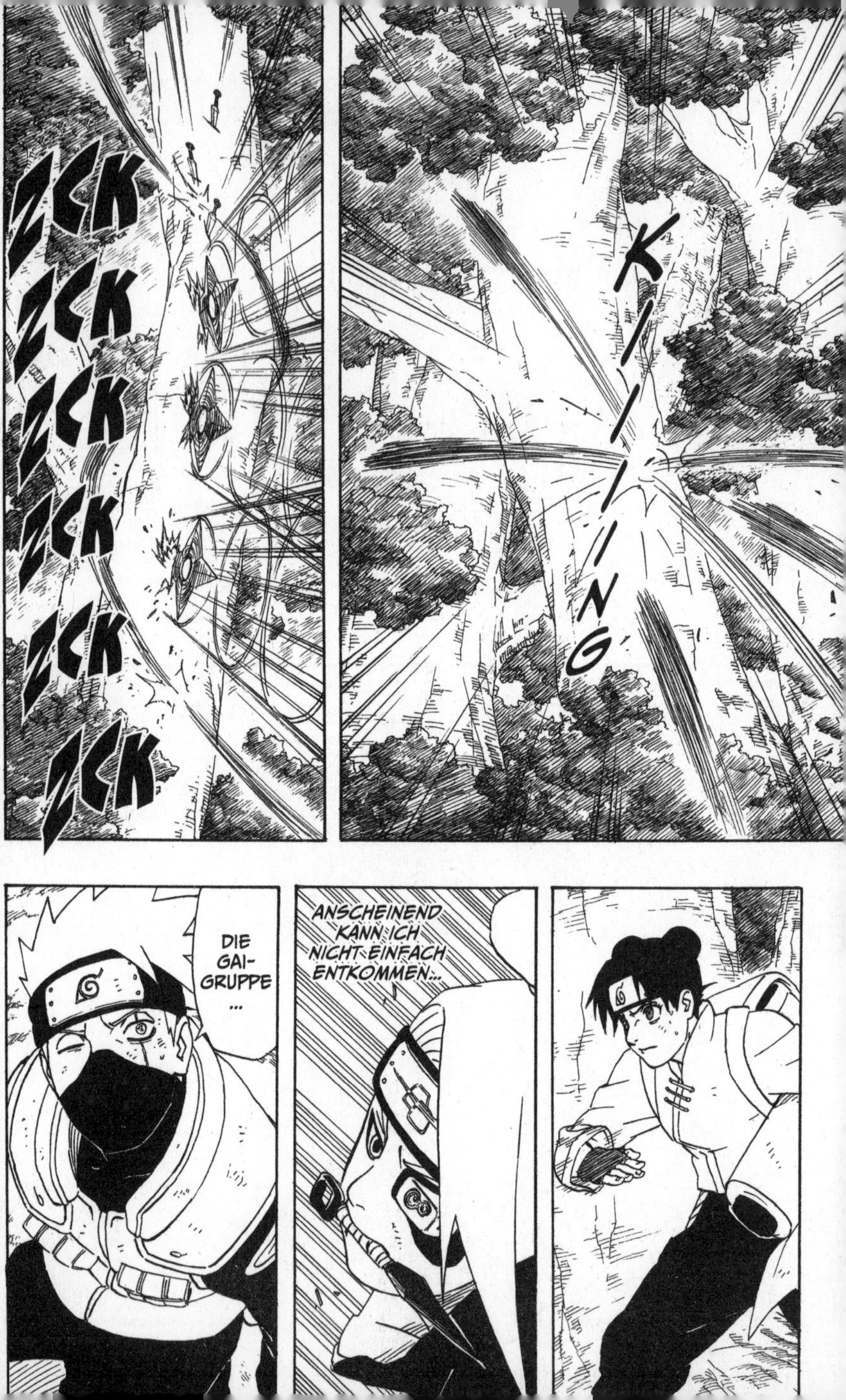
KIIIING
ZCK ZCK ZCK ZCK ZCK ZCK
ANSCHEINEND KANN ICH NICHT EINFACH ENTKOMMEN...
DIE GAI-GRUPPE ...

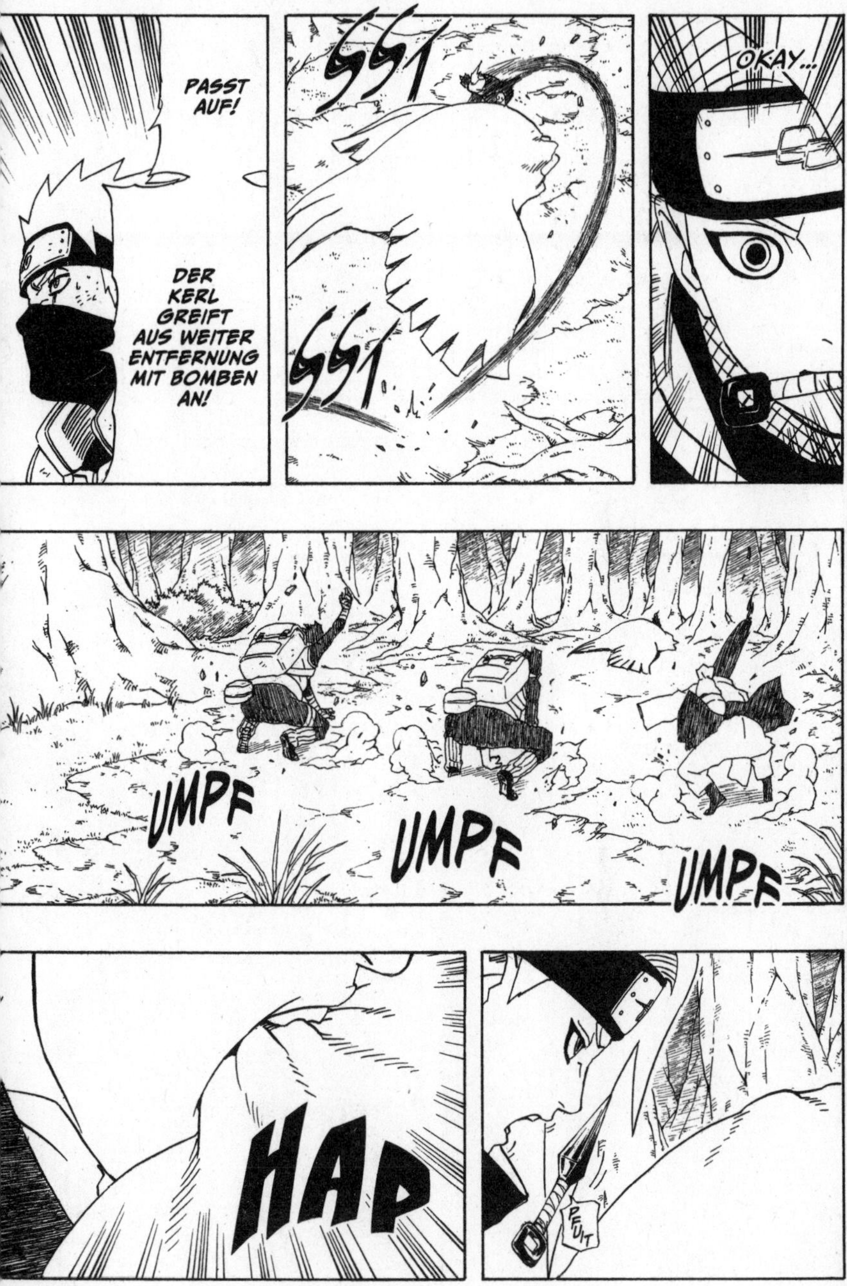
OKAY...
SSI
SSI
PASST AUF!
DER KERL GREIFT AUS WEITER ENTFERNUNG MIT BOMBEN AN!
UMPF
UMPF
UMPF
PFUIT
HAP

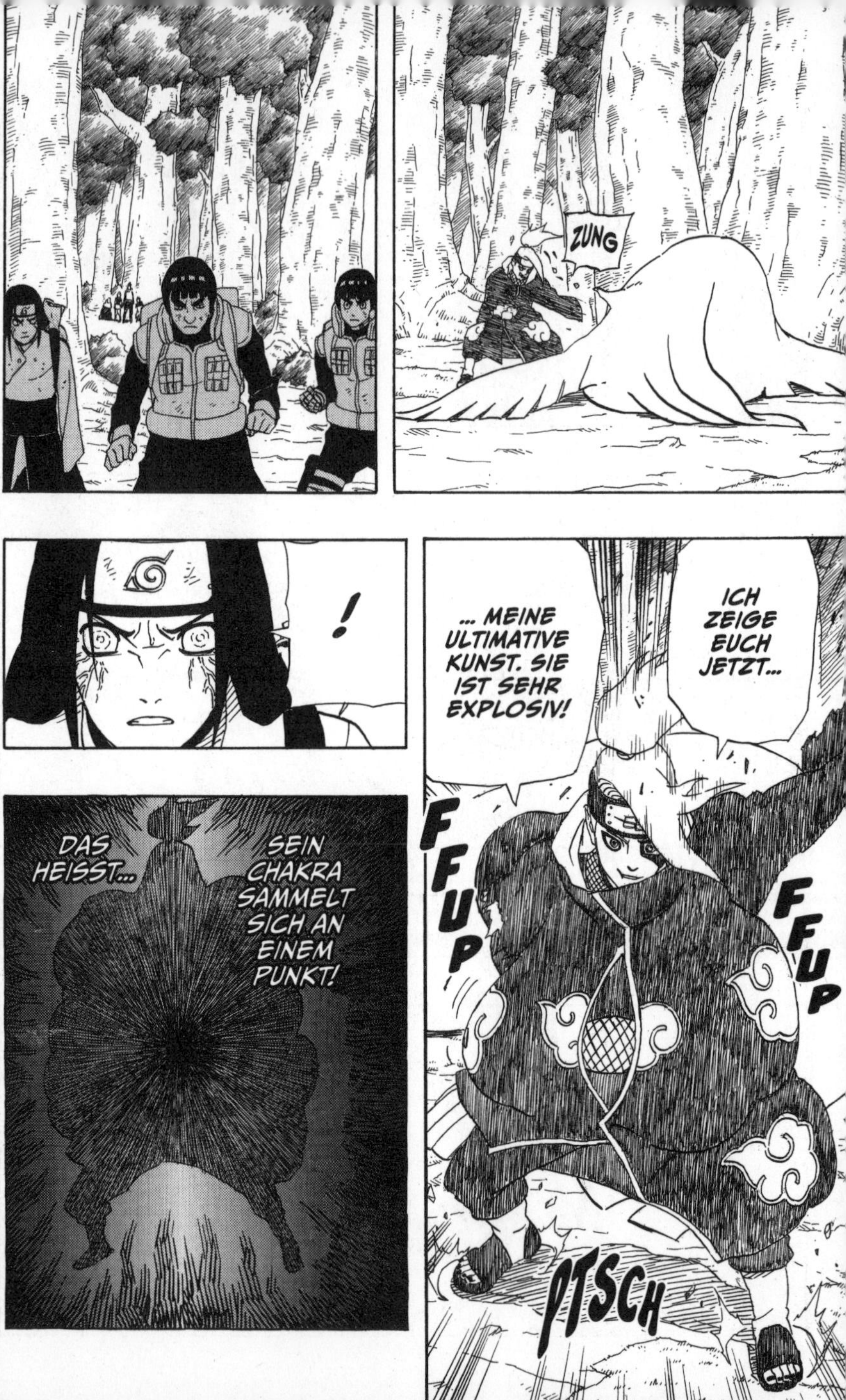
ZUNG
!
ICH ZEIGE EUCH JETZT...
... MEINE ULTIMATIVE KUNST. SIE IST SEHR EXPLOSIV!
FFUP
FFUP
PTSCH
DAS HEISST...
SEIN CHAKRA SAMMELT SICH AN EINEM PUNKT!

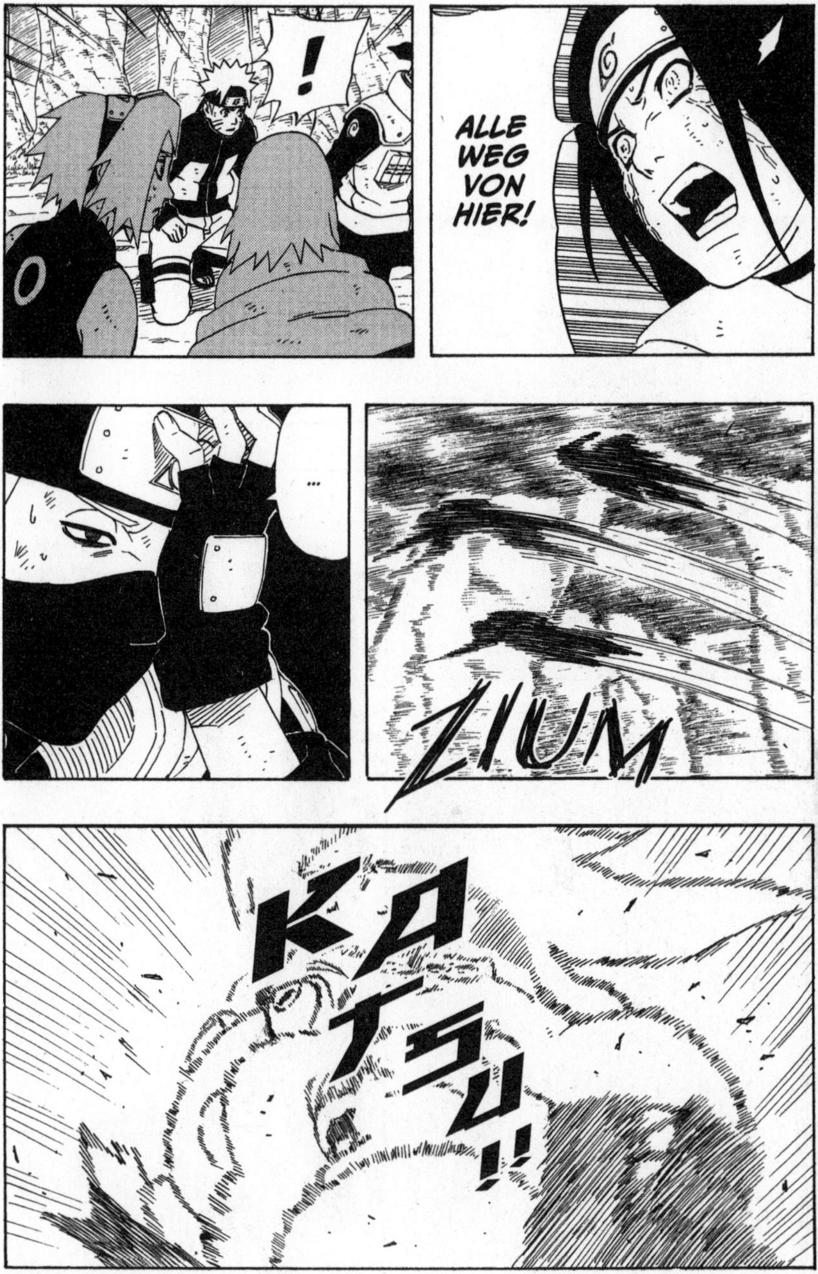
!
ALLE WEG VON HIER!
...
ZIUM
KATSU!!

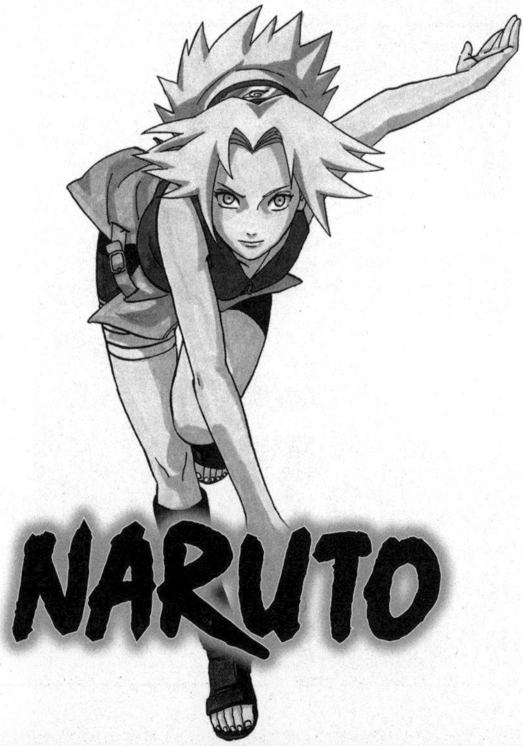
NARUTO

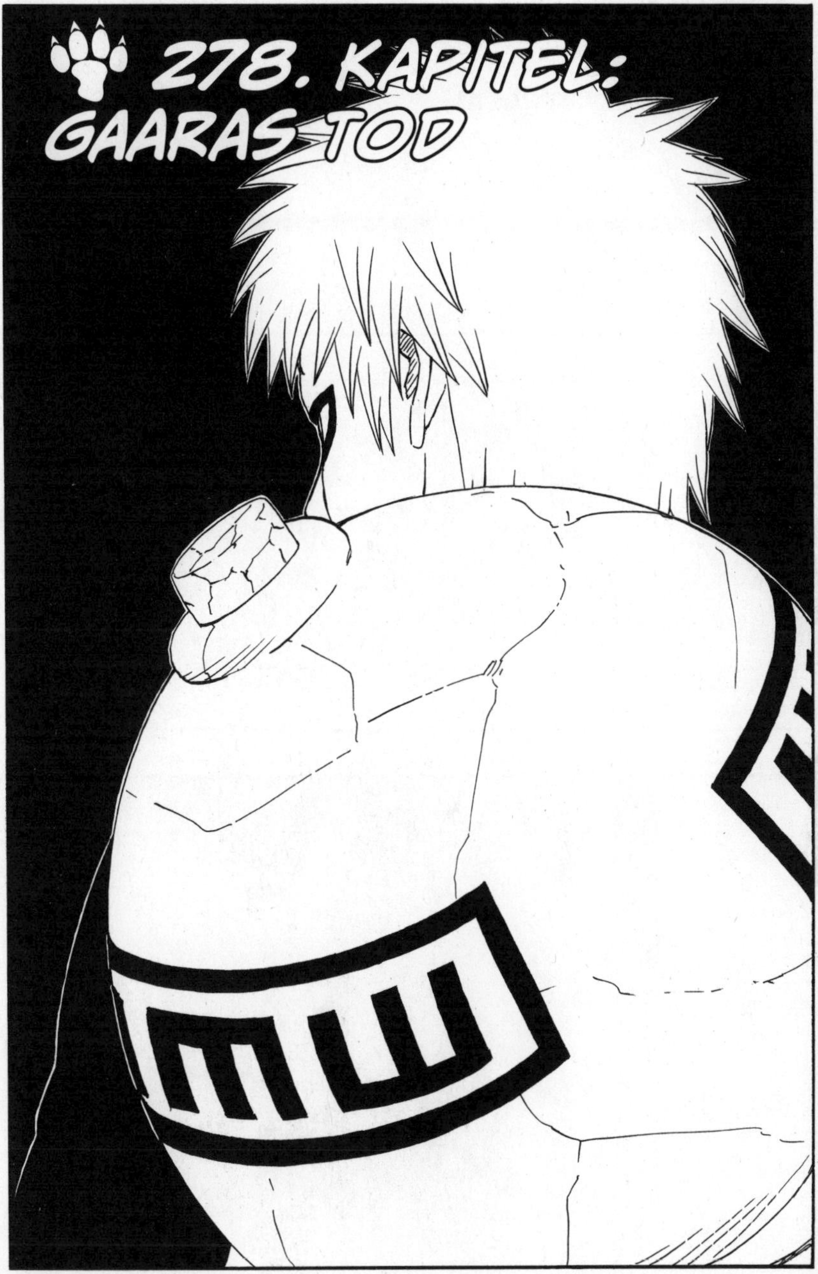
278. KAPITEL:
GAARAS TOD

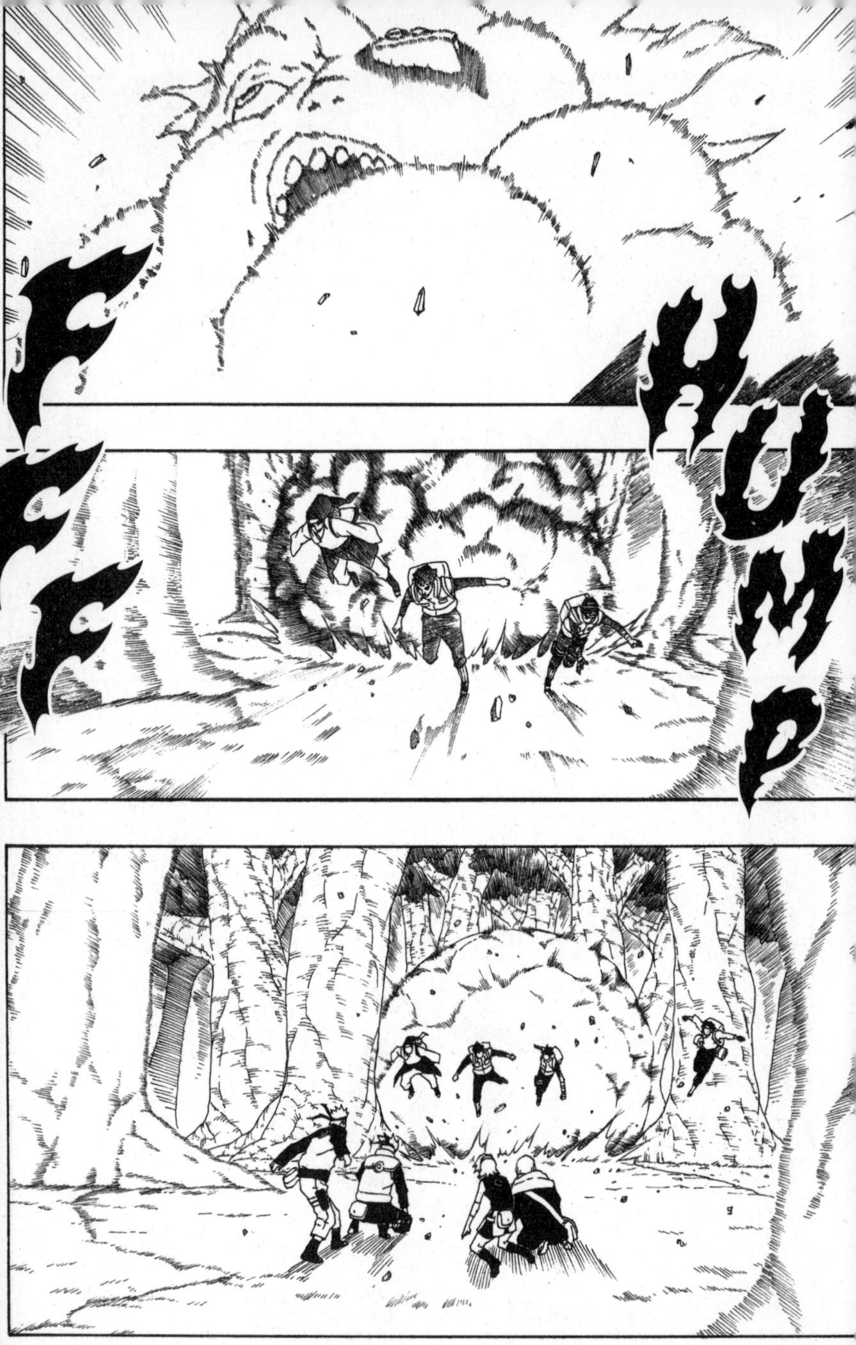
FFF
HUMP

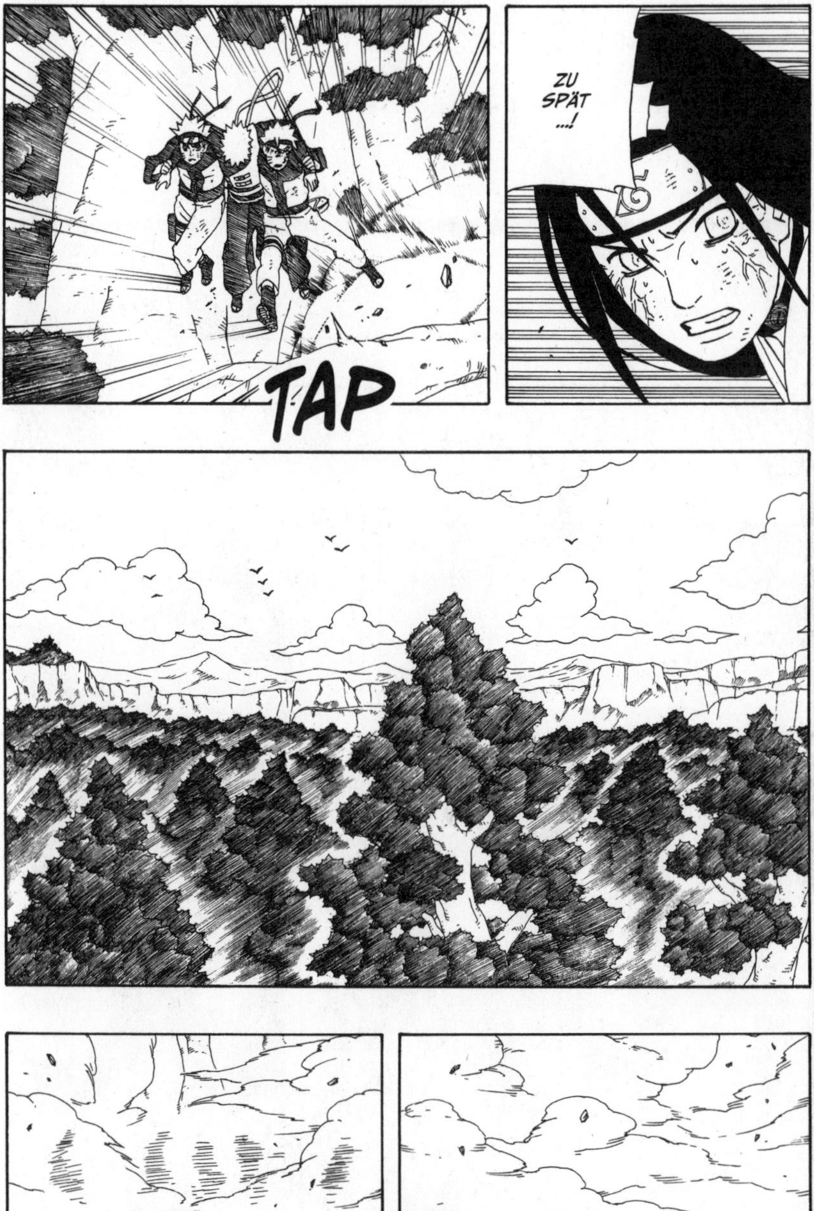
TAP
ZU SPÄT ...!
HSSSS

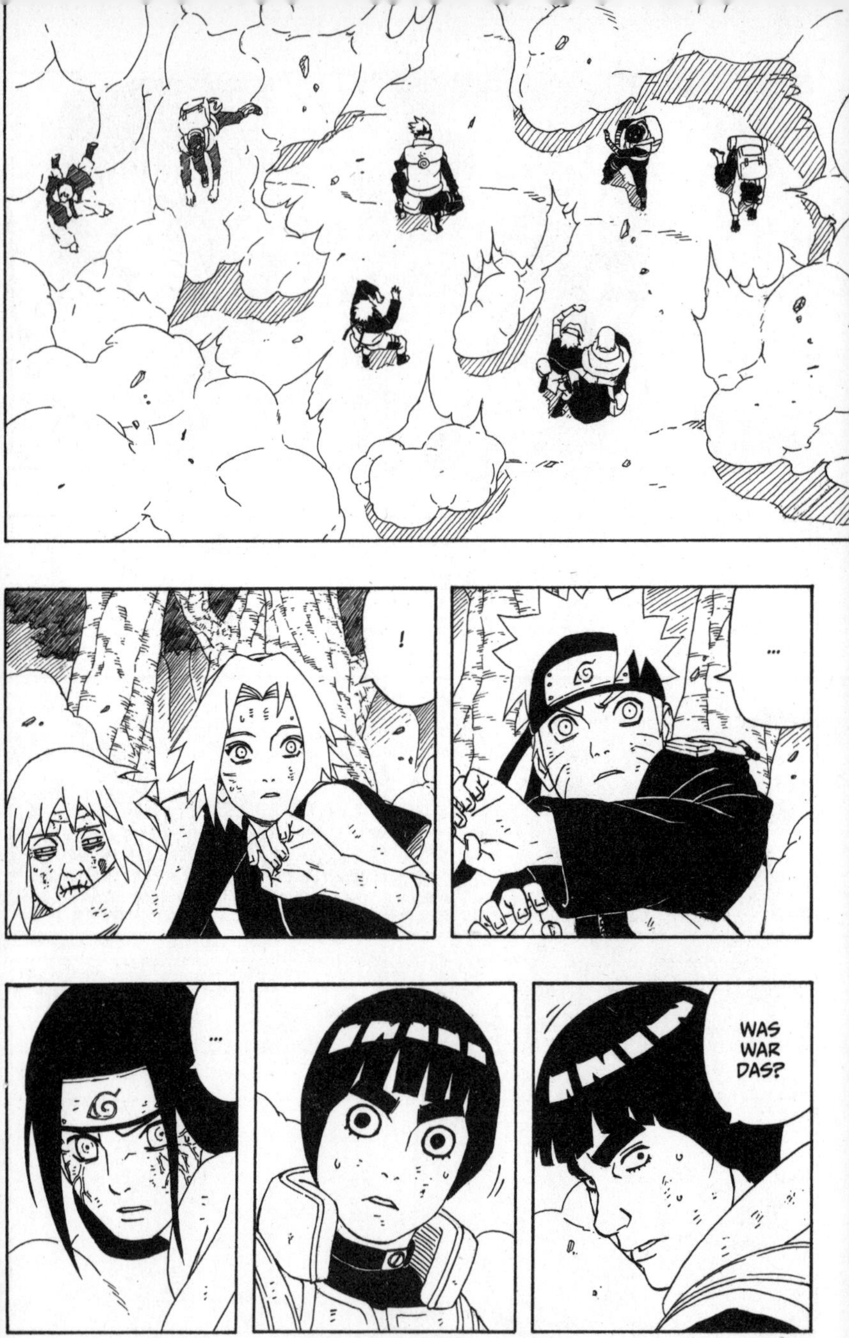
...
!
WAS WAR DAS?
...

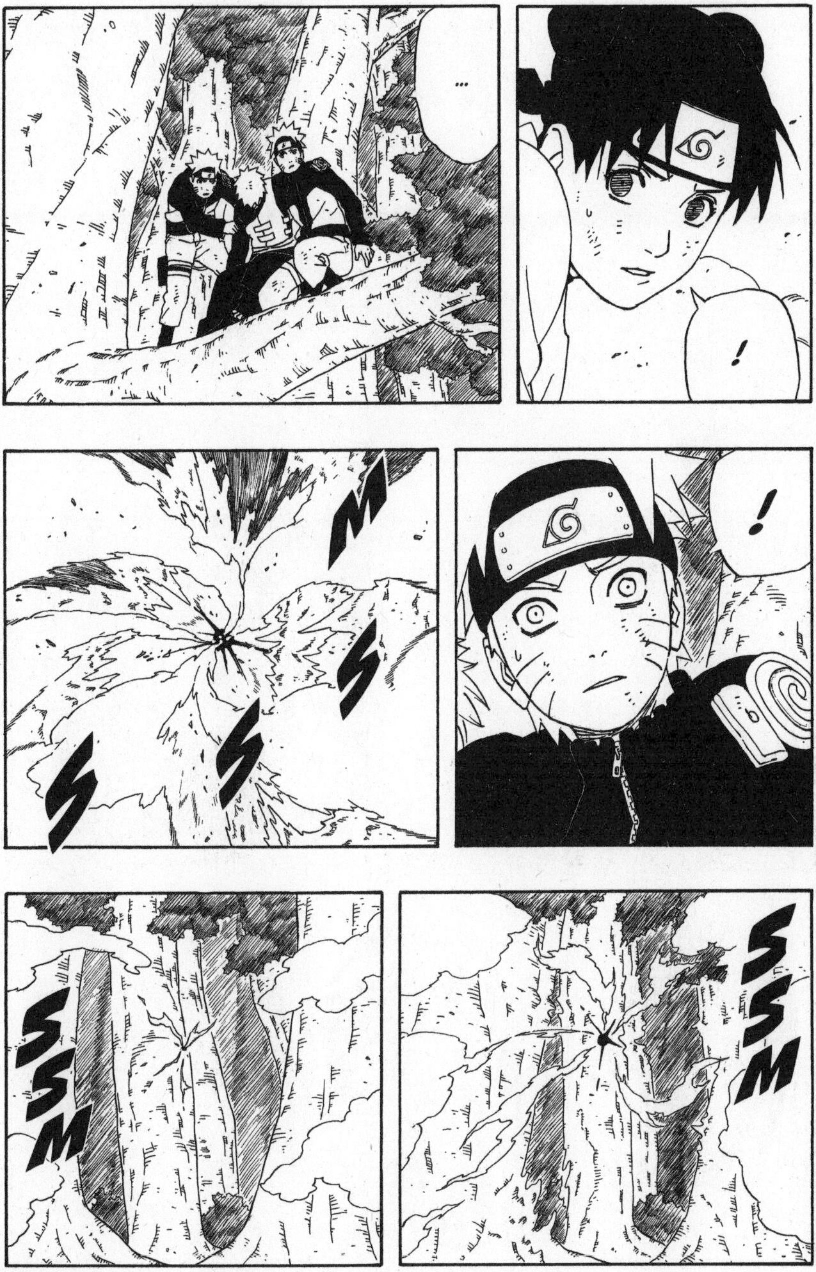
!
...
!
MSSS
SSM
SSM

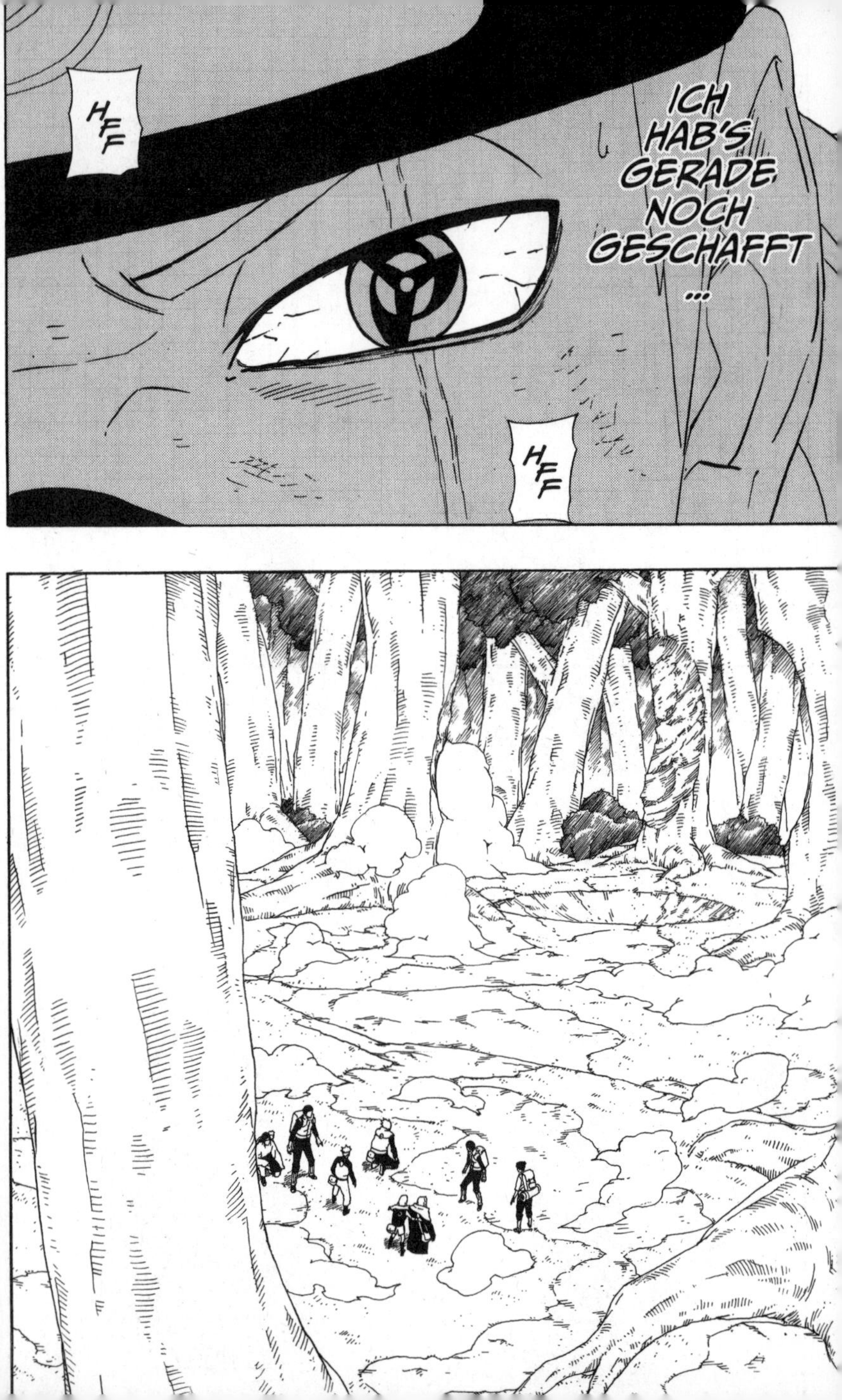
ICH HAB'S GERADE NOCH GESCHAFFT ...
HFF
HFF

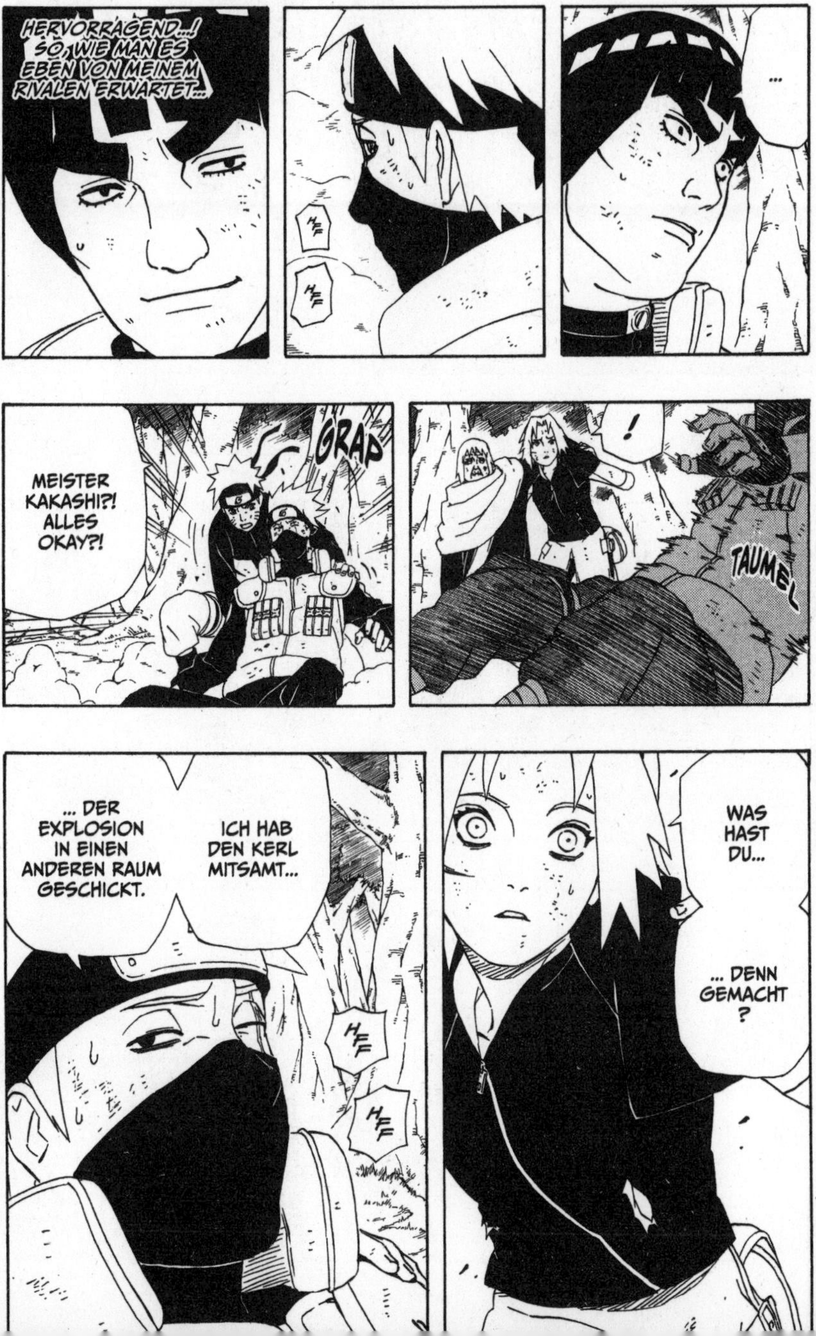
...
HEF
HEF
HERVORRAGEND...! SO, WIE MAN ES EBEN VON MEINEM RIVALEN ERWARTET...
!
TAUMEL
GRAP
MEISTER KAKASHI?! ALLES OKAY?!
WAS HAST DU...
... DENN GEMACHT?
ICH HAB DEN KERL MITSAMT...
... DER EXPLOSION IN EINEN ANDEREN RAUM GESCHICKT.
HEF
HEF

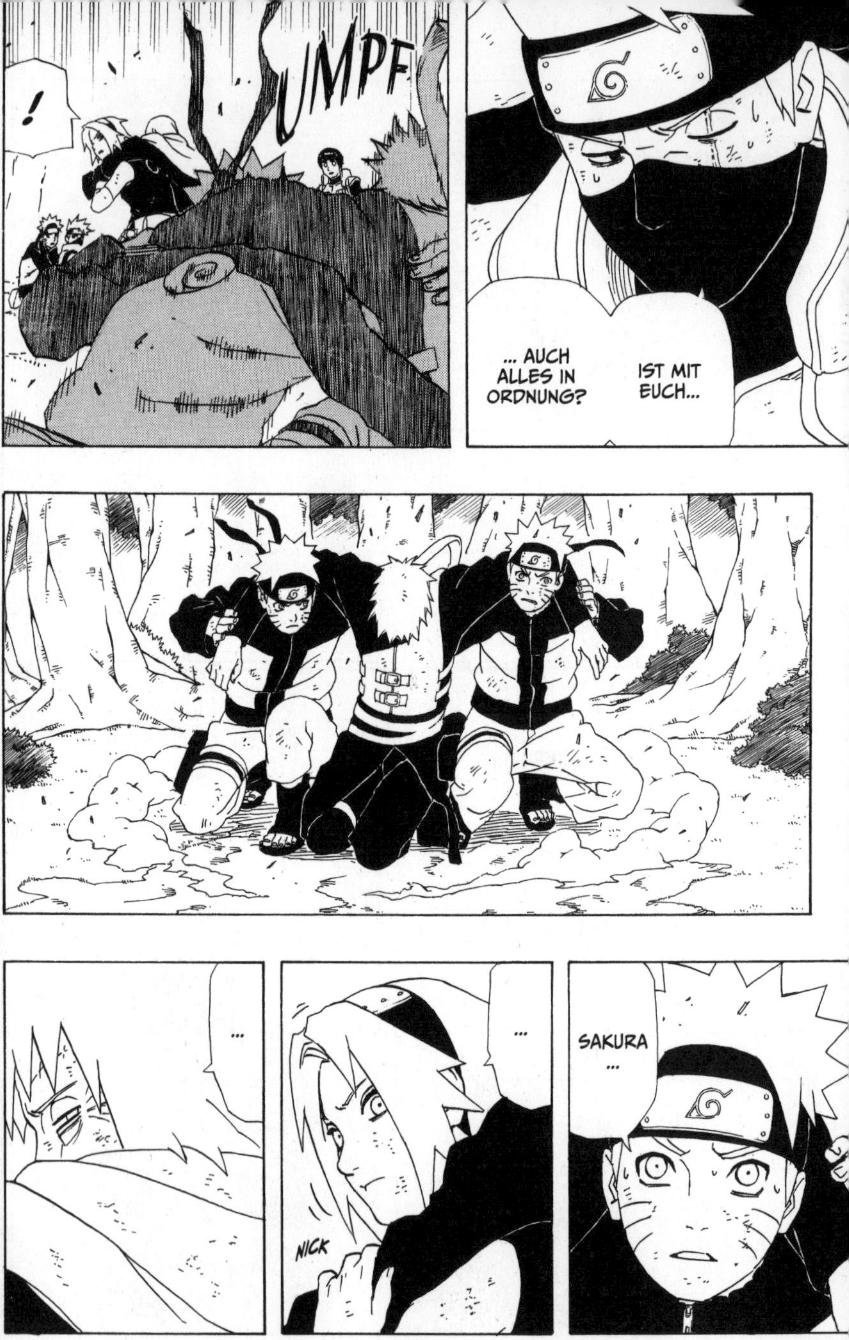
IST MIT EUCH...
... AUCH ALLES IN ORDNUNG?
!
UMPF
SAKURA ...
...
NICK
...

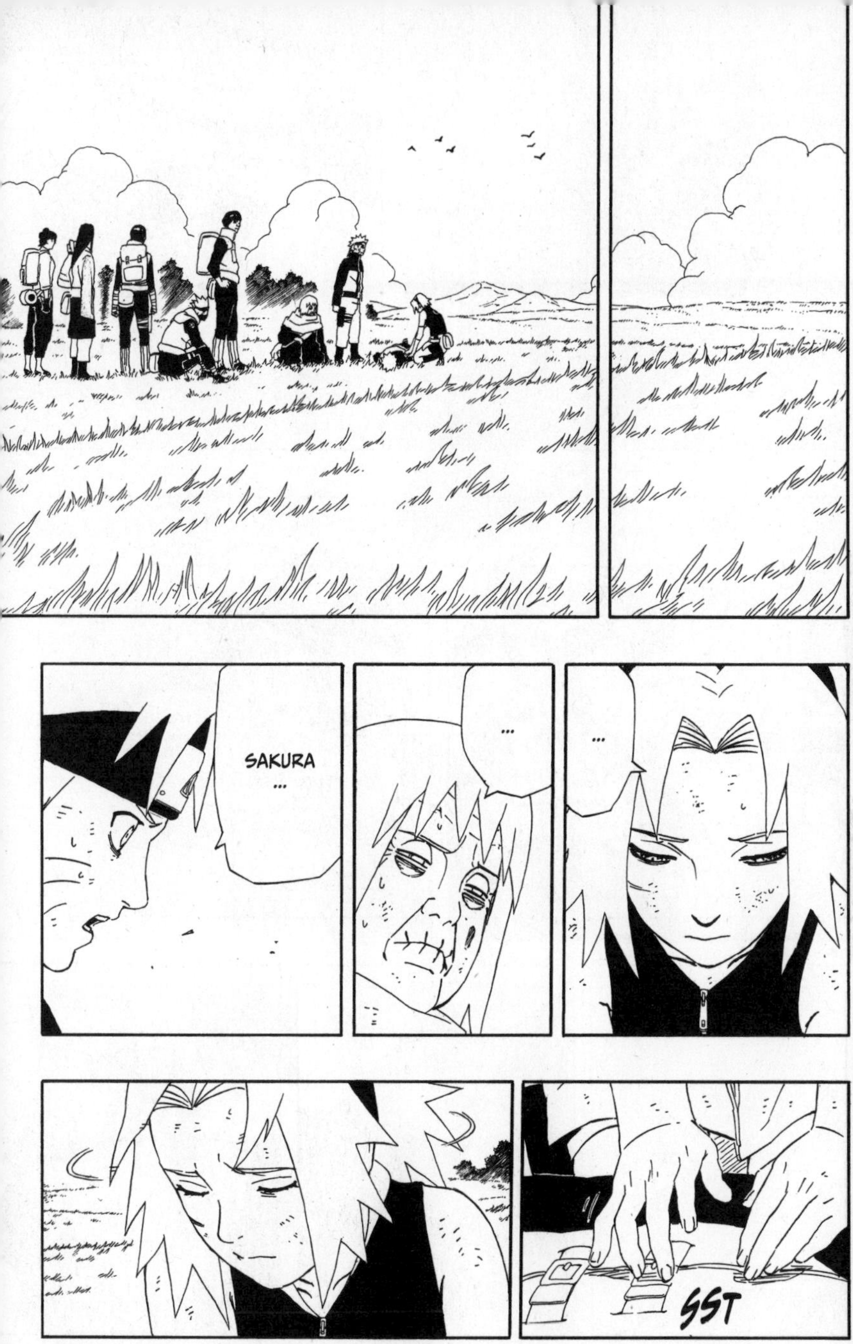
SAKURA
...
...
...
SST

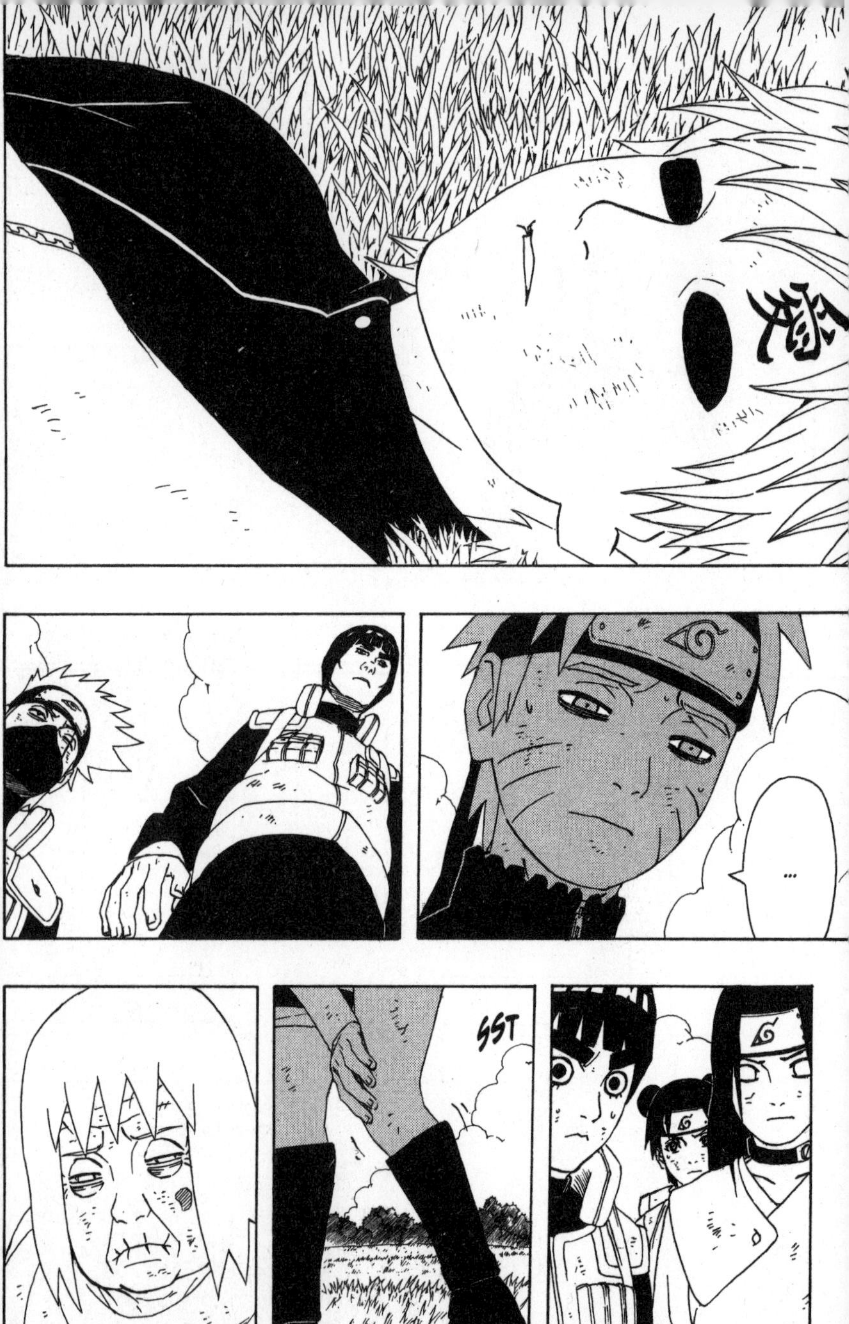
…
SST

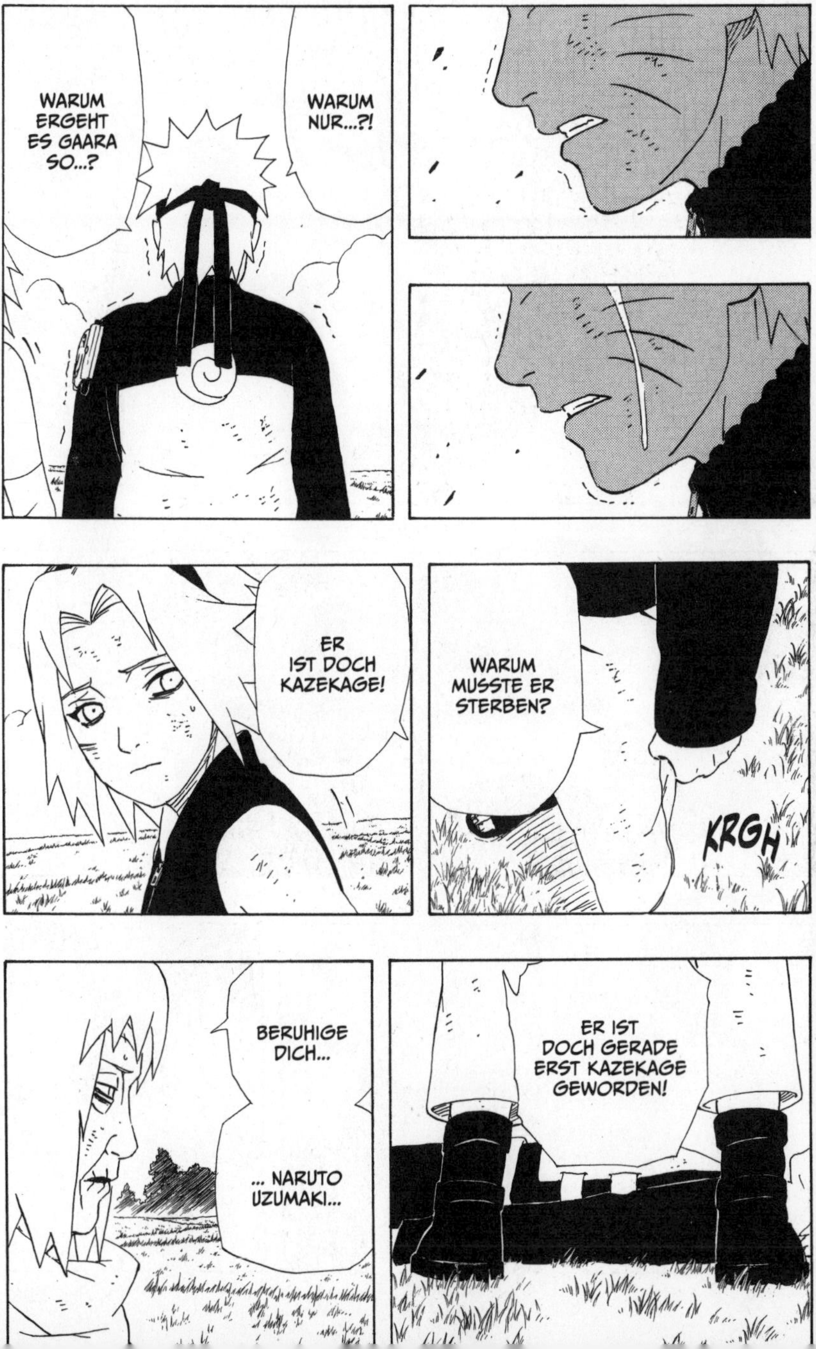
WARUM NUR...?!
WARUM ERGEHT ES GAARA SO...?
WARUM MUSSTE ER STERBEN?
KRGH
ER IST DOCH KAZEKAGE!
ER IST DOCH GERADE ERST KAZEKAGE GEWORDEN!
BERUHIGE DICH...
... NARUTO UZUMAKI...

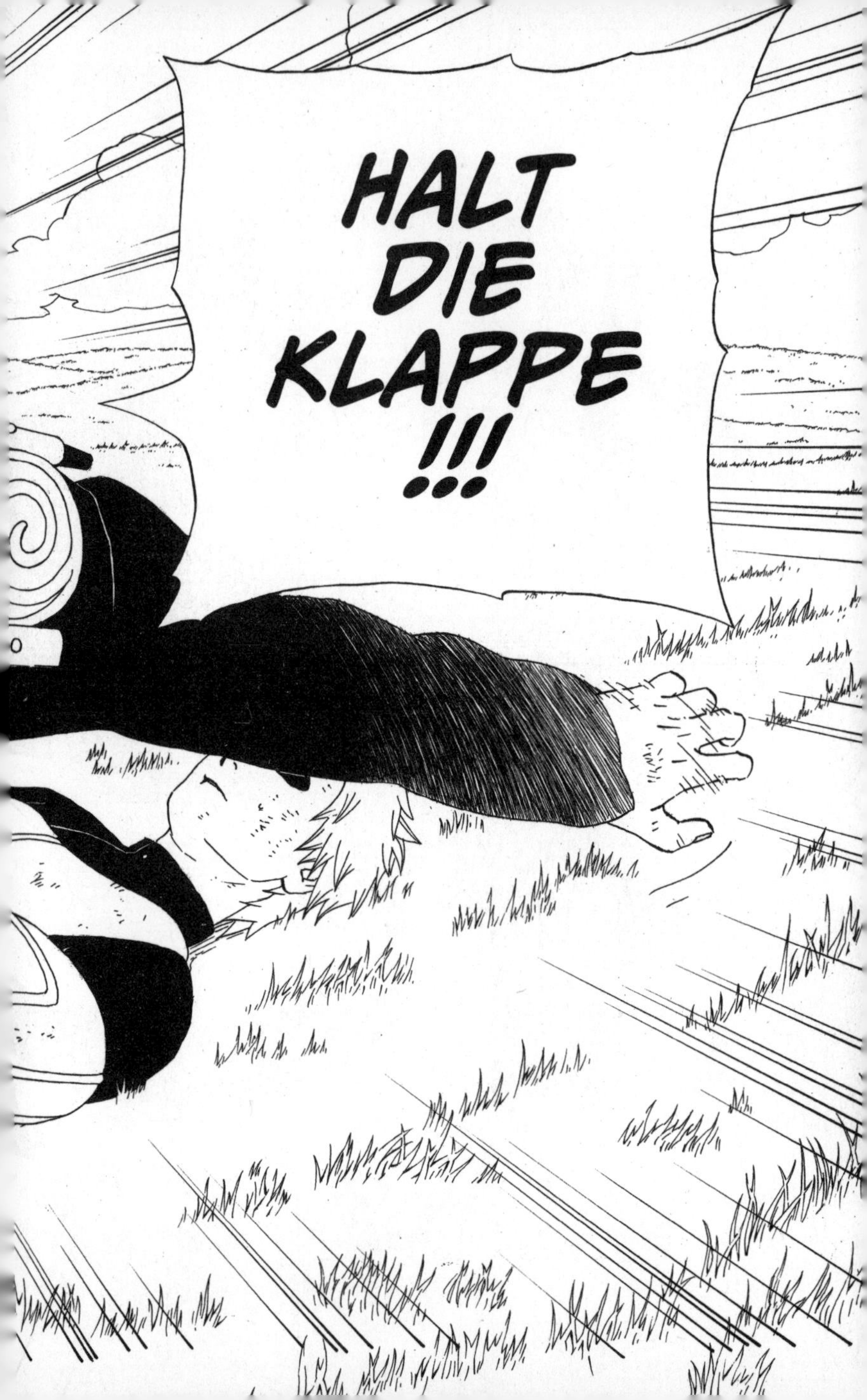
HALT DIE KLAPPE !!!

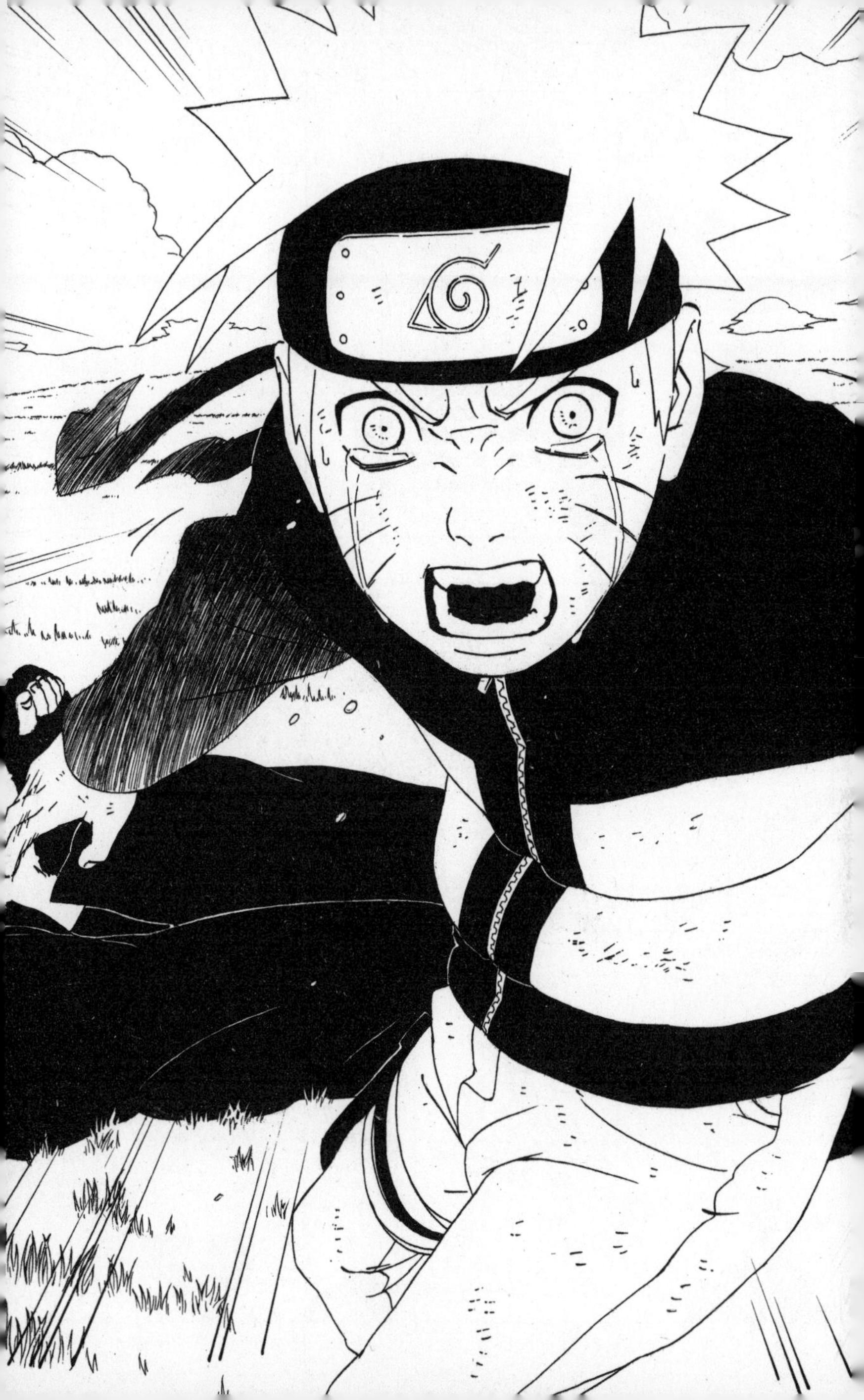

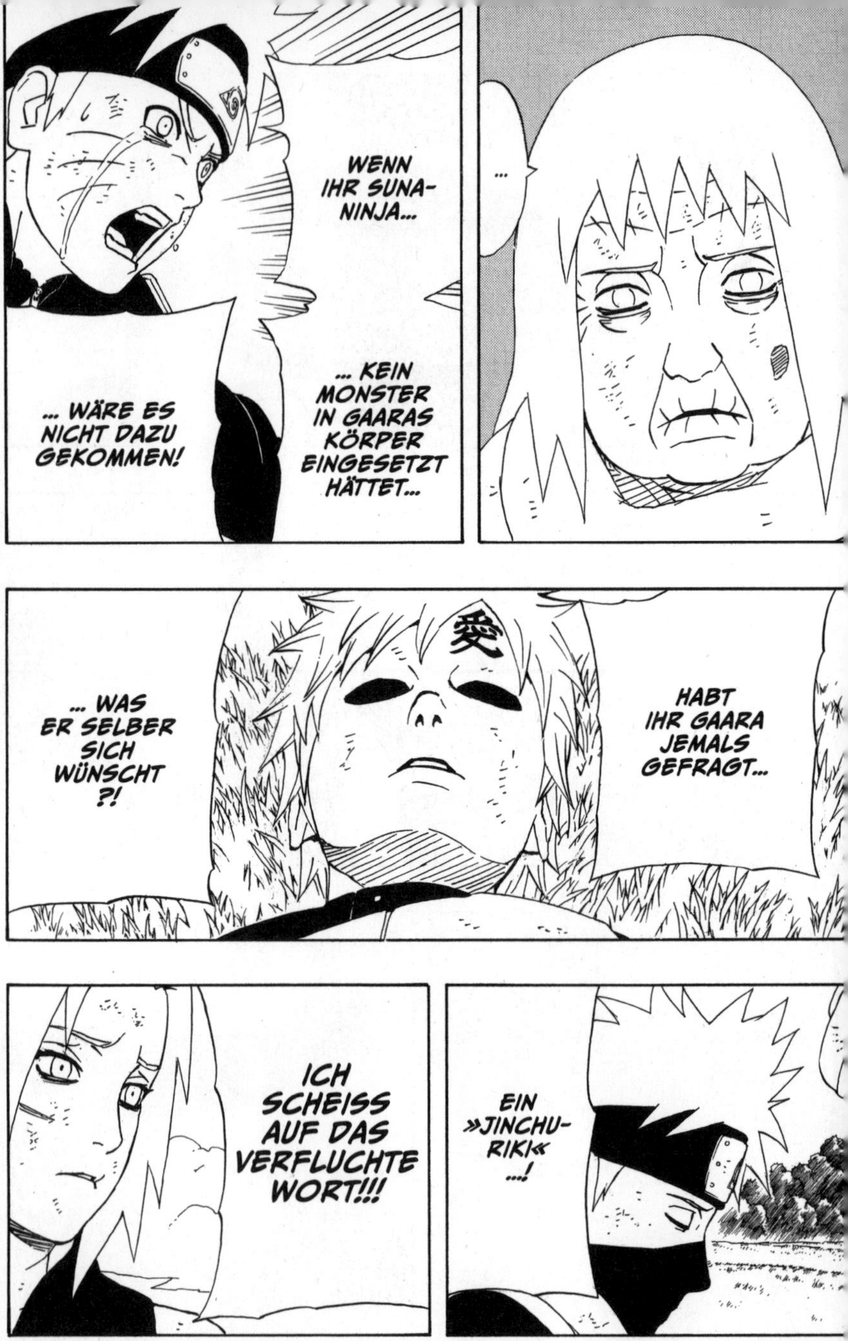
...
WENN IHR SUNA-NINJA...
... KEIN MONSTER IN GAARAS KÖRPER EINGESETZT HÄTTET...
... WÄRE ES NICHT DAZU GEKOMMEN!
HABT IHR GAARA JEMALS GEFRAGT...
... WAS ER SELBER SICH WÜNSCHT ?!
EIN »JINCHU-RIKI« ...!
ICH SCHEISS AUF DAS VERFLUCHTE WORT!!!

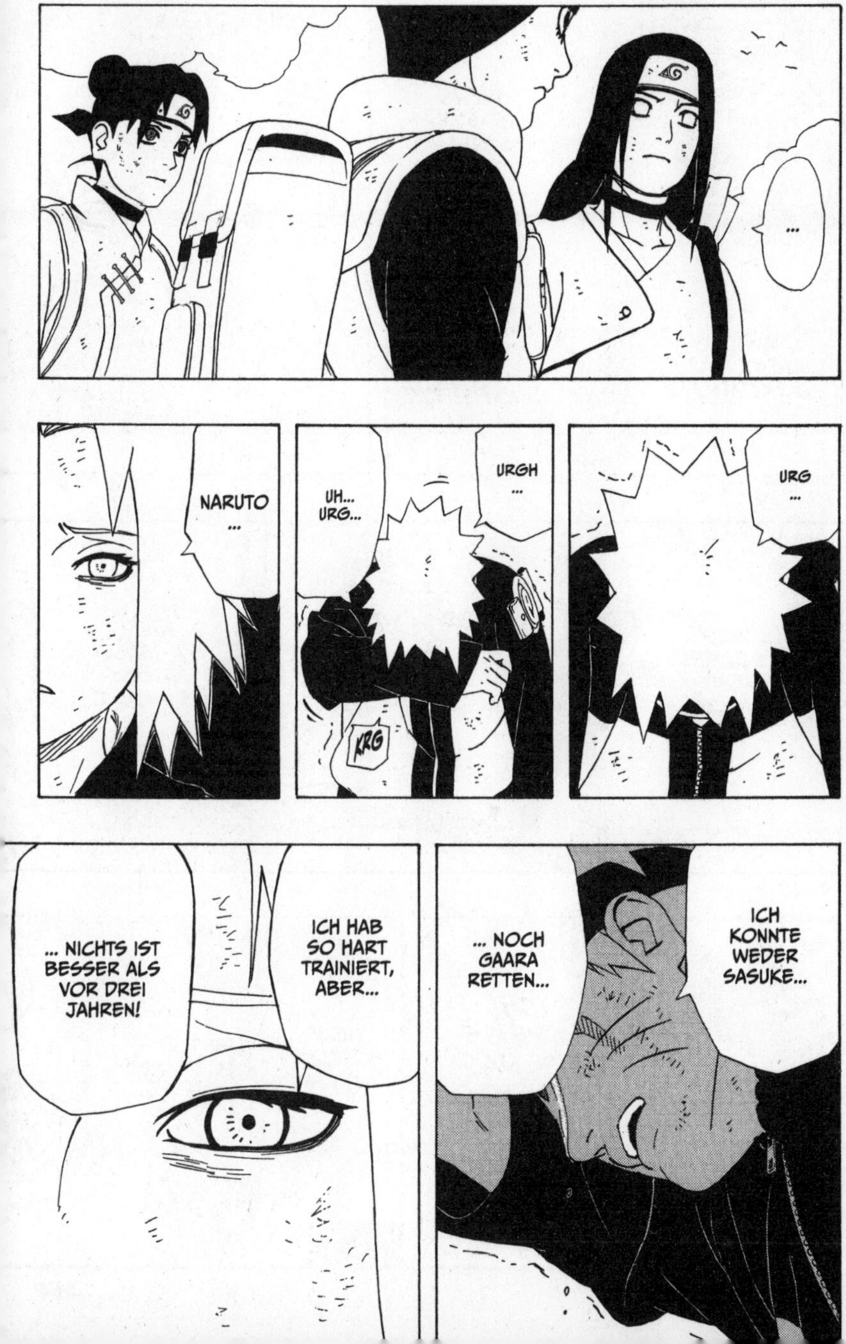
...
URG
...
URGH
...
UH...
URG...
KRG
NARUTO
...
ICH
KONNTE
WEDER
SASUKE...
... NOCH
GAARA
RETTEN...
ICH HAB
SO HART
TRAINIERT,
ABER...
... NICHTS IST
BESSER ALS
VOR DREI
JAHREN!

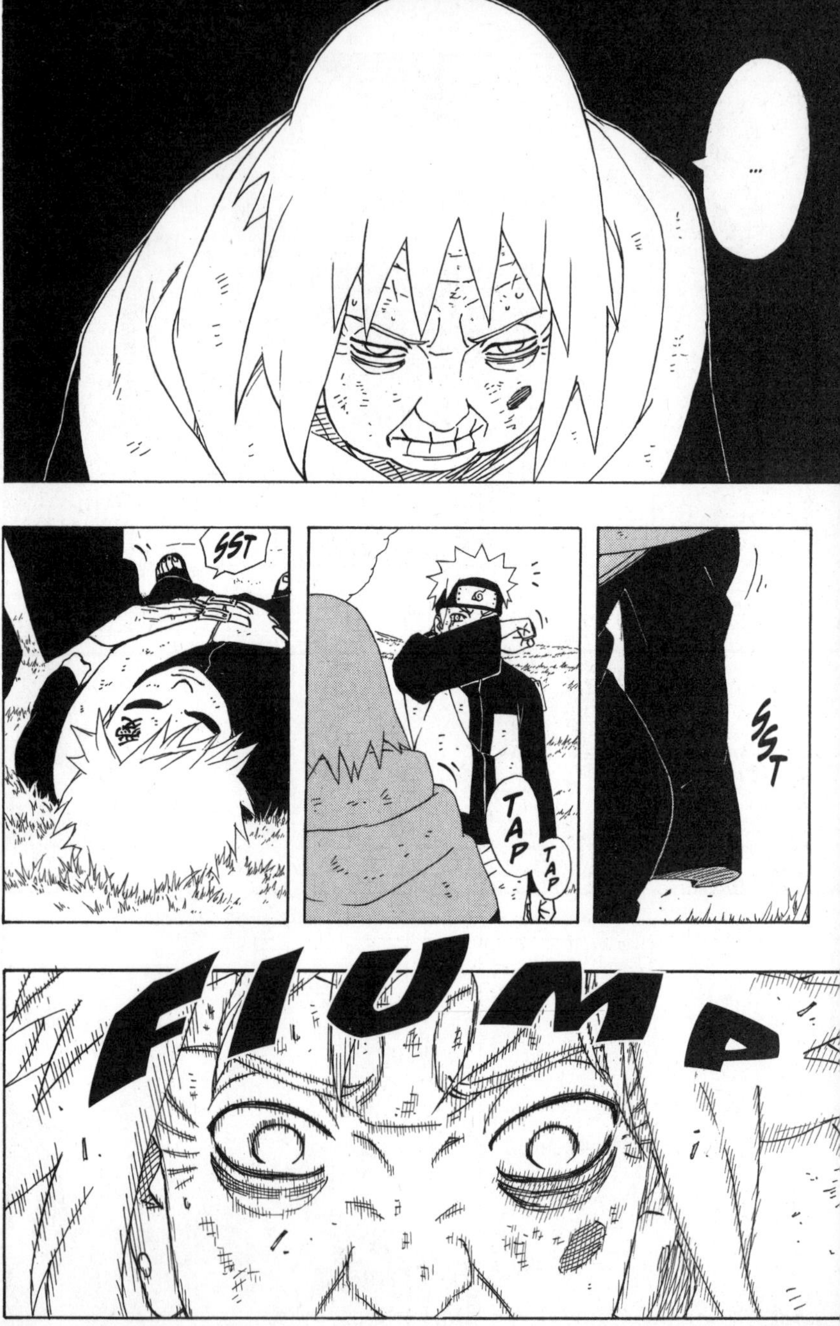

...
SST
TAP
TAP
SST
FLUMP

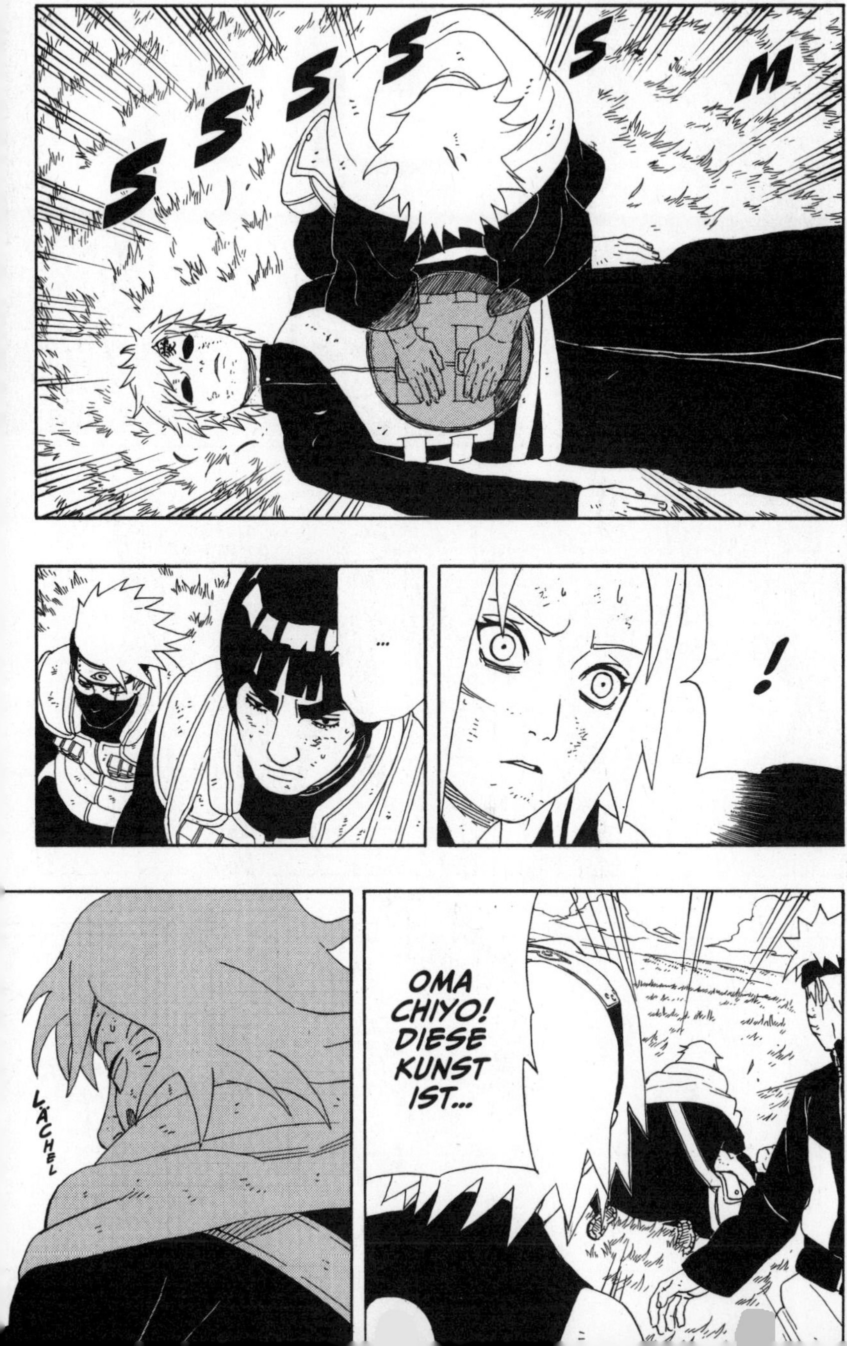
SSSSSM
...
!
OMA CHIYO! DIESE KUNST IST...
LÄCHEL

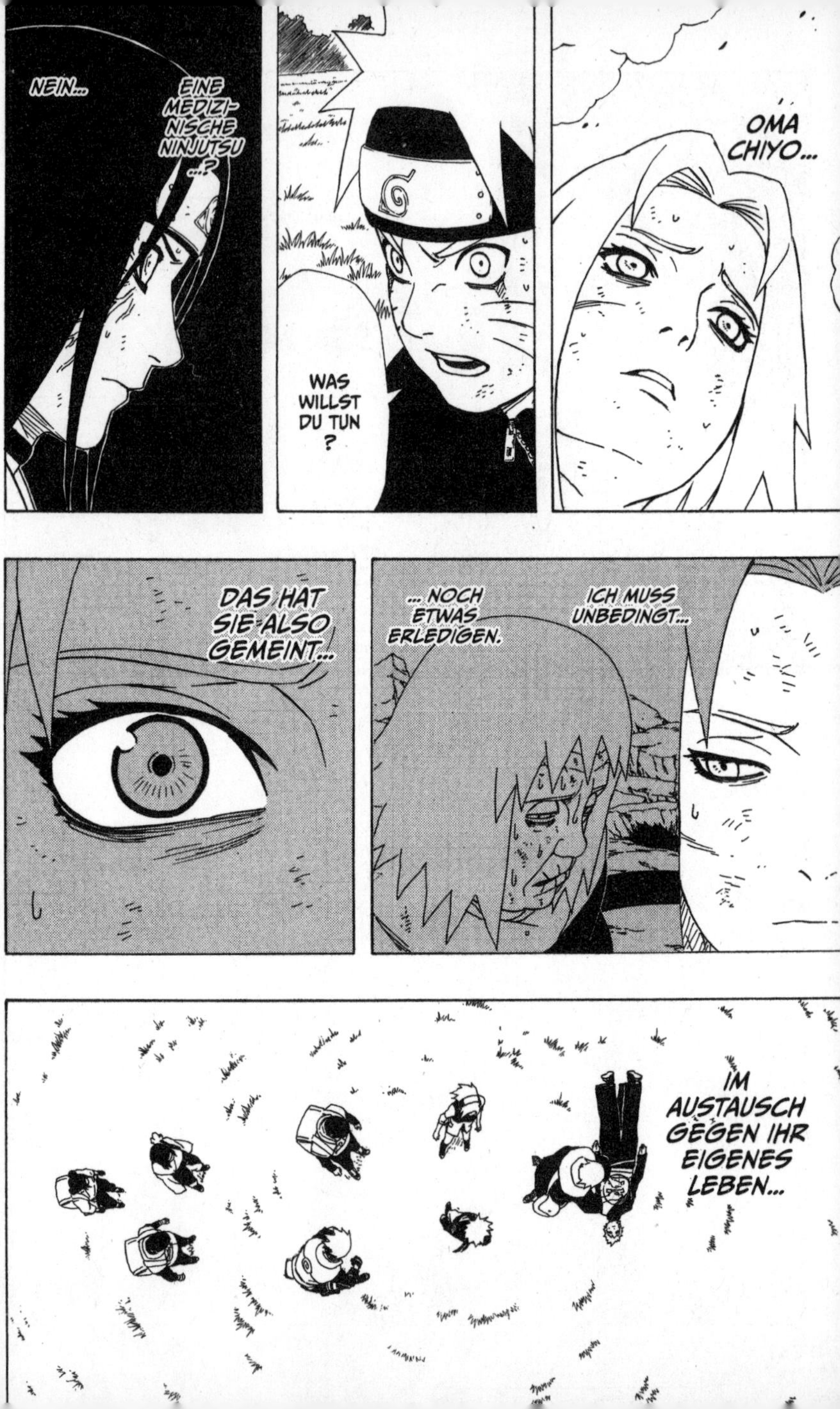
OMA CHIYO...
WAS WILLST DU TUN?
NEIN...
EINE MEDIZINISCHE NINJUTSU ...?
ICH MUSS UNBEDINGT...
... NOCH ETWAS ERLEDIGEN.
DAS HAT SIE ALSO GEMEINT...
IM AUSTAUSCH GEGEN IHR EIGENES LEBEN...

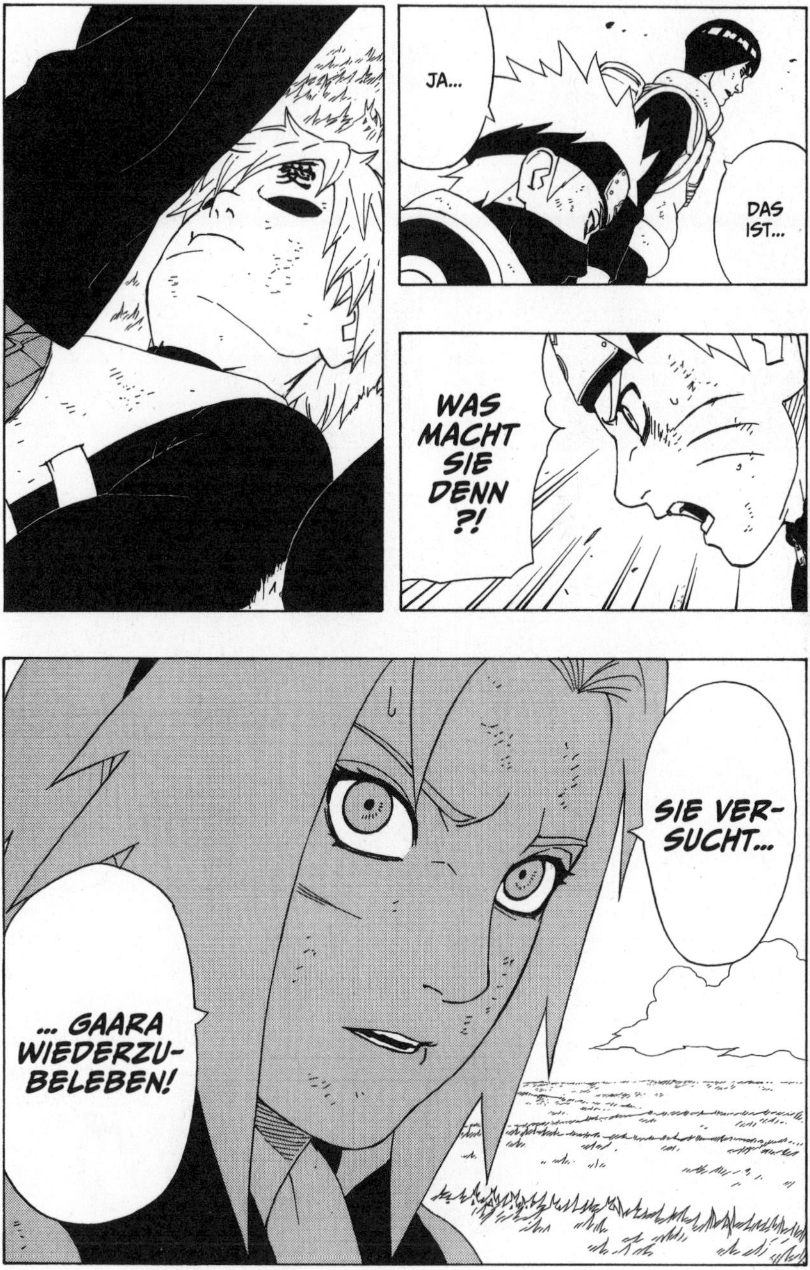
JA...
DAS IST...
WAS MACHT SIE DENN ?!
SIE VER-SUCHT...
... GAARA WIEDERZU-BELEBEN!

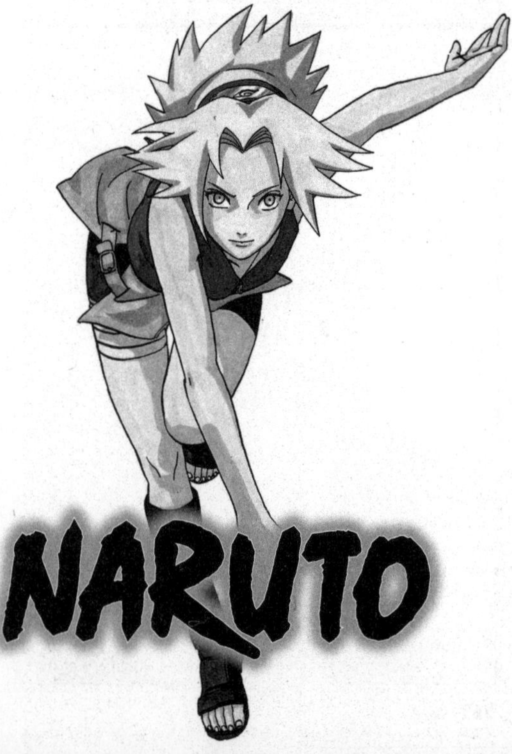
NARUTO

279. Kapitel: Eine seltene Gabe

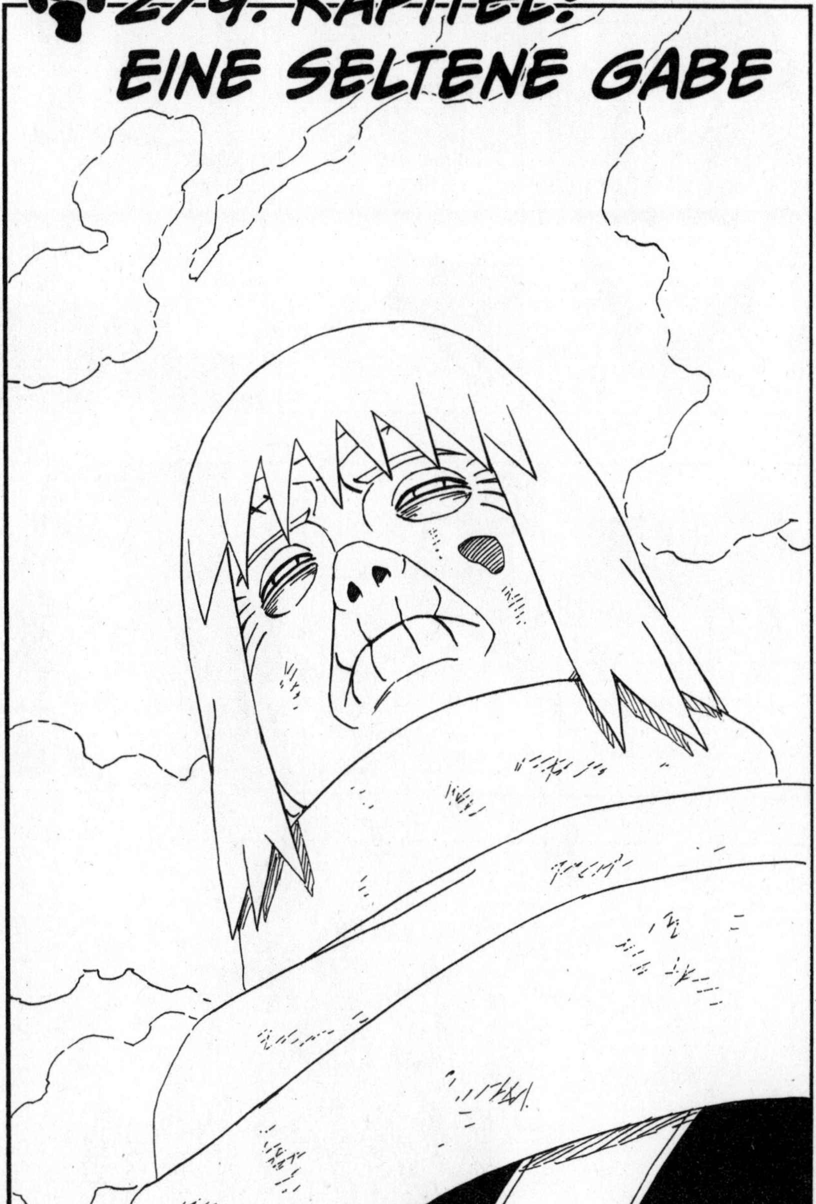

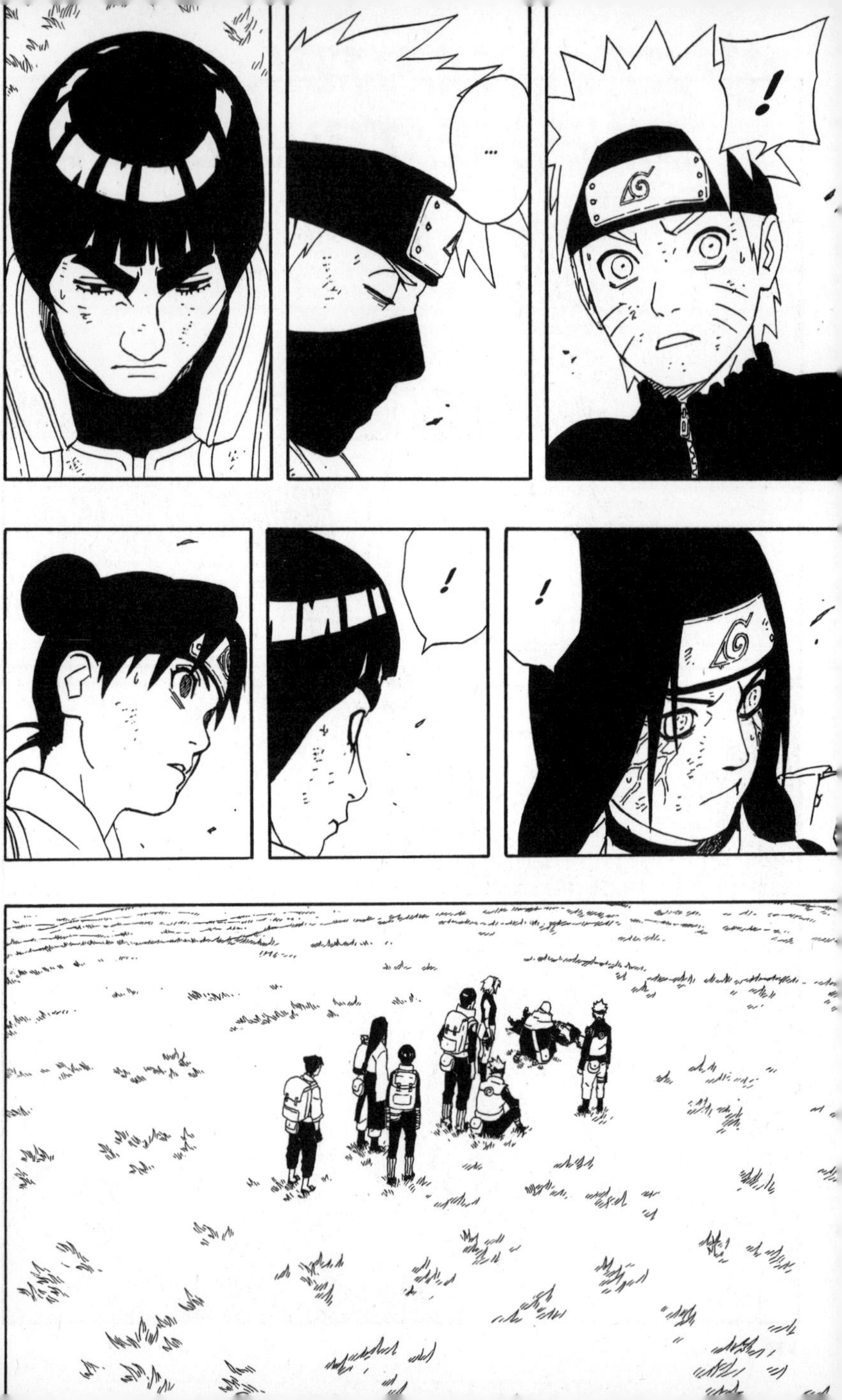

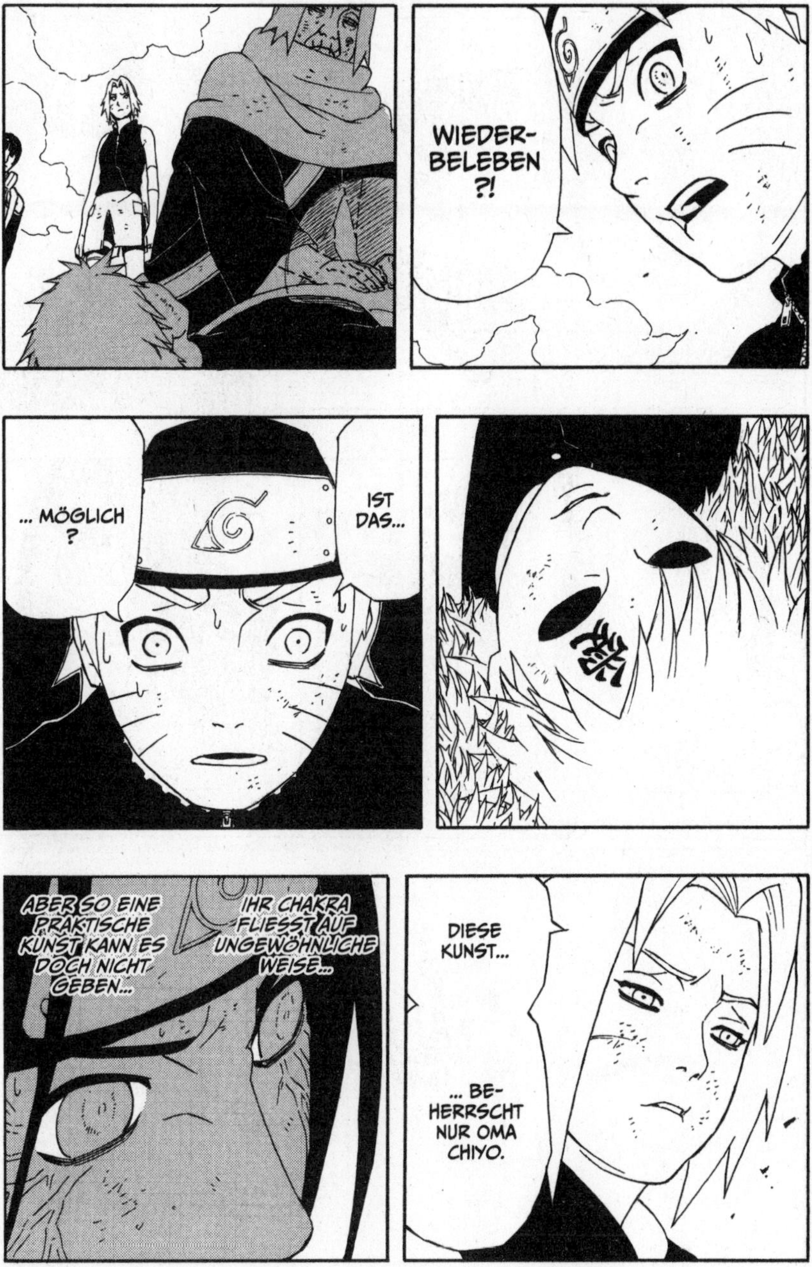
WIEDER-BELEBEN ?!
IST DAS...
... MÖGLICH ?
DIESE KUNST...
... BE-HERRSCHT NUR OMA CHIYO.
IHR CHAKRA FLIESST AUF UNGEWÖHNLICHE WEISE...
ABER SO EINE PRAKTISCHE KUNST KANN ES DOCH NICHT GEBEN...

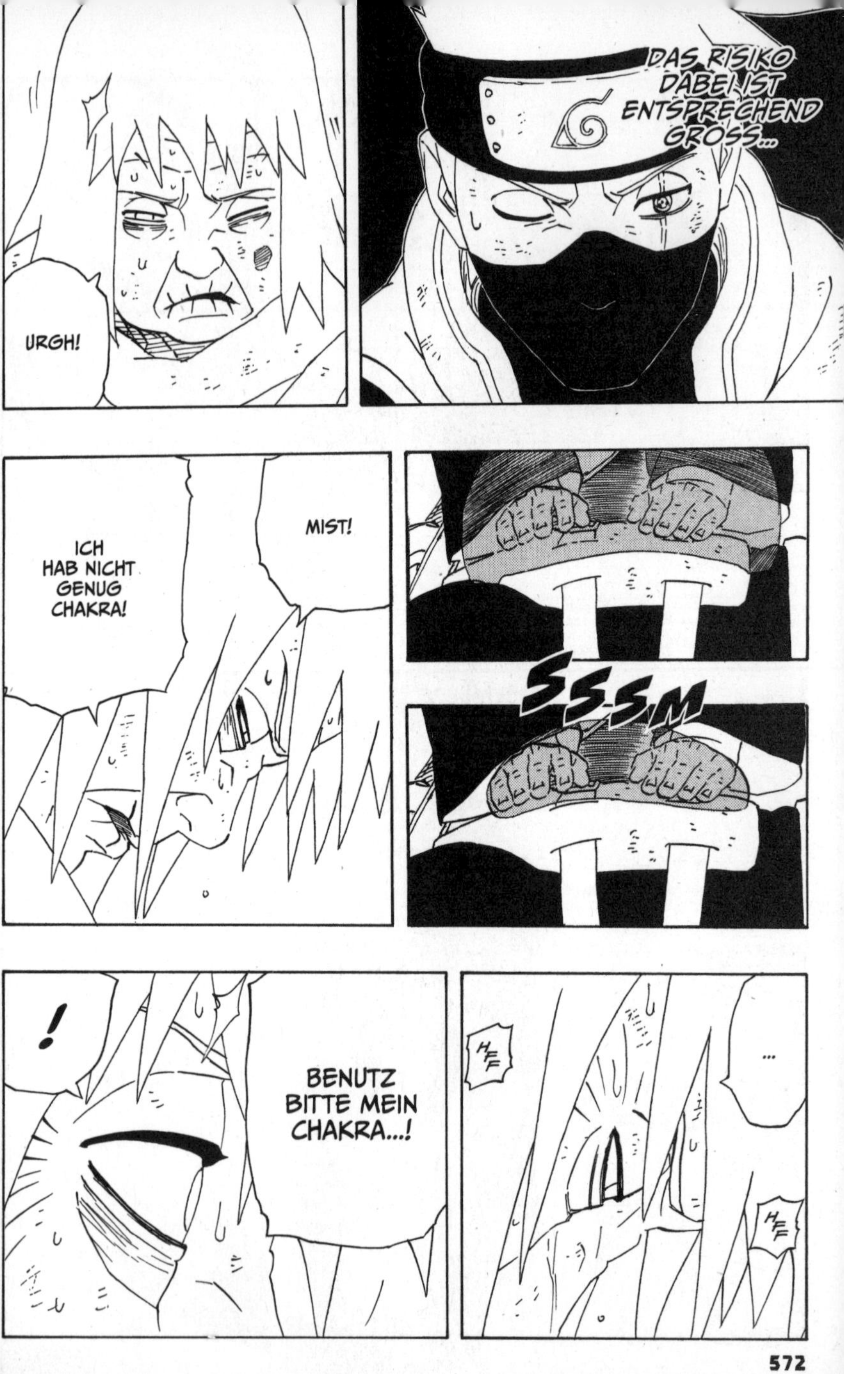
DAS RISIKO DABEI IST ENTSPRECHEND GROSS...
URGH!
MIST!
ICH HAB NICHT GENUG CHAKRA!
SSSM
...
HEF
HEF
BENUTZ BITTE MEIN CHAKRA...!
!

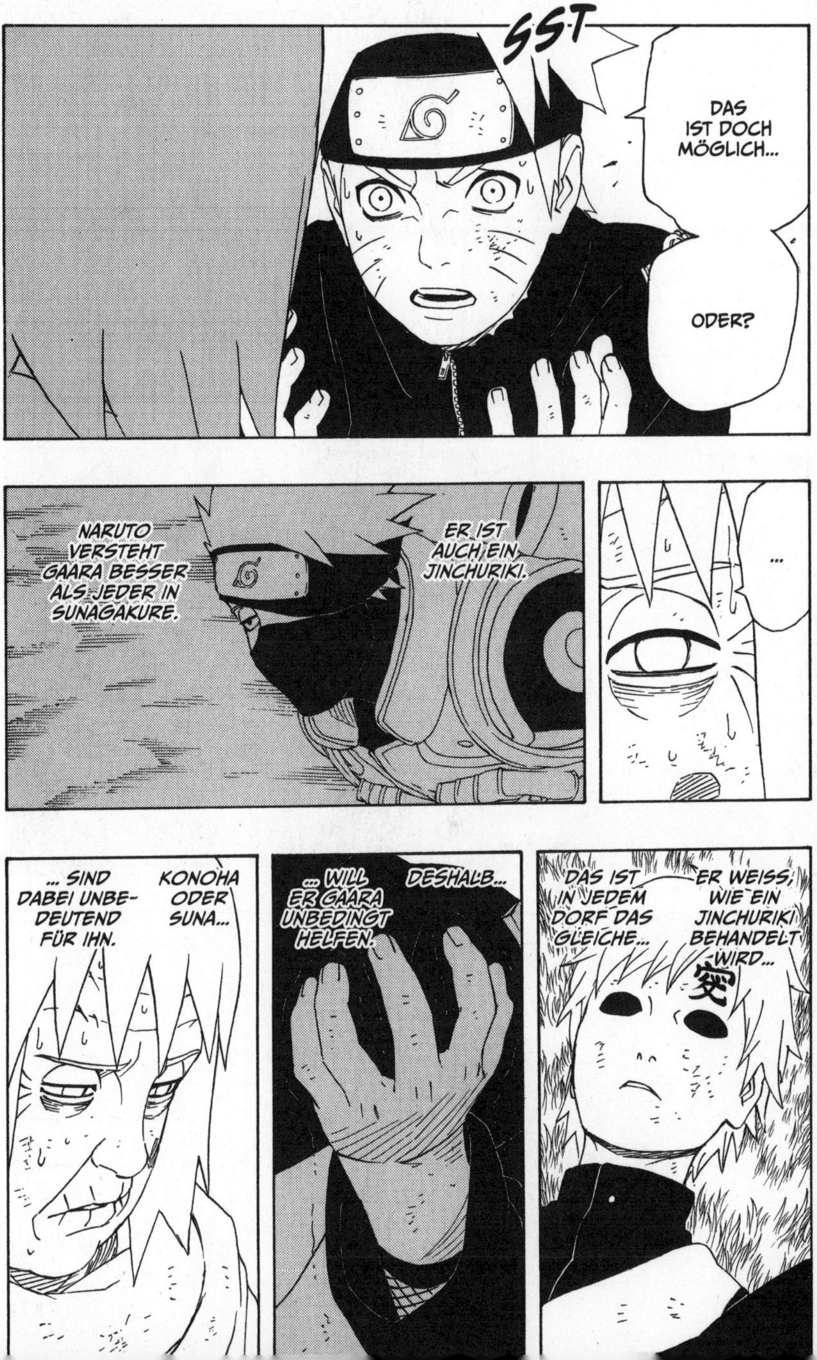
SST
DAS IST DOCH MÖGLICH...
ODER?
...
ER IST AUCH EIN JINCHURIKI.
NARUTO VERSTEHT GAARA BESSER ALS JEDER IN SUNAGAKURE.
ER WEISS, WIE EIN JINCHURIKI BEHANDELT WIRD...
DAS IST IN JEDEM DORF DAS GLEICHE...
DESHALB...
... WILL ER GAARA UNBEDINGT HELFEN.
KONOHA ODER SUNA...
... SIND DABEI UNBEDEUTEND FÜR IHN.

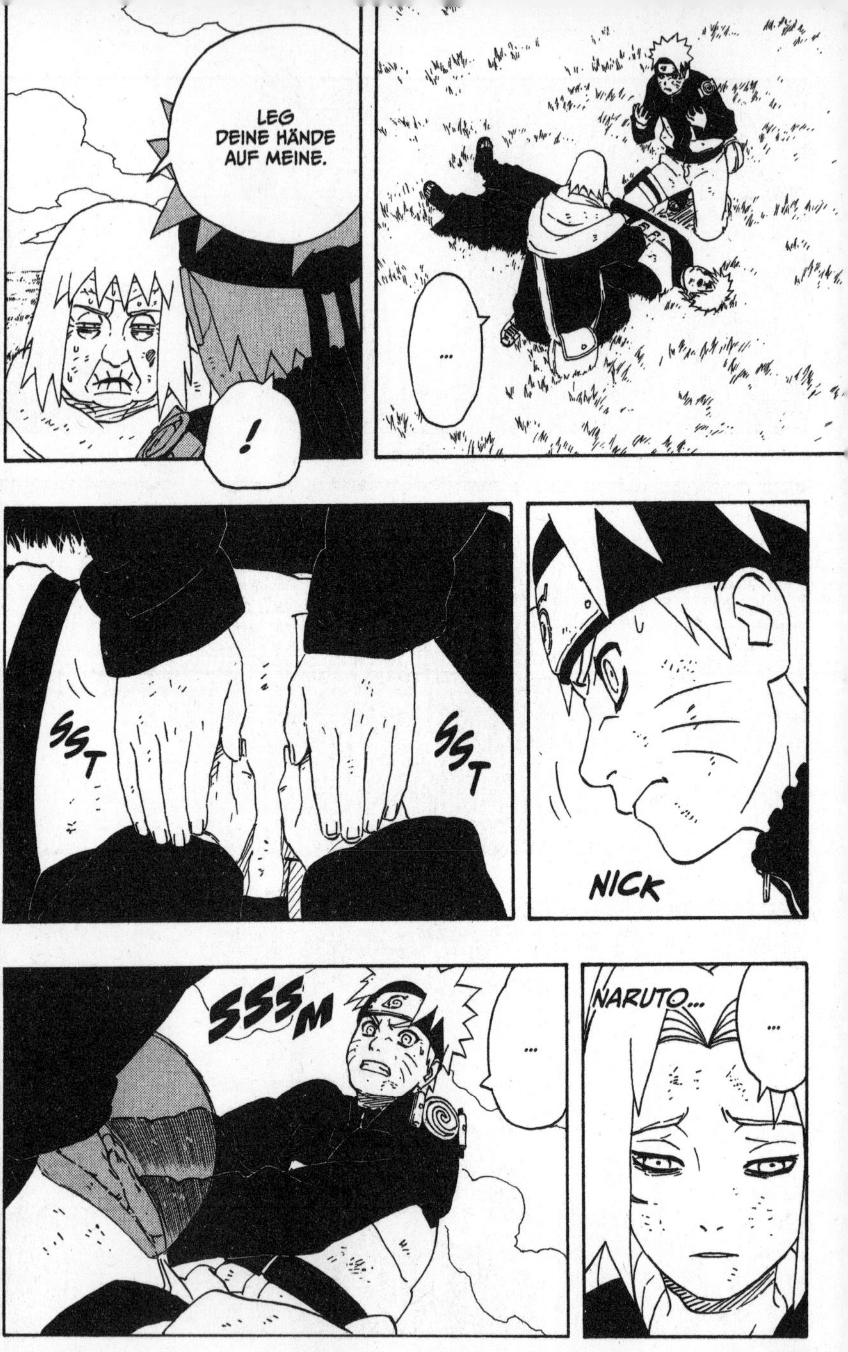
...
LEG DEINE HÄNDE AUF MEINE.
!
NICK
SST
SST
NARUTO...
...
...
SSSM

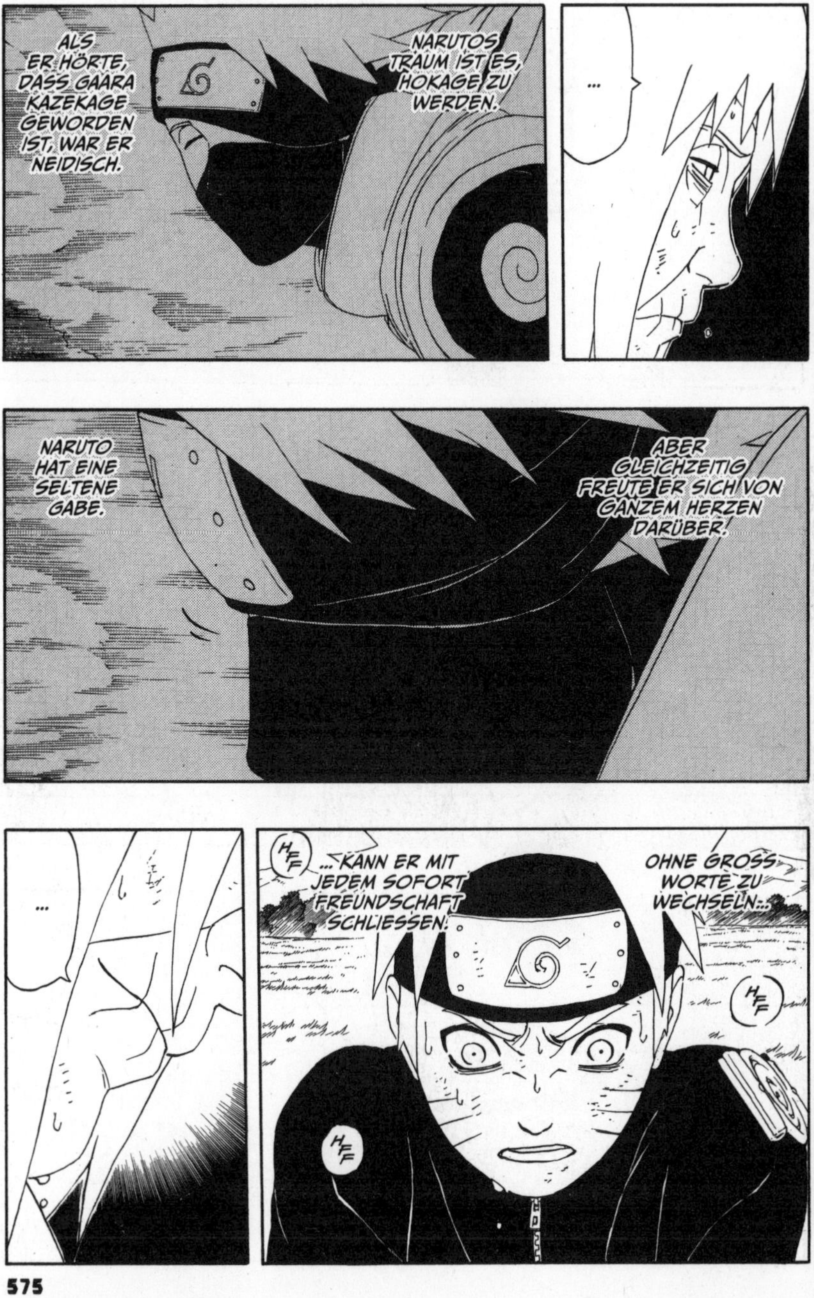
...
NARUTOS TRAUM IST ES, HOKAGE ZU WERDEN.
ALS ER HÖRTE, DASS GAARA KAZEKAGE GEWORDEN IST, WAR ER NEIDISCH.
ABER GLEICHZEITIG FREUTE ER SICH VON GANZEM HERZEN DARÜBER.
NARUTO HAT EINE SELTENE GABE.
HFF
OHNE GROSS WORTE ZU WECHSELN...
...KANN ER MIT JEDEM SOFORT FREUNDSCHAFT SCHLIESSEN.
HFF
HFF
...

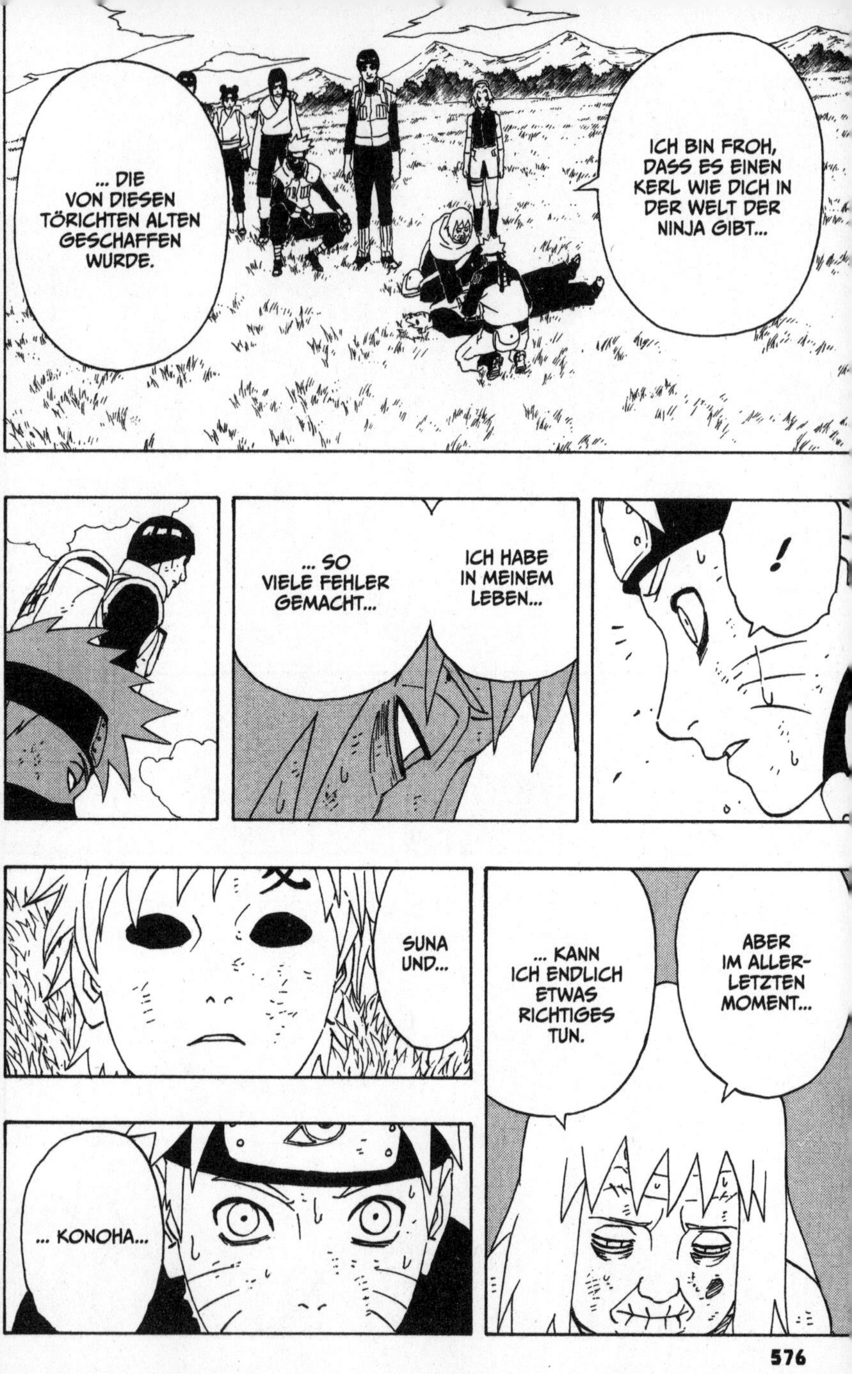
ICH BIN FROH, DASS ES EINEN KERL WIE DICH IN DER WELT DER NINJA GIBT...
... DIE VON DIESEN TÖRICHTEN ALTEN GESCHAFFEN WURDE.
!
ICH HABE IN MEINEM LEBEN...
... SO VIELE FEHLER GEMACHT...
ABER IM ALLER-LETZTEN MOMENT...
... KANN ICH ENDLICH ETWAS RICHTIGES TUN.
SUNA UND...
... KONOHA...

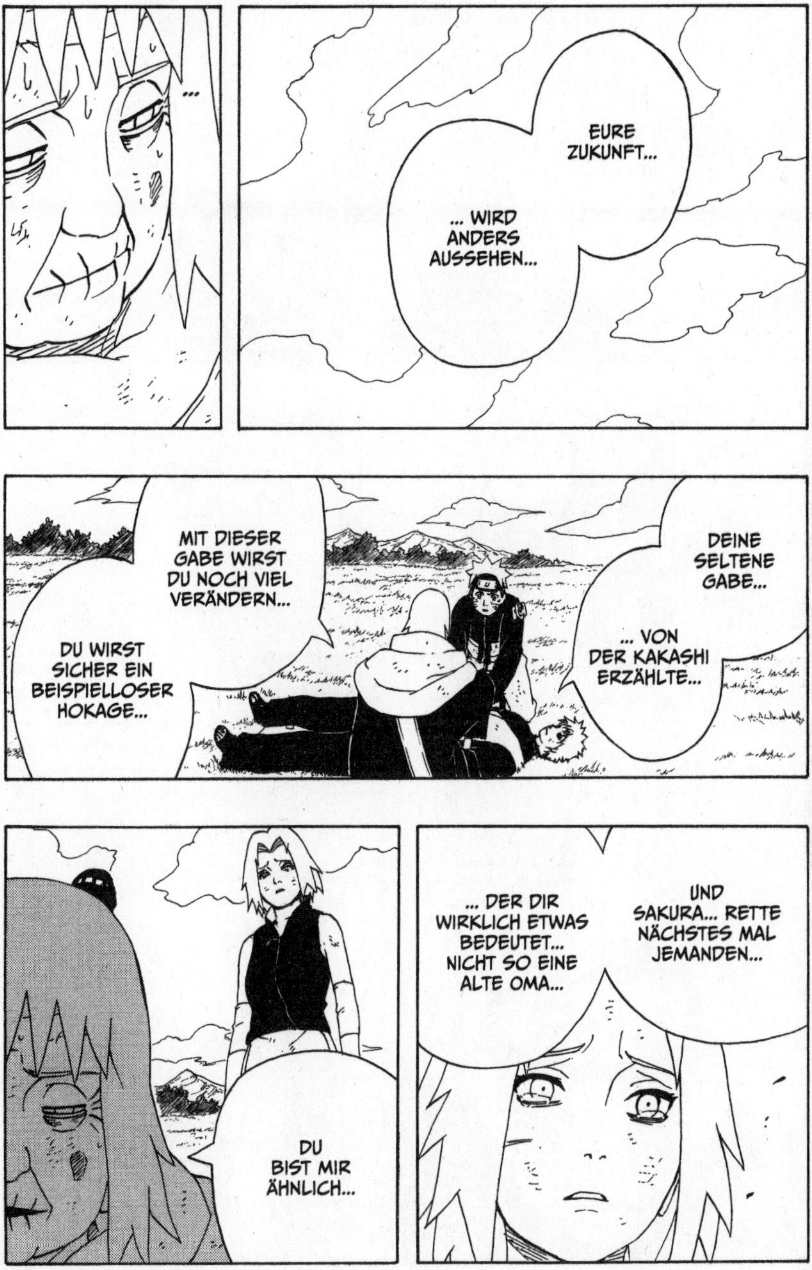
EURE ZUKUNFT...
... WIRD ANDERS AUSSEHEN...
...
DEINE SELTENE GABE...
... VON DER KAKASHI ERZÄHLTE...
MIT DIESER GABE WIRST DU NOCH VIEL VERÄNDERN...
DU WIRST SICHER EIN BEISPIELLOSER HOKAGE...
UND SAKURA... RETTE NÄCHSTES MAL JEMANDEN...
... DER DIR WIRKLICH ETWAS BEDEUTET... NICHT SO EINE ALTE OMA...
DU BIST MIR ÄHNLICH...

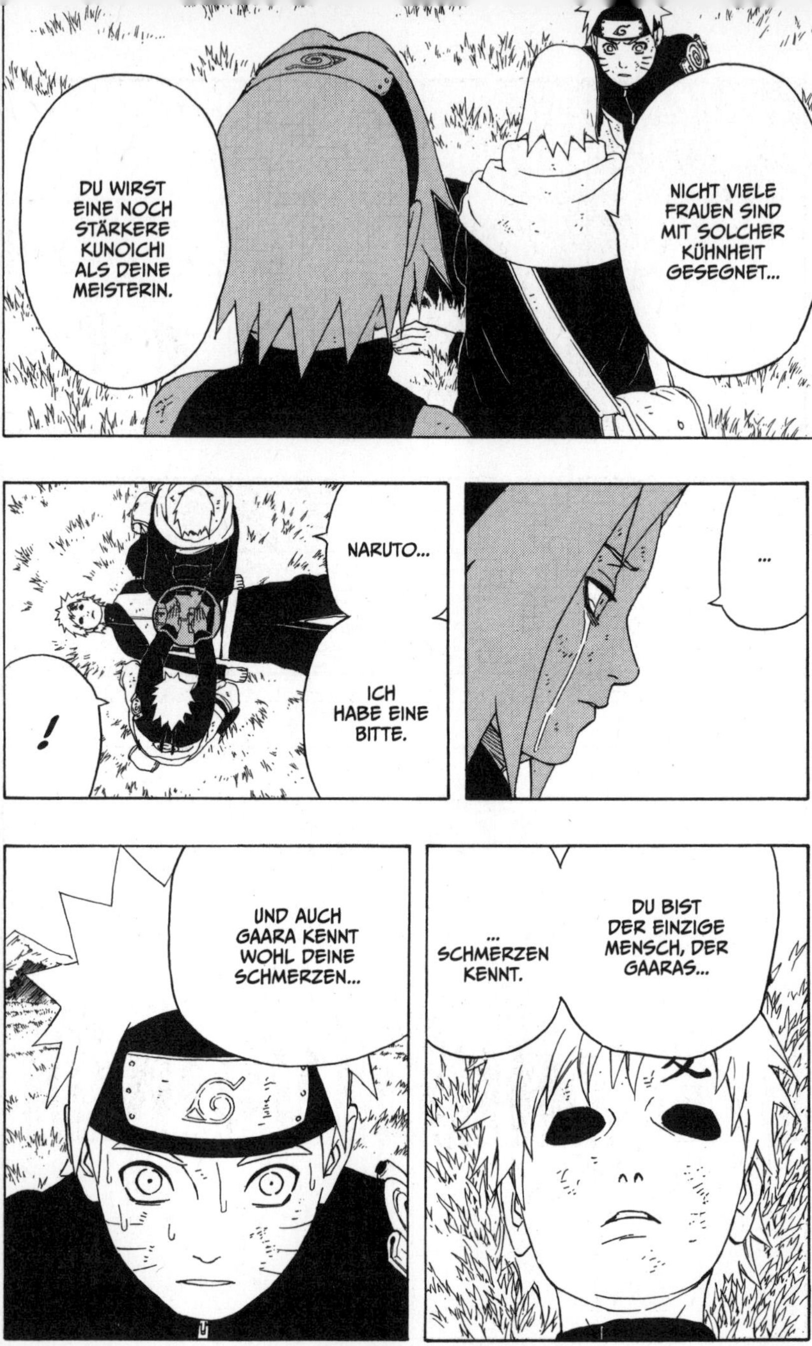
NICHT VIELE FRAUEN SIND MIT SOLCHER KÜHNHEIT GESEGNET...
DU WIRST EINE NOCH STÄRKERE KUNOICHI ALS DEINE MEISTERIN.
...
NARUTO...
ICH HABE EINE BITTE.
!
DU BIST DER EINZIGE MENSCH, DER GAARAS...
... SCHMERZEN KENNT.
UND AUCH GAARA KENNT WOHL DEINE SCHMERZEN...

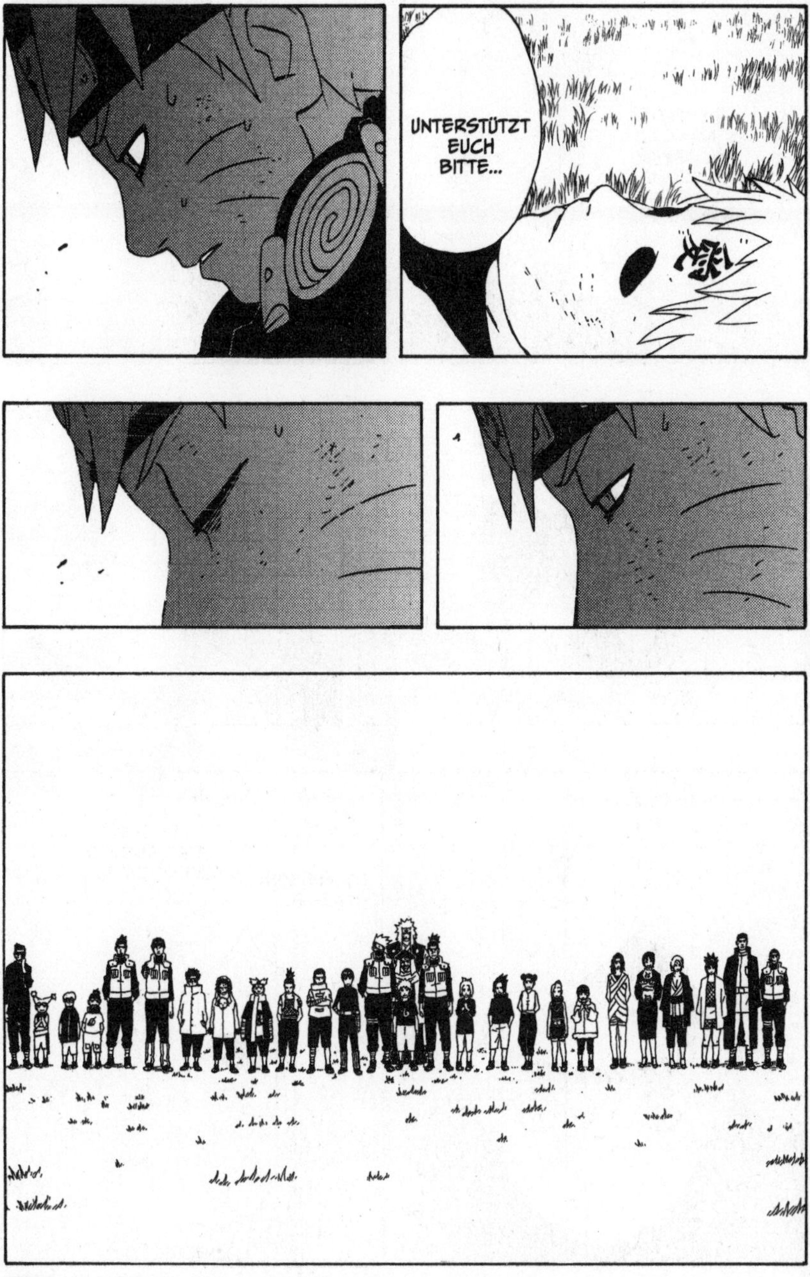
UNTERSTÜTZT EUCH BITTE...

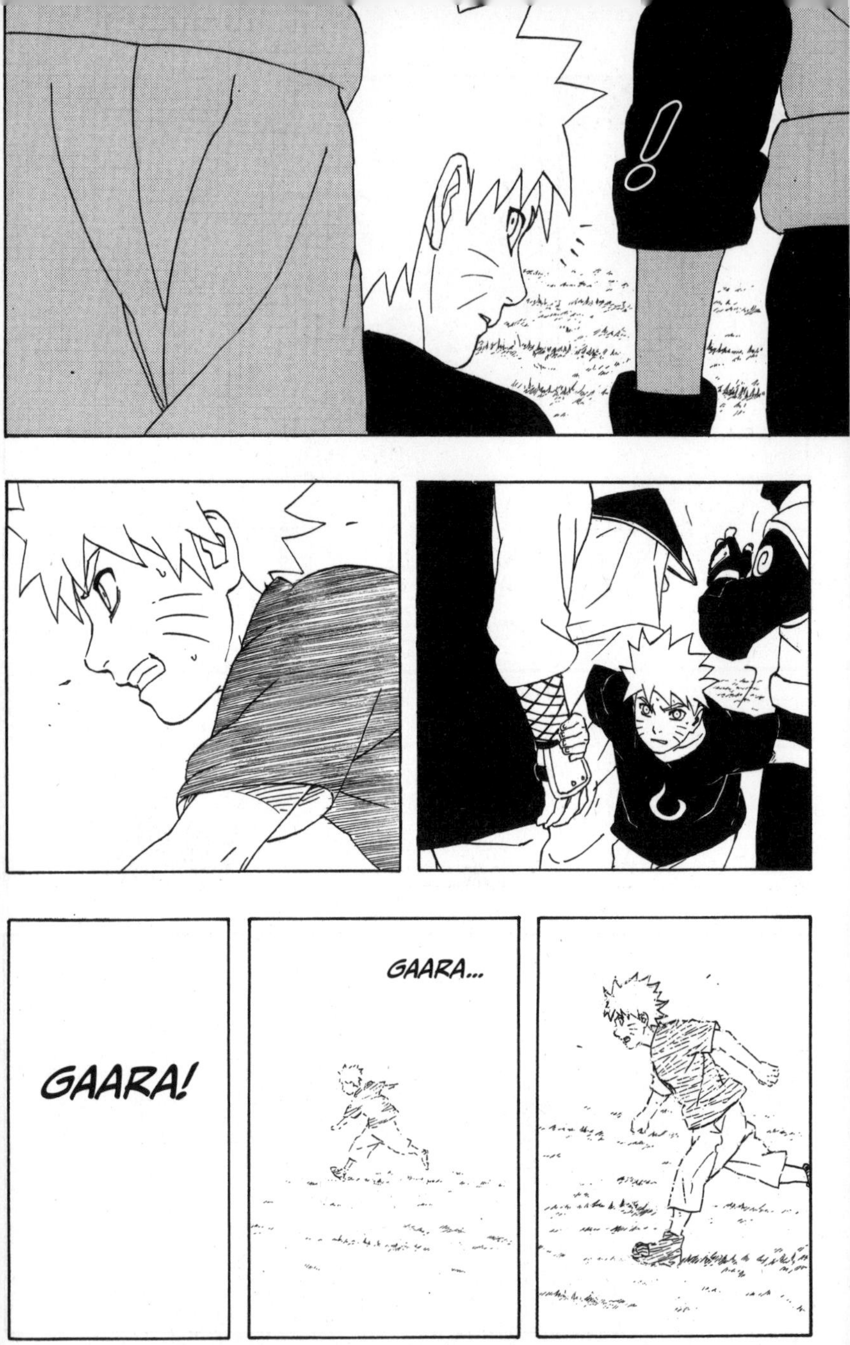

!
GAARA!
GAARA...

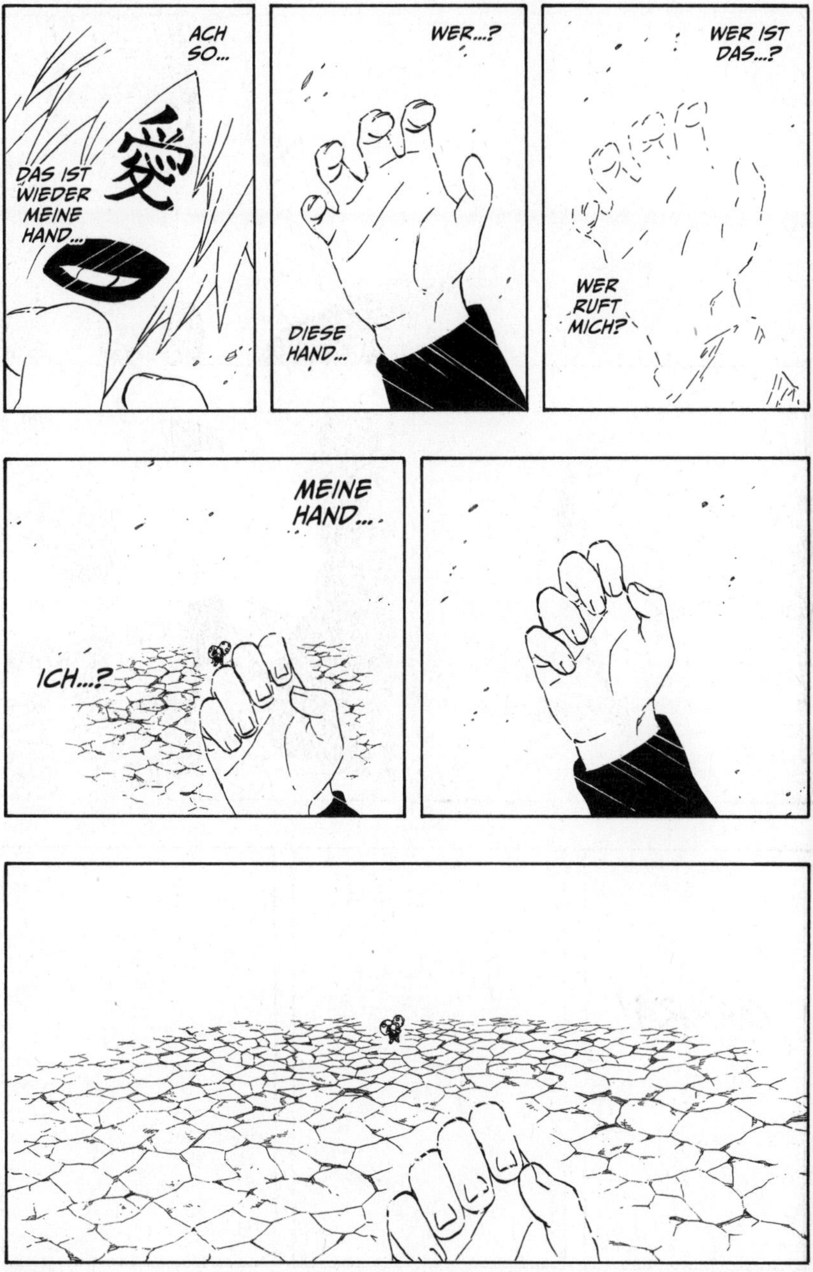
ACH SO...
DAS IST WIEDER MEINE HAND...
愛
WER...?
DIESE HAND...
WER IST DAS...?
WER RUFT MICH?
MEINE HAND...
ICH...?

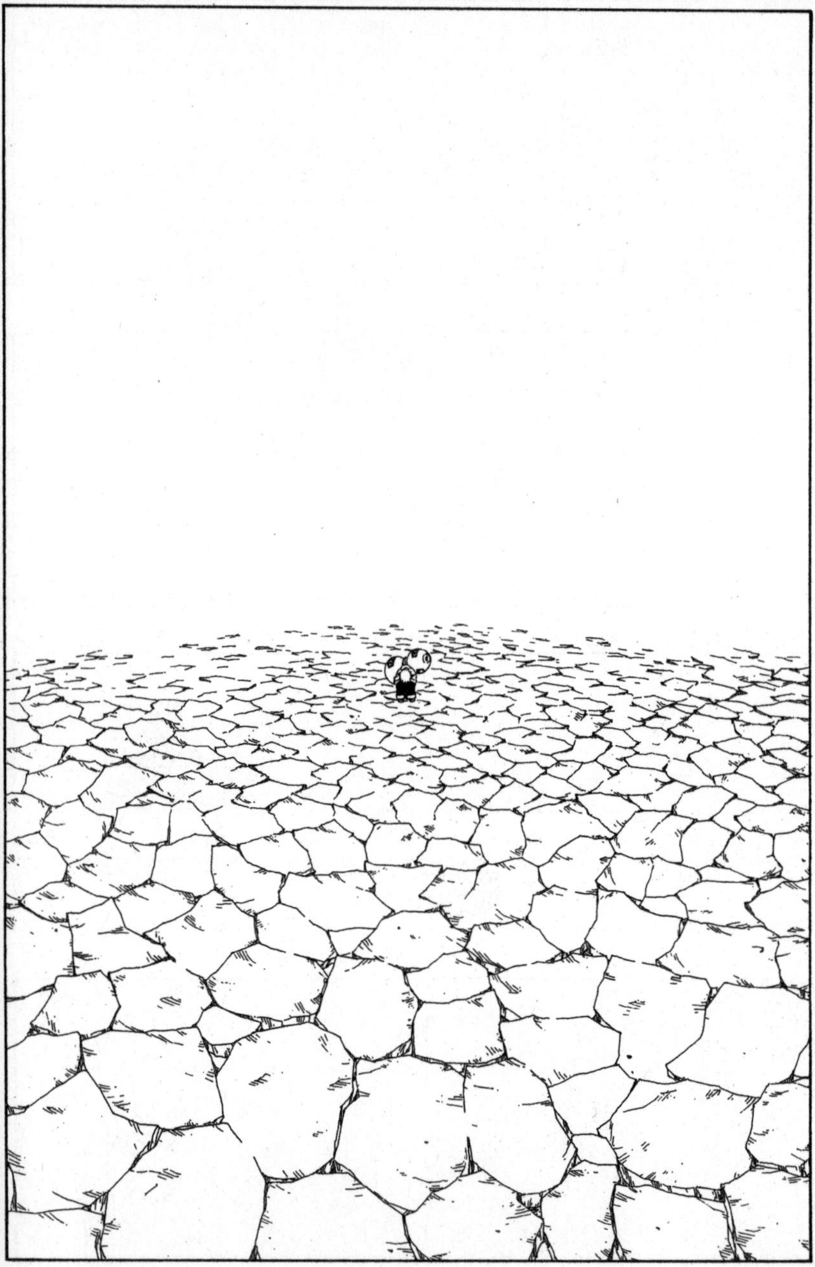

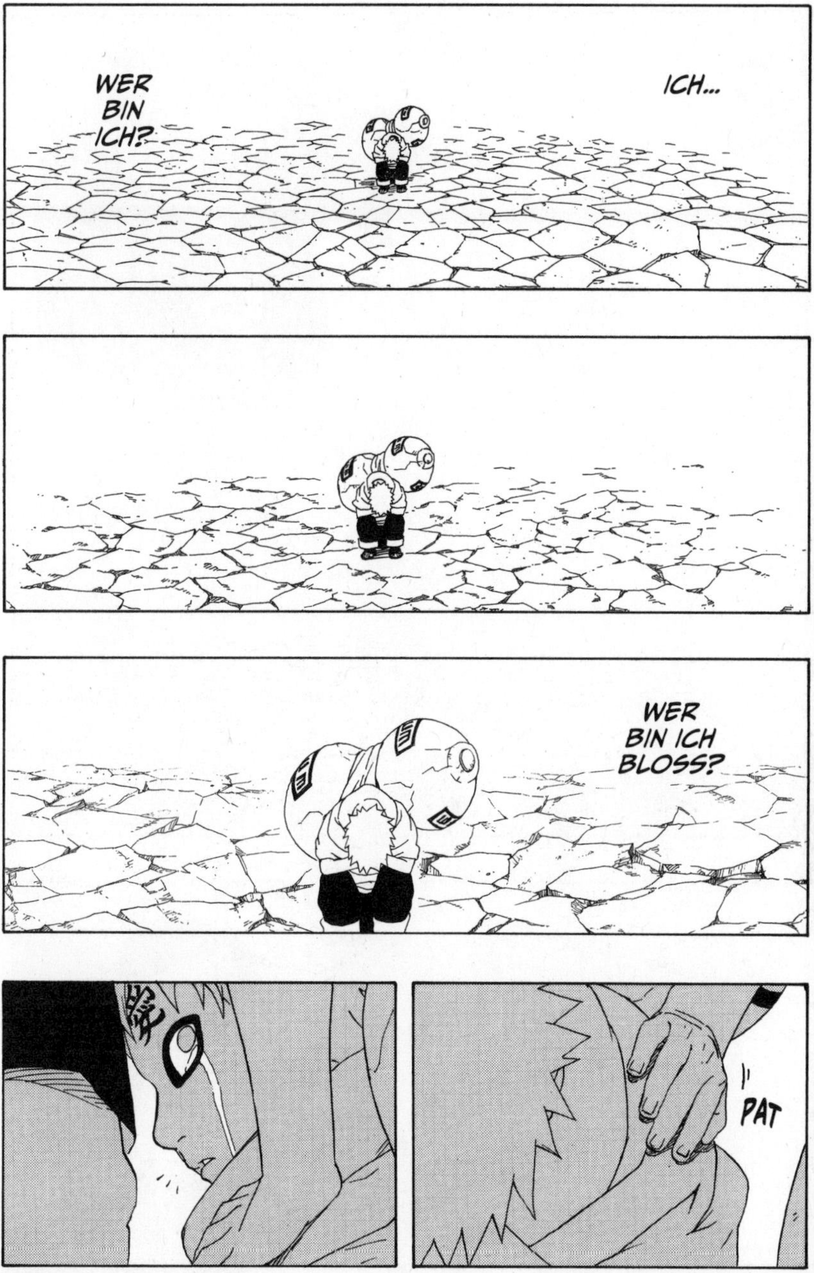
ICH...
WER BIN ICH?
WER BIN ICH BLOSS?
PAT

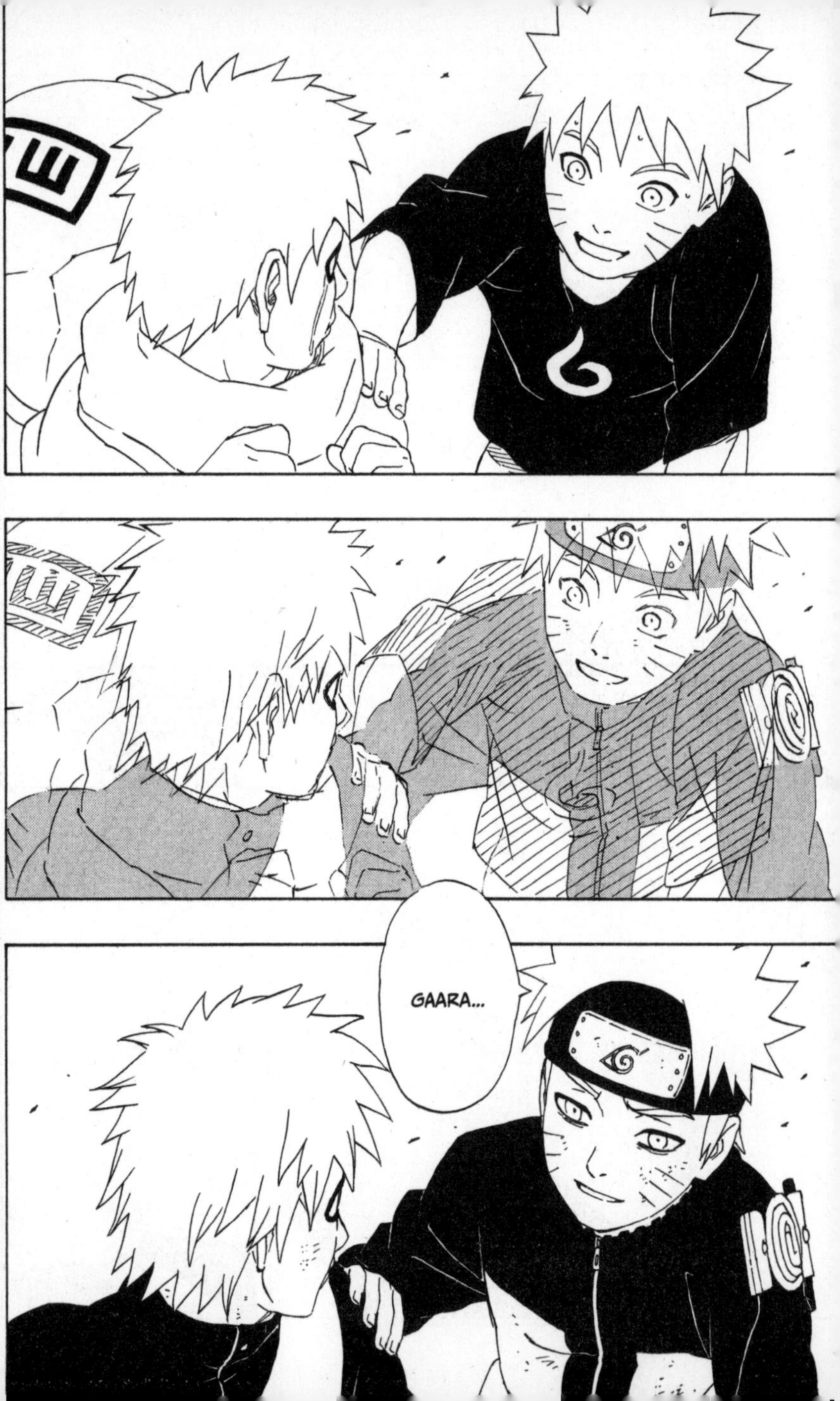
GAARA...

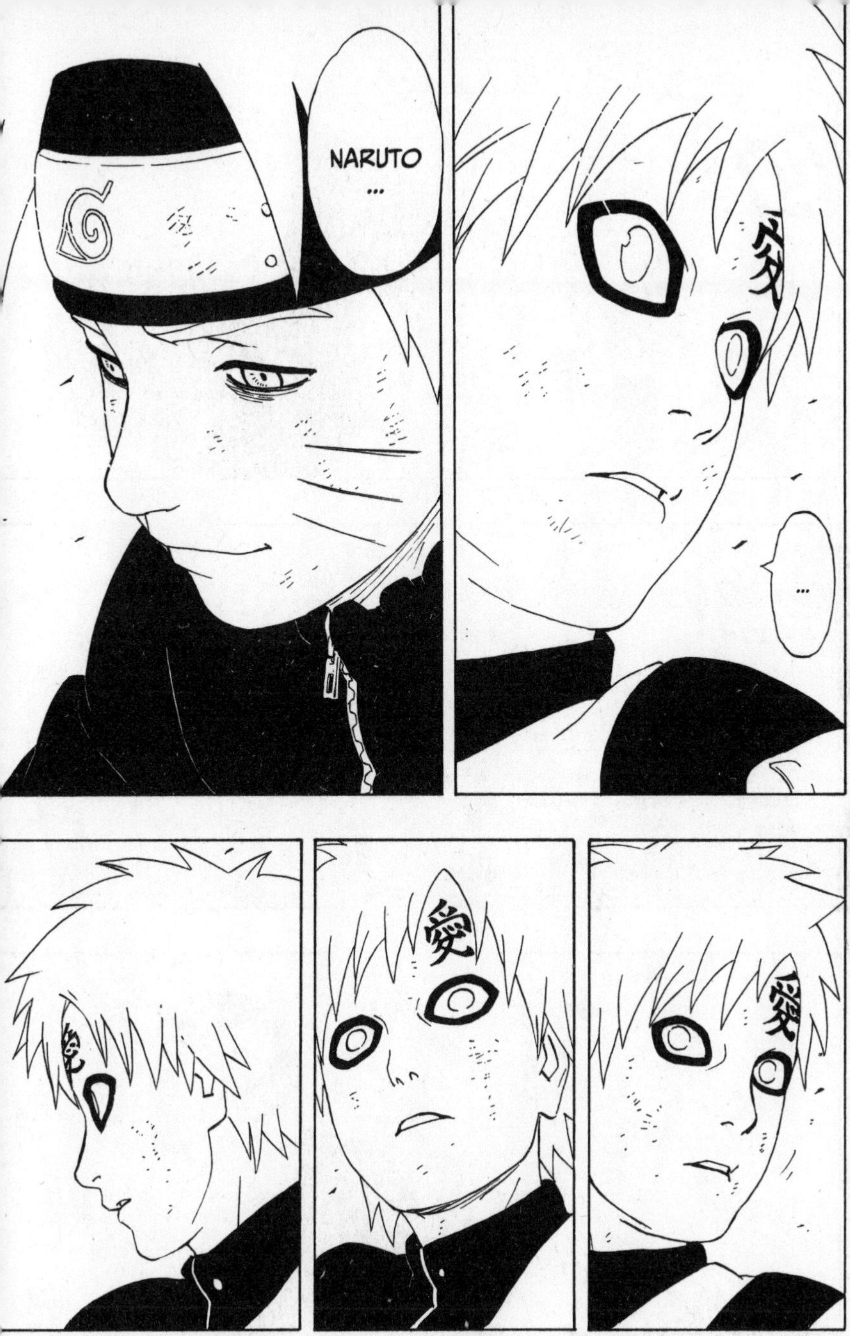
NARUTO ...
...

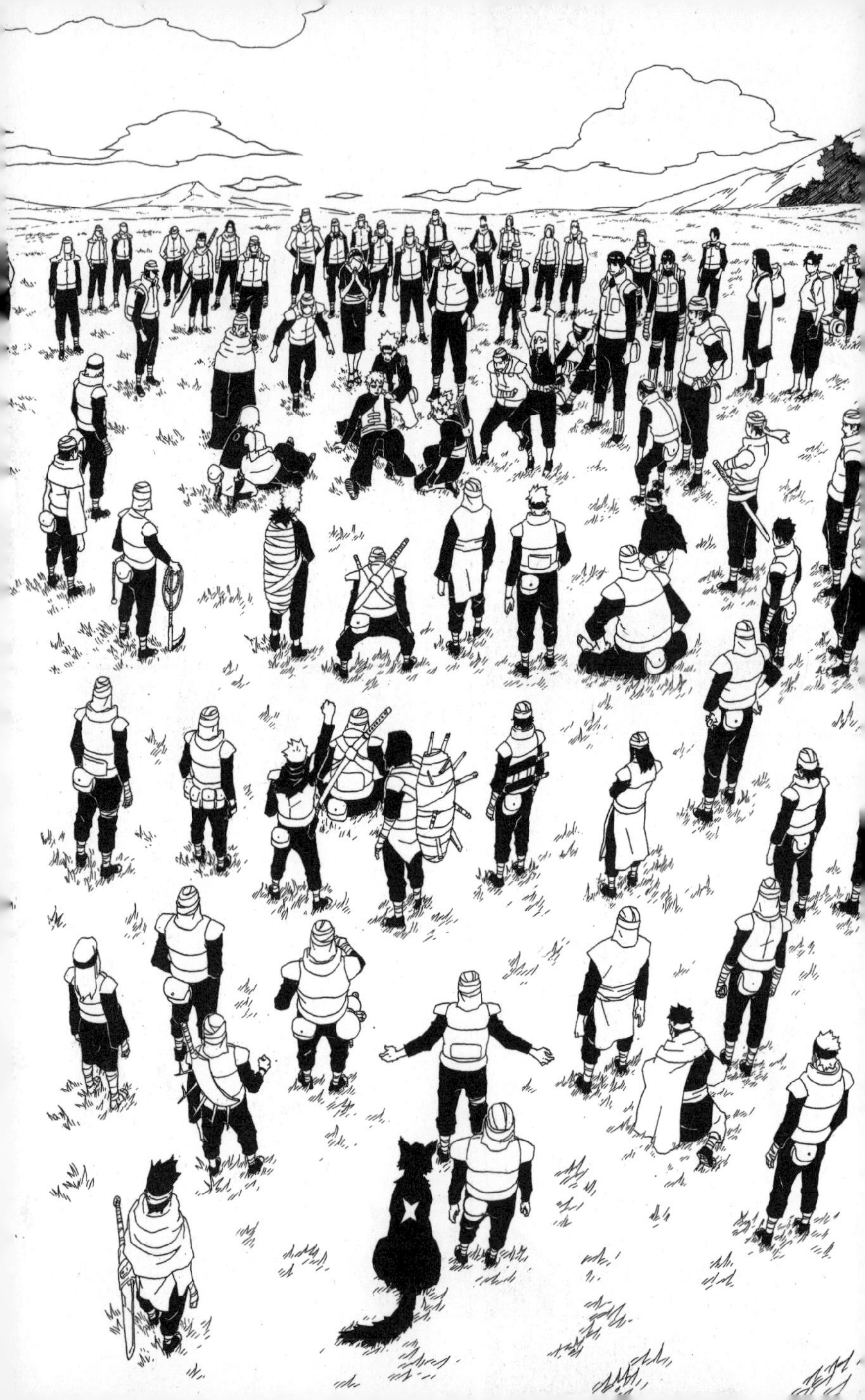

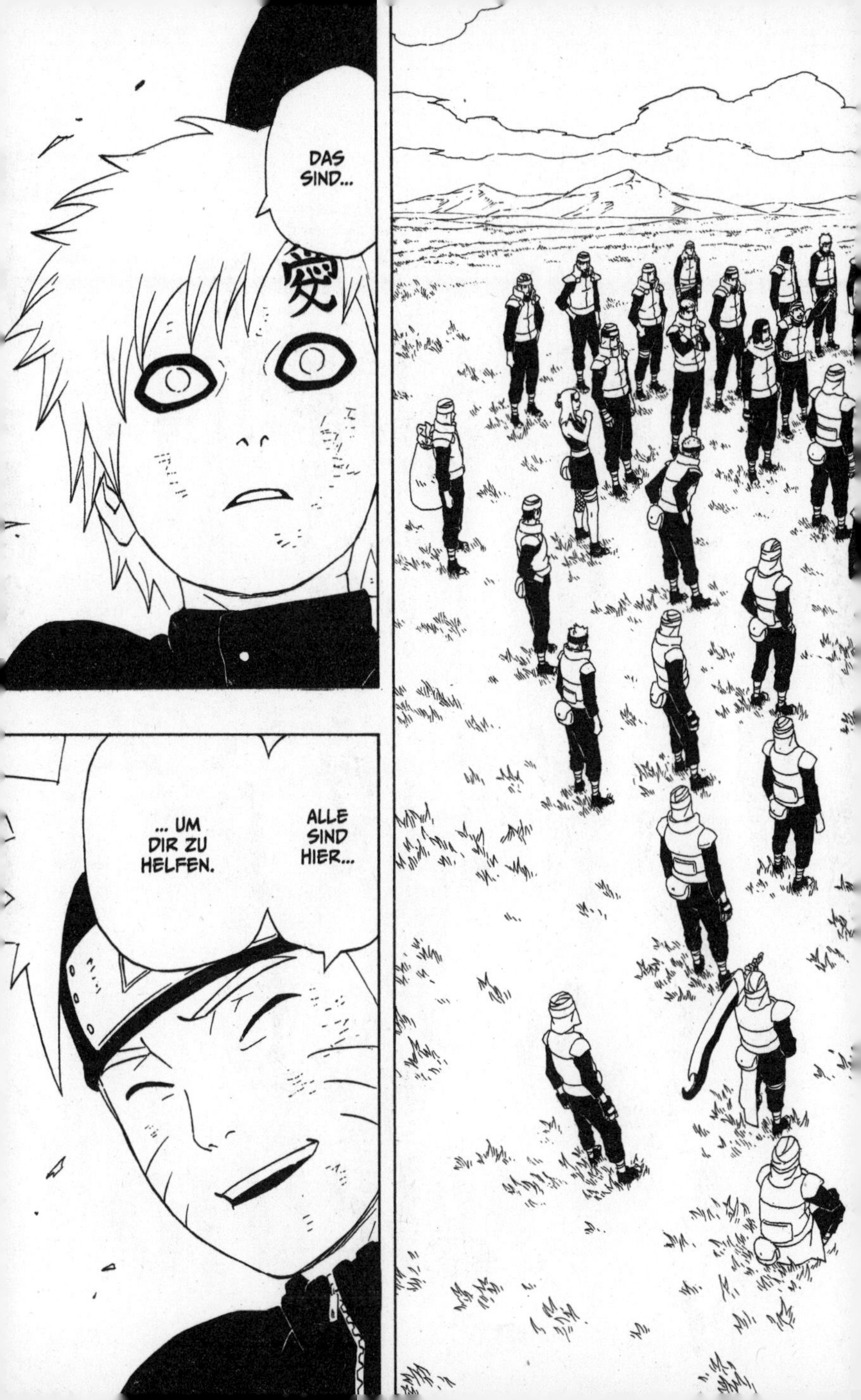

DAS SIND...
ALLE SIND HIER...
... UM DIR ZU HELFEN.

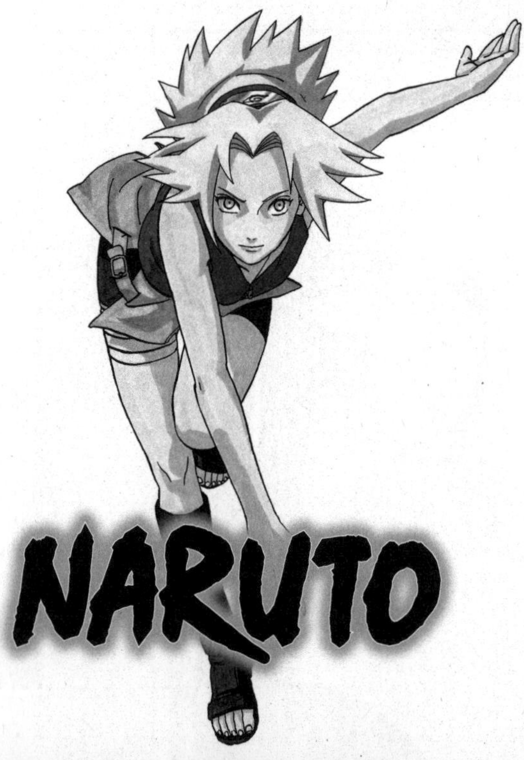
NARUTO

280. Kapitel: Der hinterlassene Wunsch

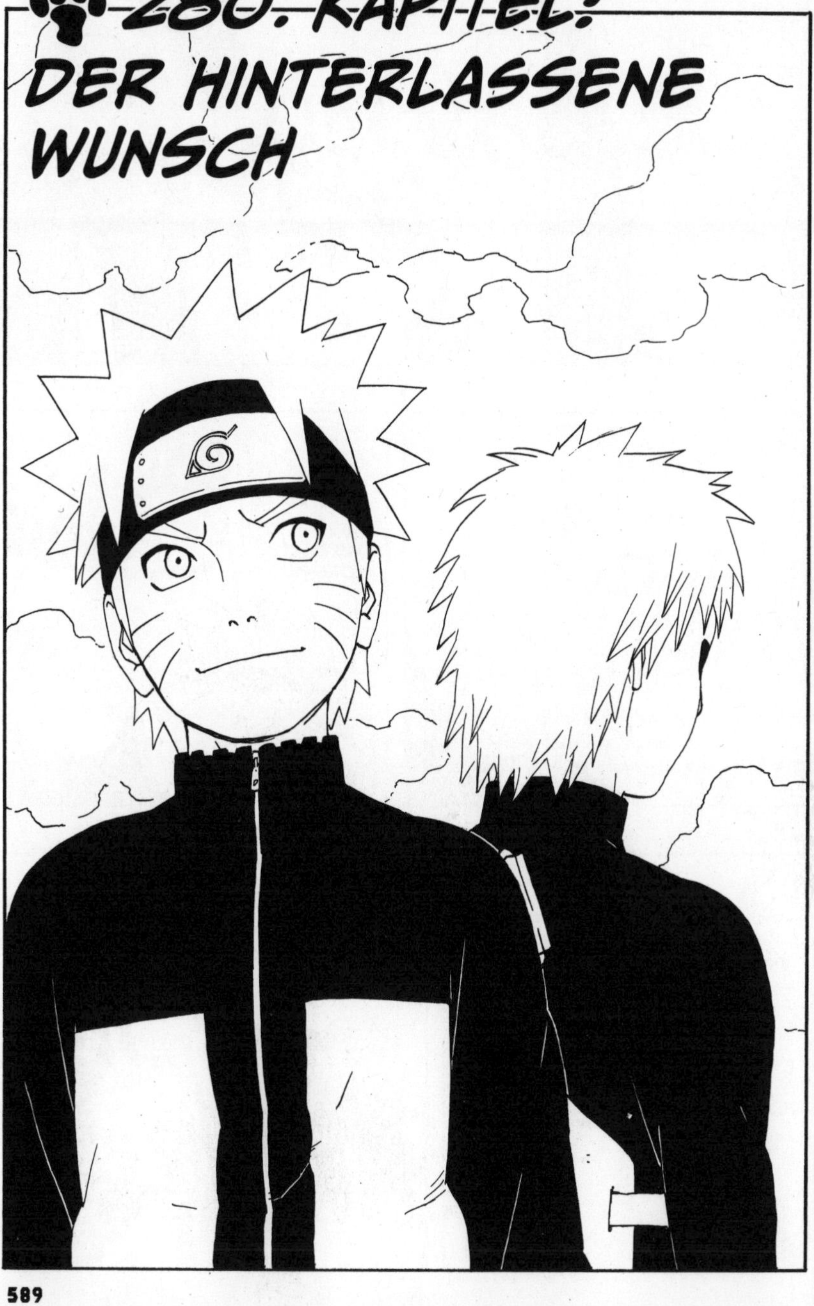

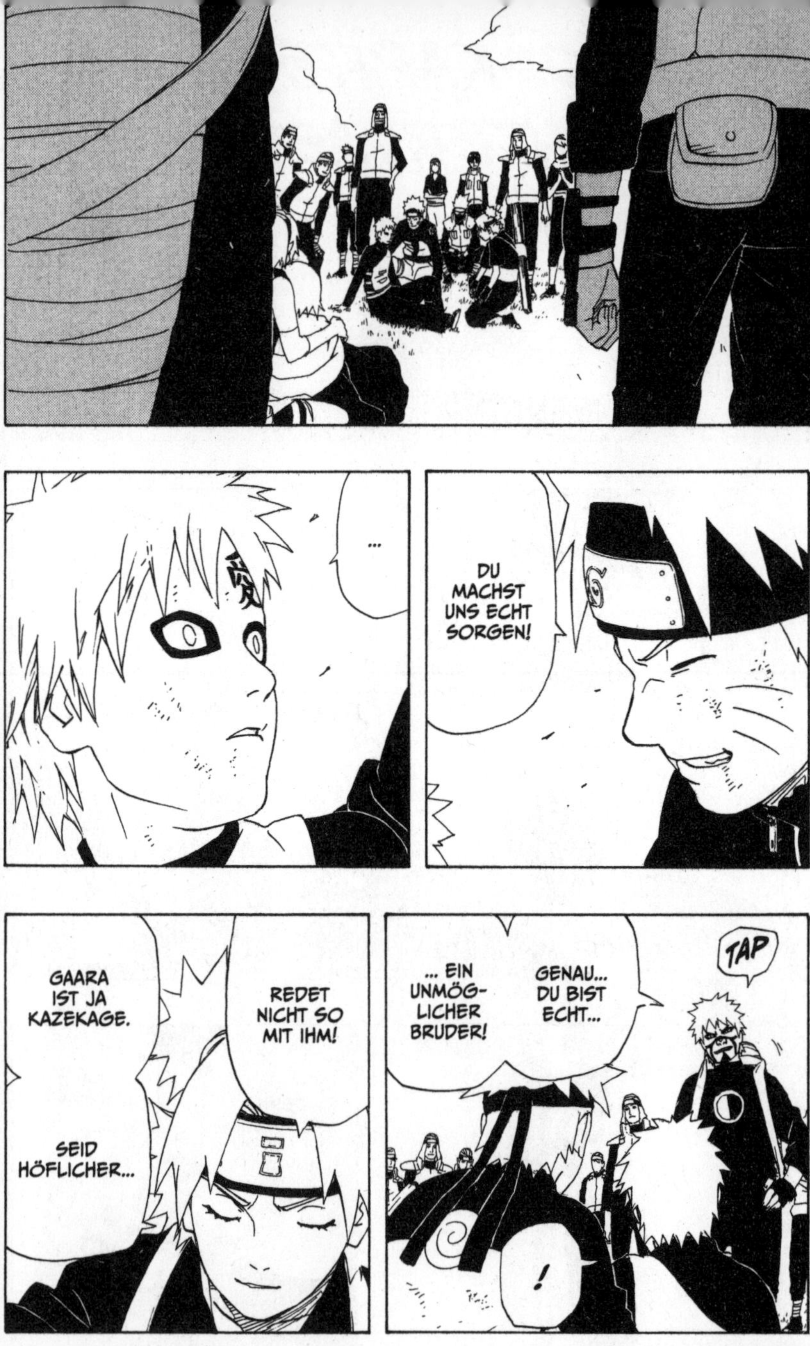
DU MACHST UNS ECHT SORGEN!
...
TAP
GENAU... DU BIST ECHT...
... EIN UNMÖG-LICHER BRUDER!
REDET NICHT SO MIT IHM!
GAARA IST JA KAZEKAGE.
SEID HÖFLICHER...

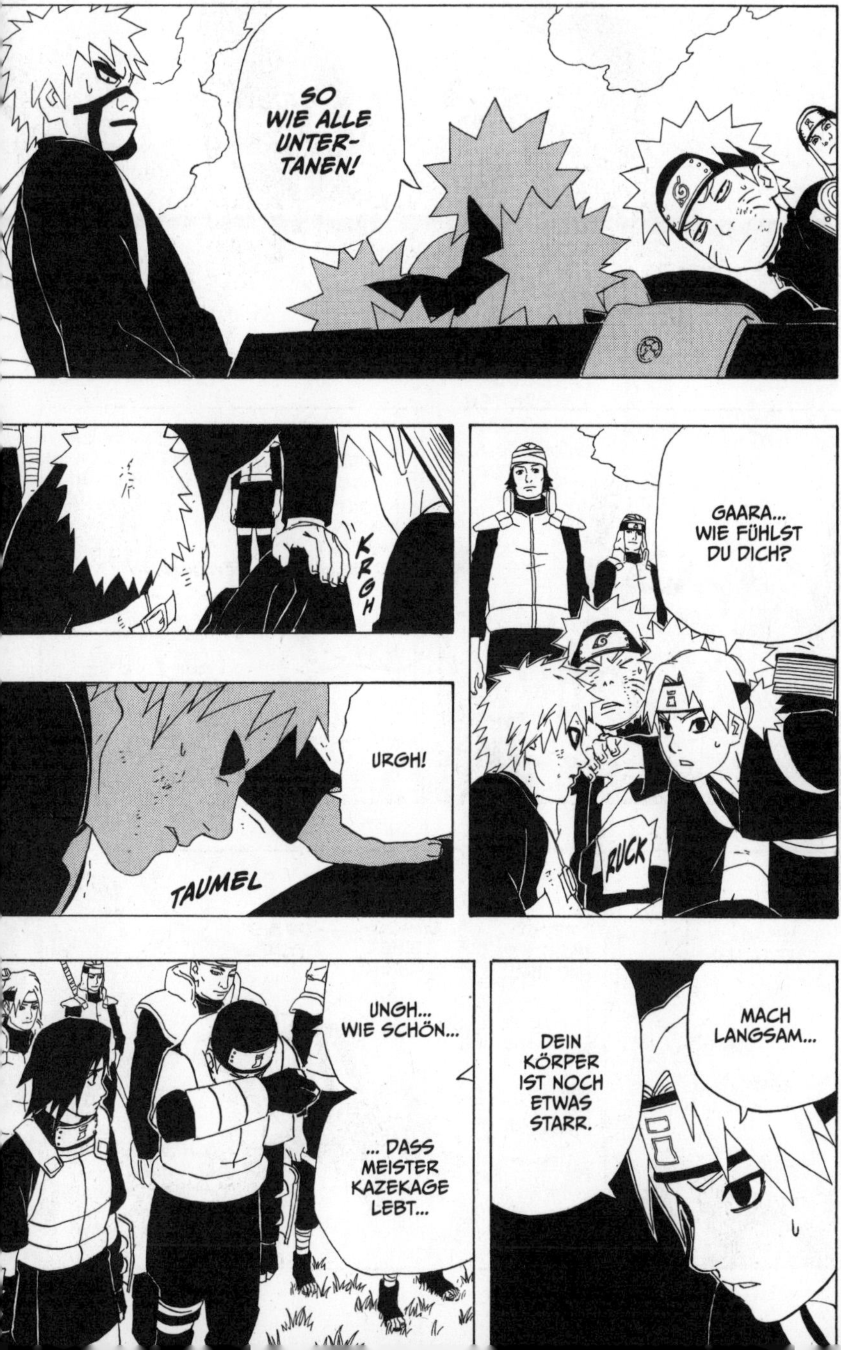
SO WIE ALLE UNTER-TANEN!
GAARA... WIE FÜHLST DU DICH?
RUCK
KRGH
URGH!
TAUMEL
MACH LANGSAM...
DEIN KÖRPER IST NOCH ETWAS STARR.
UNGH... WIE SCHÖN...
... DASS MEISTER KAZEKAGE LEBT...

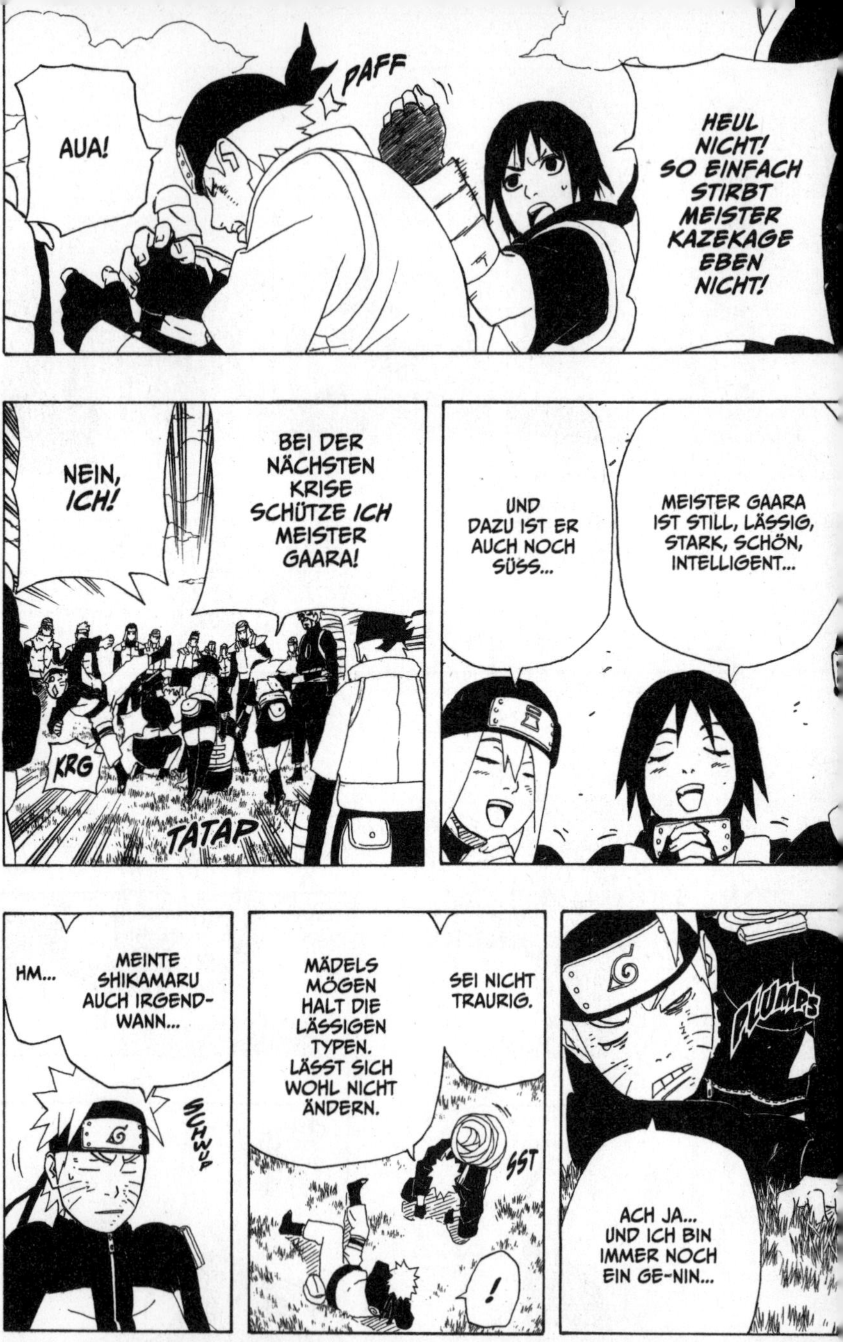

AUA!
PAFF
HEUL NICHT! SO EINFACH STIRBT MEISTER KAZEKAGE EBEN NICHT!
NEIN, ICH!
BEI DER NÄCHSTEN KRISE SCHÜTZE ICH MEISTER GAARA!
KRG
TATAP
UND DAZU IST ER AUCH NOCH SÜSS...
MEISTER GAARA IST STILL, LÄSSIG, STARK, SCHÖN, INTELLIGENT...
HM...
MEINTE SHIKAMARU AUCH IRGEND-WANN...
SCHWUP
MÄDELS MÖGEN HALT DIE LÄSSIGEN TYPEN. LÄSST SICH WOHL NICHT ÄNDERN.
SEI NICHT TRAURIG.
SST
!
PLUMPS
ACH JA... UND ICH BIN IMMER NOCH EIN GE-NIN...

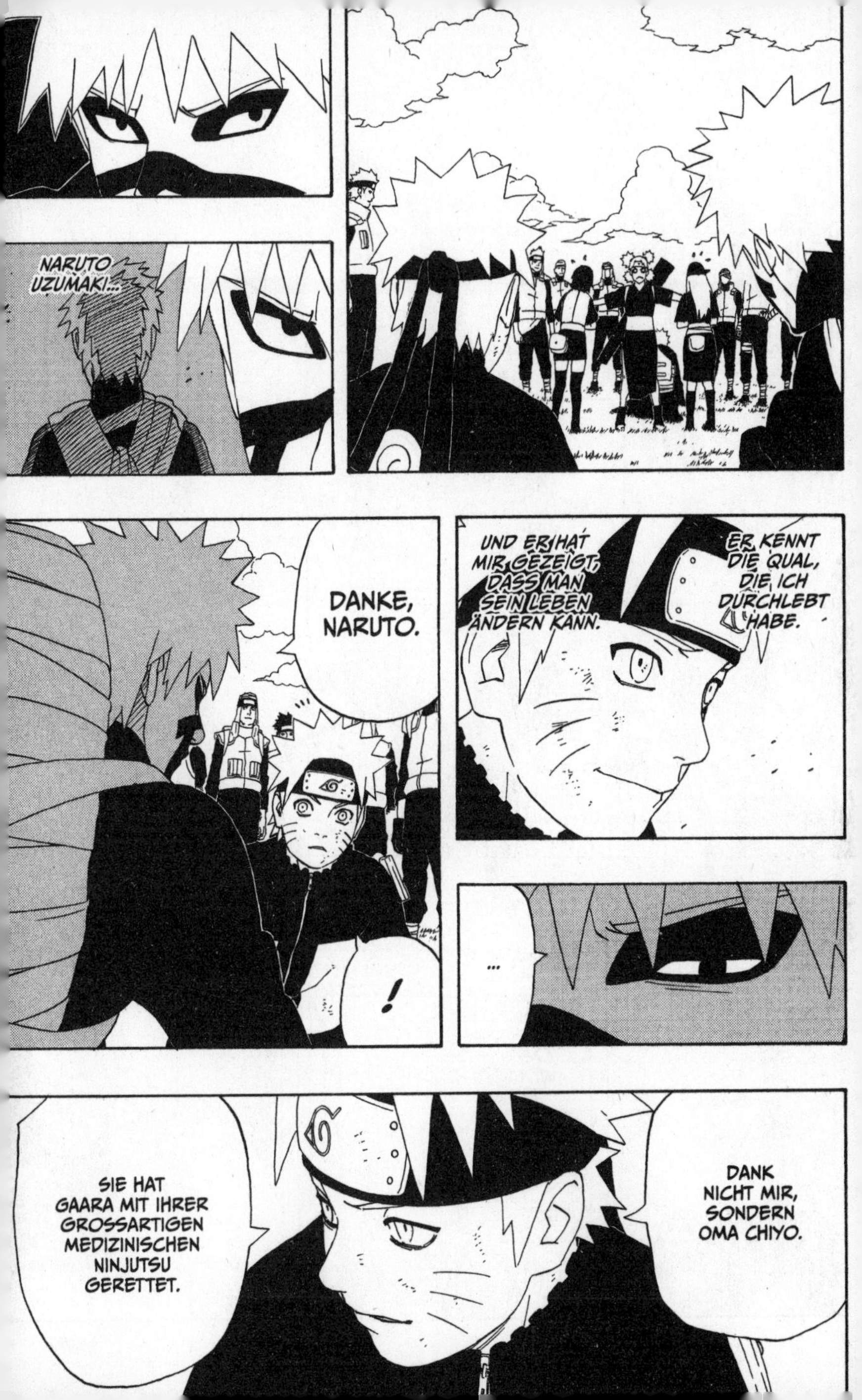
NARUTO UZUMAKI...
ER KENNT DIE QUAL, DIE ICH DURCHLEBT HABE.
UND ER HAT MIR GEZEIGT, DASS MAN SEIN LEBEN ÄNDERN KANN.
...
DANKE, NARUTO.
!
DANK NICHT MIR, SONDERN OMA CHIYO.
SIE HAT GAARA MIT IHRER GROSSARTIGEN MEDIZINISCHEN NINJUTSU GERETTET.

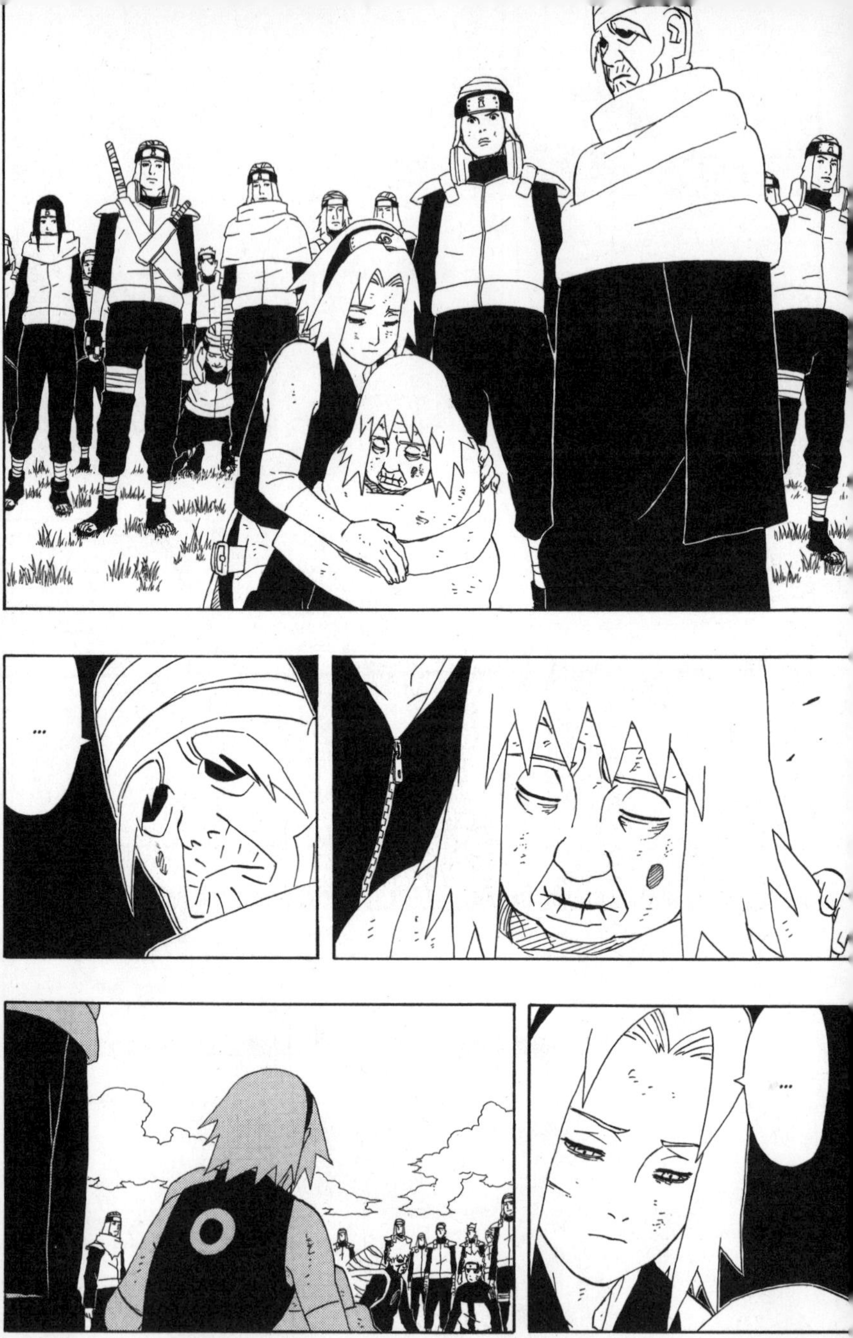

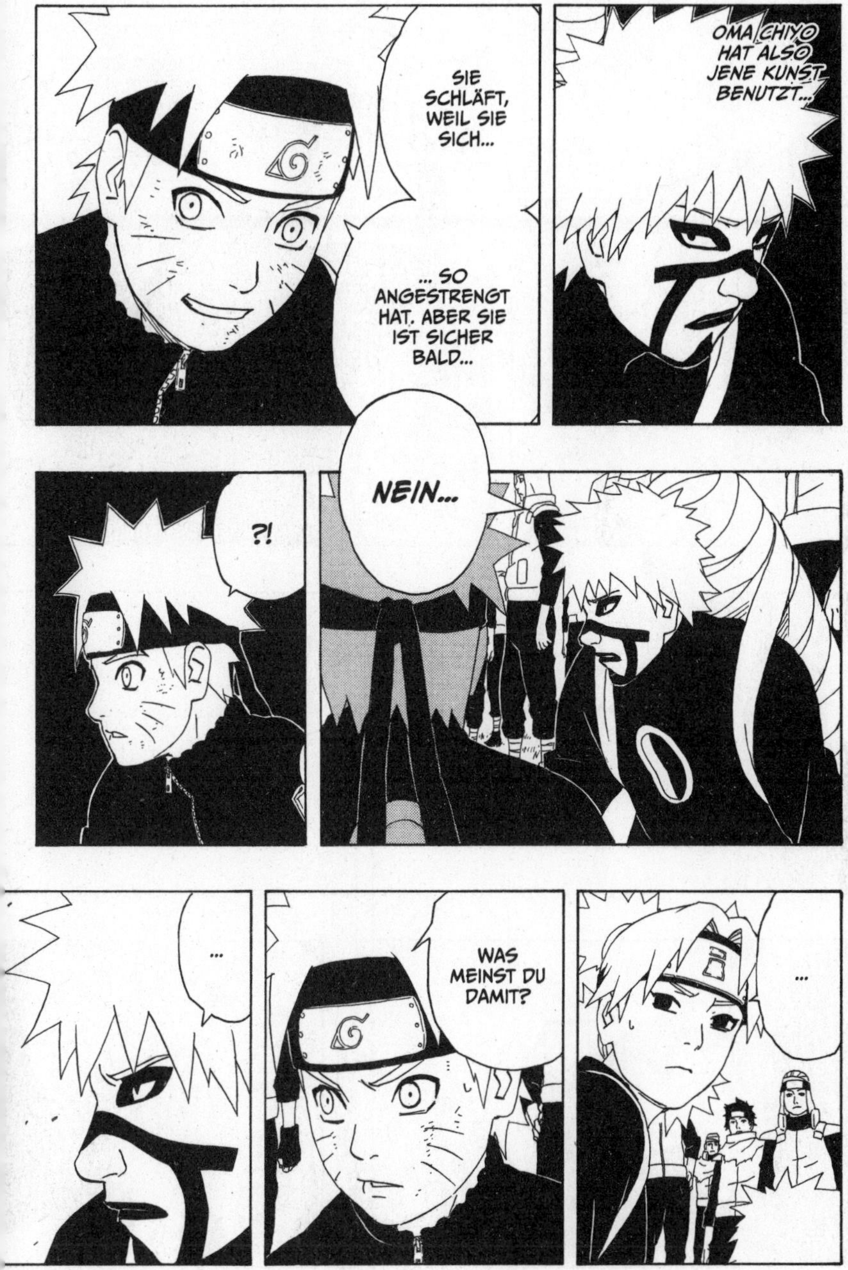
OMA CHIYO HAT ALSO JENE KUNST BENUTZT...
SIE SCHLÄFT, WEIL SIE SICH...
... SO ANGESTRENGT HAT. ABER SIE IST SICHER BALD...
NEIN...
?!
...
WAS MEINST DU DAMIT?
...

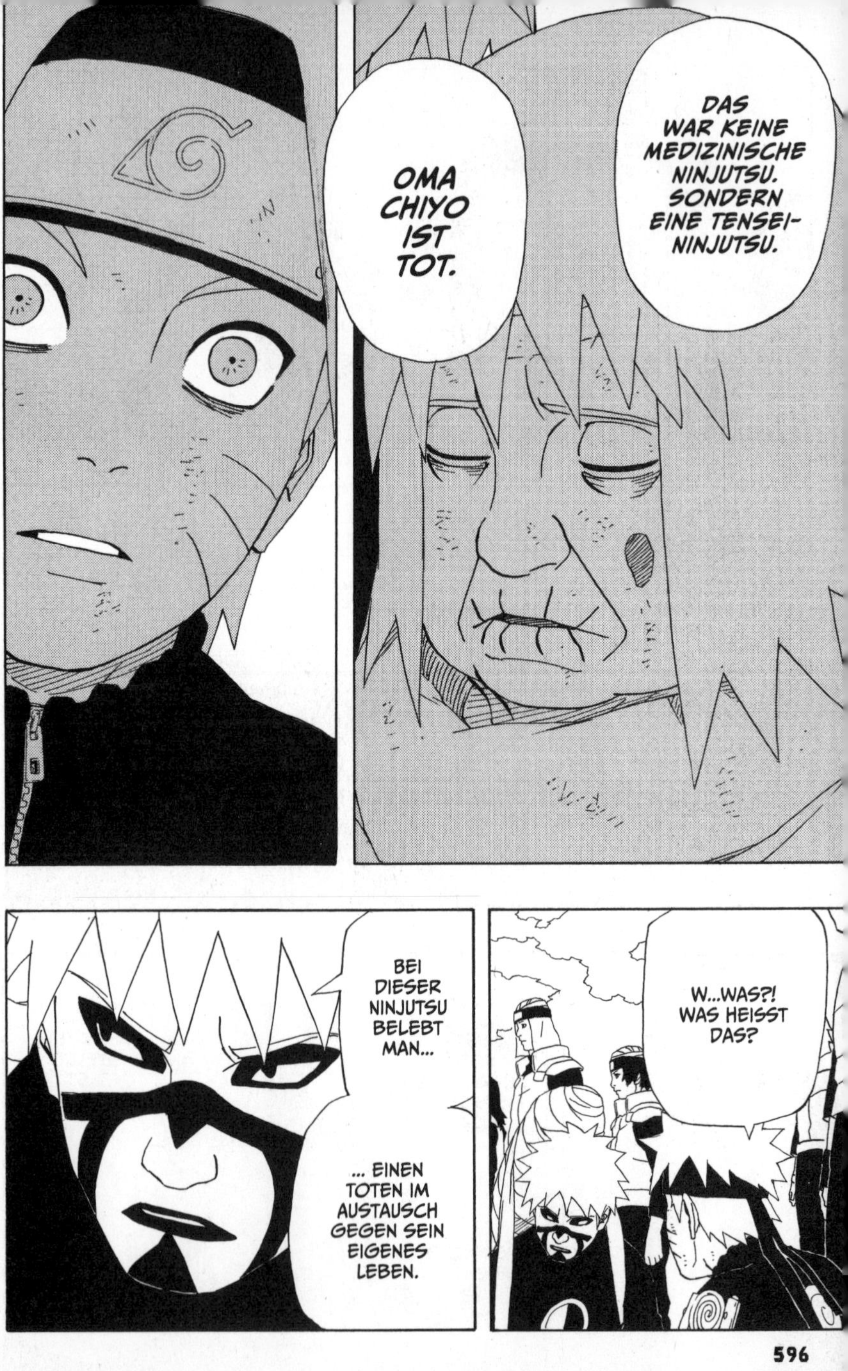
DAS WAR KEINE MEDIZINISCHE NINJUTSU. SONDERN EINE TENSEI-NINJUTSU.
OMA CHIYO IST TOT.
W...WAS?! WAS HEISST DAS?
BEI DIESER NINJUTSU BELEBT MAN...
... EINEN TOTEN IM AUSTAUSCH GEGEN SEIN EIGENES LEBEN.

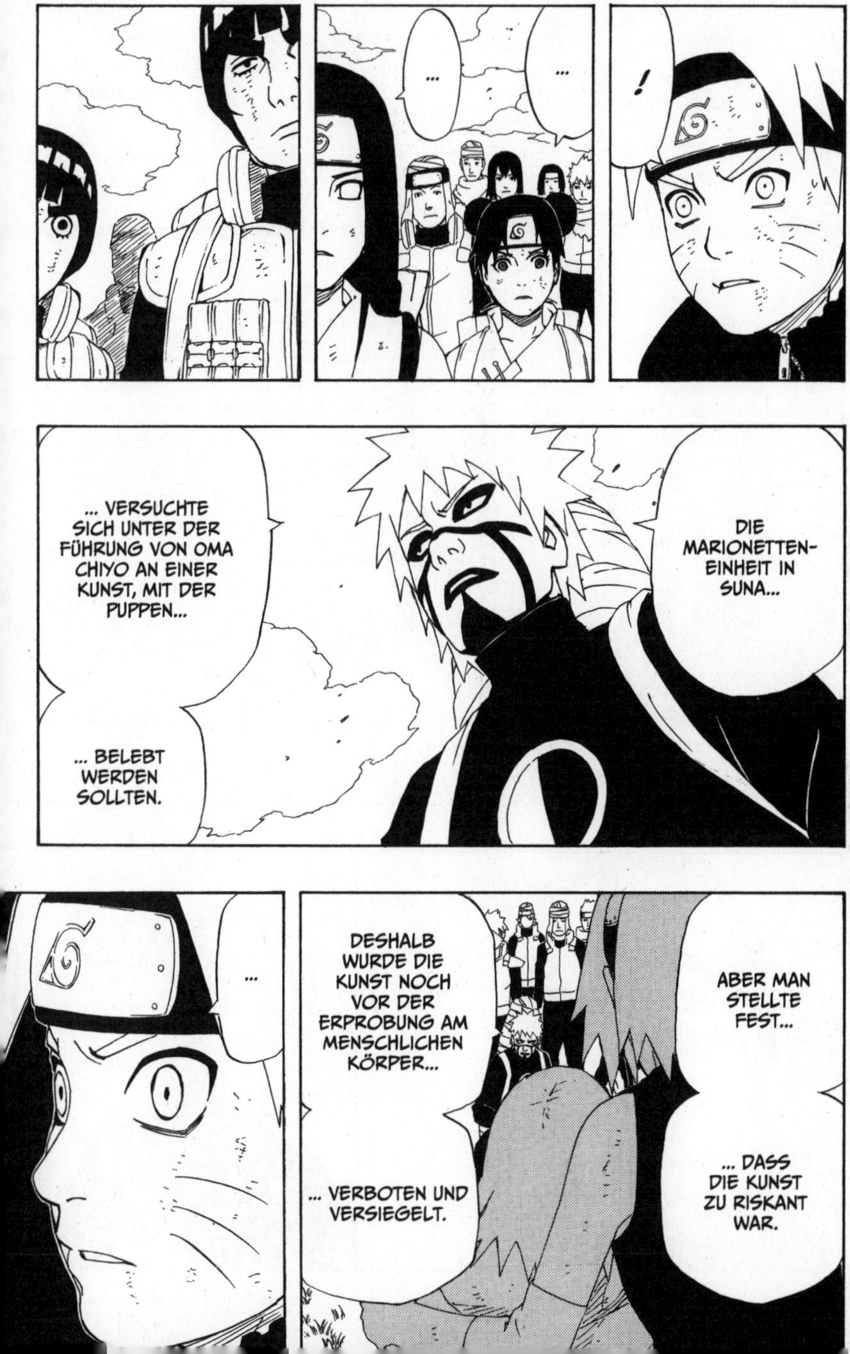
!
...
...
DIE MARIONETTEN-EINHEIT IN SUNA...
... VERSUCHTE SICH UNTER DER FÜHRUNG VON OMA CHIYO AN EINER KUNST, MIT DER PUPPEN...
... BELEBT WERDEN SOLLTEN.
ABER MAN STELLTE FEST...
... DASS DIE KUNST ZU RISKANT WAR.
DESHALB WURDE DIE KUNST NOCH VOR DER ERPROBUNG AM MENSCHLICHEN KÖRPER...
... VERBOTEN UND VERSIEGELT.
...

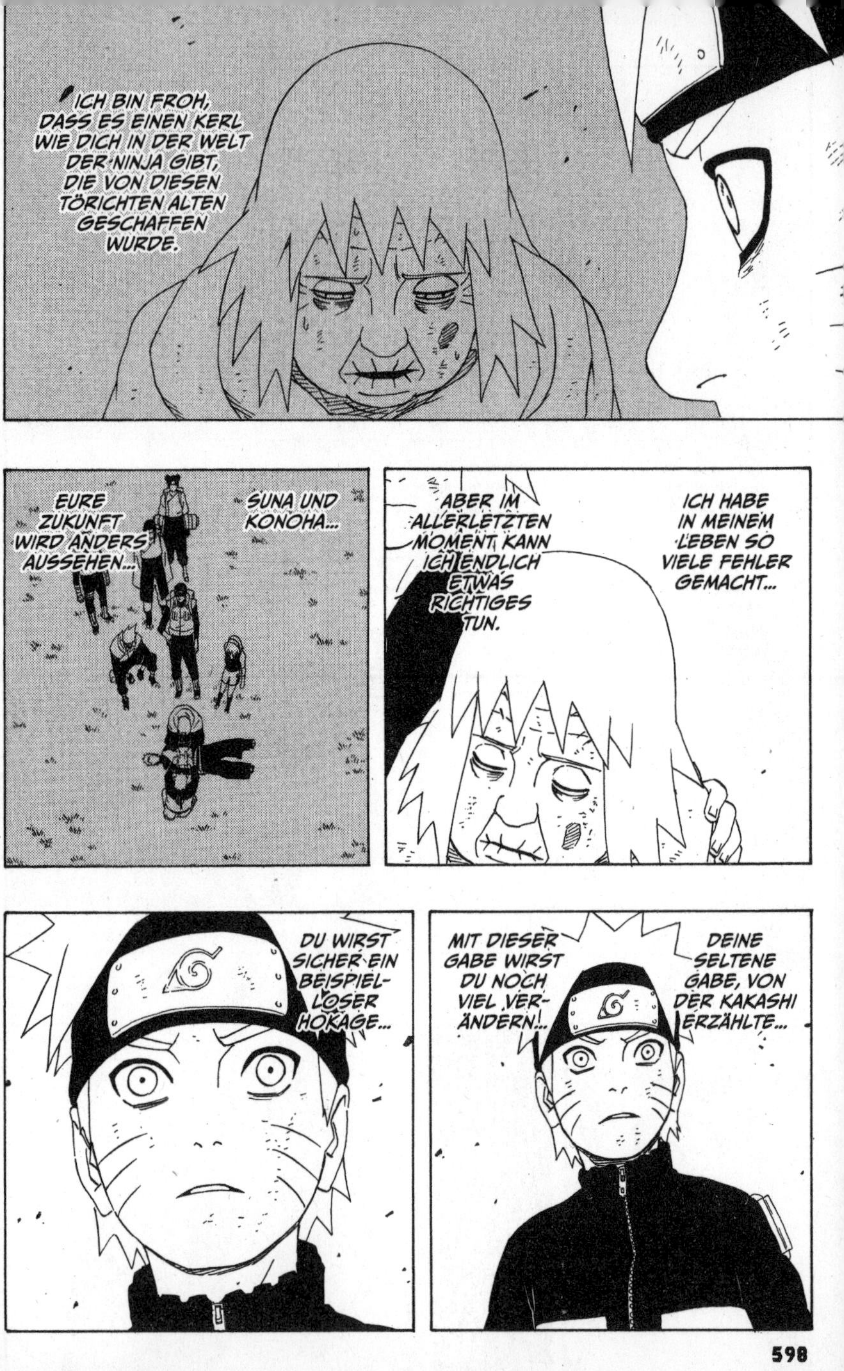

ICH BIN FROH, DASS ES EINEN KERL WIE DICH IN DER WELT DER NINJA GIBT, DIE VON DIESEN TÖRICHTEN ALTEN GESCHAFFEN WURDE.
ICH HABE IN MEINEM LEBEN SO VIELE FEHLER GEMACHT...
ABER IM ALLERLETZTEN MOMENT KANN ICH ENDLICH ETWAS RICHTIGES TUN.
SUNA UND KONOHA...
EURE ZUKUNFT WIRD ANDERS AUSSEHEN...
DEINE SELTENE GABE, VON DER KAKASHI ERZÄHLTE...
MIT DIESER GABE WIRST DU NOCH VIEL VER-ÄNDERN!...
DU WIRST SICHER EIN BEISPIEL-LOSER HOKAGE...

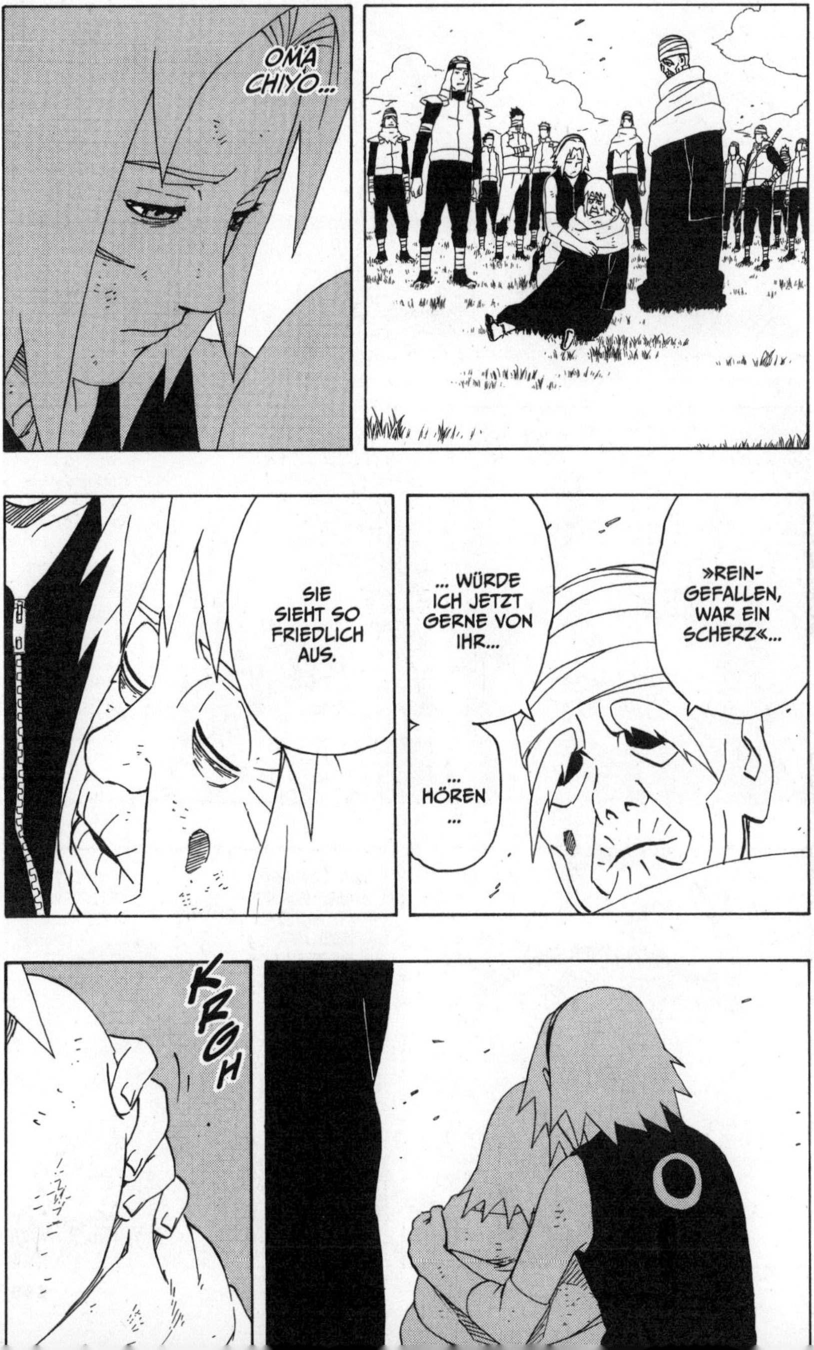

OMA CHIYO...
»REIN-GEFALLEN, WAR EIN SCHERZ«...
... WÜRDE ICH JETZT GERNE VON IHR...
... HÖREN ...
SIE SIEHT SO FRIEDLICH AUS.
KRGH

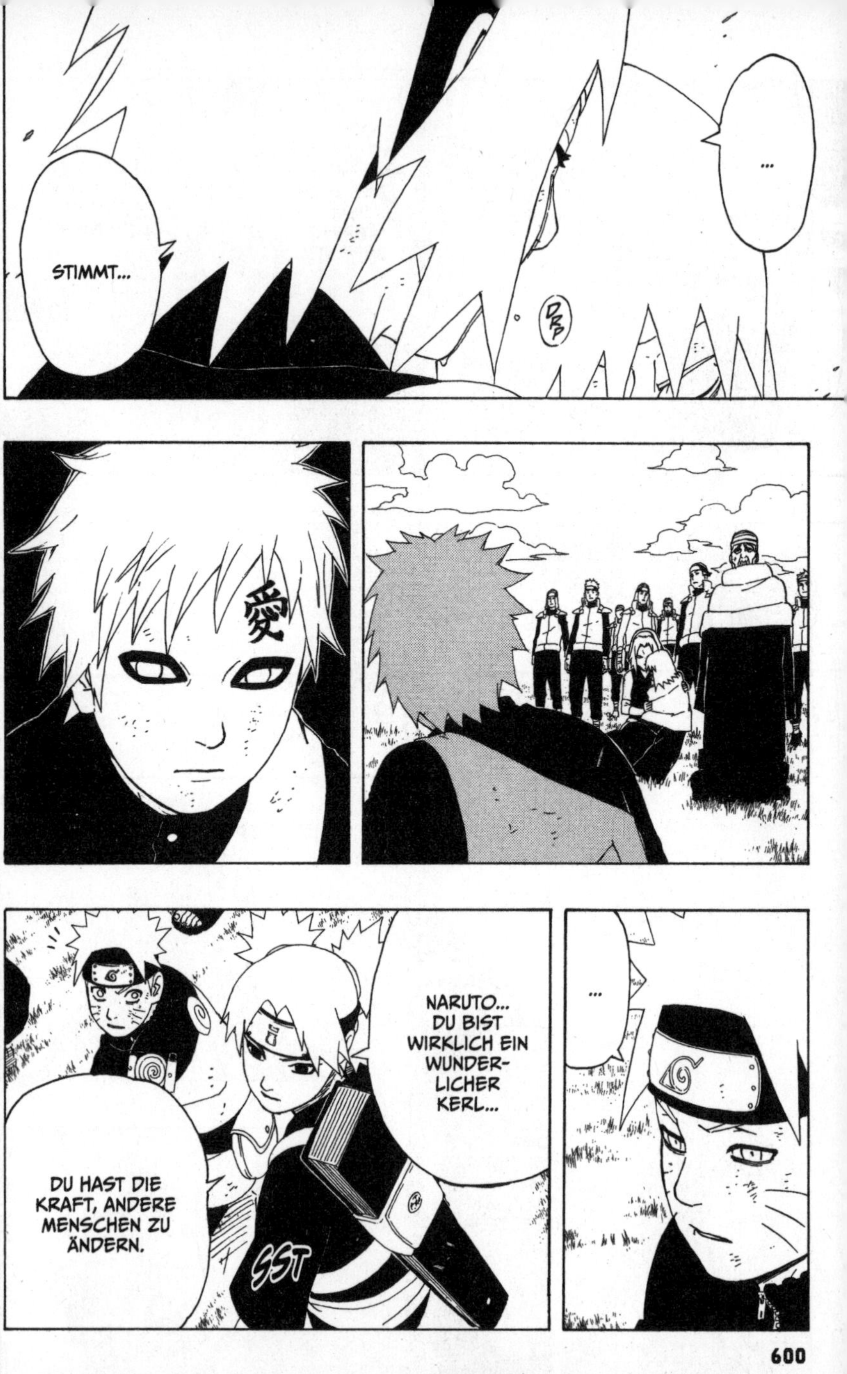

...
STIMMT...
DRP
...
NARUTO... DU BIST WIRKLICH EIN WUNDER-LICHER KERL...
DU HAST DIE KRAFT, ANDERE MENSCHEN ZU ÄNDERN.
SST

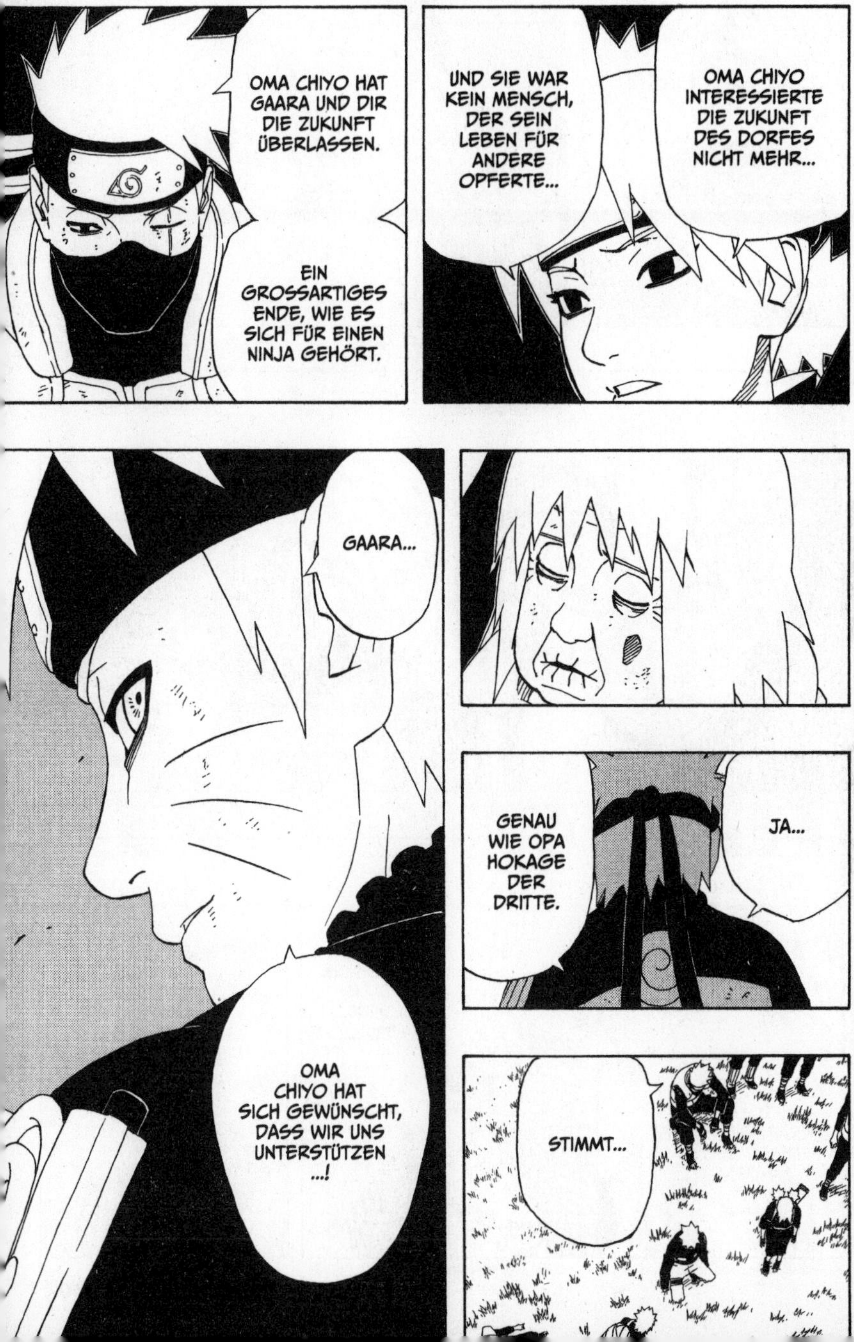
OMA CHIYO INTERESSIERTE DIE ZUKUNFT DES DORFES NICHT MEHR...
UND SIE WAR KEIN MENSCH, DER SEIN LEBEN FÜR ANDERE OPFERTE...
OMA CHIYO HAT GAARA UND DIR DIE ZUKUNFT ÜBERLASSEN.
EIN GROSSARTIGES ENDE, WIE ES SICH FÜR EINEN NINJA GEHÖRT.
JA...
GENAU WIE OPA HOKAGE DER DRITTE.
STIMMT...
GAARA...
OMA CHIYO HAT SICH GEWÜNSCHT, DASS WIR UNS UNTERSTÜTZEN ...!

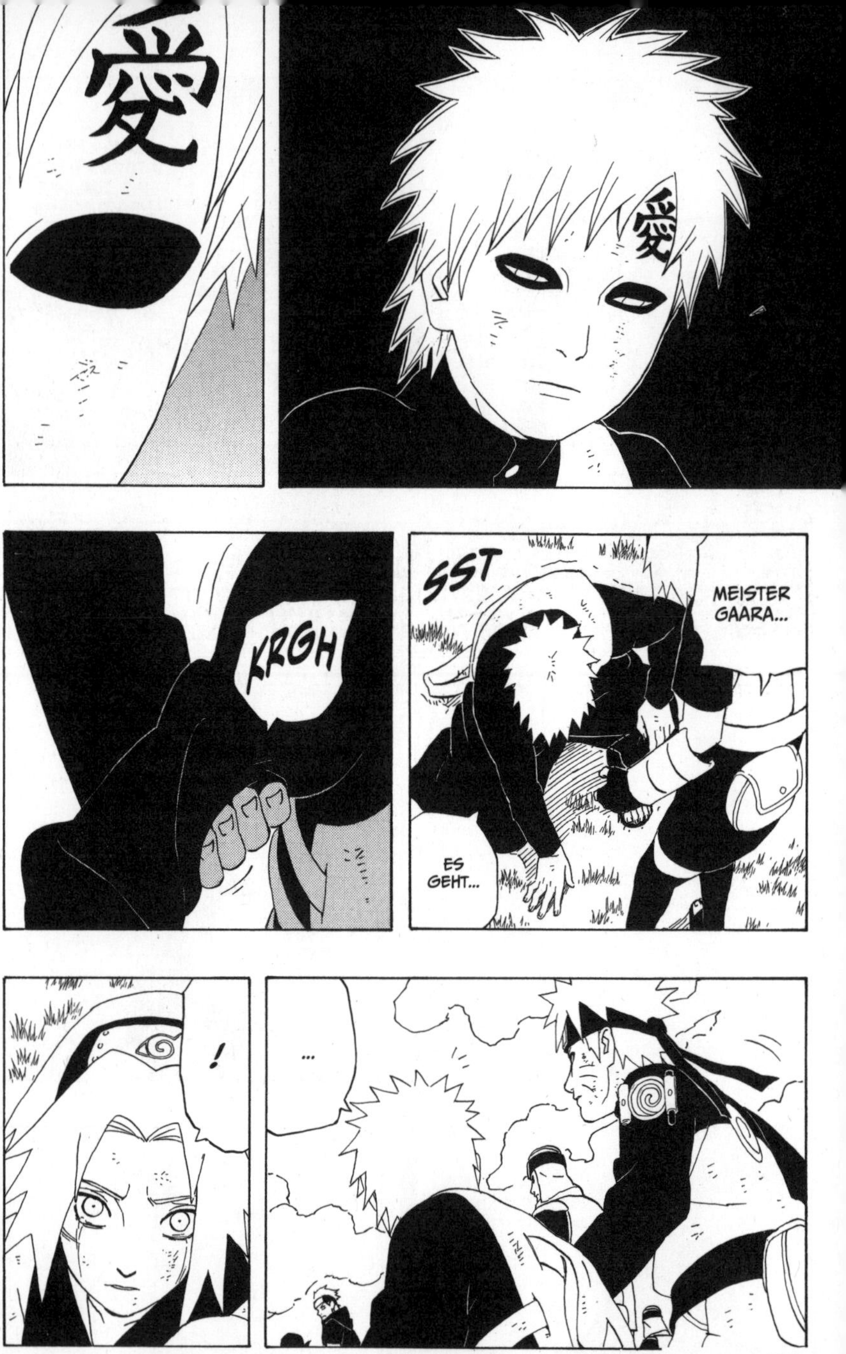
SST
MEISTER GAARA...
ES GEHT...
KRGH
...
!

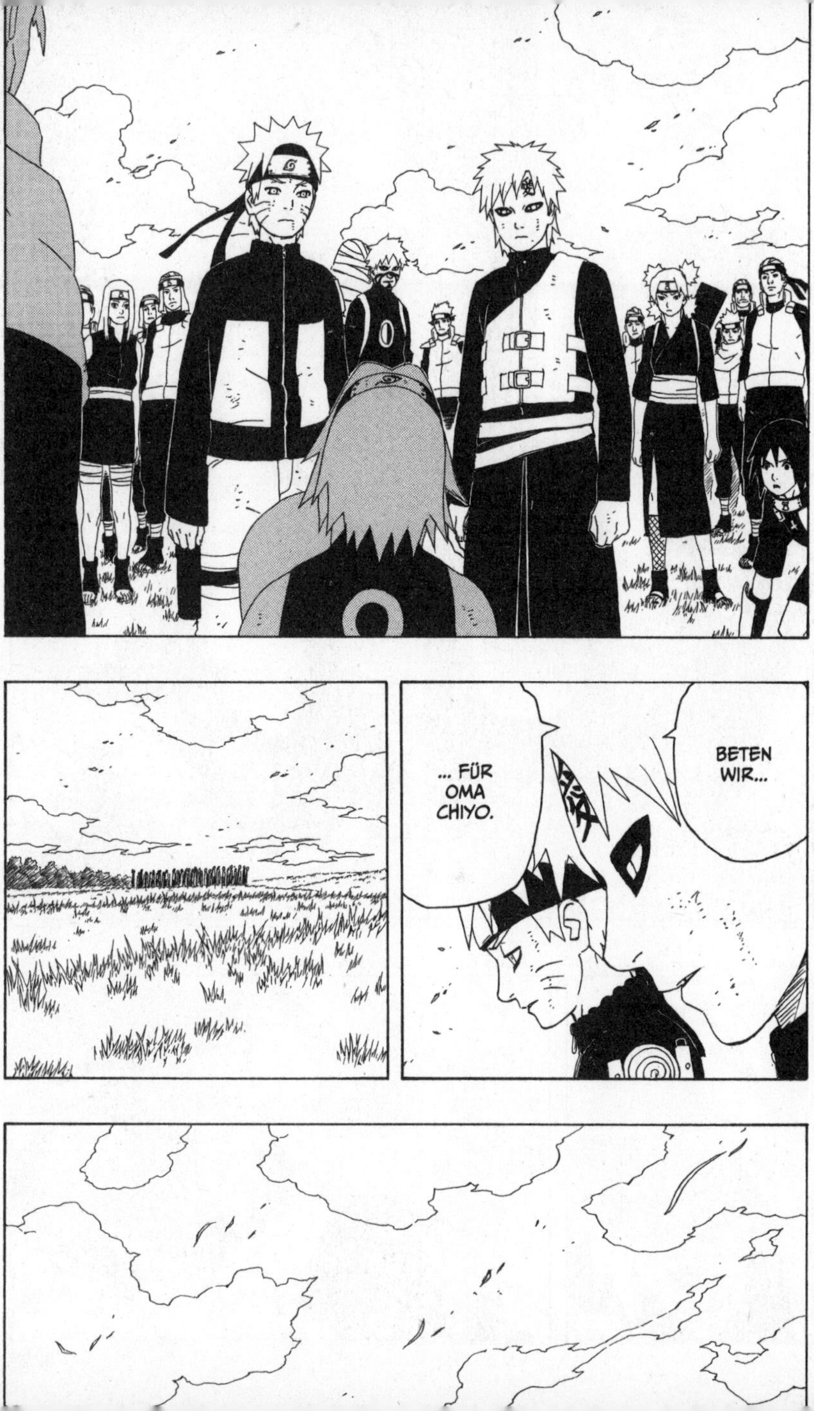
BETEN WIR...
... FÜR OMA CHIYO.

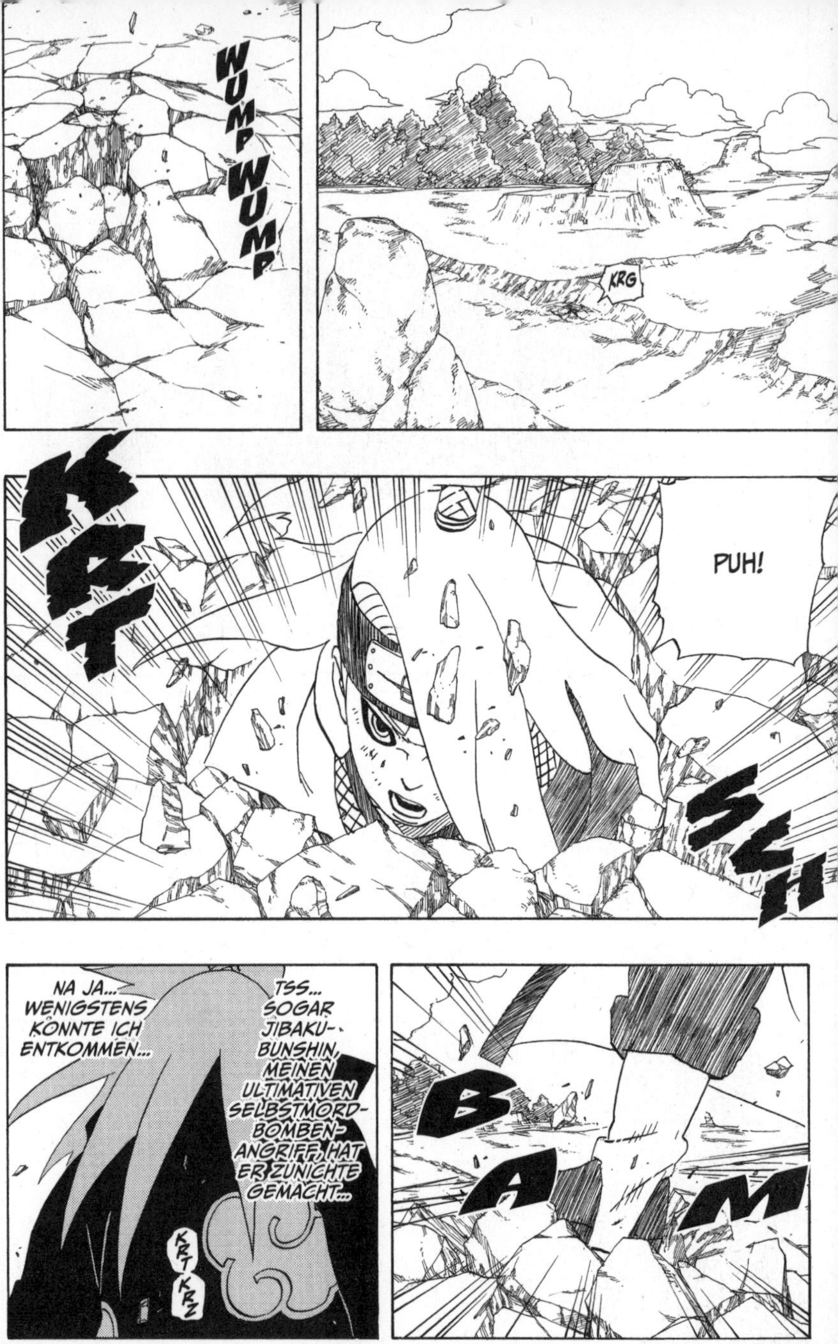
KRG
WUMP WUMP
PUH!
SCH
KRAT
BAM
TSS... SOGAR JIBAKU-BUNSHIN, MEINEN ULTIMATIVEN SELBSTMORD-BOMBEN-ANGRIFF, HAT ER ZUNICHTE GEMACHT...
NA JA... WENIGSTENS KONNTE ICH ENTKOMMEN...
KRT KRZ

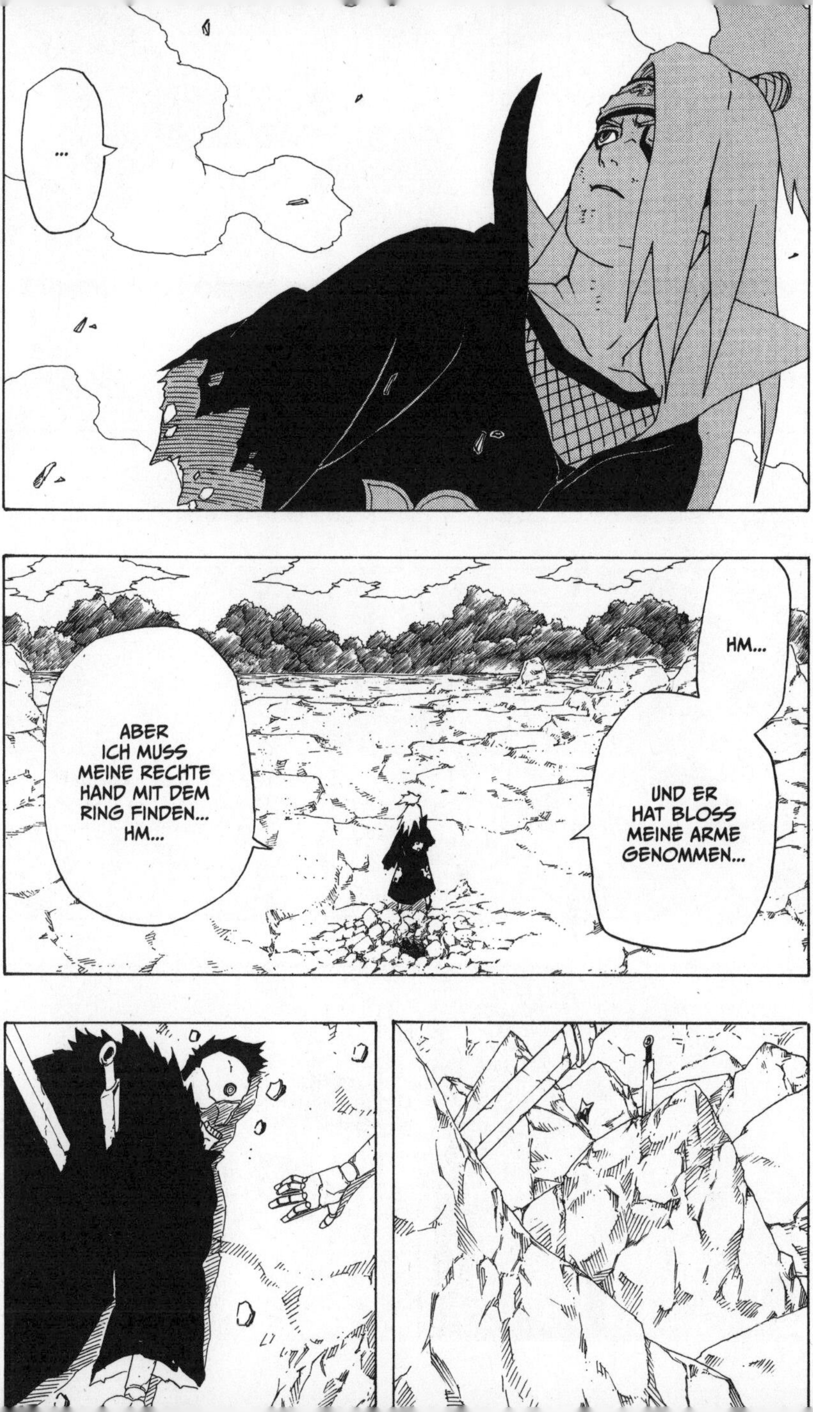
...
HM...
UND ER HAT BLOSS MEINE ARME GENOMMEN...
ABER ICH MUSS MEINE RECHTE HAND MIT DEM RING FINDEN... HM...

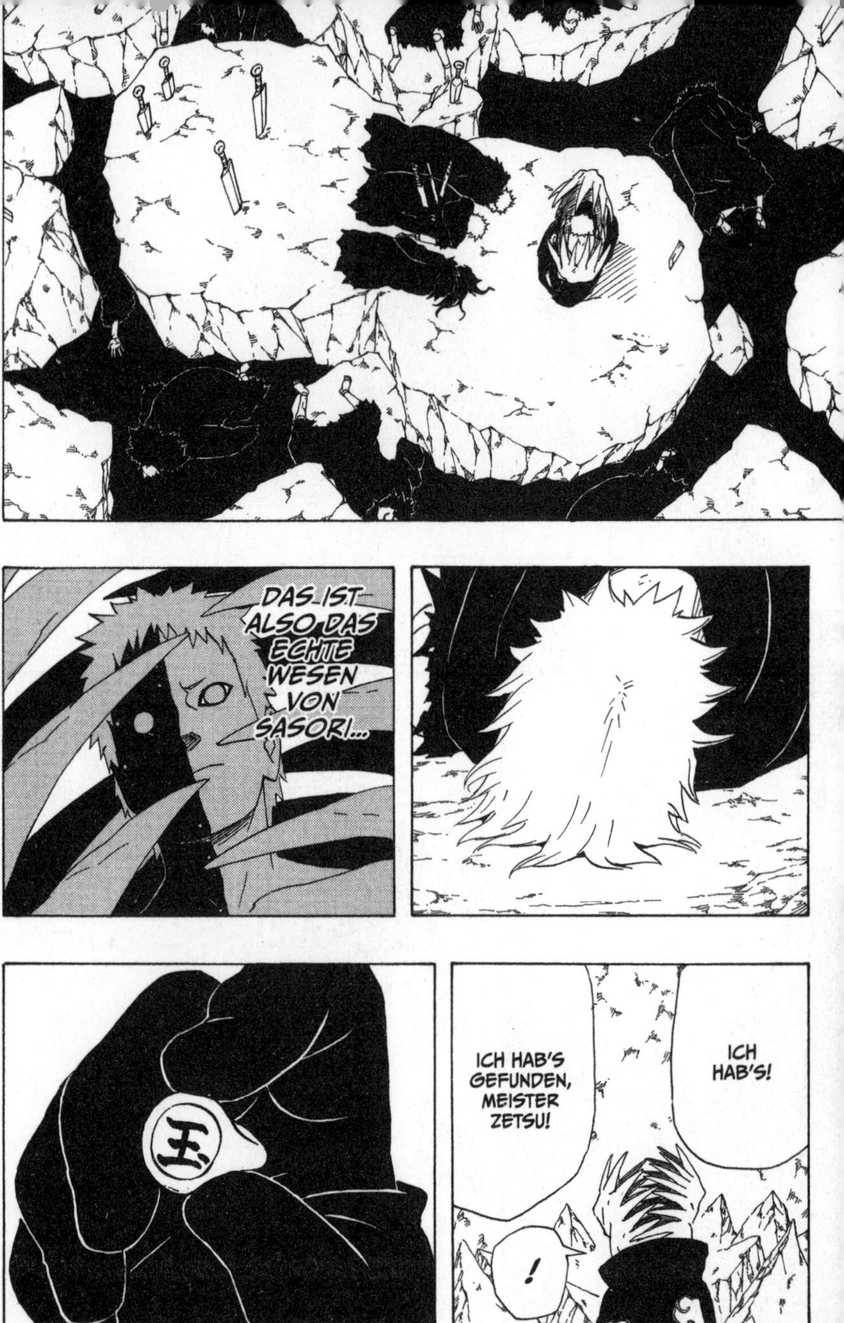
DAS IST ALSO DAS ECHTE WESEN VON SASORI...
ICH HAB'S!
ICH HAB'S GEFUNDEN, MEISTER ZETSU!
!

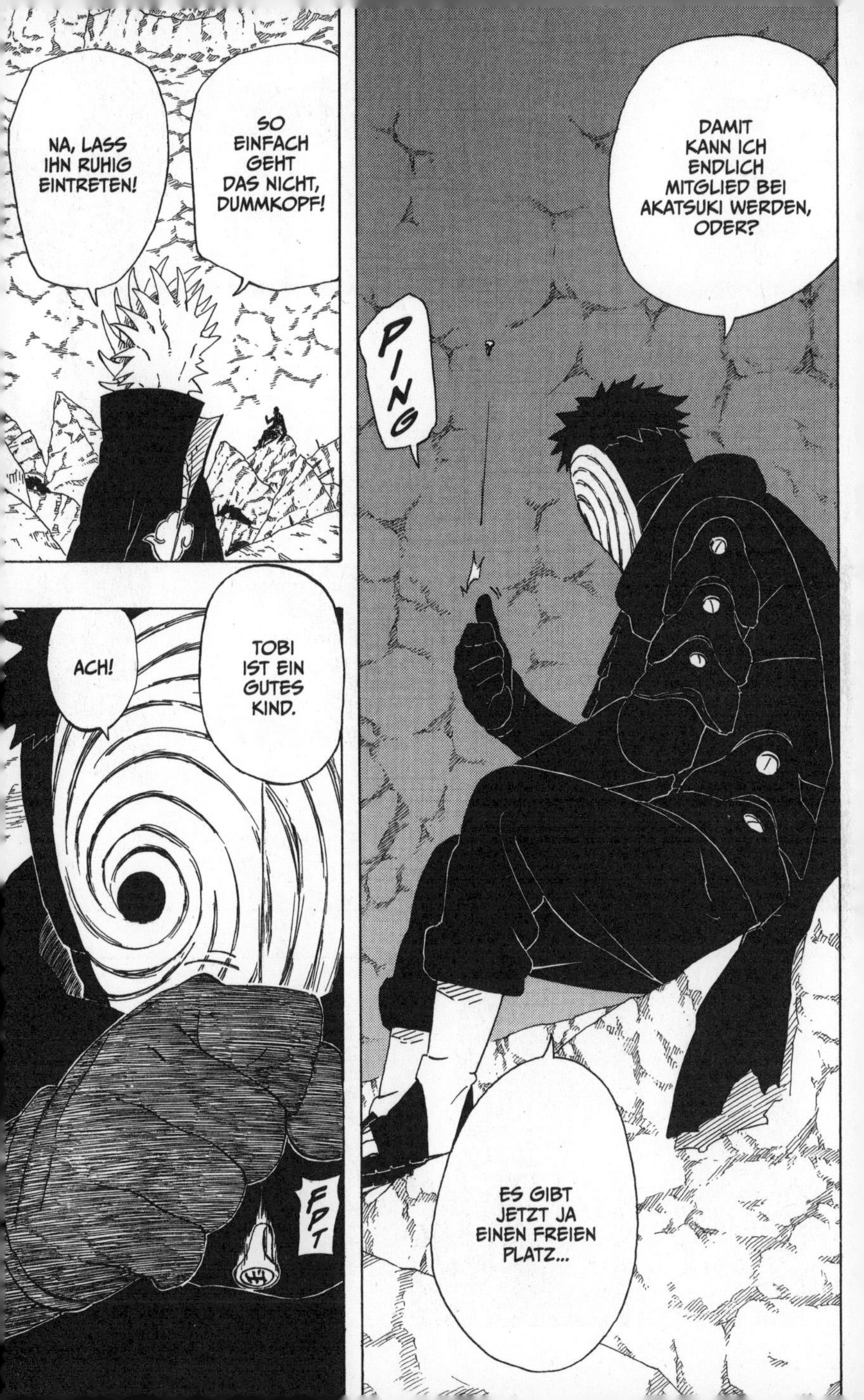
DAMIT KANN ICH ENDLICH MITGLIED BEI AKATSUKI WERDEN, ODER?
PING
ES GIBT JETZT JA EINEN FREIEN PLATZ...
SO EINFACH GEHT DAS NICHT, DUMMKOPF!
NA, LASS IHN RUHIG EINTRETEN!
TOBI IST EIN GUTES KIND.
ACH!
FPT

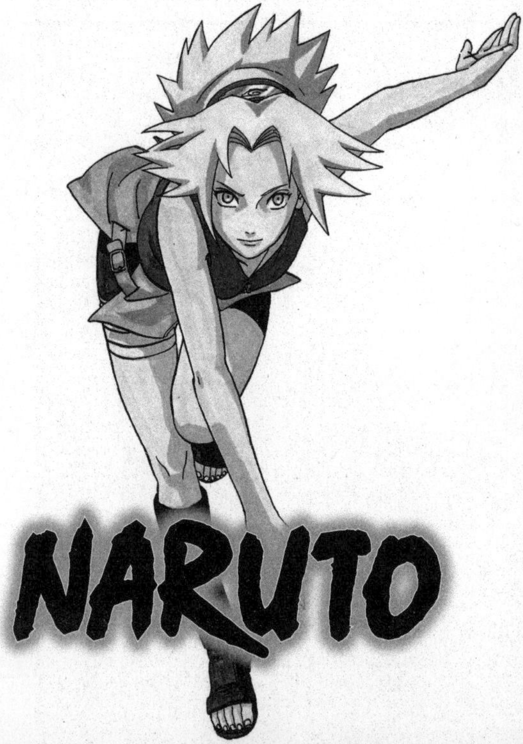
NARUTO

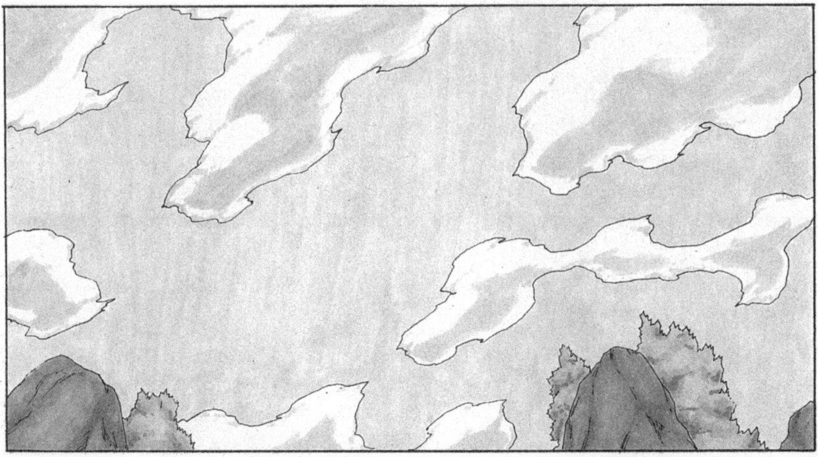

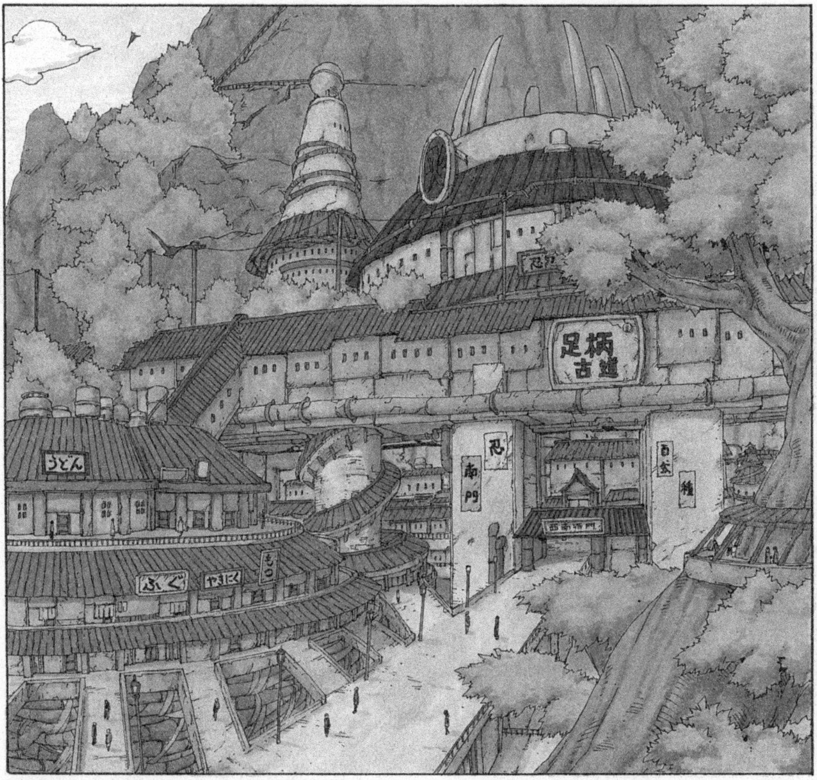
足柄古道
忍
南門
うどん
ふぐ
やきにく

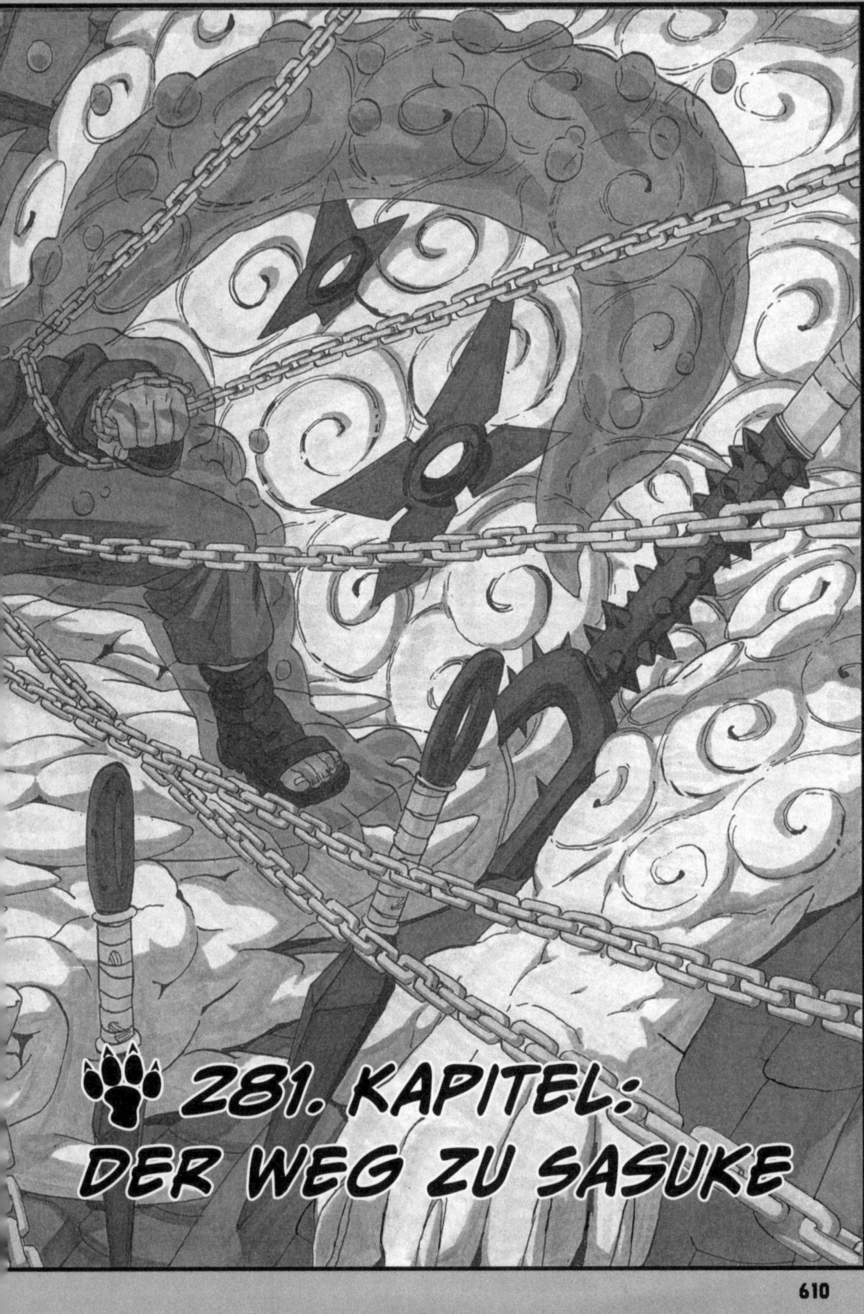
281. KAPITEL:
DER WEG ZU SASUKE

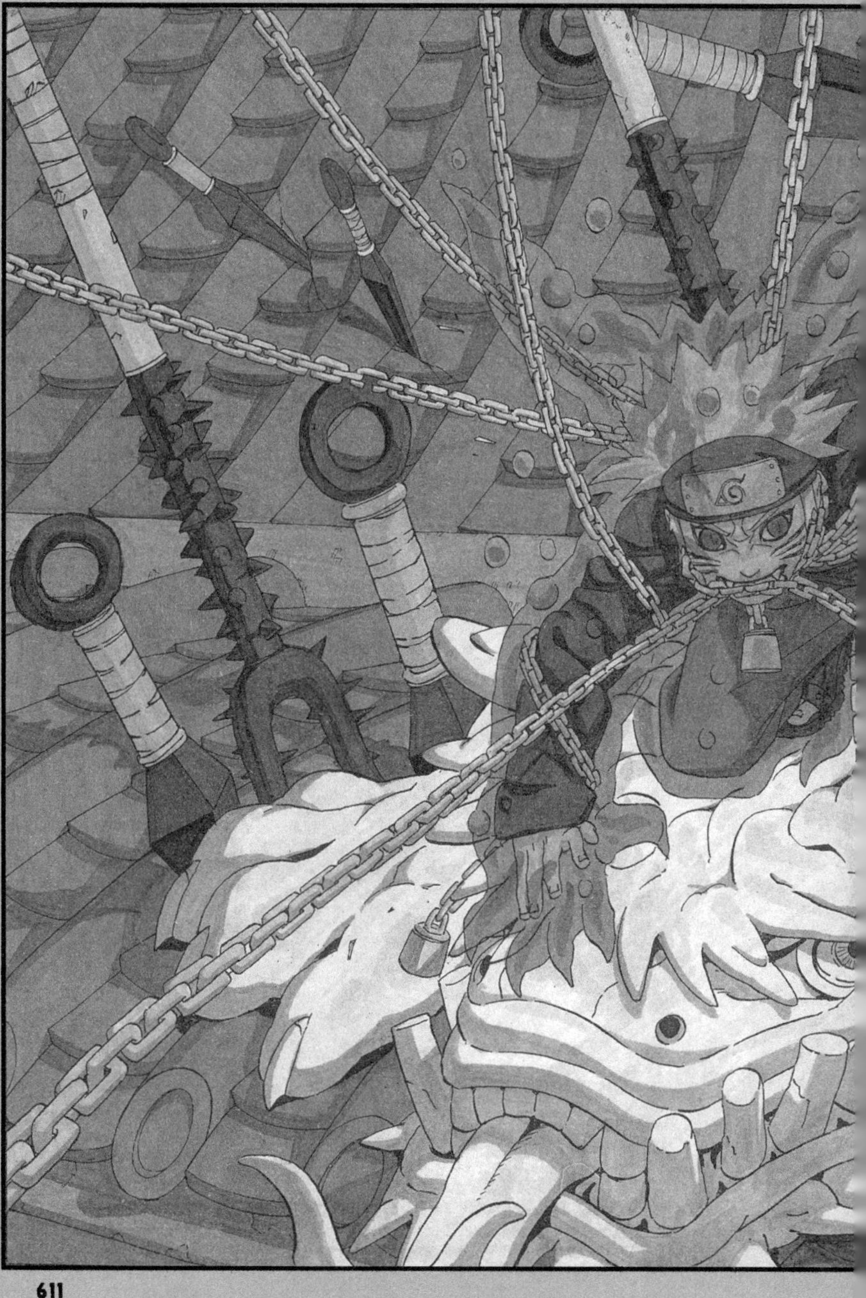

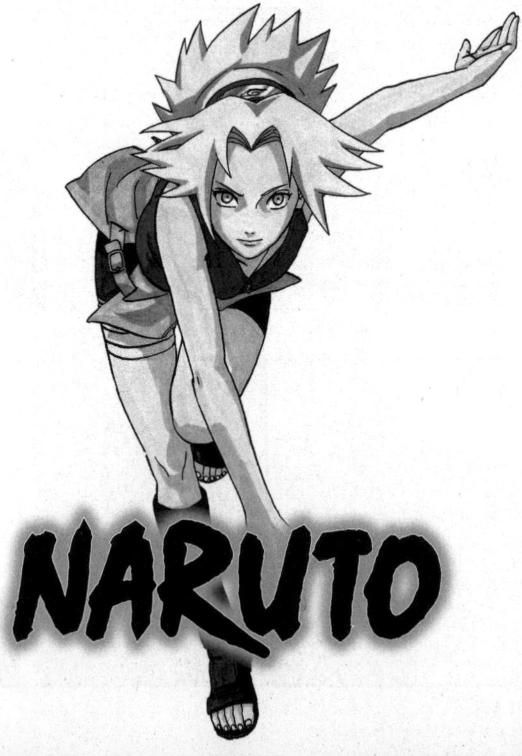
NARUTO

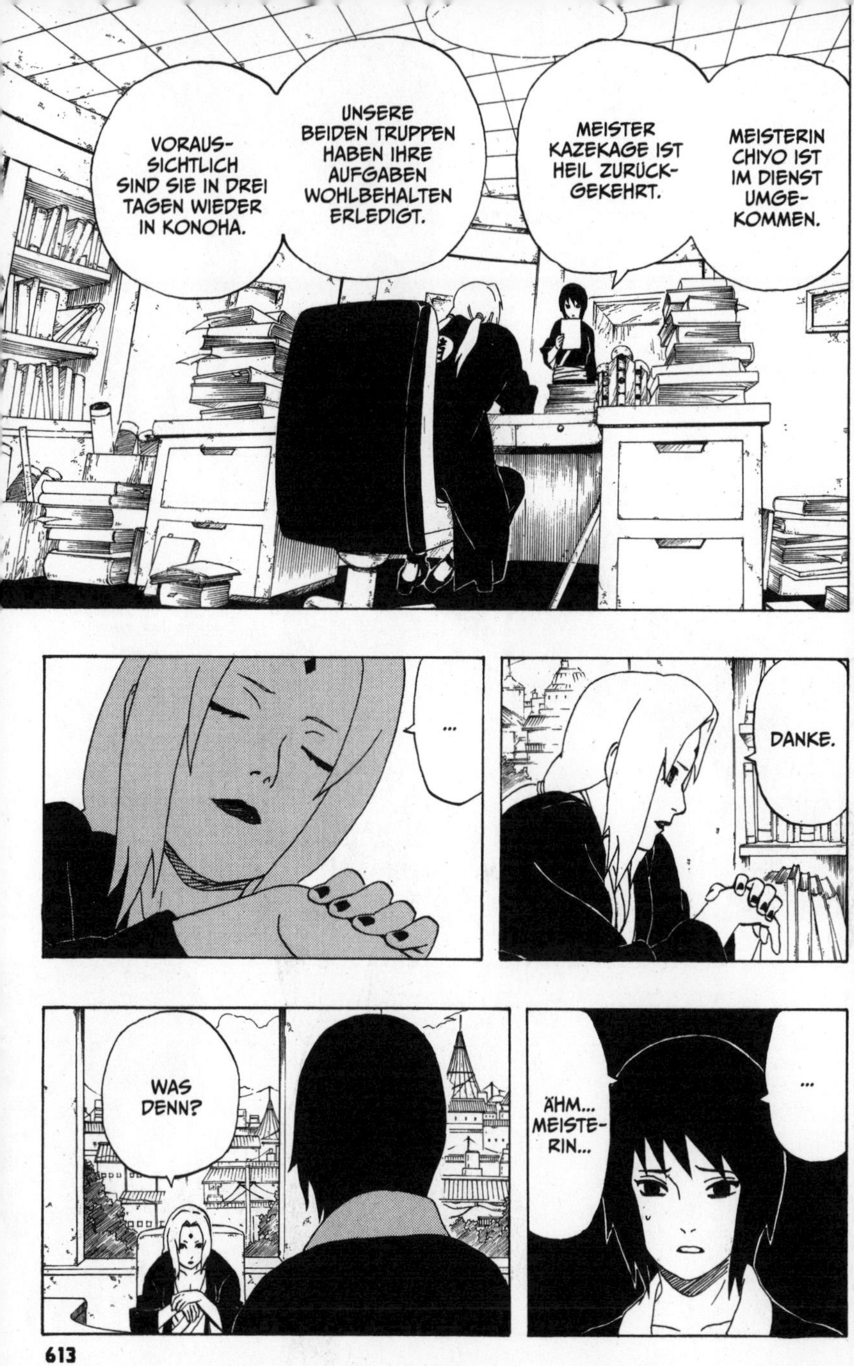
MEISTERIN CHIYO IST IM DIENST UMGEKOMMEN.
MEISTER KAZEKAGE IST HEIL ZURÜCKGEKEHRT.
UNSERE BEIDEN TRUPPEN HABEN IHRE AUFGABEN WOHLBEHALTEN ERLEDIGT.
VORAUSSICHTLICH SIND SIE IN DREI TAGEN WIEDER IN KONOHA.
DANKE.
...
...
ÄHM... MEISTERIN...
WAS DENN?

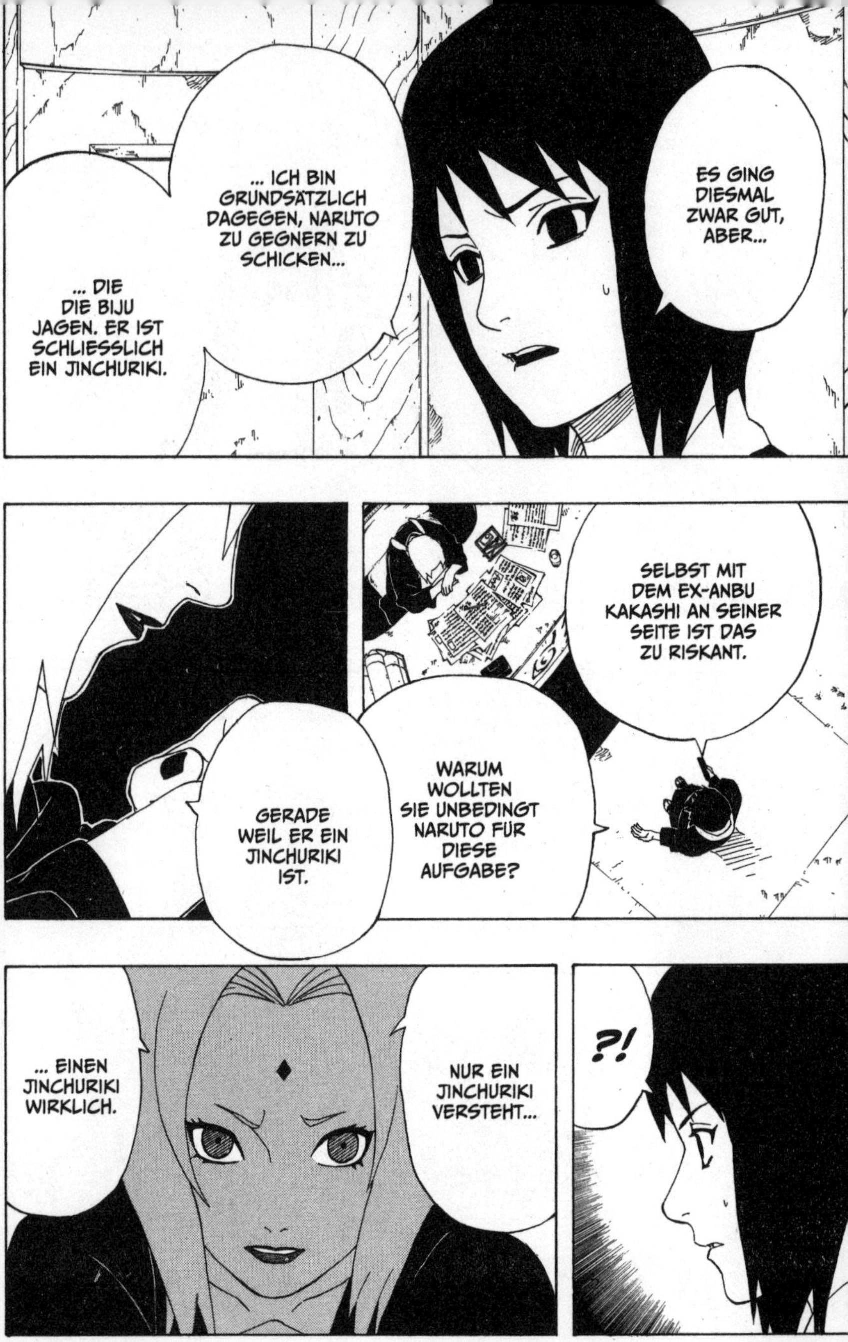
ES GING DIESMAL ZWAR GUT, ABER...
... ICH BIN GRUNDSÄTZLICH DAGEGEN, NARUTO ZU GEGNERN ZU SCHICKEN...
... DIE DIE BIJU JAGEN. ER IST SCHLIESSLICH EIN JINCHURIKI.
SELBST MIT DEM EX-ANBU KAKASHI AN SEINER SEITE IST DAS ZU RISKANT.
WARUM WOLLTEN SIE UNBEDINGT NARUTO FÜR DIESE AUFGABE?
GERADE WEIL ER EIN JINCHURIKI IST.
?!
NUR EIN JINCHURIKI VERSTEHT...
... EINEN JINCHURIKI WIRKLICH.

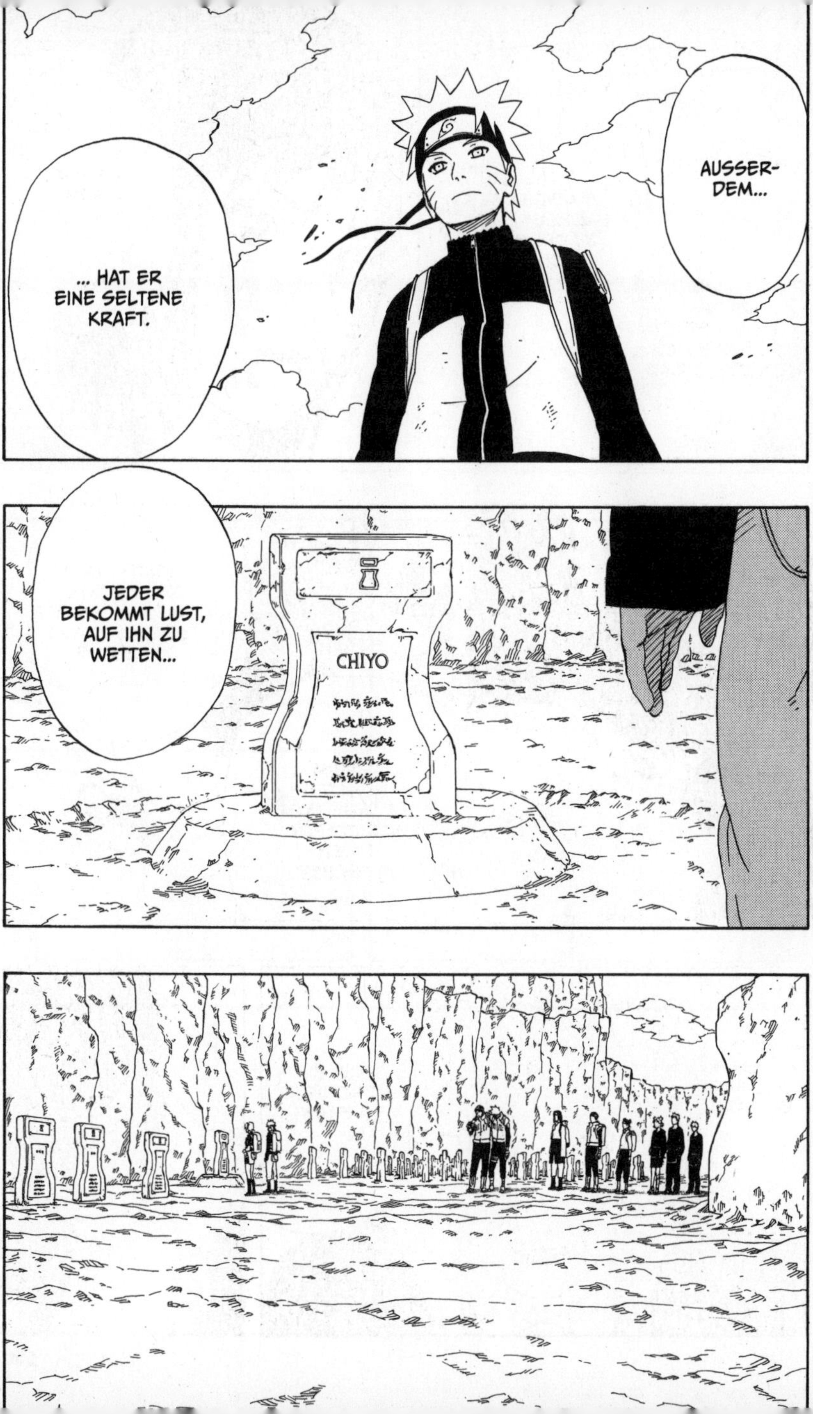
AUSSER-
DEM...
... HAT ER
EINE SELTENE
KRAFT.
JEDER
BEKOMMT LUST,
AUF IHN ZU
WETTEN...
CHIYO

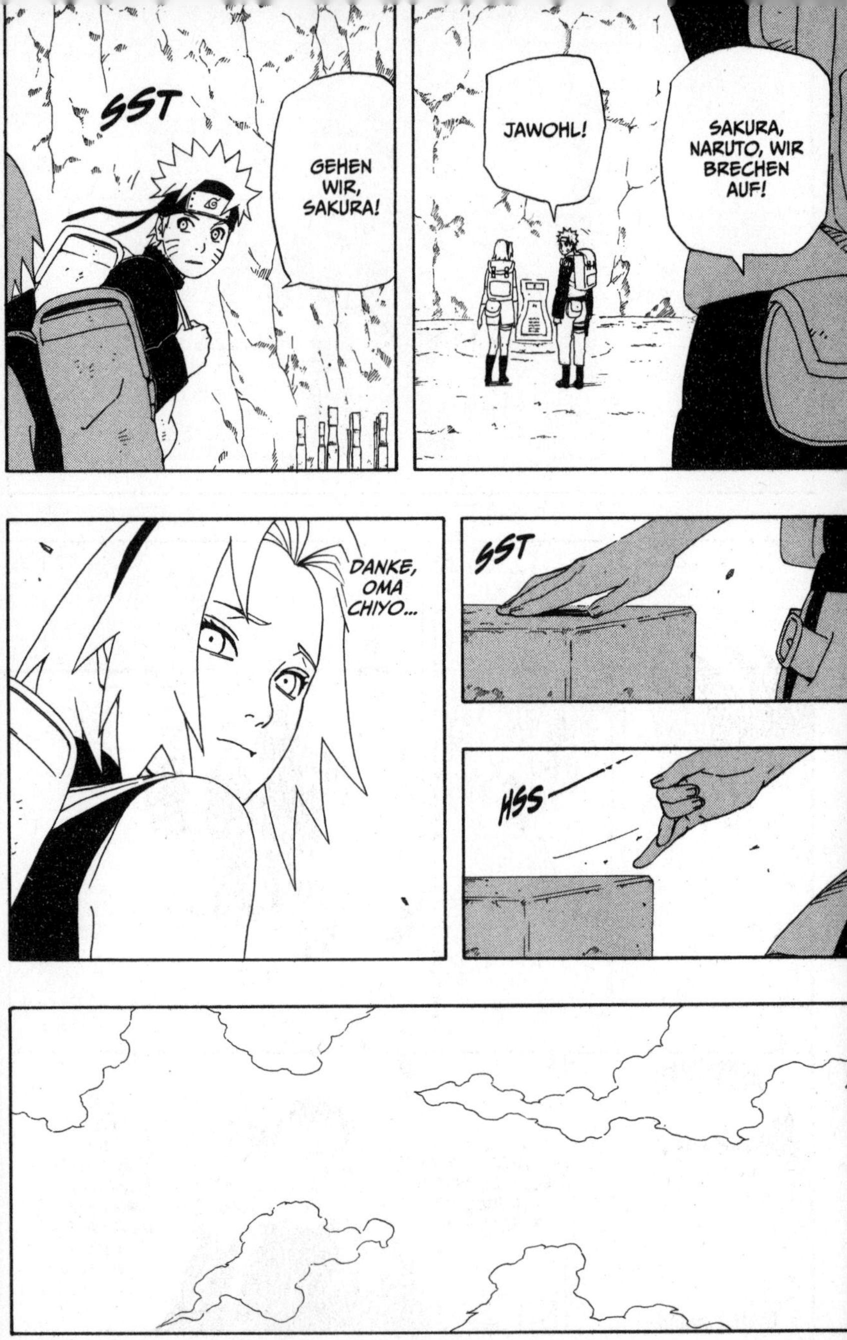
SAKURA, NARUTO, WIR BRECHEN AUF!
JAWOHL!
SST
GEHEN WIR, SAKURA!
SST
HSS
DANKE, OMA CHIYO...

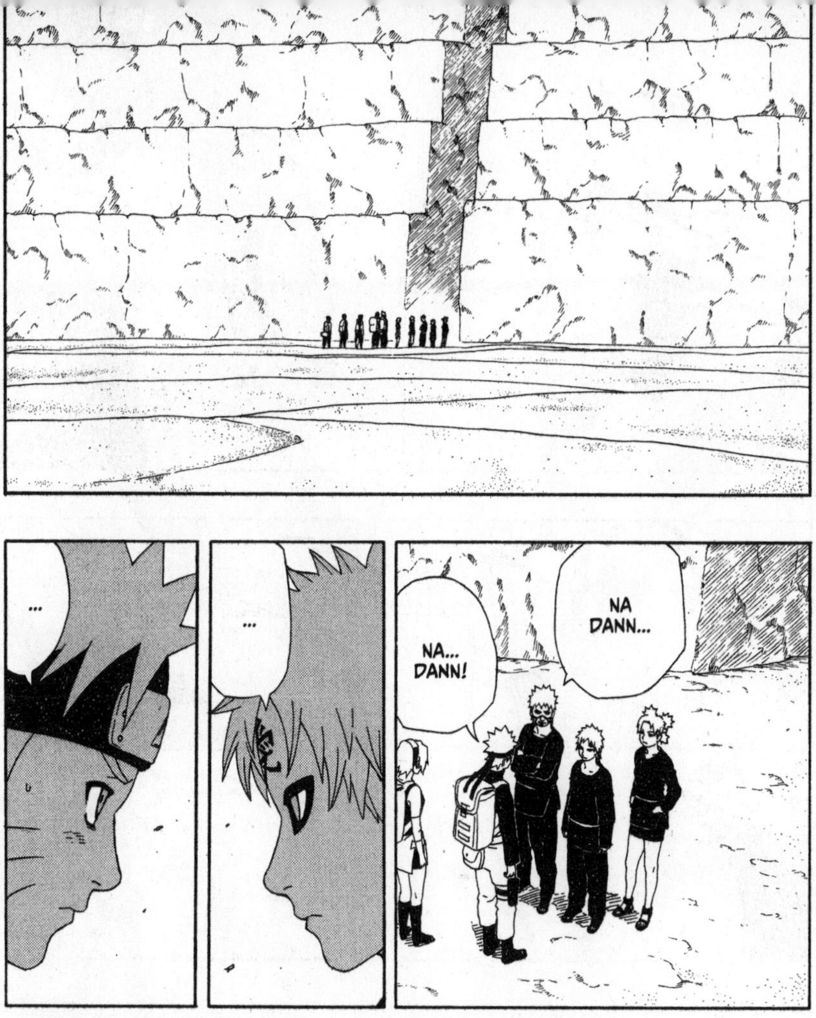
NA DANN...
NA... DANN!
...
...
IN SOLCH EINEM MOMENT DRÜCKT MAN SICH NORMALER-WEISE WOHL...
... DIE HAND, ABER SO WAS FINDE ICH UNCOOL! ALSO DANN...
!

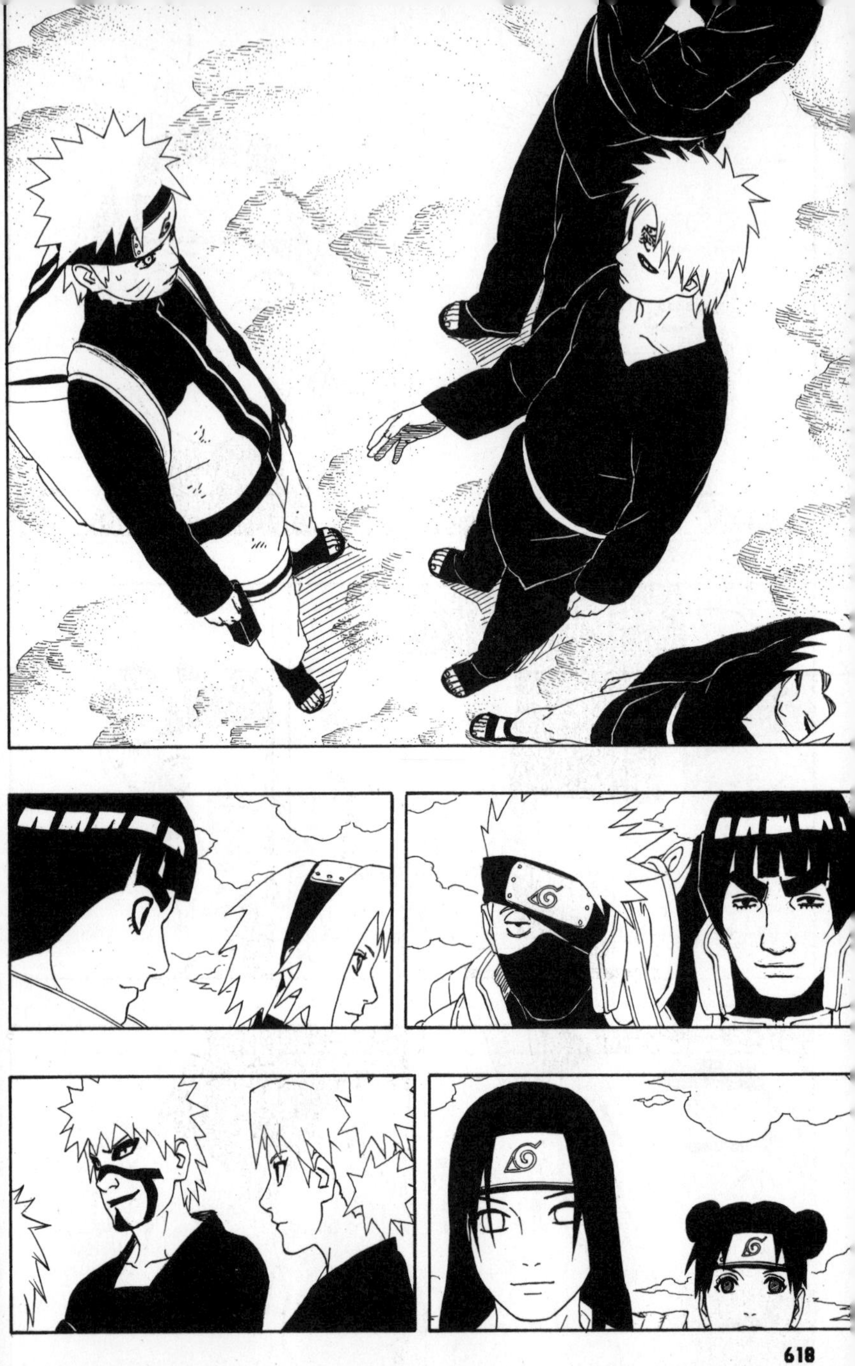

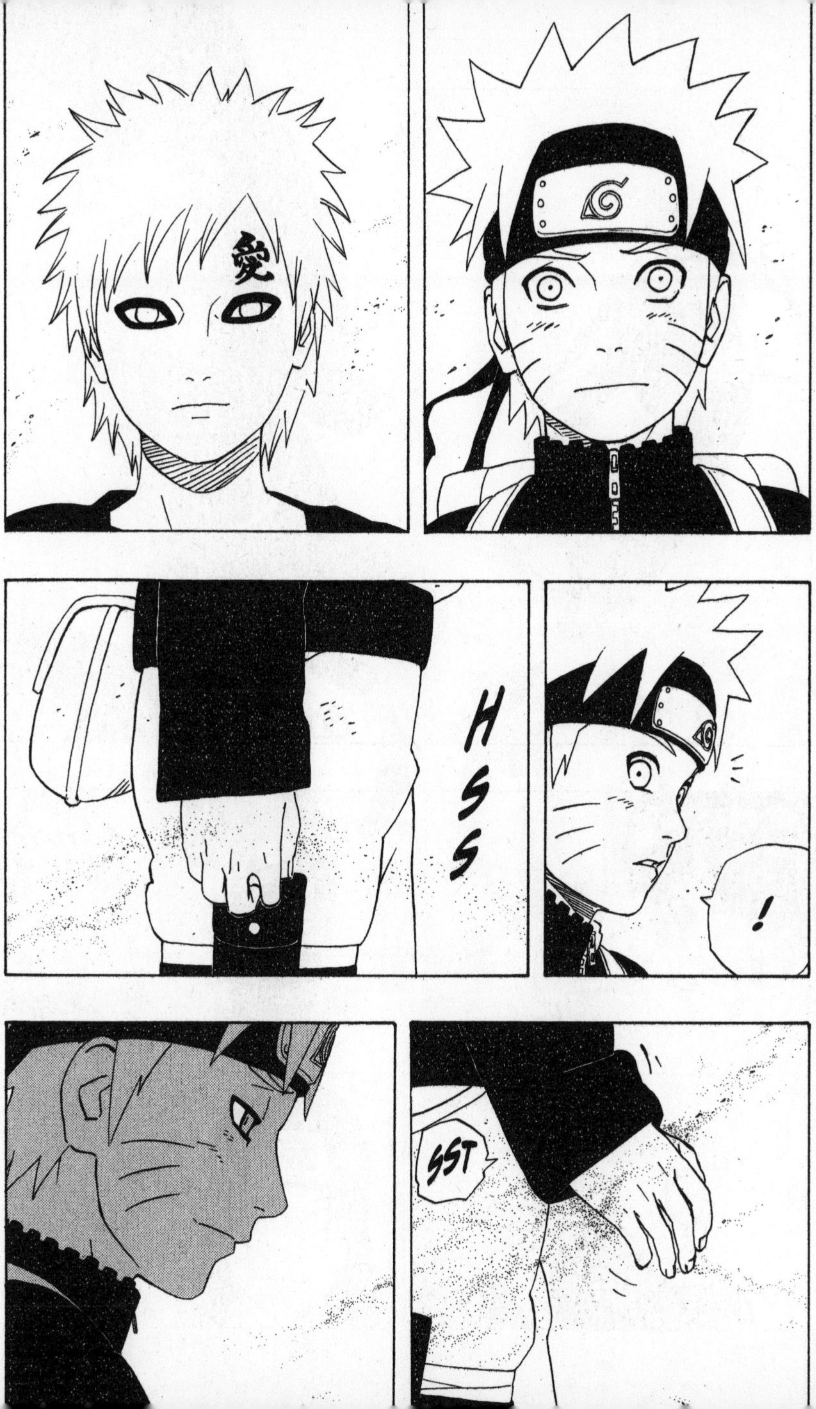

HSS
!
SST

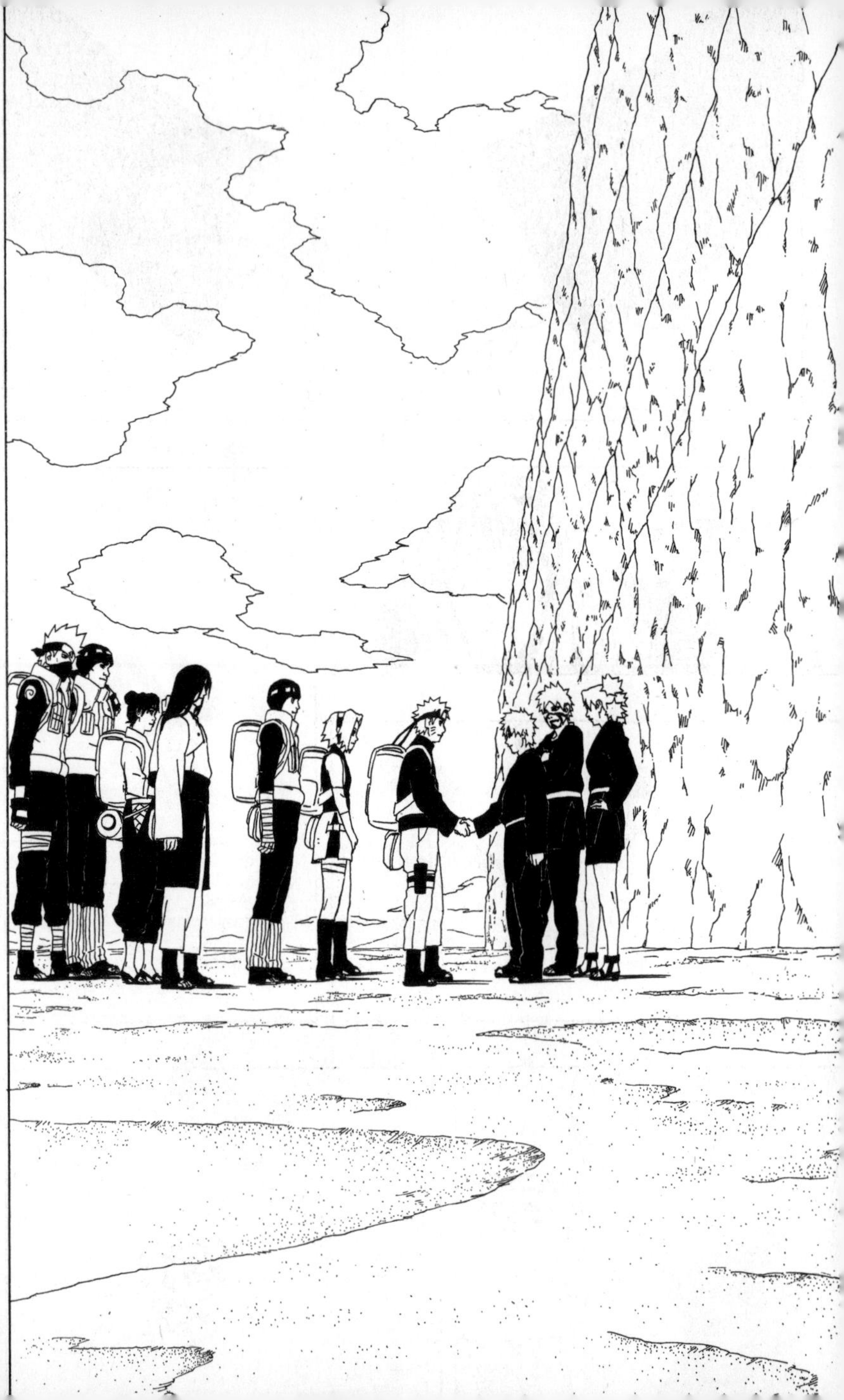

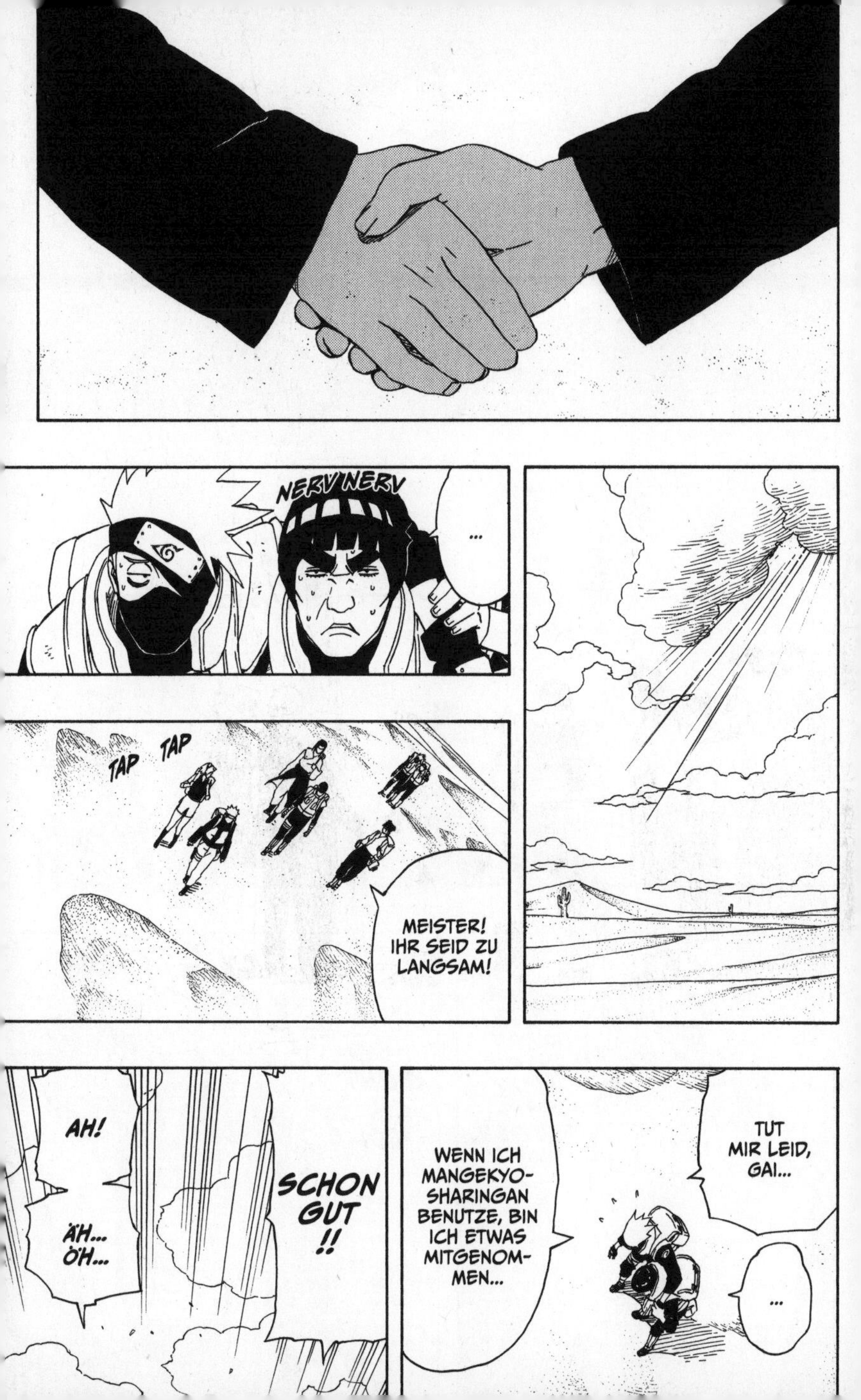
NERV NERV
...
MEISTER! IHR SEID ZU LANGSAM!
TAP TAP
TUT MIR LEID, GAI...
...
WENN ICH MANGEKYO-SHARINGAN BENUTZE, BIN ICH ETWAS MITGENOMMEN...
SCHON GUT !!
AH!
ÄH... ÖH...

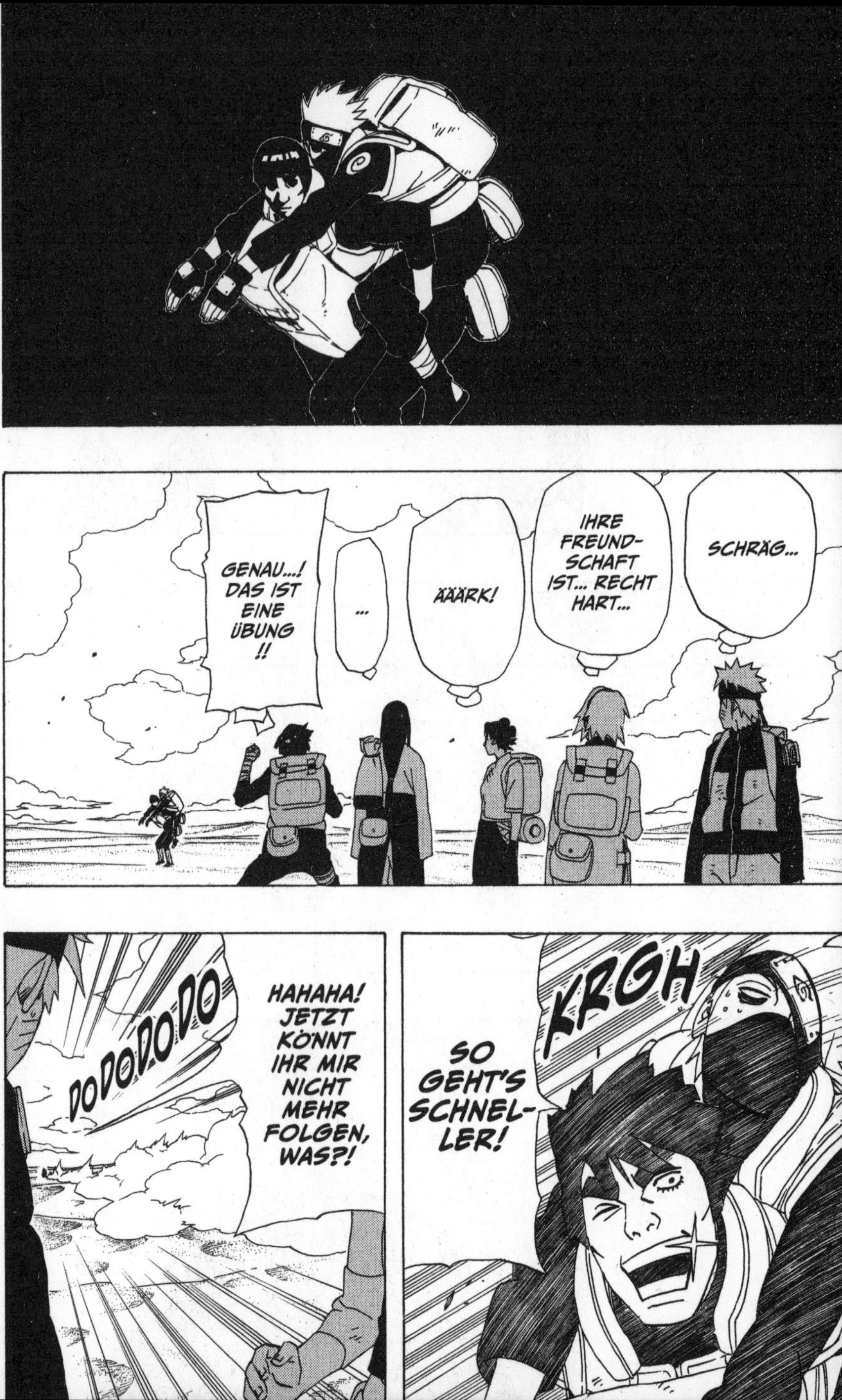
SCHRÄG...
IHRE FREUND-SCHAFT IST... RECHT HART...
ÄÄÄRK!
...
GENAU...! DAS IST EINE ÜBUNG !!
KRGH
SO GEHT'S SCHNEL-LER!
HAHAHA! JETZT KÖNNT IHR MIR NICHT MEHR FOLGEN, WAS?!
DODODODO

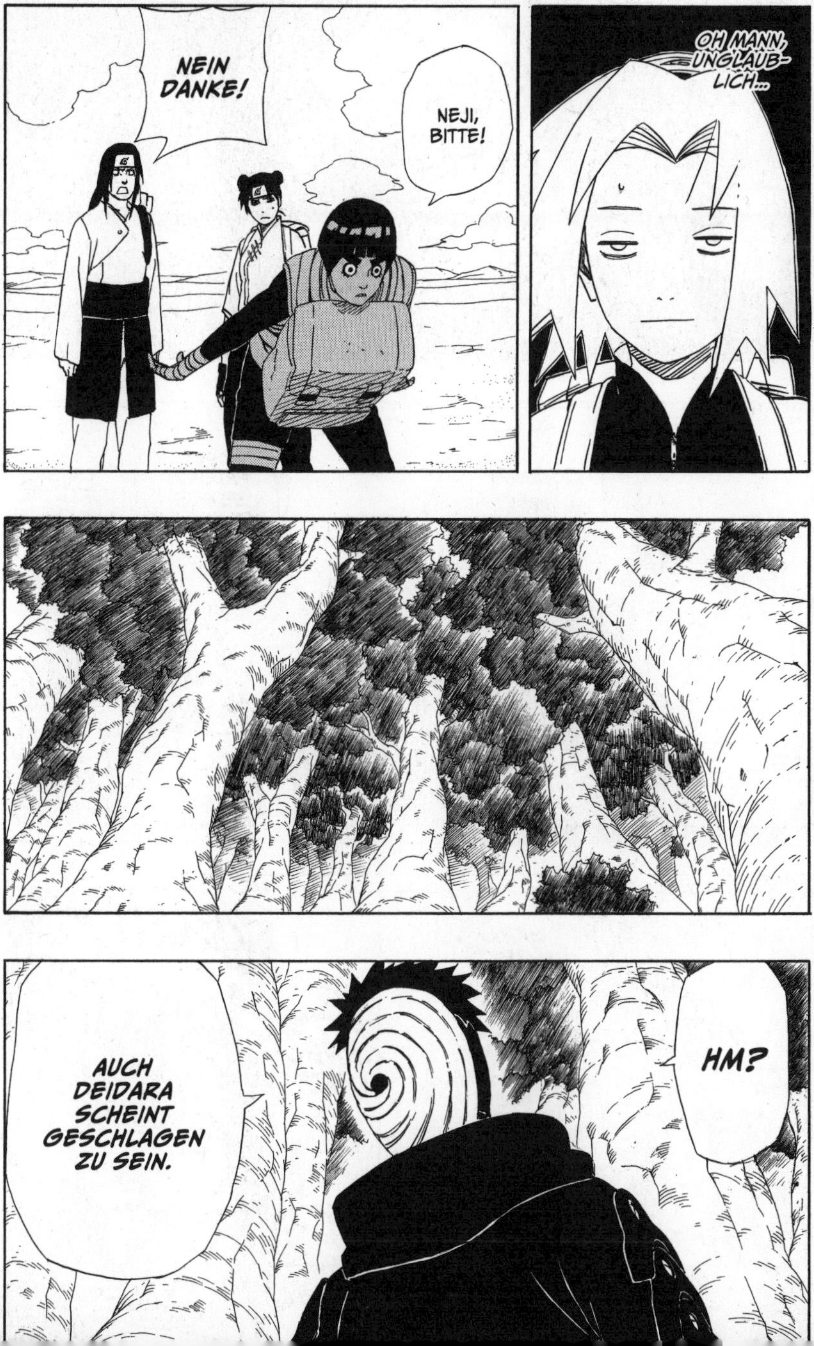
OH MANN, UNGLAUB-LICH...
NEJI, BITTE!
NEIN DANKE!
HM?
AUCH DEIDARA SCHEINT GESCHLAGEN ZU SEIN.

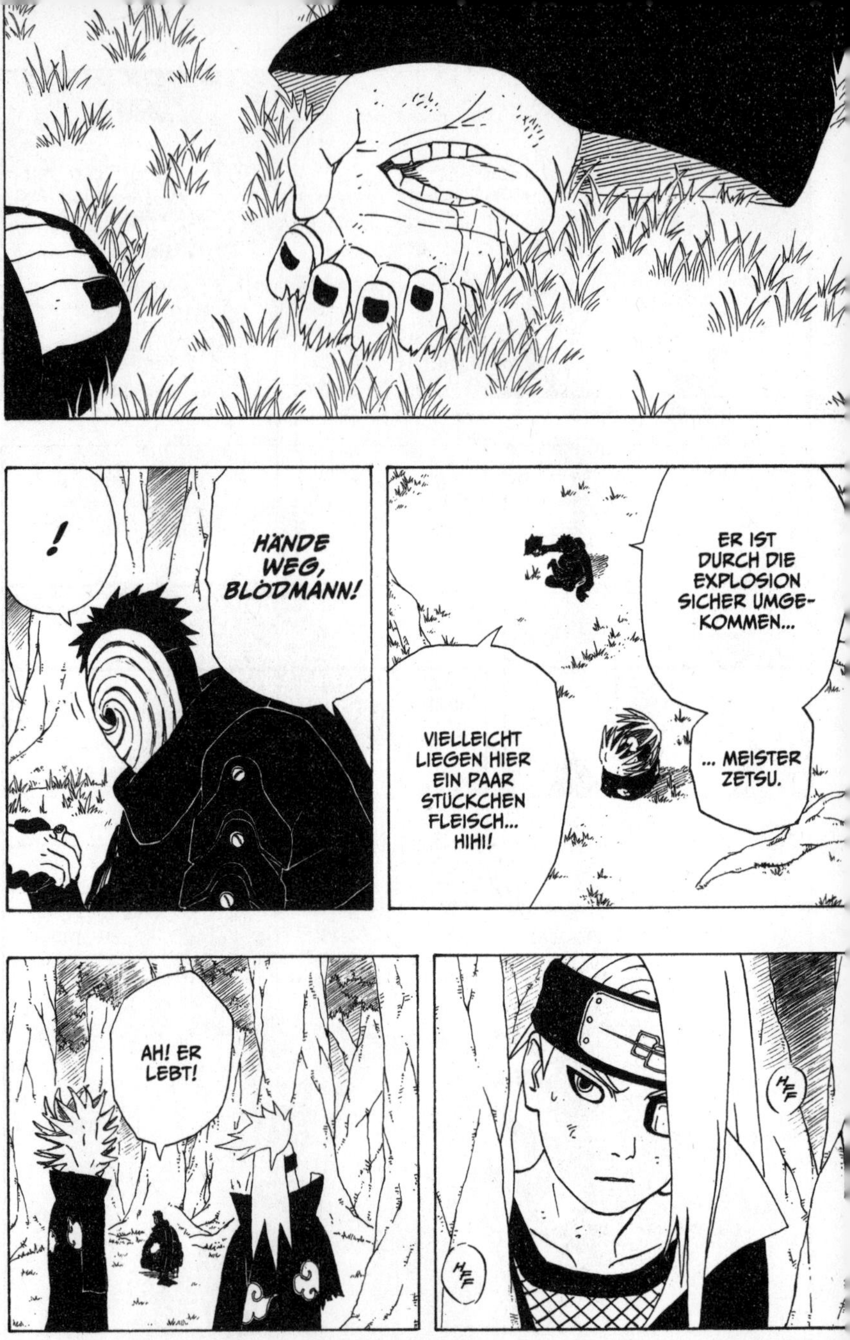
ER IST DURCH DIE EXPLOSION SICHER UMGE-KOMMEN...
... MEISTER ZETSU.
VIELLEICHT LIEGEN HIER EIN PAAR STÜCKCHEN FLEISCH... HIHI!
HÄNDE WEG, BLÖDMANN!
!
HEF
HEF
AH! ER LEBT!

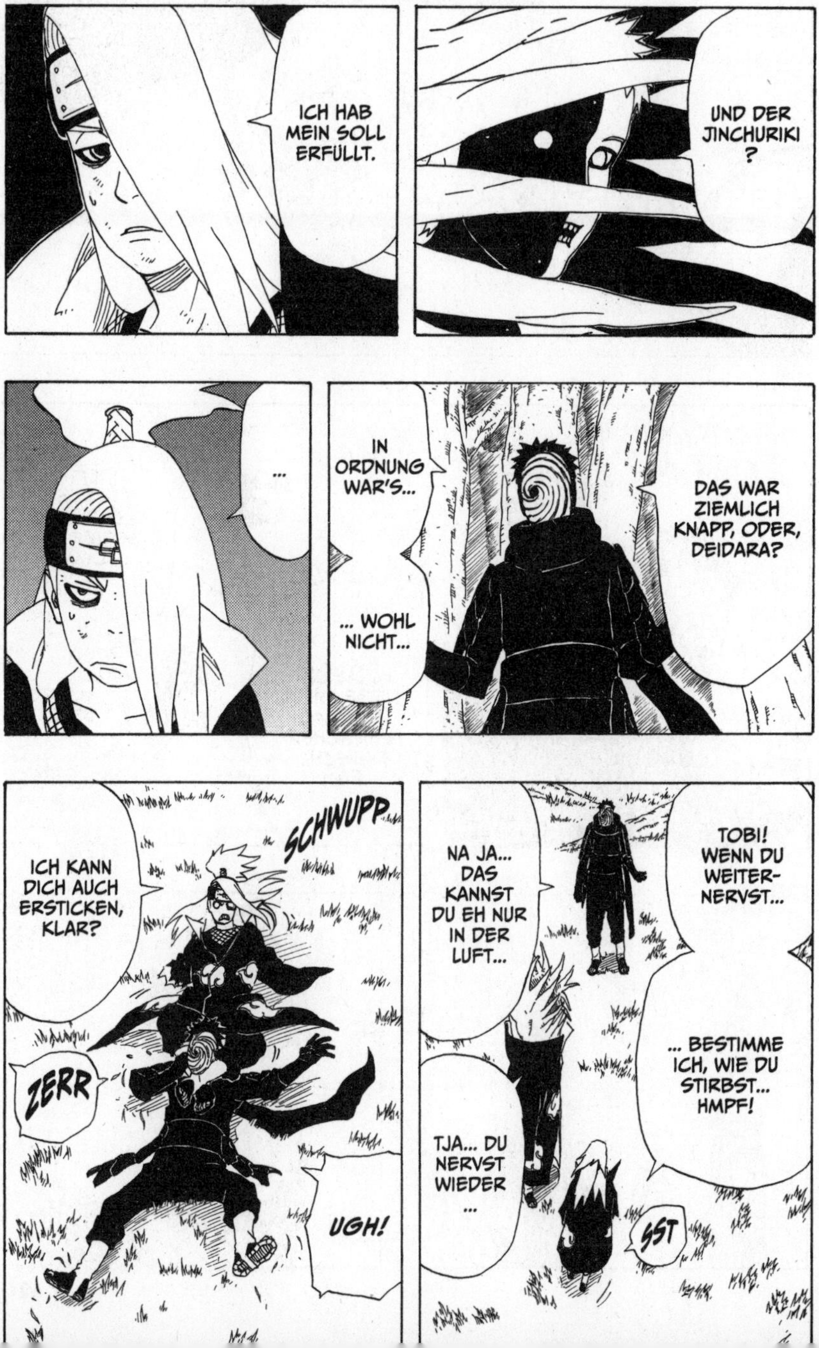

UND DER JINCHURIKI ?
ICH HAB MEIN SOLL ERFÜLLT.
DAS WAR ZIEMLICH KNAPP, ODER, DEIDARA?
IN ORDNUNG WAR'S...
... WOHL NICHT...
...
TOBI! WENN DU WEITER-NERVST...
... BESTIMME ICH, WIE DU STIRBST... HMPF!
NA JA... DAS KANNST DU EH NUR IN DER LUFT...
SST
TJA... DU NERVST WIEDER ...
SCHWUPP
ICH KANN DICH AUCH ERSTICKEN, KLAR?
ZERR
UGH!

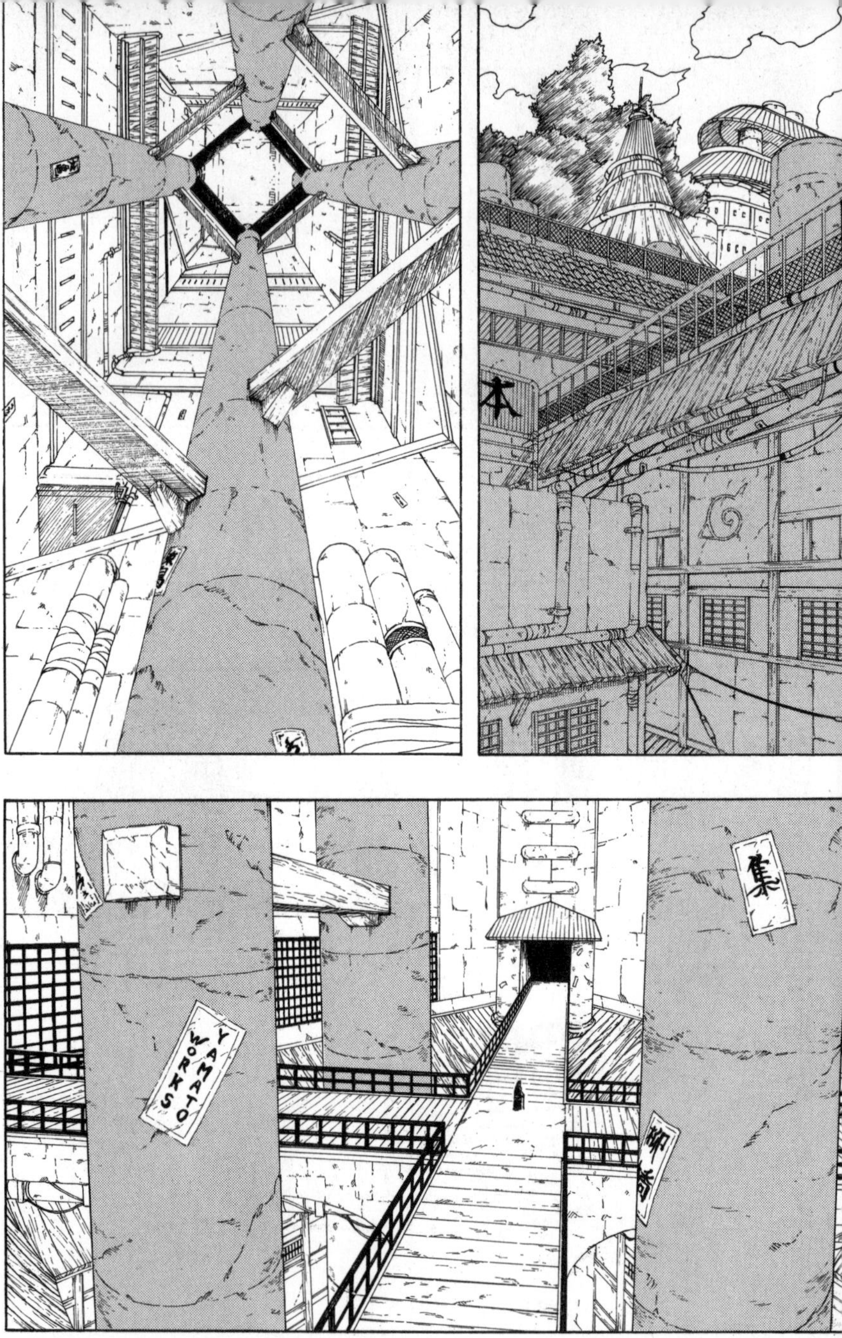
本
集
YAMATO WORKS

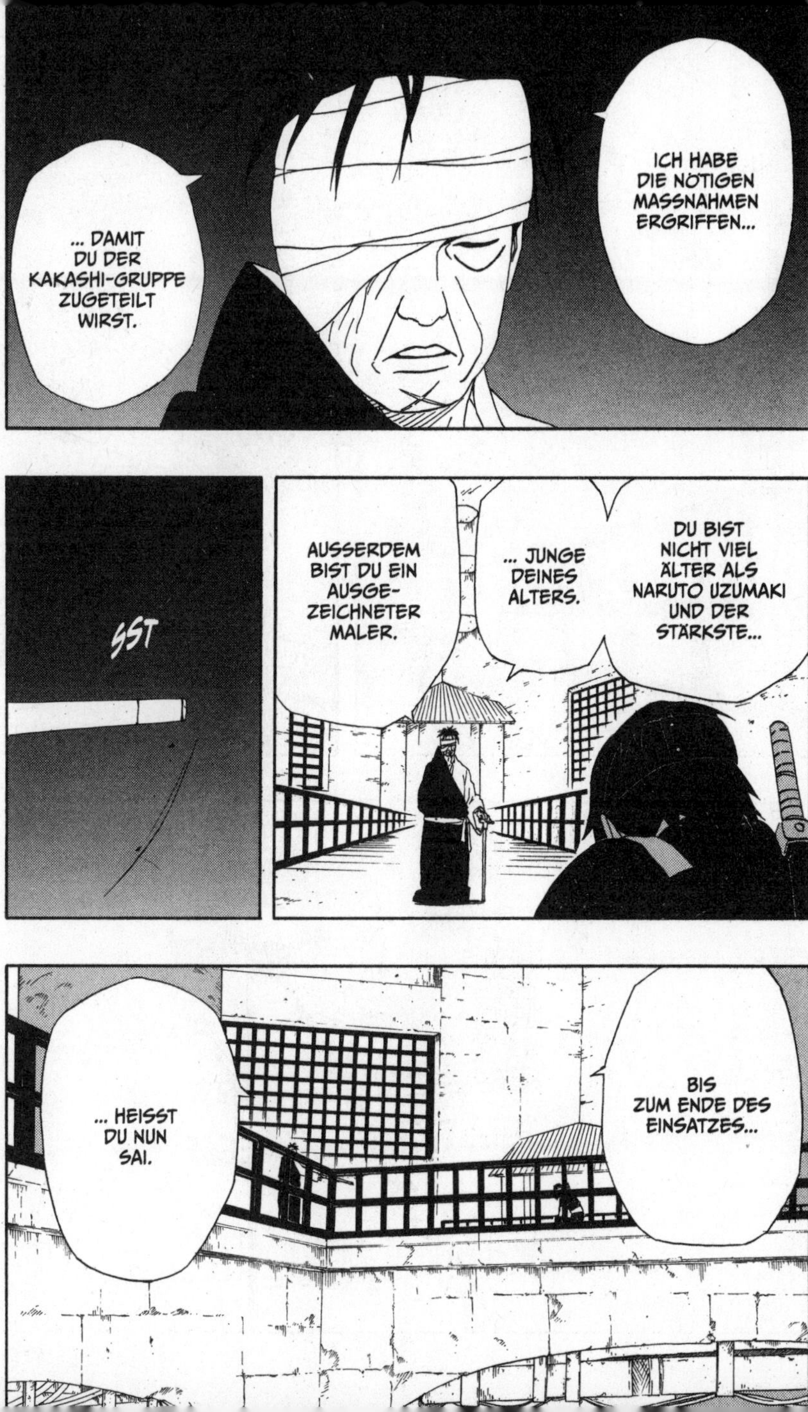
ICH HABE DIE NÖTIGEN MASSNAHMEN ERGRIFFEN...
... DAMIT DU DER KAKASHI-GRUPPE ZUGETEILT WIRST.
DU BIST NICHT VIEL ÄLTER ALS NARUTO UZUMAKI UND DER STÄRKSTE...
... JUNGE DEINES ALTERS.
AUSSERDEM BIST DU EIN AUSGE-ZEICHNETER MALER.
SST
BIS ZUM ENDE DES EINSATZES...
... HEISST DU NUN SAI.

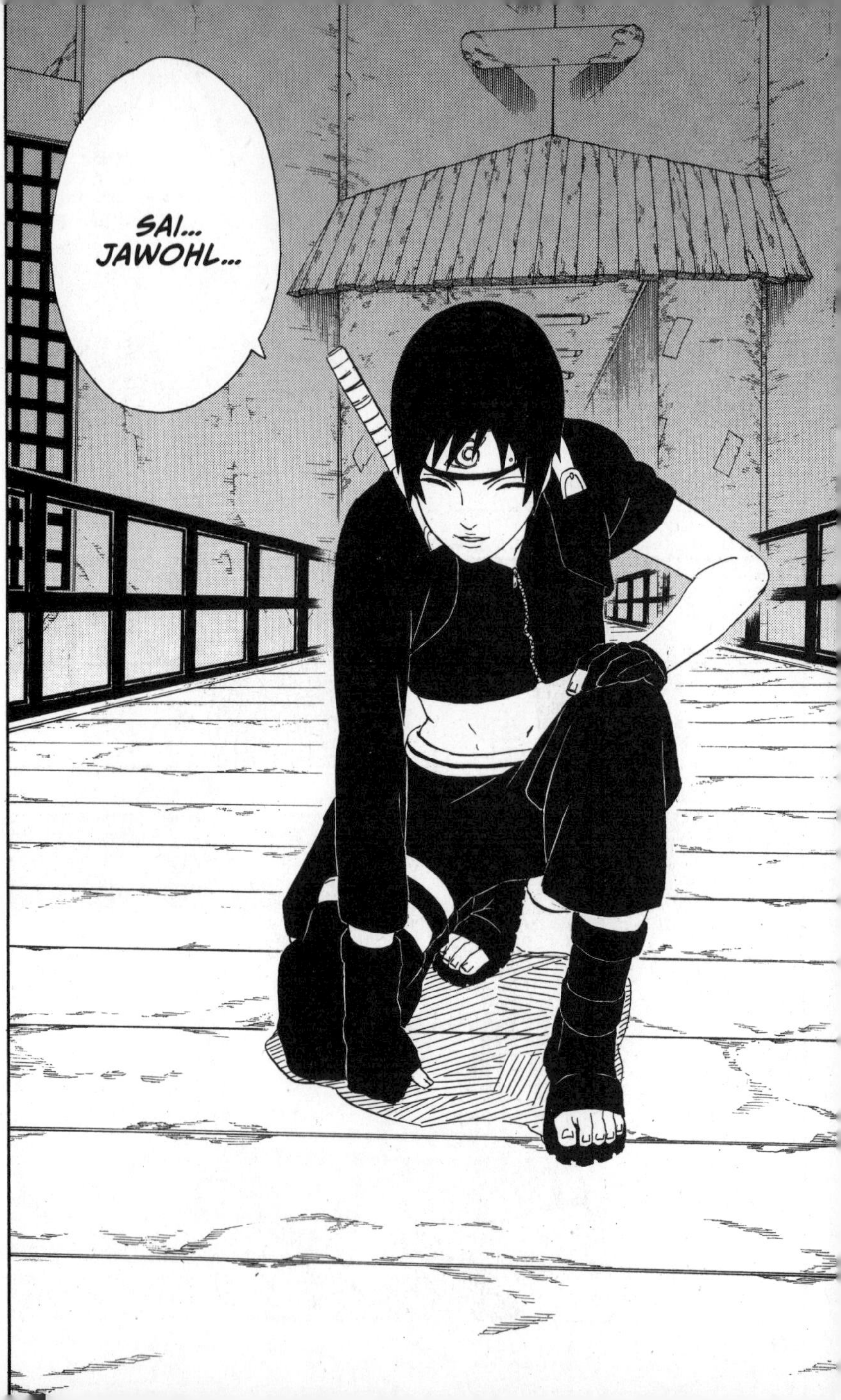
SAI... JAWOHL...

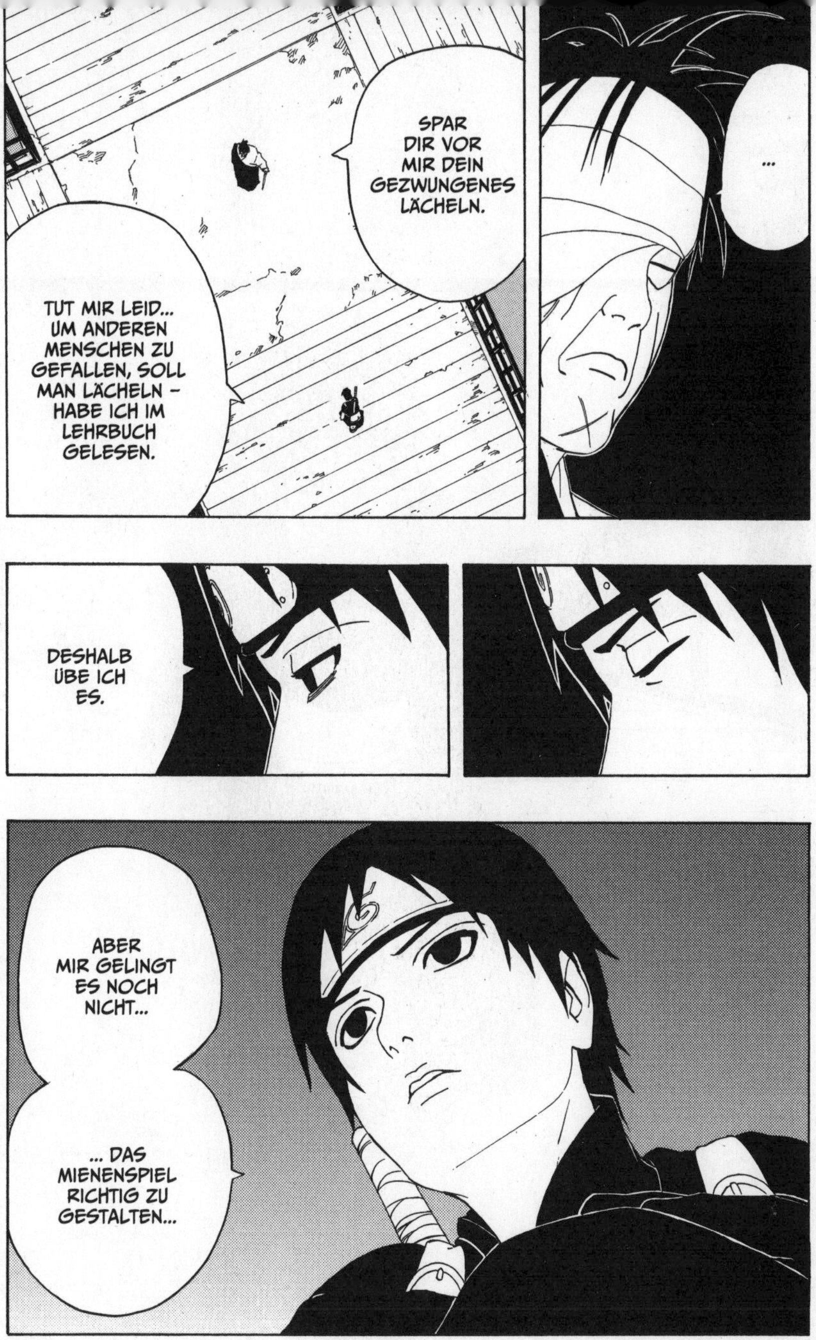
...
SPAR DIR VOR MIR DEIN GEZWUNGENES LÄCHELN.
TUT MIR LEID... UM ANDEREN MENSCHEN ZU GEFALLEN, SOLL MAN LÄCHELN – HABE ICH IM LEHRBUCH GELESEN.
DESHALB ÜBE ICH ES.
ABER MIR GELINGT ES NOCH NICHT...
... DAS MIENENSPIEL RICHTIG ZU GESTALTEN...

Lies weiter in **NARUTO MASSIV** Band 11!

CARLSEN MANGA
Deutsche Ausgabe/German Edition

Völckersstraße 14-20, 22765 Hamburg
Aus dem Japanischen von Miyuki Tsuji

First published in Japan in 1999 by SHUEISHA Inc., Tokyo.
German translation rights in Germany, Austria, Luxembourg and German-speaking Switzerland
arranged by SHUEISHA Inc. through VME PLB SAS, France.
Redaktion: Anne Berling, Jonas Blaumann
Textbearbeitung: Ina Schiele
Herstellung: Gunta Lauck, Ronny Willisch

Bei Fragen zum Produkt: carlsen.de/kontakt
ISBN 978-3-551-79536-6

CARLSEN MANGA! CHECKLIST

BARFUSS DURCH HIROSHIMA

von Keiji Nakazawa
€ 12,00 (D) / € 12,40 (A)
O Band 2
€ 14,00 (D) / € 14,40 (A)
O Band 1, 3 bis 4

BARRAGE

von Kohei Horikoshi
€ 6,99 (D) / € 7,20 (A)
O Band 1 bis 2
In 2 Bänden abgeschlossen

BATTLE ANGEL ALITA – PERFECT EDITION

von Yukito Kishiro
€ 19,99 (D) / € 20,60 (A)
O Band 1 bis 3
€ 24,99 (D) / € 25,70 (A)
O Band 4
In 4 Bänden abgeschlossen
€ 29,99 (D) / € 30,90 (A)
O Band 4 im Schuber
€ 89,99 (D) / € 92,60 (A)
O Band 1-4 im Schuber

BATTLE ANGEL ALITA – LAST ORDER PERFECT EDITION

von Yukito Kishiro
€ 14,99 (D) / € 15,50 (A)
O 1 bis 3, 5 bis 9
€ 19,99 (D) / € 20,60 (A)
O Band 10
O Band 11 06/21
O Band 12 09/21
€ 16,99 (D) / € 17,50 (A)
O Band 4
In 12 Bänden abgeschlossen
€ 25,00 (D) / € 25,70 (A)
O Band 12 im Schuber mit Extra 09/21
€ 90,00 (D) / € 92,60 (A)
O Bände 1 bis 6 im Schuber mit Extra
€ 99,00 (D) / € 103,20 (A)
O Bände 7 bis 12 im Schuber mit Extra 09/21

BATTLE ANGEL ALITA – MARS CHRONICLE

von Yukito Kishiro
€ 6,95 (D) / € 7,20 (A)
O Band 1 bis 3, 5-6
O Band 7 07/21
€ 10,00 (D) / € 10,30 (A)
O Band 4
Bislang 6 Bände in Japan

ATTACK ON TITAN – DELUXE

von Hajime Isayama
€ 25,00 (D) / € 25,70 (A)
O Band 1 bis 8

ATTACK ON TITAN – INSIDE

von Hajime Isayama
€ 12,90 (D) / € 13,30 (A)
O Einzelband

ATTACK ON TITAN – LOST GIRLS

von Isayama, Seko & Fuji
€ 6,99 (D) / € 7,20 (A)
O Band 1 & 2
In 2 Bänden abgeschlossen

ATTACK ON TITAN – LOST GIRLS (Nippon Novel)

von Hiroshi Seko
€ 9,95 (D) / € 10,30 (A)
O Einzelband

ATTACK ON TITAN – NO REGRETS

von Hajime Isayama
€ 6,95 (D) / € 7,20 (A)
O Band 1 & 2
In 2 Bänden abgeschlossen

ATTACK ON TITAN – NO REGRETS FULL COLOR EDITION

von Hajime Isayama
€ 14,99 (D) / € 15,50 (A)
O Band 1 & 2
In 2 Bänden abgeschlossen

ATTACK ON TITAN – OUTSIDE

von Hajime Isayama
€ 12,90 (D) / € 13,30 (A)
O Einzelband

ATTACK ON TITAN – SHORT PLAY

von Isayama & hounori
€ 8,99 (D) / € 9,30 (A)
O Einzelband

ANONYMOUS NOISE

von Ryoko Fukuyama
€ 5,00 (D) / € 6,20 (A)
O Band 1
€ 6,99 (D) / € 7,20 (A)
O Band 2 bis 17
O Band 18 06/21
In 18 Bänden abgeschlossen

ARTE

von Kei Ohkubo
€ 10,00 (D) / € 10,30 (A)
O Band 1 bis 6
O Band 7 07/21
O Band 8 09/21
Bislang 13 Bände in Japan

ASSASSINATION CLASSROOM

von Yusei Matsui
€ 6,50 (D) / € 6,70 (A)
O Band 1 bis 21
In 21 Bänden abgeschlossen

ATTACK ON TITAN

von Hajime Isayama
€ 6,95 (D) / € 7,20 (A)
O Band 1 bis 32
O Band 33 09/21
In 34 Bänden abgeschlossen
€ 36,00 (D) / € 37,10 (A)
O Bände 1-5 im Schuber
O Bände 6-10 im Schuber
O Bände 11-15 im Schuber
O Bände 16-20 im Schuber
O Bände 21-25 im Schuber
O Bände 26-30 im Schuber

ATTACK ON TITAN – ANSWERS

von Hajime Isayama
€ 12,90 (D) / € 13,30 (A)
O Einzelband

ATTACK ON TITAN – BEFORE THE FALL

von Hajime Isayama
€ 6,95 (D) / € 7,20 (A)
O Band 1 bis 17
In 17 Bänden abgeschlossen

ATTACK ON TITAN CHARACTER GUIDE

von Hajime Isayama
€ 12,90 (D) / € 13,30 (A)
O Einzelband

12 JAHRE

von Nao Maita
€ 5,99 (D) / € 6,20 (A)
O Band 1 bis 14
€ 6,99 (D) / € 7,20 (A)
O Band 15 08/21
In 20 Bänden abgeschlossen

ABE SADA

von Kazuo Kamimura
€ 14,99 (D) / € 15,50 (A)
O Band 1 & 2
In 2 Bänden abgeschlossen

ACID TOWN

von Kyugo
€ 7,95 (D) / € 8,20 (A))
O Band 6
Bislang 6 Bände in Japan

AKIRA – ORIGINAL EDITION

von Katsuhiro Otomo
€ 19,90 (D) / € 20,50 (A)
O Band 1 bis 3
€ 22,90 (D) / € 23,60 (A)
O Band 4 bis 6
In 6 Bänden abgeschlossen

ALICE IN MURDERLAND

von Kaori Yuki
€ 7,95 (D) / € 8,20 (A)
O Band 1 bis 11
In 11 Bänden abgeschlossen

ALISIK

von Helge Vogt & Hubertus Rufledt
€ 8,99 (D) / € 9,30 (A)
O Band 1
€ 7,99 (D) / € 8,30 (A)
O Band 2 bis 4
In 4 Bänden abgeschlossen

ALPHA² – NEUEDITION

von Kamineo & Kamoi
€ 14,00 (D) / € 14,40 (A)
O Einzelband

ALPI - THE SOUL SENDER

von Rona
€ 7,00 (D) / € 7,20 (A)
O Band 1 07/21
Bislang 4 Bände in Japan

CARLSEN MANGA! CHECKLIST

DOUBT GESAMTAUSGABE

von Yoshiki Tonogai
€ 30,00 (D) / € 30,90 (A)
O Sammelschuber [07/21]

DRAGON BALL

von Akira Toriyama
€ 6,50 (D) / € 6,70 (A)
O Band 1 bis 42
In 42 Bänden abgeschlossen

DRAGON BALL MASSIV

von Akira Toriyama
€ 5,00 (D) / € 5,20 (A)
O Band 1
€ 10,00 (D) / € 10,30 (A)
O Band 2 bis 11
O Band 12 [07/21]
O Band 13 [09/21]

DRAGON BALL SD

von Akira Toriyama
(Original Story)
& Naho Ohishi
€ 7,95 (D) / € 8,20 (A)
O Band 1 bis 6
Bislang 7 Bände in Japan

DRAGON BALL SIDE STORIES

von Akira Toriyama
& dragongarow LEE
€ 5,00 (D) / € 5,20 (A)
O Yamchu

DRAGON BALL SUPER

von Toriyama & Toyotarou
€ 6,50 (D) / € 6,70 (A)
O Band 1 bis 11
O Band 12 [06/21]
€ 9,99 (D) / € 10,30 (A)
O Band 5 im Schuber
O Band 10 im Schuber
€ 29,99 (D) / € 30,90 (A)
O Bände 1-5 im Schuber
O Bände 6-10 im Schuber
Bislang 14 Bände in Japan

DREAMIN' SUN

von Ichigo Takano
€ 6,99 (D) / € 7,20 (A)
O Band 1 bis 9
€ 8,99 (D) / € 9,20 (A)
O Band 10
In 10 Bänden abgeschlossen

COYOTE

von Ranmaru Zariya
€ 7,99 (D) / € 8,30 (A)
O Band 1 bis 3
Bislang 3 Bände in Japan

CROSS ACCOUNT

von Tsunehiro Date
€ 6,99 (D) / € 7,20 (A)
O Band 1 bis 4
In 4 Bänden abgeschlossen

DEAD COMPANY

von Yoshiki Tonogai
€ 7,00 (D) / € 7,20 (A)
O Band 1 [07/21]
In 3 Bänden abgeschlossen

DEFENSE DEVIL

von Youn In-Wan
& Yang Kyung-Il
€ 5,95 (D) / € 6,20 (A)
O Band 1 bis 10
In 10 Bänden abgeschlossen

DEPTH OF FIELD

von Enjo
€ 8,00 (D) / € 8,30 (A)
O Band 1 & 2
In 2 Bänden abgeschlossen

DEVILS & REALIST

von Utako Yukihiro
& Madoka Takadono
€ 6,95 (D) / € 7,20 (A)
O Band 11 bis 13
€ 7,95 (D) / € 8,20 (A)
O Band 14
€ 8,95 (D) / € 9,20 (A)
O Band 15
In 15 Bänden abgeschlossen

DIALOGE MIT MIR SELBST

von Kabi Nagata
€ 18,00 (D) / € 18,50 (A)
O Band 1 b& 2
In 2 Bänden abgeschlossen

DIE STADT DER BESONDEREN KINDER

von Ransom Riggs
& Cassandra Jean
€ 14,90 (D) / € 15,40 (A)
O Einzelband

BLACK LAGOON

von Rei Hiroe
€ 6,95 (D) / € 7,20 (A)
O Band 4
€ 7,95 (D) / € 8,20 (A)
O Band 1-3, 5-8, 10-11
€ 8,95 (D) / € 9,20 (A)
O Band 9
Bislang 11 Bände in Japan

BLOOM INTO YOU

von Nio Naketani
€ 6,99 (D) / € 7,20 (A)
O Band 1 bis 7
€ 7,99 (D) / € 8,30 (A)
O Band 8
In 8 Bänden abgeschlossen

BLUE FLAG

von Kaito
€ 7,99 (D) / € 8,30 (A)
O Band 1 bis 7
In 7 Bänden abgeschlossen

BLUE GIANT

von Shinichi Ishizuka
€ 8,00 (D) / € 8,30 (A)
O Band 1 [09/21]
In 10 Bänden abgeschlossen

BLUE GIANT SUPREME

von Shinichi Ishizuka
€ 8,00 (D) / € 8,30 (A)
O Band 1 bis 5
O Band 6 [08/21]
In 11 Bänden abgeschlossen

BORUTO – NARUTO THE NEXT GENERATION

von Kishimoto & Kodachi
€ 6,50 (D) / € 6,70 (A)
O Band 1 bis 10
O Band 11 [07/21]
Bislang 13 Bände in Japan

BUDDHA

von Osamu Tezuka
€ 22,90 (D) / € 23,60 (A)
O Band 1 bis 10
In 10 Bänden abgeschlossen

CHIISAKOBEE

von Minetaro Mochizuki
€ 14,90 (D) / € 15,40 (A)
O Band 1 bis 4
In 4 Bänden abgeschlossen

BECOMING A GIRL ONE DAY

von Akane Ogura
€ 5,99 (D) / € 6,20 (A)
O Band 1 bis 4
In 4 Bänden abgeschlossen

BECOMING A GIRL ONE DAY – ANOTHER

von Akane Ogura
€ 5,99 (D) / € 6,20 (A)
O Band 1 bis 4
In 4 Bänden abgeschlossen

BILLY BAT

von Naoki Urasawa
& Takashi Nagasaki
€ 8,95 (D) / € 9,20 (A)
O Band 4-7, 12-16
€ 12,00 (D) / € 12,40 (A)
O Band 1-3, 8-11, 17-20
In 20 Bänden abgeschlossen

BL IS MAGIC!

von Oroken
€ 9,99 (D) / € 10,30 (A)
O Band 1 bis 3
In 4 Bänden abgeschlossen
O BL is magic! Special: Extra Spells [08/21]

BL METAMORPHOSEN – GEHEIMNIS EINER FREUNDSCHAFT

von Kaori Tsurutani
€ 8,00 (D)/ € 8,30 (A)
O Band 1 bis 3
O Band 4 [09/21]
In 5 Bänden abgeschlossen

BLACK BUTLER

von Yana Toboso
€ 6,95 (D) / € 7,20 (A)
O Band 1 bis 29
O Band 30 [07/21]
€ 10,00 (D)/ € 10,30 (A)
O Band 30
Limitierte Ausgabe mit Extra [07/21]
€ 14,90 (D) / € 15,40 (A)
O Character Guide
Bislang 29 Bände in Japan

CARLSEN MANGA! CHECKLIST

GELIEBTER AFFE
von Yoshihiro Tatsumi
€ 19,90 (D) / € 20,50 (A)
O Einzelband

GHOSTLY THINGS
von Ushio Shirotori
€ 7,00 (D) / € 7,20 (A)
O Band 1
O Band 2 07/21
In 4 Bänden abgeschlossen

HARU x KIYO
von Akira Ozaki
€ 5,00 (D) / € 5,20 (A)
O Band 1
€ 7,00 (D)/ €7,20 (A)
O Band 2 bis 9
In 9 Bänden abgeschlossen

HE'S MY VAMPIRE
von Aya Shouoto
€ 6,95 (D) / € 7,20 (A)
O Band 1 bis 10
In 10 Bänden abgeschlossen

HITOTSUBANA
von Minami
€ 8,00 (D) / € 8,30 (A)
O Band 1 bis 7
In 7 Bänden abgeschlossen

HOW TO DRAW MANGA
von Hikaru Hayashi u. a.
€ 9,95 (D) / € 10,30 (A)
O Manga-Charaktere in Bewegung
€ 16,90 (D) / € 17,40 (A)
O Ninja und Samurai
€ 17,90 (D) / € 18,40 (A)
O Manga-Figuren entwickeln
€ 19,90 (D) / € 20,50 (A)
O Manga-Skizzen zeichnen
O Character Design – Tipps und Tricks
O Manga aus der richtigen Perspektive
O Oberflächen und Strukturen
O Manga-Figuren in ihrer Umwelt
O Perfekte Proportionen im Manga
O Grundlagen der Manga-Kunst
€ 24,90 (D) / € 25,60 (A)
O Kolorieren mit Copic-Stiften
O Kolorieren mit Aquarellbuntstiften

FOLGE DEN WOLKEN NACH NORD-NORDWEST
von Aki Irie
€ 12,00 (D) / € 12,40 (A)
O Band 1 bis 4
Bislang 5 Bände in Japan

FOOD WARS – SHOKUGEKI NO SOMA
von Tsukuda & Saeki
€ 6,99 (D) / € 7,20 (A)
O Band 1 bis 31
O Band 32 06/21
O Band 33 08/21
In 36 Bänden abgeschlossen
€ 69,90 (D) / € 71,80 (A)
O Bände 1-10 im Schuber
O Bände 11-20 im Schuber
O Bände 21-30 im Schuber

FRUIT BASKET PEARLS
von Natuski Takaya
€ 11,00 (D) / € 11,40 (A)
O Band 1
O Band 2 06/21
O Band 3 08/21
In 12 Bänden abgeschlossen

GAMMA DRACONIS
von Eldo Yoshimizu & Benoist Simmat
€ 16,00 (D) / € 16,50 (A)
O Einzelband 07/21

GANGSTA.
von Kohske
€ 7,95 (D) / € 8,20 (A)
O Band 1 bis 8
Bislang 8 Bände in Japan

GANGSTA: CURSED.
von Kohske & Kamo
€ 7,99 (D) / € 8,30 (A)
O Band 1 bis 5
Bislang 5 Bände in Japan

GEGEN DEN STROM
von Yoshihiro Tatsumi
€ 44,00 (D) / € 44,60 (A)
O Einzelband

FAIRY TAIL+
von Hiro Mashima
€ 8,95 (D) / € 9,20 (A)
O Einzelband

FAIRY TAIL – HAPPY'S ADVENTURE
von Hiro Mashima & Kenshiro Sakamoto
€ 7,00 (D) / € 7,20 (A)
O Band 1 bis 4
O Band 5 08/21
In 8 Bänden abgeschlossen

FAIRY TAIL S
von Hiro Mashima
€ 6,99 (D) / € 7,20 (A)
O Band 1 & 2
In 2 Bänden abgeschlossen

FAIRY TAIL SIDE STORIES
von Hiro Mashima & Kyota Shibano
€ 6,99 (D) / € 7,20 (A)
O Band 1 bis 3
In 3 Bänden abgeschlossen

FAIRY TALE BATTLE ROYALE
von Soraho Ina
€ 7,00 (D) / € 7,20 (A)
O Band 1 bis 4
Bislang 4 Bände in Japan

FINAL FANTASY – LOST STRANGER
von Hazuki Minase & Itsuki Kameya
€ 12,99 (D) / € 13,40 (A)
O Band 1 bis 5
Bislang 6 Bände in Japan

FINAL FANTASY – OFFICIAL MEMORIAL ULTIMANIA BOOK
von Takatoshi Shiozawa
€ 39,99 (D) / € 41,20 (A)
O VII - IX
In 3 Bänden abgeschlossen

FOCUS 10
von Martina Peters
€ 6,99 (D) / € 7,20 (A)
O Band 1 bis 9
O Band 10 09/21
In 10 Bänden abgeschlossen

DR. STONE
von Inagaki & BOICHI
€ 7,00 (D) / € 7,20 (A)
O Band 1 bis 11
O Band 12 06/21
O Band 13 08/21
Bislang 19 Bände in Japan

DR. STONE REBOOT: BYAKUYA
von Inagaki & BOICHI
€ 7,00 (D) / € 7,20 (A)
O Einzelband 07/21

EDENS ZERO
von Hiro Mashima
€ 7,00 (D)/ €7,20 (A)
O Band 1 bis 9
O Band 10 07/21
€ 10,00 (D) / € 10,30 (A)
O Band 7 - limitierte Ausgabe
Bislang 13 Bände in Japan

EXISTENZEN UND ANDERE ABGRÜNDE
von Yoshihiro Tatsumi
€ 19,90 (D) / € 20,50 (A)
O Einzelband

FAIRY GIRLS
von Hiro Mashima
€ 6,99 (D) / € 7,20 (A)
O Band 1 bis 4
In 4 Bänden abgeschlossen

FAIRY TAIL
von Hiro Mashima
€ 6,50 (D) / € 6,70 (A)
O Band 1 bis 63
€ 9,99 (D) / € 10,30 (A)
O Band 60 limitiert
In 63 Bänden abgeschlossen

FAIRY TAIL ARTBOOKS
von Hiro Mashima
€ 19,95 (D) / € 20,60 (A)
O Fantasia
O Harvest

FAIRY TAIL – 100 YEARS QUEST
von Hiro Mashima & Atsuo Ueda
€ 7,00 (D) / € 7,20 (A)
O Band 1 bis 5
O Band 6 06/21
O Band 7 09/21
Bislang 10 Bände in Japan

CARLSEN MANGA! CHECKLIST

LIBERI-PROJEKT, DAS
von Tamasaburo
€ 6,95 (D) / € 7,20 (A)
O Band 1 bis 3
In 3 Bänden abgeschlossen

LIEBHABER, DER
von Kan Takahama
€ 22,00 (D) / € 22,70 (A)
O Einzelband

LITTLE WITCH ACADEMIA
von Sato & Yoshinari
€ 6,99 (D) / € 7,20 (A)
O Band 1 bis 3
In 3 Bänden abgeschlossen

LIQUOR & CIGARETTE
von Ranmaru Zariya
€ 8,00 (D) / € 8,30 (A)
O Einzelband

LUDWIG REVOLUTION GESAMTAUSGABE
von Kaori Yuki
€ 30,00 (D) / € 30,90 (A)
O Sammelschuber 09/21

LUPUS IN FABULA
von Kamineo
€ 7,95 (D) / € 8,20 (A)
O Band 1 bis 3
In 3 Bänden abgeschlossen

MACHIMAHO – MAGICAL GIRL BY ACCIDENT
von Souryu
€ 7,99 (D) / € 8,30 (A)
O Band 1 bis 7
O Band 8 07/21
Bislang 9 Bände in Japan

MAGUS OF THE LIBRARY
von Mitsu Izumi
€ 12,00 (D) / € 12,40 (A)
O Band 1 & 4
€ 14,00 (D) / € 14,40 (A)
O Band 2
€ 16,00 (D) / € 16,50 (A)
O Band 3
Bislang 5 Bände in Japan

KAMISAMA DARLING
von Kyoko Aiba
€ 6,99 (D) / € 7,20 (A)
O Band 1 bis 8
In 8 Bänden abgeschlossen

KATSURA & TORIYAMA SHORT STORIES
von Akira Toriyama & Masakazu Katsura
€ 6,95 (D) / € 7,20 (A)
O Einzelband

KILLING BITES
von Shinya Murata & Kazasa Sumita
€ 7,95 (D) / € 8,20 (A)
O Band 1-3, 5-14
€ 10,00 (D) / € 10,30 (A)
O Band 4
Bislang 17 Bände in Japan

KIMI NI NARE – FINDE DICH SELBST
von Ichigo Takano
€ 7,00 (D) / € 7,20 (A)
O Einzelband 07/21

KLEINE KATZE CHI
von Konami Kanata
€ 9,95 (D) / € 10,30 (A)
O Band 1 bis 11
€ 12,00 (D) / € 12,40 (A)
O Band 12
In 12 Bänden abgeschlossen

KOROSENSEI QUEST!
von Yusei Matsui & Kizuku Watanabe
€ 6,50 (D) / € 6,70 (A)
O Band 1 bis 5
In 5 Bänden abgeschlossen

LADY SNOWBLOOD (NEUEDITION)
von Kazuo Koike & Kazuo Kamimura
€ 19,99 (D) / € 20,60 (A)
O Band 1 & 2
€ 16,99 (D) / € 17,50 (A)
O Band 3
In 3 Bänden abgeschlossen

LETZTE REISE DER SCHMETTERLINGE, DIE
von Kan Takahama
€ 14,90 (D) / € 15,40 (A)
O Einzelband

IM – GREAT PRIEST IMHOTEP
von Makoto Morishita
€ 6,99 (D) / € 7,20 (A)
O Band 1 bis 10
€ 7,99 (D) / € 8,30 (A)
O Band 11
In 11 Bänden abgeschlossen

IN THIS CORNER OF THE WORLD
von Fumiyo Kouno
€ 12,99 (D) / € 13,40 (A)
O Band 1 bis 3
In 3 Bänden abgeschlossen

ITO, JUNJI
von Shinya Murata & Kazasa Sumita
€ 24,00 (D) / € 24,70 (A)
O Gyo Deluxe
O Shiver 07/21
€ 28,00 (D) / € 28,80 (A)
O Uzumaki Deluxe

JAPANISCH FÜR MANGA-FANS
von Thora Kerner & Jin Baron
€ 16,00 (D) / € 16,50 (A)
O Sammelband

JUDGE
von Yoshiki Tonogai
€ 7,95 (D) / € 8,20 (A)
O Band 1 bis 5
€ 8,95 (D) / € 9,20 (A)
O Band 6
In 6 Bänden abgeschlossen

JUMPING
von Asahi Tsutsui
€ 7,00 (D) / € 7,20 (A)
O Band 1 bis 4
In 4 Bänden abgeschlossen

JUNJO ROMANTICA
von Shungiku Nakamura
€ 6,95 (D) / € 7,20 (A)
O Band 9, 11-12, 19-22
O Band 23 06/21
€ 10,00 (D) / € 10,30 (A)
O Band 1-8, 10,13-18
Bislang 25 Bände in Japan

H.P. LOVECRAFT
von Gou Tanabe
€ 12,00 (D) / € 12,40 (A)
O H.P. Lovecrafts Die Farbe aus dem All
O H.P. Lovecrafts Der Hund und andere Geschichten
O H.P. Lovecrafts Der leuchtende Trapezoeder
€ 18,00 (D) / € 18,50 (A)
O H.P. Lovecrafts Berge des Wahnsinns Band 1 bis 2
O H.P. Lovecrafts Cthulhus Ruf 08/21
€ 22,00 (D) / € 22,70 (A)
O H.P. Lovecrafts Der Schatten aus der Zeit

HUNTER X HUNTER
von Yoshihiro Togashi
€ 6,95 (D) / € 7,20 (A)
O Band 1 bis 36
Bislang 36 Bände in Japan

I AM SHERLOCK
von TAKATA & Io
€ 7,00 (D)/ € 7,20 (A)
O Band 1 bis 4
In 4 Bänden abgeschlossen

I HAD THAT SAME DREAM AGAIN
von Yoru Sumino & Izumi Kirihara
€ 7,00 (D) / € 7,20 (A)
O Band 1 bis 3
In 3 Bänden abgeschlossen

I HEAR THE SUNSPOT
von Yuki Fumino
€ 7,99 (D) / € 8,30 (A)
O Band 1
€ 9,99 (D) / € 10,30 (A)
O Band 2
Bisher 2 Bände in Japan

I HEAR THE SUNSPOT – LIMIT
von Yuki Fumino
€ 7,99 (D) / € 8,30 (A)
O Band 1
€ 8,99 (D) / € 9,30 (A)
O Band 2
€ 9,99 (D) / € 10,30 (A)
O Band 3 07/21
In 3 Bänden abgeschlossen

CARLSEN MANGA! CHECKLIST

NARUTO MASSIV

von Masashi Kishimoto
€ 5,00 (D) / € 5,20 (A)
O Band 1
€ 9,99 (D) / € 10,30 (A)
O Band 2 bis 24
In 24 Bänden abgeschlossen

NARUTO – THE MOVIE

von Masashi Kishimoto
€ 7,95 (D) / € 8,20 (A)
O Geheimmission im Land des ewigen Schnees Band 1 & 2
O Die Legende des Steins Gelel Band 1 & 2
O Sondermission im Land des Mondes 1 & 2

NARUTO – THE MOVIE: SHIPPUDEN

von Masashi Kishimoto
€ 12,95 (D) / € 13,40 (A)
O Naruto - The Movie: Shippuden
O Naruto - The Movie: Shippuden-Fesseln
O Naruto - The Movie: Shippuden - Die Erben des Willens des Feuers
O Naruto - The Movie: Shippuden - Lost Tower

NEON GENESIS EVANGELION

von Gainax & Yoshiyuki Sadamoto
€ 6,95 (D) / € 7,20 (A)
O Band 1 bis 14
In 14 Bänden abgeschlossen

NO EXIT

von Haruhi Seta
€ 6,99 (D) / € 7,20 (A)
O Band 1 bis 13
In 14 Bänden abgeschlossen

OKITENEMURU

von Hitori Renda
€ 7,99 (D) / € 8,20 (A)
O Band 9
In 9 Bänden abgeschlossen

OLD BOY

von Tsuchiya Garon & Minegishi Nobuaki
€ 12,00 (D) / € 12,40 (A)
O Band 1 bis 4
In 4 Bänden abgeschlossen

MURCIÉLAGO

von Yoshimura Kana
€ 7,99 (D) / € 8,30 (A)
O Band 1 bis 14
O Band 15 06/21
Bislang 17 Bände in Japan

MY HERO ACADEMIA

von Kohei Horikoshi
€ 6,99 (D) / € 7,20 (A)
O Band 1 bis 27
O Band 28 08/21
Bislang 30 Bände in Japan
€ 10,00 (D) / € 10,30 (A)
O My Hero Academia - Ultra Archive
€ 12,99 (D) / € 13,40 (A)
O My Hero Academia - Ultra Analysis

MY HERO ACADEMIA SMASH

von Kohei Horikoshi & Hirofumi Neda
€ 5,00 (D) / € 5,20 (A)
O Band 1 bis 5
Bislang 5 Bände in Japan

MY HERO ACADEMIA TEAM UP MISSION

von Kohei Horikoshi & Yoko Akiyama
€ 7,00 (D) / € 7,20 (A)
O Band 1
Bisher 2 Bände in Japan

MY ROOMMATE IS A CAT

von Tsunami Minatsuki & Asu Futatsuya
€ 7,00 (D) / € 7,20 (A)
O Band 1 bis 4
O Band 5 06/21
O Band 6 09/21
Bislang 7 Bände in Japan

MY SECRET WHICH I CANNOT TELL YOU

von Kyoko Aiba
€ 6,99 (D) / € 7,20 (A)
O Einzelband

NARUTO

von Masashi Kishimoto
€ 6,50 (D) / € 6,70 (A)
O Band 1 bis 72
In 72 Bänden abgeschlossen
O Der siebte Hokage und der scharlachrote Frühling

MERMAID PRINCE

von Kaori Ozaki
€ 8,00 (D) / € 8,30 (A)
O Einzelband

MOB PSYCHO 100

von ONE
€ 6,66 (D) / € 6,90 (A)
O Band 1 bis 15
€ 7,77 (D) / € 8,00 (A)
O Band 16
In 16 Bänden abgeschlossen

MONSTER – PERFECT EDITION

von Naoki Urasawa
€ 20,00 (D) / € 20,60 (A)
O Band 1 bis 8
€ 24,00 (D) / € 24,70 (A)
O Band 9 08/21
In 9 Bänden abgeschlossen

MORIARTY THE PATRIOT

von Takeuchi & Miyoshi
€ 9,99 (D) / € 10,30 (A)
O Band 1 bis 9
O Band 10 06/21
O Band 11 08/21
Bislang 13 Bände in Japan
€ 16,00 (D) / € 16,50 (A)
O Band 10 mit Extra – limitierte Auflage 06/21
€ 99,00 (D) / € 101,80 (A)
O Band 1 bis 10 im Sammelschuber – limitierte Auflage 06/21

MOTHER'S SPIRIT

von Enzo
€ 7,99 (D) / € 8,30 (A)
O Band 1 & 2
Bislang 2 Bände in Japan

MOTOKARE RETRY

von En Hanaya
€ 6,99 (D) / € 7,20 (A)
O Band 1 bis 7
In 7 Bänden abgeschlossen

MOVING FORWARD

von Nagamu Nanaji
€ 5,00 (D) / € 5,20 (A)
O Band 1
€ 7,00 (D) / € 7,20 (A)
O Band 2 bis 7
O Band 8 08/21
In 11 Bänden abgeschlossen

MAID-SAMA

von Hiro Fujiwara
€ 5,95 (D) / € 6,20 (A)
O Band 1 bis 18
In 18 Bänden abgeschlossen
O Maid-sama Marriage

MANGA LOVE STORY

von Katsu Aki
€ 6,95 (D) / € 7,20 (A)
O Band 70 bis 76
Bislang 81 Bände in Japan

MANGA-ZEICHENSTUDIO

von Kaneda Koubou u.a.
€ 19,90 (D) / € 20,50 (A)
O Hände und Füße
O Gesichter und Emotionen
O Manga Master Book
O Mädchen in coolen Posen
O Emotionen und Mimik ausdrucksstark zeichnen
O Manga Basics
O Figuren & Hintergründe
€ 20,00 (D) / € 20,60 (A)
O Charmante Charaktere
€ 24,90 (D) / € 25,60 (A)
O Spannende Geschichten erzählen

MANN MEINES BRUDERS, DER

von Gengoroh Tagame
€ 10,00 (D) / € 10,30 (A)
O Band 1 bis 4
In 4 Bänden abgeschlossen

MASHIMA HERO'S

von Hiro Mashima
€ 7,00 (D) / € 7,20 (A)
O Einzelband
€ 10,00 (D) / € 10,30 (A)
O Einzelband Limitierte Edition

MEINE LESBISCHE ERFAHRUNG MIT EINSAMKEIT

von Kabi Nagata
€ 15,00 (D) / € 15,50 (A)
O Einzelband

MELANCHOLISCHER MORGEN, EIN

von Shoko Hidaka
€ 9,95 (D) / € 10,30 (A)
O Band 8
In 8 Bänden abgeschlossen

CARLSEN MANGA! CHECKLIST

ROSEN BLOOD
von Kachiru Ichizue
€ 10,00 (D) / € 10,30 (A)
O **Band 1**
O **Band 2** 07/21
Bisher 3 Bände in Japan

RYUKO
von Eldo Yoshimizu
€ 14,99 (D) / € 15,50 (A)
O **Band 1 & 2**
In 2 Bänden abgeschlossen

SACRIFICE TO THE KING OF BEASTS
von Yu Tomofuji
€ 6,99 (D) / € 7,20 (A)
O **Band 1 bis 11**
O **Band 12** 06/21
O **Band 13** 09/21
In 15 Bänden abgeschlossen

SAKURA – I WANT TO EAT YOUR PANCREAS
von Yoru Sumino
€ 7,99 (D) / € 8,20 (A)
O **Band 1 & 2**
In 2 Bänden abgeschlossen

SAKURA DREAMS BUCH UND TERMIN-KALENDER 2022
von Melanie Schober
€ 10,00 (D) / € 10,10 (A)
O **Kalender** 06/21

SAMURAI8
von Masashi Kishimoto & Akira Okubo
€ 7,00 (D) / € 7,20 (A)
O **Band 1 bis 5**
In 5 Bänden abgeschlossen

SANTA MARIA HEARTLAND
von Rise Torio
€ 8,50 (D) / € 8,80 (A)
O **Einzelband**

SARABA, YOKI HI – SOLANGE WIR ZUSAMMEN SIND
von Yuki Akaneda
€ 7,00 (D) / € 7,20 (A)
O **Band 1**
O **Band 2** 08/21
Bisher 6 Bände in Japan

PLUTO: URASAWA X TEZUKA
von Tezuka, Urasawa & Nagasaki
€ 14,90 (D) / € 15,30 (A)
O **Band 1-3, 6-7**
€ 12,90 (D) / € 13,30 (A)
O **Band 4-5**
€ 16,90 (D) / € 17,40 (A)
O **Band 8**
In 8 Bänden abgeschlossen

POISON CITY
von Tetsuya Tsutsui
€ 7,99 (D) / € 8,30 (A)
O **Band 1 & 2**
In 2 Bänden abgeschlossen

PONE – POSUKA DEMIZU ARTBOOK
von Posuka Demizu
€ 20,00 (D) / € 20,60 (A)
O **Artbook**

Q (KU)
von Tatsuya Shihira
€ 7,99 (D) / € 8,30 (A)
O **Band 1 bis 3**
€ 8,99 (D) / € 9,30 (A)
O **Band 4**
In 4 Bänden abgeschlossen

REAKTOR 1F – EIN BERICHT AUS FUKUSHIMA
von Kazuto Tatsuta
€ 12,99 (D) / € 13,40 (A)
O **Band 1 bis 3**
In 3 Bänden abgeschlossen

RENTAL GIRLFRIEND
von Reiji Miyajima
€ 7,00 (D) / € 7,20 (A)
O **Band 1 bis 8**
O **Band 9** 07/21
O **Band 10** 09/21
Bislang 16 Bände in Japan

REQUIEM OF THE ROSE KING
von Aya Kanno
€ 9,99 (D) / € 10,30 (A)
O **Band 1 bis 12**
O **Band 13** 08/21
Bislang 14 Bände in Japan

OUR SUMMER HOLIDAY
von Kaori Ozaki
€ 7,99 (D) / € 8,30 (A)
O **Einzelband**

OVERLORD
von Maruyama & Miyama
€ 6,99 (D) / 7,20 (A)
O **Band 1 bis 12**
€ 7,99 (D) / € 8,30 (A)
O **Band 13**
O **Band 14** 09/21
Bislang 15 Bände in Japan

OVERLORD Official Comic À La Carte Anthology
von Kugane Maruyama, diverse
€ 7,00 (D) / € 7,20 (A)
O **Band 1 bis 3**
Bislang 3 Bände in Japan

PANDORAHEARTS
von Jun Mochizuki
€ 6,95 (D) / € 7,20 (A)
O **Band 1, 5-6, 10-15, 17, 19**
€ 7,95 (D) / € 8,20 (A)
O **Band 18**
€ 8,95 (D) / € 9,20 (A)
O **Band 22**
€ 10,00 (D) / € 10,30 (A)
O **Band 2-4, 7-9, 16, 20-21, 23**
€ 14,00 (D) / € 14,40 (A)
O **Band 24**
In 24 Bänden abgeschlossen

PERSONAL PARADISE NEUEDITION
von Melanie Schober
€ 6,99 (D) / € 7,20 (A)
O **Band 1 bis 7**
O **Brave Brother 1.0 lim. Ausgabe mit Schuber**

PLEASE LOVE ME
von Aya Nakahara
€ 5,00 (D) / € 5,20 (A)
O **Band 1**
€ 7,00 (D) / € 7,20 (A)
O **Band 2 bis 8**
O **Band 9** 06/21
O **Band 10** 09/21
In 10 Bänden abgeschlossen

ONE PIECE
von Eiichiro Oda
€ 6,50 (D) / € 6,70 (A)
O **Band 1 bis 97**
O **Band 98** 09/21
Bislang 99 Bände in Japan

ONE PIECE: FLUCH DES HEILIGEN SCHWERTS
von Eiichiro Oda
€ 7,95 (D) / € 8,20 (A)
O **Band 1 & 2**
In 2 Bänden abgeschlossen

ONE PIECE PARTY
von Andoh & Oda
€ 6,50 (D) / € 6,70 (A)
O **Band 1 bis 6**
Bislang 6 Bände in Japan

ONE PIECE – SANJIS LECKERE PIRATENREZEPTE
von Eiichiro Oda
€ 24,90 (D) / € 25,60 (A)
O **Kochbuch**

ONE PIECE QUIZ BOOK
von Eiichiro Oda
€ 14,00 (D) / € 14,40 (A)
O **Einzelband**

ONE PIECE Z
von Eiichiro Oda
€ 9,95 (D) / € 10,20 (A)
O **Band 1 & 2**
In 2 Bänden abgeschlossen

ONE WEEK FRIENDS
von Matcha Hazuki
€ 6,99 (D) / € 7,20 (A)
O **Band 1 bis 7**
In 7 Bänden abgeschlossen

OPUS
von Satoshi Kon
€ 14,90 (D) / € 15,40 (A)
O **Band 1 & 2**
In 2 Bänden abgeschlossen

ORANGE
von Ichigo Takano
€ 7,99 (D) / € 8,30 (A)
O **Band 1 bis 6**
Bislang 6 Bände in Japan

CARLSEN MANGA! CHECKLIST

SUPER DRAGON BALL HEROES UNIVERSE MISSION
von Yoshitaka Nagayama
€ 6,50 (D) / € 6,70 (A)
O Band 1
O Band 2 08/21
Bislang 2 Bände in Japan

TAKANE UND HANA
von Yuki Shiwasu
€ 5,00 (D) / € 5,20 (A)
O Band 1
€ 6,99 (D) / € 7,20 (A)
O Band 2 bis 14
O Band 15 07/21
In 18 Bänden abgeschlossen

TANIGUCHI, JIRO
von Jiro Taniguchi
€ 12,90 (D) / € 13,30 (A)
O Der Gourmet 2
€ 14,90 (D) / € 15,40 (A)
O Der Gourmet
€ 16,00 (D) / € 16,50 (A)
O Der Kartograph
O Die Schrift des Windes
€ 16,90 (D) / € 17,40 (A)
O Ihr Name war Tomoji
€ 20,00 (D) / € 20,60 (A)
O Im Jahrtausendwald
€ 22,00 (D) / € 22,70 (A)
O Unruhige Geister und stille Gefährten
€ 25,00 (D) / € 25,70 (A)
O Der spazierende Mann (erw. Neuausgabe)
€ 28,00 (D) / € 28,80 (A)
O Der Himmel ist blau, die Erde ist weiß – Gesamtausgabe

TEMPEST CURSE
von Martina Peters
€ 6,95 (D) / € 7,20 (A)
O Band 1 bis 3
In 3 Bänden abeschlossen

THE ART OF SPLATOON
von Nintendo
€ 40,00 (D) / € 41,20 (A)
O Artbook

THE BOOK OF LIST - GRIMM'S MAGICAL ITEMS
von Izuco Fujiya
€ 6,95 (D) / € 7,20 (A)
O Band 1 bis 5
€ 8,95 (D) / € 9,20 (A)
O Band 6
In 6 Bänden abeschlossen

SOUL EATER MASSIV
von Atsushi Ohkubo
€ 5,00 (D) / € 5,20 (A)
O Band 1
€ 8,00 (D) / € 8,30 (A)
O Band 2 bis 4
O Band 5 06/21
O Band 6 08/21
In 12 Bänden abgeschlossen

SOUL EATER GUIDE BOOK
von Atsushi Ohkubo
€ 8,95 (D) / € 9,20 (A)
O Einzelband

SOUL EATER SOUL ART
von Atsushi Ohkubo
€ 24,90 (D) / € 25,60 (A)
O Band 2

SPLATOON
von Sankichi Hinodeya
€ 6,99 (D) / € 7,20 (A)
O Band 1 bis 10
O Band 11 07/21
Bislang 13 Bände in Japan

STILLE WASSER
von Kan Takahama
€ 16,90 (D) / € 17,40 (A)
O Einzelband

SUNNY
von Taiyo Matsumoto
€ 16,00 (D) / € 16,50 (A)
O Band 1 & 2
O Band 3 07/21
In 6 Bänden abgeschlossen

SÜSSE KATZE CHI: CHI'S SWEET ADVENTURES
von Konami Kanata & Kinoko Natsume
€ 8,00 (D) / € 8,30 (A)
O Band 1 bis 4
In 4 Bänden abgeschlossen

SUPER DRAGON BALL HEROES
von Yoshitaka Nagayama
€ 6,50 (D) / € 6,70 (A)
O Band 1 bis 3
Bislang 3 Bände in Japan

SHERLOCK
von Jay, Gatiss & Moffat
€ 12,99 (D) / € 13,40 (A)
O Band 1, 2 und 4
€ 14,99 (D) / € 15,50 (A)
O Band 3
€ 39,99 (D) / € 41,20 (A)
O Band 1 bis 3 im Schuber
Bislang 4 Bände in Japan

SHIBA – EIN HUND ZUM VERLIEBEN
von Mayumi Muroyama
€ 7,00 (D) / € 7,20 (A)
O Einzelband

SHIKIGAMI
von Yasaiko Midorihana
€ 10,00 (D) / € 10,30 (A)
O Einzelband

SKETCH EVERY DAY
von Simone Grünewald
€ 20,00 (D) / € 20,60 (A)
O Zeichenbuch

SKIP BEAT!
von Yoshiki Nakamura
€ 6,95 (D) / € 7,20 (A)
O Band 1-8, 10-17, 19-21, 24-33, 35-37, 41-45
€ 8,00 (D) / € 8,30 (A)
O Band 9, 18, 22-23, 34, 38-40
Bislang 45 Bände in Japan

SKULL PARTY
von Melanie Schober
€ 6,95 (D) / € 7,20 (A)
O Band 1 bis 4
In 4 Bänden abgeschlossen

SNACK WORLD
von Level-5, & sho.t
€ 7,00 (D) / € 7,20 (A)
O Band 1 & 2
In 2 Bänden abgeschlossen

SOUL EATER
von Atsushi Ohkubo
€ 6,50 (D) / € 6,70 (A)
O Band 2, 4, 6-11, 13-18 & 24
€ 7,95 (D) / € 8,20 (A)
O Band 25
In 25 Bänden abgeschlossen

SCHATTENARIE
von Zofia Garden & Anne Delseit
€ 6,95 (D) / € 7,20 (A)
O Band 1 & 2
In 2 Bänden abgeschlossen

SCHNEEBALLEN
von Inga Steinmetz
€ 12,00 (D) / € 12,40 (A)
O Schneeballens Fall
€ 14,00 (D) / € 14,40 (A)
O Schneeballen – Verliebt in Japan

SCHOKOHEXE, DIE
von Rino Mizuho
€ 6,50 (D) / € 6,70 (A)
O Band 1-3, 5-7, 10-17
O Band 18 07/21
€ 10,00 (D) / € 10,30 (A)
O Band 4, 8-9
Bislang 20 Bände in Japan

SEARCH AND DESTROY
von Osamu Tezuka & Atsushi Kaneko
€ 15,00 (D) / € 15,50 (A)
O Band 1 & 2
€ 18,00 (D) / € 18,50 (A)
O Band 3 09/21
In 3 Bänden abgeschlossen

SEKAIICHI HATSUKOI
von Shungiku Nakamura
€ 6,95 (D) / € 7,20 (A)
O Band 1, 3, 8-12
€ 10,00 (D) / € 10,30 (A)
O Band 2-7
€ 6,95 (D / € 7,20 (A)
O Band 13 06/21
Bislang 15 Bände in Japan

SEVEN DEADLY SINS
von Suzuki Nakaba
€ 6,50 (D) / € 6,70 (A)
O Band 1 bis 37
O Band 38 07/21
O Band 39 09/21
In 41 Bänden abgeschlossen

CARLSEN MANGA! CHECKLIST

YAMADA-KUN AND THE SEVEN WITCHES
von Miki Yoshikawa
€ 5,95 (D) / € 6,20 (A)
O Band 1-5, 7-8, 10-17, 19-28
€ 10,00 (D) / € 10,30 (A)
O Band 6, 9, 18
In 28 Bänden abgeschlossen

YOKOHAMA STATION FABLE
von Gonbe Shinkawa & Yuba Isukari
€ 8,00 (D) / € 8,30 (A)
O Band 1 06/21
In 3 Bänden abgeschlossen

YUNAS REISE ZUM ICH ODER MY SEX CHANGE EXPERIENCEE
von Yuna Hirasawa
€ 10,00 (D) / € 10,30 (A)
O Einzelband 08/21

ZWEI ESPRESSO
von Kan Takahama
€ 12,90 (D) / € 13,30 (A)
O Einzelband

ZOMBIE 100 - BUCKET LIST OF DEAD
von Makoto Yukimura
€ 7,00 (D) / € 7,20 (A)
O Band 1
O Band 2 08/21
Bisher 7 Bände in Japan

VIGILANTE – MY HERO ACADEMIA ILLEGALS
von Horikoshi, Furuhashi & Court
€ 6,99 (D) / € 7,20 (A)
O Band 1 bis 8
O Band 9 06/21
Bislang 11 Bände in Japan

VINLAND SAGA
von Makoto Yukimura
€ 7,95 (D) / € 8,20 (A)
O Band 1 bis 23
O Band 24 09/21
Bislang 25 Bände in Japan

WALKINDER, DIE
von Abi Umeda
€ 6,99 (D) / € 7,20 (A)
O Band 1 bis 14
O Band 15 07/21
Bislang 18 Bände in Japan

WEEKLY SHONEN HITMAN
von Kouji Seo
€ 7,00 (D) / € 7,20 (A)
O Band 1 bis 3
O Band 4 06/21
O Band 5 08/21
Bislang 13 Bände in Japan

WER BIST DU ZUR BLAUEN STUNDE
von Yuhki Kamatani
€ 10,00 (D) / € 10,30 (A)
O Band 1 bis 3
€ 12,00 (D) / € 12,40 (A)
O Band 4
In 4 Bänden abgeschlossen

WET MOON
von Atsushi Kaneko
€ 19,90 (D) / € 20,50 (A)
O Band 1 & 2
€ 24,90 (D) / € 25,60 (A)
O Band 3
In 3 Bänden abgeschlossen

YAKUZA GOES HAUSMANN
von Kousuke Oono
€ 7,50 (D) / € 7,80 (A)
O Band 1 bis 4
O Band 5 06/21
Bislang 6 Bände in Japan

3/11 – TAGEBUCH NACH FUKUSHIMA
von Yuko Ichimura & Tim Rittmann
€ 12,90 (D) / € 13,30 (A)
O Einzelband

TO THE ABANDONED SACRED BEASTS
von Maybe
€ 6,99 (D) / € 7,20 (A)
O Band 1 bis 9
€ 7,99 (D) / € 8,30 (A)
O Band 10
O Band 11 09/21
Bislang 12 Bände in Japan

TORIYAMA SHORT STORIES
von Akira Toriyama
€ 5,95 (D) / € 6,20 (A)
O Band 2 bis 4, 7
€ 6,95 (D) / € 7,20 (A)
O Band 6
€ 7,95 (D) / € 8,20 (A)
O Band 5
Bislang 8 Bände in Japan

TRIAGE X
von Shouji Sato
€ 6,95 (D) / € 7,20 (A)
O Band 1 bis 5
€ 7,95 (D) / € 8,20 (A)
O Band 6 bis 20
O Band 21 09/21
Bislang 22 Bände in Japan

UNLUCKY YOUNG MEN
von Fujiwara & Otsuka
€ 19,90 (D) / € 20,50 (A)
O Band 1 & 2
In 2 Bänden abgeschlossen

UNSERE FARBEN
von Gengoroh Tagame
€ 10,00 (D) / € 10,30 (A)
O Band 1 & 2
O Band 3 06/21
In 3 Bänden abgeschlossen

VAMPIRE KNIGHT – MEMORIES
von Matsuri Hino
€ 6,99 (D) / € 7,20 (A)
O Band 1 bis 5
Bislang 6 Bände in Japan

THE CASE STUDY OF VANITAS
von Jun Mochizuki
€ 7,99 (D) / € 8,30 (A)
O Band 1 bis 8
Bislang 9 Bände in Japan

THE DEMON PRINCE
von Aya Shouoto
€ 6,95 (D) / € 7,20 (A)
O Band 1 bis 16
In 16 Bänden abgeschlossen

THE GOLDEN SHEEP
von Kaori Ozaki
€(D) 8,00 / €(A) 8,30
O Band 1 bis 3
In 3 Bänden abgeschlossen

THE HEROIC LEGEND OF ARSLAN
von Yoshiki Tanaka
€ 6,99 (D) / € 7,20 (A)
O Band 1 bis 12
O Band 13 09/21
Bislang 13 Bände in Japan
€ 7,50 (D) / € 7,80 (A)
O Doppelpack 1+2

THE KILLER INSIDE
von Hajime Inoryu & Shota Ito
€ 7,50 (D) / € 7,80 (A)
O Band 1 08/21
Bislang 9 Bände in Japan

THE PROMISED NEVERLAND
von Shirai & Demizu
€ 6,99 (D) / € 7,20 (A)
O Band 1 bis 17
O Band 18 06/21
O Band 19 09/21
In 20 Bänden abgeschlossen

THE ROYAL TUTOR
von Higasa Akai
€ 6,99 (D) / € 7,20 (A)
O Band 1 bis 13
O Band 14 09/21
Bislang 16 Bände in Japan
€ 7,50 (D) / € 7,80 (A)
O Doppelpack 1+2

HALT!

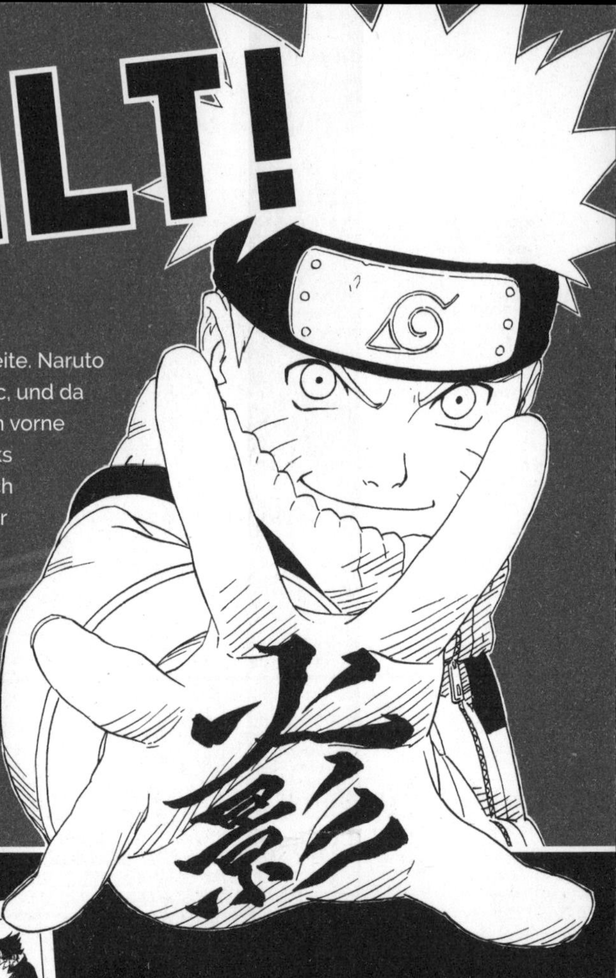

Das ist nicht die erste Seite. Naruto ist ein japanischer Comic, und da in Japan von hinten nach vorne und von rechts nach links gelesen wird, musst auch du diesen Comic von der anderen Seite aufschlagen und von hinten nach vorne lesen.

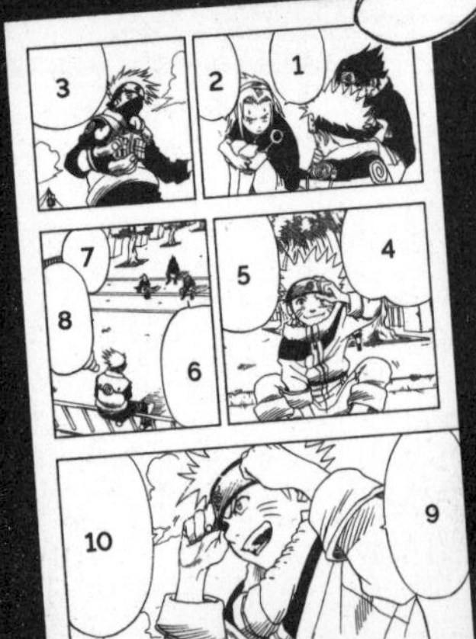

Auch die Bilder und Sprechblasen werden von rechts oben nach links unten gelesen, so wie es die Grafik hier zeigt. Schwer? Zuerst ungewohnt, doch es bringt richtig Spaß. Probiert es aus!

Viel Vergnügen mit **NARUTO** und der ganzen Ninja-Bande!